Thomus Primus

Sancti Prosperi Aquitani Tomus Primus

Thomus Primus

Sancti Prosperi Aquitani Tomus Primus

ISBN/EAN: 9783742820938

Manufactured in Europe, USA, Canada, Australia, Japa

Cover: Foto ©Andreas Hilbeck / pixelio.de

Manufactured and distributed by brebook publishing software
(www.brebook.com)

Thomus Primus

Sancti Prosperi Aquitani Tomus Primus

SANCTI

PROSPERI AQUITANI

OPERA OMNIA.

SANCTI
PROSPERI AQUITANI
S. AUGUSTINI DISCIPULI,
S. LEONIS PAPÆ PRIMI NOTARII,
OPERA OMNIA
AD MANUSCRIPTOS CODICES,

NECNON

AD EDITIONES ANTIQUIORES ET CASTIGATIORES EMENDATA,

Nunc primum ſecundum ordinem temporum diſpoſita,

Et Chronico integro ejuſdem, ab ortu rerum, uſque ad obitum Valentiniani tertii, & Romam a Vandalis captam pertinente locupletata.

Quibus præfigitur ejuſdem S. PROSPERI AQUITANI VITA *ex Operibus ipſius, & Scriptorum Eccleſiaſticorum libris concinnata.*

EDITIO SECUNDA VENETA

JUXTA PARISIENSEM ACCURATISSIMAM ANNI MDCCXL.

TOMUS PRIMUS.

ADDITIS NUNC PRIMUM S. ASTERII EPISCOPI AMASEÆ HOMILIIS.

BASSANI, MDCCLXXXII.

SED PROSTANT

VENETIIS APUD REMONDINI.

SUPERIORUM PERMISSU, AC PRIVILEGIO.

PRÆFATIO

NOVAM Editionem Operum omnium sancti Prosperi Aquitani, fidelissimi quondam sancti Augustini Discipuli, doctrinæque ab ipso traditæ vindicis strenuissimi, sancti Leonis Magni Papæ I. Notarii, in lucem novis curis emitti oportuit: tum ut illorum, quibus cordi est cælestis Augustini de Gratia Dei servatoris, & de aliis fidei morumque capitibus doctrinam commodis aliqua ex parte consuleretur, ampliori & emendatiori codice Prosperi subministrato, cujus operibus tota Augustini ipsius doctrina paucioribus sub conspectum ponitur: tum ut eximiæ illi sancti Augustini Operum Editioni a Doctissimis religiosissimisque viris ante aliquot annos procuratæ nonnulla, nec forte inutilis, fieret accessio; ejus viri libris multiplicatis, qui susceptum ab Augustino revincendorum instruendorumque Semipelagianorum laborem eatenus ad exitum perduxisse dici potest, quatenus has Pelagianæ hæreseos reliquias armis omnibus, quas e Pelagianorum clade superstites videbantur collegisse spoliaverit: tum denique (quod quidem omnium maxime ad hunc laborem aggrediendum compulit), ut Illustrissimi Galliarum Cancellarii, quem sagax providentia totius regni utilitatibus semper intentum, de litteris quoque, & Ecclesiasticis præsertim, promovendis sollicitum facit, expressis in eo quod humanissime concessit Privilegio mandatis obtemperaretur.

Cui quidem Editioni novæ quia curam nostram laboremque qualemcumque apponere, Deo permittente, suscepimus: ideo incumbere nobis agnoscimus, ut pro more solemni, de Auctoris commendatione, de Operum ipsius instituto, ac de Editionis hujus ordine & commodis aliquem ad Lectores sermonem habeamus. At de primis duobus sat multa alibi legere est: de sanctissimi & eruditissimi Auctoris meritis & commendatione in Vita ipsius, quæ mox Præfationem hanc excipiet. De ordine vero, seu anno quo unumquodque opus ab eo scriptum fuerit, & de quo argumento ibidem agatur, in Admonitione singulis hujus voluminis tractatibus prævia plurima, &, ni fallimur, quæ sufficiant, reperientur.

Unde hoc unum modo superest præstandum, ut scilicet quid in hac Editione a nobis tentatum aut effectum sit paucis exponamus: postquam tamen nonnulla de veteribus Editionibus, quæ ex variis locis ab annis fere ducentis prodierunt præmiserimus.

Igitur, quantum ex libris quos manibus terere datum est, dum huic operi incumberemus, innotuit, inter cetera sancti Prosperi opera illud primo omnium Typis subjici cœpit, volumine quod vocant *in octavo*, cui titulus *Liber sancti Prosperi de Gratia Dei & Libero arbitrio, pro defensione Divi Aurelii Augustini Hypponensis Episcopi: contra Cassiani Presbyteri Librum, qui titulo de Protectione Dei prænotatur. Item. Capitula tredecim Decretorum Cælestini Papæ pro Prospero & Hilario, de Gratia Dei, adversus quosdam Galliarum Presbyteros Pelagii sectatores*: quibus præfigitur *Epistola Cælestini ad Episcopos Galliarum*, quæ hujus Editionis pag. 144. exhibetur. Moguntiæ Nonis Septembris 1524. industria Nicolai Carbacchii; „ qui „ quidem in Admonitione ad Lectorem scribit hunc se libellum, „ cujus Prospero scribendi occasionem a Joanne Cassiano libros Au„ gustini jam mortui adversus Pelagianos pro Gratia Dei perscri„ ptos impugnante datam observat, in Bibliotheca religiosorum „ fratrum Benedictinorum Montis sancti Jacobi repertum publica„ re constituisse, cum propter vetustatem operis ante annos plus„ quam mille & septuaginta a Prospero pro tanti viri defensione „ scripti, tum quia quæ continet summorum Pontificum Innocen„ tii primi, Zosimi, Bonifacii, Cælestini, & Xisti tertii auctorita„ te, & sacrorum Conciliorum consensu approbata leguntur. Sub„ ditque, ob eam caussam se huic rei impensius operam dedisse, „ quo ora obstruerentur eorum qui sua ætate palam se Pelagianæ „ hæreseos assertores esse indicabant, viderentque tales quod do„ cebant jam olim a priscis sacrarum litterarum tractatoribus fuis„ se improbatum “. Hæc ille.

Septimo post anno scilicet 1531. prodiit minori volumine editio *Sententiarum ex Augustino excerptarum* per Prosperum; anno vero 1536. *Libri de Vita contemplativa Juliani Pomerii*, quæ Prosperi operibus assui consueverunt, ejusdem molis codice impressi in lucem emissi sunt.

Biennio post Venetiis prodiit aliud huic par volumen cui titulus appositus: *Opuscula de Gratia & libero arbitrio S. Prosperi Aquitani Episcopi Reginensis viri religiosissimi, Divi Augustini discipuli, & in* divi-

divinis scripturis eruditissimi. Venetiis per Bernardinum Stagninum anno 1538. Quo libello continentur *Epistola S. Prosperi ad Rufinum* : *Ad excerpta Januensium* (quod alii dicunt Genuensium) *Liber S. Prosperi contra Cassianum*: *Epistola Aurelii Carthaginensis Episcopi*, *Cælestini Epistola ad Episcopos Galliæ*: Item *Sedis Apostolicæ auctoritates*, *&c.* ac *S. Prosperi Epigrammata*, quibus jungitur, *Ad uxorem poema*.

Post annum vero, scilicet anno 1539. Vir libris non paucis eleganti caractere excusis celebris, Stephanus Gryphius Lugdunensis Typographus primus omnium, ut videtur, suscepit omnia Divi Prosperi Aquitanici Episcopi Regiensis Opera accurata vetustorum exemplarium collatione per viros eruditos recognita prælo suo subjicienda. Quem suum laborem Senatui populoque Regiensi dicatum voluit. „ Ad quos scribens narrat, ante annos plus minus „ quatuor se recepisse ipsis D. Prosperi Episcopi ipsorum lucubra„ tione typis suis excudere: nec statim id præstare potuisse, pro„ pter exemplaria tum parum accurate descripta, tum nonnullis „ desideratis opusculis imperfecta. Quapropter (subdit) ut vobis „ gratificarer, atque studiosorum commodis inservirem, editionem „ minime præcipitandam putavi: sed primum vehementer conan„ dum, ut opus, si quo pacto fieri posset, prius pristino nitori, „ germanæque integritati restitueretur. Proinde huc illuc missis „ litteris, negotium dedi amicis & Gallis & Germanis, præsertim „ humaniorum litterarum studiosioribus, ut quidquid hujus aucto„ ris apud eos in antiquis Bibliothecis lateret, tam lacerum quam „ integrum ad me transmitterent “. A quibus inter alia vetustissima exemplaria allata sunt simul, quæ desiderabantur opuscula: „ nempe duo versu heroico, *De Providentia Dei* unum, alterum „ [illegible] præterea *Expositio in postremos unum & quinquaginta* „ *Psalmos*: omnia, ut opinor, a nostræ tempestatis hominibus non „ visa. His igitur omnibus simul inter se diligentissime collatis, ef„ feci tandem ut hic veller Prosper, vir tam sanctus, quam eru„ ditus, tot retro sæculis in tenebris delitescens, situm cariemque „ passus, totus nitidus, purus, integerque in lucem exiret “. Hactenus Stephanus Gryphius. Ex cujus verbis colligitur, quæcumque ante se fuerant edita tunc a viris doctis recognita, omissis tamen tam Epistola Cælestini Papæ ad Episcopos Galliæ pro Prospero & Hilario, quam sedis Apostolicæ sententiis de Gratia Dei & libero arbitrio: alia vero his addita, quæ ab eo recensentur: quibus annumerandæ *Responsiones ad Capitula Gallorum*, & *ad Capitula objectionum Vincentianarum*. Hisque omnibus præfigi curavit vitam ejusdem Prosperi a Joanne Antonio Flaminio Imolensi contextam: de qua quid sentiendum legi potest infra articulo VI. Vitæ sancti Prosperi.

Verum anno Christi 1565. Joannes Sotellus Montinensis, Lovanii minoris Collegii Theologorum alumnus, Reverendo in Christo Patri D. Carolo Vander Linden sacræ Theologiæ Baccalaureo, & Monasterii Parcensis Ordinis Præmonstratensis apud Lovanium Abbati nuncupavit novam quam instituit Operum Prosperi nostri emendationem. In qua quidem editione nihil priorum repræsentare omisit, & nonnulla alia proprio labore addidit: scilicet *Libros duos De Vocatione Gentium*, qui alias Ambrosio, & aliis quibusdam affícti legebantur; „ Ille autem falso quidem S. Mediolanensi Antistiti „ tribui fatetur, at auctori suo Prospero putat restituendos, non „ tantum ob styli & phrasis similitudinem, sed etiam quia in Bi„ bliotheca regularium S. Martini Lovaniensis & in Bibliotheca „ Abbatiæ Camberonensis, nec non in Bonnessiensi Abbatia apud „ Namurcum in antiquissimis exemplaribus MSS. habentur nomine „ beati Prosperi. Certe Ambrosii non esse (ait ille) ex stylo cla„ rius apparet, quam ut ulla ostensione egeat: & ex eo maxime, „ quod post damnatos Pelagianos (ante quorum damnationem e „ vivis excesserat Ambrosius) sint scripti, ut videre est in cap. 22. „ libri prioris “. Ejusdem quoque Prosperi censet Epistolam quam addidit ad Demetriadem virginem, partim ob stylum, partim ob argumentum. „ Dirigitur enim post damnatam Pelagii hæresim „ contra Epistolam ejusdem Pelagii de sancta Virginitate ad eam„ dem Demetriadem, quæ habetur in initio tomi 4. apud Hiero„ nymum: quæ Epistola vivente adhuc Ambrosio non videtur exti„ tisse “. Sed de his nos in Admonitione utrique præfixa sat multa disseruimus. Addidit quoque *Prosperi Epistolam ad Augustinum de reliquiis Pelagianæ hæreseos in Gallia subolescentibus*, inter Prosperi opera nondum editam: omissamque in Lugdunensi editione *Cælestini Papæ Epistolam* cum sententiis subjici solitis vir ille non omisit; primusque inter omnes libris Prosperi nostri adjunxit, nec immerito, ut nos postea dicturi sumus, *Canones alterius Concilii Arausicani*. Vitam quoque ex suo ingenio suisque partim conjecturis, judice Labbeo, concinnatam præmisit: in qua quid sibi de singulis Lab. Script. Eccl. to. 1. pag. [illegible]

a se

a se editis operibus videretur aperuit: & inter cetera, *Carmen de providentia Dei* a D. Prosperi operibus removendum duxit, quia Pelagianæ doctrinæ est, cui Prosper infestissimus fuit. De quo in Admonitione pag. 421. diximus. *Libros* vero *De prædictionibus & promissionibus Dei*, quatenus sibi licuit, puros integrosque edidit; sed ab alio quam a Prospero scriptos ex styli phrasisque dissimilitudine, & Gennadii Trithemiique silentio probari posse arbitratur.

Anno autem 1576. iidem omnes S. Prosperi libri denuo ad examen revocati in editione Duacensi per Joannem Olivarium, qui hanc suam editionem dicat Joanni Sarraceno Priori Vedastino Atrebatensi: „ cui suscepti a se laboris rationem reddens in Episto- „ la nuncupatoria, Prosperi opera mittere se gloriatur superiori- „ bus quidem editionibus non satis expurgata, tunc vero nitidio- „ ra & non modica accessione cum variarum lectionum, tum plu- „ rium lacunarum, maximeque unius perquam insignis supplemen- „ to locupletiora. Emendationes plurimas, itemque varias lectio- „ nes partim suppeditarat liber ab ipsomet Reverendissimo Priore „ collatus cum antiquis codicibus, partim vetustissimum volumen „ Bibliothecæ Camberonensis, quod habebat manu descriptos *De* „ *Vita contemplativa libros tres*, *De Vocatione Gentium duos*, *& unum* „ *Epigrammatum*". Ex quo his in libris multa facta meliora, quæ deerant suppleta, adnotata plurima, nec acerrimo quidem patroni sui, cui libenter illa submittit, judicio (ut sperat) improbanda.

Ad postremæ hujus editionis Duacensis normam anno 1630. prodiit, quæ Coloniæ Agrippinæ facta notatur sumptibus hæredum Joannis Crithii sub signo Galli; ac reliquæ omnes quæ deinceps ad nostra usque tempora diversis annis variisque in urbibus excusæ fuerunt. Unde de prioribus S. Prosperi Operum editionibus hæc satis erunt. Ad hanc nostram tandem est descendendum.

In ea adornanda hæc nobis mens, hic finis fuit, ut, quantum fieri potuisset, amplissima, castigatissima, & optimo ordine disposita prodiret: ut etiam ex illa aliquid adjumenti Lectoribus subministraretur ad erroris Semipelagiani historiam plenius cognoscendam. Ampliorem quidem exhibere nequivimus, quam in eam conferendo quidquid Operum S. Prosperi genuinorum, aut ipsi adscriptorum hactenus in lucem prodierat. Hinc non neglleximus illud Opusculum, quod a Sirmondo primum publicatum est anno 1619. sub hoc titulo, *Confessio Prosperi Tyronis Aquitani*, ex Bibliotheca Vati-

cana

cana post Eugenii & Dracontii carmina: de qua quid sentiendum Eruditis videretur, aperuimus in prævia illi operi Admonitione pag. 414. Exhibuimus etiam *Chronicum integrum*, opus a prioribus Prosperi editoribus omissum: cujus omissionis ratio ea a Stephano Gryphio in Lugdunensi anni 1539. editione affertur: „ quia „ inter Eusebiana aliorumque Chronica esset excusum, & quod ob „ nimiam corruptionem lectori fastidio fore videretur". Non enim inde Prospero nostro præjudicium inferri debere credidimus, quod aliquid ipsius aliorum fortunis annexum haberetur, quin eidem data occasione esset restituendum, tam ipsius ornamento, quam Lectorum commodis profuturum. Nec certe tam corruptum censeri nunc debebit, quam ante centum septuaginta annos; cum a viris peritis ad MSS. codices recensitum, emendatum, & auctum habeatur, tam ab Andrea Duchesnio tom. 1. Hist. Francorum, quam a Philippo Labbeo, qui integrum edidit tomo 1. Bibliothecæ novæ MSS. cujus editionem, quasi ampliorem emendatioremque nos secuti, non omissis aliarum editionum differentiis, novo etiam labore cum MSS. Colbertinis quinque contulimus.

Castigavimus etiam singulos editionis hujus libros ad fidem tot MSS. quot per concessi temporis limites licuit reperire & consulere, probatiorum quoque quæ antea prodierant editionum; quorum Indicem damus infra statim post Opera, & ante Appendicem Operum Prosperi nostri. Et ne inter varias quæ in libris occurrerunt loci ejusdem lectiones temere selegisse, & doctiorum palato præjudicare voluisse arguamur, visum est in marginem inferiorem cujusque paginæ eas, quas neglex imus, rejicere, ut erudito Lectori liberum maneat, quam sibi magis sapere judicaverit, usurpare. Hinc quoque non immerito videbitur castigatum opus universum, quod spuria a veris & dubiis, dubia quoque a veris & genuinis, & sede, & charactere, & admonitione præambula distingui curavimus, adductis de unoquoque eorum eruditorum virorum sententiis, nec cujusquam judicio censura confidentiori præjudicantes.

Ordinem porro eum inter opera sancti Prosperi statuimus, qui fuisse demonstretur scriptionis eorumdem, sive ex textu ipso librorum, sive ex materia, sive ex Doctorum gustu & testimonio. Hinc *Epistolam Prosperi ad Augustinum de reliquiis Pelagianæ hæreseos in Gallia subolescentibus &c.* tamquam primum Auctoris nostri contra illos gratiæ adversarios conatum, primo loco exhibuimus:

cum

cum eas litteras quas ibidem testatur se antea ad eum dedisse, aut quas ab ipso se accepisse gratulatur, ullibi nancisci non sit concessum. Hanc sequitur *Epistola Hilarii de eodem argumento ad Augustinum* quoque tempore eodem scripta, & per eum, qui prioris perlator fuit, transmissa. Utrique vero cum responsum fuerit S. Antistitis Hipponensis *libris duobus de Prædestinatione Sanctorum & de Dono perseverantiæ, ad Prosperum & Hilarium* directis; mirati sumus neminem antea animadvertisse, quanto jure hos sibi libros Prosper noster vindicaret, & quam utilem, immo necessariam cum ejus sociique Hilarii Epistolis connexionem retinerent. Unde non visum est satis consultum fore a nobis studiosorum affectui & utilitati, nisi hos statim sequi curassemus. *Rufini Epistolam* adhuc in vivis agente Augustino *ad Prosperum* scriptam longius differre non oportuit: nec insigne & nunquam satis pro merito prædicandum *Carmen Prosperi* nostri *De ingratis* inscriptum, quod pariter tunc exaratum probatur, cum nondum inter Cælites assumptus fuisset Augustinus, cujus famæ ac doctrinæ contra Semipelagianorum murmura & obtrectationes vindicandæ gratia fuerat susceptum. Huic majoris perspicuitatis ergo utiliter adhibita nemo, ut speramus, inficiabitur tum brevia cujusque loci argumenta, quæ jam antea legebantur in eodem Poemate in vernaculam linguam, tam soluta quam stricta oratione converso ab anno 1646. tum notas grammaticales & criticas a Martino Steyaert Lovaniensi Doctore non ita pridem defuncto eidem operi subjunctas in Opusculis Lovanii editis anno 1703. quibus etiam *Epigrammata duo in Augustini Obtrectatorem*, & *Epitaphium utriusque hæreseos Pelagianæ & Nestorianæ*, de quibus mox, elucidantur. Duo Epigrammata illa pariter a Carmine contra Ingratos edito divelli non debuere, quæ ei non multo posteriora hinc probantur, quod in his Augustinus superstes esse insinuetur. Hisque subjicitur *Epitaphium Nestorianæ & Pelagianæ hæreseon* propter rerum cum præcedentibus affinitatem, etsi forte tempore posteriori, post damnatos nempe iterum cum Nestorianis Pelagianos exaratum.

Responsiones Prosperi ad Gallorum & ad Vincentii Objectiones contra doctrinam Augustini, Auctorisque nostri famam disseminatas, atque *ad Excerpta* & dubia *Genuensium Presbyterorum*, quia Romano Prosperi & Hilarii itineri priores credimus, statim etiam post præmissa exhibemus: etsi non dissimulandum, aliis quibusdam visum

esse

esse illas ipsorum reditui posteriores statuendas: de quo penes Lectores esto judicium.

Rediit Roma in Gallias cum Hilario suo Prosper noster, celebri illa *Cælestini Papæ ad Galliæ Episcopos Epistola* munitus: cui adjunctæ fuisse creduntur, quæ subjungi solent, *Sedis Apostolicæ Episcoporum auctoritates de Gratia Dei & Libero voluntatis arbitrio*, e scriniis Ecclesiasticis depromptæ, ut infra pag. 146. & sequentibus dicetur. Quibus armatus strenuus Augustini gratiæque ab eo propugnatæ Defensor, majori adhuc confidentia manus conseruit cum Semipelagianis Massiliensibus, & hos inter contra Cassianum Massiliensium Presbyterorum Augustinique obtrectatorum primicerium scribere aggressus est. Hujus viri in lucem prodierant Collationes salutaribus documentis quidem refertæ, sed aliquot in locis non extra omnem reprehensionem positæ: quas inter legebatur circumferebaturque *Collatio Tertia decima de Protectione Dei*, in qua novam & a se primo excogitatam distinctionem, omnipotentiæ divinæ juribus, & peccati originalis fidei non parum derogantem, evulgare non dubitarat. Hanc nos collationem sanæ doctrinæ, quam ubique tuetur S. Prosper, non obfuturam, si eo loci legeretur; immo ex oppositione libri Prosperi contra eamdem exarati orthodoxæ sententiæ lucem allaturam arbitrati sumus. Illam enim excipit statim *Liber sancti Prosperi Aquitani de Gratia Dei & Libero arbitrio contra Collatorem*; id est, contra Cassianum Collationis istiusce auctorem, quem tamen honoris caussa, & ex pacis studio proprio nomine indigitare noluit.

Sequuntur *Psalmorum a Centesimo ad CL. Expositio: Sententiarum ex operibus S. Augustini Hipponensis Episcopi delibatarum Liber unus*. Item *ex sententiis sancti Augustini Epigrammatum Liber unus*: quæ, cum Augustini libros aut exscriptos de verbo ad verbum, aut sensuum ipsius perfectam imitationem fere ubique exhibeant, Prosperum arguunt in sanctissimi Doctoris libris diurna nocturnaque manu versandis a puero exercitatissimum: quorum tempus in Admonitione cuique præfixa satis probabile efficitur.

De *Chronico integro* non est quod plura narrentur, præter ea quæ superius dicta sunt, & in Admonitione ejusdem fusius differentur. Hoc solum his addendum restat, quod huic emendando præter MSS. Codices supra notatos, ac editiones Duchesnii, Labbei, & eam quæ inseritur tomo VIII. Bibliothecæ Patrum Lugdunensis anni 1677. consuluimus etiam editionem ejusdem Chronici ab Arnoldo Pontaco Episcopo Vasatensi ad MSS. 18. & octo editiones emendatam, ac notis ejusdem illustratam, & anno 1604. Burdigalæ apud Simonem Milangium excusam.

Statim post Chronicum legitur *Concilium II. Arausicanum de Gratia & Libero arbitrio, anno, ut creditur, 525. celebratum*. Quod eo jure Prosperi operibus annecti cœpit ab anno 1565. in editione Lovaniensi, & deinceps, quod Concilii hujus Patres eam doctrinam definierint, quam S Prosper contra Massilienses defenderat, & non paucos Canones suos ex ipsismet, non Augustini solum, sed etiam Prosperi nostri verbis contexuisse noscentur: ac in Canone ultimo illam Cassiani duplicis generis prædestinatorum distinctionem, quæ a Prospero tam egregie in libro adversus eum edito confutata fuerat, auctoritate sua, Scripturarum effatis, antiquorumque definitionibus munita, aperte rejecerint ac reprobaverint.

Et ea quidem certa & indubitata sunt sancti Prosperi Opera. Hæc sequuntur alia quædam, quæ dubiis accensenda judicavimus: scilicet *Confessio, quæ dicitur Prosperi Aquitani*; de qua nonnihil supra: *Poema Conjugis ad uxorem*: *De Providentia Divina Carmen*, quod a nobis primum in capita divisum, & capitum argumenta Operi præfixa, resque de quibus in singulis ejus partibus tractantur, in margine collaterali breviter notatæ. Postea autem habentur *Libri duo de Vocatione omnium gentium* cum argumentis in capite & in corpore Operis, quæ in Leone novissimæ editionis leguntur. Ac demum *Ad sacram Virginem Demetriadem Epistola, seu de Humilitate Christiana Tractatus* Operum genuinorum dubiorumque seriem claudit. De singulis non pauca in Admonitione unicuique præfixa reperientur.

De Appendice, quam in partes duas distinximus, non est quod plura hic referamus, præter ea quæ in Admonitione *Librorum De Vita contemplativa*, & in ea quæ *Librum de Promissionibus & Prædictionibus Dei* præcedit, qui duo primam Appendicis partem, cum *Pseudo Chronico* Admonitione sua munito, constituunt, dicta leguntur. Alteram vero Appendicis nostræ partem quæ *Scripta & monumenta* impleant, quo consilio, quo fructu ibidem sint collocata, fuse satis expositum in Admonitione eo loci exhibita. Ibi quoque monuimus his scriptis monumentisque lectionem Operum sancti Prosperi, ac ipsam Semipelagianorum historiam lucem (ut speramus)

mus) eſſe accepturas . Indicem denique rerum , verborum , locorum , perſonarum , ſententiarum notatu digniorum quæ occurrent legenti Proſperum , & ea Opera quæ Proſpero cum aliquo fundamento , etſi non certo , tribui poſſe videntur , ſtatim poſt Opera ipſa & Syllabum Codicum emendationi adhibitorum edimus . Eorum autem Scriptorum & monumentorum , quæ Appendicis partem utramque conſtituunt , in voluminis totius calcem rejicimus.

Hæc ſunt quæ ad publicam utilitatem promovendam , & iis obtemperandum juſſis, quæ negligere non erat integrum, vel tentata vel effecta ſunt. In quibus ſi quid minus recti contra mentem noſtram admiſſum fuerit , benigne ignoſcet Lector æquus & eruditus . Si quid vero boni & utilis a nobis præſtitum judicetur, totum in illum nobiſcum refundet, a quo *Omne datum optimum & omne donum perfectum, qui docet hominem ſcientiam* , *linguaſque infantium*, ſi ei placuerit, *facit diſertas*.

SAN-

SANCTI PROSPERI AQUITANI VITA

Ex Operibus ipsius & Scriptorum Ecclesiasticorum libris concinnata.

ARTICULUS PRIMUS.

Veterum & recentiorum de Prospero Encomia, & quis ejus stylus.

INTER eos qui beati Augustini doctrinæ propugnatores extiterunt, principem locum & eruditionis laude & auctoritatis pondere, & nominis celebritate sibi vindicat sanctus Prosper. Hunc amicus & collega ejus Hilarius, cujus hortatu videtur in id certaminis descendisse, ad Augustinum scribens, *Tum moribus, tum eloquio, & studio clarum*, adeoque notitia tanti viri *dignum affirmat*. Hunc Victorius, qui anno 457. Prospero forsitan adhuc in vivis agente, scribebat, *virum sanctum ac venerabilem* appellat. Hunc Concilium Romæ sub Gelasio Pontifice anno 494. habitum, dum scripta ejus approbat, *virum* dicit *religiosissimum*. Gennadius ipse, licet illi haud satis æquus, ut qui nimis feliciter cum Cassiano pugnaverat, tamen *eloquio potentem*, & (ut loquitur ille) *sermone scolasticum, assertionibusque nervosum* agnoscit. S. Fulgentius, cum beatus Augustinus celeri præventus obitu Gallorum Presbyterorum objecta refellere non potuisset, dicta ejus recta fide & copioso sermone a Prospero viro erudito & sancto fuisse defensa observat. „ Nonnulla mox ab eodem Prosperi loca proferuntur: ut cuncti noverint, inquit, „ quid debeant de Prædestinatione sanctorum impiorumque sentire. Eadem repetit Fulgentius alio in loco. Ita ut plerique, inquit, licet in ea (quæstione nempe de diversitate Prædestinationis justorum & iniquorum) soleant non leviter permoveri, facile possint, & divinorum librorum testimoniis instrui, & sancti Augustini libris, & Prosperi eruditissimi viri responsionibus informari". Quæcumque vero ad laudem ejus faciunt apud Gennadium, ea omnia, non reliqua, exscribit ad annum 463. Marcellinus. A Cassiodoro *sancti* appellatione cohonestatur, a Beda autem *Rhetoris*, sive *Oratoris*. Photius denique eum vere *hominem Dei* fuisse affirmat.

Veteribus adstipulantur recentiores. Quos inter legi potest Trithemius, „ Prosperum nostrum in divinis Scripturis eruditissimum, & in secularibus nobiliter doctum, carmine excellentem & prosa, eloquio disertum, sensu profundum, ingenio subtilem, assertione nervosum, vita & conversatione sanctissimum apparuisse testatur. Sixtus Senensis vivido quodam ac solerti præditum ingenio, genere orationis conciso, excelso, eleganti, in divinis humanisque literis versatissimum: ad hæc mirabili vitæ sanctitate commendabilem asserit". Censet Scaliger illum omnium ætatis suæ longe doctissimum ac peritissimum fuisse. Scriptas ab eo & ab Hilario ad Augustinum in Semipelagianos Epistolas, tantæ apud posteros admirationi fuisse ait Garnerius, ut eas novissimis Magni Gratiæ Doctoris operibus, ut suppares adjunctæ sint. Is præcipue animadvertit in Prospero *oculos admodum curiosos*, quos vix quidquam posset fugere. Addit ad magnam ejus eruditionem accedere *parem judicii sagacitatem*.

Erat Prosper, testibus tum aliis, tum Gennadio, in Aquitania provincia natus, unde fit ut *Aquitanus* dici soleat, ut ab aliis ejusdem nominis viris facilius distinguatur. Qua vero ex parte amplissimæ illiusce regionis, quave ex urbe oriundus fuerit, non constat omnino. Hinc patet quam non magna sit habenda ratio Codicis cujusdam manuscripti, neque admodum vetusti, Colbertinæ Bibliothecæ; ad cujus solius fidem emendatus legitur liber sententiarum ex Augustino excerptarum per doctissimos operum S. Augustini Editores in Appendicis tomi X. parte tertia, in quo habetur: „ Prosper ille Equitaneus fuit „ (forte pro Aquitanus fuit) TOLONENSIS civis, qui relictis secularibus re„ bus ad divina se negotia transtulit. Sita est enim civitas Tolonensis in Vien„ nensi Galliarum provincia „. Patet etiam quam illi parum sint audiendi, qui nullo suffulti argumento, Prosperum nostrum vocant *Regiensem* in Aquitania, unde procul abest Regium.

Profert Sirmondus quasi rem indubitatam, illi cognomen fuisse *Tironi*: quod non sat scimus utrum in manuscriptis aliquot deprehenderit, quemadmodum & in suo Chronici Prosperiani manuscripto legi testatur Bucherius; & ex altero Ms. citato idem Vossius: an potius non dubitanter existimaverit adjudicandum nostro Prospero Carmen quoddam, quod inter ejus opera extat, & a Beda Tironi Prospero ascribitur.

Ex ejus scriptis facile quivis judicare potest, eum in artibus ingenuis, ac præcipue in poetica haud mediocriter esse versatum: quam ipse & Paulinus multo majori cum laude excoluere, quam quilibet alius eorum omnium qui Ecclesiæ mancipati huic se studio dedidere. Sed Prosper eam sanctioribus etiam monumentis consecravit quam Paulinus. In Pedestri quoque illius oratione nescio quid eminet, quod poetam redoleat, sublimitas, vehementia, sermo acer & nervosus, crebræ illi sententiæ, verba ad acumen styli subire videntur: atque etiam multo magis lectorem percellit, sive elocutionis dignitate, sive solidæ & inconcussæ argumentationis viribus. Sed illi sufficit sermonis sui nativus decor, nec ad ornatum accersit aut in eumdem sonum cadentia verba, aut plenos ac numerosos modos, aut æquabiles modulatasque periodos, aut denique affectata illa pigmenta quæ a Leone, & aliis ejusdem ævi auctoribus ad satietatem usque ingeruntur. Cum esset eorum dux qui Catholicam de Gratia Christi doctrinam tuebantur, semperque in eo totus esset ut adversarios Ecclesiæ impugnaret, aut eam ab illorum incursu defenderet; lacertosum, si sic dici fas est, & militare scribendi genus usurpat, resque accuratius multo quam verba perpendit. Hinc est quod orationis ipsius compositio nonnumquam subobscura sit. Sed res ipsæ, quantumvis intricatæ sint, eas ille tamen facillime illustrat, nec minori perspicuitate quam acrimonia enucleat. Vere itaque illud de Prospero statui potest, illius orationem non esse tanto artificio elaboratam, nec tot eloquentiæ luminibus distinctam, quot in scriptis quorumdam aliorum reperiri queant; sed præ se ferre multo plus sanitatis, ingenii, & vehementiæ.

Hæc de S. Prosperi stylo præmisisse operæ pretium fuit, quo certius illi abjudicentur opera quædam ejus nomine hactenus inscripta.

ARTICULUS II.

Prosperi juventus & conversio.

EXTAT opusculum quoddam, cui titulus, *Confessio Prosperi Aquitani*, aut, ut alii legunt, *Tironis Prosperi Aquitani*, a Jacobo Sirmondo ex Ms. Vaticano editum anno 1619. Est illud satis eleganter scriptum, ut Magno Prospero tribui possit: etsi Antelmio in ea vix aliquid deprehendi videatur Prosperi

stylo

stylo satis simile, aut ejus famæ valde consentaneum: eamdemque tanto patre indignam indubitanter pronuntiet Ludovicus Ellies Dupin. Habemus autem ex illa Prosperi confessione, eum inter ipsa vitæ initia renatum in Christo Jesu, & a misericorde Domino dimisso originis peccato, prius adeptum libertatem, quam ferocis domini a quo detinebatur intelligeret servitutem. Incusat sese, quod acceptam a Patre munificentissimo substantiam ea qua par erat cura servare neglexerit, quodque vitiis omnibus deditus, in Ægyptiorum, mox etiam in Babyloniorum jura transiverit, nec ullum aliud præterquam lætiferæ voluptatis pretium suæ perditionis acceperit. Qua ex loquendi ratione, simul & ex iis quæ pariter de primis vitæ suæ annis refert Paulinus, quid colligi debeat difficile est statuere. „Quamquam nota sunt quæ de perditis Aquitanorum imprimis divitum moribus deplorat Salvianus, dum illos in omnibus Gallis sicut divitiis primos, sic vitiis criminatur.

Dupin. t. [illegible] Inf. p. [illegible]

Salv. De Gubern. Dei l. 7. p. [illegible]

„Ut ut sit, is de quo agimus, cum per innumeras sævissimarum dominationum vicissitudines, non subjectione corporis, sed animæ sudore serviret, & indignis confusus officiis, pejore status sui conditione turbaretur, quæ sunt ipsius verba, cœpit erubescere, & subtraxit se, quantum ab instantibus dominis licuit, in occultum spiritus cordisque secretum: & apprehenso sanctarum scripturarum volumine, quid sibi adhuc spei superesset inspexit: ac ex his certior factus paratissimam semper eis esse Dei misericordiam, quos male actæ vitæ ex animo pœniteret, multo perfusus imbre lacrymarum ingemuit, quod se Dei redemptum sanguine peccato venumdedisset, quodque sibi inimicissimis serviret dolens": mox confirmatus & animatus constituit dirumpere graves, quibus vinctus detinebatur, catenas & ad eum reverti, a quo fuerat ad vitam emptus, petere, quærere, misericordiæ divinæ januam pulsare. Erubescebat quidem quia animo nudus erat, & nihil habens quo membrorum, id est, morum suorum, inhonesta circumtegeret, obscœnæ egestatis dedecore confundebatur, neque tantæ familiæ tantique Patris conspectum subire audebat. *Quasi vero* (inquit) *tolerabilius sit judicium accusatis, quam sponte confessis, reis contumacibus, quam supplicibus*, ad tremendum Dei *tribunal* in morte *exhibitis, quam* ante obitum ad Patrem misericordissimum *ex animo reversis*. Hinc tandem hæc apud se statuit: *Habeat quantaslibet cruces & ignominias pœnitentia, levior erit ignis verecundia quam gehenna*. Quibus verbis an significet se publicæ pœnitentiæ labores amplecti decrevisse, non statim asseruerimus. Verisimile tamen est, si id consilii cepisset Prosper, aliquam ea de re in scriptis ipsius superfuturam fuisse mentionem.

Neque vero si illum angebant amissa ejus quam in Baptismo acceperat gratiæ munera, ideo non grato animo adorabat velocem dignationem & properatam clementiam, qua etiamnum infantulus fuerat regeneratus. Longe ab illis dissentiebat, qui ad excusationem violatæ regenerationis *rudem ætatem & imprudentes annos causabantur*, tanti sibi immeritis collati beneficii immemores.

Innuere videtur se tum in medio alienæ gentis fuisse, cum ad Deum conversus resipiscere instituit, seque solum fuisse mutaturum, ni *Barbarus regni sui limites dispositis servasset turbis*. Hæcque ab illo proprie vereque dici potuerunt. Etenim nemo nescit quas strages collecti e diversis gentibus Barbari, tum in universa Gallia, tum maxime in Aquitania seculo quinto ineunte ediderint.

Prosper quoque in Carmine de Providentia divina, si tamen genuinus ille Prosperi fetus credi debeat, queritur urbem suam a Getis incendio deletam, seipsum captum a Barbaris, inter eorum turmas abactum, ac peditem ire coactum. Præsulem suum una cum afflictis & miseris gregis sui reliquiis sedem aliquam, aut potius exilii locum quæsiisse. Inf. p. [illegible]

ARTICULUS III.

Proſperum ævi ſui calamitates ad pietatem excitant. Contumaces nonnullorum querelas caſtigat.

QUOD Carmen Proſpero Tironi a Beda tribuitur, id extat inter Paulini Nolani opera, eoque minime indignum a viris doctis judicatur. Ut autem illud cum hujus hiſtoria conciliare perquam difficile eſt, ita nihil in eo reperias quod cum rebus geſtis Proſperi non optime cohæreat. Et huic quidem non Bedæ ſolius, ſed & codicum aliquot manuſcriptorum auctoritate adjudicatur. Unum eſt quod morari poſſit: nempe Carmen illud ornatius eſt, & liberius fluit, quam ut Proſperi opus eſſe videatur. At quidni hic alio quidem ſcribendi genere uſus tum fuerit, cum prophanorum ſcriptorum litteras, ac ſæcularis eloquentiæ ſtudia non ita pridem dimiſiſſet; alio cum de expugnando errore dumtaxat ſollicitus, talia verba adhibuit, qualia graves ſententiæ firmæque rationes poſtulabant.

Verum quiſquis tandem fuerit Carminis illius ſcriptor, certe conjugio illigatus erat, & id operis ſui uxori ſuæ nuncupat. Commotus tum perpetua rerum humanarum mobilitate, tum aſperrimis ætatis ſuæ ærumnis, ſeſe ad pietatem novo in dies ſtudio colendam adhortatur. Ac multi quidem illius temporis oppreſſi calamitatibus obduruerant, Deumque ipſum nefariis vocibus incuſare non reformidabant. Hic vero profitetur ſe ſuam ſpem omnem infixiſſe ac collocaſſe in ſolo Deo, cujus benignitate ipſe terræ hujus incola, patriæ alterius, cæleſtis nimirum, civis fuerat effectus. Pollicetur ſe non ignarum terrenas opes perbrevi jure obtineri, ita ſuis uſurum, quaſi ſuæ non eſſent: eas ſe jam non miraturum, non conſectaturum honores, neque fore umquam ut qui divite Chriſto fruatur, ſævientem metuat paupertatem, qua mente proſpera ſuſcepturus ſit, eadem adverſa ſuſtentaturum, ita ſcilicet ut nec malis vinci ſe aut dejici, nec bonis capi efferrique permittat, debitas ſemper Chriſto grates acturum, ejuſque laudes ac honorem ore memori celebraturum.

Poſtquam paucis ea retulit quæ hominum cauſſa Deus & fecit & pertulit, hæc ſubjungit,

Quidnam igitur tanta pro ſpe tolerare recuſem?
Aut quid erit, quod me ſeparet a Domino?
Ignem adhibe, rimare manu mea viſcera, tortor:
Effugient pœnas membra ſoluta tuas.
Carcere ſi cæco claudar, nectarque catenis,
Liber in exceſſu mentis adibo Deum.
Si mucrone pares cervicem abſcindere lictor,
Impavidum inveniet: mors cita, pœna brevis.
Non metuo exilium, mundus domus omnibus una eſt.
Sperno famem, Domini ſit mihi ſermo cibus.
Nec tamen iſta mihi de me fiducia ſurgit:
Tu das, Chriſte, loqui, tuque pati tribuis.
In nobis nihil audemus, ſed fidimus in te,
Quos pugnare jubes, & ſuperare facis.

Ut autem erat ſuperſtes ejus uxor, illam hortatur, ut pariter Deo ſe dedicet, quo uterque mutua ope firmatus, validius ac felicius cum hoſte dimicent: hanc ideo ſic alloquitur.

Tu modo fida comes, mecum iſti accingere pugnæ,
Quam Deus infirmo præbuit auxilium.

Sci-

Sollicita elatum cohibe, solare dolentem:
Exemplum vitæ simus uterque piæ.
Custos esto tui custodis, mutua redde,
Erige labentem, surge levantis ope.
Ut caro non eadem tantum, sed mens quoque nobis
Una sit, atque duos spiritus unus alat.

Quas tunc temporis ex hominum genere vindex Deus reposcebat pœnas, iis scelestissimi quique, quos veniam supplices petere oportebat, ad accusandum non sine blasphemia Deum adducebantur. Hi manifestissimis Divinæ providentiæ argumentis ad ipsam oppugnandam abusi, quod bonos insontesque pariter & noxios iisdem viderent premi malis, negabant res humanas a Deo gubernari, & ad futilem quamdam fatorum vim ac siderum potestatem confugiebant.

Hujusmodi blasphemiæ quæ beatum Augustinum ad ingens & eximium illud de Civitate Dei opus scribendum impulerant, scribendo quoque anno 416. *Carmini de Providentia Divina* occasionem dedere. Consueverat autem auctor illius Carminis, qui insignem ubique eximiæ adversus Deum pietatis sensum præ se fert, variis cum soluta tum stricta oratione operibus stylum exercere. Cum vero Gallia a decennio, hoc est a desinente anno 406. quo in eam irruperant Barbari, innumeris cladibus conficeretur, mœstum hominis ingenium comprimebat dolor, eumque jam per totum anni unius spatium silere coegerat, ut qui non parvam patriæ suæ malorum partem tulisset. Commotus est tamen aliquando temerariis blasphemorum hominum, quorum aliqui Christianam fidem profiteri se jactabant, conviciis: acriusque impiarum linguarum jaculis, quam omni sævientium Gothorum crudelitate stimulatus, ad vindicandam stylo Dei providentiam, ac retundendas ejus inimicorum contumeliosas voces accessit.

Hoc imprimis dogmate suo in opere nititur, quod per hujus vitæ calamitates Deus impios plectat, bonos peccatorum sordibus mundet, tepidos accendat, & erigat, virtutum decoribus augeat atque amplificet. Tum Deum precatur ut his se societ quos peccantes bonus arguit, patrioque emendat flagello; potius quam illis quos summoto jam verbere cursu voluntatis ire, & propria libidine ferri permittit. In hoc opere multa invenias quæ de divina gratia egregie dicta, Prosperoque nostro haud indigna videantur. Contra sunt nonnulla quæ cum assertionibus ab eo postea tam strenue quam feliciter propugnatis cohærere vix judices. Quo fit ut id operis illi alioquin convenientissimum non facile inter ejus opera referatur. Fieri tamen potest ut hanc lucubrationem ante susceperit, quam doctrinæ de Gratia satis magnam operam impendisset.

Hæc de primis Prosperi annis eruimus e tribus scriptis, quorum auctoritas, ut nec plane rejicienda, ita nec citra omne dubium admittenda visa est. Quæ posthac a nobis dicenda sunt, ex certis & indubitatis ipsius operibus nitentur.

ARTICULUS IV.

Doctrinam de Gratia adversus Semipelagianos tuetur.

UTRUM sævitia Barbarorum, an quavis alia re compulsus Prosper ex Aquitania migraverit, id quidem parum liquet. Illud certius, eum anno 428. vel 429. aut forte jam 426. in Provinciam Dei nutu deductum fuisse, ut Christianam de Gratia doctrinam a beato Augustino elucidatam defenderet ac tueretur. Hanc quidem in illis locis vellicabant viri nonnulli, tum dignitate tum virtutis ac pietatis fama conspicui.

Erat quidem Auguſtino Proſper *ignotus facie, nec niſi animo ac ſermone* unis ad eum *datis, vicisſimque receptis* ab eo *litteris compertus*. At lectis ſancti viri ſcriptis, Deique miſericordia prælucente veritatem edoctus, pro ea viribus totis propugnavit: adeo ut Hilarius, alter ejuſdem veritatis ſtrenuus defenſor ad Auguſtinum, cui erat notior, ſcripturus, cum Proſpero egerit, ut ſimul & ipſe ſuas ad eumdem daret litteras, ratus illum & ſancti Præſulis ampliori notitia dignum, & eum eſſe qui & in quo poſitus eſſet adverſariorum error enucleate proponeret, & referret quænam eſſent in iſtis quæſtionibus obſcuriora, & ad percipiendum difficiliora, quæ lucidiſſimis expoſitionibus a præſtantiſſimo Doctore aperiri oporteret.

Enimvero morem geſſit Hilario Proſper, & celebratiſſimam illam, quæ etiamnum extat, dedit Epiſtolam anno 428. exeunte, vel 20. ineunte: profeſſus *ſcribere ſe fidei, qua Eccleſia vivit, affectu*. Motus amborum ſtudio Auguſtinus, dum ad eoſdem libros *de Prædeſtinatione ſanctorum, & de Dono perſeverantiæ* ſcripſit. Aliquas quoque idem fortaſſe ad eos dedit litteras, quæ quidem exciderunt.

Conſtat quidem Hilarium tunc temporis ex ordine laicorum fuiſſe, Proſper Diaconus fuiſſe ex eo forſitan videri poteſt, quod de Leontio Diacono loquens fratrem ſuum eum appellat, & ab Auguſtino & a Cæleſtino prior Hilario nominatur. Nec ex ipſo tamen Hilario de Proſpero ad Auguſtinum ſcribente, neque ab ullo alio e veteribus apparet eum fuiſſe aliquo Eccleſiaſtici ordinis gradu inſignitum. Ipſe teſtatur ſe non quidem argumentis perverſe ſentientium de veritate, ſed *auctoritati imparem, eo quod multum ipſi eum & vitæ meritis antecellerent, & aliqui eorum adepto nuper ſummo ſacerdotii honore ſupereminerent*. Hodie fatetur eruditiſſimus quiſque nullum eſſe antiquitatis monumentum, ex quo eum alia ac laicos conditione fuiſſe effici queat. Habetur ex uno codice MS. eum *relictis rebus ſæcularibus ad divina ſe omnino negotia tranſtuliſſe*. Nempe ex eorum numero fuit qui dimiſſo ſæculo vitam in ſeceſſu agebant, nulli tamen obſtringebant ſe monaſterio: ut Paulinus, Pammachius, Severus Sulpicius, aliique ætatis ejuſdem, qui Monachorum appellatione continebantur: ac illud quidem S. Proſper ſecutus eſt vivendi genus.

Nec illud prætereundum videtur, quod a Garnerio pie juxta & prudenter eſt obſervatum, in Præfatione in Omnia Marii Mercatoris Opera. „ Animadverti aliquando (ait ibi) nec ſine magna admiratione, Deum, qui amat humilium manu reſiſtere ſuperbis, tribus hæreſibus, Pelagianæ, Neſtorianæ & Maſſilienſi, quæ præ ceteris ſuperbiæ a Patribus accuſantur, oppoſuiſſe primum laicos homines: ut, quod ait Apoſtolus, per contemptibilia mundi confunderet fortia, & tumidam quaſi Pharaonum potentiam confunderet ab infirmis. Certe Pelagianis primus obſtitit Conſtantius ex Vicario (ſic enim legendum eſt) Romæ habitans. Primus Neſtorii dolum detexit, cleroque oſtendit, affixa ad Eccleſiæ valvas obteſtatione, Euſebius tunc temporis [illegible], ut loquitur Theophanes, vel rethor, ut tradit Nicephorus, vel judex forenſis, ut ſcribit Leontius. Reſtitere primi Maſſilienſibus Presbyteris laici duo Hilarius & Proſper, monueruntque Auguſtinum epiſtolis, quas conſequens ætas ita ſuſpexit, ut ſupremis magni gratiæ Doctoris laboribus conjungeret quaſi ſuppares ".

Qui ſane de Chriſti gratia doctrinæ adverſabantur, non eos libri utique a beato Auguſtino ad Proſperum & Hilarium ſcripti auctoritas a ſententia dimovit, hique poſterioribus ſæculis Semipelagiani merito ſunt appellati. *Non Romana ſolum Africanaque Concilia, & per omnes mundi partes univerſi promiſſionis filii* qui extra Gallias verſabantur, *ſed in ipſis etiam Galliis plurimi cum beati Auguſtini doctrina, ſicut in tota fide, ita in gratiæ confeſſione congruebant, & ad perceptionem evangelicæ apoſtolicæque doctrinæ ſaluberrimis ejus diſputationibus imbuebantur*. Verumtamen e Gallis non pauci ſancto Antiſtiti, *præci-*

pue

qua licet tunc esset portio Domini sacerdotum, occultis susurrationibus obloquebantur, & prout opportunas aliquorum aures reperiebant, scripta ejus, quibus error Pelagianorum impugnatur, infamabant, tantaque pietatis viro Paganorum & Manichæorum impietatem adscribebant. Ita in eum statum deducere caussam Ecclesiæ moliebantur, ut dum Catholicos affirmabant non veraciter pro gratia locutos, Pelagianos injuste damnatos fuisse persuaderent.

Quæ si vera essent, & in aliquo erratum fuisset ab Augustino, cur ipsi prædicationibus ejus non resistebant, nec saltem aliquibus scriptis eum a quo talis emanabat doctrina non conveniebant. Is profecto auscultare non renuisset monentibus, quantum ipsi salva veritate licuisset. Et sane magna gloria sua consuluissent humano generi, si Augustinum ab errore revocassent. Neque erat quod censerent magnorum prius meritorum seni, cujus libros nemo reciperet, honorabiliter atque misericorditer ignoscendum.

At timidi censores adversarios tanti viri palam profiteri se non audebant, gnari perhonorificum esse omnium de eo judicium, nec deesse qui famam ejus fortiter ac strenue tuerentur. Moleste ferebant quod his quæ adversus *excellentissimæ auctoritatis virum inter multas Collationes asseruerant*, Prosper resisteret. Nec dubitant, *si quam hinc moverent quæstionem in qualibet frequentia Sacerdotum, in qualibet congregatione populorum, centenis sibi beatissimi Augustini voluminibus obviandum fore*: quæ cum tenebris calumniarum dispulsis, cordibus audientium manifestare cœpissent potentissimam Christianæ fidei veritatem, vetarent a piis & fidelibus recipi amaritudinem illam fumosæ vanitatis volentium in sua justitia magis quam in Dei gratia gloriari. Igitur satis habebant occulta eum obtrectatione mordere, quem non audebant constanter arguere. Insuper eosdem rumores in ejus discipulos disseminabant, ne quis jam superesset cujus auctoritate pellerentur errores, quos illi a fidelibus probari cupiebant.

ARTICULUS V.

Suam Augustinique famam defendit S. Prosper, scribitque adversus Ingratos.

RUFINUS Prosperi amicus rumoribus iis qui de erroribus familiari suo temere affictis disseminabantur commotus, litteras ad eum dedit. Ac ejus quidem litteras, *ut fraternæ sollicitudinis & sincerissimæ charitatis indices* Prosper accepit, pluribusque ad eum rescripsit, plenissima veritate pandens omnia quæ tum de Augustino ipso, tum de ipsius discipulis ad inanem invidiam ferebantur referebanturque. Multis in locis hujus suæ Epistolæ de Augustino loquitur tamquam adhuc superstite: qui cum die 28. Augusti anno 430. vita excesserit, prorsus ante finem hujus anni Epistolam scriptam fuisse necesse est. In ea animadvertit plerasque gentes tunc primum Christianæ gratiæ fieri cœpisse participes: quam revera circa hanc ætatem beatus Palladius Hibernis intulit.

Adhuc vixisse videtur Augustinus cum a Prospero in carmine adversus Ingratos tam magnificis extollebatur laudibus.

> *An alium in finem posset procedere sanctum*
> *Concilium, cui dux* AURELIUS, *ingeniumque*
> AUGUSTINUS *erat? quem Christi gratia cornu*
> *Uberiore rigans, nostro lumen dedit ævo,*
> *Accensum vero de lumine: nam cibus illi,*
> *Et vita, & requies Deus est; omnisque voluptas*
> *Unus amor Christi est, unus Christi est honor illi?*

Et dum nulla sibi tribuit bona, fit Deus illi
Omnia, & in sancto regnat Sapientia templo.
Istius ergo inter cunctos qui de grege sancto
Infensas pepulere feras, industria major,
Majus opus, totum praestantius imbuit orbem.
Nam quocumque gradum convertit callidus hostis,
Quaque per ambages anceps iter egit opertas,
Hujus ab occursu est praeventus, mille viarum
Insidiis aditum non repperientibus ullum.
Cumque foris rabies avidorum exclusa luporum
Frenderet, inque omnes mendacia verteret artes:
Ne mentes ullarum ovium corrumpere posset,
Neu dubia obliquis turbaret corda querelis;
Istius ore Viri fecit Deus: istius ore
Flumina librorum mundum effluxere per omnem,
Quae mites humilesque bibunt, campisque animorum
Currunt vitalis doctrinae immittere rivos.

Fidelium fratrum suorum charitate ductus opus suscepit tam arduum, quo pias mentes studio veritatis accenderet, glicentes malignis hostium artibus errores ab iis depelleret, gratiamque meritorum nostrorum artificem, non opus esse luculenter ac jucunde edoceret: quod ipse sic exprimit in capite totius poematis.

[illegible]

Congenitae in Christo gentis mihi castus ab alto
Insinuatus amor, proprias excedere vires
Me jubet, atque pias accendere carmine mentes.
Ne post confectum celebris victoria bellum,
Securos animos incauta pace resolvat:
Ceu mortuus eliso jam nullus ab hoste supersit,
Nec caput attriti virosum palpitet anguis.

Carmen illud suum inscripsit DE INGRATIS. Nemo enim gravius ingrati animi vitio laborat, quam qui ea in se ipso liberique arbitrii viribus posita putat, quae maxima misericordiae ac omnipotentiae Salvatoris dona sunt ac beneficia. „ Hoc porro Poema omnium splendidius prolixiusque quae Prosper edi-
„ dit, nullumque aliud in quo ejus ingenii vis & acumen eluceat magis. No-
„ bile opus, magnis sententiis, magnis sensibus, magnificis denique verbis &
„ locutionibus coalescens: quamvis ejusmodi materiam tractet, quae liberos il-
„ los ac vehementes, quales poesis postulat, motus vix admittat [u]. Carmen illud vernacule reddidit tum stricta tum soluta oratione vir aevo superiori eximiae pietatis laude insignis. Ejusdem quoque ab eruditissimo novae Ecclesiasticorum Scriptorum Bibliothecae auctore fusa & copiosa confecta est analysis.

Accusati a Prospero Semipelagiani, quod detegere sua sensa reformidarent, videntur illam criminationem repellere voluisse. Ex iis enim sub alieno nomine aut scripsit, aut scribere se velle professus est. Hanc Prosper duplici Epigrammate praevenit, in quo Augustinum adhuc in vivis fuisse videtur velut rem indubitatam supponere. Haec Prospero tribuenda in dubium revocare videtur Garnerius: cujus suae suspicionis momentum ullum non protulit, nec forte facile reperisset; cum a Beda unum ex his sub nomine Prosperi rhetoris citatum legatur, illud nempe quod ab his verbis incipit: *Contra Augustinum &c.* [illegible] loco Vincentium Lirinensem designari quidam suspicantur, quem e[illegible] nomine Commonitorium suum contra Augustinum edidisse anno 434. [illegible]. Non alius erat magis idoneus qui Augustinum scriptis provocaret,

quam

quam Cassianus, quem duobus Epigrammatis peti alii autumant. At idem nihil videtur in sanctum Doctorem palam edidisse. Quæ vero Collatio ejus est numero tertio-decima, eam anno 426. & scripsit, & sub proprio nomine edidit, licet prava quæ in eadem habentur dogmata, ex alterius persona proponat. Neminem præter hunc ad annum usque 433. scriptis sensa sua mandare ausum esse apparet. Itaque aut scriptor ille, de quo Prosper, aliquot saltem annos siluit, admonenti Prospero morem gerens; aut si quis promissum & jactatum a Semipelagianis opus idem atque tertiam decimam Collationem esse contenderit, is Epigrammata duo, de quibus hic sermo est, ad annum 426. revocet, ac Prosperum Semipelagianis jam tum indixisse bellum concedat necesse est.

„ Gratiæ adversarios non compescuere Prosperi carmina. Hæretici enim, ut „ hac ipsa de re agens ait Baronius, confutari possunt, quia leves sunt & infir„ mi; victos se a veritate fateri non possunt, quia probantur pervicaces“. Qui tamen præsulis Augustini doctrina aliquantum commoti ac perturbati fuerant, in quibus Hilarius Arelatensis Præsul, ii aut veritatem tandem aliquando agnoverant, aut certe taciti quietique expectabant dum eam sibi aperire ac detegere dignaretur Deus. Pauci quidam Presbyteri Ecclesiarum dissensioni studentes, doctrinam beati Augustini carpere non desinebant, objiciebantque quod peccatores non solum ad judicium peccatis debitum, sed etiam ad peccatum ipsum diceret prædestinatos: Prosperum quoque & Hilarium criminabantur prædicare adversantia veritati. Horum quæ in beati Augustini libris damnabilia se reperisse jactabant, indiculum confecerunt, & ea distribuerunt in quindecim Capitula, quæ damnationis, seu, ut in aliis codd. rationis titulo prænotarunt: in quibus longe alium sancto Doctori sensum affingebant ab eo, qui in ejus scriptis inerat. Ac illud quidem anno 431. fieri potuit. Tunc enim e vita vir sanctus migraverat, quem Prosper in Præfatione responsionis ad Capitula Gallorum *sanctæ memoriæ* Episcopum nuncupat. Illi tamen in defendenda gratiæ doctrina successor surrexerat sanctus Prosper: unde fit ut una cum eo & beato Hieronymo iis annumeretur, quos Deus constituerat a quibus quid de hoc argumento esset credendum, alii omnes edocerentur. Et sane habens noster & copiosum sermonem & fidem integerrimam exseruit in defendendis Magistri sui vocibus & sententiis. Scriptum ergo in lucem edidit, in quo singulis Gallorum rationibus aut Capitulis respondit, & ex Augustino ipso, quinam verus ac sincerus illius esset sensus ostendit. *Ne*, inquiebat ibi, *hanc persuasionem temere quis recipiat, & talem putet sensum scriptis catholici inesse doctoris, qualem eum qui frustra calumniantur ostentant: singulis capitulis quæ damnationis* (alias rationis) *titulo prænotarunt, brevi & absoluta professione respondeo; in nullo recedens a tramite earum definitionum, quæ in sancti viri disputationibus continentur.* Et eæ sunt Responsiones ad Capitula Objectionum Gallorum calumniantium. Harum postremæ duæ laudantur a Fulgentio; qui Gallorum objectiones librum Augustini de Prædestinatione sanctorum potissimum spectare animadvertit. „ Non autem ignoras, Monimum affatur, etiam præterito tem„ pore illi luculentissimo sancti Augustini operi, quod scripsit de Prædestina„ tione Sanctorum, a quibusdam Gallis objectum, quod beatus Augustinus in „ adsertione prædestinationis divinæ, peccatores, non ad solum prædestinatos „ diceret judicium, sed etiam ad peccatum: cujus dicta, quia ipse celeri præ„ ventus est obitu, *Prosper vir eruditus & sanctus* recta defendit fide & copio„ so sermone“. Hæc S. Fulgentius initio capitis 30. libri primi ad Monimum.

ARTICULUS VI.

Respondet S. Prosper Vincentio, & Presbyteris Genuensibus.

NON æquiores in Discipulum adversarii fuere, quam in Magistrum. *Quidam enim Christianæ ac fraternæ charitatis obliti, in tantum existimationem ejus quoquomodo studebant lædere, ut suam se evertere nocendi cupiditate non viderent. Contexebant enim, & qualibus poterant sententiis, comprehendebant inceptissimarum quarumdam blasphemiarum prodigiosa mendacia; eaque ostendenda & ingerenda multis publice privatimque circumferebant, asserentes talia in Prosperi sensu esse, qualia diabolico* (ut loquitur) *indiculo continebantur.* *Quæ* sanctus noster *falso in se ad excitandam invidiam jactitari, facile & sufficienter subscriptione unius anathematis probasset. Sed ne malignitas eorum qui se gravari putabant, si de illo bene sentiretur, ipsam subscriptionis brevitatem suspectam esset habitura, necessarium conveniensque credidit, ut sive ad calumniantium animos mitigandos, sive ad eos quorum auribus tale aliquid insonuisset instruendos, quantum adjuvante Domino fieri potuit, plene lucideque panderet, quid de perversis definitionibus judicaret. Propositis igitur singillatim sexdecim capitulis, sub unoquoque eorum sensus sui, & fidei, quam contra Pelagianos ex Apostolica sedis auctoritate defendebat, verba ponere maluit: ut qui paululum se ad legenda hæc dignarentur occupare, evidenter agnoscerent, impiarum profanarumque opinionum nullum cordi suo inhæsisse vestigium, & blasphemias quas sua perspexissent professione damnari, in earumdem repertoribus censerent debere puniri.* Hæc ex ipso ad longum hic descripsisse proderit, ut quo zelo noster prava dogmata respueret & recta tueretur, lectoribus fiat manifestum. Quo tempore id operis confectum fuerit non liquet omnino.

Hujus libri titulus est, *Pro Augustini doctrina Responsiones ad Capitula objectionum Vincentianarum.* Quo ex titulo apparet a Vincentio quodam contextum fuisse perversum hunc & diabolicum, ut ipse Prosper eum vocare non dubitat, indiculum. Erat tunc temporis in Lirinensi Monasterio Vincentius ille, edito adversus hæreses omnes Commonitorio perquam celebris. Vossius qui eum Augustinianæ doctrinæ infensum contendit, ea fretus ratione qua probari quoque posset eum Cælestini Epistola scientem & volentem abusum fuisse, censet illas calumnias adversus Prosperum ab eodem esse confictas. Qua in re Vossio adstipulantur Eminentissimus Henricus Norisius S. R. E. Cardinalis, aliique qui hunc Vincentium Semipelagianorum dogmata sectatum esse existimant.

Qui vero de ejus doctrina melius sentiunt, sive ii Augustinum in iis quæ de gratia sunt sequantur ducem, sive ab ejus mente aliqua ex parte recedant; omnes in eo consentiunt, ut alium perquirant Vincentium, cui has objectiones tribuendas velint. Censet Baronius, quem & alii sequuntur, eas esse posse cujusdam Vincentii, quem & sacerdotem & Gallum, ut illum Lirinensem, a se visum fuisse testatur Gennadius. Nec quidquam vetare credimus eum esse Vincentium Presbyterum, qui nomine Constantii seu Constantiani Deensis, ut probabile est, Episcopi anno 439. Regiensi Synodo interfuit. Etsi enim Gelasio Papæ, qui anno 496. obiit superstes fuit Gennadius; non idcirco tamen eum qui anno 430. scribebat videre non potuit. Ut est non parcus eorum laudator qui, quemadmodum ipse, in Augustinum minus bene erant animati; „ hunc Vincentium ait in divinis scripturis exercitatum, linguam habentem „ usu loquendi & majorum lectione politam: commentatum, addit, in Psalmos; cujus operis legerit aliqua sancto homini Dei Cannati, ipso audiente, promittens simul, si Dominus vitam & vires daret, se in toto psalterio eodem studio laboraturum. Massiliæ quidem & in aliis Provinciæ Ecclesiis die Octo-

bris

bris 15. colitur sanctus Cannatus: at is Episcopus Massiliensis dicitur, & a Guesnæo ponitur anno 621. a doctissimis Sammarthanis anno 480. assignatur. Nihil in eum Guesnæus citat, præter vitam rudi stylo conscriptam tempore Comitum Provinciæ, in qua narratur fuisse filius Regis Aquisextiensis, qui Sereno successit, & Iconoclastarum æqualis fuit. Porro constat Serenum fuisse S. Gregorio Magno supparem, ut probant variæ ejusdem S. Papæ Epistolæ ad Serenum datæ, videlicet lib. 5. Epist. 52. lib. 7. Epist. 110. lib. 9. Epist. 9. & ejusd. libri Epist. 52.

Quæ Gallos Presbyteros conturbabant, iisdem etiam Genuenses movebantur. At hi prudentiores moderatioresque se præstiterunt. Ex his enim duo Camillus & Theodorus, cum eos in libris beati Augustini *De Prædestinatione sanctorum & de Dono perseverantiæ* quædam insolita aut minus clara movissent, ea ad beatum Prosperum de contextu disputationis excerpta miserunt, ut quo intellectu, quove judicio illa accepisset, noscerent. Precibus illorum, vel, ut ipse præ modestia loquitur, mandatis ipsorum obsequium suum non subtraxit: non quasi plus in se quam in illis ad hæc introspicienda esset ingenii, ac non magis in hoc examine facultatis suæ debuissent ipsi exercere mensuram, & si aliqua eos morabatur obscuritas, decurrere ad Patrem luminum, a quo descendit omne datum optimum & omne donum perfectum, & a quo datur Spiritus sapientiæ & intellectus. Sed adjuvante Domino qui sapientiam præstat parvulis, de Capitulis istis quid cum sanctis & eruditis fratribus sentiret, breviter indicare aggreditur: petens tamen ne ubi simplicitas esset obedientiæ, præsumptionem putarent esse doctrinæ. Hæcque post Augustini mortem contigere.

ARTICULUS VII.

Sanctus Prosper Romam cum Hilario proficiscitur. Cælestinus Pontifex utrumque scriptis defendit. De Venerio Massiliensi Episcopo.

NON destitere Semipelagiani Prosperum & Hilarium, ipsumque adeo Augustinum erroris insimulare. Ad hæc ea tantummodo sequi & probare se professi sunt, *quæ sacratissima beati Apostoli Petri sedes contra inimicos gratiæ Dei per ministerium præsulum suorum sanxerat & docuerat*. Recurrerunt igitur ad Apostolicam sedem Prosper & Hilarius, & Romam profecti querelas suas ad Pontificem Cælestinum detulere. Hic eorum circa Deum sollicitudinem laudavit: & quamvis ipsi sibi felices viderentur, quos persecutionem propter justitiam sustinentes beatitudo promissa manebat; harum tamen religiosarum animarum, quas hæc pati nefas erat, afflictione, quia membra sua erant, pius Pontifex macerabatur. Hac mente animatus celebrem ad Galliarum Episcopos dedit Epistolam, qua & præclarum judicii sui de Prospero ac Hilario testimonium impertiit, & Augustini famam tuitus est his verbis: *Augustinum sanctæ recordationis virum, pro vita sua atque meritis, in nostra communione semper habuimus, nec umquam hunc sinistra suspicionis saltem rumor aspersit: quem tantæ scientiæ olim fuisse meminimus, ut inter magistros optimos etiam a meis semper decessoribus haberetur. Bene ergo de eo omnes in commune senserunt; utpote qui ubique cunctis & amori fuerit, & honori*. Itaque jubet Episcopos imponere silentium improbis obtrectatoribus. *Ergo*, ait, *corripiantur hujusmodi: non sit his liberum habere pro voluntate sermonem. Desinat, si ita res sunt, incessere novitas vetustatem, desinat Ecclesiarum quietem inquietudo turbare*. Annuit insuper, iisque imputat, quod ipsis tacentibus Presbyteri illi supra Episcopos haberent copiam disputandi. Licet Episcopos, non Presbyteros notum sit a Deo positos ad docendum, nec in talibus suspicione careat taciturnitas: *quia occurreret veritas, si falsitas displiceret*. Subditque super his multa a se jam dicta eo tempore, quo ad fratris, id est, Episcopi Tuentii dederat scri-

scripta responsum: quibus verbis & sequentibus suadetur in ea ad Tuentium Epistola potius actum fuisse de quæstionibus quæ gratiam Christi spectarent, quam contra illos qui viros laicos in Episcopos cito citius sublimarent, qua de re etiam hic conqueritur Cælestinus. Verum de illa Cælestini ad Tuentium Epistola nihil aliunde nobis innotescit.

Hæc vero qua Episcopos hortatur Cælestinus, ut Augustini doctrina ac famæ detrahentibus obsisterent, mortuo demum sancto Doctore scripta patet ex his verbis supra relatis, *Augustinum sanctæ recordationis virum*: & paulo supra, *Nec tamen mirari possumus, si hæc erga viventes hi nunc audent tentare, qui nituntur etiam quiescentium fratrum memoriam dissipare*. Ergo anno 431. vel 432. ineunte, quo etiam Cælestinus e vita migravit. Fuit hæc apud antiquos notissima, jamque ab anno 433. aut 434. non a Prospero solum libro contra Collatorem capite alias 42. nunc 21. citata. *Per hunc virum* (ait hic loci Prosper) *intra Gallias istis ipsis, qui sanctæ memoriæ Augustini scripta reprehendunt, maledicentia est adempta libertas: quando consulentium actione suscepta, & librorum, qui errantibus displicebant, pietate laudata, quid oporteret de eorum auctoritate sentiri, sancto manifestavit eloquio: evidenter pronuntians, quantum sibi præsumptionis istius novitas displiceret, qua auderent quidam adversus antiquos magistros insolenter insurgere, & indisciplinata calumnia prædicationi veritatis obstrepere: Augustinum, inquiens, sanctæ recordationis virum*, &c. quæ supra jam citata leguntur. Nec a Prospero tantum sed etiam a Vincentio Lirinensi laudata est. Hanc suo Canonum Codici Dionysius cognomento Exiguus inseruit. Commemorat etiam Photius Cælestinum pro Augustino scripsisse ad Episcopos, & adversus eos qui Pelagianorum hæresim instaurabant.

Cælestini Epistolam excipiunt collecta aliquot Romanorum Pontificum, Africanorumque Conciliorum a Romanis præsulibus approbatorum sententiæ, sub hoc titulo: *Præteritorum sedis Apostolicæ Episcoporum auctoritates, de Gratia Dei & libero voluntatis arbitrio*. Quæ collectio ideo contexta fuit, ut Semipelagianis negantibus se alia secuturos, quam quæ ab Apostolica sede judicata essent contradictionis ansa tolleretur. Ea autem ab Epistola Cælestini tum stylo ipso, tum præeuntis Epistolæ clausula disjuncta esse convincitur. Quo fit ut eam Cælestino abjudicet Sirmondus, & vel Prospero, quod una cum eo alii quoque sentiunt, aut Leoni, ut P. Quesnellius ascribere malint. Id autem sciri ut non facile potest, ita non multum interest, cujus potissimum manu exarata fuerit, cum eam jussu Cælestini confectam & in Gallias missam facillime judicari queat. Siquidem laudatur tanquam pars ipsiusmet Epistolæ a Petro Diacono & aliis ad beatum Fulgentium & aliquot alios Episcopos Christi confessione decoratos tunc in Sardinia exulantes, *His congruæ*, inquiunt illi, *beatissimus Cælestinus in Epistola ad Gallos data: Cum enim, inquit, sanctorum plebium præsules* &c. quæ totidem verbis habentur cap. 8. Collectionis de qua est sermo, alias cap. 11. Epistolæ collectionis juncta: a Cresconio quoque & variis nono sæculi scriptoribus, ac demum ab universis veteribus. A Dionysio Exiguo inserta est Codici suo inter ejusdem Pontificis Decreta. Itaque ea ipsa sunt Capitula ad quæ Hormisdas summus Pontifex Possessorem Episcopum remittit, ut ex iis quid de gratia & libero arbitrio credendum sit edisc at: cujus verba legere est in Epistola apud Fulgentium 15. Episcoporum Africanorum in Sardinia exulum ad Joannem & Venerium num. 18. pag. 275. *De arbitrio tamen & gratia Dei quid Romana, hoc est, Catholica sequatur & servet Ecclesia, licet in variis libris beati Augustini, & maxime ad Prosperum & Hilarium abunde cognosci possit, tamen & in scriniis Ecclesiasticis expressa* CAPITULA *continentur*. Postremi horum Capituli verba multa disputationis materiam eruditis præbuerunt, in quo agitur de profundioribus difficilioribusque partibus incurrentium quæstionum, quas latius pertractarunt qui hæreticis re-

sistenfliterunt, quasque collectionis auctor, quisquis ille sit, nec audet contemnere, nec necesse habet astruere. Nec forte valde necessarium duci debet magna contentione inquirere, quid significare voluerit is qui mentem suam clare aperiendam non censuit, neque ex loco obscuro aliquid adjumenti ad rem difficilem explanandam duci licet. Unde notatu dignum, exortis nono seculo compluribus de Gratia controversiis, nullam tunc opinionem ab aliquo auctoritate hujus capitis fuisse rejectam. Neque ipsi Semipelagiani quidquam inde erroribus suis quod faveret eruere ausi esse dicuntur. Illud vero vel ex hoc ipso capite certum est, nihil hoc ad ea attinere quæ necessaria sunt ut gratiæ divinæ operi ac dignationi nihil penitus subtrahatur. Neque ea intelliguntur verbis istis quæ sive ipsa collectione, sive ipsius Epistolæ corpore comprehendantur, aut quæ cum his necessario connectantur: nec etiam suspicari licet has voces aut ad Initium fidei, aut ad Prædestinationem sanctorum referendas, qua de re Semipelagianos inter & Prosperum certamen erat institutum: cum Pontificem Cælestinum constet huic favere, illos reprobare. De quo si quid dubitationis superesset, id omne prorsus tolleretur a Pontifice Hormisda declarante loco ante pauca citato, Ecclesiam Romanam ab iis potissimum libris quos de Prædestinatione sanctorum ad Prosperum & Hilarium scripsit Augustinus suam de Gratia doctrinam patere. Quæ omnia tum fusius tum accuratius a P. Quesnellio disputata legi possunt in una ejus de S. Leone Diatriba; neque indiligenter eadem tractata sunt a Lud. Ellies Dupin Doctore Sorbonico meritis & scriptis notissimo.

Cælestini Epistola universe quidem ad Galliæ Episcopos data est, nominatim tamen ad Venerium, Marinum, Leontium, Auxonium, Arcadium, & Philtanium, seu Sillucium: de quibus pauca hic notari non ingratum forte lectori videbitur.

Erat vero Venerius ille non quidem, ut quibusdam placuit, Mediolanensis Episcopus: cum tunc temporis Episcopus Mediolanensis Galliarum Episcopis non accenseretur, & in Cathedra Mediolanensi sederet anno 431. Martinianus, qui Marolio Venerii alterius decessori successor fuerat subrogatus: sed, ut verisimilius apparet, Massiliensi Ecclesiæ præerat Venerius, de quo Gennadius in Catalogo virorum illustrium cap. 79. Etenim Massiliæ potissimum Semipelagiani, duce Cassiano vigebant. Ex inscriptione quadam habemus illum in Monasterio versatum esse una cum Rustico, qui anno 430. ad Narbonensem Episcopatum assumptus fuit, ambosque simul Presbyteros Massiliæ ministrasse. Proculo illi celebrarissimo successisse creditur, qui anno adhuc 418. vivebat. De Paulo enim eo qui medius inter utrumque a Guesnæo mira de eo prædicante recensetur, ne verbum quidem extat apud Pseudo-Dextrum. Quapropter a Sammarthanis prætermittitur. Cælestinus certe in Epistola sua VIII. Cal. Augusti anno 428. data Viennensis ac Narbonensis Provinciæ Præsulibus permittit caussam Massiliensis Episcopi, qui fratris sui nece usque eo lætatus fuisse arguebatur, ut interfectori ab ejus cæde redeunti obviam prodiisset. Quid id rei sit nobis non liquet. Necatus quidem fuit Patroclus Arelatensis, at anno 426.

Venerius inter Galliarum Episcopos qui ad beatum Leonem anno 451. scripserunt ordine tertius appellatur: quibus Calend. Februarii anno 452. Leo rescripsit. „ Narrat Gennadius in Catalogo cap. 79. de Musæo Massiliensis Ecclesiæ Presbytero, viro in divinis scripturis docto, & in earum sensibus subtilissima exercitatione limato, lingua quoque scholastico, quod hortatu sancti Venerii Episcopi excerpsit ex sanctis scripturis lectiones totius anni festivis aptas diebus, responsoria, etiam psalmorum capitula tempori & lectionibus congruentia. Quod opus (subdit ille) tam necessarium a lectoribus in Ecclesia probatur; ut expetitum & sollicitudinem tollat & moram, plebique ingerat scientiam, celebritatem, & decorem ". Quo opere videtur originem duxisdedisse Ecclesiastico precum cursui, cui postea Breviarii nomen est inditum. Venerium excepit Eustachius.

MARINUS qui proxime post Venerium a Cælestino appellatur, is forasse est ad quem anno 419. scripserat Bonifacius. Quænam vero fuerit ejus sedes non indicatur. Inde judicare licet Venerium, qui huic præponitur, anno saltem 419. Episcopatu fuisse insignitum.

LEONTIUS ille profecto est celebris Forojuliensium Episcopus, qui anno demum 432. aut 433. obiit.

Commemorant Sammarthani AUXENTIUM Niciensem. At illum sancto Valeriano qui anno 455. superstes adhuc erat, posteriorem.

Narrant iidem AUXONIUM Vivariensem, qui sedem Episcopalem ex urbe Alba a Croco Vandalo, ut ajunt, devastata, Vivariam transtulit. Crocus quidem per Gallias grassabatur imperante Gallieno, ut habet Gregorius Turonensis. At de Vandalis in Gallia ante annum 407. nondum fieri mentio cœperat.

ARCADIUS quidem Venciensis Episcopus fuisse creditur, FILTANIUS vero Aptensis: quippe qui sanctum Castorem exceperit ante annum 426.

ARTICULUS VIII.

Sanctus Prosper scribit adversus Cassianum.

REDUX in Gallias S. Prosper, Epistola Cælestini Pontificis, ut credere promptum est munitus, magna spe animabatur fore ut turbas omnes pondus auctoritatis tantæ comprimeret. Verum hac in occasione expertus est quam id verum esset quod ipse tanta mentis constantia tuebatur, nisi gratia ipsa intus in animis operetur, vanum & irritum esse quidquid præsidii ac luminis aliunde advenerit. Cum ergo Augustini doctrinam ac fidem verbis generalibus tantum laudasset probassetque Cælestinus, *& librorum pro quibus in Epistola Papæ actum est non expressus esset titulus*, nec speciatim libris ab eo novissime scriptis speciale discretumve perhibuisset testimonium; *audebant quidam inferre, quod hinc eos appareat non probatos, & istam in sanctum Augustinum laudationem pro anteriorum scriptorum meritis fuisse collatam*. Sed *præterquam quod talis cavillatio superflua* erat, nulloque nixa fundamento; satis habuissent Augustini discipuli si Semipelagiani, qui proxime editos libros Augustini refutabant, anterioribus ejusdem adversus Pelagianos scriptis acquievissent, & iis quæ prius pro gratia Christiana fuerant scripta consensissent. In his enim eorum errores damnari facile agnitum fuisset. Sed non faciebant: *Sciebant enim*, ut recte observat S. Prosper, *omnia Pelagianis esse contraria*, seu, ut habet alia lectio, omnia Pelagiana, id est, contra Pelagianos directa, sibi esse contraria; & *nihil sibi posse competere ad consequentium resolutionem; si confiterentur in præcedentibus consistere veritatem*. Itaque sublato e vivis Cælestino, anno Domini 432. Augustinum calumniis proscindere, gratiam ab eo male defensam clamitare, *pacemque victricis Ecclesiæ inquietare* non destiterunt, resumptis hostium ejus armis, instauratisque damnatorum querelis ac maxime procacissimis Juliani conviciis.

Ibid.

Cum ii qui immoderatis calumniis libros Augustini contra errorem Pelagianum conditos impetere non quiescebant, essent hujusmodi, *ut nec ordo eorum in Ecclesia, nec ingenia despicienda viderentur, siquidem habentes speciem pietatis in studio, cujus virtutem diffitebantur in sensu, trahebant ad se multos ineruditos, & non habentia spiritum discretionem corda*

tot.

conturbabant ; malum hoc ab occultis parvisque seminibus augebatur quotidie, & ab ortu suo latius longiusque distendebatur. His rebus adductus fuit sanctus Prosper ut eorum conatibus iterum obsisteret, quo illatam tum Augustino, tum reliquis omnibus, ac præcipue Apostolicæ sedis Pontificibus, qui Augustini dogmata sua fecerant, injuriam propulsaret. Quo effectum est ut cautius diligentiusque attenderet quid sentiendum de illis doctrinæ emendatioris patronis, qui censores agebant ejus viri, quo duce viginti amplius annis contra inimicos gratiæ Dei Catholica acies pugnare & vincere consueverat.

Unius potissimum definitiones, quem non dubium erat illis omnibus in sanctarum scripturarum studio præstare, impugnandas suscepit. Quas etiam ob hoc solum in disceptationem assumi oportere credidit, quia utrum ita se haberent non poterat dubitari. Scriptæ enim erant, & auctoris sui editione publicatæ: nec jam, an essent, quærendum erat, sed quid docerent ipsi incumbebat demonstrandum. Illius quidem nomen non exprimit; at dubitat nemo, quin Cassianum fama notissimum, tunc temporis adhuc superstitem significet. Librum ergo edidit, in quo ipsamet Collationis tertiæ-decimæ viri hujus, cujus prænotatio est *De Protectione Dei*, verba referens, errores omnes quibus illa scatet refellit, ostenditque quantum ab Ecclesiæ dogmatis discreparet, & quam ipsum sibi non constaret hujusmodi Opusculum.

De hoc Prosperi nostri opere pro ingenio suo sic loquitur Gennadius in Catalogo cap. 84. qui est de Prospero: „ Legi & librum adversus opuscu„ la, suppresso nomine Cassiani: quæ Ecclesia Dei salutaria probat, ille „ infamat nociva. Revera enim Cassiani & Prosperi de Gratia Dei & „ libero arbitrio sententiæ in aliquibus sibi inveniuntur contrariæ. " Sed frustra est quæ priori allati loci parte de Ecclesiæ sensu profert Gennadius, quem hac in parte Ecclesia ipsa non obscure improbavit. Etenim Concilium Romanum, Gelasio Pontifice, ut quidem creditur, anno 494. habitum, Prosperi scripta probat, Cassiani vero reprobat. Cassiodorus quoque, minime parcus licet Cassiani laudator, dum ad ejus lectionem Monachos alumnos suos cohortatur, eosdem tamen admonitos vult, illum caute admodum legendum in his quæ habet de libero arbitrio, de quo fuerat a beato Prospero merito redargutus. Idem laudibus ornat Episcopum quemdam qui Cassiani libros emendaverat, ipse quoque novis curis simili labore perfunctus fuisse narratur. De hoc vero quod ait Gennadius, sugillans plane Prosperum quod adversus Cassianum scripserit, cujus opera falso jactat ab Ecclesia Catholica esse probata: „ Quænam ista „ est, inquit Baronius, locum Gennadii confutans, Ecclesia Dei, quæ ut „ Catholica probat Cassiani opuscula? Certe non dicenda Catholica, sed „ Pelagianorum Ecclesia ". Non æquo animo fert Labbeus si quis societatis suæ scholam Cassiano adversus Prosperum favere dixerit. In congregationibus de auxiliis hoc inter utrimque contendentes sine ulla controversia convenit, ab Ecclesia rejici ac reprobari Cassiani opiniones. Ad damnandum eum conditi sunt non pauci Arausicanæ Synodi Canones.

Concludit Prosper his verbis memoratu quam maxime dignis: *Sufficienter, ut arbitror demonstratum est, reprehensores sancti Augustini & vana objicere, & recta impugnare, & prava defendere; peremptoriamque armis intestinum bellum moventes, dictis divinis; atque humanis constitutionibus rebellare. Quorum tamen, dum adhuc non sunt a fraterna societate divisi, toleranda magis est intentio, quam desperanda correctio: ut donec Dominus per Ecclesiæ principes, & legitimos judiciorum suorum ministros, hæc quæ per paucorum superbiam, & quorumdam imperitiam sunt*

fac-

turbata componat; nobis Deo adjuvante sit studium, quieta modestaque patientia odiis dilectionem reddere, & improrum vitare conflictus; veritatem non deserere, nec cum falsitate certare: semperque a Deo petere ut in omnibus cogitationibus, in omnibus voluntatibus, in omnibus sermonibus atque actionibus nostris ipse teneat principatum, qui dixit se esse principium. . .

ARTICULUS IX.

De aliis S. Prosperi operibus: deque ejusdem Chronico.

QUID rerum egerit Prosper ab anno 432. quo in Cassianum scripsit, ad Pontificatum usque S. Leonis, qui anno 440. inchoatus est, nusquam occurrit. Hoc fortasse temporis intervallo nonnulla quæ etiamnum extant scripta composuit. Utraque hæresis Nestorii & Pelagii ab Ephesina Synodo anno 431. proscripta fuerat, cum Epigramma quoddam
Pag. 111. scripsit Prosper, quod utriusque hæresem Epitaphium appellavit. Nempe in hoc utraque consentiebat, quod altera affirmaret Christum labore ac operibus suis divinitatem consecutum fuisse, altera de justitia fidelium idem prædicaret. Quare ajebat Prosper Nestorianam hæresim, quæ gratiam in capite destruebat, Pelagianæ genitricem, quæ eamdem gratiam in membris ejus evertebat: etsi alio sensu filia dici debere, utpote quæ damnatis demum Pelagianis prodiisset. Hoc idem Epitaphium a Prospero nostro utriusque hæresis tumulo appensum negarat Jo. Garnerius in cap. 7. dissert. 7. ad Marii Mercatoris opera; simile quiddam ænigmati proferri contendens, cum dicitur, alteram hæresim alterius fuisse matrem simul & filiam: quæ ingeniose quidem dicta fatetur, sed vere fuisse negat: hincque probare nititur quod a tertio sæculo per deliria Samosateni Nestoriano errori præludi cœperit: subjicitque dandam eo faciliorem veniam Poetæ nostro, quod ipse quoque Cassianus in eodem peccaverit, & suam in sententiam traxerit Leonem Magnum aliosque postmodum plures eorum auctoritatem secutos. Quibus non obstantibus tale opusculum Prospero asserit Antelmius dissert. 9. in Opera SS. Leonis & Prosperi; tum propter auctoritatem Cassiani & Leonis magni, quibus si hoc licuit serio disserentibus, multo indulgentius Poetæ condonandum, non tam ad historiæ normam loquenti, quam consepultis erroribus laxatis habenis, inflatisque, ut ajunt, tibiis illudenti. Maxime cum hæc utriusque hæreseos comparatio non semel ab eo usurpata deprehendatur; sed & in Chronico ipso narret quod apud Ephesum Nestorius cum hæresi nominis sui, & cum multis Pelagianis, qui cognatum errori suo juvabant dogma, fuerit damnatus: & hanc ipsam utriusque erroris contesserationem Cassiano exprobret
Pag. 131. libri adversus eum scripti cap. 21. *Per hunc virum* (Cælestinum) *etiam Orientales Ecclesiæ gemina peste purgatæ sunt, quando Cyrillo Alexandrinæ urbis Antistiti, ad execrandam Nestorianam impietatem, Apostolico auxiliatus est gladio, quo etiam Pelagiani dum cognatis confœderantur erroribus, iterum prosternerentur.*

Infra pag. [illegible] & Pag. [illegible] in Op. [illegible] Scripsit præter hæc sex supra centum Epigrammata; quæ effata & sententias totidem ex Augustino, ut præfert titulus, depromptas exhibent. Has primum prosa oratione, deinde versibus exprimit. Cum in toto Opusculi hujus decursu Prosperi ingenium facile agnoscitur, tum in eo potissimum quod ex Augustini dictis collectum sit. Ad illud elaborandum ideo accessit, ut mentem sacris loquelis exerceret, cælestique animum pane pasceret.

Nec

Nec nostra hoc opis est (inquit), *sed ab illo sumitur hic ros,*
Qui siccam rupem fundere jussit aquas.
Ut quod in affectum cordis, pietate magistra
Venerit, hoc promat Carmine lata fides.

Quibus verbis præludii instar toti operi appositis, qua mente susceptum a se fuerit opus indicat, & quidquid recti in eo fuerit, quidquid aliqua laude dignum reperiatur, totum illud ad supernum fontem unde effluxerat refluere velle se protestatur. Ibidem.

Videtur quodam in loco, id est, Epigrammatis *65.* & *66.* Eutichianos impugnare, negantes Christi carnem ejusdem cum nostra esse substantiæ. Unde hoc operis sub Chalcedonensis Concilii, anno 451. habiti tempora compositum fuisse non immerito quis colligat: cum Prosperi vitam etiam ulterius produci oporteat, ut postea videbimus.

Aliam insuper edidit Collectionem sententiarum 392. alias 388. ex Augustini operibus, tum iis quæ etiamnum extant, tum iis quæ interciderunt. Illius nonnumquam mentem exprimit potius quam voces refert. Liber ille existimatur esse instar compendii cujusdam Theologici, quod in proprium usum Prosper contexuerat, ut præcipua Augustinianæ doctrinæ capita sibi notiora & magis familiaria redderet. Aliquot ex hoc libro sententiæ inter Arausicani secundi Concilii canones relatæ sunt, & permultæ sub Prosperi nomine citantur a Floro.

Ejus expositio in postremos unum & quinquaginta Psalmos pariter ex Augustino tota ferme excerpta est. Videtur Psalterium integrum simili ratione explanasse, siquidem prætermisso Psalmo 107. remittit ad ea quæ de 56. & 59. dixerat. Ad Psalmum 144. disertis verbis negat duplicem esse in Christo personam: qua de re cum nihil hoc loco dicat Augustinus, manifestum est Nestorii hæresim hic a Prospero refelli: quo fundamento id operis anno citius 434. assignandum putamus. In hoc libro deprehenditur nervosum illud concisumque dicendi genus, quæ propria est Prosperi nota. Ibidem quoque facile animadvertas sanctum virum non in sola circa Christi gratiam doctrina, sed etiam in aliis omnibus capitibus Magni Augustini discipulum.

Aliquantum etiam nomen suum commendavit ex *Chronico*, quod ab Orbe condito, ad sua usque tempora jucunda quadam brevitate deduxit. Eusebii quidem ad annum usque 326. Hieronymi vero ad 378. Chronica secutus. In eo Consules enumerat ab utroque Gemino, annoque Tiberii 15. qui est æræ communis 29. Extabat solum postrema pars hujus Chronici, ea scilicet quam ab anno 378. deductam Hieronymiano Prosper addiderat: anno vero 1657. integrum & absolutum editum est a Philippo Labbeo in primo novæ suæ Bibliothecæ MSS. tomo.

Ad conficiendum *Chronicon* suum Prosper videtur ter accessisse, illiusque tres, ut ita dicamus, editiones adornasse, annis videlicet 433. 445. & 455. Quod ex eo conjicitur, quia in pluribus libris ibidem legitur Chronologiæ totius compendium.

Alterum quidem legitur Chronicon, quod Prospero nonnulli ascribunt. His autem id unum concedi potest, Chronicon illud esse quidem Prosperi nostri, sed ab altero corruptum & depravatum, qui & in historia rudis fuerit & peregrinus, & tam invidus Augustini laudum obtrectator, quam Prosper studiosus illius cultor fuit. Is sub nomine Tironis Prosperi, quo primum appellatus est, licet immerito, a nonnullis interdum citatur.

Re-

Refert Gennadius in Catalogo cap. 87. conditum a Prospero fuisse Cyclum Paschalem, post Theophilum quidem, Eusebium, & Hippolytum, sed ante Victorium, hoc est inter annos 380. & 457. Si ille 84. annorum Cyclus sit anno 382. conditus, ut Bucherio videtur, nullatenus ab Aquitano Prospero, qui anno 453. adhuc scribebat, editus fuit. Sin minus, satis probabile fuerit Prosperum, quem alia nulla ratione designat Gennadius, illum ipsum esse quem quarto ante capite appellarat; præsertim cum eum hujusmodi computationibus operam dedisse indicio sit ejus Chronicon, in quo non semel Cyclum illum 84. annorum commemorat. Neque vero aliunde multum notus est ille Cyclus: quo tamen Ecclesia Romana Leonis Magni ætate usa videtur. Bucherius, licet incertus, ita tamen argumenta deducit, quasi Cyclum illum Prosperi esse abunde perspectum haberet.

ARTICULUS X.

Sanctus Prosper scribit adversus Eutichianos pro S. Leone. Ejus mors. Non fuit Episcopus.

SANCTUS Leo dum in Galliis versaretur anno 440. in summum Pontificem assumptus, inde fortasse Prosperum nostrum una secum abduxit, cujus consiliis uteretur & calamo, interrogantibus consulentibusque Ecclesiis responsa daturus: quemadmodum Damasus Hieronymum ad idem munus adhibuerat. Ait enim Gennadius, Prospero alioqui non satis æquus, Epistolæ quoque Papæ Leonis adversum Eutichen de vera Christi incarnatione ad diversos datæ ab ipso dictatæ creduntur. Quod etiam a Marcellino ad annum 469. eascribitur. Id autem potissimum de celebri illa ad Flavianum Epistola solet intelligi: estque extra dubium omne positum, refragrantibus licet Bellarmino & aliis quibusdam. Potuit autem Prosper illarum litterarum argumenta & quasi materiam suppeditasse, quam recognitam Leo stylo suo & oratione vestierit, venustiore quidem illa & ornatiore quam Prosperi: quamquam hic in id quoque fortasse incubuerit, ut ad Pontificis, cui operam suam præstabat, stylum ac scribendi genus conformaret suum. Hac de caussa ab Adone aliisque sequioris ævi scriptoribus dicitur fuisse LEONIS MAGNI NOTARIUS, seu amanuensis. Fieri enim potest ut illi in scribendis tum Epistolis, tum etiam concionibus famulatus sit. Certe in libro ante 900. annos manu exarato Prosperi nomen præ se fert sermo quartus in die Anniversario Assumptionis Leonis ad Pontificatum, & fortasse alii. Inde existimare licet eum magnam partem sustinuisse eorum quæ gessit in Pelagianos Magnus Leo: videtur Ado pariter illi tribuere quæ a Leone fuerant tum in Eutichianos, tum in Pelagianos scripta; neque huic contradicit Cardinalis Norisius. Illud vero in historia non omissum, quod cum Romæ nonnulli Pelagianam hæresim denuo suscitare conarentur, suamque ea de re mentem ausi essent patefacere, Prosper statim libellos obtulerit tum Leoni adhuc superstiti, tum Imperatoris ministris, perfeceritque ut illorum hominum conatus inanes irritique ceciderint.

Ex iis quæ de Prosperi Chronico diximus, liquet eum adhuc vixisse anno 455. Labbeus insequente anno mortuum propterea putat, quod scribens anno 457. Victorius *virum sanctum ac venerabilem* eum appellet: qua ex re profecto illud elici nequit. Accedit quod Marcellinus anno 463. de Prospero tamquam adhuc superstite mentionem faciat. Illum in id usque tempus vixisse non inficias eunt Norisius & Bucherius, qui multa scripsit in Victorium.

Ila-

Hucusque nihil est a nobis observatum, neque ab ullo veterum quidquam accepimus, unde appareat Prosperum fuisse gradu ac ordine laicis aut monachis superiorem. Volunt tamen recentiores propemodum omnes eum fuisse Episcopum sive Reiensem in Provincia, sive Regiensem in Longobardia. Quibus si opponas a veterum nullo ei datam Episcopi appellationem; reponunt id inde accidisse quod veteribus praecedentibus vix fuerit cognitus. At profecto haec ratio nullius est roboris, sive Gelasium species, sive Gennadium, aut Fulgentium, aut etiam Cassiodorum. Hi omnes viri doctrina insignes, Prosperoque aetate proximi ignorare non potuerunt, an vir tanti nominis fuisset necne Episcopus. Quod ad Victorium attinet, is quidem ea de re silere fortasse diceretur, quod Prosper nonnisi post annum 457. ad Episcopalem dignitatem evectus fuerit.

Illud profecto falsae isti de Prosperi Episcopatu opinioni ortum dedit, quod alter fuerit ejusdem nominis Episcopus Regiensis in Longobardia: quod quidem videtur in dubium revocari vix posse. Siquidem eum Regiensis Ecclesia patronum veneratur, sacrumque ejus corpus asservat in percelebri Abbatia a Comitissa Mathilde instituta: quo tamen ex alia ejusdem urbis Basilica ab ipsomet in honorem S. Apollinaris extructa allatum jam inde a Regis Luitprandi temporibus narratur. Hujus Epitaphium a Vossio refertur, quod ideo compositum fuerat, ut novo inscriberetur tumulo qui propterea constitutus fuerat, quod veterem turris cujusdam ruina comminuisset. At illud Epitaphium in aede Carmelitarum conspici idem affirmat. Habetur apud Surium vita S. Prosperi Regiensis a Flaminio proprii ingenii libidine merisque conjecturis ducto conscripta, ait Labbeus. De ea severius etiam est Norisii judicium. Is censet Prosperum hunc forsitan esse auctorem *libri de Promissionibus & praedictionibus*: cujus rei nullum peculiare suppetit argumentum. Flaminius & Ughellus statuunt eum a S. Leone Episcopum fuisse creatum, annoque 466. mortuum esse. Cujus anni nota e magno forsitan Prospero desumpta fuit: quemadmodum hujus Episcopatum ab altero illo mutuati sunt. Trithemius tamen Prosperum successorem assignat Faventio, qui anno 451. in Concilio Mediolanensi sedit, tamquam antistes Regiensis. Medium inter eos locat Ughellus Elpidium. Porro dies festa S. Prosperi agitur 25. Junii, qua die Magni Prosperi festum celebrari putatur.

De Prospero pariter festus dies recolitur quotannis die 24. Novembris apud Canonicos regulares Gallicanae potissimum congregationis, & in Regali Coenobio S. Victoris Parisiensis, qui dies translationis esse hujus aut alterius Prosperi a nonnullis reputatur.

Qui vero eum Reiensem Episcopum fuisse voluerunt, iis ita sentiendi locum praebuit Prosperi Episcopi nomen, qui Concilii Carpentoractensi & Vasionensi subscripsit: quae quidem Concilia circa annum 442. habita illi finxerunt. Cum vero hodie inter eruditos conveniat, illa anno 527. aut 529. celebrata, Prosper ille qui iis subscripsit, altero longe sit posterior necesse est. Accedit quod Maximus Reiensi Ecclesiae praeerat vivente adhuc Hilario Arelatensi, hoc est ante annum 450. imo ante annum 432. aut 433. ut demonstratum a nobis est. Itaque per multum abest quin Prosper qui anno certe 455. adhuc vivebat fuerit ejus decessor, ut vult Baronius. Ex S. Sidonio ostenditur Faustum, qui sancto Prospero superstes fuit, Maximo successisse. Quare fieri nequit ut Prosper fuerit Episcopus Reiensis.

ARTICULUS XI.

De quibusdam operibus sancto Prospero adscriptis.

NIHIL amplius dicendum videtur, sive de veris indubitatisque Prosperi operibus, sive de aliis quæ illi tribui posse probabilis aliqua ratio suadeat. Superest ut ea commemorentur, quæ quamvis constet ab eo scripta non esse, sub ejus tamen nomine vulgata sunt. Neque ea sunt ignobilia, imo non parvam in Ecclesia auctoritatem consecuta sunt.

Hortatur Cassiodorus ut sanctum Prosperum sedula cura legamus, qui tres libros totius auctoritatis divinæ in centum quinquaginta tribus titulis comprehendit, ad instar piscium quos Evangelica retia de hujus sæculi tempestuosa profunditate traxerunt. Dubitari nequit quin respexerit ad *librum de Promissionibus & prædictionibus Dei*, hodie in partes quinque distributum: quæ quidem divisio ab ipsomet auctore instituta fuerat, qui dum alludit ad centum quinquaginta tres pisces in Evangelio narratos, titulis totidem voluit universa Christi promissa sacris libris consignata concludere; eorumque fidem exhibitam demonstrare. Quoniam vero hæc promissa & ante legem, & sub lege data, sub gratia demum impleta sunt; ideo nonnullis visum est hoc opus appellare *Librum ante legem, sub lege, & sub gratia*. Hujus ex secunda parte locum unum sub beati Prosperi nomine refert Cassiodorus, cujus auctoritate nescimus an adduci nos oporteat ad opus illud alicui Prospero, quisquis tandem ille sit, adscribendum. Ab hac certe opinione propius abest Ludovicus Dupin, quam Josephus Antelmius. Res minime dubia videtur Eminentissimo Norisio, qui Prosperum illum Regiensem Episcopum opinatur. Illud certum, opus de quo agitur non esse Magni Prosperi, cujus elegantiam nec stylo nec ingenio ille scriptor assequitur. Hujus oratio humilis, jejuna & simplex; „ Prosperi loquendi genus abundans, dives viribus, & nervis valens, locuples sententiis ". Satis apparet eum fuisse Africanum: unde mirum videri non debet quod inter complures hæreticorum sectas, Donatistas potissimum, imo Maximianistas appellet, quod Tychonii famosi Donatistæ meminerit, quod res quasdam non vulgares in Africa gestas referat. Ipse adhuc adolescens tunc aderat Carthagine, cum Aurelius Episcopus celeberrimum Cælestis Deæ templum in ea urbe Christo dedicavit, anno fortasse 399. & dum una cum sociis & amicis (ut se adolescentium ætas impatiens circumquaque vertebat), dum curiosi singula quæque pro magnitudine inspicerent, mirum quoddam & incredibile suo testatur aspectui ingestum, hunc nempe titulum æneis grandioribusque litteris in frontispicio templi conscriptum: AURELIUS PONTIFEX DEDICAVIT. Idem Carthagine etiam versabatur eodem quo Aspar V. I. Consul, hoc est anno 431. aut 432. & rei cujusdam stupendæ, quam diligenter enarrat, testis fuit. Neque silentio præterit quemdam specie monachum, qui cum Carthaginem advenisset, quædam signa curationum operari se jactabat, adhibito oleo nescio cujus mortui osse infuso. At ubi se proditum fallacesque suas artes sensit detectas, aufugit.

„ Erat præfatus scriptor in Campania cum sanctus Pontifex Leo Manichæos subverteret, & contereret Pelagianos "; nempe anno circiter 443. Africa videtur expulsus fuisse a Vandalis, expugnata fortasse Carthagine anno 439. cujus rei quodam loco meminit. Non semel eas deplorat calamitates quas ætate sua in populos peccata devocarant, ita ut sacrificia ab exteris conculcata essent, sacraque vasa in Barbarorum principum potestatem devenissent. Is quidem scribebat Valentiniani III. temporibus: sed mortua jam, ut videtur, Placidia, adeoque post annum 450. ante 455. In multis rebus Augustinum sequitur, ejusque testimonia profert nonnumquam. Fatentur Lovanienses, quorum opera Prosper typis excusus prodiit anno 1565. librum istum ab illius phrasi & stylo ac eruditione longe abesse, ejusque textum non paucis in locis corruptum sibi mansisse ac mutilum. Cui vitio nos, quatenus licuit, ope MS. Remigiano-Remensis & editionum veterum mederi conati sumus.

Libri de Vita Contemplativa sub nomine sancti Prosperi passim laudabantur nono seculo, imo jam a medio octavo sæculo, a Chrodogango scilicet Metensi Episcopo. Verum quod a nervosa illa pressaque Prosperi eloquentia valde discrepat laxus quidam & copiose fluens stylus quo libri illi conscripti sunt; hos Juliano Pomerio, qui exeunte quinto sæculo vivebat, esse tribuendos tam validis argumentis demonstravit Jacobus Sirmondus, ut nulla cuiquam hodie ea de re dubitatio supersit.

Contendunt viri sagacitate ingenii & eruditionis laude præstantes, qui libros *de Vocatione omnium gentium* diligenter evolverunt ac scrutati sunt, in iis reperiri nihil quod non optime cohæreat cum doctrina sancti Prosperi, cui & Hincmari judicio, & trium vetustissimorum codicum manu exaratorum auctoritate tribuuntur. Multa etiam in iis habentur illis plane consentanea, quæ a Prospero tum in ceteris operibus, tum in Carmine de Ingratis scripta sunt. Nec repugnat temporis ratio. Cum enim nec confecti sint initio turbarum quas Semipelagiani edidere, & tamen a Gelasio laudentur, velut opus cujusdam Ecclesiæ Magistri, superest ut circa annum 440. editi fuerint. Verum artificiosius composita oratio, & placidius leniusque differendi genus minus congruit cum iis quæ apud Prosperum invenies. Itaque, ut eos omittamus qui hoc opus S. Ambrosio, multo ante illas lites exortas defuncto, gratis perperamque adscripsere, ab aliis tribuitur Hilario Prosperi nostri socio, ab aliis S. Prospero Aurelianensium Episcopo, circa annum 470. Sunt qui existiment opus esse alicujus Africani, ex eorum fortasse numero qui a Genserico pulsi anno 440. in Italiam appulerant.

Quesnellus ostendere nititur hos libros esse sancti Leonis, & id quidem styli similitudine ductus asserit. Ab eo quidem ante Pontificatum editos, at non inscriptos suo nomine. Quo factum est ut eum illorum auctorem esse Gelasius ipse nescierit. Hanc sententiam prolixa disputatione a Quesnello prolatam, proliziori lucubratione impugnavit Antelmius, librosque de quibus agimus Prospero restitutos voluit. Momenta utrimque Collata paucis collegit Ludovicus Dupin, statuitque nihil esse quod Prospero tribuantur illi libri. Eorum si spectetur stylus ac rerum tractandarum ratio, videri quidem inter Leonis opera referendos: nihil afferri posse, quam ob rem ei abjudicentur. Sed nullo quoque argumento certo eidem asseri: quippe quos absque nomine auctoris in lucem prodiisse constet: fierique perfacile potuerit, ut multi tunc temporis & Romæ & aliis in locis fuerint, quorum scribendi ratio Leonis stylum referret ac redoleret. Atque hoc quidem in statu & sita est etiamnum & diu remansura videtur percelebris illa & vulgatissima quæstio. Existimavit Eminentissimus Norisius librorum horum scriptorem in explanandis iis quæ ad gratiam pertinent non aliam solum viam inire ab ea quam Augustinus & Prosper tenuere, sed & de ipsa re ab utroque nonnullis in capitibus dissidere. Reposuit Quesnellus scriptorem illum nullatenus ab Augustini placitis, ab Ecclesia comprobatis & adoptatis, recessisse. Qua in re ab hoc prorsus stare videtur Ludovicus Dupin: qui quæcumque hoc opere continentur satis uberiore analysi comprehendit.

Ita concinit stylus Epistolæ ad Demetriadem, stylo librorum de Vocatione Gentium, ut eidem hactenus auctori utrumque opus merito sit adscri-

[illegible] hist. Pelag. l. 2. pag. [illegible]. [illegible] Dupin. [illegible]

ptum, sive cum Ambrosio datum, sive cum Prospero. Norisius quidem Epistolam ad Demetriadem sancto Prospero adjudicat. Verum alios hujus auctoritas a pristina sententia minime depulit, iisque item ut antea visa est haec Epistola oratione eadem ac stylo exarata, ac libri de Vocatione Gentium; proindeque eidem scriptori tribuenda.

Trith. Script. Eccl. p. [illegible] Dupin. [illegible]

Scribit Trithemius Prosperum alia insuper nonnulla scripsisse: „ librum unum Epistolarum ad diversos: librum unum de viris illustribus: ac de „ captivitate Romae librum unum. Hos vero libros a Trithemio nusquam „ inspectos eo verisimile est, quod eorum initia non subjiciat, ut ceterorum. Alioquin recentior est ille, quam ut ejus testimonio quisquam nitatur. Addit quoque idem: Alia insuper nonnulla scripsisse dicitur; sed „ ad manus nostras non venerunt“. De quibus proinde cum illi nihil suspicari licuerit, nec nobis pariter quidquam augurari est hactenus concessum.

ELEN-

ELENCHUS

Eorum quæ in hoc Primo Tomo continentur.

NOI

RIFORMATORI

DELLO STUDIO DI PADOVA:

AVendo veduto per la fede di revisione, ed approvazione del *P. F. Gio. Tommaso Mascheroni* Inquisitor Generale del Santo Officio di *Venezia*, nel Libro intitolato: *Sancti Prosperi Aquitani Opera Omnia Tomi 2. Stamp.* non vi esser cosa alcuna contro la santa Fede Cattolica, e parimente per attestato del Segretario nostro, niente contro Principi, e buoni costumi, concediamo licenza a *Giuseppe Remondini* Stampator *di Venezia* che possa essere stampato osservando gli ordini in materia di Stampe, e presentando le solite Copie alle Pubbliche Librerie di Venezia, e di Padova.

Dat. li 23. Settembre 1779.

(*PIERO BARBARIGO RIF.*
(*ANDREA TRON CAV. PROC. RIF.*
(*SEBASTIAN FOSCARINI CAV. RIF.*

Registrato in Libro a Carte 417. al Num. 1581.

Davidde Marchesini Segr.

LOCA SCRIPTURÆ

QUÆ EXPLICANTUR

SIVE

A PROSPERO, SIVE AB AUGUSTINO,

Sive ab aliis quorum Opera Prosperianis annexa habentur.

Ibid.

ADMONITIO
IN EPISTOLAM
SANCTI PROSPERI
AD SANCTUM AUGUSTINUM

De reliquiis Pelagianæ hæreseos in Gallia subolescentibus.

CUM sanctus Augustinus majorem vitæ partem in revincendis diversi generis hæreticis insumpsisset: post partam Ecclesiæ ab eo perfectam de Arianis, Manichæis, Donatistisque victoriam; novissime surrexit Pelagiana hæresis gratiæ Dei inimica, quam ipse ab anno 412. scriptis libris de peccatorum remissione & de Baptismo parvulorum, & aliis, annis subsequentibus, ut se se obtulit occasio, strenue debellare non cessavit: quousque pluribus Episcoporum Conciliis summorumque Pontificum decretis damnata, vires amittere, defensorumque numero cœpit decrescere. At vero ultima sanctissimi Doctoris ætate, viri quidam, alias Catholici, sed aut minus eruditi, & in Scripturis, unde doctrinam suam hauserat Augustinus, non satis versati, aut forte minus demisse quam oportuerat de seipsis sentientes, lectis Augustini libris aut turbati, aut etiam scandalizati sunt. Turbas inter Adrumetinos in Africa Monachos, qui Abbati Valentino parebant, excitatas non ægre sedarunt tum liber de Gratia & libero arbitrio, tum alius de Correptione & gratia, qui mentibus eorum obductas dubitationum nubes luce sua dissiparunt.

At perniciem multo majorem Ecclesiæ, apud Gallias præsertim, creavit surculus alius hæresis Pelagianæ, qui tanto latius diffudit sese, atque altiores radices egit, quanto is prima fronte apparuit minus injuriosus in Christi Salvatoris gratiam, quam haud parum quoque amplificare videbatur. Hujus initia quædam prodierant cum novo dogmate Vitalis, viri aliunde Catholici, qui cum esset in Carthaginensi eruditus Ecclesia, præcipuam quamdam doctrinæ sancti Cypriani ejus urbis Episcopi venerationem debebat: a qua illum tamen temere discedere conquerebatur Augustinus. Et Vitalem quidem hæreticum Pelagianum esse sanctus Doctor non credebat: sed minime tam orthodoxum esse audierat, ut nihil illius ad eum transiisset vel in eo relinqueretur erroris. Pelagiani quippe omnia, ut eidem scribit, ad fidelem piamque vitam hominum pertinentia ita tribuunt libero voluntatis arbitrio, ut habenda ex nobis, non a Domino putent esse poscenda: ille autem initium fidei, *ubi est etiam initium bonæ, hoc est, piæ voluntatis, nolebat* donum esse Dei, sed ex nobis nos habere *contendebat,* ut credere incipiamus; *cetera autem religiosæ vitæ bona Deum per gratiam suam jam ex fide petentibus, quærentibus, pulsantibus donare consentiebat. Hunc Vitalis errorem, quem ipsum amplexi sunt qui vocati sunt Semipelagiani, epistola ad eumdem scripta inde potissimum refellit Augustinus, quod Ecclesia preces apud Deum fundat pro infidelibus, ut convertantur, & gratiarum actiones pro iisdem ad fidem conversis rependat; nec non pro fidelibus adhibeat orationes, ut in eo quod esse cœperunt ejus munere perseverent: quæ Epistola ad Vitalem videri potest Adrumetinorum dissensione, ac libris ad eam componendam editis posterior, & ad annum 426. aut 427. revocanda.*

Aug. A. Ep. 217. n. 1.

Ibid. n. 11.

Ibid. n. 15.

Diffusis autem longe lateque posterioribus istis Augustini lucubrationibus, fuerunt Massiliæ aliisque in locis Galliarum non pauci, qui sibi ex imperitia per-

[illegible] suaderent, quidquid suis in Pelagianos libris de vocatione electorum secundum Dei beneplacitum scripserat Augustinus, id totum a Patrum opinione atque Ecclesiæ sententia abhorrere. Illud idem sanctis justa ac peccatoribus negligentiam torporemque injicere: quia quoquo modo se egerint, non posset aliud erga eos, quam Deus definivit, accidere. Ac proinde ut maxime vera esset illa doctrina, non tamen evulgandam esse: quippe quæ, cum nequaquam esset necessaria, effectus traheret admodum periculosos, necnon cohortantium incitamenta vana cassaque redderet. Quæ sua erat a catholico illo dogmate, unde consecutiones tam odiosas colligebant, abalienatio, eos in celebres Semipelagianorum (quippe hoc [illegible] nomen merito suo consecuti sunt) errores impulit. Nam illi prius meliora & magis orthodoxa sentiebant: sed certis regulis ac fundamentis destituti, modo [illegible] huc, modo illuc mentem atque opinionem transferebant. Visum illis initium fidei, & in finem perseverantiam sic esse in nostra potestate, ut non sint dona Dei; aut a Deo nonnisi talem dari perseverantiam, a qua possit homo sua voluntate deficere. Nec deerant etiam qui a Pelagianis semitis adeo non declinabant, ut nullam aliam gratiam, quam rationem liberumque arbitrium, homini nihil prius merenti a Creatore datum, agnoscere viderentur.

Nihilo minus tamen, qui amplectebantur hosce errores, viri erant inter ceteros clari, qui virtutum omnium studio, ac probitatis qua fulgebant opinione, magnam sibi auctoritatem apud simpliciores quosque paraverant. Sed nulli recipiendis Pelagianorum impiis placitis magis obnoxii sunt, nisi ab se ipsis sibi caveant, quam isti; nec fere reperiuntur, qui Dei beneficiis abutantur facilius, illis intumescendo, & sibi ipsis accepta referendo, quam qui pluribus ab eo fuere cumulati. Massiliensium Christi servorum, hoc est, monachorum, magnam partem pestis illa corripuerat: neque ullus est qui ignoret Joannem Cassianum, a quo isthic monasterium constitutum fuerat, hunc eumdem errorem propagasse scriptis suis, ac potissimum Collatione tertia-decima, quam sub annum 426. in [illegible] lucem emisit, uno videlicet anno post quam Valentinianus III. Gallicanos episcopos, qui Pelagii dogmata sectabantur, abdicari expellique jusserat. Ad hæc, auctoritatis non minimum eidem errori hinc accedebat, quod eorum, a quibus defendebatur, nonnulli summo sacerdotii honore, id est, episcopatu nuper obtento præeminebant. Hilarius quoque ipse episcopus Arelatensis, qui Honorato circa finem anni 428. successerat, in ceteris doctrinæ Augustini sectator & admirator, in iis tamen quæ ad prædestinationem spectant, angebatur, ac nonnihil in querelam trahebat, superque hoc cogitata sua cum sancto Doctore conferre cupiebat.

Virorum tam illustrium, tamque in Ecclesia & pietate & dignitate præstantium auctoritas eorum errorem cum sibimetipsis, tum aliis magis periculosum reddebat: debita enim eisdem veneratio & rudes in imitationem pertrahebat, & simul peritiorum linguas inutili silentio cohibebat; ita ut vix reperiretur ullus, qui vel ipsos admoneret, vel errori, quem docebant, occurreret, præter paucos [illegible] perfectæ gratiæ intrepidos amatores. Horum e numero fuere S. Prosper, & Hilarius quidam, alius ab Episcopo Arelatensi; cum ille ordinis esset laicorum; ut infra fusius demonstraturi sumus, in admonitione Epistolæ ejusdem ad S. Augustinum mox secuturæ post illam de qua hic agimus.

Sanctus Prosper autem, qui postea Augustino in defendendæ gratiæ munus ac laborem successit, Aquitanus erat, sermone scholasticus, hoc est, egregie litteratus, & omnino vir tum moribus, tum eloquio & studio clarus, nec sancti Augustini [illegible] notitia indignus: quamvis se ipse tantum ex ordine laicorum fuisse quodam modo indicet, ubi profitetur, minime se parem auctoritati memoratorum Semipelagianorum, a quibus multum & vitæ meritis, & summo sacerdotii honore superabatur. Augustinum numquam viderat, sed tantummodo officiosis salutaverat [illegible] litteris, quas per Leontium Diaconum direxerat, per quem & sancti Antistitis acceperat responsionem: has utriusque ad invicem litteras non superesse amplius meri-

merito deploramus. Verum tamen ille, & Augustini elucubrationum assidua lectione, & superna Dei revelatione edoctus perversissimum esse, negata prædestinatione ac præveniente gratia, dicere, quod initium salutis ex eo qui salvatur, non ex eo fiet qui salvat, quodque voluntas hominis divinæ gratiæ pariat opem, non gratia humanam sibi subjiciat voluntatem: spretis aliorum adversis conatibus, non modo hac in fide perstitit, sed & eamdem contra impugnantes propugnavit, tum sancti Doctoris operibus atque illic allatis Scripturarum testimoniis usus, tum argumentis, quæ per se ipse a positis per Augustinum fundamentis ducebat; pugnans videlicet validis ratiociniis, & nervosis illis assertionibus, quibus idem ipse, juxta Gennadii quoque attestationem, pollebat.

*Inter prima hujus disputationis exordia Massilienses aliquantisper maluerunt vitium imputare suæ tarditati, quam dogma a se non intellectum damnare: immo fuere inter eos nonnulli, qui Augustinum consultum vellent, rogatumque ut lucidiorem atque apertiorem super hoc expositionem daret. At vero contigit Dei miserentis nutu, ut Massiliam per id temporis deferretur liber de * Correptione & gratia, quo libro monachis Adrumetinis ad eadem ipsa, quæ Massiliensibus facessebant negotium, tam plene respondebatur, tamque absolute, ut idem liber ad componendas, quæ in Galliis excitatæ erant, contentionum turbas conscriptus videretur. Verum conspecto libro, qui apostolicam Augustini doctrinam sequebantur, ipsi quidem novum inde lumen & majora ad eam defendendam præsidia traxerunt: alii autem, quorum mentes error ante occupaverat, caligine propria impediti, nihil aliud illic, nisi offensionis adhuc & ardentioris in veritatem odii materiam invenerunt. Opinionem suam vetustatis nomine defendentes, prædestinationis dogma nota novitatis inurebant. Locos Pauli huc pertinentes dicebant a nemine unquam sic intellectos: cumque rogarentur, quonam ipsi modo exponi eos vellent; nullum re vera, qui placeret, sensum sibi occurrere fatebantur; sed de his taceri jubebant, quorum altitudinem nullus attigisset. Sententias Augustini ex operibus ante Pelagianam hæresim ab eo compositis producebant, tamquam suæ ipsorum opinioni plane congruentes. Quin etiam quæ idem ex adversa parte sibi opposuit in libro de Correptione & gratia, hæc omnia pro se isti magna contentione replicabant. At plurimum ipsis displicebat institutum ibidem discrimen inter gratiam quæ Adamo data fuerat, & quæ nobis nunc datur. Denique prædestinationis exemplum nolebant sumi ex parvulis, de quibus nempe alia prius fuisset opinio ipsius quoque Augustini in libris de libero arbitrio.*

Cum autem illorum, quibus spiritus Pelagianæ impietatis sic illudebat, auctoritate premerentur veritatis defensores; compulsi sunt ab sancto Antistite poscere, ut suam ipse auctoritatem illis objiceret. Hac de re duas ad ipsum epistolas scripsit Hilarius, quarum priore, quæ excidit, fortasse referebatur odiosa illa prædicandæ prædestinationis formula, quam ex adversariis objectavit sibi Augustinus. Posteriore vero Hilarius postquam de adversariorum querelis egit, Quidquid, *ait*, pro ea gratia, quam in te pusilli cum magnis miramur, volueris aut valueris, gratissime accipiemus, tamquam a nobis carissima & reverendissima auctoritate decretum. *At significat se Prosperum quoque impulisse ad scribendum proprias in eamdem rem litteras, quas ei cum suis conjunctim dirigit. Et illæ sunt quas hic exhibemus Prosperi litteræ, quarum ille exordio testatur se sancto Doctori, non solo salutandi eum, ut in priore * quadam epistola fecerat, studio, sed etiam fidei, qua Ecclesia vivit, affectu scribere.* Excubante enim, *inquit*, pro universis membris corporis Christi vigilantissima industria tua, & adversus hæreticarum doctrinarum insidias veritatis virtute pugnante, nullo modo mihi verendum putavi, ne onerosus tibi aut importunus essem in eo, quod ad multorum salutem, ac perinde ad pietatem tuam pertinet; cum potius reum futurum esse me crederem, si ea quæ valde perniciosa esse intelligo, ad SPECIALEM PATRONUM FIDEI non referrem. *Et post exposi-*

tam, *quæ in illis Pelagianæ pravitatis reliquiis inerat*, *non mediocrem virulentiam*, *subjicis* : Speramus non solum teneritatem nostram disputationum tuarum præsidio roborandam, sed etiam ipsos, quos meritis atque honoribus claros caligo illius opinionis obscurat, defæcatissimum lumen gratiæ accepturos.

Hæc porro sancti Prosperi Epistola scripta fuit anno 428. aut 429. per id tempus, quo Arelatensi Ecclesiæ præerat Hilarius ex num. 9. Hic vero ex Lerinensi monacho creatus fuit Arelatensis Episcopus post Honoratum, anno 428. aut 429. ineunte denatum. Quippe Honoratus suffectus Patroclo, qui anno 426. juxta Prosperi Chronicum interfectus est, Cathedram Arelatensem, teste Honorato Massiliensi in vita Hilarii Arelatensis, per biennium occupavit.

SANCTI PROSPERI
AQUITANI
AD AUGUSTINUM,

DE RELIQUIIS PELAGIANÆ HÆRESEOS IN GALLIA subolescentibus, deque hujusmodi hominum querelis adversus Prædestinationis & Gratiæ doctrinam, Augustini opusculis, præsertim libro de Correptione & Gratia explicatam

* EPISTOLA.

[illegible marginal note]

Domino beatissimo Papæ, ineffabiliter mirabili, incomparabiliter honorando, præstantissimo patrono, AUGUSTINO PROSPER.

1. Ignotus quidem tibi facie, sed jam aliquatenus, si reminiscaris, animo ac sermone compertus; nam per sanctum fratrem meum Leontium Diaconum misi (a) epistolas & recepi; nunc quoque beatitudini tuæ scribere audeo, non solum salutationis, ut tunc, studio; sed etiam fidei, qua Ecclesia vivit, affectu. Excubante enim pro universis membris corporis Christi vigilantissima industria tua, & adversus hæreticarum doctrinarum insidias veritatis virtute pugnante; nullo modo mihi verendum putavi, ne onerosus tibi, aut importunus essem in eo, quod ad multorum salutem, ac perinde ad pietatem tuam pertinet: cum potius reum futurum esse me crederem, si ea quæ valde perniciosa esse intelligo, ad Specialem Patronum Fidei non referrem.

[illegible marginal note]

2. Multi ergo servorum (b) Christi qui in Massiliensi urbe consistunt, in sanctitatis tuæ scriptis quæ adversus Pelagianos hæreticos condidisti, contrarium putant Patrum opinioni & ecclesiastico sensui, quidquid in eis de vocatione electorum secundum Dei propositum disputasti. Et cum aliquamdiu tarditatem suam culpare maluerint, quam non intellecta reprehendere, quidamque eorum lucidiorem super hoc atque apertiorem beatitudinis tuæ expositionem voluerint postulare; evenit ex dispositione misericordiæ Dei, ut cum * quosdam intra Africam similia moverent, librum * de Correptione & Gratia, plenum divinæ auctoritatis emitteres. Quo in notitiam nostram insperata opportunitate delato, putavimus omnes querelas resistentium sopiendas: quia universis quæstionibus, de quibus consulenda erat sanctitas tua, tam plene illic absoluteque responsum est; quasi hoc specialiter studueris, ut quæ apud nos erant turbata componeres. Recensito autem hoc beatitudinis tuæ libro, sicut qui sanctam atque apostolicam doctrinæ tuæ auctoritatem antea sequebantur, intelligentiores multo instructioresque sunt facti; ita qui persuasionis suæ impediebantur obscuro, aversiores quam fuerant, recesserunt. Quorum tam abrupta dissensio primum propter ipsos metuenda est, ne tam claris, tamque egregiis in omnium virtutum studio viris spiritus Pelagianæ impietatis illudat: (c) deinde ne simpliciores quique, apud quos horum magna est de probitatis contemplatione reverentia, hoc tutissimum sibi æstiment, quod audiunt

* Adrumetinos Monachos. * Habetur tomo Augustini [illegible]

(a) Quatuor MSS. epistolam. Hæc non extat.
(b) Servorum Christi, idest, monachorum, quorum nominatissimus Joannes Cassianus collationum auctor, ipsius Prosperi contra Collatorem libro postea confutatur.
(c) Abest vox hæc, deinde a MSS. Reg. duobus & Colb. sed sana ex lapsu amanuensium, ut patebit legenti locum.

dicunt eos, quorum auctoritatem sine judicio sequantur, asserere.

Massiliensium sententia partim Catholica, partim Pelagiana.

3. Haec enim ipsorum definitio ac professio est: Omnem quidem hominem, Adam peccante, peccasse. Et neminem per opera sua, sed per Dei gratiam regeneratione salvari. Universis tamen hominibus propitiationem quae est in sacramento sanguinis Christi, sine exceptione esse propositam: ut quicumque ad fidem & ad baptismum accedere voluerint, salvi esse possint. Qui autem credituri sunt, quive in ea fide, quae deinceps per Dei gratiam sit juvanda, mansuri sunt, praescisse ante mundi constitutionem Deum, & eos praedestinasse in regnum suum, quos gratis vocatos, dignos futuros electione, & de hac vita bono fine excessuros esse praeviderit. Ideoque omnem hominem ad credendum & ad sperandum divinis institutionibus admoneri, ut de apprehendenda vita aeterna nemo desperet, cum voluntariae devotioni remuneratio sit parata. Hoc autem propositum vocationis Dei, quo vel ante mundi initium, vel in ipsa conditione generis humani, eligendorum & rejiciendorum dicitur facta discretio, ut secundum quod placuit Creatori, alii vasa honoris, alii vasa contumeliae sint creati, & lapsis curam resurgendi adimere, & sanctis occasionem teporis adferre: eo quod in utraque parte superfluus labor sit, si neque rejectus ulla industria possit intrare, neque electus ulla negligentia possit excidere. Quoquo enim modo se egerint, non posse aliud erga eos quam Deus definivit, accidere: & sub incerta spe cursum non posse esse constantem, cum si aliud habeat praedestinantis electio, cassa sit adnitentis intentio. Removeri itaque omnem industriam, tollique virtutes, si Dei constitutio humanas praeveniat voluntates: & sub hoc praedestinationis nomine, fatalem quamdam induci necessitatem; aut diversarum naturarum dici Dominum conditorem, si nemo aliud possit esse quam (a) factus est. (b) Utque brevius ac plenius quod opinantur exponam, quidquid in libro hoc ex contradicentium sensu sanctitas tua sibi opposuit, quidquid etiam in libris contra Julianum ab ipso sub hac quaestione objectum, potentissime debellasti; hoc totum ab illis sanctis intentissime conclamatur. Et cum contra eos scripta beatitudinis tuae validissimis & innumeris testimoniis divinarum Scripturarum instructa proferimus, ac secundum formam disputationum tuarum, (c) aliquid etiam ipsi quo concludantur adstruimus; obstinationem suam vetustate defendunt: & ea quae de epistola apostoli Pauli Romanis scribentis, ad manifestationem divinae gratiae praevenientis electorum merita proferuntur, a nullo unquam ecclesiasticorum ita esse intellecta, ut nunc sentiuntur, affirmant. Cumque ut ipsi ea exponant secundum quorum velint sensum deposcimus, nihil se profitentur invenisse, quod placeat, & de his taceri exigunt, quorum altitudinem nullus attigerit. Eo postremo pervicacia tota descendit, ut fidem nostram aedificationi audientium contrariam esse definiant; ac sic etiam si vera sit, non proferendam: quia & perniciose non recipienda traduntur, & nullo periculo quae intelligi nequeunt conticeantur.

Aliorum sententia magis adhuc Pelagianizans.

4. Quidam vero horum in tantum a Pelagianis semitis non declinant, ut cum ad confitendam eam Christi gratiam, quae omnia praevenit merita humana, cogantur, ne si meritis redditur frustra gratia nominetur; ad conditionem hanc velint uniuscujusque hominis pertinere, in qua eum nihil prius merentem, quia nec existentem, liberi arbitrii & rationalem gratia Creatoris instituat, ut per discretionem boni ac mali, & ad cognitionem Dei, & ad obedientiam mandatorum ejus possit suam dirigere voluntatem, atque ad hanc gratiam, qua in Christo renascimur, pervenire, per naturalem scilicet facultatem, petendo, quaerendo, pulsando; ut ideo accipiat, ideo inveniat, ideo introeat, quia bono naturae bene usus, ad istam salvantem gratiam, initialis gratiae ope meruerit pervenire. Propositum autem vocantis gratiae in hoc omnino definiunt, quod Deus constituerit nullum in regnum suum, nisi per sacramentum regenerationis assumere, & ad hoc salutis donum omnes homines universaliter, sive per naturalem, sive per scriptam legem, sive per evangelicam praedicationem vocari: ut & qui voluerint, fiant filii Dei, & inexcusabiles sint qui fideles esse noluerint: quia justitia Dei in eo sit, ut qui non crediderint pereant; bonitas in eo appareat, si neminem repellat a vita, sed indifferenter universos velit salvos fieri, & in agnitionem veritatis venire. Jam hic proferunt testimonia, quibus divinarum Scripturarum cohortatio ad obediendum incitat hominum voluntates, qui ex libero arbitrio, aut faciant quae jubentur, aut negligant: & consequens putant, ut quia praevaricator ideo dicitur non obedisse, quia noluit, fidelis quoque non dubitetur ob hoc devotus fuisse, quia voluit; & quantum quisque ad malum, tantum habeat facultatis ad bonum; parique momento animum se vel ad vitia, vel ad virtutes movere, quem bona appetentem gratia Dei foveat, mala sectantem damnatio justa suscipiat.

5. Cumque inter haec innumerabilium illis multitudo objicitur parvulorum, qui utique excepto originali peccato, sub quo omnes homines similiter in primi hominis damnatione nascuntur, nullas adhuc habentes voluntates, nullas proprias actiones, non sine Dei judicio secernuntur, ut ante discretionem boni ac mali de usu vitae istius auferendi, alii per regenerationem inter caelestis regni assumantur heredes, alii sine baptismo inter mortis perpetuae transeant debitores: tales ajunt perdi, talesque salvari, quales illos in annis majoribus, si ad activam servarentur aetatem, scientia divina praeviderit. Nec considerant se gratiam Dei, quam comitem, non praeviam humanorum volunt esse meritorum, etiam illis voluntatibus subdere, quas ab ea secundum suam phantasiam, non negant esse praeventas. Sed in tantum quibuscumque commentitiis meritis electionem Dei subjiciunt, ut quia

(a) Ms. Reg. unus, factus sit.
(b) Sic Mss. duo Reg. & Colb. unus, item edit. hujus epistolae tomo 10. operum S. Aug. edit. aliae, Atque ut.
(c) Ms. Reg. unus, aliud etiam.

quia præterita quæ non erant, futura quæ non sint futura confingant; novoque apud illos absurditatis genere, & non agenda præscita sint, & præscita non acta sint. Hanc sane de humanis meritis præscientiam Dei, secundum quam gratia vocantis operetur, multo sibi rationabilius videntur adstruere, cum ad earum nationum

Act. 14. 15. contemplationem venitur, quæ vel in præteritis sæculis dimissæ sunt ingredi vias suas, vel nunc quoque adhuc in veteris ignorantiæ impietate depereunt, nec ulla eis aut Legis aut Evangelii illuminatio coruscavit; cum tamen, in quantum prædicatoribus ostium apertum est, & via

Is. 9. 2. Matth. 4. 16. Osee 2. 24. & Rom. 9. 26. facta est, gentium populus qui sedebat in tenebris & in umbra mortis, lucem viderit magnam; & qui quondam non populus, nunc autem populus Dei sit; & quorum aliquando non misertus est, nunc autem misereatur: prævisos inquiunt a Domino credituros, & ad unamquamque gentem ita dispensata tempora ac ministeria magistrorum, ut exortura erat bonarum credulitas voluntatum. Nec vacillare illud,

1. Tim. 2. 4. quod *Deus omnes homines velit salvos fieri, & in agnitionem veritatis venire*: quandoquidem inexcusabiles sint, qui & ad unius veri Dei cultum potuerint instrui intelligentia naturali; & Evangelium ideo non audierint, quia nec fuerint recepturi.

6. Pro universo autem humano genere mortuum esse Dominum nostrum Jesum Christum, & neminem prorsus a redemptione sanguinis ejus exceptum, etiamsi omnem hanc vitam alienissima ab eo mente pertranseat: quia ad omnes homines pertineat divinæ misericordiæ sacramentum: quo ideo plurimi non renoventur, quia quod nec renovari velle habeant prænoscantur. Itaque quantum ad Deum pertinet, omnibus paratam vitam æternam: quantum autem ad arbitrii libertatem, ab his eam apprehendi, qui Deo sponte crediderint, & auxilium gratiæ merito credulitatis acceperint. In istam vero talis gratiæ prædicationem hi, quorum contradictione offendimur, cum prius meliora sentirent, ideo se vel maxime contulerunt; quia si profiterentur ab ea omnia bona merita præveniri, & ab ipsa ut possint esse donari; necessitate concederent, Deum secundum propositum & consi-

Rom. 9. 21. lium voluntatis suæ, occulto judicio, & opere manifesto, aliud vas condere in honorem, aliud in contumeliam; quia nemo nisi per gratiam justificatur, & nemo nisi in prævaricatione nascitur. Sed refugiunt illud fateri, divinoque adscribere operi sanctorum merita formidant; nec acquiescunt prædestinatorum electorum numerum nec augeri posse, nec minui; ne locum apud infideles ac negligentes cohortantium incitamenta non habeant, ac superflua sit industriæ ac laboris indictio, cujus studium cessante electione frustrandum sit. Ita demum enim posse unumquemque ad correctionem, aut ad profectum vocari, si se sciat sua diligentia bonum esse posse, & libertatem suam ob hoc Dei auxilio juvandam, si quod Deus mandat, elegerit. Ac sic cum in his qui tempus acceperunt liberæ voluntatis, duo sint quæ humanam operentur salutem, Dei scilicet gratia, & hominis obedientia; priorem volunt obedientiam esse quam gratiam, ut initium salutis ex eo qui salvatur, non ex eo credendum sit stare qui salvat; & voluntas hominis divinæ gratiæ sibi pariat opem, non gratia sibi humanam subjiciat voluntatem.

7. Quod cum perversissimum esse revelante Dei misericordia, & instruente nos tua beatitudine noverimus; possumus quidem ad non credendum esse constantes, sed ad auctoritatem talia sentientium non sumus pares: quia multum nos & vitæ meritis antecellunt, & aliqui eorum adepto nuper (a) summo sacerdotii honore supereminent: nec facile quisquam, præter paucos perfectæ gratiæ intrepidos amatores, tanto superiorum disputationibus ausus est contraire. Ex quo non solum his qui eos audiunt, verum etiam ipsis qui audiuntur, cum dignitatibus crevit periculum; dum & multos reverentia eorum aut inutili cohibet silentio, aut incautos ducit assensu; & saluberrimum ipsis videtur, quod pene nullius contradictione reprehenditur. Unde (b) quis in istis Pelagianæ pravitatis reliquiis non mediocris virulentiæ fibra nutritur, si principium salutis male in homine collocatur; si divinæ voluntati impie voluntas humana præfertur, ut ideo quis adjuvetur quia voluit, non ideo quia adjuvatur velit; si originaliter malus (c) acceptionem boni non a summo bono, sed a semetipso inchoare male creditur; si aliunde Deo placetur, nisi ex eo quod ipse donaverit: tribue nobis in hac causa, Papa beatissime, pater optime, quantum juvante Domino potes, diligentiam pietatis tuæ, ut quæ in istis quæstionibus obscuriora (d), & ad percipiendum difficiliora sunt, quam lucidissimis expositionibus digneris aperire.

Reliquiæ illæ Pelagianæ hæreseos quam perniciosæ.

8. Ac primum, quia plerique non putant Christianam fidem hac dissensione violari, quantum periculi sit in eorum persuasione patefacias. Deinde quomodo per istam præoperantem & cooperantem gratiam liberum non impediatur arbitrium. Tum utrum præscientia Dei ita secundum propositum maneat, ut ea ipsa quæ sunt proposita, sint accipienda præscita: an per genera causarum, & species personarum ista varientur; ut quia diversæ sunt vocationes, in his qui nihil operaturi salvantur, quasi solum Dei propositum videatur existere; in his autem qui aliquid boni acturi sunt, per præscientiam possit stare propositum: an vero uniformiter, licet dividi præscientia a proposito temporali distinctione non possit, præscientia tamen quodam ordine sit (e) subnixa proposito: & sicut nihil sit quorumcumque negotiorum quod non scientia divina prævenerit; ita nihil sit boni, quod in nostram participationem non Deo auctore defluxerit. Postremo quemadmodum per hanc prædicationem propositi Dei, quo fideles fiunt

(a) In MSS. summi.
(b) MSS. Reg. duo & Colb. si in istis.
(c) MS. Reg. unus, acceptionem boni.
(d) Editiones S. Prosperi, hic addunt [illegible]. Absunt a MSS.
(e) MS. Regius unus, adnixa.

qui praedestinati sunt ad vitam aeternam, nemo eorum qui cohortandi sunt impediatur, nec occasionem negligentiae habeant, si se praedestinatos esse desperent. Illud etiam qualiter diluatur, quaesumus patienter insipientiam nostram ferendo demonstres, quod retractatis priorum de hac re opinionibus, pene omnium par invenitur & una sententia, qua propositum & praedestinationem Dei secundum praescientiam receperunt; ut ob hoc Deus alios vasa honoris, alios contumeliae fecerit, quia finem uniuscujusque praeviderit, & sub ipso gratiae adjutorio in qua futurus esset voluntate & actione praescierit.

9. Quibus omnibus enodatis, & multis insuper, quae altiore intuitu ad causam hanc pertinentia magis potes videre, decussis; credimus & speramus, non solum tenuitatem nostram disputationum tuarum praesidio roborandam; sed etiam ipsos, quos meritis atque honoribus claros caligo illius opinionis obscurat, defaecatissimum lumen gratiae recepturos. Nam unum eorum praecipuae auctoritatis & spiritualium studiorum virum, sanctum (a) Hilarium Arelatensem Episcopum, sciat beatitudo tua admiratorem sectatoremque in aliis omnibus tuae esse doctrinae; & de hoc quod in querelam trahit, jam pridem apud sanctitatem tuam sensum suum per litteras velle conferre. Sed quia utrum hoc facturus, aut quo fine sit facturus, incertum est, & omnium nostrum fatigatio, providente hoc praesenti saeculo Dei gratia, in tuae charitatis & scientiae vigore (b) respirat: adde eruditionem humilibus, adde increpationem superbis. Necessarium & utile est etiam quae scripta sunt scribere, ne leve existimetur, quod non frequenter arguitur. Sanum enim putant esse quod non (c) dolet; nec vulnus superducta cute sentiunt: sed intelligant perventurum ad sectionem, quod habuerit perseverantem tumorem. Gratia Dei & pax Domini nostri Jesu Christi coronet te in omni tempore, & ambulantem de virtute in virtutem glorificet in aeternum, Domine Papa beatissime, ineffabiliter mirabilis, incomparabiliter honorande, praestantissime patrone.

(a) Pro Hilario putabant eruditi legendum esse *Honoratum*; sed inspecti MSS. Hilarium omnes ferunt. Hilarius porro iste ex Lirinensi monacho creatus fuit Arelatensis Episcopus post Honoratum, anno 428. aut 429. ineunte demum; Quippe Honoratus successor Patroclo, qui anno 426. juxta Prosperi Chronicon interfectus est, cathedram Arelatensem, teste Honorato Massiliensi in vita Hilarii Arelatensis, per biennium occupavit.

(b) In editis, *sperat*: in uno ms. *spirat*.

(c) In MSS. *quod non dolent, nec vulnus superductum cute sentiunt*.

ADMONITIO
IN EPISTOLAM HILARII
AD SANCTUM AUGUSTINUM

De eodem argumento.

INTER paucos perfectae gratiae intrepidos amatores, qui Gallicanis Presbyteris occurrere auderent, quos Augustini, de Praedestinatione maxime, doctrina in libris posterius scriptis exposita, urebat commovebatque; praeter S. Prosperum, numeravimus & Hilarium quemdam, quem alium ab episcopo Arelatensi, & ordinis laicorum fuisse diximus. Quae nostra opinio licet doctissimos invenerit suffragatores, ne tamen assignantibus hanc elucubrationem Arelatensi Antistiti aliquis supersit scrupulus, non inutile erit hic exhibere lectoribus quae hanc in rem momenta deduxit doctissimus Operum S. Leonis editor & illustrator pag. 359. & sequentibus tomi secundi.

*Tres autem hujus nominis per ea tempora legi Hilarios observat: Hilarium nempe Syracusanum, cujus * Epistola ad Augustinum, & Augustini rescriptum de pluribus gratiae capitibus habentur inter sancti Doctoris Epistolas: alterum qui e Galliis scripsit ad eumdem Augustinum, & Prospero ad propugnandam illius doctrinam socium se adjunxit: tertium denique Arelatensem episcopum. Ex tribus unum conflasse videntur aliqui, de quibus Hincmarus Remensis, in libro de Praedestinatione. Hincmarus ipse Syracusanum quidem ab Arelatensi discernit, at Arelatensem confundit cum Prosperiano: quae est etiam opinio Cardinalis Baronii & Joannis Gerardi Vossii. E contra ego (ait ille) Syracusanum ab Arelatensi & Arelatensem a Prosperiano distinguo cum viris eruditis: Prosperianum vero eumdem esse ac Syracusanum monachum facile mihi persuadeo.*

* Ep. 116. & 117.

Hincmarus lib. de Praedest. cap. 1. p. 14.

Hila-

Hilarium Syracusanum monachum alium esse ab Arelatensi Hilario ex annorum ratione nullo negotio conficitur. Syracusanus enim scripsit ad Augustinum circiter annum Christi 413. vel 414. Nam ante annum 412. ut scripta non credatur epistola sancti Augustini rescribentis, facit mentio judicii contra Celestinum facti apud Carthaginem. Cum vero delata sit in Palæstinam ab Orosio, qui illuc venit vertente tempore, lectaque sit in conventu presbyterorum habito mense Julii anni 415. manifestum est ultra annum 414. differendam non esse Syracusani hujus monachi epistolam. At eo anno Hilarius, qui postea Arelatensis Episcopus, annum ætatis suæ decimum-tertium non excedebat: si quidem mortuus est anno 449. quadraginta & octo annos natus, teste Honorato Massiliensi vitæ ejus scriptore.

Hilarium porro Syracusanum ut eumdem putem cum Prosperiano, seu Prosperi in defensione sancti Augustini socio, ista me movent conjectura. Uterque (si duo sunt) discipulus sancti Augustini fuit, eique in Africa aliquandiu adhæsit. Uterque Pelagianis erroribus adversus. Uterque laicus, ut opinor, monachus. Tenuioris uterque eruditionis circa Ecclesiæ dogmata, de quibus dubitanti similis interrogat Augustinum, ut ex Epistolis eorum constat. Utriusque demum epistolæ stylus non absimilis. Hilarium autem illum Syracusanum dico, non quod Syracusis oriundum putem: si enim idem est cum Prosperiano, Gallus fuisse credendus est. Si quidem hic Massilia, ut opinor, vel ex alia Galliarum civitate scribens, Augustinum parentum suorum nomine salutat; & sub finem Epistolæ hæc addit: Sciat sanctitas tua fratrem meum, cujus maxime caussa hinc discessimus, cum matrona sua ex consensu perfectam Deo continentiam devovisse. *Ex quibus liquet paternam Hilarii familiam in Galliis fuisse. Potuit certe idem Hilarius paternam domum relinquens, occasione alicujus cum fratre suo dissidii, in Africam transfretare, seque discipulum tradere Augustino erudiendum apud Hipponem. Post aliquot annos incessit eum revisendæ patriæ cupido: quam dum repetit, celebriora monachorum Cœnobia lustrare voluit, quæ erat monachorum illius ævi consuetudo. Ad Syracusanum igitur appulit, comitibus nonnullis, ut reor, Hipponensibus civibus vel clericis: quibus de* Syracusano Hipponem re-meantibus, *ut ipse scribit, litteras breves ad Augustinum tradidit, quibus eum de gliscente apud Syracusas Pelagiano dogmate monuit. Demum in patriam reversus, cum Magistri sui doctrinam plurimis exosam in Galliis comperisset, monendum illum existimavit, memor forte id antea ab ipso dum Syracusis ageret, postulasse Augustinum his verbis:* Tu magnum conferes beneficium, si ea quæ illic a sanctis fratribus adversus istorum vaniloquia disseruntur, non me facias ignorare.

Hilarium denique Prosperianum male pro Arelatensi Episcopo accipi clarissime demonstravit nuperus historiæ Pelagianæ scriptor Henricus de Noris. Vel hoc unico argumento res conficitur. Jam tunc Episcopus erat Arelatensis Hilarius, cum alter scripsit ad Augustinum una cum Prospero: at Hilarius iste laicus tantum erat eo tempore, quo suam exarabat Epistolam. Talem enim se prodit ipse his Epistolæ suæ verbis, quibus præcipuos sancti Augustini adversarios designat, ac imprimis Hilarium Arelatensem: Sunt ex parte tales personæ, ut his consuetudine ecclesiastica Laicos summam reverentiam necesse sit exhibere. Quod quidem ita CURAVIMUS Deo juvante servare, ut cum opus fuit non taceremus. *Succinit S. Prosper in Epistola sua ad Augustinum mox edita: Possumus, inquit,* ad credendum esse constantes; sed AD AUCTORITATEM talia sententiarum NON SUMUS PARES: quia multum nos & vitæ meritis antecellunt, & aliqui eorum ADEPTO NUPER SUMMO SACERDOTII HONORE SUPEREMINENT. *Deinde laicus erat iste Hilarius, cum Augustino jam mortuo, ac proinde non ante annum 430. scripsit Celestinus Papa ad Galliarum Episcopos. Prosperum enim & Hilarium filios vocat, non fratres, ut coepiscopos appellari decuisset: nec aliter eosdem compellat sanctus Augustinus initio libri de Prædestinatione sanctorum, quam ut filios.*

At

[Prosper in Chronico. Honoratus Massiliensis in vita S. Hilarii. Constantius presbyt. in vita S. Germani Autissiod. Prosper in Epist. ad S. August. n. 2.]

At Hilarius Arelatensis jam initio anni 429. in Arelatensi cathedra constitutus fuerat post obitum Honorati, qui Patroclo occiso substitutus anno 426. biennio tantum, Honorato Massiliensi teste, episcopatum gessit. Quod adhuc probatur ex vita sancti Germani Autissiodorensis. Hic enim cum anno 429. ut vult Baronius, vel ut alii 430. ex legatione Britannica reversus Arelatem se contulisset; Illustrabatur eo tempore, *ait Constantius,* civitas Hilario sacerdote, multimoda virtute pretioso. *Denique his expressissimis verbis sanctus Prosper Hilarii Arelatensis episcopatum commemorat in Epistola sua:* Unum, *inquit,* eorum praecipuae auctoritatis & spiritualium studiorum virum sanctum Hilarium Arelatensem Episcopum sciat beatitudo tua admiratorem sectatoremque in aliis omnibus tuae esse doctrinae, & de hoc, quod in querelam trahit, jam pridem apud sanctitatem tuam sensum suum per litteras velle conferre. *Haec quidem verba,* Arelatensem Episcopum, *irreptitia esse & expungenda censet Cardinalis Baronius cui fere subscribit Vossius.* [Vossius hist. Pelag. lib. 6.] Longe tamen magis placet, *inquit,* si pro *Hilario* scribatur *Honoratus: sicut scriptum dicit a doctissimo Espencaeo, commentariis in Epistolam ad Timotheum, lib. 1. cap. 9.* Quod sive ille, *inquit idem Vossius,* ex manuscriptorum fide, sive ex ingenio fecit, nobis quidem sententiam suam impense probat. *Verum nemini probandam spero hanc emendationem, cui manuscriptorum fides, Chronologiae ratio, verbaque ipsa Prosperi omnino repugnant:* Possumus quidem ad credendum esse constantes &c. *Haec prima ratio distinctionis utriusque Hilarii ex unius Episcopatu petita, quo numquam alter fuit insignitus.*

2. *Longe diversus utriusque Hilarii erga sancti Augustini doctrinam affectus. Arelatensis enim, etsi illius se* admiratorem sectatoremque in aliis omnibus [S. Prosper Ep. ad August.] *profiteretur, ejus tamen de praedestinatione sententiam* in querelam trahebat; *& unus erat eorum* quos caligo illius opinionis, *qua Augustiniana adversabatur,* obscurabat. *Hilarius autem Prosperi socius doctrinae * sancti Augustini in omnibus addictissimus erat, ut ipse de se testatur his verbis:* [* Hilarius Ep. ad Aug. num. 10.] Nolo autem sanctitas tua sic me arbitretur haec scribere, quasi de iis quae nunc edidisti ego dubitem .... Ceterum hac suspicione in tantum careo, ut potius infirmitatem meam, qua tales parum patienter fero, notabilem putem. *Inter eos porro, quos moleste ferebat, ipsum Arelatensem episcopum fuisse dubium non est, cum etsi ejus nomen non exprimat, cum tamen iisdem coloribus depingat quibus & S. Prosper:* Sed plane, *inquit,* illud tacere non debeo, quod se dicant tuam sanctitatem, hoc excepto, in factis & dictis omnibus admirari. *En Hilarium Arelatensis Ecclesiae Praesulem, quem S. Prosper supra dicebat* admiratorem sectatoremque in aliis omnibus *Augustinianae doctrinae, excepta quaestione,* quam in querelam trahebat.

3. *Prosperi socius auctor fuit eidem Prospero, ut ad sanctum Augustinum scriberet, ejusque litteras suis conjunctas misit in Africam, quemadmodum ipse narrat in fine suae Epistolae; ubi & alias commemorat superius a se scriptas ad eumdem Augustinum, quicum necessitudo frequensque commercium intercessisse videtur. E contra vero eodem tempore scribit sanctus Prosper, Hilario Arelatensi jam olim in mentem venisse ut Episcopum Hipponensem litteris conveniret, sensum suum cum ejus doctrina collaturus: incertum tamen sibi esse utrum id esset praestiturus. Quod omnino sufficit ut unus ab altero diversus demonstretur. Prior enim Augustino familiaris fuit, posterior nequaquam.*

[num. 10.] 4. *Hilarius Prosperi commilito olim Augustini lateribus adhaeserat, ejusque doctrinae lacte aliquandiu in Africa fuerat enutritus: hoc enim ipse significat:* Sufficiat, *inquit,* mihi poena mea, quod a praesentiae tuae deliciis exulatus, ubi salubribus tuis uberibus nutriebar, non solum absentia tua crucior, verum etiam pervicacia quorumdam. *Arelatensis vero Hilarius numquam in Africam peregrinatus est. Ex ejus enim & ex Honorati vita docemur, hujus studio & opera Hilarium a saeculi deliciis ad monastica vitae institutum traductum, constanter*

ter apud Lerinum perseverasse, quousque, mortuo Honorato, in ejus locum suffectus est triginta nondum annos natus.

His de utriusque Hilarii discrimine elucidatis, jam pene nihil de Epistolæ argumento & occasione disserendum nobis superest: cum abunde pateat ex his quibus Hilarium nostrum laicalis status fuisse, nec Episcopatus Arelatensis fastigio decoratum asseruimus, ipsum diu consuetudinis Augustini deliciis positum, & doctrina ejus salubri lacte nutritum: tunc vero temporis, ut credibile est, patriæ & consanguineorum conspectui redditum, tanta Augustini meritum veneratione prosecutum, ut se magis eundem reputaret. Videtur autem ab Augustini convictu eo consilio discessisse, ut fratris sui conjugali vinculo alligati salutem procuraret. Hoc autem nutu divino factum probavit eventus. Etenim præter susceptam ab eo gratiæ defensionem in Galliis, ipsius frater de consensu uxoris continentiam amplexus est, quam uterque se ad extremum usque spiritum perfecte servaturos Deo voverunt. Nihil quoque, ut dictum est supra, prohibet, quo minus Hilarium hunc existimemus eumdem esse, qui circiter annum 414. e Sicilia epistolam Augustino de erroribus Pelagianorum scripsit. Præter quam quod animo torquebatur ille ob amissam sancti Doctoris sui præsentiam, summo quoque dolore ipsum afficiebat, quod non solum dogmata tam manifesta, quæ idem sanctus tradiderat, respuerentur, sed etiam ab iis qui illa minime caperent reprehenderentur. Quocirca etsi venerationem, quam ex ecclesiastica consuetudine viris ejusmodi superioris ordinis laici debent, religiose exhiberet, tamen oblata occasione non tacebat, sed catholicam doctrinam, pro datis sibi a Deo viribus, tuebatur. Quod quidem præstitit securius feliciusque cum hac Epistola Prosperi Epistola sociata, invicti gratiæ Doctoris stylum ad elaborandos libros de Prædestinatione sanctorum, & de Dono perseverantiæ, utrique directos, & a nobis proxime post Epistolam Hilarii subjiciendos, excitavit. De tempore, quo scripta est & directa ad Augustinum hæcce Epistola, satis constat ex his quæ de S. Prosperi Epistola notata sunt in superiori admonitione, scilicet id contigisse circa annum reparatæ salutis 428. aut 429. quibus litteris susceptis, statim S. Augustinus supradictis libris plenissime respondit.

HILARII AD AUGUSTINUM

De eodem argumento

EPISTOLA*

Domino beatissimo, ac toto affectu desiderando, & multum in Christo suscipiendo patri AUGUSTINO (a) HILARIUS.

* Inter Augustinianas est 226. alias 89. [illegible] S. Prosperi Epistola.

1. *SI cessantibus contradicentium quæstionibus grata sunt plerumque studiosorum inquisitiones, ut etiam illa quæ absque periculo ignorarentur, edissérant: arbitror gratiorem fore sedulitatem nostræ relationis, quæ dum indicat secundum quorumdam professiones quædam adversantia veritati, non tam sibi quam illis, qui turbantur & turbant, per consilium sanctitatis tuæ satagit provideri, Domine beatissime, ac toto affectu desiderande, & multum in Christo suscipiende Pater.*

2. *Hæc sunt itaque quæ Massiliæ, (b) vel aliis etiam locis in Gallia ventilantur. Novum & inutile esse prædicationi, quod quidam secundum*

Massiliensium & aliorum quorumdam in Galliis de prædestinatione sententia.

(a) Hic profecto ab Hilario Arelatensi, qui Augustini de prædestinatione sententiam, sicut S. Prosper in superiori epistola scribit, in quibusdam improbabat, distinguendus est; ipse enim n. 10. his verbis: *Nolo autem sanctitas tua sic me arbitretur hæc scribere, quasi de his quæ nunc edidisti ego dubitem.* Significat præterea studium, se laicum professione deliciis aliquando positum, uberibusque salubritas nutritum fuisse. Deinde se laicum esse, n. 9. indicat: ac profecto Augustinum appellat patrem, ab ipsoque vicissim in subsequenti libro de Prædestinatione sanctorum cap. 1. filius nuncupatur; quæ sane in Arelatensem episcopum minime conveniunt. Hæc vero fusius probata leguntur in Admonitione præfixa huic Epistolæ.

(b) MSS. duo Regii, & Corbeiensis unus, vel etiam aliquibus locis.

dum propositum (a) eligi dicantur, ut id nec arripere valeant nec tenere, nisi credendi voluntate donata. Excludi putant omnem prædicandi vigorem, si nihil quod per (b) eam excitetur, in hominibus remansisse dicatur. Consentiunt omnem hominem in Adam periisse, nec inde quemquam posse proprio arbitrio liberari. Sed id convenienter asserunt veritati, vel congruum prædicationi, ut cum prostratis, & numquam suis viribus surrecturis annuntiatur obtinendæ salutis occasio; eo merito quo voluerint & crediderint, a suo morbo se posse sanari, & ipsius fidei augmentum, & totius sanitatis suæ consequantur effectum. Ceterum ad nullum opus vel incipiendum, nedum perficiendum, quemquam sibi sufficere posse consentiunt: neque enim ulli operi curationis eorum annumerandum putant, exterrita & supplici voluntate unumquemque ægrotum velle sanari. Quod enim dicitur, Crede, & salvus eris, unum horum exigi asserunt, aliud offerri, ut propter id quod exigitur si redditum fuerit, id quod offertur deinceps tribuatur. Unde consequens putant, exhibendam ab eo fidem, cujus naturæ id voluntate Conditoris concessum est; & nullam ita depravatam vel extinctam putant, ut non debeat, vel possit se velle sanari, propter quod vel sanetur quis a suo, vel si noluerit, cum suo ægritudine puniatur. Nec negari gratiam, si præcedere dicatur talis voluntas, quæ tantum medicum quærat, non autem quidquam ipsa jam valeat. Nam illa testimonia, ut est illud, Sicut unicuique partitus est mensuram fidei, & similia, ad id volunt valere, ut adjuvetur qui cœperit velle; non ut etiam donetur ut velit, rejectis ab hoc dono aliis pariter reis, & qui possent similiter liberari, si ea quæ pariter indignis præstatur credendi voluntas, etiam ipsis similiter præstaretur. Si autem, ajunt, dicatur vel talem omnibus remansisse, quæ vel contemnere quis valeat, vel obedire; de compendio putant rationem reddi electorum (c) vel rejectorum, in eo quod unicuique meritum propriæ voluntatis adjungitur.

Rom. 12. 3.

3. Cum autem dicitur eis, quare aliis vel alicubi prædicetur, vel non prædicetur, vel nunc prædicetur quod aliquando pene omnibus, sicut nunc aliquibus gentibus non prædicatum sit: dicunt id præscientiæ esse divinæ, ut eo tempore, & ibi, & illis veritas annuntiaretur, vel annuntietur, quando & ubi prænoscebatur esse credenda. Et hoc non solum aliorum catholicorum testimoniis, sed etiam sanctitatis tuæ disputatione antiquiore se probare testantur; ubi tamen eamdem gratiam non minore veritatis perspicuitate docueris: ut est illud quod dicit sanctitas tua * in quæstione contra Porphyrium, de tempore Christianæ religionis, tunc voluisse hominibus apparere Christum, & apud eos prædicari doctrinam suam, quando sciebat, & ubi sciebat esse, qui in eum fuerant credituri. Vel illud de libro in epistolam ad Romanos, Dicis itaque mihi, Quid adhuc conqueritur? Nam voluntati ejus quis resistit? Cui sane inquisitioni, inquit, sic respondet, ut intelligamus spiritualibus viris, etiam non secundum terrenum hominem viventibus, patere posse prima merita fidei & impietatis, quomodo Deus præsciencia eligat credituros, & damnet incredulos; nec illos ex operibus eligens, nec istos ex operibus damnans, sed & illorum fidei præstans, ut bene operentur, & istorum impietatem deserendo obdurans, ut male operentur. Et iterum in eodem libro superius: Æquales omnes sunt ante meritum, nec potest in rebus omni modo æqualibus electio nominari. Sed quoniam Spiritus sanctus non datur nisi credentibus; non quidem Deus eligit opera quæ ipse largitur, cum dat Spiritum sanctum, ut per charitatem bona operemur; sed tamen eligit fidem, quia nisi quisque credat, & in accipiendi voluntate permaneat, non accipit donum Dei, id est Spiritum sanctum, per quem infusa charitate bonum possit operari. Non ergo eligit opera cujusquam in præscientia quæ ipse donaturus est: sed fidem eligit in præscientia; ut quem crediturum esse præscivit, ipsum (d) elegerit, cui Spiritum sanctum daret, ut bona operando etiam (e) æternam vitam consequeretur. Dicit enim Apostolus, Idem Deus qui operatur omnia in omnibus. Nusquam autem dictum est, Deus credit omnia in omnibus. Quod enim credimus, nostrum est; quod autem operamur, illius. Et cetera in eodem opere, quæ se acceptare & probare testantur, tamquam convenientia evangelicæ veritati.

* Epist. 102. qu. 2.

Rom. 9. 19. In expositione quarumdam propositionum ep. ad Rom. Prop. 60.

Prop. 60.

1. Cor. 12. 6.

4. Ceterum præscientiam, & prædestinationem, vel propositum, ad id valere contendunt, ut eos præscierit, vel prædestinaverit, vel proposuerit eligere qui fuerant credituri. Nec de hac fide posse dici: Quid habes, quod non accepisti? cum in eadem natura remanserit, licet vitiata, quæ prius sana et perfecta donata sit. Quod autem dicit sanctitas tua, neminem perseverare, nisi perseverandi virtute percepta; hactenus accipiunt, ut quibus datur, invicti licet, præcedenti tamen proprio arbitrio tribuatur: quod ad hoc tantum liberum asserunt, ut velit vel nolit admittere medicinam. Ceterum & ipsi abominari se & damnare testantur, si quis quidquam virium in aliquo remansisse, (f) quo ad sanitatem progredi possit, existimet. Nolunt autem ita hanc perseverantiam prædicari, ut non vel suppliciter emereri, vel amitti contumaciter possit. Nec ad incertum voluntatis Dei debitum se volunt, ubi eis, quantum putant, ad obtinendum vel amittendum, evidens est (g) qualecumque initium voluntatis. Illud etiam testimonium quod posuisti, Raptus est ne malitia mutaret intellectum ejus; tamquam non canonicum definiunt omittendum. Unde illam præscientiam sic accipimus, ut propter fidem futuram intelligendi sint præsciti: nec cuiquam (h) talem dari perseverantiam a qua non permittatur prævari-

1. Cor. 4. 7. Tom. de persev. [illegible]

Sap. 4. 11.

(a) Sic ms. Corb. alias [illegible], eligendi.
(b) MSS. Reg. duo & Corb. per eam.
(c) MS. Corb. & rejectorum.
(d) MSS. Reg. duo & Corb. unum, eligeret.
(e) MS. Reg. unus, & etiam vitam æternam: alter, etiam vitam consequeretur.
(f) MS. Reg. quod ad sanitatem.
(g) MSS. Reg. duo & Corb. qualecumque sit.
(h) MS. Regius, nec cuiquam dari perseverantiam, a qua non permittitur.

vinci, sed a quo possit sua voluntate deficere & (a) infirmari.

5. *Asserunt* (b) *inutilem exhortandi consuetudinem, si nihil in homine remansisse dicatur quod correptio valeat excitare: quod quidem inesse naturæ suæ se dicere confitentur, ut hoc ipso quod ignoranti veritas prædicatur, ad beneficium prævenientis gratiæ referendum sit. Nam si sic prædestinati sunt, inquiunt, ad utramque partem, ut de aliis ad alios nullus possit accedere, quo pertinet tanta extrinsecus correptionis instantia, si non ab homine, & si non fides integra, salutem vel dolor compunctæ infirmitatis cietur, aut periculum demonstratæ mortis horretur? Nam si non potest timere quis unde terretur, nisi ex voluntate quæ sumitur; non ex eo* (c) *culpandus quod nunc non vult; sed in eo & cum eo, qui sic aliquando* (d) *noluit, ut eum damnationem cum suis posteris mereretur incurrere, ut numquam recta, semper autem prava vellet appetere. Si autem est qualiscumque dolor qui ad exhortationem correptionis oriatur: hunc ipsum dicunt causam, propter quam vel rejiciatur alius, vel alius assumatur: atque ita non opus esse partes constitui, quibus nec adjiciendum sit aliquid, nec detrahendum.*

Lib. de Corrept. & grat. c. 11. & 12.

6. *Deinde moleste ferunt, ita dividi gratiam, quæ vel tunc primo homini data est, vel nunc* (e) *omnibus datur*, ut ille acceperit perseverantiam, non qua fieret ut perseveraret, sed sine qua per liberum arbitrium perseverare non posset: nunc vero sanctis in regnum per gratiam prædestinatis non tale adjutorium perseverantiæ detur, sed tale ut eis perseverantia ipsa donetur; non solum ut sine illo dono perseverantes esse non possint, verum etiam ut per hoc donum non nisi perseverantes sint. *His verbis sanctitatis tuæ ita moventur, ut dicant quamdam desperationem hominibus exhiberi. Si enim, ajunt, ita Adam adjutus est, ut & stare posset in justitia, & a justitia declinare; & nunc ita sancti juvantur, ut declinare non possint, siquidem eam acceperunt volendi perseverantiam, ut aliud velle non possint; vel sic quidem deseruntur, ut aut non accedant, aut si accesserint, & recedant: ad illam voluntatem pertinuisse dicunt exhortationis vel comminationis utilitatem, quæ & persistendi & desistendi obtinebat liberam potestatem; non ad hanc, cui nolle justitiam inevitabili necessitate conjunctum est; præter illos qui sic connexi sunt his, qui cum universa massa damnati sunt, ut exciperentur per gratiam liberandi. Unde in hoc solo volunt a primo homine omnium differre conditionem, ut illum integris viribus voluntatis, gratia juvaret volentem, sine qua perseverare non poterat; hos autem, amissis & perditis viribus, credentes tantum, non solum erigat prostratos, verum etiam suffulciat ambulantes. Ceterum quidquidlibet donatum sit prædestinatis, id posse & amitti & retineri propria voluntate contendunt. Quod tunc falsum esset, si verum putaretur eos quosdam perseverantiam percepisse, ut nisi perseverantes esse* (f) *non possint.*

7. *Inde est quod & illud pariter non accipiunt, ut eligendorum rejiciendorumque esse definitum numerum* (g) *velint: atque illius sententiæ expositionem, non eam quæ a te est deprompta suscipiunt; id est, ut omnes homines salvos fieri velit, & non eos tantum qui ad sanctorum numerum pertinebant; sed omnes omnino, ut nullus habeatur exceptus. Nec hoc timendum, quod quidam eo invito perire dicantur: sed quemadmodum, ajunt, non vult a quoquam peccari vel deseri justitiam, & tamen jugiter illa deseritur contra ejus voluntatem, committunturque peccata; ita eum* (h) *salvari velle omnes homines, nec tamen omnes homines* (i) *salvari. Testimonia etiam Scripturæ quæ de Saule vel de David posuisti, non pertinere putant ad quæstionem quæ de exhortatione versatur.* (k) *Alia autem ad id referunt, ut ex his eam gratiam accipiant commendari, qua unusquisque post voluntatem juvatur; vel ad ipsam vocationem, quæ præstatur indignis. Hoc enim & illis locis tuorum opusculorum, & aliorum, quæ persequi longum est, se demonstrare testantur.*

Lib. de corrept. & grat. c. 14. & 15.

1. Tim. 2. 4.

1. Reg. 16. 14. 1. Par. 10. 14.

8. *Parvulorum autem causam ad exemplum majorum non patiuntur afferri. Quam & ipsam sanctitatem dicunt eatenus attigisse, ut incertam esse voluerit, & potius de eorum pœnis maluerit dubitari. Quod in libro tertio de Libero arbitrio ita positum meminisse, ut hanc eis occasionem potuerit exhibere. Hoc etiam de aliorum libris, quorum est in Ecclesia auctoritas, faciunt: quod perspicit sanctitas tua non parum posse terrere contradictores, nisi majora, aut certe* (l) *vel paria proferantur a nobis. Non enim ignorat prudentissima pietas tua, quanto plures sint in Ecclesia, qui auctoritate nominum in sententia teneantur,* (m) *aut a sententia transferantur. Ad summam, fatigatis omnibus nobis, ad id* (n) *profectio eorum, vel potius querela convertitur, consentientibus etiam his qui hanc definitionem improbare non audent, ut dicant: Quid opus fuit hujusmodi disputationis incerto tot minus intelligentium corda turbari? Neque enim minus utiliter sine hac definitione, ajunt, tot annis a tot tractatoribus, tot præcedentibus libris & tuis & aliorum, cum contra alios, tum maxime contra Pelagianos, catholicam fidem fuisse defensam.*

Cap. 23.

9. *Hæc, mi pater, & alia interminabiliter plura, ut summa mea tota confitear, per me deferre maluissem; vel, quia hoc non merui, saltem prolixiore tempore omnia, quibus moventur, collecta dirigere; ut quidquid de hoc re-*

(a) Id vetus codex Corb. ad sequentem sententiam sic revocat: *Et infirmari asserunt tam utilem exhortandi consuetudinem.*

(b) MS. Colb. *Asserunt tamen inutilem, &c.*

(c) MSS. tres, *culpandum*; supple, *impetum*.

(d) MS. Reg. unus, *voluit*.

(e) MSS. Reg. duo & Colb. unus, *omnibus datur*.

(f) Apud August. tom. 10. *non possint*.

(g) Plures MSS. *velint*.

(h) MS. Reg. unus, *salvari velle*.

(i) Aliquot MSS. *velle salvari*.

(k) Quidam legunt. *Alii*.

(l) MS. Reg. unus, *aut certe paria*.

(m) MS. Reg. unus, *aut ad sententiam*.

(n) MS. Colb. *profectio*.

contradicitur quatenus refelli, vel, si id non potest, tolerari deberet, audirem: sed quia neutrum ex voto provenit, malui, quomodo potui, hac comprehensa dirigere, quam penitus de tanta quorumdam contradictione reticere. Sunt ex parte tales personae, ut his consuetudine ecclesiastica laicos summam reverentiam necesse sit exhibere. Quod quidem ita curavimus Deo juvante servare, ut cum opus fuit non taceremus, quae (a) *ad quaestionis hujus assertionem exiguitas nostrarum virium suggerebat. Sed nunc summatim, quantum festinatio perlatoris admisit, haec velut commonendo suggessi. Tuae sanctae prudentiae est dispicere quid facto opus sit, ut talium & tantorum superetur, vel temperetur intentio. Cui ego jam parum prodesse existimo te reddere rationem; nisi & addatur auctoritas, quam transgredi infatigabiliter contentiosa corda non possint. Sed plane illud tacere non debeo, quod se dicant tuam sanctitatem, hoc excepto, in factis & dictis omnibus admirari. Tuum erit decernere, quomodo sit in hac eorum contradictio toleranda. Nec mireris quod aliter vel aliqua in hac epistola addidi, quantum puto, quae in superiore non dixeram: talis est enim nunc eorum definitio, praeter illa quae per festinationem aut oblivionem fortasse praeterii.*

* Retractationum libros intelligit.

10. *Libros* *, *cum editi fuerint, quos de universo opere* (b) *tuo molitis, quaeso habere mereamur; maxime ut per eorum auctoritatem, si quae tibi in tuis displicent, a dignitate tui nominis jam non trepidi sequestremur. Librum etiam de Gratia & Libero arbitrio non habemus; superest ut eum, quia utilem quaestioni confidimus, mereamur accipere. Nolo autem sanctitas tua sic me arbitretur haec scribere, quasi de iis quae nunc edidisti, ego dubitem. Sufficiat mihi poena mea, quod a praesentiae tuae deliciis exulans,* * *ubi salubribus tuis uberibus nutriebar, non solum absentia tua crucior, verum etiam pervicacia quorumdam, qui non tantum manifesta respuunt, sed etiam non intellecta reprehendunt. Caeterum hac suspicione in tantum careo, ut potius infirmitatem meam, quae tales parum patienter fero, notabilem putem. Qualiter autem ad haec consulendum judices, ut dixi, tuae sapientiae derelinquo. Nam ad me haec pertinere credidi, pro ea quam Christo vel tibi debeo charitate, ut quae in quaestionem veniunt, non tacerem. Quidquid pro ea gratia, quam in te pusilli cum magnis miramur, volueris aut valueris, gratissime accipiemus, tamquam a nobis carissima, & reverentissima auctoritate decretum. Sane quia urgente perlatore, timui* (c) *ne vel non omnia, vel haec ipsa minus digne, conscius meaurum virium, possem dirigere; egi cum* * *viro, tum moribus, tum eloquio, & studio claro, ut quanta posset collecta suis litteris intimaret; quas conjunctas his destinare curavi. Est enim talis qui etiam praeter hanc necessitatem, dignus tuae sanctitatis notitia judicetur. Sanctus Leontius Diaconus cultor tuus, cum* (d) *meis parentibus multum te salutat. Incolumem meae paternitatem tuam Dominus Christus Ecclesiae suae annis pluribus donare dignetur, Domine Pater.* Et infra: *Sciat sanctitas tua, fratrem meum, cujus maxime caussa hinc discessimus, cum matrona sua ex consensu perfectam Deo continentiam devovisse. Unde rogamus sanctitatem tuam, ut orare digneris, quo hoc ipsum in eis Dominus confirmare, & custodire dignetur.*

* [illegible]

* [illegible]

[illegible]

(a) MS. Reg. omit, *usque ad.*
(b) Abest vox haec, *tuo*, a MSS. tribus.
(c) MS. Reg. omit, *timui ne, vel... posse dirigere.*
(d) MS. Corb. *meis paribus.*

AD-

ADMONITIO
IN LIBRUM PRIMUM
SANCTI AUGUSTINI
HIPPONENSIS EPISCOPI
De Prædestinatione Sanctorum, ad Prosperum & Hilarium.

LIBRI duo qui apud S. Augustinum inscribuntur de Prædestinatione Sanctorum, tanta affinitate connectuntur tum prioribus duabus Epistolis S. Prosperi & Hilarii, tum reliquis omnibus operibus sancti Doctoris nostri, qui fidelissimum sancti Hipponensis Antistitis discipulum & vindicem ubique se exhibuit; ut sicut media tantum pars difficultatum quibus territi Massilienses, aliique Galli S. Augustini doctrinæ usquequaque acquiescere renuerunt, a nobis exposita fuisset, nisi S. Prosperi Epistolam subsecuta esset Hilarii, ejus hac in disputatione commilitonis, ad eumdem Augustinum Epistola: sic frustra, & fortasse non sine aliquo periculo, lectoribus exhibuissemus ejuscemodi difficultatum, quæ istis hominibus videbantur, portenta; nisi statim exhibitis eodem in opere eximiis & invictis sancti Doctoris gratiæ responsionibus, quas hi duo libri complectuntur, fidem orthodoxam omni ex parte sartam & tectam, ut ajunt, curassemus. Aliæ vero etiam subsecutæ S. Prosperi elucubrationes adversus eosdem conscriptæ aliqua sui luce privatæ videri possent: cum hinc occasio sancto Doctori nostro nata sit scribendi contra Semipelagianos, quod duobus libris istis sancti Augustini non convicti, propter pertinaciam, immo sub tanta luce cæcutientes, varias subinde ex his ipsis libris absurditates hausisse se jactarint, quibus sæpius replicatis, tanti Magistri doctrinam in odium majus apud homines, perverso sanctorum ejus dictorum usu, adducere conarentur. Lectis enim sedulo omni acceptione dignissimis libris de Prædestinatione sanctorum, & lux singularis affulget tam præcedentibus quam subsequentibus operibus, & mirus inter sanctum Doctorem gratiæ, humillimumque ejus in omnibus discipulum consensus statim elucescit. Quibus adde quod, cum hocce opus ad Prosperum & Hilarium dirigatur ab ipso doctissimo auctore, a Prosperi fortunis sejungi jure merito non possit.

Augustinus autem quamquam moleste ferebat, quod Catholico dogmati, divinis testimoniis tam multis tamque manifestis confirmato quisquam adversari auderet; Prosperi tamen & Hilarii, virorum, uti diximus, laicorum, quos ipse filios carissimos appellat, studio & pia erga errantes sollicitudine permotus, duos ipsorum nomini, id est, ad Prosperum & Hilarium *scripsit libros, utrosque in vetere Noaliensi codice, in Pratellensi, ac Metensi (ut observarunt doctissimi operum S. Augustini Editores Sangermanenses Monachi) & ab ipso Prospero,* de Prædestinatione sanctorum *nuncupatos: sed posterior tamen jam olim, titulo forsitan per amanuenses mutato,* de Dono perseverantiæ *vocitatur.*

Priore libro monstrat Augustinus, donum Dei esse non solum incrementum, sed ipsum quoque initium fidei. Hac de re se aliter sensisse aliquando, & in opusculis a se nondum episcopo scriptis errasse non diffitetur, & speciatim in illa quam objecerant, Expositione propositionum ex Epistola ad Romanos: at postea convictum se indicat hoc præcipue testimonio, Quid autem habes, quod non accepisti? *quod testimonium de ipsa etiam fide accipiendum probat. Fidem docet inter alia numerandam esse opera, quibus Dei gratiam præveniri negat Apostolus, cum dicit,* Non ex operibus. *Gratia duritiam cordis auferri: & ad*

Chri-

Christum venire omnes qui a Patre docentur ut veniant: quos autem docet, misericordia docere, & quos non docet, judicio non docere. Locum ex sua ipsius epistola 102. *quæst.*2. *de tempore Christianæ religionis, qui a Semipelagianis objiciebatur, posse recte, salva gratiæ ac Prædestinationis doctrina explicari. Observat quid inter gratiam intersit & prædestinationem. Porro prædestinatione Deum ea præscivisse, quæ fuerat ipse facturus. Prædestinationis adversarios, qui ad incertum voluntatis Dei deduci se nolle dicebantur, miratur malle se ipsos infirmitati suæ, quam firmitati promissionis Dei committere. Eosdem hac auctoritate,* Si credideris, salvus eris, *abuti demonstrat. Gratiæ ac prædestinationis veritatem relucere in parvulis qui salvantur, nullis suis meritis discreti a ceteris qui pereunt: non enim inter eos discerni ex præscientia meritorum, quæ, si diutius viverent, fuerant habituri. Ab adversariis illud injuria tamquam non Canonicum testimonium respui, quod in eam rem attulit,* Raptus est ne malitia *&c. Præclarissimum exemplum Prædestinationis & gratiæ esse ipsum Salvatorem, qui ut Salvator & Filius Dei unigenitus esset, nullis præcedentibus vel operum vel fidei meritis comparavit. Prædestinatos vocari certa quadam electorum propria vocatione; eosque ante mundi constitutionem electos esse, non quia credituri præsciebantur & futuri sancti, sed ut tales essent per ipsam electionem gratiæ.*

Observant autem quidam rem ab Augustino libris illis duobus contra adversarios tractatam tanta luce atque energia, ut non tam ingenii vires intendisse, quam divino afflante Spiritu locutus fuisse videatur. Tam eximium opus, eorum quæ post Retractationes perfecte absolvere ipsi licuit, forte ultimum, eximia peroratione vir sanctus exornavit, summam illic animi sui modestiam consignatam relinquens extremis hisce verbis: „ Qui legunt hæc, si intelligunt, gratias „ Deo agant: qui autem non intelligunt, orent ut eorum ille sit doctor interior, a cujus facie est scientia & intellectus. Qui vero errare me existimant, „ etiam atque etiam diligenter quæ sunt dicta considerent, ne fortassis ipsi errent. Ego autem cum per eos, qui meos labores legunt, non solum doctior, „ verum etiam emendatior fio, propitium mihi Deum agnosco: & hoc per Ecclesiæ doctores maxime expecto, si & in ipsorum manus venit, dignanturque „ nosse quod scribo “.

Notavit insuper Bellarminus, præter generalem quam Gelasius Papa, inter alios multos summos Pontifices, sancti Augustini operibus concessit approbationem, specialiter hos libros ab eo probari, cum libros Cassiani, Faustique reprobavit. Sed Gelasii successor Hormisdas, hæc ipsa expressissimis verbis laudavit. Etsi enim non multum faveret Monachis Scythiæ, qui doctrinam S. Augustini contra Faustum tuendam susceperant, hoc tamen caussæ illorum indulget ut dicat, de arbitrio libero & gratia Dei quid Romana, hoc est Catholica sequatur & servet Ecclesia, in variis libris beati Augustini, & maxime ad Prosperum & Hilarium, abunde cognosci posse. *Sed & Concilium Episcoporum in Sardinia exsulum pro Christi deitatis Confessione, hæc Hormisdæ verba citans, ait, præ omnibus libros hosce sancti Augustini iis legendos, qui prædestinationem sanctorum pertinaci animositate impugnant. Quin etiam a Concilio II. Arausicano approbati, ut fuerant jam a Gelasio, dici possunt, iis omnibus canonibus quibus Semipelagianorum errores confodiuntur: in quibus Catholicæ Ecclesiæ expressæ decisiones animadvertere est, a quibus nulli fideli declinare licent, quin prævaricationis crimine teneatur. Quintus horum Canonum totus ex libro de Prædestinatione sanctorum expressus agnoscitur. Unde a Remigio Lugdunensi Episcopo, & aliis noni sæculi auctoribus, in disputationibus citati leguntur. Facundus vero longum ex primo eorum libro locum assumit, quo incomparabilis ille fidei prædicator, virque vere apostolicus, allato Christi Domini exemplo, gratiam non secundum merita dari arguit. Denique ante hos sanctus Fulgentius, adducto ex his libris testimonio, Deum ea tantum quæ ipse facturus sit prædestinasse ostendit. Sed de his satis.*

SAN-

SANCTI AURELII AUGUSTINI
HIPPONENSIS EPISCOPI
DE PRÆDESTINATIONE SANCTORUM
AD PROSPERUM ET HILARIUM.

LIBER PRIMUS.*

* [illegible]

IN quo prædestinationis & gratiæ veritas propugnatur contra Semipelagianos, homines videlicet a Pelagiana hæresi omnino nequaquam recedentes, dum salutis initium ac fidei ex nobis ipsis esse volunt, ut hoc tamquam merito præcedente, cetera bona dono Dei consequamur. Ostendit Augustinus donum Dei esse, non solum incrementum, sed ipsum quoque initium fidei. Hac de re se aliter sensisse aliquando, & in opusculis ante suum episcopatum scriptis errasse non diffitetur, velut in illa quam objectant Expositione propositionum ex epistola ad Romanos. At postea convictum se indicat hoc præcipue testimonio: *Quid autem habes, quod non accepisti?* quod testimonium de ipsa etiam fide accipiendum probat. Fidem inter alia numerandam esse opera, quibus gratiam Dei præveniri negat Apostolus, cum dicit, *Non ex operibus*. Gratia duritiam cordis auferri, & ad Christum venire omnes qui a Patre docentur ut veniant: quos autem docet misericordia docere & quos non docet, judicio non docere. Locum ex ipsius epistola 102. quæst. 2. de tempore Christianæ religionis, qui a Semipelagianis allegatur, posse recte, salva gratiæ ac prædestinationis doctrina explicari. Docet quid inter gratiam intersit & prædestinationem. Porro prædestinatione Deum ea præscivisse, quæ fuerat ipse facturus. Prædestinationis adversarios, qui ad incertum voluntatis Dei deduci se nolle dicuntur, miratur male se ipsos infirmitati suæ, quam firmitati promissionis Dei committere. Eosdem hac auctoritate, *Si credideris, salvus eris*, abuti commonstrat. Gratiæ ac prædestinationis veritatem elucere in parvulis qui salvantur nullis suis meritis discreti a ceteris qui pereunt. Non enim inter eos discerni ex præscientia meritorum, quæ si diutius viverent fuerant habituri. Ab adversariis illud injuria tamquam non canonicum testimonium respui, quod in eam rem attulit, *Raptus est ne malitia*, &c. Præclarissimum exemplum prædestinationis & gratiæ esse ipsum Salvatorem, qui ut Salvator & Filius Dei unigenitus esset, nullis præcedentibus vel operum vel fidei meritis comparavit. Prædestinatos vocari certa quadam electorum propria vocatione, atque ante mundi constitutionem electos esse, non quia credituri præsciebantur & futuri sancti, sed ut tales essent per ipsam electionem gratiæ.

CAPUT PRIMUM.

1. DIxisse quidem Apostolum scimus in Epistola ad Philippenses, *Eadem scribere vobis, mihi quidem non pigrum, vobis autem tutum est*. Idem tamen scribens ad Galatas, cum se satis apud eos egisse perspiceret, quod illis per ministerium sermonis sui necessarium esse cernebat: *De cetero*, inquit, *laborem mihi nemo præstet*: vel, sicut in plerisque codicibus legitur; *nemo mihi molestus sit*. Ego autem quamvis me molestè ferre confitear, quod divinis eloquiis quibus Dei gratia prædicatur, (quæ omnino nulla est, si secundum merita nostra datur,) tam multis manifestisque non ceditur: vestrum tamen studium, fraternamque dilectionem, filii carissimi Prosper & Hilari, qua eos qui tales sunt, ita non vultis errare, ut post tot libros de hac re vel epistolas meas, adhuc me desideretis hinc scribere, tantum amo, quantum non possum dicere; & tantum me amare, quantum debeo, non audeo dicere. Quapropter ecce rescribo vobis, & licet jam non vobiscum, tamen etiam per vos adhuc ago, quod me satis egisse credebam.

Philipp. 3. 1.

Gal. 6. 17.

2. Consideratis enim litteris vestris, videre mihi videor eos fratres, pro quibus geritis piam curam, ne teneant porticam sententiam quæ di-

Virgil. lib. 2. Æneid.
Jer. 17. 5.
Philip. 3. 15.

ctum est, Spes sibi quisque: & in illud incurrunt quod non poetice, sed prophetice dictum est, *Maledictus omnis, qui spem habet in homine*: eo modo esse tractandos, quo tractavit Apostolus, quibus ait, *Et si quid aliter sapitis, hoc quoque vobis Deus revelabit*. Adhuc quippe in quæstione caligant de Prædestinatione sanctorum: sed habent unde si quid aliter in ea sapiunt, hoc quoque illis revelet Deus, si in eo ambulent in quod pervenerunt. Propter quod Apostolus cum dixisset, *Si quid aliter sapitis, hoc quoque vobis Deus revelabit: verumtamen*, inquit, *in quod pervenimus, in eo ambulemus*. Pervenerunt autem illi fratres nostri, pro quibus sollicita est pia charitas vestra, ut credant cum Ecclesia Christi, peccato primi hominis obnoxium nasci genus humanum, nec ab isto malo nisi per justitiam secundi hominis aliquem liberari. Pervenerunt etiam, ut præveniri voluntates hominum Dei gratia fateantur, atque ad nullum opus bonum vel incipiendum vel perficiendum sibi quemquam sufficere posse consentiant. Retenta ergo ista in quæ pervenerunt, plurimum eos a Pelagianorum errore discernunt. Proinde si in eis ambulent, & orent eum qui dat intellectum, si quid de Prædestinatione aliter sapiunt, ipse illis hoc quoque revelabit: tamen etiam nos impendamus eis dilectionis affectum ministeriumque sermonis, sicut donat ille quem rogavimus, ut in his litteris ea quæ illis essent apta & utilia diceremus. Unde enim scimus ne forte Deus noster id per hanc nostram velit efficere servitutem, qua eis in Christi libera caritate servimus?

Ibid. 16.
Quid omnis a Pelagianis discernat.
V. supra initio c. 1. n. 2.

CAPUT II.

Fidei initium etiam est Dei donum.

1. PRius itaque fidem qua Christiani sumus, donum Dei esse debemus ostendere: si tamen diligentius id facere possumus, quam in voluminibus tot tantisque jam fecimus. Sed nunc eis respondendum esse video, qui divina testimonia, quæ de hac re adhibuimus, ad hoc dicunt valere, ut noverimus ex nobis quidem nos habere ipsam fidem, sed incrementum ejus ex Deo: tanquam fides non ab ipso donetur nobis, sed ab ipso tantum augeatur in nobis, eo merito, quo cœpit a nobis. Non ergo receditur ab ea sententia, quam Pelagius ipse in episcopali judicio Palæstino, sicut eadem gesta * testantur, damnare compulsus est, *Gratiam Dei secundum merita nostra dari*; si non pertinet ad Dei gratiam quod credere cœpimus, sed illud potius quod propter hoc nobis additur, ut plenius perfectiusque credamus: ac per hoc, initium fidei nostræ priores damus Deo, ut retribuatur nobis & supplementum ejus, & si quid aliud fideliter poscimus.

* Lib. de Gestis Pelagii, cap. 14.

2. Sed contra hæc cur non potius audimus: *Quis prior dedit ei, & retribuetur illi? quoniam ex ipso & per ipsum & in ipso sunt omnia*. Et ipsum igitur initium fidei nostræ, ex quo, nisi ex ipso est? Neque enim hoc excepto ex ipso sunt cætera: sed *ex ipso, & per ipsum, & in ipso sunt omnia*. Quis autem dicat eum qui jam cœpit credere, ab illo in quem credidit nihil mereri? Unde fit, ut jam merenti cætera dicantur addi retributione divina, ac per hoc gratiam Dei secundum merita nostra dari: quod objectum sibi Pelagius, ne damnaretur, ipse damnavit. Quisquis igitur hanc damnabilem vult ex omni parte vitare sententiam, veraciter intelligat dictum quod Apostolus ait: *Vobis donatum est pro Christo, non solum ut credatis in eum, verum etiam ut patiamini pro eo*. Utrumque ostendit Dei donum, quia utrumque dixit esse donatum. Nec ait, ut plenius & perfectius credatis in eum: sed, *ut credatis in eum*. Nec seipsum misericordiam consecutum dixit ut fidelior, sed ut fidelis esset: quia sciebat non se initium fidei suæ priorem dedisse Deo, & retributum sibi ab illo ejus augmentum; sed ab eo se factum fidelem, a quo & Apostolus factus est. Nam scripta sunt etiam fidei ejus initia, suntque ecclesiastica celebri lectione notissima. Aversus quippe a fide quam vastabat, eique vehementer adversus, repente est ad illam gratia potentiore conversus: convertente illo cui hoc ipsum facturo per Prophetam dictum est, *Tu convertens vivificabis nos*: ut non solum ex nolente fieret volens credere, verum etiam ex persecutore persecutionem in ejus fidei, quam persequebatur, defensione pateretur. Donatum quippe illi erat a Christo, non solum ut crederet in eum, verum etiam ut pateretur pro eo.

Rom. 11. 35.
Philip. 1. 29.
1 Cor. 7. 25.
Act. 9.
Ps. 84. 7.

3. Et ideo commendans istam gratiam, quæ non datur secundum aliqua merita, sed efficit omnia bona merita: *Non quia idonei sumus*, inquit, *cogitare aliquid quasi ex nobismetipsis, sed sufficientia nostra ex Deo est*. Attendant hic, & verba ista perpendant, qui putant ex nobis esse fidei cœptum, & ex Deo esse fidei supplementum. Quis enim non videat, prius esse cogitare quam credere? Nullus quippe credit aliquid, nisi prius cogitaverit esse credendum. Quamvis enim raptim, quamvis celerrime credendi voluntatem quædam cogitationes antevolent, moxque illa ita sequatur, ut quasi conjunctissima comitetur: necesse est tamen ut omnia quæ creduntur, præveniente cogitatione credantur. Quanquam & ipsum credere nihil aliud est, quam cum assensione cogitare. Non enim omnis qui cogitat, credit; cum ideo cogitent plerique, ne credant: sed cogitat omnis qui credit, & credendo cogitat, & cogitando credit. Quod ergo pertinet ad religionem atque pietatem, (de qua loquebatur Apostolus,) si non sumus idonei cogitare aliquid quasi ex nobismetipsis, sed sufficientia nostra ex Deo est: profecto non sumus idonei credere aliquid quasi ex nobismetipsis, quod sine cogitatione non possumus, sed sufficientia nostra qua credere incipimus, ex Deo est. Quocirca sicut nemo sibi sufficit ad incipiendum vel perficiendum quodcumque opus bonum, quod jam isti fratres, sicut vestra scripta indicant, verum esse consentiunt; unde in omni opere bono & incipiendo & perficiendo sufficientia nostra ex Deo est: ita nemo sibi sufficit vel ad incipiendam vel ad perficiendam fidem, sed sufficientia nostra ex Deo est; quoniam fides si non cogitetur, nulla est; & non sumus idonei cogitare aliquid quasi ex nobismetipsis, sed sufficientia nostra ex Deo est.

2 Cor. 3. 5.
Credere est cum assensione cogitare.
Hilar. supra in epist. n. 2.

4. Cavendum est, fratres dilecti a Deo, ne homo se extollat adversus Deum, cum se dicit face-

facere, quod promisit Deus. Nonne fides gentium promissa est Abrahæ, & ille *dans gloriam Deo, plenissime credidit; quoniam quod promisit, potens est & facere?* Ipse igitur fidem gentium facit, qui potens est facere quod promisit. Porro si operatur Deus fidem nostram, miro modo agens in cordibus nostris ut credamus, numquid metuendum est, ne totum facere non possit; & ideo homo sibi primas ejus vindicat partes, ut novissimas ab illo accipere mereatur? Videte si aliud agitur isto modo, nisi ut gratia Dei secundum merita nostra detur quolibet modo, ac sic gratia jam non sit gratia. Redditur namque hoc pacto debita, non donatur gratis: debetur enim credenti, ut a Domino ipsa fides ejus augeatur, & sit merces fidei cœptæ, fides aucta: nec attenditur cum hoc dicitur, non secundum gratiam, sed secundum debitum istam mercedem credentibus imputari. Cur autem non totum tribuatur homini, ut qui sibi potuit instituere quod non habebat, ipse quod instituit augeat, omnino non video: nisi quia resisti non potest divinis manifestissimis testimoniis, quibus & fides, unde pietatis exordium sumitur, donum Dei esse monstratur: quale est illud, quod *unicuique Deus partitus est mensuram fidei*: & illud: *Pax fratribus, & charitas cum fide a Deo Patre & Domino Jesu Christo*: & cætera talia. Nolens ergo his tam claris testimoniis repugnare, & tamen volens a seipso sibi esse quod credit, quasi componit homo cum Deo, ut partem fidei sibi vindicet, atque illi partem relinquat: &, quod est elatius, primam tollit ipse, sequentem dat illi; & in eo quod dicit esse amborum, priorem se facit, posteriorem Deum.

Roman. 4. 20. 21.
Rom. 11. 6.
Rom. 12. 3. Ephes. 6. 23.

CAPUT III.

Lib. 3. ad Quirinum cap. 4.
1. Cor. 4. 7.
Augustinus fatetur se aliquando erravisse [illegible]
* Epist. [illegible]

1. NON sic pius atque humilis doctor ille sapiebat, Cyprianum beatissimum loquor, qui dixit, *In nullo gloriandum, quando nostrum nihil sit*. Quod ut ostenderet, adhibuit Apostolum testem, dicentem, *Quid autem habes quod non accepisti? Si autem & accepisti, quid gloriaris, quasi non acceperis?* Quo præcipue testimonio etiam ipse convictus sum, cum similiter errarem, putans fidem qua in Deum credimus, non esse donum Dei, sed a nobis esse in nobis, & per illam nos impetrare Dei dona, quibus temperanter, & juste, & pie vivamus in hoc sæculo. Neque enim fidem putabam Dei gratia præveniri, ut per illam nobis daretur quod posceremus utiliter, nisi quia credere non possemus, si non præcederet præconium veritatis: ut autem prædicato nobis Evangelio consentiremus, nostrum esse proprium, & nobis ex nobis esse arbitrabar. Quem meum errorem nonnulla opuscula mea satis indicant, ante episcopatum meum scripta. In quibus est illud quod commemorastis in litteris * vestris, ubi est expositio quarumdam propositionum ex Epistola quæ est ad Romanos. Denique cum mea cuncta opuscula retractarem, eamque retractationem stilo persequerer, cujus operis jam duos absolveram libros, ante quam scripta vestra prolixiora sumpsissem, cum ad hunc librum retractandum in primo volumine * pervenissem, sic inde locutus sum: Item disputans, inquam, quid elegerit Deus in nondum nato, cui dixit serviturum esse majorem; & quid in eodem majore similiter nondum nato reprobaverit; de quibus propter hoc commemoratur, quamvis longe postea prolatum, propheticum testimonium: *Jacob dilexi, Esau autem odio habui*; ad hoc perduxi ratiocinationem, ut dicerem, Non ergo elegit Deus opera cujusquam in præscientia, quæ ipse daturus est; sed fidem elegit in præscientia, ut quem sibi crediturum esse præscivit, ipsum elegerit, cui Spiritum Sanctum daret, ut bona operando, etiam æternam vitam consequeretur. Nondum diligentius quæsiveram, nec adhuc inveneram, qualis sit electio gratiæ de qua idem dicit Apostolus, *Reliquiæ per electionem gratiæ salvæ factæ sunt*. Quæ utique non est gratia si eam merita ulla præcedant: ne jam quod datur non secundum gratiam, sed secundum debitum, reddatur potius meritis, quam donetur. Proinde quod continuo dixi, Dicit enim idem Apostolus, *Idem Deus qui operatur omnia in omnibus*; nusquam autem dictum est, Deus credit omnia in omnibus: ac deinde subjunxi, Quod ergo credimus, nostrum est: quod autem bonum operamur, illius est qui credentibus dat Spiritum Sanctum: profecto non dicerem, si jam scirem etiam ipsam fidem inter Dei munera reperiri, quæ dantur in eodem Spiritu. Utrumque ergo nostrum est, propter arbitrium voluntatis; & utrumque tamen datum est per spiritum fidei & charitatis. Neque enim sola charitas; sed, sicut scriptum est; *Charitas cum fide a Deo Patre, & Domino Jesu Christo*. Et quod paulo post dixi, Nostrum est enim credere & velle; illius autem, dare credentibus & volentibus facultatem bene operandi per Spiritum Sanctum, per quem charitas diffunditur in cordibus nostris: verum est quidem; sed eadem regula, & utrumque ipsius est, quia ipse præparat voluntatem, & utrumque nostrum, quia non fit nisi volentibus nobis. Ac per hoc quod etiam postea dixi, Quia neque velle possumus, nisi vocemur; & cum post vocationem voluerimus, non sufficit voluntas nostra, & cursus noster, nisi Deus & vires currentibus præbeat, & perducat quo vocat: ac deinde subjunxi, Manifestum est ergo non volentis neque currentis, sed miserentis Dei esse quod bene operamur: omnino verissimum est. Sed parum de ipsa vocatione disserui, quæ fit secundum propositum Dei: non enim omnium qui vocantur talis est, sed tantum electorum. Itaque quod paulo post dixi; Sicut enim in his quos elegit Deus, non opera, sed fides inchoat meritum, ut per munus Dei bene operentur; sic in his quos damnat, infidelitas & impietas inchoat pœnæ meritum, ut per ipsam pœnam etiam male operentur; verissime dixi, sed fidei meritum etiam ipsum esse donum Dei, nec putavi quærendum esse, nec dixi. Et alio loco; Cujus enim miseretur, inquam, facit eum bene operari; & quem obdurat, relinquit eum ut male operetur: sed & illa mi-

Malach. 1. 2.
Rom. 11. 5.
1. Cor. 12. 6.
Ephes. 6. 23.
Prov. 8. juxta LXX.

serimisericordia praecedenti merito fidei tribuitur, & illa obduratio praecedenti iniquitati. Quod quidem verum est: sed adhuc quaerendum erat, utrum & meritum fidei de misericordia Dei veniat: id est, utrum ista misericordia ideo tantummodo fiat in homine, quia fidelis est; an etiam facta fuerit ut fidelis esset. Legimus enim dicente Apostolo, *Misericordiam consecutus sum, ut fidelis essem*: non ait, quia fidelis eram. Fideli ergo datur quidem, sed data est etiam ut esset fidelis. Rectissime itaque alio loco in eodem libro dixi; Quoniam si non ex operibus, sed misericordia Dei & vocamur ut credamus, & credentibus praestatur ut bene operemur, non est gentibus ista invidenda misericordia. Quamvis minus ibi diligenter de illa, quae per Dei propositum fit vocatione, tractaverim.

1. Cor. 7. 25.

CAPUT IV.

Videtis certe quid tunc de fide atque operibus sentiebam, quamvis de commendanda gratia Dei laborarem: in qua sententia istos fratres nostros esse nunc video, quia non sicut legere libros meos, ita etiam in eis curaverunt proficere mecum. Nam si curassent, invenissent illam quaestionem secundum veritatem divinarum Scripturarum solutam, in primo libro duorum quos ad beatae memoriae Simplicianum scripsi, Episcopum Mediolanensis Ecclesiae, sancti Ambrosii successorem, in ipso exordio episcopatus mei. Nisi forte non eos noverunt: quod si ita est, facite ut noverint. De hoc primo duorum illorum libro, in secundo Retractationum primum locutus sum, qui sermo meus ita se habet: „Librorum, inquam, quos elaboravi Episcopus, primi duo sunt ad Simplicianum Ecclesiae Mediolanensis Antistitem, qui beatissimo successit Ambrosio, de diversis quaestionibus: quarum duas ex epistola Pauli apostoli ad Romanos in primum librum contuli. Harum prior est de eo quod scriptum est; *Quid ergo dicemus? Lex peccatum est? Absit*: usque ad illud ubi ait, *Quis me liberabit de corpore mortis hujus? Gratia Dei per Jesum Christum Dominum nostrum*. In qua illa Apostoli verba: *Lex spiritalis est, ego autem carnalis sum*: & caetera, quibus caro contra spiritum confligere ostenditur, eo modo exposui, tamquam homo describatur adhuc sub lege, nondum sub gratia constitutus. Longe enim postea, etiam spiritalis hominis (& hoc probabilius) esse posse illa verba cognovi. Posterior in hoc libro quaestio est ab eo loco ubi ait; *Non solum autem, sed & Rebecca ex uno concubitu habens Isaac patris nostri*: usque ad illud ubi ait, *Nisi Dominus sabaoth reliquisset nobis semen, sicut Sodoma fuissemus, & sicut Gomorrha similes fuissemus*. In cujus quaestionis solutione laboratum est quidem pro libero arbitrio voluntatis humanae, sed vicit Dei gratia; nec nisi ad illud potuit perveniri, ut liquidissima veritate dixisse intelligatur Apostolus; *Quis enim te discernit? Quid autem habes quod non accepisti? Si autem & accepisti, quid gloriaris, quasi non acceperis?* Quod volens etiam martyr Cyprianus ostendere, hoc totum ipso titulo definivit, dicens, *In nullo gloriandum, quando nostrum nihil sit*. Ecce quare dixi superius, hoc apostolico praecipue testimonio etiam me ipsum fuisse convictum, cum de hac re aliter saperem; quod mihi Deus in hac quaestione solvenda, cum ad episcopum Simplicianum, sicut dixi, scriberem, revelavit. Hoc igitur Apostoli testimonium, ubi ad reprimendam hominis inflationem dixit, *Quid enim habes quod non accepisti?* non sinit quemquam fidelium dicere, Habeo fidem quam non accepi. Reprimitur omnino his apostolicis verbis tota hujus responsionis elatio. Sed ne hoc quidem potest dici: Quamvis non habeam perfectam fidem, habeo tamen ejus initium quo in Christum primitus credidi. Quia & hic respondetur, *Quid autem habes quod non accepisti? Si autem & accepisti, quid gloriaris, quasi non acceperis?*

[illegible]

Lib. 2. Retract. c. 1.

Rom. 7. 7.

Ibid. 24.

Ibid. 14.

Rom. 9. 10.

Ibid. 29.

1. Cor. 4. 7.

CAPUT V.

Illud vero quod putant, *de hac fide ideo non posse dici, Quid enim habes quod non accepisti, quia in eadem natura remansit, licet vitiata, quae prius sana et perfecta donata fuit*; nihil ad id quod volunt valere intelligitur, si cur hoc Apostolus dixerit cogitetur. Agebat enim, ne quisquam gloriaretur in homine; quoniam dissensiones exortae fuerant inter Corinthios Christianos, ita ut unusquisque diceret: *Ego quidem sum Pauli, alius autem, Ego Apollo, alius vero, Ego Cephae*: & inde ventum est, ut diceret: *Stulta mundi elegit Deus, ut confundat sapientes; & infirma mundi elegit Deus, ut confundat fortia; & ignobilia mundi & contemptibilia elegit Deus, & ea quae non sunt tamquam sint, ut quae sunt evacuet; ut non glorietur coram Deo omnis caro*. Hic certe contra humanam superbiam satis clara est Apostoli intentio, ne in homine quisquam glorietur, ac per hoc nec in seipso. Denique cum dixisset, *ut non glorietur coram Deo omnis caro*; ut ostenderet in quo debeat homo gloriari, mox addidit, *Ex ipso autem vos estis in Christo* JESU, *qui factus est nobis sapientia a Deo, & justitia, & sanctificatio, & redemptio; ut quemadmodum scriptum est; qui gloriatur in Domino glorietur*: inde pervenit ista ejus intentio, ut postea increpans dicat, *Adhuc enim carnales estis: cum enim sint inter vos aemulatio & contentio, nonne carnales estis, & secundum hominem ambulatis?* Cum enim quis dicat, *Ego quidem sum Pauli, alius autem, Ego Apollo; nonne homines estis? Quid ergo est Apollo, quid autem Paulus? Ministri per quos credidistis: & unicuique sicut Dominus dedit. Ego plantavi, Apollo rigavit, sed Deus incrementum dedit. Itaque neque qui plantat, est aliquid, neque qui rigat; sed qui incrementum dat Deus*. Videtisne nihil agere Apostolum, nisi ut humilietur homo, & exaltetur Deus solus? Quandoquidem in eis qui plantantur & qui rigantur, nec ipsum plantatorem & rigatorem dicit esse aliquid, sed qui incrementum dat Deum: quamvis & hoc ipsum quod ille plantat, hic rigat, non ipsis, sed Domino tribuat, dicens, *Unicui-*

que

[illegible]

1. Cor. 1. 12.

1. Cor. 1. 27. Ibid. 29.

Ibid. 30.

Jerem. 9. 24.

1. Cor. 3. 3. & seq.

que sicut Dominus dedit, ego plantavi, Apollo rigavit. Hinc ergo in eadem intentione persistens, ad hoc venit ut diceret, *Itaque nemo glorietur in homine*. Jam enim dixerat, *Qui gloriatur in Domino glorietur*. Post hæc & alia nonnulla quæ his connectuntur, ad hoc perducitur eadem ipsa ejus intentio, ut dicat, *Hæc autem, fratres, transfiguravi in me & Apollo propter vos; ut in nobis discatis, ne supra quam scriptum est, unus pro altero inflетur adversus alterum. Quis enim te discernit? Quid autem habes quod non accepisti? Si autem & accepisti, quid gloriaris quasi non acceperis?*

Ibid. 31. 1. Cor. 1. 31.

1. Cor. 4. 6. & 7.

2. In hac Apostoli evidentissima intentione, qua contra humanam superbiam loquitur, ne quisquam in homine, sed in Domino glorietur; dona Dei naturalia suspicari, sive ipsam totam perfectamque naturam, qualis in prima conditione donata est, sive vitiatæ naturæ qualescumque reliquias, nimis, quantum existimo, absurdum est. Numquid enim per hæc dona quæ omnibus communia sunt hominibus, discernuntur homines ab hominibus? Hic autem prius dixit, *Quis enim te discernit?* & deinde addidit; *Quid autem habes quod non accepisti?* Posset quippe dicere homo inflatus adversus alterum, Discernit me fides mea, justitia mea, vel si quid aliud. Talibus occurrens cogitationibus bonus doctor, *Quid autem habes*, inquit, *quod non accepisti?* A quo nisi ab illo qui te discernit ab alio, cui non donavit, quod donavit tibi? *Si autem & accepisti*, ait, *quid gloriaris quasi non acceperis?* Num quæso, agit aliud, nisi ut qui gloriatur, in Domino glorietur? Nihil autem huic sensui tam contrarium est, quam de suis meritis sic quemquam gloriari, tanquam ipse sibi ea fecerit, non gratia Dei, sed gratia quæ bonos discernit a malis, non quæ communis est bonis & malis. Sit ergo gratia naturæ attributa, qua sumus animantia rationalia, discernimurque a pecoribus: sic etiam gratia naturæ attributa, qua in ipsis hominibus a deformibus pulcri, vel ingeniosi discernuntur a tardis, ac si quid ejusmodi est: sed non se ille, quem corripiebat Apostolus, adversus pecora inflabat, nec adversus hominem alterum, de aliquo naturali munere quod inesse posset & pessimo; sed aliquod bonum quod pertineret ad vitam bonam, sibi non Deo tribuens inflabatur, quando audire meruit, *Quis enim te discernit? Quid autem habes quod non accepisti?* Ut enim sit naturæ, fidem posse habere, numquid & habere? *Non enim omnium est fides*: cum fidem posse habere sit omnium. Non autem ait Apostolus, Quid autem potes habere quod non accepisti, ut posses habere? sed ait, *Quid autem habes quod non accepisti?* Proinde posse habere fidem, sicut posse habere charitatem, naturæ est hominum: habere autem fidem, quemadmodum habere charitatem, gratiæ est fidelium. Illa itaque natura in qua nobis data est possibilitas habendi fidem, non discernit ab homine hominem, ipsa vero fides discernit ab infideli fidelem. Ac per hoc ubi dicitur, *Quis enim te discernit? Quid autem habes quod non accepisti?* quisquis audet dicere, Habeo ex meipso fidem, non ergo accepi: profecto contradicit huic apertissimæ veritati: non quia credere vel non credere, non est in arbitrio voluntatis humanæ, sed in electis præparatur voluntas a Domino. Ideo ad ipsam quoque fidem, quæ in voluntate est, pertinet, *Quis enim te discernit? Quid autem habes quod non accepisti?*

Gratia Dei ea credenda est qua boni a malis discernuntur.

2. Thess. 3. 2.

Posse habere fidem vel charitatem, naturæ est hominum; habere autem gratiæ fidelium.

Vide lib. 1. de Prædest. ...

Prov. 8. 35. juxta LXX.

CAPUT VI.

1. MUlti audiunt verbum veritatis: sed alii credunt, alii contradicunt. Volunt ergo isti credere, nolunt autem illi. Quis hoc ignorat? Quis hoc neget? Sed cum aliis præparetur, aliis non præparetur voluntas a Domino; discernendum est utique quid veniat de misericordia ejus, quid de judicio. *Quod quærebat Israel*, ait Apostolus, *hoc non est consecutus, electio autem consecuta est, cæteri vero excæcati sunt: sicut scriptum est, Dedit illis Deus spiritum compunctionis: oculos ut non videant, & aures ut non audiant, usque in hodiernum diem*. Et David dicit, *Fiat mensa eorum in laqueum & in retributionem & in scandalum illis: obscurentur oculi eorum ne videant, & dorsum eorum semper incurva*. Ecce misericordia & judicium: misericordia in electionem quæ consecuta est justitiam Dei; judicium vero in cæteros qui excæcati sunt: & tamen illi quia voluerunt, crediderunt; illi quia noluerunt, non crediderunt. Misericordia igitur & judicium in ipsis voluntatibus facta sunt. Electio quippe ista gratiæ est, non utique meritorum. Superius enim dixerat, *Sic ergo & in hoc tempore, reliquiæ per electionem gratiæ salvæ factæ sunt. Si autem gratia, jam non ex operibus: alioquin gratia jam non est gratia*. Gratis ergo consecuta est quod consecuta est electio: non præcessit eorum aliquid quod priores darent, & retribueretur illis: pro nihilo salvos fecit eos. Cæteris autem qui excæcati sunt, sicut ibi non tacitum est, in retributione factum est. *Universæ viæ Domini misericordia & veritas*. *Investigabiles* sunt autem *viæ ejus*. Investigabiles igitur sunt, & misericordia qua gratis liberat, & veritas qua juste judicat.

Rom. 11. 7.

Isaie 6. 9.

Ps. 68. 23.

Rom. 11. 5.

Ibid. 11. Ps. 55. 8.

Ps. 24. 10. Rom. 11. 33.

CAPUT VII.

SED forsitan dicant: *Ab operibus fidem distinguit Apostolus; gratiam vero non ex operibus esse dicit; non autem dicit, quod non sit ex fide*. Ita vero est: sed ipsam quoque fidem opus Dei dicit esse JESUS, & hoc ut operemur jubet. Dixerunt enim ad eum Judæi, *Quid faciemus, ut operemur opus Dei? Respondit* JESUS, & *dixit illis, Hoc est opus Dei, ut credatis in eum quem misit ille*. Sic ergo distinguit Apostolus ab operibus fidem, quemadmodum in duobus regnis Hebræorum distinguitur Judas ab Israel, cum & ipse Judas sit Israel. Ex fide autem ideo dicit justificari hominem, non ex operibus; quia ipsa prima datur, ex qua impetrentur cætera, quæ proprie opera nuncupantur, in quibus juste vivitur. Nam dicit etiam ipse, *Gratia salvi estis facti per fidem, & hoc non ex vobis, sed Dei donum est*: id est, & quod dixi per fidem, non ex vobis; sed Dei donum est etiam fides. *Non ex operibus*, inquit, *ne forte*

Joan. 6. 29.

Gal. 2. 16. Ex fide justificari dicitur homo, non ex operibus.

Ephes. 2. 8.

Ibidem 9.

ne forte quis extollatur. Solet enim dici, Ideo credere meruit, quia vir bonus erat & ante quam crederet. Quod de Cornelio dici potest, cujus acceptæ sunt eleemosynæ, & exauditæ orationes ante quam credidisset in Christum: nec tamen sine aliqua fide donabat & orabat. Nam quomodo invocabat in quem non crediderat? Sed si posset sine fide Christi esse salvus, non ad eum ædificandum mitteretur architectus apostolus Petrus: quamvis *nisi Dominus ædificaverit domum, in vanum laboraverunt ædificantes eam*. Et dicitur nobis, *Fides est a nobis, cetera a Domino ad opera justitiæ pertinentia*: quasi ad ædificium non pertineat fides: quasi ad ædificium, inquam, non pertineat fundamentum. Quod si in primis & maxime pertinet, in vanum laborat prædicando ædificans fidem, nisi eam Dominus miserando intus ædificet. Quidquid igitur, & ante quam in Christum crederet, & cum crederet, & cum credidisset, bene operatus est Cornelius; totum Deo dandum est, ne forte quis extollatur.

Act. 10. 4.
Rom. 10. 14.
Psal. 126. 1.
Fides ædificii spiritalis fundamentum.

CAPUT VIII.

1. PRoinde ipse unus Magister & Dominus, cum dixisset quæ supra memoravi, *Hoc est opus Dei, ut credatis in eum quem misit ille*; in eodem ipso sermone suo paulo post ait, *Dixi vobis, quia & vidistis me, & non credidistis. Omne quod dat mihi Pater ad me veniet*. Quid est, *ad me veniet*, nisi credet in me? Sed ut fiat, Pater dat. Item paulo post, *Nolite*, inquit, *murmurare invicem: nemo potest venire ad me, nisi Pater qui misit me, traxerit eum: & ego eum resuscitabo in novissimo die. Est scriptum in Prophetis, Et erunt omnes docibiles Dei. Omnis qui audivit a Patre, & didicit, venit ad me*. Quid est, *Omnis qui audivit a Patre & didicit, venit ad me*, nisi, nullus est qui audiat a Patre, & discat, & non veniat ad me? Si enim omnis qui audivit a Patre & didicit, venit; profecto omnis qui non venit, non audivit a Patre, nec didicit: nam si audisset & didicisset, veniret. Neque enim ullus audivit & didicit, & non venit: sed omnis, ut ait Veritas, qui audivit a Patre, & didicit, venit. Valde remota est a sensibus carnis hæc schola, in qua Pater auditur, & docet, ut veniatur ad Filium. Ibi est & ipse Filius, quia ipse est Verbum ejus per quod sic docet; nec agit hoc cum carnis aure, sed cordis. Simul ibi est & Spiritus Patris & Filii: neque enim ipse non docet, aut separatim docet; inseparabilia quippe didicimus esse opera Trinitatis. Et ipse est utique Spiritus sanctus, de quo Apostolus dicit: *Habentes autem eumdem Spiritum fidei*. Sed ideo Patri hoc potissimum est attribuendum, quia de ipso est genitus Unigenitus, & de ipso procedit Spiritus sanctus: unde longum est enucleatius disputare, & de Trinitate, quæ Deus est, laborem nostrum in quindecim libris ad vos jam existimo pervenisse. Valde, inquam, remota est a sensibus carnis hæc schola, in qua Deus auditur & docet. Multos venire videmus ad Filium, quia multos credere videmus in Christum: sed ubi & quomodo a Patre audierint hoc & didicerint non videmus. Nimium gratia ista secreta est: gratiam vero esse quis ambigat? Hæc itaque gratia, quæ occulte humanis cordibus divina largitate tribuitur, a nullo duro corde respuitur. Ideo quippe tribuitur, ut cordis duritia primitus auferatur. Quando ergo Pater intus auditur, & docet ut veniatur ad Filium, aufert cor lapideum, & dat cor carneum, sicut Propheta prædicante promisit. Sic quippe facit filios promissionis & vasa misericordiæ, quæ præparavit in gloriam.

Joan. 6. 29.
Ibid. 36.
Ibid. 44.
Isai. 54. 13.
Schola Dei remota a sensibus.
2. Cor. 4. 13.
In Trinitatis libris 15. Augustini.
Divina gratia cor lapideum aufert. Ezech. 11. 19.

2. Cur ergo non omnes docet, ut veniant ad Christum; nisi quia omnes quos docet, misericordia docet, quos autem non docet, judicio non docet? Quoniam *cujus vult miseretur, & quem vult obdurat*: sed miseretur, bona tribuens; obdurat, digna retribuens. Aut si & ista, ut quidam distinguere maluerunt, verba sunt ejus cui Apostolus ait, *Dicis itaque mihi*: ut ipse dixisse accipiatur, *Ergo cujus vult miseretur, & quem vult obdurat*; & quæ sequuntur, id est, *Quid adhuc conqueritur? nam voluntati ejus quis resistit?* numquid responsum est ab Apostolo, O homo, falsum est quod dixisti? Non; sed responsum est, *O homo, tu quis es, qui respondeas Deo? Numquid dicit figmentum ei qui se finxit, quare sic me fecisti? An non habet potestatem figulus luti ex eadem massa*, & sequentia quæ optime nostis. Et tamen secundum quemdam modum, omnes Pater docet venire ad suum Filium. Non enim frustra scriptum est in Prophetis, *Et erunt omnes docibiles Dei*. Quod testimonium cum præmisisset, tunc subdidit, *Omnis qui audivit a Patre & didicit, venit ad me*. Sicut ergo integre loquimur, cum de aliquo litterarum magistro, qui in civitate solus est, dicimus, Omnes ille hic litteras docet: non quia omnes discunt, sed quia nemo nisi ab illo discit, quicumque ibi litteras discit: ita recte dicimus, Omnes Deus docet venire ad Christum; non quia omnes veniunt, sed quia nemo aliter venit. Cur autem non omnes doceat, aperuit Apostolus quantum aperiendum judicavit: quia *volens ostendere iram, & demonstrare potentiam suam, attulit in multa patientia vasa iræ quæ perfecta sunt in perditionem, & ut notas faciat divitias gloriæ suæ in vasa misericordiæ, quæ præparavit in gloriam*. Hinc est quod *verbum Crucis pereuntibus stultitia est, his autem qui salvi fiunt, virtus Dei est*. Hos omnes docet venire ad Christum Deus, hos enim omnes vult salvos fieri, & in agnitionem veritatis venire. Nam si & illos quibus stultitia est verbum Crucis, ut ad Christum venirent docere voluisset, procul dubio venirent & ipsi. Non enim fallit aut fallitur qui ait, *Omnis qui audivit a Patre & didicit, venit ad me*. Absit ergo ut quisquam non veniat, qui a Patre audivit & didicit.

Cur non omnes docet Pater, ut veniant ad Christum. Rom. 9. 18.
Ibid. 19.
Ibid. 20.
Joan. 6. 45.
Rom. 9. 22.
1. Cor. 1. 18.
1. Tim. 2. 4.

3. *Quare*, inquiunt, *non omnes docet?* Si dixerimus, quia nolunt discere quos non docet, respondebitur nobis, Et ubi est quod ei dicitur, *Deus tu convertens vivificabis nos?* Aut si non facit volentes ex nolentibus Deus, ut quid orat Ecclesia secundum præceptum Domini pro persecutoribus suis? Nam sic etiam voluit intelligi sanctus Cyprianus quod dicimus, *Fiat voluntas tua sicut in cælo & in terra*: hoc est, sicut in eis qui jam crediderunt & tamquam cælum sunt; ita &

Psal. 84. 7.
Matth. 5. 44.
Cyprianus de Orat. Domin.
Matth. 6. 10.

ita & in eis qui non credunt, & ob hoc adhuc terra sunt. Quid ergo oramus pro nolentibus credere, nisi ut Deus in illis operetur & velle? De Judæis certe Apostolus ait, *Fratres, bona voluntas quidem cordis mei, & deprecatio ad Deum pro illis fit in salutem.* Orat pro non credentibus; quid, nisi ut credant? Non enim aliter consequuntur salutem. Si ergo fides orantium Dei prævenit gratiam; numquid eorum fides pro quibus oratur ut credant, Dei prævenit gratiam? Quando quidem hoc pro eis oratur, ut non credentibus, id est fidem non habentibus, fides ipsa donetur. Cum igitur Evangelium prædicatur, quidam credunt, quidam non credunt: sed qui credunt, prædicatore forinsecus insonante, intus a Patre audiunt atque discunt; qui autem non credunt, foris audiunt, intus non audiunt, neque discunt; hoc est, illis datur ut credant, illis non datur. (Joan. 6. 44.) Quia *nemo*, inquit, *venit ad me, nisi Pater qui misit me, traxerit eum.* Quod apertius postea dicitur. Nam post aliquantum, cum de carne sua manducanda & bibendo sanguine suo loqueretur, & dicerent quidam etiam discipulorum ejus, (Ibid. 61.) *Durus est hic sermo, quis potest eum audire? Sciens* JESUS *apud semetipsum, quia murmurarent de hoc discipuli ejus, dixit eis; Hoc vos scandalizat?* (Ibid. 64.) Et paulo post, *Verba*, inquit, *quæ ego locutus sum vobis, spiritus & vita sunt: sed sunt quidam ex vobis qui non credunt.* Et mox Evangelista, *Sciebat enim*, inquit, *ab initio* JESUS *qui essent credentes, & quis traditurus esset eum, & dicebat; Propterea dixi vobis, quia nemo potest venire ad me, nisi fuerit ei datum a Patre meo.* Ergo trahi a Patre ad Christum, & audire ac discere a Patre, ut veniat ad Christum nihil aliud est, quam donum accipere a Patre, quo credat in Christum. Neque enim audientes Evangelium a non audientibus, sed credentes a non credentibus discernebat qui dicebat, *Nemo venit ad me, nisi fuerit ei datum a Patre meo.*

4. Fides igitur & inchoata, & perfecta, donum Dei est; & hoc donum quibusdam dari, quibusdam non dari omnino non dubitet qui non vult manifestissimis sacris litteris repugnare. Cur autem non omnibus detur, fidelem movere non debet, qui credit ex uno omnes isse in condemnationem, sine dubitatione justissimam: ita ut nulla Dei esset justa reprehensio, etiam si nullus inde liberaretur. Unde constat magnam esse gratiam, quod plurimi liberantur, & quid sibi deberetur, in eis qui non liberantur agnoscunt; ut qui gloriatur, non in suis meritis, quæ paria videt esse damnatis, sed in Domino (Rom. 11. 33.) glorietur. Cur autem illum potius quam illum liberet, inscrutabilia sunt judicia ejus, & investigabiles viæ ejus. Melius enim & hic audimus aut dicimus, (Rom. 9. 20.) *O homo, tu quis es, qui respondeas Deo?* quam dicere audemus, quasi noverimus, quod occultum esse voluit, qui tamen aliquid injustum velle non potuit.

CAPUT IX.

1. ILlud autem quod in opusculo meo quodam contra Porphyrium, sub titulo, De tempore Christianæ religionis, me dixisse recolis; ita dixi, ut hanc diligentiorem & operosiorem disputationem de Gratia præterirem, non sine omissa significatione, quod eam loco illo explicare noluissem, quæ posset alias vel ab aliis explicari. Nam ita locutus sum inter cætera, respondens propositæ quæstioni; Cur Christus post tam longa tempora venerit. „ Proinde, inquam, cum Christo non objiciant, quod ejus doctrinam non omnes sequuntur, (sentiunt enim & ipsi, nequaquam hoc recte objici posse, vel sapientiæ Philosophorum, vel etiam numini deorum suorum;) quid respondebunt, si excepta illa altitudine sapientiæ & scientiæ Dei, ubi fortassis aliud divinum consilium longe secretius latet, sine præjudicio etiam aliarum forte caussarum, quæ a prudentibus vestigari queunt, hoc solum eis brevitatis gratia, in hujus quæstionis disputatione dicamus; tunc voluisse hominibus apparere Christum, & apud eos prædicari doctrinam suam, quando sciebat & ubi sciebat esse, qui in eum fuerant credituri. His enim temporibus & his locis, quibus Evangelium ejus non est prædicatum, tales omnes in ejus prædicatione futuros esse præsciebat, quales non quidem omnes, sed tamen multi in ejus corporali præsentia fuerunt, qui in eum, nec suscitatis ab eo mortuis, credere voluerunt: quales etiam nunc multos videmus, cum tanta manifestatione de illo compleantur præconia Prophetarum, nolle adhuc credere; & malle humana astutia resistere, quam tam claræ atque perspicuæ, tamque sublimi & sublimiter diffamatæ, divinæ cedere auctoritati, quamdiu parvus & infirmus est intellectus hominis, divinæ accedere veritati. Quid ergo mirum, si tam infidelibus plenum orbem terrarum Christus prioribus sæculis noverat, ut eis apparere vel prædicari merito nollet, quos nec verbis, nec miraculis suis credituros esse præsciebat? Neque enim incredibile est tales fuisse tunc omnes, quales ab ejus adventu, usque ad hoc tempus tam multos fuisse atque esse miramur. Et tamen ab initio generis humani, alias occultius, alias evidentius, sicut congruere temporibus divinitus visum est, nec prophetari destitit, nec qui in eum crederent, defuerunt: & ab Adam usque ad Moysen, & in ipso populo Israel, quæ speciali quodam mysterio gens Prophetica fuit; & in aliis gentibus ante quam venisset in carne. Cum enim nonnulli commemorentur in sanctis Hebraicis libris, jam ex tempore Abrahæ, nec de stirpe carnis ejus, nec ex populo Israel, nec ex adventitia societate in populo Israel, qui tamen hujus sacramenti participes fuerunt: cur non credamus etiam in cæteris hac atque illac gentibus alias alios fuisse, quamvis eos commemoratos in eisdem auctoritatibus non legamus? Ita salus religionis hujus, per quam solam veram, salus vera veraciterque promittitur, nulli umquam defuit qui dignus fuit, & cui defuit, dignus non fuit. Et ab exordio propagationis humanæ usque in finem, quibusdam ad præmium, quibusdam ad judicium prædicatur. Ac per hoc & quibus omnino annunciata non est, non credituri præsciebantur; & quibus non

 ce-

„ crediturus tamen annunciata est, in illorum
„ exemplum demonstrantur; quibus autem cre-
„ dituris annuntiatur, hi regno cælorum & san-
„ ctorum Angelorum societati præparantur.

2. Cernitisne, me sine præjudicio latentis consilii Dei aliarumque caussarum, hoc de præscientia Christi dicere voluisse, quod convincendæ Paganorum infidelitati, qui hanc objecerant quæstionem, sufficere videretur? Quid enim est verius, quam præscisse Christum, qui & quando, & quibus locis in eum fuerant credituri? Sed utrum prædicato sibi Christo a seipsis habituri essent fidem, an Deo donante sumpturi, id est, utrum tantummodo eos præscierit, an etiam prædestinaverit Deus, quærere ac disserere tunc necessarium non putavi. Proinde quod dixi, *Tunc voluisse hominibus apparere Christum, & apud eos prædicari doctrinam suam, quando sciebat & ubi sciebat esse qui in eum fuerant credituri*: potest etiam sic dici; tunc voluisse hominibus apparere Christum, & apud eos prædicari doctrinam suam, quando sciebat & ubi sciebat esse, qui electi fuerant in ipso ante mundi constitutionem. Sed quoniam si ita diceretur, lectorem faceret intentum ad ea requirenda, quæ nunc ex admonitione Pelagiani erroris necesse est copiosius & laboriosius disputari; visum mihi est quod tunc satis erat, breviter esse dicendum, excepta, ut dixi, altitudine sapientiæ & scientiæ Dei, & sine præjudicio aliarum caussarum, de quibus non tunc, sed alias opportunius disputandum putavi. Ephes. 1. 4.

CAPUT X.

1. ITem quod dixi, *Salutem religionis hujus nulli umquam defuisse qui dignus fuit, & dignum non fuisse cui defuit*: si discutiatur & quæratur unde quisque sit dignus, non desunt, qui dicant, voluntate humana: nos autem dicimus, gratia vel prædestinatione divina.

Prædestinatio & gratia quo differant. Ephes. 2. 9.

Inter gratiam porro & prædestinationem hoc tantum interest, quod prædestinatio est gratiæ præparatio, gratia vero jam ipsa donatio. Quod itaque ait Apostolus, *Non ex operibus, ne forte quis extollatur, ipsius enim sumus figmentum, creati in Christo* JESU *in operibus bonis*, gratia est: quod autem sequitur, *quæ præparavit Deus, ut in illis ambulemus*, prædestinatio est, quæ sine præscientia non potest esse: potest autem esse sine prædestinatione præscientia. Prædestinatione quippe Deus ea præscivit, quæ fuerat ipse facturus: unde dictum est, *Fecit quæ futura sunt*. Præscire autem potens est etiam quæ ipse non facit; sicut quæcumque peccata: quia etsi sunt quædam quæ ita peccata sunt, ut pœnæ sint etiam peccatorum, unde dictum est, *Tradidit illos Deus in reprobam mentem, ut faciant quæ non conveniunt*; non ibi peccatum Dei est, sed judicium. Quocirca prædestinatio Dei quæ in bono est, gratiæ est, ut dixi, præparatio: gratia vero est ipsius prædestinationis effectus. Quando ergo promisit Deus Abrahæ in semine ejus fidem gentium, dicens, *Patrem multarum gentium posui te*; unde dicit Apostolus, *Ideo ex fide, ut secundum gratiam firma sit promissio omni semini*: non de nostræ voluntatis potestate, sed de sua prædestinatione promisit. Promisit enim quod ipse facturus fuerat, non quod homines: quia etsi faciunt homines bona quæ pertinent ad colendum Deum; ipse facit ut illi faciant quæ præcepit, non illi faciunt ut ipse faciat quod promisit: alioquin ut Dei promissa compleantur, non in Dei, sed in hominum est potestate, & quod a Domino promissum est, ab ipsis redditur Abrahæ. Non autem sic credidit Abraham, sed *credidit dans gloriam Deo, quoniam quæ promisit, potens est & facere*: non ait, prædicere; non ait, præscire; nam & aliena facta potest prædicere atque præscire: sed ait, *potens est & facere*; ac per hoc facta non aliena, sed sua.

Præscientia sine prædestinatione, non sine præscientia prædestinatio.

Vide epistolam LXX.

Rom. 1. 28.

Gen. 17. 5. Rom. 4. 16.

Ibid. 21.

2. An forte opera bona gentium Deus promisit Abrahæ in semine ipsius, ut hoc promitteret quod ipse facit; non autem promisit fidem gentium, quam sibi homines faciunt; sed ut promitteret quod ipse facit, illam præscivit homines esse facturos? Non quidem loquitur sic Apostolus: filios quippe promisit Deus Abrahæ, qui fidei ejus vestigia sectarentur; quod apertissime dicit. Sed si opera gentium promisit, non fidem; profecto quoniam non sunt bona opera nisi ex fide, (*Justus enim ex fide vivit*, & *omne quod non est ex fide, peccatum est*: & *sine fide impossibile est placere*:) nihilominus ut impleat quod promisit Deus, in hominum est potestate. Nisi enim homo faciat quod Deo non donante ad hominem pertinet, non facit ipse quod donet: hoc est, nisi habeat homo fidem ex seipso, non implet Deus quod promisit, ut opera justitiæ dentur ex Deo. Ac per hoc ut promissa sua Deus possit implere, non est in Dei, sed in hominis potestate. Quod si veritas & pietas non credere vetat: credamus cum Abraham, quoniam quæ promisit, potens est & facere. Promisit autem filios Abrahæ, quod esse non possunt, si non habeant fidem: ergo ipse donat & fidem. Habac. 2. 4. Rom. 14. 23. Hebr. 11. 6. Rom. 4. 21.

CAPUT XI.

1. SAne cum Apostolus dicat, *Ideo ex fide, ut secundum gratiam firma sit promissio*: miror homines infirmitati suæ se malle committere, quam firmitati promissionis Dei. *Sed incerta est mihi*, inquis, *de meipso voluntas Dei*. Quid ergo, tuane tibi voluntas de te ipso certa est, nec times, *Qui videtur stare, videat ne cadat*? Cum igitur utraque incerta sit, cur non homo firmiori quam infirmiori fidem suam, spem, charitatemque committit? Ibid. 16. Firmitas promissionis Dei. 1. Cor. 10. 12.

2. *Sed cum dicitur*, inquiunt, *Si credideris, salvus eris; unum horum exigitur, alterum offertur. Quod exigitur, in hominis; quod offertur, in Dei est potestate*. Cur non utrumque in Dei, & quod jubet, & quod offert? Rogatur enim ut det quod jubet: rogant credentes, ut sibi augeatur fides; rogant pro non credentibus, ut eis donetur fides: & in suis igitur incrementis, & in suis initiis Dei donum est fides. Sic autem dicitur, *Si credideris, salvus eris*; quemadmodum dicitur, *Si Spiritu facta carnis mortificaveritis, vivetis*. Nam & hic ex his duobus unum exigitur, alterum offertur. *Si Spiritu*, inquit, *facta carnis mortificaveritis, vivetis*. Ut ergo Spiritu facta carnis mortificentur, Rom. 10. 9. Rom. 8. 13.

exi-

exigitur; ut autem vivamus, offertur. Non igitur placet, ut facta carnis mortificare non donum Dei esse dicamus, neque id donum Dei esse fateamur, quoniam exigi audimus a nobis præmio vitæ, si hoc fecerimus, oblato? Absit, ut hoc placeat participibus & defensoribus gratiæ. Pelagianorum est error iste damnabilis: quorum mox Apostolus ora obstruxit, adjungens: *Quotquot enim Spiritu Dei aguntur, hi filii sunt Dei*: ne facta mortificare non carnis, non per Dei, sed per nostrum spiritum crederemus. De quo Dei Spiritu etiam ibi loquebatur, ubi ait, *Omnia autem hæc operatur unus atque idem Spiritus, dividens propria unicuique prout vult.* Inter quæ omnia, sicut scitis, nominavit & fidem. Sicut ergo quamvis donum Dei sit facta carnis mortificare; exigitur tamen a nobis proposito præmio vitæ: ita donum Dei est & fides, quamvis & ipsa cum dicitur, *Si credideris, salvus eris*; proposito præmio salutis exigatur a nobis. Ideo enim hæc & nobis præcipiuntur, & dona Dei esse monstrantur, ut intelligatur quod & nos ea facimus, & Deus facit ut illa faciamus: sicut per Prophetam Ezechielem apertissime dicit: quid enim apertius quam ubi dicit, *Ego faciam ut faciatis?* Locum ipsum Scripturæ attendite, & videbitis illa Deum promittere facturum se ut faciant, quæ jubet ut fiant. Non sane ibi tacet merita eorum, sed mala, quibus se ostendit reddere pro malis bona; hoc ipso quo eos facit habere deinceps opera bona, cum ipse facit, ut faciant divina mandata.

Ibid. 14.

1. Cor. 12. 11.

Ezech. 36. 27.

CAPUT XII.

Gratia in prædestinatione & vocatione ... in parvulis & in Christo. Rom. 11. 35. 1. Tim. 2. 5.

1. SED omnis hæc ratio qua defendimus gratiam Dei per JESUM Christum Dominum nostrum, vere esse gratiam, id est, non secundum merita nostra dari, quamvis evidentissime divinorum eloquiorum testimoniis asseratur; tamen apud eos, qui nisi aliquid sibi assignent, quod priores dent ut retribuatur eis, ab omni studio pietatis repelli se putant, laborat aliquantum in ætate majorum, jam utentium voluntatis arbitrio: sed ubi venitur ad parvulos, & ad ipsum Mediatorem Dei & hominum, hominem Christum JESUM, omnis deficit præcedentium gratiam Dei humanorum assertio meritorum: quia nec illi ullis bonis præcedentibus meritis discernuntur a cæteris, ut pertineant ad liberatorem hominum, nec ille ullis humanis præcedentibus meritis, cum & ipse sit homo, liberator factus est hominum.

* Tomus in Ep. I. Prosp. post n. 8.

2. Quis enim audiat, quod dicuntur * parvuli pro suis futuris meritis in ipsa infantili ætate baptizati exire de hac vita; & ideo alii non baptizati in eadem ætate mori, quia & ipsorum præscita sunt merita futura, sed mala; non eorum vitam bonam vel malam Deo remunerante vel damnante, sed nullam? Apostolus quidem limitem fixit, quem transgredi non debeat hominis, ut mitius loquar, incauta suspicio. Ait enim, *Omnes adstabimus ante tribunal Christi, ut referat unusquisque secundum ea quæ per corpus gessit, sive bonum, sive malum; gessit*, inquit; non adjunxit, vel gesturus fuit. Sed unde hoc talibus viris in mentem venerit nescio, ut futura quæ non sunt futura, puniantur, aut honorentur merita parvulorum. Cur autem dictum est, secundum ea quæ per corpus gessit hominem judicandum, cum gerantur multa solo animo, non per corpus, nec per ullum corporis membrum; & plerumque tam magna, ut talibus cogitationibus pœna justissima debeatur: sicuti est, ut alia taceam, quod *dixit insipiens in corde suo, Non est Deus*? Quid est ergo, *secundum ea quæ per corpus gessit*; nisi secundum ea quæ gessit eo tempore quo in corpore fuit, ut *per corpus* intelligamus per corporis tempus? Post corpus autem nemo erit in corpore, nisi resurrectione novissima, non ad ulla merita comparanda, sed ad recipienda pro bonis meritis præmia, pro malis luenda supplicia. Hoc autem medio tempore, inter depositionem & receptionem corporis, secundum ea quæ gesserunt per corporis tempus, sive cruciantur animæ, sive requiescunt. Ad quod tempus corporis pertinet etiam quod Pelagiani negant, sed Christi Ecclesia confitetur, originale peccatum: quo sive soluto per Dei gratiam, sive per Dei judicium non soluto, cum moriuntur infantes, aut merito regenerationis transeunt ex malis ad bona, aut merito originis transeunt ex malis ad mala. Hoc catholica fides novit, in hoc etiam nonnulli hæretici sine ulla contradictione consentiunt. Judicari autem quemquam non secundum merita quæ habuit quamdiu fuit in corpore, sed secundum merita quæ fuerat habiturus si diutius fuisset in corpore, unde opinari potuerint homines, quorum ingenia non esse contemtibilia vestræ indicant litteræ, mirari & stupere reperire non possum: nec credere auderem, nisi vobis non credere non auderem. Sed spero adfuturum Deum, ut commoniti cito videant, ea quæ dicuntur futura fuisse peccata, si per Dei judicium in non baptizatis possunt jure puniri, etiam per Dei gratiam baptizatis posse dimitti. Quicumque enim dicit puniri tantum posse Deo judicante futura peccata, dimitti autem Deo miserante non posse, cogitare debet quantam Deo faciat gratiæque ejus injuriam; quasi futurum peccatum præcognosci possit, nec possit ignosci. Quod si absurdum est, magis ergo futuris, si diu viverent, peccatoribus, cum in parva ætate moriuntur, lavacro quo peccata diluuntur, debuit subveniri.

Hilarius ... (margin note illegible)

2. Cor. 5. 10.

Ps. 13. 1.

CAPUT XIII.

QUod si forsitan dicunt, pœnitentibus peccata dimitti; & ideo illos non baptizari in parvula ætate morientes, quia præsciti sunt pœnitentiam si viverent non acturi; eos autem qui baptizantur, & parvuli de corporibus exeunt, Deum præscisse acturos pœnitentiam fuisse si viverent: attendant & videant, si ita est, non jam in parvulis sine baptismate morientibus peccata originalia vindicari, sed sua cujusque futura si viveret: itemque baptizatis non originalia dilui, sed sua futura si viverent; quoniam non possent nisi in majore ætate peccare: sed alios acturos pœnitentiam, alios non acturos fuisse prævisos; ideo alios baptizatos, alios sine baptismo exisse de hac vita. Hoc si auderent Pelagialagiani, non jam laborarent, negando originale peccatum, quærere parvulis extra regnum Dei nescio cujus suæ felicitatis locum: maxime quando convincuntur, non eos habere posse vitam æternam, quia non manducaverunt carnem, nec biberunt sanguinem Christi; & quia in eis, qui nullum habent omnino peccatum, falsus est baptismus qui in remissionem traditur peccatorum. Dicerent enim prorsus, nullum esse originale peccatum, sed pro suis futuris, si viverent, meritis vel baptizari vel non baptizari eos qui de corpore solvuntur infantes; & pro suis futuris meritis eos vel accipere vel non accipere Corpus & Sanguinem Christi, sine quo vitam prorsus habere non possunt; & in veram remissionem peccatorum baptizari, quamvis nullum ex Adam traherent; quoniam remittuntur eis peccata, de quibus illos Deus pœnitentiam præscivit acturos. Ita facillime agerent atque obtinerent causam suam, qua negant esse originale peccatum, & gratiam Dei non dari nisi secundum merita nostra contendunt. Sed quia hominum futura, quæ non sunt futura, procul dubio nulla sunt merita, & hoc videre facillimum est: ideo nec Pelagiani hoc dicere potuerunt, & multo magis nec isti dicere debuerunt. Dici enim non potest quam moleste feram, quod viderunt Pelagiani esse falsissimum & absurdissimum, hoc non vidisse istos, qui nobiscum errorem illorum hæreticorum catholica auctoritate condemnant.

Joan. 6. 54.

CAPUT XIV.

1. SCripsit librum de mortalitate Cyprianus, multis ac pene omnibus qui Ecclesiasticas litteras amant laudabiliter notum; in quo propterea dicit non solum non esse fidelibus inutilem mortem, verum etiam utilem reperiri; quoniam peccandi periculis hominem subtrahit, & in non peccandi securitate constituit. Sed quid prodest, si etiam futura, quæ commissa non sunt, peccata puniuntur? Agit tamen ille copiosissime atque optime, peccandi pericula nec deesse in ista vita, nec superesse post illam. Ubi & illud testimonium ponit de libro Sapientiæ; *Raptus est, ne malitia mutaret intellectum ejus.* Quod a me quoque positum, fratres istos ita respuisse dixisti, tamquam non de libro canonico adhibitum: quasi & excepta hujus libri attestatione, res ipsa non clara sit, quam voluimus hinc doceri. Quis enim audeat negare Christianum, justum, si morte præoccupatus fuerit, in refrigerio futurum? Quilibet hoc dixerit, quis homo sanæ fidei resistendum putabit? Item si dixerit, justum si a sua justitia recesserit in qua diu vixit, & in ea fuerit impietate defunctus, in qua, non dico unum annum, sed unum diem vixerit, in pœnas iniquis debitas hinc iturum, nihil sibi sua præterita justitia profutura: huic perspicuæ veritati quis fidelium contradicet? Porro si quæratur a nobis, utrum si tunc esset mortuus quando erat justus, pœnas esset inventurus an requiem, numquid requiem respondere dubitabimus? Hæc est tota causa cur dictum est, a quocumque sit dictum; *Raptus est, ne malitia mutaret intellectum ejus.* Dictum est enim secundum pericula vitæ hujus,

Sap. 4. 11.

Ibid. 7.

Ezech. 18. 24.

non secundum præscientiam Dei, qui hoc præscivit quod futurum erat, non quod futurum non erat, id est, quod ei mortem immaturam fuerat largiturus, ut tentationum subtraheretur incerto; non quod peccaturus esset, qui mansurus in tentatione non esset. De hac quippe vita legitur in libro Job; *Numquid non tentatio est vita humana super terram?* Sed quare aliis concedatur, ut ex hujus vitæ periculis dum justi sunt auferantur, alii vero justi donec a justitia cadant, in eisdem periculis vita productiore teneantur; quis cognovit sensum Domini? Et tamen hinc intelligi datur, etiam illis justis, qui bonos piosque mores usque ad senectutis maturitatem, & diem vitæ hujus ultimum servant, non in suis meritis, sed in Domino esse gloriandum: quoniam qui vitæ brevitate rapuit justum ne malitia mutaret intellectum ejus; ipse in quantacumque vitæ longitudine custodit justum, ne malitia mutet intellectum ejus. Cur autem hic tenuerit casurum justum, quem prius quam caderet hinc posset auferre; justissima omnino, sed inscrutabilia sunt judicia ejus.

Job. 7. 1. Juxta LXX.

Rom. 11. 33.

2. Quæ cum ita sint, non debuit repudiari sententia libri Sapientiæ, qui meruit in Ecclesia Christi de gradu Lectorum Ecclesiæ Christi, tam longa annositate recitari, & ab omnibus Christianis, ab Episcopis usque ad extremos Laicos fideles, pœnitentes, catechumenos, cum veneratione divinæ auctoritatis audiri. Certe enim si de divinarum scripturarum tractatoribus, qui fuerunt ante nos, proferrem defensionem hujus sententiæ, quam nunc solito diligentius atque copiosius contra novum Pelagianorum defendere urgemur errorem; hoc est, gratiam Dei non secundum merita nostra dari, & gratis dari cui datur, quia neque volentis, neque currentis, sed miserentis est Dei: justo autem judicio non dari, cui non datur, quia non est iniquitas apud Deum: si hujus ergo sententiæ defensionem ex divinorum eloquiorum nos præcedentibus Catholicis tractatoribus promerem, profecto hi fratres, pro quibus nunc agimus, acquiescerent: hoc enim significasti litteris vestris. Quid igitur opus est, ut eorum scrutemur opuscula, qui prius quam ista hæresis oriretur, non habuerunt necessitatem in hac difficili ad solvendum quæstione versari? quod procul dubio facerent, si respondere talibus cogerentur. Unde factum est ut de gratia Dei quid sentirent, breviter quibusdam scriptorum suorum locis & transeunter attingerent, immorarentur vero in eis, quæ adversus inimicos Ecclesiæ disputabant, & in exhortationibus ad quasque virtutes, quibus Deo vivo & vero, pro adipiscenda vita æterna & vera felicitate serviretur. Frequentationibus autem orationum simpliciter apparebat Dei gratia quid valeret: non enim poscerentur de Deo quæ præcepit fieri, nisi ab illo donaretur ut fierent.

Liber Sapientiæ [illegible] in Ecclesia.

Rom. 9. 16.

Ibid. 14.

3. Sed qui sententiis tractatorum instrui volunt, oportet ut istum librum Sapientiæ ubi legitur, *Raptus est, ne malitia mutaret intellectum ejus,* omnibus tractatoribus anteponant: quoniam sibi eum anteposuerunt etiam temporibus proximi Apostolorum egregii tractatores, qui eum testem adhibentes, nihil se adhibere nisi divinum testimonium crediderunt. Et certe beatissimum

Sap. 4. 11.

Cypria-

Cyprian. lib. de mortalitate.

Cyprianum disputasse constat, ut celerioris mortis beneficium commendaret, a peccatorum periculis eripi eos, qui hanc vitam finiunt in qua peccari potest. In eodem libro ait inter caetera: *Cur non cum Christo futurus, & de Domini pollicitatione securus, quod ad Christum voceris, amplecteris; & quod diabolo careas, gratularis?* Et alio loco: *Pueri*, inquit, *periculum lubricae aetatis evadunt.* Itemque alio loco: *Quid non*, inquit, *properamus & currimus, ut patriam nostram videre, ut parentes salutare possimus? Magnus illic nos carorum numerus expectat, parentum, fratrum, filiorum, frequens nos & copiosa turba desiderat, jam de sua immortalitate secura, adhuc de nostra salute sollicita.* His atque hujusmodi Doctor ille sententiis in Catholicae fidei luce clarissima, satis aperteque testatur, usque ad hujus corporis depositionem peccandi pericula tentationesque metuendas, deinceps nulla talia quemquam esse passurum. Quod etsi non testaretur, quando de hac re Christianus qualiscumque dubitaret? Quomodo igitur homini lapso, & in eodem lapsu illam vitam misere finienti, atque in poenas aeternas talibus debitas; quomodo, inquam, huic non plurimum summeque prodesset, si ex hoc tentationum loco priusquam laberetur, morte raperetur?

4. Ac per hoc, si absit nimis inconsiderata contentio, tota quaestio illa finita est de illo, qui raptus est, ne malitia mutaret intellectum ejus. Nec ideo liber Sapientiae, qui tanta numerositate annorum legi meruit in Ecclesia Christi, in quo & hoc legitur, pati debet injuriam, quoniam resistit eis qui pro meritis hominum falluntur, ut veniant contra Dei manifestissimam gratiam, quae maxime apparet in parvulis; quorum cum alii baptizati, alii non baptizati, vitae hujus terminum sumunt, satis indicant misericordiam & judicium; misericordiam quidem gratuitam, judicium debitum. Si enim judicarentur homines pro meritis suae vitae, quae non habuerunt morte praeventi, sed habituri essent, si viverent; nihil prodesset ei, qui raptus est, ne malitia mutaret intellectum ejus; nihil prodesset eis qui lapsi moriuntur, si ante morerentur: quod nullus dicere Christianus audebit. Quocirca non debent fratres nostri, qui nobiscum pro Catholica fide perniciem Pelagiani erroris impugnant, huic Pelagianae in tantum favere opinioni, qua opinantur gratiam Dei secundum merita nostra dari: ut quod illi audere non possunt, sententiam veram plane, & antiquitus Christianam, *Raptus est, ne malitia mutaret intellectum ejus*, destruere moliantur; & id adstruere, quod, non dico crediturum, sed somniaturum neminem putaremus, secundum ea scilicet judicari quemque mortuorum, quae gesturus fuerat, si tempore prolixiore vixisset. Ita quippe claret invictum esse quod dicimus, gratiam Dei non secundum merita nostra dari, ut huic veritati contradicentes ingeniosi homines haec ab omnium auribus & cogitationibus abigenda dicere cogerentur.

CAPUT XV.

Praedestinationis & gratiae lumen illustrissimum Christus Jesus. [illegible]

1. EST etiam praeclarissimum * lumen praedestinationis & gratiae ipse Salvator, ipse mediator Dei & hominum, homo Christus JESUS: qui ut hoc esset, quibus tandem suis vel operum vel fidei praecedentibus meritis natura humana quae in illo est, comparavit? Respondeatur quaeso: ille homo, ut a Verbo Patri coaeterno in unitatem personae assumptus, Filius Dei unigenitus esset, unde hoc meruit? quod ejus bonum qualecumque praecessit? Quid egit ante, quid credidit, quid petivit, ut ad hanc ineffabilem excellentiam perveniret? Nonne faciente ac suscipiente Verbo, ipse homo, ex quo esse coepit, Filius Dei unicus esse coepit? Nonne Filium Dei unicum femina illa gratia plena concepit? Nonne de Spiritu-sancto & Virgine Maria Dei Filius unicus natus est, non carnis cupidine, sed singulari Dei munere? Numquid metuendum fuit, ne accedente aetate homo ille libero peccaret arbitrio? Aut ideo in illo non libera voluntas erat, ac non tanto magis erat, quanto magis peccato servire non poterat? Nempe ista omnia singulariter admiranda, & alia si qua ejus propria verissime dici possunt, singulariter in illo accepit humana, hoc est, nostra natura, nullis suis praecedentibus meritis. Respondeat hic homo Deo, si audet, & dicat, Cur non & ego? Et si audierit, *O homo, tu quis es qui respondeas Deo?* nec sic cohibeat, sed augeat impudentiam, & dicat, Quomodo audio, *Tu quis es o homo?* Cum sim quod audio, id est homo, quod est & ille de quo ago, cur non sim quod & ille? At enim gratia ille talis ac tantus est. Cur diversa est gratia, ubi natura communis est? Certe non est acceptio personarum apud Deum. Quis non dico Christianus, sed insanus haec dicat?

Libertas a peccato.

Rom. 9. 20.

Coloss. 3. 25.

2. Appareat itaque nobis in nostro capite ipse fons gratiae, unde secundum uniuscujusque mensuram se per cuncta ejus membra diffundit. Ea gratia fit ab initio fidei suae homo quicumque Christianus, qua gratia homo ille ab initio suo factus est Christus: de ipso Spiritu & hic renatus, de quo est ille natus: eodem Spiritu fit in nobis remissio peccatorum, quo Spiritu factum est, ut nullum haberet ille peccatum. Haec se Deus esse facturum profecto praescivit. Ipsa est igitur praedestinatio sanctorum, quae in Sancto sanctorum maxime claruit, quam negare quis potest recte intelligentium eloquia veritatis? Nam & ipsum Dominum gloriae, in quantum homo factus est Dei Filius, praedestinatum esse didicimus. Clamat Doctor gentium in capite epistolarum suarum: *Paulus servus Jesu Christi, vocatus Apostolus, segregatus in Evangelium Dei, quod ante promiserat per Prophetas suos in Scripturis sanctis de Filio suo, qui factus est ei ex semine David secundum carnem, qui praedestinatus est Filius Dei in virtute, secundum Spiritum sanctificationis ex resurrectione mortuorum.* Praedestinatus est ergo Jesus, ut qui futurus erat secundum carnem filius David, esset tamen in virtute Filius Dei secundum Spiritum sanctificationis, quia natus est de Spiritu sancto &

Dei Filius praedestinatus. Rom. 1. 1.

cto & Virgine Maria. Ipsa est illa infallibiliter facta hominis a Deo Verbo susceptio singularis, ut Filius Dei & filius hominis simul, filius hominis propter susceptum hominem, & Filius Dei propter suscipientem unigenitum Deum veraciter & proprie diceretur, ne non Trinitas, sed quaternitas crederetur. Prædestinata est illa naturæ humanæ tanta & tam celsa & summa subvectio, ut quo attolleretur altius non haberet: sicut pro nobis ipsa divinitas quousque se deponeret humilius, non habuit, quam suscepta natura hominis cum infirmitate carnis, usque ad mortem crucis. Sicut ergo prædestinatus est ille unus, ut caput nostrum esset, ita multi prædestinati sumus, ut membra ejus essemus. Humana hic merita conticescant, quæ perierunt per Adam: & regnet quæ regnat Dei gratia per Jesum Christum Dominum nostrum, unicum Dei Filium unum Dominum. Quisquis in capite nostro præcedentia merita singularis illius generationis invenerit, ipse in nobis membris ejus præcedentia merita multiplicatæ regenerationis inquirat. Neque enim retributa est Christo illa generatio, sed tributa, ut alienus ab omni obligatione peccati, de Spiritu & Virgine nasceretur. Sic & nobis ut ex aqua & Spiritu renasceremur, non retributum est pro aliquo merito, sed gratis tributum: & si nos ad lavacrum regenerationis fides duxit, non ideo putare debemus, priores nos dedisse aliquid, ut retribueretur nobis regeneratio salutaris. Ille quippe nos fecit credere in Christum, qui nobis fecit in quem credimus Christum: ille facit in hominibus principium fidei & perfectionem in Jesum, qui fecit hominem principem fidei & perfectorem Jesum: sic enim est appellatus, ut scitis, in epistola quæ est ad Hebræos. [Hebr. 12, 2.]

CAPUT XVI.

[Duplex vocatio.] 1. VOcat enim Deus prædestinatos multos filios suos, ut eos faciat membra prædestinati unici Filii sui, non ea vocatione qua vocati sunt qui noluerunt venire ad nuptias [Matth. 22, 2. & 3.]: illa quippe vocatione & Judæi vocati sunt, quibus Christus crucifixus scandalum est [1. Cor. 1, 23.]: & gentes, quibus crucifixus stultitia est: sed ea vocatione prædestinatos vocat, quam distinxit Apostolus, dicens ipsis vocatis Judæis & Græcis prædicare se Christum Dei virtutem, & Dei sapientiam. Sic enim ait, *Ipsis autem vocatis* [Ibid. 24. Rom. 8, 28. & 29.]: ut illos ostenderet non vocatos: sciens esse quamdam certam vocationem eorum qui secundum propositum vocati sunt, quos ante præscivit & prædestinavit conformes imaginis Filii sui. Quam vocationem significans, ait, *Non ex operibus, sed ex vocante dictum est ei, Quia major serviet minori* [Rom. 9, 12.]. Numquid dixit, Non ex operibus, sed ex credente? Prorsus etiam hoc abstulit homini, ut totum daret Deo. Dixit ergo, *sed ex vocante*; non quacumque vocatione, sed qua vocatione fit credens.

2. Hanc intuebatur etiam, cum diceret, *Sine pœnitentia sunt dona & vocatio Dei* [Rom. 11, 29.]. Nam & ibi quid agebatur paulisper advertite. Cum enim dixisset, *Nolo enim vos ignorare, fratres, sacramentum hoc, ut non sitis vobis sapientes; quia cæcitas ex parte Israel facta est, donec plenitudo gentium intraret, & sic omnis Israel salvus fieret* [Ibid. 25. & 26.], *sicut scriptum est, Veniet ex Sion qui eripiat, & avertat impietatem ab Jacob, & hoc illis a me testamentum, cum abstulero peccata eorum* [Isaiæ 59, 20. Rom. 11, 26.]: mox addidit quod diligenter intelligendum est, *Secundum Evangelium quidem inimici propter vos, secundum electionem autem dilecti, propter patres.* Quid est, *Secundum Evangelium quidem inimici propter vos*; nisi quod eorum inimicitia qua occiderunt Christum, Evangelio, sicut videmus, sine dubitatione profecit? Et hoc ostendit ex Dei dispositione venisse qui bene uti novit etiam malis: non ut ei prosint vasa iræ, sed ut ipso illis bene utente, prosint vasis misericordiæ. Quid enim apertius dici potuit, quam id quod dictum est; *Secundum Evangelium quidem inimici propter vos?* Est ergo in malorum potestate peccare: ut autem peccando hoc vel hoc illa malitia faciant, non est in eorum potestate, sed Dei dividentis tenebras & ordinantis eas; ut hinc etiam quod faciunt contra voluntatem Dei, non impleatur nisi voluntas Dei. [In malorum potestate est peccare; ut autem peccando hoc vel hoc malitia faciant, in potestate Dei.] Legimus in Actibus Apostolorum, quod cum dimissi a Judæis Apostoli venissent ad suos, & indicassent quanta eis Sacerdotes & Seniores dixerunt; levaverunt illi vocem unanimes omnes ad Dominum, & dixerunt, *Domine, tu es qui fecisti cælum & terram, & mare & omnia quæ in eis sunt, qui per os patris nostri David, sancti pueri tui, dixisti* [Act. 4, 24. & seq.], *Quare fremuerunt gentes, & populi meditati sunt inania; astiterunt Reges terræ, & Principes convenerunt in unum, adversus Dominum & adversus Christum ejus* [Ps. 2, 1. & 2.]? *Convenerunt enim in veritate in civitate ista, adversus sanctum puerum tuum JESUM quem unxisti, Herodes & Pilatus, & populus Israel, facere quanta manus tua & consilium prædestinavit fieri.* Ecce quod dictum est, *Secundum Evangelium quidem inimici propter vos* [Rom. 11, 28.]. Tanta quippe ab inimicis Judæis manus Dei, & consilium prædestinavit fieri, quanta necessaria fuerunt Evangelio propter nos. Sed quid est quod sequitur, *Secundum electionem autem dilecti propter patres* [Ibidem.]? Numquid illi inimici qui in suis inimicitiis perierunt, & adversantes Christo de gente ipsa adhuc pereunt, ipsi sunt electi atque dilecti? Absit: quis hoc vel stultissimus dixerit? Sed utrumque licet inter se contrarium, id est, inimici & dilecti, quamvis non in eosdem homines, tamen in eamdem gentem convenit Judæorum, & ad idem carnale semen Israel, aliis eorum ad claudicationem, aliis ad benedictionem Israel ipsum pertinentibus. Hunc enim sensum apertius superius explicavit, ubi ait, *Quod quærebat Israel, hoc non est consecutus, electio autem consecuta est, cæteri vero excæcati sunt* [Ibid. 7.]. In utrisque tamen idem ipse Israel. Ubi ergo audimus, *Israel non est consecutus*, vel *cæteri excæcati sunt*, ibi intelligendi sunt inimici propter nos: ubi vero audimus, *electio autem consecuta est*; ibi intelligendi sunt dilecti propter patres: quibus patribus utique ista promissa sunt. *Abrahæ* quippe *dictæ sunt promissiones & semini ejus* [Gal. 3, 16.]. Unde & in illa olea oleaster inseritur gentium [Rom. 11, 17.]. Jam porro electionem quam dicit, quia secundum gratiam, non secundum debitum, debet utique occurrere: quo-

niam

Ibid. 5. etiam reliquiæ per electionem gratiæ factæ sunt. Hæc electio consecuta est, cæteri excæcati. Secundum hanc electionem Israelitæ dilecti propter patres. Non enim vocatione illa vocati sunt, de qua dictum est, *Multi vocati*, sed illa, qua vocantur electi. [Matth. 20. 16.] Unde & hic postea quam dixit, *Secundum electionem autem dilecti propter patres*; [Rom. 11. 28.] continuo subjecit, unde agimus, *Sine pœnitentia enim sunt dona & vocatio* Dei: [Ibid. 29.] id est, sine mutatione stabiliter fixa sunt. Ad hanc vocationem qui pertinent, omnes sunt docibiles Dei; nec potest eorum quisquam dicere, Credidi ut sic vocarer: prævenit eum quippe misericordia Dei, quia sic est vocatus ut crederet. [Isa. 54. 13.] Omnes enim docibiles Dei veniunt ad Filium, quoniam audierunt & didicerunt a Patre per Filium, qui evidentissime dicit, [Joan. 6. 45.] *Omnis qui audivit a Patre & didicit, venit ad me*. Horum autem nemo perit, quia *omne quod dedit* [Ibid. 39.] *ei Pater, non perdet ex eo quidquam*. [Vocatorum nemo perit.] Quisquis ergo inde est, omnino non perit; nec erat inde qui perit. Propter quod dictum est, [1. Joan. 2. 19.] *Ex nobis exierunt, sed non erant ex nobis, nam si fuissent ex nobis, mansissent utique nobiscum*.

CAPUT XVII.

[Vocatio propria electorum, non quia crediderunt, sed ut credant. Joan. 15. 16.]

INtelligamus ergo vocationem qua fiunt electi, non qui eliguntur quia crediderunt, sed qui eliguntur ut credant. Hanc enim & Dominus ipse satis aperit, ubi dicit, *Non vos me elegistis, sed ego elegi vos*. Nam si propterea electi erant, quia crediderant; ipsi eum prius utique elegerant credendo in eum ut eligi mererentur. Aufert autem hoc omnino, qui dicit, *Non vos me elegistis, sed ego vos elegi*. Et ipsi quidem procul dubio elegerunt eum, quando crediderunt in eum. Unde non ob aliud dicit, *Non vos me elegistis, sed ego vos elegi*; nisi quia non elegerunt eum ut eligeret eos, sed ut eligerent eum, elegit eos: quia misericordia ejus prævenit eos secundum gratiam, non secundum debitum. [Psal. 58. 11.] Elegit ergo eos de mundo cum hic ageret carnem, sed jam electos in seipso ante mundi constitutionem. Hæc est immobilis veritas prædestinationis & gratiæ. [Immobilis veritas prædestinationis. Ephes. 1. 4.] Nam quid est quod ait Apostolus, *Sicut elegit nos in ipso ante mundi constitutionem*? Quod profecto si propterea dictum est, quia præscivit Deus credituros, non quia facturus fuerat ipse credentes; contra istam præscientiam loquitur Filius, dicens: *Non vos me elegistis, sed ego vos elegi*: cum hoc potius præscierit Deus, quod ipsi eum fuerant electuri, ut ab illo mererentur eligi. Electi sunt itaque ante mundi constitutionem ea prædestinatione, in qua Deus sua futura facta præscivit: electi sunt autem de mundo ea vocatione, qua Deus id quod prædestinavit, implevit. [Rom. 8. 30.] Quos enim prædestinavit, ipsos & vocavit, illa scilicet vocatione secundum propositum: non ergo alios, sed quos prædestinavit, ipsos & vocavit; nec alios, sed quos ita vocavit, ipsos & justificavit; nec alios, sed quos prædestinavit, vocavit, justificavit, ipsos & glorificavit; illo utique fine qui non habet finem. Elegit ergo Deus fideles, sed ut sint, non quia jam erant. [Jac. 2. 5.] Apostolus Jacobus dicit, *Nonne Deus elegit pauperes in hoc mundo divites in fide, & hæredes regni, quod repromisit Deus diligentibus se?* Eligendo ergo facit divites in fide, sicut hæredes regni. [Divites in fide quomodo Deus eligat.] Recte quippe in eis hoc eligere dicitur, quod ut in eis faciat, eos elegit. Rogo, quis audiat Dominum dicentem, *Non vos me elegistis, sed ego vos elegi*; & audeat dicere, credere homines ut eligantur, cum potius eligantur ut credant, ne contra sententiam Veritatis priores inveniantur elegisse Christum, quibus dicit Christus, *Non vos me elegistis, sed ego vos elegi*? [Joan. 15. 16.]

CAPUT XVIII.

[Ephes. 1. 3. & seq.]

QUis audiat Apostolum dicentem, *Benedictus Deus & Pater Domini nostri JESU Christi, qui benedixit nos in omni benedictione spirituali, in cælestibus in Christo: sicut elegit nos in ipso ante mundi constitutionem; ut essemus sancti & immaculati in conspectu ejus, in charitate, prædestinans nos in adoptionem filiorum per JESUM Christum in ipsum, secundum placitum voluntatis suæ, in qua gratificavit nos in dilecto Filio suo, in quo habemus redemptionem per sanguinem ipsius, remissionem peccatorum, secundum divitias gratiæ ejus, quæ abundavit in nos in omni sapientia & prudentia, ut ostenderet nobis mysterium voluntatis suæ, secundum bonam voluntatem suam, quam proposuit in illo, in dispensatione plenitudinis temporum instaurare omnia in Christo, quæ in cælis sunt, & quæ in terris in ipso: in quo etiam sortem consecuti sumus, prædestinati secundum propositum qui universa operatur secundum consilium voluntatis suæ, ut simus in laudem gloriæ ejus*: quis, inquam, hæc audiat diligenter & intelligenter, & audeat de hac, quam defendimus, tam clara veritate dubitare? Elegit Deus in Christo ante constitutionem mundi membra ejus: & quomodo eligeret eos qui nondum erant, nisi prædestinando? Elegit ergo prædestinans nos. Numquid eligeret impios & immundos? Nam si quæstio proponatur, utrum hos eligat, an potius sanctos & immaculatos, quis horum respondere quis requirat, ac non statim ferat pro sanctis immaculatisque sententiam?

2. *Præsciebat ergo*, ait Pelagianus, *qui futuri essent sancti & immaculati per liberæ voluntatis arbitrium: & ideo eos ante mundi constitutionem in ipsa sua præscientia, qua tales futuros esse præscivit, elegit. Elegit ergo*, inquit, *ante quam essent, prædestinans filios, quos futuros sanctos immaculatosque præscivit: utique ipse non fecit, nec se facturum, sed illos futuros esse prævidit*. [Deus elegit nos, non quia sancti futuri eramus, sed ut essemus. [illegible]] Intueamur ergo verba Apostoli, atque videamus utrum propterea nos elegerit ante mundi constitutionem, quia sancti & immaculati futuri eramus, an ut essemus? *Benedictus*, inquit, *Deus & Pater Domini nostri JESU Christi, qui nos benedixit in omni benedictione spirituali in cælestibus in Christo; sicut elegit nos in ipso ante mundi constitutionem, ut essemus sancti & immaculati*. Non ergo quia futuri eramus, sed ut essemus. Nempe certum est, nempe manifestum est: ideo quippe tales eramus futuri, quia elegit ipse, prædestinans ut tales per gratiam ejus essemus. Ita

ergo

ergo nos benedixit benedictione spirituali in cælestibus in Christo Jesu, sicut elegit nos in ipso ante mundi constitutionem, ut essemus sancti & immaculati *in conspectu ejus, in charitate prædestinans nos in adoptionem filiorum per Jesum Christum in ipsum*. Deinde quid adjungat attendite, *secundum placitum*, inquit, *voluntatis suæ*: ne in tanto beneficio gratiæ de placito gloriaremur voluntatis nostræ. *In qua gratificavit nos*, inquit, *in dilecto Filio suo*: in qua utique voluntate sua, gratificavit nos. Sic dictum est, gratificavit a gratia, sicut justificavit dicitur a justitia. *In quo habemus*, inquit, *redemptionem per sanguinem ipsius, remissionem peccatorum, secundum divitias gratiæ ejus, quæ abundavit in nos in omni sapientia & prudentia, ut ostenderet nobis mysterium voluntatis suæ, secundum bonam voluntatem suam*. In hoc mysterio voluntatis suæ posuit divitias gratiæ suæ secundum bonam voluntatem suam, non secundum nostram, quæ bona esse non posset, nisi ipse secundum bonam voluntatem suam ut bona fieret, subveniret. Cum autem dixisset, *Secundum bonam voluntatem suam*, subjecit, *quam proposuit in illo*, id est, in dilecto Filio suo, *in dispensatione plenitudinis temporum instaurare omnia in Christo, quæ in cælis sunt, & quæ in terris in ipso: in quo etiam & sortem consecuti sumus, prædestinati secundum propositum, qui universa operatur secundum consilium voluntatis suæ, ut simus in laudem gloriæ ejus*.

[illegible]

3. Nimis longum est de singulis disputare. Cernitis autem procul dubio, cernitis quanta manifestatione Apostolici eloquii defendatur hæc gratia, contra quam merita extolluntur humana, tanquam homo aliquid prior det, ut retribuatur ei. Elegit ergo nos Deus in Christo ante mundi constitutionem, prædestinans nos in adoptionem filiorum: non quia per nos sancti & immaculati futuri eramus, sed elegit prædestinavitque ut essemus. Fecit autem hoc secundum placitum voluntatis suæ, ut nemo de sua, sed de illius erga se voluntate glorietur, fecit hoc secundum divitias gratiæ suæ, secundum bonam voluntatem suam, quam proposuit in dilecto filio suo, in quo sortem consecuti sumus, prædestinati secundum propositum, non nostrum, sed ejus qui universa operatur, usque adeo ut ipse in nobis operetur & velle. Operatur autem secundum consilium voluntatis suæ, ut simus in laudem gloriæ ejus. Hinc est quod clamamus, ut nemo glorietur in homine, ac per hoc nec in seipso; sed qui gloriatur, in Domino glorietur, ut simus in laudem gloriæ ejus. Ipse quippe operatur secundum propositum suum, ut simus in laudem gloriæ ejus, utique sancti & immaculati, propter quod nos vocavit prædestinans ante mundi constitutionem. Ex hoc proposito ejus est illa electorum propria vocatio, quibus omnia cooperatur in bonum; quia secundum propositum vocati sunt, & sine pœnitentia sunt dona & vocatio Dei.

Phil. 2. 13.

1. Cor. 1. 31. 2. Cor. 10. 31.

Rom. 8. 28. Rom. 11. 29.

CAPUT XIX.

[illegible]

1. SED hi nostri, de quibus vel pro quibus nunc agimus, forsitan dicunt; Pelagianos hoc Apostolico testimonio refutari, ubi dicit, ideo nos electos in Christo, & prædestinatos ante mundi constitutionem, ut essemus sancti & immaculati in conspectu ejus, in charitate. Ipsi enim putant, *acceptis præceptis, jam per nos ipsos fieri libero voluntatis arbitrio sanctos & immaculatos in conspectu ejus in charitate: quod futurum Deus quoniam præscivit*, inquiunt, *ideo nos ante mundi constitutionem elegit & prædestinavit in Christo*. Cum dicat Apostolus, Non quia futuros tales nos esse præscivit, sed ut essemus tales per ipsam electionem gratiæ suæ, qua gratificavit nos in dilecto filio suo. Cum ergo nos prædestinavit, opus suum præscivit, quo nos sanctos & immaculatos facit. Unde recte hoc testimonio Pelagianus error arguitur. *Nos autem dicimus*, inquiunt, *nostram Deum non præscisse nisi fidem, qua credere incipimus, & ideo nos elegisse ante mundi constitutionem, ac prædestinasse, ut etiam sancti & immaculati gratia atque opere ejus essemus*. Sed audiant & ipsi in hoc testimonio, ubi dicit, *Sortem consecuti sumus, prædestinati secundum propositum, qui universa operatur*. Ipse ergo ut credere incipiamus operatur qui universa operatur. Vocationem quippe illam, de qua dictum est, *Sine pœnitentia sunt dona & vocatio Dei*; & de qua dictum est, *Non ex operibus, sed ex vocante*: cum posset dicere, sed ex credente; & electionem quam significavit Dominus dicens, *Non vos me elegistis, sed ego vos elegi*: nec fides ipsa præcedit. Non enim quia credidimus, sed ut credamus elegit nos; ne priores eum elegisse dicamur, falsumque sit, quod absit, *Non vos me elegistis, sed ego vos elegi*. Nec quia credidimus, sed ut credamus vocamur: atque illa vocatione, quæ sine pœnitentia est, id prorsus agitur & peragitur, ut credamus. Nec omnia replicanda sunt de hac re tam multa quæ diximus.

Ephes. 1. 4.

Ibid. 11.

Rom. 11. 29. Rom. 9. 12. Joan. 15. 16.

2. Denique & in hujus testimonii consequentibus, Deo gratias agit Apostolus pro his qui crediderant, non utique quoniam eis annunciatum est Evangelium, sed quoniam crediderunt. Ait enim, *In quo & vos audientes verbum veritatis, Evangelium salutis vestræ, in quo credentes signati estis Spiritu promissionis sancto, qui est pignus hæreditatis nostræ in redemptionem acquisitionis, in laudem gloriæ ipsius: propter hoc & ego, audita fide vestra in Christo Jesu & in omnes sanctos, non cesso gratias agere pro vobis*. Nova erat & recens eorum fides prædicato sibi Evangelio, qua fide audita, gratias Deo pro iis agit Apostolus. Si homini gratias ageret pro eo, quod illum vel putaret non præstitisse, vel nosset, adulatio vel irrisio verius quam gratiarum actio diceretur. *Nolite errare, Deus non irridetur*: donum enim ejus est etiam incipiens fides, ne Apostoli ista vel fallax gratiarum actio merito judicetur. Quid illud, nonne initium fidei apparet Thessalonicensium, de quo tamen idem Apostolus Deo gratias agit, dicens, *Propterea & nos gratias agimus Deo sine intermissione, quoniam cum percepissetis a nobis verbum auditus Dei, excepistis non ut verbum hominum, sed sicut est vere verbum Dei, quod operatur in vobis, qui credidistis*? Quid est quod hinc Deo gratias agit? Nempe vanum est atque inane, si cui gra-

Ephes. 1. 13. & seq.

Gal. 6. 7. Fidei initium Dei donum est.

1. Thess. 2. 13.

gratias agit hoc ipse non fecit. Sed quia hoc vanum & inane non est, profecto Deus, cui de hoc opere gratias agit, ipse fecit, ut cum percepissent ab Apostolo verbum auditus Dei, exciperent illud non ut verbum hominum, sed sicut est vere verbum Dei. Deus igitur operatur in cordibus hominum, vocatione illa secundum propositum suum, de qua multum locuti sumus, ut non inaniter audiant Evangelium, sed eo audito convertantur & credant, excipientes non ut verbum hominum, sed sicut est vere verbum Dei.

CAPUT XX.

1. Illud etiam initium fidei hominum donum Dei esse nos admonet, cum hoc significans Apostolus dicit in epistola ad Colossenses: *Orationi instate, vigilantes in illa in gratiarum actione, orantes simul & pro nobis, ut Deus aperiat nobis ostium verbi sui ad loquendum mysterium Christi, propter quod etiam vinctus sum, ut manifestem illud ita ut oportet me loqui.* Quomodo aperitur ostium verbi, nisi cum sensus aperitur audientis ut credat, & initio fidei facto, ea quæ ad ædificandam salubrem doctrinam prædicantur & disputantur, admittat; ne per infidelitatem corde clauso, ea quæ dicuntur improbet ac repellat? Unde & ad Corinthios ait, *Permanebo autem Ephesi usque ad Pentecosten; ostium enim mihi apertum est magnum & evidens, & adversarii multi.* Quid hic aliud potest intelligi, nisi prædicato ibi per eum primitus Evangelio, credidisse multos, & multos ejusdem fidei adversarios extitisse, secundum illud Domini, *Nemo ad me venit, nisi cui datum fuerit a Patre meo*: &, *Vobis datum est nosse mysterium regni cælorum, illis autem non est datum?* Ostium ergo apertum est in eis quibus datum est: adversarii autem multi ex eis quibus non est datum.

Col. 4. 2.
1. Cor. 16. 8.
Joan. 6. 44. Luc. 8. 10. Matth. 13. 11.

2. Itemque ad eosdem in secunda epistola idem Apostolus, *Cum venissem*, inquit, *in Troadem in Evangelium Christi, & ostium mihi apertum esset in Domino, non habui requiem spiritui meo, eo quod non inveni Titum fratrem meum; sed vale illis faciens exii in Macedoniam.* Quibus vale fecit, nisi eis qui crediderant, in quorum scilicet cordibus Evangelizanti apertum est ostium? Quid autem adjungat attendite: *Deo autem*, inquit, *gratias, qui semper triumphare nos facit in Christo, & odorem notitiæ suæ per nos manifestat in omni loco: quia Christi bonus odor sumus Deo, in his qui salvi fiunt, & in his qui pereunt; quibusdam quidem odor mortis in mortem, quibusdam autem odor vitæ in vitam.* Ecce unde gratias agit miles acerrimus & defensor invictissimus gratiæ: ecce unde gratias agit, quia Christi bonus odor sunt Apostoli Deo, & in his qui salvi fiunt gratia ejus, & in his qui pereunt judicio ejus. Sed ut minus succenseant hæc parum intelligentes, ipse admonet, cum adjungit & dicit, *Et ad hæc quis idoneus?* Verum redeamus ad ostii apertionem, qua initium fidei audientium significavit Apostolus. Quid est enim, *Orantes simul & pro nobis, ut Deus aperiat nobis ostium verbi*: nisi apertissima demonstratio, etiam ipsum initium fidei esse donum Dei? Non enim orando peteretur ab eo, nisi ab ipso tribui crederetur. Hoc donum cælestis gratiæ in illam Purpurariam descenderat, cui, sicut Scriptura dicit in Actibus Apostolorum, *Deus aperuerat sensum ejus, & intendebat in ea quæ a Paulo dicebantur.* Sic enim vocabatur, ut crederet. Agit quippe Deus quod vult in cordibus hominum, vel adjuvando, vel judicando, ut etiam per eos impleatur quod manus ejus & consilium prædestinavit fieri.

2. Cor. 2. 12. & 13.
Ibid. 14. & 15.
Ibid. 16.
Col. 4. 3.
Act. 16. 14.
Act. 4. 28.

3. Frustra itaque etiam illud, quod Regnorum & Paralipomenon Scriptura teste probavimus, cum Deus vult fieri quod non nisi volentibus hominibus oportet fieri, inclinari eorum corda ut hoc velint, eo scilicet inclinante, qui in nobis mirabili modo & ineffabili operatur & velle; ad causam de qua disserimus, * non pertinere dixerunt. Quid est aliud, nihil dicere, & tamen contradicere? nisi forte cur eis hoc visum sit, rationem vobis aliquam reddiderunt, quam vos in litteris vestris tacere maluistis. Sed quæ illa esse possit ignoro. An forte quia ostendimus hoc Deum egisse in cordibus hominum, & ad hoc perduxisse quorum ei placuit voluntates, ut Rex constitueretur Saul, sive David, ideo hæc exempla causæ huic convenire non putant, quoniam non hoc est temporaliter regnare in hoc sæculo, quod est in æternum regnare cum Deo; ac per hoc existimant ad regna terrena facienda Deum inclinare, ad regnum vero cæleste obtinendum Deum non inclinare quorum voluerit voluntates? Sed puto propter regnum cælorum, non propter regnum terrenum esse dictum: *Inclina cor meum in testimonia tua*: vel, *A Domino gressus hominis diriguntur, & viam ejus volet*: vel, *Paratur voluntas a Domino*: vel, *Fiat Dominus noster nobiscum, sicut erat cum patribus nostris; non derelinquat nos, nec avertat nos a se: inclinet corda nostra ad se, ut eamus in omnibus viis ejus*: vel, *Dabo eis cor cognoscendi me, & aures audientes*: vel, *Dabo eis cor aliud, & spiritum novum dabo eis.* Audiant etiam illud: *Spiritum meum dabo in vobis, & faciam ut in justificationibus meis ambuletis, & judicia mea observetis, & faciatis.* Audiant: *A Domino diriguntur gressus viri, mortalis autem quomodo intelligit vias suas?* Audiant: *Omnis vir videtur sibimetipsi justus, dirigit autem corda Dominus.* Audiant: *Crediderunt quotquot erant ordinati in vitam æternam.* Audiant hæc & alia quæcumque non dixi, quibus ostenditur Deus ad regnum etiam cælorum, & ad vitam æternam parare & convertere hominum voluntates. Cogitate autem quale sit, ut credamus ad constituenda regna terrena hominum voluntates operari Deum, & ad capessendum regnum cælorum homines operari voluntates suas.

1. Reg. 10. 26.
1. Paral. 12. 38.
* Supra in ep. Hilar. n. 2.
Psal. 118. 36.
Psal. 36. 23.
Prov. 8. sec. LXX.
3. Reg. 8. 57.
Jerem. 24. 7.
Ezech. 11. 19.
Ezech. 36. 27.
Prov. 20. 24.
Prov. 21. 2.
Act. 13. 48.

CAPUT XXI.

Multa diximus, & fortasse jam dudum potuimus persuadere quæ volumus, & adhuc tam bonis ingeniis sic loquimur, quasi obtusis, quibus & quod nimium est, non est satis. Sed dent veniam; nova enim quæstio ad hoc nos compulit. Quia cum in prioribus opusculis seculis nostris satis idoneis testimoniis egissemus, donum Dei esse etiam fidem: inventum est quod contradiceretur, ad hoc valere illa testimonia, ut ostendant Dei donum esse incrementum fidei; initium vero fidei quo in Christum primitus creditur, ab homine ipso esse, nec esse donum Dei; sed hoc exigere Deum, ut cum id præcesserit, cætera tamquam hoc merito consequantur, quæ Dei dona sunt, nec ullum eorum dari gratis, cum in eis Dei gratia, quæ non nisi gratuita est, prædicetur. Quod videtis quam sit absurdum, propter quod institimus quantum potuimus, ut etiam ipsum initium fidei donum Dei esse ostenderemus. Quod & si diutius fecimus, quam forsitan vellent hi propter quos fecimus; hinc ab eis reprehendi parati sumus: dum tamen & si multo diutius quam vellent, & si cum fastidio ac tædio intelligentium, fateantur nos fecisse quod fecimus, id est, etiam initium fidei, sicut continentiam, patientiam, justitiam, pietatem, & cætera, de quibus cum his nulla contentio est, donum Dei esse docuisse. Hic ergo sit hujus voluminis terminus, ne offendat nimia longitudo.

ADMONITIO
IN LIBRUM SECUNDUM
DE PRÆDESTINATIONE SANCTORUM,
vulgo DE DONO PERSEVERANTIÆ *nuncupatum.*

RELIQUOS *errores Semipelagianorum Massiliensium coarguere pergit Augustinus. Verum ut maxima parte superioris libri de initio fidei egit, sic in primis partibus libri sequentis copiose differit de perseverantiæ perfectione. Nempe sanctus Doctor ex Prosperi & Hilarii litteris intellexit, prædestinationis & gratiæ inimicos duplici hoc errore propius a Pelagianis recedere, quod &* initium fidei, & usque in finem perseverantiam sic in nostra potestate constituant (*quemadmodum hic capite 17. loquitur*) ut Dei dona esse non putent, neque ad hæc habenda atque retinenda Deum operari nostras cogitationes & voluntates. *Quamquam autem hoc posteriore libro & ad alias eorum quasdam adversus prædestinationem quæstiones respondeat: quia tamen ipse in exordio proponit disputandum de perseverantia, inde factum ut liber vulgo vel* de dono perseverantiæ *nuncuparetur, vel (quæ ipsius communior in antiquis codicibus inscriptio est)* de bono perseverantiæ, *sub qua olim inscriptione citabatur a Remigio Archiepiscopo Lugdunensi in libro de tenenda Scripturæ veritate cap. 9. a Floro seu Beda vulgato, in Paulum, ab Hincmaro lib. de prædestinatione cap. 1. &c. At certe S. Prosper, qui operis Hilario ac sibi dicati exemplaria prima & sinceriora conspexit, eumdem utique libro inditum fuisse titulum tradit in principio libri responsionum ad excerpta Genuensium.* In libris, *ait*, beatæ memoriæ Augustini episcopi, quorum titulus est de Prædestinatione Sanctorum. *Astipulatur Prospero Noailliensis vetus codex, finito libro primo subjiciens*, Explicit de Prædestinatione sanctorum beati Augustini episcopi liber primus. Incipit secundus. *Finito autem hoc secundo:* Explicit liber secundus sancti Augustini episcopi de Prædestinatione Sanctorum.

De iisdem libris Bellarminus in libro 2. de Gratia & libero arbitrio, cap. 11.
„ *Constat, inquit, delatam fuisse ad Apostolicam sedem, Cælestino Pontifice, a*
„ *Prospero & Hilario querimoniam, quod in Gallia presbyteri quidam doctrinam*
„ *sancti Augustini de prædestinatione reprehenderent. Quid autem Cælestinus*
„ *rescripserit perspicuum est ex epistola ejus ad Gallos, in qua inter cætera, po-*
„ *steaquam magnis laudibus sanctum Augustinum extulit, ita subjungit:* Unde
„ resistatur talibus quos male crescere videmus, *&c. Et quoniam Galli respon-*
„ *debant, fuisse quidem a Pontifice commendatam sancti Augustini doctrinam,*
„ *sed non approbatos in specie libros illos duos* de Prædestinatione Sanctorum
„ *&* de bono Perseverantiæ; *contra sanctus Prosper in libro contra Collatorem,*

„ extre-

„ *extremo loco demonstrat, Pontificem non potuisse hos libros non approbare, cum Augustini doctrinam probaverit, & hi libri a ceteris non dissentiant &c. Deinde Cælestinus in ea epistola cap. 2. ita laudat Augustinum, ut dicat eum semper habitum a Romana Ecclesia pro magistro optimo, & numquam eum fuisse saltem rumore sinistræ suspicionis adspersum. At quomodo ista dicere potuisset Cælestinus, si Augustinus falso scripsisset, fidem prædestinationis in Ecclesia Catholica semper fuisse, &* * CONTRA EAM NEMINEM NISI ERRANDO DISPUTARE POTUISSE? *Nam si Augustini de prædestinatione sententia falsa esset, non posset idem Augustinus ab ingenti temeritate defendi: quippe qui non solum tam acriter pro falsitate certasset, sed etiam pro fide catholica venditare ausus esset &c. Denique Gelasius in Concilio LXX. episcoporum non solum probavit omnia scripta sancti Augustini & sancti Prosperi; sed etiam contra damnavit libellos Joannis Cassiani & Fausti Regiensis: cum tamen non ignoraret, potissimam contentionem inter Prosperum & Cassianum, ac deinde inter Fulgentium & Faustum, de scriptis sancti Augustini* de Prædestinatione sanctorum & de dono perseverantiæ *fuisse.*

* Lib. de dono persev. c. 19.

Prima parte libri probat perseverantiam illam, qua in Christo perseveratur usque in finem, esse donum Dei. Hoc enim a Deo irrisorie peti, si a Deo dari non creditur. Porro Dominica oratione nihil pene aliud posci quam perseverantiam, juxta Cypriani Martyris expositionem: qua quidem expositione ipsi gratiæ inimici convicti sunt ante quam nati. Perseverandi gratiam non secundum accipientium merita, sed aliis Dei misericordia dari, aliis justo ejus judicio non dari docet. Cur ex adultis ille potius quam iste vocetur, quemadmodum & ex duobus parvulis cur iste assumatur, ille relinquatur, inscrutabile. Inscrutabilius vero, cur ex duobus piis, huic perseverare donetur, non illi: sed illud tamen certissimum, hunc esse ex prædestinatis, illum non esse. Prædestinationis mysterium Dominicis verbis de Tyriis & Sidoniis, si eadem apud illos quæ apud Corozain signa facta essent, pœnitentiam acturis, monstrari observat. Exemplum parvulorum ad prædestinationis & gratiæ in majoribus veritatem firmandam valere ostendit: atque ad locum libri sui de libero arbitrio tertii ab adversariis male adhuc allatum respondet. Altera postea operis hujus parte refellit quod illi ajunt, Prædestinationis definitionem utilitati exhortationis & correptionis adversam. Asserit contra, Prædestinationem utiliter prædicari, ut homo non in seipso, sed in Domino glorietur. Quæ autem ab illis adversus prædestinationem objectantur, eadem non absimiliter vel adversus Dei præscientiam, vel adversus gratiam illam, quam ad cetera bona (excepto initio fidei & perseverantiæ perfectione) necessariam esse consentiunt, posse torqueri. Prædestinationem quippe Sanctorum nihil aliud esse quam præscientiam & præparationem beneficiorum Dei, quibus certissime liberantur, quicumque liberantur. Verum prædestinationem congrua ratione prædicari jubet, ac non eo modo ut apud imperitam multitudinem redargui ipsa sua prædicatione videatur. Postremo illustrissimum prædestinationis exemplum nobis positum ob oculos Dominum Jesum commendat.

SANCTI AURELII AUGUSTINI
HIPPONENSIS EPISCOPI
DE DONO PERSEVERANTIÆ
AD PROSPERUM ET HILARIUM
LIBER * SECUNDUS.

* Scriptus post Retract. [illegible]

PRima parte libri probat perseverantiam illam, qua in Christo perseveratur usque in finem, esse donum Dei. Hoc enim a Deo irrisorie peti, si a Deo dari non creditur. Porro Dominica oratione nihil pene aliud posci quam perseverantiam, juxta Cypriani martyris expositionem: qua quidem expositione ipsi gratiæ inimici convicti sunt ante quam nati. Perseverandi gratiam non secundum accipientium merita, sed aliis Dei misericordia dari, aliis justo ejus judicio non dari docet. Cur ex adultis ille potius quam iste vocetur, quemadmodum & ex duobus parvulis cur iste assumatur, ille relinquatur, inscrutabile. Inscrutabilius vero, cur ex duobus piis, huic perseverare donetur, non illi: sed illud tamen certissimum, hunc esse ex Prædestinatis, illum non esse. Prædestinationis mysterium Dominicis verbis de Tyriis & Sidoniis, si eadem apud illos quæ apud Corozain signa facta essent, pœnitentiam acturis monstrari observat. Exemplum parvulorum ad prædestinationis & gratiæ in majoribus veritatem firmandam valere ostendit: atque ad locum libri sui de Libero arbitrio tertii, ab adversariis male huc allatum, respondet. Altera postea operis hujus parte refellit quod illi ajunt, Prædestinationis definitionem utilitati exhortationis & correptionis adversam. Asserit contra, Prædestinationem utiliter prædicari, ut homo non in seipso, sed in Domino glorietur. Quæ autem ab illis adversus prædestinationem objectantur, eadem non absimiliter vel adversus Dei præscientiam, vel adversus gratiam illam, quam ad cætera bona (excepto initio fidei, & perseverantiæ perfectione) necessariam esse consentiunt, posse torqueri. Prædestinationem quippe sanctorum nihil aliud esse quam præscientiam & præparationem beneficiorum Dei, quibus certissime liberantur quicumque liberantur. Verum prædestinationem congrua ratione prædicari jubet, ac non eo modo ut apud imperitam multitudinem redargui ipsa sua prædicatione videatur. Postremo illustrissimum prædestinationis exemplum nobis positum ob oculos Dominum Jesum commendat.

CAPUT PRIMUM.

In quibus perseverantia [illegible]

JAM de *Perseverantia* diligentius disputandum est. Nam & in priore libro cum ageremus de initio fidei, etiam de hac aliqua diximus. Asserimus ergo donum Dei esse perseverantiam, qua usque in finem perseveratur in Christo, finem autem dico quo vita ista finitur, in qua tantummodo periculum est ne cadatur. Itaque utrum quisque hoc munus acceperit, quamdiu hanc vitam ducit, incertum est. Si enim prius quam moriatur cadat, non perseverasse utique dicitur, & verissime dicitur. Quomodo ergo perseverantiam, qui non perseveravit, accepisse vel habuisse dicendus est? Nam si habeat aliquis continentiam, & ab ea decidat atque incontinens fiat, si justitiam similiter, si patientiam, si ipsam fidem, recte dicitur habuisse & non habere, continens enim fuit, vel justus fuit, vel patiens, vel fidelis fuit, quamdiu fuit; cum vero esse destitit, non est quod fuit: qui vero non perseveraverit, quomodo perseverans fuit; cum perseverando quisque ostendat se perseverantem, quod iste non fecit? Sed ne quisquam reluctetur & dicat, Si ex quo fidelis quisque factus est, vixit verbi gratia decem annos, & eorum medio tempore a fide lapsus est, nonne quinque annos perseveravit? Non contendo de verbis, si & illa perseverantia putatur esse dicenda, tanquam temporis sui: hanc certe de qua nunc agimus perseverantiam, qua in Christo perseveratur usque in finem, nullo modo habuisse dicendus est, qui non perseveraverit usque in finem: potiusque hanc habuit unius anni fidelis, & quantum infra cogitari potest, si donec moreretur fideliter vixit, quam multorum annorum, si exiguum temporis ante mortem a fidei stabilitate defecit.

CA-

CAPUT II.

Matth. 10. 22.

1. QUO constituto videamus utrum hæc perseverantia, de qua dictum est, *Qui perseveraverit usque in finem, hic salvus erit*, donum sit Dei. Quod si non sit, quomodo verum est quod Apostolus ait, *Vobis donatum est pro Christo, non solum ut credatis in eum, verum etiam ut patiamini pro eo*. Horum quippe unum pertinet ad initium, alterum ad finem: utrumque tamen est Dei donum, quia utrumque dictum est esse donatum, sicut & superius jam diximus. Quid enim est initium verius Christiano, quam credere in Christum? Quis finis melior, quam pati pro Christo? Sed quod ad id pertinet ut credatur in Christum, qualiscumque inventa est contradictio, ut donum Dei non initium, sed augmentum fidei diceretur: cui opinioni, donante Domino, satis superque respondimus. Quid autem dici potest, cur perseverantia usque in finem non donetur in Christo, cui donatur pati pro Christo, aut, ut expressius eloquar, cui donatur mori pro Christo? Nam & Petrus apostolus donum Dei hoc esse demonstrans, *Melius est*, inquit, *benefacientes, si velit voluntas Dei, pati, quam malefacientes*. Cum dicit, *si velit voluntas Dei*; ostendit hoc divinitus donari, nec omnibus sanctis, ut pro Christo patiantur: neque enim quos non vult voluntas Dei pervenire ad experientiam gloriamque passionis, non perveniunt ad Regnum Dei, si perseveraverint in Christo usque in finem. Sed quis dicat illis non donari hanc perseverantiam, qui ægritudine corporis, vel quocumque casu moriuntur in Christo, cum longe difficilior donetur illis a quibus suscipitur & mors ipsa pro Christo? Multo quippe difficilius perseveratur, ubi hoc agit qui persequitur ne perseveretur, & propterea usque ad mortem sustinetur ut perseveretur. Illam proinde difficilius perseverantiam, illam facilius est habere: sed cui nihil difficile est, facile est utramque donare. Hanc enim promisit Deus, dicens, *Timorem meum dabo in cor eorum, ut a me non recedant*. Quod quid est aliud, quam, talis ac tantus erit timor meus quem dabo in cor eorum, ut mihi perseveranter adhæreant?

Philipp. 1. 29.

1. Petr. 3. 17.

Jer. 32. 40.

2. Cur autem perseverantia ista poscitur a Deo, si non datur a Deo? An & ista irrisoria petitio est, cum id ab eo petitur quod scitur non ipsum dare, sed ipso non dante esse in hominis potestate; sicut irrisoria est etiam illa actio gratiarum, si ex hoc gratiæ aguntur Deo, quod non donavit ipse, nec fecit? Sed quod ibi dixi, hoc & hic dico, *Nolite errare*, inquit Apostolus, *Deus non irridetur*. O homo, non verborum tuorum tantum, verum etiam cogitationum testis est Deus: si aliquid a tanto divite veraciter, ac fideliter poscis, ab illo a quo poscis, te accipere crede quod poscis. Noli eum labiis honorare, & super eum corde te extollere, credens a teipso tibi esse, quod ab illo te fingis orare. An ab illo perseverantia ista forte non poscitur? Jam hoc qui dicit, non meis disputationibus refellendus, sed sanctorum orationibus onerandus est. An vero quisquam eorum est, qui non sibi poscat a Deo ut perseveret in eo, cum ipsa oratione quæ Dominica nuncupatur, quia eam Dominus docuit, quando oratur a sanctis, nihil pene aliud quam perseverantia posci intelligatur?

Lib. 1. super ... Gal. 6. 7.

3. Legite aliquanto intentius ejus expositionem in beati Cypriani Martyris libro, quem de hac re condidit, cujus est titulus, De Dominica oratione: & videte ante quot annos contra ea quæ futura erant Pelagianorum venena, quale sit antidotum præparatum. Nam tria sunt, ut scitis, quæ maxime adversus eos catholica defendit Ecclesia: quorum est unum, gratiam Dei non secundum merita nostra dari; quoniam Dei dona sunt, & Dei gratia conferuntur etiam merita universa justorum: alterum est; in quantacumque justitia sine qualibuscumque peccatis in hoc corruptibili corpore neminem vivere: tertium est, obnoxium nasci hominem peccato primi hominis, & vinculo damnationis obstrictum, nisi reatus, qui generatione contrahitur, regeneratione solvatur. Horum trium hoc, quod loco ultimo posui, solum non tractatur in supradicto gloriosi Martyris libro: de duobus vero cæteris tanta illic perspicuitate disseritur, ut supradicti hæretici novi, inimici gratiæ Christi, longe ante reperiantur convicti esse quam nati. In his ergo meritis sanctorum, quæ nulla nisi Dei dona sunt, etiam perseverantiam donum Dei esse sic loquitur. *Dicimus*, inquit, *Sanctificetur nomen tuum: non quod optemus Deo, ut sanctificetur orationibus nostris, sed quod petamus ab eo, ut nomen ejus sanctificetur in nobis. Cæterum a quo Deus sanctificatur, qui ipse sanctificat? Sed quia ipse dixit, Sancti estote, quoniam & ego sanctus sum: id petimus & rogamus, ut qui in baptismo sanctificati sumus, in eo quod esse cœpimus perseveremus*. Et paulo post de hac ipsa re adhuc disputans, & docens nos perseverantiam petere a Domino; quod nullo modo recte ac veraciter faceret, nisi ejus donum & hoc esset: *Hæc*, inquit, *sanctificatio, ut in nobis permaneat oramus: & quia Dominus & judex noster sanato a se & vivificato comminatur non delinquere, ne quid ei deterius fiat; hanc continuis orationibus precem facimus, hoc diebus & noctibus postulamus, ut sanctificatio & vivificatio, quæ de Dei gratia sumitur, ipsius protectione servetur*. In sanctificatione igitur perseverantiam, hoc est, ut in sanctificatione perseveremus, nos ab eo petere iste doctor intelligit, cum sanctificati dicimus, *Sanctificetur nomen tuum*. Quid est enim aliud petere quod accepimus, nisi ut id quoque nobis præstetur, ne habere desinamus? Sicut ergo sanctus, cum Deum rogat ut sanctus sit, id utique rogat ut sanctus esse permaneat: ita utique & castus, cum rogat ut castus sit; continens, ut continens sit; justus, ut justus sit; pius, ut pius; & cætera quæ contra Pelagianos dona Dei esse defendimus; hoc sine dubio petunt, ut in eis perseverent bonis, quæ se accepisse noverunt. Quod si accipiunt, profecto & ipsam perseverantiam magnum Dei donum, quo cætera dona ejus conservantur, accipiunt.

Cyprian. de Orat. Dom.

Levit. 20. 7.

Joan. 5. 14.

4. Quid cum dicimus, *Veniat regnum tuum*: num aliud poscimus, nisi ut veniat & nobis, quod esse venturum non dubitamus omnibus sanctis?

Matth. 6. 10.

ctis? Ergo & hic qui jam sancti sunt, quid orant, nisi ut in ea sanctitate, quæ illis data est, perseverent? Neque enim aliter eis veniet regnum Dei; quod non aliis, sed his qui perseverant usque in finem, certum est esse venturum.

CAPUT III.

Matth. 6. 10.

TErtia petitio est, *Fiat voluntas tua in cælo & in terra:* vel, quod in plerisque codicibus legitur, magisque ab orantibus frequentatur, *sicut in cælo & in terra:* quod plerique intelligunt, sicut sancti Angeli *, & nos faciamus voluntatem tuam. Vult autem ille doctor, & martyr, cælum & terram intelligi spiritum & carnem, & hoc nos orare, ut voluntatem Dei re utraque concordante faciamus. Vidit in his verbis & alterum sensum sanissimæ fidei congruentem, de quo jam supra locuti sumus: ut scilicet pro infidelibus, qui sunt adhuc terra, terrenum tantum hominem prima nativitate portantes, orare intelligantur fideles, qui cælestis hominis induti, non immerito cæli nomine nuncupantur. Ubi evidenter ostendit, & initium fidei esse donum Dei, quando non tantum pro fidelibus, ut augeatur in eis vel perseveret fides, verum etiam pro infidelibus, ut habere incipiant eam, quam penitus non habebant, & contra quam corda insuper inimica gestabant, sancta orat Ecclesia. Verum nunc non de initio fidei, de quo in superiori libro multa jam diximus; sed de illa quæ habenda est usque in finem perseverantia disputamus, quam petunt utique etiam sancti qui faciunt voluntatem Dei, dicentes in oratione, *Fiat voluntas tua*. Cum enim jam facta sit in eis, cur ut fiat adhuc petunt, nisi ut perseverent in eo quod esse cœperunt? Quamvis hic dici possit, non petere sanctos ut voluntas Dei fiat in cælo, sed ut fiat in terra sicut in cælo, ut terra scilicet imitetur cælum, id est, ut homo Angelum, vel infidelis fidelem: ac per hoc id sanctos poscere, ut sit quod nondum est, non ut perseveret quod est. Quantalibet enim homines sanctitate præpolleant, nondum sunt æquales Angelis Dei: nondum ergo sicut in cælo in eis fit voluntas Dei. Quod si ita est, in ea quidem parte qua optamus, ut homines ex infidelibus fiant fideles, non perseverantia, sed initium videtur optari; in ea vero qua optamus, ut homines in facienda voluntate Dei æquentur Angelis Dei, cum hoc orant sancti, perseverantiam demonstrantur orare: quoniam nemo pervenit ad illam summam, quæ in regno est, beatitudinem, nisi in ea sanctitate quam sumpsit in terra, perseveraverit usque in finem.

* Subaudi [illegible]. Cælum & terra quomodo [illegible].

CAPUT IV.

Matth. 6. 11.

QUarta petitio est, *Panem nostrum quotidianum da nobis hodie*. Ubi beatus Cyprianus ostendit quomodo & hic intelligatur perseverantia postulari. Ait quippe inter cætera: *Hunc autem panem dari nobis quotidie postulamus, ne qui in Christo sumus, & Eucharistiam quotidie ad cibum salutis accipimus, intercedente aliquo graviore delicto, dum abstenti, & non communicantes a cælesti pane prohibemur, a Christi corpore separemur.* Hæc verba sancti hominis Dei, perseverantiam prorsus a Domino sanctos indicant poscere, quando hac intentione dicunt, *Panem nostrum quotidianum da nobis hodie;* ne a Christi corpore separentur, sed in ea sanctitate permaneant, qua nullum, quo inde separari mereantur, crimen admittant.

CAPUT V.

Matth. 6. 12.

1. QUinto orationis loco dicimus, *Dimitte nobis debita nostra, sicut & nos dimittimus debitoribus nostris*. In qua sola petitione non invenitur posci perseverantia. Præterita enim sunt peccata, quæ nobis ut dimittantur oramus: perseverantia vero, quæ in æternum salvos facit, tempori quidem hujus vitæ, non tamen peracto, sed ei quod usque ad ejus finem restat, est necessaria. Operæ pretium est tamen paulisper intueri, quomodo & in hac petitione jam tunc lingua Cypriani, tanquam telo invictissimo veritatis, longe postea futuri confodiebantur hæretici. Etiam hoc enim Pelagiani audent dicere, hominem justum in hac vita nullum habere omnino peccatum, & in talibus hominibus esse jam præsenti tempore Ecclesiam non habentem maculam, aut rugam, aut aliquid ejusmodi, quæ una & sola sponsa sit Christi; tanquam sponsa ejus non sit, quæ per universam terram quod ab eo didicit, dicit, *Dimitte nobis debita nostra*. Sed attendite quomodo istos gloriosissimus Cyprianus interimat. Cum enim locum ipsum Dominicæ orationis exponeret, ait inter cætera: *Quam necessarie autem, quam providenter & salubriter admonemur, quod peccatores sumus, qui pro peccatis rogare compellimur, ut dum indulgentia de Deo petitur, conscientia sua animus recordetur. Ne quis sibi quasi innocens placeat, & se extollendo plus pereat, instruitur & docetur se peccare quotidie, dum quotidie pro peccatis jubetur orare. Sic denique & Joannes in epistola sua ponens, dicit, Si dixerimus quia peccatum non habemus, nos ipsos decipimus, & veritas in nobis non est:* & cætera quæ hic inserere longum est.

Pelagianorum error, justos nullo peccato [illegible].

Eph. 5. 27.

1. Joan. 1. 8.

Matth. 6. 13.

2. Jam vero cum dicunt sancti, *Ne nos inferas in tentationem, sed libera nos a malo;* quid aliud quam ut in sanctitate perseverent, precantur? Nam profecto concesso sibi isto Dei dono, quod esse Dei donum, cum ab illo poscitur, satis aperteque monstratur; isto ergo concesso sibi dono Dei, ne inferantur in tentationem, nemo sanctorum non tenet usque in finem perseverantiam sanctitatis. Neque enim quisquam in proposito Christiano perseverare desistit, nisi in tentationem primitus inferatur. Si ergo concedatur ei quod orat, ut non inferatur; utique in sanctificatione, quam Deo donante percepit, Deo donante persistit.

Tentatione [illegible] perseverantia.

CAPUT VI.

1. SED nolunt, ut scribitis, isti fratres ita *hanc perseverantiam prædicari, ut non vel suppliciter emereri, vel amitti contumaciter possit*. Ubi quid dicant, parum diligenter attendunt.

Sup. in c. post. Retract. [illegible]

datur. De illa enim perseverantia loquimur, qua perseveratur usque in finem: quæ si data est, perseveratum est usque in finem; si autem non est perseveratum usque in finem, non est data; quod jam & superius satis egimus. Non

Cap. 1.

itaque dicant homines perseverantiam cuiquam datam usque in finem, nisi cum ipse venerit finis, & perseverasse cui data est, repertus fuerit usque in finem. Dicimus quippe castum quem novimus castum, sive sit, sive non sit in eadem castitate mansurus: & si quid aliud divini muneris habeat, quod teneri & amitti potest, dicimus eum habere quamdiucumque habet: & si amiserit, dicimus habuisse: perseverantiam vero usque in finem, quoniam non habet quisquam, nisi qui perseverat usque in finem, multi eam possunt habere, nullus amittere. Neque enim metuendum est, ne forte cum perseveraverit homo usque in finem, aliqua in eo mala voluntas oriatur, ne perseveret usque in finem. Hoc ergo Dei donum suppliciter emereri potest: sed cum datum fuerit, amitti contumaciter non potest. Cum enim perseveraverit quisque usque in finem, neque hoc donum potest amittere, nec alia quæ poterat ante finem. Quomodo enim potest amitti, per quod fit ut non amittatur etiam quod posset amitti?

Perseverantia donum suppliciter emereri potest, amitti non potest.

Occurritur objectioni.

2. Sed ne forte dicatur, usque in finem perseverantiam non amitti quidem, cum data fuerit, id est, cum perseveratum fuerit usque in finem; sed tunc amitti quodam modo, quando agit homo per contumaciam, ut ad eam pervenire non possit: sicut dicimus hominem qui non perseveraverit usque in finem, amisisse vitam æternam, vel regnum Dei, non quod jam acceperat & habebat, sed quod acciperet, & haberet si perseverasset: verborum controversias auferamus, & nonnulla etiam quæ non habentur, sed habenda sperantur, posse dicamus amitti. Dicat mihi quisquis audet, utrum Deus dare non possit, quod a se posci imperavit? Hoc certe qui sapit, non dico desipit, sed insanit. Imperavit autem Deus ut ei sancti ejus dicant orantes, *Ne inferas nos in tentationem*. Quisquis igitur exauditur hoc poscens, non infertur in contumaciæ tentationem, qua possit vel dignus sit perseverantiam sanctitatis amittere.

Matth. 6. 13.

3. At enim *voluntate sua quisque deserit Deum, ut merito deseratur a Deo*. Quis hoc negaverit? Sed ideo petimus, ne inferamur in tentationem, ut hoc non fiat. Et si exaudimur, utique non fit, quia Deus non permittit ut fiat. Nihil enim fit, nisi quod aut ipse facit, aut fieri ipse permittit. Potens ergo est, & a malo in bonum flectere voluntates, & in lapsum pronas convertere, ac dirigere in sibi placitum gressum. Cui non frustra dicitur, *Deus tu convertens vivificabis nos*: non frustra dicitur, *Ne des ad movendum pedem meum*: non frustra dicitur, *Ne tradas me Domine a desiderio meo peccatori*: postremo, ne multa commemorem, cum vobis plura forsitan occurrant, non frustra dicitur, *Ne nos inferas in tentationem*. Nam quisquis in tentationem non infertur, profecto nec in tentationem suæ malæ voluntatis infertur, & qui in tentationem suæ malæ voluntatis non infertur, in nullam prorsus infertur. *Unusquisque enim tentatur*, ut scriptum est, *a concupiscentia sua abstractus & illectus; Deus autem neminem tentat*; tentatione scilicet noxia. Nam est & utilis, qua non decipimur vel opprimimur, sed probamur, secundum quod dictum est, *Proba me Domine, & tenta me*. Illa ergo noxia tentatione, quam significat Apostolus dicens, *Ne forte tentaverit vos qui tentat, & inanis fit labor noster*, Deus, ut dixi, neminem tentat, hoc est, neminem infert vel inducit in tentationem. Nam tentari & in tentationem non inferri non est malum, immo etiam bonum est: hoc est enim probari. Quod itaque dicimus Deo, *Ne nos inferas in tentationem*; quid dicimus, nisi, ne nos inferri sinas? Unde sic orant nonnulli, & legitur in codicibus pluribus, & hoc sic posuit beatissimus Cyprianus, *Ne patiaris nos induci in tentationem*. In Evangelio tamen Græco nusquam inveni, nisi, *Ne nos inferas in tentationem*. Tutiores igitur vivimus, si totum Deo damus, non autem nos illi ex parte, & nobis ex parte committimus: quod vidit iste venerabilis Martyr. Nam cum eumdem locum Orationis exponeret, ait post cætera: *Quando autem rogamus, ne in tentationem veniamus, admonemur infirmitatis & imbecillitatis nostræ; dum sic rogamus, ne quis se insolenter extollat, ne quis sibi superbe & arroganter aliquid assumat, ne quis aut confessionis aut passionis gloriam suam ducat: cum Dominus ipse humilitatem docens dixerit, Vigilate & orate, ne veniatis in tentationem; spiritus quidem promptus est, caro autem infirma: ut dum præcedit humilis, & submissa confessio, & datur totum Deo, quidquid suppliciter cum timore Dei petitur, ipsius pietate præstetur.*

Occurritur. Voluntate sua quisque deserit Deum, ut merito deseratur.

Psal. 84. 7.

Psal. 65. 9.

Psal. 139. 9.

Jacob. 1. 14.

Tentatio duplex. Jacob. 1. 13. Psal. 25. 2.

1. Thess. 3. 5.

Matth. 26. 41.

CAPUT VII.

1. SI ergo alia documenta non essent, hæc Dominica oratio nobis ad caussam gratiæ, quam defendimus, sola sufficeret; quia nihil nobis reliquit, in quo tamquam in nostro gloriemur. Siquidem & ut non discedamus a Deo non ostendit dandum esse nisi a Deo, cum poscendum ostendit a Deo. Qui enim non infertur in tentationem, non discedit a Deo. Non est hoc omnino in viribus liberi arbitrii, quales nunc sunt; fuerat in homine ante quam caderet. Quæ tamen libertas voluntatis in illius primæ conditionis præstantia quantum valuerit, apparuit in Angelis, qui diabolo cum suis cadente, in veritate steterunt, & ad securitatem perpetuam non cadendi, in qua nunc eos esse certissimi sumus, pervenire meruerunt. Post casum autem hominis, nonnisi ad gratiam suam Deus voluit pertinere, ut homo accedat ad eum; neque nisi ad gratiam suam voluit pertinere, ut homo non recedat ab eo. Hanc gratiam posuit *in illo in quo sortem consecuti sumus, prædestinati secundum propositum ejus qui universa operatur*. Ac per hoc sicut operatur ut accedamus, sic operatur ne discedamus. Propter quod ei per Prophetam dictum est, *Fiat manus tua super virum dexteræ tuæ, & super filium hominis quem confirmasti tibi, & non discedimus a te*. Iste certe non est Adam primus, in quo discessimus ab eo; sed Adam novissi-

[illegible]

Ephes. 1. 11.

Psal. 79. 18.

mus,

mus, super quem sit manus ejus, ut non discedamus ab eo. Christus enim totus cum membris suis est propter Ecclesiam, quæ est corpus ejus, plenitudo ejus. Cum ergo sit super eum manus Dei, ut non discedamus a Deo, ad nos utique pervenit opus Dei: (hoc est enim manus Dei:) quo opere Dei fit ut simus in Christo permanentes cum Deo, non sicut in Adam, discedentes a Deo. In Christo enim sortem consecuti sumus, prædestinati secundum propositum ejus qui universa operatur. Manus igitur Dei est ista, non nostra, ut non discedamus a Deo. Manus, inquam, ejus est ista, qui dixit, *Timorem meum dabo in cor eorum, ut a me non recedant.* (Jer. 32. 40.)

2. Propter quod & posci a se voluit, ne inferamur in tentationem: quia & si non inferimur, nulla ab eo ratione discedimus. Quod poterat nobis etiam non orantibus dari; sed oratione nostra nos voluit admoneri, a quo accipimus hæc beneficia. A quo enim, nisi ab illo accipimus, a quo justum est ut petamus? (Petit a se quæ Deus voluerit, quæ posset etiam non orantibus dare.) Prorsus in hac re non operosas disputationes expectet Ecclesia; sed attendat quotidianas orationes suas. Orat, ut increduli credant: Deus ergo convertit ad fidem. Orat, ut credentes perseverent; Deus ergo donat perseverantiam usque in finem. Hæc Deus facturum se esse præscivit: "IPSA EST PRÆDESTINATIO SANCTORUM, quos elegit in Christo ante constitutionem mundi, ut essent sancti & immaculati in conspectu ejus in charitate, prædestinans eos in adoptionem filiorum per Jesum Christum in ipsum, secundum placitum voluntatis suæ, in laudem gloriæ gratiæ suæ, in qua gratificavit nos in dilecto Filio suo, in quo habemus redemptionem per sanguinem ipsius; remissionem peccatorum secundum divitias gratiæ ejus, quæ abundavit in nos in omni sapientia & prudentia, ut ostenderet eis mysterium voluntatis suæ, secundum bonam voluntatem suam, quam proposuit in illo, in dispensatione plenitudinis temporum, instaurare omnia in Christo, quæ in cælis sunt, & quæ in terris in ipso; in quo etiam & sortem consecuti sumus, prædestinati secundum propositum qui universa operatur". (Ephes. 1. 4. & seq.) Contra istam veritatis tam claram tubam, quis homo sobriæ vigilantisque fidei voces ullas admittat humanas?

CAPUT VIII.

1. SED, cur, inquit, *gratia Dei non secundum merita hominum datur?* Respondeo, quoniam Deus misericors est. *Cur ergo,* inquit, *non omnibus?* Et hic respondeo, Quoniam Deus judex est: ac per hoc & gratis ab eo datur gratia; & justo ejus in aliis judicio demonstratur, quid in eis quibus datur conferat gratia. Non itaque simus ingrati, quod secundum placitum voluntatis suæ, in laudem gloriæ gratiæ suæ, tam multos liberat immeritos Deus de tam debita perditione; ut si nullum inde omnino liberaret, non esset injustus. Ex uno quippe omnes in condemnationem non injustum judicati sunt ire, sed justum. Qui ergo liberatur, gratiam diligat; qui non liberatur, debitum agnoscat. Si in remittendo debito bonitas, in exigendo æquitas intelligitur, nusquam esse apud Deum iniquitas invenitur.

2. *Sed cur,* inquit, *non solum in parvulorum, verum etiam in geminorum una atque eadem caussa, tam diversum judicium?* Nonne similis quæstio est, cur in diversa caussa idem judicium? (Matth. 20. 1. & seq.) Recolamus igitur illos operarios in vinea qui toto die laboraverunt, & eos qui hora una: nempe caussa diversa est impensi laboris, & tamen idem judicium in redditione mercedis. Numquid & hic audierunt murmurantes a patre-familias, nisi, Hoc volo? Ita quippe ejus erga alios fuit largitas, ut erga alios nulla esset iniquitas. Et illi quidem utique in bonis sunt: veruntamen quantum ad justitiam spectat, & gratiam, potest & de reo qui liberatur recte dici reo qui damnatur, *Tolle quod tuum est, & vade; huic autem volo quod non debetur, donare. An non licet mihi facere quod volo? An oculus tuus nequam est, quia ego bonus sum?* (Ibid. 14. & 15.) Hic ille si dicat, Cur non & mihi? merito audiet, *O homo tu quis es qui respondeas Deo?* (Rom. 9. 20.) Quem certe in uno videtis benignissimum largitorem, in te vero exactorem justissimum, in nullo tamen certis injustum. Cum enim justus esset, etiam si utrumque puniret: qui liberatur, habet unde gratias agat; qui damnatur, non habet quod reprehendat.

3. *Sed si jam,* inquit, *hoc oportebat, ut demonstraretur non omnibus, quod omnibus debebatur ostenderet, atque ita gratius suam gratiam vasis misericordiæ commendaret; cur in eadem caussa me quam illum potius puniet, aut illum quam me potius liberabit?* Hoc non dico; si quæris quare; quia fateor me non invenire quid dicam. Si & hoc quæris quare; quia in hac re sicut justa est ira ejus, sicut magna est misericordia ejus, ita inscrutabilia judicia ejus.

4. Adhuc pergat & dicat, *Cur quibusdam qui eum coluerunt bona fide, perseverare usque in finem non dedit?* Cur putas, nisi quia non mentitur qui dicit, *Ex nobis exierunt, sed non erant ex nobis; nam si fuissent ex nobis, mansissent utique nobiscum.* (1. Joan. 2. 19.) Numquid ergo hominum naturæ duæ sunt? Absit. Si duæ naturæ essent, gratia nulla non esset: nulli enim daretur gratuita liberatio, si naturæ debita redderetur. Hominibus autem videtur, omnes qui boni apparent fideles, perseverantiam usque in finem accipere debuisse: Deus autem melius esse judicavit, miscere quosdam non perseveraturos certo numero sanctorum suorum; ut quibus non expedit in hujus vitæ tentatione securitas, non possint esse securi. (Perseverantia cur quibusdam non perseveraturis Deus adjudicat.) Multos enim a perniciosa elatione reprimit, quod ait Apostolus, *Quapropter qui videtur stare, videat ne cadat.* (1. Cor. 10. 12.) Voluntate autem sua cadit, qui cadit; & voluntate Dei stat, qui stat. *Potens est enim Deus statuere illum:* (Rom. 14. 4.) non ergo se ipse, sed Deus. Veruntamen bonum est non altum sapere, sed timere. In cogitatione autem sua vel cadit quisque, vel stat. Sicut autem Apostolus ait, quod & in libro superiori memoravi, *Non sumus idonei cogitare aliquid quasi ex nobismetipsis, sed sufficientia nostra ex Deo est.* (2. Cor. 3. 5.) Quem secutus & beatus Ambrosius audet & dicit, *Non enim in potestate nostra cor nostrum, &*

nostra

nostra cogitationes: quod omnis qui humiliter & veraciter pius est, esse verissimum sentit.

5. Hoc autem Ambrosius ut diceret in eo libro loquebatur, quem de fuga sæculi scripsit, docens, hoc sæculum non corpore, sed corde fugiendum, quod nisi auxilio Dei fieri non posse disseruit. Ait enim: *Frequens nobis de fugiendo sæculo iste sermo; atque utinam quam facilis sermo, tam cautus & sollicitus affectus: sed, quod pejus est, frequenter irrepit terrenarum illecebra cupiditatum, & vanitatum offusio mentem occupat, ut quod studeas vitare, hoc cogites animoque volvas. Quod cavere difficile est homini, exuere autem impossibile. Denique voti magis rem esse quam effectus, testatur Propheta, dicendo, Declina cor meum in testimonia tua, & non in avaritiam. Non enim in potestate nostra cor nostrum, & cogitationes nostræ, quæ improvise offusæ mentem animumque confundunt, atque alio trahunt quam tu proposueris: ad sæcularia revocant, mundana inserunt, voluptuaria ingerunt, illecebrosa intexunt, ipsoque in tempore quo elevare mentem paramus: inserti inanibus cogitationibus ad terrena plerumque dejicimur.* Non itaque in hominum, sed in Dei est potestate, ut habeant homines potestatem filii Dei fieri. Ab ipso quippe accipiunt eam, qui dat cordi humano cogitationes pias, per quas habeat fidem, quæ operetur per dilectionem; ad quod bonum sumendum & tenendum, & in eo perseveranter usque in finem proficiendum, non sumus idonei cogitare aliquid quasi ex nobismetipsis, sed sufficientia nostra ex Deo est; in cujus est potestate cor nostrum, & cogitationes nostræ.

Psal. 118. 36.

Joan. 1. 12. Galat. 5. 6.

2 Cor. 3. 5.

CAPUT IX.

1. EX duobus itaque parvulis originali peccato pariter obstrictis, cur iste assumatur, ille relinquatur; & ex duobus ætate jam grandibus impiis, cur iste ita vocetur, ut vocantem sequatur, ille autem aut non vocetur, aut non ita vocetur; inscrutabilia sunt judicia Dei. Ex duobus autem piis, cur huic donetur perseverantia usque in finem, illi non donetur, inscrutabiliora sunt judicia Dei. Illud tamen fidelibus debet esse certissimum, hunc esse ex prædestinatis, illum non esse. *Nam si fuissent ex nobis*, ait unus prædestinatorum, qui de pectore Domini biberat hoc secretum, *mansissent utique nobiscum*. Quid est quæso, *Non erant ex nobis; nam si fuissent, mansissent utique nobiscum?* Nonne utrique a Deo creati, utrique ex Adam nati, utrique de terra facti erant, & ab eo qui dixit, *Omnem flatum ego feci*, unius ejusdemque naturæ animas acceperant? Nonne postremo utrique vocati fuerant, & vocantem secuti, utrique ex impiis justificati, & per lavacrum regenerationis utrique renovati? Sed si hæc audiret ille, qui sciebat procul dubio quid diceret, respondere posset & dicere: Vera sunt hæc, secundum hæc omnia ex nobis erant, veruntamen secundum aliam quamdam discretionem non erant ex nobis; nam si fuissent ex nobis, mansissent utique nobiscum. Quæ est tandem ista discretio? Patent libri Dei, non avertamus aspectum: clamat scriptura divina, adhibeamus auditum. Non erant ex eis, quia non erant secundum propositum vocati, non erant in Christo electi ante constitutionem mundi, non erant in eo sortem consecuti, non erant prædestinati secundum propositum ejus, qui universa operatur. Nam si hoc essent, ex illis essent, & cum illis sine dubitatione mansissent.

1 Joan. 2. 19.

Isai. 57. 16.

2. Ut enim non dicam, quam sit possibile Deo, aversas & adversas in fidem suam hominum convertere voluntates, & in eorum cordibus operari, ut nullis adversitatibus cedant, nec ab illo aliqua superati tentatione discedant; cum possit & quod ait Apostolus facere, ut non eos permittat tentari super id quod possunt: ut ergo id non dicam, certe poterat illos Deus præsciens esse lapsuros, ante quam id fieret, auferre de hac vita. An eo redituri sumus, ut adhuc disputemus, quanta absurditate dicatur, judicari homines mortuos etiam de his peccatis, quæ præscivit eos Deus perpetraturos fuisse, si viverent? Quod ita abhorret a sensibus Christianis, aut prorsus humanis, ut id etiam refellere pudeat. Cur enim non dicatur, & ipsum Evangelium cum tanto labore passionibusque sanctorum frustra esse prædicatum, vel adhuc etiam prædicari; si judicari poterant homines, etiam non audito Evangelio, secundum contumaciam vel obedientiam, quam præscivit Deus habituros fuisse, si audissent? Nec damnarentur Tyrus & Sidon, quamvis remissius quam illæ civitates, in quibus non credentibus, a Domino Christo mirabilia signa sunt facta: quoniam si apud illas facta essent, in cinere & cilicio pœnitentiam egissent; sicut se habent eloquia veritatis, in quibus verbis suis Dominus Jesus altius nobis mysterium prædestinationis ostendit.

1 Cor. 10. 13.

Luc. 10. 13. & seq. Matt. 11. 21. 22. & 23.

3. Si enim quæratur a nobis, cur apud eos tanta miracula facta sint, qui videntes ea non fuerant credituri, & apud eos facta non sint, qui crederent si viderent; quid respondebimus? Numquid dicturi sumus, quod in libro illo dixi, ubi sex quibusdam quæstionibus Paganorum, sine præjudicio tamen aliarum caussarum, quas prudentes possent vestigare, respondi. Hoc quippe ut scitis, cum Christus quare post tam longa tempora venerit, quæreretur, dixi quod his "temporibus, & his locis quibus Evangelium "ejus non est prædicatum, tales omnes in ejus "prædicatione futuros esse præsciebat, quales "multi in ejus corporali præsentia fuerunt, qui "in eum, nec suscitatis ab eo mortuis, credere "voluerunt. Item paulo post in eodem libro, atque in eadem quæstione: Quid mirum, inquam, si tam infidelibus plenum orbem terrarum Christus prioribus sæculis noverat, ut eis prædicari merito nollet, quos "nec verbis nec miraculis suis credituros esse "præsciebat?" Hæc certe de Tyro & Sidone non possumus dicere, & in eis cognoscimus, ad eas caussas prædestinationis hæc divina judicia pertinere, sine quarum caussarum latentium præjudicio, tunc ista respondisse me dixi. Facile est quippe ut infidelitatem accusemus Judæorum de libera voluntate venientem, qui factis apud se tam magnis virtutibus credere noluerunt. Quod & Dominus increpans arguit, & dicit,

Epist. 102. q. 2.

Matth. 11, 21. Luc. 10, 13. *Vae tibi Corozain & Bethsaida: quia si in Tyro & Sidone factae fuissent virtutes, quae factae sunt in vobis, olim in cilicio & cinere poenitentiam egissent.* Sed numquid possumus dicere, etiam Tyrios & Sidonios talibus apud se virtutibus factis credere noluisse, aut credituros non fuisse, si fierent? cum eis ipse Dominus attestetur, quod acturi essent magnae humilitatis poenitentiam, si in eis facta essent divinarum illa signa virtutum. Et tamen in die judicii punientur, quamvis minori supplicio quam illae civitates, quae apud se virtutibus factis credere noluerunt. Sequitur enim Dominus, ait, Matth. 11, 22. Luc. 10, 14. *Verumtamen dico vobis, Tyro & Sidoni remissius erit in die judicii, quam vobis.* Severius ergo punientur illi, illi remissius; sed tamen punientur. Porro si etiam secundum facta, quae facturi essent si viverent, mortui judicantur: profecto quia fideles futuri erant isti, si eis cum tantis miraculis fuisset Evangelium praedicatum, non sunt utique puniendi, punientur autem: falsum est igitur & secundum ea mortuos judicari quae facturi essent, si ad viventes Evangelium perveniret. Et si hoc falsum est, non est cur dicatur de infantibus, qui pereunt sine baptismate morientes, hoc in eis eo merito fieri, quia praescivit eos Deus, si viverent, praedicatumque illis fuisset Evangelium, infideliter audituros. Restat igitur ut solo peccato originali teneantur obstricti, & propter hoc solum eant in damnationem: quod videmus Rom. 5. [illegible] aliis eamdem habentibus caussam, non nisi per Dei gratuitam gratiam regeneratione donari: & eros occulto, justo tamen judicio, quoniam non est iniquitas apud Deum, quosdam etiam post baptismum pessime vivendo perituros, in hac tamen vita quousque pereant detineri; qui non perirent, si eis corporis mors, lapsum eorum praeveniens, subveniret. Quoniam nullus mortuus judicatur ex bonis seu malis, quae fuerat, si non moreretur, acturus: alioquin Tyrii & Sidonii, non secundum ea quae gesserunt poenas luerent; sed potius secundum ea quae gesturi fuerant, si in eis illae virtutes evangelicae factae fuissent, per grandem poenitentiam, & per Christi fidem consequerentur salutem.

Mortui non judicantur secundum ea quae facturi fuissent, si viverent. [margin note; partly illegible]

CAPUT X.

1. QUidam disputator catholicus non ignobilis hunc Evangelii locum sic exposuit, ut diceret, praescisse Dominum Tyrios & Sidonios a fide fuisse postea recessuros, cum factis apud se miraculis credidissent, & misericordia potius non eum illic ista fecisse; quoniam graviori poenae obnoxii fierent, si fidem quam tenuerant, reliquissent, quam si eam nullo tempore tenuissent. In qua sententia docti hominis & admodum acuti, quae sint adhuc merito requirenda, quid me nunc attinet dicere, cum & ipsa nobis ad id quod agimus suffragetur? Si enim miseratione Dominus non fecit in iis virtutes, per quas fieri possent fideles, ne gravius punirentur, cum postea fierent infideles, quod eos futuros fuisse praescivit: satis aperteque monstratur, de his peccatis neminem judicari mortuorum, quae praescivit fuisse facturum, si aliquo modo ei ne illa faciat, subveniatur: sicut Tyriis & Sidoniis, si sententia illa vera est, subvenisse dicitur Christus, quos maluit non accedere ad fidem, quam scelere multo graviore discedere a fide, quod eos si accessissent, praeviderat fuisse facturos. Quamvis si dicatur, Cur non factum est ut crederent potius, & hoc eis praestaretur, ut ante quam fidem relinquerent, ex hac vita migrarent? quid respondeti possit, ignoro. Qui enim dicit, relicturis fidem beneficio fuisse concessum, ne habere inciperent quod graviore impietate desererent, satis indicat non judicari hominem ex eo quod praenoscitur male fuisse facturus, si ei quocumque beneficio ut id non faciat, consulatur. Consultum est igitur & illi, qui *raptus est, ne malitia mutaret intellectum ejus.* Sap. 4. 11. Sed cur non ita consultum fuerit Tyriis ac Sidoniis, ut crederent & raperentur, ne malitia mutaret intellectum eorum; fortasse responderet ille, cui placuit isto modo hanc solvere quaestionem: ego vero quantum ad hoc quod ago attinet, sufficere video, ut secundum illam quoque sententiam, demonstrentur homines non judicari de his quae non fecerunt, etiamsi facturi fuisse praevisi sunt. Quamquam, ut dixi, hanc opinionem qua putantur in morientibus vel mortuis vindicari peccata, quae praesciti sunt facturi esse si viverent, etiam refellere pudeat, ne videamur & nos existimasse alicujus esse momenti, quam maluimus disputatione cohibere, quam silentio praeterire.

CAPUT XI.

1. PRoinde, sicut Apostolus ait, *Non volentis neque currentis, sed miserentis est Dei:* Rom. 9. 16. qui & parvulis quibus vult, etiam non volentibus neque currentibus subvenit, quos ante constitutionem mundi elegit in Christo, daturus eis gratiam gratis, hoc est, nullis eorum vel fidei vel operum meritis praecedentibus; & majoribus etiam his quos praevidit, si apud eos facta essent, suis miraculis credituros, quibus non vult subvenire, non subvenit; de quibus in sua praedestinatione occulte quidem, sed juste aliud judicavit. *Non enim est iniquitas apud Deum; sed inscrutabilia sunt judicia ejus, & investigabiles viae ejus: universae autem viae Domini misericordia & veritas.* Rom. [illegible] Rom. 11. 33. Psal. 24. 10. Rom. 9. 14. Investigabilis ergo est misericordia, qua cujus vult miseretur, nullis ejus praecedentibus meritis; & investigabilis veritas, qua quem vult obdurat, ejus quidem praecedentibus meritis, sed cum eo cujus miseretur plerumque communibus. Sicut duorum geminorum, quorum unus assumitur, alius relinquitur, dispar est exitus, merita communia: in quibus tamen sic alter magna Dei bonitate liberatur, ut alter nulla ejus iniquitate damnetur. Numquid enim iniquitas est apud Deum? Absit: sed investigabiles sunt viae ipsius. Itaque misericordiam ejus in his qui liberantur, & veritatem in his qui puniuntur, sine dubitatione credamus: neque inscrutabilia scrutari, aut investigabilia vestigare conemur. Ex ore Psal. 8. 3. quippe infantium & lactentium suam perficit laudem: ut quod in his videmus quorum liberationem bona eorum merita nulla praecedunt, & in his quorum damnationem utrisque commu-

mumentia originalia sola præcedunt; hoc & in majoribus fieri nequaquam omnino cunctemur, id est, non putantes, vel secundum sua merita gratiam cuiquam dari, vel nisi suis meritis quemquam puniri, sive pares qui liberantur atque puniuntur, sive dispares habeant caussas malis; ut qui videtur stare, videat ne cadat; & qui gloriatur, non in semetipso, sed in Domino glorietur.

1. Cor. 10. 12. 2. Cor. 10. 17.

2. Cur autem *caussam parvulorum ad exemplum majorum*, sicut scribitis, *non patiuntur afferri* homines, qui contra Pelagianos non dubitant esse peccatum originale, quod per unum hominem intravit in mundum, & ex uno omnes isse in condemnationem? Quod & Manichæi non accipiunt, qui non solum omnes veteris Testamenti scripturas in ulla auctoritate non habent, verum etiam eas quæ ad novum pertinent Testamentum sic accipiunt, ut suo quodam privilegio, immo sacrilegio, quod volunt sumant, quod nolunt rejiciant; contra quos agebam in libris de Libero arbitrio, unde isti nobis præscribendum putant. Ideo quæstiones operosissimas incidentes enucleate solvere nolui, ne nimium longum opus esset, ubi me adversus tam perversos testimoniorum divinorum non adjuvabat auctoritas. Et poteram, sicut feci, quodlibet horum verum esset, quæ non definite interponebam, certa tamen ratione concludere, in omnibus Deum esse laudandum, sine ulla necessitate credendi duas, sicut illi volunt, coæternas boni & mali permixtas esse substantias.

3. Denique in primo Retractationum libro, quod opus meum nondum legistis, cum ad eosdem libros retractandos venissem, hoc est, de Libero arbitrio, ita locutus sum. „In his, inquam, libris ita multa disserta sunt, ut incidentes nonnullæ quæstiones, quas vel enodare non poteram, vel longam sermocinationem in præsenti requirebant, ita differrentur, ut ex utraque parte, vel ex omnibus earumdem quæstionum partibus, in quibus non apparebat quid potius congrueret veritati, ad hoc tamen ratiocinatio nostra concluderetur, ut quodlibet eorum verum esset, laudandus crederetur, vel etiam ostenderetur Deus. Propter eos quippe disputatio illa suscepta est, qui negant ex libero voluntatis arbitrio mali originem duci; & Deum, si ita est, creatorem omnium naturarum culpandum esse contendunt, eo modo volentes secundum suæ impietatis errorem, (Manichæi enim sunt,) immutabilem quamdam, & Deo coæternam introducere naturam mali. Item post aliquantum alio loco: Deinde dictum est, inquam, ex qua miseria peccantibus justissime inflicta liberat Dei gratia: quia homo sponte, id est, libero arbitrio cadere potuit, non etiam surgere. Ad quam miseriam justæ damnationis pertinet ignorantia, & difficultas, quam patitur omnis homo ab exordio nativitatis suæ: nec ab isto malo liberatur quisquam nisi Dei gratia. Quam miseriam nolunt Pelagiani ex justa damnatione descendere, negantes originale peccatum: quamvis ignorantia & difficultas etiam si essent hominis primordia naturalia, nec sic culpandus, sed laudandus esset Deus, sicut in eodem libro tertio * disputavimus. Quæ disputatio contra Manichæos habenda est, qui non accipiunt scripturas sanctas veteris Testamenti, in quibus peccatum originale narratur; & quidquid inde in litteris Apostolicis legitur, detestabili impudentia immissum fuisse contendunt a corruptoribus Scripturarum, tamquam non fuerit ab Apostolis dictum. Contra Pelagianos autem hoc defendendum est, quod utraque Scriptura commendat, quam se accipere profitentur. Hæc dixi in primo libro Retractationum, cum retractarem libros de Libero arbitrio. Nec sola sane ista ibi a me dicta sunt de his libris; verum & alia multa, quæ huic ad vos operi inserere longum putavi, & non necessarium: quod & vos existimo esse judicaturos, cum omnia legeritis. Quamvis ergo in libro tertio de Libero arbitrio ita de parvulis disputaverim, ut etiam si verum esset quod dicunt Pelagiani, ignorantiam & difficultatem, sine quibus nullus homo nascitur, primordia, non supplicia esse naturæ; vincerentur tamen Manichæi, qui volunt duas, boni scilicet & mali, coæternas esse naturas: numquid ideo fides in dubium vocanda vel deserenda est, quam contra ipsos Pelagianos catholica defendit Ecclesia, quæ asserit originale esse peccatum, cujus reatus generatione contractus, regeneratione solvendus est? Quod si & illi fatentur nobiscum, ut simul in hac caussa Pelagianorum destruamus errorem: cur putant esse dubitandum, quod etiam parvulos Deus, quibus dat suam gratiam per baptismatis sacramentum, eruat de potestate tenebrarum, & transferat in regnum filii charitatis suæ? In eo ergo quod aliis eam dat, aliis non dat, cur nolunt cantare Domino misericordiam & judicium? Cur autem illis potius quam illis detur, quis cognovit sensum Domini? Quis inscrutabilia scrutari valeat? quis investigabilia vestigare?

* Cap. 20.

Retractat. lib. 1. c. 9.

Coloss. 1. 13. Psal. 100. 1.

Rom. 11. 34.

CAPUT XII.

1. Conficitur itaque gratiam Dei non secundum merita accipientium dari, sed secundum placitum voluntatis ejus, in laudem & gloriam ipsius gratiæ ejus, ut qui gloriatur, nullo modo in seipso, sed in Domino glorietur: qui hominibus dat quibus vult, quoniam misericors est; quod & si non det, justus est: & non dat quibus non vult, ut notas faciat divitias gloriæ suæ in vasa misericordiæ. Dando enim quibusdam quod non merentur, profecto gratuitam, & per hoc veram suam gratiam esse voluit: non omnibus dando, quid omnes mererentur ostendit. Bonus in beneficio certorum, justus in supplicio cæterorum; & bonus in omnibus, quoniam bonum est, cum debitum redditur; & justus in omnibus, quoniam justum est cum indebitum sine cujusquam fraude donatur.

Ephes. 1. 5. 1. Cor. 1. 31. Rom. 9. 23.

2. Defenditur autem sine meritis Dei gratia, id est, vera gratia, etiam si parvuli baptizati, sicut Pelagiani sentiunt, non eruuntur de potestate tenebrarum, quia nulli peccato, sicut putant Pelagiani, tenentur obnoxii, sed tantum in regnum Domini transferuntur: etiam sic enim sine ullis bonis meritis datur eis regnum quibus datur, & sine ullis malis meritis non datur eis, quibus non datur. Quod adversus eosdem Pelagianos

gianos dicere solemus, quando nobis objiciunt, quod fato tribuamus Dei gratiam, dicendo eam non secundum merita nostra dari. Ipsi enim potius Dei gratiam fato in parvulis tribuunt, qui dicunt *fatum esse, ubi meritum non est*. Nulla quippe merita, etiam secundum ipsos Pelagianos, possunt in parvulis inveniri, cur alii eorum mittantur in regnum, alii vero alienentur a regno. Sicut autem nunc, ut ostenderem gratiam Dei non secundum merita nostra dari, secundum utrumque sensum hoc defendere malui; & secundum nostrum scilicet, qui obstrictos originali peccato parvulos dicimus, & secundum Pelagianorum, qui originale negant esse peccatum; nec tamen ideo mihi est ambigendum, habere parvulos quod eis dimittat, qui salvum facit populum suum a peccatis eorum: ita in tertio libro de Libero * arbitrio secundum utrumque sensum restiti Manichæis, sive supplicia, sive primordia naturæ sint ignorantia & difficultas, sine quibus nullus hominum nascitur; & tamen unum horum teneo. Ibi quoque a me satis evidenter expressum est, quod non sit illa natura instituti hominis, sed pœna damnati.

Matth. 1. 21.

* Cap. 20. & 21.

3. Frustra itaque mihi de illius libri mei vetustate præscribitur, ne agam caussam sicut debeo agere parvulorum, & inde gratiam Dei non secundum merita hominum dari, perspicuæ veritatis luce convincam. Si enim quando libros de Libero arbitrio laicus cœpi, presbyter explicavi, adhuc de damnatione infantium non renascentium, & de renascentium liberatione dubitarem; nemo, ut opinor, esset tam injustus atque invidus, qui me proficere prohiberet, atque in hac dubitatione remanendum mihi esse judicaret. Cum vero rectius possit intelligi, non me propterea de hac re dubitasse credi oportere, quia contra quos mea dirigebatur intentio, sic mihi visi sunt refellendi, ut sive pœna esset peccati originalis in parvulis, quod veritas habet; sive non esset, quod nonnulli errantes opinantur; nullo modo tamen quam Manichæorum error inducit, duarum naturarum, boni scilicet & mali, permixtio crederetur: absit ut caussam parvulorum sic relinquamus, ut esse nobis dicamus incertum, utrum in Christo regenerati, si moriantur parvuli, transeant in æternam salutem; non regenerati autem transeant in mortem secundam: quoniam quod scriptum est, *Per unum hominem peccatum intravit in mundum, & per peccatum mors, & ita in omnes homines pertransiit*; aliter recte intelligi non potest: nec a morte perpetua, quæ justissime est retributa peccato, liberat quemquam pusillorum atque magnorum, nisi ille qui propter remittenda & originalia & propria nostra peccata mortuus est, sine ullo suo originali propriove peccato. Sed quare illos potius quam illos? Iterum atque iterum dicimus, nec nos piget, *O homo tu quis es qui respondeas Deo? Inscrutabilia sunt judicia ejus, & investigabiles viæ ejus*. Et hoc adjiciamus: *Altiora te ne quæsieris, & fortiora te ne scrutatus fueris*.

Rom. 5. 12.

Rom. 9. 20. Rom. 11. 33. Eccli. 3. 22.

4. Videtis enim Carissimi quam sit absurdum, & a fidei sanitate atque sinceritate veritatis alienum, ut dicamus parvulos mortuos secundum ea judicari, quæ præsciti sunt facturi esse si viverent? In hanc autem sententiam, quam certe omnis sensus humanus quantulacumque ratione subnixus, maximeque Christianus exhorret, ire compulsi sunt, qui sic a Pelagianorum errore alieni esse voluerunt, ut tamen gratiam Dei per Jesum Christum Dominum nostrum, qua nobis una post lapsum primi hominis, in quo omnes cecidimus, subvenitur, secundum merita nostra dari sibi adhuc existiment esse credendum, & disputatione insuper proferendum. Quod ipse Pelagius ante orientales episcopos judices, damnationis suæ timore damnavit. Hoc autem si non dicatur, de mortuorum scilicet operibus, quæ facturi erant si viverent, bonis aut malis, ac per hoc nullis, & in ipsa Dei præscientia non futuris: hoc ergo si non dicatur, quod cernitis quanto errore dicatur; quid restabit, nisi ut gratiam Dei non secundum merita nostra dari, quod contra hæresim Pelagianam catholica defendit Ecclesia, remota contentionis caligine fateamur; atque id maxime in parvulis evidentiore veritate cernamus? Neque enim fato cogitur Deus illis infantibus subvenire, illis autem non subvenire, cum sit utrisque caussa communis: aut res humanas in parvulis non divina providentia, sed fortuitis agi casibus opinabimur, cum rationales vel damnandæ vel liberandæ sint animæ; quando quidem nec passer cadit in terram sine voluntate Patris nostri qui in cælis est: aut parentum negligentiæ sic tribuendum est, quod parvuli sine baptismate moriuntur, ut nihil ibi agant superna judicia; tamquam ipsi qui hoc modo male moriuntur, parentes sibi negligentes voluntate propria de quibus nascerentur, elegerint: quid dicam, quod parvulus aliquando ante quam illi per ministerium baptizantis succurri possit, expirat? Plerumque enim festinantibus parentibus & paratis ministris, ut baptismus parvulo detur, Deo tamen nolente non datur, qui eum paululum in hac vita non tenuit ut daretur. Quid, etiam quod aliquando parvulis infidelium filiis potuit, ne irent in perditionem, & filiis fidelium non potuit baptismate subveniri? Ubi certe ostenditur, quod personarum apud Deum non sit acceptio: alioquin cultorum suorum potius, quam inimicorum filios liberaret.

Parvulos non judicari secundum ea quæ facturi fuissent si viverent.

Alios infantes baptismo subveniri, aliis non subveniri. Matth. 10. 29.

Rom. 2. 11.

CAPUT XIII.

1. JAM vero, quoniam de dono perseverantiæ nunc agimus, quid est quod morituro non baptizato subvenitur, ne sine baptismate moriatur; & baptizato casuro non subvenitur, ut ante moriatur? Nisi forte illi adhuc absurditati auscultabimus, qua dicitur nihil prodesse cuiquam mori ante quam cadat, quia secundum eos actus judicabitur, quos eum præscivit Deus acturum fuisse si viveret. Hanc perversitatem sanitati fidei tam vehementer adversam quis patienter audiat? quis ferat? Et tamen hoc dicere urgentur, qui non fatentur gratiam Dei non secundum merita nostra dari. Qui autem nolunt dicere unumquemque mortuorum secundum ea judicari, quæ Deus illum præscivit acturum fuisse si viveret, intuentes quam manifesta falsitate, & quanta absurditate dicatur; non eis remanet cur dicant, quod in Pelagianis damnavit, &

vit, &

vit, & ab ipso Pelagio damnari fecit Ecclesia, gratiam Dei secundum merita nostra dari: cum videant alios parvulos non regeneratos ad æternam mortem, alios autem regeneratos ad æternam vitam tolli de hac vita; ipsos quoque regeneratos, alios perseverantes usque in finem hinc ire; alios quo usque decidant hic teneri, qui utique non decidissent, si ante quam laberentur, hinc exissent; & rursus quosdam lapsos quo usque redeant non exire de hac vita, qui utique perirent si ante quam redirent exirent.

2. Unde satis dilucide ostenditur, & inchoandi, & usque in finem perseverandi gratiam Dei, non secundum merita nostra dari; sed donari secundum ipsius secretissimam, eamdemque justissimam, sapientissimam, beneficentissimam voluntatem: quoniam quos prædestinavit, ipsos & vocavit vocatione illa, de qua dictum est, *Sine pœnitentia sunt dona & vocatio Dei*. Ad quam vocationem pertinere nullus est homo ab hominibus certa asseveratione dicendus, nisi cum de hoc sæculo exierit: in hac autem vita humana, quæ tentatio est super terram, qui videtur stare, videat ne cadat. Ideo quippe (sicut jam supra * diximus) non perseveraturi perseveraturis providentissima Dei voluntate miscentur, ut esse discamus non alta sapientes, sed humilibus consentientes, & cum timore & tremore nostram ipsorum salutem operemur: Deus est enim qui operatur in nobis & velle: & operari pro bona voluntate. Nos ergo volumus, sed Deus in nobis operatur & velle: nos ergo operamur, sed Deus in nobis operatur & operari pro bona voluntate. Hoc nobis expedit & credere & dicere: hoc est pium, hoc verum, ut sit humilis & submissa confessio, & detur totum Deo. Cogitantes credimus, cogitantes loquimur, cogitantes agimus quidquid agimus: quod autem attinet ad pietatis viam & verum Dei cultum, non sumus idonei cogitare aliquid tamquam ex nobismetipsis, sed sufficientia nostra ex Deo est. *Non enim est in potestate nostra cor nostrum & nostræ cogitationes*. Unde idem qui hoc ait, item dicit Ambrosius, *Quis autem tam beatus qui in corde suo semper ascendit? Sed hoc sine divino auxilio qui fieri potest? nullo profecto modo. Denique*, inquit, *supra eadem Scriptura dicit, Beatus vir cujus est auxilium ejus ab te, Domine, ascensus in corde ejus*. Hoc utique ut diceret, non solum in litteris sacris legebat, sed sicut de illo viro sine dubitatione credendum est, etiam in corde suo sentiebat Ambrosius. Quod ergo in sacramentis fidelium dicitur, ut sursum cor habeamus ad Dominum, munus est Domini: de quo munere ipsi Domino Deo nostro gratias agere, a sacerdote post hanc vocem quibus hoc dicitur admonentur; & dignum ac justum esse respondent. Cum enim non sit in nostra potestate cor nostrum, sed divino sublevetur auxilio, ut ascendat, & quæ sursum sunt sapiat, ubi Christus est in dextra Dei sedens, non quæ super terram: cui de hac tanta re agendæ sunt gratiæ, nisi hoc facienti Domino Deo nostro, qui nos per tale beneficium liberando de profundo hujus mundi elegit, & prædestinavit ante constitutionem mundi?

*Rom. 8. 30. — Rom. 11. 29. — Job 7. 1. — 1. Cor. 10. 12. — * Cap. 8. — Rom. 12. 16. — Philip. 2. 12. & 13. — 2. Cor. 3. 5. — Ambros. lib. de fuga sæculi cap. 1. — Psal. 83. 6. — In præfatione ad canonem Missæ. — Coloss. 3. 1.*

CAPUT XIV.

1. SEd ajunt *prædestinationis definitionem utilitati prædicationis adversam*. Quasi vero adversata sit Apostolo prædicanti. Nonne ille doctor gentium in fide & veritate & prædestinationem toties commendavit, & verbum Dei prædicare non destitit? Numquid quia dixit, *Deus est qui operatur in vobis & velle & operari pro bona voluntate*; ideo non ipse, & ut velimus, quæ Deo placent, & ut operemur, hortatus est? aut quia dixit, *Qui in vobis bonum opus cœpit, perficiet usque in diem Christi Jesu*; ideo ut inciperent homines & perseverarent usque in finem, ipse non suasit? Nempe ipse Dominus hominibus præcepit ut crederent, atque ait, *Credite in Deum, & in me credite*: nec tamen ideo ejus falsa sententia est, nec vana definitio, ubi ait, *Nemo venit ad me*, id est, nemo credit in me, *nisi fuerit ei datum a Patre meo*. Nec rursus, quia vera est hæc definitio, ideo vana est illa præceptio. Cur ergo prædicationi, præceptioni, exhortationi, correptioni, quæ omnia frequentat scriptura divina, existimamus inutilem definitionem prædestinationis, quam commendat eadem scriptura divina?

In Epistolis Hilarii & Prosperi. Prædestinationis definitionem dicunt esse utilitati prædicationis adversam. — Philip. 2. 13. — Philip. 1. 6. — Joan. 14. 1. — Joan. 6. 66.

2. An quisquam dicere audebit, Deum non præscisse, quibus esset daturus ut crederent, aut quos daturus esset Filio suo, ut ex eis non perderet quemquam? Quæ utique si præscivit, profecto beneficia sua, quibus nos dignatur liberare, præscivit. Hæc est PRÆDESTINATIO SANCTORUM, nihil aliud: præscientia scilicet & præparatio beneficiorum Dei, quibus certissime liberantur, quicumque liberantur. Cæteri autem ubi nisi in massa perditionis justo divino judicio relinquuntur? ubi Tyrii relicti sunt & Sidonii, qui etiam credere potuerunt, si mira illa Christi signa vidissent. Sed quoniam ut crederent, non erat eis datum, etiam unde crederent est negatum. Ex quo apparet habere quosdam in ipso ingenio divinum naturaliter munus intelligentiæ, quo moveantur ad fidem, si congrua suis mentibus, vel audiant verba, vel signa conspiciant; & tamen si Dei altiore judicio, a perditionis massa non sunt gratiæ prædestinatione discreti, nec ipsa eis adhibentur vel dicta divina vel facta, per quæ possent credere, si audirent utique talia vel viderent. In eadem perditionis massa relicti sunt etiam Judæi, qui non potuerunt credere factis in conspectu suo tam magnis clarisque virtutibus. Cur enim non poterant credere, non tacuit Evangelium, dicens, *Cum autem tanta signa fecisset coram eis, non crediderunt in eum, ut sermo Isaiæ prophetæ impleretur, quem dixit, Domine, quis credidit auditui nostro, & brachium Domini cui revelatum est? Et ideo non poterant credere, quia iterum dixit Isaias, Excæcavit oculos eorum, & induravit cor illorum, ut non videant oculis, nec intelligant corde, & convertantur, & sanem illos*. Non erant ergo sic excæcati oculi, nec sic induratum cor Tyriorum & Sidoniorum: quoniam credidissent, si qualia viderunt isti signa vidissent. Sed nec illis profuit quod poterant credere, quia præde-

Joan. 10. 29. — Prædestinatio quid. — Joan. 12. 37. & seq. — Isa. 53. 1. — Isa. 6. 10.

prædestinati non erant ab eo, cujus inscrutabilia sunt judicia, & investigabiles viæ; nec istis obfuisset quod non poterant credere, si ita prædestinati essent, ut eos cæcos Deus illuminaret, & induratis cor lapideum vellet auferre. Verum quod dixit Dominus de Tyriis & Sidoniis, aliquo alio modo potest fortassis intelligi: neminem tamen venire ad Christum, nisi cui fuerit datum, & eis dari qui in illo electi sunt ante constitutionem mundi, procul dubio confitetur, qui non surdis auribus cordis eloquium divinum auribus carnis audit. Et tamen hæc prædestinatio quæ satis aperte etiam verbis Evangelicis explicatur, non prohibuit Dominum & propter incipiendum dicere, quod paulo ante commemoravi, *Credite in Deum, & in me credite*: & propter perseverandum, *Oportet semper orare, & non deficere.* Audiunt enim hæc & faciunt, quibus datum est: non autem faciunt, sive audiant, sive non audiant, quibus non datum est. Quia vobis, inquit, *datum est nosse mysterium regni cælorum, illis autem non est datum.* Quorum alterum ad misericordiam, alterum ad judicium pertinet illius, cui dicit anima nostra, *Misericordiam & judicium cantabo tibi Domine.*

Rom. 11. 33. — Joan. 14. 1. Luc. 18. 1. — Matth. 13. 11. — Psal. 100. 1.

3. Nec prædestinationis igitur prædicatione impedienda est prædicatio fidei perseverantis & proficientis, ut quod oportet audiant, quibus datum est ut obediant. Quomodo enim audient sine prædicante? Nec rursus prædicatione fidei proficientis, & usque ad ultimum permanentis, impedienda est prædicatio prædestinationis, ut qui fideliter & obedienter vivit, non de ipsa obedientia tamquam de suo non accepto bono extollatur; sed qui gloriatur, in Domino glorietur. *In nullo enim gloriandum, quando nostrum nihil sit.* Quod vidit fidelissime Cyprianus, & fidelissime definivit, per quod utique prædestinationem certissimam pronunciavit. Nam si *in nullo gloriandum est, quando nostrum nihil sit*; profecto nec de obedientia perseverantissima gloriandum est; nec ita nostra tamquam non sit nobis desuper donata, dicenda est. Et ipsa igitur Dei donum est, quod se daturum Deus vocatis suis illa vocatione, de qua dictum est, *Sine pœnitentia sunt dona & vocatio Dei*, omni Christiano confitente præscivit. Hæc est igitur prædestinatio, quam fideliter atque humiliter prædicamus. Nec tamen idem doctor & factor, qui & in Christum credidit, & in sancta obedientia usque ad passionem pro Christo perseverantissime vixit, ideo cessavit prædicare Evangelium, exhortari ad fidem, piosque mores, atque ad ipsam usque in finem perseverantiam, quoniam dixit, *In nullo gloriandum, quando nostrum nihil sit*; ubi veram Dei gratiam, id est, quæ non secundum merita nostra datur, sine ulla ambiguitate declaravit; quam se daturum quoniam præscivit Deus, his Cypriani verbis procul dubio prædestinatio prædicata est: quæ si Cyprianum a prædicatione non prohibuit, nec nos utique debet prohibere.

Rom. 10. 14. — 1. Cor. 1. 31. Cyprian. lib. 3 ad Quirin. cap. 4. — Rom. 11. 29.

4. Quamvis ergo dicamus Dei donum esse obedientiam; tamen homines exhortamur ad eam. Sed illis qui veritatis exhortationem obedienter audiunt, ipsum donum Dei datum est, hoc est, obedienter audire: illis autem qui non sic audiunt, non est datum. Non enim quicumque, sed Christus, *Nemo*, inquit, *venit ad me, nisi fuerit ei datum a Patre meo*: &, *Vobis datum est nosse mysterium regni cælorum, illis autem non est datum.* Et de continentia, *Non omnes*, inquit, *capiunt verbum hoc, sed quibus datum est.* Et cum Apostolus ad pudicitiam conjugalem conjuges hortaretur: *Vellem*, inquit, *omnes homines esse sicut meipsum; sed unusquisque proprium donum habet a Deo, alius sic, alius autem sic.* Ubi satis ostendit non tantum continentiam donum Dei esse, sed conjugatorum etiam castitatem. Quæ cum vera sint, hortamur tamen ad hæc, quantum cuique nostrum datum est ut possit hortari; quia & hoc ejus donum est, in cujus manu sunt & nos & sermones nostri. Unde & Apostolus, *Secundum gratiam*, inquit, *quæ data est mihi, ut sapiens architectus fundamentum posui.* Et alio loco, *Unicuique*, inquit, *sicut Dominus dedit: ego plantavi, Apollo rigavit, sed Deus incrementum dedit. Itaque neque qui plantat, aliquid est, neque qui rigat, sed qui incrementum dat Deus.* Ac per hoc sicut exhortatur & prædicat recte, sed ille qui accepit hoc donum: ita exhortantem atque prædicantem, profecto ille obedienter audit, qui accepit hoc donum. Hinc est quod Dominus, cum eis loqueretur, qui carnis aures apertas haberent, dicebat tamen, *Qui habet aures audiendi, audiat*: quas non omnes habere procul dubio noverat. A quo autem habeant, quicumque habent, ipse Dominus ostendit, ubi ait, *Dabo eis cor cognoscendi me, & aures audientes.* Aures ergo audiendi, ipsum est donum obediendi, ut qui id haberent, venirent ad eum, ad quem nemo venit, nisi fuerit ei datum a Patre ipsius. Exhortamur ergo atque prædicamus: sed qui habent aures audiendi, obedienter nos audiunt; qui vero eas non habent, fit in eis quod scriptum est, *ut audientes non audiant*; audientes videlicet corporis sensu, non audiant cordis assensu. Cur autem illi habeant aures audiendi, illi non habeant, hoc est, cur illis datum sit a Patre ut veniant ad Filium, illis autem non sit datum, quis cognovit sensum Domini, aut quis ejus consiliarius fuit? Aut tu quis es, o homo, qui respondeas Deo? Numquid ideo negandum est quod apertum est, quia comprehendi non potest quod occultum est? Numquid, inquam, propterea dicturi sumus quod ita esse perspicimus, non ita esse, quoniam cur ita sit, non possumus invenire?

Joan. 6. 66. Matth. 13. 11. — Matth. 19. 11. 1. Cor. 7. 7. — Eph. 3. 10. 1. Cor. 3. 10. Ibid. 5 &c. — Luc. 8. 8. — Baruch 2. 31. — Aures audiendi donum obediendi. Joan. 6. 66. Matth. 13. 13. — Rom. 11. 34. Rom. 9. 20.

CAPUT XV.

SEd ajunt, ut scribitis, *Neminem posse correptionis stimulis excitari, si dicatur in conventu Ecclesiæ audientibus multis: Ita se habet de prædestinatione definita sententia voluntatis Dei, ut alii ex vobis de infidelitate accepta obediendi voluntate veneritis ad fidem, vel accepta perseverantia maneatis in fide; cæteri vero qui in peccatorum delectatione remoramini, ideo nondum surrexistis, quia nondum vos adjutorium gratiæ miserantis erexit. Verumtamen si qui estis nondum vocati, quos gratia sua prædestinaverit eligendos, accipietis eamdem gra-*

[illegible]

tiam

sitis quos voluistis & fuistis electi: & si qui obeditis, si prædestinati estis rejiciendi, subtrahentur obediendi vires, ut obedire cessetis. Ista cum dicuntur, ita nos a confitenda Dei vera gratia, id est, quæ non secundum merita nostra datur, & a confitenda secundum eam prædestinatione sanctorum deterrere non debent; sicut non deterremur a confitenda præscientia Dei, si quis de illa populo sic loquatur, ut dicat: *Sive nunc recte vivatis, sive non recte, tales vos eritis postea, quales vos Deus futuros esse præscivit, vel bonos si bonos, vel malos si malos.* Numquid enim si hoc audito nonnulli in torporem segnitiemque vertantur, & a labore proclives ad libidinem post concupiscentias suas eant, propterea de præscientia Dei falsum putandum est esse, quod dictum est? Nonne si Deus illos bonos futuros esse præscivit, boni erunt, in quantalibet nunc malignitate versentur; si autem malos, mali erunt, in quantalibet nunc bonitate cernantur? Fuit quidam in nostro monasterio, qui corripientibus fratribus cur quædam non facienda faceret, & facienda non faceret, respondebat: Qualiscumque nunc sim, talis ero qualem me Deus futurum esse præscivit. Qui profecto & verum dicebat, & hoc vero non proficiebat in bonum: sed usque adeo profecit in malum, ut deserta monasterii societate, fieret canis reversus ad suum vomitum: & tamen adhuc qualis sit futurus, incertum est. Numquid ergo propter hujusmodi animas, ea quæ de præscientia Dei vera dicuntur, vel neganda sunt vel tacenda; tunc scilicet quando si non dicantur, in alios itur errores.

CAPUT XVI.

Matth. 6. 8.

1. SUnt etiam qui propterea vel non orant, vel frigide orant, quoniam Domino dicente didicerunt, scire Deum quid nobis necessarium sit prius quam petamus ab eo. Num propter tales hujus sententiæ veritas deserenda, aut ex Evangelio delenda putabitur? Immo cum constet alia Deum, danda etiam non orantibus, sicut initium fidei; alia non nisi orantibus præparasse, sicut usque in finem perseverantiam: profecto qui ex seipso hanc se habere putat, non orat ut habeat. Cavendum est igitur, ne dum timemus ne tepescat hortatio, extinguatur oratio, accendatur elatio.

2. Dicatur ergo verum, maxime ubi aliqua quæstio ut dicatur impellit; & capiant qui possunt; ne forte cum tacetur propter eos qui capere non possunt, non solum veritate fraudentur, verum etiam falsitate capiantur, qui verum capere quo caveatur falsitas possunt. Facile est enim, immo & utile, ut taceatur aliquod verum propter incapaces. Nam unde est illud Domini, *Adhuc multa habeo vobis dicere, sed non potestis illa portare modo*: & illud Apostoli, *Non potui vobis loqui quasi spiritalibus, sed quasi carnalibus; quasi parvulis in Christo, lac vobis potum dedi, non escam; nondum enim poteratis, sed nec adhuc quidem potestis?* Quamvis modo quodam dicendi fieri possit, ut id quod dicitur, & parvulis lac, & grandibus esca sit. Sicut, *In principio erat Verbum, & Verbum erat apud Deum, & Deus erat Verbum*, quis Christianus tacere potest? quis capere? aut quid in doctrina sana potest inveniri grandius? Quod tamen & parvulis non tacetur & grandibus, nec parvulis occultatur a grandibus. Sed alia est ratio verum tacendi, alia verum dicendi necessitas. Caussas verum tacendi longum est omnes quærere vel inserere: quarum tamen est & hæc una, ne pejores faciamus eos qui non intelligunt, dum volumus eos qui intelligunt facere doctiores; qui nobis aliquid tale tacentibus doctiores quidem non fiunt, sed nec pejores fiunt. Cum autem res vera ita se habet, ut fiat pejor nobis eam dicentibus, ille qui capere non potest; nobis autem tacentibus, ille qui potest: quid putamus esse faciendum? Nonne potius est dicendum verum, ut qui potest capere capiat, quam tacendum, ut non solum id ambo non capiant, verum etiam qui est intelligentior, ipse fit pejor? Qui si audiret & caperet, per illum etiam plures discerent. Quo enim est capacior ut discat, eo magis est idoneus ut alios doceat. Instat inimicus gratiæ, atque urget modis omnibus, ut credatur secundum merita nostra dari, ac sic gratia jam non sit gratia: & nos nolumus dicere, quod teste Scriptura possumus dicere? timemus enim videlicet, ne loquentibus nobis offendatur, qui veritatem non potest capere; & non timemus, ne tacentibus nobis, qui veritatem potest capere, falsitate capiatur.

Joan. 16. 12.
1. Cor. 3. 1.
Joan. 1. 1.
Rom. 11. 6.

3. Aut enim sic prædestinatio prædicanda est, quemadmodum eam sancta Scriptura evidenter eloquitur, ut in prædestinatis sine pœnitentia sint dona & vocatio Dei; aut gratiam Dei secundum merita nostra dari confitendum, quod sapiunt Pelagiani, quamvis ista sententia, quod sæpe jam diximus, legatur in gestis episcoporum orientalium, etiam ipsius Pelagii ore damnata. A Pelagianorum porro hæretica perversitate tantum isti remoti sunt, propter quos hæc agimus, ut licet nondum velint fateri prædestinatos esse, qui per Dei gratiam fiant obedientes atque permaneant, jam tamen fateantur quod eorum præveniat voluntatem quibus datur hæc gratia: ideo utique ne non gratis dari credatur gratia, sicut veritas loquitur; sed potius secundum præcedentis merita voluntatis, sicut contra veritatem Pelagianus error obloquitur. Prævenit ergo & fidem gratia: alioquin si fides eam prævenit, procul dubio prævenit & voluntas; quoniam fides sine voluntate non potest esse. Si autem gratia prævenit fidem, quoniam prævenit voluntatem, profecto prævenit omnem obedientiam, prævenit etiam charitatem, qua uni Deo veraciter & suaviter obeditur, & hæc omnia gratia in eo cui datur, & cujus hæc omnia prævenit, operatur.

Rom. 11. 29.
Lib. de gestis Pelagii cap. 14.

CAPUT XVII.

1. REstat in his bonis usque in finem perseverantia, quæ frustra quotidie a Domino poscitur, si non eam Dominus per gratiam suam in illo, cujus orationes exaudit, operatur. Videte jam a veritate quam sit alienum, negare donum Dei esse perseverantiam usque in finem hujus vitæ: cum vitæ huic quando voluerit ipse det finem: quem si det ante imminentem

rem largitur, facit hominem perseverare usque in finem. Sed mirabilior & fidelibus evidentior largitas bonitatis Dei est, quod etiam parvulis, quibus obedientia non est illius ætatis ut detur, datur hæc gratia. Ista igitur sua dona quibuscumque Deus donat, procul dubio se donaturum esse præscivit, & in sua præscientia præparavit. Quos ergo prædestinavit, ipsos & vocavit vocatione illa, quam me sæpe commemorare non piget, de qua dictum est, *Sine pœnitentia sunt dona & vocatio Dei*. Namque in sua quæ falli mutarique non potest præscientia, opera sua futura disponere, id omnino, nec aliud quidquam est prædestinare. Sicut autem ille quem castum futurum esse præscivit, quamvis id incertum habeat, agit ut castus sit: ita ille quem castum futurum prædestinavit, quamvis id incertum habeat, non ideo non agit ut castus sit, quoniam Dei dono se audit futurum esse quod erit; immo etiam gaudet ejus charitas, nec inflatur, tanquam id non acceperit. Non solum ergo prædicatione prædestinationis ab hoc opere non impeditur, verum & ad hoc adjuvatur, ut cum gloriatur, in Domino glorietur.

Rom. 8. 30. Rom. 11. 29. Prædestinatio quid sit. 1. Cor. 13. 4.

[illegible]

2. Quod autem dixi de castitate, hoc de fide, hoc de pietate, de charitate, de perseverantia, &, ne pergam per singula, hoc de omni obedientia qua obeditur Deo, veracissime dici potest. Sed ii qui solum initium fidei, & usque in finem perseverantiam sic in nostra constituunt potestate, ut Dei dona esse non putent, neque ad hæc habenda atque retinenda Deum operari nostras cogitationes & voluntates, cætera vero ipsum dare concedunt, cum ab illo impetrantur credentis fide; cur ad ista cætera exhortationem, eorumque cæterorum prædicationem definitione prædestinationis non metuunt impediri? An forte nec ipsa dicunt prædestinata? Ergo nec dantur a Deo, aut ea se daturum esse nescivit. Quod si & dantur, & ea se daturum esse præscivit; profecto prædestinavit. Sicut ergo ipsi quoque hortantur ad castitatem, charitatem, pietatem, & cætera quæ Dei dona esse confitentur, eaque ab illo esse præcognita, ac per hoc prædestinata negare non possunt; nec dicunt exhortationes suas impediri prædicatione prædestinationis Dei, hoc est, prædicatione de istis donis ejus futuris præscientiæ Dei: sic videant nec ad fidem, nec ad perseverantiam impediri exhortationes suas, si & ipsa, quod verum est, esse Dei dona, eaque præcognita, id est, ad donandum prædestinata esse dicantur; sed impediri potius atque subverti hac prædestinationis prædicatione illum tantummodo perniciosissimum errorem, quo dicitur gratia Dei secundum merita nostra dari, ut qui gloriatur, non in Domino, sed in seipso glorietur.

1. Cor. 1. 31.

3. Quod ut apertius propter tardiusculos explicetur, rememorationem tenens ferre, quibus ingenio prævalere donatum est. Dicit apostolus Jacobus, *Si quis vestrum indiget sapientia, postulet a Deo, qui dat omnibus affluenter, & non improperat; & dabitur ei*. Scriptum est in Proverbiis Salomonis, *Quoniam Dominus dat sapientiam*. Et de continentia legitur in libro Sapientiæ, cujus auctoritate usi sunt magni & docti viri, qui longe ante nos eloquia divina tractarunt: ibi ergo legitur, *Cum scirem, quia nemo esse potest continens, nisi Deus det; & hoc ipsum erat sapientiæ, scire cujus esset hoc donum*. Hæc ergo Dei dona sunt, id est, ut de aliis taceam, sapientia & continentia. Acquiescunt & isti: neque enim Pelagiani sunt, ut adversus istam perspicuam veritatem dura & hæretica perversitate contendant. *Sed hæc*, inquiunt, *ut a Deo dentur nobis, fides impetrat, quæ incipit a nobis*: quam fidem & incipere habere, & in ea usque in finem permanere, tanquam id non a Domino accipiamus, nostrum esse contendunt. Hic procul dubio contradicitur Apostolo dicenti, *Quid enim habes quod non accepisti?* Contradicitur & martyri Cypriano dicenti, *In nullo gloriandum, quando nostrum nihil sit*. Cum hæc, & alia multa quæ piget repetere, dixerimus, atque ostenderimus, & initium fidei, & usque in finem perseverantiam, Dei dona esse; nec ulla sua futura dona, & quæ danda essent, & quibus danda essent, Deum non præscire potuisse; ac per hoc prædestinatos ab illo esse, quos liberat & coronat: respondendum putant, *prædestinationis definitionem utilitati prædicationis adversam; eo quod hac audita, nemo possit correptionis stimulis excitari*. Hæc dicentes nolunt hominibus prædicari *dona Dei esse, ut veniatur ad fidem, & permaneatur in fide; ne plus* * *desperatio quam exhortatio videatur afferri? dum cogitant qui audiunt, incertum esse humanæ ignorantiæ cui largiatur Deus, cui non largiatur hæc dona*. Cur ergo & ipsi nobiscum prædicant, dona Dei esse sapientiam & continentiam? Quod si hæc cum Dei dona esse prædicantur, non impeditur hortatio qua homines hortamur esse sapientes & continentes; quæ tandem caussa est, ut existiment impediri exhortationem, qua exhortamur homines venire ad fidem, & in ea permanere usque in finem, si & hæc dona Dei esse dicantur, quod Scripturæ ejus testibus comprobatur?

Jacob. 1. 5. Prov. 2. 6. Sap. 8. 21. 1. Cor. 4. 7. Lib. 3. ad Quir. c. 4. * f. desperatio ... exhortatio ...

4. Ecce, ut de continentia taceamus, & de sola in hoc loco sapientia disputemus; nempe supra memoratus apostolus Jacobus dicit, *Quæ de sursum est sapientia, primum quidem pudica est, deinde pacifica, modesta, suadibilis, plena misericordia & fructibus bonis, inæstimabilis, sine simulatione*. Cernitisne, obsecro, a Patre luminum, sapientia quam multis & magnis bonis referta descendat? *Omne quippe datum optimum*, sicut idem dicit, *& omne donum perfectum de sursum est, descendens a Patre luminum*. Cur ergo, ut omittam cætera, corripimus impudicos & contentiosos, quibus tamen prædicamus donum Dei esse sapientiam, pudicam atque pacificam; nec timemus ne premoti divinæ voluntatis incerto, plus in hac prædicatione desperationis quam exhortationis inveniant; nec correptionis stimulis adversus seipsos, sed potius adversus nos excitentur, quia corripimus hæc non habentes, quæ ipsi dicimus non humana voluntate proferri, sed divina largitate donari? Cur denique ipsum apostolum Jacobum hujus gratiæ prædicatio non deterruit corripere inquietos, & dicere, *Si zelum amarum habetis, & contentiones sunt in cordibus vestris, nolite gloriari, & mendaces esse adversus veritatem: non est ista sapientia de sursum*

Jacob. 3. 17. Jacob. 1. 17. Jacob. 3. 14.

sursum

sursum descendens, sed terrena, animalis, diabolica: ubi enim zelus & contentio, ibi inconstantia, & omne opus pravum? Sicut ergo corripiendi sunt inquieti, & divinis eloquiis testibus, & ipsis quos nobiscum isti communes habent actibus nostris; neque hanc impedit correptionem, quod sapientiam pacificam, qua contentiosi corriguntur atque sanantur, donum Dei esse prædicamus: ita corripiendi sunt infideles, vel in fide non permanentes, non impediente istam correptionem prædicatione gratiæ Dei, quæ fidem quoque ipsam, & in ea perseverationem, dona Dei esse commendat. Quia enim ex fide impetratur sapientia, sicut ipse Jacobus cum dixisset,
Jacob. 1. 5. *Si quis vestrum indiget sapientia, postulet a Deo, qui dat omnibus affluenter, & non improperat, & dabitur ei;* mox addidit, *Postulet autem in fide, nihil hæsitans:* non tamen quoniam fides datur prius quam postuletur ab illo cui datur, ideo dicenda est non esse donum Dei, sed esse a nobis, quia data est nobis, non petentibus nobis. Apostolus enim apertissime dicit,
Ephes. 6. 23. *Pax fratribus & charitas cum fide a Deo Patre & Domino Jesu Christo.* A quo ergo pax & charitas, ab illo est & fides, propter quod ab illo eam non solum augeri habentibus, verum etiam non habentibus poscimus dari.

5. Neque isti, propter quos hæc dicimus, qui prædicatione prædestinationis & gratiæ exhortationem clamitant impediri, ad sola illa exhortantur dona, quæ non a Deo dari, sed a nobis esse contendunt, sicut sunt initium fidei, & in ea usque in finem perseverantia; quod utique facere deberent, ut tantummodo infideles hortarentur ut crederent, & fideles ut credentes permanerent. Ea vero quæ nobiscum Dei dona esse non negant, ut nobiscum Pelagianum demoliantur errorem, sicut est pudicitia, continentia, patientia, & cætera quibus recte vivitur, & ex fide impetrantur a Domino, orando monstrare & orare solum vel sibi, vel aliis deberent; non autem quemquam ut ea capesseret & retineret, hortari. Cum vero & ad hæc exhortantur, ut possunt, atque exhortandos esse homines confitentur; satis utique ostendunt, nec ea prædicatione impediri exhortationes sive ad fidem, sive ad perseverantiam usque in finem, quia & ista Dei dona esse, nec a seipso cuiquam, sed ab illo tribui prædicamus.

6. At enim, *vitio suo quisque deserit fidem, cum cedit tentationi atque consentit, qua cum illo agitur ut deserat fidem.* Quis negat? Sed non ideo dicenda est in fide perseverantia non esse donum Dei. Hanc enim quotidie poscit,
Matth. 6. 13. qui dicit, *Ne nos inferas in tentationem:* & si exauditur, hanc accipit: ac per hoc quotidie ut perseveret petens, profecto perseverantiæ suæ spem non in seipso, sed in Deo ponit. Ego autem nolo exaggerare meis verbis, sed illis cogitandum potius relinquo, ut videant quale sit quod sibi persuaserunt, *prædicatione prædestinationis audientibus plus desperationis quam exhortationis afferri.* Hoc est enim dicere, tunc de sua salute hominem desperare, quando spem suam non in seipso, sed in Deo didicerit ponere; cum Propheta clamet,
Jer. 17. 5. *Maledictus omnis qui spem habet in homine.*

7. Hæc itaque dona Dei, quæ dantur electis secundum Dei propositum vocatis, in quibus donis est & incipere credere, & in fide usque ad vitæ hujus terminum perseverare, sicut tanta ratiocinatione atque auctoritatum contestatione probavimus; hæc, inquam, Dei dona, si nulla est prædestinatio quam defendimus, non præsciuntur a Deo: præsciuntur autem: hæc est igitur prædestinatio quam defendimus.

CAPUT XVIII.

Prædestinatio nomine præscientiæ aliquando significatur.

Unde aliquando eadem prædestinatio significatur etiam nomine præscientiæ, sicut ait Apostolus,
Rom. 11. 2. *Non repulit Deus plebem suam, quam præscivit.* Hic quod ait, *præscivit*, non recte intelligitur, nisi prædestinavit: quod circumstantia ipsius Lectionis ostendit. Loquebatur enim de reliquiis Judæorum, quæ salvæ factæ sunt, pereuntibus cæteris. Nam superius
Rom. 10. 21. Isaiæ 65. 2. dixerat, ad Israel dixisse Prophetam, *Tota die expandi manus meas ad populum non credentem & contradicentem;* & tamquam responderetur, Ubi sunt ergo factæ promissiones Dei ad Israel?
Rom. 11. 1. continuo subjunxit, *Dico ergo, numquid repulit Deus plebem suam? Absit: nam & ego Israelita sum ex semine Abraham, tribu Benjamin:* tamquam diceret: nam & ego ex ipsa plebe sum. Deinde addidit unde nunc agimus,
Ibidem 2. *Non repulit Deus plebem suam, quam præscivit.* Atque ut ostenderet Dei gratia fuisse relictas reliquias, non meritis operum eorum, secutus
Ibidem. adjunxit, *An nescitis in Elia quid dicit Scriptura? quemadmodum interpellat Deum adversus Israel,* & cætera. *Sed quid dicit illi,* inquit,
3. Reg. 19. 18. *responsum divinum? Reliqui mihi septem millia virorum, qui non curvaverunt genu ante Baal.* Non enim ait, relicta sunt mihi, aut reliquerunt se mihi: sed, *reliqui mihi.*
Rom. 11. 5. *Sic ergo,* inquit, *& in hoc tempore reliquiæ per electionem gratiæ factæ sunt. Si autem gratia, jam non ex operibus; alioquin gratia jam non est gratia.* Et connectens illa quæ jam supra interposui;
Ibidem 7. *Quid ergo?* & huic interrogationi respondens, *Quod quærebat,* inquit, *Israel, hoc non est consecutus, electio autem consecuta est, cæteri vero excæcati sunt.* In hac ergo electione & in his reliquiis, quæ per electionem gratiæ factæ sunt, voluit intelligi plebem, quam propterea Deus non repulit, quia præscivit. Hæc est illa electio qua eos quos voluit, elegit
Ephes. 1. 4. in Christo ante constitutionem mundi, ut essent sancti & immaculati in conspectu ejus, in charitate, prædestinans eos in adoptionem filiorum. Nullus igitur qui hæc intelligit, negare vel dubitare permittitur, ubi ait Apostolus, *Non repulit Deus plebem suam, quam præscivit*, prædestinationem significare voluisse. Præscivit enim reliquias, quas secundum electionem gratiæ facturus erat ipse. Hoc est ergo prædestinavit: sine dubio enim præscivit, si prædestinavit: sed prædestinasse, est hoc præscisse quod fuerat ipse facturus.

CAPUT XIX.

1. Quid ergo nos prohibet, quando apud aliquos verbi Dei tractatores legimus Dei præscientiam, & agitur de vocatione electo-

electorum, eamdem prædestinationem intelligere? Magis autem forsasse voluerunt hoc verbo in ea re uti, quod facilius intelligitur, & non repugnat, immo & congruit veritati quæ de prædestinatione gratiæ prædicatur. Hoc scio, NEMINEM CONTRA ISTAM PRÆDESTINATIONEM, quam secundum scripturas sanctas defendimus, NISI ERRANDO DISPUTARE POTUISSE. Puto tamen eis qui de hac re sententias tractatorum requirunt, sanctos & in fide atque doctrina Christiana laudabiliter usquequaque diffamatos viros, Cyprianum & Ambrosium, quorum tam clara testimonia posuimus, debere sufficere, & debere ad utrumque, id est, ut & gratiam Dei gratuitam, sicut credenda atque prædicanda est, per omnia credant & per omnia prædicent, & eamdem prædicationem prædicationi qua hortamur pigros, vel corripimus malos, non opinentur adversam: quia & illi viri cum sic prædicarent Dei gratiam, ut unus eorum diceret, *In nullo gloriandum, quando nostrum nihil sit*, alter autem, *Non est in potestate nostra cor nostrum & nostræ cogitationes*, non tamen hortari & corripere destiterunt, ut fierent præcepta divina. Nec timuerunt ne diceretur eis, Quid nos hortamini? quid & corripitis, si nihil boni ut habeamus est nostrum, & si non est in potestate nostra cor nostrum? Hæc ne dicerentur eis, nequaquam illi sancti ea mente timere potuerunt, qua intelligebant paucissimis esse donatum, ut nullo sibi homine prædicante, per ipsum Dominum vel per Angelos cælorum doctrinam salutis acciperent; multis vero id esse donatum, ut Deo per homines crederent. Quolibet tamen modo dicatur homini verbum Dei, procul dubio, quo sic audiat ut illi obediat, donum Dei est.

Cyprianus lib. 3. ad Quirinum. Ambros. de fuga sæculi c. 1.

Paucissimi donatum, [illegible]

2. Unde supradicti tractatores excellentissimi divinorum eloquiorum, & gratiam Dei veram, sicut prædicanda est, prædicarunt, id est, quam nulla merita humana præcedunt; & ad facienda divina præcepta instanter hortati sunt, ut qui haberent donum obedientiæ, quibus jussis obediendum esset, audirent. Si enim gratiam merita ulla nostra præcedunt, profecto aut facti alicujus, aut dicti, aut cogitationis est meritum, ubi & ipsa intelligitur voluntas bona: sed brevissime complexus est omnium genera meritorum, qui dicit, *In nullo gloriandum, quando nostrum nihil sit*. Qui vero ait, *Non est in nostra potestate cor nostrum, & nostræ cogitationes*, nec ipse facta & dicta præteriit: non enim est ullum factum dictumve hominis, quod non ex cordis cogitatione procedat. Quid autem amplius de hac re agere Cyprianus martyr gloriosissimus, & doctor lucidissimus potuit, quam ubi nos in oratione Dominica etiam pro inimicis fidei Christianæ orare oportere commonuit? ubi de initio fidei, quod etiam hoc donum Dei sit, quod sentiret ostendit: & pro perseverantia usque in finem, quia & ipsam non nisi Deus eis qui perseveraverint donat, Ecclesiam Christi quotidie orare monstravit. Beatus quoque Ambrosius cum exponeret quod ait Lucas Evangelista, *Visum est & mihi: Potest*, inquit, *non soli visum esse, quod sibi visum esse declarat. Non enim voluntate tantum humana visum est, sed sicut placuit ei qui in me loquitur Christus, qui ut id quod bonum est, nobis quoque videri bonum possit, operatur: quem enim miseratur, & vocat. Et ideo qui Christum sequitur, potest interrogatus cur esse voluerit Christianus, respondere, Visum est & mihi. Quod cum dicit, non negat Deo visum; a Deo enim præparatur voluntas hominum. Ut enim Deus honorificetur a sancto, Dei gratia est.* Iterumque in eodem opere, hoc est in expositione ejusdem Evangelii, cum ad illum venisset locum, ubi Dominum ad Jerusalem pergentem Samaritani recipere noluerunt: *Simul disce*, inquit, *quia recipi noluit a non simplici mente conversis. Nam si voluisset, ex indevotis devotos fecisset. Cur autem non receperint eum, Evangelista ipse monstrat, dicens, Quia facies ejus erat euntis in Jerusalem. Discipuli autem recipi intra Samariam gestiebant. Sed Deus quos dignatur vocat, & quem vult religiosum facit.* Quid evidentius, quid illustrius a verbi Dei tractatoribus quærimus, si & ab ipsis quod in Scripturis clarum est, audire delectat? Sed his duobus qui sufficere debuerunt, sanctum Gregorium addamus & tertium, qui & credere in Deum, & quod credimus confiteri, Dei donum esse testatur, dicens: *Unius deitatis quæso vos, confitemini Trinitatem: si vero aliter vultis, dicite unius esse naturæ; & Deus vocem dari vobis a sancto Spiritu deprecabitur*: id est rogabitur Deus, ut permittat vobis dari vocem, qua quod creditis, confiteri possitis. *Dabit enim, certus sum; qui dedit quod primum est, dabit & quod secundum est*; qui dedit credere, dabit & confiteri.

Aug. in l. Ambrosius super Lucam in prologo.

Prov. 8. sec. LXX.

Lib. 7. in Lucam c. 9.

Ibidem.

Gregorius Nazianz. orat. de Pentecoste.

3. Isti tales tantique doctores dicentes non esse aliquid, de quo tamquam de nostro, quod nobis Deus non dederit, gloriemur; nec ipsum cor nostrum & cogitationes nostras in potestate nostra esse; & totum dantes Deo, atque ab ipso nos accipere confitentes, ut permansuri convertamur ad eum; ut id quod bonum est, nobis quoque videatur bonum, & velimus illud, ut honoremus Deum, & recipiamus Christum, ut ex indevotis efficiamur devoti & religiosi, ut in ipsam Trinitatem credamus, & confiteamur etiam voce quod credimus: hæc utique gratiæ Dei tribuunt, Dei munera agnoscunt, ab ipso nobis, non a nobis esse testantur. Numquid autem quisquam eos dicturus est, ita confessos istam Dei gratiam, ut auderent negare ejus præscientiam, quam non solum docti, sed indocti etiam confitentur? Porro si hæc ita Deum noverant dare, ut non ignorarent eum daturum se esse præscisse, & quibus daturus esset non potuisse nescire; procul dubio noverant prædestinationem, quam per Apostolos prædicatam contra novos hæreticos operosius diligentiusque defendimus: nec tamen eis obedientiam prædicantibus, & ad eam sicut quisque poterat ferventer hortantibus, ullo modo recte diceretur, Si non vultis obedientiam ad quam nos accenditis, in nostro corde frigescere, nolite nobis istam Dei gratiam prædicare, qua Deum dare fatemini, quæ & nos ut faciamus hortamini.

CAPUT XX.

1. QUamobrem si & Apostoli & doctores Ecclesiæ qui eis successerunt, eosque imitati sunt, utrumque faciebant, id est, & Dei gratiam, quæ non secundum merita nostra datur, veraciter prædicabant, & piam obedientiam præceptis salubribus instruebant: quid est quod invicta conclusi violentia veritatis recte se illi nostri dicere existimant, *Et si verum est quod dicitur de prædestinatione beneficiorum Dei, non est tamen populis prædicandum?* Prædicandum est prorsus, ut qui habet aures audiendi, audiat. Quis autem habet, si non accepit ab illo qui ait, *Dabo eis cor cognoscendi me, & aures audientes?* Certe qui non accepit, rejiciat; dum tamen qui capit, sumat & bibat, bibat & vivat. Sicut enim prædicanda est pietas, ut ab eo qui habet aures audiendi, Deus recte colatur; prædicanda est pudicitia, ut ab eo qui habet aures audiendi, nihil genitalibus membris illicitum perpetretur; prædicanda est charitas, ut ab eo qui habet aures audiendi, Deus & proximus diligatur: ita prædicanda est & ista prædestinatio beneficiorum Dei, ut qui habet aures audiendi, non in seipso, sed in Domino glorietur.

Supra in Epistola Prosperi & Hilarii.

Baruch 2. 31.

2. Quod autem dicunt, *non opus fuisse hujusmodi disputationis incerto minus intelligentium tot corda turbari: quoniam non minus utiliter sine hac definitione prædestinationis per tot annos defensa est catholica fides, tum contra alios, tum maxime contra Pelagianos, tot catholicorum & aliorum & nostris præcedentibus libris:* multum miror eos dicere; nec attendere, ut de aliis hic taceam, ipsos libros nostros & ante quam Pelagiani apparere cœpissent, conscriptos & editos, & videre quam multis eorum locis futuram nescientes Pelagianam hæresim cædebamus, prædicando gratiam qua nos Deus liberat a malis erroribus & moribus nostris, non præcedentibus bonis meritis nostris, faciens hoc secundum gratuitam misericordiam suam. Quod plenius sapere cœpi in ea disputatione, quam scripsi ad beatæ memoriæ Simplicianum, episcopum Mediolanensis Ecclesiæ, in mei episcopatus exordio, quando & initium fidei donum Dei esse cognovi & asserui.

In Epistola Hilarii, n. 8.

3. Quid autem meorum opusculorum frequentius & delectabilius innotescere potuit, quam libri Confessionum mearum? Cum & ipsos ediderim ante quam Pelagiana hæresis extitisset; in eis certe dixi Deo nostro, & sæpe dixi; *Da quod jubes, & jube quod vis.* Quæ mea verba Pelagius Romæ, cum a quodam fratre & coepiscopo meo fuissent eo præsente commemorata, ferre non potuit, & contradicens aliquanto commotius, pene cum eo qui illa commemoraverat litigavit. Quid vero primitus & maxime Deus jubet, nisi ut credamus in eum? Et hoc ergo ipse dat, si bene illi dictum est, *Da quod jubes.* Et in eisdem etiam libris quod de mea conversione narravi, Deo me convertente ad eam fidem, quam miserrima & furiosissima loquacitate vastabam, nonne ita narratum esse meministis, ut ostenderem me fidelibus & quotidianis matris meæ lacrymis ne perirem fuisse concessum? Ubi utique prædicavi, non solum aversas a recta fide, sed adversas etiam rectæ fidei, Deum sua gratia ad eam convertere hominum voluntates. De proficiente porro perseverantia quemadmodum Deum rogaverim, & scitis, & potestis recensere cum vultis. Omnia itaque Dei dona quæ in eodem opere sive optavi, sive laudavi, quis, non dicam negare, sed dubitare saltem audeat Deum daturum se esse præscisse, & quibus daturus fuerit, numquam potuisse nescire? Hæc est prædestinatio manifesta & certa sanctorum: quam postea diligentius & operosius, cum jam contra Pelagianos disputaremus, defendere necessitas compulit. Didicimus enim singulas quasque hæreses intulisse Ecclesiæ proprias quæstiones, contra quas diligentius defenderetur scriptura divina, quam si nulla talis necessitas cogeret. Quid autem coegit loca Scripturarum, quibus prædestinatio commendata est, copiosius & enucleatius isto nostro labore defendi, nisi quod Pelagiani dicunt, gratiam Dei secundum merita nostra dari? quod quid est aliud, quam gratiæ omnino negatio?

Lib. 10. c. 29. & 31. & 37.

Lib. 3. c. 11. & 12. & lib. 9. cap. 8.

Hilarius quod breviter ... [illegible]

CAPUT XXI.

1. HÆc ergo ut ingrata Deo sententia destruatur, gratuitis Dei beneficiis quibus liberamur inimica, & initium fidei, & in ea usque in finem perseverantiam secundum Scripturas, unde jam multa diximus, dona Dei esse defendimus. Quoniam si a nobis esse dicimus initium fidei, ut eo cætera Dei dona mereamur accipere; concludunt Pelagiani, gratiam Dei secundum merita nostra dari. Quod ita exhorruit catholica fides, ut damnari timens, hoc Pelagius ipse damnaverit. Itemque si dicimus a nobis esse perseverantiam nostram, non a Domino; respondent illi, ita nos a nobis habere initium fidei sicut finem, sic argumentantes, multo magis nos habere a nobis illud initium, si a nobis habemus permanere usque in finem, cum perficere quam inchoare sit majus: ac sic identidem concludunt, gratiam Dei secundum merita nostra dari. Si autem utrumque Dei donum est, & hæc Deus dona sua, (quod negare quis potest?) daturum se esse præscivit; prædestinatio prædicanda est, ut possit vera Dei gratia, hoc est, quæ non secundum merita nostra datur, insuperabili munitione defendi.

2. Et ego quidem in illo libro, cujus est titulus de Correptione & Gratia, * qui sufficere non potuit omnibus dilectoribus nostris, puto me ita posuisse donum Dei esse etiam perseverare usque in finem, ut hoc antea, si me non fallit oblivio, tam expresse atque evidenter, vel nusquam, vel pene nusquam scripserim. Sed ita hoc nunc dixi, ut non ante me nemo dixerit. Beatus quippe Cyprianus in oratione Dominica, sicut jam ostendimus, petitiones nostras ita exposuit, ut in ipsa prima petitione perseverantiam nos diceret poscere, id nos orare asserens, dicendo, *Sanctificetur nomen tuum*, cum jam in baptismate sanctificati fuerimus, ut in eo quod esse cœpimus, perseveremus. Videant tamen ii, quibus amantibus me ingratus esse non debeo, qui præter hoc quod in quæstionem venit,

* Cap. 6.

Matth. 6. 9.

Duo libri ad Simplicianum.

Epistola ad Paulinum [illegible]

nit, omnia mea, sicut scribitis, se profitentur amplecti: videant, inquam, utrum in primi libri posterioribus partibus, eorum duorum quos mei episcopatus initio ante quam Pelagiana hæresis appareret, ad Simplicianum Mediolanensem episcopum scripsi, remanserit aliquid quo vocetur in dubium, gratiam Dei non secundum merita nostra dari: & utrum ibi non satis egerim, etiam initium fidei esse donum Dei: & utrum ex iis quæ ibi dicta sunt, non consequenter eluceat, etsi non sit expressum, etiam usque in finem perseverantiam non nisi ab eo donari, qui nos prædestinavit in suum regnum & gloriam. Deinde ipsam epistolam, quam jam contra Pelagianos ad sanctum Paulinum Nolanum episcopum feci, cui epistolæ contradicere modo cœperunt, nonne ante annos plurimos edidi? Eam quoque inspiciant, quam dedi ad Sixtum Romanæ Ecclesiæ presbyterum, quando adversus Pelagianos acerrima conflictatione certavimus: & talem reperient, qualis illa est ad Paulinum. Unde recolant adversus hæresim Pelagianam jam ante aliquot annos ista dicta esse atque conscripta, quæ nunc eis displicere mirandum est. Quamvis neminem velim sic amplecti omnia mea, ut me sequatur, nisi in iis in quibus me non errasse perspexerit. Nam propterea nunc facio libros, in quibus opuscula mea retractanda suscepi, ut nec me ipsum in omnibus me secutum fuisse demonstrem; sed proficienter me existimo Deo miserante scripsisse, non tamen a perfectione cœpisse: quandoquidem arrogantius loquor quam verius, si vel nunc dico, me ad perfectionem sine ullo errore scribendi jam in ista ætate venisse. Sed interest quantum & in quibus rebus erretur; & quam facile quisque corrigat, vel quanta pertinacia suum defendere conetur errorem. Bonæ quippe spei est homo, si eum sic proficientem dies ultimus vitæ hujus invenerit, ut adjiciantur ei quæ proficienti defuerunt, & perficiendus quam puniendus potius judicetur.

Homo qui [illegible].

3. Quocirca si hominibus qui propterea me dilexerunt, quia pervenit ad eos, ante quam me diligerent, aliqua mei laboris utilitas, nolo existere ingratus; quanto magis Deo, quem non diligeremus, nisi prius dilexisset nos, & fecisset dilectores suos? quoniam charitas ex ipso est: sicut dixerunt quos fecit magnos, non solum amatores, verum etiam prædicatores suos. Quid est autem ingratius, quam negare ipsam gratiam Dei, dicendo eam secundum merita nostra dari? Quod in Pelagianis fides catholica exhorruit, quod ipsi Pelagio capitale crimen objecit, quod ipse Pelagius, non quidem amore veritatis Dei, sed tamen suæ damnationis timore damnavit. Quisquis autem dicere gratiam Dei secundum merita nostra dari, sicut catholicus fidelis exhorret; nec ipsam fidem subtrahat Dei gratiæ, qua misericordiam consecutus est ut fidelis esset: ac per hoc gratiæ Dei tribuat perseverantiam quoque usque in finem, qua misericordiam consequitur, quam poscit quotidie, ne inferatur in tentationem. Inter initium autem fidei & perfectionem perseverantiæ, media sunt illa quibus recte vivimus, quæ ipsi etiam donari nobis a Deo fide impetrante consentiunt. Hæc autem omnia, initium scilicet fidei, & cætera usque in finem dona sua, Deus largiturum se vocatis suis esse præscivit. Nimiæ igitur contentionis est, prædestinationi contradicere, vel de prædestinatione dubitare.

1. Joan. 4. 7.

CAPUT XXII.

[illegible]

1. QUæ tamen non ita populis prædicanda est, ut apud imperitam, vel tardioris intelligentiæ multitudinem redargui quodammodo ipsa sua prædicatione videatur: sicut redargui videtur & præscientia Dei, (quam certe negare non possunt,) si dicatur hominibus, *Sive curratis, sive dormiatis, quod vos præscivit qui falli non potest, hoc eritis*. Dolosi autem vel imperiti medici est etiam utile medicamentum sic alligare, ut aut non prosit, aut obsit. Sed dicendum est, Sic currite, ut comprehendatis, atque ut ipso cursu vestro ita vos esse præcognitos noveritis, ut legitime curreretis: & si quo alio modo Dei præscientia prædicari potest, ut hominis segnitia repellatur.

1. Cor. 9. 24.

2. Quamvis ergo ita se habeat de prædestinatione definita sententia voluntatis Dei, ut alii ex infidelitate, accepta voluntate obediendi, convertantur ad fidem, vel perseverent in fide; cæteri vero qui in peccatorum damnabilium delectatione remorantur, si & ipsi prædestinati sunt, ideo nondum surrexerunt, quia nondum eos adjutorium gratiæ miserantis erexit: si qui enim nondum sunt vocati, quos gratia sua prædestinavit eligendos, accipient eamdem gratiam, qua electi esse velint & sint: si qui autem obediunt, sed in regnum ejus & gloriam prædestinati non sunt, temporales sunt, nec usque in finem in eadem obedientia permanebunt: quamvis ergo hæc vera sint, non tamen isto modo dicenda sunt audientibus multis, ut sermo ad ipsos etiam convertatur, eisque dicantur illa istorum verba quæ vestris litteris indidistis, & quæ superius interposui: *Ita se habet de prædestinatione definita sententia voluntatis Dei, ut alii ex vobis de infidelitate, accepta obediendi voluntate, veneritis ad fidem*. Quid opus est dici, *alii ex vobis*? Si enim Ecclesiæ Dei loquimur, si credentibus loquimur, cur alios eorum ad fidem venisse dicentes, cæteris facere videamur injuriam? cum possimus congruentius dicere: Ita se habet de prædestinatione definita sententia voluntatis Dei, ut ex infidelitate veneritis ad fidem accepta voluntate obediendi, & accepta perseverantia permaneatis in fide?

[illegible]

Contra [illegible]

3. Nec illud quod sequitur, est omnino dicendum, id est: *Cæteri vero qui in peccatorum delectatione remoramini, ideo nondum surrexistis, quia nondum vos adjutorium gratiæ miserantis erexit*. Cum bene & convenienter dici possit & debeat, Si qui autem adhuc in peccatorum damnabilium delectatione remoramini, apprehendite saluberrimam disciplinam: quod tamen cum feceritis, nolite extolli quasi de operibus vestris, aut gloriari quasi hoc non acceperitis. Deus est enim qui operatur in vobis & velle & operari pro bona voluntate: & a Domino gressus vestri diriguntur, ut ejus viam velitis: de ipso autem cursu vestro bono recto-

Philipp. 2. 13.
Psal. 36. 23.

que

que condiscite vos ad prædestinationem divinæ gratiæ pertinere.

4. Item quod sequitur, & dicitur: *Proinde si qui estis nondum vocati, quos gratia sua prædestinaverit eligendos, accipietis eandem gratiam, qua velitis & sitis electi*: durius dicitur quam dici potest, si nos non quibuslibet hominibus loqui, sed Christi Ecclesiæ cogitemus. Cur enim non potius ita dicitur: Et si qui sunt nondum vocati, pro eis ut vocentur oremus? Forassis enim sic prædestinati sunt, ut nostris orationibus concedantur, & accipiant eandem gratiam, qua velint esse atque efficiantur electi. Deus enim qui omnia quæ prædestinavit implevit, ideo & pro inimicis fidei orare nos voluit, ut hinc intelligeremus quod ipse etiam infidelibus donet ut credant, & volentes ex nolentibus faciat.

5. Jam vero quod illis verbis connectitur, miror si ullo modo potest in populo Christiano quisquam infirmus patienter audire, cum dicitur eis: *Et si qui obeditis, si prædestinati estis rejiciendi, subtrahentur obediendi vires, ut obedire cessetis*. Hoc enim dicere, quid videtur aliud esse, quam maledicere, aut mala quodam modo prophetare? Sed si & de iis qui non perseverant, aliquid placet dicere, vel necesse est, cur non potius ita saltem dicitur, ut paulo ante a me dictum est: primum ut non de ipsis, qui in populo audiunt, hoc dicatur, sed de aliis ad ipsos; id est, ut non dicatur, *Si qui obeditis, si prædestinati estis rejiciendi*: sed, Si qui obediunt; & cætera per verbi personam tertiam, non per secundam? Res enim non optabilis, sed abominabilis dicitur, & durissime atque odiosissime quasi in audientium frontem compellando colliditur, quando qui eis loquitur, dicit, *Et si qui estis qui obeditis, si prædestinati estis rejiciendi, subtrahentur obediendi vires, ut obedire cessetis*. Quid enim sententiæ deperit, si ita dicatur: Si qui autem obediunt, sed in regnum ejus & gloriam prædestinati non sunt, temporales sunt, nec usque in finem in eadem obedientia permanebunt? Nonne & verius eadem res & congruentius dicitur, ut non ipsis tantum malum tamquam optare videamur, sed de aliis referre, quod oderint, nec ad se existiment pertinere, sperando orandoque meliora? Illo autem modo, quo id dicendum putant, eadem sententia eisdem pene verbis etiam de præscientia Dei, quam certe negare non possunt, pronunciari potest, ut dicatur, *Et si qui obeditis, si præsciti estis rejiciendi, obedire cessabitis*. Nempe hoc verissimum est: ita sane, sed improbissimum, importunissimum, incongruentissimum, non falso eloquio, sed non salubriter valetudini humanæ infirmitatis apposito.

6. Illum etiam modum, quo utendum esse in prædestinationis prædicatione nos diximus, loquenti ad populum non existimo debere sufficere, nisi hoc vel hujusmodi aliquid addat, ut dicat: Vos itaque etiam ipsam obediendi perseverantiam a Patre luminum, a quo descendit omne datum optimum, & omne donum perfectum, sperare debetis, & quotidianis orationibus poscere, atque hoc faciendo confidere, non vos esse a prædestinatione populi ejus alienos; *Jacob. 1. 17.* quia etiam hoc ut faciatis, ipse largitur. Absit autem a vobis ideo desperare de vobis, quoniam spem vestram in ipso habere jubemini, non in vobis. Maledictus enim omnis qui spem habet in homine: & bonum est confidere in Domino, quam confidere in homine; quia beati omnes qui confidunt in eum. Hanc spem tenentes, servite Domino in timore, & exultate ei cum tremore: quoniam de vita æterna, quam filiis promissionis promisit non mendax Deus ante tempora æterna, nemo potest esse securus, nisi cum consummata fuerit illa vita, quæ tentatio est super terram: sed faciet nos perseverare in se usque in ejus vitæ finem, cui quotidie dicimus, Ne nos inferas in tentationem. Hæc atque hujusmodi cum dicuntur sive paucis Christianis sive multitudini Ecclesiæ, cur metuimus sanctorum prædestinationem & veram Dei gratiam, id est, quæ non secundum merita nostra datur, sicut eam sancta scriptura prædicat, prædicare? An vero timendum est, ne tunc de se homo desperet, quando spes ejus ponenda demonstratur in Deo, non autem desperaret, si eam in se ipso, superbissimus, & infelicissimus poneret?

Jer. 17. 5. Ps. 117. 8. [illegible] *Job 7. 1.*

Matth. 6. 13.

CAPUT XXIII.

1. Atque utinam tardi corde & infirmi, qui non possunt, vel nondum possunt Scripturas, vel earum expositiones intelligere, sic audirent vel non audirent in hac quæstione disputationes nostras, ut magis intuerentur orationes suas, quas semper habuit & habebit Ecclesia ab exordiis suis, donec finiatur hoc sæculum. De hac enim re, quam nunc adversus novos hæreticos, non commemorare tantum, sed plane tueri & defensare compellimur, numquam tacuit in precibus suis, etsi aliquando in sermonibus exerendam nullo urgente adversario non putavit. Quando enim non oratum est in Ecclesia pro infidelibus atque inimicis ejus ut crederent? Quando fidelis quisquam amicum, proximum, conjugem habuit infidelem, & non ei petivit a Domino mentem obedientem in Christianam fidem? Quis autem sibi umquam non oravit, ut in Domino permaneret? Aut quis sacerdotem super fideles Dominum invocantem, si quando dixit, Da illis Domine in te perseverare usque in finem; non solum voce ausus est, sed saltem cogitatione reprehendere; ac non potius super ejus talem benedictionem, & corde credente, & ore confitente respondit, Amen: cum aliud in ipsa oratione Dominica non orent fideles, dicentes maxime illud, *Ne nos inferas in tentationem*; nisi ut in sancta obedientia perseverent? Sicut ergo in his orationibus, ita & in hac fide nata est, & crescit, & crevit Ecclesia, qua fide creditur, gratiam Dei non secundum merita accipientium dari. Quando quidem non oraret Ecclesia ut daretur infidelibus fides, nisi Deum crederet & aversas & adversas hominum ad se convertere voluntates: nec oraret Ecclesia, ut perseveraret in fide Christi, non decepta vel victa tentationibus mundi, nisi crederet Dominum sic in potestate habere cor nostrum, ut bonum quod non tenemus nisi propria voluntate, non tamen te-

[illegible]

Benedictio sacerdotis super fideles.

mur nos nisi ipse in nobis operetur & velle. Nam si hæc ab ipso quidem poscit Ecclesia, sed a se ipsa sibi dari putat; non veras, sed perfunctorias orationes habet; quod absit a nobis. Quis enim veraciter gemat, desiderans accipere quod orat a Domino, si hoc a se ipso se sumere existimet, non ab illo?

Rom. 8, 26. 2. Præsertim, quoniam *quid oremus sicut oportet nescimus, sed ipse Spiritus*, ait Apostolus, *interpellat pro nobis gemitibus inenarrabilibus. Qui enim scrutatur corda, scit quid sapiat Spiritus, quia secundum Deum interpellat pro sanctis.* Quid est, *ipse Spiritus interpellat*, nisi interpellare facit: *gemitibus inenarrabilibus*, sed veracibus, quoniam veritas est Spiritus? Ipse est enim de quo alio loco dicit; *Misit Deus Spiritum Filii sui in corda nostra, clamantem, Abba, pater.* Et hic quid est, clamantem, nisi clamare facientem; tropo illo quo dicimus lætum diem, qui lætos facit? Quod alibi manifestat, ubi dicit, *Non enim accepistis Spiritum servitutis iterum in timore, sed accepistis spiritum adoptionis filiorum, in quo clamamus, Abba, pater.* Ibi dixit, *clamantem*; hic vero, *in quo clamamus*: aperiens videlicet quomodo dixerit, *clamantem*, id est, sicut jam exposui, clamare facientem. Ubi intelligimus, & hoc ipsum esse donum Dei, ut veraci corde & spiritaliter clamemus ad Deum. Attendant ergo quomodo falluntur, qui putant esse a nobis, non dari nobis, ut petamus, quæramus, pulsemus: & hoc esse dicunt quod gratia præceditur merito nostro, ut sequatur illa, cum accipimus petentes, & invenimus quærentes, aperiturque pulsantibus: nec volunt intelligere etiam hoc divini muneris esse, ut oremus, hoc est petamus, quæramus, atque pulsemus. Accepimus enim spiritum adoptionis filiorum, in quo clamamus, Abba, pater. Quod vidit & beatus Ambrosius. Ait enim, *Et orare Deum, gratia spiritalis est: sicut scriptum est, Nemo dicit, Dominus Jesus, nisi in Spiritu sancto.*

Spiritus sanctus quo sensu interpellare pro nobis & clamare Abba, pater.
Gal. 4, 6.
Rom. 8, 15.
In Commentar. super Isaiam l. V. unde, Ambr. epist. Pelagianor.

3. Hæc igitur quæ poscit a Domino, & semper ex quo esse cœpit, poposcit Ecclesia, ita Deus vocatis suis daturum se esse præscivit, ut in ipsa prædestinatione jam dederit: quod Apostolus sine ambiguitate declarat. Scribens quippe ad Timotheum: *Collabora*, inquit, *Evangelio secundum virtutem Dei salvos nos facientis, & vocantis vocatione sua sancta, non secundum opera nostra, sed secundum suum propositum & gratiam, quæ data est nobis in Christo Jesu ante tempora æterna, manifestata autem nunc per adventum Salvatoris nostri Jesu Christi.* Ille itaque dicat Ecclesiam aliquando in fide sua non habuisse veritatem prædestinationis hujus & gratiæ, quæ nunc contra novos hæreticos cura diligentiore defenditur: ille, inquam, hoc dicat, qui dicere audet aliquando eam non orasse, vel non veraciter orasse, sive ut crederent infideles, sive ut perseverarent fideles. Quæ bona si semper oravit, semper ea Dei dona esse utique credidit; nec ab illo esse præcognita umquam ei negare fas fuit. Ac per hoc prædestinationis hujus fidem, quæ contra novos hæreticos nova sollicitudine nunc defenditur, numquam Ecclesia Christi non habuit.

2. Tim. 1, 8. &c.

CAPUT XXIV.

Conclusio.

1. SED quid plura? Satis docuisse me existimo, vel potius plus quam satis, dona Dei esse, & incipere in Dominum credere, & usque in finem in Domino permanere. Cætera vero bona ad vitam piam, qua Deus recte colitur pertinentia, etiam ipsi propter quos hæc agimus, Dei dona esse concedunt. Omnia porro dona sua, & quibus ea fuerat largiturus, Deum præscisse negare non possunt. Sicut ergo cætera prædicanda sunt, ut qui ea prædicat, obedienter audiatur: ita prædestinatio prædicanda est, ut qui obedienter hæc audit, non in homine, ac per hoc nec in seipso, sed in Domino glorietur: quia & hoc Dei præceptum est: & hoc præceptum obedienter audire, id est, ut qui gloriatur, in Domino glorietur, similiter ut cætera, Dei donum est. Quod donum qui non habet, non dubito dicere, alia quæcumque habet, inaniter habet. Hoc Pelagiani, optamus, ut habeant; isti autem nostri ut plenius habeant. Non itaque simus in disputationibus prompti, & in orationibus pigri. Oremus, dilectissimi, oremus, ut Deus gratiæ det etiam inimicis nostris, maximeque fratribus & dilectoribus nostris, intelligere & confiteri, post ingentem & ineffabilem ruinam, qua in uno omnes cecidimus, neminem nisi gratia Dei liberari; eamque non secundum merita accipientium tamquam debitam reddi, sed tamquam veram gratiam nullis meritis præcedentibus gratis dari.

1. Cor. 4, 7.

2. Nullum autem est illustrius prædestinationis exemplum quam ipse Jesus: unde & in primo libro * jam disputavi, & in hujus fine commendare delegi: nullum est, inquam, illustrius prædestinationis exemplum quam ipse Mediator. Quisquis fidelis vult eam bene intelligere, attendat ipsum, atque in illo inveniat & se ipsum. Fidelis, inquam, qui in eo veram naturam credit & confitetur humanam, id est nostram, quamvis singulariter suscipiente Deo Verbo, in unicum Filium Dei sublimatam, ita ut qui suscepit & quod suscepit, una esset in Trinitate persona. Neque enim homine assumpto quaternitas facta est, sed Trinitas mansit, assumptione illa ineffabiliter faciente personæ unius in Deo & homine veritatem. Quoniam non Deum tantum dicimus Christum, sicut hæretici Manichæi; nec hominem tantum, sicut hæretici Photiniani; nec ita hominem, ut aliquid minus habeat quod ad humanam certum est pertinere naturam, sive animam, sive in ipsa anima mentem rationalem, sive carnem, non de femina sumptam, sed factam de Verbo in carnem converso atque mutato; quæ omnia tria falsa & vana hæreticorum Apollinaristarum tres partes varias diversasque fecerunt: sed dicimus Christum Deum verum, natum de Deo Patre sine ullo initio temporis; eumdemque hominem verum, natum hominem de matre creata plenitudine temporis; nec ejus humanitatem, qua minor est Patre, minuere aliquid ejus divinitati, qua æqualis est Patri. Hoc autem utrumque unus est Christus, qui & secundum Deum verissime dixit, *Ego & Pater u-*

Prædestinationis illustrissimum exemplum Christus Jesus.
* Cap. 15.
De Christi incarnatione errores Manichæorum, & Photinianorum.
Apollinaristarum tres hæreses.

unum

Joan. xv, 15. Joan. xiv, 28. nam *sumus*: & secundum hominem verissime dixit, *Pater major me est*. Qui ergo hunc fecit ex semine David hominem justum, qui nunquam esset injustus, sine ullo merito praecedentis voluntatis ejus; ipse ex injustis facit justos, sine ullo merito praecedentis voluntatis ipsorum, ut ille caput, hi membra sint ejus. Qui ergo fecit illum hominem, sine ullis ejus praecedentibus meritis, nullum quod ei dimitteretur, vel origine trahere, vel voluntate perpetrare peccatum; ipse nullis eorum praecedentibus meritis facit credentes in eum, quibus dimittat omne peccatum: qui fecit illum talem, ut nunquam habuerit habiturusque sit voluntatem malam; ipse facit in membris ejus ex mala voluntate bonam. Et illum ergo & nos praedestinavit; quia & in illo ut esset caput nostrum, & in nobis ut ejus corpus essemus, non praecessura merita nostra, sed opera sua futura praescivit.

3. Qui legunt haec, si intelligunt, agant Deo gratias: qui autem non intelligunt, orent ut eorum ille sit doctor interior, a cujus facie est scientia & intellectus. Qui vero errare me existimant, etiam atque etiam diligenter quae sunt dicta considerent, ne fortassis ipsi errent. Ego autem cum per eos qui meos labores legunt, non solum doctior, verum etiam emendatior fio, propitium mihi Deum agnosco: & hoc per Ecclesiae doctores maxime expecto; si & in ipsorum manus venit, dignanturque nosse quod scribo. Prov. 2. Juxta LXX.

ADMONITIO
IN EPISTOLAM
S. PROSPERI AQUITANI
AD RUFINUM
De Gratia & libero arbitrio.

DE Epistola ad Rufinum tria investigari possunt. 1. *Quis iste Rufinus, ad quem data ista Epistola. 2. Quo tempore scripta fuerit. 3. Qua occasione & necessitate ad id S. Prosperum compellente.*

De Rufino quidem quis ille fuerit, inter multos hujusce nominis circa haec tempora notos, non facile est decernere, nec ab ullo hactenus pro certo definitum reperimus. Erat certe hic S. Prospero nostro amicus, & ex his quos amicitia charitati spiritali innixa, pro amicorum salute sollicitos reddit. Unde cum ille de motis contra doctrinam S. Augustini contentionibus confusos rumores audisset, Prosperumque sibi amicissimum male apud plerosque audire cognovisset, veritus ne animae sibi carissimae salus periclitaretur, nec etiam inauditum praecipiti judicio damnare ausus; satius duxit ipsum litteris convenire, cum forte ab eo longo locorum intervallo dissitus, id verbis praestare non posset, quas quidem communi amico deferendas commendavit. Nisi forte maluerit proficiscenti amico in mandatis datum ut piam quam gerebat pro amico sollicitudinem coram ipse sine scripto exponeret. Neutrum enim pro certo elici videtur, sed alterutrum certe contigisse judicatur ex primis Epistolae sancti Prosperi verbis: Accepi, *inquit ille,* per communem amicum fraternae erga me sollicitudinis tuae signa, & curam sincerissimae charitatis gratulanter agnovi. Ac ne quid maligni rumores, in quantum se auribus tuis subtrahere nequeunt, formidinis tibi aut anxietatis inferrent: absolvere te ab omni scrupulo, quantum epistolari licuit sermone, curavi; In tantum studens omnia plenissima veritate tibi pandere, ut quia non potuisti in totum, quae ab adversantibus disseminantur audire, per me ipsum queas, quidquid de nobis ad inanem invidiam fertur refferturque cognoscere. In Epist. ad Ruf. n. 1.

De tempore vero scriptionis hujus, hoc pro indubitato asseri fas est, eam vivente adhuc Augustino, sed ultimis tanti Magistri annis exaratam. Quod certe indubitatum reddunt hac Epistolae istius verba, Beatissimus quoque Augustinus, præcipua utique in hoc tempore portio Domini sacerdotum : *& in fine Epistolæ*, Ut prædicatio summi hoc tempore in Ecclesia viri *&c. Ultimos vero sancti Doctoris vitæ annos clare demonstrant insimulati Galli operum S. Augustini obtrectatores infamatoresque; quos maxime offendit lectio libri de Correptione & Gratia pro Monachorum Adrumetinorum institutione & emendatione, circa annum Christi 426. aut 427. scripti. Hos autem ipsos depingit S. Prosper, cum subdit*, Huic, *id est, beatissimo Augustino*, inter tot certaminum palmas, inter tot triumphorum coronas, ad illuminationem Ecclesiæ & ad gloriam Christi, qua ipse illustratus est præfulgenti, quidam nostrorum, (quod de ipsis multum dolendum est,) occultis, sed non incognitis susurrationibus obloquuntur. Et prout sibi obnoxias aliquorum aures opportunasque repererint, scripta ejus, quibus error Pelagianorum impugnatur infamant : dicentes eum liberum arbitrium penitus submovere, & sub gratiæ nomine necessitatem fatalem prædicare: adjicientes etiam, duas illum humani generis massas, & duas credi velle naturas; ut scilicet tantæ pietatis viro Paganorum & Manichæorum adscribatur impietas. *Deinde vero Cassiani collationem decimam-tertiam,* Ibid. n. 3. *quæ est de protectione Dei, indigitare videtur cum ait*, Volentes enim in sua justitia magis quam in Dei gratia gloriari, moleste ferunt, quod his quæ adversum excellentissimæ auctoritatis virum, inter multas collationes asseruere, resistimus. *Hæc autem collatio cum Honorato Massiliensi cum aliis sex dicata legatur, ante annum 426. quo in Episcopum Massiliensem assumptus est, scripta esse convincitur.*

Hæc autem occasio (ut jam insinuatum est) nata est S. Prospero scribendæ hujus Epistolæ, cum Rufinus rumoribus ab inimicis doctrinæ sancti Augustini contra ipsius Prosperi Augustini discipuli non occulti famam disseminatis, motum se significasset, seque ab hoc scrupulo absolvi optaret. Sanctus Prosper jussis amici postulatis obtemperare satagens, plenius exponit, qui rumores ab inimicis doctrinæ sancti Augustini spargerentur, & sub quo prætextu tanto Doctori obloqui non vererentur. Inter præcipuos autem Pelagianorum errores esse, Ibid. n. 2. Gratiam Dei secundum merita hominum dari: *quo incolumi sibi principio, cætera dogmata sua facile resuscitabant. Primum quidem ipsos docuisse tantam humanæ naturæ esse sanitatem, ut per solum liberum arbitrium posset bonum implere. Quod cum sanæ doctrinæ adversum omnino pateret, ab omnibusque explosum esset catholicis dogma: gratiam quidem ad incipiendum, proficiendum, & perseverandum in bono necessariam professos esse; sed intellectam, hoc tantummodo eos de gratia Dei confiteri, quod hæc velut quædam libero arbitrio sit magistra, seque per cohortationes, per legem, per doctrinam, per creaturarum contemplationem, per miracula, perque terrores extrinsecus judicio ejus ostendat, quo unusquisque secundum voluntatis suæ motum, si quæsierit inveniat, si petierit recipiat, si pulsaverit introeat. Unde sequatur gratiam secundum me-* Ibid. n. 2. *rita hominum dari, & proinde gratiam jam non esse gratiam. Hanc vero filiorum tenebrarum versutiam & orientalium Episcoporum judicio, & sedis Apostolicæ auctoritate, & Africanorum præsulum vigilantia fuisse manifestatam. S. Augustinum, quem dicit S. Prosper tunc fuisse præcipuam portionem Domini sacerdotum, hanc scriptis libris polemicis destruxisse, talemque hæresim omni ex parte debellasse: quosdam tamen inter catholicos in Galliis inveniri, qui doctrinam ejus librosque malignis rumoribus infamarent, dicentes eum liberum arbitrium penitus submovere, & sub nomine gratiæ necessitatem prædicare fatalem, duas etiam ab ipso credi velle uno in homine naturas. Qui si ita se haberent, palam obsisterent, & noxios errores scriptis libris refellerent, non vero occultis susurris nocere tentarent viro illi, cujus doctrina Romanæ Ecclesiæ & Africanorum, immo & omnium toto orbe catholicorum doctrinæ congrueret. Ad hos ausus impelli hujusmodi homines, quod ægre ferrent iis resisti quæ in suis Collationibus Augustinianæ doctrinæ adversa attulerant: nec ignotum ipsis, quod si*

talia

ctia in quadibet frequentia sacerdotum moverent, eo tutius sibi beatissimi Augustini voluminibus obviaretur; quibus abunde probatum esset, in nullo alio gloriandum, cum boni aliquid operati sumus, quam in gratia Christi Domini, non vero in viribus liberi arbitrii. Sperare tamen se de misericordiæ Dei divitiis, quod quos tunc libero falli arbitrio, & ab humilitatis via evagari patiebatur, non usquequaque, neque in finem esset intelligentia fraudaturus.

In hoc autem errabant illi, quod virtutum bonorumque operum principia in naturali possibilitate statuerent; aut si hæc a gratia fluere dicerent, hanc a bono aliquo opere aut ab aliqua bona voluntate fuisse præventam, & talium merito concessam. Hujusmodi errorem S. Prosper sedulo evertit, ex Scripturarum testimoniis probans, homini post lapsum nullas ad bonum superesse vires, nec ad incipiendum quidem, sine prævenientis gratiæ auxilio: & a perditione quam Adæ peccato incurrerunt, homines solius Dei miserantis gratia gratuita erui posse. Quod efficit adducto infantium sine baptismo decedentium exemplo, & earum gentium ad quas hactenus salutis Evangelium nondum noscitur pervenisse. Gratia vero non negari liberum arbitrium, sed sanari & reformari. Quod sibi relictum ad malum & ad lapsum duntaxat homini sufficit, gratia vero sanandum est, qua aliter cogitare & agere ipsi inspiratur, sanitatemque suam, non sibi, sed medico suo acceptam referre docetur. Tandem sanctus Prosper obductam Augustini doctrinæ calumniarum nubem dissipat, qua fatum aut duplicem naturam inducere fingebatur. Nihil talibus erroribus proximum ab eo unquam scriptum contendit. Augustino aut discipulis ejus nihil quidquam fato contingere, sed omnia divinæ providentiæ ordinatione dirigi, docet. Nec duas ab illis statui naturas, unam bonam, malam alteram, sed unam omnino; quæ cum creata esset recta, a rectitudine primi hominis peccato decidit, mortique æternæ facta est obnoxia: sed nova in Christo creatione reparandam, qui libertatem hominis reparando & continuis auxiliis præveniendo salvat. Operi finem imponit, Rufinum amicum exhortando, ut Augustini disputationibus cognoscendis curam impendat, si vere de sana circa Dei gratiam doctrina instrui desideret, sicut eum desiderare conveniebat.

S. PROSPERI AQUITANI

AD (a) RUFINUM * EPISTOLA

DE GRATIA ET LIBERO ARBITRIO.

Domino (b) fratri dilectissimo in Christo, & merito venerabili RUFINO, PROSPER (c) æternam salutem dicit.

ACcepi per communem amicum fraternæ erga me sollicitudinis tuæ signa, & curam sincerissimæ charitatis gratulanter agnovi. Ac ne quid maligni rumoris, in quantum se auribus tuis subtrahere nequeunt, formidinis tibi aut anxietatis inferrent; absolvere te ab omni scrupulo, quantum epistolari licuit sermone, curavi: in [illegible] omnia plenissima veritate tibi pandere, ut quia non potuisti in totum, quæ ab adversantibus disseminantur, audire; per me ipsum quæras, quidquid de nobis ad [illegible] invidiam fertur sele-

D 4 cur-

(a) Editiones Lovan. Duac. & Colon. ann. [illegible] legunt hic ad Rufinum, & paulo infra Rufine. MSS. Remigianum Remensis, & Joliensis, Capituli Ecclesiæ Metropolitanæ Parisiensis, cum Edit. Lugdun. 1539. Venet. 1538. & nova editio operum S. Augustini tertia parte Appendicis, ad Rufinum, & Rufino.

(b) Antiquissimum exemplar Remensis Abbatiæ sancti Remigii, de quo supra, (ad quod hæc Epistola per viros doctissimos Monachos ordinis sancti Benedicti Sangermanenses [illegible] jam recognita) hoc loco præterit, fratri, sed sub finem tamen cum ceteris consentiens habet, venerabilissime mihi frater.

(c) MS. Jol. æternam salutem: absque voce hac, dicit.

turque cognoscere. Sed insinuanda prius sinceritati tuae est qualitas quaestionis, de qua ista nascuntur: quo tibi magis pateat falsitas obloquentium; & videas quam lucem quibus tenebris conentur obducere.

CAPUT II. 2. Pelagiana igitur haeresis, quo dogmate catholicam fidem destruere adorta sit, & quibus impietatum venenis viscera Ecclesiae, atque ipsa vitalia corporis Christi voluerit occupare, notiora sunt, quam ut opere narrationis indigeant. Ex his tamen una est blasphemia, nequissimum & subtilissimum germen aliarum, qua dicunt, GRATIAM DEI SECUNDUM MERITA HOMINUM DARI. Cum enim (a) primum tantam naturae humanae vellent adstruere * sanitatem, ut per solum liberum arbitrium (b) posset assequi Dei regnum: eo quod (c) tam plene ipso conditionis suae praesidio juvaretur, ut habens naturaliter rationalem intellectum, facile bonum eligeret, malumque vitaret, & ubi in utraque parte libera esset opera voluntatis, non facultatem his qui mali sunt ad bonum deesse, sed studium. Cum ergo, ut dixi, totam justitiam hominis ex naturali vellent rectitudine ac possibilitate subsistere, atque hanc (d) definitionem doctrina sana respueret; damnatum a catholicis sensum (e), & multis postea haereticae fraudis varietatibus coloratum, hoc apud se ingenio servaverunt, ut ad incipiendum, & ad proficiendum, & ad perseverandum in bono necessariam homini Dei gratiam profiterentur.

[illegible]

3. Sed in hac professione, (f) quo dolo vasa irae moliretur irrepere, ipsa Dei gratia vasis misericordiae revelavit. Intellectum est enim, saluberrimeque perspectum, hoc tantum eos de gratia confiteri, quod quamdam libero arbitrio se magistram, seque per cohortationem, per legem, per doctrinam, (g) per creaturarum contemplationem, per miracula, perque terrores extrinsecus judicio ejus ostendat, quo unusquisque secundum voluntatis suae motum, si quaerit, inveniat; si petierit, (h) accipiat; si pulsaverit, introeat. Quia scilicet gratiae ipsius vocatio, hoc primum circa nos agat, ut nostrae facultatis arbitrium admoneat; nec aliud sit gratia, quam lex, quam propheta, quam doctor, cui circa omnes homines per universum mundum commune & generale sit studium, ut qui voluerint, credant, & qui crediderint, justificationem merito fidei & bonae voluntatis accipiant: (i) ac sic gratia Dei secundum hominum meritum tribuatur: atque hoc modo gratia non sit gratia: quia si meritis redditur, & non ipsa est bonorum creatrix; frustra gratia nominatur.

4. Has autem versutias, quibus se filii tenebrarum in similitudinem filiorum lucis transfigurare voluerunt, cum & Orientalium Episcoporum judicia, & Apostolicae Sedis auctoritas, & Africanorum conciliorum vigilantia deprehenderit: beatissimus quoque Augustinus, praecipua utique in hoc tempore portio Domini sacerdotum, (k) copiose & pulcre, in multis voluminum disputationibus destruxit: ut post inter multa Dei dona, quibus illum abundantissime Spiritus veritatis implevit, habens etiam hanc scientiae & sapientiae ex Dei charitate virtutem, ut non solum istam adhuc in suis detruncationibus palpitantem, sed etiam multas prius haereses invicto verbi gladio debellaret. Cui inter tot certaminum palmas, inter tot triumphorum coronas ad illuminationem Ecclesiae, & ad gloriam Christi, qua ipse illustratus est, perfulgenti, quidam nostrorum (quod de ipsis multum dolendum est) occultis, sed non incognitis susurrationibus obloquuntur; & prout sibi (l) obnoxias aliquorum aures opportunasque repererint, (m) scripta ejus, quibus error Pelagianorum impugnatur, infamant; dicentes, eum liberum arbitrium penitus submovere, & sub gratiae nomine necessitatem praedicare fatalem. Adjicientes etiam, duas illum humani generis massas, & duas credi velle naturas: ut scilicet tantae pietatis viro Paganorum & Manichaeorum adscribatur impietas. Quae si vera sunt, cur ipsi tam negligentes, ne dicam tam impii, sunt, ut tam abruptam perniciem ab Ecclesia non repellant, tam insanis praedicationibus non resistant, nec saltem aliquibus scriptis eum, a quo tales emanat doctrina, conveniant? Magna enim gloria sua humano generi consulerent, si Augustinum ab errore revocaverint. Nisi forte modesti homines, novique censores, magnorum prius meritorum seni honorabiliter ac misericorditer parcunt, & securi quia libros ejus nemo usquam recipiat, conquiescunt; (n) atque ignoverint, immo noverint, non solum Romanam Africanamque Ecclesiam, & per omnes mundi partes universos promissionis filios cum doctrina hujus viri, (o) sicut in tota fide, ita in gratiae confessione congruere; sed etiam in his ipsis locis, in quibus adversus eum querimonia concitatur, esse, propitio Deo, plurimos, qui ad perceptionem evangelicae apostolicaeque doctrinae saluberrimis ejus disputationibus imbuuntur, & quotidie in membris corporis Christi, in quantum ea ipse multiplicat, dilatantur. Si recte

CAP. III. [illegible]

[illegible]

(a) Mss. Jol. omittit hanc vocem, primum. Alii codices non omittunt.

(b) Mss. Jol. posse assequi.

(c) Editio Veneta, tam plene.

(d) Mss. Jol. & Edit. Venet. diffinitionem.

(e) Mss. Jol. omittit particulam, &.

(f) Sic Mss. Joliensis. Codex Remig. quod dolo. Editi autem, quomodo, & paulo post idem Jol. Mss. in vasis misericordiae.

(g) Ita Mss. Remig. & Jol. Editi vero, per creaturam, per contemplationem. Et post pauca utrumque Mss. ostendit, ubi Editi habent, ostendat.

(h) Sic Mss. Jol. cum Edit. Veneta. Alii codices, recipiat.

(i) Editi Lugd. Lovan. Duac. & Colon. ut sic. Editio Venet. conformiter Mss. Remig. & Jol. ac sic.

(k) Ita editi omnes. At vero Mss. Remig. copiose & pulcre in multis voluminum disputationibus destruxerit. Mss. autem Jol. copiose & pulcre in multorum voluminum disputationibus destruxit.

(l) Edit. Lov. Duac. & Colon. sibi noxias: minus bene.

(m) Mss. Jol. solum, scripturas ejus.

(n) Edit. Lugd. Lovan. Duac. & Colon. atque ignoverint, immo noverint. Mss. Jol. post hanc vocem, conquiescunt, atque noverint, immo noverint, &c.

(o) Mss. Jol. sicut tota fide.

recte reprehendimur, cur non constanter arguimur? Si arguendi non sumus, cur occulta obtrectatione mordemur?

Cap. IV. 5. Sed (a) quis nesciat, cur ista privatim de stomacho garriant, & publice de consilio conticescant? Volentes enim in sua justitia magis, quam in Dei gratia gloriari, moleste ferunt, quod (b) his quae adversum excellentissimae auctoritatis virum, inter multas (c) collationes asserere, resistimus. Nec dubitant, si quam hinc moverent quaestionem, in qualibet frequentia sacerdotum, in qualibet congregatione populorum, certamen sibi beatissimi Augustini voluminibus obviandum. Quae cum (d) cordibus audientium manifestare coeperint potentissimam Christianae fidei veritatem, & de fontibus divini eloquii praesentium animos inundare; quis fidelium, quis piorum, recognitis & commendatis sibi salutis suae auxiliis, amaritudinem illam volet fumosae recipere vanitatis? Ego quidem etiam hoc de divitiis misericordiae Dei spero, quod quos nunc libero falli arbitrio suo, & ab (e) humilitatis via patitur evagari, non usquequaque atque in finem sic intelligentia fraudaturus: sed hunc ipsum in longinquiora progressum, ideo ab eo tardius revocari, ut opus gratiae ejus majore gloria celebretur, cum sibi etiam adversantium corda subdiderit, quibus de virtutum studio exortum est periculum, & de morum probitate discrimen. Non quia quisquam errare hic debeat: sed quia misericordiam eorum usus est, cum ex naturali putantur facultate (f) prodisse; aut ex largitate quidem gratiae, sed aliquo vel boni operis, vel bonae voluntatis merito praecedente venisse.

Cap. V. Auctoritates Scripturarum, quibus abutuntur Pelagiani. 6. Afferunt quidem haec quibusdam sanctarum scripturarum testimoniis, sed non rationabiliter adsumptis. Ad defensionem enim alicujus definitionis ea promenda sunt, quae alteri intellectui, a quo videtur definitio dissonare, non cedant, & eam regulam, cui sunt aptata, non deserant. Dictum ergo ajunt libero arbitrio utentibus: *Venite ad me omnes qui laboratis, & onerati estis, & ego vos reficiam: tollite jugum meum super vos, & discite a me quoniam mitis sum & humilis corde; & invenietis requiem animabus vestris: jugum enim meum suave est, & onus meum leve.* Quod ad omnes homines volunt pertinere, laborantes in incerto istius vitae oneratosque peccatis, ut qui voluerint mansuetudinem & humilitatem Salvatoris imitari, & jugum mandatorum ejus subire, inveniant requiem (g) animabus suis (h) in spe vitae aeternae: qui autem haec facere noluerint, sua culpa careant salute; quam si voluissent, (i) potuerant obtinere. Sed audiant & dictum a Domino libero arbitrio utentibus: *Sine me nihil potestis facere:* &, *Nemo venit ad me, nisi Pater qui misit me, attraxerit eum:* &, *Nemo potest venire ad me, nisi datum ei fuerit a Patre meo:* &, *Sicut Pater vivificat mortuos, ita & Filius quos vult vivificat:* &, *Nemo novit Filium, nisi Pater, neque Patrem quis novit nisi Filius, & cui voluerit Filius revelare.* Quae omnia cum sint incommutabilia, & nequeant ulla interpretatione in sensum alium detorqueri, quis ambigat tunc liberum arbitrium cohortationi vocantis obedire, cum in illo gratia Dei affectum credendi obediendique (k) generaverit? Alioquin sufficeret moneri hominem; non etiam in ipso novam fieri voluntatem: sicut scriptum est, *Praeparatur voluntas a Domino:* & sicut ait Apostolus, *Deus est enim qui operatur in vobis & velle & perficere, pro bona voluntate.* Pro qua bona voluntate, nisi quam in ipsis operatus est Deus; ut quod donaverat velle, donaret & facere?

Matth. XI. 28.

Auctoritates pro gratia. Joan. XV. 5. Joan. VI. 44. Ibid. 66. Joan. V. 21. Matth. XI. 27. Prov. 8. 35. juxta LXX. Philipp. II. 13.

Cap. VI. Exemplum Cornelii ab adversariis allatum. Act. X. 2. 7. Dicunt etiam ad demonstrandam liberi arbitrii facultatem, magnum in centurione Cornelio extare documentum: eo quod ante gratiae perceptionem *timens atque orans Deum, eleemosynis, & jejuniis, & orationi* spontaneo studio *fuerit intentus*; atque ob hoc divino testimonio laudatus, donum regenerationis acceperit. Neque intelligunt omnem illam praeparationem Cornelii per Dei gratiam fuisse collatam. Siquidem cum sanctus Petrus per visionem (l) omne genus animalium, de baptizando Cornelio, ac perinde de omnibus gentibus doceretur, atque ille immundum & indiscretum cibum Judaica observantia recusaret, trina ad eum vox (m) facta est dicens, *Quae Deus mundavit, tu ne commune dixeris.* Quo satis aperte ostenditur, omnia bona opera quae in Cornelio praecesserunt, (n) Dei gratia ad consummationem ipsam inchoasse; ut cui Dominus jam impertiebat hoc donum, non dubitaret Apostolus conferre sacramentum: ne novae & necdum revelatae vocationis vacillaret exordium, nisi per ipsa judicia praecedentium studiorum, Deum in adsumendis constaret operatum. *Non enim omnium est fides; nec omnes credunt Evangelio.* Sed qui credunt, Dei aguntur Spiritu; qui non credunt, libero avertuntur arbitrio. Conversio ergo nostra ad Deum non ex nobis, sed ex Deo est: sicut Apostolus dicit, *Gratia salvi facti estis*

Vide Responsiones ad capitula Gallorum.

Act. X. 15.

2. Thess. III. 2. Rom. VIII. 14.

Ephes. II. 8.

(a) Ms. Jol. *quis nesciat*. Ms. Remig. *qui nesciat*.

(b) Ms. Jol. *in his quae*, &c.

(c) Collationes Patrum intelligit, a Joanne Cassiano Presbytero editas anno 428. Harum scilicet hic classem secundam, quae ab undecima collatione incipit, Honorato & Eucherio inscripsit, nondum Episcopis, quando quidem eos in praefatione fratres appellat: ipse autem Honoratus Arelatensem episcopatum dicto anno 426. obtinuit. Definitionibus porro tertiae decimae collationis Augustino contrariis sanctus Prosper vivo ac sereno paruit, deinde vero post Augustini obitum, integro volumine, quod *contra collatorem* vocant, refellendum suscepit.

(d) Ms. Jol. *cordibus obviantibus*.

(e) Edit. Lugd. & Ven. *humanitatis*: alii recentium, *humilitatis*.

(f) Edit. Ven. sola, *prodisse*.

(g) Ms. Jol. *animis suis*.

(h) Editio Augustiniana sola, *in spem*.

(i) Sic. Mss. Remig. & Jol. & edit. operum S. Aug. At editiones Ven. Lugd. & Lovan. *potuerint*. Duac. & Colon. *potuerunt*.

(k) Duac. & Colon. *generavit*. Tum Duac. & Colon. *sufficere*. Ven. *moneri hominem*. Alia cum Mss. *sufficeret moneri*.

(l) Ms. Jol. *omnigenorum animalium*.

(m) Ita Edit. Ven. Reliquae editiones, *facta sit*.

(n) Editio S. Augustini, *Dei gratiam*.

estis per fidem, & hoc non ex vobis, sed Dei donum est: (a) & non ex operibus, ne quis glorietur.

8. Agnoscat se humana debilitas, & in gelido homine universarum generationum damnata successio: & cum mortui vivificantur, cum caeci illuminantur, cum impii justificantur, consiteantur vitam, & lumen, & justitiam suam Jesum Christum: & *qui gloriatur, in Domino glorietur*, non in se: qui cum esset impius, & caecus, & mortuus, a liberatore suo gratis accepit & justitiam, & lumen, & vitam. Non enim (b) juste agebat, & aucta est justitia ejus; nec ad Deum gradiebatur, & confirmatus est cursus ejus; nec diligebat Deum, & inflammata est charitas ejus: sed cum esset sine fide, ac proinde impius, accepit spiritum fidei, & factus est justus: *Justus autem ex fide vivit*: &, *Sine fide nemo potest placere Deo*: &, *Omne quod non est ex fide, peccatum est*: ut scilicet (c) intelligat, justitiam infidelium non esse justitiam; quia fordet natura sine gratia.

9. Amissa quippe naturali innocentia, homo exul ac perditus, ambulans sine via, profundiores intrabat errores: sed quaesitus, & inventus, & reportatus est, & in via quae veritas & vita est introductus; (d) ac dilectione in Deum, qui illum non diligentem prior dilexit, (e) ignitus est: sicut dicit beatus apostolus Joannes, *Non quasi nos dilexerimus Deum, sed quoniam* (f) *ipse dilexit nos*: & iterum, *Nos ergo diligamus Deum, quoniam Deus prior dilexit nos*: & idem dicit, *Carissimi, diligamus invicem, quoniam charitas ex Deo est: & omnis qui diligit ex Deo natus est, & cognoscit Deum. Qui non diligit, non novit Deum: quia Deus charitas est.* Cui Beatus Paulus congruit, dicens: *In Christo Jesu, neque circumcisio, neque praeputium valet aliquid, sed fides quae per dilectionem operatur.* Unde haberetur haec fides annexa charitati, nisi unde eam ipse monstrat acceptam, dicens, *Quia vobis donatum est pro Christo, non solum ut in eum credatis, sed etiam ut pro ipso patiamini?* Quod utique fieri sine magna charitate non poterat. Et iterum, *Charitas Dei diffusa est in cordibus nostris, per Spiritum-sanctum, qui datus est nobis.* Sine qua charitate Apostolus quantam fidem, quamcumque scientiam, quas virtutes, quae studia, quos labores, nihil prodesse testatur? Quia scilicet multa laudabilia atque miranda possunt in homine reperiri, quae sine charitatis medullis habent quidem pietatis similitudinem, sed non habent veritatem.

10. Hoc ergo tanto & tam ineffabili bono, nemo inventus est dignus (g), sed quicumque electus est a Deo, factus est dignus: sicut dicit Apostolus, *Gratias agentes Patri, qui dignos nos fecit in partem sortis sanctorum in lumine, qui eripuit nos de potestate tenebrarum, & transtulit in regnum Filii dilectionis suae.* Et idem ad Timotheum: *Collabora*, inquit, *Evangelio secundum virtutem Dei, qui nos liberavit & vocavit vocatione sancta: non secundum opera nostra, sed secundum suum propositum, & gratiam, quae data est nobis in Christo Jesu ante tempora saecularia.* Et ad Titum: *Eramus*, inquit, *& nos aliquando insipientes & increduli, errantes, & servientes desideriis & voluptatibus variis, in malitia & invidia agentes, odibiles, odientes invicem: cum autem benignitas & humanitas apparuit Salvatoris nostri, non ex operibus justitiae* (h) *quae fecimus, sed secundum suam misericordiam salvos nos fecit.* Gratia igitur Dei quoscumque justificat, non ex bonis meliores, sed ex malis bonos facit; postea per profectum, (i) ex bonis factura meliores; non adempto libero arbitrio, sed liberato: quod donec sine Deo solum fuit, mortuum fuit justitiae, vivumque peccato; ubi autem ipsum illuminavit misericordia Christi, erutum est a regno diaboli, & factum est regnum Dei; in quo ut permanere possit, nec ea quidem facultate sufficit sibi, nisi unde accipiat perseverantiam, unde accepit * industriam.

11. Quoniam & ipsius sancti Petri ardentissima fides in tentationibus defecisset, nisi (k) pro eo Dominus supplicasset: sicut Evangelista manifestat, dicens, *Dixit autem Jesus Petro, Simon, Simon, ecce satanas postulavit, ut vos cribraret velut triticum: ego autem rogavi pro te, ut non deficiat fides tua: & tu aliquando conversus, confirma fratres tuos; & roga, ne intretis in tentationem.* Et ut magis probaretur, liberum arbitrium nihil posse sine gratia; cui dictum fuerat, *Confirma fratres tuos, & roga, ne intretis in tentationem*, quoque (l) responderat, utique ex libero arbitrio, *Domine, tecum paratus sum & in carcerem, & in mortem ire*: eidem praedicitur, quod prius quam gallus cantet, ter Dominum negaturus sit. Quod quid est aliud, quam quod in fide defectura sit? Certe rogaverat pro eo Dominus, ne deficeret fides ipsius: nec utique frustra rogaverat, cujus una erat cum eo quem rogaverat, operatio. Sed ne libero arbitrio videretur stare, qui de se magna promiserat, permittitur periclitari; ut conturbatum ac deficientem ille respiciat & reficiat, sine quo nemo consistit, nemo persistit.

12. Ab hac autem confessione gratiae Dei, ideo quidam resiliunt, ne cum eam talem confessi fuerint, qualis divino eloquio praedicatur, & qualis operae suae potestatis agnoscitur, etiam hoc necesse habeant confiteri, quod ex omni numero hominum per saecula cuncta natorum, certus apud Deum, definitusque sit numerus praedesti-

(a) Edit. S. August. omittit particulam, &.
(b) In MS. Remigiano deest, juste.
(c) MS. Jol. ut scilicet intelligat.
(d) Editi, introductus ad dilectionem in Deum. MSS. Remig. & Jol. introductus; a dilectione in Deum, &c.
(e) Sic MS. Remig. & Jol. cum nova edit. August. Editi nostri omnes, agnitus est.
(f) MS. Jol. ipse prior dilexit nos: & post pauca, prius dilexit nos Deus.
(g) Haec verba, sed quicumque electus est a Deo, factus est dignus, non leguntur in MS. Jol.
(h) MS. Jol. quae fecimus nos.
(i) MS. Jol. ex bonis facit meliores.
(k) Edit. Ven. pro ea.
(l) Editi, respondit, MSS. Remig. & Jol. responderat.

destinari in vitam aeternam populi, & secundum propositum Dei vocantis electi. Quod quidem tam impium est negare, quam ipsi gratiæ contraire. Neque enim remotum est ab inspectione communi, quot sæculis, quam innumera hominum millia erroribus suis impietatibusque dimissa, sine ulla veri Dei (a) cognitione defecerint. Sicut etiam in Actibus Apostolorum, Pauli & Barnabæ verba declarant, dicentium (b) Licaoniis: *Viri fratres, quid hæc facitis? Et nos mortales sumus, similes vobis homines, adnuntiantes vobis, ut ab his vanis convertamini ad Deum vivum, qui fecit cælum & terram, mare, & omnia quæ in eis sunt; qui in præteritis generationibus, dimisit omnes gentes ingredi vias suas. Et quidem* (c) *non sine testimonio semetipsum reliquerunt, benefaciens eis, de cælo dans pluviam, & tempora fructifera, implens cibo & lætitia* (d) *corda vestra.* Cum utique si eis vel naturalis intelligentia, vel usus beneficiorum Dei ad capessendam vitam æternam sufficere potuisset, nostro etiam tempore rationalis non contemplatio, & temperies aeris, & fructuum copia, ciborumque salvaret: quia scilicet melius natura omnes, Creatorem nostrum propter quotidiana ipsius dona colerem.

[illegible] 13. Sed absit ab animis piorum, & Christi sanguine redemptorum, stulta nimium & perniciosa persuasio. Naturam humanam non (e) liberat extra unum mediatorem Dei & hominum, hominem Christum Jesum; sine illo nemini salus est. *Sicut ipse fecit nos, & non ipsi nos:* ita ipse (f) refecit nos, & non ipsi nos. Ac ne sibi facultas hominis pretium reparationis hujus, vel post restitutionem sui, per opera videretur justitiæ reparasse, effuderunt se divitiæ bonitatis Dei in ipsa quorumdam primordia parvulorum; in quibus nec præcedens eligitur, nec secutura devotio; non obedientia, non discretio, non voluntas. De his enim loquor, qui mox ut nati sunt, renascuntur, & rapti ab hac vita, æternæ beatitudini deputantur. Cum tamen innumerabilis multitudo, ejusdem naturæ, ejusdem conditionis infantium, sine regeneratione decedat; de qua dubitari non potest, quod partem in Dei civitate non habeat.

[illegible] 14. Et ubi est illud, quod nobis quasi contrarium, a non intelligentibus semper opponitur; (g) quod *Deus omnes homines velit salvos fieri, & ad agnitionem veritatis venire?* Numquid non sunt de omnibus hominibus, qui a præteritis generationibus, usque in hoc tempus sine Dei cognitione perierunt? Et si majoribus natu (quod non recte dicitur) mala opera, quæ libero arbitrio commiserant, obstiterunt; quasi boni, non mali gratia liberentur: inter salvatos parvulos & non salvatos parvulos, quæ meritorum potuit esse discretio? quid illos introduxit in regnum Dei? quid illos exclusit a Dei regno? Equidem (h) si meritum consideres, non una pars salvari meruit, sed utraque damnari: quia omnibus in Adæ prævaricatione prostratis, nisi quosdam adjuvaret misericors gratia, maneret super universos inculpata justitia. Quæ autem sit discretionis illius in secreto consilio Dei caussa vel ratio, & supra facultatem humanæ cognitionis inquiritur, & sine fidei diminutione nescitur: modo confiteamur neminem immerito perdi, neminem merito liberari, & omnipotentissimam Domini bonitatem omnes salvare, & omnes ad agnitionem veritatis imbuere, quos *vult omnes fieri salvos, & ad agnitionem veritatis venire.* [illegible] Nisi enim ipso vocante, docente, salvante, nemo venit, nemo eruditur, nemo salvatur. Quia etsi indifferenter omnibus hominibus jubentur prædicare doctores, & semen verbi ubique disserere; tamen *neque qui plantat, neque qui rigat, est aliquid, sed qui incrementum dat Deus.* [illegible]

15. Unde cum Apostoli gentibus Evangelium prædicare cœpissent, de parte quadam eorum qui audierant, Scriptura commemorat, dicens, *Audientes autem gentes gavisæ sunt, & glorificabant* (i) *verbum Domini, & crediderunt quotquot erant præordinati ad vitam æternam.* [illegible] Et alibi, cum multæ mulieres audirent Paulum docentem: *Quædam*, inquit, *mulier nomine Lydia, purpuraria civitatis* (k) *Tyatirenorum, colens Deum, audivit, cujus Dominus aperuit cor ut intenderet his, quæ dicebantur a Paulo.* [illegible] Et rursum eo ipso tempore, quo ad omnes gentes prædicatio Evangelii mittebatur, quædam loca (l) Apostoli adire prohibentur, ab eo qui *vult omnes homines salvos fieri & ad agnitionem veritatis venire:* multis utique in illa retardatione atque aversis Evangelii mora, sine agnitione veritatis, & sine regenerationis consecratione morituris. [illegible] Dicat ergo Scriptura quod gestum est: *Transeuntes autem*, inquit, *Phrygiam & Galatiæ regionem, vetiti sunt a sancto Spiritu loqui verbum in Asia. Cum venissent autem in Mysiam, tentabant ire in Bithyniam, & non permisit illos Spiritus Jesu.* [illegible] Quid autem mirum, si inter ipsa Evangelicæ prædicationis exordia, non poterant ire Apostoli, nisi quo eos Spiritus Dei ire voluisset;

cum

(a) MS. Remigiano-Remensis, *cogitatione*.
(b) Editi, *Iconiis*. MS. duo Remig. & Jol. *Licaoniis*, conformiter sacro textui.
(c) Remig. codex, *Et quidem sine testimonio*, omisso, *non*.
(d) Editi, *corda eorum*. MS. Remig. & Jol. *corda vestra*.
(e) In MS. Jol. sic locus iste legitur, *Sed absit ab animis piorum, Stulta nimium & perniciosa persuasio naturam humanam esse liberam. Extra unum mediatorem .... nemini est salus.* Desuntque ibi hæ duæ voces, *sine illo:* ut & in MS. Remig. qui sic locum hunc exhibet, *Naturam humanam natura humana non liberat; extra unum mediatorem Dei & hominum hominem Christum Jesum, nemini salus est.*
(f) MS. Remig. & edit. Venet. *refecit nos*. In MS. Jol. desunt hæc; *ita ipse reficiat nos, & non ipsi nos*.
(g) MS. Jol. *opponitur de eo quod scriptum est, Qui vult omnes homines*, &c.
(h) MS. Jol. *si meritorum donum consideres*.
(i) Editi, *verbum Dei*. MS. Remig. & Jol. *verbum Domini*.
(k) MS. Jol. *Tiatyrenorum*.
(l) Editi, *Apostolis adire prohibebantur*. MS. duo, ut in textu.

cum videamus plerasque gentes modo primum Christianæ gratiæ (a) fieri cœpisse participes; alias autem nullum adhuc odorem boni istius attigisse!

Cap. xv. 16. An dicendum est, voluntati Dei humanas obsistere voluntates, & tam feros tamque intractabiles horum hominum esse mores, ut Evangelium ideo non audiant, quia prædicationi longis corda non pateant? (b) Et quis istis
Psal. 32. 15. corda mutavit, nisi *qui finxit singillatim corda eorum*? Quis hujus rigoris duritiem ad obediendi
Matth. 3. 9. mollivit affectum, nisi qui *potens est de lapidibus Abrahæ filios excitare*? Et quis dabit prædicantibus intrepidam illæsamque constantiam, nisi ille qui ait Paulo, *Noli timere, sed*
Act. 18. 9. *loquere, & ne taceas; propter quod ego sum tecum, & nemo apponetur tibi ut noceat te; quoniam populus est mihi multus in hac civitate?* Puto autem quod nemo audeat dicere ullam mundi gentem, ullam terræ prætermittendam esse regionem, in qua non sint Ecclesiæ tabernacula
Psal. 2. 8. dilatanda, dicente Deo ad Filium, *Postula a me, & dabo tibi gentes hereditatem tuam, & possessionem tuam terminos terræ*: & iterum,
Psal. 21. 28. *Reminiscentur, & convertentur ad Dominum universi fines terræ, & adorabunt in conspectu ejus omnes patriæ gentium*: dicente quoque ipso
Matth. 24. 14. Domino, *Prædicabitur hoc Evangelium in universo mundo, in testimonium omnibus gentibus, & tunc veniet finis*. Quæcumque ergo gentes nondum audierunt, audient Evangelium, & cre-
Act. 13. 48. dent *quotquot ex eis præordinati sunt in vitam æternam*. Non enim alii venient in consortium hereditatis Christi, quam qui ante constitutionem mundi electi sunt, & prædestinati atque
Ephes. 1. 11. præsciti, *secundum propositum ejus qui omnia operatur secundum consilium voluntatis suæ*.

Cap. xvi. 17. Confiteamur igitur opera Domini, & glorificemus misericordias ejus, nec impatienter feramus, quod quæ, aut quanta sint electionis vasa non novimus. Quia & in anterioribus sæculis, quando de unius gentis populo dicebatur,
Psal. 75. 2. *Notus in Judæa Deus, in Israel magnum nomen ejus*; latebat gentium latebras electio; & postmodum innotuit, quod revelatum ante non fue-
Ephes. 3. 5. rat: sicut dicit Apostolus, *Quod aliis generationibus non est agnitum filiis hominum, sicut nunc revelatum est sanctis Apostolis ejus, & Prophetis in Spiritu, esse gentes coheredes, & concorporales, & comparticipes promissionis in Christo*
Act. 10. 45. *Jesu*. Et in Actibus Apostolorum, *Obstupuerunt*, inquit, *ex circumcisione fideles qui venerant cum Petro, quia & in nationes gratia Spiritus-sancti effusa est*. Si enim hoc consilium vocationis suæ Dominus, quamdiu voluit abscondit ac distulit; & quando voluit, (c) revelavit; sanctisque ejus ignorantia illa non nocuit: cur spei nostræ obesse credimus, si in quo numero, quibusve hominibus vasa misericordiæ in gloriam præparantur, nescitur? cum tamen noverimus regnum cælorum omnes ingressuros bonos, hoc eis donante Dei gratia; & nullos ingressuros malos, hoc ipsorum merente nequitia.

Cap. xvii. 18. Nimium vero inepte, nimiumque inconsiderate ab adversantibus dicitur, quod per hanc Dei gratiam libero nihil relinquatur arbitrio. Quamvis enim in parvulis baptismum transeuntibus, manifestissime nullum opus, nullusque appetitus eorum voluntatis existat; & plerosque utentes quidem libero arbitrio, sed aversos a vero Deo, vitamque in flagitiis exigentes liberatrix regeneratio in ipso exhalandi spiritus fine sanctificet: tamen si eam filiorum Dei partem, quæ ad pietatis opera reservatur, pio consideremus intuitu, nonne in eis non peremptum invenietur liberum arbitrium, sed renatum? Quod utique cum solum esset, sibique permissum, non nisi in suam perniciem movebatur. Ipsum enim se excæcaverat, & ipsum se illuminare non poterat. Nunc autem idem arbitrium conversum est, non eversum, & donatum est ei (d) aliter velle, aliter sapere, aliter agere, & incolumitatem suam non in se, sed (e) in medico collocare: quia nondum tam perfecta utitur sanitate, ut ea quæ ei occurrunt, nequeant jam nocere; aut ab insalubribus possit jam, viribus suis, temperare. Proinde homo, qui in libero arbitrio fuit malus, in ipso libero arbitrio factus est bonus: sed per se malus, per Deum bonus; qui eum ita in illum initialem honorem alio initio reformavit, ut ei non solum culpam malæ voluntatis & actionis remitteret, sed etiam bene velle, bene agere, atque in his permanere donaret. *Omne enim*,
Jacob. 1. 17. inquit apostolus Jacobus, *datum optimum, & omne donum perfectum de sursum est, descendens a Patre luminum*. Qui quale sit liberum arbitrium quod humano spiritu agitur, & quale sit quod a Deo regitur, evidenter ostendit,
Jacob. 3. 14. dicens, *Quod si zelum amarum habetis, & contentiones in cordibus vestris, nolite gloriari adversum veritatem, & mendaces esse: non est ista sapientia de sursum descendens, sed terrena, animalis, diabolica. Ubi enim zelus & contentio, ibi inconstantia & omne opus pravum. Quæ autem de sursum est sapientia, primum quidem pudica est, deinde pacifica, modesta, suadibilis*, (f) *plena misericordia, & fructibus bonis*, (g) *non dijudicans, sine simulatione*. Quicumque ergo his virtutibus student atque inhærent, non sua, sed superna sapientia
Prov. 2. 6. illustrati sunt: *Quoniam Dominus dat sapientiam, & a facie ejus* (h) *scientia & intellectus*. Et hæc eorum (i) verissima gloria est, si non in se, sed in Domino glorientur.

Cap. xviii. 19. Ea autem quæ de fato, & de duabus massis, duabusque naturis, falsissimo mendacio, (k) in tanti viri injuriam jactitantur, neque ipsum

(a) Ms. Jol. *fidei cœpisse*.
(b) Ms. Remigianum, *Et quid*.
(c) Ms. Jol. *revelavit sanctis: quæ eis ignorantia ista non nocuit*.
(d) Ms. Jol. addit hæc verba, *aliter velle*, cum Lugd. & Ven. editis, & Ms. Remig. veteri.
(e) Editio Veneta, *in Mediatore*.
(f) Editi, *plena misericordiæ*.
(g) Ms. Jol. *non dijudicans fructibus simulationem*.
(h) Ms. Jol. *scientiæ*.
(i) Ms. Jol. *verissima gloria est*.
(k) Editi, *in tanti viri injuria jactitantur*. Mss. duo ut in textu; nisi quod unus ex his, *jactantur* habet, pro *jactitantur*. Editio Veneta, *in tanti viri injuriæ*, forte pro, *injuriam*.

Ipsum quidem taceant, in cujus libris copiosissime hujusmodi destruuntur (a) errores; nec eos perturbant, qui tales opiniones cum suis auctoribus execrantur. Sed videant quomodo se a dedecore istius exuant falsitatis, qui possunt tam impia confingere, si hi quorum (b) abutuntur nomine, aliquantulum diligentiæ ad cognoscenda ea quæ præstantissimus (c) minister gratiæ disputavit, intenderint: licet omnem istius inquisitionis moram ipsi, qui hæc loquuntur, prævenire deberent, proferendo atque explicando libros, ullamve eorum particulam demonstrando, quam per dubium saltem intellectum tali interpretationi obnoxiam Vir sanctus ediderit. Sed prorsus nihil tale apud nos audierunt, nihil tale legerunt. Quia non fato quidquam geri, sed omnia Dei judicio novimus ordinari. Nec ex duabus massis, duabusve naturis; sed ex una massa, quæ est caro primi hominis, unam scimus omnium hominum creatam, crearique naturam, & eamdem per ipsius primi hominis liberum arbitrium, *in quo omnes peccaverunt*, esse prostratam: nec ullo modo ab æternæ mortis debito liberam, nisi eam ad imaginem Dei (d) secundæ creationis Christi gratia reformaverit, liberumque ejus arbitrium agendo, (e) adspirando, auxiliando, & usque in finem præstando servaverit.

Vide Aust. [illegible] — *Rom. 5. 12.*

17. Unde quia perspicit Sanctitas tua (si tamen sermonis mei non obsistit obscuritas,) frustra quosdam de nobis conqueri, & omnes illas ineptas (f) criminationes, ad exasperandos avertendosque animos eorum, quibus aliud volunt persuadere, contexi: (g) confide ergo in virtute misericordiæ Dei, quoniam hæc contradictio, sicut in aliis mundi partibus, ita & in his regionibus conquiescet: ut prædicatio summi hoc tempore in Ecclesia viri, etiam ab his a quibus ad præsens (h) repellitur, adjuvetur. Tu autem, dilectissime & venerandissime mihi frater, si vere de his quæstionibus instrui desideras, sicut desiderare te convenit, ipsis beati Augustini disputationibus cognoscendis impende curam, ut in confitenda Dei gratia defæcatissimam ac saluberrimam evangelicæ, apostolicæque doctrinæ intelligentiam consequaris. Gratia Dei, & pax Domini nostri Jesu Christi custodiat te in omni tempore, & per viam veritatis dirigat in vitam æternam. *Lucam.*

(a) Ms. Jol. *destruunt & errores.*
(b) Ms. Jol. *imbuuntur nomi.*
(c) In Ms. Jol. a prima manu, *magister gratiæ*: a posteriori correctione, *minister gratiæ*.
(d) Ms. Jol. *secundo creatoris Christi gratia reformaret.*
(e) Editi habebant *servando*. Melius correctum ex fide Ms. veteris in Augustino, *sperando*; nec minus bene forte quod substituimus ex Ms. Joliensi, *adspirando*. Antverpienses editionibus in margine apponentes ex conjectura, *Forte inspirando*.
(f) Ms. Jol. *quæstiones vel criminationes.*
(g) Apud Augustinum, *confido ego in virtute.* Ms. Jol. *confide ergo in virtute.* Editi, *in virtutem.*
(h) Editi *revellitur*. Ms. Remig. & Jol. *repellitur.*

ADMONITIO
IN CARMEN
SANCTI PROSPERI
DE INGRATIS.

CARMEN de Ingratis mille versibus constans, ab omnibus S. Prospero Aquitano, nemine refragante, hactenus fuit assignatum. Nobile quidem opus, ex magnis sententiis, magnisque sensibus, magnificis denique verbis & locutionibus coalescens, & in quo unice collineat Poeta, ut detecto Pelagianorum errore Massiliensibus ostendat, ipsos ejusmodi hæreticorum vestigia eo usque premere, ut vix alii, quam occulti Pelagiani censeri debeant. Hæc sunt ipsissima verba doctissimi Operum Leonis & Prosperi Censoris, in Dissertatione nona, de veris Operibus SS. PP. Leonis & Prosperi, pag. 417. Qui subdit & ista: „Hoc porro Poema, omnium splendidius prolixiusque quæ Prosper edidit, „semper pro ejus genuino partu cognitum celebratumque merito fuit. Non enim „ibi alia, aliisque verbis & elocutionibus canit, quam quæ in reliquis ejus dog„maticis tractatibus exaggerantur“. Hoc autem Carmen pluribus ejus lucubrationibus anterius ex hoc præjudicio censuisse se declarat, quod cum lusus illi poetici juvenilibus animis longe magis congruant, quam ætate maturis; Aquitani Doctoris nostri facultatem suam prolixius exciare atque exercere paruerint, ante *Ibid. pag. 17.*

quam

quam a nostratibus (Massilienses aliosque Provinciales hoc nomine designare solet,) lacessitus, cum iisdem nervose & aperto marte conflixisset. Unde aliqua poeseos ejus parte relecta, vel in memoriam reducta, hos potissimum cap. 3. de Ingratis versus certo rem inducere posse pene persuasum habuit, dum videlicet canit S. Prosper :

An alium in finem posset procedere sanctum
Concilium, cui dux Aurelius, ingeniumque
Augustinus erat, quam Christi gratia cornu
Uberiore rigans, nostro lumen dedit aevo,
Accensum vero de lumine: nam cibus illi,
Et vita, & requies DEUS EST, omnisque voluptas
Unus amor CHRISTI EST, unus CHRISTI EST honor illi.
Et dum nulla sibi tribuit bona, FIT DEUS illi
Omnia, & in sancto REGNAT sapientia templo.

Ita Prosper, in quibus Magistrum optimum, tamquam superstitem continenti celebrat elogio: quomodo sane de aliis Episcopis, aut viris in hac caussa praecipuis, & fato jam functis ibidem non loquitur.

Quae quidem doctissimi viri Censura facile ad epocham aliquam verisimilem reducit hoc opus: ad id nempe temporis, quo in vivis adhuc agente Augustino, sed damnatis jam Pelagianis, coeperant oriri Semipelagianorum Massiliensium contra doctrinae ipsius partes quasdam murmura non obscura: circa annum nempe 429. aut 430. Quo autem praejudicio se in hanc sententiam asserit inclinatum, quasi opus tanti ponderis annos maturiores dedeceret, juvenilibus duntaxat ignoscendum; in hoc plane illi ne assentiamur plura impediunt. Nec enim artem poeticam pro merito habent suo, qui hanc soli ingeniorum nondum maturorum exercitationi accommodatam, scribendisque fabulis, & aliis ludicris aptam judicant. Qui enim sic affecti sunt erga hanc artem tam eximiam, non solum sanctum hunc Ecclesiae Doctorem damnent necesse est; sed ante eum & cum illo Gregorium Nazianzenum, Ambrosium, Paulinum, Alcimum, & innumeros alios magni nominis viros: qui licet Spiritu divino pleni, & tale scribendi genus despicientibus gravitate & sublimitate potiores, castissima tamen carmina rebus sublimioribus sanctioribusque a se utiliter accommodari posse merito non dubitarunt. Hoc pacto etiam ipse (absit verbo injuria) Spiritus-sanctus, veritatis omnis fons arguitur, qui maxima quaeque sacramenta oraculaque sanctissima in Scripturis sacris per Prophetas suos versibus proferri voluit. Damnabitur denique sancta Christi Ecclesia, eodem Spiritu-sancto animata & directa; quae praeter Psalmorum versus sacros, quibus divini cultus a se Deo exhibiti substantiam, ut cum sancto Dionysio loquamur, constare voluit; nullam earum, qua septies in die Deo consecrat precum horas, absque Hymnorum versibus celebrari patitur.

Quin immo nec difficile est judicare, quod, cum tam sublime sit poesis scribendi genus, ut poetae veteres nihil in rerum natura stili sui majestati nobilitatique par invenientes, caelum ipsum animo petierint, mundum novum novosque deos fingentes, insolita quaedam & prodigiosa adinvenientes, quae verborum suorum magnificentiae, locutionumque audaciae & figuratarum sublimitati aliquatenus responderet: hoc ipsum sola vere praestet Christiana religio poesi, quod frustra apud ethnicos quaesierat. In hac enim quasi turmatim occurrunt eventus innumeri, imaginationis erraticae fictionibus longe mirabiliores. Ibi in ipso veritatis fonte occurrit mundus novus, homines novi, caelum terrae conjunctum, humana divinis permixta, Deus homo factus, homines in deos assumpti, denique miracula innumera, tam insolita, tamque supra communem fidem posita, ut a solo Deo gratiae singularis omnipotentissima virtute potuerint persuaderi: ita ut non minimum locum inter Semipelagianorum errores teneat, qui maxime hoc in Poemate impugnantur; Posse homines ad talia credenda ex se

ipsis

ipsis præparari, licet eorum voluntas antea a præveniente Salvatoris misericordia, & speciali sancti Spiritus motione non præveniatur.

Sed forte in hoc nos felici successu fallimur, nec erunt nisi paucissimi, quos tam eximii Patris versus legere non delectet, præsertim cum materiam exhibeant tam utilem tantique momenti; aut quos non libeat in hoc carmine fidei nostræ dogmata sanctissima, ea elegantia eaque magnificentia, grata illa & ingeniosa, quæ poesim naturaliter comitantur, non minima animi cum admiratione, castisque deliciis contemplari.

*Nec enim est, nisi fallimur, quod suspicemur, fore catholicos inter, qui egregii Poematis fidem elevare audeat, ea animi præsumptione & temeritate, qua hujus temporis heretici; qui quæcumque ipsis objiciuntur e Patrum versibus testimonia, hoc solo viribus omnibus carere contendunt, quod pro jocis poeticis haberi velint: nec eadem responsione eos refelli necesse sit, quam doctissimus Cardinalis Perronius in Ecclesiæ hostes usurpavit *, vanam omnino exceptionem ab iis afferri ostendens: quia multum interest profanos paganosque poetas inter, quibus sola delectatio, quæ fictionis eorum finis erat, & quæ in hocce scribendi genere præcipue delectat; & poetas sacros Christianosque, quibus sola in votis erat veritas & ædificatio, quorum scripta tanto apud Ecclesiam in pretio fuere, ut hæc in Officii sui precumque partem assumere non dubitaverit.*

* In R. ad Reg. Angl. lib. 1. cap. [illegible]

Quibus adde, quod, ut recte observat Illustrissimus Eminentissimusque Præsul mox citatus, cum poetarum Christianorum defensionem exequitur, eadem illi sæpe alibi oratione soluta tradiderant, quod alibi stricte commiserant: quod ipsum sancti Paulini, de quo ibi apud ipsum sermo erat, exemplo manifestum efficit. Quæ ratio maxime Prosperiano huic Poemati congruit: cum in eo nihil ille scripserit, quod in aliis suis operibus prosa exaratis, & præsertim in Epistola sua ad Rufinum non docuerit.

Præter hæc nos id addendum credimus, quod cum ex hoc Carmine catholicis suppetat validissimum certissimumque antiquitatis contra Heterodoxos testimonium, asserendæ supremæ sancti Petri successorum supra omnes orbis Ecclesias auctoritati convenientissimum; non alias sanctæ sedis adversariis faveri magis posset, quam si vana huic opinioni locus daretur, tam eximio operi minorem fidem deberi eo quod versibus exaratum legatur. Unde fit ut eodem in opere discamus, qua reverentia, quoque honore suscipienda sit sana doctrina circa Gratiam Jesu Christi, quæ Ecclesiæ cor merito dici potest; in quo docetur, qua suspicienda est Romana Ecclesia, quæ illi esse caput agnoscitur: & utriusque doctrinæ ita inseparabilis hoc in negotio fortuna est, ut nihil contra alteram statui queat, quod alteri statim non noceat.

*Sed quo majori in pretio habendum hocce opus, & omnium piorum amore venerationeque dignius, eo æquius fuit illud tam clarum & omnium intellectui accommodatum exhiberi, ut nullus esset cujus fidei & ædificationi non inserviret. Hinc in quatuor partes divisum exhibetur; non solum ut Lectoris commodo consulatur, sed etiam quia hæcce divisio naturaliter nasci visa est ex diverso quæstionum genere de quibus in eo agitur. Singulis partibus argumentum præire voluimus, in quo sub uno quasi conspectu, quæ fusius in ea parte tractantur oculis legentium subjiciamus: & his omnibus præfigitur Index generalis capitum totius operis. Nec etiam inutile aut ingratum fore Lectoribus putavimus, si ad pleniorem tam eximii operis intelligentiam procurandam, & omnimodam cum cæteris ejusdem sanctissimi Auctoris nostri libris concordiam comprobandam * notas etiam viri doctissimi Martini Steyaert, in Lovaniensi Academia quondam Doctoris & Regii Professoris, singulis versibus qui his juvarentur subjiceremus. Idemque observare non piguit etiam circa tria quæ hoc Carmen sequuntur Epigrammata, quorum unum Epitaphii nomen obtinuit.*

* Prodierunt Lovanii anno 1705. cum [illegible]

SAN-

S. PROSPERI AQUITANI
IN CARMEN
ΠΕΡΙ ΑΧΑΡΙΣΤΩΝ,
IDEST,
(a) DE INGRATIS:

* PRÆFATIO.

* In qua argumentum & fructus operis proponitur.

UNDE voluntatis sanctæ subsistat origo,
    Unde animis pietas insit, & unde fides:
Adversum ǁ ingratos, falsa & virtute superbos,
    Centenis decies versibus excolui.
Quos si tranquilla studeas cognoscere cura,
    Tutus ab adverso turbine, Lector, eris.
Nec libertate arbitrii rapiere rebellis,
    Ulla ne audebis dona negare Dei.
Sed bona quæ tibi sunt, ǁ operante fatebere Christo,
    Non esse ex merito ǁ sumpta, sed ad meritum.

(a) Quidam existimant nomine *Ingratorum* intelligi inimicos gratiæ generatim, id est, tam Pelagianos, quam Semipelagianos, utrosque hos & illos una hoc opusculo impeti: observantque, nomen illud tum Græce tum Latine pro inimicis gratiæ hic poni, quasi, *sine Gratia*. Attamen vir doctissimus, qui hoc Carmen a paucis annis, anno scilicet 1703. notis illustratum edi curavit Lovanii, ea in Academia Doctor & Professor Regius, observat ex ipso Præfationis initio patere, auctorem usum esse vocabulo generali, non in tota latitudine sua, sed pro specie ignobiliori, & quæ nullo adhuc speciali nomine insignita esset; scilicet pro Semipelagianis, quos inter & orthodoxos proprie versabatur illa quæstio, *De initio bonæ voluntatis & fidei*, paraphrastice hic proposita disticho primo. Contra hos ergo solos stilum stringit, cum disticho altero ait:

Adversum ingratos, falsa & virtute superbos,

Uti infra eos solos alloquitur ℣. 684. & seq.

Vos igitur soli queruli, solique superbi,
Vos soli ingrati.

Neque Pelagianorum aliter toto opere meminit, quam ut ex illorum damnatione, a Semipelagianis perinde ac ab Orthodoxis admissa, concludat, quid de reliquis illa inter hos quæstione sentiendum foret, juxta illud ℣. 113. & seq.

Hæc tantum in medium, quæ jam sunt gesta vocemus;
Ut facile ex illis quale hoc sit, discutiatur,
Quod discerpitis, dudum in diversa trahentes.

℣. 3. *Ingratos* hic nominat quos posteriores communiter *Massilienses* & *Semipelagianos* appellavit.

℣. 9. *Operante Christo*. Vel id refert ad sequentia, ut sit constructio: *Fatebere bona quæ tibi sunt, operante Christo sumpta esse ad meritum, sed non ex merito*: vel potius, magisque e genio Prosperi, ad ipsum *Fatebere*; ut ita magnificentius gratia commendetur, quando & illud *fateri* ipsamet operatur. Prorsus eo sensu quo Sapiens ait Sap. 8. 21. *Ut scivi quoniam aliter non possem esse continens, nisi Deus det; & hoc ipsum erat sapientiæ scire cujus esset hoc donum.*

℣. 10. *Sumpta*. Pro accepta, ut hic passive, durinscule sane nonnunquam; sed tamen, ut apparet, phrasi istius ævi; cum & Hilarium illum Prosperi socium eodem usum legamus in sua ad Augustinum Epistola: *Voluntate*, inquit, *quæ sumitur*, id est, quæ a Deo accipitur.

ARGUMENTA CAPITUM CARMINIS SANCTI PROSPERI DE INGRATIS.

PARS PRIMA.

PROŒMIUM.

CAUSSA *scriptionis indicatur, & divinum imploratur auxilium.*

CAPUT I.

PROPONUNTUR *dogmata Pelagii. Moriturum hominem, etiamsi non peccasset. Nullum esse peccatum originale. Peccatum Adami imitatione, non propagatione posteris nocuisse. Posse hominem, si velit, ad virtutis culmen ascendere. Quod voluntas satis ad hoc virium habeat; nec ei cognitio necessaria desit, sive per rationem, ac Legem naturalem, sive per Legem scriptam. Omnibus promiscue offerri gratiam, modo baptizari velint, ut dimissis quæ sponte peccaverant, recuperatam primam innocentiam sponte servent. Baptizari parvulos, ut quos Deus fecit creando bonos, faciat adoptando meliores. Neminem donorum Dei consortem, quia unusquisque capiat prius quisque sua voluntate mereatur.*

CAPUT II.

QUAM *sentiret Ecclesia Pelagii doctrinam rejecerit. Sedes Apostolica. Concilium Palæstinum anno 415. congregatum, in quo Pelagius ficto pectore errores abnegavit. Sub idem tempus S. Hieronymus in Pelagianos Dialogos scripsit. Pelagiani ab Attico Archiep. Constantinop. repulsam passi. Ejecti Epheso. Pulsi e Sicilia.*

CAPUT III.

PELAGIANAM *hæresim Africanorum Præsulum ope potissimum fuisse debellatam. Augustini laus. Uni omnium Augustino victoriam de Pelagianis præcipue deberi. Præstantia librorum Augustini pro Dei gratia. Ab humilibus solis salubriter leguntur.*

CAPUT IV.

EXTINCTAM *in Pelagianis ab Ecclesia hæresim, in Semipelagianis reviviscere cœpisse. Error Semipelag. Affectum bene volendi homini naturalem esse, ut male volendi.*

CAPUT V.

ILLOS *a Pelagianis non discrepare, adeoque publice cum illis pacem inire debere.*

CAPUT VI.

INDUCIT *Pelagianos verbis querulosis Semipelagianos interpellantes, ut in gratiam recipiantur ab eis, cum ipsorum probent sententiam.*

CAPUT VII.

NON *posse qui hæc quæ Semipelag. sentiant Pelagianorum societatem recusare, nisi sententiam mutent; neque amplecti, nisi palam ab Ecclesia dissentiant.*

CAPUT VIII.

EADEM *posse queri Pelagianos apud Ecclesiæ Præsules. Pelagianorum oratio, qua postulant sic de se judicari, ut vel in Ecclesiam recipiantur, quæ eadem docent Semipelagiani docere permittuntur, vel etiam illi una secum foras pellantur.*

PARS SECUNDA.

CAPUT IX.

HÆRESEOS *Pelagianæ capita, quæ, ipsis fatentibus Semipelagianis, ab Ecclesia damnata sunt. Hominem ab omni peccati labe purum nasci. Posse unumquemque, si velit, sine peccato ducere vitam. Per Legem Moysi salutem obtineri potuisse. Gratiam secundum merita dari.*

CAPUT X.

SEMIPELAGIAN. DOCTRINA. *Gratia omnes invitat, nec ullus est cui salutem afferre non studeat: sed proprio quisque arbitrio paret vocanti: eosque juvat gratia, qui juvari volunt, & in quibus adjuvante Domino crescunt postmodum virtutes, ita ut nullis non adsit perseverandi facultas: verum ex libero arbitrio evenit, ut alter perseveret, alter non perseveret.*

CAPUT XI.

CONFUTAT ILLAM DOCTRINAM. *Dici non posse, quod nemo sit cui non detur Christi gratia, & quem salvare non velit.*

Quod earum exemplo probat, qui de fidei mysteriis nihil acceperunt.

CAPUT XII.

RESPONS. SEMIPEL. *Quibus fides non est adventitia, eos lumine naturæ per vitia oppresso, aptos non fuisse quibus dona salutis conferrentur.* CONFUTAT. *Qui hæc dicunt in duas Pelagii hæreses incidere. 1. Naturam humanam non esse læsam, ut pote quæ gratiam appetere, seque ad eam præparare possit.*

CAPUT XIII.

OSTENDIT *secundo non talem esse in Deo salvandi omnes voluntatem, qualem illi volebant. Eo quod non omnes re ipsa salventur, aut ad fidem veniant; & si quidquid vult Deus haud dubie impleatur.* RESPOND. SEMIPEL. *Deus omnes vult salvare, neque tamen omnes salvantur, quia hoc libero arbitrio alii volunt, alii nolunt.* CONFUTAT. *Indignissimum est voluntatem hominis impedire, ne fiat quod vult omnipotens.*

CAPUT XIV.

OSTENDIT *gratia & virtute Dei omni tempore conversa esse pessima corda, quibus nihil rectæ voluntatis unquam insederat. Gratiam non operari docendo solum, hortando, suadendo: sed efficaciter mentem immutando, & volentes ex nolentibus faciendo virtute omnipotenti. Quod præstare non potest nec lex, nec verbi divini præcones, nec naturæ sibi dimissæ. Gratiam efficere ut fides radicem agat in cordibus hominum, ut germinet, ut crescat, ut maturescat, ut conservetur, et perseveret usque in finem.*

CAPUT XV.

SEMIPELAGIANORUM *filia Ecclesiæ dogmatum approbatio. Fatentur hominem per se nec justitiam, nec salutem consequi posse aut perseverare: sed contendunt vocanti & hortanti Deo assentiri propria arbitrii libertate; cujus ille conatum sequatur & perficiat.*

CAPUT XVI.

CONFUTANTUR. *Dogmate isto everti veram Christi gratiam: quia foris extra animum hominis constituatur, quasi cordis januam pulset tantum, non aperiat. Itaque hac pulso gratiam proprie non agere, sed liberum arbitrium: veluti cum quis audiit, vel legit quæ placent aut displicent, varie commovetur, animi affectus non his quæ audit vel legit adscribi debet; sed libero ejus arbitrio, quod seipsum pro suo nutu huc illuc torquet ac flectit. Contra vero gratia flectit voluntatem quo vult omnipotentissima virtute: nec ullum eam remoratur obstaculum. Nec ministrum, qui prædicando extrinsecus plantat aut rigat, aliquid esse, sed Deum qui dat intus incrementum. Admirabiles gratiæ effectus in mentibus humanis. Bene volendi affectum quo ad Deum cor accedit, nec hominem homini, nec ullum sibi, neque per naturalem sapientiam dare posse. Optime notatarum inter eos qui naturali donum sapientiæ pollent virtutes falsæ.*

CAPUT XVII.

FIDES *donum est prorsus gratuitum, neque ex merito; cum ex illa sit omne meritum.*

CAPUT XVIII.

IDEM *re eo confirmat, quod multos antea flagitiosissimos, etiam instante obitu susceptus baptismus ad cælum miserit.*

CAPUT XIX.

UNUM *hoc in ejusmodi hominibus merito adscribi posse, quod baptismum desiderarint: sed hoc desiderium ex fide, fidem vero omnino ex gratia ortum ducere. Fidem quæ radix est omnium meritorum, ex merito esse non posse: quod ab illa non fit, non bene fit. Gratiam funditus evertit qui existimat: Vel meritum ullum ante fidem esse posse in falsis virtutibus infidelium: Vel fidem ex libertate volendi ortum ducere, non ex mero Dei dono.*

CAPUT XX.

ERRORUM *istorum patronos nullum aliud Deo adsignare principium reparationis humanæ, quam quod per Legem & prædicatorem humanæ infusum voluntati, quæ fortiter eam aperiret. Verum ex hac sententia, voluntas gratiam præcurrit, estque gratia instar famula, nec gratia sed Legis vice fungitur, jubendo tantum, non donando quod jubet. Quantum hæc doctrina Pelagianam hæresim corroboret: docendo initium salutis, seu voluntatem credendi esse ex naturali arbitrii libertate: gratiam vero nihil aliud esse, quam Legem & doctrinam. Ex illa sequi liberum arbitrium peccato læsum non fuisse.*

CAPUT XXI.

ET *quidquid præterea docebat Pelagius: cujusmodi est hominem propria justitia salutem consequi, & cælum mereri posse: Multos propria virtute ab origine mundi Deo placuisse sine Dei gratia: Datam fuisse Legem cum corruptiores essent hominum mores, ut eos sola terrore proposito coerceret: Et per eam præstitum, quod præstatur per gratiam: Invalescentibus vitiis Legi gratiam superadditam; non quasi sine ea salutem natura consequi non posset, sed ut facilius posset: Infantes infantes esse, & corpore, non animo per baptismum ablui.*

CAPUT XXII.

SI hæc dogmata Pelagiana tueri non audeant Semipelagiani, suos etiam errores abjicere debere, & fateri, naturam ita vulneratam, ut nunquam per liberum arbitrium consurgere possit ad faciendam justitiam, sed nitendo etiam bene agere, in novos lapsus semper revolvatur.

CAPUT XXIII.

EOS si hæc confiteri recusent, Pelagianis patrem negare non posse, quibuscum re vera consentiunt. Verbis enim solis discrepare: dum coguntur dicere; Peccato Adæ corpus nostrum morti obnoxium factum esse, non autem animam peccato vitiatam. Quod est injustitiam Deo adscribere, & hominem prorsus absolvere.

CAPUT XXIV.

INJUSTUM vero non esse Deum: quoniam ex Apostolo, omnes in uno ceciderunt, nec postea ullus ad vitam resurgere potuit, nisi Christi gratia: Ne quidem justi qui fuerunt ante Christum.

CAPUT XXV.

GRATIA omnino gratuita est, cum nemo bene agat, nisi cui donat bene agere: Et ne quidem desiderari possit, nisi cum se ipsa desiderari facit.

PARS TERTIA.

CAPUT XXVI.

OBJECTIO Semipelag. Hac prædicatione gratiæ liberum auferri arbitrium, neque pœnas aut præmia ulli deberi, si natura sibi dimissa, nonnisi mala velit; bona autem opera non nobis, sed gratiæ adscribi debeant.

CAPUT XXVII.

RESP. Eos sic ratiocinari cum Pelagio: eo quod pariter cum illo totius naturæ in primo homine casum re vera non agnoscant. Egregia illius casus descriptio. Peccati originalis transfusio. Mentis cæcitas. Liberum arbitrium non ex toto deletum, sed lapsum & alligatum ad malum. Manet ergo voluntas libera, sed non bona. Quocumque fertur, ruit & labitur.

CAPUT XXVIII.

ABSURDE facere qui opinantur liberum arbitrium tolli, cum per gratiam sanatur & liberatur. Hæc cogitatio ex eadem superbia nascitur, quæ Adamum perdidit. Non liberi arbitrii facultate posse sanari liberum arbitrium, sed gratia Christi: quæ est arbor vitæ, languidam naturam sola reficere ac renovare idonea, & propriis viribus bene agendi facultatem ei largiri.

CAPUT XXIX.

GRATIA Christi non perdimus, sed recipimus naturæ honorem. Ea gratiæ meritorum in nobis est principium, quæ eo magis crescunt, quo illam humilius accipimus & accipiendo augemus.

CAPUT XXX.

EX parvulis statim post baptismum morientibus clarissime perspici, gratiam non dari secundum humanæ voluntatis studia, sed secundum Dei beneplacitum.

CAPUT XXXI.

EORUMDEM salutem non esse parentum meritis, nec damnationem demeritis adscribendam. Quod maxime patet in geminis, quorum alter baptizatur interdum, alter sine baptismo moritur, sola Christi misericordia eos discernente. Eadem misericordia aliis tribui fidem, qua bene operantur, ac meritis augeantur usque in finem.

CAPUT XXXII.

OBJECTIO Semipelag. Si gratia ad bene agendum omnino necessaria est, eaque non omnibus detur, peccati reos non fore, quibus bene gerendi data non fuerit.

CAPUT XXXIII.

RESP. Hoc argumento negari peccatum originale. Nam eo solo peccato reos nasci omnes homines, ac dignos morte, etiam si nulla propria scelera adjecerint. Injusta ergo adversus Deum querimonia, quod non omnes per gratiam liberet a perditione ita omnibus debita, ut jure potuerit neminem liberare. Abhorret a ratione, ut qui sola Dei benignitate liberati sunt, eum accusent, quod non omnibus pariter reis eamdem benignitatem præstiterit. Consideratione justæ infidelium & peccatorum derelictionis, pios ac fideles Dei servos excitari ad impetrandam eis humili prece liberationem & misericordiam: cum tam ipsi peccatores non quærant, & miseria sua etiam delectentur. Dei misericordiam, nec ab iis quibus negata est, nec ab iis quibus concessa reprehendi.

CAPUT XXXIV.

SED ab iis solis qui gratiam quamvis licet fateantur, primam discriminis caussam inter bonos & malos libero arbitrio adscribuntur. Uni Christo nos debere, si quid recti sapimus & volumus.

CAPUT XXXV.

SCRUTANDUM *non esse, cur ex tota genere humano pars una eligatur, altera rejecta; licet eadem caussa omnes implicet. Cur id ignorare non obsit: sicut nec oberat olim nescire, omnes gentes fore ad fidem vocandas; nec nunc quando mundus finietur; vel quae sit tanta in genere humano varietatis caussa; ut licet eadem sit omnium natura, unus tamen regnet, alter serviat, &c. Cum tot varietatum manifestarum caussae lateant, unum tamen arguit earum auctorem Deum. Merito Deum voluisse ut nos lateret divinae praedestinationis arcanum, quamdiu in hac vita sumus.*

CAPUT XXXVI.

RELICTA *Deo arcanorum suorum conscientia, agnoscatur unus creaturarum auctor bonarum; usque ad minimum bonae voluntatis initium. Desipiunt qui Paulo ipsi inscrutabilem, cur hi potius quam illi per gratiam liberentur, quaestionem, per liberi arbitrii velle & nolle se solvere posse opinantur. Non posse Dei judicium non esse aequum, quamvis occultum sit: cum omnibus meritum ad mortem suppetat vel ex uno originis peccato; nullum ad vitam, nisi quod gratia donerit.*

CAPUT XXXVII.

QUANTUM *veri fideles ab hostibus gratiae sibi cavere debeant. Quicumque virtutes suas vel sibi, vel gratiae quam meritus sit adscribit, proficiendo deficit, currendo recedit.*

PARS QUARTA.

CAPUT XXXVIII.

A *Semipelagianis non satis damnari Pelagium, cum subtilissimum illius haereseos venenum retineant. Et quot Pelagius innumeros seduxisset, si doctrinae suae poculum aliquo melle praelivisset. Nam dum errores suos nimis minus obtexit, plerosque ab iis deterruit ipsa eorum deformitate.*

CAPUT XXXIX.

AT *Semipelagiani periculosius fallunt: quia Pelagium damnare videntur, dum fatentur, ex Adamo mortem & peccatum in omnes homines fundi. Hominem vitam aeternam consequi non posse, nisi per baptismum: & parvulos indigere ut a peccato solvantur. Sed cum Pelagio sapiunt, cum ajunt: Naturam suis viribus ad bonum ferri posse, quemadmodum ante peccatum; quasi originali peccato lapsa non fuerit: timore posse sanctos urgentiores daemonis oppugnationes propriis viribus frangere, Deo suos utiliter deserente, sibique ipsis dimittente; ne nulla sint eorum merita, si nihil boni faciant, nisi quod gratia in illis operatur.*

CAPUT XL.

FUGIENDOS *illos errores omnibus vere piis, quorum Christus est tota justitia, quique agnoscere debent, primi parentis vulnere ita sauciatam naturam humanam, ut ne quidem oculos mentis sponte possit in altum attollere, & miseriam suam agnoscere.*

CAPUT XLI.

SI *quid homini superfit ex pristini status reliquiis, falso id putat suum, atque hinc solum superbiendi materiam arripit.*

CAPUT XLII.

NEQUE *ex illis reliquiis ad veram vitam perduci umquam potest. Si eadem esset in natura vis quae fuit in Adamo, seipsum quisque reconciliare Deo posset, ac peccatis exsolvere; ideoque Christus gratis mortuus fuisset.*

CAPUT XLIII.

EX *ineffabili Dei humilitate, qua homo & minister fieri dignatus est, ut hominem redimeret, agnoscat homo captivus, quo carcere clausus, quanto morbo obsessus fuerit; cui eripiendo nonnisi morte medici succurri potuit. Quam parvi faciendum quod homini post casum superstat. Cum homo ad Deum convertitur, gratiae, ut principio, potius quam libero arbitrio hanc adscribendam mutationem. Quod homo libero arbitrio nimium tribuat, ex illa superbia proficiscitur, quam diabolus primis parentibus inspiravit.*

CAPUT XLIV.

PLURIMOS *inde errores oriri, quos pii omnes adversari debent; qui cum membra Christi sint, a capite suo vitae omnem hauriunt.*

CAPUT XLV.

PROCUL *abjiciendi qui existimant sanctis auferri constantiae obtinendae coronam, nisi humana in eis merita reperiantur. Virtus piorum non ideo minoris facienda, quod eam totam a Christo accipiunt: sicut nec caelestis gloria fructus minus, quam totam a Deo habent, qui omnia in illis omnibus est. Multo minus gravari oportet agnoscere, nec in hoc statu valere nihil boni nisi per gratiam posse. Nec ea re tollitur libertas, sed restituitur ac redimitur; ut quidquid recte agit, non ipsi accepto referatur, sed gratiae Christi. Non enim tantum boni operis fructus largitur Deus per gratiam: sed etiam operandi voluntatem & cogitationem, totamque piae vitae seriem.* OBJECTIO *Semipelag. Per hanc gratiae praedicationem virtutis studium resolvi.* RESPONDET. *Contra, sine gratia nullam esse virtutis opus; quod humana voluntas per se nihil aliud possit quam aberrare. Sola gratia ipsi nos idoneos fieri, & accendi animas hominum ad velle profundere.*

CONCLUSIO *totius Carminis de Ingratis.*

SAN-

SANCTI PROSPERI AQUITANI
ΠΕΡΙ ΑΧΑΡΙΣΤΩΝ,
HOC EST,
DE INGRATIS * CARMEN.
PARS PRIMA.

* [illegible]

ARGUMENTUM.

PRINCIPIO declarat sanctus Prosper sibi in animo esse impendens Ecclesiæ periculum ab occultis gratiæ hostibus, quorum opera Pelagianorum hæresis extincta reviviscerer, hoc carmine propulsare. Mox aperit quale fuerit dogma Pelagii, & quanto cum studio ab Ecclesiæ præsulibus improbatum, Conciliorum & Sedis Apostolicæ auctoritate damnatum, a SS. Doctoribus confutatum, potissimumque a D. Augustino, cujus præstantissimi viri, & uberioribus gratiæ dotibus a Deo cumulati in hoc certamine industria & lumen præ omnibus enituerit. Verum cum per Semipelagianos occultissimum hujus hæreseos venenum rursum emergat, posse Pelagianos ab eis jure suo postulare, ut cum ipsorum sententiam probent, in gratiam recipiantur: aut ab Ecclesia flagitare, ut vel quod illi in Ecclesia impune docent, docere itidem permittantur, vel etiam illi una secum foras pellantur.

Cap. 1. Cap. 2. & 3. Cap. 4. Cap. 5. 6. & 7. Cap. 8.

Proœmium. Causa scriptionis indicatur.

ᵃ CONGENITÆ in Christo gentis mihi castus ab alto
Insinuatus amor, proprias excedere vires
Me jubet, atque pias accendere carmine mentes.
Ne post confectum celebris ᵇ victoria bellum,
Securos animos incauta pace resolvat:
Ceu metus eliso jam nullus ab hoste supersit,
Nec caput attriti virosum palpitet anguis.
Unde igitur commenta mali sopita resurgant,
Quæve ipso de fine ᶜ dolum nova promat origo,
Da fari, Pater omnipotens, artemque malignam
Pandere, prostratus qua rursum nititur error.
1 DOGMA quod antiqui ᵈ satiatum felle draconis,

Ut victum in pluribus ostendatur.

Caput I. Propagatum dogmate Pelagii.

Pe-

ᵃ *Congenitæ in Christo gentis.* Id est Ecclesiæ, seu populi Christiani, ob communem regenerationem per baptismum. Notandum autem Proœmium profecto Christianum, perinde ac ipsum opus, ubi sacra omnia, nihil autem eorum augurum, sine quibus in carmine omnia frigere autumant aliqui: falso quidem, quando aliud hic noster Poeta tam magnifico exemplo ostendit suo.

ᵇ *Victoria.* Non de Ingratis, quibuscum etiamnum certabatur, sed de Pelagianis, jam toto orbe damnatis.

ᶜ *Ipso de fine*, seu exitu causæ Pelagianæ: e qua initium semipelagianismus cepit. *Originem* autem pro initio positam etiam supra vidimus in Præfat. v. 1.

ᵈ V. 1. *Satiatum.* Saturatum, quasi eo maturatum, ut Gallice translatum est,

Detrempé dans le fiel du dragon redoutable.

Quod quidem de omni dogmate hæretico dici potest; at speciali ratione hic dictum est de superbo illo Pelagiano, ob magnam ipsius cum *antiqui dracone*, seu dæmonis peccato affinitatem.

Pestifero vomuit ‖ coluber sermone Britannus,
Hac primos homines ‖ cretos ditione ferebat;
Ut seu præscriptum mandatum transgrederentur,
Sive inculpati, servata lege, manerent,
Mortem istam prorsus, ‖ qua carnem vita relinquit,
Oppeterent; quæ non peccato parta, sed ipso
Instituente Deo, comes esset sua creatis.
Progenitos igitur nullum traxisse reatum
‖ De patribus, neque dissimiles nunc nascier illo
Ortu primorum, qui libertate male usi
Peccarunt, ‖ forma nocui, non semine proli.
Posse autem ‖ insontes omnes virtutis in arce
Vitam agere, & menti ingenitum servare decorem:
Arbitrio quoniam subsistat recta volentis
‖ Naturalis honos, Lexque insita cordibus intus
Hoc moneat, quod scripta foris: cui gratia Christi
Addita perfugium lapsis generaliter in se
Condiderit, sacro si vellent ‖ fonte novari.
Ut ‖ sponte attractum venia solvente reatum,
Sponte sua in vires proprias natura rediret;
Quoque per errores esset spoliata vigore,
Hunc servare semel posset purgata receptum.
Tam dives vero hoc donum baptismatis ‖ esse,

[illegible]

[illegible]

[illegible]

[illegible]

[illegible]

Et

‖. 1. *Coluber .... Britannus*. Pelagius hæresis princeps vulgo dicebatur *Brito*: ut in Prosperi nostri Chronico, *Pelagius Brito*: ex ea nimirum *Britannia*, quam nos hodie *magnam*, ipse autem contra Collat. c. 21. secretum orbem, & Romanam insulam vocat. Quidam illa insulæ parte, quæ nunc *Scotia* dicitur, oriundum fuisse, alii Anglum malunt. Sic autem dicebatur ut distingueretur ab illo ejus æquali, quem *Pelagium Tarenti* appellabant: ut Augustino Epist. 186. cap. 1. Eodem modo designatur etiam ab Orosio, & Mercatore, multis in locis: & ab Hieronymo quoque designari videtur, dum dicitur, *Scotorum pultibus prægravatus*; & alio in loco, *Habet progeniem Scoticæ gentis de Britannorum vicinia*. Quibus verbis significare videtur illum genere Scotum seu Hibernum videri; quando & innata ipsi essent Scoticæ, id est, Hibernicæ regionis vitia, & tamen e finitima Britannia duxisset. Vocaturque a sancto Prospero

Coluber, quia mirus erat dissimulandi artifex; & errores suos catholicis verbis involvere gnarus. Discipulos suos, qui apertius loquerentur, summovebat, ut quemadmodum eorum dicta exciperentur explorans, illa deinde vel approbaret, vel improbaret, prout sibi magis conducere videretur.

‖. 2. *Cretos ditione*, idest, creatos necessitate, seu conditione.

‖. 5. *Qua carnem vita relinquit*. Periphrasis mortis corporalis, ad distinctionem a spiritali quæ fit per peccatum, de qua cum Pelagio circa primorum parentum quæstio nulla fuit, teste Augustino, lib. 1. de Peccat. merit. c. 2. aut aliud sensisse videtur Gregor. lib. 5. Regist. epist. 14. ad Narsem comitem, & alibi.

‖. 10. *De Patribus*, seu primis parentibus: aliquis malit Prosperum, ut solet, suo Augustino adhærentem dubitasse, an non a ceteris etiam parentibus aliquis culpam posteri traherent. Hujus interim dubitationis in Ecclesia hodie nullum vestigium.

‖. 12. *Forma nocui, non semine*. Id est, Non propagine, sed exemplo, ut iidem docent apud August. lib. de nat. & grat. cap. 9. *id est, non quod ex illo (Adamo) traxerint aliquid vitium quo in illo propagati sunt; sed quod eum primum peccatorem imitati sunt omnes, qui postea peccaverunt*.

‖. 13. *Infantes virtutis in arce*. Id est, sine ullo peccato, atque in summa adeo perfectione. Quod argumentum tractat August. toto libro de Perfect. justit. hom. item toto lib. 2. de Peccat. merit. & alibi. Hieronymus etiam ab eodem incipit Dialogos suos contra Pelagianos.

‖. 16. *Naturalis honos*, id est, Ingenitus, ut infra dicitur ‖. 180. & sequentibus.

.... *Vigor ille*,
In quo insons natura fuit.

Sensus est, eum qui modo velit, eumdem nunc habere arbitrii vigorem ad bonum, ac olim habuerunt primi parentes ante lapsum. Ex quo sensu patet, istud *recta volentis* quod præcedit, regi non a *naturalis honos*, sed ab *arbitrio*, quod ante præcessit. Porro infra ‖. 330. & seq. idem error sic exprimitur.

Et quoniam talis nascatur nunc quoque, qualis
Ille fuit nostri generis Pater ante reatum;
Posse hominem sine peccato ducere vitam,
Si velit ......

‖. 17. *Fonte novari*, id est, baptismo renovari. Nam de lapsis ante baptismum agitur.

‖. 20. *Sponte adtractum*, id est, actualem & personalem: nam Originalem negarunt Pelagiani.

‖. 24. *Esse*. Sic legendum & non *esset* (ut editiones Lugd. Lov. Duac. & Colon.) notarunt viri eruditi, patetque ex verbis quæ sequuntur, *confersi, gratiam esse, mereri*.

‖. 28.

Et tam multa homini conferri fœdere in isto;
Ut parvis etiam, vitioque carentibus omni
Congruat, ut qui sunt geniti bene, sint meliores,
Naturæque bonum adjecto illustretur honore.
Nullum autem ex cunctis exortem muneris hujus,
Judicio genitum esse Dei; sed quemque mereri
Libertate sua, ut capiat promissa vocantis,
Quæ sint aversis indebita, debita rectis.
TALIA cum demens late diffunderet error,
Commentisque rudes traheret lethalibus aures;
Adfuit, exhortante Deo provisa per orbem
Sanctorum pia cura Patrum, non dispare motu
Conficiens diros jaculis cælestibus hostes.
Iisdem namque simul decretis Spiritus unus
Intonuit. Pestem subeuntem prima recidit
Sedes ROMA Petri; quæ Pastoralis honoris
Facta caput mundo, quidquid non possidet armis,
Relligione tenet. Non segnior inde ORIENTIS
Rectorum cura emicuit: captumque nefandi

Dog-

℣. 28. *Naturæque bonum*, &c. Id est, *ut bono naturæ naturali bonum sanctificationis accedat, ut fiant infantes sancti Dei filii*. Ita apud Augustinum Julianus Pelagianus.

℣. 31. *Promissa vocantis*. Non præmia æterna, de quibus hic nullus sermo: sed *donum baptismatis, cum venia [illegible] vocatum*; idest, remissione peccatorum, uti supra exprimuntur. Eodem modo intellige infra ℣. 166. *Datumque vocantis*. Hunc autem errorem ita expressum leges, ℣. 140. & sequent.

Quod meritis hominum tribuatur gratia Christi,
Quantum quisque Dei donis se fecerit aptum.

℣. 39. *Prima recidit Roma*. Scilicet per Innocentium I. anno 417. *quando* (ut ait S. Prosper lib. contra Collatorem) cap. 21. *beatæ memoriæ Innocentius infandi erroris capita*, Pelagium & Cælestium, *Apostolico mucrone percussit*. Præstitit hoc Innocentius duabus datis Epistolis ad Synodos Africanas, Carthaginiensem & Milevitanam, quæ Epistolæ sunt inter Augustinianas, nunc 181. & 182. & post eundem Zosimus anno 418. in Epistola ad Africani Concilii Præsules data 12. Kal. Aprilis, ab iisque 3. Kal. Maji accepta. Hæc vero vox *Prima* nisi quibusdam locum dedit afferendi Pelagianam hæresim a Sede Apostolica, ante ullam aliorum Episcoporum sententiam, fuisse proscriptam: quia tamen hæc opinio ab eruditis non agnoscitur satis convenire cum historia hæreseos Pelagianæ; hunc nodum aliis placuit diversimode solvere. Quidam enim per vocem hanc *Prima*, prioritatem dignitatis, studii, sollicitudinis & auctoritatis intelligi debere contendunt. Alii autem, ultro fatentes Africanorum & Orientalium judicia prælusisse sententiæ Innocentii in Pelagianos; cum ab anno 412. Cælestius damnatus legatur in Synodo Carthaginiensi, cui præsidebat Aurelius, & iterum anno 416. ibidem; immo & anno 415. Diospoli Pelagio absoluto, hæresis, quam abjurare finxerat, confessa legatur: cum tamen non ante annum 417. Innocentius I. pluribus Africanorum litteris sollicitatus, rescripserit, Pelagium cum Cælestio anathematizando, quod primum omnino fuit Romæ prolatum in ejusmodi errorem judicium: illi igitur, his consideratis, dicunt Pelagianum quidem errorem in Pelagio & Cælestio ab Africanis primum damnatum, at eundem in Joviniano, cujus discipuli erant Pelagiani, a Siricio Papa diu ante proscriptum, & hoc pacto diversa tam carminis istius, quam aliorum librorum loca, quæ primo intuitu pugnare videbantur, ad sensum unanimem reducere conantur. Alii iterum *prioritatem temporis* sic intelligunt, ut non dividant decreta Conciliorum Africanorum, Carthaginensis & Milevitani, ab Innocentii Epistolis, sed ea in unam Pelagii damnationem conflent. Denique non desunt, qui rem breviter expediri autumant, dicentes, vocabulis illis *Prima*, & quæ post pauca sequitur *Inde*, non aliam ordinem quam narrationis denotari; uti fere solent qui plura quæpiam narrant, confusionis vitandæ gratia has ordinis notulas interjicere, nulla interim habita prioritatis aut posterioritatis ratione. Quin harum nullam hic a se rationem habitam, satis ipse Auctor declarat, dum postea omnia videri vult *simul*, ac diversis quidem locis, sed uno velut tempore gesta esse.

Iisdem Simul *decretis*, &c.

℣. 41. *Quidquid non possidet*, &c. Ita lib. 2. de Vocat. gent. c. 16. *Per Apostolici sacerdotii principatum amplior facta est arce religionis, quam solio potestatis*, scilicet Imperatoriæ. Similia vide apud Leonem PP. si non & hæc ipsa illius sunt, ut Docti quidem suspicantur.

℣. 42. *Orientis Rectorum*. De Palæstina Synodo Diospoli habita loquitur Auctor noster. Huc perduellis fuerat Pelagius, intentata in ipsum accusatione ab Herote & Lazaro Episcopis Gallis, hoc Aquensi, illo vero Arelatensi, licet utroque sede sua pulso: quod contigisse videtur anno 415. In hac Pelagius, absentibus ob necessarias causas accusatoribus, auditus, singulis oblati ab ipsis libelli articulis artificiose respondens, multa fraudulentia judices ita delusit, ut tamen abjuratis & damnatis erroribus, ipse innocens & rectæ fidei pronunciaretur.

℣. 43. *Captumque* &c. *Pelagium ad proferendam in se suisque sententiam Palæstinorum Episcoporum synodus constrinxit*. lib. contra Collat. c. 21.

Dogmatis auctorem constrinxit lege benigna
Commentum damnare suum; nisi corpore Christi
Abjungi, & sancto mallet grege dissociari.
Lene quidem hoc, nimiumque malos tolerasse videtur
Judicium: sed sancta fides examine in illo
Vicit oborturam diro de semine prolem.
Prospectum namque est, divino & munere cautum,
Ut licet instantem declinans // bestia pœnam,
Perfidiæ secum // sensus tenuisset eosdem;
Ipsa tamen proprium germen damnando necaret,
Ore malam extinguens sobolem, quam protulit ore.

Sub idem tempus S. Hieronymus in Pelagianos Dialogos scripsit.

Tunc etiam // Bethlei præclari nominis hospes,
Hebræo simul & Graio, Latioque venustus
Eloquio, morum exemplum, // mundique magister
HIERONYMUS, // libris valde excellentibus hostem
// Dissecuit, noscique dedit, quo turbine veram
Vellent exortæ lucem obscurare tenebræ.

Pelagiani ab Attico Antistite Constantinop. repulsi sunt.

Quid loquar, & curam magna quam gessit in urbe
Constantinopoli //, docto bonus ore sacerdos
ATTICUS, antiquas legatos hæreticorum
Confutando fide? // De qua tunc impia corda,
Quamvis // se obducta tegerent velamine // forma
Justi.

℣. 51. *Bestia*. Pelagius scilicet. Patribus non infrequens in hæreticos contumaces appellationibus uti durioribus.

℣. 52. *Sensus tenuisset eosdem*. Quin, inquit Augustinus, lib. 1. contr. Julian. c. 5. *id quod ungeris ore, corde servavit*.

℣. 55. *Bethlei* vocem Hebraicam *Bethlem* ad Latinam terminationem inflexit, facitque *Bethleem*, unde genit. *Bethlei*.

Ibidem. *Præclari nominis*. Ob celeberrimam famam, forte etiam ob etymon nominis *Hieronymi*, quasi *Sacri-nominis*.

℣. 57. *Mundique magister*. Sic de illo Breviar. Rom. ultima Septemb. *Tanquam ad oraculum ex omnibus orbis terræ partibus ad ipsum divinæ Scripturæ quæstiones explanandæ referebantur. Illum Damasus Pontifex, illum S. Augustinus de locis Scripturæ difficillimis sæpe consuluit, propter ejus singularem doctrinam, & linguæ non solum Latinæ & Græcæ, sed Hebraicæ etiam & Chaldaicæ intelligentiam*.

℣. 58. *Libris*, præsertim Dialogorum, & Epistola ad Ctesiphontem.

℣. 59. *Dissecuit*: Non adeo ob acrimoniam stili, de quo ibidem Brev. *Hæreticos acerrimis scriptis exagitavit*, quam quia libris istis fabricam quamdam callidissimæ hæreseos anatomen fecit, *noscique dedit* (ut in versu sequitur) ipsa velut intima illius viscera: utpote cum esset ea iis qui ejus *sensus diligentius indagare* poterant; teste Synodo Milevit. ad Innocent. PP. Epistola inter Augustinianas 176. al. 92.

℣. 60. *Docto bonus ore*, id est eruditæ facundiæ. Virgiliane scilicet, ut Æneid. 9.

Hic juvenis bonus, hic longe fallente sagitta.

Ibid. *Sacerdos* dicitur Atticus, quia proprium tum erat Episcopis nomen, quod nunc e contra usu Ecclesiastico relictum Presbyteris.

℣. 64. *De qua*, seu a qua: notare, *urbe*, non autem *fide*, ut putari posset. Completur vero constructio per sequentia. *Tacita tolerant tormenta repulsæ*. Id est, ita ut illi repulsi seu expulsi sunt.

Cum enim Pelagiani post Zosimi sententiam, Imperialibus quoque Decretis sede sua exturbati essent, quosdam suorum Constantinopolim miserant; ubi erroris sui impietatem dissimulantes, se catholicos falsa specie ostendebant. Verum in ea cathedra beato Joanni Chrysostomo Atticus successerat, illius fidei dignus æmulator, qui hoc in causa sententia sua simul & Episcopali virtute adhibita, eorum legationem rejecit, antiquam illis Ecclesiæ fidem opponens, eosdemque tam acriter insectatus est, ut ne consistendi quidem in urbe licentiam daret. Quisnam autem fuerint hæreticorum legati non liquet; nisi quod Marius Mercator ducem illorum ponit Cælestium, de quo paulo post initium Commonitorii ita scribit: *Post aliquantos, inquit, annos* (nimirum a condemnatione sua Carthaginensi, Paulino Diacono accusante) *sub S. mem. Attico Episcopo, urbem C.P. petiit; ubi in similibus ausibus, magno studio sancti illius viri a prædicta alma urbe detrusus est*.

℣. 65. Lugdun. editio sola:

Quamvis se obducto tegerent velamine formæ,
Judicii & tacitæ tolerant tormenta repulsæ.

Editiones Lovan. Duac. & Colon. & aliæ posteriores:

Quamvis se obducto tegerent velamine formæ,
Judicii & tacita tolerant tormenta repulsa.

Pro quibus novissimus hujus carminis editor Lovaniensis Doctor & Professor Regius legi vult,

Quamvis se obducto tegerent velamine formæ
Judicii, tacitæ tolerant tormenta repulsæ.

Ita jam ex conjectura emendant locum hactenus corruptissimum, cum opportune incidisset in manus in scriptorem modernum sic quoque legentem; qui quasi non satis sibi hac lectione, supradictam alibi infarcebat cum voce *tolerant*. Subtrahere quoque displicere profiteor sibi illud, &, quod irrepsisse putat supplendæ sententiæ alioqui metricæ, cum pro Virgiliano, *tolerant*, imperite emendatione lecti coeptum est *tolerant*, aut *tolerans*.

Ibid. *Formæ judicii*, Speciem judicii dicetur Te-

cujus:

Judicii, & tacitæ tolerant tormenta repulsæ.
  Præterea quanto fuerit bene mota tumultu
Clara // Ephesos, non passa suis consistere tectis
Vasa iræ, & morbi flatus, & semina mortis:
Quaque fide tellus etiam // Trinacria fervens,
Agmen vipereum propriis exegerit oris.
  Tu caussam fidei flagrantius, // Africa, nostræ
Exequeris; tecumque suum jungente vigorem
Juris Apostolici solio, fera viscera belli
Conficis, & lato prosternis limite victos.
Convenere tui de cunctis urbibus almi
Pontifices, // geminoque senum celeberrimo cœtu

Synodo Ephesina.

Pulsi e Sicilia.

Caput III. Pelagianorum hæresim Africanorum Præsulum cum pontificum fideli debellatam.

De-

citus; sed noster metro servire debuit. Hanc autem judicii speciem forte idem Mercator insinuat, cum significat Cælestium in synodo Carthaginensi ad sedem Apostolicam provocasse, sed mutata deinde sententia, Constantinopolim specie appellationis confugisse. Hæc supra citatus Doctor Lovan.

℣. 68. *Tumultu Clara Ephesos*. Tumultum verisimilius popularem intelligi, ut erat populus ille pro avita fide ferventissimus, teste eorum gaudio in proscriptione Nestorii hæresi; de quo historia concilii œcumenici Ephesini: nec tamen locus præsens intelligendus de damnatione Pelagianorum in isto Concilio, ut quod nondum cum scriberetur hoc carmen, sed mortuo demum Augustino confectum noscitur. Verum hoc contigisse placet Eruditis circa anni 420. finem, quo damnati Pelagiani hanc Ecclesiam, in qua Cælestius ad sacerdotium fuerat imprudenter erectus, & ubi ob diuturnam ac in urbe commorationem variis necessitatibus forte gaudebat, in suas partes attrahere conarentur, sed incassum; quippe Ephesii impietatem hæreticorum respuerunt, & ipsorum legatos urbe sua cito exire compulerunt.

℣. 70. *Trinacria fervens*, agmen vipereum &c. Notum Trinacriam vocari Siciliam ab tria promontoria. Orienta pulsi hæretici in Occidentem redeuntes, etiam ad Siciliam appulerunt, ubi virus suæ pravitatis afflare Siculis hominibus tentantes, Episcoporum hujus insulæ diligentia & virtute repulsi, & terris illis expulsi, ultra mare trajicere coacti sunt, hoc ferme tempore. Idipsum etiam referri potest ad annum 419. quo Episcopi plures Siculi damnationi Pelagianorum subscribere necesse fuerat, sedibus suis pulsi fuere.

℣. 72. In editis Lugd. Lov. & Duac. *nostræ*. Aliis placuit dici *Africa nostra*, etiam ab homine Gallo, uti mos Africæ Episcopi Nostri id est, partium nostrarum, imo partium decus. Africani autem Episcopi priores errorem illum damnarunt, ut jam diximus, ab anno 412. & pluribus hanc in rem habitis conventibus consequentibus annis, prius horum judicium tulit sunt. Hi quoque plures Epistolas ad Innocentium Zosimumque scripserant, quibus sedis Apostolicæ sententiam in perduelles ferre tideri procurarunt.

℣. 77. *Geminoque senum celeberrimo cœtu*. De hoc gemino concilio diversæ sententiæ eruditi. Visum erat quibusdam, per hanc duplicem Synodum, Carthaginensem & Milevitanam sub Innocentio habitas anno 416. intelligi, per quas primum jugulati fere Pelagiani, & quarum decreta in plenario totius Africæ Concilio sub Zosimo renovata fuere, anno 418. Alii inter cætera quæ in caussa Pelagianorum collecta leguntur Afrorum Præsulum Concilia duo notant celebriora: unum quidem, quod videtur assignandum mensi Novembri anni 417. post acceptas, quas Zosimus miserat in favorem Cælestii epistolas; in quo Zosimum obsecrarunt, eo usque res quo in statu erant relinqueret, dum plenius de Cælestii caussa, qui primum apud ipsos accusatus fuerat, edoceretur: quod Concilium successive ad 214. Episcoporum numerum pervenit: & hoc ante quam Cælestius a Zosimo dimitteretur habitum fuisse tradit Prosper in Chronico ad annum 418. Alterum Concilium tunc habitum videtur, cum Concilii Africani litteris 12. Kal. Aprilis anni sequentis, post acceptas alteras eorum posteriores litteras, unico facto brevi rescripsit: quæ Epistola 7. Kal. Maji pervenit in Africam, quo tempore Præsules Carthaginem novum contra Pelagianos Concilium celebrari conveniebant; quod quidem in Basilica Fausti anno 418. die 1. Maji habitum ad 200. Episcopos, præter Donatianum & Aurelium primates pervenisse vult Photius. Quia hoc ipsum plenarium totius Africæ fuerit, in quo Augustinus se atque alios Antistites quidpiam adversus Pelagianam hæresim constituisse testatur, nullus est ambigendi locus. In hoc canones conditi octo, aut novem, qui alias Milevitano tribui solebant, quosque Baronius in ea urbe anno 416. sancitos existimavit. Ad hanc opinionem accedere videtur Carminis hujus editor & illustrator Lovaniensis, dum sic loquitur. Primum quidem colligimus ex his quæ nobis præsens carmen ac fere hoc ipsum caput suggerit, Synodos illas Africanas (de quibus loquitur S. Prosper) fuisse plenarias, ita testantibus verbis ℣. 76. *de cunctis urbibus*: deinde numerosas, ut in quibus sententiam dixerint tot Antistites, ut centies prætertim ab Auctore ℣. 86. dici *recensiti*: præterea ambas quodammodo unam & eamdem fuisse, puta in eadem civitate, iisdem e Patribus, una in caussa, minimoque temporis intervallo coactas; ut indicio ℣. 91. item 184. Singulari numero *Concilium*, & non *Concilia* nominantur. Denique utrique præfuisse Carthaginensem Aurelium, & interfuisse Augustinum, ut ℣. 91. & 92. indicatur. Ex quibus concludimus, minime hic agi de Synodis Carthaginensi & Milevitana sub Innocentio PP. ut quæ neque plenariæ fuisse, neque tam habuisse antistitum numerum, etsi etiam fatear Aurelium illarum & Augustinum adfuisse probem (quidquid aliqui senserint) subscriptiones litterarum utriusque ad Innocentium. His autem exclusis, quid nisi supersunt duo Carthaginensia, sub Zosimo Pontifice,

quæ

Decernis § quod Roma probet, § quod regna sequantur.
Nec sola est illic synodorum exerta potestas;
Ceu quos non possent ratione evincere nostri,
Vi premerent: § discussæ artes, virusque retectum est
Hæretici sensus, nullumque omnino relictum,
Docta fides quod non dissolveret argumentum.
Condita sunt, & scripta manent, quæ de cataractis
Æterni fontis fluxere undante meatu,
Et § ter centenis procerum sunt edita linguis:
Sic moderante suam legem bonitate severa.
Ut qui damnato vellent de errore reverti,
Acciperent § pacem, pulsis qui prava tenerent.

---

quas omnes admitteret? his namque vix dici potest quam apte conveniant omnia supra recensita. Plenarium fuisse ipse Augustinus indicat Epist. 215. ad Valentinum; numerus etiam Antistitum constat: num 214. seu 217. non uno in loco Prosper numerat, quos hic in versu ter centenos dixit libertate poetica. Sed quid pluribus immoror, dum uno rem conficio? Puto sane, geminum illud Concilium quod hic Auctor memorat tum V. 77.

. . . . . *geminumque forum celeberrima rura*:
tum V. 90. & 91.

An aliam in formam possit producere sanctum
Concilium, cui dux Aurelius &c.

puto, inquam, illud idem esse cum eo quo infra V. 184. & seq. remittit Pelagianos, inibique

. . . *Petri solium Romam & Carthaginis alta*
Concilium repetant.

semper ubi prius ipsos dixerat condemnatos. Quid ergo adhuc quæsito opus, ubi geminum habitum sit illud concilium, dum illud Virgilianum, *Carthaginis alta*, plus quam digito rem indicat? Unimne modo de illius Decretis seu Canonibus audeas hæc & certitudo affulgeret? At conditos quidem in eo aliquos fatetur illud V. 84.

Condita sunt, & scripta manent.

Perfunderem etiam verba infra ex libro contra Collat. citato ad V. 78. at tacuere insuper de August. Epist. 217. jam laudata, sed vel inscribierunt, uti & Epistola illa Zosimi, qua confirmabantur, vel, quod magis reor, sunt illi ipsi octo canones de Gratia, quos olim Concilium Turonense II. antiquos Milevitanos appellavit, & ideo a nonnullis in Synodo quapiam Milevitana primum conditi, & demum Carthagine renovati existimantur; sed Aug. Epistola illa ad Valent. renovationis non meminit, ac potius ita loquitur, ut illic conditos significet.

V. 78. *Quod Roma probet*. Nam *Africanorum Conciliorum decretis beatæ recordationis Papa Zosimus sententiæ suæ robur adnexuit, & ad impiorum detruncationem, gladio Petri dexteras omnium armavit Antistitum*. S. Prosper lib. contra Collat. c. alias 41. nunc 21.

Ibid. Regna sequantur. *Imperator siquidem Honorius* (ait auctor Gallicæ translationis Carminis hujus) *Conciliorum sacrorum auctoritatem secutus, legem tulit in Pelagianos anno 418.* Verum se ipse exponit Auctor libro contra collat. cap. 21. alias 41. dum ait, *Sanctæ memoriæ Papa Bonifacius piissimorum Imperatorum catholica devotione gaudebat, & contra inimicos gratiæ Dei non solum Apostolicis, sed etiam regiis utebatur edictis*.

V. 81. *Discussæ artes*. Quod auctor versionis de qua mox, intelligit de litteris ad Innocentium & Zosimum, & de octo canonibus qui videntur a Milevitano Synodo primum conditi, & a Carthaginensi sub Zosimo renovati; unde Concilium Turonense II. anno 570. antiquos canones Milevitanos appellat, qui in codice canonum Ecclesiæ Africanæ, Concilio Carthaginensi sub Zosimo attribuuntur, inter quos illi octo canones de Gratia primum tenent. Lovanienses vero illustrant: De canonibus quidem (aiunt), nec non de Epistola ad Zosimum etiam ipse consentio, & hic paragraphum a V. 79. usque ad 84. intelligendum venire de rebus Synodicis, de quibus priora & sequentia: verum quia in postremo intervenire videtur, parenthesis in medium, in eaque Auctor, ut apparet, digreditur ad alia in eadem Ecclesia (ut ita loquar) extra-synodaliter gesta, puta per Augustinum & similes disputantes, crediderim ad privatam ejusmodi Afrorum operam hæc referenda esse. Salvam de litteris ad Innocentium addere non possum ut credam Auctorem agere. Quippe qui Synodorum a quibus hæ scriptæ sunt, nullam usquam habuit rationem, sive quod illæ non desita opera pro causa Pelagiana confectæ essent, sed ex occasione tantum ac obiter de illa controversia, sive quod potius eandem integram detulerint ad primam Sedem, cui proinde adscribendum venit quidquid hac in parte peractum fuit.

V. 84. *Et Terrarum*. Poetice, ut infra V. 187. *Mille fanum*, &c. Nam in Prosa constanter vocat *ducentos quatuordecim* (alias 217.) *Sacerdotes*. Sed quidni bis centenos potius dixit in versu, atque similiter poetice, & numero qui a vero propius abesset? Potest numerum rotundum pro vel ideo imprimis placuisse, quod jam pridem in Patribus primæ synodi Nicænæ consecratus esset. *Ita D. L.* Aliis placet, licet unicuique horum conciliorum non interfuerint Episcopi 300. facile tamen fieri potuisse, utique Episcopos adfuisse trecentos diversos.

V. 89. *Pacem*. Dubitari possit, an pacem pluralis Patrum, Cypriani præsertim, pro communione Ecclesiastica, cui supra V. 45. & seq. opponitur,

. . . . . *corpore Christi*
Abjungi, & sancto vallatus gregi dissociari.

an vero pluraliter Virgiliana pro venia, ut Æneid. 3. (cui similia sunt alia loca complura.)

Sed votis precibusque jubent exposcere Pacem.

Verum pro communione Ecclesiæ positam esse suadet quod per antithesim additur:

. . . . *pulsis* (de Ecclesia) *qui prava tenerent.*

‖ An alium in finem posset procedere sanctum
Concilium, cui ‖ dux AURELIUS, ingeniumque
AUGUSTINUS erat? quem Christi gratia ‖ cornu
Uberiore rigans, nostro lumen dedit ævo,
Accensum vero de lumine: nam cibus illi,
Et vita, & requies Deus est; omnisque voluptas
Unus amor Christi est, unus Christi est honor illi.
Et dum ‖ nulla sibi tribuit bona, fit Deus illi
Omnia, & in sancto ‖ regnat Sapientia templo.
ISTIUS ergo inter cunctos qui de grege sancto
Insanas pepulere feras, industria major,
Majus opus, totum præstantius imbuit orbem.
Nam quocumque gradum convertit callidus hostis,
Quaque per ambages anceps iter egit opertas,
Hujus ab occursu est præventus, mille viarum
Insidiis aditum non repperientibus ullum.
Cumque foris rabies avidorum exclusa luporum
Frenderet, inque omnes mendacia verteret artes:
Ne mentes ullarum ovium corrumpere posset,
Neu dubia obliquis turbaret corda querelis;
Istius ore Viri fecit Deus: istius ore
Flumina librorum mundum effluxere per omnem,
Quæ ‖ mites humilesque bibunt, campisque animorum
Certant vitalis doctrinæ immittere rivos.
JAMQUE procellosis disjecto turbine noctis,
Heu! nova bella, novi partus oriuntur in ipso
Securæ ‖ matris gremio: quæ crescere natis
Visa sibi, discors horret consurgere germen,

De-

℣. 90. *An alium*. Suspicatur hic eruditus anonymus Lov. editor & illustrator: nec potuisse ita scribi ab eo qui infra ℣. 484. non inscius legis metricæ dixit:

Atque ab aquis divinæ manat, &c.

Vel ergo (subdit idem) similiter lege *Atque alium*, &c. vel, certe cum periculo, *En alium*. Auctor tibi erit qui passim noster Auctori Virgilius; cujus modo observa interrogationem sequentis Eclog. 1.

En *unquam patrios longo post tempore fines*.

Deinde in Pharmaceut.

. . . . En *erit unquam*
Ille dies, &c.

[illegible] vero accipi pro [illegible] aut [illegible], tum pro causa finali subjungit idem Doctor.

℣. 91. & 92. *Dux Aurelius*, *ingeniumque Augustinus erat*. Aurelium Carthaginensem, & Augustinum Hipponensem Episcopos intelligi, nemo est qui dubitet. Non vero ut olim aliquis utroque nomine unum Episcopum Hipponensem intellexit, cui prænomen *Aurelio*, & cognomen *Augustino*; quippe istius Concilii simul & *Dux* & *Ingenium* fuerit.

℣. 92. *Cornu uberiore*. Fabulosi illius Cornu copiæ seu Amaltheæ fortassis in mentem venerit, præsertim cum nec ipsum divinæ litteræ spreverint (ait idem Doct. Lovan.); sed tamen frustra. Respexit potius Auctor ad Cornu, quo sacros olim reges & sacerdotes inunctionem fieri solitam Scripturæ memorant. Ejus [illegible] pro Lenticula istius loquia, qua Saul & similes [illegible] Principes inuncti leguntur, expositionem vide Gregorium in 1. *Reg.* 10.

℣. 97. *Nulla sibi tribuit bona*. *Doct. Lovan.* Dictum putaverim ad Ingratorum invidiam, qui cum tam multa bona sibi semper arbitrio tribuebant. Sed [illegible] contrarium insipienti, accurrit bene potius sensum esse: Deum nullum quærit bonum bonum (*Non quærit quæ sua sunt*, ait Scriptura,) non suum cibum, non [illegible], requiem, voluptatem, honorem, uti versibus superioribus bona illa commemorantur; *sic Deus illi omnia* isto; *cibus*, *vita*, &c. atque in ipso, tanquam *templo* sibi unice dedicato, *regnat Sapientia* interna illa, quæ *in malevolam animam non introibit*, *nec habitabit in corpore subdito peccatis*. Sap. 1. 4.

℣. 98. *Regnat*. Ex quo, aliisque toto paragrapho verbis præsentis temporis, colligitur scripta esse hæc S. Doctore superstite.

℣. 112. *Quæ mites humilesque bibunt*. *Doct. Lovan.* Oblique taxat adversarios suos, e contra feroces & superbos, quibus eadem flumina Augustiniana non sapiunt. Nam (ait alter:) Mitem atque humilem esse oportet qui Augustini doctrina de Gratia delectari ac salubriter pasci voluerit; ubi atque mens elatior, nec suæ sibi imbecillitatis satis conscia, ab ea resilit atque offenditur [illegible] est.

℣. 116. *Matris*. Ecclesiæ, quæ inducitur ut mulier, cui Stirpis alienæ, nempe Pelagianæ, fœtus ita sint suppositi, ut [illegible] die ob [illegible] speciem pro suis habuerit. *Doct. Lovan.*

℣. 100.

Degeneres pavitans inimico ex semine fœtus,
In quibus ante diu, specie fallente, benignus
Errarat genitricis amor, cum obducta // decoris
Moribus, externæ stirpis tegeretur origo.
Sic VERIS subeunt falsa, & discrimine cœco,
Fronte placent, quæ fine latent: sic laudis amore
Virtutum studium corrumpitur, atque ab honesto
Principio in vitium exitur plerumque tumoris:
Quo quidam inflantur nunc turpiter, atque // perempti
Dogmatis extinctas tentant animare favillas.
Dum libertatem arbitrii, affectumque volendi
In // naturalis motus virtute locantes,
// Tam bona quemque docent sectari posse suopte
// Ingenio, quam posse subest cuique in mala ferri.
QUOD qui confirmas, // quinam distabis ab illis,
Qui dicunt, // nullo peccati vulnere læsum
Naturale bonum, cumque illo lumine nasci
Nunc omnes homines, quod primis ingeneratum est?
An vero excerpis quædam, quæ // parte recisa
Suscipias, cordisque sinu purgata recondas?
Dic igitur quidnam inde probes, quid vero refutes,
Et de damnatis quid sit quod crimine solvas.
An dextram pacis // palam dare te pudet hosti?
Nec tutum est // ulla pulsos ex parte tueri
Simpliciter? Quos non dubitas // excludere templo,
Pelle animo. Nova te discordia dividit abs te:

Cor-

[illegible] Affectum liberi voluntatis [illegible] naturalem esse, & [illegible].

CAPUT V. Illos a Pelagianis non dissentire, nisi [illegible] cum illis [illegible].

℣. 120. *Decoris moribus*. Describit Auctor Semipelagianos initio libri contra Collat. *ut habentes speciem virtutis in studio*, & in Epist. ad Aug. dicit eorum *apud simpliciores quosque magnam esse de probitatis contemplatione reverentiam*, num. 2. & sub finem ejusdem Epistolæ ait, hos *meritis atque honoribus claros* caligine opinionis suæ obscurari, eademque eludit infra ℣. 774. & seq.

℣. 126. *Perempti dogmatis*, &c. Sic contra Collat. c. 4. *Quid eorum extincti dogmatis* (Pelagiani) *referendo, desistentis fumi audetis in redivivum flammam cineres accendere?*

℣. 129. *Naturalis motus virtute*. *Doct. Lovan.* Infra ℣. 925. disertius, *naturalem mobilitatem* vocat.

Ut naturali motus virtute mobilitate.

Vide igitur, num & hic legendum sit *Naturali*, motu certe suffragio.

℣. 130. *Tam bona quemque* &c. Similiter Epist. ad August. num. 6. *Quantum quisque ad malum, tantum habeat facultatis ad bonum; parique momento animum se vel ad vitia vel ad virtutes convertere.*

℣. 131. *Ingenio*. *Doct. Lovan.* Non facile dixerim qua ratione Prosper plerumque hic utatur hoc vocabulo; raro quidem vulgari illo, pro vi intelligendi; sed nec ea qua idem passim extat apud bonos auctores, nimirum pro rei cujusque indole. Suspicatus sum pro facultate volendi positum, neque male ita acceperis saltem hoc loco: sed sunt alia loca quibus ne hoc quidem quadret. Ponam igitur unum hic semel, ut totam mentem, quæ intelligit & quæ appetit, sua significatione complectatur. Atque hoc semel monuisse sufficiet.

℣. 132. Lugd. editio, *qui non distabis*: & in marg. *vir non distabis*.

℣. 133. *Nullo peccati*. Id dicunt Pelagiani supra ℣. 10. & seq.

Neque dissimiles nunc nescire ille &c.

℣. 136. *Parte recisa suscipias*. D. L. Hinc Semipelagianorum nomen; a dividimo residuum Pelagianismo. Sic ante ipsos quidem Semi-Ariani dicti sunt, quod Arrii insaniam nonnisi pro parte susciperent, tali scilicet tam hi quam isti, quam prædecessores fecisse, si inter partes extremas medium quemdam insisterent viam; fortean addentes decantatum illud: *In medio virtus*.

. . . *Medio tutissimus ibis:*
Inter utrumque vola;
. . . *Medium tenuere beati*, &c.

quasi media inter veritatem & errorem via non sit ipsa quoque errorem.

℣. 140. *Pacis palam*. *Doct. Lovan.* Si ita scripsit S. noster, boni consule dictionem in *palam*, eo præsertim ævo quo primarum syllabarum quantitas jam Romanas, tandem Gallicas aures fugere cœperat. Alioqui lege *parumper palam*.

℣. 141. *Ulla pulsos ex parte*. *Doct. Lovan.* Complano tibi rursus hanc salebram, Lector. Refer illud, *ulla ex parte*, non ad *pulsos*, sed ad *tueri*, atque sententiam accipe; Nec tutum est pulsos istos vel in ullo saltem dogmatis sui capite simpliciter tueri?

℣. 142. *Excludere templo*: uti nunc solebant non sacræ communionis homines, præsertim si ob hæresim ab ea præcisi essent. *Doct. Lovan.*

℣. 144.

Corde foves, quod in ore premis: // conjungere amicis
Mentibus, & tecum cupidis componere fœdus
// Lege tua; jam parce minis, & congrue pactis.
ECCE pererratis terrarum finibus adsunt,
Implentesque tuas lacrymosis questubus aures
Incipiunt: Pulsi mundo, nullaque recepti
Sede vagi, tandem fama exhortante redimus,
Quæque placent vobis amplectimur: edita nobis
Doctrinæ vestræ est pietas: nihil inficiando
Discutimus: liceat vobiscum jungere sensum.
Immortalem hominem factum si creditis, & nos
Credimus, inciderit mortem peccando, suamque
Progeniem culpa & letho devinxerit omnem:
Nullus non egeat sacro baptismate Christi,
Infantesque etiam // purgentur fonte lavacri:
// Dum nostri decus arbitrii, lumenque creatum
Principio, quod sponte potest insistere rectis,
Manserit illæsum, nec viribus absit ab illis,
Quas, condente Deo, generaliter omnis in Adam
Suscepit natura hominis, nec suppetat ulli
De non accepta arbitrii virtute querela:
Cum sine defectu seu Lex, seu Gratia Christi
Omnem hominem salvare velit: donumque vocantis
Sic sit propositum, ut nullus non possit ad illud
Libertate sua, proprioque vigore venire:
Sitque salus dignis salvari ex fonte volendi.
Hæc si vestra fides, vestra est doctrina, remotis
Quæ vestro exemplo rejecimus, addite sanctis
Nos gregibus, tandemque // boni defendite vestros.
TALIA submissus si defleat hostis apud te,
Quid referes? quo te affectu comperta movebunt?
Consultas, trepidas, mutas, cunctaris & hæres,
Quove anceps se præcipitet sententia volvis.
Injustum est animis cognatis non dare pacem:
Et quos una fides, eadem sapientia rectit,
His communem aditum // sanctorum ad sancta negare.
Jungere sed fœdus cum talibus, & violare
Sanctorum decreta // Patrum, Regumque piorum
Scriptas lege Dei leges contemnere, multum
Hostile est, nimiumque audax & perniciosum.

En-

℣. 144. *Conjungere*. Imperativus, sed ironicus. *Componere* tamen ℣. seq. est Infinitivus, regiturque a *cupidis*. Doct. Lovan.

℣. 146. *Lege tua*, *Doct. Lovan.* Hoc est, his conditionibus quas ipse præscripseris; ut ipsimet Pelagiani cap. seq. exponunt. Vulgati conjungebant has voculas cum sequentibus *jam parce*, &c. sed sine sensu.

℣. 158. *Purgentur fonte lavacri*. Non idem valet, ac simpliciter, *Baptizentur*; quod Pelagiani nunquam rejecerant; sed sic vis lo *purgari* ut a peccatis emundari. *Doct. Lovan.*

℣. 157. *Dum nostri*. *Doct. Lovan.* Egregius poeta noster totus in eo est, ut frustra videatur condemnatus Pelagius, si vel unum tum dogma, quod etiam Massilienses erat, integrum maneret.

℣. 171. *Boni*: non *bonis*, aut *bonos*, ut alii, & Lugd. Lov. Duac. & Colon. Est enim vocativus bonis auctoribus familiaris, ut Horatio lib. serm. sat. 4. . . . *Da veniam*, *Bone*, etc. *Doct. Lov.*

℣. 179. *Sanctorum ad sancta*. *Doct. Lovan.* Id est, ad templa, sacramenta, &c. alludit ad *sancta sanctorum* templi veteris.

℣. 181. *Decreta Patrum*. *Doct. Lovan.* Id est, Pontificum & Synodorum contra Pelagianos.

Ibid. *Regumque piorum*. *Doct. Lovan.* Imperatorum, Honorii, Theodosii, Constantii, &c. qui contra eosdem edicta publicarunt. Hinc de Bonifacio PP. Auctor contra Collat. c. 6. *Piissimorum Imperatorum catholica devotione gaudebat*, & *contra inimicos gratiæ Dei*, *non solum Apostolicis*, *sed etiam Regiis utebatur Edictis*.

℣. 183.

CAPUT VIII. [illegible]

Ergo Petri solium Romam, & Carthaginis altæ
// Concilium repetant humiles, eademque perorent,
Quæ frustra hic // trepido sunt deplorata favori.
Sed cum // mille Senum prudentia pervigil (olim
Perspectum notumque tenens, quod // tota nefandæ
Hæreseos summa exigua sub parte tegatur,
De qua plena mali labes renovetur, & omne
Commenti corpus per singula membra resurgat;)
// Antiquas adhibentem artes // rejecerit hostem,
// Limitibusque suis steterit censura salubris:
Numquid non justus poterit dolor abdita cordis
Rumpere, & in tales miseros excire querelas,
Ut dicant: Quænam ista, Patres, in cordibus almis
Justitia est? // quo fine graves, quo fine severi,
Claudere terrarum nobis persistitis orbem!
Nosne sumus // toto mundo, quorum undique vobis
Sit suspecta fides, quos non tolerare queatis,
// Si nostra a vestro vel syllaba dissonet ore?
Non verbis jam nos argumentisve tuemur:
// Judicium exemplo petimus. Quod // pace manente,
Libera // multorum vox adstruit, hoc sine bello
Cedatur nobis. Non // nostra inventa fovemus,

[illegible]

Nec

℣. 185. *Concilium*. Videtur S. Prosper ex duobus Conciliis, altero Novemb. 417. altero Maii 1. 418. unum facere.

℣. 186. *Trepido favori*: nempe Massiliensium erga Pelagianos, quibus favebant, sed trepide ob leges.

℣. 187. *Mille Senum*. Positum pro numero magno Episcoporum, a quibus Pelagiani in hac sua propositione repulsam passuri erant, uti antea tulerant damnationis sententiam.

℣. 188. *Tota nefandæ Hæreseos summa*, &c. Id proprium hæresis Pelagianæ, ut magnopere animadvertendum: quod varii illius errores naturali quadam colligatione ita invicem inter se contexti, atque alii ex aliis nexi sunt, ut si unicum admiseris, in cæteros omnes vel invitus devolvare. Id observatum jam alias a S. Prospero libro contra Collat. cap. ult. *Quia natura est, ita se falsitatis istius habere versutias, ut si ei liceat præteritæ correctionis imagine, aliquod (sibi faventium) radicis suæ germen excipere, totam se possit in exigua sui parte reparare.* Ubi notat *Doct. Lovan.* vulgatum istius loci mendum, redundantibus vocibus, *sibi faventium*, aut certe aliis quibusdam desideratis. Ad rem ipsam quod attinet, notat quoque idem hujus hæresis ingenium Leo. PP. Epist. 86. ad Nicet. Aquilejen. breviterque etiam alibi notatum a sancto nostro, Gratiam Dei, si non tota juxta fidem catholicam recipiatur, totam rejici, nullo proinde relicto dimidiandi loco.

℣. 192. *Antiquas artes*. Quibus Pelagius & Cœlestius quasi certatim, illi Episcopis Orientis, hic etiam Romanis obrepere tentaverant. *Doct. Lovan.*

Ibid. Rejecerit, & ℣. seq. *Steterit*. Sut. tem. verba: neque enim Antistites jam propositiones rejecerant, sed prædicuntur rejecturi. Verum sæpius id monet sententia ipsa, saltem ex quo versus illos præcedentes cum ipso adv. *olim*, quod hucusque turbaverat, parenthesi demum inclusimus. *D.S. Lovan.*

℣. 193. *Limitibusque suis steterit censura*, id est, sua manserit Romana & Africana sententia. *D. L.*

℣. 197. *Quo fine*, pro, *quousque?* Non autem pro eo quod dici solet, *qua intentione*. *D. L.*

℣. 199. *Toto mundo*, q. d. soli ex cunctis hominibus. *D. L.*

℣. 201. *Si nostra a vestro* &c. Extenuare conantur suam ab Orthodoxis dissidium (ex Hæreticorum omnium ingenio,) quasi in verbis solum & vocibus situm. Porro hunc versum vulgati codices cum proximis hunc in modum conjungunt,

. . . . . . *Quos non tolerare queatis?*
Si nostra a vestro vel syllaba differat ore,
Non verbis jam nos . . .

Nos Galiam (id est virum doctissimum qui versibus & prosa linguæ Gallicanæ reddidit hoc poema) secuti sumus. *Doct. Lovan.*

℣. 203. *Judicium exemplo petimus*: contra quam dici solet, *non exemplis, sed legibus judicari*. Petunt itaque de se Massiliensibus Semipelagianorum exemplo, ut si illi absolvantur, ipsi quoque habeantur absoluti. Editiones Lugd. Lovan. & Duac. habebant, *exemplo*, sed incongrue. *Doct. Lovan.*

Ibid. Pace manente. Id est, salva communione Ecclesiastica, ut supra non semel. Conformiter intellige ℣. seq. *sine bello*. *Doct. Lov.*

℣. 204. *Multorum*. Magno enim numero jam inde ab initio fuisse Semipelagianos Auctor quoque testatur Epist. ad Aug. adeo ut sub finem ejusdem paucos dicat (eorum comparatione) *perfectæ gratiæ intrepidos defensores*: maxime cum factio ingenii potentia & gratia alerentur, ut idem ostendit. *Doct. Lovan.*

℣. 205. *Inventa sua*, & ℣. seq. *Prima studia* vocant prima dogmata supra cap. 1. expressa; quasi dicant; Non eadem jam est nostra doctrina, quam priorem cum nos damnastis: ecce inde recidimus ea de quibus quæstio, ista nimirum supra memorata cap. 8. toto paragrapho 2. *Doct. Lov.*

℣. 208.

Nec primis studiis insistimus: ecce recisum est
Unde olim certamen erat, vestrisque reversi
Cedimus, & // quæcumque illis placuere, probamus.
// Quid superest culpæ? Quo nos decet usque repelli?
Si vero hæc etiam, // quæ nos pia ducimus, absunt
A veris, & vestra illis bene cura repugnat:
Cur extra invidiam, pœnamque erroris habentur
Qui damnata docent, & // per clara oppida tuti,
His magnos implent populos, quæ nos perhibentes
Plectimur, & nulla sinimur consistere terra?
Hæc in Pontificum sancto deprompta senatu,
Quam curam exigerent, & quæ decreta moverent,
Perspicis. An quoniam culpa securus operta
Non premeris Synodo, nec te pœnæ metus urget,
Spernis propositi speciem terroris, & isthæc,
Plena velut vanis simulacris somnia rides?
Ergo gerendorum eventu, & fine remoto,
Hæc tantum in medium quæ jam sunt gesta vocemus:
Ut facile ex illis, quale hoc sit discutiatur,
Quod disceptantes dudum in diversa // movemur.

ꝟ. 208. *Quæcumque illis*: nempe Semipelagianis, quos adhuc pro *vestris*, seu vestræ communionis habetis. Jam enim cap. 8. paratos se profitentur hominum doctrinæ subscribere.

Quæque placent vobis, sicut, amplectimur.

ꝟ. 209. *Quid superest?* &c. Vulgati (Lugd. Lov. Duac. & Colon.) ferebant,

Quid superest culpæ, quo nos decet &c.?

Sic ut *quo* esset sexti casus relativum, afficereturque, *quid culpæ*. Nos autem ita restituimus, uti putamus ab Auctore scriptum ex Æneid. 5.

Qui finis standi? quo nos decet usque teneri?

ubi perspicua est Textus in *quousque*. *Doct. Lovan.* Hunc sensum secutus est quoque translator Gallicus.

ꝟ. 210. *Quæ nos*: nimirum una cum *vestris*, seu Semipelagianis: agitur namque de dogmatis utrique sectæ communibus. *Doct. Lov.*

ꝟ. 213. *Per clara oppida* & ꝟ. seq. *Magnos populos*. Videlicet *Massiliæ*, vel *aliis etiam locis in Gallia*, ut ait Hilarius Epistola ad Augustinum. Hinc etiam tota factio *Massiliensium* nomen accepit, & Auctor quoddam opusculum contra Capitula *Gallorum* scripsit. Respondit quidem hic etiam ad excerpta *Genuensium*; sed hi Semipelagiani non erant, ut excerpta illa indicant: quapropter Italiam ab hac labe immunem fuisse crediderim. *Doct. Lovan.*

ꝟ. 225. *Movemur*. Gallus (translator) *vertimur*; nec fortassis incongrue: nisi tertius retro versus eodem iterum verbo clauderetur. *Doct. Lovan.*

SAN-

SANCTI PROSPERI
CARMEN
DE INGRATIS
PARS SECUNDA.

ARGUMENTUM.

PRÆCIPUA Pelagii dogmata, vel ipsis fatentibus Semipelagianis, ab Ecclesia damnata, percurrit. Tum proponit illorum doctrinam, cujus duæ partes sunt. Una est, universis prorsus hominibus offerri Gratiam a Deo, qui vult omnes homines salvos fieri. Altera liberum arbitrium in caussa esse, cur unus gratiam amplectatur, alter respuat; unus perseveret, alter non perseveret, eo quod gratiæ opem sibi comparare neglexerit, quod omnes possunt, cum ex primigeniæ integritatis reliquiis satis virium in natura residuum fuerit ad opem Dei desiderandam & postulandam. Primam partem de Gratia omnibus oblata, per quam salvi esse possint, refellit tum exemplo eorum Infidelium qui de fidei mysteriis nihil umquam audierunt, quosque adeo certum est non potuisse nec gratiæ nec salutis esse participes: Tum hac ratione, quod si Deus omnes penitus homines, nemine excepto, salvos fieri vellet, omnes salvarentur, cum haud dubie impleatur quidquid vult Omnipotens. Ut autem alteram partem confutet, duo facit; Primum quidem, qua ratione in animis nostris gratia operetur explanat, nempe non consilio tantum benignoque hortatu docens, suadensque, sed mutans intus mentem, faciensque insuperabiliter ut velit. Deinde vero demonstrat ante gratiam illam, qua velle & operari in nobis operatur, neminem posse seipsum præparare ad gratiam; quoniam fides, qua prima datur per quam cætera impetrantur, gratuitum Dei donum est, neque ante illam quidquam agere homo potest, quo ipsam emereatur, cum omnia etiam probitatis opera nisi ex semine veræ fidei oriantur, peccata sint.

CAPUT IX.

INTER multa suis quæ tradidit hæresiarches,
// (Quod cognoscis,) ait, naturam quæ bona facta est,
Nullis cum vitiis in quoquam omnino creari,
Nec cuiquam primi culpam nocuisse parentis,
Et quoniam tales nascantur nunc quoque, qualis
Ille fuit nostri generis pater ante reatum:
Posse hominem sine peccato decurrere vitam,
Si velit, ut potuit nullo delinquere primus
Libertate sua. Nempe hæc damnata fateris
// Conciliis // mundique manu. Connectit & illud

Idem

V. 227. *Quod cognoscis*) Turbabant & hæ voces; ideoque parenthesi inclusimus.

V. 235. *V. supra*) v. 42. & 76.

Ibid. Mundique manu.) De sæculari Imperatorum potestate interpretatur Gallus (de lege scilicet Honorii Imperatoris.) Non nemo alius intelligit de generali subscriptione, qua cujusvis ordinis homines promiscue Pelagianos damnare cogerentur. Simplicius erat accipere de consensu, quo conciliorum Africæ *constitutionem contra inimicos gratiæ Dei totus mundus amplexus est*, ut supra dicentem audivimus Auctorem ipsum ad v. 78. Si tamen de subscriptione intelligendus sit locus, tum audire malim Pelagianos, qui apud August. l. 4. ad Bonif. c. 8. *Episcopis sine congregatione Synodi in locis suis sedentibus subscriptionem* quærentur *extortam*, de cæteris vero ordinibus altum tacent. *Dist. Lov.*

V. 238.

Idem auctor, quod Lex ita sanctos miserit olim
Cælorum in regnum, sicut nunc gratia mittit.
Hoc quoque // judicio sancto scis esse peremptum.
  Objectum est aliud // ipsum dixisse magistrum;
Quod meritis hominum tribuatur gratia Christi,
Quantum quisque Dei donis se fecerit aptum.
Sed nimis adversum hoc fidei, nimiumque repugnans
Esse videns, dixit se non ita credere, & illos
Damnari dignos quorum mens ista teneret.
Quo cernis, cum judicibus damnantibus ista
Consensisse reum: nec quemquam hoc posse tueri;
Quæ tamen ipse suis rursum // excoluisse libellis
Detegitur, reprobum in sensum fallendo reversus.
  Nunc igitur, quoniam quid nostris displicuisset
Ostensum est: quam sana fides sit vestra patescat.
  // Gratia qua Christi populus sumus, hoc cohibetur
Limite // vobiscum, & formam hanc adscribitis illi,
Ut cunctos vocet illa quidem, invitetque; nec ullum
Præteriens, studeat communem adferre salutem
Omnibus, & totum peccato absolvere mundum.
Sed proprio quemque arbitrio parere vocanti,
// Judicioque suo, mota se extendere mente
Ad lucem oblatam, quæ se non subtrahat ulli,
Sed cupidos recti juvet, illustretque volentes.
Hinc adjutoris Domini // bonitate magistra,
Crescere virtutum studia, ut quod quisque petendum
Mandatis didicit, jugi sectetur amore.
Esse autem edoctis istam communiter æquam
Libertatem animis, ut cursum explere beatum
Persistendo queant; finem effectumque petitum
Dante Deo, ingeniis qui numquam desit honestis.
Sed quia non idem est cunctis vigor, & variarum
Illecebris rerum trahitur dispersa voluntas;
Sponte aliquos vitiis succumbere, qui potuissent
A lapsu revocare pedem, stabilesque manere.
  Jam quia summatim, ut potuit, sententia vestra
Decursa est: Dic unde probes quod gratia Christi
Nullum omnino hominem de cunctis qui generantur,

Præ-

V. 238. In concilio Diospolitano.

V. 239. *Ipsum dixisse magistrum.* In eadem Synodo quidem tum sequens, tum præcedens articulus, tamquam a Cælestio assertus objicitur; sed quod discipulus asseruerat, merito Pelagio ut Magistro adtributum est. Ceterum ad hæc posteriora respondit Pelagius: *Hæc iterum Cælestii sunt, ipsi viderint, qui dicunt ea Cælestii esse; ego vero numquam sic tenui, sed anathematizo qui sic tenent.* Vide Aug. lib. de Gest. Pelag. cap. 14. Quo libro reliqua etiam, quæ hic de Synodo ista dicuntur, videri possunt. *Doct. Lov.*

V. 247. *Excoluisse libellis.* Hæc illi Augustinus multis locis improperat, ac in primis lib. de Grat. Christi. Item de Peccat. origin. Porro, *excoluisse libellis*, dictum est ut supra, *Versibus excolat*. Doct. Lov.

V. 251. *Gratia*, Sapientiæ in Scripturis, un-[illegible]

alme Prov. Sap. Eccl. &c. persona adscribitur; quæque de illa dicuntur, promiscue de increata & creata, pro locorum diversitate accipiuntur ab Interpretibus. Idem hic tantum de Gratia monitum velim; cetera relinquens vario Lectorum palato.

V. 252. *Vobiscum*. Edit. Lugd. *nobiscum*, & v. seq. nec *illum*, ubi ceteri, *vobiscum* &, nec *ullum*.

V. 257. *Judicioque suo*. Puto, *Judicium voluntatis*, intelligi, ut vocat Julianus lib. 4. contra Julian. c. 4. seu liberam electionem. *Doct. Lov.*

V. 260. *Bonitate magistra*. Id est, doctrice; ut & infra,

Mandatis didicit . . . . &,
Esse autem edoctis &c.

Ad dictionem quod attinet, præiverat illi Æneid. 12.

. . . *Nec artis magistra*. Doct. Lovan.

[illegible] *Matth.* 24. 14.

Prætereat, cui regnum vitamque beatam
Impertire velit? // Nec enim vel tempore nostro
Omnibus in terris jam certum est insinuatum
Christi Evangelium: ne dicam exordia // doni
Non potuisse simul toto decurrere mundo.
Illa quidem ad cunctos ferri sunt jussa: sed uno
Tempore non agitur, quod tempore dicitur uno.
Dumque suis aditus Domino pandente ministris,
Crescunt primitiæ, fuerint omnino necesse est
Quædam terrarum partes, ubi gratia nondum
Corda hominum tenebris // absolverat // impietatis,
Et dira innumeri demersi nocte peribant,
Cum multæ accepto fulgerent lumine mentes.

CAPUT XII. [illegible]

An bonitas divina quidem non destitit omnes
Velle vocare homines, // sed non simul apta fuerunt
Corda, quibus possent conferri dona salutis;
Dum morum obsistit feritas truculenta // magistris,
Difficilesque aditu // transcurrit gratia gentes:
Ut quoniam lucem offerri voluisset, & ipsis
// * Demonstrare Deus; sua quemque adversa voluntas
Arguat, & culpa obstringat, quia // lumine primo
Per vitia oppresso, sit facta indigna secundo?

[illegible]

Quod si firmatur, nequicquam plectimus illos,
Qui nullum // innatum vitium nascentibus ajunt,
Incolumique omnes cum libertate creari:
Gratia quos Christi meritorum examine justo
Eligat, & dignos vita vocet, accipiatque.
Namque // utrumque simul sapitis, qui dicitis, Omnes

Omni-

℣. 275. *Nec enim &c.* Videsis idem argumentum respons. ad capit. Gall. c. 4. *D. L.*

℣. 277. *Doni*, Evangelii: sicut infra ℣. 289. *Dona salutis*. *D. L.*

℣. 284. *Absolverat*. Fateor, in editis antiquioribus esse *Absumpserat*; sed repugnat sententia; & credendum est hic scriptum fuisse *tenebris absolverat*, sicut infra ℣. 881. *Penitusque absolvere*. *Doct. Lovan.* Idem jam ante ex conjectura certis indicatum a traductore. Utriusque judicio fisi, & insuper Doctoris exemplo, hanc vocem textui restituere non dubitavimus.

Ibid. Impietatis: pro infidelitate, ut non solum Libri facit, sed etiam prophana judicia olim loquebantur. Hinc Christiani *Impietatis* seu *Atheotetos* damnati (a paganis errantibus.) *Doct. Lov.*

℣. 288. *Sed non simul*. Sic Ep. ad Rufin. cap. 15. *An dicendum est*, inquit, *voluntati Dei humanas obsistere voluntates, & tam feras tamque intractabiles barum hominum mores, ut Evangelium idco non audiant, (hoc est, ipsis non prædicetur,) quia prædicationi impia corda non pateant?* Quod effugium ibidem egregie quoque præcluditur. *Doct. Lovan.*

℣. 290. *Magistris*, Id est, Prædicatoribus. *D. L.*

℣. 291. *Transcurrit*: non pro *percurrit*, ut infra 381. Sed pro *prætercurrit*, seu *præterit*. Agitur enim de gentibus, quas, ut dicitur infra 690.

Gratia neglexit degentes mortis in umbra. D. L.

℣. 293. *Demonstrare &c.* Phrasis dura, nec sapiens Prosperi facilitatem. Potuit omnino legendum, *Se monstrare*; ut perinde sensus sit, Deum omnibus lucem oblatam voluisse, ac re ipsa obtulisse, qua unum saltem Deum verum agnoscerent; atque illis sufficienter se ipsum manifestasse: at etiam oblaturum fuisse lucem Evangelii, qua cætera ad ejus cultum pertinentia noscerent, nisi prima illa luce per vitia oppressa, se altera illa indignos reddidissent. Estque plane conformis locus Auctoris Epist. ad Aug. post medium. *Quandoquidem*, *aiunt*, *inexcusabiles sunt*, *qui & ad unius veri Dei cultum potuerunt instinctu intelligentiæ naturali*, & *Evangelium ideo non audierint*, *quia non fuerint recepturi*. Doct. Lovan.

℣. 294. *Lumine primo*, nempe *intelligentiæ naturali*, ibi de quo loco citato. ℣. seq. vero *Secundo*, id est, *Evangelio*, ut ibidem *Doct. Lov.*

℣. 297. *Innatum*, potius quam *illatum*, ut alii: tum quod infra ℣. 816. similiter legatur,

Nunc calcem lassasse &c.

tum quod illa hic *innatum nascentibus*, sibi concinnitate quadam congruere. *Doct. Lovan.* Hoc in margine notarant edit. anteriores, & emendaverat jam translator eruditissimus.

℣. 301. *Utrumque simul sapitis*, cum Pelagianis: videlicet & quod homines cum incolumi & primigenia ista libertate nascantur, & quod gratia vocet eos quos meritorum examine justo invenit vocatione dignos. Primum semper sapiunt asseruntque duobus versibus proximis, alterum vero cæteris sequentibus. Quod ut clarius videatur, juvabit eosdem versus per se satis obscuros, brevi Paraphrasi elucidare. Itaque.

Ibid.

Omnibus oblatum potuisse // apprendere munus:
Naturae quoniam non sit detracta facultas:
Nec sine justitia pereant, qui mentis honorem
Sordibus obruerint vitiorum, ut lumen ab alto
Emissum, indigna nollet requiescere sede.
Sic, quod nascendo est unum, distare volendo:
Ut meritum ad paucos, naturaque spectet ad omnes.
SED tamen haec aliqua si vis ratione tueri,
Et credi tam stulta cupis: jam pande quid hoc sit,
Quod bonus omnipotensque Deus, non omnia subdit
Corda sibi, pariterque omnes jubet esse fideles?
Nam si nemo usquam est, quem non velit esse redemptum:
Haud dubie impletur quidquid vult summa potestas.
Non omnes autem salvantur, magnaque pars est
Quae sedet in tenebris mortis, nec vivificatur.
An varii motus animorum talia gignunt,
Libertasque facit caussam non omnibus unam?
Ergo hominis valida arbitrio divina voluntas,
Aut etiam invalida est, // operis cui finis in illo est.
Quem frustra juvisse velit, nisi // praefecat ille
Affectum, cujus comitetur gratia cursum.
At si dimota certandi nube, serenis
Quae sunt vera oculis mecum intueare modeste:
Et vetera exemplis manifestis plena videbis
Saecula, & in nostro cognosces tempore multa
Quae doceant, virtute Dei conversa malorum
Corda, quibus recti nihil umquam insederat, & quae
Nullum justitiae signum sensumve gerebant.
Namque ut nunc saevas gentes & barbara regna,
Ignoti prius aut spreti nova gratia Christi
Adjtahit, & terra templum sibi condit in omni:
Sic prius immites populos, urbesque rebelles,
Vincente obstantes animos pietate, subegit.
Non hoc consilio tantum hortatuque benigno
Suadens atque docens, quasi normam Legis haberet
Gratia: sed mutans intus mentem, atque reformans;
Vasque novum ex fracto fingens, // virtute creandi.
Non istud monitus Legis, non verba Prophetae,

CAPUT XIII. [illegible]
Psal. 113. 3. [illegible]

[illegible]
CAPUT XIV. [illegible]

Gratiam non [illegible] Sed efficaciter [illegible]

Nun

Ibid. Omnes omnibus oblatum. Id est, omnes rationem & homines sui arbitrii merito potuisse efficere, ut sibi Evangelium annuntiaretur; nimirum non admittendo obstantem cordis duritiem, moramque fortasse (quando quidem integrum ad id libertatem non amisissent) adeo ut qui auditione Evangelii frustrati sunt, enim praecipue ob eam causam illo sunt frustrati, quia dignum Evangelio locum in se suis propriis meritis non praeparaverunt. Atque ita fieri, ut qui nativa arbitrii libertate sunt aequales, dispari ejusdem usu inaequales efficiantur; eaque meritum proprium, licet naturalis merendi facultas sit omnium. Doct. Lovan.

℣. 302. Apprendere, pro assequi (ut etiam ℣. 843.) est infimae Latinitatis vocabulum, tandem etiam vernacule usurpari coeptum pro addiscere. Obiter autem notari potest, quomodo hunc infinitivum Auctor phrasi sibi familiari continuo mutet in subjunctivum, cum post versum interpositum pergit:

Nec sine justitia pereant &c.

pro, perire. Doct. Lov.

℣. 320. *Operis Finis*. Id est, successus. Doct. Lovan.

Ibid. *In illo est*, nempe arbitrio, ut prima fronte apparet. Sed quae sequuntur ℣. sequenti *Quem*, & *Ille*, indicant omnia simul esse relativa *Hominis*, ℣. praeced. Doct. Lovan.

℣. 321. & seq. *Praefecat affectum cujus* &c. eo sensu quo quis facem aut signum *praeferre* dicitur. Quod notatum oportuit ob vocis & phrasis ambiguitatem. Doct. Lovan.

℣. 338. *Virtute creandi*. Id est, eadem virtute & potentia nunc reformantis, qua olim formavit: hinc enim mos illud;

Quod fecit, reficit. Doct. Lovan.

[illegible]

Non // præstata sibi præstat natura; sed unus
Quod fecit, reficit. Percurrat Apostolus orbem,
Prædicet, hortetur, plantet, riget, increpet, instet,
Quaque viam verbo reseratam invenerit, intret:
Ut tamen his studiis auditor promoveatur,
Non doctor, neque discipulus, sed gratia sola
Efficit, inque graves // adolet plantaria fructus.
Hæc semen fidei // radicem adfigere menti,
Eque sinu cordis validum jubet edere germen.
Hæc maturandam segetem servatque fovetque;
// Ne lolium & tribuli, & vanæ dominentur avenæ:
Ne ventus frangat, torrens trahat, æstus adurat:
Neu cum se nimium læta & præfortis in altum
Extulerit, turpi procumbat strata ruina.

[illegible]

CAPUT XV.

[illegible]

Et nos ista, // inquis, sentimus de bonitate
Ac virtute Dei: // quæ ni foveatque regatque
Quos vocat, & tutos peccato præstet ab omni;
Non sua servabit quemquam prudentia, nec se
Perficiet solis naturæ viribus ullus.
Sed quia jam in nobis & velle & nolle creatum est,
Arbitriique sui quo vult intendere motus
Libertas // accita potest, patuitque per aurem
Judicio cordis, quo mundum proposuisset
// Consilio servare Deus: mens excita longum

Ex-

℣. 340. *Præstata*. D. L. legi mavult, *Prostrata*, etsi Editiones omnes legant *Præstata sibi*: id est, sibi dimissa, ingenium; nec etiam caret elegantia a conjugatis, ut vocant,

Non Præstata sibi Præstat natura.

Tamen legendum *prostrata* puto, tum quod prostratam naturam etiam infra reperiatur ℣. 889.

Sed prostrata semel quantum natura profundo Or.

tum quod ℣. 398. & seq. in eamdem sententiam legatur:

Nemo alii dat, verum sibi; nec Littera Legis
Nec naturalis sapientia (en quod dicit Naturæ: sic autem prosequitur) *quæ semel æsta.*
In præceps &c. quod idem est satis ac prostrata.

℣. 346. *Adolet*. Sic etiam ad Capit. Gall. sent. 6. *Arbitrium hominis* (libertatem) *gratia Dei non abolet, sed adolet*.

P. Ramus in illud Pharmaceutr.

Verbenasque adole pingues:

Adolo, inquit, *proprie est Augeo, & hic Cat' antiphrasin ... pro Incendo dicitur*. Noster lector [illegible] quidem forsassis, sed tamen proprie hanc vocem posuit. *Doct. Lovan.*

℣. 347. *Radicem adfigere menti*. Dixerat Virgilius Georg. 2.

. . . . . . *Radicem adfigere terræ*.

Quin totus hic pene paragraphus e Georgicis expressus est. *Doct. Lovan.*

℣. 350. *Ne lolium &c.* Ramus in Gallicam Virgilii versionem Eclog. 5.

Infelix lolium, & steriles dominantur avenæ:

Lolium, ait, *Græcis est zizanion, Francis yuraie*: Versus idem repetitur Georg. 1.

Lappæque, tribulique, interque nitentia culta,
Infelix lolium &c.

Officit atodit, quod Ovidius 1. *Fast.* testatur:

Et careant loliis oculos vitiantibus agri.

Tum ita pergit de *avenis* eodem versu: *Avena primum frumenti vitium est, ait Plinius L. 18. c. 17. Sterilis porro dicitur ad differentiam sativæ: vana pro eadem dicitur, Georg. 1.*

Expectata seges vanis illusit avenis. Doct. Lovan.

℣. 354. *Inquis*, potius quam, *inquit*, ut Vulgati; cum aliquot his capitibus persona fit hominis Semipelagiani allocutio. *Doct. Lov.*

℣. 355. *Quæ ni &c.* Idem fatetur Collator lib. contra Collatorem cap. 3. & 4. quod quidem *suis interdum motibus homo ad virtutem appetitus possit extendi, semper vero a Domino indigere adjutorio*: & bonarum voluntatum principia, *nisi a Deo dirigantur, ad consummationem virtutum pervenire non possunt*, quod postremum quidem hic ita effertur.

. . . . Nec se
Perficiet solis naturæ viribus ullus. Doct. Lovan.

℣. 361. *Accita*. Id est, *procurata*. Improprie proculdubio. Gallus satis appositæ in Prosa: *Lorsqu'on lui a proposé quelque chose*. Doct. Lov.

℣. 363. *Consilio*. Gallus de magno consilio miraque œconomia Redemptionis nostræ intelligere videtur. Hinc satis quidem magnifice:

Lors qu'on lui a fait voir ces moyens ineffables,
Dont un Dieu daigne user pour sauver les coupables.

Dubitem tamen, an non sensus germanus sit: *Quo mundum proposuisset &c.* id est, quid ad salutem Deus a nobis velit. Porro *proposuisset* phrasi Auctoris positum est, pro *proposuerit*, ut supra ℣. 243. *Dissiluisse* ℣. 292. *Voluisse*. Doct. Lov.

℣. 363.

Excutiat somnum; seque illi subdat & aptet,
Qui // cupidam & fidam promissa // in gaudia ducat.
Hoc est nobiscum quod te sentire ferebas?
Hæc sincera fides? Hæc Christi gratia tecum est?
Cujus opus //, fixo distinctum limite, totum
Extra hominem statuis // clausa penitus ' fore mentis:
Vixque Deum // sensus carnis permittis adire,
Per quos sumpta foris animus dijudicet intus,
Seque ferat quoquo librata examina pondus
Presserit arbitrii: veluti cum voce loquentis,
Aut rerum actarum // specie, quas vidimus, aut quas
Legimus: exoritur secreta cordis in aula,
Nunc amor, aut odium, nunc spes, metus, ira, dolorque:
Nec tamen hos motus scriptor, narrator, & // auctor
Insevere animo, (quamvis forte hoc quoque vellent;)
Sed de // perceptis mens judex sponte movetur;
Et // pro more suo, quantum se exercuit istis,
Transit in affectum quem confirmaverit ex se,
Illa volendo sequens, istis nolendo resistens.
At vero omnipotens hominem cum gratia salvat,
Ipsa suum consummat opus; cui tempus agendi
Semper adest quæ gesta velit: // non moribus illi
Fit mora, non caussis anceps suspenditur ullis.
Nec quod sola potest, cura officioque ministri
Exequitur, famulisve vicem committit agendi.
Qui quamvis multa // admoveant mandata vocantis;
Pulsant, non intrant animas. Deus ergo sepultos
Suscitat, & solvit peccati compede vinctos.
Ille obscuratis dat cordibus intellectum:
Ille ex injustis justos facit, indit amorem
Quo redametur amans; & amor quem contulit, ipse est.

395 Hæc

---

v. 365. *Cupidam & fidam*. Respicit videtur ad duo illa, quæ Massilienses prævie ad gratiam requirebant; nempe desiderium sanitatis & fidem: vel ad desiderium tantum, sed constans illud & continuatum, cui iidem & gratiam & perseverantiam acceptam referebant. *Doct. Lov.*

Ibidem. *In Gaudia*. Gallus, *præmia*: sed vulgatam nostramque lectionem probat, primo quod si *præmia* legendum foret, non aptius *ad præmia* dictum fuisset; deinde, & præcipue, quod respicit videatur ad locum Evangelii, *Intra in gaudium Domini tui*: unde etiam quod in textu præcedit, ubi servus *fidelis* appellatur, puto hic expressum per illud *Fidam*. Doct. Lovan.

v. 368. *fixo distinctum limite*) Sic supra v. 251. & seq.

. . . . *hoc cohibetur*
Limite vobiscum.

v. 369. *Clausa fore*, seu junxa: non clausæ, ut alii. *Doct. Lovan.*

v. 370. *Sensus carnis*, propter illud v. 361.
. . . . *Patuitque per aurem*.

v. 374. *Specie*) alias *specimen*; ut ipse sit rectus verbi *exoritur*: sed cum sequantur mox alia, nempe, *amor*, *odium*, &c. necesse est ut hic sit obliquum, perinde ut *Voce loquentis*. Doct. Lov.

v. 377. *Auctor*. Jam ex conjectura, Gallo non consentiente, substituimus *Actor*, ut sic tria hæc, *scriptor*, *narrator*, *& actor*, convenirent cum tribus illis superioribus, *Voce loquentis*, *rerum actarum specie quas vidimus*, *& quas legimus*; cum locum ex illo Salustii locus, ostendunt *Auctorem* etiam pro *actore* poni posse, adeoque nihil hic in Vulgatis immutandum esse: sic enim ille paulo post initium Catilin. distinguit rerum *Scriptorem* & *Auctorem*, ut *Auctorem* dicat qui res agit. *Doct. Lovan.*

v. 379. *Perceptis*. Doct. Lovan. restituisse se dicit ex editis antiquioribus, *Præceptis*, cum recentiores haberent, *perceptis*, sic autem intelligi voluit, ut Æneid. 6.

Omnia præcepi atque animo mecum ante peregi.

Nos autem consultis antiquioribus editis, Lugd. Lovan. & Duac. legimus uniformiter *perceptis*. Sola editione Coloniensi & posteriori Lugdunensi habente *præceptis*. Ideo non mutavimus.

v. 380. *Pro more suo*. Id est, pro quibus est moribus ac ingenio. Ita Salustius in Jugurth. *Sibi quisque pro moribus consulunt, alii fugere, alii arma capere*. Doct. Lovan.

v. 385. *Non moribus*, contra illud v. 431.
Dum Moram abfuit fecitas. Doct. Lov.

v. 389. *Admoveant*, quasi ad pulsandum & intrandum, ut sequitur. Non igitur *admoneant*, ut aliqui. Doct. Lovan.

v. 431.

Hunc itaque affectum, quo sumunt mortua vitam,
Quo tenebræ fiunt lumen, quo immunda nitescunt,
Quo stulti sapere incipiunt, ægrique valescunt,
Nemo alii dat, nemo sibi, non littera Legis,
Nec naturalis sapientia, quæ semel acta
In præceps, labi novit, consurgere nescit:

[illegible]

// Et licet eximias studeat pollere per artes,
Ingeniumque bonum generosis moribus ornet;
Cæca tamen finem ad mortis per devia currit,
Nec vitæ æternæ veros adquirere fructus
De falsa virtute potest, vanamque // decoris
Occidui speciem, mortali perdit in ævo.
Omne etenim probitatis opus, nisi semine veræ
Exoritur fidei, // peccatum est, // inque reatum
Vertitur, & sterilis cumulat sibi gloria pœnam.

[illegible]

CAPUT XVII. [illegible]

USQUE adeo donum est quod credimus, & data gratis
Gratia, non merita ditat mercede vocatos:
Nec justorum operum discernit facta; sed omnes
Sola ex immundis mundos facit, utque // legentem
Lectus amet, // non hoc studio, sed munere sumit.
Nam si spectatrix meritorum est gratia, & illis
Se tribuit, quorum est animus purgatior, & quos
Per libertatem arbitrii sibi repperit aptos:
Insontes tantum, justosque adsumere // solos
Debuit, & veri cupidos, ac recta volentes.
Perversos autem, & scelerum assuetudine turpes
Deturbare procul, lucemque negare tenebris.
Atqui Salvator mundi non præmia justis
Solvere, nec sanis venit conferre medelam:
Sed quod dispersum exciderat, // fractum atque jacebat,
Quærere, & inventum reparare, ac reddere curæ.

CAPUT XVIII. [illegible]

DENIQUE ne quisquam ex morum splendore putetur
Censeri, aut fidei merito ad bona summa vocari,
Ceu non divino sit munere mentibus ipsa
Inspirata fides: recole innumerabile vulgus

Re-

ꝟ. 401. *Et licet eximias &c.* Sic contra Collat. c. 10. *Etiamsi excellentissimis artibus, & cunctis mortalium polleat disciplinis, justificari ex se non potest; quia bonis suis male utitur, in quibus sine cultu veri Dei, impietatis immunditiæque convincitur, & unde se defendi existimat, accusatur.* Doct. Lovan.

ꝟ. 405. *Decoris occidui*, eadem phrasi qua Epist. ad Demetriadem c. 4. dicitur, *honores occiduos*; id est, qui cito transeunt occiduntque. In pluribus Editis (Lugd. Lov. Duac. & Colon.) pro *vanamque decoris*, legitur [illegible], sed vitio fortassis Typographi (quod ante emendaverat gallicus translator). Saltem lectio nostra dubia esse non potest, ita prorsus postulante sententia. Doct. Lov.

ꝟ. 408. *Peccatum est.* Locutio est Apostolica, Rom. 14. 23. *Omne autem quod non est ex fide, peccatum est.* De qua consule Interpretes. Eam lenitiem emollire videtur hic noster, cum addit:

Ibid. *Inque reatum Vertitur, & sterilis &c.*) Per quod fortassis insinuat, non ipsum per se opus quod non ex fide fit, peccatum esse operante, ut quod sæpe fit moraliter (sic Scholæ loquuntur) seu ex officio bonum; sed reatum demum accedere, ubi de illo bono aliter quam in Domino gloriatur: uti facile Infideles de bonis gloriantur suis. Saltem non sensit Prosper, neque sentire potuit, Omnia opera Infidelium, in rigore quo hodie Theologia loquitur, esse peccata. *Doct. Lov.* Legi potest S. Augustinus lib. 4. contra Julianum cap. 3. *Append. part. 2.*

ꝟ. 413. *Legentem lectus*, pro, eligentem electus; id est, Deum homo. *Doct. Lov.*

ꝟ. 414. *Non hoc studio.* Id est, non labore & merito, sed dono gratuito accipit. *Doct. Lov.*

ꝟ. 418. *Solos.* Gallus *solum* (Editi omnes *solos*) verum in medio versus *tantum*, & in fine *solum* displicent. *Doct.* Lovan.

ꝟ. 424. *Fractum atque jacebat.* Quidni, inquiam, scripsit, *fractumque*? Sed libuit fortassis imitari Horatium lib. 1. Epist. ad Quinct.

. . . . . . *Renuit, negat atque Sabellus.* Doct. Lovan.

ꝟ. 414.

Retro senum & juvenum, qui cæca turpiter usi
Libertate animi, per cultus dæmoniorum,
Per magicas artes, per amorem rapta tenendi,
Per stupra, per cædes vitam duxere nefandam:
Et tamen incumbente obitu, jam // limite in ipso
Extremi flatus, // miserantem nocte remota
Cognovere Deum; purgatorique lavacri
Munere, nulla mali linquentis signa prioris,
Exempti mundo mutarunt tartara cælo.
Quæ merita hic numeras? Si præcedentia // cernas,
Impia; si quæris post addita, nulla fuerunt.
Si vero merito adscribis, voluisse renasci:
Nempe utero fidei parta est tam recta voluntas.
Porro fidem quis dat, nisi gratia? sic bene velle
Gratia dat tribuendo fidem quæ credita poscit,
Quæque voluntatis meritum creet, ipsaque solo
Nascatur spirante Deo, mentemque reformans,
Ne cinere algenti sopitum suscitet ignem.
Ergo // voluntatis genitrix, operumque creatrix
Non est ex merito: quoniam quod non fit ab illa,
Non bene fit: QUEM non // recto via limite ducit;
Quanto plus graditur, tanto longinquius errat.
Sive igitur meritum, credens existere posse
Ante fidem, donas // virtutibus impietatis;
Sive illam vis esse tuam, non munere dantis
Sumptam, sed genitam de libertate volendi:
Nullam habet in vobis salvatrix gratia sedem,
Inflato exclusa arbitrio, quod fronte superba
Erigitis, spatio ut gravius majore ruatis.
// DIVINORUM operum quod ponitis in redimendis
Principium? Mandata Dei facere ante lavacrum,
Nosse & amare Deum, // promissis credere Christi,
Quærere, pulsare, & petere, // propelum omnibus esse
Asseritis, qui se studeant aptare vocanti.
Anne ab // aquis divina manus renovare receptos

In-

CAPUT XIX.
[illegible]

CAPUT XX.
[illegible]

ỽ. 434. *Limite in ipso*. Conjiciunt aliqui legendum, *Limine in ipso*; seu quod sic legatur infra ỽ. 812. seu quod tum Virgilius in Pharmac. & Æneid. 10. tum Lucretius lib. 6. sic habeant. Censeo tamen retinendam hanc lectionem, cui correspondet illud in Epist. ad Rufin. cap. 17. *In ipso exhalandi spiritus fine*. Doct. Lovan.

ỽ. 435. & seq. *Miserantem cognovere*, q. d. Ideo cognovere, quia miserantem. *D. L.*

ỽ. 439. *Cernas*. Ita editi omnes. At Doct. Lov. substituit *Cernis*, dicens magis rythmice legi, *Cernas*, sed ideo male.

ỽ. 448. *Voluntatis genitrix, operumque creatrix*. Tametsi Epistola ad Rufinum c. 2. *Bonorum creatrix vocetur* gratia, tamen quod hic dicitur, ad *fidem* est referendum, de qua mox ante:

Quæque voluntatis meritum creet.

Item lib. 1. de Vocat. gent. c. 23. *Fides, quæ bonæ voluntatis & justæ actionis est genitrix, quo ipso fonte nascuntur*, &c. Doct. Lovan.

ỽ. 450. *Recto via limite*. Legerat Georg. 2.
. . . . . *Recto via limite*.

Adeoque formam habet sententiæ; quam ideo suo charactere distinximus. *Doct. Lovan.*

ỽ. 453. *Virtutibus impietatis*. Id est, Infidelitatis (ut supra ỽ. 384.) seu potentis ante ipsam fidem. *Doct. Lovan.*

ỽ. 459. *Divinorum* &c. Ex abrupto aliud arripit medium, quod illi non latebant. *D. L.*

ỽ. 461. *Promissis credere Christi*, pro *Sperare*; sicut *Nosse Deum* pro *Credere*: nam hoc versu tres virtutes Theologicæ exprimuntur. *D. L.*

ỽ. 462. *Propelum omnibus esse*, ita ut illa per se possint. Volebant nempe Massilienses, *Ad omnium* [illegible] *pertinere, ut per discretionem boni & mali ad cognitionem Dei, & ad obedientiam mandatorum ejus, possit suam dirigere voluntatem atque ad hanc gratiam qua in Christo renascimur, pervenire, per naturalem scilicet facultatem petendo, quærendo, pulsando*. Ep. Aust. ad Aug. paul. post med. *D. L.*

ỽ. 464. *Aquis*. Baptismi. Tunc autem demum incipere gratiam, indicant Massilienses verbis jam citatis: *Gratiam qua in Christo renascimur*. *D. L.*

Incipit, & vitæ caussa est sua cuique voluntas;
Ut merces operum sit gratia, judiciumque
De pretio, quo quod // donum perhibetur, ematur?
An vero auxilium verbo Deus inchoat, & se
Voce ministrorum mundo declarat in omni:
Ut pulsante aures sermone illecta voluntas,
// Judicio præcurrat opem, nec // gratia jam sit
Gratia; quæ legis fungens vice, jure monentis
Solum agat, atque agro cum plantatore ministret,
Terraque seminibus det, non Deus, incrementum:
// Ubere ceu glebæ subsistat, & arte colentis
Exoritura seges; neque quidquam cordis in arvo
// Præsulcet divina manus, quo // temperet æquor
Edomitum, faciatque // satis gaudere novales?
Talibus assumptis inimico ex dogmate, nonne
Perspicuum est quantum damnatos confoveatis?
Dum cuique ad veræ capienda exordia vitæ,
Naturam affectum fidei conferre docetis:
Dumque aliud non est vobiscum gratia, quam lex,
Quamque Propheta monens; & quam doctrina ministri.
Scilicet ut tale arbitrium generaliter insit
Semine damnato genitis in // corpore mortis,
Quale habuit nondum peccati lege subactus
Primus homo, & nullum in prolem de vulnere volnus
Transierit, nisi corpoream per conditionem:
Quæ sic exterius // respondeat, ut nihil intus
Imminuat, teneatque suum substantia mentis
Splendorem; & nulla pœnali nocte prematur.
ADDITE quod superest tumidi, ruituraque vani
Congerite, & // caussis caussas aptate sequentes.
Et quia nil primæ periit virtutis apud vos;
Dicite ab illæsis animis procedere veram
Justitiam, regno dignam, cæloque locandam:

// Ut

[illegible]

[illegible]

Caput XXI. [illegible]

℣. 467. *Donum perhibetur*, nempe in Scripturis, præsertim in Epistolis Apostolicis Rom. 5. & Ephes. 3. &c. *Doct. Lov.*

℣. 471. *Judicio*. Ex manifesto *Judicium voluntatis*. D.D. Lovan.

Ibid. Nec gratia jam sit gratia. Non ea ratione, quia non sit gratuita, ut Rom. 11. item Epist. August. ad Rufin. c. [illegible]: sed quia (ut sequitur).

. . . . . *Jure monentis*
Solum agat;
quod non est Gratiæ, sed Legis.

℣. 475. *Ubere glebæ*. Est Virgilii, versu illo iterum repetito Æneid. 1. & 3.
Terra antiqua, potens armis, atque ubere glebæ.
Ut mirer etiam Gallum cum vulgaris legisse Glebæ. Columella tamen etiam *Uberi glebæ* dixit. *Doct. Lovan.* Edit. Lugd. habet *Ubere seu glebæ*. Colon. *Ubere seu glebæ*. Lov. & Duac. *Ubere ceu glebæ*.

℣. 477. *Præsulcet*. Notum est *sulcare* pro arare a poetis poni: unde collige quid *præsulcare*. *Doct. Lovan.*

Ibid. Temperet æquor. Sumptum ex Æneid. 1. translatumque a re marina ad rusticam, ipso præeunte Virgilio, cui & campi planities nondum aratro subacti *Æquor* dicitur, recens autem subacti, *Novalis*, aut *Novale*. *Doct. Lov.*

℣. 478. *Satis*. Ut Virg. Eclog. 3.
Dulce satis humor. Doct. Lov.

℣. 486. *Corpore mortis*. Phrasis Apostolica. Rom. 7. ℣. 24. pro corpore morti obnoxio, nec tam morti corporali, quam morti concupiscentiæ & legis membrorum. *Doct. Lovan.*

℣. 490. *Respondeat*. Id est, appareat seu conspicua sit: ut infra ℣. 611.
Nulla tibi arbitrii respondent signa.
Virgilius etiam *respondere* pro *provenire* posuit Georg. 2.
Sed truncis olea melius propagine vites
Respondent.
Quod an huic loco lucem afferre possit Lector dispiciat. *Doct. Lovan.*

℣. 494. *Caussis caussas aptate* &c. Si ita scripsit Noster, & non potius, *ac causis causas* (quod obiter indicasse sufficiat;) non satis apposite reddidit Gallus.
Joignez à ces erreurs l'erreur qui les produit,
La cause à ses effets, & le tronc à son fruit.
Doct. Lovan.

℣. 498.

// Ut frustra Christus sit mortuus. Edite multos
Arte & sponte sua Sanctos ab origine mundi,
Absque Deo placuisse Deo: decretaque Legis
Tunc data, cum pejor mos & corruptior ætas
Terrore instanti & formidine mortis egeret.
Dicite // plectentes apices, mortisque ministros
Hoc explesse operis, quod gratia vivificatrix.
Nunc agite, & quoniam fuerit sine lege voluntas
Libera, quam scripti munibat pagina cordis;
// Sic vitam æternam adquiri potuisse, // vacante
Hac ope quæ legem supereminet, ut sine lege
Ex naturali potuit virtute capessi:
Nunc autem studiis vergentibus in mala multa,
Crevisse auxilium; non quo cessante, salutem
Non caperet per difficiles natura labores;
Sed quo conatus operum affectusque juvante,
Propositam citius ferret mens libera palmam.
Dicite, cum infantes renovantur, non renovari
Insontes animas, & sola carne renasci
Exterius lotos, non existentibus // illis
Interius maculis: quoniam licet edere rectæ
Signa voluntatis nequeant, tamen hoc magis omni
Sorde vacent, // super auctoris quod conditionem
De proprio nihil addiderint quod fons aboleret.
Hæc si non vestris spirant de cordibus, & vos
Non cum damnatis eadem ratis extulit alto
Mergendos // pelago, submittite vela tumoris,
Nobiscumque humiles placito consistite portu.
Edite // constanter naturæ vulnera victæ,
Exutam virtute animam, cæcataque cordis
Lumina, & in pœnam propriam jaculis // superatis

Gal. 2. 21.
Multos [illegible] victores [illegible] [illegible] Deo placuisse [illegible] gratia.

Datam [illegible] legem cum corruptio [illegible] mores, ut [illegible] [illegible] compescere [illegible].

Et per eam [illegible], quod per [illegible] gratiam. [illegible] Legis [illegible] [illegible], [illegible] [illegible] [illegible] natura [illegible] [illegible], [illegible] [illegible] [illegible].

Infantes [illegible] [illegible], & [illegible] [illegible] [illegible] per [illegible] [illegible].

CAPUT XXII.
In [illegible] Pelagianos [illegible] [illegible] [illegible], [illegible] [illegible] [illegible].
Et [illegible], [illegible] [illegible] [illegible], [illegible] [illegible] [illegible] [illegible] [illegible] ad [illegible] [illegible].

Ar-

V. 498. *Ut frustra*. Concinnior lectio, quam quæ habet, *Et frustra*: de qua Doct. Lov. Sic melo cum Vulgatis, quam cum Gallo, *Ut frustra*. Nec eum etiam sequor, in versione solum hæc conjungentem cum sequentibus, quasi legisset:
Ut frustra Christus sit mortuus, edite &c.
Doct. Lovan.
Attamen ex interpunctione patet, ipsum ad anteriora retulisse in versione tam Latinis quam Gallicis; excepto quod pro particula *Et*, posuerit *Ut* in Latinis.

V. 503. *Plectentes apices Mortisque &c.* Sic vocat litteram Legis ex 2. Cor. 3. 6. ubi eadem occidens dicitur, & ministratio mortis appellatur. Doct. Lovan.

V. 507. Repetendum hic fuerat, *Dicite*; aut, *Edite*: sed Ellipsis conveniebat impetui quo hæc expostulatio ferebatur. Doct. Lov.

Ibid. Vacante hac ope quæ &c. Id est, sine adjutorio gratiæ. Est doctrina Pelagianorum apud Aug. lib. 6. cont. Julian. c. 24. & aliis locis.

V. 517. *Illis*. Doct. Lov. scribit *Ullis*. Gallus (ait) *Illis*; sed vitio, puto, operariorum: cum in versione nobis & Vulgatis consonet. Doct. Lov. De Versione utrumque concedimus. Vulgati vero codices quos ante oculos habuimus, Lugd. Lov. Duac. & Colon. habent *illis*: nec antiquiores his legi credimus.

V. 520. *Auctoris conditionem*. Id est, Dei creationem. Doct. Lovan.

V. 524. *Pelago*. Simul alluditur ad *Pelagii* nomen (quo sensu nec Augustinum quidem indelectatum videmus,) ac insistitur eleganti metaphoræ a navigantibus sumptæ.

V. 526. *Constanter*, q. d. In sequentis naturæ vulneribus vobis ipsis constare; nec cum peccatum originale admiseritis, inficiari vulnera *difficultatis & ignorantiæ*, ut Aug. vocat, quæ illud necessario consequuntur. Doct. Lovan.

V. 528. *Jaculis superatis*. Quo versiculus & prosa careret hac redundis scripseram *jaculis superatis*, ex conjectura ad marginem edit. Lugd. Lov. Duac. & Colon. apposita. Doct. Lov. probe legi defendit *superatis*; neque opus fuisse quærere *superantis*, nimirum diaboli, ut quidem e vulgatis, ipseque adeo Gallus. Mos omnino olim habebatur armis jam semel devictis pugnare: hinc apud Tacitum histor. lib. 3. Cæcina ille temeritatem *Victa arma restaurantium* [illegible]. Quid ergo si Noster ex hoc loco *jaculo superato* [illegible]? Certe ex eodem historicorum principe plura alia petiit, atque illud imprimis, quod supra ad initium operis citavimus, ubi Britanniam *Terminum Oceani* appellavit. Quod autem *in pœnam propriam* arbitrium jaculis istis superatis armatum dicatur, fortassis lumen accipiet e Rami [illegible] ad Virg. Eclogam 9.

Nunc

Armatum arbitrium, numquam consurgere posse;
Inque novos lapsus semper nitendo revolvi:
Cui sua sit laqueus sapientia, morsque subactum
Detineat, nisi vera salus ex munere Christi
Adsit, & oppressam dignetur gratia mentem.
An vestrum sublimem animum pudet ista fateri,
Ne sub tam multis morbis sit vilior æger?
Cum nihil ex omni majorum dote supersit,
Quo medici mereatur opem, & // mercede valescat.
Ergo in castra gradum revocate hostilia, & illis
Addite vos, quorum ingenio & fallacibus armis
Luditis, ejusdem vibrantes spicula linguæ.
Exultate bonis naturæ, & mentis honorem
Omnibus a seculis // illæsum stare docete.
Neu vos in totum retegatis dogmate nudo,
Corporeo tantum decurrere tramite // pœnam
Peccati perhibete, animis nihil imminuentem.
Vulnere transfixos absolvite crimine, & ipsam
Justitiam accusate Dei, transire sinentis
Supplicium, quo non vultis transire reatum.
Sed non injustus Deus est: manifestaque Pauli
Vox docet, uno omnes homines cecidisse ruente;
In quo tota simul series prostrata nepotum
Deperiit, nec habet quisquam quo surgere possit
Ad vitam, sacro nisi rursum nascitur ortu.
Quotquot enim summo justos // numeratis ab ævo,
Hac ope non dubium est salvatos, quam modo toto
Latius omnipotens exercet gratia mundo.
Hæc, // sicut dictum est, non judex est meritorum,
Quæ nisi plena malis non invenit: & nisi donet
Quæ bona sunt, nihil efficies bene cæca voluntas.
Hæc ut cujusquam studio affectuque petatur,
Ipsa agit, & cunctis dux est venientibus ad se:

Per-

[illegible]

CAPUT XXIII.

[illegible]

[illegible]

CAPUT XXIV.

Rom. v. 12.

[illegible]

CAPUT XXV.

[illegible]

Nunc victi tristes . . . .

Sic, ait, *Hermius Sulpitio* [illegible] *appendenti*, *& roganti*, *cur* [illegible] *lacrymis* [illegible] *appareret*: *Quid enim aliud* (inquit) *nisi* [illegible] *victis*? *In pœnam* igitur: id est, dolorem proprium; dum arma sua victis nonnisi dolori sunt, ubi conspectui offeruntur. *Doct. Lov.*

ỽ. 537. *Mercede valescat*, id est, pretio curetur; non gratis, ut solent, qui quod solvant non habent. *Doct. Lovan.*

ỽ. 542. *Illæsum*. Ita sæpius lego hoc ipso in opere: at *illapsum*, ut alii (Lugd. Lov. Duac. & Colon.) quod nec *lapsum* nescio ubi legatur ex- pizam. D. *Lov. Illæsum* jam notarunt in margine veteres editiones, tum inferius translator Gallicus & Doct. Lovan.

ỽ. 544. *Pœnam peccati*, pœna corporalem, ut sunt morbi, ipsaque adeo mors. Agitur de pœna, *quæ animis nihil imminuat*; adeoque de vulneribus animæ, quæ juxta auctorem necessario consequuntur peccatum originale, non est sermo. Hanc sententiam a nemine revera traditam fuisse, sed Massiliensibus solum proponi ut infelicem quoddam paradoxum, ad quod iis devenlendum sit, nisi aut integre cum Orthodoxis, aut aperte cum Pelagianis consentiant, ostendit Auctor cont. Coll. c. 9. *Nisi forte dicatur*, inquit, *in Adæ posteros pœnam transisse, non culpam*: *quod omni modo falso dicitur*, [illegible] *Non dicitur*. *Nimis enim impium est*, *hoc de Dei sentire justitia*, *quod a prævaricatione liberum* [illegible] *voluerit esse damnatos*: quibus verbis sensus hujus capitis abunde illustratur. *Doct. Lov.*

ỽ. 554. *Numeratis*, al. *numeravit*, nempe Paulus. Utrumque bono sensu. Nam & Apostolus Heb. 11. veterum justorum luculentam seriem texit; & Massilienses in iisdem commemorandis toti erant, ut quem prætenderent sine gratia juste vixisse. Sic auctor Carminis de Provid. Dei inter opera Prosperi, sic Faustus Regiensis, & alii; quos etiam alludere videtur Noster supra ỽ. 498. & seq.

. . . . . . *Edire multos*
Arte & sponte sua sanctos ab origine mundi,
Doct. Lovan.

ỽ. 557. *Sicut dictum est*. Videlicet supra cap. 21. 22. & alibi. *Doct. Lov.*

ỽ. 563.

Perque ipsam nisi curratur, non itur ad ipsam.
// Ergo ad iter per iter ferimur: sine lumine lumen
Nemo videt: vitam sive vita inquirere mors est.

[illegible]

---

v. 563. *Ergo ad iter per iter*, aliter editi pariter sed inepte; (quod jam ab eruditissimo translatore fuerat observatum.) Tria enim hæc ad quæ nisi per ipsamet haud pervenire hic dicitur, eadem illa esse videntur, quæ de se Salvator prædicat, cum se ait esse *Viam*, *veritatem*, *& vitam*. Ceterum *Ergo*, nove nescio an antique, certe aliter hic & deinceps plerumque ponitur, quam ex usu communi. *Doct. Lovan.*

SANCTI PROSPERI
CARMEN
DE INGRATIS
PARS TERTIA.

ARGUMENTUM.

Cap. [illegible] — Cap. [illegible] — Cap. [illegible] — Cap. [illegible]. Cap. [illegible] — Cap. [illegible] — Ibid. — Cap. [illegible] — Cap. [illegible] — Cap. [illegible]

ARGUMENTA Semipelagianorum & querelæ propulsantur. Duo præsertim opponebant. Primum quidem, tolli liberum arbitrium, nec vitiis pœnam deberi aut præmia virtuti, si vel natura peccato corrupta nonnisi malum velit, vel Gratiæ opus sit in homine quidquid bene agat, & quidem ejus gratiæ quæ velle det & currere. Respondet sanctus Prosper, Objectione illa peccati originalis fidem everti, per quod libertas nobis in Adam concessa deleta est, nosque concupiscentiæ dominantis jugo subditi, a qua semper in malum rapimur, licet idem volentes faciamus. Voluntatem nostram ab illa servitute liberari non posse, nisi quantum Christi salvatrice gratia liberatur, per quem libertas pristina non tollitur, sed reparatur. Christum hanc gratiam nemini debere, sed gratis quibus vult largiri: ut apparet in parvulis a baptismo non hinc migrantibus, cum tot alii non percepto baptismate pereant, neque hujus discriminis ulla ratio afferri possit, præter inscrutabile Dei judicium. Objiciebant præterea Pelagianorum reliquiæ: Nisi Gratia omnibus detur, peccati reos non fore quos gratia neglexerit, utpote quibus recte gerendi non data fuerit virtus. Respondet, Eorum esse sic argumentari, qui peccatum originale non agnoscunt. Cum enim, auctore Apostolo, per unius delictum in condemnationem justissimam universa hominum massa defluxerit, neminem queri posse se Dei gratia non liberari; quandoquidem omnes a Deo deseri meruerint, neque ipsius justitia reprehendi posset, si neminem ab illa perditione liberasset. Non esse perscrutandum, cur de toto hominum genere pars una eligatur, altera rejecta, cum eadem caussa omnes implicet: eo quod Deus arcanum illud nostræ cognitioni subduxerit, ut tot alia multo leviora; satisque sit cum cunctorum bonorum auctorem cognoscere, judiciorumque ipsius altitudinem submisse venerari, quæ ita ignota sunt hominibus & inscrutabilia, ut iniqua esse non possint.

CAPUT XXVI. I. OBJECTIO. [illegible]

HIc vanam insano proferris corde querelam:
Omne opus arbitrii sublatum vociferantes,
// Currere currentum si non, & velle volentum est:
Nec vitiis pœnam deberi, aut præmia // laudi,
Si vel naturam obstrictam mala velle necesse est,
Vel nostro adscribi nequeunt bene gesta // labori.

Num-

℣. 567. *Currere currentum &c.* Ergone audi fuit illi obstrepere sacerrimo Pauli dicto, *Non est volentis, neque currentis?* Aut forte & in hoc Magistros suos secuti sunt, ut divinissimam affirmationem cum impia interrogatione commutarent? De Pelagianis quidem testatur id Augustinus: verum de Massiliensibus nondum legisse memini. Erit igitur Poetæ nostri artificium, suam orthodoxamque sententiam his verbis Apostolicis invidiose exprimentis, quo ea tanto magis nefarie sugillari ab adversariis videatur. *Dom. Lovan.*

℣. 568. *Laudi*, pro virtute; ex Æneid. 1. . . . *Sunt hic etiam sua præmia laudi*.

℣. 570. *Nostro labori*. Id est, nobis propilo, & quo gratiam præveniamus. *Dom. Lov.*

℣. 576.

NUMQUID non eadem sapiunt, eademque perorant
Vestri illi, quorum ructatis verba, magistri?
Sed quia consimili cognata superbia questu
Prosilit, & vobis nunc respondetur & illis.
Inviolata Dei quondam & sublimis imago
In primo cuncti fuimus patre, dum // nemore almo
Degit, & edicto parens cavet arbore ab una.
At post quam rupta mandati lege, superbum
Consilium mixtum invidiæ de fonte recepit,
Corruit, & cuncti simul in genitore cadente
Corruimus: transcurrit enim // virosa per omnes
Peccati ebrietas, corrupti & cordis in alvo
Persistit, cruda fervet // carbunculus esca.
Hinc animi vigor obtusus, caligine tetra
Induitur, nec fert divinæ fulgura lucis
Lumen iners: hinc arbitrium per devia lapsum
Claudicat, & cæcis conatibus // inque ligatis
Motus inest, non error abest. Manet ergo voluntas
Semper amans aliquid quo se ferat, & labyrintho
Fallitur, ambages dubiarum ingressa viarum:
Vana cupit, vanis tumet & timet; // omnimodaque
Mobilitate ruens in vulnera vulnere surgit.
Hoc itaque arbitrium cum sanat gratia, tolli
Dicitis, & perimi vita aspirante potatis.

Caput XXVII. [illegible]

[illegible]

Caput XXVIII. [illegible]

595 Quid

V. 576. *Nemore*. Ratum in illud Virg. Eclog. 8.

Te nemus omne canet;

notat, *Nemus*, proprie dici Silvam voluptatis causa comparatam. Quapropter apte hoc vocabulo S. noster Paradisum voluptatis appellavit. Alcimus Avitus etiam *nemus* dixit, credo ob ligneorum amœnitatem, quam in illo sacræ litteræ celebrant. *Doct. Lovan.*

Ibid. *Nemore almo*. Galli ediderant, *alto*: quod ut vidi, fore placuit, nimirum conjiciendi, quam solent Noster affectare phrasim Virgilii, apud quem *nemore alto* non semel legas. Sed mox offendi idem *Alto* inter errata ab ipso Editore relatum, repositumque *Almo*, quod satis probum est. *Doct. Lovan.*

V. 581. *Virosa*, ut supra in Præfat. *Virosum castor*. Virgilianum ex Georg. 1.

. . . . *Virosaque Pontus*
Castorea.

ubi minime audio Interpretes vocem illam in bonam partem accipientes, quasi de Castoreis, & non de Ponto ipsa dicta sit, reclamante Pharmaceutria.

. . . *Has Ponto mihi lecta venena*,
Ipse dedit Mœris: nascuntur plurima Ponto.

Porro quæ hic ponuntur de virosa ebrietate & cruditate, diserte reperiuntur contra Collat. c. 9. *Bibit* (nimirum arbitrium in prima transgressione) *omnium vitiorum venenum, & totum naturam hominis intemperantia sua ebrietate madefecit: inde prius quam edendo carnem Filii hominis, & bibendo sanguinem ejus, ebrietatem digerat cruditatem; labitur memoria, errat judicio, nutat incessu &c.* tempe ut solere trutinent. *Doct. Lov.*

V. 583. *Carbunculus*. Alludit ad carbunculum pestiferorum hunc vocat Gallus in utraque versione: sed quid sibi velit ibidem *cruda esca*, non vidit; quia ad supra citata verba e lib. cont. Collat. non reflexit. *Doct. Lovan.*

V. 587. *Inque ligatis*. Tmesis, pro *& inligatis*, seu *illigatis*: id est, impeditis. Est enim imitatio illius Virgiliani Æneid. 10. de Mezentio vulnerato, & pugnæ se subducente:

Ille pedem referens, & inutilis, inque ligatus
Cedebat.

V. 591. *Omnimodaque mobilitate ruens*. Ita potius ego cum Gallo; (addimus Lugd. Lov. Duac. & Colon.) quam cum plerisque aliis *Urgens*. Nisi enim *ruina* seu casus mentio fiat in hoc hemistichio, quis locus *surgendi* verbo in altero? Et quia distinctionis notam cum quibusdam ponendo post *ruens*, vix sentiam aliquem locum prius illud sequentem, *In vulnera vulnere*; hinc est quod fequar qui ita ut nos distinxerunt. Porro quid significetur illa *Omnimoda mobilitate*, jam intelligi potest ex dictis supra ad V. 129. Quod enim ibi dicitur, *Naturali motus virtute*, id alibi *naturali mobilitate*, & hic *omnimoda mobilitate* significari pertendem est: Ipsum, inquam, quod rursus V. 459. & seq. diserte ingrati exponunt:

In nobis, inquiunt, *& velle & nolle creatum est*,
Arbitriique sui, quo vult, intendere motus
Libertas æterna potest.

Denique Polyptoto illo, *In vulnera vulnere*, etiam alibi delectatum videmus Prosperum, nempe supra V. 488.

. . . . *Et vulnere vulnus*.

Obscure autem meminit, idem aut simile legere apud Virgilium, aut certe alium quempiam ejusdem classis poetam. *Doct. Lovan.*

V. 587.

Hoc [illegible] [illegible] ... [illegible]. Non liberi arbitrii [illegible] ... sed gratia Christi, quæ est arbor vitæ, [illegible] ... [illegible] ac [illegible] & propriis viribus [illegible] ... [illegible].

Quid mirum rabido si corde phreneticus æger
Morbum amat, & pellit medicum? Cognoscite tandem
// Antiqui commenta doli, // & desuescite captas
Aures vipereo rursum præbere susurro.
Parcite de fractis // præcerpere noxia poma
Arbitrii ramis: non hæc vos esca reformat,
Nec speciem angelici nutrit cibus ille decoris.
Sed vetitorum avidos, & tetra bile tumentes,
// De fastiditæ procul abripit arbore vitæ.
Hujus ope & fructu vescendum est, ut revalescens
Languida mens, etiam propriis bene viribus uti
Possit, & in Christo inveniat quod perdidit in se.

CAPUT XXIX. Gratia Christi non perdimus, [illegible] ... [illegible].

Non igitur, quisquis terreni veste parentis
Exueris, priscum naturæ perdis honorem,
Sed recipis: sic adquirens quibus ante carebas,
Ut tua sint, si collatis utare modeste,
Et quod habes, hoc te acceptum fatearis habere.
Fons igitur meriti est lucis Pater: inde quod in nos
Fluxerit, hoc nobis majorum est caussa bonorum,
Dum largitori sua reddimus, // eque relatis
Augemur, // nostrumque bonum fit gloria dantis.

CAPUT XXX. In parvulis [illegible] ... [illegible].

Sed qui // judicium arbitrii, meritumque tueris,
Quique hominum studiis adscribis dona vocantis:
Infantum discerne animos, & differe quales
Affectus, qualesque habeant hæc pectora motus.
Da teneris mores, & libertate volendi
Instrue, vix auræ tenuis lactisque capaces.
Nulla tibi arbitrii respondent signa, nec ullis
Dissociare pares meritis potes: omnibus una est
Natura, & pariter nequeunt bona vel mala velle.
Et tamen ex istis miseratrix gratia quosdam
Eligit, & rursum genitos baptismate transfert
In regnum æternum, multis in morte relictis,
Quorum caussa fuit similis de vulnere eodem.

CAPUT XXXI. [illegible] ... [illegible].

Nec meritis istud poteris aptare parentum:
Ceu pia profuerit redimendis cura bonorum,
Abstuleritque aliis aliena ignavia vitam:
Cum videas multos sanctis genitoribus ortos,

Nol-

ỳ. 597. *Antiqui commenta doli*: nempe quæ serpens in Paradiso struxit: hinc illud mox, *Vipereo susurro*. Estque continua hic allusio ad gesta in deceptione primorum parentum, cui comparatur deceptio Pelagiana; comparatione quidem satis apposita, qua & laisam arbitrium arbori vetitæ, & gratia arbori vitæ confertur; ac proinde opera gratiæ & arbitrii, utriusque istius arboris fructibus: denique reformatio interior, quam Pelagianus ex viribus arbitrii promittebat, transformationi in Deos seu Angelos, quam ex arbore vetita promittebat serpens. *D. L.*

Ibid. Desuescite captas, &c. Notasis sibilum litteræ serpentinæ, cum *susurrus vipereus* exprimendus venit. *D. L.*

ỳ. 599. *Præcerpere*. Non temere ita dixit, potius quam, *decerpere*. Sic enim melius indicatur Pelagianorum ac Semipelagianorum error, primo requirentium fructum arbitrii, quem deinde fructus gratiæ exciperet. *Doct. Lov.*

ỳ. 603. *De fastiditæ . . . vitæ*, sane & hic præpostera rythmi affectatione turbatum est, scripsitque Auctor, *De fastidita*. Saltem illius ævo versus, ut vocant, Leonini adhuc in vivis erat, medioque demum ætati debebatur hæc barbara & Gothica elegantia. *D. L.*

ỳ. 614. *Eque relatis augemur*: Deo hanc retributionem novis donis cumulante, ut recte Gallus exponit. Hinc collige quid sit:

ỳ. 615. *Nostrumque bonum fit gloria dantis*: seu potius e contra (sic enim invertenda est sententia) *gloria dantis*, Dei scilicet, *fit bonum nostrum*. D. L.

ỳ. 616. *Judicium arbitrii*. Jam supra. *Judicium voluntatis*, vocavimus, & exposuimus. *Doct. Lovan.*

ỳ. 638.

Nullo salvari studio potuisse suorum:
Expositisque aliis ob turpia crimina matrum,
Missam externorum curam, quæ stercore raptos
Per fontem vitæ cælesti traderet aulæ.
   Quid si diversum hunc finem, quo gratia Christi
Unum alio pereunte // legit, donatque salute,
In geminis etiam videas? quod dividis uno
Tempore conceptos atque uno tempore natos,
Non ullos potes arbitrii prætendere motus.
Cessat opus, cessat meritum, nihil editur impar.
Sed Deus & tales discernit, quo mage Christi
Excellat bonitas, quæ sola est caussa vocatis
Et fidei & meriti: quoniam // Sapientia dives
Hoc etiam tribuit multis, ut sancta operatis,
In finem vitæ, fieret de munere merces.
   NON autem recte, nec vere dicitur, illos
Qui sunt exortes divini muneris, & quos
Gratia neglexit degentes mortis in umbra,
Peccati non esse reos, quia recta gerendi
Non data sit virtus. Naturæ compede vinctos
Procubuisse // negant, nec ab uno germine credunt
Omnigenam prolem cum pœna & crimine nasci.
Quod qui non renuit, videt hujus pondera culpæ
Tam valida pariter miseris incumbere mole,
Ut si nulla etiam cumulent mala, sit tamen unum hoc
Sufficiens scelus, ad mortem // nascendo luendam.
   HANC igitur legem quam per se nemo resolvit,
Si merito & juste // positam, impositamque fatemur;
Cur querimur quod non omnes // salvantur ab illa?
Cum si progeniem super omnem irrupta maneret,
De cunctis juste damnatis non quereremur.
An quod de toto fertur, non toleratur
De parte? & melius foret omnia debita cogi,
Quam summa ex solida clementer multa remitti?
Quis vero exemptus squallenti carcere, pulset
Invidia miserantis opem, quia non simul omnes
In lucem veram tenebris // eduxerit iisdem?
// Cum pœnam qua mersus erat, non experiatur

Quam

---

v. 638. *Legit*, ut alibi sæpissime, pro *eligit*. *Doct. Lov.*

v. 645. *Sapientia dives*, &c. Editi plerique in margine indicant respici ad locum Sap. 4. de Justo qui *raptus est ne malitia mutaret intellectum ejus*. Ut ut sit, Sapientia hic intelligitur increata, ipsa videlicet Providentia Dei, vel (ut Gallo placuisse videtur) Christus. *D. L.*

v. 653. *Negant*: qui nempe ita ratiocinantur. *D. L.*

v. 658. *Nascendo luendam*. Tortam sententiam, quam sic ordina: *Sit tamen unum hoc scelus nascendo contractum sufficiens ad mortem*, nempe æternam, *luendam*. Gallus breviter æque ac pulcre:

Il suffit d'être né pour mériter la mort. D. L.

v. 660. *Positam impositamque*: puta *juste positam*, & *merito impositam*: quippe *impositam* magis pœnam sonat, & meritum seu culpam respicit. *Doct. Lov.*

v. 661. *Salvantur ab illa*. Vix dubito quin legendum sit, *solvantur*: tum ob rationem sententiæ propriietatem, tum quia præcedit:

. . . *Quam per se nemo resolvit*;

tum denique quia sequitur:

. . . *Progeniem super omnem irrupta maneret*:

nimirum, ut eo vinculum quoddam, nempe censeatur in iis, qui e contra:

. . . *Salvantur ab illa*. D. L.

v. 669. *Eduxerit iisdem*. Vulgatis (non tamen Lugd. Lovan. Duac. & Colon.) est *eduxit* ut ita *iisdem* sit trisyllabum. Verum nusquam hac voce ut trisyllaba usus est Noster, aut Virgilius ejus. *Doct. Lov.*

v. 670. *Cum pœnam* &c. Hos duos versus cum superioribus conjunxerunt hactenus omnes, quos viderim; etiam Gallus, qui idcirco mire hic sudat ut idoneum aliquem sensum exculpat. An

nobis

[illegible]

Quam misere ferat addictus, nisi liber ab illa.
Denique tunc illum socialem mente benigna
Concipit affectum, quo // submissa prece Christum
Conciliet miseris, sueta qui nocte gravati
Nulla gerunt vota effugii. // TANTUM nocet error,
Ut juvet errare; & veteris contagia morbi
Tam blande obrepunt, ut quo languetur ametur.
// Unde ergo haec oritur querimonia? Non movet illos
Talis cura, quibus necdum est sua poena dolori,
Et qui se nulla credunt a luce rejectos.
Qui vero tenebris exempti in lumine vivunt,
Gaudent, & quantum sibi sit bonitate vocantis
Dimissum, ex illis discunt qui debita solvunt.

Cant. XXXIV. [illegible]

Vos igitur soli queruli, solique superbi:
Vos soli // INGRATI, quos urit gratia, cujus
Omne opus arbitrio vultis // subsistere vestro:
Et quod non cuncti mortales atria vitae
Ingrediuntur, ita ex ipsis pendere putatis,
Ut tam ex // judicio constet cujusque quod intrat,
Quam quod non intrat: // ceu par in utrumque facultas
Suppetat: & tam sit proprium bona quam mala velle.
I procul insana impietas, artesque malignas
Aufer, & auctorem comitare exclusa // Britannum:

2. Cor. 3. 5. [illegible]

Nos humiles tenuesque sumus // grex parvus, & altis
Inniti metuens: quia sufficientia nostra
Ex Christo est: si quid // recti sapimus, volumusque,
Illi debemus qui vincula nostra resolvit,

Pro

---

nobis contigerit [illegible] tetigisse Lector judicet. Ita Doct. Lovan. qui locum semel mutari a se voluissent [illegible] interpunctione, hunc in modum:

Cum parcam quae mersus erat, non experiatur,
Quam misere ferat addictus, nisi liber ab illa?

℣. 673. *Submissa*. Edit. Lugd. Lov. Duac. & Colon. cum recentioribus legebant, *quo cum summa prece*. At vero mutaverat qui versum & solam orationem hoc pacto est interpretatus, eo modo quo legitur hic in textu. Cui adstipulatur Doct. Lov. hoc modo: Sic supra ℣. 173. *Talia submissus* &c. estque dictio satis Virgiliana. Alii tamen legunt, *cum summa*; sed huic nihil simile alibi apud Auctorem legitur; nescio an vel apud alium quempiam. Unde ne vel dignum quidem credidi quod in marginem rejiceretur.

℣. 675. *Tantum nocet* &c. Dicitur male, cur hi nulla gerunt vota effugii: idemque repetitur ad 6. capit. Gall. *Amat ergo arbitrium languorem suum; & pro [illegible] habet quod aegrotare se nescit, donec prius hoc [illegible] confirmatur aegroto*, &c. Doct. Lov.

℣. 678. *Unde ergo* &c. Hic adeo nihil sani distinctio Vulgata habebat, ut etiam haec interrogatio abesset; quam primum quidem duce Ursino restitui, sed deinde etiam Gallo probatam laverai. Doct. Lov.

℣. 685. *Ingrati*. Nomen hoc junctum et ejus ratio ex Aug. desumpta videntur lib. de dono persev. c. 8. *Et gratis*, inquit, *a Deo datur gratia, & justo ejus in aliis judicio demonstratur, quid iis quibus datur, conferat gratia. Non itaque simus ingrati, quod secundum beneplacitum voluntatis suae, in laudem gloriae gratiae suae, tam multos liberat misericors Deus de tam debita perditione, ut si inde neminem liberaret, non esset injustus*. Doct. Lov.

℣. 686. *Subsistere*. Doct. Lov. margini appositis *consistere*: quod in vulgatis (forte recentioribus, nam non habetur in antiquioribus quos prae manibus habemus) legerat.

℣. 689. *Judicio*, pro *lectione*, ut supra, D. L.

℣. 690. *Ceu par*, &c. Vide ad finem cap. 4. id est, ℣. 130. & 131.

℣. 693. *Britannum*. Id est, Pelagium (ut supra ℣. 2.) qui tunc cum haec Auctor scriberet, *exclusus*, id est, ab Ecclesia ejectus; (ut rursus ℣. 106.) nescio ubi vagus & extorris errabat. Hinc illud etiam ℣. 149.

. . . . *Pulsi mundo, nullaque receptis*
Sede vagi;

& alibi similia. Doct. Lov.

℣. 694. *Grex parvus*. Luc. 12. *Pusillus grex*: parvus, inquam, ac ideo timidus, sibique diffidens. D. L.

℣. 696. *Recti*. Gallus *recte*, quod non probo; non enim solet Noster sic loqui, *recte velle*; sed potius, *recta*, ut supra aliquoties, *Recta volendi*, *recta loquendi* &c. Recta sapere autem etiam Ecclesia dicit in Collecta de Spiritu-sancto. Maneat igitur ut est

. . . *Si quid recti sapimus, volumusque*. D. L.

Conferantur observationi Lugdun. Lov. Duac. & Colon.

℣. 699.

Proque malis bona reſtituit, non inveniendo
Quod merito legeret, ſed donans // quo legeretur,
Ut de perceptis prodiret cauſſa merendi;
Deque datis in danda, gradus induſtria creſcens
Scanderet, atque bonum fieret Deus omnibus unum.
  Cur vero humani generis de germine toto
Pars quædam in Chriſto rurſum generanda // legatur,
Pars pereat, cum cauſſa eadem ſimul implicet omnes,
// Nec diſcernantur merito, qui // munere diſtant;
Non ſatis audemus ſcrutari, nec per opertas
Ire vias, calleſque gradu pulſare remotos.
Multa etenim bene tecta latent, neſcitaque proſunt:
Dum manſueta fides quædam dilata modeſte
Suſtinet, & nullo ignorat // non edita damno.
  // Sic quando electum ex cunctis populum Deus unum
Lege, ſacris, templo, unguento ſigniſque fovebat;
Quod fuit occultum, // mundique in fine retectum eſt,
Non oberat neſcire, Omnes quandoque vocandas
In regnum æternum gentes, totumque per orbem
Donandum quod ſpes parvæ tunc plebis habebat.
  Sic poſtrema dies qua mundi clauditur ætas,
Notitiæ noſtræ non eſt data; nec tamen hujus
Secreti impatiens ſanctorum turba laborat.
  Ipſa quoque humani generis carnalis origo,
Quam multas vario circumtegit ordine cauſſas?
Cumque omnes de fermento producat eodem
Una manus, nec diverſis elementa parentum
Principiis coeant: limo // procedit ab uno
Diſpar opus, mutat numeros per vaſcula fictor,
Materiamque unam diſcernit jure creantis.
Ergo eadem natura animæ, naturaque carnis
Diverſis mundum ſub conditionibus intrat.
His regnare // datum eſt, illos ſervire neceſſe eſt:

Caput XXXV. [illegible]

Cur id ignorare non obſit. [illegible]

[illegible]

[illegible] Matth. 24. 36.

[illegible] Rom. 9. 21.

Hi

ꝟ. 699. *Quo legeretur:* Nempe Deus a nobis, ut Gallus intellexit. Sed contra eſt illud Evangelicum, *Non vos me elegiſtis, ſed ego elegi vos:* propter quod etiam Auctor, cum frequenter electionis meminerit, nunquam tamen niſi ejus qua a Deo ipſi eligimur. Itaque *Quo legeretur*, id eſt, quo merito a ſe eligi poſſet. Nam re vera Deus in nobis meritum eligit, ac non ad meritum, ſed quod ipſemet donat. Uno verbo (quo totum verſiculum expono;) Deus meritum quo nos eligat non invenit in nobis, ſed ipſemet facit, & faciendo eligit. De electione ago, quæ fit in tempore, non autem qua electi ſumus ante conſtitutionem mundi. *Doct. Lov.*

ꝟ. 704. *Legatur:* rurſus ut paſſim, pro *eligatur*. Doct. Lov.

ꝟ. 706. *Nec diſcernantur merito.* Videlicet ante fidem & gratiam. *Doct. Lov.*

Ibid. Munere: perpetuo hic pro dono, non officio: ſed nuſquam ferme tam ambigue quam hoc loco.

ꝟ. 711. *Non edita.*) Sic rurſus ꝟ. 716.

. . . *Tamen (Edita non ſit &c.)*

E contra ſupra ꝟ. 86. *Edita linguis*, & ꝟ. 551. *Edita nobis &c.* nempe *Edita* pro declarata ſeu manifeſtata; *Non edita* vero pro occulta. *D. L.*

ꝟ. 712. *Sic quando &c.* Epiſt. ad Ruf. c. 16. *Quia & in anterioribus ſæculis, quando de omnis generis populo diceretur, Notus in Judæa Deus, in Iſrael magnum nomen ejus; futura Gentium latebat electio, & poſteriorum temporis quod revelatum non ſerват, ſicut dicit Apoſtolus: Quod aliis generationibus non eſt agnitum &c.* Quid tamen ita durum acciperandum videtur, ut non paſſim olim homines ſcirent, vocandas aliquando Gentes: nam alioqui Prophetas id ſciviſſe & prædixiſſe, ac profecto probatur libro de Vocat. gent. cap. 18. *Doct. Lovan.*

ꝟ. 714. *Mundique in fine:* non pro poſtrema die, de qua mox ꝟ. 718. Sed pro tempore Novæ Legis, quæ ultima eſt mundi ætas. *D. H. Lov.*

ꝟ. 725. *Procedit*, non *precedat*, ut alii, ita reſcripſi ſententia cum verbis quæ ſequuntur. *D. L. Prarſis* notarunt in margine Lov. Duac. & Colon. infarcerant textui interpres.

ꝟ. 730. *Datum eſt, illos.* Doct. Lov. legi malunt *datum; eſt illos*. Alii cum Gallo, *Datum eſt, (inquit) illos &c.* Sed mihi placere non poteſt importuna illa repetitio verbi ſubſtantivi in medio & fine verſus: cui adde quod conjunctione *Aſt* eodem modo utitur Auctor mox infra. ꝟ. 734.

Hos decor, & vires validæ, viridisque senectus
Suscipit, hos species inhonora, & debile corpus:
His viget ingenium præclaris artibus aptum,
Horum tarda premit // gelidus præcordia sanguis:
Quosdam nec licitus calor incitat ad generandum,
Ast alii insanum nequeunt frenare // furorem:
Hunc mitem & placidum tranquilla modestia comit,
** *Supple hic* Asperitas illum genii intractabilis urget.
His & mille modis semen variantibus unum,
Impariles subeunt distincta exordia formas.
Nec tamen hæc inter tam compugnantia, quisquam
Arguit auctorem, qui // secum continet hujus
Legem operis, dum // judicio placita explicat æquo,
Et rerum caussas obscurat justa potestas.
Si terrenum igitur figmentum, addictaque morti
Progenies, ita dissimili producitur ortu,
Ut cum operis species pateat, tamen edita non sit
Norma voluntatis de qua venit hic modus impar:
Quid mirum si consilii super omnia magni
Arcanum latet, & placito subducitur alto?
Quod dum vana fluunt mundi, dum in // corpore mortis
Vivitur, & positi expletur certamen agonis,
Non cognoscendum jussit Deus, utilliusque
Duxit, // ad examen quædam velare piorum.
Non ergo instamus clausis, nec operta procaci
Urgemus cura, satis est opera Omnipotentis
Cernere & auctorem cunctorum nosse bonorum;
// Quo sine nil rectum mens inchoat. Audeat amens
Impietas tumido // arbitrio subnectere caussas
Divinorum operum: nos cum manifesta videmus

Do-

[illegible]

[illegible]

[illegible]

CAPUT XXXVI.
[illegible]

♥. 734. *Gelidus præcordia sanguis* &c. Virgiliana phrasis, qua tardum ingenium denotatur. Sic Georg. 2.

Frigidus obstiterit circum præcordia sanguis.

Ubi allusum putant ad sententiam Empedoclis, animorum, cordi suffusum sanguinem existimantis, ut Cic. Tuscul. 1. *Doct. Lov.*

♥. 736. *Furorem*. Nempe libidinis; hi enim de quibus præsens versu, opponuntur illis, de quibus præced.

Quosdam nec licitus calor &c. Doct. Lov.

** Hic desiderabatur quintus araltribus complementum, uti etiam doctissima manus ad meum Galli exemplar adnotaverat. Gallus ipse in vernacula versione suppleverat, nos in Latinis quoque supplendum duximus: an recte, tu Lector, videris. Asperitatem litteræ caninæ affectavimus, uti Antea lenium liquidarumque mollitiem in ♥. præcedenti, ac tursus ante in *frenare furorem* eamdem asperitatem affectat. *Doct. Lovan.*

♥. 741. *Secum continet*. Intellige hanc phrasim ex ♥. 72. supra, ubi similiter, *secum transisse* &c. *Doct. Lovan.*

♥. 742. *Judicio placita explicat* &c. Sic paulo post dicit:

Ut cum operis species pateat, tamen edita non sit
Norma voluntatis, de qua &c.

Item lib. 1. de Voc. gent. c. 14. *Opus exserit* (sic restituo pro eruit) *pietas, caussam obscurat potestas*. Horum enim trium locorum una est sententia: Deum opere atque executione ipsa, quæ quidem semper justissima sit, ostendere quid sibi sit placitum; sed pro jure potestatis supremæ non celare placiti sui rationem. *Doct. Lov.*

♥. 750. *Corpore mortis*. Videsis supra ad ♥. 486.

♥. 753. *Ad examen .... piorum*; non ut illi ea examinent, sed per illa potius a Deo examinentur & probentur, quam nimirum sint humiles & fideles. *Doct. Lovan.*

♥. 757. *Quo sine* &c. Magnifice abutitur particulo illo Virgilii hemistichio ad Mæcenatem, Georg. 3.

Te sine nil altum mens inchoat.

Ex quo etiam patet legendum *Rectum*, uti Virgilius dixit, *Altum*; non autem, *Recti*, ut habebant plures Editiones. *Doct. Lov.*

♥. 758. *Arbitrio subnectere caussas* &c. Dictio est Juvenalis in fine Sat. 5. ubi legis, *subnectere caussas*, tametsi longe alio sensu (ut loquitur Noster a veteribus non penitus sensum ac phrases mutuari.) Ad sensum autem quod attinet, peti is potest ex simili loco ad capit. 8. Gallor. *Caussas vero operum & judiciorum Dei qui ex more ad humanas voluntates & actiones refert .... & dispensationes Dei ex liberi arbitrii vult mutabilitate variari* &c. *Doct. Lov.*

♥. 767.

Dona Dei, quorum est fons unus, summa voluntas;
Cum Paulo tremuisse juvat, stupidumque modeste
Invictum ad solum Christi suspendere nutum:
Cujus judicium sic inscrutabile & altum
Dicimus, ut veram prorsus fateamur & æquum.
Nam meritum ad mortem subeundam sufficit unum;
Ad vitam, nisi quod donarit gratia, nullum.
Tu vero, // o nova gens, veteris quæ stirpe oleastri
// Velleris, & sacræ ramis inolescis olivæ,
Quærere // formatæ sentis te frondis honorem
Non studio cœpisse tuo, sed jure potentis
Agricolæ insertam fœcundo vivere ligno:
Vince // superborum flatus, & vana furentum
Turbinibus stabili fortis pietate resiste:
Nec tibi fallacis subrepat imago // decoris,
Nullum ex his errare putes. // Licet in cruce vitam
Ducant, & jugi afficiant sua corpora morte,
Abstineant opibus, sint casti, sintque benigni,
Terrenisque ferant animum super astra relictis:
Si tamen hæc propria virtute capessere quemquam
Posse putant, sive ut dignus labor iste juvari,
Ingenium meruisse ajunt bona vera petentis:
Crescere quo cupiunt, minuuntur; proficiendo
Deficiunt; surgendo cadunt; currendo recedunt:
Unde etenim // vani frustra splendescere quærunt,
Inde obscurantur: quoniam sua, laudis amore,
Non quæ sunt Christi quærunt, nec fit Deus illis
Principium, & capiti non dant in corpore regnum.

// Non

ꝟ. 767. *Nova gens*. Non alloquitur Ingratos (ut quidam existimarunt, forte decepti voce, *nova*, quæ in malam partem frequenter accipitur;) sed Orthodoxum Ecclesiæ populum; notatur utique comparatione Judæi, cui hoc loco opponitur. *Doct. Lovan.*

ꝟ. 768. *Velleris*. Verb. pro *avelleris*. Virgilianum. Alluditur ad Rom. 11. ꝟ. 17. ubi de genere Judæorum ut *oliva*, & de Gentili ut *oleastro* differitur. Vide ejus loci expositionem luculentam apud Aug. in Psalmum 72. *Doct. Lov.*

ꝟ. 769. *Formatæ frondis*; nempe oleaginæ; ut distinguatur contra frondem oleastri, velut informem & imperfectam. *Doct. Lovan.*

ꝟ. 772. *Superborum*. Massiliensium epithetum, & quidem e duobus primariis unum. Alterum nempe est *Ingratorum*; ambo autem conjunctim habes supra in Præf. & ꝟ. 684. *Doct. Lov.*

ꝟ. 774. & seq. *Decoris, nullum &c.*) Hucusque lectum fuit:

. . . *Subrepat imago decoris.*
Nullum ex his errare putes!

Nec interrogationi tam abruptæ dissimilis est illa supra ꝟ. 415.

Divinorum operum quod pandis &c.!

Tamen locum corruptum esse, cum Gallo sensio, qui hoc hemistichium cum superiori versu forte debere conjungi arguebat. Opturemque (pergit Doct. Lov.) cum eodem MSS. opem; sed quæ mihi ut Romæ quidem omnes Bibliothecas celebriores,

plurimasque etiam Vaticanam, perlustranti obtingere potuit. Igitur meo Marte, non invito Gallo, ita restitui, ut duo hi versus sibi cohærerent, subaudita tamen inter utrumque conjunctione *Ut*. Dubitavi etiam, num forte integer versus desideraretur v. g.

Ut quia conspicuis sunt moribus, atque probatis;

sive quo profecto, aut simili, non satis indicatur, quæ sit illa

. . . *Fallacis imago decoris*.

ꝟ. 775. *Licet in cruce &c.* Igitur ubi illud, inquies, Evangelicum, *Ex fructibus eorum cognoscetis eos?* Sine dubio enim nonnulla doctrinæ probatio mores sunt: sed nec id negat hic Noster, immo potius probat, cum detrahens Semipelagianis hanc larvam, non eam inii viam, ut dicat mores nihil conferre ad doctrinæ judicium, sed aliam potius; nempe ut ostendat, virtutes eorum solidas non esse, vitiatas illas superbia, & propriæ laudis amore, quem quidem ipso suo dogmate profitentur. *Doct. Lov.*

ꝟ. 784. *Vani*. Aliud Ingratorum Epithetum, quo eos iterum ornat supra ꝟ. 491. Alii interim pro illo legunt, *Varii*. (Lugd. Lov. Duac. & Colon.) ut fit a particulari de Massiliensibus sermone transitus ad sententiam generalem. Verum quia & illa quæ mox sequuntur, solos interim Massilienses tangunt, patet in *Varii* mendum esse. *Doct. Lov.* quod cum animadvertisset interpres Gallicus, correxit.

// Non horum templo est Christus petra fundamentum;
Sed // super instabilem arbitrii nutantis arenam
Adsurgunt, fœda lapsuri mole tumoris.
Illi quem quidam reprobarunt ædificantes,
Act. 4. 11. Psal. 117. 22. Ephes. 2. 14. Nunc etiam // reprobant lapidem, // parietque sine ipso
Tertius esse volunt, quem nullo fœdere nectat
Angulus, & quem nulla habeat compago ligatum:
// Hi thalamum ad sponsi non perducuntur, & intrant
Libertate sua: // quæ Christi gratia confert,
Joan. 6. 44. Non acceperunt, & habent: // non attrahit illos
Vis Patris ad Verbum, sed sponte & præpete cursu
Joan. 15. 5. Præveniunt cessantis opem: nec ad omne gerendum
Ejus egent, // sine quo sibi plurima posse videntur.

V. 788. *Non horum*. Juvat integra adjicere ea Scripturæ loca, quibus Auctor hoc paragrapho tam graviter sanctèque ludit; præcipuè quòd illorum adnotatio marginalis dilucidior & consultior foret, quàm quæ facilè caperetur. Itaque hoc ipso V. 788. respicitur tum ad 1. Cor. 3. 11. *Fundamentum enim aliud nemo potest ponere, præter id quod positum est, quod est Christus Jesus*: tum ad Ephes. 2. 21. *In quo omnis ædificatio constructa crescit in templum sanctum in Domino*: tum denique ad 1. Cor. 10. 4. *Petra autem erat Christus*. Doct. Lov.

V. 789. & seq. alluditur ad *Virum stultum*, sic loquitur Salvator, Matth. 7. 26. *qui ædificavit domum suam super arenam* &c. Doct. Lov.

V. 791. Respicitur ad illud Psalm. 117. 22. quod etiam in Evangelio sæpius repetitur: *Lapidem quem reprobaverunt ædificantes, hic factus est in caput anguli*. Doct. Lov.

V. 792. & seqq. primo respicitur ad loca in quibus Christus dicitur *lapis angularis*: ut Isai. 28. 16. Ephes. 2. 20. & 1. Petr. 2. 6. deinde iterum ad Ephes. 2. 14. *Ipse enim est pax nostra, qui fecit utraque unum, & medium parietem solvens* &c. Doct. Lovan.

V. 795. Miscere videntur verba Psal. 18. 6. *Tamquam sponsus procedens de thalamo suo*, & sensus Cantic. 1. 3. *Introduxit me Rex in cellaria sua*, vel ut vulgo Ecclesia, *In cubiculum suum*. Doct. Lovan.

V. 796. & initio seq. respicitur ad 1. Cor. 4. 7. *Quid habes quod non accepisti?* Doct. Lov.

V. 797. & seq. alluditur ad Joan. 6. 44. *Nemo potest venire ad me, nisi Pater, qui misit me, traxerit eum*. Doct. Lovan.

V. 800. Denique ad Joan. 15. 5. *Sine me nihil potestis facere*. Doct. Lovan.

SAN-

SANCTI PROSPERI
CARMEN
DE INGRATIS
PARS QUARTA.

ARGUMENTUM.

SEMIPELAGIANORUM doctrinam cum hæresi Pelagiana comparat, ostendens Pelagianum dogma periculosius ab iis statui, quia occultius & speciosius quam ab ipso Pelagio, quem damnare videbantur. Potissimum illorum fundamentum destruit de primæ integritatis reliquiis, quas in hominis natura superesse opinabantur: docetque, quod ad veri boni appetitionem spectat, nihil in natura sanum remansisse: primi enim parentis vulnere ita mentem esse perculsam, ut ne quidem oculos in altum possit extollere, nec suam agnoscere calamitatem: si quid vero donorum naturalium illi superest, ad temporalem demum vitam (quæ tota est damnationis & pœnæ) excolendam pertinere; non ad æternam adquirendam, nec ad virtutis adjumentum, sed ad majorem superbiam. Alioquin si vigor pristinus & antiquæ libertatis vis in nobis remaneat, Christum gratis mortuum esse, cum unumquemque sua voluntas reconciliare Deo possit. Cæterum ex ineffabili Dei humilitate, qua tam indigna pati dignatus est, agnoscere debere hominem captivum, quo carcere clausus, quove morbo obsessus sit, cui eripiendo nonnisi morte medici succurri potuerit, dum scilicet se imis miscuit ut nos summis insereret, & sic per illum possemus quidquid possumus. Postremo illorum insaniam detestatus qui sanctis obtinendæ coronæ caussam auferri causabantur, nisi in eis reperiantur bona quæ proprio ipsorum arbitrio accepta referri possint, pia ad Deum invocatione, ut ad unicum bonorum nostrorum omnium fontem, Carmen concludit. Cap. 56. & 59. Cap. 60. Cap. 61. 62. Cap. 63. Cap. 64. Cap. 65. Cap. 66. Cap. 67.

QUID prodest verbis commentum Pelagianum
Respuere, & sola damnatos plectere voce?
// Cum paucis squalida sublatis de cute nervis,
Intima viperei foveantur viscera sensus?
O bene quod diri erroris malus ille magister
// Nullo prælevit lethalia pocula melle:
Sed non ambigua infectum feritate venenum

Pro-

Caput XXXVIII. A Semipelagianis [illegible]

[illegible]

℣. 803. *Cum paucis &c.* Totus hic mihi Versus prima fronte displicuit. Quid enim, sisbam, illi *sublati de cute nervi*? An forsitan legendum, *nervi*? Deinde qui potuit auctor labi in *squalida* ut primam corriperet, qui jam supra tam diserte eamdem in *squalenti* produxerat? Cum interim fabilis, tanto procliviorem fuisse S. nostro hanc syllabam, quod forte pateris primam in *squalor* natura sua brevem, deinde apud auctores produci, ubi littera *l*, in medio duplicatur. Ad *nervos* autem quod attinet, jam capio qui illi *de cute* tolli dicantur; nimirum si cutem acceperis pro omni illo tegumento exteriori, quo viscera occultantur, quodque & nervos, & musculos, venas, &c. denique ipsam cutem proprie dictam complectitur. Nam fatendum quidem est, improprie locutum Nostrum; sed tamen erat imitari Ovidii locum Metam. 6. in Fab. de Marsya excoriato, ubi perinde ut hic, & *Cutis*, & *Nervorum*, & *Viscerum* est mentio:

. . . *Cutis est*, inquit, *summos direpta per artus*,
Detectique patent (Nervi) . . . .
. . . . *Salientia (viscera) possis*,
Et pellucentes numerare in pectore fibras.

Doct. Lovan.

℣. 806. *Nullo prælevit &c.* En iterum mellis mollitiam expressam multiplicando *ll*; ut e contra ℣. præced. *diri erroris magister* asperius exprimi haud potuit, quam concurrentibus tot literis caninis *rr*. Doct. Lov.

[illegible]

Protulit, & // gustu virus detexit amaro!
Nam si argumenti primordia non onerasset
His quæ // discipuli dempserunt callidiores,
Innumeras dubio cepisset plasmate mentes;
Quæ dum multa vident informia limine in ipso,
Horrida terrificæ declinant atria mortis.
Nec // jam illis possunt adtriti illudere fures,
Quorum quo tendant artes, atque unde oriantur,
Non dubiis promptum est cuivis // cognoscere signis.

CAPUT XXIX. At Semipelagiani periculosius falluntur, quia Pelagium damnare videntur, dum fatentur, in Adamo omnes [illegible] peccasse [illegible]. [illegible] Si [illegible] peccato [illegible].

Non igitur cum damnatis sentire videntur,
Cum dicunt mortem in cunctos transisse per unum
Primum hominem, cujus crimen resperserit omnes:
Nec quemquam in vitam æternam nisi fonte renatum
Venturum: infantesque reos hoc munere solvi,
Quos // prima ad mortem generaliter edat origo.
Sed cum damnatis sapiunt, damnataque promunt,
Cum dicunt, // nihil esse animis per vulnus avitum
Detractum decoris, splendoremque omnibus illum
Nunc talem innasci, qualis fuit ante ruinam.
Hinc libertatem arbitrii discernere sano
Posse oculo cordis, quidquid sit rite gerendum,
Nec solum ad vitæ præsentis commoda solers

Sed cum Pelagio [illegible]

Sufficere ingenium, quo se tueatur & ornet;
Sed summis etiam mentem aptam percipiendis
Æternisque bonis, sponte ad cælestia ferri:
Perque viam ad Christum, quam fecerit ipsa, venire.
Hinc hominem multa recti assuetudine firmum
Posse repugnare adversis, // nec cedere pœnis,
Quas superandæ animæ per carnem admoverit hostis,
Auxilio absœdente Dei: qui deserat apte
Utiliterque suos, ut de certamine agonis
Quæsitas referant palmas: // ne nulla piorum

Sint

℣. 808. *Gustu amaro*. Legit. Georg. 2.

At sapor indicium faciet manifestus, & ora
Tristia tentantum sensu torquebit amaro.

Sic ipsius ævo legebant plerique: unde veniam mereretur sermonis tam improprii, quo hic utitur; nam procul dubio satis vernacule *Gustu* posuit pro *sapore*. Cæterum hodie post Agellium, lib. 1. cap. 21. passim Grammatici ita legunt hunc Virgilii locum:

. . . . . *Sensu torquebit amaro.*

℣. 810. *Discipuli*. Massilienses, quibus passim Pelagium, ac Pelagianos *Magistros* attribuit.

℣. 814. *Jam*. Videlicet post tot condemnationes & proscriptiones solemnes, vel certe *jam*, cum tot conspiciuntur

. . . . . *Informia limine in ipso.*

Saltem signa illa, de quibus tertio post versu, non alia puto esse, quam illa *informia*, quæ hæresis Pelagiana quasi ipsa fronte præferebat. Interim pro *Jam*, Vulgati hic legunt *Tam*, ut conjungatur (puto) cum *Adtriti*. Doct. Lov.

℣. 816. *Cognoscere*. Ita legendum, & non *Agnoscere*, ut alii (quemquam revera in tantil labor est) demonstrat Versus Maronis Georg. 4. unde hic expressus est:

Quem jam non dubiis poteris cognoscere signis.

Ex quo etiam fortasse desumtum est illud *Jam*, de quo Nota præcedenti. *Doct. Lov.*

℣. 822. *Prima origo*. Id est, *prima* nativitas secundum carnem, ut distinguatur contra *secundam* per baptismum, de qua mox ante:

. . . . . *Nisi Fonte renatum.*

Nisi tamen simpliciter, *prima origo* sit, quam trahunt infantes a *primo* parente; ut propterea etiam mox sequitur:

. . . *Per vulnus avitum*. Doct. Lov.

℣. 824. *Nihil esse &c.* Vide idem dogma supra cap. 1. & alibi. *Doct. Lov.*

℣. 835. *Nec cedere Pœnis &c.* Quippe *cum tanta sit virium naturæ integritas, ut contra ipsum diabolum, sævitiamque ejus, usque ad extrema supplicia sine auxilio Dei valeat dimicare*. Ita ex ipsorum sententia lib. cont. Collat. cap. 20. *Doct. Lovan.*

℣. 839. *Ne nulla &c.* Doct. Lov. scribit: *Ne nulla*, &c. Hanc re ipsa (addit) fuisse Semipelagianorum sententiam, patet tum ex pluribus aliis, tum ex verbis Collatoris eod. lib. c. 19. sub finem, ubi de fide Centurionis a Christo laudata ait: *Nullius enim laudis esset ac meriti, si id in eo* (Centurione) *Dominus quod ipse donaverat, prætulisset*, id est, præ aliis laudasset. Quod ve-

tum

Sint merita, & vere priventur laudis honore;
// Si quod naturæ sensu noluntque, voluntque,
Præceptisque tenent legalibus insinuatum,
Divini auxilii manus hoc operetur in illis:
// Ceu solis Christi famulis virtute carere
Sit dignum, & non posse probos apprendere mores,
Quos plerumque habeant etiam simulacra colentes.
TALIA lingua procax cum verbis fundit ineptis,
Effuge tu // nova gens, hostiles effuge sensus,
Et procul a laqueis sapiens abjungere mortis.
Christus enim tua justitia est, quo te duce oportet
Currere, ne cursus, Christo sine, sit vagus error.
Nemo etenim, nemo est, qui non cum vulnere primi
Sit patris genitus: quo vulnere mens prius intus
Percussa est, quam membra foris, cum mente receptum est
Quod // regione poli disjecta superbia suasit.
Sic animus, cui lumen erat de lumine summo,
Arbitrium involvit tenebris; & luce relicta,
Consilio legit terræ nigrescere noctis.
Nec jam captivos oculos // extollere in altum
Sponte potest: quoniam hoc etiam spoliante tyranno
Perdidit, ut quanto jaceat sub vulnere norit.
SI quid enim de principiis felicibus illi,
// Et vita exilii superest prudenter agenda,
Hoc sanum, & quo nil fuerit sublimius in se
Credit, amatque // suum mundi sapientia sensum,

In-

CAPUT XL. [illegible]

Quoniam Christus est nostra justitia.

[illegible]

[illegible]

CAPUT XLI. [illegible]

---

tem hic cum vulgatis legimus *Non nollet*, (non tamen legerat in antiquioribus Lugd. Lov. Duac. & Colon.) & Gallus legit, *Ne*: male, ac contra Prosperi & Virgilii phrasim, qui ubi *Ut* aut *Ne* præcessit, non jam amplius *Ne*, sed *Neu* subjungunt, quasi *Neve*; sicut *seu*, pro *sive*, quasi *sive*.

℣. 841. *Si quod naturæ sensu &c.* Hanc lectionem vulgati ferebant pro conjectura marginali: Gallus recte textui inseruit, pro eo quod alias legebatur:

Sanæ naturæ sensum, &c.

Sensum autem naturæ recte iidem intellexit de lumine ac dictamine naturali, quod passim Pelagiani cum suis illis Discipulis sufficere dictitabant, saltem cum Lege scripta (de qua hic ℣. seq.) ut quis vellet nolletque quod oporteret. Sic supra docent cap. 1. §. 7. sic iterum cap. 10. §. 2. & 7. & etiam alibi. *Doct. Lovan.*

℣. 844. *Ceu solis Christi &c.*) Ita contra Collat. c. 6. *Si ideo voluntas non putanda est nostra, quia formatur, regitur, ordinatur, imbuitur; spolianter libertate filii Dei, qui aguntur Spiritu Dei; perdent vigorem rationalis animi, & omnis voluntaria devotionis laude privantur, quibus datur Spiritus sapientiæ & intellectus, &c.* Hasce ut Auctor. *Christi famulos* ergo intelligit, qui juxta Scripturam aguntur Spiritu Dei, & quibus datur Spiritus sapientiæ & intellectus &c. quasi dicat: Si vera est vestra doctrina, nempe virtutis laude carere quidquid Deus in nobis operatur, igitur virtutis laude carebit, quidquid egerint illi, qui aguntur Spiritu Dei, qui tamen proprie sunt Christi famuli: hique hoc pacto inferiores erunt paganis ipsis, qui juxta vos sapiens digna laude agunt.

Doct. Lovan.

℣. 848. *Nova gens*. Vide supra ad ℣. 767.

℣. 855. *Regione poli disjecta*. In diabolo. *Doct. Lov.*

℣. 859. *Extollere in altum*; ad petendum auxilium aut medicinam; quod nempe vulnus ignorent suum, ac, ut alibi dicitur, *pro sanitate habent quod ægrotare se nesciunt, donec prima hæc medela conferatur ægroto &c.* Doct. Lovan.

℣. 864. *Et vita agenda*. Gallus legit *vitæ agenda* in sexto casu; ut sit sensus: si quid homini hodie superest de principiis felicibus primi status, & de vita hujus exilii prudenter agenda. Quod adeo mihi non probatur, ut retinere maluerim lectionem Vulgatam in recto casu. Quamquam nec illa quidem suis incommodis caret: qui enim illud quod sequitur, *Hoc sanum*, &c. qui, inquam, istud ad plura illa quæ præcedunt, ac inter ea ad vitam prudenter agendam, referetur? Certe clarius foret:

Ad vitam exilii superest prudenter agendam:

ut supra ℣. 859.

. . . *Ad vitæ præsentis commoda*, &c.

Pro lectione interim nostra & Vulgata tuenda dicere potest, quod soleat etiam alibi Auctor noster ponere conjunctim plura, atque ad unum denotanda ex iis, idque ut plurimum quod est primum, referre sequentia. *Doct. Lovan.*

℣. 865. *Suum sensum*; amare dicitur mundi sapientia, non uti vulgariter quisque dicitur amare sensum suum, id est, sententiam: sed amat miraturque sensum suum, hoc est suum scire; ut tum ex sequentibus, tum ex dictis mox supra ad ℣. 841. colligi potest. Porro *Mundi sapientia* dictio est Apostolica non uno in loco. *Doct. Lov.*

 ℣. 871.

Innumeras sese claram mirata per artes:
Quod conjecturis sublimibus abdita quærit,
Quod meminit recte, sapit acriter, æstimat apte:
Quod studium fandi excoluit, quod legibus urbes
Instituit, moresque feros ratione recidit,
Ut pœnæ metus officio certarit amoris.
Jam cum // exercetur numeris, ad sidera cæli
Per cursus noscenda suos, & scire videtur
// Defectus solis // varios, Lunæque labores,
Quam speciosa sibi est, & quam vanescit in ipsis?
Quæ licet ex primo naturæ habeantur honore;
Non tamen ad veram possunt perducere vitam.
(Denique // ab his præceps in multas religiones
Decidit, & factis hæsit factore relicto.)
Nam si nunc etiam // liberis vigor ille maneret,
In quo insons natura fuit; sua quæmque voluntas
Conciliare Deo, pœnaque absolvere posset:
Nequicquam Christus // mortem moriendo piaret,

CAPUT XLIV. [illegible]

[illegible]

Pec-

℣. 872. *Exercetur numeris* &c. In Mathematicis, in quibus præ cæteris sibi humanum placet ingenium. *Doct. Lovan.*

℣. 874. *Defectus solis* &c. Versus integer e Georg. 2. ac fere e Lucret. lib. 5. quem non adeo Noster hoc loco inseruit, ut utrosque hosce Poetas philosophum imitaretur, quam ut eos piè derideret vel nimis sibi placentes in hac scientia. Quippe Lucretium videas ubique pene puerilite[r] ex exsultantem; Virgilium quoque paulo post di[c]tum versum, mirum quanto affectu exclamantem audies:

Felix, qui potuit rerum cognoscere causas.
U. L.

Ibid. Varios. Quia quidam putarunt, facilius assignari *varios solis effectus*, quam *varios defectus*: (quis enim alius, dicerent, Solis defectus, quam is qui per Lunæ interpositionem causatur, Eclipsis dictus?) nec insuper familiarem habere Virgilium; (quod uti Theologo vitio verti non debet; ita nec e contra improbari ea familiaritas, quam nec SS. quidem Patres passim dedignati sunt;) conjecerunt illi legendum *effectus solis varios*. Sed præter quam quod defectus ipse ordinarius sua varietate non caret; alius enim totalis, alius partialis, alius universalis, alius particularis &c. notandum præterea, Soli non prorsus insolitos esse quosdam defectus extraordinarios, quos Eclipsis nomine non vocamus. Sic famosus Philosophus ex historicis narrat, Solem aliquando per plures dies, atque adeo mensem, & annum integrum, obscuro lumine luxisse ad instar Lunæ: quod ipse copiæ & magnitudini attribuit earum maculaeum, quas ope telescopii in Solis corpore, non eodem perpetuo numero, magnitudine & forma observamus; quibus etiam fieri putat, ut stellæ aliquæ fixæ, quas totidem Soles censet, omnino dispareant: uti septima Plejadum factum esse Ovidius in Fabulis non fabulose memorat, cui rationem ipse pro instituto suo reddat fabulosam. Et quia de Ovidio facta mentio est, quo nemo ingeniosius phænomena naturalia Fabulis suis immiscuit: is idem est, qui ad *defectus* nostros *Solis varios* alludens, alicubi in Metamorphosi (loci in præsentiarum non memini) inducit Phœbum nescio quo pallore marcescentem; dicitque addit, non talem hunc tamen fuisse, qui sororis interjectu causaretur; insinuans scilicet alias defectionis ejus & species & caussas. *Doct. Lov.*

℣. 878. *Denique ab his*, &c. Periodum nimis abruptam parenthesi includendam duximus. Specialiter autem illa refertur ad dicta in fine cap. præc. de astrorum scientia; quæ adeo non valet possessores suos ad veram vitam perducere, ut etiam quosdam ad idololatriam, puta ad ipsum illorum astrorum cultum pertraxerit (de quibus nostra querela, Sap. 13.) Ubi admirari licet humani ingenii pravitatem, optimis quibusque rebus tam perverse abutentis, ut pulcherrimam scientiam, Physicen dico, qua ex iis quæ facta sunt, factorem Opt. Max. analogice invenire tam facile est; sibi contra ipsummet Deum faciat inservire, et atque decidat non in multas tantum religiones, ut hic Noster notat; sed vel in ipsum irreligiositatis atque atheismi barathrum. Sic quippe impius ille cum suo Epicuro Lucretius, sic Plinius, sic alii naturæ mystæ auctorem ipsius ignorantes non-memorant: sic hodieque nostri ævi Satyricus ejusdem impietatis infamiam adspergere audet Physicorum, seu ut ipse vocat, Medicorum, professioni: & quidem illud fortassis injuria, sed tamen pudet, piget, tædet generis humani, quod saltem suspicio illa non in alios potius nimirum cadat, quam in eos qui ab hoc malo longissime abesse deberent. Atque hæc ad prudentissima verissimaque hujus Prosperianæ parenthesis confirmationem dicta sunt; & quidem ab eo (ne Physices odium putetur) qui & ipse aliquando hanc Galateam amavit, loco deperiit. *Doct. Lovan.*

℣. 880. *Illæsis*. Doct. Lov. legit *illæsus*. Sic supra ℣. 541. legimus, *Mentis honorem illæsum*: Gallus tamen (nisi vitium typorum est) *illæsis*. Nos tamen non mutavimus antiquam lectionem, quia Editionum antiquiorum Lugd. Lov. Duac. & Colon. auctoritate fulcitur, & sensum rectum exhibere nobis visa est.

℣. 883. *Mortem moriendo piaret*. Non opus erat conjectura *fugaret*; (quam tamen præferunt Lugd. Lov. Duac. Colon.) est enim imitatio illius dictum. E. in Meleagri fabula.

... Mor

Peccatum & mundi sanguis non tolleret agni,
Nec genus humanum generari rursus egeret
Conditione nova: quoniam sapientia sana,
Sana fides, sanum arbitrium, mens libera morbo,
Vitam agerent dignam summorum participatu.
Sed prostrata semel, quanto natura profundo
Immersa, & quantæ sit mole oppressa // ruinæ;
Verbum homo fit, rerumque sator sub conditione
Servilis formæ dignatur virgine nasci,
Inque infirmorum cunctos descendere sensus.
Vexatur virtus, sapientia ludificatur:
Justitia injustos tolerat, clementia sævos:
Gloria contemptum subit, & tormenta potestas:
Inque crucis pœnam // nulli violabilis usquam
Vita agitur: cujus perimatur morte // peremptor:
Justo ut pro injustis effuso sanguine, sit mors
Unius insontis multorum vita reorum.
Hoc igitur pretio captivi cum redimuntur,
Agnoscant quali conclusi carcere, quove
Obsessi fuerint morbo; quibus eripiendis
Succurri haud aliter potuit, quam morte medentis.
Et quia de magnis opibus nonnulla supersunt,
Quæ decorent nudos, & quæ solentur egenos:
Non ita pro summis oblectent ultima lapsos,
Ut de // supplicio tumeant, atque ordine verso,
Quo sunt effecti miseri, fiant inde superbi.
* Aut cum hebetes visus, longa ex caligine tandem,
Deest hic aliquid in hunc sensum. In cælum attollunt, & vera luce fruuntur;
Naturæ hoc potius, libertatique volendi,
Quam Christo tribuant: ne scilicet evacuetur

Caput XLIII. [illegible]

[illegible]

[illegible]

[illegible]

Ar-

. . . . . . *Nihil morte piandum est:*
sunt si quo nisi Virgiliana dictio in pretio est; respexit ad illud Æneid. 2.
. . . *Culpam hanc miserorum morte piabunt.*

℣. 890. *Ruinæ*. Hæc usque interrogative legit Gallus (cum Editionibus Lov. Duac. & Colon.) Consentirem (ait Doct. Lovan.) si foret hoc Versu, *Mole est oppressa* &c. pro *sit mole*, nisi quod tunc adhuc potius per exclamationem legerem. Nunc autem ejus Ellipsin esse, nec eam quidem adeo inconvenientem. Qui volet, interim suppleat ex ejusdem argumenti loco contra Collat. c. 9. *Nimirum ex ipsius remedii singularitate apertissime patere, in quam profundum malum totius humani generis natura demersa sit illius prævaricatione, in quo omnes peccaverunt?* Doct. Lovan.

℣. 897. *Nulli violabilis usquam*.
Doct. Lov. legit *unquam*. Gallus *usquam* (ita etiam Lugd. Lov. Duac. & Colon.) Putat autem hoc dictum, quia Salvator inviolabilis erat, nisi ipse voluisset.

℣. 898. *Peremptor*; non tam Ipsius Christi, quam generis humani; nempe diabolus qui Joan. 8. 44. *Homicida* dicitur *ab initio*. Perimendus autem dicitur metaphorice, quia (ut itur in Evangelio) ejiciendus foras, ac destruendum regnum ejus, adimendumque illi mortis imperium. Ita Gallus in Prosa: melius quam in versu, ubi de morte intelligit. *Doct. Lovan.*

℣. 908. *Supplicio*; & quidem ℣. seq. *quo sunt effecti miseri*; de reliquiis primæ integritatis dicitur: nempe cum respectu ad bona ipsa primæ integritatis, quorum dumtaxat exiguæ sunt particulæ, cæteris misere deperditis. Hoc sensu pars exigua magnarum opum quibus quis ob crimen a Principe mulctatus est, *supplicium* ejus dici posset, cum ipse eam aspiciens considerat, quantillum sibi de tantis bonis supersit: maxime si pars ista exigua sit ipsi usui, & forte nonnisi ad damnum conducat; uti reliquiæ illæ hominem sine Dei auxilio *fluxum ad mortis*, (ut supra dicitur ℣. 403.) non autem ut ℣. 877. adscribat:
. . . *Ad veram possunt producere vitam*.

℣. 910. * Manifestum hiatum a Gallo hic notatum monet Doct. Lovan. quem ille obstruxerat hoc versu,
In cælum attollunt, & vera luce fruuntur.
Satis concinne enim vero: sed hic alium a se quoque confictum ex ipsis verbis Prosperi colligi, eo nimirum loco, ubi eamdem fere sententiam tractat (si tamen ipse est) Epist. ad Demetriadem c. 14. *Sicut*, inquit, *arte medica fit in oculis* (*caligantibus*), *ut possint videre quod non videbant* . . . . *ita in cordibus tardis &* (*Hebetibus*) *per Spiritum sanctum acies obducta tergitur, &* (*de vero lumine*) *tenebrosa jam & desiderata lumina* (*lumen accipiunt*.) Unde locum istum idem Doct. Lov. sic exhibet:
Aut cum hebetes visus, longa ex caligine tandem
Erepti, accipiunt verum de lumine lumen;
℣. 914.

Arbitrii virtus, si // desit recta legendi.
Hoc // patribus primis mortis sator insinuatus
Consilio est: hac arte omnes prostravit in uno,
Dum suadet multo præstantius esse, quod ipsis
(Non tribuente licet Domino) sponderet habendum
Prudens libertas, vetitoque instructa cupido:
// Quæ nunc per veteris serpens vestigia fraudis,
Deceptos simili studet inflammare furore:
Ut quoniam pulchrum est veris impendere curam,
Justitiæque avidos bona nosse & velle salubre est:
Suadeat ingenio cujusque hoc lucis inesse,
Ut naturali mens vivida // mobilitate,
Non spirante Deo, Christi exardescat amore,
Utque ita salvatrix nil gratia conferat istis,
Sed referat, // pretioque bonos, non munere ditet.

CAPUT XLIV.

His de seminibus multo jam plura oriuntur,
Et frumenta inter primo turgentia lacte,
Spinis fulta subit seges horrida zizaniorum.
Sed nos qui Domini semen sumus, agricolæque
Stamus ope, & supera perflati vivimus aura,
// Viperei calicis gustum procul excutiamus:
Divinique operis constanter confiteamur
Figmentum nos esse novum, quod prorsus ab illa
Stirpe vetustatis discretum est, atque recisum,
// Et jam sit penitus carnalis originis exors,
Qui membrum est Christi, capitisque in corpore vivit:
A quo subjectos vigor omnis manat in artus;
Et sic quæque suo vegetantur in ordine partes,
Ut quod agunt, & dispositis quod motibus explent,
Ex illo possint, qui summa atque ultima pacans,
Ut nos insereret // summis, se miscuit imis.

CAPUT XLV.

CONTICEANT igitur, qui dicunt esse cavendum,
Ne desit sanctis // sumendæ caussa coronæ,
Si non // ipsorum bona reperiantur in illis.
Hoc etenim tumida nimis impietate docentes,

Quid

℣. 914. *Desit recta legendi*. Id est, virtus recta eligendi. Sic supra ℣. 691. & seq.

. . . . *Quia recta gerendi*
Non data sit virtus. Doct. Lov.

℣. 915. *Patribus primis*. Dubitanter supra ad ℣. 10. illud, *De Patribus*, exposuimus de primo patre & matre: nimis enim nove, ac sine ullo idoneo veterum exemplo id dictum videbatur. Dubitationem vero omnem eximit hic locus: de phrasi interim grammatici viderint. *Doct. Lovan.*

℣. 920. *Quæ nunc* &c. Versum hunc ambiguum & obscurum reddunt *Quæ*, & *Serpens*: nam hoc quispiam facile substantive acciperet; illud vero quo referendum sit, non statim appareret. Ac mihi quidem prima fronte referendum videbatur ad *Cupido*. Atqui ut nunc video, referendum ad *Vestigia*: *serpens* autem participaliter accipe, & sic ordina constructionem: *Per quæ vestigia veteris fraudis nunc* iterum *serpens* ille *mortis sator diabolus*, *deceptos simili studet inflammare furore*. Doct. Lov.

℣. 925. *Mobilitate*. Ut supra, ℣. 702. Non legitur *nobilitate*, ut quibusdam visum fuit. *D. L.*

℣. 928. *Pretio*, *non munere*. Id est, mercede debita, non dono gratuito. *Doct. Lov.*

℣. 934. *Viperei calicis*. Id est, a Serpente propinati. Respicitur enim ad dicta cap. superiore. *Doct. Lov.*

℣. 938. *Et jam sit*, &c. Gallus imperativum credidit, conjungendo scilicet cum illis supra, ℣. 934. & seq. *Excutiamus*, & *confiteamur*. Mihi vero subjunctivus videtur, cohærens cum infinitivo immediate præcedenti ea ratione, qua passim hic Noster hoc dum modo connectit: adeo ut *Jam sit*, stet pro *Jam esse*; nisi tamen legendum, *Ut jam sit*. Doct. Lovan.

℣. 944. *Summis*, *se miscuit imis*. Elegans abusus istius triti apud auctores bonos, *Summa imis miscere*: pro sursum deorsum omnia vertere, *D. L.*

℣. 946. *Sumendæ caussa coronæ*. Id est, ratio meriti & mercedis. Vide supra ad ℣. 839. & seq. *Doct. Lov.*

℣. 947. *Ipsorum bona*; id est, ipsis propria, ac sine gratia auxilio facta: sicut supra ℣. 170.

Vel nostro adscribi [illegible] *bene gesta Liberi*.

Eodem modo intellige mox infra, post. illud *Propriis*, nempe virtutibus. *Doct. Lovan.*

℣. 691.

Quid nisi justitia nos & virtute, Deoque
Dispoliare volunt: ne lux in nocte coruscet,
Languida ne in vires redeant, ne mortua vivant.
Sed nobis summo verorum a fonte bonorum
Haurire hæc, supero & semper splendore nitere,
Gloria sit; non spes in fœni flore caduco.
Sicut enim palmes nullos valet edere fructus
Non in vite manens, quæ de radice ministra
Succum agat in frondes, & musto compleat uvas:
Sic infœcundi virtutum, & fruge carentes
Perpetui cibus ignis erunt: qui vite relicta
Audent effusa de libertate comarum
Fidere, ne Christi fint ubertate feraces:
Et mage se credunt propriis excellere posse,
Quam si virtutum // placitarum sit Deus auctor.
Viles ergo putent se deformesque futuros,
Cum transformatis fiet Deus unica sanctis
Gloria: // corporei nec jam pressura laboris
Conteret incertos, sed in omnibus omnia semper
Christus erit. Quod si pulchrum, & super omnia magnum est,
Cur pudet hac etiam fletus in valle potentes
Esse Deo, minimumque // operis mortalis habere,
Quod non est nisi peccatum quo discrucietur
Libertas: ad quam // solam male gesta recurrunt?
Et tamen in sanctos animum cum intendimus actus,
Cum desideriis carnis mens casta repugnat,
Cum tentatori non cedimus, & per acerbas
Vexati pœnas, illæso corde manemus;
// Libertate agimus; sed libertate redempta,
// Cui Deus est rector, summoque ex lumine lumen,

Joan. 15. 4.

[illegible]

[illegible]

Vita,

℣. 963. *Placitarum*. At quæ virtutes illæ *placitæ*, ut *propriis* opponantur? Si Virgilii dictio consulatur, longe is recedit a scopo nostro, ubi hanc vocem usurpat init. 4. Æneid.

. . . *Placitone etiam pugnabis amori?*

Præterquam quod etiam credendum non sit, Prosperum in re tam sancta ad Æneidem potius quam Scripturæ locum aliquem respexisse. Putem igitur has virtutes placitas easdem esse cum *Operibus bonis* (Ephes. 2. 10.) *quæ præparavit Deus ut in illis ambulemus*: quæ proinde *placita* dicantur, quia divino beneplacito ordinata & præparata, ut in illis ambulemus. *Doct. Lovan.*

℣. 966. *Corporei laboris*. Id est, qualis in corpore hoc ærumnoso geritur, cum tanta cadendi ac delinquendi incertitudine ac metu. Videbantur enim Massilienses præcipuam operum excellentiam ponere in hac arbitrii sibi relicti vacillanti incertitudine, quam per operationem gratiæ tollendam metuebant. *Doct. Lovan.*

℣. 970. *Minimumque operis mortalis*. Id est, peccati, inquiet aliquis, præsertim mortiferi. Belle sane, si tamen sine negatione evidenti tunc sequeretur:

Quod non est nisi peccatum.

Quid ergo? Difficilis locus; quem cum sui similibus servare malo in appendicem Theologicam, quam cum Deo meditor in hoc Prosperi Carmen: dum hic interim pergo in lusibus Philologicis. *Doct. Lovan.* Sola editio Lugdun. aliter habet hunc locum:

Cur pudet hac etiam fletus in valle potentes
Esse Deo? minimumque operis mortalis habere?
Quod non est &c.

℣. 972. *Solam*; cum sola est. *Doct. Lov.*

Ibid. Recurrunt; sc. tanquam ad nativam scaturiginem suam: ut apud Horat.

Naturam expellas furca, tamen usque recurret.

℣. 977. *Libertate redempta*. An ergo libertas redimi, aut unquam non libera fuisse potest? Sic nimirum diserte docet infra ℣. 997.

Tunc fit (cum gratia) cursus velox.
Libera libertas &c.

Unde duo notanda: & quod in sensu Prosperi sine gratia sit libertas, & quod per gratiam ipsa libertas insuper liberetur, nempe ad volendum & perficiendum bonum, Deo id operante Phil. 2. 13. de qua libertatis (ut ita dicam) libertate intelligendi sunt etiam SS. Patres Prospero coævi, ubi dicunt nonnunquam ita loqui videntur, ut libertas per primum peccatum amissa, per Christi gratiam recuperetur. Re vera enim hæc est libertas, qua libertate Christus nos liberavit. Gal. 4. 31. *Doct. Lov.*

℣. 978. *Cui Deus &c.* Hæc interpunctio Galli interpretis, consentientibus Lugd. Lov. Duac. & Colon. Doct. Lov. non probatur omnino. Pro qua sic pronuntiari oportet:

Sed

[illegible]

Vita, falus, virtus, fapientia: gratia Chrifti eft,
Qua currit, gaudet, tolerat, cavet, eligit, inftat,
Credit, fperat, amat, mundatur, juftificatur.
Si quid enim recti gerimus, Domine, auxiliante
Te gerimus: tu corda moves: tu // vota petentis
Quæ dare vis, tribuis, fervans largita, creanfque
De meritis merita, & cumulans tua dona coronis.
Non autem hoc curam minui, ftudiumque refolvi
Virtutum, aut opus ingenii torpere putandum eft;
Quod bona fanctorum tua funt, & quidquid in illis
Aut fanum, aut validum eft, de te viget: ut videatur
Nil actura hominis, te cuncta gerente, voluntas:
Quæ fine te // quid agit, nifi quo procul exulet a te?
Præcipites femper calles, & devia motu
Ingreffura fuo: nifi feffam, tu bone, & ægram
Sufcipias, // referas, foveas, tuearis, // honeftes.
Tunc fiet curfus velox, oculique videntes,
Libera libertas, fapiens fapientia, juftum
Judicium, & fortis virtus, & fana facultas.
Hujus opis femper, Pater, indigeamus: ab ipfa
// Prodeat arbitrium noftrum, nihil hac fine fenfus
Corporei // poffint, // opus ut fervile quiefcat.
Et tua dum in nobis agitur, non noftra voluntas,
Legitima in fanctis ducamus // fabbata feftis.

. . . *Sed libertate redempta;*
Cui Deus eft rector; fanumque ex femine lamen,
Vita, falus, virtus, fapientia, gratia Chrifti eft;
Qua currit, gaudet &c.

Priori interpungendi modo variari dicis fententiam; ubi illa omnia, *Rector*, *lumen*, *vita*, *falus*, *fapientia*, de Deo dicuntur: quod mihi (ait) minus difplicerer, nifi quod dicitur, *fanumque ex lumine*, de homine creato accipiendum videtur, idcoque & illud, & quæ fequuntur, ad gratiam potius referenda effent.

Ÿ. 983. *Tu vota petentis*, &c. Sic orat Ecclefia Dom. 9. poft Pent. *ut petentibus defideriata concedas, fac eos quæ tibi funt placita poftulare.* D. L.

Ÿ. 991. *Quid agit*, ut Doct. Lov. fcribit, *Quid agat?* Gallus (inquit ille in nota) iterum aliter. Nam primo legit, *Agit*, deinde interrogationis notam in finem verfus differt: neutrum (fateor) adeo perperam, aut ullo notabili fententiæ decore. Edit. Lugd. Lov. Duac. & Colon. *quid agit?*

Ÿ. 994. *Referas*. Plus dicit hoc verbum quam Gallus intellexit, qui illud reddidit per fuam, *Ramener*. Sic enim eadem fententia reperitur lib. 1. de Vocat. gent. c. 8. *Nec dedignatur ægram, diu in itinere fatigatam, humeris fuis ferre, & non revocando tantum fed etiam portando falvare.* D. L.

Ibid. Honeftes. Sicut in verbo illo fuperiore, *Referas*, manifefto alluditur ad Parabolam Evangelicam de Paftore ovem perditam humeris fuis referente, Luc. 15. ita hic recipiere exiftimo ad illam ibid. de patre, filium prodigum ad fe reverfum ftola prima honeftante. Gallus faltem, in voce hac, quam in alia illa reddenda felicior, ita reddit in Profa: *Si vous ne l'ornez de vos dons & de vos graces:* ubi etiam phrafim Scripturæ fecutus eft, qua *honeftare* idem eft ac ditare. Doct. Lov.

Ÿ. 999. *Prodeat arbitrium*. Id eft, Liberum: nam arbitrium pro ipfa libertate pofitum etiam fupra vides. Ÿ. 638.

Nulla tibi arbitrii refpondent figna.

Optat fcilicet libertatem illam, quam dat gratia, & quam jam fupra ex Profperi fententia libertatem ipfius libertatis vocavimus. Doct. Lov.

Ÿ. 1000. *Poffint*. Quod plane amplector ex Gallo, pro eo quod cæteri habebant, *Poffunt*. Libenter etiam adfcribo ejufdem expofitionem in Profa, ubi illud, *Nihil hac fine fenfus corporei poffint*, ita reddit: *Qu'elle conduife tous les mouvemens de notre corps:* q. d. Nullam fenfus noftri corporei operationem edant, quam illa non producat. O verum! Sed votum tantum, nifi cum mortale hoc induerit immortalitatem. Doct. Lov.

Ibid. Opus fervile. Ita vocat, dum noftra in nobis agitur, non Dei voluntas: dum, inquam, vel malum agimus, vel de bonis actibus noftris, quafi de propriis gloriamur. Sic colligo ex antithefi Profperi Ÿ. feq. & Auguftini verbis jam citandis. Doct. Lovan.

Ÿ. 1002. *Sabbata*. Cum levi allufione ad Sabbatifmum æternum, agitur de Sabbato in hac ipfa vita agendo: quod ita Nofter Auguftini fui verbis exhibuit Sent. 278. *In enim obfervatione Sabbati, quæ vacatione omnis diei figurabatur, perpetuum Sabbatum obfervat, qui fpe futuræ quietis fanctis ifti operibus vacantes, nec ipfis bonis actibus fuis, quafi de propriis & de his quæ non acceperit gloriatur; illum in fe operari cognofcens, qui fimul operatur & quietus eft.*

FINIS CARMINIS DE INGRATIS.

A D-

ADMONITIO
IN DUO OPUSCULA QUÆ SEQUUNTUR.

SUBJECTA duo Epigrammata in Obtrectatorem sancti Augustini, sive idem sit, sive diversi agnoscantur æque prava sentientes, & codicum tam Mss. quam editorum auctoritate, & omnium ætatum suffragio S. Prospero assignantur. Quem vero inter multos doctrinæ Augustinianæ adversarios impetat auctor, non pari facilitate decernitur; cum hactenus tacitum ipsius nomen dubitationi locum præbuerit. Hunc autem esse Vincentium Lirinensem Monachum Commonitorii auctorem pluribus probatum legere licebit apud sæpe laudatam dissertationem 9. Antelmii. Hic enim in opere illo alias vere aureo, id præcipue intendisse putatur, ut Augustini doctrinam in novitatis suspicionem traheret. Rem antea animadverterunt probaruntque post Vossium viri doctissimi Henr. Norisius Histor. Pelag. cap. 11. lib. 2. nec non Nat. Alexander Hist. Eccles. tom. 10. cap. 3. art. 7. §. 7. Quorum momentis & istud spicilegii instar subjicit, scilicet: Cum ex Augustino in lib. de Prædest. SS. c. 3. & 4. notum sit, S. Antistitem initio conversionis Massiliensium sententiam circa fidei & bonæ voluntatis initia diserte tradidisse; Semipelagiani Massilienses his anterioribus libris veluti clypeo utebantur, & qualibet occasione Augustini discipulis reponebant, se in istis suis sensibus Augustini verba sectari: cum vero Augustinianæ doctrinæ defensorum valida esset exceptio, S. Doctoris scientiam incrementorum profectibus eo pervenisse, ut agnosceret castigaretque senex, quæ juvenis ignoraverat, ac minus perite scripserat: illi reclamabant, anteriora Augustini scripta ideo magis aliis quibusque probanda, quod illis suffragaretur antiquitas, posteriora vero nonnisi novitate niti possent. At vehementius instabat, omnium sanctorum & eruditorum fratrum nomine, Prosper in responsis ad Genuensium dubia super his maxime proposita, ajens: Quia nec justa nec rationabilis intelligitur eorum esse persuasio, qui hujus viri scientiam, tot incrementorum profectibus ædificatam, ad adolescentiæ rudimenta revocabant, ut magis suffragaretur hæreticis, quod inter initia conversionis suæ imperite senserat, quam prodesset Catholicis, quod Pontificali diligentiæ veritas revelarat: merito illos hoc præjudicio utentes, & in his quæ dudum abdicata fuerant, immorantes pii Doctoris gravitas notat, quod qui curaverunt omnes sensus ipsius indagare, noluerunt cum ejus eruditione proficere. *Quibus ille quasi reponere satagens in Commonitorio, cum auream illam sententiam sub finem posuisset,* Eadem tamen quæ didicisti doce, ut cum dicas nove, non dicas nova: *sic tandem Augustini discipulorum objectionem ingeniose proponit ac resolvit: „ Sed forsitan dicet aliquis, Nullus ne ergo in Ecclesia Christi profectus habetur religionis? Habeatur plane & maximus: (nam quis ille est tam invidus hominibus, tam exosus Deo, qui id prohibere conetur?) sed tamen ut vere profectus sit ille fidei, non permutatio. Si quidem ad profectum pertinet, ut in semetipsam unaquæque res amplificetur, ad permutationem vero, ut aliquid ex alio in aliud transvertatur. Crescat igitur oportet, & multum vehementerque proficiat, tam singulorum, quam omnium, tam unius hominis, quam totius Ecclesiæ ætatum ac sæculorum gradibus, intelligentia, scientia, sapientia; sed in suo dumtaxat genere, in eodem scilicet dogmate, eodem sensu, eademque sententia. Hæc Vincentius, cujus & alia priora & posteriora si in postremos Augustini libros torta sunt, ista similiter in illos & illorum defensores retorta nemo negare poterit: quæque deinceps ille auctor eo artificio profert, ut tanto magis videatur in sancti Hipponensis Præsulis placita latenter invehi, quanto in alias omnes hæreses studiosius insurgere prima fronte perspicitur. Illa tamen cum immerito Augustinum ferirent, hæreses omnes, tam præteritas quam secuturas uno ictu confoderunt. Reliqua in doctissimo Censore leget cui vacat: nos amplioribus supersedemus, hæc satis fore arbitrantes.*

SAN-

SANCTI PROSPERI AQUITANI
IN OBTRECTATOREM SANCTI AUGUSTINI
EPIGRAMMA. * (a)

* [illegible]

(b) QUIDAM doctiloqui libros Senis AUGUSTINI
  Carpere, & adversum condere fertur opus.
Usque adeone bonum ingenium, & facundia dives,
  Ostentare artem non aliter potuit;
(c) In nova prostratas acies nisi bella cieret,
  Impiaque extinctis hostibus arma daret.
Hæc pugna, incentor, mors est tua, te (d) stilus iste
  Conficit, & verbis perderis ipse tuis.
Dumque doces, quantum valeat mens libera; monstras,
  Velle tuum tibimet sufficere ut pereas.
Verte gradum, fuge perniciem; stratosque rebelles
  Oris Apostolici fulmine ubique vide.
Nec te (e) mutato defendi nomine credas.
  Si pastorem ovium lædere vis, (f) lupus es.

(*a*) Ex variis S. Prosperi Epigrammatis jampridem hæc tria selecta sunt, & parcta Carmini de Ingratis. Haud dubie ob argumenti affinitatem: quippe duobus prioribus Joannes Cassianus Ingratorum primipilos exagitari videtur: tertium vero eodem pertinet, ea ratione quam in argumento marginali satis, ac (ut puto) primus ostendi. Inverti autem consultum eorum ordinem. Ita quippe postulare videbatur ordo temporis, quo priora illa vel scripta sunt, vel decori gratia scripta finguntur: nempe primum, cum scriptor ille nonnisi adhuc ferretur carpere Augustini libros, & adversus eosdem *Opus* aliquod *condere*; alterum vero, cum jam *Opus* illud *scripsere* cœpisset. *D. L.*

(*b*) *Quidam*. At quis ille? Cassianus, inquies, qui sub Collatoris nomine etiam alio Tractatu a Prospero vapulat. Atque hæc multorum hactenus fuit opinio, quam non parum confirmant plura loca huic Epigrammati cum libro contra Collatorem communia. Nec equidem illi nolim contradicere: est tamen quod Lectori hac in re expendendum proponam. Verone simile videtur, Prosperum, solitum alioqui quam mitissime de hoc Presbytero & tota Massiliensium factione loqui, hic eum vocare *Lupum*, *viperam*, *miserum* denique *anguiculum*? Siccine etiam sua scripsit & edidit celebris ille Collator, ut dici potuerit *Serpere*, ac *mutato* seu dissimulato *nomine* tegi velle? Sed de his satis? *D. L.*

(*c*) *In nova prostratas &c.* Ita lib. cont. Collator. non post initium: *In eum statum deducere causam Ecclesiæ moliuntur, ut dum nostros (puta Augustinum &c.) affirmant non veraciter pro Gratia locutos, inimicos Gratiæ profundatam injuste damnatos esse*. D. L.

(*d*) *Stilus iste conficit*. Acute ludit in æquivoco, quod Stilus & scribendi, & feriendi instrumentum sit. *D. L.*

(*e*) *Mutato nomine*. Qui ita contra Augustinum scripserit pro Ingratis, nemo occurrit præter Vincentium Lirinensem (virum alioqui sanctissimum & doctissimum) quem hodie plures censent auctorem illud Commonitorium suum ita direxisse adversus hæresum novitates, ut sub hoc nomine Augustini doctrinam notatam voluerit. Ceterum constat *mutato nomine* illud edidisse, seque vocasse *Peregrinum*: Sed cum ipse scripserit post Augustini excessum, immo post Rescriptum Cælestini PP. ad Galliæ Episcopos; hoc autem Epigramma conditum sit Augustino jam *Sene* quidem, at tamen vivo; evanescit omnis de Vincentii *Peregrino* suspicio: quærendusque alius, cui ista conveniant. *D. L.* Nisi forte dicas, quem sanctus Prosper impugnat hoc Epigrammate, aliquot annis, juxta auctoris nostri consilium, siluisse: aut si opus illud quo Augustinum ferire minabantur Semipelagiani, 13. Cassiani Collationem esse volueris, tunc anno 426. ascribenda erunt Epigrammata illa, & jam tunc Prosperum contra ipsos decertare cœpisse erit agnoscendum. *D. L.*

(*f*) *Lupus es*. In hac cauda latet procul dubio totius Epigrammatis, alioquin acutissimi, aculeus præcipuus: qui utique tanto erit acutior, si Auctor per suspicionem notatum voluerit aliquem cui *Lupo* nomen; quales illis temporibus habemus Gallos complures, ut sanctos illos Trecensem, Suessionensem, Lugdunensem Episcopos; item postea Ferrariensem &c. Ni hoc sit, saltem dicere voluit: Ut tuum nomen celare studeas; non qui te vocare oporteat satis scimus; nempe *Lupum*, cum opere ipso te talem præbeas, qui *Pastorem* oppugnes. Verum quis ille Pastor quem hic lædi cupias? Pontifex, inquies, illius sedis, de qua dubitcho sæpenere. Nempe id etiam putavi, donec incidi in hunc locum contra Collat. c. 21. *Præcipuum nostro tempore in doctrina Ecclesiastica virum (Augustinum) rabido ore discerpunt; cui tamque se omnia auctoritatem nonnumquam posse convellere; si hunc (Pastoralis) speculæ validissimum turrim tuba Pelagiani erroris illisam pulsaverint*. D. L.

SANCTI PROSPERI AQUITANI IN EUNDEM,

Aut alium quempiam sancti Augustini obtrectatorem

EPIGRAMMA.

CONTRA AUGUSTINUM narratur serpere quidam
Scriptor, quem dudum livor adussit edax:
(a) Qui caput obscuris contectum utcumque cavernis
Tollere humo miserum perpulit anguiculum.
Aut hunc fruge sua æquorei pavere (b) Britanni,
Aut huic (c) Campano gramine corda tument.
Quæ concepta fovet promat, quæ parturit edat;
Seu vetere armatur dogmate, sive novo.
In quoscumque sinus spirarum torqueat orbes,
Et fallax multa contegat arte caput;
Currentem attritos super aspidas & basiliscos
Declinare (d) senem vipera non poterit.

(a) *Qui caput* &c. Sic ergo primo intuitu acceperam hoc distichon: *Quidam* scriptor suo illo scripto *miserum anguiculum* Pelagium iterum suscitavit, & *caput suum* attollere perpulit; sub spe, fore ut suum dogma rursus reflorescat. Movebat præcipue, quod etiam supra aliquoties ille hæresiarcha *anguis*, *coluber*, similibusque nominibus appelletur. Sed decepit me relativum *Qui*, quod tunc non vidi ad *Livorem* referendum esse: adeo ut *anguiculus* sit ipse *scriptor* in quem agitur, utpote *anguis* illius majoris pullus. Dissimulare interim nequeo suspicionem meam, videlicet Prosperum sic ambigue verba librasse sua, ut intelligi possit seu quispiam Pelagii discipulus, seu ipse Pelagius. Videtur namque dubitasse, ac alios dubitare voluisse, an non forte ipse Pelagius, aut saltem Pelagii germanus alumnus Cælestius, hujus novi scripti auctor foret. Sed de hoc plura nota seq. *Doct. Lovan.*

(b) *Britanni*, Pelagii populares: qui rursus *Æquorei* vocantur, ut pateat quod Britannia hæresiarcha oriundus fuerit: ultimarum insula, non autem ea quæ in continente est, & *Minor* Britannia dicitur: de quo plura supra ad cap. 1. Carm. de Ingrat. Sed quid Britannis istis cum *Fruge*? An forte ea tunc celebres fuerunt, ut nunc ipsorum Lana in pretio est? Certe aliquid, ni fallor, ejusmodi observat illorum Morus Utop. lib. 1. *Doct. Lovan.*

(c) *Campano gramine*. Ob Julianum Eclanensem Episcopum Campanum, ut notant ceteri in margine hujus loci. Verum sunt qui malint dictum potius ob Cælestium, qui æquo, immo potiori ac certiori ratione Campanus fuit; & tanquam Pelagii cohæresiarcha (a quo etiam hæresis ista per Orientem communiter *Cælestiana*, uti per Occidentem *Pelagiana* audivit) aptius multo cum ipso ponitur in parallelo, quam Julianus, utriusque solum discipulus, tunc temporis fortassis nondum admodum notus. Immo quid si Julianus is ipse sit scriptor, in quem cusum est utrumque Epigramma? Tempus convenit, cetera non abludunt. Sed tamen nonnisi suspicio est. *Graminis* autem *Campani* fit mentio, vel quod ea regio, ut ceteris e terra nascentibus, ita imprimis felicissimo gramine abundaret; vel quod *Campana superbia* ex Agellio videatur in proverbium abiisse; vel denique ea alluditur ad *Gramen* Anthedonis, quo gustato Glaucus Metamorph. 13. fabula

. . . *Trepidare intus præcordia sensit*,

seque in *Pelagum* præcipitem dedit. *Doct. Lov.*

(d) *Senem*. En rursus *Senex* vocatur Augustinus (nomine, ut puto, ætatis, non dignitatis;) qualis fuit cum contra ipsum Julianum audacem calamum strinxit. *Doct. Lov.*

ADMONITIO
IN EPITAPHIUM
NESTORIANÆ ET PELAGIANÆ HÆRESEON.

UT *hoc Epitaphium plane intelligatur, duo veluti capita in hæresi Nestoriana attendenda sunt. Unum circa unionem naturæ humanæ cum divina in Christo, quam Nestorius per solam inhabitationem, non vero in unitatem personæ factam fuisse prædicabat, ita ut duæ essent in Christo personæ æque ac duæ naturæ, nec idem esset Filius Dei, qui filius Mariæ. Alterum caput rationem spectat, qua Jesus ad eam, qualiscumque sit, unionem pervenerit. Non enim eam statim in ipso conceptu obtinuisse, sed suis postmodum meritis consecutum fuisse affirmabat. Quare vetus Chronologus apud Liberatum, hæc habet de hæresi Nestoriana:* Felice & Tauro Coss. Nestorius Constantinopolitanus Episcopus novum Ecclesiis molitur errorem inducere, prædicans Christum hominem tantum, non etiam Deum natum, eique divinitatem collatam esse pro merito dicit. *Hunc posteriorem errorem potissimum spectat sanctus Prosper, & in eo Nestorianam hæresim cum Pelagiana comparat. Illam vero ait Pelagianæ* Genitricem *simul &* Natam *esse:* Genitricem, *quia error illius, qui in* capite *gratiam destruit, & qui Jesum dignitatem Christi propriis meritis assecutum fuisse contendit, (quæ est hæresis Nestorii;) fons & principium est erroris illius, qui gratiam in* membris *evertit, quique homines Christianorum dignitatem propriis meritis sibi comparare posse affirmat, (quæ est hæresis Pelagii;)* Natam *vero, quia Nestorius suam non vulgavit hæresim, nisi post damnatos Pelagianos. Atque adeo cum in istius Epitaphii limine Nestorianam hæresim Pelagianæ successisse dixisset, quasi postmodum ortam, quod verum est, si illius per Nestorium divulgationem consideres, postea tamen utramque simul ortam esse ait, tum ob affinitatem & cognationem, quæ inter utriusque errores intercedit, tum etiam quia ante Nestorium Nestoriana hæresis in Pelagiana continebatur: ut patet ex Leporio Gallicano Monacho, qui cum esset Pelagiani dogmatis acerrimus defensor, illam etiam ob quam postea Nestorius damnatus est hæresim docuit; sed Augustini opera ad sanam mentem rediit. Nestorius suam divulgavit hæresim paulo post damnatos Pelagianos circa annum 429.*

Hoc idem Epitaphium a Prospero nostro utriusque hæresi tumulo appensum negarat Jo. Garnerius Soc. Jesu in cap. 7. dissert. 7. ad Marii Mercatoris opera; simile quiddam ænigmati proferri contendens, cum dicitur, alteram hæresim alterius fuisse matrem simul & filiam: quæ ingeniose quidem dicta fatetur, sed vere fuisse negat: hincque probare nititur quod a tertio sæculo per deliria Samosateni Nestoriano errori præludi cœperit, subjicitque dandam eo faciliorem veniam Poetæ nostro, quod ipse quoque Cassianus in eodem peccaverit, & suam in sententiam traxerit amicum Leonem Magnum, aliosque postmodum plures eorum auctoritatem secutos.

Quibus non obstantibus tale opusculum Prospero abjudicandum negat Anthelmius dissert. 9. in Opera SS. Leonis & Prosperi, tum propter auctoritatem Cassiani & Leonis Magni, quibus si hoc licuit serio disserentibus, multo indulgentius Poetæ condonandum, non tam ad Historiæ normam loquenti, quam consepultis erroribus laxatis habenis inflatisque, ut ajunt, tibiis volenti illudere. Maxime cum hæc utriusque hæreseon comparatio non semel ab eo usurpata deprehendatur, sed & in Chronico ipso narret quod apud Ephesum Nestorius cum hæresi nominis sui, & cum multis Pelagianis, qui cognatum errori suo juva-

bant

bant dogma, fuerit damnatus, *& hanc ipsam utriusque erroris confœderationem Cassiano exprobret libri adversus eum scripti cap. 21.* Per hunc virum (*Cælestinum*) etiam Orientales Ecclesiæ gemina peste purgatæ sunt, quando Cyrillo Alexandrinæ urbis Antistiti ad execrandam Nestorianam impietatem, Apostolico auxiliatus est gladio, quo etiam Pelagiani dum cognatis confœderantur erroribus, iterum prosternerentur. *Quo autem sensu hæc inter utramque affinitas intelligenda veniat jam supra fuse satis explicatum habes.*

SANCTI PROSPERI AQUITANI EPITAPHIUM NESTORIANÆ ET PELAGIANÆ HÆRESEON.

Nestoriana Hæresis loquitur.

(a) NESTORIANA lues (b) successi Pelagianæ,
Quæ tamen est (c) utero prægenerata meo
Infelix miseræ (d) genitrix & filia natæ,
Prodivi ex ipso germine quod peperi.
Nam fundare arcem meritis prior orsa superbis,
(e) De capite ad corpus ducere opus volui.
Sed mea dum (f) proles in summa armatur ab imis,
Congrua bellandi tempora non habui.
Et consanguineæ post tristia (g) vulnera fraudis,
Aspera conserui prælia fine pari.
Me tamen (h) una dedit victam sententia letho:

Ill-

(a) *Nestoriana lues*, &c. Nestorius Episcopus Constantinopolitanus suam divulgavit hæresim paulo post damnatam Pelagianos, circa annum 429. De sensu totius dystichi vide Admonitionem præviam: cui in omnibus assentitur Doct. Lovan. & ex Interprete Gallo transcribit: quem tamen ipsius Epitaphii scopum non vidisse suspicatur.

(b) *Successi*: nempe temporis ordine. *D. L.*

(c) *Utero pregenerata.* Sic editi omnes Lugd. Lov. Duac. & Colon. Doct. Lov. legit *progenerata*, nec lectionem nostram rejicit: intelligens ergo de ordine rerum & naturæ. Gallus legit (ait ille) *Progenerata*, quod quidem haud abludit ab Authoris sensu, cui familiaris est hæc in verborum compositione præpositio: sed vulgatam est Latinius, minusque insolens.

(d) *Genitrix & filia*: ea ratione quæ hic usque indicata est. *Doct. Lov.*

(e) *De capite ad corpus*. Id est, cum justitiam, quæ non gratuitum Dei donum esset, sed humanis meritis compararetur, stabilire vellem, a Christo, qui Ecclesiæ caput est, initium ducere volui, & ab eo ad fideles, qui Christi corpus sunt, gradum facere: primum nempe adstruendo de Christo; quod eius electio ex præviis arbitrii meritis esset, ac tum idem inferendo de Christianis. Revera namque Christi electio exemplar est illius, qua *elegit nos in ipso ante constitutionem mundi*, Ephes. 1. 4. Unde & eo argumentandi ordine Augustinus a Christo ad cæteros electos in extremis suis opusculis Pelagianismum, ceu ultimo clavo ictu confecit, ac simul in nascentem Nestorianismum damnavit. *D. L.*

(f) *Proles*. Hæresis Pelagiana, *In summa ab imis*. Id est, ab electis incipit, ut stabilita illorum electione ex arbitrii meritis, idem de Christo concludat. *Doct. Lovan.*

(g) *Vulnera fraudis*. Id est, post Pelagianismum jam proscriptum a sede Apostolica, Synodis Africanis, ac Palæstina, denique universis ab Episcopis qui horum sententiæ in sua quisque Ecclesia subscripserant, etiam ante Synodum Ephesinam, puta sub Zozimo PP. *Doct. Lov.*

(h) *Una sententia*. In concilio generali Ephesino in quo damnatus Nestorius, simulque Pelagiani, qui ab Ecclesia jam damnati se cum eo conjunxerunt. Ex quo patet (ait Doct. Lov.) hoc Epigramma post alia duo conditum esse, ut pote jam e vivis erepto Augustino, qui hanc synodum non vidit.

Illa volens (a) iterum surgere, (b) bis cecidit.
Mecum oritur, (c) mecum moritur, mecumque sepulcrum
Intrat, & inferni carceris ima subit.
Quo nos præcipites insana superbia mersit,
Exutas donis, & tumidas meritis?
Nam Christum pietate operum, & mercede (d) volentes
Esse Deum, in capitis fœdere non stetimus.
Sperantesque animi de libertate coronam,
Perdidimus quam dat gratia justitiam.
Quique igitur geminæ miseratis busta ruinæ,
Ne nostro exitio consociare cave.
Nam si quæ Domini data munera sero fatemur,
Hæc homini credis debita, (e) noster eris.

(a) *Iterum surgere*. Suscitante potissimum Juliano illo Eclanensi, ac manum porrigente Nestorio C. P. *Doct. Lovan.*

(b) *Bis cecidit:*) semel per sententiam sedis Apostolicæ cum Synodis & Episcopis supra dictis, ac iterum per Ephesinam qua cum Nestoriana denuo proscripta est. *Doct. Lovan.*

(c) *Mecum moritur*. Hactenus Pelagiana quamdam adhuc vitam servaverat, damnata jam quidem, at nondum damnationi adquiescens, semperque aliud adhuc judicium Ecclesiasticum, puta in Synodo Œcumenica expostulans. Verum hac Ephesina illi os occlusum est, fractaque audacia: ac tandem serio Ecclesiis excessit. Unde hactenus Augustinus diceret, *Causa finita est*, *utinam aliquando finiatur*. Serm. 2. de Verb. Evang. pag. 640. In fine sermonis. *Doct. Lov.*

(d) *Volentes:* nobis scilicet. Nam in isto de Christo dogmate etiam Pelagiani Nestorio consensisse scribuntur. *Doct. Lov.*

(e) *Noster eris*. Sive Jesum existimans suis meritis Filium Dei factum fuisse, ut Nestorius; sive ut Pelagius, gratiam nobis secundum merita nostra dari. Iterum in cauda aculeus (observant Doct. Lov.) quo Massilienses non solum Pelagianis, sed & Nestorianis junguntur, ob communionem dogmatis de Gratia & electione ex meritis. Sumptum autem videtur illud, *Noster eris*, ex Æneid. 2. ubi his verbis Sinonem Priamus in civitatem recipit. Sumpsit vero ipse Poeta, ut notant Interpretes, ex formula Imperatoris Romani, transfugam in suam fidem recipientis.

ADMONITIO

IN PROSPERI PRO AUGUSTINO

Responsiones ad Capitula calumniantium Gallorum.

DOCTRINAM, quam S. Augustinus contra Pelagianos, inimicos gratiæ Christi, per annos viginti & amplius, zelo vere Apostolico accensus, nec ab Apostolicæ Pauli doctrinæ principiis vel transversum unguem (ut ajunt) declinando, defenderat, quam sedis Apostolicæ Pontifices, tamquam Apostolicam & catholicam, sua auctoritate roboraverant, Galli quidam presbyteri, nec tam eximiis S. Prosperi versibus convicti, sed propriis præjudiciis plus æquo servientes, partim ex ignorantia, partim ex ingenii sui confidentia majore, reprobare non sunt veriti. Unde ut tam sublimis doctrinæ præconem cum doctrina in odium plurium adducerent, in mentem ipsis venit loca quædam, e scriptis maxime paulo ante mortem ab eo in lucem emissis, mala arte ex operum contextu evellere, & sub verbis ad invidiam ei comparandam compositis in indiculum redacta, passim apud indoctam plebem disseminare. Quorum iniquis conatibus obluctari satagens strenuus sancti Doctoris discipulus & assertor; quæ illi ex perverso intellectu damnabant, rectam explicationem, & Augustini libris omnino conformem, sufficiendo defendere non distulit: hoc intendens, ut simplicium fides salva maneret contra subreptiones iniqua loquentium, & tota eximii in Ecclesia Magistri auctoritas debita veneratione non fraudaretur: sicque (Deo operante,) & infesti illi Augustinianorum operum censores ad saniorem mentem reversi, in nullo amplius a tramite rectæ & salubris doctrinæ deviarent.

Qui-

Qui fuerint illi designare aut non potuit aut noluit: cum illi forte nomina sua prodere erubescerent, magis quam perversos sensus evulgare. Erant certe ex Massiliensibus, Cassiani discipulis forte aut sectatoribus, qui talis viri gloriam ultra modum æmulabantur, qui ægre ferebant non probari Prospero sui magistri ingenio confictum systema. Cui quidem ut obsequium aliquod pro viribus præstarent, Augustinum ipsum rati sunt impeti a se debere, & ab adepta auctoritate fideque esse submovendum. Quod non multo post sancti Augustini obitum, id est, anno circiter 431. contigisse facile crediderimus.

Objectionibus ergo quindecim doctrinam Augustini traducere molientes, septem priores contra Prædestinationem gratuitam hominum quorumdam præ aliis dirigunt: octavam de voluntate Dei erga salutem hominum: nonam circa extensionem redemptionis Christi: decimam de dispensatione Evangelii: undecimam & duodecimam, quod Deus auctor esse peccatorum diceretur: decimam-tertiam de fine creationis hominum: decimam-quartam, quod incredulitas Deo adscribatur: decimam-quintam, de præscientiæ cum prædestinatione confusione. Singulis S. Prosper quantum satis est respondens, totidem sententiis postea subjectis, sensus suos in ante dictis fusius expressos sub simplici expositione oculis legentium subji- „ cit: ut inde manifestum fiat omnibus, ea quæ de supra scriptis capitulis intel- „ ligebat, nulla cum circumloquendi arte prætexere, sed absolute ac libere & pra- „ va respuere, & consensum probabilibus non negare: ut ait in fine operis.

PRÆFATIO
SANCTI PROSPERI
IN RESPONSIONES AD CAPITULA GALLORUM.

DOCTRINAM, quam sanctæ memoriæ Augustinus Episcopus contra Pelagianos inimicos gratiæ Christi, & liberi arbitrii (a) deceptores, per multos annos apostolicè asseruit, litterisque mandavit, quibusdam visum est, (b) aut non intelligendo, aut intelligi eam nolendo, reprehendere: & hoc quasi compendium cognitionis his, qui judicio eorum ducebantur, afferre; ut quæ in libris prædicti viri damnabilia se reperisse jactabant, brevium capitulorum indiculis (c) publicarent: talique commento (d) & detestationem ejus quem impeterent, obtinerent; & ab his quæ notavissent, curam exterriti Lectoris averterent. Ne ergo hanc persuasionem temere quis recipiat, & talem putet sensum scriptis catholici inesse Doctoris, qualem eum, qui frustra calumniantur, (e) asserunt; singulis capitulis, quæ (f) damnationis titulo prænotarunt, brevi & absoluta professione respondeo; in nullo recedens a tramite earum definitionum, quæ in sancti viri disputationibus continentur: ut facile vel tenuis diligentiæ advertat inspector, quam injustis opprobriis catholici prædicatoris memoria carpatur; & in quod peccatum cadant, qui aliena instigatione commoti, scriptorem celeberrimi nominis (g) promptius habeant culpare, quam nosse.

(a) Ita Editiones omnes. Quæ vox *deceptores* significare videtur, eos quibus est persuasum totos esse ut liberum arbitrium ornent & prædicent ultra quam debeant. Vetus codex Remigianus à prima manu habuit *deceptores*, a secunda vero *defensores*. Quod ultimum legimus in MSS. Regio & Joliensi, & in capite librorum de Vocatione gentium infra.

(b) Sola edit. Colon. *aut intelligendo*, & statim MSS. Reg. & Jol. *aut eam intelligere nolendo*. Jol. alias *aut etiam*.

(c) Colon. cum hac recent. *prædicarent*.

(d) MS. Reg. *& detestatione ejus quem impeterent, obtinerent*. MS. Jol. habet etiam *detinerent*. Reliqua ut in textu.

(e) MSS. Reg. & Jol. *asserebant*.

(f) Ita codex Remigianus. MSS. Reg. & Jol. *quæ damnationis capitulo*. Editi *quæ rationis titulo*.

(g) MS. Reg. *potius habeat culpare*. Jol. *promptius habent*.

CAPITULA
OBJECTIONUM GALLORUM.

OBJECTIO I.

Quod ex prædestinatione Dei, velut fatali necessitate, homines ad peccata compulsi, cogantur in mortem.

OBJECTIO II.

Quod ab iis, qui non sunt prædestinati ad vitam, non auferat percepta baptismi gratia originale peccatum.

OBJECTIO III.

Quod non prædestinati ad vitam, etiam si fuerint in Christo per baptismum regenerati, & pie justeque vixerint, nihil eis prosit; sed tamdiu reserventur, donec ruant & pereant; nec ante eos ex hac vita, quam hoc eis contingat, auferri.

OBJECTIO IV.

Quod non omnes homines vocentur ad gratiam.

OBJECTIO V.

Quod qui vocati sunt, non æqualiter sint vocati; sed alii ut crederent, alii ut non crederent.

OBJECTIO VI.

Quod liberum arbitrium in homine nihil sit; sed sive ad bonum, sive ad malum, prædestinatio Dei in hominibus operetur.

OBJECTIO VII.

Quod Deus quibusdam filiis suis, quos regeneravit in Christo, quibus fidem, spem, dilectionem dedit, ob hoc non det perseverantiam, quia non sunt a massa perditionis præscientia Dei & prædestinatione discreti.

OBJECTIO VIII.

Quod non omnes homines velit Deus salvos fieri, sed certum numerum prædestinatorum.

OBJECTIO IX.

Quod non pro totius mundi redemptione Salvator sit crucifixus.

OBJECTIO X.

Quod quibusdam Evangelii prædicatio a Domino subtrahatur, ne percepta Evangelii prædicatione salventur.

OBJECTIO XI.

Quod per potentiam Deus homines ad peccata compellat.

OBJECTIO XII.

Quod quibusdam vocatis, & pie justeque viventibus obedientia subtrahatur, ut obedire desinant.

OBJECTIO XIII.

Quod quidam homines non ad hoc a Deo creati sunt, ut vitam adipiscerentur æternam, sed ut habitum tantummodo sæculi præsentis ornarent, & ad utilitatem nascerentur aliorum.

OBJECTIO XIV.

Quod qui Evangelicæ prædicationi non credunt, ex Dei prædestinatione non credant, & quod Deus ita definierit, ut quicumque non crederent, ex ipsius constitutione non crederent.

OBJECTIO XV.

Quod idem sit præscientia, quod prædestinatio.

SINGULIS *Objectionum capitulis opponit sententias.*

SANCTI PROSPERI AQUITANI

PRO AUGUSTINO RESPONSIONES

Ad Capitula objectionum Gallorum Calumniantium. (a)

LIBER UNUS.

CAPITULUM I.

OBJECTIO.

Quod ex prædestinatione Dei, velut fatali necessitate, homines ad peccata compulsi, cogantur in mortem.

RESPONSIO.

PRÆDESTINATIONEM Dei nullus catholicus (b) Christianus negat: fatalem autem necessitatem multi etiam non Christiani refutant. Peccatum ergo ad mortem trahit; sed ad peccandum neminem Deus cogit. Eccli. 15, 21. *Nemini enim mandavit impie agere:* (c) &, Psal. 5, 7. *Odisti, Domine, omnes qui operantur iniquitatem; perdes omnes qui loquuntur mendacium.* Proinde qui prædestinationis nomine fatum prædicat, tam non est probandus, quam qui fati nomine veritatem prædestinationis infamat. Fati enim opinio vana est, & de falsitate concepta: prædestinationis autem fides, multa sanctarum auctoritate scripturarum (d) munita est: cui nullo modo fas est ea quæ ab hominibus male aguntur, adscribi; qui (e) in proclivitatem cadendi non ex conditione Dei, sed ex primi patris prævaricatione venerunt. (f) De cujus pœna nemo liberatur, nisi per gratiam Domini nostri Jesu Christi, præparatam & prædestinatam in æterno consilio Dei ante constitutionem mundi.

CAPITULUM II.

OBJECTIO.

Quod ab eis, qui non sunt prædestinati ad vitam, non auferat percepta baptismi gratia originale peccatum.

RESPONSIO.

OMnis homo, qui credens in Patrem, & Filium, & Spiritum-sanctum regeneratur in baptismo, (g) tam a propriis peccatis, quæ mala voluntate & actione contraxit; quam ab originali, quod a parentibus traxit, absolvitur. Sed (h) relapsum post baptismum ad infidelitatem & impios mores, qui negat originali peccato fuisse purgatum, tam falsa opinatur, quam qui eumdem asserit, non æterna morte esse damnandum. Qui enim recedit a Christo, & (i) alienus a gratia finit hanc vitam, quid nisi in perditionem cadit? Sed non in id quod remissum est, recidit, (k) nec in originali peccato damnabitur: qui tamen propter postrema crimina, ea morte afficietur, quæ ei propter illa quæ remissa sunt, debebatur. Quod quia Dei præscientiam nec latuit, nec fefellit; sine dubio talem numquam elegit, numquam prædestinavit, & periturum numquam (l) ab æterna perditione discrevit.

(a) Titulus istius libri in MS. Joliensi talis est: *Incipit liber Responsionum Prosperi contra capitula Gallorum; quæ contra libros beati Augustini opposuerunt De Prædestinatione.*

(b) Vox hæc *Christianus* additur ex MSS. Reg. & Jol. aberat ab Editis. Sed correspondet ei, *multi etiam non Christiani*. MS. Reg. legit, *etiam Christiani*, sed minus apposite, ut videtur.

(c) MS. Reg. *& odis Dominus omnes qui operantur iniquitatem, & perdes &c.* MS. Jol. *& odit Dominus omnes..., & eos qui*: absque voce *perdet*. Editi omnes cum Remig. ut in textu.

(d) MS. Jol. *fulta*, absque *est*.

(e) MS. Reg. *in improbitatem cadendi*, MS. Reg. *improbitate cadendi*.

(f) MS. Jol. *De hujus pœna*.

(g) MSS. Reg. & Jol. ordine inverso legunt sic: *tam ab originalibus, quam a propriis peccatis, quæ mala voluntate & actione contraxit, absolvitur.*

(h) MS. Reg. *sed relapsum ... originale peccatum fuisse purgatum*, &c.

(i) In codice Remig. antiqua manu correctum, *alienatus*: quod etiam a prima manu scriptum habet MS. Jol.

(k) MS. Reg. *Nec jam originali peccato*. Paulo ante habet, *in id quod repromissum est recidit*. Sed vitiose, ut videtur.

(l) MSS. Reg. & Jol. *ab æterna damnatione discrevit*. Reg. *discernit*.

CAPITULUM III.

OBJECTIO.

Quod (a) non prædestinati ad vitam, etiamsi fuerint in Christo per baptismum regenerati, & pie justeque vixerint, nihil eis prosit; sed tamdiu reserventur, donec ruant, & pereant; nec ante eos ex hac vita, quam hoc eis contingat, auferri.

RESPONSIO.

A Sanctitate ad immunditiam, a justitia ad iniquitatem, a fide ad impietatem plerosque (b) transire non dubium est: & ad tales prædestinationem filiorum Dei, (c) & coheredum Christi, non pertinere certissimum est. (d) Quod ergo hujusmodi in hæc prolapsi mala, sine correctione pœnitentiæ deficiunt, non ex eo necessitatem pereundi habuerunt, (e) quia prædestinati non sunt; (f) sed ideo prædestinati non sunt, quia tales futuri ex voluntaria prævaricatione præsciti sunt. Quod autem illos non eo tempore, quo in fide recta & bonis moribus erant, ab hac vita Deus abstulit: ad occulta ejus judicia, quæ tamen numquam sunt injusta, referendum est. Quis enim nesciat intra unam conditionem mortalitatis humanæ, ab unius horæ infantia, usque (g) ad emeritissimam senectutem, exitum morientium, impari ætatis fine variari; neque cujusquam animam, vel citius vel tardius, quam Deus voluerit, a corpore (h) quod vivificat, abscedere? Si ergo aliquis in vitæ suæ longitudine deseruit Deum; bono, quod erat ex Deo, male usus est. Nam (i) longævitas non est nisi ex Deo. Et quod ex Deo est, non nisi bonum est: & quod bonum est, mali causa non est. Non itaque recte opinatur, qui putat (k) prorogatorem vitæ, lapsuris auctorem esse peccati: cum utique non peccatum sit diu vivere, sed male vivere: quod etiam in paucorum annorum ætate fieri potest. Igitur sicut bona opera ad inspiratorem eorum Deum, ita mala ad eos sunt referenda qui peccant. Non enim relicti sunt a Deo, ut relinquerent Deum: sed reliquerunt, & relicti sunt, & ex bono in malum propria voluntate mutati sunt; atque ab hoc licet fuerint renati, fuerint justificati; ab eo tamen qui illos tales præscivit, non sunt prædestinati.

CAPITULUM IV.

OBJECTIO.

Quod non omnes (l) homines vocentur ad gratiam.

RESPONSIO.

NOn omnes vocari ad gratiam eos, quibus (m) omnibus Evangelium prædicatur, non recte dicitur; etiamsi sint qui Evangelio non (n) obediunt: nisi ad eos respiciatur, quibus nondum sacramentum crucis Christi, & redemptio sanguinis ejus innotuit. (o) Quia etiamsi constaret, quod jam in universis nationibus, & omnibus finibus terræ totus mundus Evangelium recepisset, (quod utique futurum verissime prænuntiatum est;) non esset tamen dubium, a tempore resurrectionis Domini usque ad præsentem ætatem fuisse homines, qui ab hac vita sine Evangelii cognitione (p) transierunt, (q) de quibus dici possit, quod vocati non sint, quia nec famam vocationis audierint. Quod si quisquam hanc vocationis plenariam generalitatem ita semper asserit celebratam, ut ab ascensione Domini (r) in cælum, ne unus quidem annus effluxerit, intra quem non ad omnes prædicatio missa pervenerit: (s) videat quomodo tunc Asianos vocatos probet, quando Apostoli, sicut scriptum est, vetiti sunt a Spiritu-sancto, loqui verbum (t) Dei in Asia; aut Bithynios, ad quos iidem Apostoli tentabant ire, & non permisit eos (u) Spiritus Jesu. Videat etiam quomodo tueatur denuntiationem ipsius Veritatis dicentis, *Prædicabitur hoc Evangelium (x) regni in universo orbe, in testimonium omnibus gentibus, & tunc veniet finis.* Nam namque (quod (y) dici necesse est) fides verbi, si ante quadringentos annos Evangelio impletus est mundus, & adhuc Domini differtur adventus. Postremo (z) respiciantur etiam inter Christianos populos tot millia parvulorum, qui ab hac vita sine baptismo transierunt; (aa) & aliquo modo probentur vocati, (bb) quibus nec plantator prædicare, nec rigator potuit subvenire. Act. 16. 7. Matth. 24. 14.

CA-

(a) MSS. Reg. & Jol. *Quod non prædestinatis — nihil prosit*, sed & MS. Jol. *reservantur*.
(b) MS. Reg. *transferre*, forte, *transferri*.
(c) Uterque MS. Reg. & Jol. addit particulam, *&*.
(d) MS. Jol. *Qui ergo*.
(e) MSS. Reg. & Jol. *quod prædestinati*.
(f) Hæc verba, *sed ideo prædestinati non sunt*, absunt a MS. Reg.
(g) MSS. Reg. & Jol. *ad emeritissimam*.
(h) MSS. Reg. & Jol. *quod vivificabat*.
(i) MS. Reg. *longævi ætas*.
(k) In MS. Remigiano, *prorogatorem*.
(l) In MSS. Reg. & Jol. deest vox hæc *homines*.
(m) MSS. Reg. & Jol. carent voce, *omnibus*.
(n) Sic MSS. Reg. & Jol. Cæteri, *obediant*.
(o) MS. Reg. *Quibus etiamsi constaret*.
(p) Ita MSS. Reg. & Jol. Alii, *transferunt*.
(q) MSS. Reg. & Jol. *Ex quibus dici possit*.
(r) MSS. Reg. & Jol. *in cælos*.
(s) MSS. Reg. & Jol. *videat etiam quomodo*.
(t) MS. Reg. non habet vocem hanc, *Dei*.
(u) MSS. Reg. & Jol. *Spiritus-sanctus*.
(x) Hæc vox *regni* abest ab editis, nec habetur in MSS. Reg. & Jol. Addita tamen est ab Editor. Oper. S. Aug. ex MS. Remigiano, & juxta textum utrumque Græcum & Latinum.
(y) MS. Jol. *dictum verum est*.
(z) MSS. Reg. & Jol. *respiciat etiam*.
(aa) MSS. Reg. & Jol. *Tales quomodo probentur*, &c.
(bb) MS. uterque Reg. & Jol. *quibus nec plantator potuit subvenire*. Nec plura addunt, forte ex lapsu amanuensis.

CAPITULUM V.

OBJECTIO.

Quod qui vocati sunt, non æqualiter sint vocati, sed alii ut crederent, alii ut non crederent.

RESPONSIO.

SI vocatio in Evangelii tantum prædicatione intelligatur, non veraciter dicitur, quod aliis atque aliis, aliter atque aliter prædicetur: cum unus sit Deus, una fides, una regeneratio, una promissio. Si autem (a) ad effectum plantationis & rigationis adspicitur, aliud actum est cum eis, quorum exteriores aures corporali voce pulsatæ sunt; (b) aliud in eis, quorum interiorem sensum Deus aperuit, & in quorum corde posuit fidei fundamentum, (c) dilectionisque fervorem. Quosdam autem ideo vocatos dicere, ut non crederent, nimis absurdum est: quasi vocatio eis causa infidelitatis exstiterit, & prædicatio fidei fecerit infideles. Quamvis enim dispensatores verbi Dei quibusdam sint, sicut scriptum est, odor vitæ ad vitam, quibusdam autem (d) odor mortis ad mortem: Deo tamen bonus Christi sunt odor, qui prædicant Christum crucifixum, Judæis quidem scandalum, Gentibus autem stultitiam, ipsis autem vocatis
1. Cor. 1. 24. Judæis & Græcis, Christum Dei virtutem & Dei sapientiam. (e) Quod ergo prædicatus Christus crucifixus, Judæis erat scandalum, & Gentibus stultitia, humanæ voluntatis faciebat aversio: (f) quod vero ipsis vocatis Judæis & Græcis Christus erat Dei virtus & Dei sapientia, divinæ gratiæ præstabat operatio.

CAPITULUM VI.

OBJECTIO.

Quod liberum arbitrium in homine nihil sit: sed sive ad bonum, sive ad malum, (g) prædestinatio Dei in hominibus operatur.

RESPONSIO.

LIberum arbitrium nihil esse, vel non esse, perperam dicitur: sed ante illuminationem fidei in tenebris illud & in umbra mortis agere, non recte negatur. Quoniam prius quam a dominatione diaboli per Dei gratiam liberetur, in illo profundo jacet, in quod se sua libertate demersit. Amat ergo languores suos, & pro sanitate habet, quod ægrotare se nescit, donec prima hæc medela conferatur ægroto, ut incipiat nosse quod languet, & possit (h) opem medici desiderare, qua surgat. Justificatus itaque homo, id est, ex impio pius factus, nullo præcedente bono merito, accipit donum, (i) quo dono adquirat & meritum: ut quod in illo inchoatum est per gratiam Christi, etiam per industriam liberi augeatur arbitrii; numquam remoto adjutorio Dei, sine quo nec proficere, nec permanere in bono quisquam potest. Prædestinationem autem Dei sive ad bonum, sive ad malum, in hominibus operari (k) inepstissime dicitur, ut ad utrumque homines quædam necessitas videatur impellere: cum in bonis voluntas sit intelligenda de gratia, (l) in malis autem voluntas intelligenda sine gratia.

CAPITULUM VII.

OBJECTIO.

Quod Deus quibusdam filiis suis, quos regeneravit in Christo, quibus fidem, spem, dilectionem dedit, ob hoc non det perseverantiam, quia non sunt a massa perditionis (m) præscientia Dei & prædestinatione discreti.

RESPONSIO.

EX regeneratis in Christo Jesu, quosdam relicta fide & piis moribus, apostatare a Deo, & impiam vitam in sua aversione finire, multis (quod dolendum est) probatur exemplis. Sed (n) horum lapsum Deo adscribere, immodicæ pravitatis est: (o) quasi ideo ruinæ ipsorum impulsor atque auctor sit, quia illos ruituros propria ipsorum voluntate præscivit, & ob hoc a filiis perditionis nulla prædestinatione discrevit. Nam quomodo eos haberet (p) præordinata in Christo electio, quos discedentes a Christo habitura erat justa damnatio? Cum autem dubium non sit, (q) donum Dei esse perseverantiam in bono usque ad

 finem,

(a) MSS. Reg. & Jol. *Si autem effectus.*
(b) MSS. Reg. & Jol. *aliud cum eis.*
(c) MS. Jol. *dilectionis fervorem.*
(d) MSS. Reg. & Jol. addunt hæc, *odor vitæ ad vitam, quibusdam autem.* Leguntur etiam ab antiqua manu adjecta in MS. Remigiano. Absunt vero ab editis omnibus.
(e) MSS. Reg. & Jol. *Quod autem.*
(f) Hæc verba. *Quod vero,* &c. exciderant a MSS. Reg. & Jol.
(g) MS. Jol. *prædestinatio in hominibus.* MS. Reg. *prædestinatio in omnibus:* uterque absque hac voce, *Dei.*
(h) MS. Regius solus, *opem medicinæ.*
(i) Sic MSS. Remig. Reg. & Jol. At editi, *quo meritum.*
(k) MS. Jolianus, *inepstissime dicitur.*
(l) In MS. Reg. isto hæc desiderantur, *in malis autem* &c. ex more, ut videtur, amanuensis omissa.
(m) MS. Jol. *per scientiam Dei & per prædestinationem discreti.*
(n) MSS. Reg. & Jol. *horum lapsus.*
(o) MSS. Reg. & Jol. *quasi Deus.*
(p) Editi, *præordinata in Christo electio; cum dubium non sit omissis verbis, quos discedentes.* Lacuna redintegratur ex fide MS. Remigiani, ubi tamen eadem illic carebit priorem vocem *justa*; quæ postea recognitoris antiquo stilo adjecta, restituta est opera virorum doctissimorum Ordinis S. Benedicti e Congregatione S. Mauri in append. S. August. Asseritur etiam ex MS. Joliano, cui non deerat illa vox *justa*: Editio Coloniensis præter omissionem solam edit. communem, habet *cum dubium non sit.*
(q) MS. Reg. *donum Dei esse perseverantiam in bono usque in finem.* MS. Jol. *donum Dei perseverantiam esse in bono usque in finem.*

finem, (a) quam istos, ex eo ipso quod non perseveraverunt, non habuisse manifestum est: non est calumniandum Deo, quare illis non dederit, quod aliis dedit; sed confitendum est, & misericorditer eum dedisse quod dedit, & juste non dedisse quod non dedit: ne quemadmodum ex libero arbitrio oritur caussa labendi, ita ex ipso (b) oriri videatur & standi, cum illud humano fiat opere, hoc divino impleatur ex munere.

CAPITULUM VIII.

Objectio.

Quod non omnes homines velit Deus salvos fieri, sed certum numerum prædestinatorum.

Responsio.

SI circa universitatem generis humani salvandam & in agnitionem veritatis vocandam, ita indifferens (c) per omnia sæcula asserenda est voluntas Dei, ut usquequaque (d) nemi. nem hominum prætermisisse monstretur; impenetrabilis judiciorum Dei altitudo pulsatur. Quare enim in præteritis sæculis dimiserit Deus omnes gentes ingredi vias suas, quando Jacob elegit sibi Dominus; & non fecit taliter omni nationi, & judicia sua non manifestavit eis: & cur qui aliquando non populus, nunc autem populus Dei sit; & quorum aliquando non misertus est, nunc autem miseretur; (e) & ubi dictum est, Non plebs mea vos, ibi vocentur filii Dei vivi; & quare quod quærebat Israel non sit consecutus, electio autem consecuta est; cæteri vero excæcati sunt: impossibile est comprehendere, & periculosæ curiositatis est quærere: cum tamen, quod nulla sit apud Deum iniquitas, nemini liceat ignorare: nec alia gratia, nec alia fide quemquam hominum, sive ante legem, sive legis tempore justificatum esse credendum sit, quam hac eadem, per quam Dominus noster Jesus Christus secundum consilium voluntatis suæ, in fine sæculorum venit quærere & salvare quod perierat. Caussas vero operum & judiciorum Dei, qui ex toto ad humanas voluntates & actiones refert, quas tamen (f) in parvulorum adoptione aut abdicatione non invenit, & dispensationes Dei ex liberi arbitrii vult mutabilitate variari, profitetur sibi scrutabilia judicia Dei, & vestigabiles vias ejus: & quod doctor gentium Paulus (g) non audebat attingere, hic se existimat reseratum posse vulgare: quodque non minoris impietatis est, ipsam gratiam, qua salvamur, aut bonis meritis dicit rependi, aut malis affirmat auferri. Remota ergo obscuriorum hujusce quæstionum, (h) ad revelatæ nos gratiæ latitudinem conferamus; dicamusque (i) cum Apostolo, (k) Quoniam Deus vult omnes homines salvos fieri, & in agnitionem veritatis venire. Et iterum dicamus cum Apostolo, Qui est salvator omnium, maxime fidelium. Et audiamus Dominum dicentem Apostolis suis, Euntes ergo docete omnes gentes, baptizantes eos in nomine Patris, & Filii, & Spiritus sancti, docentes eos (l) servare omnia quæcumque mandavi vobis. Audiamus quoque ad Abraham promissionem Dei dicentis, In semine tuo benedicentur omnes tribus terræ: & si filii promissionis sumus, non hæsitemus diffidentia, sed cum patre nostro Abraham demus gloriam Deo, & plenissime credamus, quoniam (m) quod promisit, potens est & facere. Audiamus David prophetantem, Commemorabuntur & convertentur ad Dominum universi fines terræ, & adorabunt in conspectu ejus omnes patriæ gentium. Et alibi, Et benedicentur in ipso omnes tribus terræ, omnes gentes magnificabunt eum. Et alibi, Omnes gentes quascumque fecisti, venient, & adorabunt coram te Domine, & glorificabunt nomen tuum. Quæ promissiones quia verissimæ sunt, nec possunt ex ulla parte (n) nutare, in his implentur qui salvi fiunt per universos fines terræ: quoniam (o) quod promisit Deus, potens est & facere. Hæc ergo est illa totius humani generis assumptio, hæc filiorum Dei adoptio, hæc gentium plenitudo, præscita & prædestinata in Christo ante mundi constitutionem. (p) Hæc est Hierusalem, quæ ab initio usque in finem lapidibus vivis & electis ædificatur, ut civitas fundata in ipso angulari lapide Christo Jesu, in quo omnis ædificatio constructa, crescit in templum sanctum in Domino. De his lapidibus nihil ejicitur, nihil minuitur, nihil rapitur. Veritas enim dicit, Omne quod dat mihi Pater (q) veniet ad me, & eum qui venit ad me, non

Margin references: Act. 14. 15. Ps. 147. 20. Ps. 147. 20. 1. Petr. 2. 10. Osee 2. 24. Rom. 9. 25. Rom. 11. 7. — Rom. 9. 14. — Rom. 11. 33. — 1. Tim. 2. 4. — 1. Tim. 4. 10. — Matth. 28. 19. — Gen. 22. 18. — Rom. 4. 20. — Ibid. v. 21. — Ps. 21. 28. — Ps. 71. 17. — Ps. 85. 9. — Rom. 4. 21. — 1. Petr. 2. 5. — Ephes. 2. 21. — Joan. 6. 37. Joan. 10. 29.

(a) MSS. Reg. & Jol. *quam ipse*.
(b) Hæc vox, *oriri*, quæ exciderat ab Editis, restituitur ex MS. Remig. & Jol. in quorum ultimo non legitur particula *&* ante vocem *standi*.
(c) MS. Reg. & Jol. *per omnia ista sæcula disputanda est*.
(d) MS. Reg. & edit. Colon. *neminem hominem*.
(e) MS. Remig. *& hic ubi*. MS. Jol. *& id ubi*.
(f) MS. Reg. *in parvulorum adoptionem aut abdicationem*.
(g) MSS. Reg. & Jol. *non audet*. MS. Remig. *non audebat*.
(h) MS. Reg. *ad revelationem nos gratiæ latitudinem*. MS. Jol. habet etiam *ad revelationem*.
(i) MS. Reg. & Jol. *cum Paulo*. Idem exhibet etiam paulo infra MS. Reg. cum editi utrobique habeant *cum Apostolo*.
(k) Editi, *quoniam Deus vult*. MS. Jol. *Qui vult omnes*. Emendatum in Append. Oper. S. Aug. ex MS. Remigiano.
(l) Addimus hic, *servare omnia*, quæ in Remigiano MS. addita a secunda manu notarunt S. August. Editores; eaque in MSS. Regio & Joliano a prima manu scripta legimus. Aberant ab Editis omnibus; nec absunt a textu utroque Evangelii, Græco & Latino.
(m) MS. Reg. *quod promisit Deus*.
(n) MSS. Reg. & Jol. & edit. Colon. *mutari*. Reliqui codices *nutare*.
(o) Edit. op. S. Aug. omisit vocem *Deus*. Alia nequaquam. Nec MS. Reg. aut MS. Jol. habent, *quod promisit Deus*.
(p) MS. Reg. *Hæc Jerusalem .... ut ejus fundamenta*; pro eo quod in aliis habetur, *ut civitas fundata*.
(q) MS. Jol. *venit ad me*; & paulo post, pro eo quod alii habent, *& eum qui venit ad me*, Edit. S. Aug. & Colon. *qui veniet ad me*.

non [illegible] *foret*. Et iterum, *Non creditis, quia non estis* (a) *de ovibus meis. Oves meae vocem meam audiunt, & ego novi illas, & sequuntur me, & ego vitam aeternam do illis,* (b) *& non peribunt in aeternum, nec quisquam rapiet eas de manu mea.* Omnium ergo hominum cura est Deo: & nemo est quem non aut Evangelica praedicatio, aut legis testificatio, (c) aut ipsa etiam natura conveniat. Sed infidelitatem hominum ipsis adscribimus hominibus: fidem autem hominum donum Dei esse fatemur, sine cujus gratia nemo currit ad gratiam. Et cum ducentis quatuordecim sacerdotibus, quorum constitutionem contra inimicos gratiae Dei totus mundus amplexus est, veraci professione, quemadmodum ipsorum habet sermo, dicamus, (d) Gratia Dei per Jesum Christum Dominum, non solum ad cognoscendam, verum etiam ad faciendam justitiam nos per actus singulos adjuvari: ita ut sine illa nihil verae sanctaeque pietatis (e) cogitare, dicere, agere valeamus. Neque haec dona ita ex Deo esse (f) opinemur, ut quia ipse naturae nostrae auctor est, per conditionem jam haec contulisse videatur. Quia dedit quidem ab initio hanc homini facultatem: sed omnes eam in illo amisimus, in quo omnes peccavimus. Unde alia creatione, alioque principio renovari egemus in Christo: in quo sumus nova creatura, novumque figmentum; & per quem nobis, nullis bonis, ac multis malis meritis praecedentibus, donatur ut simus ex vasis irae vasa misericordiae.

[illegible]

CAPITULUM IX.

OBJECTIO.

Quod non pro totius mundi redemptione Salvator sit crucifixus.

RESPONSIO.

Rom. 8. 3. NUllus omnino est ex omnibus hominibus, cujus natura (g) in Christo Domino nostro suscepta non fuerit; quamvis ille natus sit in similitudine carnis peccati, omnis autem homo nascatur in carne peccati. Deus ergo Dei Filius, mortalitatis humanae particeps factus absque peccato, hanc peccatoribus & mortalibus contulit, ut qui nativitatis ejus consortes fuissent, vinculum peccati & mortis evaderent. Sicut itaque non sufficit hominum renovationi, natum esse hominem (h) Jesum Christum, nisi in ipso eodem, de quo ipse ortus est, Spiritu (i) renascantur: sic non sufficit hominum redemptioni, crucifixum esse Dominum Christum, nisi commoriantur ei, & consepeliantur in baptismo. Alioquin nato Salvatore in carne substantiae nostrae, & crucifixo pro omnibus nobis, non fuerat necessarium ut renasceremur, & (k) similitudini mortis ejus complantaremur. Sed Rom. 6. 5. cum sine hoc sacramento nemo hominum consequatur vitam aeternam, non est salvatus (l) cruce Christi, qui (m) non est crucifixus in Christo. Non (n) est autem crucifixus in Christo, qui non est membrum corporis Christi, nec est membrum corporis Christi, qui non per aquam & Spiritum sanctum induit Christum. Qui ideo in infirmitate nostra communionem subiit mortis, ut nos in virtute ejus haberemus consortium resurrectionis. Cum itaque rectissime dicatur Salvator pro totius mundi redemptione crucifixus, propter veram humanae naturae susceptionem, & propter communem in primo homine omnium perditionem: potest tamen dici pro his tantum crucifixus, quibus mors ipsius profuit. Dicit enim Evangelista, *Quia Jesus moriturus erat pro gente, & non tantum pro gente, sed etiam ut filios Dei dispersos congregaret in unum.* Joan. 11. 51. *In sua enim venit, & sui eum non receperunt.* Joan. 1. 11. *Quotquot autem receperunt eum, dedit eis potestatem filios Dei fieri: qui non ex sanguinibus, neque* (o) *ex voluntate carnis, neque ex voluntate viri, sed ex Deo nati sunt.* Diversa ergo ab istis sors eorum est qui inter illos censentur, de quibus dicitur: (p) *Mundus eum non cognovit.* Joan. 1. 10. (q) Ut possit secundum hoc dici: Redemptor mundi dedit pro mundo sanguinem suum, & mundus redimi noluit; quia lucem tenebrae (r) non receperunt: & tenebrae receperunt, quibus dicit Apostolus, *Fuistis aliquando tenebrae, nunc autem lux in Domino.* Ibid. 5. Ephes. 5. 8. Luc. 19. 10. Ipse vero Dominus Jesus, qui dixit se venisse quaerere & salvare quod perierat: *Non veni,* inquit, *nisi ad oves quae perierunt domus Israel.* Matth. 15. 24. (s) Sed quae sint illae oves domus Israel, Apostolus Paulus exponit dicens: *Non enim omnes qui ex*

(a) MS. Reg. & Jol. *ex ovibus meis*, & paulo post Reg. *vocem meam audiunt, & ego agnosco illas, & vitam aeternam do eis*. MS. Jol. & ipse habet *do eis*, reliqua ut in textu & editis.

(b) MS. Reg. caret his, *& non peribunt in aeternum*; & habet *rapit eas*.

(c) MSS. Reg. & Jol. *aut ipsa etiam ratio naturae*.

(d) Antehac editi sic habent, *Gratiam Dei ..... nos per singulos actus adjuvare*. Lectionem nostram praeferunt tum editio op. S. Aug. ad Remig. cod. exacta, tum MS. Jol. tum denique locus ipse ut profertur lib. contra Collat. cap. 5. & alibi.

(e) Sic in Edit. oper. S. Aug. & locus ipse alibi citatur. In editis vero nostris additur hic *habere*; tum postea MSS. Reg. & Jol. *habere* scilicet pro *agere*, *dicere vel cogitare valeamus*.

(f) MSS. Reg. & Jol. *opinemur*.

(g) MS. Jol. *in Domino nostro Jesu Christo*.

(h) MSS. Reg. & Jol. addunt hic, *Dominum*.

(i) MS. Reg. solus, *nisi ut renasceremur*.

(k) Ita edit. Lovan. Caeteri codices *similitudini*.

(l) MSS. Reg. & Jol. *per crucem Christi*.

(m) Particulam, *autem*, addit MS. Johannis.

(n) Remigiani codicis auctoritate additum, *nec est membrum corporis Christi*.

(o) MS. Reg. solus, *ex voluptate carnis*.

(p) In MSS. Remig. Reg. & Jol. loco, *Mundus eum non cognovit*: verba haec leguntur, *Lux lucet in tenebris, & tenebrae eam non comprehenderunt*.

(q) Suspicamur non incommode lega in edit. Colon. *Ut possit secundum hoc dici redemptor mundi dedit pro mundo sanguinem* &c. cui intellectui non noceret, si post *hoc dici*, [illegible] puncta duo.

(r) MSS. Reg. & Jol. *tenebrae Judaei non receperunt*.

(s) Locus hic aliis mutilus restitutus fuerat in op. edit. S. Augustini ex MS. Remigiano. Tam [illegible]

ex Israel, hi sunt Israelitæ, neque qui semen Rom. 9. 6. & 7.
sunt Abrahæ, omnes filii, sed in Isaac vocabitur tibi semen: id est, non qui filii carnis, hi filii sunt Dei; sed qui filii sunt promissionis æstimantur in semine. Gal. 3. 29. (a) Et filii ergo sunt illi, de quibus dictum supra memoravimus: Joan. 11. 51. 52. *Quia Jesus moriturus erat pro gente, & non tantum pro gente, sed etiam ut filios Dei dispersos congregaret in unum.* Quia non solum ex Judæis, sed (b) etiam ex gentibus, per eum Rom. 4. 17. Ps. 146. 2. *qui vocat quæ non sunt, tamquam quæ sunt*, & qui dispersos Israel congregat, filii Dei, filii promissionis in unam Ecclesiam congregantur: Gen. 22. 18. ut impleatur quod promissum est Abrahæ, cui dictum est, quod in semine ejus (c) benedicendæ essent omnes tribus terræ.

CAPITULUM X.

OBJECTIO.

Quod quibusdam Evangelii prædicatio a Deo subtrahatur, ut percepta Evangelii prædicatione, salventur.

RESPONSIO.

SI probari potest, quod ex quo Evangelium prædicatur, nemo prorsus fuerat, cui Christianæ gratia annuntiata non fuerit; non recte dicitur tacitum, quod ostenditur prædicatum. Si autem (d) aliquo modo inveniuntur homines, quibus Evangelium non fuerit prædicatum; non potest dici sine judicio Dei factum; quod nefas est ideo reprehendi, quia non potest comprehendi.

CAPITULUM XI.

OBJECTIO.

Quod per potentiam Deus homines (e) ad peccata compellat.

RESPONSIO.

NUllus catholicorum dixit aut dicit, quod Deus homines pie recteque viventes, per potentiam in peccata compellat, & innocentiæ humanæ potestas divina vim faciat, ut eam a proposito bonæ conversationis excutiat. Non sunt Dei opera ista, sed diaboli, cujus gaudium est ruina sanctorum: sed *allevat Dominus omnes qui corruunt, & erigit omnes elisos:* Ps. 144. 14. quibus dat *pœnitentiam, ut resipiscant a diaboli laqueis, a quo captivi (f) tenebantur ad ipsius voluntatem.* 2. Tim. 2. 25. & 26. Cum vero aliquos a Deo aut traditos desideriis suis, aut obduratos legimus, aut relictos; magnis peccatis suis hoc ipsos meruisse profitemur: quia talia eorum crimina præcesserunt, (g) ut ipsi sibi pœnas fieri deberent, quæ eis etiam supplicium verteret in reatum. Atque ita nec de judicio Dei querimur, (h) quo deserit meritos deseri; & misericordiæ ejus gratias agimus, qua liberat non meritos liberari.

CAPITULUM XII.

OBJECTIO.

Quod quibusdam vocatis, & pie justeque viventibus obedientia subtrahatur, ut obedire desistant.

RESPONSIO.

SI Deus hominem sibi obedientem a pietate deturbat, & (i) bene currentem cadere facit: ergo pro bonis mala retribuit, & injuste punit, quod ut fiat impellit. Quid tam perversum, quid tam infanum dici aut cogitari potest? Sed in talem sensum (k) trahuntur, qui putant in omnibus hoc esse præscientiam Dei, quod & voluntatem: cum voluntas ejus numquam velit nisi bona, præscientia autem & bona (l) noverit & mala: sed bona quæ aut ipse faciat, aut etiam ut nos faciamus, (m) impertit: mala autem, quæ (n) omnino ipse non fecit, neque fieri jussit, aut impulit. Virtutem itaque obedientiæ non ideo cuiquam subtraxit, quia eum non prædestinavit, sed ideo eum non prædestinavit, (o) quia recessurum ab ipsa obedientia esse prævidit.

CA-

ecclesia restitutioni consentiunt MSS. Regius & Joliensis, postea a nobis consulti, & ambo eodem modo locum exhibentes quo in texto posuimus. In Edition. anterioribus aberant hæc, *Sed quæ sunt iste nunt.... hi sunt Israelitæ.* In MS. Remig. paulo aliter locus legebatur, scilicet, *Paulus apostolus respondit dicens, Non omnes qui ex Israel, hi sunt Israel; neque qui sunt semen Abrahæ... Sed qui filii promissionis.*

(a) MS. Reg. *In istis ergo illud est, de quibus dictum supra commemoravimus.* MS. Jol. *supra dictum esse memoravimus.*

(b) MSS. Reg. & Jol. *Sed etiam ex gentibus vocantur per eum.... in una Ecclesia congregantur.* Edit. Lov. Duac. & Colon. *congregentur.*

(c) MSS. Reg. & Jol. *benedicentur.*

(d) Remigianus hic ab antiqua manu correctus, præferebat, *aliquando*: idem habent MS. Reg. a prima manu.

(e) MS. Jol. *hominem ad peccata.* Sic & in Resp. paulo post initium, ubi consentit MS. Reg.

(f) MSS. Reg. & Jol. *captivi tenentur.*

(g) Sic præferebant codex Remig. correctus: ita etiam Regius & Joliensis a prima manu. Editi omores, *ut ipsi sibi pœnas deberent, quæ eis etiam supplicium verteret in reatum.* Reg. MS. *in rectum*, errore manifesto scriba, pro, *in reatum.*

(h) MS. Reg. *qui sic deserit* &c. MS. Jol. *quia jus deserit.*

(i) MS. Jol. *bene viventem.*

(k) MS. Jol. *trahunt.*

(l) Editi *& bona nescit.* MS. Jol. *noverit* conformiter correctioni append. Aug. ex MS. Remig.

(m) Editi, *imperat*, Castigamus ad MS. Remig.

(n) MS. Jol. *Mala autem omnino ipse non faciat*, & paulo post, *suadet aut impellit.*

(o) Editio Lugd. non habet, *sed ideo eum non prædestinavit*: quod textui addi debere ex conjectura pronuntiarunt Lovanienses, & qui posteriores editiones curaverunt, cum hac adjectione: *Quod non improbabiles, si conferas cum c. 3. & 7. Respons. supra, S. August. oper.* Editores ex MS. Remigiano addiderunt textui, absque nota dubitationis. Horum correctio firmatur auctoritate MS. Joliensis, in quo legimus, etsi cum aliquantula differentia: *Sed ideo non prædestinavit, quia recessurum a se ipso inobedientem esse præscivit.*

CAPITULUM XIII.

OBJECTIO.

Quod quidam homines non ad hoc (a) a Deo creati sunt, ut vitam acquirerent æternam: sed ut habitum tantummodo sæculi præsentis ornarent, & ad utilitatem nascerentur aliorum.

RESPONSIO.

UNiversos homines nos ignoramus a Deo singillatim (b) creari, & de hac universitate alios damnandos cum diabolo, alios regnaturos esse cum Christo. Quod ergo etiam hi creantur, qui æternæ vitæ participes non erunt, nulla est culpa Creatoris, qui naturæ auctor est, non vitii quod natura contraxit. Ornari autem etiam talium conditione mundi hujus varietatem quis non intelligat, (c) qui videat studiis & operibus quorumdam impiorum tot commoda vitæ præsentis instructa in inventione artium, in exstructione urbium, in constitutione legum, (d) in confœderatione populorum? Quod si quæritur eo de illis, quos a vera religione impius error avertit, aliquid boni profectibus sanctorum, & incrementis Ecclesiæ providentia divina contulerit: (e) inspiciatur primum ipsa crux Christi, in qua (f) magno scelere Judæorum misericors voluntas Dei, ut pro redemptione nostra unicus Filius ejus occideretur, impleta est. Inspiciatur Apostolorum gloriosa tolerantia, inter persequentium fremitus (g) unanimi voce ad Deum clamantium:
Act. 4. 27. (h) *Convenerunt enim vere in civitate ista, adversus sanctum puerum tuum Jesum, quem unxisti, Herodes & Pontius Pilatus, cum gentibus & populis Israel, ut facerent quæ manus tua & consilium prædestinavit fieri.* Inspiciantur denique innumerabilium Martyrum palmæ, quibus de crudelissima infidelium sævitia felix est collata victoria. Audiatur etiam Apostolus Ecclesiam Dei ad perseverantiam pietatis (i) instituens: *In nullo*, inquit, *terreamini ab*
Philip. 1. 28. *adversariis, quæ est illis causa perditionis, vobis autem salutis, & hoc a Deo. Vobis enim donatum est pro Christo non solum ut in eum credatis, sed etiam ut pro illo patiamini.* (k) De illis quoque erroribus consulens nobis Dei benignitas seminatur, quos Deus in Ecclesia contra Ecclesiam permisit exsurgere; non utique eos creans aut fovens; sed per ipsos diligentiam filiorum suorum ad inquisitionem & custodiam veritatis exercens: dicente Apostolo, *Oportet hæ-*
reses esse, ut probati manifesti fiant in vobis. 1. Cor. 11. 19.
Quis autem respiciens ad tenebras impiorum, & (l) ad illuminationem fidelium, non ad gratias agendas Deo, ex ipsa fiat collatione ferventior, & (m) ex ruina pereuntium discat, in quæ mala per liberum arbitrium rueret, nisi ei per Dominum nostrum Jesum Christum Dei gratia subveniret.

CAPITULUM XIV.

OBJECTIO.

Quod qui Evangelicæ prædicationi non credunt, ex Dei prædestinatione non credant: & quod Deus ita definierit, ut quicumque non crederent, ex ipsius constitutione non credant.

RESPONSIO.

INfidelitas non credentium Evangelio, nequaquam ex Dei prædestinatione (n) generatur. Bonorum enim Deus auctor est, non malorum. Prædestinatio igitur Dei semper in bono est, aut ad retributionem justitiæ, aut ad donationem pertinens gratiæ. *Universæ enim viæ Do-* Psal. 24. 10.
mini misericordia & veritas. Proinde infidelitas non credentium, non ad constitutionem Dei, sed ad præscientiam referenda est. Quæ non ideo necessitatem non credendi intulit, quia falli de ea, quæ futura erat, infidelitate, non potuit. Fides autem & charitatis opera, atque in eis usque in finem perseverantia, quia hominibus per Dei gratiam conferuntur, recte (o) & ipsa, & quæ eis retribuenda sunt, prædestinata dicuntur, ex auctoritate Apostoli, qui ait,
Gratia Dei salvi facti estis per fidem: & Ephes. 2. 8.
hoc non ex vobis, sed Dei donum est: non ex operibus, ne forte quis extollatur. Ipsius enim sumus figmentum, creati in operibus bonis, (p) *in Christo Jesu, quæ præparavit Deus, ut in illis ambulemus.* Tam ergo in errore est, qui infidelitatem impiorum ad Dei constitutionem refert; quam qui fidei justitiæque sanctorum non Deum profitetur auctorem. Qui enim quod acce-

---

(a) In Ms. Reg. deest, a Deo.
(b) Ms. Jol. creatos.
(c) Ms. Regius, cum videat.
(d) Ms. Jol. *in ædificatione populorum*. Ms. Reg. *in consideratione*, forte pro, *confœderatione*.
(e) Mss. Reg. & Jol. *aspiciatur primum*.
(f) Ms. Regius *a magno scelere*.
(g) Editi, *hac enim*. Melius ut in Jol. *unanimi*; aut ut in Remig. *unanimi*.
(h) Editi, *Convenerunt ergo*. Mss. Remig. & Jol. cum Edit. August. *Convenerunt enim*, juxta textum sacrum Græcum & Latinum.
(i) Mss. Reg. & Jol. *inveniens*: tum Ms. Jol. *In nullo autem .... donatum est a Christo*. In Ms. Reg. hæc desunt, *In nullo usque ad, vobis autem donatum est a Christo non solum &c.*
(k) Ms. Jolensis sic habet hunc locum: *De his quoque erroribus consulens nobis Dei pietas seminatur, quos Deus in Ecclesia pugnaturos contra Ecclesiam permisit exurgere. Non utique creans eos, sed per ipsos diligentiam filiorum suorum inquisitione & custodia veritatis exercens, dicente Apostolo, Oportet hæreses esse & schismata &c.* Ms. Regius vero: *quod Deus in Ecclesia impugnaturos contra Ecclesiam permisit exurgere .... inquisitione & custodia veritatis exercens, dicente Apostolo, Oportet hæreses esse & schismata &c.*
(l) Ita Mss. Reg. & Jol. At vero editi, *ad illuminationem filiorum*.
(m) Editi, *in ruinas*. Mss. Reg. & Jol. *ex ruinas*: tum, *liberum arbitrium ruerent*.
(n) Ms. Jol. *gratiæ*.
(o) Editi & ipsa Mss. Remig. & Jol. & *ipsa*.
(p) Hæc verba, *in Christo Jesu*, aberant ab Editis: restituuntur auctoritate Ms. Jolensis & trium sacri.

acceperat perdidit, non inde id recipit unde perdidit; sed (a) ab illo recipit quod habeat, a quo quod amisit acceperat.

CAPITULUM XV.

OBJECTIO.

Quod idem sit præscientia, quod prædestinatio.

RESPONSIO.

QUi præscientiam Dei in nullo ab ipsius prædestinatione discernit, quod tribuendum est Deo de bonis, hoc ei etiam de malis conatur adscribere. Sed cum bona ad largitorem (b) cooperatoremque eorum Deum, mala autem ad voluntariam rationalis creaturæ nequitiam referenda sint: dubium non est, sine ulla temporali differentia Deum & præscisse simul, & prædestinasse, (c) quæ ipso erant auctore facienda, vel quæ malis meritis justo erant judicio retribuenda; præscisse autem tantummodo, non etiam prædestinasse, quæ non ex ipso erant caussam operationis habitura. Potest itaque sine prædestinatione esse præscientia: prædestinatio autem sine præscientia esse non potest.

DE SINGULIS CAPITULIS

SINGULÆ SENTENTIÆ.

Singula capitula [illegible] QUamvis ergo ad omnes objectiones seu querulæ imperitiæ, seu fallacis invidiæ, planissime ac plenissime, quantum Dominus dedit, existimem esse responsum; professionem tamen sensus nostri etiam in brevia coarctemus; ut sub paucorum verborum simplicitate magis magisque appareat, nos quod (d) desuper scriptis capitulis intelligimus, nulla circumloquendi arte prætexere, (e) sed absolute ac libere & prava respuere, & consentanea probabilibus non negare.

SENTENTIA SUPER I.

QUisquis igitur ex prædestinatione Dei, velut fatali necessitate homines in peccata compulsos cogi dicit in mortem, non est catholicus. Nullo enim modo prædestinatio Dei iniquum facit, neque cujusquam omnino est caussa peccati.

SENTENTIA SUPER II.

(f) ITem qui dicit, quod ab his qui non sunt prædestinati ad vitam, non auferat percepta baptismi gratia originale peccatum, non est catholicus. Sacramentum enim baptismatis, quo omnia prorsus peccata delentur, etiam in eis verum est, qui non sunt in veritate mansuri, & ob hoc ad vitam veram non sunt prædestinati.

SENTENTIA SUPER III.

ITem qui dicit, quod non prædestinati ad vitam, etiam si fuerint in Christo (g) per baptismum regenerati, & pie justeque vixerint, nihil eis prosit, sed tam diu reserventur, donec ruant; nec ante eos ex hac vita, quam hoc eis contingat, auferri, tamquam ad constitutionem Dei talium hominum ruina referenda sit: non est catholicus. Quia non ideo Deus tempus ætatis cuiquam prolongavit, ut diu vivendo corrueret, & a fide recta in sua longævitate deficeret: cum inter beneficia Dei numeranda sit ipsa longævitas, qua homo melior debuit esse, non pejor.

SENTENTIA SUPER IV.

ITem qui dicit, quod non omnes vocentur ad gratiam, si de his loquitur quibus Christus annunciatus non est, (h) non potest reprehendi. Quia scimus quidem in omnes fines terræ Evangelium destinatum, sed non putamus jam in omnibus terræ finibus prædicatum: nec possumus dicere quod ibi sit gratiæ vocatio, ubi matris Ecclesiæ adhuc nulla est regeneratio.

SENTENTIA SUPER V.

ITem qui dicit, quod qui vocati sunt, non æqualiter vocati sint, sed alii ut crederent, alii ut non crederent, quasi cuiquam vocatio caussa fuerit non credendi; non recte dicit. Quamvis enim fides non sit nisi ex Dei dono, & hominis voluntate: infidelitas tamen non est nisi ex sola hominis voluntate.

SENTENTIA SUPER VI.

ITem qui dicit, quod liberum arbitrium in homine nihil sit, sed sive ad bonum sive ad malum prædestinatio Dei in hominibus operetur; non est catholicus. Arbitrium enim hominis gratia Dei non abolet, sed adolet, & ab errore in viam revocat ac reducit; ut quod sua libertate erat pravum, Spiritu Dei agente sit rectum. (i) Prædestinatio quoque Dei semper in bono est: quæ peccatum, sola hominis voluntate commissum, aut remittendum novit cum laude misericordiæ, aut plectendum cum laude justitiæ.

SEN-

(a) Ms. Jol. *ab illo illud recipit qui habet.*
(b) Mss. Reg. & Jol. *cooperatoremque omnium, mala autem.*
(c) Ms. Reg. *quæ in ipso erant auctore facienda.*
(d) Ms. Jol. *de supra dictis.*
(e) Mss. Reg. & Jol. *sed absolute adhibere.*
(f) In hac sententia & sequentibus omnibus vox hæc *Item* abest a Ms. Regio.
(g) Editi, *baptismate*. Mss. & Remig. cum Edit. S. August. *per baptismum.*
(h) Sic Mss. Remig. & Jol. cum Ed. August. Editi, *reprehendi non debet.*
(i) Ms. Reg. *Prædestinatio quoque Dei .... qui peccatum.*

SENTENTIA SUPER VII.

Item qui dicit, quod Deus quibusdam filiis suis quos regeneravit in Christo, quibus fidem, spem, & dilectionem dedit, ob hoc non dederit perseverantiam, quia non sunt a massa perditionis præscientia Dei, & prædestinatione discreti: si hoc vult sentire, quod Deus hujusmodi homines in bonis quæ donaverat noluerit permanere, & ipse eis causa eversionis extiterit; contra justitiam Dei sentit. Quamvis enim omnipotentis Dei potuerit vires standi præbere lapsuris: gratia tamen ejus non prius eos deseruit, quam ab eis desereretur. Et quia hoc ipsos voluntaria defectione facturos prævidit, ideo in prædestinationis electione illos non habuit.

SENTENTIA SUPER VIII.

Item qui dicit, quod non omnes homines velit Deus salvos fieri, sed certum numerum prædestinatorum, durius loquitur quam loquendum est de altitudine inscrutabilis gratiæ Dei: qui & omnes vult salvos fieri, atque in agnitionem veritatis venire; (a) & voluntatis suæ propositum in eis implet, quos præscitos prædestinavit, prædestinatos vocavit, vocatos justificavit, justificatos glorificavit: nihil amittens de plenitudine gentium, & de omni semine Israel, cui præparatum est in Christo regnum æternum ante constitutionem mundi. Ex toto enim mundo totus mundus eligitur, & ex omnibus hominibus, omnes homines adoptantur. Nec potest ullo modo per infidelitatem atque inobedientiam multorum, Dei promissio vacillare, dicentis ad Abraham, *In semine tuo benedicentur omnes gentes. Quod autem promisit* (b) Deus, *potens est, & facere*: ut & qui salvantur, (c) ideo salvi sunt, quia illos voluit Deus salvos fieri; & qui pereunt, ideo pereunt, quia perire meruerunt.

1. Tim. 2. 4.

Gen. 22. 18. Rom. 4. 21.

SENTENTIA SUPER IX.

Item qui dicit, quod non pro totius mundi redemptione Salvator sit crucifixus, non ad sacramenti virtutem, sed ad infidelium respicit partem: cum sanguis Domini nostri Jesu Christi pretium totius mundi sit: a quo pretio extranei sunt, qui aut delectati captivitate, redimi noluerunt, aut post redemptionem, ad eamdem sunt servitutem reversi. Non enim cecidit verbum Domini, neque evacuata est mundi redemptio. Quia etsi non cognovit mundus Deum in vasis iræ, cognovit tamen mundus Deum in vasis misericordiæ: quæ Deus, nullis eorum bonis meritis præcedentibus, eruit de potestate tenebrarum, & transtulit in regnum Filii dilectionis suæ.

SENTENTIA SUPER X.

Item qui dicit, quod quibusdam Evangelii prædicatio a Domino subtrahatur, ne percepta Evangelii prædicatione salventur; potest objectionis invidiam declinare patrocinio ipsius Salvatoris, qui apud quosdam, quos ait fuisse credituros, si mirabilium ejus signa vidissent, noluit operari, & quibusdam populis vetuit Apostolos evangelizare, & nunc aliquas adhuc gentes patitur extra gratiam suam degere: cum tamen confidentissima fide perceptum habeamus, in omnes mundi partes Ecclesiam dilatandam; nec ante esse hoc sæculum finiendum, quam in universos fines terræ Evangelium dirigatur, & *omnis lingua confiteatur, quoniam* (d) *Dominus Jesus Christus in gloria Dei Patris est.*

Matth. 11. 21.

Philip. 2. 11.

SENTENTIA SUPER XI.

Item qui dicit, quod per potentiam Deus homines in peccata compellat, merito reprehenditur. Nec enim Deus, qui justitiæ & bonitatis auctor est, & cujus omnia statuta & mandata contra peccatum sunt, quemquam ad peccandum cogere, & ab innocentia in facinora præcipitare credendus est. Si qui autem tam profundæ impietatis sunt, ut extra remedium correctionis habeantur; non a Deo incrementa iniquitatis accipiunt, sed per semetipsos deteriores fiunt: quia relinqui a Deo, ac sibi ac deceptoribus suis tradi, propter præcedentia peccata, meruerunt, ut eis peccatum sit ipsa etiam pœna peccati.

SENTENTIA SUPER XII.

Item qui dicit, quod quibusdam vocatis, & pie justeque viventibus, obedientia subtrahatur, ut obedire desistant; male opinatur (e) de bonitate Dei atque justitia, ut videatur ad impietatem pios cogere, & innocentiam bonis adimere: cum ipse sit pietatis atque innocentiæ (f) & largitor & custos. Qui ergo Deo adhæret, Spiritu Dei agitur: qui autem a Deo recedit, propria voluntate obedire desistit.

SENTENTIA SUPER XIII.

Item qui dicit, quod quidam homines non ad hoc a Deo creati sunt, ut vitam adipiscerentur æternam, sed ut habitum tantummodo præsentis sæculi ornarent, & ad utilitatem nascerentur aliorum; melius loqueretur dicens, quod Deus qui creator est omnium, non frustra etiam eos condat, (g) quos prævidit vitæ æternæ participes non futuros: quia etiam in malis hominibus bonum Dei opus est ipsa natura, (h) & laudabilis est in impiorum damnatione justitia. Non potest autem merito reprehendi qui dicit, quod etiam talium conditione mun-

dus

(a) MS. Reg. *sed voluntatis suæ propositum.*
(b) In MS. Jol. abest hic vox, *Deus.*
(c) MS. Reg. *in Deo salvi fiunt, quia illos voluit Deus salvos fieri.*
(d) Editi, *quoniam Jesus Christus.* MS. Jol. *Dominus Jesus Christus*, ut in Apostoli textu legitur.
(e) MS. Reg. *De bonitate atque justitia Dei.*
(f) In MS. Reg. non habetur particula, *&*, quæ in MS. Jol. quæ in Editis legitur.
(g) MS. Reg. *quos prævidit.*
(h) MS. Reg. hæc verba præcedentibus jungit, *& laudabilis; & impiorum damnatio justa.*

dum ornetur, & quod hi, qui sibi sua iniquitate nocituri sunt, ad utilitatem nascantur aliorum. Neque enim quamlibet innumerabilis multitudo impiorum indecora est mundo, aut inutilis Dei regno: cum etiam per ipsorum veniat propaginem regeneranda generatio; & in eis tolerandis ac diligendis populus Dei fiat illustrior; (a) discens bonitatem & patientiam ab illo, *qui pluit super justos & injustos, & solem suum oriri facit super bonos & malos.* Matth. 5. 45.

SENTENTIA SUPER XIV.

ITem qui dicit, quod qui Evangelicæ prædicationi non credunt, ex Dei prædestinatione non credant, & quod Deus ita definierit, ut quicumque non credunt, ex ipsius constitutione non credant; non est catholicus. Sicut enim fides, quæ per dilectionem operatur, Dei donum est; ita infidelitas constitutio Dei non est. Quia Deus pœnas criminum novit ordinare, non crimina: (b) nec consequens est ut quod non remiserit, ipse commiserit. Prædestinatus itaque vivit ex fide sibi donata, non prædestinatus perit in infidelitate voluntaria, non coacta.

SENTENTIA SUPER XV.

ITem qui dicit, quod idem sit præscientia quod prædestinatio, in bonis sine dubio operibus nostris dum ista permiscet. Quæ enim ex Dei munere habemus, (c) & quæ præscita dicuntur, non possunt non esse prædestinata: & quæ prædestinata appellantur, non possunt non esse præscita. In malis autem operibus nostris, sola præscientia Dei intelligenda est. Quia sicut præscivit & prædestinavit quæ ipse facit, & ut faceremus dedit: ita præscivit tantum, non etiam prædestinavit, quæ nec ipse fecit, nec ut faceremus exegit.

(a) Sic MSS. Remig. & Jol. cum Edit. Duac. & Colon. & recentioribus. Edit. Lugdun. antiquior & Lovan. docens.

(b) MS. Reg. *non consequens est*, quibus addit, *ut quod non ipse commiserit prædestinatus puniatur, qui vivit ex fide sibi donata; & non prædestinatus justum est ut pereat in infidelitate voluntaria, nec coacta*. MS. Jol. ut editi *nec consequens est*. Cætera ut in MS. Reg. MS. Remig. ut editi, *nec consequens* &c. Editi, *infidelitate* absque *in*, quod MS. tres addunt.

(c) MS. Reg. *ex præscientia dicuntur*.

ADMONITIO
IN SANCTI PROSPERI
AQUITANI

Pro Augustini doctrina Responsiones ad Capitula objectionum Vincentianarum.

Matth. 10. 24. SÆPE *sæpius impletur in servis Christi quod ipse in Evangelio pronunciavit:* Non est discipulus super magistrum. *Cum igitur Galli reprehensores doctrinæ sancti Augustini, magni illius & incomparabilis Ecclesiarum Dei Magistri, in ipsum magna contentione insurrexissent, quo sanos ejus sensus ad insanos intellectus apud imperitam plebeculam detorquerent, calumniosisque eorum objectionibus responsiones rationabiles objecisset sanctus Augustini discipulus & vindex Aquitanus noster: jam vero ipsum nominatim impetere, & in impietatis, immo etiam in insaniæ famam deducere studentes, novas confinxere objectiones, tam Augustini pronunciatis, quam sancti Prosperi ad priores eorum calumnias responsis, si ipsis fides haberetur, consectarias: quæ quidem magnam partem cum prioribus coincidunt, & quorum aliquas bis terque, sub verbis vix* S. Prosp. Lib. ad Ex. Gen. *dissimilibus, exaggerare non sunt veriti,* numerum criminationum augere volentes, quia sensum variare non poterant. *Quarum consecutionum tanta per* Idem in Præfat. *se primo adspectu patet absurditas, ut, eodem Prospero teste*, fraternæ charitatis obliti, existimationem ejus quoquo modo lædere studentes, suam se evertere nocendi cupiditate non viderent.

Ibidem. *Tam insanas criminationes, & tam prodigiosa blasphemiarum mendacia, quæ fidem omnem apud prudentes quosque judices satis abrogarent, f... ... sussi-*

cit...

cienter, sola unius subscriptione anathematis, falso, & ad excitandam duntaxat in se invidiam jactata probasset, nisi veritus esset, ne professionis sincerissimæ brevitatem malignitas eorum suspectam esse habitura, & simpliciores plerosque, diabolici (ut ait) indiculi conflictione turbatos, instrui, malignantiumque adversariorum animos diffusiori responsione satius fuisset mitigari. Quod quidem sanctus Doctor noster, non ex proprio ingenio, privataque auctoritate suscipere se protestatur; sed ea confidentia scribit, ut sensum suum fidemque, quam contra Pelagianos defenderat hactenus, defendebatque quotiescumque se daret occasio, ex Apostolicæ sedis auctoritate se præmoneat esse defensurum. Ex quibus verbis, nonnullis visum est, responsiones istas, Cælestini Papæ Epistola pro Prospero & Hilario, & maxime pro asserenda S. Augustini doctrina ad Galliarum Episcopos directa, esse posteriores. Quæ tamen consecutio ab aliis viris eruditis infirma omnino judicatur. Quando quidem dum adhuc in vivis superstes esset Augustinus, & ante quam scripsisset ad Gallos Cælestinus, sedis Apostolicæ Romanæque Ecclesiæ sententiam in medium adduxit Prosper, tum in Epistola sua ad Rufinum, tum in Carmine de Ingratis. Unde verisimile est, quod si tanti ponderis testimonium, adeoque caussæ suæ favens, quod ex illa Epistola Cælestini duci potest, afferre voluisset, id certe apertius, & validius præstitisset. Hinc quod quidam opinantur, ex his quæ Prosper dicit hoc in opere de auctoritate sedis Apostolicæ, erui, Prospero a Summo Pontifice in mandatis datum, ut gratiæ Christi doctrinam adversus Pelagianos defendendam susciperet; hoc certe tam invictis rationibus, quam eruditorum virorum, quibus hæc placuit opinio, auctoritati innixi optaremus. Cum ergo, quo tempore objectiones istas posteriores Augustini simul & Prosperi adversarii in vulgus sparserint, non omnino constet apud eruditos; nec proinde quando his a Prospero nostro iterum fuerit responsum; probabile tantum judicamus, illos homines paulo post lectam superiorum objectionum confutationem, tumultuario stilo scriptas objectiones in vulgus quanto citius potuerunt sparsisse; quibus statim S. Prosper, responsionibus quæ subjiciuntur satisfacere non distulit. Etsi non ignoremus has objectiones quibusdam eruditis videri prius a nobis editas tempore præcessisse, de quo judicet lector. Nec mirum vero quod in subjecto opere paulo durius respondere agnoscitur adversariis sanctus noster, quam in priori responderat. Cum enim illi presbyteri, ut postea Cælestinus agnovit in Epistola, conniventibus etiam Episcopis suis, dissensioni Ecclesiarum studentes, indisciplinatas quæstiones in medium vocarent, pertinaciterque dicerent, Augustini discipulos prædicare adversantia veritati: prioribus sancti Prosperi responsis surdi, longe pejora, & rationi charitatique magis contraria fuerant commenti.

Quis vero sit ille Vincentius, qui pessimæ caussæ patronum se præstitit præ cæteris, apud eruditos non omnino constat. Erat tunc temporis in Monasterio Lirinensi Vincentius, qui quodam libro contra omnes hæreses, cui Commonitorio titulum fecit, circa annum 434. scripto deinceps celeber in Ecclesia effectus est. Hunc quidam scriptor, sparsarum in Prosperum calumniarum auctorem voluit, quia eumdem sancti Augustini doctrinæ adversum fuisse contendit: in hanc opinionem ea ratione motus descendens, qua Vincentius Epistola Cælestini Papæ manifeste & voluntarie abusus judicaretur. Huic opinioni accedunt etiam alii, qui Vincentium istum Semipelagiani dogmatis sectatoribus accensent. De hoc
„ Gennadius in suo Illustrium virorum Catalogo sic loquitur: Vincentius natio-
„ ne Gallus, apud Monasterium in Lirinensi insula presbyter, vir in scripturis
„ sanctis doctus, & notitia Ecclesiasticorum dogmatum sufficienter instructus,
„ composuit ad evertenda hæreticorum collegia nitido & aperto sermone validis-
„ simam disputationem (Commonitorium adversus hæreses nuncupatur:) quam
„ absconso nomine suo adtitulavit, Peregrini adversum hæreticos: cujus operis
„ quia secundi libri maximam in schedulis partem, a quibusdam furatam per-
„ didit, recapitulato ejus paucis sermonibus sensu primo, compegit, & in unum

„ librum

librum edidit". *Moritur Theodosio & Valentiniano regnantibus, idest anno 448. aut sequenti. Hunc multi sancti Prosperi responsionibus adquievisse, & Augustini doctrinam, quæ erat Ecclesiæ doctrina, amplexum fuisse hinc colligunt, quia sanctitatis fama eo tunc non exciderit.*

[illegible] *Observat quoque auctor Dissertationis Criticæ de veris operibus SS. PP. Leonis magni & Prosperi Aquitani; Opus istud (Commonitorium scilicet) aureum licet, & numquam satis pro dignitate commendandum, eo tamen fine susceptum, ut Augustini doctrinam in suspicionem traheret, jam maxime penes eruditos invaluisse sibi persuasum. Quam sententiam ipse fusius nova inductione firmat pag. 411. & 412. Quibus subjungit, quod licet ille Vincentius Commonitorii sui sententias ingeniosius quandoque in ipsam Augustini doctrinam, quam in hæreticorum artes atque versutias vibrasse videatur: quanto minus tamen in ipsam prævaluerunt, tanto efficaciora in alias sive exortas, sive exorituras in futurum hæreses aut sectas qualibet, Altissimi prædicanda conversione, arma facta sunt; ut inter præcipua, quæ adversus errores ac schismata penes Ecclesiam deposuerunt antiqui Patres documenta, nullum illa præ Commonitorio frequentius adhibuerit, quod semper experta sit, eo validius impugnari rebelles, ac felicius vinci.*

Qui vero de Vincentii Lirinensis Monachi, viri sanctitatis & eruditionis fama notissimi, doctrina meliora sentiunt, in hoc conveniunt, ut alium ejusdem nominis quærant cui ejusmodi objectiones assignent. Gennad. in Catalogo c. 80. *Baronius cum aliis ejus sequacibus Vincentii alterius opus dici posse opinatur, de quo Gennadius in Catalogo, cap. 80. Vincentius presbyter, & ipse natione Gallus, in divinis scripturis exercitatus, linguam habens usu loquendi, & majorum lectione politam: commentatus est in psalmos: cujus operis legit aliqua sancto homini Dei Cannati me audiente; promittens simul, si Dominus vitam & vires daret, se in toto psalterio, eodem studio laboraturum.* [illegible] *Nec aliquid obstat, quin idem agnoscatur esse Vincentius, qui anno 439. interfuit Concilio Rhegiensi, Constantini seu Constantiani Episcopi forte Diensis nomine. Etsi enim Gelasio (anno 496. demortuo) superstes fuerit Gennadius: nihilominus tamen coætaneus esse potuit homini anno 430. libros in lucem emittenti. Quæ opinio inde etiam vires accipit, quod illos maxime laudare assueverit Gennadius, quos Augustino minime faventes noverat. Vincentium vero hunc impense laudaverit in supra citatis.*

PRÆFATIO SANCTI PROSPERI

In Responsiones ad Capitula Objectionum Vincentianarum.

QUIDAM Christianæ ac (a) fraternæ charitatis obliti, in nostram existimationem nostram quoquo modo student lædere, ut suam se evertere, nocendi cupiditate non videant. Construunt enim, & qualibus possunt sententiis comprehendunt ineptissimarum quarumdam blasphemiarum prodigiosa mendacia; eaque ostendenda & ingerenda multis publice privatimque circumferunt; asserentes talia in nostro sensu esse, qualia diabolico continentur indiculo. Quæ falso in nos, ad excitandam invidiam jactitari, facile & sufficienter subscriptione unius probaremus anathematis; nisi malignitas eorum, qui se gravari putant, si de nobis bene sentiatur, ipsam subscriptionis nostræ brevitatem suspectam esset habitura. Unde ne hujus querelæ inveniretur occasio, necessarium convenientque (b) credidimus, ut sive ad calumniantium animos mitigandos, sive ad eos quorum auribus tale aliquid insonuit instruendos, quantum adjuvante Domino fieri potuerit, plene lucideque pandamus, quid de perversis definitionibus judicemus. Propositis igitur sigillatim sedecim capitulis, sub unoquoque eorum, sensus nostri, & fidei quam contra Pelagianos ex Apostolicæ sedis auctoritate defendimus, verba (c) ponemus: ut qui paululum se ad legenda hæc dignati fuerint occupare, evidenter agnoscant, impiarum profanarumque opinionum nullum cordibus nostris inhæsisse vestigium; & blasphemias quas perspexerint nostra professione damnari, in earumdem repertoribus censeant debere puniri.

A R-

(a) Ms. [illegible] *Fraterna Veritatis*. (b) Ms. Remig. *credimus*. (c) Ms. Remig. *ponimus*.

ARGUMENTA CAPITULORUM
OBJECTIONUM VINCENTIANARUM.

OBJECTIO I.

QUOD Dominus noster Jesus-Christus non pro omnium hominum salute & redemptione sit passus.

OBJECTIO II.

Quod Deus nolit omnes salvare, etiam si omnes salvari velint.

OBJECTIO III.

Quod Deus majorem partem generis humani ad hoc creat, ut illam perdat in æternum.

OBJECTIO IV.

Quod major pars generis humani ad hoc creatur a Deo, ut non Dei, sed diaboli faciat voluntatem.

OBJECTIO V.

Quod peccatorum nostrorum auctor sit Deus, eo quod malam faciat voluntatem hominum, plasmet substantiam, quæ naturali motu nihil possit nisi peccare.

OBJECTIO VI.

Quod Deus tale in hominibus plasmet arbitrium, quale est dæmonum, quod proprio motu nihil aliud possit velle, nisi malum.

OBJECTIO VII.

Quod hæc sit voluntas Dei, ut magna pars Christianorum salva esse nec velit nec possit.

OBJECTIO VIII.

Quod nolit Deus ut omnes catholici in fide catholica perseverent, sed velit ut magna exinde pars apostatet.

OBJECTIO IX.

Quod velit Deus, ut magna pars sanctorum a sanctitatis proposito ruat.

OBJECTIO X.

Quod adulteria & corruptelæ virginum sacrarum ideo contingant, quia illas Deus ad hoc prædestinavit ut caderent.

OBJECTIO XI.

Quod quando incestant patres filias, & matres filios, vel quando servi Dominos occidunt, ideo fiat, quia ita Deus prædestinavit ut fieret.

OBJECTIO XII.

Quod Dei prædestinatione efficiantur de filiis Dei filii diaboli, & de templo sancti Spiritus templa dæmoniorum, & de membris Christi membra meretricis.

OBJECTIO XIII.

Quod omnes illi fideles & sancti, qui ad æternam mortem prædestinati sunt, quando ad vomitum suum revolvuntur, vitio quidem suo hoc facere videantur, sed ipsius vitii causa est divina prædestinatio, quæ illis latenter subtrahit bonas voluntates.

OBJECTIO XIV.

Quod magna pars illa Christianorum catholicorum fidelium atque sanctorum, quæ ad ruinam & perditionem prædestinata est, etiam si petat a Deo sanctitatis perseverantiam, non impetrabit; eo quod mutari non potest divina prædestinatio, quæ illos præordinavit, præparavit, præcipitavit ut caderent.

OBJECTIO XV.

Quod omnes illi fideles & sancti, qui ad æternam mortem prædestinati sunt, postea quam ceciderint, sic a Deo dispensentur, ne possint, vel nolint per pœnitentiam liberari.

OBJECTIO XVI.

Quod magna pars illa fidelium atque sanctorum, quæ ad æternam mortem prædestinata est, quando dicit Deo in oratione Dominica: Fiat voluntas tua, nihil aliud quam contra se petat, idest, ut cadant, & ruant; quia voluntas Dei hæc est, ut æterna morte pereant.

SANCTI PROSPERI AQUITANI

PRO AUGUSTINI DOCTRINA

Responsiones ad Capitula Objectionum Vincentianarum. (a)

* Scriptus circiter annum post Capitula objectionum.

LIBER UNUS. *

CAPITULUM I.

OBJECTIO.

(b) *Quod Dominus noster Jesus Christus non pro omnium hominum salute & redemptione sit passus.*

RESPONSIO.

Contra vulnus originalis peccati, quo in Adam omnium hominum corrupta & mortificata natura est, & unde omnium concupiscentiarum morbus inolevit, verum & potens ac singulare remedium est mors filii Dei (c) Domini nostri Jesu Christi: qui liber a mortis debito & solus absque peccato, pro peccatoribus & debitoribus (d) mortis est mortuus. Quod ergo ad magnitudinem & potentiam pretii, & quod ad unam pertinet causam generis humani, sanguis Christi redemptio est totius mundi. Sed qui hoc saeculum sine fide Christi, & sine regenerationis sacramento pertranseunt, redemptionis alieni sunt. Cum itaque propter unam omnium naturam, & unam omnium caussam a Domino nostro in veritate susceptam, recte omnes dicantur redempti, & tamen non omnes a captivitate sint eruti; redemptionis proprietas haud dubie penes illos est, de quibus princeps mundi missus est foras, & jam non vasa diaboli, sed membra sunt Christi. Cujus mors non ita impensa est humano generi, ut ad redemptionem ejus, etiam qui regenerandi non erant pertinerent: (e) sed ita, ut quod per unicum exemplum gestum est pro universis, per singulare sacramentum celebraretur in singulis. Poculum quippe immortalitatis, quod confectum est de infirmitate nostra & virtute divina, habet quidem in se ut omnibus prosit; sed si non bibitur, non medetur.

CAPITULUM II.

OBJECTIO.

Quod Deus nolit omnes salvare, etiamsi omnes salvari velint.

RESPONSIO.

Cum Veritas dicat; *Si vos cum sitis mali, nostis bona data dare filiis vestris, quanto magis Pater vester caelestis dabit bona petentibus se?* qui fieri potest ut Deus, qui etiam illos salvat, de quibus dici non potest quod salvari velint, nolit aliquos salvare etiam si salvari velint; nisi aliquae caussae existant, de quibus, quamvis sint nobis incognoscibiles, (f) ille tamen bene judicat, de quo dici non potest, aliter eum quidquam facere debuisse, quam fecerit? Remota ergo hac discretione, quam divina scientia intra secretum justitiae suae continet, sincerissime credendum atque profitendum est, Deum velle ut omnes homines salvi fiant. Siquidem Apostolus, cujus ista sententia est, sollicitissime praecipit, quod in omnibus Ecclesiis piissime custoditur, ut Deo pro omnibus hominibus supplicetur: ex quibus quod multi pereunt, pereuntium est meritum; quod multi salvantur, salvantis est donum. Ut enim reus damnetur, inculpabilis Dei justitia est; ut autem reus justificetur, ineffabilis Dei gratia est.

Matth. 7. 11.

1. Tim. 2. 4.

CAPITULUM III.

OBJECTIO.

Quod Deus majorem partem generis humani ad hoc creet, ut illam perdat in aeternum.

RESPONSIO.

Omnium quidem hominum creator est Deus, sed nemo ab eo ideo creatus est, ut periret:

(a) Remigianus codex, quem annos plus mille exaratum scriptum, habuit a prima manu *Vincentianas*: a secunda vero jam olim correctus praefert (ut in fine libri absque correctione legitur) *Vincentianarum*. Lovanienses observant, esse qui arbitrentur, objectionum scriptorem Vincentium Lirinensem illum fuisse, cujus extat adversus profanas haereseon novitates Commonitorium, scriptum circiter annum Christi 434. sub, ut ipse auctor in cap. 42. testatur, post triennium ferme a celebrato contra Nestorium concilio Ephesino.

(b) MSS. Remig. & Joliensis hic & in capitibus reliquarum objectionum, *Quia*, ubi editi *Quod* habent.

(c) Editi, *Domini Jesu Christi*, omissa voce, *nostri*, quam habent MSS. Remig. & Jol. & Edit. Aug.

(d) Hic *mortis* addimus ex MSS. Remigiano & Joliensi, nec non ex edit. August. oper.

(e) MS. Jol. *sed ut* omissa, *ita*.

(f) Editi, *ita tamen*. MS. Joliensis *ille tamen*: rectius, ut videtur.

rieret: quia alia est caussa nascendi, & (a) alia est caussa pereundi. Ut enim nascantur homines, conditoris est beneficium; ut autem pereant, prævaricatoris est meritum. In Adam quippe, Rom. 5. 12. in quo omnium hominum præformata natura est, omnes peccaverunt: eademque sententia, quam ille excepit, obstricti sunt. Neque ab hoc vinculo, etiamsi propriis peccatis careant, resolvuntur, nisi in sacramento mortis & resurrectionis Christi per Spiritum-sanctum transferantur. Nimis ergo impius & indoctus est, qui vitium naturæ non discernit ab auctore naturæ, a quo prorsus alienum est, quidquid in unoquoque (b) damnandum est. Creat enim hominem, ut sint homines: nec multiplicandis generationum successionibus opificium suum subtrahit, secundum consilium bonæ voluntatis suæ reparaturus in multis quod ipse fecit, punitu- Rom. 5. 19. rus in multis quod ipse non fecit. *Sicut (c) enim per inobedientiam unius hominis peccatores constituti sunt multi, ita & per unius hominis obedientiam justi constituentur multi.*

CAPITULUM IV.

OBJECTIO.

Quod major pars generis humani ad hoc creatur a Deo, ut non Dei, sed diaboli faciat voluntatem.

RESPONSIO.

INsanum omnino & contra rationem est dicere, voluntatem Dei ex Dei voluntate non fieri, & damnatorem diaboli ejusque famulorum, velle ut diabolo serviatur. Sed hoc catholicis Pelagiani consequenter se objicere existimant, qui Adæ peccatum transisse in omnes diffitentur: quoniam si primam nativitatem originalis culpa non obliget, non sint obnoxii diabolo parvuli, (d) nec indigeant erui de potestate tenebrarum, qui numquam a suo auctore discesserint. Nos autem qui omnes in Adam Luc. 19. 10. periisse profitemur (*Venit enim filius hominis quærere & salvare quod perierat,*) nec dicimus ideo creari quemquam hominem, ut diaboli faciat voluntatem; & agnoscimus omnem hominem non redemptum, diabolo esse captivum. Prævaricatio enim hominum, dispositum a sæculis creationis ordinem turbare non potuit, & (e) merito creatura peccatrix pœnalem dominationem illius patitur, cui, relicto vero Domino, sponte se vendidit. Hæc quippe servitus non institutio est Dei, sed judicium; quo fraus deceptoris diaboli facta est decepto & male credulo homini pœna peccati. De qua nemo eruitur, nisi per mediatorem Dei & hominum hominem Christum Jesum: cujus gratuita gratia, & multorum malis meritis non tribuitur, & nullorum bonis meritis prævenitur.

CAPITULUM V.

OBJECTIO.

Quod peccatorum nostrorum auctor sit Deus: eo quod malam faciat voluntatem hominum, plasmet substantiam quæ naturali motu (f) nihil possit nisi peccare.

RESPONSIO.

HUjus quoque objectionis vanitas de illa procedit schola, in qua natura humana immunis a peccato Adæ, & illæsa defenditur, ut quia omnes homines prævaricationis reos & (g) damnationi obnoxios nasci, perituros que nisi in Christo renascantur, asserimus, eumdem videamur dicere auctorem culpæ, quem profitemur conditorem esse naturæ. Quod nos a sensu nostro penitus abdicamus, qui Deum justum & bonum, sic humanæ substantiæ, (h) & interiorum exteriorumque sensuum novimus creatorem, ut prorsus ab illo sit quidquid pertinet ad naturam, & prorsus (i) ab illo non sit quidquid contra naturam est. Peccatum autem contra naturam est, de quo mors & omnia quæ sunt mortis oriuntur. Quibus malis tunc se homo induit, quando illum fide obedientiaque privatum, in suas promissiones diabolus a Dei lege traduxit, omniaque posteritatis ejus germina, sibi per conditionem depravatæ stirpis obstrinxit. Unde si qua in Christo nova creatura est, (k) 2 Cor. 5. 17. libera fit diabolo, & subjicitur Deo, reformata a deformitate sua, ad imaginem ejus qui Col. 3. 10. creavit eam. Quod nisi fiat, remanet in illo in quo omnes moriuntur, non habens sortem in eo in quo omnes vivificantur. Non igitur cujusquam peccati (l) auctor Deus, sed naturæ creator est. Quæ cum potestatem habuerit non delinquendi, sponte deliquit, & deceptori suo propria voluntate se subdidit. Nec naturali, sed captivo motu versatur in vitio, donec moriatur peccato & vivat Deo: quod sine gratia Dei facere non potest; quia libertatem quam libertate perdidit, nisi Christo liberante non recipit. *Non est enim aliud nomen sub cælo da-* Act. 4. 12. *tum hominibus, in quo oporteat salvos fieri.*

(a) MSS. Remig. & Jol. addunt hic, *caussa*: quæ vox desideratur in Editis.

(b) MS. Joliensis, *damnatum est*.

(c) Additur *enim* in MS. Remig. & Edit. oper. Aug. abest a ceteris.

(d) MS. Joliensis, *ut indigeant*.

(e) MS. Remig. non habet hanc vocem, *merito*.

(f) Editi, *non possit nisi*. MSS. Remig. & Jol. *nihil possit nisi*.

(g) MS. Joliensis, *damnationis obnoxios*.

(h) In MS. Jol. abest particula *&*, legiturque sic *humanæ substantiæ interiorum exteriorumque &c.*

(i) Editi, *non ab illo sit*. Corrigimus ex edit. oper. Aug. ad MS. Remig. exacta.

(k) Ita MS. Joliensis, cum MS. Remig. & edit. oper. S. Aug. ubi additur præpositio *a diabolo*. Editi, *libera fit diabolo & subjicitur*. *Libera diabolo*; ut Rom. 6. 20. *liberi justitiæ*. Dativo casu.

(l) Vox ista *Deus* aberat ab editis. Restituimus ex MS. Remig. & Joliensi ac edit. oper. S. August.

CAPITULUM VI.

OBJECTIO.

Quod Deus tale in hominibus plasmet arbitrium, quale est dæmonum, quod proprio motu nihil aliud (a) possit velle, nisi malum.

RESPONSIO.

1. Joan. 5. 19. TOtus quidem mundus, sicut ait Joannes apostolus, *in maligno positus est*: & multorum hominum talis est malitia, qualis & dæmonum. Qualibus dicebat Dominus, *Progenies viperarum, quomodo potestis bona loqui, cum sitis mali?* Matth. 12. 34. Joan. 8. 44. &, *Vos de diabolo patre nati estis, & concupiscentias patris vestri facere vultis.* Sed hoc inter malos homines distat & dæmones, quod hominibus etiam valde malis superest, Ibidem. si Deus misereatur, reconciliatio; dæmonibus autem nulla est in æternum servata conversio. Sicut ergo prævaricatoribus Angelis non Deus indidit illam, quæ in veritate non stetit, voluntatem: ita nec hominibus hunc affectum, Ibidem. qui diabolum imitarentur, inseruit. Mendax enim de proprio loquitur; & liber a mendacio non erit, nisi eum veritas liberaverit.

CAPITULUM VII.

OBJECTIO.

Quod hæc sit voluntas Dei, ut magna pars Christianorum salva esse nec velit, nec possit.

RESPONSIO.

SI de his hoc dicitur, qui pietatem Christianæ conversationis & fidei deserentes in profanos errores, aut in damnabiles mores irrevocabiliter transferuntur; non dubium est quod talem voluntatem habentes salvi esse nolunt; & quamdiu salvi esse nolunt, salvi esse non possunt. Sed nullo modo credendum est, hujusmodi homines in hanc desperationem ex Dei voluntate decidisse: cum potius allevet Dominus Psal. 144. 14. omnes qui corruunt, & erigat omnes elisos. Nemo enim nisi illius gratia erigitur, nemo nisi illius gratia stabilitur. Dei ergo voluntas est, ut in bona voluntate maneatur: qui & prius quam deseratur, neminem deserit; & multos desertores sæpe convertit.

CAPITULUM VIII.

OBJECTIO.

(b) *Quod nolit Deus, ut omnes catholici in fide catholica perseverent, sed velit ut magna exinde pars apostatet.*

RESPONSIO.

NOn est dissimilis blasphemiæ hujus impietas, a præcedente sententia: quod ergo ad illam, hoc etiam ad istam, quæ in nullo est diversa, responsum sit.

CAPITULUM IX.

OBJECTIO.

Quod velit Deus, ut magna pars sanctorum a sanctitatis proposito ruat.

RESPONSIO.

NEc hujus definitionis insania aliud sonat, quam gemina objectio prælocuta est. Unde mirandum est objicientem tertio repetisse, quod semel dixisse sufficerat: sed, ut res est, numerum criminationis augere voluit, quia sensum variare non potuit.

CAPITULUM X.

OBJECTIO.

Quod adulteria & corruptelæ virginum sacrarum ideo contingant, quia illas Deus ad hoc prædestinavit ut caderent.

RESPONSIO.

DEtestanda & abominanda opinio, quæ Deum cujusquam malæ voluntatis, aut malæ actionis credit auctorem: cujus prædestinatio nunquam extra bonitatem, nunquam extra justitiam est. *Universæ enim viæ Domini misericordia & veritas.* Psal. 24. 10. Adulteria enim (c) maritatarum, & corruptelas virginum non instituere novit sancta divinitas, sed damnare; nec disponere, sed punire. Quæ mala homines cum admittunt, suis concupiscentiis & cupiditatibus serviunt, quas ab illa prima voluntariæ prævaricationis labe traxerunt; cum autem declinant a malo & faciunt bonum, *a Domino gressus hominis diriguntur, & viam ejus volet.* Psal. 36. 23. 2. Cor. 13. 7. Propter quod dicit Apostolus, *Oramus autem (d) ad Deum, ut nihil mali faciatis; non ut nos probati appareamus, sed ut vos quod bonum est faciatis.* Non ergo casus ruentium, nec malignitatem iniquorum, neque cupiditates peccantium prædestinatio Dei aut excitavit, aut suasit, aut impulit: sed plane prædestinavit judicium suum, quo unicuique retributurus est prout gessit, sive bonum, sive malum. Quod judicium futurum omnino non esset, si homines Dei voluntate peccarent. Erit autem manifestissime: & omnis homo quem discretio divinæ scientiæ in sinistra constituerit parte, damnabitur, quia non Dei, sed suam executus est voluntatem.

CA-

(a) Sic MSS. Remig. & Jol. cum edit. Aug. At editi antea, posse vel velit.
(b) MS. Joliacensis, Quia volunt.

(c) Remigianus MS. maritarum.
(d) Editi, ad Dominum MS. Remig. & edit. August. ad Deum ut apud Apostolum.

CAPITULUM XI.

OBJECTIO.

Quod quando incestant patres filias, & matres filios, vel quando servi dominos occidunt, ideo fiat, quia ita Deus prædestinavit ut fieret.

RESPONSIO.

SI diabolo objiceretur quod talium facinorum ipse auctor, ipse esset incentor; puto quod aliqua ratione excusare se hac posset invidia, & talium scelerum (a) patratores de ipsorum voluntate convinceret; quia etsi delectatus est furore peccantium, probaret tamen se non intulisse vim criminum. Qua ergo insipientia, quave dementia desipitur, ad Dei referendum esse consilium, quod nec diabolo in totum adscribi potest, qui in peccantium flagitiis illecebrarum adjutor, non voluntatum credendus est esse generator? Nihil ergo talium negotiorum Deus prædestinavit ut fieret; (b) nec ullam animam nequiter, turpiterque victuram, ad hoc ut taliter viveret, præparavit; sed talem futuram non ignoravit, & de tali juste se judicaturum esse præscivit. Atque ita ad prædestinationem ejus nihil aliud referri potest, nisi quod aut ad debitam justitiæ retributionem, aut ad indebitam pertinet gratiæ largitatem.

CAPITULUM XII.

OBJECTIO.

Quod Dei prædestinatione efficiantur de filiis Dei filii diaboli, & de templo sancti Spiritus templa dæmonum, & de membris Christi membra meretricis.

RESPONSIO.

PRædestinatio Dei etsi apud nos, dum in præsentis vitæ periculis versamur, incerta est; apud illum tamen, qui fecit quæ futura sunt, incommutabilis permanet. Nec quæ illuminavit, obcæcat; nec quæ ædificavit, destruit; nec quæ plantavit, evellit. *Sine pœnitentia enim sunt dona & vocatio Dei: & firmum fundamentum Dei stat, habens signaculum hoc; cognovit Dominus qui sunt ejus.* Nullo igitur modo (c) Dei prædestinatio facit ut aliqui ex filiis Dei filii sint diaboli, aut ex templo sancti Spiritus (d) templa sint dæmonum, aut ex membris Christi fiant membra meretricis: sed potius prædestinatio facit, ut ex filiis diaboli fiant filii Dei, & ex templo dæmonum, (e) templum fiat Spiritus-sancti, & ex membris meretricis membra fiant Christi. Quia ipse alligat fortem, & vasa ejus rapit, eruens ea de potestate tenebrarum, & transferens de contumelia in gloriam. Illi autem de quibus dicitur, *Ex nobis exierunt, sed non fuerunt ex nobis; si enim fuissent ex nobis, mansissent utique nobiscum*; voluntate exierunt, voluntate ceciderunt. Et quia præsciti sunt casuri, non sunt prædestinati. Essent autem prædestinati, si essent reversuri, & in sanctitate ac veritate mansuri. Ac per hoc prædestinatio Dei, multis est causa standi, nemini est causa labendi.

Rom. 11, 29.
2. Tim. 2, 19.
Matt. 12, 29.
Coloss. 1, 13.
1. Joan. 2, 19.

CAPITULUM XIII.

OBJECTIO.

Quod omnes illi fideles & sancti, qui ad æternam mortem prædestinati sunt, quando ad vomitum suum relabantur, vitio quidem suo hoc facere videntur, sed ipsius vitii causa est divina prædestinatio, quæ illis latenter subtrahit bonas voluntates

RESPONSIO.

IDem blasphemiarum spiritus perseverat, & a præcedentibus mendaciis subsequens impietas non recedit: quam prorsus vera ratio reprobat, & incunctanter sana doctrina condemnat. Quia omnibus quidem a fide ad infidelitatem, a sanctitate ad turpitudinem relapsis, & ante finem vitæ nulla emendatione purgatis, nihil aliud quam mors æterna debetur: sed nefas est Deo adscribere causas talium ruinarum; qui etsi ex æterna scientia præcognitum habet, quid uniuscujusque meritis retributurus sit; nemini tamen per hoc quod falli non potest, aut necessitatem, aut voluntatem intulit delinquendi. Si ergo a justitia & pietate quis deficit, suo in præceps fertur arbitrio, sua concupiscentia trahitur, sua persuasione decipitur. Nihil ibi Pater, nihil Filius, nihil agit Spiritus-sanctus: nec tali negotio quidquam divinæ voluntatis intervenit: cujus opere multos scimus, ne laberentur, retentos; nullos autem, ut laberentur, impulsos.

CAPITULUM XIV.

OBJECTIO.

Quod magna pars illa Christianorum catholicorum fidelium, atque sanctorum quæ ad ruinam & perditionem prædestinata est; etiam si petat a Deo sanctitatis perseverantiam, non impetrabit: eo quod mutari non possit divina prædestinatio, quæ illos prædestinavit, præparavit, præcipitavit ut caderent.

RESPONSIO.

AD prævaricationem legis, ad neglectum religionis, ad corruptelam disciplinæ, ad defectionem fidei, ad perpetrationem qualiscumque peccati, nulla omnino est prædestinatio Dei: nec fieri potest, ut per quam a talibus ma-

(a) Correctus locus ex Manuscripto Remigiano & Joliensi & edit. sancti Augustini. Alias editi, *talium criminum patratorem, de ipsorum voluntate vincerent.*
(b) Ita Ms. Remig. alias editi *nec illam animam.*
(c) In Ms. Remig. omittitur hæc vox, *Dei.*
(d) Ms. Joliensis, *templum fiat.*
(e) Antiqui editi, *templum fit.*

malis surgitur, per eum in talia deciditur. Si ergo in sanctitate vivitur, (a) si in virtute proficitur, si in bonis studiis perseveratur; manifestum munus est Dei, sine quo nullus boni operis fructus adquiritur; si autem ab his receditur, & ad vitia ac peccata transitur; nihil ibi Deus malæ tentationis immittit, & recessurum non deserit, ante quam deseratur; & facit plerumque, ne deserat, aut etiam, si discesserit, ut redeat. Cur autem illum retineat, illum non retineat; nec possibile est comprehendere, nec licitum (b) vestigare; cum scire sufficiat, & ab illo esse quod statur, & non ab illo esse quod ruitur.

CAPITULUM XV.

OBJECTIO.

Quod omnes illi fideles & sancti, qui ad æternam mortem prædestinati sunt, postea quam ceciderint, sic a Deo dispensentur, (c) ut nec possint nec velint per pœnitentiam liberari.

RESPONSIO.

NOn veraciter, nec sapienter hoc dicitur. Qui enim a fide & sanctitate exciderunt, sicut voluntate prolapsi sunt, ita voluntate non surgunt, & dominatum concupiscentiarum, quibus succubuerunt, sponte patiuntur. Si qui autem captivitatem suam gemunt, & judicantes semetipsos, ad misericordiam Dei mutato corde confugiunt, non sine spiritu divinæ visitationis hæc faciunt. *Hæc* (d) enim *mutatio dexteræ Excelsi*; qui innumeris lapsis dat pœnitentiam, ut *resipiscant a diaboli laqueis, a quo captivi tenebantur ad ipsius voluntatem*. Nemini autem Deus correctionis adimit viam, nec quemquam boni possibilitate dispoliat. Quia qui se a Deo avertit, ipse & velle quod bonum est, & posse sibi sustulit. Non est ergo consequens, sicut putant qui talia objiciunt, ut Deus, quibus pœnitentiam non dederit, resipiscentiam abstulerit; & quos non levarit, alliserit: cum aliud sit insontem in crimen egisse, quod alienum est a Deo; aliud criminoso veniam non dedisse, quod de peccatoris est merito.

Ps. 76. 11.
2. Tim. 2. 26.

CAPITULUM XVI.

OBJECTIO.

Quod magna pars illa fidelium atque sanctorum, quæ ad æternam mortem prædestinata est, quando dicit Deo in oratione Dominica, Fiat voluntas tua; nihil aliud quam contra se petat, id est, ut cadant, & ruant: quia voluntas Dei hæc est, ut æterna morte pereant.

RESPONSIO.

NOn hoc Veritas dicit, quod hæc sit voluntas Dei, ut fideles & sancti a fide atque innocentia ruant, & pereant in æternum: sed Veritas dicit, *Hæc est voluntas ejus qui me misit Patris, ut omne quod dedit mihi, non perdam ex eo quidquam, sed resuscitem illud in novissimo die*. Quod ergo Pater Filio dedit, Filius omnino (e) non perdit. Idem enim dicit: *Omne quod dat mihi Pater*, (f) *ad me veniet, & eum qui venit ad me, non ejiciam foras*. Quod si per generalitatem vocationis, & per abundantiam bonitatis Dei, etiam non perseveraturi perseveraturis admixti sunt; hi cum a pietate deficiunt, non ex Dei opere, sed ex sua voluntate deficiunt; nec impelluntur ut cadant, nec ejiciuntur ut deserant: casuri tamen & recessuri ab eo qui falli non potest præsciuntur. Quamdiu itaque in oratione Dominica dicunt, *Fiat voluntas tua*; non hoc contra se petunt, quod Deus nullo modo ulla ratione facturum est, id est, ut cadant & ruant: (g) ipsorum enim hoc nequitia, ipsorum est consummatura libertas. Sed plane illud contra se petunt, quod divinæ voluntatis esse non dubium est: ut scilicet, cum venerit filius hominis in majestate sua, & sederit super thronum gloriæ suæ, congregentur ante eum omnes gentes, (h) & separet eos ab invicem alios ad dexteram, alios statuens ad sinistram, & audiant eum dextri dicentem, Venite benedicti Patris mei, possidete præparatum vobis (i) regnum a constitutione mundi; audiant & sinistri, Discedite a me maledicti in ignem æternum, quem paravit Pater meus diabolo & angelis ejus. Igitur qui facturi non sunt voluntatem Dei, & petunt ut fiat voluntas Dei, in eo quod Dei voluntate faciendum est, (k) audiuntur, ut imitatores diaboli cum diabolo judicentur. Qui enim voluntatem Dei spreverunt invitantem, voluntatem Dei sentient vindicantem.

Joan. 6. 39.
Joan. 6. 37.
Matth. 25. 34.
Ibid. 41.

(a) Prius editi, *si in virtutem*. MSS. Remig. & Jol. cum edit. oper. S. Aug. *in virtute*.
(b) MS. Joliensis *investigare*.
(c) Ita MS. Joliensis. Alii omnes *ut possint vel velint*.
(d) Verbum substantivum *est*, hic addit MS. Joliensis.
(e) MS. Joliensis, *non perdet*.
(f) Hæc verba, *ad me veniet, & eum qui*, quæ desunt ad editis [illegible], restituimus auctoritate MSS. Remig. & Joliensis. Antea editi. *Omne quod dat mihi Pater, veniet ad me, & non ejiciam foras*.
(g) Sic legitur in MSS. Remig. & Joliensi. In prius editis vero, *hoc enim ipsorum nequitia*, &c.
(h) MS. Joliensis, *ut separet*.
(i) Sic MS. Jol. MS. Remig. & edit. S. Aug. *paratum vobis regnum*: editi anteriores, *regnum paratum vobis*.
(k) MS. Joliensis, *audiunt*.

AD-

ADMONITIO IN SANCTI PROSPERI AQUITANI

Responsiones ad Excerpta Genuensium.

NON ex eadem intentione, Augustini doctrinam scilicet elevandi aut infamandi, ex qua anteriora prodierant, nata etiam credimus inferius posita Genuensium Presbyterorum Excerpta, ad Prosperum nostrum eo tantum fine directa, ut quas illi ex librorum sancti Augustini de Prædestinatione sanctorum & de Dono perseverantiæ lectione dubitationes patiebantur; in quibus se insolita nonnulla & minus clara deprehendisse significabant, sanctus Augustini Discipulus, tamquam doctrinæ illius sublimioris, & a communis intelligentiæ finibus remotioris particeps, pro sua erga omnes humanitate, dissolveret: cum hoc solum rogarent, ut quo intellectu vel quo judicio ista accepisset eis aperire dignaretur. Qua quidem agendi ratione virorum illorum modestia in eo elucet (In Præf. [illegible]) *; quod cum essent sacerdotes in urbe non ignobili forte ex primariis, virum (ut verisimilius videtur) laicum de tantis rebus consulere non reformident. Quo fit ut sanctus Prosper humilitati adeo laudandæ vicem rependens, hoc respondeat; id quod a se postulabant debuisse illos sibi præstare, sedula locorum Augustini meditatione, & confidenti fusa oratione ad Patrem luminum, a quo* (Jac. 1. 17.) *descendit omne datum optimum & omne donum perfectum & a quo datur Spiritus sapientiæ & intellectus. Hinc non quasi Magister discipulos instituens, sed ut veritatis discipulus, humilitatisque & obedientiæ sectator, superioris sibi ordinis viris obtemperare suscipit, ejus auxilio confisus qui sapientiam præstat parvulis* (Ps. 18. 8.) *; & Excerpta ab ipsis ex duobus supradictis sancti Augustini libris loca fusiori oratione exponere, atque ad rectos sensus, ex collatione, quam urget ubique, cum antecedentibus & subsequentibus locorum unde ducebantur reducere, & a pravo in omnibus intellectu sana & recta ostendere aggreditur: humiliter petens, ne ubi erat in ipso simplicitas obedientiæ, ibi præsumptionem putarent esse doctrinæ. Quod quidem egregie conficit tum Scripturæ sacræ auctoritate in medium adducta, tum maxime aliorum sancti Augustini operum locis, cum his qui scrupulum fecerant comparatis; eodem semper, ut alias, tenore doctrinæ prædicans, & gratuitam omnimodis gratiam Dei, & fidem ipsam ab eadem Dei gratia & misericordia sumere principium: nec tantum boni omnibus promiscue conferri, nec ullum omnino opus bonum, si divinum non adfuerit auxilium, posse a quoquam præstari.*

Civitatem autem, ex qua illi libellum hunc suum ad Prosperum direxerant, Vir eruditus vult esse non Genuam, urbem Italiæ primariam, quæ ab elegantioribus ædificiis superbæ cognomen accepit; sed Genevam, quæ & Gebenna & Aurelia Allobrogum nominatur. Cui eo difficilius est hac in re assentiri, quod ubique Presbyteri illi non Genevenses, sed Genuenses legantur appellati.

De tempore denique quo hæc contigerunt si quæratur; conjicimus scriptum horum, hujusque rescriptum paulo post superiora, certe autem post obitum sancti Augustini, in lucem prodiisse.

SANCTI PROSPERI AQUITANI

PRO AUGUSTINO RESPONSIONES

Ad Excerpta quæ de Genuensi Civitate sunt missa.

LIBER UNUS. *

* Scriptus quidem fuit, in tempore cum sollicitudine, post obitum Augustini.

CAMILLO (a) & THEODORO *venerabilibus Presbyteris*, PROSPER.

IN libris beatæ memoriæ Augustini Episcopi, quorum titulus est, *De prædestinatione sanctorum*, quædam sanctitatem vestram vel insolita aut minus clara moverunt, quæ ad humilitatem meam, de contextu disputationis excerpta, misistis: ut quo intellectu, (b) quove judicio ea acciperem, nosceretis: quasi plus in me, quam in vobis ad hæc introspicienda esset ingenii; ac non magis in hoc examine vestræ facultatis (c) debueritis exercere mensuram, & si aliqua vos morabatur obscuritas, decurrere ad Patrem luminum, a quo descendit omne datum optimum, & omne donum perfectum, & a quo datur Spiritus sapientiæ & intellectus. Verumtamen præceptis vestris obsequium meum non subtraham, & (d) adjuvante Domino, qui sapientiam præstat parvulis, de capitulis istis, quid cum sanctis & eruditis fratribus sentiam, breviter indicabo; petens ne ubi est simplicitas obedientiæ, præsumptionem putetis esse doctrinæ. De excerptis itaque hæc primum proposuistis, in quibus verba sunt sancti Augustini episcopi.

Jacob. I. 17.

Ps. 18. 8.

EXCERPTUM PRIMUM.

Aug. lib. I. de præd. sanct. c. 3.

JAcob dilexi, Esau (e) autem odio habui. Ad hoc perduxi ratiocinationem, ut dicerem: Non ergo elegit Deus opera cujusquam quæ ipse daturus est, sed fidem elegit in præscientia; ut quem sibi crediturum esse præsciret, (f) ipsum elegerit, cui Spiritum sanctum daret; ut bona operando etiam vitam æternam consequeretur. Nondum diligentius quæsieram, nec adhuc inveneram, qualis esset electio gratiæ.

EXCERPTUM II.

(g) *Item verba ejusdem.*

Aug. ibid.

1. Cor. 12. 9.

AC *deinde subjunxi: Quod ergo credimus, nostrum est; quod autem bene operamur, illius est, qui credentibus dat Spiritum sanctum.* (h) *Quod profecto non dicerem, si jam scirem etiam ipsam fidem inter Dei munera reperiri,* (i) *quæ dantur in eodem Spiritu. Utrumque ergo nostrum est, propter arbitrium voluntatis; utrumque tamen datum est, propter spiritum fidei & charitatis.*

EXCERPTUM III.

Item verba ejusdem.

Aug. ibid.

AC *per hoc, quod etiam postea dixi; Quia neque velle possumus, nisi vocemur; & cum post vocationem voluerimus, non sufficit voluntas nostra & cursus noster, nisi Deus & vires currentibus præbeat, & perducat quo vocat: ac deinde subjunxi; Manifestum est ergo non volentis, neque currentis, sed miserentis Dei esse quod bene operamur: omnino verissimum est; sed parum de ipsa vocatione disserui, quæ fit secundum propositum Dei: non enim omnium qui vocantur talis est, sed tantum electorum.*

RESPONSIO AD HÆC TRIA.

IN his tribus capitulis, licet divisa sint (k) a disputationis corpore, & eo ipso obscuriora sint facta, quod & præcedentibus, & mediis, & subsequentibus non cohærent, intelligendo tamen quod unam (l) atque eamdem caus-

(a) Remensis codex Remigianus, THEODULO. MS. Ecclesiæ Parisiensis Joliensis, CAMILLO ET THEODULO. Editio opusculorum S. Prosperi de gratia & libero arbitrio Venetiis procurata anno 1538. CAMILLO ET THEODULO.

(b) Ita MSS. Remig. & Joliensis cum edit. oper. S. August. Editi, *aut quo judicio ea acceperim.*

(c) MS. Jol. solus, *debueratis.*

(d) MS. Jol. *adjuvante Deo.*

(e) MS. Joliensis addit, *autem*, ut in loco libri de Prædest. sanct. habetur. Editi non habebant hanc particulam.

(f) MS. Joliensis, *ipsum eligeret.*

(g) In MS. Joliensi in titulis Excerptorum, quæ in aliis editi præferebant, Dubitatum hic & deinceps, *Item verba ejusdem.* Editi, *In verbis ejusdem.* Editio append. oper. S. August. hæc prætermisit.

(h) MS. Joliensis cum Lugd. Lovan. & Venet. omisso *quod profecto non dicerem.*

(i) MS. Jol. *quæ dantur*, ut in libro Augustini; editi omnes cum Remig. *quæ datur*, & paulo post idem. MS. Jol. addit *ergo.*

(k) Editi omnes *a disputationis corpore.* Emendamus ex MS. Joliensi, cui suffragantur MS. Remens. & edit. append. August.

(l) MS. Jol. unam *eamdemque.*

eandem scriptor exequitur, de eis loquens, qui dicebant eum primo conversationis suae tempore meliora sensisse, quando aestimabat, quod fides qua Christiani sumus, non esset ex gratia, nec ex dono haberetur Dei, sed esset ex ipso homine, & ex arbitrii libertate; modo autem errare eum, (a) quia assereret ipsam etiam fidem Dei esse donum, & ad hanc quoque pertinere quod dictum est, *Quid autem habes quod non accepisti?* neque recte eum nunc electionem Jacob ad propositum Dei referre, quam prius ad praescientiam retulisset. Ad hanc ergo objectionem respondit, se ante quam cognosceret gratiae veritatem, & antequam regendae praeponeretur Ecclesiae, in hac opinione ignoranter errasse: sed in ipso episcopatus sui exordio, (b) a sanctae memoriae Simpliciano Mediolanensi antistite, de Jacob electione & de Esau rejectione consultum, totam quaestionem ad hos geminos pertinentem, sagaciore diligentia ventilasse; & omnibus ratiocinandi viribus hoc indubitanter agnovisse, quod electionem gratiae nulla merita humana praecedant, & quod fides, unde incipiunt omnia merita, donum sit Dei; ne gratia non sit gratia, si aliquid eam propter quod tribuatur, antevenit. Itaque in eo quod dictum est, *Jacob dilexi*, ostensum esse quid homini donaretur: & in eo quod dictum est, *Esau autem odio habui*, ostensum esse quid homini deberetur. Hoc autem se in libro Retractationum secundo suo opere studiose recoluisse & cum omnes opiniones suas censoria gravitate discuteret, illam, quam obtrectatores ejus eligunt, improbasse, quam ante Pelagianae haeresis ortum futuro errori amicam esse praevidit, & revelata sibi gratiae veritate rejecit. Quae igitur ratio est, ut hanc viri hujus professionem non approbemus, qui nos ad castigandas opiniones nostras, si quas forte imprudenter incidimus, exemplo suae correctionis instituit; (c) & qua docet a Deo nos accipere, quod ut accipiamus jubemur orare?

1. Cor. 4. 7.

Rom. 11. 6.

Rom. 9. 13. Retract. l. 1. cap. [illegible]

Si enim consideremus Pelagianae argumenta perfidiae, quid magis nititur obtinere, quam ut videatur gratia Dei secundum merita nostra dari, ut in eo ipso, in quo gratiam necessariam confitetur, meritis eam humanae voluntatis everteret? Quam perversitatem omnino incurrit, qui fidem ad Dei munera non putat pertinere: aut ideo eam se jactitat ad Deum referre, quia ab ipso sit creata natura, cui rationabilem inseruit libertatem, per quam unusquisque & credere & non credere in sua habeat potestate; & de hoc naturali bono, (d) quod nullis praecedentibus meritis, cum crearetur, accepit, caetera dona mereatur. Hoc autem qui asserit, fatetur, credo, nobiscum, quod in primo Adam omnium hominum natura vitiata sit: nec negat eam in illo lapsu suas amisisse virtutes, quas nisi per gratiam recipiat, habere non possit. Quid est autem, quod eidem naturae solam fidem non vult esse praereptam, quam nisi primam amisisset, caeteris bonis omnibus non careret? Credendo enim Adam diabolo, non credidit Deo: & cum spiritu superbiae inebriatus esset, discessit a Domino cor ejus; & factus est servus apostatae, dum liber vult esse justitiae. Cum itaque non haberemus continentiam, nisi Deus daret; nec haberemus dilectionem sanctam, nisi charitas Dei diffunderetur in cordibus nostris per Spiritum sanctum, qui datus est nobis; cum postremo nemo haberet sapientiam & intellectum, consilium & fortitudinem, scientiam & pietatem, ac timorem Domini, nisi has virtutes Spiritus-sanctus daret; quomodo fides in Adam perdita, in quoquam filiorum ejus inveniretur, nisi eam idem Spiritus, qui omnia in omnibus operatur, infunderet? Unde si quod Adam perdidit, posteritas non amisit; ipsum solum laesit peccatum ejus, & non genus humanum. Sed omnes in uno peccaverunt, & praevaricationis merito, tota ejus propago damnata est. Omnes igitur quod Adam perdidit, perdiderunt. Perdidit autem primitus fidem; quam omnes, quia primam potuimus amittere, primam (e) egemus accipere. Placeat ergo nobis haec gratiae praedicatio, qua fidem donum Dei esse defenditur; & in nullo nobis (f) poterit Pelagianus error illudere, qui, ut gratiam persuadeat debitam, fidem non vult esse donatam. Quia ergo (g) nec justa, nec rationabilis intelligitur eorum fuisse persuasio, qui hujus viri scientiam tot incrementorum profectibus aedificatam, tot annorum studiis expolitam, ad adolescentiae rudimenta revocabant: ut magis suffragaretur haereticis, quod inter initia conversionis suae imperite senserat, quam prodesset catholicis, quod pontificali diligentiae veritas revelarat: merito illos hac perrodicio utentes, & in his quae dudum abdicata fuerant, immorantes, pii doctoris gravitas notat; quod qui curaverunt omnes sensus ipsius indagare, noluerint cum ejus eruditione proficere.

[illegible]

Eccl. 10. 14.

Rom. 5. 5.

Isa. 11. 2.

1. Cor. 12. 6.

Rom. 5. 12.

Sed

(a) Editio append. August. ex Ms. Remig. *qui assereret*.

(b) Antehac editi legebant, omissa praepositione: *sanctae memoriae Simpliciano Mediolanensi Antistite, ... consulto*. Correximus ex Ms. Remig. in edit. append. August. & a nobis ex Ms. Joliensi. Quia certum est non Simplicianum ab Augustino, sed Augustinum a Simpliciano consultum, duas quaestiones ex Epistola Pauli ad Romanos tractandas suscepisse: quarum posterior est de Jacob electione, & Esau rejectione. Patet ex Epistola 37. tom. 2. nov. edit. oper. Aug.

(c) Ms. Joliensis, *& quam docet*. Sed minus recte, ut videtur.

(d) Editi, *qui nullis*: emendavimus Ms. Jol. & ex Ms. Remig. append. Aug. *quod nullis*.

(e) Editi *primam habemus accipere*. Ms. Jol. *egemus accipere*, cum edit. append. Aug. ex Ms. Remig.

(f) Editiones omnes, *potuerit*. Ms. Jol. *poterit* & ex Remig. edit. August. append.

(g) Edit. Duac. & Colon. omiserunt hoc, *nec justa*. Reliqui Codices non omiserunt.

Sed jam consideremus qualis sit, quod de subsequentibus adnectitis.

EXCERPTUM IV.

Ex L. Aug. de praed. S. c. 6. n. 11. *Non quia credere, vel non credere, non est in arbitrio voluntatis humanae, sed in electis praeparatur voluntas a Domino.*

RESPONSIO.

Ibid. cap. 6. n. 11. JUngamus quod sequitur, ut quod propositum est, de communi sermone fit clarius. *Ideo ad ipsam quoque fidem* (a) *quae in voluntate est pertinet, Quis enim te discernit? Quid autem habes quod non accepisti? Multi audiunt verbum veritatis: sed alii credunt, alii contradicunt. Volunt ergo isti credere, nolunt autem illi. Quis hoc ignoret? quis hoc neget? Sed cum aliis praeparetur, aliis non praeparetur voluntas a Domino,* (b) *discernendum est utique quid* Rom. 11. 7. *veniat de misericordia, quid de judicio. Quod quaerebat Israel, hoc non est consecutus, electio autem consecuta est, caeteri vero excaecati sunt,* Isaiae 6. 9. *sicut scriptum est, Dedit illis spiritum compunctionis, oculos ut non videant, & aures ut non audiant usque in hodiernum diem. Et David* Ps. 68. 23. *dicit, Fiat mensa eorum in laqueum, & in retributionem, & in scandalum, & in retributionem illis: obscurentur oculi eorum, ne videant, & dorsum eorum semper incurva.* (c) *Ecce misericordia & judicium: misericordia in electionem, quae consecuta est justitiam Dei; judicium vero in caeteros, qui excaecati sunt:* Rom. 11. 5. *& tamen illi quia voluerunt crediderunt; illi quia noluerunt, non crediderunt. Misericordia igitur & judicium, in ipsis voluntatibus facta sunt.* (d) *Electio quippe ista gratiae est, non utique meritorum. Superius enim dixerat, Sic ergo in hoc tempore reliquiae per electionem gratiae salvae factae sunt. Si autem gratia, jam non ex operibus: alioquin gratia jam non est gratia.* (e) *Gratis ergo consecuta est quod consecuta est electio. Non praecessit eorum aliquid quod priores darent, & retribueretur illis: pro nihilo* (f) *salvos fecit eos. Caeteris autem qui excaecati sunt, sicut ibi non tacitum est, in retributione factum est. Universae viae Domini misericordia & veritas. Investigabiles sunt autem viae ipsius.* (g) *Investigabilis igitur misericordia* Ps. 24. 10. Ps. 144. 17. Rom. 11. *qua gratis liberat, & veritas qua juste judicat.*

Haec omnia apud pium catholicumque lectorem, quid offensionis pariunt? quid contradictionis incurrunt? Numquid falsum est, (h) quod praeparatur voluntas a Domino? Numquid non quotquot Spiritu Dei aguntur, hi filii Rom. 8. 14. I. Cor. 4. 7. sunt Dei? Numquid hominem ab homine natura discernit, ac non potius gratia ab infideli fidelem? Numquid potest ullus dicere habere se, quod non accepit? aut quasi de non accepto, sed proprio gloriari; quod si non accepisset, utique non haberet? Numquid dubium est, cum verbum veritatis praedicatur, alios voluntate credere, alios voluntate non credere? Sed cum illorum cor Deus aperuerit, illorum autem non aperuerit, discernendum est quid veniat de misericordia, quid de judicio. Post commemorationem autem apostolicae sententiae, quam Rom. 11. 7. propheticis testimoniis adstruit, quod justitiam Dei, quam Israel quaerens consecutus non est, electio sit consecuta per gratiam, caeteris ex retributione caecatis, numquid non verissime dictum est: *Ecce misericordia & judicium: misericordia in electionem, quae consecuta est justitiam Dei; judicium vero in caeteros, qui excaecati sunt?* Et paulo post: *Gratis ergo consecuta est, quod consecuta est electio. Non praecessit aliquid eorum quod priores darent, & retribueretur illis: pro nihilo salvos fecit eos. Caeteris autem qui excaecati sunt, sicut ibi non tacitum est, in retributione factum est.* Quis hic locus querimoniae, nisi apud inimicos gratiae; qui nisi ad retributionem referatur quod gratis datur, ad iniquitatem volunt pertinere quod redditur? Deinde quod de propheticis intulit verbis, *Universae viae Domini misericordia* Ps. 24. 10. *& veritas,* quis negavit? Aut quod de Apostolico adnexuit sensu, *Investigabiles sunt autem viae ipsius? Investigabiles igitur sunt &* Rom. 11. 33. *misericordia qua gratis liberat, & veritas qua juste judicat.* Non est ergo sanarum mentium ista reprehendere; & investigabiles vias Domini, hoc est, dona misericordiae & judicia veritatis Pelagianorum elationi penetrabilia deputare. Quia secundum ipsos non latet consilium Dei, nec in occulto est divinae ratio voluntatis, si erga omnem hominem cum gratia Dei, (i) quam & ira de merito est.

Post haec posuistis quod infra dictum est.

EXCERPTUM V.

Fides igitur & inchoata, & perfecta, donum Dei est: & hoc donum quibusdam dari, quibusdam non dari non dubitet, qui non vult manifestissimis sacris litteris repugnare. De libro S. August. de Praedest. sanct. c. 8. n. 16.

RESPONSIO.

HOc qui non recipit, cujus videtur esse sententiae, nisi dicentis: Fides per quam justificor, ex me est; & hoc bonum, ex quo justus vivit, non accepi per gratiam, sed habeo Habac. 2. 4. per naturam? Si ergo fides donum Dei non est, frustra

(a) MS. Jol. non habet, quae in voluntate est.
(b) Sic Editi omnes & MS. Remig. & Jol. Apud Augustinum vero legitur, discernendum; quod pro conjectura in margine notarunt omnes Editiones, & Lovanienses etiam legitur in eumdem sensum.
(c) Editi, Ecce misericordiam & judicium: misericordia in electione. Emendavimus ex libro Augustini; per vocem enim electionis, electos intelligit, non actum quo eligit Deus.
(d) Ita MS. Jolyensis & Remig. cum Edit. Aug. alii autem codices, Electio quippe ista.
(e) Soli edit. append. Aug. Gratis ergo.
(f) Hic additur enim in edit. Lovan. Duac. & Colon.
(g) In libro ipso Aug. Investigabiles igitur sunt & misericordia, &c. Favet MS. Remig. ubi habentur voces hae, Investigabiles, & locus ipse, ut repetitur infra.
(h) MS. Remig. Quod praeparatum est ita a Domino.
(i) Editi, quam & ira merito est. MS. Jol. & Remig. ex quo correximus in Augustino, ut in textu posuimus.

frustra Ecclesia pro non credentibus orat, ut credant; & sufficit impiis magisterium legis adhiberi, de quo dictum est, *Si ex lege est justitia, ergo Christus gratis mortuus est*: quod similiter dici potest etiam de natura. Frustra etiam Apostolus gratias agit Deo pro his qui Evangelium receperunt: cum hoc secundum Pelagianos non Dei sit præstitum munere, sed ex sola habeatur hominum voluntate: & frustra quibusdam precatur idem Apostolus, ut sit eis pax & charitas cum fide, a Deo Patre & Domino Jesu Christo, ut jam non solum de fide, sed etiam pace & charitate, superbia hæreticorum convincatur dicere, de proprio se has habere virtutes. Quod si hæc ex homine sunt; quid obest ut non ex semetipso habeat & cætera bona quæ inferiora sunt; cum audeat sibi deputare quæ summa sunt, & sine quibus alia, quamvis multa & clara, non prosunt? Non potest itaque merito refutari quod dictum est, *Fides igitur & inchoata, & perfecta, donum Dei est*: quia eadem & Apostoli vox est dicentis, *Gratia salvi facti estis per fidem, & hoc non ex vobis, Dei enim donum est; non ex operibus, ne forte quis extollatur*: &, *Vobis donatum est pro Christo, non solum ut in eum credatis, sed etiam ut patiamini pro eo*: & iterum, *Per patientiam curramus ad propositum nobis certamen, adspicientes in auctorem fidei, & consummatorem Jesum*. Quibus & plurimis aliis testimoniis divinarum scripturarum, indubitanter agnoscitur; quoniam, sicut ab hoc viro definitum est, *Fides & inchoata, & perfecta, donum est Dei; & hoc donum, inquit, quibusdam dari, quibusdam non dari, omnino* (a) *non dubitat, qui non vult manifestissimis sacris litteris repugnare*. Non putamus hoc veraciter dictum, si omnes homines fideles sunt; sed cum alii credant, alii vero non credant, dicatque Apostolus, *Non enim omnium est fides*; quis non videat fidem, quam acceperunt qui habent, non accepisse qui non habent?

Gal. 2. 21.

2. Thess. 2. 13.

Ephes. 6. 23.

Ephes. 2. 8.

Philip. 1. 29.

Hebr. 12. 1.

2. Thess. 3. 2.

EXCERPTUM VI.

DEINDE ait: *Cur autem non omnibus detur, fidelem movere non debet, qui credit ex uno omnes isse in condemnationem sine dubitatione justissimam; ita ut nulla esset Dei justa reprehensio, etiamsi nullus inde liberaretur. Unde constat magnam esse gratiam quod plurimi liberantur, & quid sibi deberetur, in eis qui non liberantur, agnoscunt; ut* (b) *qui gloriatur, non in suis meritis, quæ paria videt esse damnatis, sed in Domino glorietur. Cur autem istum potius quam illum liberet, inscrutabilia sunt judicia ejus, & investigabiles viæ ipsius. Melius enim & hic* (c) *audimus aut dicimus, O homo, tu quis es qui respondeas Deo? quam dicere audeamus, quasi noverimus, quod occultum esse voluit, qui tamen aliquid injustum velle non potuit.*

Ibidem. Rom. 3. 26.

Rom. 11. 33.

Rom. 9. 20.

RESPONSIO.

HÆc omnia si non recte dicta sunt, scrutabilia sunt judicia Dei, & vestigabiles viæ ejus; nec occultum est, quare ille potius quam ille salvetur; & in se non in Domino gloriabitur, qui aliis vitio suo pereuntibus, electione dignus inventus est. Ac sic justitia quidem erit quod plurimi damnantur: sed non erit gratia quod plurimi liberantur. (d) Absint hæc a catholicis cordibus, absit talis impietas, ut quemquam putemus meritis suis erui de potestate tenebrarum, & in regnum Filii Dei debita, non gratuita adoptione transferri. Magno peccato periit Adam, & in illo omnes perierunt. (e) Quia omni homini damnata nativitate genito, hoc in Adam debetur ut pereat. Et sicut non possumus conqueri de eo quod in præteritis sæculis dimisit omnes gentes ingredi vias suas: ita justam non haberemus querelam, si cum eis, cum quibus nobis fuit causa communis, cessante adhuc gratia, periremus. Quæ tamen sicut tunc de omni mundo eruit paucos, ita nunc de universo genere hominum salvat innumeros; non secundum opera nostra, sed secundum suum propositum, & gratiam quæ data est nobis in Christo Jesu, ante tempora æterna.

2. Tim. 1. 9.

Subtexuisti etiam quod post multa disserens ait.

EXCERPTUM VII.

Est ergo in malorum potestate peccare: ut autem peccando hoc vel hoc illa malitia faciant, non est in eorum potestate, sed Dei dividentis tenebras, & ordinantis eas: ut hinc etiam quod faciunt contra voluntatem Dei, non impleatur nisi voluntas Dei.

Aug. lib. de præd. Sanctorum c. 16. n. 33.

RESPONSIO.

QUod cum sit apertissimæ veritatis, miror, inter obscura decerptum: quasi non ex cohærentibus potuerit omnis hæsitatio lectoris absolvi. Inspicite ergo quod sequitur. *Legimus, inquit, in Actibus Apostolorum, quod cum dimissi a Judæis Apostoli venissent ad suos,* (f) *& indicassent quanta eis sacerdotes & seniores fecerunt, levaverunt illi vocem unanimes omnes ad Dominum, & dixerunt, Domine, tu es qui fecisti cœlum & terram, & omnia quæ in eis sunt, qui per os patris nostri David sancti pueri tui dixisti, Quare fremuerunt gentes, & populi meditati sunt inania, adstiterunt reges terræ, & principes convenerunt in unum, adversus Dominum & adversus Christum ejus? Convenerunt enim in veritate, in civitate ista adversus sanctum puerum tuum Jesum quem unxisti,*

Ibidem. Act. c. 4. 23. & seq.

Psal. 2. 1.

(a) Edit. Venet. non dubitet.
(b) Edit. Lovan. Duac. & Colon. hæc habent in plurali, qui glorientur non in suis meritis, quæ paria videant esse damnatis, sed in Domino glorientur. MSS. Jol. & Remig. cum Edit. August. Lugd. & Venet. in singulari exhibent.
(c) In MSS. Remig. & Joliensi audiremus, nec addunt, aut diceremus.
(d) Sic MS. Joliensis. Alii, Absit hoc, &c.
(e) MS. Joliensis, quia omni homini damnata nativitate in genitore, hoc est, in Adam, debetur.
(f) MS. Joliensis indicassent eis quanta illis. In eodem desunt hæc, in veritate, leguntque infra, Pontius Pilatus.

risti, Herodes & Pilatus, & populus Israel, facere quæ manus tua & consilium prædestinavit fieri. Si ergo quæ per os patris nostri David Spiritus sanctus prophetavit, aliter intelligi ullo modo, quam ab Apostolis sunt intellecta, non possunt, & Herodes ac Pilatus & populus Israel fecerunt, quæ manus Dei & consilium prædestinavit fieri; quid inconveniens ait admirabilis disputator? *Ejus*, inquiens, *in malorum potestate peccare: ut autem peccando hoc vel hoc illa malitia faciant, non est in eorum potestate, sed Dei dividentis tenebras & ordinantis eas: ut hinc etiam quod faciunt contra voluntatem Dei, non impleatur nisi voluntas Dei*. (a) Male enim velle facillimum est malis; & eorum damnabilem voluntatem non dubium est a Dei potestate concludi, ut effectum cupiditatis suæ, nisi ille permiserit, habere non possint. Ubi autem sapientiam & justitiam Dei etiam malorum operibus, quæ ex ipsorum prodeunt appetitu, ad implenda consilia & judicia sua, nullos vel tenuiter secundum pietatem doctus, ignorat; qui videt Dei Patris optimam voluntatem, non parcentis Filio suo, sed pro nobis omnibus tradentis eum, pessima (b) traditoris Judæ & Judæorum voluntate completam; & qui in evangelicis paginis legit, dicente Pilato ad Jesum, *Mihi non loqueris? Nescis quia potestatem habeo crucifigere te, & potestatem habeo dimittendi te?* respondisse Dominum, *Non haberes in me potestatem ullam, nisi esset tibi* (c) *data desuper*. (Joan. 19. 10.) Dividit itaque Deus inter lucem & tenebras: nec ideo inculpabiles sunt tenebræ, quia eis bene utitur Deus, qui etiam de opere (d) ipsarum, quod filiis lucis in bonum procederet, ordinavit: tantum progredi sinens malitiam nocere cupientium, quantum eam sanctis suis vel castigandis novit utilem, vel probandis: ut hinc etiam quod faciunt contra voluntatem Dei, non impleatur nisi voluntas Dei.

Sequitur deinceps quod in libro invenitur secundo.

Excerptum VIII.

(Aug. lib. de Dono persev. c. 14. num. 35. Joan. 18. 9.) *An quisquam dicere audebit, Deum non præscisse quibus esset daturus ut crederent, aut quos daturus esset Filio suo, ut ex eis non perderet quemquam? Quæ utique si præscivit, profecto beneficia sua, quibus nos dignatur liberare, præscivit. (e) Hæc est prædestinatio sanctorum, nihil aliud: præscientia scilicet, & præparatio beneficiorum Dei, quibus certissime liberantur quicumque liberantur. Cæteri autem ubi, nisi in massa perditionis justo divino judicio relinquuntur, ubi Tyrii relicti sunt & Sidonii, qui etiam credere potuerunt, si mira illa Christi signa vidissent: (f) sed quoniam ut crederent non eis erat datum, etiam unde crederent est negatum*. (Matth. 11. 21.)

Responsio.

Qui istis resistunt, hoc sentire apertissime probantur, quod fides non sit donum Dei; & quod gratia non præveniat liberum arbitrium, sed sequatur; & quod gratia Dei secundum merita nostra detur. Nam si aliquid conferri homini per gratiam confitentur, & id non accipit nisi fides, quæ accepta non est; in ipsa est meritum, cui non donum datur, sed debitum redditur. In hac sententia positi, consequenter sapiunt, eos esse prædestinatos in vitam æternam, quos per liberæ voluntatis arbitrium fideles futuros præscierit Deus; ut ipsa electorum prædestinatio non sit nisi retributio: atque ita, in his qui prædestinati sunt secundum propositum ejus qui universa operatur, non operetur Deus fidem; nec ulla sint hominis merita, si Deus operatur universa. (g) Vere qui ista sentiunt, fidem non acceperunt, aut quam acceperant, perdiderunt, sequendo vanissimam Pelagianorum superbiam, & in se, (h) non in Domino gloriando, qui operatur omnia in omnibus, bona profecto, non mala: & si omnia bona, utique & fidem, sine qua nemo potest placere, & quæ est virtutum omnium fundamentum. (1. Cor. 1. 31.) (Hebr. 11. 6.) Quale est autem; ut cum Dei sit ædificatio, & nisi Dominus ædificaverit domum, in vanum laborent qui ædificant eam; aut nolint illi fundamentum ad ædificium pertinere, aut se velint inchoare, quod Dominus possit exstruere? (Ps. 126. 1.) Non erit ergo illis principium Filius Dei, non fundabuntur in ipso angulari lapide Christo Jesu, nec de eis dictum est: *Firmum autem fundamentum Dei stat*: quia (i) totam electionem suam solubili arenæ & fatiscenti cineri superponunt. (2. Tim. 2. 19.)

Agnoscamus itaque sapienter, pieque fateamur, præscisse incommutabiliter Deum quibus esset daturus ut crederent, aut quos daturus esset Filio suo, ut ex eis non perderet quemquam: & si hæc præscivit, beneficia sua illum, quibus nos dignatur liberare, præscisse: & hanc esse prædestinationem sanctorum; (k) præscientiam scilicet & præparationem gratiæ Dei, qua certissime liberantur. (l) Cæteros autem quicumque non liberantur, quos a generali perditione

(a) MSS. Remig. & Jol. *Mala enim velle*.
(b) Editi, *traditorum*. Melius Remigianus codex, *traditoris*.
(c) In Edit. Aug. ex MS. Remensi *datum desuper*.
(d) Editi, *ipsarum*. Melius MS. Jol. & Remig. & ex hinc Aug. editio, *ipsarum*, scilicet tenebrarum: qua voce quidem malos intelligit; sed cum allusione ad tenebras ipsas, quarum nihil dici possunt.
(e) In edit. Venet. & Lugd. *Hæc est prædestinatio sanctorum, nihil aliud, præscientia scilicet*. Idem præfert MS. Joliensis. Aliæ editiones: *Hæc prædestinatio sanctorum nihil aliud est, quam præscientia scilicet*.
(f) Edit. Ven. & Lugd. *sed quomodo*.
(g) MS. Joliensis omittit hanc vocem, *vere*.
(h) Editi hactenus, *& in se in Domino*, manifesto errore, quem corrigunt MSS. Joliensis & Remig. ex quo edit. August.
(i) MSS. Joliensis & Remigianus, *totam electionem suam*. Edit. Col. *ejectionem suam*: sed male.
(k) MSS. Remig. & Jol. *prædestinationem scilicet*.
(l) Forte hic addendum, *quicumque liberantur*: quæ verba nec in MSS. nec in Editis hactenus reperiuntur, nisi in Lugd. recentiori.

tione humani generis gratia non exemit, justo noverimus judicio non exemptos: & quid nobis remissum sit, in eis discamus, de quorum queri damnatione non possumus. Non est enim iniquitas apud Deum, nec quisquam sub judicio ejus innocens perit. Sicut enim hic ipse insignis gratiæ prædicator alibi ait, (a) *Reddit omnino Deus & mala pro malis, quoniam justus est; & bona pro malis,* (b) *quoniam bonus est; & bona pro bonis, quoniam justus & bonus est: tantummodo mala pro bonis non reddit, quoniam injustus non est. Reddit ergo mala pro malis, pœnam pro injustitia; & reddit bona pro bonis, gratiam pro gratia.* Cum aliqui pereunt, non dubitemus ipsorum meritis deputari quod pereunt; quos utique posset Deus misericorditer liberare, si vellet. (c) Et cum aliqui liberantur, non audeamus definire, quod digni fuerint liberari; quos utique posset Deus juste damnare, si vellet. Quare autem non omnes, aut quare illos potius (d) quam illos liberet, nec necessarium est quærere, nec possibile reperire: cum omissis discretionis istius causis, scire sufficiat, quod nec misericordia justitiam, nec justitia auferat misericordiam apud eum, a quo nemo nisi juste damnatur, nemo nisi misericorditer liberatur.

2. Par. 19. 7.

Aug. lib. de grat. & lib. arb. cap. 23.

Matth. 11. Luc. 10.

De Tyriis vero & Sidoniis quid aliud possumus dicere, quam non esse eis datum ut crederent, quos etiam credituros fuisse ipsa Veritas dicit, si talia, qualia apud non credentes facta sunt, virtutum signa vidissent? Quare autem hoc eis negatum fuerit, dicant, si possunt, qui calumniantur, & ostendant, cur apud eos Dominus mirabilia, quibus profutura non erant, fecerit, (e) & apud eos quibus erant profutura, non fecerit. Nos etiam si rationem facti, & profunditatem judicii ejus penetrare non possumus, manifestissime tamen scimus, & verum esse quod dixit, & justum esse quod fecit: & non solum Tyrios & Sidonios, sed etiam Corozaim & Bethsaida potuisse converti, & fideles ex infidelibus fieri, si hoc in eis Dominus voluisset operari. Neque enim nobis falsum videri potest quod Veritas ait, *Nemo potest venire ad me, nisi fuerit ei datum a Patre meo;* &, *Vobis datum est nosse mysterium* (f) *regni cælorum, illis autem non est datum:* &, *Nemo novit Filium, nisi Pater, neque Patrem quis novit, nisi Filius, & cui voluerit Filius revelare:* &, *Sicut Pater vivificat mortuos, ita & Filius quos vult vivificat:* &, *Nemo potest dicere* (g) *Dominum Jesum, nisi in Spiritu sancto.* His divinarum vocum auctoritatibus eruditi gratias agamus Deo, qui dedit nobis spiritum fidei & virtutis, continentiæ & charitatis, sapientiæ & intellectus, consilii & fortitudinis, scientiæ & pietatis, ac timoris sui. Quæ bona si non dedisset nobis, qui omnia operatur in omnibus, prorsus non haberemus in nobis: & cum his, qui non cognoverunt Dominum, aut cum cognovissent, non sicut Deum glorificaverunt, aut gratias egerunt, sed hoc ipsum suæ sapientiæ deputantes, stulti facti, (h) & obscurato corde evanuerunt in cogitationibus suis: cum his, inquam, sederemus in tenebris & in umbra mortis, nec querelam habentes de pœna, nec excusationem de ignorantia, nec præsidium de natura.

Joan. 6. 44. Marc. 4. 11. Matth. 11. 27. Joan. 5. 21.

1. Cor. 12. 3.

Ibidem.

Rom. 1. 21.

(i) Nunc jam quod sequitur quale sit videamus.

EXCERPTUM IX.

Sed ajunt, ut scribitis, neminem posse correptionis stimulis excitari, si dicatur in conventu Ecclesiæ audientibus multis: Ita se habet de prædestinatione definita (k) *sententia voluntatis Dei, ut alii ex vobis* (l) *de infidelitate, accepta obediendi voluntate, veneritis ad fidem, vel accepta perseverantia permaneatis in fide: ceteri vero qui in peccatorum delectatione remoramini, ideo nondum surrexistis, quia necdum vos adjutorium gratiæ miserantis erexit. Verumtamen si qui estis nondum vocati, quos gratia sua prædestinaverit eligendos, accipietis eamdem gratiam qua velitis, & sitis electi: & si qui obeditis, si prædestinati estis rejiciendi, subtrahentur* (m) *obediendi vires, ut obedire cessetis.*

Aug. lib. de Dono persever. cap. 14.

RESPONSIO.

STupeo sanctitatem vestram, objectionem calumniantium, a persona defensoris gratiæ non potuisse discernere, & verba obtrectantium ei ipsi, qui obtrectatoribus suis respondet, aptasse. Hæc enim de doctrina catholici viri quidam nequiter & nugatorie jactitabant, quod qui talem Dei gratiam prædicaret, ut fidei & obedientiæ, ceterarumque virtutum, & in eis usque in finem perseverantiæ, non nisi ex dono Dei haberi posse credantur; consequens esset, ut talibus verbis uteretur ad populum, & hujusmodi denuntiationibus omnem liberi arbitrii extraheret industriam. Quod quia piissimus Doctor litteris eorum, ad quos scribit, agnoverat, (n) ideo dicit, *Sed ajunt, ut scribitis:* & postea, *Iste eum dicunt.* Ex hoc potuistis advertere, non ipsum hæc dicere, sed eos de quibus dixit; *Sed ajunt ut scribitis:* &, *Iste eum dicunt.* Quod

Rom. 1. 1.

(a) Edit. Lov. Duac. & Colon. *Reddet omnino.*
(b) Ibidem hic & ter in sequentibus *quoniam;* ubi in MS. Joliensi & apud August. *quoniam justus est,* & sic de ceteris partibus hujus sententiæ.
(c) MS. Joliensis cum Edit. Lugd. *& cum alii.*
(d) MS. Joliensis, *quam istos.* Reliqui, *quam illos.*
(e) Hæc verba, *& apud eos quibus erant profutura non fecerit,* quæ omittebantur in Editis omnibus, restituta habentur ex MS. Joliensi, & antea ex MS. Remigiano in append. August.
(f) MS. Joliensis, *regni Dei.*
(g) MS. Joliensis, *Dominus Jesus.*
(h) MS. Joliensis, *& obscurato corde.*
(i) MS. Jol. *Nunc etiam.*
(k) Ibidem, *sententia* MS. Jol. & Remig. cum Aug. libro, *sententiæ.*
(l) Hæc verba, *de infidelitate* absunt a MSS. Jol. & Remig. leguntur in Editis omnibus, & in libro S. Aug. de Dono persever.
(m) Edit. Venet. & Lugdun. *obedientiæ vires.*
(n) Sic MS. Jol. Alias editi, *ideo ait.*

visti, Herodes & Pilatus, & populus Israel, facere quanta manus tua & consilium prædestinavit fieri. Si ergo quæ per os patris nostri David Spiritus-sanctus prophetavit, aliter intelligi ullo modo, quam ab Apostolis sunt intellecta, non possunt, & Herodes ac Pilatus & populus Israel fecerunt, quanta manus Dei & consilium prædestinavit fieri; quid inconveniens sit admirabilis disputator? *Est*, inquiunt, *in malorum potestate peccare; ut autem peccando hoc vel hoc illa malitia faciant, non est in eorum potestate, sed Dei dividentis tenebras & ordinantis eas: ut hinc etiam quod faciunt contra voluntatem Dei, non impleatur nisi voluntas Dei*. (a) Male enim velle facillimum est malis: & eorum damnabilem voluntatem non dubium est a Dei potestate concludi, ut effectum cupiditatis suæ, nisi ille permiserit, habere non possint. Uti autem sapientiam & justitiam Dei etiam malorum operibus, quæ ex ipsorum prodeunt appetitu, ad implenda consilia & judicia sua, nullus vel tenuiter secundum pietatem doctus, ignorat; qui videt Dei Patris optimam voluntatem, non parcentis Filio suo, sed pro nobis omnibus tradentis eum, pessima (b) traditoris Judæ & Judæorum voluntate completam: & qui in evangelicis paginis legit, dicente Pilato ad Jesum, *Mihi non loqueris? Nescis quia potestatem habeo crucifigere te, & potestatem habeo dimittendi te?* respondisse Dominum, *Non haberes in me potestatem ullam, nisi esset tibi* (c) *data desuper*. Dividit itaque Deus inter lucem & tenebras; nec ideo inculpabiles sunt tenebræ, quia eis bene utitur Deus, qui etiam de opere (d) ipsarum, quod filiis lucis in bonum procederet, ordinavit: tantum progredi sinens malitiam nocere cupientium, quantum aut sanctis suis vel castigandis novit utilem, vel probandis: ut hinc etiam quod faciunt contra voluntatem Dei, non impleatur nisi voluntas Dei.

Sequitur deinceps quod in libro invenitur secundo.

EXCERPTUM VIII.

Aug. lib. de dono persev. c. 14. num. 35. Joan. 6. 39. *An quisquam dicere audebit, Deum non præscisse quibus esset daturus ut crederent, aut quos daturus esset Filio suo, ut ex eis non perderet quemquam? Quæ utique si præscivit, profecto beneficia sua, quibus nos dignatur liberare, præscivit*. (e) *Hæc est prædestinatio sanctorum, nihil aliud: præscientia scilicet, & præparatio beneficiorum Dei, quibus certissime liberantur quicumque liberantur. Ceteri autem ubi, nisi in massa perditionis justo divino judicio relinquuntur, ubi Tyrii relicti sunt & Sidonii, qui etiam credere potuerunt, si mira illa Christi signa vidissent:* (f) *sed quoniam ut crederent non eis erat datum, etiam unde crederent est negatum*. Matth. 11. 21.

RESPONSIO.

QUI ista refellunt, hoc fraude apertissime probantur, quod fides non sit donum Dei; & quod gratia non præveniat liberum arbitrium, sed sequatur; & quod gratia Dei secundum merita nostra detur. Nam si aliquid conferri homini per gratiam confitentur, & id non accipit nisi fides, quæ accepta non est; in ipsa est meritum, cui non donum datur, sed debitum redditur. In hac sententia positi, consequenter sapiunt, eos esse prædestinatos in vitam æternam, quos per liberæ voluntatis arbitrium fideles futuros præscierit Deus; ut ipsa electorum prædestinatio non sit nisi retributio: atque ita, in his qui prædestinati sunt secundum propositum ejus qui universa operatur, non operetur Deus fidem; nec ulla sint hominis merita, si Deus operatur universa. (g) Vere qui ista sentiunt, fidem non acceperunt, aut quam acceperant, perdiderunt, sequendo vanissimam Pelagianorum superbiam, & in se, (h) non in Domino gloriando, qui operatur omnia in omnibus, bona profecto, non mala: & si omnia bona, utique & fidem, sine qua nemo potest placere, & quæ est virtutum omnium fundamentum. Quale est autem; ut cum Dei sit ædificatio, & nisi Dominus ædificaverit domum, in vanum laborent qui ædificant eam; aut nolint illi fundamentum ad ædificium pertinere, aut se velint inchoare, quod Dominus possit extruere? Non erit ergo illis principium Filius Dei, nec fundabuntur in ipso angulari lapide Christo Jesu, nec de eis dictum est: *Firmum autem fundamentum Dei stat*: quia (i) totam electionem suam solubili arenæ & fluxiduo cineri superponunt. 1. Cor. 12. 6. Hebr. 11. 6. Psal. 126. 1. 2. Tim. 2. 19.

Agnoscamus itaque sapienter, pieque fateamur, præscisse incommutabiliter Deum quibus esset daturus ut crederent, aut quos daturus esset Filio suo, ut ex eis non perderet quemquam: & si hæc præscivit, beneficia sua illum, quibus nos dignatur liberare, præscisse: & hanc esse prædestinationem sanctorum; (k) præscientiam scilicet & præparationem gratiæ Dei, qua certissime liberantur. (l) Ceteros autem quicumque non liberantur, quos a generali perditione

(a) MSS. Remig. & Jol. *Male enim velle*.
(b) Editi, *traditorum*. Melius Remigianus codex, *traditoris*.
(c) In Edit. Aug. ex MS. Remensi *datum desuper*.
(d) Editi, *ipsorum*. Melius MSS. Jol. & Remig. & ex hoc Aug. editio, *ipsarum*, scilicet tenebrarum: qua voce quidem malos intelligit; sed cum alludit ad tenebras ipsas, quarum filii dici possunt.
(e) In edit. Venet. & Lugd. *Hæc est prædestinatio sanctorum, nihil aliud, præscientia scilicet*. Idem præfert MS. Joliensis. Aliæ editiones: *Hæc prædestinatio sanctorum nihil aliud est, quam præscientia scilicet*.
(f) Edit. Ven. & & Lugd. *sed quoniam*.
(g) MS. Joliensis omittit hanc vocem, *vere*.
(h) Editi habent, *& in se in Domino*, manifesto errore, quem corrigunt MSS. Joliensis & Remig. ex quo edit. August.
(i) MSS. Joliensis & Remigianus, *totam electionem suam*. Edit. Col. *erectionem suam*: sed male.
(k) MSS. Remig. & Jol. *prædestinationem scilicet*.
(l) Forte hic addendum, *quicumque liberantur*: quæ verba nec in MSS. nec in Editis hactenus reperiuntur, nisi in Lugd. recentiori.

tione humani generis gratia non eruerit, justo noverimus judicio non exemptos: & quid nobis remissum sit, in eis discamus, de quorum quam damnatione non possumus. Non est enim iniquitas apud Deum, nec quisquam sub judicio ejus innocens perit. Sicut enim hic ipse insignis gratiæ prædicator alibi ait, (a) *Reddit omnino Deus & mala pro malis, quoniam justus est; & bona pro malis, (b) quoniam bonus est; & bona pro bonis, quoniam justus & bonus est: tantummodo mala pro bonis non reddit, quoniam injustus non est. Reddit ergo mala pro malis, pœnam pro injustitia; & reddit bona pro bonis, gratiam pro gratia.* Cum aliqui pereunt, non dubitemus ipsorum meritis deputari quod pereunt; quos utique posset Deus misericorditer liberare, si vellet. (c) Et cum aliqui liberantur, non audeamus definire, quod digni fuerint liberari; quos utique posset Deus juste damnare, si vellet. Quare autem non omnes, aut quare illos potius (d) quam illos liberet, nec necessarium est quærere, nec possibile reperire: cum omissis discretionis istius caussis, scire sufficiat, quod nec misericordia justitiam, nec justitia auferat misericordiam apud eum, a quo nemo nisi juste damnatur, nemo nisi misericorditer liberatur.

Rom. 9. 14.

Aug. lib. de grat. & lib. arb. cap. 23.

Matth. 11. Luc. 10. 13.

De Tyriis vero & Sidoniis quid aliud possumus dicere, quam non esse eis datum ut crederent, quos etiam credituros fuisse ipsa Veritas dicit, si talia, qualia apud non credentes facta sunt, virtutum signa vidissent? Quare autem hoc eis negatum fuerit, dicant, si possunt, qui calumniantur, & ostendant, cur apud eos Dominus mirabilia, quibus profutura non erant, fecerit, (e) & apud eos quibus erant profutura, non fecerit. Nos etiam si rationem facti, & profunditatem judicii ejus penetrare non possumus, manifestissime tamen scimus, & verum esse quod dixit, & justum esse quod fecit: & non solum Tyrios & Sidonios, sed etiam Corozaim & Bethsaida potuisse converti, & fideles ex infidelibus fieri, si hoc in eis Dominus voluisset operari. Neque enim ulli falsum videri potest quod Veritas ait, *Nemo potest venire ad me, nisi fuerit ei datum a Patre meo*: &, *Vobis datum est nosse mysterium (f) regni cælorum, illis autem non est datum*: &, *Nemo novit Filium, nisi Pater, neque Patrem quis novit, nisi Filius, & cui voluerit Filius revelare*: &, *Sicut Pater suscitat mortuos, ita & Filius quos vult vivificat*: &, *Nemo potest dicere (g) Dominum Jesum, nisi in Spiritu-sancto*. His divinarum vocum testimoniis erudiri gratias agamus Deo, qui dedit nobis spiritum fidei & virtutis, consilii & charitatis, sapientiæ & intellectus, consilii & fortitudinis, scientiæ & pietatis, ac timoris sui. Quæ bona si non dedisset nobis, qui omnia operatur in omnibus, prorsus non haberemus in nobis: & cum his, qui non cognoverunt Dominum, aut cum cognovissent, non sicut Deum glorificaverunt, aut gratias egerunt, sed hoc ipsum suæ sapientiæ deputantes, stulti facti, (h) & obscurato corde evanuerunt in cogitationibus suis: cum his, inquam, sederemus in tenebris & in umbra mortis, nec querelam habentes de pœna, nec excusationem de ignorantia, nec præsidium de natura.

Joan. 6. 66. Matth. 13. 11. Ibid. 11. 27. Joan. 5. 21.

1. Cor. 12. 3.

Ibidem.

Rom. 1. 21.

(i) Nunc jam quod sequitur quale sit videamus.

EXCERPTUM IX.

Sed ajunt, ut scribitis, neminem posse correptionis stimulis excitari, si dicatur in conventu Ecclesiæ audientibus multis: Ita se habet de prædestinatione definita (k) sententia voluntatis Dei, ut alii ex vobis (l) de infidelitate, accepta obediendi voluntate, veneritis ad fidem, vel accepta perseverantia permaneatis in fide: cæteri vero qui in peccatorum delectatione remoramini, ideo nondum surrexistis, quia nondum vos adjutorium gratiæ miserantis erexit. Verumtamen si qui estis nondum vocati, quos gratia sua prædestinaverit eligendos, accipietis eamdem gratiam qua velitis, & sitis electi: & si qui obeditis, si prædestinati estis rejiciendi, subtrahentur (m) obediendi vires, ut obedire cessetis.

Aug. lib. de Dono persever. cap. 14.

RESPONSIO.

STupro sanctitatem vestram, objectionem calumniantium, a personis defensoris gratiæ non potuisse discernere, & verba obtrectantium ei ipsi, qui obtrectatoribus suis respondet, aptasse. Hæc enim de doctrina catholici viri quidam nequiter & nugatorie jactitabant, quod qui talem Dei gratiam prædicaret, ut fides & obedientia, cæteræque virtutes, & in eis usque in finem perseverantia, non nisi ex dono Dei haberi posse credantur, consequens esse, ut talibus verbis uteretur ad populum, & hujusmodi denunciationibus omnem liberi arbitrii eviraret industriam. Quod quia peritissimus Doctor litteris eorum, ad quos scribit, agnoverat, (n) ideo dicit, *Sed ajunt, ut scribitis*: & postea, *Ista enim dicunt*. Ex hoc potuistis advertere, non ipsum hæc dicere, sed eos de quibus dixit; *Sed ajunt ut scribitis*: &, *Ista enim dicunt*. Quod

Rom. 1. 6.

(a) Edit. Lov. Duac. & Colon. *Reddit omnino*.
(b) Editi hic & ter in sequentibus *quoniam justus est*, & sic de cæteris partibus hujus sententiæ. In MS. Joliensi & apud August. *quoniam justus est*,
(c) MS. Joliensis cum Edit. Lugd. *& cum alii*.
(d) MS. Joliensis, *quam istos*. Reliqui, *quam illos*.
(e) Hæc verba, *& apud eos quibus erant profutura non fecerit*, quæ omittebantur in Editis omnibus, restituta habes ex MS. Joliensi, & pariter ex MS. Remigiano ac apud August.
(f) MS. Joliensis, *regni Dei*.
(g) MS. Joliensis, *Dominum Jesus*.
(h) MS. Joliensis, *& obscurato corde*.
(i) MS. Jol. *Nunc iterum*.
(k) Editi, *sententia* MS. Jol. & Remig. cum Aug. libro, *sententiæ*.
(l) Hæc verba, *de infidelitate* absunt a MS. Jol. & Remig. leguntur in Editis omnibus, & in libro S. Aug. de Dono persever.
(m) Edit. Venet. & Lugdun. *obedientiæ vires*.
(n) Sic MS. Jol. Alias editi, *ideo aut*.

Quod similiter & Apostolus ait, *Sicut ajunt nos quidam dicere, Faciamus mala, ut veniant bona*. Inferius autem, ubi plenius ad illa respondet, multo manifestius patet, (a) quam hæc ab ipso nunquam taliter dicta sint, & quantum ei hujusmodi prædicationis forma displiceat; quam corrigens & mutans atque emendans, tolerabiliorem audientibus facit; quæ vera sunt temperans, quæ falsa sunt refutans, & post multa adjiciens: *Jam vero quod illis verbis (b) committitur, miror si ullo modo possit in populo Christiano quisquam infirmus patienter audire, cum dicitur eis, Et si qui obeditis, (c) si prædestinati estis rejiciendi, (d) subtrahentur obedientiæ vires, ut obedire cessetis. Hoc enim dicere, quid videtur aliud esse, quam maledicere, aut mala quodam modo prophetare?* (Idem lib. de Dono persever. cap. 22.)

Et post hæc cum diceret, qualiter de his loquendum esset in populo, propriis sensus verba connectit dicens: *Illum etiam modum, quo (e) utendum esse in prædestinationis prædicatione nos diximus, loquenti ad populum non existimo debere sufficere, nisi hoc, vel aliquid hujusmodi addat, ut dicat, Vos itaque etiam ipsam obediendi perseverantiam a Patre luminum, a quo descendit omne datum optimum, & omne donum perfectum, sperare debetis, & quotidianis orationibus poscere: atque hoc faciendo confidere, non vos esse a prædestinatione populi ejus alienos; (f) quia etiam hoc, ut faciatis, ipse largitur. Absit autem a vobis ideo desperare de vobis, quoniam spem vestram in ipso habere jubemini, non in vobis. Maledictus enim omnis qui spem habet in homine; &, Bonum est confidere in Domino, (g) quam confidere in homine: (h) quoniam beati omnes qui confidunt in eum. (i) Hanc spem tenentes, servite Domino in timore, & exsultate ei cum tremore. Quoniam de vita æterna, quam filiis promissionis promisit non mendax Deus ante tempora æterna, nemo potest esse securus, nisi consummata fuerit ista vita, quæ tentatio est super terram: sed (k) faciet vos perseverare in se usque ad hujus vitæ finem, cui quotidie dicitis, Ne nos inferas in tentationem.* (Ibidem. — Jacob. 1. 17. — Jerem. 17. 5. Ps. 117. 8. Ps. 2. 11. — Matth. 6. 13.)

Videtisne, obsecro, quantum distet hic sermo ab eo quem composuit malignitas obloquentium, qui subduxerunt etiam ea quæ recte dicit, ex quibus verborum fraude corrumperet! De quo (l) idem Doctor rectissime ait: *Doctis autem vel imperitis tardiori est, etiam utile medicamentum sic alligare, ut aut non prosit, aut obsit.* Et iterum de simili ineptia: *Nempe, inquit, hoc verissimum est: ita sane, sed improbissimum, importunissimum, incongruentissimum; (m) non falso eloquio, sed non salubriter valetudini humanæ infirmitatis apposito.* (Aug. lib. de Dono persever. cap. 22. Ibid.) Non igitur necesse est de his rationem reddere, quæ & ab aliis dicta, & ab ipso ostendimus improbata; ita tamen, ut nihil sibi per falsorum admixtionem præripi pateretur ex veris. Quamvis enim nunquam tam insipienter locutus sit ad populum Christianum, & id quod mendax obtrectatio ineptissime finxit (n) horruerit: pia tamen constantique doctrina abundanter probavit, prædicandam esse Ecclesiæ & prædestinationem, in qua est gratiæ præparatio; & gratiam in qua est prædestinationis effectus; & præscientiam Dei, qua ante sæcula æterna quibus esset collaturus sua dona præscivit. Cujus prædicationis quisquis est impugnator, apertissimus est Pelagianæ elationis adjutor.

Hoc autem quod in (o) fine posuistis, superiori capitulo, ubi Tyriorum & Sidoniorum mentio facta est, debuit copulari; quia etiam in libri corpore, eidem causæ, sine cujusquam diversæ disputationis interjectione, connexum est. Unde & responsio, quam præcedentibus subdidi, potest etiam (p) ad ista sufficere: in quibus nulla est obscuritas, si de fide prædestinationis & gratiæ Dei, ex qua est omnium bonorum origo, perseverantiæque meritorum, hoc teneatur, quod habet veritas.

(a) MS. Joliensis, quod hæc ab ipso.
(b) MS. Jol. admittitur.
(c) Edit. Lov. Duac. & Colon. habebant, si præsciti estis. MS. Jol. & Remig. cum Lugd. Venet. & Edit. Aug. prædestinati estis.
(d) MS. Jol. & Remig. cum Lugd. subtrahuntur, & antea Jol. eodem obedistis.
(e) MS. Jol. utendum esse loquendo ad populum. Aug. lib. de Dono persev. apud populum.
(f) MS. Jol. qui etiam hoc.
(g) In MS. Jol. desunt hæc, quam confidere in homine.
(h) Editi, quia beati. MS. Jol. & Remig. cum Venet. quoniam beati. Lugd. quam beati.
(i) Edit. Lov. Duac. & Colon. Et hanc spem.
(k) MS. Jol. & Remig. faciet vos perseverare. Aberat vox hæc, nos ab Editis.
(l) MS. Joliensis, idem auctor.
(m) Ita MS. Jol. & Remig. cum Edit. oper. S. Aug. Editi vero nostri omnes, non falsum eloquio, sed non salubriter valetudini humanæ infirmitatis appositum.
(n) MS. Joliensis, inhorruerit.
(o) Editores Lovanienses, & qui hos sunt secuti, hic in margine observant quod, quibus respondet hoc libro S. Prosper, aliquid posuerant quod hic non ponitur, ex cap. 14. lib. de dono perseverantiæ Augustini, & hoc sic inscripserant. Ex quo apparet habere quosdam in ipso ingenio, &c.
(p) Editi habebant ad istos, errore manifesto, qui emendatur ex MS. Joliensi, & ex Remig. emendatus fuerat in Edit. Aug.

AD-

ADMONITIO
IN EPISTOLAM CÆLESTINI PAPÆ
PRO PROSPERO ET HILARIO
Ad quosdam Galliarum Episcopos.

CUM Presbyteri quidam Massiliæ, aliique in locis finitimis commorantes, tradita ab Augustino in libris de Prædestinatione sanctorum doctrina, cum primum libri illi in lucem emissi sunt, perturbati, in hanc ejusque auctorem insurrexissent, ipso sancto Hipponensi Antistite adhuc in vivis agente; multo magis in illam post obitum ipsius debacchari cœperunt; novitati tribuentes ea librorum supradictorum capita quæ minus intellexerant. Nec hoc solo contenti, quocumque fas erat, scripta calumniis plena spargere non sunt veriti, in quibus istud perpetuo insinuare conabantur, Augustini scripta posteriora a prioribus ejusdem libris dissidere; hunc antiquorum Patrum in explicandis Pauli locis viam deseruisse; ad solam se denique summorum Pontificum auctoritatem provocare. Quorum iniquis conatibus ut occurreret S. Prosper, cum Hilario amico Romam profectus anno 431. rem coram sancto Cælestino, tum Apostolicam sedem tenenti fidelissime exposuit. Horum sanctissimus Pontifex circa Deum sollicitudine laudata, hacce Epistola munitos in Gallias remisit: quæ quidem Venerium, Marinum, Leontium, & ceteros Galliæ Episcopos horum conterraneos serio arguit, quod paterentur a quibusdam Presbyteris dissensionibus turbari Ecclesias, quæstionesque indisciplinatas in medium vocari: quod quidem Episcopis imputandum dicebat, quibus tacentibus hæc agebantur. Monet ergo ut nimiæ & noxiæ illorum loquendi libertati frena imponere non tardent, quosdam harum regionum Præsules notans, qui cum citius e statu laicorum ad Episcopale fastigium fuissent sublimati, quid sibi juris munerisque competeret fortasse ignorabant. Anteriorem ad Tuentium Episcopum datam Epistolam citat, in qua super his multa a se jam dicta fuerant: id maxime commendans, quod & hic repetit, ut vitentur hujuscemodi homines, qui laborant per terras aliud quam ille noster jussit agricola (Christus) seminare. Nec mirum tamen quod a talibus impeterentur viventes discipuli, qui & quiescentium magistrorum, quos fratres, id est Episcopos, vocat, memoriam nitebantur dissipare. Quis præcipue a se intelligeretur statim subdit: cum Augustinum miris laudibus effert, & ab omni novitatis errorisve suspicione alienum fuisse pronuntiat; immo tamquam commune Ecclesiæ Oraculum a prædecessoribus suis semper habitum affirmat: his se compati subjiciens, quibus sana doctrinæ defensio adversariorum persecutionem conciliaverat. Denique hortatur Gallos Episcopos, ut eos sibi consentientes sentiat: cum imposito ab illis improbis silentio, de tali re omnis in posterum querela cessaverit.

Quæ Epistola post Augustini obitum scripta inde probatur maxime, quod ægre ferre se significet sanctissimus Pontifex, non viventes solum discipulos, sed etiam quiescentium magistrorum memoriam injustis obtrectationibus impeti. Unde anno 431. aut initio 432. merito assignatur: cum posterioris anni mense, ut videtur, Julio, decessisse probetur Cælestinus. Hæc porro Epistola ab omni retro antiquitate fuit celeberrima. Ab anno siquidem 433. vel 434. citatur non solum a sancto Prospero, sed etiam a Vincentio Lirinensi. Hanc quoque Dionysius cognomento exiguus Canonum Codici a se scripto inseruit. Narratque Photius a Cælestino litteras datas ad Episcopos pro Augustini defensione, & adversus illos qui Pelagianorum hæresim resuscitare conabantur. [illegible] [illegible]

Huic Epistolæ subjici solent sedis Apostolicæ Episcoporum auctoritates de gratia Dei. Sed de his in Admonitione ipsis præfigenda erit locus disserendi.

S. CÆ-

S. CÆLESTINI PAPÆ
PRO PROSPERO ET HILARIO,
SEU PRO IPSO AUGUSTINO DE GRATIA DEI

* Scripta post ... circa annum 431.

* EPISTOLA (a)
AD GALLIARUM EPISCOPOS.

Dilectissimis fratribus (b) Venerio, (c) Marino, (d) Leontio, (e) Auxonio, (f) Arcadio, Filtanio, & cæteris Galliarum Episcopis Cælestinus Episcopus.

Philipp. ... 1. Cor. 10. 32.

I. Apostolici verba præcepti sunt, apud Judæos atque gentiles sine offensione nos esse debere: hoc quisquis Christianus est, tota enim virtute custodit. Quod cum ita sit, non parum periculi illum manere poterit ante Deum, qui hoc detrectat etiam fidelibus exhibere. Nam qualiter nos, qui neminem perire volumus, illa contristent, quæ auctoribus Christianis proveniunt animas Christianas, Dominicus in Evangelio sermo testatur. Ait enim ipse Salvator, quod expediat scandalizanti unum de pusillis, in maris profunda demergi. Et adeo quæ sit ejus jam pœna quæramus, cui tale supplicium legimus expedire. Matth. 18. 6.

2. Filii nostri præsentes Prosper & Hilarius, quorum circa Deum nostrum sollicitudo laudanda est, tantum nescio quibus presbyteris illic licen- Caput I. De Prospero & Hilario.

(a) Recognita jam per viros religiosissimos simul & eruditissimos San-Germanenses Monachos ordinis S. Benedicti, ad Corbejenses duos veteres codices canonum collectionem a Dionysio exiguo concinnatæ: qui collectio ex ipsa Epistola & continuo de gratia constitutionibus sicut prava traduntur Cælestini Papæ decreta. Primo decreto titulum inscriptum, *De Prospero & Hilario, qui quosdam Galliæ presbyteros accusant Pelagii sectatores*. Secundo: *De sancto episcopo Augustino mira laudis assertio*: Tertio: *Præteritorum sedis Apostolicæ Episcoporum auctoritates de gratia Dei*. Quarto: *Quod Adam omnes homines læserit; nec quemquam nisi Christi gratia posse salvari* &c. Eamdem epistolam citant Petrus diaconus in libro de Incarnatione & gratia, quæ inter Editiones Epistolas 15. continetur, cap. 8. dum testimonium ad illa verba: *quod apparuerit præfatis sententiis esse contrarium*. Non temere in hac Operum S. Prosperi Editione, Capitula hæc ab ipsa Cælestini Epistola sejungi, etsi fatemur eadem subnecti maluimus, ob rationem in Admonitione infra præfigenda fusius exponendas.

(b) Hic *Venerius* non quidem (ut quibusdam placuit) Mediolanensis Episcopus erat: cum tunc temporis Episcopus Mediolanensis Galliarum Episcopis non accenseretur; & in Cathedra Mediolanensi sederat anno 431. Martinianus, qui Marolio Venerii alterius decessori successor fuerat subrogatus. Sed, ut verisimilius est, Massiliensi Ecclesiæ præsidebat; de quo Gennadius in Catalogo virorum illustrium cap. 79. Siquidem Massiliæ præsertim degebant Semipelagiani, duce Cassiano. Ex quadam inscriptione patet Venerium illum Monasterium incoluisse cum Rustico, qui anno 427. in Episcopum Narbonensem evectus est, & utrumque Massiliensium presbyterorum numero simul fuisse aggregatum. Successor creditur datus Proculo, qui anno 418. superstes probatur. Nam Proculus ille, quem attingunt interfuisse Gorlianus, & de quo mira narrat, nomine tacetur in Proculo Dextro, unde a Doctissimis Sammarthanis conjicitur. Cælestinus porro in Epistola 25. Julii anni 428. scripta, Episcoporum Viennensis & Narbonensis judicio dimittit causam Episcopi Massiliensis, qui ob fratris sui necem gavisus esse dicebatur, idem ut ex obvious fere non crediderit qui sanguinis necem effusi rei reverebatur. Quid hoc fuit non eluceat. Patroclum quidem scimus occisum, sed jam ab anno 426. Venerius vero sæpius legitur inter Episcopos Galliarum, qui anno 451. ad Leonem Epistolam dirigunt, & quibus respondit Leo anno 452. die prima Februarii. Hortatu denique sancti Venerii Episcopi *Musæus Massiliensis Ecclesiæ presbyter, vir in divinis Scripturis doctus, & in earum sensibus subtilissima exercitatione limatus, lingua quoque scholasticus* (ut refert Gennadius cap. 79.) *excerpsit ex sanctis Scripturis Lectiones totius anni festivis aptas diebus; responsoria etiam psalmorum capitula tempori & lectionibus congruentia. Quod opus tam necessarium a legentibus in Ecclesia probatur, ut expetitum, & sollicitudinem tollat & moram, plebique ingerat scientiam, celebritati decorem*. Quo opere videtur originem desiisse Ecclesiastico precum cursui, ... Breviarii nostri est jactum. Huic Venerio successor datus legitur Eustasius, ibidem.

(c) Editi, *Mario*. At MS. Corbejensis *Marino*: Is forte ad quem scripserat Bonifacius anno 419. Cujus Ecclesiæ præsul fuerit non designatur. Ex eo vero quod Venerium sequitur, inferri potest, hunc saltem ab anno 419. Episcopali dignitate fuisse decoratum.

(d) *Leontius* ille certo certius erat celebris Forojuliensium Antistes, anno demum 432. aut 433. demortuus.

(e) Inter Episcopos civitatis Nicææ memoratur a Sammarthanis *Auxonius* quidam: at Valeriano posterior narratur, qui anno 455. adhuc vivebat. *Auxonius* quoque scribitur ab iisdem inter Episcopos Vivarienses, qui sedem Episcopalem ab urbe Alpa a Croco Vandalo, ut ferunt, deruta, Vivarium transtulit. At vero Crocus Gallias vastabat tempore Gallieni Imperatoris Romani, ex Gregorio Turonensi, Vandali vero in Gallias ingressi erant post annum Christi 407.

(f) *Arcadius* ille Episcopus fuisse creditur Viennensis; & *Filtanius* seu *Philtatius*, Agrippinensis, successor datus S. Castori ante annum 426. Nonnulli Corb. codicem secuti, pro *Philtatio*, restituerunt jam alias in append. oper. S. Aug. *Filtanio*.

licere, qui dissensioni Ecclesiarum student, sinat apud eos perstrepi, ut indisciplinatas quæstiones vocantes in medium, pertinaciter eas dicant prædicare adversantia veritati. Sed vestræ dilectioni justius imputamus, quando illi supra vos habent copiam disputandi. Legimus supra magistrum non esse discipulum, hoc est, non sibi debere quemquam in injuriam doctorum vindicare doctrinam. Nam & hos ipsos a Deo nostro positos novimus ad docendum; cum sit, dicente Apostolo, eis tertius locus intra Ecclesiam deputandus. Quid illic spei est, ubi magistris tacentibus, hi loquuntur, qui, si ita est, discipuli (a) eorum non fuerunt? Timeo ne connivere sit hoc tacere: timeo ne magis ipsi loquantur, qui permittunt illis taliter loqui. In talibus caussis non caret suspicione taciturnitas: quia occurreret veritas, si falsitas displiceret. Merito namque caussa nos respicit, si silentio foveamus errorem.

Luc. 6. 40. [illegible]

1. Cor. 12. 28.

3. Ergo corripiantur hujusmodi: non sit his liberum habere pro voluntate sermonem.

(b) Desinat, si ita res sunt, incessere novitas vetustatem; desinat Ecclesiarum quietem inquietudo turbare. Conantur sæpe naufragio mergere, quos intra portum stantes statio facit fida securos. Fida quippe est omnium statio, quorum perfectis gressibus vestigia non moventur. Recurrerunt ad Apostolicam prædicti sedem, hæc ipsa nobis quæ tentat perturbatio, conquerentes. Habetote, fratres carissimi, pro catholicæ plebis pace tractatum. Sciant se, (c) si tamen censentur presbyteri, dignitate vobis esse subjectos. (d) Sciant omnes qui male docent quod sibi magis discere competat, quam docere. Nam quid in Ecclesiis vos agitis, si illi summam teneant prædicandi? Nisi forte illud obsistat, quod non auctoritate, non ad vos ratione colligitur, ut aliqui e fratrum numero, nuper de laicorum consortio in collegium nostrum forsitan admissi, nesciant quid sibi debeant vindicare. Super his multa jam dicta sunt eo tempore, quo ad fratris Tuentii dedimus scripta (e) responsum. Nunc tamen repetentes sæpius admonemus, ut vitentur hujusmodi, qui laborant (f) per terras aliud quam ille auctor jussit agricola seminare. Nec tamen mirari possumus, si hæc erga viventes hi nunc tentare audent, qui nituntur etiam (g) quiescentium fratrum memoriam dissipare.

4. Augustinum sanctæ recordationis virum, pro vita sua atque meritis, in nostra communione semper habuimus, nec umquam hunc sinistræ suspicionis saltem rumor adspersit: quem tantæ scientiæ olim fuisse recolimus, ut inter magistros (h) optimos etiam a meis semper decessoribus haberetur. Bene ergo de eo omnes in commune senserunt, ut pote qui ubique cunctis & amori fuerit, & honori. Unde (i) resistendum talibus, quos male crescere videmus. Nefas est hæc pati religiosas animas; quarum afflictione, quia membra nostra sunt, nos quoque convenit macerari: quamvis maneat has beatitudo promissa, quicumque probantur persecutionem propter justitiam sustinere; quibus quid promittat Dominus in futurum, (k) sequens sermo declarat. (l) Non est agentium caussa solorum; universalis Ecclesia, quæcumque novitate pulsatur. Intelligamus hæc ipsa vobis, quæ nobis non placent, displicere. Quod ita demum probare poterimus, si imposito improbis silentio, de tali re in posterum querela (m) cessaverit. Deus vos incolumes custodiat, fratres carissimi.

Caput II. [illegible]

Matth. 5. 10.

(a) Sic ex MS. Carbonensibus edit. append. Aug. At in editis omnibus Prosperi omittitur hæc vox, eorum.

(b) Hunc locum Vincentius Lirinensis sub Commonitorii finem, sic a vero sensu contra Prosperum & Hilarium detorquet, ut ipse haud injuria in certam Semipelagiani suspicionem veniat: Sequitur enim, ait, Desinat, si ita res est, id est, si ita est, ut apud vos quidam urbes & provincias vestras criminantur. Edit. Duac. & Colon. omiserunt particulam, si, legebantque, Desinat, ita res sunt.

(c) Ita edit. append. August. ex MS. Carb. Editi omnes nostri, si tamen censentur presbyterii dignitate vobis esse subjectos.

(d) Apud August. append. ex MS. Carb. sciant quod sibi, omnes qui male docent, discere magis ac magis competat, quam docere.

(e) Hæc Epistola ad Tuentium non extat amplius, nec aliud aliquid de ea conjicere licet, quam quod ex sequentibus colligitur, in ea potius actum fuisse de quæstionibus quæ gratiam Christi spectant, quam contra illos, qui vitas laicos in Episcopos sublimarent; quæ de re etiam hic conqueritur Cælestinus.

(f) MS. Carb. & August. append. per terram.

(g) In edit. Moguntina anni 1524. in margine observatum legimus, Divum Augustinum significat, cui mortuo Pelagii sectatores obstrepebant.

(h) Veteres quidam libri non habent optimos, sed omnes nostri & MS. Carb. habent. Post pauca edit. Lov. Duac. & Colon. præcessoribus, ubi Mogunt. & edit. append. Aug. ex MS. Carb. decessoribus.

(i) MS. Carb. & cum his edit. append. August. resistatur.

(k) Hæc verba, sequens sermo declarat, indicare videntur, aliquid hic in Epistola Cælestini omissum. Nisi forte ad illud referri credamus quod in Evangelio S. Matthæi sequitur: Quoniam ipsorum est regnum cælorum.

(l) Hic locus in edit. Mogunt. Lov. Duac. & Colon. sic distinguitur: Non est agentium caussa solorum universalis Ecclesiæ, quæcumque novitate pulsatur, intelligamus &c.

(m) In append. Aug. ex MS. Carb. cessavit.

ADMONITIO

IN LIBRUM CUI TITULUS,

PRÆTERITORUM SEDIS APOSTOLICÆ

Episcoporum auctoritates de Gratia & Libero voluntatis arbitrio.

EPISTOLÆ *Cælestini Papæ, ad Episcopos Galliarum per Prosperum & Hilarium transmissæ, subjici solet collectio quædam, anteriorum Sedis Apostolicæ Pontificum auctoritates de gratia & Libero arbitrio complexa: cui interseruntur etiam nonnulla ex Africanis conciliis hac de re statuta, a Romanis Pontificibus approbata. Quæ quidem in hunc usum destinata non dubitatur, ut Semipelagianis, qui solis sedis Apostolicæ decretis se manus daturos erant professi, esset responsum. Huic vero collectioni hunc titulum imposuerunt*, Præteritorum sedis Apostolicæ Episcoporum auctoritates (*seu* sententiæ,) de gratia Dei & libero voluntatis arbitrio. *Ab aliis quoque vocatur hoc opusculum*: Regulæ Apostolicæ sedis*: quomodo designatur in ultimo capitulo : denique* Compendiosus indiculus *dicitur in præfatiuncula: citaturque ab aliis sub nomine* Decretorum, *vel* Epistolæ Cælestini Papæ ad Gallos: *ab aliis* Capitula *generaliori vocabulo appellatur. Quod quidem opusculum sub Cælestini nomine citatum legitur ineunte sexto sæculo. Nam Pontificis istius Decretis annexum est a Dionysio Exiguo, & circa idem tempus a Petro Diacono, aliisque qui in caussa fidei ex Oriente Romam missi sunt, libro de Incarnatione & gratia D. N. Jesu Christi, ad Fulgentium capite octavo, & nono, tanquam Cælestinianæ Epistolæ ad Gallos pars quædam citatum reperitur. Exin a Cresconio Episcopo Africano in fine suæ collectionis canonum circa annum Christi 690. emissæ, eidem Pontifici adscriptum legitur. Tum denique posterioribus sæculis a Floro magistro, Ecclesiæ Lugdunensis nomine scribente adversus Scotum Erigenam. Ab Hincmaro Remensi, lib. de Prædestin. cap. 22. Lupo Ferrariensi Abbate in collectaneis quæst. 2. Remigio Lugdunensi, in libro de tribus Epistolis cap. 23. Ivone Carnot. & aliis plurimis hæc capitula Cælestino Papæ inveniuntur fuisse adjudicata.*

His omnibus testimoniis abunde probatum videbatur hocce opusculum Cælestini esse agnoscendum. Quæ tamen opinio tot conjecturis obviantibus impugnatur, ut ab omnibus fere Criticis jam ab ea discessum esse agnoscamus. Et primo quidem ex stili eorum disparitate, ab eo qui in Epistola Cælestini ducet, ejusdem esse negatur. 2. Judices advocantur Joannes Wendelstinus, qui codicem Canonum & Decretorum Pontificiorum edidit Moguntiæ anno 1525. Crabius qui anno 1538. prioris censuram aliquo modo temperatam in Conciliorum Collectionibus transcripsit, item alii qui idem præstarunt, Surius anno 1551. & Nicolinus anno 1581. Cælestino pariter abjudicant Eminentissimi doctissimique Cardinales Antonius Carafa, & Cæsar Baronius: quibus adde Franciscum Suarezium in Prolegom. 6. de gratia, cap. 1. num. 11. Jacobum Sirmondum in notis ad tom. 1. Concil. Galliæ, & Gerardum Vossium lib. 1. Hist. Pelag. cap. 3. qui tamen ultimus partim Cælestini, partim Gallorum S. Augustini discipulorum esse putat Capitula: quia videlicet ab his collecta oblataque Cælestino, hujus nomine & auctoritate postea publicata sint. 3. Si Cælestini essent, & ab eodem epistolæ suæ ad Gallos fuissent subjecta, quomodo circumferebantur hactenus, aliquam procul dubio eorum mentionem ipse habuisset, cum tamen illorum nullatenus ibi meminerit. Non etiam hanc epistolæ apposuisset clausulam; Deus vos incolumes custodiat fratres carissimi: *quæ finem epistolæ Cælestinianæ demonstrat.*

4. Cum S. Prosper Collatorem exagitans omnia adversus eum, tum Conciliorum tum Pontificum Romanorum suffragia aggerat, eumdemque urgeat auctori-

tate

tate non solum Innocentii, Zozimi, Bonifacii, sed & ipsius Cælestini; nefas est suspicari quidquam ab eo auctore omittendum fuisse e decretis a sede Apostolica contra adversarios gratiæ promulgatis. Cælestini porro unicam commemorat, quæ est ad Gallos, Epistolam: qua ut auctoritatem doctrinamque Augustini de gratia Christi mirum quantum efferat, de doctrina tamen ipsius articulis probationibusque prorsus silet.

5. Vincentius Lirinensis Presbyter & Monachus plurimum laudans eamdem Cælestini Epistolam, Commonitorii sui adversus hæreses cap. ult. sed & Photius Patriarcha Constantinop. longe posterior eam in Bibliotheca recensens, pari utterque silentio præterit dicta Capitula. Quod argumento est neutri fuisse comperta, saltem ut Cælestini Papæ opus. Num credibile quoque eadem Epistola usum fore Vincentium, ad tuendas Semipelagianorum partes, si tam evidenter damnatos in Capitulis annexis agnovisset?

6. Non eum loquendi modum hujus compilationis auctor, nec eam auctoritatem usurpat, quæ summum Pontificem præ se ferant. Pluries enim allegans Romanæ Ecclesiæ præsules, Innocentium puta & Zozimum, nusquam eos prædecessores suos appellat. Deinde ita passim loquitur, ut Pontificum Romanorum, & scriptorum etiam aliorum se prodat discipulum, nedum Pontificem Romanum. Exempli gratia: Nos piissimi patres docuerunt: Apostolicæ sedis nos scripta docuerunt: Magistris nostris obloquuntur. Et alibi: Sacratissima beati Apostoli sedes, per ministerium præsulum suorum &c. Rectores Ecclesiæ Romanæ: Apostolici Antistites.

7. Erroris occasionem dedit Dionysius Exiguus, cum Epistolæ Cælestini annexuit Capitula. Ex ipso enim Cresconius, Petrus Diaconus, omnesque noni sæculi scriptores qui pro Christi gratia decertarunt. At si inspiciatur curiosius Codex Dionysii, nihil deprehenderur ex quo statuere liceat, Capitula ista partem esse epistolæ S. Cælestini: e contra vero hoc fuisse Dionysii consilium, ut unum ab altero discerneret, clamant ipsius codicis series, & affectata discriminis nota, quæ in eo conspiciuntur. Quoties enim unius Pontificis scripta ab alterius scriptis secernere vult, hunc semper titulum initio primi decreti seu epistolæ præponit: Incipiunt Decreta N. Papæ, quem non repetit initio subsequentium ejusdem Pontificis decretorum, seu epistolarum. Hanc porro distinctionis notam legere est in fronte auctoritatum de gratia: Incipiunt Præteritorum Sedis Apostolicæ Episcoporum auctoritates de gratia Dei. 2. Initio cujusque ejusdem Pontificis epistolæ auctoris nomen numquam omittitur: Cælestini autem nomen in capite Sententiarum de gratia non apparet: ex quo conjicitur auctoris nomen vel ignorasse Dionysium, vel ex consilio omisisse. 3. Majorem etiam discriminis notam huic scripto apposuit, quam aliis diversorum Pontificum epistolis. Legimus enim in fine capitulorum hanc clausulam: Expliciunt auctoritates &c. omisso ubique Cælestini nomine. Quæ clausula similisve, nec in fine totius Codicis reperitur: ut videatur omnem erroris viam circa sententias illas præcludere voluisse: nec aliam ob caussam commonitorium istud epistolæ Cælestini annexuisse, quam quia noverat occasione hujus epistolæ fuisse exaratum, simulque Prospero traditum.

8. Codex Romanus antiquus, cum omnes seu dogmaticas seu decretales Pontificum Romanorum Epistolas, & inter alias quæ Cælestini Papæ sunt, collegerit, Epistolam ad Gallos omisit, non alia certe ratione, nisi quia nihil dogmatis continebat: continuisset autem plurimum, si pars epistolæ essent Capitula. Non igitur pro Cælestini decreto agnita est hæc collectio Leonis tempore, a quo prædecessorum suorum decreta codici inserta probabile.

Hæc autem momenta antea allatorum pro Cælestini partibus efficaciam in dubium adducunt. Unde factum est, ut alium ab illo Pontifice auctorem investigare nisi fuerint quidam Critici; cumque nemini probabilius tribui posse hoc opus judicarent, quam S. Prospero, ei assignare non dubitaverint, deficientibus licet cum antiquorum suffragiis, tum Manuscriptorum testimoniis. In hanc vero opi-

nionem adducti videntur. 1. *Ex quæstionum quæ a Prospero, & ab auctore Capitulorum ventilantur, affinitate, atque ex ipso etiam tractandi modo*. 2. *Adducitur in testem Hincmarus, qui in libro quem scripsit*, de non Trina Deitate, *allegat* Decreta Cælestini Papæ, ex cujus delegatione beatus Prosper hinc exortam hæresim per auctoritatem Scripturarum, & doctrinam beati Augustini revicit & compressit in Galliis. *Unde hujus suspicionis auctor discrimen excogitavit, inter opera quæ privato zelo ipsemet Prosper aggressus est, & quæ ex delegatione summi Pontificis enarravit. In illis videlicet abstrusiores quæstiones fusius expendisse, in his perpauca, eaque omnibus obvia via attigisse, ne ab ea brevitate, quæ fidei professionem decet maxime, longius discederet*.

Verum etsi in confesso esset (ut opinantur nonnulli) Prosperum a Sede Apostolica delegatum esse ad propugnandam Ecclesiæ Catholicæ de gratia Christi doctrinam; nimis tamen constringeretur ista delegatio, si ad pauca hæc brevissimaque capitula fuerit coarctata; ita ut in ea opinione pene certum sit, quidquid scriptorum de gratia evulgavit sanctus Prosper, saltem post Romanam profectionem, id omne ex Romanorum Pontificum præscripto ab ipso editum esse, & quasi fidei portionem asserta ab eo esse propositiones illas, quas libris suis adversus Semipelagianos defendit: ad quod probandum adducitur locus Prosperi in responsionibus ad objectiones Vincentianas, ubi sic ait : Propositis sigillatim

[illegible] sedecim capitulis, sub unoquoque eorum sensus nostri, & FIDEI QUAM CONTRA PELAGIANOS EX APOSTOLICÆ SEDIS AUCTORITATE DEFENDIMUS. *Ex quibus evanescit discrimen supra invectum. Qua de re consuli potest Admonitio prævia supradictis objectionum Vincentianarum responsionibus*.

Deinde ad Hincmarum quod attinet, nec in eo quidem loco, qui profertur, delegationem Prosperi ad Capitula ista vel scribenda vel promulganda refert, sed ad ea potius omnia quæ reversus in Galliam vel scripsit vel disseruit. De his enim loquitur Hincmarus, in quibus Prosper hæresim per auctoritatem Scripturarum & doctrinam beati Augustini revicit & compressit in Galliis. *At nullo e Scripturis, nullo ex Augustini doctrina sumpto argumento pugnat auctor capitulorum de gratia, sed ex sola Ecclesiæ Romanæ auctoritate, partim in Pontificum decretis, partim in Africanis decretis, quæ sua approbando fecerat, partim denique in solemnibus ejusdem precibus cæremoniisque contenta. E contra vero pluribus aliis locis de Prosperi delegatione ita sermonem facit, ut numquam eum non legati persona indutum, numquam non legationis jure & auctoritate scribentem inducat. Denique nec isto loco, nec ullo alio Hincmarus adscribit Prospero Capitula; quæ sexcentis locis inter decreta Cælestini ab eo numerantur, eoque nomine laudantur*.

Quod vero priori loco de stili, conceptuum, doctrinæ, vocumque ipsarum cum Prosperianis operibus conformitate objicitur, longiusque deductis Tabulis ab Anselmio ob oculos statui intenditur: cum ab aliis, ut a Quesnellio, eadem de Leonini stili cum Capitulorum genio affinitate, etiam allatis locorum plurium comparationibus, statuantur, idque ab utroque præstitum sit, post mature perpensa utriusque opera: verius forte censebit, qui in opere tam brevi, cujus partes omnes tam parum alia aliis connexæ videntur, nihil certi ex sola stili comparatione statui posse pronuntiabit.

Hanc eamdem collectionem denique Quesnellius, quam nec Cælestino nec Prospero convenire contenderat, suo tandem Leoni adsignavit, quem jam duorum de Vocatione gentium librorum parentem asseruerat: ab illo autem compactum esse compendiosum hunc indiculum existimat, non ex quo ille Pontificatum gessit, sed dum Diaconi fungens munere, Cælestino Papæ ministraret: in utroque enim opere idem ingenium consiliumque, stilum eumdem deprehendisse se profitetur. 1. *Quia utriusque scripti idem scopus; ut quid præcise ab homine catholico credi oporteat, circa prædestinationis gratiæque divinæ mysterium, sepositis abstrusioribus quæstionibus, finitum habeatur*. 2. *In utroque opere Semipelagiani*

magis

magis quam Pelagiani impugnantur, sed eadem sobrietate eademque modestia: 3. Uterque sancti Augustini nomen auctoritatemque reticet; idque ex consilio, eo quod Semipelagiani Augustinum suggillarent, tanquam qui necessarium modum de gratia disputans excessisset. 4. Idem argumentum ob Ecclesiasticis precibus, si non iisdem terminis, eodem tamen ingenio & contextura sermonis assumitur. Caetera legi possunt in eodem S. Leonis operum Editore & illustratore, a pagina 399. ad 405.

Jam vero quo tempore & qua occasione conscripta fuerint haec Capitula, unde Caelestino tributa ejusque annexa epistolae, sic conjectare fas est. Cum post S. Augustini mortem, quae anno Christi 430. mense Augusto contigit, Gallicanorum Presbyterorum nonnulli, Episcopis suis conniventibus, adversus sanctissimi gratiae doctoris scripta vehementius insurrexissent; Prosper & Hilarius Romam se contulerunt, sedis Apostolicae opem auctoritatemque imploraturi. Romae sedebat Caelestinus, cui Leo Archidiaconus egregiam in administrandis rebus Ecclesiasticis navabat operam. Exposita Prosper profectionis suae caussa, litteras accepit a Caelestino ad Episcopos Gallicanos deferendas, quibus mirum in modum commendantur S. Augustini memoria & doctrina, atque ab adversariorum calumniis vindicantur. Porro Gallicani illi Presbyteri ex eo maxime S. Augustini doctrinam impetebant, quod Romanae sedis doctrinae adversaretur. Haec caussa Prospero fuerat Romam petendi, ut satis ipsae Pontificis litterae innuunt. Ille autem hoc unum agit in Epistola, ut Gallos doceat, nihil esse in Augustini scriptis, quod ab Apostolicae sedis doctrina discrepet; immo eum a Romanae sedis Episcopis semper inter optimos Ecclesiae doctores habitum. Quin & scrinia sedis Apostolicae diligenter investigari jussit Caelestinus, ut inde quidquid ad repellendam Gallorum protervjam poterat inservire depromeretur, traderetturque Prospero Romam ea de caussa profecto. Leoni forte tum Diacono, hanc provinciam cessisse ex multis probatur. Ex his memorialem indiculum concinnavit Leo, quem & Prospero, cum aliis ejusmodi scriptis tradidit, ut illi ad refellendas Massiliensium objectiones usui esset.

Ex his omnibus verosimilius nobis videtur hoc commonitorium ex Caelestini imperio a Leone forte concinnatum, & Prosperi usibus contraditum: eodem ergo tempore cum Epistola superiori, id est anno Christi 431.

TITULI CAPITULORUM

SIVE SENTENTIARUM.

I.

Quod Adam omnes homines læserit, nec quemquam nisi Christi gratia posse salvari.

II.

Quod nemo sit bonus suis viribus, nisi participatione ejus, qui solus bonus est.

III.

Quod nisi gratia Dei continua juvemur, insidias diaboli superare non possumus.

IV.

Quod per Christum libero bene utamur arbitrio.

V.

Quod omnia sanctorum merita dona sint Dei.

VI.

Quod omnis sancta cogitatio, & motus piæ voluntatis ex Deo sit.

VII.

Quod gratia Dei non solum peccata dimittit, sed etiam adjuvat ne committantur, & præstat ut lex impleatur, non sicut ait Pelagius, facile, quasi sine gratia Dei difficilius possit impleri.

VIII.

Quod præter statuta sedis Apostolicæ, omnes orationes Ecclesiæ Christi gratiam resonant, qua genus humanum ab æterna damnatione reparatur.

IX.

Quod gratiam Dei etiam baptizandorum testetur instituta purgatio, cum exorcismis & exsufflationibus spiritus ab eis abigatur immundi.

X.

Quod profundiores quæstiones nec contemnendæ sint, nec penitus adserendæ.

PRÆTERITORUM SEDIS APOSTOLICÆ

EPISCOPORUM AUCTORITATES, DE GRATIA DEI, & Libero voluntatis arbitrio. *

* [illegible]

PRÆFATIO.

Alias CAPUT III.

QUIA nonnulli qui catholico nomine gloriantur, in damnatis autem hæreticorum sensibus, seu pravitate, sive imperitia demorantes, piissimis disputatoribus obviare præsumunt; & cum Pelagium atque Cælestium anathematizare non dubitent, magistris tamen nostris, tamquam necessarium modum excesserint, obloquuntur, eaque tantummodo sequi & probare profitentur, quæ sacratissima beati apostoli Petri sedes contra inimicos gratiæ Dei, per ministerium præsulum suorum sanxit, & docuit: necessarium fuit diligenter inquirere, quid rectores Romanæ Ecclesiæ, de hæresi, quæ eorum temporibus exorta fuerat, judicarint, & contra nocentissimos liberi arbitrii defensores, quid de gratia Dei sentiendum esse censuerint: ita ut etiam Africanorum conciliorum quasdam sententias jungeremus, quas utique suas fecerunt Apostolici Antistites, (a) cum probarunt. Ut ergo plenius, qui in aliquo dubitant, instruantur, constitutiones sanctorum Patrum compendioso manifestamus indiculo, quo si quis non nimium est contentiosus, agnoscat omnium disputationum connexionem ex hac subditarum auctoritatum brevitate pendere, nullamque sibi contradictionis superesse rationem, si cum catholicis credat & dicat:

CAPITULUM I. *alias* CAPUT IV.

Quod Adam omnes homines læserit, nec quemquam, nisi Christi gratia posse salvari.

IN prævaricatione Adæ omnes homines naturalem possibilitatem & innocentiam perdidisse, & neminem de profundo illius ruinæ per

---

(a) Editi Mogunt. Lovan. Duac. & Colon. *tum illas comprobarunt*. Labb. append. August. ex MS. Corb. & Leonis operum editio Quesnelli, ut in textu.

per liberum arbitrium posse consurgere, nisi eum gratia Dei miserantis erexerit: pronunciante beatæ memoriæ Papa Innocentio, atque dicente in Epistola ad Carthaginense Concilium: (a) *Liberum enim arbitrium ille perpessus, dum suis inconsultius utitur bonis, cadens in prævaricationis profunda demersus est; & nihil, quemadmodum exinde surgere posset, invenit: suaque in æternum libertate deceptus, (b) hujus ruinæ latuisset oppressus, nisi eum post Christi pro sua gratia relevasset adventus, qui per novæ regenerationis purificationem, (c) omne præteritum vitium sui baptismatis lavacro purgavit.*

CAPITULUM II. *alias* CAP. V.

Quod nemo sit bonus suis viribus, nisi participatione ejus qui solus est bonus.

NEminem esse per semetipsum bonum, nisi participationem sui ille donet, qui solus est bonus: quod in eisdem scriptis ejusdem Pontificis sententia protestatur dicens, (d) *Numquid nos de eorum posthac rectum mentibus æstimemus, qui sibi se putant (e) debere quod boni sunt, nec illum considerant, cujus quotidie gratiam consequuntur, (f) qui sine illo tantum se assequi posse confidunt?*

CAPITULUM III. *alias* CAP. VI.

Quod nisi gratia Dei continua juvemur, insidias diaboli superare non possumus.

NEminem etiam baptismatis gratia renovatum, idoneum esse ad superandas diaboli insidias, & (g) ad vincendas carnis concupiscentias, nisi per quotidianum adjutorium Dei perseverantiam bonæ conversationis acceperit: quod ejusdem antistitis in iisdem paginis doctrina confirmat dicens, *Nam quamvis hominem (h) redemerit a præteritis ille peccatis; tamen sciens illum iterum posse peccare, ad reparationem sibi, quemadmodum posset illum & post ista corrigere, multa servavit: (i) quotidiana præstat ille remedia, quibus nisi freti, confisique nitamur, nullatenus humanos vincere poterimus errores. Necesse est enim, ut quo auxiliante vincimus, eo iterum non adjuvante vincamur.*

CAPITULUM IV. *alias* CAP. VII.

Quod per Christum libero bene utamur arbitrio.

QUod nemo, nisi per Christum, libero bene utatur arbitrio, idem magister in epistola ad Milevitanum concilium data prædicat, dicens, *Adverte tandem, o pravissimarum mentium perversa doctrina, quod primum hominem ita libertas ipsa decepit, ut dum indulgentius frænis ejus utitur, in prævaricationem præsumptione (k) concideret, nec ex hac potuit erui, nisi ei providentia regenerationis statum pristinæ libertatis Christi Domini reformasset adventus.*

CAPITULUM V. *alias* CAP. VIII.

Quod omnia sanctorum merita dona sint Dei.

QUod omnia studia, & omnia opera ac merita sanctorum ad Dei gloriam laudemque referenda sint; quia nemo aliunde ei placeat, nisi ex eo quod ipse donaverit. In quam nos sententiam dirigit beatæ recordationis papæ Zosimi regularis auctoritas, cum scribens ad totius orbis Episcopos ait, *Nos autem instinctu Dei (omnia enim bona ad auctorem suum referenda sunt, unde nascuntur) ad fratrum & coepiscoporum nostrorum conscientiam universa retulimus.* Hunc autem sermonem sincerissimæ veritatis luce radiantem tanto Afri episcopi honore venerati sunt, ut ita ad eumdem virum scriberent: *Illud vero quod in litteris, quas in universas provincias curasti esse mittendas, posuisti dicens, Nos tamen instinctu Dei, &c. sic accepimus dictum, ut illos, qui contra Dei adjutorium extollunt humani arbitrii libertatem, districto gladio veritatis, (l) velut cursim transiens amputares. Quid enim tam libero fecisti arbitrio, quam quod universa in nostræ humilitatis conscientiam retulisti? & tamen instinctu Dei factum esse fideliter sapienterque vidisti, veraciter fidenterque dixisti? Ideo utique quia præparatur voluntas a Domino, & ut boni aliquid agant, paternis inspirationibus suorum ipse tangit corda (m) filiorum. Quotquot enim spiritu Dei aguntur, hi filii Dei sunt:*

(a) Editio Leonis novissima, *Libero arbitrio ille perversus*. Nostram lectionem margini inscripsit, quæ est etiam editionum Prosperi & Augustini.

(b) Sic MSS. & editio anni 1524. Mogunt. & apud Aug. tom. 2. & append. tomi 10. In Leone novo, *hujus ruinæ subjacuisset oppressus*. Aliæ Prosperi editiones, *ruina jacuisset oppressus*.

(c) In MS. Corb. *præteriti vitium*.

(d) Editio Mogunt. *Numquid nos*. Apud Aug. tom. 2. *de his posthac rectum mentibus*.

(e) Editæ Prosperianæ omnes, *debere*.

(f) Locus hic plenius legitur in Epistola inter Augustinianas 181. sic: *Sed quæ ipsi, qui tales sunt, quibus Dei gratiam consequuntur, qui sine illo tantum se assequi posse confidunt, quamdiu vivunt illi, quod ab illo postulant, assequi promerentur*.

(g) Ita MS. Corb. & editio hujus epist. in append. tom. 10. August. At Editi omnes Prosperiani, & Leo novus, *ad superandas*.

(h) Apud Aug. tom. 2. & Leonem, *redemisset*.

(i) Ita legitur in edit. Mogunt. in epistola Innoc. tom. 2. oper. August. & in append. tom. 10. ejusdem. Ceteri codices Prosperiani addunt particulam atque. Leo novus, omissa hac particula, *quotidiana præstans ille remedia*.

(k) In epistola Innocentii tom. 2. August. locus incipit ab his verbis: *O pravissimarum mentium perversa doctrina! Adverteret id tandem, quod primum hominem &c.* tum *concideret*, ubi alii *caderet* legunt. Idem edit. Leonis, quæ postea habet *potuerit*, pro voce, *potuit*: & in fine, *adventus*.

(l) Edit. Mogunt. *velut cursim transiens*.

(m) Editi, *tangat corda filiorum*. At nos ex MS. & edit. append. tom. 10. August. *tangit corda filiorum*.

ut nec nostrum deesse sentiamus arbitrium, & in bonis quibusque voluntatis humanæ singulis motibus, magis illius valere non dubitemus auxilium.

CAPITULUM VI. *alias* CAP. IX.

Quod omnis sancta cogitatio, & motus piæ voluntatis ex Deo sit.

QUod ita Deus in cordibus hominum, atque in ipso libero operetur arbitrio, ut sancta cogitatio, pium consilium, omnisque motus bonæ voluntatis ex Deo sit: quia per illum aliquid boni possumus, sine quo nihil possumus. Ad hanc enim nos professionem idem doctor instituit, qui cum ad totius orbis Episcopos de divinæ gratiæ opitulatione loqueretur: *Quod ergo, ait, tempus intervenit, quo ejus non egeamus auxilio? In omnibus igitur actibus, (a) caussisque, cogitationibus, motibus, adjutor & protector orandus est. Superbum est enim, ut quidquam sibi humana natura præsumat: clamante Apostolo,* Ephes. 6. 12. *Non est nobis colluctatio adversus carnem & sanguinem, sed contra principes & potestates aeris hujus, contra spiritalia nequitiæ in cælestibus.* Rom. 7. 24. *Et sicut ipse iterum dicit, Infelix ego homo, quis me liberabit de corpore mortis hujus? Gratia Dei per Jesum Christum Dominum nostrum.* 1. Cor. 15. 10. *Et iterum, Gratia Dei sum id quod sum, & gratia ejus in me vacua non fuit, sed plus illis omnibus laboravi; non ego autem, sed gratia Dei mecum.*

CAPITULUM VI. *alias* CAP. X.

Quod gratia Dei non solum peccata dimittat; sed etiam adjuvet ne committantur, & præstet ut lex impleatur; non sicut ait Pelagius, facile, quasi sine gratia Dei difficilius possit impleri.

ILlud etiam quod intra Carthaginensis synodi decreta constitutum est, quasi proprium Apostolicæ Sedis amplectimur, quod scilicet tertio capitulo definitum est: *Ut quicumque dixerit gratiam Dei, qua justificamur per Jesum Christum Dominum nostrum, ad solam remissionem peccatorum valere, quæ jam commissa sunt, non etiam ad adjutorium, ut non committantur, anathema sit.* Et iterum quarto capitulo: *Ut quisquis dixerit, gratiam Dei per Jesum Christum propter hoc tantum nos adjuvare ad non peccandum, quia (b) per ipsum nobis revelatur & aperitur intelligentia mandatorum, ut sciamus quid appetere, & quid vitare debeamus; non autem per illam nobis præstari, ut quod faciendum cognoverimus, etiam facere diligamus, atque valeamus, anathema sit.* Cum *enim dicat Apostolus, Scientia inflat, charitas vero ædificat, valde impium est ut credamus, ad eam quæ inflat nos habere gratiam Christi; & ad eam quæ ædificat, non habere; cum sit utrumque donum Dei, & scire quid facere debeamus, & diligere ut faciamus, ut ædificante charitate, scientia non possit inflare. Sicut autem de Deo scriptum est, Qui docet hominem scientiam; ita etiam scriptum est, Charitas ex Deo est.* Ps. 93. 10. 1. Joan. 4. 7. (c) Item quinto capitulo: *Ut quisquis dixerit, ideo nobis gratiam justificationis dari, ut quod facere per liberum (d) jubemur arbitrium, facilius possimus implere per gratiam; tamquam si gratia non daretur, non quidem facile, sed tamen possimus etiam sine illa implere divina mandata, anathema sit. De fructibus enim mandatorum Dominus loquebatur, ubi non ait, Sine me difficilius potestis facere; sed ait, Sine me nihil potestis facere.*

CAPITULUM VIII. *alias* CAP. XI.

Quod præter statuta sedis Apostolicæ, obsecrationes Ecclesiæ Christi gratiam resonant, qua genus humanum ab æterna damnatione reparatur.

PRæter beatissimæ & Apostolicæ sedis inviolabiles sanctiones, quibus nos piissimi patres, (e) pestiferæ novitatis elatione dejecta, & bonæ voluntatis exordia, & incrementa probabilium studiorum, & in eis usque in finem perseverantiam ad Christi gratiam referre docuerunt; obsecrationum quoque sacerdotalium sacramenta respiciamus, quæ ab Apostolis tradita, in toto mundo, atque in omni catholica Ecclesia uniformiter celebrantur; ut legem credendi lex statuat supplicandi. Cum enim sanctarum plebium præsules mandata sibimet legatione fungantur apud divinam clementiam, humani generis agunt caussam, & tota secum Ecclesia congemiscente, postulant & precantur, ut infidelibus donetur fides, ut idololatræ ab impietatis suæ liberentur erroribus, ut Judæis ablato cordis velamine lux veritatis appareat, ut hæretici catholicæ fidei (f) perceptione resipiscant, ut schismatici spiritum redivivæ charitatis accipiant, ut lapsis pœnitentiæ remedia conferantur, ut denique catechumenis ad regenerationis sacramenta perductis cælestis misericordiæ aula reseretur. Hæc autem non perfunctorie neque inaniter a Domino peti, rerum ipsarum monstrat effectus; quandoquidem ex omni errorum genere plurimos Deus dignatur attrahere, Coloss. 1. 13. Rom. 9. 23. quos erutos de potestate tenebrarum transferat in regnum Filii charitatis suæ, & ex vasis iræ faciat vasa misericordiæ. Quod adeo totum divini operis esse sentitur, ut hæc efficienti Deo gra-

---

(a) In Leone, *caussis, cogitationibus*: male.

(b) Concilium Carthagin. & editio Leonis operum, *per ipsum*.

(c) Sic edit. append. tom. 10. oper. August. ex MS. Corb. & Leonis edit. Ceteri omisso, *Item*: In *quinto capitulo*.

(d) Ita ex MS. Corb. edit. August. operum. Ceteri vero, *jubeamur*; & post aliquot lineas, *sine me nihil difficilius*. Sed utrumque recte, excepto quod priori loco etiam in Leone habetur, *jubemur*, non *jubeamur*.

(e) Edit. Duac. & Colon. cum Leonis oper. *pestiferæ novitatis elatione*.

(f) In MS. *perfectione*.

gratiarum semper actio, laudisque confessio, pro illuminatione talium, vel correctione referatur.

CAPITULUM IX. *alias* CAP. XII.

Quod gratiam Dei etiam baptizandorum testetur exsilientia purgatio, cum exorcismis & exsufflationibus spiritus ab eis abigantur immundi.

Exorcismi & exsufflationes in baptismo. Illud etiam quod circa baptizandos in universo mundo sancta Ecclesia uniformiter agit, non otioso contemplemur intuitu. Cum sive parvuli, sive juvenes ad regenerationis veniunt sacramentum, non prius fontem vitae adeunt, quam exorcismis, & exsufflationibus clericorum spiritus ab eis immundus abigatur; ut tunc vere appareat, quomodo princeps mundi hujus mittatur foras, & quomodo prius alligetur fortis, & deinceps vasa ejus diripiantur, in possessionem translata victoris, qui captivam ducit captivitatem, & dat dona hominibus.

Joan. 12. 31. Matth. 12. 29. Marc. 3. 27. Ps. 67. 19. Ephes. 4. 8.

His ergo Ecclesiasticis regulis, & ex divina sumptis auctoritate documentis, ita adjuvante Domino, * confirmati sumus, ut omnium bonorum affectuum, atque operum, & omnium studiorum, omniumque virtutum, quibus ab initio fidei (a) ad Deum tenditur, Deum profiteamur auctorem, & non dubitemus ab ipsius gratia omnia hominis merita praeveniri, per quem fit ut aliquid boni & velle incipiamus & facere. Quo utique auxilio & munere Dei non aufertur liberum arbitrium, sed liberatur, ut de tenebroso lucidum, de pravo rectum, de languido sanum, de imprudente sit providum. Tanta enim est erga omnes homines bonitas Dei, ut nostra velit esse merita, quae sunt ipsius dona, & pro his quae largitus est, aeterna praemia sit donaturus. Agit quippe in nobis, ut quod vult, & velimus, & agamus: nec otiosa esse in nobis patitur, quae exercenda, non negligenda donavit; ut & nos cooperatores simus gratiae Dei: ac si quid nobis ex nostra viderimus remissione languescere, ad illum sollicite recurramus, *qui sanat omnes languores nostros, & redimit de interitu vitam nostram*; & cui quotidie dicimus, *Ne inducas nos in tentationem, sed libera nos a malo.*

* f. conformati.

Gratia Dei praevenit omnia merita hominis.

[illegible] Ps. 102. 3. Matth. 6. 13.

CAPITULUM X. *alias* CAP. XIII.

Quod profundiores quaestiones nec contemnendae sint, nec penitus adserendae.

(b) Profundiores vero difficilioresque partes incurrentium quaestionum, quas latius pertractarunt qui haereticis restiterunt, sicut non audemus contemnere, ita non necesse habemus adstruere. Quia ad confitendam gratiam Dei, cujus operi ac dignationi nihil penitus subtrahendum est, satis sufficere credimus, quidquid secundum praedictas regulas Apostolicae Sedis nos scripta docuerunt, ut prorsus non opinemur catholicum, quod apparuerit praefixis sententiis esse contrarium.

(a) Sic edit. append. tom. 10. oper. Aug. ex MS. Corb. & edit. oper. Leonis. Editi Prosperiani omnes habent, *attenditur*, sive his, *ad Deum*.

(b) Haec postrema Capituli verba multam dissentiendi materiem eruditis praebuerunt, ut statuatur quid intelligi debeat per *Profundiores* illas *difficilioresque partes incurrentium quaestionum*, quas *nec audet contemnere*, *nec necesse putat adserere*, collectionis hujus auctor. Nec forte valde necessarium duci debet magna contentione investigare, quid significare intenderit qui aperte loquendum sibi non credidit, nec ex loco obscuro aliam definitam eliciendi posse est sententiam. Unde notat vir eruditus in omnibus disputationibus, quae nostro saeculo extiterunt, de gratia Christi, neminem hoc loco ad ullam opinionem refutandam esse usum: cum nec ipsi Semipelagiani illum in suas partes trahere unquam tentasse legantur. Hoc solum pro certo ipse articulos operis hujus convincit, nihil inde erui posse, ut gratiae operi quidquam subtrahatur. Nec etiam hoc loco impugnari valet certum aliquid quod tota collectione hujus seriei, aut in ipsa Caelestini Epistola stabilitur, nec etiam quod cum his connexionem necessariam habere probetur. Non etiam est quod suspicari possit aliquis, hoc loco agi de initio fidei, aut doctorum praedestinatione. Si quidem de hoc ipso Prosperum inter & Semipelagianos tota erat disputatio; si manifestissime apparet a Caelestino ita probari doctrinam Prosperi, sicut reprobantur placita Semipelagianorum. Et si vero circa praefatum articulum aliquis superesset scrupulus; hoc solo diluitur, quod declarat Hormisdas Pontifex in Epistola ad Possessorem, quam citant Episcopi Africani in Sardinia exules, Epist. inter Fulgentianas 15. *De arbitrio & gratia Dei, quid Romana, hoc est catholica sequatur & servet Ecclesia, in variis libris Augustini, & maxime ad Prosperum & Hilarium, abunde possit cognosci*: qui sunt utique ejus libri de Praedestinatione sanctorum. Sed de hac re satius differentes consulere licet tum Editorem & illustratorem operum S. Leonis tom. 2. pag. 457. & seq. tum auctorem Biblioth. novae Ecclesiasticorum scriptorum tom. 4. p. 90. & 91.

AD-

ADMONITIO
IN LIBRUM SANCTI PROSPERI
CONTRA COLLATOREM

INTER reprehensores doctrinæ a sancto Augustino in libris contra Pelagianos, & præcipue in postremis propugnatæ, celeberrimus doctissimusque erat Joannes Cassianus, Presbyter & Abbas Massiliæ in Galliarum civitate non ignobili. Is, ut verisimilius apparet, e minori Scythia, quæ una erat ex Thraciæ provinciis, oriundus, circa annum forte 350. aut 360. & in uno ex Monasteriis quæ præsepi Bethlehemitano erant proxima educatus, & in humanioribus litteris non mediocriter eruditus, quem Prosper noster disputandi usu inter eos quibuscum degebat Massiliæ, excelluisse agnoscit; post peragratam Ægyptum, auditosque præstantes Ægypti solitudinum incolas, cum ipse quoque aliquamdiu anachoreticam vitam duxisset, Constantinopolim profectus, a S. Joanne Chrysostomo in Diaconum assumptus, tum ab ipso ad presbyterii honorem sublimatus, adita Roma, anno Christi 405. deinde circa annum saltem 415. Massiliam se recepit. Qua in urbe duo Monasteria, virorum unum, mulierum alterum ædificans, in priori sancti Victoris nomine ex tunc ad hæc tempora insignito, monachis præfuit. Quo in loco degens rogante Castore Episcopo Aptensis Ecclesiæ in secunda Narbonensi, Institutiones conscripsit regendis Cœnobitis a Castore institutis accommodatas. Has autem tum temporis scriptas patet, cum fervèrent adhuc circa gratiam disputationes, quandoquidem jam tum Augustini doctrina minus omnino quam par esset favere animadvertatur, erroneo hoc principio præventus, salutis nostræ opus a nobis sumere initium, per bonæ voluntatis meritum; quod subinde a Deo ad consummationem perducatur: hoc est discerni nos a nobis ipsis, habere aliquid quod non acceperimus, & proinde posse non in Domino sed in nobis ipsis gloriari. Sed hæc ab eo ante Innocentii aut Zozimi in Pelagianos latas sententias prolata merito conjicias, post quorum damnationem, non ausus fuisset cum hujusmodi hæreticis affirmare, nihil aliud quam legem gratiæ divinæ auxilium dici posse.

Eodem auctore & oratore, etiam Collationum spiritualium, quas cum Orientalibus Monachis habuerat, seriem stilo committere suscepit. Harum decem primas, defuncto civius Castore amico suo, Leontio Episcopo Foro-juliensi, & Helladio nondum Episcopo nuncupavit. Septem sequentes precibus sanctorum Honorati Arelatensis & Eucherii Lugdunensis postea Episcoporum victus composuit, anno serius 426. Quibus in Collationibus, inter multa ædificationi Lirinensium Monachorum, quorum usibus destinabantur, utilissima, & iis laudibus, quibus a multis viris doctis & sanctis decoratus est Cassianus, dignissima, plura etiam sparsim, & maxime tota fere Collatione decima tertia sancti Augustini circa gratiam doctrinæ adversa leguntur.

Qua in re Cassianus periculosius errabat quam in ceteris, tum propter materiæ dignitatem, tum propter temporum circumstantias. Pelagianorum enim errata Romæ primum anno 418. damnata fuerant, tum statim a multis Orientalium partium Conciliis, cum ille anno serius 426. Collationem hanc decimam-tertiam luci commisit: in qua quidem idem error specialius continetur, cujus jam in tertia Collatione satis evidens vestigium deprehendebatur. Viro ergo tantæ auctoritatis quantæ Cassianus habebatur, in ipso disputationum fervore novum dogma inferente, quod quidem, observante Prospero, nec damnatæ ab Ecclesia hæresi usquequaque conforme, nec doctrinæ S. Augustini, qui Pelagianorum damnationis pars maxima fuerat, omni ex parte consentiens foret, fieri omnino non

poterat,

poterat, quin inde turbatio non modica enasceretur. Nec enim erat quod errores in Collatione insertos in Charemonem Abbatem, quem loquentem induxerat, rejiceret, quos ipse totis ulnis amplecti se ac probare testabatur. Id autem ei in votis erat cum collationes evulgaret, ut proprios sensus suis depromeret, cum eorum quibus docendi munus commisisse simulabat doctrinam magis praeconiis extolleret. Aliis quoque ex locis satis manifeste deprehendebatur, probata ab eo omnia Charemonis Abbatis pronunciata: quod quidem satis praestasse se ostendit, cum hanc doctrinam nec improbarit, nec objectione vel minima in dubium revocari posse demonstrarit.

Hinc contigit ut multi in Galliis nostris, maxime inter servos Dei, quo nomine solent designari Monachi, qui Massilia degebant, in Augustini doctrinam insurgerent; nec dubium istos Cassiani auctoritate in errores, cum aliis suis sequacibus inductos. Erant autem isti Massilienses Monachi viri clari, & in omnium virtutum studio egregii, quorum apud plerosque tanta erat de probitatis contemplatione reverentia, ut hoc tutissimum sibi aestimarent, quod audirent eos, quorum auctoritatem sine judicio sequebantur, asserere. Hos inter eruditissimus habebatur Cassianus, qui etiam solus cogitata sua scriptis publicare non timuerat.

Hi autem in principio cautius agentes, tarditatem suam culpare maluerunt, quam non intellecta in Augustini elucubrationibus reprehendere; quidamque eorum lucidiorem super hoc atque apertiorem ejus expositionem voluerunt postulare. Patuit tamen postea non minus ex superbia, cui omnium maxime patent quorum virtutes apud homines in pretio habentur, quam ex naturali ignorantia aut infirmitate natas horum tenebras. Cum enim fortuito allatus esset in Gallias liber de Correptione & gratia, quem instruendis Adrumetinis Monachis anno 427. Augustinus destinaverat, quo in libro omnibus Massiliensium objectionibus, quasi ex industria respondebatur, cum ergo illi lucem hoc in libro affulgentem ad profectum suum convertere debuissent, & omnium dubitationum suarum nebulas disjicere; majori in veritatem, quam antea exarserunt odio, hoc inter cetera objicientes, a nemine Ecclesiasticorum Tractatorum ante Augustinum Pauli loca ad sensum Praedestinationis applicata: quod nulli magis competit quam Cassiano Graecorum libris innutrito, ex quibus potior objectionis hujus nasci poterat occasio.

Qua de re Prosper & Hilarius cum ad S. Augustinum litteras dedissent circa annum 428. aut 429. ille respondit libris de Praedestinatione sanctorum & de dono perseverantiae. Quo animo libri illi a Gallis suscepti fuerint non patet: patet vero his non statim sopitas tadium dissidiorum turbas.

Superstite adhuc Augustino, Rufino Epistolam scripsit S. Prosper, in qua testatur, se hoc de divitiis misericordiae Dei sperare, quod quos tunc libero falli arbitrio suo, & ab humilitatis via patiebatur evagari, non usquequaque, neque in finem esset intelligentia fraudaturus, sed hunc ipsum in longinquiora progressum ideo ab eo tardius revocari, ut opus gratiae ejus majore gloria celebraretur, cum sibi etiam adversantium corda subdidisset, quibus de virtutum studio cautum erat periculum, & de morum probitate discrimen. Quod quidem postremum, an de Cassiano intelligi non debuerit merito dubitatur, quem ceteris longius a vero aberrare, si non dogmatibus, saltem tuendorum dogmatum suorum modo, constabat.

Augustino autem inter beatos assumpto, Prosper, & Hilarius Caelestinum Pontificem adierunt, delaturi querelas suas contra quosdam Presbyteros qui dissensiones moverant in Galliis adversus doctrinam S. Augustini, nec ejus etiam famae parcentes. Unde in celebri illa responsione sua, quae supra edita legi potest, arguit Caelestinus, quod qui solo presbyteratus gradu eminebant, doctrinam Ecclesiae pro libito dijudicare non verentur; & id sibi auctoritatis, quod solis Episcopis competeret arrogaret. Quibus forte verbis notabatur specia-

tia

tum Cassianus: quod eo magis pronum est conjicere, quod primus inter Episcopos ad quos dirigebatur hæc Epistola legatur Venerius Massiliensium Episcopus ex Gennadio.

Nec tamen Cælestini litteris sedatæ turbæ, paxque reddita Ecclesiis Provincialium. Cum ergo Cælestino successor datus fuisset Xistus seu Sixtus III. quod contigit 26. Aprilis 432. ex Baronio, aut paucis post mensibus, necesse fuit S. Prosperum iterum stilo defensionem Augustini doctrinæ, quæ in odium adduci calumniosis scriptis non desinebat, suscipere. Et ut omnibus pateret, quos in errores laberentur qui tanto doctori adversabantur, decimam-tertiam Cassiani Collationem evertere suscepit: qui quidem omnes Augustini adversarios doctrina superabat, nec scripta a se publicata diffiteri poterat. Hunc tamen ex nomine proprio indigitare noluit, sed libro titulum fecit Contra Collatorem, *id est contra auctorem collationum. In vivis tunc superstitem fuisse Cassianum constat.*

Hæc vero maxime docuerat Cassianus, initium bonæ voluntatis fideique aliquando ex Deo, aliquando vero ex homine ortum habere: agnoscenda in nobis virtutum semina: liberum arbitrium naturaliter posse ad bonum inclinari: hoc quidem aliquando a gratia præveniri, ab ejus autem sæpe motibus gratiæ dona antecedi. Quæ omnia sanctus Prosper Pelagianorum dogmatum consequia esse probat. Inde enim sequi gratiam secundum merita hominum dari: nec læsam peccato Adæ hominum naturam: tales errores dudum cum Pelagianis dogmatibus in variis Episcoporum Synodis, & summorum Pontificum Epistolis decretisque in eos latis esse proscriptos: a sancto denique Augustino in scriptis plurimis a fundamentis evulsos & dissipatos. Unde Cassiani scripta apocryphis accensuit Gelasius Papa circa annum 494. in Concilio Episcoporum Romæ habito.

Ut ergo tanta lux concilietur tam egregio Prosperi nostri operi, quanta omnino potest; utile fore lectoribus visum est, si ipsam Cassiani Collationem decimam-tertiam Prosperi Responsioni totam præire curaremus. Sine periculo enim, immo etiam non sine aliquo emolumento legetur opus se solo alias periculosum, si cum tam invicta eximii Doctoris responsione conferatur.

JOANNIS CASSIANI
PRESBYTERI
COLLATIO TERTIA DECIMA,
QUÆ TERTIA EST ABBATIS CHÆREMONIS
cum Germano colloquentis,
DE PROTECTIONE DEI.

CAPUT PRIMUM.

Qua occasione præcedenti collationi hæc de Protectione Dei subjungatur.

Cum ad synaxim matutinam, peracto parvulum sopore remearemus, senem reperimus; ingenti Abbas Germanus scrupulo movebatur, quod in præterita disputatione, cujus virtus summum desiderium integritatis nobis castitatis infuderat, unius adjectione sententiæ beatus senex meritum humanæ cassabat industriæ, adstruens, hominem quamvis summis ad bonam frugem viribus enitatur, tamen boni compotem esse non posse, nisi id divinæ tantum muneris largitate, non operis sui studio percepisset. Hanc igitur quæstionem attonite volventibus nobis, progressus cellula beatus Chæremon, cum quiddam nos invicem mussitare sensisset, solito brevius orationum atque psalmorum solemnitate transcursa, quid moveret inquirit.

CAPUT II.

Interrogatio. Quare merita virtutum laborantis industriae non deputentur.

TUnc Germanus. Quorundam excellentissimae, inquit, sublimitate virtutis, quae vestra disputatione perfecta est, penitus (ut ita dixerim,) a fide possibilitatis excludimur. Verum nobis (pace tua dictum sit) videtur absurdum, si laborum stipendium, id est, perfectio castitatis, quae instantia proprii sudoris acquiritur, non specialiter laborantis deputetur industriae. Ineptum est enim ut si, verbi gratia, agricolam ergo culturam terrae irremissum studium viderimus impendere, non illius efficaciae adscribamus et fructum.

CAPUT III.

Responsio. Quod sine adjutorio Dei, non solum perfectio castitatis, sed omnino nihil boni perfici possit.

CHaeremon: Hoc ipso quod proposuistis exemplo, evidentius approbatur, nihil posse proficere sine adjutorio Dei laborantis industriam. Nec enim agricola cum omnes conatus suos in excolendis expenderit terris, confestim etiam proventum segetum et ubertatem frugum suae poterit industriae deputare, quam irritam esse frequenter expertus est, nisi eam et pluviarum opportunitas, et hiemis tranquilla serenitas subsequatur: ita ut adultas jam fructus ac perfecta maturitate solidatas, quodammodo de manu tenentium viderimus plerumque praereptas, nihilque laborantibus illam jugem sudoris instantiam contulisse, quia non fuit Domini opitulatione directa. Sicut igitur inertibus agricolis, qui sua frequentatione culturae arva non subigunt, hanc ubertatem segetum pietas divina non confert, ita laborantibus pervigil sollicitudo non proderit, nisi misericordia Domini fuerit prosperata. In qua tamen humana superbia nullatenus se gratiae Dei vel exaequare, vel admiscere contendat, participemque se in muneribus Dei per hoc conetur inserere, ut laborem suum auctorem esse divinae existimet largitatis, ac proventum copiosissimarum frugum industriae suae meritis respondisse glorietur.

Consideret namque ac veridica examinatione perpendat, quod ne ipsos quidem conatus, quos pro desiderio opulentiae intentus exercuit, suis viribus impendere potuisset, nisi eum ad exercendum omne opus ruris, protectio Domini ac misericordia roborasset: et inefficax ejus voluntas fuisset ac virtus, nisi etiam peragendi copiam, quae nonnunquam vel siccitatis vel imbrium nimietate frustratur, divina clementia

* al. boum virtus. praestitisset. Nam cum et * bovum virtus, et sanitas corporis, et omnium effectus operum actionumque prosperitas a Domino fuerit condonata,

Deut. 28. 23. Joel. 1. 4. orandum est ne fiat ei, sicut scriptum est, caelum aereum et terra ferrea; et ut residuum locustae comedat bruchus, et residuum bruchi eruca devoret, et residuum erucae rubigo consumat. Nec in hoc tantum egit divinitatis auxilio agricolae laborantis industria, nisi etiam insperatos avertat casus, quibus etiam si desiderata frugum fecunditate ager fuerit opimatus, non solum spei suae vana expectatione frustrabitur, verum etiam perceptarum et reconditarum jam, vel in area vel in horreo frugum ubertate fraudabitur.

Quibus manifeste colligitur, non solum actuum, verum etiam cogitationum bonarum ex Deo esse principium, qui nobis et initia sanctae voluntatis inspirat, et virtutem atque opportunitatem eorum quae recte cupimus, tribuit peragendi. Omne enim datum bonum, et omne donum Jacob. 1. 17.
perfectum de sursum est, descendens a Patre luminum: qui et incipit quae bona sunt, et exsequitur, et consummat in nobis, dicente Apostolo; Qui autem dat semen seminanti, et pa- 2. Cor. 9. 10.
nem ad manducandum praestabit, et multiplicabit semen vestrum, et crescere faciet fructus justitiae vestrae. Nostrum vero est, ut quotidie Act. 7. 51.
attrahentem nos gratiam Dei humiliter subsequamur, vel certe dura cervice, et incircumcisis, ut scriptum est, auribus eidem resistentes, per Jeremiam mereamur audire; Numquid Jerem. 8. 4. & 5.
qui cadit non resurget, aut qui aversus est non revertetur? Quare ergo aversus est populus iste in Jerusalem aversione contentiosa? Induraverunt cervices suas, noluerunt reverti.

CAPUT IV.

Objectio. Quemadmodum gentiles absque gratia Dei castimoniam habuisse dicantur.

GErmanus; Huic sensui, cujus pietas obrepere a nobis non potest improbari, illud videtur obsistere, quod ad destructionem liberi arbitrii tendit. Nam cum multos gentilium, qui utique divini adjutorii gratiam non meruntur, non solum frugalitatis atque patientiae, sed, quod magis mirum est, etiam castitatis videamus fulgere virtutibus, quemadmodum captivato libera voluntatis arbitrio, Dei munere collata illis credenda sunt? cum utique mundanae sapientiae sectatores, non solum Dei gratiam, sed ipsum etiam verum Deum penitus ignorantes, quantum vel scriptis legimus, vel quorundam traditione cognovimus, summam castimoniae puritatem proprii laboris industria possedisse dicantur.

CAPUT V.

Responsio: De Philosophorum imaginaria castitate.

CHaeremon: Gratum mihi est, quod dum summo agnoscendae veritatis ardore flammamini, quaedam etiam inepta proponitis, quorum objectione, probatur atque (ut ita dixerim) exploratior catholicae fidei virtus apparet. Quis enim sapiens tam contrariis propositionibus utatur, ut caelestem castimoniae puritatem, quam hesterna die nec per Dei gratiam cuilibet cuidam asserebatis posse conferri, nunc eandem etiam a gentilibus credatis virtute propria fuisse possessam? Sed quia hoc explorandi procul dubio (ut dictum est) studio veritatis opposuistis, quid de his sentiamus advertite.

Pri-

Primum Philosophus nequaquam credendum est talem animi castitatem, qualis a nobis exigitur, assecutos, quibus injungitur, ut non solum fornicatio, sed ne immunditia quidem nominetur in nobis. Habuerunt autem illi quamdam μερικήν, idest, particularem castitatis, id est, abstinentiam carnis, ut tantum a coitu libidinem coercerent: hanc autem internam mentis perfectam, ac perpetuam corporis puritatem, non dicam opere assequi, sed nec cogitare potuerunt. Denique famosissimus ille ipsorum Socrates, hoc, ut ipsi concelebrant, de se non erubuit profiteri. Nam cum intuens eum quidam physiognomon dixisset, ὄμματα παιδεραστοῦ, id est, Oculi corruptoris puerorum, & irruentes in eum discipuli ejus, atque illatam magistro vellent convicium ulcisci, indignationem eorum hac dicitur compressisse sententia, παύσασθε, ἑταῖροι, εἰμὶ γάρ, ἐπέχω δέ: id est, Quiescite, o sodales, etenim sum, sed contineo me. Apertissime igitur non solum assertione nostra, sed etiam ipsorum professione monstratur, consummationem tantummodo impudicitiæ, idest, commixtionis turpitudinem, violenta ab illis necessitate compressam, non tamen desiderium de cordibus eorum, & oblectationem illius passionis exclusam. Cum quo autem horrore proferenda est illa sententia Diogenis? Factum enim quod Philosophus mundi hujus, velut quiddam memorabile proferre non puduit, neque dici a nobis sine verecundia, neque audiri potest. Nam cuidam in adulterii crimine puniendo (ut ferunt) ait, τὸ δωρεὰν πωλούμενον θανάτῳ μὴ ἀγόραζε: id est, Quod gratis venditur, morte non emas. Constat ergo illos veræ castitatis, quæ a nobis expetitur, nec cognovisse virtutem. Et ideo satis certum est circumcisionem nostram, quæ in spiritu est, non posse nisi Dei tantum munere possideri, & his inesse solummodo, qui Deo tota spiritus sui contritione deserviunt.

Ephes. 5. 3.

Diogenis sententia.

CAPUT VI.

Quod sine gratia Dei nullos industriæ conatus exequi valeamus.

ET idcirco licet in multis, immo in omnibus possit ostendi, semper auxilio Dei homines indigere, nec aliquid humanam fragilitatem quod ad salutem pertinet, per se solam, id est, sine adjutorio Dei posse perficere, in nullo tamen evidentius quam in adquisitione atque custodia castitatis ostenditur. Ut enim tantisper de integritatis ejus difficultate disputatio differatur; de instrumentis ejus breviter interim disputemus. Quis prævaleat, quæso, quamvis fervens spiritu, vel squalorem solitudinis, vel sicci panis, non dicam quotidianam esuriem, sed ipsam saturitatem, nulla hominum laude suffultus, suis viribus sustinere? Quis æque perpetuam sitim sine Domini consolatione toleravit? illumque dulcem ac delectabilem matutinum soporem humanis fraudari oculis, & intra terminos horarum quatuor omnem quietis refectionem jugi possit lege concludere? Quis indefessam lectionis instantiam? quis irremissam operis sedulitatem, nullum præsentis lucri commodum capiens, absque Dei gratia explere sufficiat? Quæ omnia sicut desiderari a nobis jugiter absque divina inspiratione non possunt, ita ne perfici quidem sine ejus auxilio ullatenus queunt.

Et ut hæc eadem non solum probare nobis experientiæ disciplina, sed etiam certis indiciis & argumentis manifestiora reddamus; nonne in multis quæ utiliter optamus implere: cum desiderii plenus ardor ac voluntas perfecta non desit, interpellante quacumque fragilitate cassatur voti concepta, nec proposito nostro adsistit effectus, nisi virtus perficiendi Domini fuerit miseratione donata? ita ut cum sit innumera multitudo illorum qui fideliter virtutum studiis desiderent inhærere, summam tamen eorum qui hæc perficere vel tolerare prævaleant invenias raritatem; ut prætermittam, quod ne tunc quidem, cum omnino nulla nos arcet infirmitas, facultas universa quæ volumus peragendi nostra subjacet potestati. Nam neque orationis silentium, nec districtiones jejuniorum, nec lectionis instantiam, illo etiam tempore quo possumus, pro nostro arbitrio retentamus; sed quibusdam occurrentibus causis, etiam invitissimi frequenter retrahimur a salutaribus institutis, ita ut, vel loci, vel temporis copiam in quo hæc exercere possimus, necesse sit nos a Domino deprecari, nec sufficere nobis id quod possumus certum est, nisi etiam opportunitas peragendi ea quæ nobis utique possibilia sunt, a Domino tribuatur: de quibus & Apostolus; Quoniam voluimus, inquit, venire ad vos, & semel & iterum, & impedivit nos Satanas: ita ut nonnunquam nos etiam utiliter ab istis spiritalibus sentiamus studiis avocari, ut dum moderatio nobis interrumpitur nostri cursus intentio, & infirmitati carnis aliquid relaxamus, etiam inviti ad salutarem perseverantiam referamur. De qua dispensatione Dei simile aliquid beatus Apostolus, Propter quod, inquit, ter Dominum rogavi, ut discederet a me; & dixit mihi, Sufficit tibi gratia mea: nam virtus in infirmitate perficitur: & iterum; Quid enim oremus secundum quod oportet nescimus.

1. Thess. 2. 18.

2. Cor. 12. 8. & 9.

Rom. 8. 26.

CAPUT VII.

De principali proposito Dei, & providentia quotidiana.

PRopositum namque Dei, quo non ob hoc hominem fecerat, ut periret, sed ut in perpetuum viveret, manet immobile. Cujus benignitas, cum bonæ voluntatis in nobis quantulamcumque scintillam emicuisse perspexerit, vel quam ipse, tamquam de dura silice nostri cordis excusserit, confovet eam & exsuscitat, suaque inspiratione confortat, volens omnes homines salvos fieri, & ad agnitionem veritatis venire. Quia non est, inquit, voluntas apud Patrem meum qui in cælis est, ut pereat unus ex pusillis istis. Et iterum: Non vult, inquit, Deus perire animam, sed * retractat cogitans, ne penitus pereat qui abjectus est. Verax namque est, & non mentitur Deus, cum obtestatione definiens; Vivo ego, dicit Dominus, quia nolo mortem impii, sed ut convertatur a via sua, & vivat. Qui enim ut pereat unus ex pusillis non habet voluntatem, quomodo sine ingenti

1. Tim. 2. 4.

Matth. 18. 14.

2. Reg. 14. 14.

* al. retractat cogitans.

Ezech. 33. 11.

ingenti

gravi sacrilegio putandus est, non universaliter omnes, sed quosdam salvos fieri velle pro omnibus? Ergo quicumque pereunt, contra illius pereunt voluntatem, ita eo contra unumquemque eorum quotidie proclamante: (Ibidem.) Convertimini a viis vestris pessimis, & quare moriemini, domus Israel? *&* *iterum*, (Matth. 23. 37.) Quoties volui congregare filios tuos, sicut gallina congregat pullos suos sub alas suas, & noluisti? *&* (Jerem. 8. 5.) Quare, *inquit*, aversus est populus iste in Jerusalem aversione contentiosa? Induraverunt * facies suas, noluerunt reverti. (* al. conversione.)

Praesto est ergo quotidie Christi gratia, quae dum vult omnes homines salvos fieri, & ad agnitionem veritatis venire, cunctos absque ulla exceptione convocat, dicens: Venite ad me omnes qui laboratis & onerati estis, & ego reficiam vos. (Matth. 11. 28.) *Si autem non omnes universaliter, sed quosdam advocat, sequitur ut nec omnes sint onerati vel originali vel actuali peccato, nec vera sit illa sententia,* Omnes enim peccaverunt, & egent gloria Dei; (Rom. 3. 23.) *nec per omnes homines mors pertransisse credatur. Et in tantum omnes qui pereunt contra Dei pereunt voluntatem, ut nec ipsam mortem Deus fecisse dicatur, ita Scriptura testante,* Quia Deus mortem non fecit, nec gaudet in perditione vivorum. (Sap. 1. 13.) *Et inde est quod plerumque, dum pro nobis contraria postulamus, vel tardius vel nunquam nostra exauditur oratio: & rursus ea quae credimus esse contraria, utiliter, ut benignissimus medicus, etiam invitis nobis Dominus inferre dignatur, ac nonnunquam perniciosas dispositiones nostras lethalesque conatus ab effectu detestabili retardat ac revocat, ac properantes ad mortem, retrahit ad salutem, & de inferni faucibus extrahit ignorantes.*

CAPUT VIII.

De gratia Dei & arbitrii libertate.

Quam curam atque providentiam circa nos suam, sub figura urbis Jerusalem, & perniciosa ad idolorum cultum alacritate tendentis, per Oseam prophetam sermo divinus eleganter expressit. Dicente namque ea, Vadam post amatores meos, qui dant panem mihi, & aquam meam, lanam meam, & linum meum, oleum meum, & potum meum; (Osee 2. 5.) *respondit, saluti ejus, non voluntati consulens divina dignatio:* Ecce ego sepiam viam ejus spinis, & sepiam eam maceria, & semitas suas non inveniet: & sequetur amatores suos, & non apprehendet, & quaeret eos, nec inveniet illos, & dicet, Revertar ad virum meum priorem, quia bene mihi erat tunc magis quam nunc est. (Ibid. v. 6. & 7.) *Ac rursus contumacias nostras atque contemptus, quibus eum ad salutares invitantem reversus, rebelli spiritu dedignamur, tali comparatione describit,* Et dixi, *inquit*, Patrem vocabis me, & post me ingredi non cessabis. Sed quomodo si contemnit mulier amatorem suum, sic contempsit me domus Israel, ait Dominus. (Jerem. 3. 19. & 20.) *Satis congrue, quoniam Jerusalem adulterae comparaverat a suo conjuge discedenti, amorem quoque ac perseverantiam benignitatis suae, viro qui a femina despicitur comparavit. Pietas enim ac dilectio Dei, quae circa humanum genus semper impenditur, eo quod nullis ita vincatur injuriis, ut a cura nostrae salutis abscedat, & quodammodo superata iniquitatibus nostris, a principali suo proposito revocetur, magis proprie exprimi alia comparatione non potuit, quam exemplo viri ardentissimo amore feminam diligentis, qui quanto magis negligi se ab ea senserit, tanto vehementioris circa eam zeli ardore flammatur.*

Adest igitur inseparabiliter nobis semper divina protectio, tantaque est erga creaturam suam pietas creatoris, ut non solum comitetur eam, sed etiam praecedat jugi providentia. Quam expertus propheta Domino apertissime confitetur, dicens, Deus meus, misericordia ejus praeveniet me. (Psal. 58. 11.) *Qui cum in nobis ortum quemdam bonae voluntatis inspexerit, illuminat eam confestim atque confortat, & incitat ad salutem, incrementum tribuens ei, quam vel ipse plantavit, vel nostro conatu viderit emersisse.* Nam antequam clament, *inquit*, ego exaudiam, adhuc loquentibus eis, ego audiam: (Isai. 65. 24.) *&* *iterum*, Ad vocem clamoris tui, statim ut audierit, respondebit tibi. (Isai. 30. 19.) *Et non solum sancta desideria benignus inspirat, sed etiam occasionem * praestruit & opportunitatem boni effectus, ac salutaris viae directionem demonstrat errantibus.* (* al. prostruit.)

CAPUT IX.

De virtute bonae voluntatis nostrae, & gratia Dei.

Unde non facile humana ratione discernitur, quemadmodum Dominus petentibus tribuat, a quaerentibus inveniatur, aperiatque pulsantibus: & rursus inveniatur a non quaerentibus, palam appareat inter illos qui eum non interrogabant, & tota die expandat manus suas ad populum non credentem sibi & contradicentem, resistentes ac longe positos vocet, invitos attrahat ad salutem, peccare cupientibus explendae copiam subtrahat voluntatis, ad nequitiam properantibus benignus obsistat. (Matth. 7. 7. Isai. 65. 1. Ibidem 2.)

Cui autem facile pateat, quemadmodum salutis summa nostro tribuatur arbitrio, de quo dicitur, Si volueritis, & audieritis me, quae bona sunt terrae manducabitis: (Isai. 1. 19.) *&* *quemadmodum*, Non volentis, neque currentis, sed miserentis sit Dei? (Rom. 9. 16.) *Quid etiam sit illud quod* Deus reddet unicuique secundum opera ejus; (Rom. 2. 6.) *&*, Deus est qui operatur in vobis & velle & perficere pro bona voluntate; (Philipp. 2. 13.) *&*, Hoc non ex vobis, sed Dei donum est; non ex operibus, ut ne quis glorietur? (Ephes. 2. 8. & 9.) *Quid sit etiam illud quod dicitur,* Appropinquate Deo, & appropinquabit vobis: (Jacob. 4. 8.) *& quod alibi dicit*, Nemo venit ad me, nisi Pater qui misit me attraxerit eum? (Joann. 6. 44.) *Quid sit quod dicitur*, Rectos cursus fac pedibus tuis, & vias tuas dirige: (Prov. 4. 26.) *& quid sit quod dicimus orantes*, Dirige in conspectu tuo viam meam: *&*, Perfice gressus meos in semitis tuis, ut non moveantur vestigia mea? (Psal. 5. 9. Psal. 16. 5.) *Quid etiam sit quod iterum commonemur*: Facite vobis cor novum, & spiritum novum: (Ezech. 18. 31.) *& quid sit illud quod repromittitur*: Dabo eis cor novum, & spiritum novum tribuam in visceribus eorum: & auferam (Ezech. 11. 19.)

ram cor lapideum de carne eorum, & dabo eis cor carneum; ut in præceptis meis ambulent, & judicia mea custodiant? Quid sit quod præcepit Dominus dicens, Lava a malitia cor tuum Jerusalem, ut salva fias: & quid sit quod * ipsum propheta a Domino postulat, dicens, Cor mundum crea in me Deus: & iterum, Lavabis me, & super nivem dealbabor? Quid sit quod ad nos dicitur, Illuminate vobis lumen scientiæ: & quid sit quod de Deo dicitur, Qui docet hominem scientiam; &, Dominus illuminat cæcos; vel certe quod orantes dicimus cum propheta, Illumina oculos meos, ne unquam obdormiam * in morte: nisi quod in his omnibus & gratia Dei, & libertas nostri declaratur arbitrii; & quia etiam suis interdum motibus homo ad virtutum appetitus possit extendi, semper vero indigeat adjuvari. Nec enim cum voluerit quis sanitate perfruitur, aut de ægritudinis morbo pro arbitrii sui desiderio liberatur.

Quid autem prodest sanitatis gratiam concupisse, nisi Dominus, qui vitæ ipsius usum tribuit, etiam vigorem incolumitatis impertiatur? Ut autem evidentius clareat, etiam per naturæ bonum, quod beneficio Creatoris indultum est, nonnunquam bonarum voluntatum prodire principia, quæ tamen nisi a Domino dirigantur, ad consummationem virtutum pervenire non possunt, Apostolus testis est dicens, Velle adjacet mihi, perficere autem bonum non invenio.

CAPUT X.

De liberi arbitrii infirmitate.

NAm libertatem scriptura divina nostri confirmat arbitrii, dicens, Omni custodia serva cor tuum: sed infirmitatem ejus Apostolus manifestat, dicens, Dominus custodiat corda vestra & intelligentias vestras in Christo Jesu. Virtutem liberi arbitrii David enuntiat, dicens, Inclinavi cor meum ad faciendas justificationes tuas: sed infirmitatem ejus idem orans similiter docet, Inclina, inquiens, cor meum in testimonia tua, & non in avaritiam. Salomon quoque ait, Inclinet corda nostra ad se, ut ambulemus in viis ejus, & custodiamus mandata ejus, & cæremonias ejus, & judicia ejus. Potestatem designat arbitrii nostri Psalmographus dicens, Cohibe linguam tuam a malo, & labia tua ne loquantur dolum: infirmitatem ejus nostra protestatur oratio, dicentibus nobis, Pone, Domine, custodiam ori meo, & ostium circumstantiæ labiis meis. Arbitrii nostri facultas a Domino declaratur, cum dicitur, Solve vincula colli tui captiva filia Sion: fragilitatem ejus propheta * decantat dicens, Dominus solvit compeditos: &, Dirupisti vincula mea, tibi sacrificabo hostiam laudis.

Audivimus in Evangelio Dominum convocantem ut ad eum properemus per liberum arbitrium; Venite ad me omnes qui laboratis & onerati estis, & ego reficiam vos: sed infirmitatem ejus idem Dominus protestatur dicens, Nemo potest venire ad me, nisi Pater qui misit me attraxerit eum. Apostolus liberum arbitrium nostrum indicat dicens, Sic currite ut comprehendatis: sed infirmitatem ejus Joannes Baptista testatur, cum ait, Non potest homo accipere a se quidquam, nisi fuerit ei datum de cælo. Jubemur animas nostras sollicite custodire, dicente propheta, Nisi Dominus custodierit civitatem, in vanum vigilat qui custodit eam. Apostolus Philippensibus scribens, ut liberum eorum designet arbitrium, Cum metu & tremore, inquit, vestram salutem operamini: sed ut infirmitatem ejus ostendat adjungit, dicens, Deus est enim, inquit, qui operatur in vobis & velle & perficere, pro bona voluntate.

CAPUT XI.

Utrum bonam voluntatem nostram sequatur an præcedat gratia Dei.

ET ita sunt hæc quodammodo indiscrete permixta atque confusa, ut quid ex quo pendeat, inter multos magna quæstione volvatur: id est, utrum quia initium bonæ voluntatis præbuerimus, misereatur nostri Deus, an quia Deus miseretur, consequamur bonæ voluntatis initium? Multi enim singula hæc credentes, ac justo amplius asserentes, variis sibique contrariis sunt erroribus involuti. Si enim dixerimus nostrum esse bonæ principium voluntatis, quid fuit in persecutore Paulo, quid in Publicano Matthæo, quorum unus cruori ac suppliciis innocentum, alius violentiis ac rapinis publicis incumbens attrahitur ad salutem? Sin vero gratia Dei semper inspirari bonæ voluntatis principia dixerimus, quid de Zacchæi fide, quid de illius in cruce latronis pietate dicemus, qui desiderio suo vim quamdam regnis cælestibus inferentes, specialia vocationis monita prævenerunt? Consummationem vero virtutum & executionem mandatorum Dei, si nostro deputaverimus arbitrio, quomodo oramus, Confirma Deus hoc, quod operatus es in nobis: &, Opera manuum nostrarum dirige super nos? Scimus ad maledicendum Israeli Balaam fuisse conductum, sed videmus maledicere cupienti non fuisse permissum. Custoditur Abimelech, ne Rebeccam tangens peccet in Deum. Joseph fratrum livore distrahitur, ut descensio filiorum Israel in Ægyptum fieret, & illis de germani nece tractantibus, futuræ famis remedia pararentur.

Quod idem Joseph a fratribus agnitus manifestat dicens, Nolite pavere, nec durum vobis videatur, quod vendidistis me in his regionibus. Pro salute enim vestra misit me Dominus ante vos. Et infra. Præmisit enim me Dominus, ut reservemini super terram, & escas ad vivendum possitis habere. Non vestro consilio, sed voluntate Dei huc missus sum, qui fecit me quasi Patrem Pharaonis, & dominum totius domus ejus, & principem in omni terra Ægypti. Et cum post obitum patris, formidantibus fratribus suspicionem timoris auferret, Nolite, inquit, timere. Numquid Dei possumus resistere voluntatem? Vos cogitastis adversum me malum, & Deus vertit in bonum, ut exaltaret me, sicut impræsentiarum cernitis, & salvos faceret populos multos. Quod etiam beatus David evenisse tunc similiter in psalmo centesimoquarto familiter declarat dicens, Et vocavit famem super terram, & omne firmamentum panis contrivit.

trivit.

sitivit. Misit ante eos virum, in servum venundatus est Joseph. Haec duo, id est, vel gratia Dei, vel liberum arbitrium, sibi quidem videntur adversa; sed utraque concordant, & utraque nos pariter debere suscipere, pietatis ratione colligimus: ne unum horum homini subtrahentes, ecclesiasticae fidei regulam excessisse videamur. Nam cum viderit nos Deus ad bonum velle deflectere, occurrit, dirigit atque confortat. Isai. 30. 19. Ps. 49. 15. Ad vocem enim clamoris tui statim ut audierit, respondebit tibi: &, Invoca me, inquit, in die tribulationis tuae, & eruam te, & glorificabis me. Et rursus, si nos nolle, vel intepuisse perspexerit, adhortationes salutiferas admovet cordibus nostris, quibus voluntas bona vel reparatur, vel formatur in nobis.

CAPUT XII.

Quod voluntas bona, nec semper gratiae, nec semper sit homini tribuenda.

NEc enim talem Deus hominem fecisse credendus est, qui nec velit unquam, nec possit bonum. Alioquin nec liberum ei permisit arbitrium, si ei tantummodo malum ut velit & possit, bonum vero a semetipso nec velle nec posse concessit. Et quomodo stabit illa Gen. 3. 22. Domini post praevaricationem primi hominis lata sententia; Ecce Adam factus est sicut unus ex nobis, sciens bonum & malum? Non enim talis ante fuisse putandus est, qui boni esset prorsus ignarus: alioquin velut quoddam irrationale atque insensatum animal eum fatendum est fuisse formatum. Quod satis absurdum, atque a catholica fide omnimodis alienum est. Quinimmo secundum sapientissimi Salomonis sententiam, Eccl. 7. 30. Fecit Deus hominem rectum, id est, ut tantummodo boni scientia jugiter frueretur, sed ipsi quaesierunt cogitationes multas. Facti enim sunt, ut dictum est, scientes bonum & malum. Concepit ergo Adam post praevaricationem quam non habuerat scientiam mali, boni vero quam acceperat scientiam non amisit.

Denique non amisisse humanum genus post praevaricationem scientiam boni, etiam Apostoli sententia evidentissime declaratur, qua dicit, Rom. 2. 14. 15. & 16. Cum enim gentes, quae legem non habent, naturaliter ea quae legis sunt faciunt, hi legem non habentes, ipsi sibi sunt lex, qui ostendunt opus legis scriptum in cordibus suis, testimonium reddente illis [illegible] illum accusantium [illegible] die qua judicabit Deus [illegible] sensum etiam Dominus per prophetam increpat Judaeorum non naturalem, sed voluntariam caecitatem, quam ipsi sibi contumaciter inferebant. Isai. 42. 18. & 19. Surdi, inquit, audite, & caeci intuemini ad videndum. Quis surdus, nisi servus meus, & caecus, nisi ad quem nuntios meos misi? Et ne forte hanc eorum caecitatem aliquis naturae, non voluntati posset adscribere, alibi Ibid. 43. 8. ait, Educ foras populum caecum, & oculos habentem, surdum, & aures ei sunt: & iterum, Ezech. 12. 2. [illegible] habentes, inquit, oculos non videtis, & [illegible] non auditis. Dominus etiam in Evan- Matth. 13. 13. 14. & 15. [illegible] videntes, inquit, non vident, & [illegible], neque intelligunt, & ad-

Ibid. 6. 9. impleatur in eis prophetia Isaiae dicens, Auditu audietis, & non intelligetis, & videntes videbitis & non videbitis. Incrassatum est enim cor populi hujus, & auribus graviter audierunt, & oculos suos concluserunt; ne quando videant oculis, & auribus audiant, & corde intelligant, & convertantur, & sanem illos. Denique ut possibilitatem boni iis inesse designaret, increpans Pharisaeos, Quid autem, inquit, etiam ex vobis ipsis non judicatis quod bonum est? Luc. 12. 57. Quod utique eis non dixisset, nisi eos judicio naturali id quod aequum est scisset posse discernere.

Unde cavendum est nobis, ut ita ad Dominum omnia sanctorum merita referamus, ut nihil nisi quod malum atque perversum est humanae adscribamus naturae. In quo quidem sapientissimi Salomonis, immo Domini, cujus haec verba sunt, testimonio confutamur. Ita enim cum consummata templi constructione oraret, effatus est: 2. Paral. 6. 7. & 8. Voluitque David pater meus aedificare domum nomini Domini Dei Israel: & ait Dominus Deus ad David patrem meum, Quod cogitasti in corde tuo aedificare domum nomini meo, bene fecisti hoc ipsum mente tractans, verumtamen non tu aedificabis domum nomini meo. Haec ergo cogitatio atque iste tractatus regis David, utrumne bonus & ex Deo, an malus & ab homine fuisse dicendus est? Si enim bona atque ex Deo fuit illa cogitatio, cur ab eo a quo inspirata est, eidem negatur effectus? Si autem mala & ex homine fuit, cur laudatur a Domino? Restat ergo ut & bona, & ex homine fuisse credatur. In quem modum nostras quotidie cogitationes possumus judicare. Neque enim aut soli David bonum ex semetipso cogitare concessum est, aut nobis ne quid boni unquam sapere aut cogitare possimus, naturaliter denegatur.

Dubitari ergo non potest inesse quidem omni animae naturaliter virtutum semina, beneficio Creatoris inserta, sed nisi haec operatione Dei fuerint excitata ad incrementum perfectionis non poterunt pervenire: quia secundum beatum Apostolum, 1. Cor. 3. 7. neque qui plantat est aliquid, neque qui rigat, sed qui incrementum dat Deus. Adesse autem homini in qualibet partem arbitrii libertatem, etiam liber ille, qui dicitur Pastoris, apertissime docet, Liber Pastoris. in quo duo angeli unicuique nostrum adhaerere dicuntur, id est, bonus ac malus; in hominis vero optione consistere, ut eligat quem sequatur. Et idcirco manet in homine semper liberum arbitrium, quod gratiam Dei possit vel negligere vel amare. Non enim praecepisset Apostolus dicens, Cum metu & tremore vestram salutem operamini, Philip. 2. 12. nisi sciret eam vel excoli a nobis posse, vel negligi. Sed ne crederent se ad opus salutis divino auxilio non egere, subjungit, Deus Ibid. 13. est enim qui operatur in vobis & velle & perficere pro bona voluntate. Et idcirco Timotheum monens, Noli, inquit, negligere gra- 1. Tim. 4. 14. tiam Dei quae est in te. Et iterum, Ob 2. Tim. 1. 6. quam causam admoneo te, ut resuscites gratiam Dei quae est in te. Inde est quod etiam Corinthiis scribens hortatur & commonet, ne indignos se gratia Dei infructuosis operibus exhiberent, dicens, Adjuvantes autem [illegible], 2. Cor. 6. 1.

ne in vacuum gratiam Dei recipiatis. *Quam sine dubio quia in vacuum receperat Simon, non profuit ei perceptio gratiæ salutaris. Nec enim præceptis beati Petri voluit obedire dicen-*
Act. 8. 22. & 23. *tis*, Pœnitentiam age ab hac nequitia tua, & ora Deum, si forte remittatur tibi hæc cogitatio cordis tui: in felle enim amaritudinis, & obligatione iniquitatis video te esse.

Prævenit ergo hominis voluntatem misericor-
Ps. 58. 11. *dia Domini, de qua dicitur*, Deus meus, misericordia ejus præveniet me. *Et rursus, Dominum remorantem atque utiliter quodammodo subsistentem, ut nostrum experiatur arbitrium,*
Ps. 87. 14. Psal. 118. 147. *voluntas prævenit nostra, cum dicitur*, Et mane oratio mea præveniet te: *& iterum*, Præ-
Ibid. v. 148. veni in maturitate & clamavi; *&*, Prævenerunt oculi mei ad te diluculo. *Advocat etiam*
Isai. 65. 2. Rom. 10. 21. *nos & invitat cum dicit*, Tota die expandi manus meas ad populum non credentem mihi, & contradicentem: *& invitatur a nobis, cum*
Ps. 87. 10. *dicimus ei*, Tota die expandi manus meas ad te. *Expectat nos, cum dicitur per Prophetam,*
Isai. 30. 18. Propterea expectat Dominus, ut misereatur ve-
Psal. 39. 1. Psal. 118. 166. stri: *& expectatur a nobis cum dicimus*, Expectans expectavi Dominum, & respexit me: *&*, Expectavi salutare tuum Domine. *Et confortat*
Osee 7. 15. *Dominus cum dicit*, Et ego erudivi & confortavi brachia eorum, & in me cogitaverunt malitiam: *& ut nosmetipsos confortemus hortatur,*
Isai. 35. 3. *cum dicit*, Confortate manus dissolutas, & ge-
Joan. 7. 37. nua debilia roborate. *Clamat Jesus*, Si quis sitit, veniat ad me, & bibat: *clamat etiam ad*
Ps. 68. 4. *eum propheta*, Laboravi clamans, raucæ factæ sunt fauces meæ, defecerunt oculi mei dum spero in Deum meum. *Quærit Dominus dicens,*
Isai. 50. 2. Quæsivi, & non erat vir; vocavi, & non erat qui responderet: *quæritur & ipse a sponsa flebiliter conquerente*, In cubili meo in noctibus
Cant. 3. 1. quæsivi quem dilexit anima mea; quæsivi eum & non inveni; vocavi, & non respondit mihi.

CAPUT XIII.

Quod gratiam Dei humani conatus compensare non possint.

ET *ita semper gratia Dei nostro in bonam partem cooperatur arbitrio, atque in omnibus illud adjuvat, protegit ac defendit, ut nonnunquam ab eo quosdam conatus bonæ voluntatis vel exigat, vel expectet; ne penitus dormienti, aut inerti otio dissoluto, sua dona conferre videatur, occasiones quodammodo quærens, quibus humanæ segnitiei torpore discusso, non irrationabilis munificentiæ suæ largitas videatur, dum eam sub colore cujusdam desiderii ac laboris impertit; & nihilominus gratia Dei semper gratuita perseveret, dum exiguis quibusdam parvisque conatibus tantam immortalitatis gloriam, tanta perennis beatitudinis dona, inæstimabili tribuit largitate. Nec enim quia illius in cruce*
Luc. 23. 43. *et latronis præcesserat fides, idcirco pronuntiandum est, non ei beatam commorationem paradisi gratuito esse promissam, aut pœnitentiam David*
2. Reg. 12. 13. *regis illam unius verbi, qua dixit*, Peccavi Domine, *dum tam gravia ejus crimina, & non potius clementiam Dei abstulisse credendum est,*
Ibid. v. 13. *ut per Nathan prophetam mereretur audire*, Et Dominus transtulit iniquitatem tuam, non morieris. *Quod igitur homicidium adulterio addidit, liberi utique arbitrii fuit; quod autem arguitur per prophetam, divinæ dignationis est gratia. Rursum quod peccatum suum humiliatus agnoscit, propriæ libertatis est opus: quod vero sub brevissimo temporis puncto indulgentiam tantorum criminum promeretur, Domini miserantis est donum. Et quid de hac tam brevi confessione, & incomparabili divinæ retributionis immensitate dicamus? cum beatus Apostolus ad illam magnitudinem futuræ remunerationis adspiciens, quid de illis tam innumeris persecutionibus suis pronuntiaverit considerare perfacile sit.* Nam Momentaneum hoc, *inquit*, & 2. Cor. 4. 17.
leve tribulationis nostræ, supra modum ultra comparationem, æternum pondus gloriæ operatur in nobis. *De quo & alibi constanter enuntiat dicens*, Quia non sunt condignæ passiones Rom. 8. 18.
hujus temporis ad futuram gloriam, quæ revelabitur in nobis.

Quantumlibet ergo enisa fuerit humana fragilitas, futuræ retributioni par esse non poterit, nec ita laboribus suis divinam imminuit gratiam, ut non semper gratuita perseveret: & idcirco prædictus magister Gentium, licet gratia Dei apostolatus gradum sortitum se fuisse testetur, dicens, Gratia Dei sum quod sum; *tamen* 1. Cor. 15. 10.
se quoque gratiæ divinæ respondisse pronuntiat, dicens, Et gratia ejus in me vacua non fuit, Ibidem.
sed abundantius illis omnibus laboravi & obdormui: non autem ego, sed gratia Dei mecum. *Nam cum dicit*, laboravi, *conatum proprii signat arbitrii; cum dicit*, non autem ego, sed gratia Dei, *virtutem divinæ protectionis ostendit; cum dicit* mecum, *non otioso neque securo, sed laboranti ac desudanti eam cooperatam fuisse declarat.*

CAPUT XIV.

Quod tentationibus suis Deus virtutem humani experiatur arbitrii.

QUod *etiam in Job probatissimo athleta suo, cum eum diabolus expetisset ad singulare certamen, divinam legimus providisse justitiam. Si enim contra inimicum non sua virtute, sed Dei solius fuisset gratia protegente congressus, & absque ulla virtute patientiæ suæ, divina tantum opitulatione suffultus, multiplices illas, ac tota inimici crudelitate quæsitas tentationum moles & ærumnas pertulisset, quomodo non illam calumniosam diabolus, quam prius emiserat vocem, adversus eum justius iterasset,* Numquid gratis colit Job Deum? Nonne tu Job. 1. 9. & 10.
vallasti eum ac domum ejus, & universam substantiam ejus per circuitum? sed aufer manum tuam; *id est, sine eum suis contra me viribus decertare*, nisi in faciem tuam benedixerit tibi. *Sed cum nullam hujuscemodi querimoniam calumniosus hostis post conflictum audeat iterare; non Dei, sed illius se victum viribus confitetur; licet etiam gratia Dei non in totum illi defuisse credenda sit; quæ tantam tentatori tentandi tribuit potestatem, quantam & illum resistendi noverat habere virtutem: non eum ab illius impugnatione sic protegens, ut nullam virtuti hu-*

manæ

mana relinqueret locum, sed hoc tantum procurans, ne violentissimus inimicus animam ejus amentem faciens, & impotem sensu, impari eum atque iniquo certaminis pondere prægravaret.

Quod ergo soleat interdum tentare Dominus fidem nostram, ut fortior vel gloriosior fiat, evangelici illius centurionis edocemur exemplo, cujus puerum cum sciret utique potestate sermonis sui se Dominum curaturum, afferre maluit
Matth. 8. 7. præsentiam corporalem, dicens, Ego veniam & curabo eum. Sed illo hanc ejus oblationem ferventioris fidei flagrantia supergrediente, atque
Ibid. v. 8. dicente, Domine, non sum dignus ut intres sub tectum meum, sed dic tantum verbo, & sanabitur puer meus; miratur eum Dominus atque collaudat, cunctisque illis, qui ex Israelis po-
Ibid. v. 10. pulo crediderant, præfert, dicens, Amen dico vobis, non inveni tantam fidem in Israel. Nullius enim laudis esset ac meriti, si id in eo Christus quod ipse donaverat, prætulisset. Alioquin dixisset, Non dedi tantam fidem in Israel. Quam explorationem fidei, etiam in illo magnificentissimo patriarcha divinam legimus dispensasse justitiam, cum dicitur, Et fa-
Genes. 22. 1. ctum est post hæc verba, tentavit Deus Abraham. Non enim illam fidem, quam ei Dominus inspirabat, sed illam quam vocatus semel atque illuminatus a Domino per arbitrii libertatem poterat exhibere, experiri voluit divina justitia. Unde non immerito fidei ejus constantia comprobatur, atque ad eum superveniente gratia Dei, quæ eum paulisper subreliquerat,
Ibid. v. 12. ut probaret, ita dicitur: Ne inferas manum tuam in puerum, neque facias ei quidquam: nunc enim scio, quia times Dominum tu, & non pepercisti filio tuo dilecto propter me.

Quod tentationis genus nobis quoque ad probationis meritum posse contingere in Deuteronomio
Deut. 13. 1. & 3. satis evidenter a legislatore prædicatur: Si surrexerit, inquit, inter vos propheta, aut qui somnium se vidisse dicat, & prædixerit signum atque portentum, & evenerit quod locutus est, & dixerit tibi, Eamus & serviamus diis alienis quos ignoratis, ne audias verba prophetæ illius aut somniatoris: quia tentans tentat te Dominus, utrum diligas eum in toto corde tuo, & custodias mandata illius, an non. Quid ergo? Cum istum prophetam aut somniatorem surgere permiserit Deus, num eos, quorum fidem probare dispensat, protecturus esse credendus est, ut nullum penitus locum, quo suis viribus cum tentatore confligant, libero eorum reliquerit arbitrio? Et quid eos necesse est vel tentari, quos ita infirmos novit ac fragiles, ut nequaquam virtute sua valeant resistere tentatori? Sed utique nec tentari eos justitia Domini permisisset, nisi parem in eis resistendi scisset inesse virtutem, qua possent æquitatis judicio in utroque merito, vel rei vel laudabiles judicari.

Tale est & illud quod ab Apostolo dicitur:
1. Cor. 10. 13. Tentatio vos non apprehendit, nisi humana. Fidelis autem Deus, qui non permittet vos tentari supra id quod potestis, sed faciet cum tentatione & exitum, ut sustinere possitis. Cum
Ibid. v. 12. enim dicit, Qui stat videat ne cadat, sollicitam reddit arbitrii libertatem, quam utique noverat percepta gratia, vel stare per industriam, vel cadere per negligentiam posse. Cum autem infert, Tentatio vos non apprehendat nisi humana; infirmitatem eorum & inconstantiam needum robustæ mentis exprobrat, quæ adhuc spiritualium nequitiarum turbinibus non poterat impugnari, adversum quas semetipsum, vel illos perfectos noverat quotidie dimicare, de quibus ad Ephesios dicit: Jam non est nobis Ephes. 6. 12.
colluctatio adversus carnem & sanguinem, sed adversus principatus, adversus potestates, adversus mundi rectores, tenebrarum harum, contra spiritalia nequitiæ in cælestibus. Cum vero subjungit, Fidelis autem Deus, qui non permittit 1. Cor. 10. 13.
vos tentari supra id quod potestis; non utique optat, ne eos tentari permitteret, sed ne supra id quod sustinere poterant, tentarentur. Illud enim indicat humani arbitrii facultatem, hoc vero Domini gratiam tentationum lictamina moderantis ostendit. In his igitur omnibus approbatur, ita semper divinam gratiam arbitrium hominis incitare, ut illud non in omnibus taliter protegat ac defendat, ut non etiam propriis eum conatibus congredi adversum spiritales faciat inimicos, in quibus vel gratiam Dei victor, vel infirmitatem suam superatus intelligat, & ita discat non de sua fortitudine, sed de divino semper sperare suffragio, atque ad suum jugiter currere protectorem.

Et ut hoc non nostra conjectura, sed evidentioribus adhuc Scripturæ testimoniis approbetur, illud quod in Jesu Nave legimus, retractemus. Has, inquit, gentes dimisit Dominus, Judic. 3. 1. & 4.
ac disperdere noluit, ut in eis experiretur Israelem, utrum custodiret mandata Domini Dei sui, & haberet consuetudinem cum hostibus præliandi. Et ut incomparabili Creatoris nostri clementiæ mortale aliquid, non pro æqualitate pietatis, sed ex aliqua indulgentiæ similitudine comparemus. Si nutrix pia atque sollicita diu sinu parvulum gestat, ut quandoque ingredi doceat; & primum quidem eum reptare permittit, deinde erectum ut alternis passibus innitatur, dextræ suæ virtute sustentat, mox paululum derelictum, si titubantem viderit, protinus apprehendit, nutantem suscipit, lapsum erigit, & vel arcet a casu, vel etiam decidere * leviter sinens, elevat post ruinam; cum autem eum * al. levatur.
ad pueritiam, vel adolescentiæ ac juventutis perduxerit robur, quædam etiam pondera vel labores, quibus non opprimatur, sed exerceatur, injungit, & cum æqualibus decertare permittit: quanto magis cælestis ille omnium pater novit, quem sua gratia sinu gestet, quem libera voluntatis arbitrio in conspectu suo exerceat ad virtutem, & tamen adjuvat laborantem, exaudit vocantem, non relinquit quærentem, eripit de periculo interdum etiam nescientem?

CAPUT XV.

De multiplici vocationum genere.

PEr quæ etiam evidenter ostenditur, inscrutabilia esse judicia Dei & investigabiles Rom. 11. 33.
vias ejus, quibus ad salutem humanum attrahit genus. Quod etiam evangelicarum vocationum exemplis possumus approbare. Andream Matth. 4. 18. & seq.
namque ac Petrum, cæterosque Apostolos, nihil

 de fa-

de salutis suæ remedio cogitantem, sponte
Luc. 19. 2. & seq. gratiæ suæ dignatione præripit: Zachæum ad conspectum se Domini fideliter extendentem, & exiguitatem staturæ suæ sycomori celsitudine sublevantem non solum suscipit, verum etiam benedictione cohabitationis illustrat. Invitum ac
Act. 9. Matth. 8. 22. repugnantem adtrahit Paulum: alium ita præcepit sibi inseparabiliter adhærere, ut ei postulanti brevissimas pro sepultura patris non con-
Act. 10. 1. & seq. cedat inducias. Cornelio precibus & eleemosynis suis jugiter insistenti, velut remunerationis vice, via salutis ostenditur, eique angeli visitatione præcipitur, ut accersiat Petrum, verba salutis ab eo, quibus una cum omnibus suis salvaretur, agnoscat.

Et ita multiformis illa sapientia Dei salutem hominum multiplici atque inscrutabili pietate dispensat, ac secundum capacitatem uniuscujusque gratiam suæ largitatis impertit, ut ipsas quoque curationes, non secundum uniformem majestatis suæ potentiam, sed secundum mensuram fidei in qua unumquemque reperit, vel sicut unicuique ipse partitus est, voluerit
Matth. 8. 3. exercere. Credentem namque quod ad emundationem lepræ suæ voluntas Christi sola sufficeret, solo voluntatis suæ curavit assensu, di-
Matth. 9. 18. cens; Volo, mundare. Alteri deprecanti, ut adveniens per impositionem manus suæ defunctam filiam suscitaret, ingressus domum ejus, eodem modo quo ille speraverat, id quod rogabatur indulsit. Alii credenti summam salutis in verbi ejus prædicatione consistere, ac respon-
Matth. 8. 8. denti, Dic tantum verbo, & sanabitur puer meus, per sermonis imperium resolutos artus pristino robore solidavit dicens, Vade, & sicut
Ibid. 13. Matth. 9. 20. credidisti fiat tibi. Aliis de tactu fimbriæ ejus sperantibus medicinam, ubertim sanitatis dona largitus est. Aliorum morbis medelam rogatus
Joan. 5. 6. indulsit, aliis spontaneam præstitit medicinam. Alios hortatus est ut sperarent, dicens, Vis sanus fieri? aliis non sperantibus ultro ingessit auxilium. Aliorum desideria, prius quam voluntati eorum satisfaceret, exploravit, dicens,
Matth. 20. 32. Quid vultis ut faciam vobis? alii ignoranti viam, qua id quod concupierat obtineret, beni-
Joan. 11. 40. gnus ostendit, Si credideris, inquiens, videbis gloriam Dei. Inter alios ita virtutum curationum affluenter effudit, ut de eis Evangelista
Matth. 14. 14. commemoret, Et curavit omnes languidos eorum: inter alios vero immensa illa beneficiorum
Matth. 13. 58. Christi abyssus obturata est, ut diceretur, Et non poterat inter illos Jesus facere virtutes, propter incredulitatem illorum. Et ita largitas Dei secundum capacitatem humanæ fidei etiam
Matth. 9. 29. Matth. 8. 13. Matth. 15. 28. Marc. 10. 52. ipsa formatur, ut huic quidem dicat, Secundum fidem vestram fiat vobis: illi vero, Vade, & sicut credidisti fiat tibi: alii autem, Fiat tibi sicut vis: & rursum alteri, Fides tua te salvum fecit.

CAPUT XVI.

De gratia Dei, eo quod humanæ fidei transcendat angustias.

NEmo autem æstimet hæc a nobis ideo fuisse prolata, ut nitamur adstruere, summam salutis in nostræ fidei ditione consistere, secundum quorundam profanam opinionem, qui totum libero arbitrio deputantes, gratiam Dei dispensari secundum meritum uniuscujusque definiunt. Sed absolutam sane pronuntiamus sententiam, etiam exuberare gratiam Dei, & transgredi interdum humanæ infidelitatis angustias. Quod in illo evangelico factum fuisse regulo reminiscimur, qui dum facilius credit ægrotantem filium suum posse curari, quam mortuum suscitari, præsentiam Domini festinus implorat, dicens, Domine, descende, prius quam morIatur filius meus. Cujus infidelitatem licet his sermonibus Christus arguerit, Nisi signa & prodigia videritis, non creditis; tamen secundum infirmitatem fidei ejus, gratiam suæ divinitatis exeruit; nec præsentia corporali, quemadmodum ille crediderat, lethales febrium morbos, sed verbo suæ potestatis excussit dicens, Vade, filius tuus vivit. Joan. 4. 47. Ibid. 48. Ibid. 50.

Quam superabundantiam gratiæ, etiam in illius paralytici curatione Dominum legimus effudisse, cum ei languenti sui tantum, quo corpus fuerat resolutum, remedia poscenti, animæ prius ingerit sospitatem dicens, Confide, fili, dimittuntur tibi peccata tua. Post quod Matth. 9. 2. non credentibus Scribis posse eum remittere humana peccata, ad confundendam incredulitatem eorum, etiam membra ejus paralyseos valetudine resoluta, potestatis suæ sermone restrinxit, dicens, Quid cogitatis mala in cordibus vestris? Ibidem v. 4. & seq. Quid est facilius dicere, Remittuntur tibi peccata; an dicere, Surge, & ambula? Ut sciatis autem quia Filius hominis habet potestatem in terra dimittendi peccata, tunc ait paralytico, Surge, & tolle lectum tuum, & vade in domum tuam.

Similiter autem in illo, qui triginta & octo annis juxta natatoriæ crepidinem frustra decumbens, de aquæ illius motu speraverat medicinam, munificentiam ultroneæ largitatis ostendit. Nam cum vellet eum ad salutis remedia provocare dixisset ei, Vis sanus fieri? cumque ille de humani adjutorii inopia quereretur, et Joan. 5. 6. diceret, Hominem non habeo, ut cum turbata fuerit aqua, mittat me in piscinam, incredulitati Ibid. v. 7. ejus & ignorantiæ veniam tribuens, pristinæ eum sanitati, non illo quo speraverat modo, sed quo Dominus voluit miseratione restituit, dicens, Surge, tolle lectum tuum, & vade in domum tuam. Et quid mirum, si hæc Ibid. 8. 9. Domini potestate gesta narrantur, cum similia etiam per servos suos divina gratia fuerit operata? Ingredientibus namque templum Petro & Joanne, cum ille claudus ex utero matris, Act. 3. 2. & seq. qui gressum penitus ignorabat, eleemosynam postularet; illi non vilia æra quæ poscebat infirmus, sed gressus officium largiuntur, & parvissima stipis speratæ solatia, insperatæ salutis præmio locupletant, dicente Petro, Argentum & aurum non est mihi; quod autem habeo, Ibid. 6. hoc tibi do, In nomine Jesu Christi Nazareni surge, & ambula.

CAPUT XVII.

De inscrutabili dispensatione Dei.

PER hæc igitur exempla, quæ de evangelicis protulimus monumentis, evidentissime possumus advertere diversis atque innumeris modis & inscrutabilibus viis, Deum salutem humani generis procurare: & quorumdam quidem volentium & sitientium cursum ad majorem incitare flagrantiam, quosdam vero etiam nolentes invitosque compellere, & nunc quidem ut impleantur ea quæ utiliter a nobis desiderata perspexerit adjuvare, nunc vero ipsius sancti desiderii inspirare principia, & vel initium boni operis, vel perseverantiam condonare. Inde est quod orantes, non solum protectorem ac salvatorem, sed etiam adjutorem ac susceptorem Dominum proclamamus. In eo enim quod prior advocat, & ignorantes atque invitos adtrahit ad salutem, protector atque salvator est: in eo autem quod adnitentibus nobis opem ferre, refugientesque suscipere ac munire consuevit, susceptor ac refugium nominatur. Denique hanc dispensationis Dei multiplicem largitatem beatus Apostolus mente pertractans, & in quoddam immensum atque interminabile pietatis Dei pelagus se incidisse conspiciens, exclamavit, O
Rom. 11. 33. & 34. altitudo divitiarum sapientiæ & scientiæ Dei! Quam inscrutabilia sunt judicia ejus, & investigabiles viæ ejus! Quis enim cognovit sensum Domini?

Hujus ergo scientiæ admirationem, quam ille talis ac tantum gratiæ magister expavit, evacuare conabitur quisquis crediderit illius inæstimabilis abyssi profunditatem humana ratione se posse metiri. Nam qui ad plenum dispensationes Dei, quibus salutem in hominibus operatur, vel mente concipere, vel disserere se posse confidit, procul dubio impugnans Apostolicæ sententiæ veritatem, scrutabilia esse Dei judicia, & vestigabiles vias ejus, profana pronuntiabit audacia, ipso quoque Domino hæc ad
Isai. 55. 8. & 9. nos ita testante, Non enim cogitationes meæ cogitationes vestræ, neque viæ vestræ viæ meæ. Quia sicut exaltantur cœli a terra, sic exaltatæ sunt viæ meæ a viis vestris, & cogitationes meæ a cogitationibus vestris. Hanc igitur dispensationem atque amorem suum, quem nobis tribuere Dominus indefessa pietate dignatur, volens humanæ affectionis nomine exprimere, nec inveniens in hac creatura talem charitatis affectum, cui eum comparare dignius possit, tenerrimis piæ matris visceribus comparavit, & utitur quidem hoc exemplo, quia carius aliud in natura hominum non
Isai. 49. 15. potest invenire, dicens, Numquid oblivisci potest mulier infantem suum, ut non misereatur filio uteri sui? Sed non contentus hac comparatione, transcendit eam confestim, atque subjun-
Ibidem. git dicens, Et si illa oblita fuerit, ego tamen non obliviscar tui.

CAPUT XVIII.

Definitio patrum, eo quod liberum arbitrium ad salvandum non sit idoneum.

PER quod evidenti ratione colligitur ab his qui non loquacibus verbis, sed experientia duce, vel magnitudinem gratiæ, vel modulum humani metiuntur arbitrii; quia non levium Eccle. 9. 11.
cursus, nec fortium prælium, nec sapientibus panis, nec prudentibus divitiæ, nec scientibus gratia, sed operatur hæc omnia unus atque 1. Cor. 12. 11.
idem Spiritus dividens singulis prout vult. Et idcirco fide non dubia, &, ut ita dicam, palpabili experientia comprobatur, universitatis Deum, velut piissimum patrem, benignissimumque medicum, secundum Apostolum, indifferenter omnia in omnibus operari, & nunc quidem salutis inspirare principia, & inserere unicuique bonæ voluntatis ardorem, nunc vero ipsius operationis effectum, & consummationem donare virtutum: & nunc a ruina jam proxima lapsuque præcipiti etiam invitos & inscios revocare: nunc autem occasiones & opportunitates salutis ingerere, ac præcipites violentosque conatus a lethalibus dispositionibus inhibere, & alios quidem volentes currentesque suscipere, alios vero nolentes resistentesque pertrahere, & ad bonam cogere voluntatem.

Totum vero nec semper resistentibus, nec perseveranter invitis nobis a divinitate concedi, & summam salutis nostræ, non operum nostrorum merita, sed cælesti gratiæ deputandam, ita Domini ipsius vocibus edocemur: Et recordabi- Ezech. 20. 43. & 44.
mini viarum vestrarum, & omnium scelerum vestrorum, quibus polluti estis in eis, & displicebitis vobis in conspectu vestro, in omnibus malitiis vestris quas fecistis, & scietis quia ego Dominus, cum bene fecero vobis propter nomen meum, non secundum vias vestras malas, neque secundum scelera vestra pessima, domus Israel. Et idcirco hæc ab omnibus catholicis Patribus definitur, qui perfectionem cordis non inani disputatione verborum, sed re atque opere, didicerunt divini esse muneris. Primum ut accendatur unusquisque ad desiderandum omne quod bonum est, sed ita ut in alterutram partem plenum sit liberæ voluntatis arbitrium. Itemque etiam secundum, divinæ esse gratiæ, ut effici valeant exercitia prædicta virtutum, sed ita ut possibilitas non extinguatur arbitrii. Tertium quoque, ad Dei munera pertinere, ut adquisitæ virtutis perseverantia teneatur, sed ita ut captivitatem libertas addicta non sentiat. Sic enim universitatis Deus omnia in omnibus credendus est operari, ut incitet, protegat atque confirmet, non ut auferat quam semel ipse concessit arbitrii libertatem. Si quid sane versutius humana argumentatione ac ratione collectum, huic sensui videtur obsistere, vitandum magis est quam ad destructionem fidei provocandum. Non enim fidem ex intellectu, sed intellectum ex fide meremur, sicut scriptum est, Si non cre- Isai. 7. 9. juxta LXX.
dideritis, non intelligetis. Quia quemadmodum & Deus omnia operetur in nobis, & totum libero adscribatur arbitrio, cui dicitur, Si vo- Ibid. 1. 19.
lueritis & audieritis me, quæ bona sunt terræ manducabitis, ad plenum humano sensu ac ratione non potest, ut arbitror, comprehendi. Hac nos beatus Chæremon confirmatos cibo, laborem fecit tam invii itineris non sentire.

ARGUMENTA CAPITUM
LIBRI SANCTI PROSPERI
CONTRA COLLATOREM.

CAPUT I.

Calumniatores doctrinae sancti Augustini eo ducunt, ut inimici gratiae credantur ab Ecclesia injuste damnati. Unde oriatur major necessitas eos refellendi. Augustini ductu catholica acies Pelagianos vicit. Episcopi Pelagiani depulsi episcopatu & excommunicati.

CAPUT II.

Cur aggrediatur unius Cassiani potissimum definitiones. Cassiani prima definitio catholica. A qua postea secunda definitione incipit introduci definitio, quae docetur multos ad gratiam venire sine gratia.

CAPUT III.

Cassianus nec cum Pelagianis nec cum catholicis plene concordans: dum errando asserit, alios per gratiam, alios per legem & naturam justificari. Definitio tertia Cassiani. Appetitum virtutum habere hominem a se ipso. Refellitur ex unica confessione ab ipso prima definitione.

CAPUT IV.

Contra Cassianum probatur, nec desiderium sanitatis haberi sine gratia. Quarta Definitio Cassiani: Per naturae bonum aliquando bonarum voluntatum prodire principia. Refellitur tam ex prima sua definitione, quam ex Apostolo, cujus locus iste, Velle adjacet mihi, *a prava interpretatione vindicatur.*

CAPUT V.

Definitio 5. Cassiani: Simul suscipiendas esse sententias contrarias; & illam quae bonam voluntatem nasci ex gratia, & illam quae ex bona voluntate gratiam pendere dicit. Opinio Cassiani Catholicis periculo atque Pelagianis errorem affingit. Refellitur ex definitionibus summorum Pontificum & Conciliorum.

CAPUT VI.

Cum ea quaestio, quae est de sanctorum origine voluntatum, contra Pelagianos clare definita sit; male Cassianus eversorum arma colligens, contendit, liberum arbitrium auferri per gratiam: cum per eam potius firmetur, regatur & ordinetur.

CAPUT VII.

Cassianus contrarias definitiones confundens, exemplis colorare nititur quod intendit, hoc posse quosdam per liberum arbitrium, sine adjutorio Dei, quod quidam, nisi Deo cooperante non possint. Refellitur ex Scripturis, & probatur ut Matthaei & Pauli, sic Zachaei & latronis in cruce conversionem esse pariter ex gratia.

CAPUT VIII.

Definitio 6. Cassiani: Liberum arbitrium & gratiam pariter suscipi debere, idest, ita ut pari modo conferre ad salutem credantur. Divinae auctoritates de gratia afferuntur: deturque ratio quare voluntas non auferatur per gratiam.

CAPUT IX.

Contra Cassianum probatur ex Scripturis & Ecclesiae definitionibus, initium bonae voluntatis esse ex gratia. Primus homo creatus absque vitio, & potens in bono perseverare si vellet, libero arbitrio discessit a bono: in quo post peccatum nihil remansit, nisi quod ad temporalem pertinet vitam. In quam profundum malum tota humana natura demersa sit illius praevaricatione. Definitio 7. Cassiani: Adamum post praevaricationem accepisse scientiam mali, non amisisse scientiam boni. Refellitur.

CAPUT X.

Exponitur & vindicatur locus Apostoli Rom. 2. 14. *de Gentibus sine lege facientibus quae legis sunt. Sapientia quidem in infidelibus ex natura a Deo condita reliquiis: nullus vero bonae voluntatis motus, nisi ex Spiritu-sancto.*

CAPUT XI.

Liberum arbitrium nec voluntatem boni nec possibilitatem habere, nisi per gratiam. Cur homini imperentur ea quorum facultatem non invenit in sua natura. Definitio 8. Cassiani: Naturae humanae non id solum adscribendum quod malum est. Merita hominum nulla sine gratia.

CAPUT XII.

Demonstratur uberius, sententiam Cassiani esse, cogitationes pias & sancta consilia absque inspiratione Dei concepta, de naturali posse prodire sapientia. Adversus quem loci, qui adnectebantur, expositione, & aliorum adjectione ostenduntur, cogitationes pias ex libero arbitrio sine Dei inspiratione non oriri. Bona voluntas hominis sic ejus propria est, ut non nisi Deo inspi-

Inspirante concipiatur: concursusque hominis, licet non sine ipso, non tamen ab ipso incipit.

CAPUT XIII.

Definitio 9. Cassiani: Omni animae inesse naturaliter virtutum semina a creatore inserta. Refellitur, quia peccatum originale evertit. Virtutes in impiis veras non esse, sed omnia opera eorum immunda: virtutum sive meritorum principia nulla in nobis ante gratiam. In ingeniis impiorum licet multa laudabilia, tamen non vera virtutes. Confutat id quod ex Pastoris libro apocrypho probare voluerat Collator, hominem, etiam ante gratiam, ad bonum & malum aequaliter se habere.

CAPUT XIV.

Cassianus liberi arbitrii vigorem demonstrare aggressus. Definitio 10. Cassiani: Job suis viribus vicisse diabolum, non auxilio gratiae, nisi quatenus Deus non majorem tentatori dedit potestatem, quam illi noverat inesse virtutem. Cassiani fraus: catholicam sententiam de gratia in disputationis principio praedicat, & eamdem postea impugnat. Ad praecipitia Pelagiana gradatim decurrit.

CAPUT XV.

Libero arbitrio quantas vires tribuat Cassianus. Job in conflictu cum diabolo sua ipsius virtute vicisse putat. Contra probatur, Job vicisse auxilio Dei. Tolerantiae fortitudo non nisi ex gratia Dei. Cassiani error, virtutem resistendi habuisse Job ex libero arbitrio, non ex gratia.

CAPUT XVI.

Quod supra docuerat Cassianus, Centurionis evangelici exemplo confirmare nititur, cujus Definitio 11. est: Nullius laudis ac meriti esse, si id in eo Christus, quod ipse donaverat, praetulisset. Contra probat S. Prosper, quod laus & meritum per gratiam non auferatur: fidei quoque & bonis operibus laudem ac meritum tribui, sine praejudicio gratiae.

CAPUT XVII.

Quantum Cassianus in supra ab eo dictis adjuvet Pelagianos dicentes, Gratiam Dei secundum merita nostra dari, *quos tamen profanae opinionis arguit: in quo sibimetipsi contrarius esse convincitur. Salus omni modo nisi ex fide esse non potest.*

CAPUT XVIII.

Cassianus incongruentia miscere conatur, & fideles in duo genera dividit, quibus contraria accommodet. Definitio 12. Cassiani: Deum in salutis negotio aliis esse salvatorem, aliis susceptorem tantum. Contra probat S. Prosper, Christum omnium qui salvantur esse salvatorem. Placita Cassiani de gratia & libero arbitrio subvertunt Evangelicae apostolicaeque doctrinae disciplinam.

CAPUT XIX.

Recapitulat S. Prosper duodecim Cassiani definitiones: ut pateat facilius, quid de gratia sentirent, qui gratiae defensoribus obloquebantur, & pacem Ecclesiae, resumptis de Pelagianorum scholis quaestionibus inquietabant.

CAPUT XX.

Errores Cassiani definitionibus contenti summatim colliguntur.

CAPUT XXI.

Redit ad susceptam initio defensionem Augustini, quem praecipue Semipelagiani impetebant, eadem in illum jactitantes quae alias Pelagiani, & Julianus maxime. Illos ergo iisdem armis impugnandos, quibus Pelagiani victi sunt; auctoritate scilicet Ecclesiae: cum Augustini adversarios damnatione Pelagianorum prostraverit Innocentius; eosdemque damnarint Palaestinae Synodus, Africana Concilia, Zosimus, Bonifacius, & Coelestinus. Quorumdam adversus Coelestini testimonium cavillatio refellitur. Augustini doctrina ejusdem ubique veritatis demonstratur. Votum S. Prosperi, ut Xystus Pontifex aemulos Ecclesiae inimicos repellat.

CAPUT XXII.

Conclusio operis. Etsi Augustini reprehensores facti sint convicti, tamen tolerandi sunt, nec de correctione eorum desperandum est. Interim amandi quidem semper, sed vitandi, Deusque orandus, ut in omnibus nostris primas teneat.

SANCTI PROSPERI AQUITANI

DE GRATIA DEI, ET LIBERO ARBITRIO (a)

LIBER * CONTRA COLLATOREM,

ID EST,

PRO DEFENSIONE SANCTI AURELII AUGUSTINI, Hipponensis Episcopi, contra Cassiani Presbyteri librum qui titulo, De protectione Dei, prænotatur.

Excutit duodecim definitiones Joannis Cassiani, de gratia & libero arbitrio, contentas collatione ipsius tertia-decima, easque, una excepta prima, omnino a Catholica veritate dissidere docet: demonstrans Augustini reprehensorem, & vana objicere, & recta impugnare, & prava defendere, ipsisque Pelagianorum jam peremptorum armis intestinum bellum moventes, Scripturis divinis simul, & Ecclesiasticis Imperatoriisque constitutionibus rebellare.

CAPUT PRIMUM.

Calumniatores doctrinæ sancti Augustini eo ducunt, ut inimici gratiæ credantur ab Ecclesia injuste damnati. Unde oriatur major necessitas eos refellendi.

GRATIAM Dei, qua Christiani sumus, quidam dicere audent a sanctæ memoriæ Augustino episcopo non recte esse defensam, librosque ejus contra errorem Pelagianum conditos, immoderatis calumniis impetere non quiescunt. Quorum intus interstrepens domestica malignitas non minus spernenda esset, quam foris latrans hæretica loquacitas: nisi ejectis extra ovile dominicum lupis, (b) qui
Matth. 7. 15. sub nomine ovium sunt suffragaturi; essentque ejusmodi (c) ut nec ordo eorum in Ecclesia, nec ingenia despicienda videantur. Siquidem 2. Tim. 3. 5.
habentes speciem pietatis in studio, cujus virtutem diffitentur in sensu, trahunt ad se multos imperitos, & non habentia (d) spirituum discretionem corda conturbant; atque (e) in eum statum deducere causam Ecclesiæ moliuntur, ut dum nostros affirmant non veraciter pro gratia (f) fuisse locutos, inimicos gratiæ persuadeant injuste esse damnatos. Non ergo negligendum est hoc malum, quod ab occultis (g) parvisque seminibus augetur quotidie, & ab ortu suo latius longiusque distenditur: sed studendum est, in quantum Dominus adjuvat, ut fallacium calumniatorum hypocrisis detegatur, qui ex ipsa injuriæ magnitudine, quam in uno (h) cunctis, ac præcipue Apostolicæ sedis (i) Pontificibus intulerunt, ab indoctis & parum cautis excellentioris scientiæ judicantur, & misero per-

---

(a) In antiquissimo Corbejensi codice ante annos fere nongentos scripto, titulus opusculi hujus est, *Liber sancti Prosperi pro prædicatoribus gratiæ Dei contra librum Cassiani Presbyteri, qui prænotatur de protectione Dei*. In MS. Joliensi annorum fere 900. *Incipit liber Prosperi contra librum Cassiani Presbyteri, qui prænotatur de protectione Dei*: id est, contra collationem tertiam decimam, habitam cum Abbate Chæremone. Editio Lugd. ann. 1539. *De Gratia Dei, divi Prosperi contra Cassianum Collatorem Liber*. Mogunt. ann. 1524. & aliæ subsequentes: *Liber sancti Prosperi*. (Ven. [illegible]) *de gratia Dei & libero arbitrio, pro defensione &c.* Ven. cui est de protectione Dei titulus.

(b) Sic MSS. Corb. Remig. & Jol. cum edit. Mogunt. Veneta, & app. op. S. Aug. habentes etiam Lugd. Lov. Duac. & Colon. post vocem *lupis*, *sub nomine ovium suffragaturi*.

(c) MSS. Remig. & Jol. cum edit. antiquioribus Mogunt. & Ven. *ut nec ordo eorum, nec ingenia in Ecclesia despicienda videantur*. Sola Lugdun. *nec cardo eorum in Ecclesia*.

(d) Sic MS. Joliensis. At Lovaniensis editio, Antverpiensis, Lugd. Duac. & Colon. *spirituum discretionis*. Moguntinensis vero omnium prima, quæ anno 1524. e MS. exemplari Benedictinorum montis S. Jacobi prodiit, habet *spiritualem discretionem*: nec aliter MS. Corb. & edit. Ven. Alludit S. Prosper ad 1. Cor. 12. 10. Locum aliter legere est in Lugd. edit. & MS. Remig. *despicienda videantur: si quidem habentes speciem pietatis in studio.... trahunt ad se multos.... conturbant: atque in eum statum.... moliuntur*.

(e) MS. Remig. Mogunt. & Ven. *in eo statu*.

(f) MS. Jol. cum Mogunt. & Ven. addit vocem, *fuisse*.

(g) Sic MSS. Jol. & Corb. cum Mogunt. & Ven. & Aug. edit. nova. Alii, *pravisque*. Lov. Duac. & Colon. in margine, *aliæ parvis*.

(h) In MS. Joliensi his verbis, *in uno*, subjicitur, *id est, beato Augustino, quem summi Pontifices laudaverunt*. Sed superadditum videtur esse glossema scriba cujuspiam.

(i) Lugd. editio *pontificatus*.

perversioque successu (a) facilius mendacio consensum eliciunt, quia reverentiam sibi præsumptione pepererunt. Nec enim, cum sint bonæ opinionis viri, credendum ullo modo tarditate intelligentiæ, aut temeritate judicii, (b) in superfluæ querelæ conclamationem potuisse prorumpere; ac non potius magno ingenio & vehementi (c) studio laborasse, ut subtilissimi tractatoris disputationibus comprehensis, censura (d) nunc districtior & inspectio sagacior inveniret, quod ante securus favor, & benignitas incuriosa non viderat.

2. Unde ergo (e) hæc diligentia tam severi emersit examinis? Unde in hanc austeritatem (f) supercilium se tetricæ frontis armavit, ut mensuras sensuum, pondera locutionum, numeros syllabarum insidiosus scrutator eventilet, magnumque se aliquid (g) conficere præsumat, si catholico prædicatori notam erroris affigat? Quasi incognitum aliquod opus, & (h) quod hactenus latuerit, impetatur: ac non illis his moribus doctrina laniatur, quæ novorum hæreticorum commenta dejecit, & diabolicum tumorem Pelagianæ elationis elisit. (i) Viginti & eo amplius anni sunt, quod contra inimicos gratiæ Dei catholica acies, hujus viri ductu pugnat & vincit. (k) Et vincit, dico, quia non patitur respirare quos vicit, & in quorum excidium, unam cunctorum sacerdotum manus sententiam scripsit. Pulsi pontificio, & communione privati, (l) queruntur de felicitate nostræ victoriæ, & armant in nos linguas suas, qui exulare a veritate, quam cives esse Ecclesiæ maluerunt; nostri autem concorporales, (m) & comparticipes gratiæ Christi, cur de his armis quibus communis fides est defensa, causantur? Cur bellum confectum retractant, & munitiones securæ dudum pacis infirmant? An victores displicent, & victi placent; tantaque insolentia damnati foventur errores, ut pravitatis invidia, & (n) auctores nostri pulsentur & judices? An vero ita se (o) novorum censorum norma exactior temperavit, (p) ut & nulla eorum quæ excisa sunt, (q) asserat, & quædam ex his quæ defensa sunt, respuat? Ecce salva catholicæ pace victoriæ, salva indissolubilium reverentia decretorum, parati sumus patronos doctrinæ emendatioris audire, & circumcisas ab omni errore lineas (r) subtilissimæ discretionis agnoscere. Constituatur (s) in medium, quod (t) de novis emersit ingeniis.

[illegible]

[illegible]

[illegible]

CAPUT II.

Cur aggrediatur unius Cassiani potissimum definitiones. Cassiani prima definitio catholica. A qua postea incipit introduci definitio, qua docetur, multos ad gratiam venire sine gratia.

ET ne ad obscurandam scientiam doctiorum, ea exagitare videamur, quæ vulgus ignobile, & procax imperitorum loquacitas interrupte effundit; unius potissimum definitiones, quem non dubium est illis omnibus in sanctarum Scripturarum studio præstare, referamus. (u) Quas etiam ob hoc solum interim in disputationem oportet (x) assumere, quia utrum

(a) Mss. Regiu. ac Edit. Mog. & Ven. *facili mendacio*. Ms. Jol. *facile* pro *facilius*, aut *facili*.
(b) Ed. Mog. & Ven. *in superfluæ querelæ conclamationem*. Nec bene, ut videtur, Lugd. omisso *in superfluæ querelæ conclusionem*.
(c) Lugd. omittit vocem hanc, *studio*.
(d) Edit. Mogunt. & Ven. *censura nunc districtior &c*. Hæc omnia non leguntur in Lugd. edit.
(e) Lugdun. editio, *hæc severitas*.
(f) Sic August. append. cum Mss. Corb. ac Mogunt. & Ven. Lugd. *supercilium tam tetricæ frontis armavit*! Lovan. Duac. & Colon. *supercilium tam tetricæ frontis se armavit*. Ms. Jol. *supercilio se tetricæ frontis armavit*.
(g) Ms. Joliensis, *facere præsumat*.
(h) Edit. Ven. *quasi hactenus*.
(i) Ita Ms. Jol. item Ms. Corb. Mogunt. edit. & Ven. exceptis his, & eo. At posteriores editiones habent: *Viginti anni amplius*; & omittunt, *sunt quod*. Augustinus porro contra Pelagianam hæresim pugnare anno Christi 412. cœpit, scriptis ad Marcellinum libris de peccatorum meritis ac de baptismo parvulorum. Iste ergo S. Prosperi liber viginti & amplius ab hinc annis editus, merito refertur ad annum circiter 433.
(k) Sic Mogunt. Ven. & append. Aug. ex Ms. Corb. Lugd. omisso, *Et*, ut posteriores quoque omiserunt, *Vincit dico, quia non patitur respirare quos vicit: & in quorum excidium unam, cunctorum sacerdotum manus sententiam scripsit*.
(l) Lugd. Lovan. Duac. & Colon. *quasi de felicitate nostræ victoriæ*. Ms. Joliensis omittit, *quasi*. Editio vero Mogunt. sequentem sententiam cum præcedente, cum duo ultima sententiæ membra, connectit; & loco *queruntur*, *armant*; habet, *queruntur*, *armatas*. Idem exhibet & Veneta editio: at sensus hujus loci a præcedentibus distinguit comma, & majori littera initio apposita.

(m) Lugd. Lovan. Duac. & Colon. *et participes .... defensata*. Ms. Jol. & Corb. Aug. edit. Edit. Mogunt. & Ven. ut in textu.
(n) Sola Lugd. editio, *Auctores displicent*: ceteris prætermissis, *tanta insolentia*.
(o) Lugd. edit. *novorum censorum*.
(p) Mogunt. & Ven. edit. *quod & nulla*.
(q) Ms. Joliensis *asserant .... respuant*.
(r) Mogunt. & Ven. *subtilissimæ*.
(s) Ms. Jol. *in medium*. Mogunt. & Ven. *Constituant in medium*: tum pergunt uno tenore sententiæ, usque ad hæc, *loquacitas interrupte effundit. Unius*, &c. Eadem modo distinctione legitur in Lovan. edit.
(t) Manuscriptum Remigianum, *quod de novis semper emersit*. Jam tum emerserant alii contra Augustinum quæstiones, quibus responderat in opusculis supra editis contra Gallos ac Vincentium, & ad excerpta Genuensium. Cum vero Cassiani, Augustini, ut aemulorum antesignani, hæc forte nondum ipsi innotuissent, aut meliora de ingenio illius animo sperasset; nunc tandem refellendas suscepit Cassiani potissimum definitiones, quas stilo edidit in vulgus circumferri jam cœperant, & in quibus nova arte oppugnari videbatur doctrina S. Augustini.
(u) In edit. Mogunt. & Veneta, post *referamus*, *Quas docere ob hoc solum interim oportet in medium adduci, quia utrum &c*. Hoc ipsum est etiam in Ms. Corb. sed inscriptum post, *oportet assumi*: in eorum codice ante, *Quas etiam ob hoc solum*, præfixa est particula, *alibi*: qua indicatur hæc verba in illis duobus dictis alicunde adjuncta esse. In Ms. Remigiano, *Quarum alibi*, *quas etiam ob hoc solum interim in disputationem oportet assumi*, *debeant ob hoc solum interim oportet in medium adduci*. Ms. Joliensis, *Quarum forma ob hoc solum interim oportet in medium adduci*.
(x) Apud Aug. ex Ms. Corb. *assumi*.

utrum ita se habeant, non potest dubitari. (a) Scriptæ enim sunt, & auctoris sui editione publicatæ: nec jam, an sint, quærendum est; sed quid doceant, demonstrandum. Igitur in libro cujus prænotatio est, DE PROTECTIONE DEI, * vir quidam sacerdotalis (b), qui disputandi usu inter eos, (c) quibuscum degit, excellit, Abbatem * quemdam introducit de gratia Dei & libero arbitrio disserentem, cujus se per omnia probasse ac suscepisse ostendit sententiam: ut jam non cum illo nobis sit negotium, qui forte tales opiniones suas aut negando refutaret, aut corrigendo dilueret; sed cum illo, qui ad instrumentum inimicorum gratiæ Dei, talem studuit proferre doctrinam.

* Cassianum perstringit. Collat. 13. * Chæremonem.

2. (d) Qui tamen inter initia disputationis a veritatis pietate non dissonat, & justo honorari præconio mereretur, nisi præcipiti (e) lævoque progressu, ab inchoata rectitudine deviaret. Nam post comparationem agricolæ, (f) cui formam sub gratia ac fide viventis aptavit, & cujus infructuosum esse dixit laborem, nisi per omnia Dei auxilio juvaretur, intulit definitionem (g) catholicissimam, dicens: *Quibus manifeste colligitur, non solum actuum, verum etiam cogitationum bonarum ex Deo esse (h) principium: qui nobis & initia sanctæ voluntatis inspirat, & virtutem atque opportunitatem eorum quæ recte cupimus, tribuit peragendi. Omne enim datum bonum & omne donum perfectum de sursum est, descendens a Patre luminum: qui & incipit quæ bona sunt, & exsequitur, & consummat in nobis,* (i) *dicente Apostolo, Qui dat semen seminanti, & panem ad manducandum præstabit, & crescere faciet fructus justitiæ vestræ.* Hic ne quis putaret nihil superesse quod per liberum ageremus arbitrium, non irrationabiliter adjecit quo probaret, non auferri illud hoc dono, sed potius roborari, nisi (k) revolutum ad iniquitates suas, ab auxilio Dei se (l) mallet avertere. *Nostrum vero est,* inquit, *quotidie adtrahentem nos gratiam Dei ut humiliter subsequamur,* (m) *vel certe dura cervice & incircumcisis, ut scriptum est, auribus eidem resistentes, per Jeremiam mereamur audire, Numquid qui cadit non resurget? aut qui aversus est, non revertetur? Quare ergo aversus est populus iste in Jerusalem, aversione contentiosa: induraverunt cervices suas, & noluerunt reverti?* (n) Item infra, cum omnia virtutum studia Dei gratia indigere docuisset, probabiliter addidit, dicens: *Quæ omnia, sicut desiderari a nobis jugiter absque divina inspiratione non possunt,* (o) *ita nec perfici quidem sine ejus auxilio ullatenus queunt.*

Collatori doctrina prima catholica.

Collat. verba catholica. Coll. 13. cap. 3. Jacob. 1. 17.

2. Cor. 9. 10.

Act. 7. 51.

Jer. 8. 4.

Collat. 13. c. 3.

3. In septimo * autem capitulo, generalem volens ostendere gratiam Christi, quæ nullum usquequaque (p) hominum prætermittat, & rebelles quoque (q) adversosque non deserat: *Adest igitur,* inquit, *inseparabiliter nobis* (r) *divina protectio, tantaque est erga creaturam suam pietas Creatoris, ut non solum comitetur eam, sed etiam præcedat* (s) *jugiter providentia.* In quo potest videri, ob hoc comitem dixisse providentiam, (t) quia etiam deserentes se plerumque non deserat; vel quia omnes quos prævenit, eosdem subsequatur. (u) Sequitur autem dicens: *Qui cum in nobis ortum quemdam bonæ voluntatis inspexerit, illuminat eam* (x), *atque confortat, atque dirigit ad salutem, incrementum tribuens ei, quam vel ipse plantavit,* (y) *vel nostro conatu viderit emersisse.* Et hic potest adhuc dicere, illius se ortum bonæ voluntatis significasse, cujus a Deo,

(z) sint

* Nempe ejusd. Coll. 13.

Defectio secunda.

(a) MSS. Corb. Remig. & Jol. *purgata*. Editiones Mogunt. & Ven. *scripta enim sunt, & auctoris sui editione purgata*: referentes ad *decreta*.

(b) Lugd. Lov. Duac. & Colon. addunt, *ordinis*. Aberat a Corb. Mogunt. & Ven.

(c) MS. Jol. Mogunt. & Ven. *cum quibus*. Lugd. edit. *quibuscum egit*: aliæ omnes, *quibuscum degit*.

(d) Edit. append. Aug. tom. 10. ex MS. Corb. *Qui tamen, id est, Cassianus*. Aliæ omnes editiones, cum Jol. & Remig. *Quæ tamen*: subaudi, *doctrina*.

(e) Edit. Lugd. *longoque progressu*, minus bene, ut videtur.

(f) MS. Jol. *cujus formam .... viventis*, forte, *viventi*.

(g) MS. Jol. *definitionem catholicam*.

(h) MS. Jol. *principia*.

(i) MS. Jol. *dicente etiam apostolo Paulo, quia qui dat*. Hæc verba, *dicente Apostolo*, absunt ab edit. Mogunt. & Ven. in quibus continuata oratione habetur post, *& consummat in nobis, & panem ad manducandum præstat, & crescere facit fructus justitiæ vestræ*. In edit. Lugd. Lovan. Duac. & Colon. paulo aliter distinguuntur hæc sententiæ: scilicet, *Qui dat semen seminanti, & panem ad manducandum; præstabit, & crescere faciet fructus justitiæ vestræ*.

(k) Sic MS. Joliensis, cum Edit. Lovan. Duac. & Colon. & Aug. editio. At vero MS. Remig. cum Mogunt. Ven. & Lugd. *revolutus*. Quod in marginem rejectum in posterius editis, cum hac annotatione, vel *si legas in masculino genere, addo, homo*,

(l) Sic MS. Jol. cum Mog. Ven. & August. edit. ex MS. Corb. Alii codices, *se malit*.

(m) Sic legitur in MS. Joliensi, & in edit. Mogunt. & Ven. nec non in append. tom. 10. Aug. ex MS. Corb. excepto quod in Mog. & Ven. legitur, *cervici* absque voce *ut*, *sunt*. In aliis vero edit. omisso, *vel certe*; *ut dura cervice & incircumcisis auribus eidem resistentes*, &c.

(n) Sic MS. Jol. cum Mog. Ven. & edit. app. Aug. ex MS. Corb. Reliqui, *Et infra*.

(o) Ita MS. Jol. & edit. Mog. ac Ven. Ceteri, *ita ut perfici*. In eod. MS. Jol. supra ascribitur, *devenis*.

(p) Quidam codices, *hominem*.

(q) MS. Corb. *aversosque*. Edit. Mog. & Ven. *perversosque*.

(r) Hic Lovan. Duac. & Colon. addunt, *semper*: quæ vox abest a MSS. Jol. Corb. & Remig. ac edit. Mog. Ven. & Lugd.

(s) MS. Jol. caret hac voce, *jugiter*.

(t) Edit. Lugd. Lov. Duac. & Colon. addunt, *etiam*: MS. Jol. Remig. & Corb. non addunt, nec edit. Mog. & Ven.

(u) Editiones Mogunt. & Ven. *Sequitur enim*. Alii codices, *autem*.

(x) Sic legitur in MSS. Corb. Remig. & Jol. ac in Edit. Mog. Ven. & Lugd. At edit. Lovan. Duac. & Colon. addunt hic, *confestim*: deinde habent, *atque confortat, & incitat ad salutem*. Idem habetur etiam in append. Aug. non omisso, *confestim*.

(y) Editiones Mogunt. & Ven. *vel quæ nostro conatu videtur emersisse*.

(a) sint plantata vel inspirata principia: quia ab illuminatis jam cordibus (b) possint salubres prodire conatus, qui ideo ipsius hominis proprii esse dicuntur, quia jam bonorum conatuum accepit facultatem, eorumque semina ad suum referantur auctorem.

* alias Cap. 2. Incipit a Cassiano [illegible]. Isai. 65. 1.

* 4. Sed & in capitulo nono subdidit, (c) & dixit: *Unde non facile humana ratione discernitur, quemadmodum Dominus petentibus tribuat, a quærentibus inveniatur, aperiatque pulsantibus: & rursus inveniatur a non quærentibus se,* (d) *palam appareat inter illos qui illum non interrogabant; tota die expandat manus ad populum non* (e) *credentem sibi & contradicentem, resistentes ac longe positos vocet, invitos adtrahat ad salutem, peccare cupientibus, explendæ cupiditatis subtrahat* (f) *facultatem, ad nequitiam properantibus benignus obsistat.* Jam hic quasi per inscrutabilem diversitatem introducitur definitio, (g) qua docetur multos ad gratiam venire sine gratia, & hunc affectum petendi, quærendi, (h) pulsandi, habere quosdam de vigilantia liberæ voluntatis: quæ tamen in aliis tanta aversione obcæcata perhibetur, ut nullis cohortationibus sit revocabilis, nisi per vim trahentis invita ducatur. Quasi (i) non toto multiformis gratiæ opere hoc in omnium agatur animis, ut ex nolentibus fiant volentes; aut quisquam ex his qui jam judicio rationis utuntur, possit fidem nisi voluntate suscipere. (k) Unde tam ineptum est dicere, quod quisquam ad participationem gratiæ tendat invitus, quam asserere quod ullus ad eam non Spiritu Dei veniat incitatus.

Vide supra [illegible]

* alias Cap. 3.

5. Cito ergo hic disputator præmissæ definitionis oblitus est, cito a sententia sua (l) instabili levitate dissensit. Dixerat enim regulariter, *Non solum actuum, verum etiam cogitationum bonarum ex Deo esse principium.* Et ne hoc de doctrina extrinsecus adhibita deberet intelligi, vigilanter addiderat: * *Qui nobis & initia sanctæ voluntatis inspirat, & virtutem atque opportunitatem eorum quæ recte cupimus, tribuit peragendi,* (m) *Omne enim datum bonum, & omne donum perfectum de sursum est descendens a Patre luminum, qui & incipit quæ bona sunt, & exsequitur & consummat in nobis.* Doctor catholice, cur professionem tuam deseris? Cur ad (n) fumosam falsitatis caliginem, relicta serenissimæ veritatis luce devolveris? Quod in petentibus, quærentibus, pulsantibusque miraris, cur non eidem gratiæ, quæ desideraverat, adscribis? Vides bonos conatus, pia studia, & dubitas esse (o) Dei dona? (p) Latuerit opus gratiæ, donec fides infusa cogitationis clauderetur arcano: at ubi supplex oratio, ubi diligens inquisitio, ubi (q) apparet crebra pulsatio, quare non ex qualitate operis subministrationem intelligis incitantis?

CAPUT III.

* alias cap. 1.

Cassianus nec cum Pelagianis, nec cum Catholicis plene concordat: dum errando asserit alios per gratiam, alios per legem & naturam justificari. Definitio 3. Cassiani: Apparentiam virtutum habere hominem a se ipso. Refellitur ex antea confessis in prima definitione.

(r) ET satis te contra Pelagianorum calumnias præcavere existimas, si quod in universitate vocatorum sentiendum est, id nobis (s) in portione concedas. Sed nec cum hæreticis tibi, nec cum catholicis (t) plena concordia est. Illi in omnibus justis hominum operibus, liberæ voluntatis tuentur exordia: nos bonarum cogitationum ex Deo semper credimus prodire principia: tu informe nescio quid tertium, & utrique parti incongruum reperisti, quo nec inimicorum consensum adquireres, nec in nostrorum intelligentia permaneres. * Quomodo autem non advertis, (u) te in illud damnatum incidere, quod, velis nolis, convinceris dicere, *Gratiam Dei secundum merita nostra dari;* cum aliquid præcedere boni operis ex ipsis hominibus, propter quod gratiam consequantur, affirmas? Non enim nullius meriti haberi potest petentis fides, quærentis pietas, pulsantis instantia: præcipue cum omnes ejusmodi, & accipere

Cassianus nec cum Pelagianis, nec cum Catholicis plene concordat.

* alias cap. 2.

(a) Ms. Joliensis, *sunt plantata*.
(b) Sic Mss. Corb. Remig. & Joliens. cum edit. Lugdun. & append. August. At vero Mog. Ven. Lov. Duac. & Colon. *possunt* .... *esse dicuntur*; edit. Aug. *dicantur*.
(c) Sic Mss. Jol. Corb. & Remig. atque edit. Mogunt. & Ven. excepto quod Mogunt. habet, *& dicit*. Editores Lugdun. Lovan. Duac. & Colon. *Sed capitulo nono subdit, & dicit*.
(d) Edit. Mogunt. & Ven. *ut palam appareat inter illos, qui illum non rogabant*.
(e) Edit. Lugd. *non credentem, sed contradicentem* absque voce, *sibi: resistentes a longe positos vocet*.
(f) Mss. Corb. & Remig. ac Edit. Mogunt. & Ven. *voluntatis*.
(g) Ms. Remigianus, *quo docetur*.
(h) Ita Mss. Corb. & Jol. cum Mog. Ven. & append. tom. 10. Aug. Alii addunt, *atque*.
(i) Edit. Lugd. sola, *in uno*. Sed male, ut patet ex aliis codicibus, & serie loci totius.
(k) Editiones Mogunt. & Ven. *Sed quid tam ineptum est, quam dicere, quod quisquam ad participationem gratiæ tendat invitus*. Cætera prætermittit, usque ad, *Cito ergo*.
(l) Ita Ms. Jol. & ex Ms. Corb. Aug. edit. cum Mogunt. & Ven. Posteriores editiones, *instabilitate & levitate dissensit*.
(m) Edit. Lugd. *Omne enim datum optimum*. Lov. Duac. & Colon. omisso, *enim: Omne datum optimum & donum*. Mss. Jol. & Corb. & Edit. Mogunt. & Ven. ut in textu.
(n) Sic Mss. Corb. & Jol. At editiones omnes, *famosam*; quarum plures in margine ex conjectura notant, *fumosam*.
(o) Lugd. editio sola, *Dei bona*.
(p) Editiones Mogunt. & Ven. *Lateat*.
(q) Ms. Joliensis omittit verbum, *apparet*; deinde post pauca, *quare non ex qualitate operis*. Melius alii ut in textu.
(r) Sic Ms. Remigiano Remensis, cum ed. Lugd. Lovan. Duac. & Colon. At Ms. Corb. & ex eo edit. August. append. item Ms. Joliensis cum edit. Mogunt. & Ven. *Et satis te armas contra Pelagianorum calumnias*.
(s) Ms. Joliensis, *in portione*.
(t) Editio Lugdun. *plena discordia est*.
(u) Ms. Joliensis, *damnatissimum te in illud incidere, quo, velis nolis*.

te (a) & invenire, & latere dicatur. In quo superfluum, immo impium est, sic velle mentiri ante gratiam existentibus locum facere, ut non ex toto verum sit quod ait Dominus, *Nemo venit ad me, nisi Pater, qui misit me, attraxerit eum:* (b) quod nullatenus diceretur, si cujusquam sine Dei illuminatione esset credenda conversio; aut ullo modo se voluntas hominis ad Deum sine Deo posset extendere: qui eum vocatum ad Filium (c) trahit; non resistentem invitumque compellit, sed ex invito volentem facit, & quibuslibet modis infidelitatem resistentis inclinat; ut cor audientis, obediendi in se delectatione (d) generata, ibi surgat, ubi premebatur; ibi discat, (e) ubi ignorabat; inde fidat, unde diffidebat; inde velit, unde nolebat. Etenim *Dominus dabit (f) suavitatem, & terra nostra dabit fructum suum.*

Ps. 84. 13.

* Sed videamus qualia subsequantur: *Cui autem (g) facile patebit, quomodo salutis summa nostro tribuatur arbitrio? de quo dicitur, Si volueritis & audieritis me, quae bona sunt terrae manducabitis. Et quomodo non volentis neque currentis, sed miserentis est Dei? Quid etiam sit illud, quod Deus reddet unicuique secundum opera ejus; &, Deus est qui operatur in vobis & velle, & perficere, pro bona voluntate: & hoc non ex vobis, sed Dei donum est; non ex operibus, ut ne quis glorietur?* (h) Et cetera quae collecta de Scripturis, quasi alterum sibi sensu adversa collegit, ut donis gratiae studium humanae committat industriae; & omnium hominum divisione facta, alii sint quos gratia Dei salvet, alii quos lex & natura justificet. Sed lex potest, ne quid mali fiat, jubere; a malo autem non potest liberare. Notum facit mandatum, sed obediendi non praestat affectum: (i) nisi quod est occidens per litteram litterae, fiat vivificans per spiritum gratiae.

* alias cap. 3.

Collat. 13. c. 9. Isai. 1. 19. Rom. 9. 16. Matth. 16. 27. Philip. 2. 13.

* 2. Post haec concludit, dicens: *Nisi quod in his omnibus & gratia Dei, & libertas nostri declaratur arbitrii, (k) & quia etiam suis interdum motibus homo ad virtutum appetitus possit extendi, semper vero a Domino indigeat adjuvari.* Et hic est, quod regulari definitione praemissum est: *Non solum actuum, verum etiam cogitationum bonarum ex Deo esse principium, qui & incipit quae bona sunt, & exsequitur, & consummat in nobis?* Ecce hic etiam si bonis coeptis necessarium Dei fateris auxilium: ipsos tamen laudabiles motus appetitusque virtutum, remota gratia Dei, nudae libertati adscribis arbitrii: ut boni salubresque conatus nequeant quidem proficere, nisi Deus adjuvet; (l) possint tamen, etiam si non a Deo inspirentur, incipere.

CAPUT IV.

Contra Cassianum probatur, nec desiderium sanitatis haberi sine gratia. Quarta Cassiani definitio: Per naturam bonam aliquando bonarum voluntatum prodire principia. Refellitur, tam ex prima sua definitione, quam ex Apostolo, cujus locus iste, Velle enim adjacet mihi, *a prava interpretatione vindicatur.*

DEinde, ut evidentius definias, quid homo ex libero arbitrio habeat, quid sumat (m) ex gratia, addis, & dicis: *Nec enim cum voluerit quis, sanitate perfruitur, aut de aegritudinis morbo, pro arbitrii sui desiderio liberatur.* Doces ergo, non posse quidem hominem per semetipsum apprehendere sanitatem, sed habere eum a semetipso desiderium sanitatis; & sua tantum sponte venire ad medicum, non etiam hoc ipsum medici esse, quod veniat. Quasi vero anima ipsa non langueat, & corpori suo remedium sana prospiciat. Atqui totus homo et ipsa & cum ipsa in profundam miseriae (n) suae decidit, (o) ubi eum, prius quam a medico notitiam suae calamitatis accipiat, jacere delectat, amantem (p) semper errores suos, & amplectentem falsa pro veris. Cujus prima salus est, ut sibi incipiat displicere, & vetustatem suae debilitatis odisse: sequens vero est, ut & sanari desideret, & a quo sanandus sit, noverit. (q) Quae curationem ipsam sic praecedunt, ut ei ab illo, qui aegrum sanaturus

Collat. 13. c. 6.

(a) Edit. Lovan. Duac. & Colon. *& venire*. Melius MSS. Corb. Remig. & Jol. cum Mogunt. & Ven. *& invenire*.

(b) Haec verba, *quod nullatenus diceretur*, quae aberant ab editis omnibus, restituenda credidimus solum etiam auctoritate MS. Joliensis, loco sensu id exigente.

(c) Editiones Mogunt. & Ven. post vocem *trahit*, omisso, *non*, *resistentem invitumque compellit, & ex invito volentem facit*. MS. Joliensis, *vocatum ad Filium non resistentem trahit, invitumque compellit, si ex invito*.

(d) MS. Joliensis, *gratia*.

(e) Edit. Mog. & Ven. *ubi ignorat*, omittuntque haec, *inde fidat, unde diffidebat; inde volens, unde nolebat*.

(f) MS. Remigianum, *benignitatem*.

(g) MS. Joliensis, *non facile potest*: melius absque negatione. Editiones Mogunt. & Ven. *Cum autem facile potest*, &c. .... *Deus est qui operatur in vobis & velle & perficere pro bona voluntate vestra, & hoc non ex vobis*. In edit. append. August. ex MS. Corb. legitur, *pro bona voluntate vestra*, & supra Edit. Lugd. Lovan. Duac. & Colon. *reddit unicuique*.

(h) Editio Lovan. *Ecce tamquam collecta de Scripturis, quasi alterum sibi sensu adversa colligit*.

(i) MSS. Remig. & Joliense, cum Edit. Mogunt. & Ven. *qui est occidens*.

(k) Abest & a MSS. Corb. & Jol. & Edit. Lugd. Mog. & Ven. quae duae posteriores sic habent, *quia etiam suis .... potest extendi, semper vero a Domino indiget adjuvari*. Suffragatur MS. Joliensis.

(l) Editi plerique, *possunt tamen*. Ven. *possint tamen esse, etiam si non a Deo semper inspirentur*.

(m) Ita MS. Corb. Jol. & Remig. cum ed. Moguntin. & Ven. Lugd. Lov. Duac. & Colon. *ex gratia Dei*.

(n) MS. Jol. omittit hanc vocem, *sua*.

(o) Mogunt. & Ven. *ubi eum*; ceteri, *ubi tam*, referentes ad *animam*, non ad hominem, de quo proxime sermo erat.

(p) Edit. Lugd. sola omittit vocem hanc, *semper*.

(q) MS. Jol. *curationem ejus*. MS. Remig. *curationem illam*, & paulo post Edit. Mog. *quo aegrum sanaturus est*: ubi MS. Jol. *qui cum gratia*.

voluntas est, inferantur: ut, cum (a) ei nullo modo haec frustra inesse possint, merito videatur salvata, non gratia.

2. Deinde adjicis: *Ut autem evidentius clareret, etiam per naturae bonum, quod beneficio Creatoris indultum est, nonnunquam bonarum voluntatum prodire principia, quae tamen nisi a Deo dirigantur, ad consummationem (b) virtutum pervenire non possunt, Apostolus (c) testis est, dicens, Velle enim adjacet mihi, perficere autem bonum non invenio.* Falso ergo secundum hanc definitionem ante dixisti, *Non solum actuum, verum etiam cogitationum bonarum ex Deo esse principium; qui & incipit quae bona sunt, & exsequitur, & consummat in nobis.* Sed hoc nullo modo ex aliqua parte potest esse falsum; cui nequaquam inferri contraria debuerant; ut quod recte professus es ex gratia incipere, id possem (d) confirmares per naturae bonum & per liberum arbitrium non habere. (e) Dixit quidem beatus Apostolus, *Velle enim adjacet mihi, perficere autem bonum non invenio.* (f) Sed idem dixit, (g) *Non quia idonei sumus cogitare aliquid a (h) nobis quasi ex nobis ipsis, sed sufficientia nostra ex Deo est.* (i) Et idem dixit, *Deus est enim qui operatur in vobis & velle (k) & operari pro bona voluntate.* Non ergo Apostolus sibi contrarius est. Sed cum donatum nobis fuerit bonum velle, non statim invenimus & facere, nisi perseveranter, quaerendo atque pulsando, qui dedit desiderium, praestet effectum. (l) Vox namque illa dicentis, *Velle enim adjacet mihi, perficere autem bonum non invenio,* vocati est, (m) & jam sub gratia constituti; qui condelectatur quidem legi Dei secundum interiorem hominem, sed videt aliam legem in membris suis, repugnantem legi mentis suae, & captivantem se in lege peccati; & quamvis acceperit scientiam recte volendi, virtutem tamen in se non invenit (n) ea quae opus est operandi; donec pro bona voluntate quam sumpsit, mereatur (o) virtutum facultatem invenire quam quaerit.

Rom. 7. 18.

Rom. 7. 18.

2. Cor. 3. 5.

Philip. 2. 13.

Rom. 7. 18.

Ibidem. 22. & 23.

CAPUT V.

Definitio quinta Cassiani: Simul suscipiendas esse sententias contrarias, & illam quae bonam voluntatem nasci ex gratia, & illam quae ex bona voluntate gratiam prodire dicit. Opinio Cassiani catholicis perinde atque Pelagianis errorem affingit. Refellitur ex definitionibus summorum Pontificum & conciliorum.

* Post haec positis plurimis testimoniis, quibus nemo validum, neque infirmum liberum arbitrium demonstraretur: quasi quidam sint, qui propriis viribus impleant, quod alii facere, (p) nisi Deo adjuvante, non possint; aut ob aliud homo accipiat praeceptum, nisi ut divinum quaerat auxilium. Concludis ergo, & dicis: *Et ita sunt haec quodammodo (q) indiscrete permista atque confusa, ut quid ex quo pendeat, inter multos magna quaestione volvatur; id est, utrum, quia initium bonae voluntatis praebuerimus, misereatur nostri Deus; an quia Deus miseretur, consequamur bonae voluntatis initium. Multi enim singula haec credentes, ac justo amplius asserentes, variis sibique contrariis sunt erroribus involuti.* Ecce, ut tibi videtur, (r) quae erant permista, discreta sunt; & quae explicari non poterant, absoluta. (s) Duos enim esse sibi contrarios definis errores, quibus qui inter liberum arbitrium & gratiam quid unicuique sit adscribendum, implicantur. Et in uno (t) constituis eos qui dicunt, ideo nostri misereri Deum, quia ex nobis praebita sint bonae initia voluntatis; significans sine dubio Pelagiani dogmatis sectatores, (u) qui dicunt, gratiam Dei secundum merita nostra dari: in alio autem illos ponis, qui dicunt, (x) ex misericordia Dei bonarum voluntatum prodire principia; eos intelligi volens, qui inimicos gratiae debellarunt. Si ergo error est, initia bonae voluntatis non adjuto divinitus homini adscribere, & error est confiteri quoniam praeparatur voluntas a Domino,

* olim Cap. 2.

Collat. 13. cap. 11. Definitio 5. Cassiani: Simul suscipiendas esse sententias contrarias, & illam quae bonam voluntatem nasci ex gratia, & illam quae ex bona voluntate gratiam prodire dicit.

(a) Ita MSS. Corb. Remig. & Joliensis, cum edit. Mogunt. & Ven. At posteriores editiones, cum ei nullo modo haec inesse possint: & tantum MS. Jol. merito videatur salvatum, scilicet, liberum.

(b) MS. Joliensis omittit hanc vocem, virtutum, [illegible] non possunt.

(c) Sic MSS. Corb. Remig. & Jol. cum edit. apprd. Aug. Mogunt. & Ven. At Lugd. Lov. Duac. & Colon. testatur.

(d) Edit. Mogunt. & Ven. firmares.

(e) MS. Jol. Mog. & Ven. Dicit quidem Apostolus.

(f) MS. Jol. sed itidem dixit. Edit. Mog. & Ven. sed idem dixit.

(g) Edit. Mogunt. & Ven. Quia non idonei sumus. Edit. Lugd. Lovan. Duac. & Colon. non quod.

(h) MS. Jol. ex nobis quasi ex nobis. MS. Remig. ex nobis, quasi a nobis ipsis. In Lugd. Lov. Duac. & Colon. aliquid ex nobis ipsis.

(i) MS. Joliensis, Et iterum.

(k) Posteriores editiones Lugd. Lovan. Duac. & Colon. & perficere habent, loco, & operari, quod legitur in MS. Corb. edit. append. Aug. Mogunt. & Ven. Hae duae scribunt nobis, pro vobis.

(l) [illegible] vox namque abest a MSS. Corb. Remig. & Jol. [illegible] a Mogunt. & Ven.

(m) [illegible] vocatus, & jam [illegible] in Lugd. Lov. Duac. & Colon. legitur in MSS. Corb. Remig. & Jol. nec non in Edit. Mogunt. & Ven.

(n) Ita emendavimus ex MS. Joliensi. Reliqui omnes, eorum quae opus operanda: [illegible], ut videtur.

(o) Sic legitur in MSS. Corb. Remig. & Joliensi, nec non in edit. Mogunt. & Ven. Posteriores vero tres editiones post, quam sumpsit, habent, mereatur invenire qui faciat.

(p) Sic MSS. Corb. Remig. & Jol. cum edit. Mog. & Ven. Editiones Lugd. Lov. Duac. & Colon. Deo non adjuvante non possunt.

(q) Editiones Mog. & Ven. indiscrete, permista, atque confusa, & post aliquot lineas iidem codices, Multi enim haec credentes singula.

(r) Sola Lugd. editio, quae confusa erant.

(s) MS. Jol. & edit. Lugd. Duos enim sibi contrarios definis errores: tum sola Lugd. editio quibus inter liberum arbitrium & gratiam contentiose disputantes, quid unicuique sit, implicantur.

(t) MS. Joliensis, constituisti eos qui. MS. Remig. post pauca, praecedebant.

(u) Editio Lugd. qui dicunt gratiam dari secundum merita nostra: omissis caeteris vocibus quae intercinerat, in aliis codicibus.

(x) Edit. Lugd. sola, ex misericordia a Deo.

no, (a) quo dirigendi sumus, ut utrumque vitemus?

2. *Si utrumque*, inquis, *sequamur, aut nulli errori* (b) *adquiescimus*. Tu nos subdis duobus, & geminas, sicut intelligis, pravitates: dividendo damnas, miscendo justificas. Hac lege, (c) hac regula poteris prædicare, quod tam errent (d) qui dicunt, * semper esse fallendum, quam qui definiunt, numquam esse fallendum, sed ut in neutro peccetur, utrumque sectandum: (e) quia nec semper declinanda falsitas, nec semper negligenda sit veritas. Fallit te prorsus opinio tua. De duobus malis unum fieri bonum non potest: unam virtutem duo vitia non gignunt: unum verum duo falsa non faciunt. (f) Quæ enim merito paria sunt, non minuuntur coeundo, sed crescunt. Non itaque oportuit eos, qui bonarum voluntatum initia ex Dei asserunt inspiratione generari, ea sententia reprehendi, qua arguuntur, qui ad hæc liberum arbitrium putant sibi sine ope gratiæ posse sufficere. Harum enim definitionum una ab Ecclesia expugnata est, (g) alia defensa: nec eis ullo modo hujus novi fœderis congruit pactum, quo catholica sit corruptior, (h) quam Pelagiana correctior.

* 3. *Multi*, inquis, *singula hæc credentes ac justo amplius asserentes*, (i) *variis sibique contrariis sunt erroribus involuti*. Placet igitur tibi, cum hæreticis catholicos, cum victis damnare victores: & eos erroris nota adurere, qui errorem ab Ecclesia depulerunt? Secundum quippe tuam censuram, qua sanctarum & fidelium voluntatum (k) non in omnibus hominibus ex Deo vis esse principium, (quasi multum gratiæ tribuas, si hoc eam in quorumdam operari mentibus adquiescas,) erravit Papa INNOCENTIUS (l), & Petri sede dignissimus, qui cum de istis loqueretur, qui in libero arbitrio gloriantur; Nam quid, inquit, nos de eorum posthac rectum mentibus (m) æstimemus, qui sibi se putant debere, quod boni sunt? Et iterum cum de primi hominis scriberet lapsu: Liberum enim, inquit, arbitrium olim ille perpessus, dum suis inconsultius utitur bonis, cadens in prævaricationis profunda demersus est, (n) & nihil quemadmodum exinde surgere posset, invenit; suaque in æternum libertate deceptus, (o) hujus ruinæ jacuisset oppressu, nisi eum post Christi pro sua gratia (p) relevasset adventus. Erraverunt ORIENTALES EPISCOPI, in quorum judicio Pelagius, eos qui dicunt gratiam Dei secundum merita nostra dari, ut catholicus posset videri, anathematizare compulsus est. Erraverunt (q) AFRICANA Episcoporum CONCILIA, quæ decretis suis constituerunt, utrumque Dei donum esse, & scire quid facere debeamus, & diligere ut faciamus; ut ædificante caritate, scientia non possit inflare: quia sicut de Deo scriptum est, (r) Qui docet hominem scientiam; ita scriptum est, Caritas ex Deo est. Erraverunt DUCENTI QUATUORDECIM SACERDOTES qui in epistola quam suis constitutionibus (s) prætulerunt, (t) ita ad Apostolicæ sedis antistitem beatum Zosimum sunt locuti: Constituimus, in Pelagium atque Cælestium per venerabilem episcopum Innocentium de beatissimi Apostoli Petri sede prolatam manere sententiam, donec apertissima confessione fateantur, gratia Dei per Jesum Christum Dominum nostrum, non solum ad cognoscendam, verum etiam ad faciendam justitiam, nos per actus singulos adjuvari; ita ut sine illa (u) nihil veræ sanctæque pietatis habere, cogitare, dicere, agere valeamus. Erravit sacrosancta beati Petri sedes, quæ ad universum orbem Papæ ZOSIMI ore sic loquitur: Nos tamen instinctu Dei, (omnia enim bona ad auctorem suum referenda sunt, unde nascuntur,) ad fratrum & coepiscoporum nostrorum conscientiam universa retulimus. Erraverunt (x) AFRI EPISCO-

---

(a) MS. Jol. *quo dirigendi sumus? Utrumque vitemus*.

(b) Edit. Lov. Duac. & Colon. *acquiescimus*.

(c) Sic MSS. Corb. Remig. & Jol. ac Edit. Mog. & Ven. Alii, *ac regula*.

(d) MS. Jolienfis, *qui dicunt numquam esse fallendum, quam qui definiunt semper esse fallendum*.

(e) Editio Lugd. sola, *quia nec semper declinanda sit falsitas*. Ceteris omissis.

(f) Editio Lugd. *Quæ enim paria sunt, merito non minuuntur*, &c. Aliæ editiones, *paria sunt merito*. Mog. & Ven. *merito paria sunt*.

(g) MS. Jol. *altera defensa*.

(h) MS. Joliensis omittit particulam, *quam*.

(i) Editio Lugdun. *variis sibi contrariis*, omisso que.

(k) Ita MSS. Corb. Remig. & Jol. cum Edit. Mog. & Ven. Lov. Duac. & Colon. *asseris non in omnibus hominibus ex Deo esse principium*. Lugdun. vero, *ex Deo habuisse principium*.

(l) Edit. Mogunt. & Ven. *beatissimi Petri*.

(m) Edit. Mogunt. & Ven. *Numquid* .... *qui sibi putant debere*. Ven. *qui sibi putant deberi*. Lugd. & posteriores, *Nam quid, inquit, nos de eorum post hæc rectum mentibus existimemus, qui sibi se putant debere*.

(n) Hæc verba, *est & ex Innoc. Epistola tom. 2. operum August. addidimus*. Absunt a codicibus Prosperianis, excepta edit. Ven. quæ habet, *surgere posset*.

(o) MSS. Corb. & Jol. *hujus ruinæ latuisset oppressu*. Sic etiam Lugd. edit. Mogunt. *hujus ruinæ latuisset oppresso*. Lugd. Duac. & Colon. *hujus ruinæ jacuisset oppressus*.

(p) Edit. Mogunt. Ven. & Colon. *revelasset*: minus commode. Lugd. editio, *Nisi eum post sua gratia relevasset divinus adventus*.

(q) MS. Jol. *Africanorum episcoporum concilia*.

(r) Ita MS. Remig. conformiter textui Concilii. In MS. Joliensi omittuntur hæc, *ille est qui docet hominem scientiam, ita de eo scriptum est*. Item in editionibus Mogunt. & Ven. In Lugdun. vero habetur, *Quia sicut de Deo scriptum est, Ille est qui docet hominem scientiam*: cetera prætermissa. In Lovan. Duac. & Colon. eadem leguntur: cetera ut in textu.

(s) MS. Corb. & Lugd. editio, *prætulerunt*.

(t) Ita MS. Jol. Corb. & Remig. Ceteri codices, *ita apostolicæ sedis .... sunt allocuti*. Mog. *sunt locuti*.

(u) MSS. Jol. & Remig. *nihil veræ justæque pietatis*. Edit. Mogunt. & Ven. *nihil veræ, justæ, sanctæque pietatis*.

(x) Edit. Mog. & Ven. *Africæ episcopi*. Lugd. Lov. Duac. & Colon. *Africani*. MS. Corb. Remig. & Joliensis, *Afri episcopi*.

„ SCOPI ad eumdem Papam Zosimum rescribentes, eumque in sententiae (a) suae hujus salubritate laudantes, cum ajunt: Illud vero quod in litteris tuis, quas (b) ad universas provincias curasti esse mittendas, posuisti, dicens, Nos tamen instinctu Dei, (omnia enim bona ad auctorem suum referenda sunt, unde nascuntur,) ad fratrum & coepiscoporum nostrorum conscientiam universa retulimus: sic accepimus dictum, ut illos, qui contra Dei adjutorium extollunt humani arbitrii libertatem, districto gladio veritatis, velut cursim transiens, amputares. Quid enim tam libero fecisti arbitrio, quam quod universa in nostrae humilitatis conscientiam retulisti? Et tamen instinctu Dei factum esse, fideliter sapienterque vidisti, veraciter fidenterque dixisti. Ideo utique, quoniam praeparatur voluntas a Domino, & ut boni aliquid agant, paternis inspirationibus suorum ipse tangit (c) corda filiorum. Quotquot enim Spiritu Dei aguntur, hi filii sunt Dei. Ut nec nostrum sentiamus deesse arbitrium, & in bonis quibusque (d) voluntatis humanae singulis motibus, magis illius valere non dubitemus auxilium. Videsne regulas tam invictarum constitutionum soliditate constructas, (e) & in fidei structura pravas (f) vitiosasque juncturas, velut Jerichuntinos muros, ad sacerdotalium tubarum ruisse concussos!

Prov. 8. 35. sec. LXX.

Rom. 8. 14.

Josue 6. 20.

CAPUT VI.

Cum ea quaestio, quae est de sanctarum origine voluntatum, contra Pelagianos clare definita sit; male Cassianus, evanescentia arma colligens, contendit liberum arbitrium auferri per gratiam; cum per eam potius formetur, regatur, & ordinetur.

* alias cap. 11.

* CUm enim de sanctarum origine voluntatum, & fidei charitatisque principiis, inter nostros & Pelagianos quaestio versaretur, non ancipiti victoria, nec dubio (g) diremtum est fine certamen; ut adhuc nobis de iniquissimae (h) hujus foederis tui pace tractandum sit. Prostrata est hostium acies, bellum (i) confectum est, victores facti sumus per illum qui fecit potentiam in brachio suo, qui dispersit superbos mente cordis ipsorum: deposuit potentes de sede, & exaltavit humiles, esurientes implevit bonis, & divites dimisit inanes: per illum, qui faciens misericordiam cum patribus nostris, memor fuit testamenti sancti sui, (k) & jurisjurandi quod juravit ad Abraham patrem nostrum, daturum se nobis, ut sine timore de manu inimicorum nostrorum liberati, serviamus ipsi in sanctitate & justitia in conspectu ejus omnibus diebus nostris: per illum, qui dedit nobis victoriam per Jesum-Christum Dominum nostrum; per illum, a quo non spiritum hujus mundi accepimus, sed Spiritum qui ex Deo est, ut sciamus quae a Deo donata sunt nobis. Quid de elisarum argumentationum ratiunculis fracta studes arma colligere? Quid cineres extincti dogmatis refovendo, deficientis fomi nidorem in redivivam flammam conaris accendere? * Non est periculum (l) liberi arbitrii ex gratia Dei, nec voluntas aufertur, cum in ipsa bene velle generatur. Nam si libero non privanda est nostra: quia formatur, regitur, ordinatur, imbuitur, spoliantur libertate filii Dei, (m) qui aguntur Spiritu Dei; perdunt vigorem rationalis animi, & omni voluntariae devotionis laude privantur, quibus datur Spiritus sapientiae & intellectus, consilii & fortitudinis, scientiae ac pietatis, & timoris Domini. Prorsus qui his reformationibus se non putant indigere, de veteris mortis consuetudine in phrenesim (n) transierunt: respuunt remedium, clamant, insaniunt, reluctantur; sed si promissionis sunt filii, quiescent, & sanabuntur.

Luc. 1. 51. 53.

Ibid. 72. &c.

1. Cor. 15. 57.

1. Cor. 2. 12.

Liberum arbitrium non tollitur per gratiam, sed formatur, regitur & adjuvatur.

* alias cap. 12.

Rom. 8. 14.

Isai. 11. 2. secundum LXX.

CAPUT VII.

Cassianus contrarias definitiones conferuminans, exemplis colorare nititur quod intendit, hoc posse quosdam per liberum arbitrium, sine adjutorio Dei, quod quidem, nisi Deo cooperante non possunt. Refellitur ex Scripturis, & probatur, ut Matthaei & Pauli, sic Zacchaei, & latronis in cruce conversionem esse pariter ex gratia.

* alias cap. 13.

* SEd jam videamus quid inferat scholastes disputantis: qui ut vitium vitio pelleret, (o) & errorem errore curaret, contrarias sibi definitiones nova arte confodit; atque hoc compositionis suae poculum securis auditoribus propinaret, exemplis voluit colorare quod asserit. Ait enim: *Si enim dixerimus, nostrum esse bonae principium voluntatis; quid fuit in persecutore*

Collat. 13. cap. 11.

(a) Ita ex MS. Corb. append. tom. 10. Aug. & edit. Mog. & Ven. MS. Jol. *in sententia sua*. Posteriores editiones, *in sententia hujus*. Edit. Ven. *in sententia sua hujus, salubritate laudantes, dicunt*.

(b) Sic MS. Corb. Remig. & Jol. cum edit. Mogunt. & Ven. excepto quod illae editiones habent, *promittendas*. Caeteri codices, *ad universos*.

(c) MS. Joliensis, *corda fidelium*.

(d) Editiones plures, *ac voluntatis*. Particulam *ac* non habent MS. Corbejensis, Remig. & Joliensis, nec editiones Lugd.

(e) Edit. Lugd. *& in fide instructione*.

(f) Ita M. Corb. Remig. & Jol. cum edit. Mogunt. & Ven. At editiones Lugd. Lovan. Duac. & Corb. *vitiosasque juncturas*.

(g) M. Remig. & Joliensis, *direptum*.

(h) Editio Lugd. sola, *hujus febris tuae*.

(i) Editiones Lugdun. Lovan. Duac. & Colon. *confractum est*.

(k) M. Remig. cum edit. Mogunt. & Ven. *& jusjurandum*.

(l) Edit. Duac. & Colon. in margine notabant pro lectione diversa, *ex libero arbitrio*. MS. Remig. & Joliensis cum edit. Lugd. legunt, *gratia Dei*, absque *ex*.

(m) Edit. Lugdun. *quia qui aguntur*.

(n) Edit. Lugd. *transierunt .... sed si repromissionis sunt filii, quiescent, & sanantur*. Lovan. Duac. & Colon. *transierunt, sed si repromissionis sunt filii, quiescent & sanabuntur*.

(o) Haec verba, *& errorem errore curaret*, solum leguntur in MS. Remig. & Jol. nec in edit. Mogunt. & Ven.

tore Pauli, qui in publicano Matthæo, quorum unus cruori ac supplicii insectator, (a) *alius violentiis ac rapinis publicis incubans, adtrahitur ad salutem. Sin vero gratia Dei semper inspirari bonæ voluntatis principia dixerimus; quid de Zacchæi fide? quid de illius in cruce latronis pietate* (b) *dicemus, qui desiderio suo vim quamdam regnis cælestibus inferentes, specialia vocationis monita prævenerunt?*

2. Per illam ergo (c) bonorum principiorum dissimilitudinem probare nititur, hoc posse quosdam per liberum arbitrium, sine adjutorio Dei, quod quidam, nisi Deo cooperante, non possunt: & hoc vult de quorumdam tardiore obedientia, & quorumdam sequaciore consensu intelligi. Quasi ubi dura infidelitas Deo subditur, & Evangelio, quod diu impugnavit, repente succumbit, ibi mutationem hominis dextera operetur Excelsi: ubi autem (d) tranquillam cohortationem solumve rumorem, sine hæsitatione diffidentiæ, docilis auditor amplectitur, bonum talis conversionis humanæ sit tantummodo voluntatis. Quasi vero potentia (e) Dei eos tantum ad Filium adtrahat, quos aut voce increpaverit, aut pœna obtriverit, aut terrore tremefecerit; illorum autem mentibus nihil suæ virtutis admoveat, qui ad promissiones Redemptoris sui, spe alacri, & avido desiderio cucurrerunt. Sed Veritas dicit, Nemo venit ad me, nisi Pater, qui misit me, traxerit eum. Si ergo nemo venit, nisi adtractus; omnes (f) qui quocumque modo veniunt, adtrahuntur. * Trahit (g) itaque ad Deum contemplatio elementorum, omniumque quæ in eis sunt ordinatissima pulchritudo. Invisibilia enim ejus, a creatura mundi, per ea quæ facta sunt intellecta conspiciuntur. (h) Trahunt rerum gestarum relatores; animum audientis inflammant narrantes laudes Domini & virtutes ejus, & mirabilia ejus quæ fecit. Trahit timor: *Principium enim sapientiæ timor Domini.* Trahit lætitia: quoniam, *Lætatus sum in his quæ dicta sunt mihi, in domum Domini ibimus.* Trahit desiderium: quoniam, *Concupiscit & deficit anima* (i) *mea in atria Domini.* (k) Trahunt delectationes. *Quam dulcia enim faucibus meis eloquia tua, super mel & favum ori meo.* Et quis perspicere aut enarrare possit, (l) per quos affectus visitatio Dei animum ducat humanum, ut quæ fugiebat, sequatur; quæ oderat, diligat; quæ fastidiebat, esuriat; ac subito commutatione mirabili, quæ clausa ei fuerant, (m) fiant aperta; quæ onerosa, sint levia; quæ amara, sint dulcia; quæ obscura, sint lucida? *Hæc autem omnia operatur unus atque idem Spiritus, dividens singulis prout vult.* Quoniam *Deus qui dixit de tenebris* (n) *lumen splendescere, ipse illuxit in cordibus nostris, ad illuminationem scientiæ claritatis Dei in facie Christi Jesu*, id est, in manifestatione Filii sui, qui est (o) in gloria Patris.

3. Qui ergo illuxit in corde Matthæi publicani, & Pauli tunc Ecclesiam persequentis, ipse & in corde Zacchæi, & in corde crucifixi cum Domino latronis illuxit, nisi forte otiosa Domini vox fuit, cum Zacchæum, qui quærebat (p) videre Jesum quis esset, compellare dignatus est dicens; *Zacchæe* (q) *festinans, descende; quoniam hodie in domo tua oportet me manere*; & non (r) sibi præparavit eum animum, cujus elegit hospitium. Denique cum murmurarent omnes, (s) eum ad virum peccatorem introisse hospitari, & (t) Zacchæus jam pœnitentiam agens, dimidio bonorum suorum in pauperes erogato, redditurum se in quadruplum fraudata promitteret, Dominus ait, *Hodie salus huic domui facta est*, (u) *quia hic est filius Abrahæ.* Et ne lateret causa hujus salutis, ad-

Psal. 76. 11.

Omnes qui ad Christum veniunt, trahi a Patre.

Joan. 6. 44. Varii trahendi modi.

* aliter cap. 16.

Rom. 1. 20.

Psal. 77. 4.

Prov. 1. 7. Ps. 121. 1.

Ps. 83. 3.

Psal. 118. 103.

1. Cor. 12. 11.

2. Cor. 4. 6.

Ut illuxit Matthæo & Paulo, sic Zacchæo & latroni, in quorum conversio præcessit ex gratia.

Luc. 19. 5.

(a) Edit. Mogunt. & Ven. *alter*.
(b) Lugd. & hac posteriores, *dicemus*: cum MSS. Remig. & Joliensi.
(c) Loco *bonorum*, quod legitur in MSS. Corb. Remig. & Jol. nec non in edit. Mogunt. & Ven. Lovan. & posteriores habent, *quorumdam*. Lugd. vero editio: *bonorum principiorum*, omissisque hæc, *quorumdam tardiore obedientia*, &c.
(d) Sic MSS. Corb. Remig. & Joliensis, cum edit. Mogunt. & Ven. At posteriores Lugd. Lovan. Duac. & Colon. & aliæ, *post tranquillam cohortationem solam, verum etiam, sine ulla hæsitatione*. Lugd. tamen supra, pro, *Quasi ... operetur*, habet *Quod ... operatur*.
(e) Sic MSS. Corb. Remig. & Jol. cum Mogunt. & Ven. At his posteriores editiones, *potentia gratia Dei eos tantum ad Filium attrahat*, MS. Jol. tamen *potentia Dei Patris ... tremore fecerit*.
(f) Lugd. Lovan. Duac. & Colon. *omnes quocumque modo veniunt, adtrahuntur*.
(g) Edit. Lugd. Lovan. Duac. & Colon. *igitur*. Edit. Mogunt. & Ven. *itaque ad Dominum*. MS. Jol. *Trahit namque*.
(h) Sic MS. Corb. & edit. Mog. & Ven. nisi quod *relationes* habent, non *relatores*. MS. Jol. sic distinguit, *Trahunt rerum gestarum relatores animum audientis, inflammant narrantes*. MS. Remigiano-Remensis, *Trahunt rerum gestarum cognitio, & divinorum operum relatores*. At edit. Lugd. & eo recentiores, *Trahit rerum gestarum cognitio, & divinorum operum relatio animum audientis inflammans*.
(i) Vocem istam, *mea*, habent MSS. Remig. & Jol. cum Mog. & Ven.
(k) Sic MS. Corb. ex quo edit. append. tom. 10. Aug. ac Mogunt. cum Ven. & MS. Remigiano. At MS. Joliensis, *Trahunt divinæ lectiones*. Edit. Lugd. Lovan. & Colon. *Trahit delectatio lectionis*.
(l) MSS. Corb. Remig. & Jol. *per quos affectus*. Mogunt. & Ven. *quos affectu visitatio Dei ducat hominem*: cæteri codices excusi, *per quos affectus* &c. ut in textu.
(m) Edit. Lugd. & recentiores, *fiet aperta*. MSS. tres cum Mog. & Ven. *fiant aperta*.
(n) Edit. Mog. & Ven. *lucem splendescere, ipse illuxit .... in faciem*, MSS. Corb. & Remig. habent etiam hoc, *in faciem*.
(o) Sic MSS. Corb. & Remig. cum edit. Mogunt. & Ven. At MS. Jol. & Edit. Lugd. Lovan. Duac. & Colon. *in sinu Patris*.
(p) Sic MSS. Corb. Remig. & Jol. cum edit. Mog. & Ven. Alii codices *videre eum*.
(q) MS. Joliensis, *festinans, descende*.
(r) MS. Joliensis, *sibi præparaverit*: ut supra dixerat, *otiosa vox Domini fuerit*.
(s) Ita MSS. Corb. Remig. & Jol. nec non Mog. & Ven. Aliæ editiones *quod ad virum*. In MS. Joliensi abest vox hæc, *hospitari*.
(t) Editiones Lugd. Lovan. Duac. & Colon. omisso *&* ante *Zacchæus .... cum fraudata promitteret*.
(u) Edit. Lugd. *quia ecce hic filius Abrahæ*.

adjecit, *Venit autem filius hominis* (a) *quærere & salvum facere quod perierat*; ut quem agnoscimus salvum factum, (b) sciremus a quærente præventum. In latronis quoque justificatione, etiam si nulla operantis gratiæ (c) intelligerentur indicia, nonne cum omnibus credentibus etiam ipsum accepimus attractum? dicente Domino, *Omnia mihi tradita sunt a Patre meo*; &, *cum exaltatus fuero a terra, omnia traham ad me*? (d) Inter omnia autem, hunc vel traditum esse, vel tractum, etiam ipsius confessio docet: qui cum aliquandiu blasphemasset in (e) Jesum Christum; repente est mutatus, (f) & dixit, *Domine, memor esto mei, cum veneris in regnum tuum*. Sed unde in uno homine tanta compugnantium vocum sit orta diversitas, instruat nos (g) beatus Apostolus, & dicat, *Nemo in Spiritu Dei loquens, dicit anathema Jesu; & nemo potest dicere Dominum Jesum, nisi in Spiritu-sancto*. Ut non dubitemus in ejusdem hominis voluntate, & de proprio (h) fuisse quod blasphemavit, & de Spiritu-sancto fuisse quod credidit. Frustra igitur disputator iste, (i) ad inscrutabilem nostris gratiæ varietatem, argumentorum definitionis suæ voluit aptare; ut partim justificatorum salus voluntatis suæ motibus ad Christum venire credatur, partim autem reluctans (k) trahi, & invita compelli: cum Deus sit qui operatur omnia in omnibus, sive alios sic, sive alios autem sic attrahere velit, ad quem nemo nisi aliquo modo adtrahatur, venit.

CAPUT VIII.

Definitio sexta Cassiani: Liberum arbitrium & gratiam pariter suscipi debere: id est, ita ut pari modo conferre ad salutem credantur. Divinæ auctoritates de gratia afferuntur: deturque ratio, quare voluntas non auferatur per gratiam.

1. POst hæc (l) subjicit testimonia sacræ historiæ, quibus ostendit, observantiam mandatorum Dei, confessionemque virtutum divinæ gratiæ deputandam: quod & nos promptissime confitemur. Et commemoratis exemplis de Balaam, quem volentem (m) Israeli maledicere, Deus in benedictionis verba transtulerit; & de Abimelech, qui peccare non permissus sit (n) in Rebeccam; & de Joseph a fratribus vendito, quorum malam voluntatem in bonum Deus (o) verterit: recurrit ad confirmationem definitionis suæ, ut liberum arbitrium, quod gratiæ se dicit jungere, a parte quadam humani generis, quantum in ipso est, auferat, & in quadam parte constituat, dicens: *Hæc enim duo, id est, (p) vel gratia, vel liberum arbitrium, sibi quidem invicem videntur adversa: sed (q) utraque concordant, & utraque nos pariter debere (r) suscipere pietatis ratione colligimus: ne unum horum homini subtrahentes, ecclesiasticæ fidei regulam excessisse videamur.*

2. (s) Ecclesiasticæ fidei regula est, prædicante Apostolo: *Nemo potest dicere Dominum Jesum, (t) nisi in Spiritu-sancto*. (u) Ecclesiastica regula est: *Quid autem habes quod non accepisti? Si autem accepisti, quid gloriaris, quasi non acceperis*? Ecclesiastica regula est: *Gratia Dei sum id quod sum, & gratia ejus in me vacua non fuit, sed gratia Dei mecum*: &, *Misericordiam consecutus sum, ut fidelis essem*. Ecclesiastica regula est: *Habemus* (x) autem

(a) Ms. Jol. conformiter textui sacro, *Venit enim quærere, & salvum facere*. Alii omnes, *Venit autem salvum facere & quærere*, ordine inverso.

(b) Editio Lugd. omittit hæc, *sciremus a quærente præventum*.

(c) Edit. Mog. & Ven. cum Ms. Remig. *intelligantur*.

(d) Edit. Mog. & Ven. *Inter omnes autem*. Edit. Lugd. in fine, *docent*.

(e) Ms. Jol. omittit hic vocem, *Christum*. Lugd. *palam est imitatus*.

(f) Edit. Mog. & Ven. *& dicit*. Ms. Jol. *dum veneris*.

(g) Hæ voces, *beatus Apostolus*, leguntur in Mss. Corb. Remig. & Jol. nec non in edit. Mog. & Ven.

(h) Ita Mss. Corb. & Remig. cum Mog. & Ven. In Lugd. utrobique omittitur vox hæc *fuisse*, in utroque autem posteriori loco.

(i) Sic Mss. Corb. & Remig. ac edit. Mog. & Ven. qui tamen duo pro *varietatem* habent, *veritatem*. Lugd. editio cum recentioribus, omisso *ad*, *inscrutabilem nostris gratiæ veritatem ad argumentum definitionis suæ voluit aptare*. Editio quædam cum veteribus, *& argumentum definitionis suæ*, quod similiter legere est in Coloniensi. Ms. Joliensis *argumentum suæ voluere definitionis aptare*.

(k) Sic Mss. Corb. Remig. & Jol. cum Mog. & Ven. Aliæque, *trahatur, & invita compellatur*.

(l) Edit. Lugd. Lovan. Duac. & Colon. *subjicit*.

(m) Edit. Lugd. Lovan. Duac. & Colon. *Israeli*.

(n) Ita Mss. Corb. Remig. & Joliens. cum edit. Mog. & Ven. Lugd. & hæc posteriores, *in Saram*. Idem contigisse narratur Abimelecho erga Saram Geneseos cap. 20. & erga Rebeccam cap. 26.

(o) Ms. Joliensis cum edit. Mog. & Ven. *verterit*.

(p) Edit. Mog. & Ven. *id est gratia & liberum arbitrium*. Lugd. citra voce, *id est*, habetque cum cæteris, *vel gratia, vel liberum arbitrium*.

(q) Ms. Joliensis, *utrumque concordat, & utrumque*.

(r) Edit. Duac. & Colon. *suscipere .... colligimus*: hæc ultimum cum Lugd. & Lov. commune habentur.

(s) Sic Mss. Corb. Remig. & Jol. cum Mog. & Ven. At Lugd. Lovan. Duac. & Colon. hic etiam, ut in fine, *Ecclesiasticæ regula est*.

(t) Mss. Corb. & Remig. cum Mog. & Ven. addunt hic vocem, *Christum*; quæ abest a cæteris & textu Apostoli Græco & Latino.

(u) Tota hæc sententia: *Ecclesiasticæ regula est: Quid autem*, &c. usque ad, *quasi non acceperis*, excideret ab editione Lugd. legitur in aliis omnibus.

(x) Mss. Remig. & Jol. cum Moguntin. & Ven. addunt, *autem*, quod a cæteris abest. Iidem codices & Mss.

autem thesaurum istum in vasis fictilibus, ut sublimitas virtutis sit Dei, & non ex nobis. (a) Ecclesiastica regula est: Gratia salvati estis per fidem, & hoc non ex vobis, Dei enim donum est, non ex operibus, ne forte quis extollatur. Ephes. 2. 8.
Ecclesiastica regula est: In nullo terreamini ab adversariis, quæ est illis caussa perditionis, (b) vobis autem salutis; & hoc a Deo: (c) quia vobis donatum est pro Christo, non solum ut in eum credatis, sed etiam ut patiamini pro eo. Philip. 1. 28.
Ecclesiastica regula est: (d) Cum timore & tremore vestram ipsorum salutem operamini. Deus enim est qui operatur (e) in vobis & velle & operari pro bona voluntate. Philip. 2. 12.
Ecclesiastica regula est: Non quia idonei sumus cogitare aliquid (f) a nobis, quasi ex nobis, sed sufficientia nostra ex Deo est. 2. Cor. 3. 5.
Hanc regulam firmat (g) Dominus dicens, Nemo potest venire ad me, nisi datum fuerit ei a Patre meo: &, Omne quod dat mihi Pater (h) veniet ad me: &, Sine me nihil potestis facere: &, Non vos me elegistis, sed ego elegi vos: &, Nemo novit Filium, nisi Pater, neque Patrem quis novit, nisi Filius, & cui voluerit Filius revelare: &, Sicut Pater (i) vivificat mortuos, ita & Filius quos vult, vivificat: &, Beatus es Simon Barjona: quoniam caro & sanguis non revelavit tibi, sed Pater meus qui in cælis est. Joan. 6. 44. Ibid. 37. Joan. 15. 5. & 16. Matth. 11. 27. Joan. 5. 21. Matth. 16. 17.

Voluntas bona datur per gratiam.

5. Hac regula nulli hominum aufertur voluntas: quia virtus gratiæ non hoc in voluntatibus operatur ut non sint, sed ut ex malis bonæ, & ex infidelibus fiant fideles; (k) & quæ ex semetipsis erant tenebræ, lux efficiantur in Domino: quod mortuum erat, vivificetur. (l) Hoc in omnibus prorsus hominibus, qui eruuntur de potestate tenebrarum, & transferuntur in regnum filii dilectionis Dei, sine cujusquam exceptione personæ, agere credimus gratiam Salvatoris. Quia, sicut his idem probabiliter, sed non stabiliter definivit, dicimus atque defendimus, Non solum actuum, verum etiam cogitationum bonarum ex Deo esse principium: qui nobis & initia sanctæ voluntatis inspirat, & virtutem atque opportunitatem eorum, quæ recte cupimus, tribuit peragendi. Omne enim (m) datum bonum, & omne donum perfectum desursum est, descendens a Patre luminum: qui & incipit quæ bona sunt, & exequitur, & consummat in nobis. Jacob. 1. 17.
In qua sententia si auctor ipsius permaneret, Ecclesiasticam regulam non excederet; neque simul & libero arbitrio (n) infensus, & gratiæ Dei esset ingratus: quorum (o) duorum dum unum in Paulo & Matthæo, aliud in Zacchæo & latrone indicat operatum, non intelligit in illis se liberum arbitrium, in istis gratiam sustulisse.

CAPUT IX.

Contra Cassianum probatur ex Scripturis & Ecclesiæ definitionibus, initium bonæ voluntatis esse ex gratia. Primus homo creatus absque vitio, & potens in bono perseverare si vellet, libero arbitrio discessit a bono: in quo post peccatum nihil remansit, nisi quod ad temporalem pertinet vitam. In quam profundum malum tota humana natura demersa sit illius prævaricatione. Definitio septima Cassiani: Adamum post prævaricationem accepisse scientiam mali, non amisisse scientiam boni. Refellitur.

* DEinde adjecit: Nam cum viderit nos (p) Deus ad bonum velle deflectere, occurrit, dirigit, atque confortat. Ad vocem enim clamoris tui, statim ut audierit, respondebit tibi: &, Invoca me, inquit, in die tribulationis tuæ, & eripiam te, & (q) glorificabis me. Quis non videat quod hæc doctrina meritum libero assignat arbitrio, (r) quo præveniatur gratia, quæ ei famuletur reddens debitum, non conferens donum? Quæ definitio in Epi- * alias cap. 10. Isai. 30. 19. Psal. 49. 15.

& Ms. Corb. ut sublimitas virtutis sit Dei, quod legitur in textu: pro quo Lugd. & ex recentiores, ut sublimitatis sit virtutis Dei. Prioribus concinit textus Græcus Apostoli.

(a) Hæc iterum sententia omnis abest a Lugd. In Lov. Duac. & Colon. additur vox forte. Mss. Remig. & Jol. pro salvati estis, habent, salvi facti estis.

(b) Edit. Lugd. nobis autem.

(c) Ita Mss. Corb. cum edit. Mogunt. & Ven. Ms. Joliensis, Vobis enim donatum est pro Christo. Ms. Remig. Vobis enim donatum est a Christo. Lugd. Vobis datum est per Christum. Lovan. Duac. & Colon. Quia vobis datum est per Christum.

(d) Edit. Mogunt. & Ven. Cum metu & tremore. Plures codices, cum tremore & timore. Mss. Corb. Remig. & Jol. ut in textu.

(e) Edit. Mogunt. & Ven. in vobis, ut apud Apostolum. Alii codices, in nobis.

(f) Mss. Jol. & Remig. a nobis, quasi ex nobismetipsis. Lugd. Lovan. Duac. & Colon. ex nobis, quasi ex nobis ipsis.

(g) Edit. Mogunt. & Ven. confirmat Dominus: & infra, datum fuerit; absque voce, ei.

(h) Ms. Jol. cum edit. Mogunt. & Ven. ad me veniet.

(i) Ms. Joliensis addit hic, suscitat mortuos &. Cæteri codices non addunt.

(k) Sic Mss. Corb. Remig. & Jol. cum edit. Mogunt. & Ven. At Lugd. Lovan. Duac. & Colon. & qui ex semetipsis erant tenebræ, lux efficiantur in Domino: quod mortuum erat vivificetur, quod jacebat erigatur, quod perierat inveniatur.

(l) Editiones Mogunt. & Ven. Hoc in omnibus invenitur prorsus hominibus, qui eruuntur .... dilectionis Dei. Hoc sine cujusquam exceptione personæ &c.

(m) Mss. Corb. Remig. & Jol. datum bonum. Ita & supra cap. 2. cæteri, datum optimum.

(n) Editiones Lugdun. & ex posteriores, offensus. Melius Mss. Corb. Remig. & Jol. cum Mogunt. & Ven. infensus, qui videlicet liberum arbitrium, quantum in ipso est, auferre videatur.

(o) In edit. Lugd. non legitur vox duorum. In ea & Lov. Duac. & Colon. pro dicit operatum, legitur judicat operatum. In eadem Lugd. in illo se liberum arbitrium, in isto gratiam sustulisse.

(p) Mss. Corb. Remig. & Jol. omittunt, Deus: postea habent, velle flectere. Ita etiam edit. Mog. & Ven.

(q) Mss. Corb. Remig. & Jol. magnificabis me. Edit. Mogunt. & Ven. honorificabis me.

(r) Editiones Mogunt. & Ven. quod præveniat gratiam: [illegible] famuletur, pro, cuique famuletur, ut Mss. Remig. & Jol. & edit. Ven. Lugd. vero, quod præveniatur gratia, atque famuletur.

Episcoporum Palestinæ synodo, etiam (a) Pelagio anathematizante damnata est. (b) In eo enim qui bonum incipit velle, & cupit ab iniquitate atque errore discedere, gratiam Dei hoc ipsum profitemur operari. Quoniam *a Domino gressus hominis diriguntur, & viam ejus volet*: &, (c) *Omnis vir videtur sibi justus, dirigit autem corda Dominus*: &, *A Domino diriguntur gressus viri: mortalis autem quomodo intelligit vias suas?* (d) Et quod ait Apostolus: *Non enim accepistis spiritum servitutis iterum in timorem; (e) sed accepistis Spiritum adoptionis (f) filiorum, in quo clamamus, Abba Pater.*

Ps. 36. 23. Prov. 21. 2. Prov. 20. 24. Rom. 8. 15.

* 2. Post hæc (g) sequitur, & dicit: *Nec enim talem Deus hominem fecisse credendus est, qui nec velit umquam, nec possit bonum. Alioquin (h) nec liberum ei permisit arbitrium, si ei tantummodo malum ut velit & possit, bonum vero nec velle nec posse concessit. Et quomodo stabit illa Domini post prævaricationem primi hominis lata sententia, Ecce Adam factus est sicut unus ex nobis, sciens bonum & malum? Non enim talis ante fuisse putandus est, qui boni esset prorsus ignarus. Alioquin velut quoddam irrationabile (i) atque insensatum animal eum fatendum est fuisse formatum: quod satis absurdum, atque a catholica fide (k) omnimodis alienum est. Quin imma secundum sententiam sapientissimi Salomonis, fecit Deus hominem rectum: id est, ut tantum boni scientia jugiter frueretur: sed ipsi quæsierunt cogitationes multas. Facti enim sunt, ut dictum est, scientes bonum & malum. Concepit ergo Adam post prævaricationem, quam non habuerat, scientiam mali; boni vero, quam acceperat, scientiam non amisit.*

Gen. 3. 22. Eccles. 7. 30.

* 3. Rectum (l) atque omni vitio carentem creatum esse primum hominem, in quo omnium hominum concreata natura est, dubitare fas non est; eumque tale accepisse liberum arbitrium, ut si auxiliatorem sibi Deum (m) non deseruerit, (n) posset in bonis quæ naturaliter acceperat, perseverare quia vellet: & merito voluntariæ perseverantiæ in eam beatitudinem (o) pervenire, ut nec vellet decidere in deteriora, nec posset. * Sed ipso libero arbitrio, quo quamdiu voluit bonus mansit, (p) a proposita sibi lege discessit; nec denuntiatæ sibi mortis supplicium formidavit, deserens Deum, & sequens diabolum, rebellis Domino (q) servatori, & inimico obediens peremtori. "* Fuit ergo Adam, & in illo fuimus "omnes; periit Adam, & in illo perierunt "omnes". Quod ita non falso dixit beatus Ambrosius, sicut non falso ipsa Veritas ait, (r) *Venit filius hominis quærere & salvare quod perierat.* Naturæ enim humanæ, in illa universalis prævaricationis ruina, nec substantia (s) erepta est nec voluntas; sed lumen decusque virtutum, quibus fraude invidentis exuta est. Perditis autem per quæ ad æternam atque inamissibilem corporis (t) animique incorruptionem poterat pervenire, quid ei remansit, nisi quod ad temporalem pertinet vitam, quæ tota est damnationis & pœnæ? Propter quod natos in Adam renasci oportet in Christo; ne in illa quis inveniatur generatione, quæ periit. Nam si posteri Adæ in illis virtutibus naturaliter agerent, in quibus Adam fuit ante peccatum; non essent natura filii iræ, (u) non essent tenebræ, nec sub potestate tenebrarum, Salvatoris denique gratia non egerent: quia non frustra boni essent, nec justitiæ præmio fraudarentur; habentes ea bona, quorum amissione primi patres de paradiso exsulare meruerunt. Nunc autem, cum sine sacramento regenerationis æternam mortem nemo possit evadere, nonne ex ipsius remedii singularitate apertissime patet, in quam profundum malum totius humani generis natura demersa sit, illius prævaricatione in quo omnes peccaverunt, & quidquid ille perdidit perdiderunt? Perdidit autem primitus fidem, perdidit continentiam, perdidit charitatem, spoliatus est sapientia & intellectu, caruit consilio & fortitudine; & impie altiora sectando, a veritatis scientia, & obedientiæ pietate dejectus est: nec ipso saltem timore sibi (x) relicto, ut ab interdictis vel metu caveret pœnæ, qui (y) non abstineret amore justitiæ. Liberum ergo arbitrium, id est, rei sibi placitæ spontaneus appetitus, ubi usum bonorum

Luc. 19. 10. Ephes. 2. 3. Rom. 5. 12.

(a) Ita MSS. Corb. Remig. & Jol. cum Mogunt. & Ven. Lugd. vero & recentiores illa, *a Pelagio anathemate damnata est.*

(b) MS. Jol. *ex enim quod bonum quis incipit velle* &c.

(c) Edit. Mogunt. & Ven. *Omnis via viri recta sibi videtur.*

(d) Lugd. *Et quomodo ait Apostolus.*

(e) Editiones omnes cum MS. Jol. *in timore.* At MS. Corb. & Remig. *in timorem*; juxta Græc. εἰς φόβον.

(f) Hæc vox, *filiorum*, abest a MS. Remig. & Jol. nec non ab editis Mogunt. & Ven.

(g) Edit. Lugd. Lovan. Duac. & Colon. *prosequitur.*

(h) Ita MSS. Corb. Remig. & Joliensis, cum edit. Mogunt. & Ven. at Lugdun. & posteriores, *si ei tantummodo malum & velle & posse.*

(i) In MS. Remig. & Jol. item in edit. Mogunt. Ven. & Lugd. hæc verba non habentur, *atque insensatum.* MS. Jol. *velut irrationale quoddam animal eum fecisse credendus est.*

(k) Edit. Mogunt. & Ven. *omnibus modis*, Lugd. Lovan. & Duac. *omnimodis*. Colon. *commodis*; sed errore typographi.

(l) Lugd. edit. *Rectum namque & omni.* Quasi series esset verborum Collatoris, sed male.

(m) Edit. Mogunt. & Ven. *Dominum non deseruisset.* Alii, *Dominum non desereret.*

(n) Edit. Lugdun. *posset in nobis.*

(o) MS. Jol. cum edit. Ven. & Lugd. *pervenire*: qui pro *eam beatitudinem*, habet, *eamdem beatitudinem.*

(p) MS. Joliensis, *ab opposita.*

(q) MS. Joliensis, *salvatori.*

(r) MS. Joliens. *Venit enim.*

(s) Edit. Lugd. *prærepta est.*

(t) Plures codices, *animæque*: & post pauca MS. Remig. & edit. Mogunt. *& pœnæ.*

(u) MS. Joliensis, *nec essent tenebræ.*

(x) MS. Remig. & Joliensis, *sibi relicto.*

(y) Edit. Lugd. Lovan. Duac. & Colon. *qui abstineret amore justitiæ*, absque negante particula. MSS. Corb. Remig. & Jol. cum Mogunt. & Ven. *qui non abstineret*, &c.

quæ acceperat fastidivit, & vilescentibus sibi felicitatis suæ præsidiis, infaustam cupiditatem ad experientiam prævaricationis intendit, bibit omnium vitiorum venenum, & totam naturam hominis (a) intemperantiæ suæ ebrietate madefecit. Inde priusquam edendo carnem filii hominis, & bibendo sanguinem ejus, lethalem digerat cruditatem, (b) labat memoria, errat judicio, nutat incessu; neque ullo modo idoneus est ad illud bonum eligendum & concupiscendum, quo se sponte privavit: quia non sicut potuit Deo non impellente corruere, ita potest Deo non erigente consurgere.

* olim cap. 10. * 4. Non igitur recte dictum est: *Nec enim talem Deus hominem fecisse credendus est, qui nec velit umquam nec possit bonum.* Quasi nos illam hominis debilitatem a Creatore dicamus conditam, & non peccati merito ab homine contractam. Qui ergo putat consequens esse, ut si liberum arbitrium (c) obcæcatum esse dicatur, obcæcatio ipsa ad naturæ referatur auctorem; vult persuadere, quod tam sanum sit in Adæ posteris liberum arbitrium, quam in Adam fuit ante peccatum: (d) quod satis alienum a catholica fide ducimus. Quid enim peccato læsum est, si id læsum non est, unde peccatum est? Nisi forte dicatur, in Adæ posteros pœnam transisse, non culpam: quod (e) omni modo falso dicitur, & ob hoc forte non dicitur. Nimis enim impium est, hoc de Dei sentire justitia, quod a prævaricatione liberos cum reis voluerit esse (f) damnatos. Patet ergo culpa, ubi non latet pœna, & societas peccati convincitur de communione supplicii; ut quod est humanæ miseriæ, non de institutione Creatoris, sed de retributione sit judicis.

* olim cap. 11. * 5. Illud enim inepte positum est, & (g) contra sensum omnium tractatorum, quod ad probandam liberi arbitrii incolumitatem connexuit, dicens: *Et quomodo stabit illa Domini post prævaricationem primi hominis lata sententia, Ecce Adam factus est sicut unus ex nobis, sciens bonum & malum?* (Gen. 3. 22.) Quasi diabolus Adæ vera promiserit, & Adam transgrediendo mandatum Dei, profecerit in similitudinem Dei, & (h) hoc ei fuisse collatum pronunciaverit Deus: cum in his verbis (i) significatum sit potius, quid non fuerit assecutus, qui superbiæ ingressus viam, quod habebat amisit, dum quod non acceperat concupivit. Non minus autem in ipsa hujus sensus conclusione peccatum est; dum dicitur: *Concepit ergo Adam post prævaricationem, quam non habuerat, scientiam mali, boni vero, (k) quam acceperat, scientiam non amisit.* Scientiam boni Adam tunc habebat, quando bonum sanctumque mandatum Dei fideli corde servabat, & erat justus manens in imagine Creatoris sui, legisque ejus non oblivisceris. Postquam autem se, hoc est, imaginem & templum Dei deceptori suo (l) vendidit, perdidit boni scientiam, quia perdidit bonam conscientiam. Justitiam enim iniquitas depulit, humilitatem superbia destruxit, continentiam concupiscentia elisit, infidelitas rapuit fidem, captivitas abstulit libertatem: nec potuit ulla illic portio residere virtutum, quo tanta irruperat turma vitiorum. *Nemo enim potest duobus dominis servire:* &, *Qui facit peccatum, servus est peccati:* &, *A quo quis superatus est, (m) ei & servus addictus est.* Nemo autem servit, nisi cum aliqua libertate; & nemo (n) liber est, nisi cum aliqua servitute, dicente Apostolo, *Cum enim servi essetis peccati, (o) liberi fuistis justitiæ. Quem ergo fructum habuistis tunc, (p) in illis in quibus nunc erubescitis? Nam finis illorum mors est. Nunc vero liberati a peccato, servi autem facti Dei, habetis fructum in sanctificatione, finem vero vitam æternam.* (Rom. 6. 20.) Qui itaque servit diabolo, liber est a Deo: qui autem (q) liberatus servit Deo, liber est a diabolo: ut appareat malam libertatem potuisse haberi ex humanæ voluntatis defectu; (r) bonam autem libertatem non potuisse recipi, sine liberatoris auxilio.

CAPUT X.

Exponitur & vindicatur locus Apostoli Rom. 2. 14. de gentibus sine lege facientibus quæ legis sunt. Sapientia quædam in infidelibus ex natura a Deo condita reliquiæ: nullus vero bonæ voluntatis motus, nisi ex Spiritu-sancto.

* olim cap. 12. * SEd ne hæc primi hominis calamitas in progeniem ejus transisse videatur: (s) quam integro sit omnium hominum natura judicio,

---

(a) Editiones Mogunt. & Ven. *intemperantiæ suæ madefecit.*

(b) Lugd. & hoc recentiores, *labitur*. MSS. Corb. & Remig. Mogunt. & Ven. *labat memoria.*

(c) MSS. Remig. & Jol. Mogunt. & Ven. *Ut liberum arbitrium sit cæcatum esse dicatur, ut obcæcatio ipsa.*

(d) MS. Jol. *quod a catholica fide dicimus alienum.* Edit. Mogunt. & Ven. *quod omnimodo satis alienum a catholica fide dicimus.*

(e) MS. Corb. *quod omnino falsum*. Mogunt. & Ven. *quod omnimodo falsum dicitur*. MS. vero Joliensis, *quod omnino falsum est.*

(f) MS. Joliensis, *damnandos.*

(g) Edit. Mogunt. & Ven. *contra omnium sensum tractatorum*: item, *ad probandum*: in hoc ultimo concinunt MSS. Joliensis & Remig.

(h) MS. Joliensis, Mog. & Ven. *hoc ei fuisse collatum quod pronunciavit* (editi duo, *pronunciaverit*) *Deus.*

(i) Edit. Mog. & Ven. *significaverit*, R. Deus.

(k) MSS. Jol. & Remig. Mogunt. & Ven. *quam habuerat.*

(l) Ita MSS. Corb. Remig. & Jol. posteriores editi, *subdidit.*

(m) MS. Joliensis, *ejus & servus est.*

(n) MSS. Remig. & Joliensis, *liberi erant.*

(o) MSS. Corb. & Jol. Mogunt. & Ven. edit. *nemo liberatus liber est, nisi,* &c. MS. Remig. omittit hæc, *& nemo liber est nisi cum aliqua servitute.*

(p) Editiones Lugd. Lovan. Duac. & Colon. omittunt *in illis*. Mogunt. & Ven. exhibent. Postea vero quatuor postremæ editiones, *Nunc autem liberi a peccato, servi autem facti Deo, habetis fructum in sanctificationem.*

(q) Lugd. *liberatus*, Duac. & Colon. *liberatur.*

(r) MSS. Corb. Remig. & Jol. cum Mogunt. & Ven. *bonam autem voluntatem.*

(s) MS. Joliensis solus, *quam sit intra se fracto omnium hominum natura judicio.*

ducio, exemplo gentium probaturus hic doctor (a) addit, & dicit: *Denique non amisisse genus humanum post prævaricationem Adæ scientiam boni, etiam Apostoli sententia evidentissime declaratur, qui dicit,* (b) *Cum enim gentes quæ legem non habent, naturaliter quæ legis sunt faciunt; hi legem non habentes, ipsi sibi sunt lex, qui ostendunt opus legis scriptum in cordibus suis, testimonium reddente eis conscientia* (c) *ipsorum, & inter se invicem cogitationibus accusantibus, aut etiam defendentibus, in die quo judicabit Deus occulta hominum.*

2. Si de his (d) Apostolus loquitur, qui ex præputio sunt vocati, & cum essent longe, (e) facti sunt prope, credentes in eum, qui quorum aliquando non misertus est, nunc autem miseretur, & justificans circumcisionem ex fide, & præputium per fidem, duos condidit in semetipso, destructoque pariete inimicitiæ Judæorum & gentium, in uno novo homine fecit pacem; concludens omnia in incredulitate, ut promissio ex fide Jesu Christi daretur credentibus: si, inquam, de his Apostolus loquitur, in quorum cordibus Deus digito suo, id est, Spiritu-sancto scribit novum testamentum, ut legis plenitudinem & opera charitatis naturaliter exsequantur, reformata scilicet renovataque natura: (f) quid huic superbissimi sensus novitas adjuvatur, cum reconciliatio inimicorum non possit nisi gratiæ Mediatoris adscribi? *Omnes enim peccaverunt, & egent gloria Dei, justificati gratis per gratiam ipsius.* Ergo gratia gloria est Dei, non meritum liberati. Quis enim prior dedit ei, (g) ut retribueretur illi? Nihil boni operis ex mortuis, nihil justitiæ procedit ex impiis: (h) omnis ipsorum salus, gratuita est: & ideo gloria Dei est, ut qui gloriatur, in illo cujus gloria est, glorietur.

3. Sin autem (quod magis vult hic disputator intelligi) de illis ista dicuntur, qui alieni a gratia Christiana, quandam ad similitudinem legalium mandatorum proprio judicio (i) sanciebant, intelligentes mores civitatum concordiamque populorum non posse aliter contineri, (k) nisi & recte factis præmia, & prolatis pœnæ decernerentur: (l) sicut dictum est ab ipsa Sapientia Dei, *Ego ex ore Altissimi prodivi, & in omni gente primatum tenui; requiem quæsivi in Jacob, & inveni.* Ergo quis ambigat, hanc sapientiam humano generi ad temporalis vitæ utilitatem, (m) ex naturæ a Deo conditæ superesse reliquiis? Si enim nec ad ista terrena ordinanda rationalis animi vigeret ingenium; non vitiata esset, sed exstincta natura. Quæ tamen etiam si excellentissimis artibus, (n) & consiliis moralium eruditionum polleat disciplinis, justificari ex se non potest: quia bonis suis male utitur, in quibus sine cultu veri Dei impietatis (o) immunditiæque convincitur, & unde se defendi æstimat, accusatur. Cum ergo Paulus definiat, quod non ex operibus legis (p) justificatur omnis caro; & quoniam in Christo neque circumcisio, neque præputium valeat aliquid, sed nova creatura; (q) quid iste impiam infidelium libertatem naturalibus instruit bonis, & propriis vult justificare principiis? Quid ad renovationem (r) incassiæ vetustatis, idoneam definit prævaricatricis scientiæ nuditatem? Quasi illa scientia vel ex naturæ opibus residua (s) consecuta, vel ex legalis doctrinæ eruditione quæsita, possit sui perceptione præstare, ut quod faciendum novimus, etiam facere diligamus: cum nullus sit bonæ voluntatis motus, nisi quem crearverit diffuse per Spiritum-sanctum charitatis afflatus. (t) *Sine fide enim impossibile est placere:* (u) &, *Omne quod non est ex fide, peccatum est:* &, *in Christo Jesu neque circumcisio aliquid valet, neque præputium; sed fides quæ per dilectionem operatur.*

(a) Edit. Lugd. & illa posteriores, *addidit & dixit.*

(b) Mogunt. Ven. & Lugd. edit. *Quoniam gentes... ea quæ legis sunt.*

(c) Hoc pronomen, *ipsorum*, non legitur in Ms. Remig. nec in edit. Mogunt. & Ven.

(d) Ms. Joliensis hic addit, *secundum Evangelium meum, per Jesum Christum Dominum nostrum.* Cæteri Codices hæc non addunt.

(e) Lugdun. edit. *facti sunt prope credentes in eum. Quorum aliquando non misertus, & justificans circumcisionem ex fide, & præputium per fidem, duos condidit in semetipso. Et utriusque parietem inimicitiæ Judæorum & gentium, in uno novo homine solvens, fecit pacem &c.*

(f) Edit. Lugdun. *quid hujus superbissimi sensus novitas adjuvatur?*

(g) Ms. Joliensis, *& retribueretur illi?*

(h) hic Mss. Corb. Remig. & Jol. cum Mogunt. & Ven. edit. At Lugd. Lovan. Duac. & Colon. *tota ipsorum salus gratia est.*

(i) Edit. Mogunt. & Ven. *fruiebant.*

(k) Lugd. Lovan. Duac. & Colon. *nisi ut*, melius, *nisi &*, ex Mss. tribus ac Mogunt. & Ven.

(l) Hanc auctoritatem ex Ecclesiastici libro allatam prætereunt Lugdun. Lov. Duac. & Colon. habent Mss. Corb. Remig. & Jol. cum Mogunt. & Ven. In Mogunt. tamen & Ven. legitur, *ab ipsa sapientia Dei.* In Ms. vero Remig. *in omnem gentem primatum tenui:* & in Ms. Joliensi desunt postrema hæc verba, *requiem quæsivi in Jacob, & inveni.* Ergo.

(m) Edit. Lugd. *ex naturæ a Deo conditæ superesse reliquiis.*

(n) Ms. Joliensis, *moralibus eruditionum*, Lugd. & Ms. Remig. *moralibus eruditionum.*

(o) Lugdun. edit. *immunditiæque convincitur*, quam pro *infirmitate*, habet, *existimat*. Consentiunt tres recentiores, & Ven. editio.

(p) Ms. Joliensis, *non justificabitur.*

(q) Lugd. edit. *quid est quod impiam infidelium libertatem naturalibus instructam bonis, propriis vult justificare principiis?*

(r) Ita Mss. Corb. Remig. & Jol. cum Mogunt. & Ven. At posteriores editiones, *infirma vetustatis:* & post pauca Ms. Jol. *scientiæ libertatem.*

(s) Verbum *consecuta*, hic adjicitur ex Ms. Corb. Remig. & Jol. & edit. Mog. & Ven.

(t) Lugd. editio, *affectus.*

(u) Lugd. & posteriores editiones, *placere Deo.* Abest, *Deo*, a Mss. Corb. Remig. & Jol. & edit. Mogunt. & Ven. Solentque interdum ab Augustino præteriri, nec est Græca dictionis Apostoli.

CAPUT XI.

Liberum arbitrium nec voluntatem boni, nec possibilitatem habere, nisi per gratiam. Cur homini imperentur ea, quorum facultatem non invenit in sua natura. Definitio B. Cassiani: Naturæ humanæ non id solum adscribendum quod malum est. Merita hominum nulla nisi ex gratia.

* alias cap. 11.

* POst hæc in conclusione testimoniorum, quibus probare voluit, quod hi qui per increpationem propheticam surdi appellantur & cæci, possint ex facultate naturæ & aures suas aperire ad audiendum, & oculos (a) suos ad videndum, (quasi non de iisdem dicat Dominus, *Et dabo eis cor aliud & spiritum novum dabo eis; & evellam cor lapideum de carne eorum, & dabo eis cor carneum; ut in præceptis meis ambulent, & justificationes meas observent, & faciant eas;*) (b) addit, & dicit: *Denique ut possibilitatem boni eis inesse (c) significaret, increpans eos, Quid autem, inquit, etiam ex vobismetipsis non judicatis quod justum est? Quod utique non eis dixisset, nisi eos judicio naturali quod æquum est scisset posse discernere.* Jam non solum voluntatem boni, sed etiam possibilitatem libero adscribit arbitrio: tamquam ideo (d) ab eis exigatur intelligentia, ideo justitia reposcatur, quia possint hæc sine Dei donis de naturæ proferre bonis. Imperantur autem ista homini, ut ex ipso præcepto, (e) quo ei hoc quod accepit indicitur, (f) agnoscat id se suo vitio perdidisse; & non ideo iniquam esse exactionem, quia ad reddendum quod debet, idoneus non est; (g) sed a littera occidente confugiat ad spiritum vivificantem, & facultatem quam (h) non invenit in natura, quærat ex gratia. Quod si facit, magna est misericordia (i) Dei: si non facit, justa est pœna peccati.

Ezech. 11. 19. Ibid. 36. 26.

Collat. 13. cap. 12. Luc. 12. 57.

Liberum arbitrium nec voluntatem boni, nec possibilitatem habet, nisi per gratiam.

Cur homini imperentur ea, quorum facultatem non invenit in sua natura.

* 2. Deinde ad plenitudinem præmissæ disputationis, (k) regulari sententia promulgat, dicens: *Unde cavendum nobis est, ne ita (l) ad Deum omnia sanctorum merita referamus; ut nihil nisi id quod malum atque perversum est, humanæ adscribamus naturæ.* Quid evidentius, quid expressius secundum Pelagii Cælestiique commentum ab ullo (m) eorum discipulo potuit definiri? Illi dicunt, *Gratiam Dei secundum merita nostra dari;* (n) & iidem dicunt, *Gratiam Dei non ad singulos actus dari:* hic istam utram sententiam blasphemiam utramque conclusit dicens, *Cavendum nobis esse, ne ita ad Deum omnia sanctorum merita referamus, ut nihil nisi quod malum atque perversum est, humanæ adscribamus naturæ.* Vult ergo esse multa propria hominum merita, quæ non sine gratiæ largitate collata, quibus ad augendas naturales divitias quædam de sursum munera debeantur. Vult nos gratiam Dei non ad singulos actus accipere: ac (o) proinde non pro omni opere bono semper orare. (p) Atque ita consequens erit ut in Dei muneribus nullum meritum esse credendum sit; quando quidem sine merito sit, quem Deus semper in omnibus adjuverit: aut si etiam in his quæ Deus tribuit, aliqua merita collocantur, constet etiam ipsa propria adquiri (q) facultate potuisse; & ideo in aliquibus (r) oporteat nos adjuvari, ut possibilitas fiat per gratiam, quod non erat impossibile per naturam. Ecce jam in ista procurato brevitate verborum, non unum tantum, sed multarum impietatum numerosa connexio est; quæ si scrupulosioris diligentiæ discretione tractetur, in nullo a damnati erroris catena absoluta monstrabitur.

* alias cap. 12.

Collat. 13. cap. 16. Definitio B. Cassiani. Naturæ humanæ non id solum adscribendum quod malum est.

Merita hominum nulla, nisi ex gratia.

CAPUT XII.

Demonstratur uberius sententiam Cassiani esse, cogitationes pias & sancta consilia absque inspiratione Dei concepta, de naturali posse prodire sapientia. Adversus quem, luci quæ obumbratur expositione, & aliorum adjectione ostenditur, cogitationes pias ex libero arbitrio, sine Dei inspiratione non oriri. Bona voluntas hominis sic ejus propria est, ut non nisi Deo inspirante concipiatur. Conversio quoque hominis licet non fiat sine ipso, non tamen ab ipso incipit.

* SEd ne suspicionibus agere videamur, & latebras sensuum ultra verba rimari, quid ad-

* alias cap. 13.

(a) Hoc pronomen, *suos*, non habetur in MSS. Remig. & Jol. nec in edit. Mog. & Ven.

(b) Edit. Lugd. Lovan. Duac. & Colon. *addidit, & dixit.*

(c) Edit. Lugdun. & ex recentiores, *designaret, increpans Pharisæos dicit: Quid autem et vobis ipsis, inquit, non judicatis quod bonum est.* Lectionem nostram præferunt MSS. Jol. cum Mog. & Ven. Nec ab ea differunt MSS. Corb. & Remig. excepto quod pro voce *eos*, habent *Pharisæos*: cum tamen verbis allegatis Christus hæc dicens, non specialiter Pharisæos. Habent insuper pro, *quod justum est*, *quod bonum est*: prout tamen textus Apostoli est conformius.

(d) MSS. Remig. & Jol. cum Edit. Mog. & Ven. *ab eo exigatur .... de naturæ proferre bonis.*

(e) Edit. Lugd. Lovan. Duac. & Colon. addunt, *Dei*. Lugd. tamen post & ceteris difficultatis, *hoc quod accepit judicium*, forte pro *indicitur*.

(f) MSS. Corb. & Remig. cum Mog. & Ven. *se ipsum id suo vitio*. Lugd. *ignorat id se suo vitio perdidisse.*

(g) MS. Jol. *nisi a littera.*

(h) Hoc loco Lugd. & posteriores editiones addunt *ante*: sed hac particula carent MSS. Corb. Remig. & Jol. nec non Mog. & Ven. editi.

(i) Lugd. & recentiores, *Domini*.

(k) Editiones Mogunt. & Ven. *regulam sententiæ promulgat.*

(l) Edit. Lugd. & ex recentiores, *ad Dominum*.

(m) In Lugd. Lovan. Duac. & Colon. desideratur pronomen, *eorum*.

(n) Edit. Lugd. & posteriores, *& idem dicunt.*

(o) MSS. Corb. & Remig. ac Mogunt. editis, *ut proinde*.

(p) Edit. Lugd. *Atque ita fiebit, ut in Dei muneribus nullum meritum esse credendum sit, quem Deus semper adjuverit.*

(q) MS. Jol. *potuisse*. Editio Lugd. totum locum aliter habet: *aut si etiam in his quæ Deus tribuit, aliqua merita esse sequuntur, constet etiam &c.*

(r) Edit. Lugd. *oportet nos juvari .... quod non erat possibile*. Sed contra sensum auctoris nostri, & ceterorum codicum auctoritatem.

adcrescat cognitio, doceant quae sequuntur. Qui ergo inter principia disputationis suae dixerat, *Non solum actuum, verum etiam cogitationum bonarum ex Deo esse principium; qui nobis & initia sanctae voluntatis inspirat, & virtutem atque opportunitatem eorum quae recte cupimus, tribuit peragendi*: nunc volens probare, quod religiosae cogitationes & sancta consilia, nulla Dei inspiratione concepta, de naturali possint prodire sapientia, ponit verba Salomonis, dicentis: *Voluitque David pater meus aedificare domum nomini Domini Dei Israel: & ait Dominus ad David patrem meum; Quod cogitasti in corde tuo aedificare domum nomini meo, bene fecisti, hoc ipsum mente pertractans; verumtamen non tu aedificabis domum nomini meo.* Deinde, ut ostendat quomodo hoc intelligendum sit, infert (a) ipse tractator: *Haec ergo cogitatio, atque iste tractatus regis David, utrumne bonus & ex Deo, an malus & ab homine fuisse dicendus est? Si enim bona & ex Deo fuit illa cogitatio, cur ab eo a quo inspirata est, eidem negatur effectus? Si autem mala, & ex homine fuit, cur laudatur ab Domino? Restat ergo ut & bona, & ex homine fuisse credatur. In quem modum etiam nostras quotidie cogitationes possumus judicare. Neque enim aut soli David bonum ex semetipso cogitare concessum est, aut nobis,* (b) *ne quid boni umquam sapere, aut cogitare possimus, naturaliter, denegatum.*

3. Reg. 8. 17.

Collat. 13. cap. 12.

2. Nullo modo hoc testimonio atque argumento (c) probari potest; quod piae cogitationes ex solo libero arbitrio, & non ex Dei inspiratione nascantur. Non enim ideo voluntas David, quae utique bona erat, non ex Deo fuisse credenda est, quia templum sibi Dominus non ab eo aedificari, sed a filio ipsius voluit. Quaerendum ergo est, de quo spiritu processerit affectus (d) illius voluntatis, nempe de illo (e) Dei, in quo dicebat, *Si introiero in tabernaculum domus meae, si adscendero in lectum* (f) *strati mei; si dedero somnum oculis meis, aut palpebris meis dormitationem, aut requiem temporibus meis, donec inveniam locum Domino, tabernaculum Deo Jacob.* Quod cum Propheta concupisceret, non ignorabat verum illud perfectumque templum ab illo esse condendum, qui cum esset Filius Dei, factus est etiam filius David; (g) quique cum videret templum a Salomone constructum, dicebat, *Solvite templum hoc, & in triduo suscitabo illud. Dicebat autem de templo corporis sui.* Ut ergo hoc templum praefiguraretur, quod in Christo & in Ecclesia disponebatur, merito ad (h) instructionem ejus non David eligitur, sed filius David: ut per filium hominis (i) significaretur Filius Dei & hominis; & per templum dissolubile indicaretur tabernaculum incorruptibile; ad cujus condendam imaginem & voluntas David probata est, & opus in eum translatum est, cujus persona magis eidem imagini congruebat. (k) Atque ita & ex Deo erat hoc velle David, & ex Deo erat, hoc facere Salomonem.

Cogitationes piae ex libero arbitrio, sine Dei inspiratione non oriri.

Psal. 131. 3.

Joan. 2. 19. & 21.

3. Quod ut exemplis magis elucescat, requiramus ubi fieri Deus (l) noluerit, quod homines facere Deo volente voluerunt. Dominus praecepit Apostolis, dicens, (m) *Euntes ite, & docete omnes gentes, baptizantes eos in nomine Patris, & Filii, & Spiritus sancti, & docentes eos servare omnia quaecumque mandavi vobis.* Quod cum Apostoli (n) audirent, sine dubio non verba nuda per corporales sonos exterioribus tantum auribus (o) acceperunt, sed virtute (p) viventis verbi accensa est in cordibus eorum inextinguibilis flamma charitatis, qua ardentissime vellent Evangelium Christi omnibus gentibus praedicare. (q) Sed cum vetiti sunt loqui verbum in Asia, & cum tentarent ire in Bithyniam, prohibiti sunt ab Spiritu Jesu: numquid non ex Deo hanc voluntatem habebant, quod etiam istorum optabant ad fidem corda convertere, quos occulto judicio Deus Evangelium tunc nolebat audire? Aut quod Ecclesia quotidie pro inimicis suis orat, id est, pro his qui (r) necdum Deo crediderunt, numquid non ex Spiritu Dei facit? Quis hoc dixerit, nisi qui hoc non facit, aut qui putat fidem non esse Dei donum? (s) Et tamen quod

Matth. 28. 19.

Act. 16. 6. & 7.

(a) Ms. Jol. non habet, *ipse tractator.*
(b) Edit. Mog. & Ven. *ne bonum umquam.*
(c) Edit. Lugd. & eo posteriores, *probare potest.*
(d) Sic Mss. Corb. Remig. & Jol. cum Mogunt. & Ven. Lugd. Lovan. Duac. & Colon. *ipsius voluntatis.*
(e) Vox haec, *Dei*, habetur in Mss. Corb. & Remig. & in Mogunt. & Ven. editionibus.
(f) Sola Ven. editio, *strati mei.*
(g) In Ms. Joliensi solo post haec, *filius David*, omissis quae interjacent, statim additur, *Unde ait Evangelista, Dicebat autem de templo corporis sui.*
(h) Editiones Lugd. Lovan. Duac. & Colon. *ad constructionem.* Corbejensis & Remigianus Mss. cum edit. Mogunt. & Ven. *ad instructionem.* Joliensis vero codex manu exaratus, *ad constructionem.*
(i) Haec verba, *significaretur Filius Dei & hominis*, absunt a Lugd. codice.
(k) Editio Lugd. *Atque ita hoc ex Deo erat, velle David, & ex Deo erat, hoc fieri a Salomone.* Quae editio, ut veteres passim, *Salomonem* legit, pro *Salomonem.*
(l) Edit. Mogunt. & Ven. *voluerit*, sed male. Item Ms. Jol. *Deo volente*; nec forte melius. Lugd. editio, *ubi facere Deus voluerit, quod omnes facere Deo volente voluerunt*: ubi *voluerit* pro *noluerit* patet irrepsisse.
(m) Mss. Jol. Mog. & Ven. edit. *Euntes docete.* Idem Ms. *baptizantes eos.*
(n) Edit. Lugd. & posteriores, *Apostolis suis praecepit.*
(o) Ms. Jol. *audissent .... perceperunt.*
(p) Sic Mss. Corb. Remig. & Jol. nec non Mog. & Ven. At Lugdun. & quae secutae sunt editiones, *jubentis verbi.*
(q) Sic Ms. Corb. & ex eo editio hujus libri in append. tomi 10. Augustini operum. cum Lovan. & recentioribus. Ms. Remig. *Sed cum vetiti sunt verbum in Asia loqui, & ire in Bithyniam prohibiti sunt.* Ms. Jol. *Sed cum voluissent loqui verbum in Asia, & ire Bithyniam, prohibiti sunt a Spiritu Jesu.* Edit. Mog. & Ven. accedunt ferme ad Ms. Corb. & textum nostrum, omisso tamen *tentaverunt*. Lugd. vero. *Sed cur vetiti sunt loqui verbum in Asia, & ire in Bithyniam? Prohibiti sunt a Spiritu Jesu.*
(r) Lugd. & posteriores, *qui nondum crediderunt.*
(s) Sola Lugdun. editio, *& tunc cum pro omnibus petitur.*

pro omnibus petitur, non pro omnibus obtinetur. Nec est iniquitas apud Deum, qui saepe postulata non tribuit, quae (a) postulare donavit.

4. * Bonam igitur voluntatem, cum scilicet (b) qui adhaeretur Deo, nec negandum est hominis esse propriam, & confitendum est Deo inspirante conceptam. Nam cum nemo sit bonus, nisi solus Deus; quale erit bonum quod auctorem non habet bonum? Naturae quippe humanae, cujus creator est Deus, etiam post praevaricationem manet substantia, manet forma, manet vita, & sensus, & ratio, ceteraque corporis atque animi bona, quae etiam malis vitiosisque non desunt: (c) sed non in his habet veri boni perceptionem, quae mortalem vitam honestare possunt. Neque enim ignotum est, (d) quantum Graecae scholae, Romana eloquentia, & totius mundi inquisitio, circa inveniendum summum bonum, acerrimis studiis, & excellentissimis ingeniis laborando nihil egerint; nisi ut evanescerent in cogitationibus suis, & obscuraretur cor insipiens eorum, qui (e) ad cognoscendam veritatem semetipsis ducibus utebantur. Si ergo quis de aerumnosis vanitatibus & insaniis fallacibus eruditus, tenebras esse & mortem quidquid pro lumine & vita amplectebatur intelligit, & ab his se conatur abstrahere; non est ab ipso, quamvis non fiat sine ipso, ista conversio; nec propria virtute ad principia salutis enititur: sed agit haec occulta & potens gratia Dei, quae remotis terrenarum opinionum & operum mortuorum favillis, (f) torrem obruti cordis exagitat, & desiderio veritatis inflammat: non ut invitum hominem subjugat, sed ut subjectionis cupidum faciat; nec ut ignorantem trahat, sed ut intelligentem sequentemque praecedat. Manens enim liberum arbitrium, (g) quod utique cum ipso homine Deus condidit, a vanitatibus & cupiditatibus suis, in quas neglecta Dei lege (h) defluxit, non a seipso, sed a Creatore mutatur; ut quidquid in eo (i) in melius reficitur, nec sine illo sit qui sanatur, nec nisi ab illo sit qui medetur; cujus sumus nova creatura novumque figmentum, sicuti in Christo Jesu in operibus bonis, quae praeparavit Deus, ut in illis ambulemus.

Rom. 1. 21.

Conversio hominis non fit sine ipso, quamvis ab ipso non fiat.

Ephes. 2. 10.

CAPUT XIII.

Definitio nona Cassiani: Omni animae inesse naturaliter virtutum semina a Creatore inserta. Refellitur, quia peccatum originale evertit. Virtutes in impiis veras non esse, sed omnia opera eorum immunda. Virtutum sive meritorum principia nulla in nobis ante gratiam. In ingeniis impiorum, licet multa laudabilia, non tamen vera virtutes. Confutat id quod ex Pastoris libro apocrypho probare voluerat Collator, Hominem, etiam ante gratiam, ad bonum & malum aequaliter se habere.

* NUnc jam videamus quo disputantis progrediatur intentio. *Dubitari ergo*, inquit, *non potest, inesse quidem omni animae naturaliter virtutum semina, beneficio Creatoris inserta. Sed nisi haec opitulatione Dei fuerint excitata, ad incrementum perfectionis non poterunt pervenire: quia secundum beatum Apostolum, neque qui plantat, est aliquid, neque qui rigat, (k) sed qui incrementum dat Deus. Adjacere autem homini in quamlibet partem arbitrii libertatem, etiam liber ille qui dicitur Pastoris, apertissime docet: in quo duo angeli unicuique nostrum adhaerere dicuntur, id est, bonus ac malus; in hominis vero optione consistere, ut eligat quem sequatur. Et idcirco manet in homine liberum semper arbitrium, (l) quod gratiam Dei possit vel negligere, vel amare.* Si dubitari non potest, *inesse omni animae naturaliter virtutum semina, beneficio Creatoris inserta*: solus Adam praevaricatus est, & in peccato ejus nemo peccavit; in nullis iniquitatibus concepti sumus, & in nullis nos matres nostrae peperere delictis; non fuimus natura filii irae, nec fuimus sub potestate tenebrarum; qui manentibus in nobis naturaliter virtutibus, filii potius nati sumus pacis & lucis. Absit ab animis piorum fallacis doctrinae insidiosa deceptio. Virtutes cum vitiis habitare non possunt. *Quae enim participatio*, inquit Apostolus, *justitiae cum iniquitate? aut quae societas luci ad tenebras?* Virtus namque principaliter Deus est: cui non aliud est habere virtutem, quam esse virtutem. Hujus cum participes sumus, (m) habitat Christus in nobis, qui est Dei virtus & Dei sapientia; habitat fides, spes, charitas, continentia, intellectus, consilium, fortitudo, ceteraeque virtutes. Cum vero (n) ab hoc bono rece-

* Alias cap. 17. Collat. 13. c. 12. Definitio Cassiani: Omnes animas naturaliter virtutum semina a Creatore habere.

Psal. 50. 7.

Ephes. 2. 3.

Virtutes cum vitiis non habitant.

2. Cor. 6. 14.

1. Cor. 1. 24.

(a) MS. Jol. *postulari donavit*.
(b) Edit. Lugd. *qua adhaeret Deo*.
(c) Ita MSS. Corb. Remig. & Jol. Edit. Mog. & Ven. *sed in his non habet veri perfectionem*. Lugd. *sed non in aliis*, Lovan. Duac. & Colon. *sed non in illis veri boni perceptio est*.
(d) Mog. & Ven. editi, *quod Graecae scholae*. MSS. Corb. & Remig. Lugd. Lov. Duac. & Colon. *quantum Graeciae scholae, quantum Romana eloquentia* &c. MS. Jol. *Romanaque eloquentia*.
(e) Lugd. *ad inferendam*: Lovan. & recentiores alii, *ad inferendam*.
(f) Edit. Lugd. & recentiores, *dimovit*, idem Lugd. codici, *torrorem*, alii alii, *torrem*: praeter MS. Rem. qui habet *scintillam*. MS. Jol. *torrem mortui cordis*.
(g) MSS. Corb. Remig. & Jol. Mog. & Ven. edit. *quod utique*.
(h) Lugd. editio, *fluxerant*.
(i) MS. Jol. omittit haec, *in melius*.
(k) Haec verba, *quia secundum*.... *sed qui incrementum dat Deus*, omissa fuerant in MS. Remigiano & Joliensi: in editionibus quoque Mog. Ven. & Lugd. Supra vero vox *Dei*, post *opitulatione*, non legitur in Remig. & Jol. MSS. nec in Moguntin. & Ven. edit.
(l) MS. Jol. *quo gratiam Dei possit negligere*.
(m) Edit. Mog. & Ven. *habitat in nobis qui est*, absque voce, *Christus*.
(n) Edit. Mog. & Ven. *ab hoc bono recedimus*.

recedentes, omnia nobis e contrario oriuntur ex nobis. Discedente enim pulcritudine, quid succedat nisi deformitas? abeunte sapientia, quid resideat nisi insipientia? non regnante justitia, quid dominetur nisi iniquitas?

Virtutum semina in homine per gratiam erecta. 2. Virtutum itaque semina, quæ beneficio Creatoris insita sunt, prævaricatione primi parentis eversa sunt; nec haberi queunt, nisi eo restituente qui dederat. Reformabilis enim est natura humana (a) formatori suo, & eorum bonorum quæ habuit, capax est: ut per mediatorem Dei & hominum hominem Christum Jesum, in eo ipso quod ei remansit, possit recuperare quod perdidit. Remansit autem ei rationalis animus, qui non virtus, sed virtutis habitaculum est. (b) Ex participatione enim sapientiæ, & justitiæ, & misericordiæ, non sapientia, neque justitia, neque misericordia; sed sapientes, & justi, & misericordes sumus. Quæ bona, quamvis rationale nostrum vitiis occupatum sit, & prævaricantibus nobis Dei templum spiritus immundus invaserit; possunt tamen rursus in ipsum rationale confluere, per eum qui mundi principem foras mittit, & ligato fortem, vasa ejus rapit, fugatoque mundi hujus spiritu, (c) dat Spiritum qui ex Deo est, ut sciamus quæ a Deo donata sunt nobis. *Qui autem Spiritum Christi non habet, hic non est ejus.*

Joan. 12. 31. Matth. 12. 29. 1 Cor. 2. 12. Rom. 8. 9.

* alias cap. 19. * 3. Puto autem istum veri similitudine decipi, & in specie falsarum errare virtutum, dum ea bona, quæ non possunt nisi ex Dei munere haberi; etiam in impiorum animis (d) existimat reperiri; ideo scilicet, quia multi eorum sunt justitiæ, temperantiæ, continentiæ, & benevolentiæ sectatores: quæ omnia non frustra quidem, neque inutiliter habent, multumque ex eis in hac vita honoris & gloriæ consequuntur; sed quia in iis studiis non Deo, sed diabolo serviunt, licet habeant temporalem de vana laude mercedem, ad illam (e) tamen beatarum virtutum non pertinent veritatem. (f) Et ita manifestissime patet, in impiorum animis nullam habitare virtutem, sed omnia opera eorum immunda esse atque polluta, habentium sapientiam non spiritalem, sed animalem, non cœlestem, sed terrenam, non Christianam, sed diabolicam, non a patre luminum, sed a principe tenebrarum; (g) dum & ipsa quæ non haberent nisi dante Deo, subdunt ei qui primus recessit a Deo.

Opera infidelium immunda.

Virtutum species sine gratia nulla.

4. Qui ergo dicis, sine ullo opere gratiæ, *naturaliter omni animæ semina inesse virtutum*; quid laboras ostendere, nisi de illis seminibus (h) quædam germina præcedentium Dei gratiam pullulare meritorum? Denique ut videretur aliquid gratiæ tribuisse: *Ad perfectionis*, ait, *incrementum semina hæc pervenire non poterunt, nisi opitulatione Dei fuerint excitata*: ut scilicet opitulatio Dei sit cohortatio atque doctrina, cætera autem, quæ virtutum est opulenta seminibus, utatur facultate quam possidet; ad hoc tantum juvanda, ut earum virtutum apprehendat culmina, quarum sibi scit inesse principia. * Igitur (i) secundum istum humana anima sic ædificabitur in Dei templum, ut non accipiat fundamentum præter quod aliud nemo potest ponere, quod est Christus Jesus. Quando autem hoc fundamentum (k) incipitur, nisi quando fides in audientis corde generatur? Quæ si naturaliter inerat, non cœptum ibi est aliquid, sed (l) superstructum. Superflue ergo infidelis videbatur, qui fidem habebat antequam crederet. Hoc autem & de aliarum virtutum principiis potest dici, quæ gratia augere debeat quia sunt, non donare quia desunt. Sed aliud nos omnia sanctarum scripturarum eloquia docent. Legimus principium esse sapientiæ timorem Domini, & legimus donum Dei hanc esse virtutem. *Timor*, (m) inquit, *Dei super omnia se superposuit: beatus homo* (n) *cui donatum est habere timorem Dei*. Cum ergo timor Dei principium sit sapientiæ; quæ virtus haberi potest sine sapientia, (o) cui ea timore principium est? Beatus apostolus Petrus, *Gratia vobis*, inquit, *& pax adimpleatur* (p) *in recognitione Domini nostri Jesu Christi, qui nunc omnia nobis divina virtute sua, quæ ad vitam & pietatem pertinent, donavit*. Numquid ait, Qui virtutum semina, quæ naturaliter habebamus inserta, opitulatione sua excitavit in nobis? (q) Sed ait, *Qui nunc omnia nobis, quæ ad vitam & pietatem pertinent, donavit*. (r) Quod discendo, cujus virtutis initium in natura posuit, quod non ab eo collatum sit, qui cuncta donavit? Propter quod & beatus Paulus: *Quid enim habes*, inquit, *quod non accepisti? Si autem accepisti, quid gloriaris, quasi non acceperis?*

* alias cap. 20. 1 Cor. 3. 11.

Prov. 1. 7.

Eccli. 25. 14 & 15.

2 Petr. 1. 2.

1 Cor. 4. 7.

5. Ergo omnia quæ ad vitam & pietatem pertinent, non per naturam, quæ vitiata est, habe-

In iustitia ingenerata ...

(a) Editi Mog. & Ven. *a formatore suo*.
(b) MS. Jol. omittit præpositionem, *Ex*.
(c) Ita MSS. Corb. Remig. & Jol. cum Mogunt. & Ven. At Lugd. & illo recentiores, *largitur nobis Spiritum*.
(d) Editi Lugd. Lovan. Duac. & Colon. *existimat*.
(e) Edit. Mog. & Ven. carent hac particula, *tamen*.
(f) Edit. Mog. & Ven. *etiam*.
(g) Sic MSS. Corb. Remig. & Joliens. cum editis Mog. & Ven. At Lugd. & posteriores edit. *dum per ea ipsa quæ non haberent nisi dante Deo, subduntur ei*, &c.
(h) MSS. Corb. Jol. & edit. Mog. & Ven. *quædam germina*.
(i) Edit. Lugd. & posteriores, *secundum istum*.
(k) Edit. Mog. & Ven. *accipitur*.
(l) Lugd. & eo recentiores, *superinstructum*.
(m) MS. Jol. *Timorem*, inquit, *Dei super hæc omnia posuit*. Lugd. editio, *Timorem Domini*, inquit, *super omnia posui*. Lov. Duac. & Col. *Timor Domini*, inquit, *super omnia se superposuit*.
(n) MS. Corb. & Remig. *beatus homo*. Hanc vocem *homo* parenthesi includebant Lov. Duac. & Colon. ut dubiæ auctoritatis: omittunt Mog. Ven. & Lugd. MS. Jol. *beatus vir*: Pro *timorem Dei*. MS. Joliens. Lugd. & eo posteriores habent, *timorem Domini*.
(o) Lugd. & posteriores, *cujus*.
(p) Editi Mog. & Ven. *in cognitione .... omnia in nobis*.
(q) Lugd. editio, *sed, qui ad vitam & pietatem pertinent donavit*, cæteris omissis.
(r) Hæc phrasis tota desideratur in Mogunt. & Ven. In qua edit. Colon. pro *collatum sit*, habet, *collocatum sit*.

habemus; sed per gratiam, qua natura reparatur, accepimus. Nec ideo (a) æstimare debemus in naturalibus thesauris principia esse virtutum, quia multa (b) laudabilia reperiuntur etiam in ingeniis impiorum; quæ ex natura quidem prodeunt; sed quoniam ab eo qui naturam condidit recesserunt, virtutes esse non possunt. Quod enim vero illuminatum est lumine, lumen est; & quod eodem lumine 1. Cor. 3. 19. caret, non est. (c) Quia *sapientia hujus mundi stultitia est apud Deum*. Ac sic vitium est, quod putatur esse virtus: (d) quandoquidem stultitia est, quod putatur esse sapientia. (e) Quando autem fieri potest, ut qui in naturalium virtutum seminibus, quæ iste magnificat, gloriantur, ipsas virtutes suas ei doctrinæ subjiciant provehendas, quæ dicit, 1. Cor. 3. 18. *Si quis videtur inter vos sapiens esse, stultus fiat, ut sit sapiens*? &c. 1. Cor. 1. 21. *Quia in sapientia Dei non cognovit hic mundus per sapientiam Deum, placuit Deo per stultitiam prædicationis salvos facere credentes*. Quid illa (f) scientiæ sapientiæque præsumptio magis ineptum esse censeat, magisque ridendum, nisi Spiritus Dei aspernationem subegerit superborum, rationesque illas quæ ignotæ veritati, canina facundia repugnabant, gratiæ suæ virtute destruxerit: ut semen verbi præsulcata cordis terra concipiat, & dignas æternis horreis fruges Dei agricultura producat?

* alias cap. 19. Pastoris liber ... * 6. (g) Post illud autem nullius auctoritatis testimonium, quod disputationi suæ de libello Pastoris inseruit, ex quo ostendere voluit, inter boni & mali angeli contrarias suasiones, ita omnem hominem naturali judicio & propriæ discretioni esse commissum, ut ei non plus a Deo præsidii, quam a diabolo sit periculi, addidit (h) definitionis suæ regulam, dicens: *Et idcirco manet in homine liberum semper arbitrium*, (i) *quod gratiam Dei possit vel negligere, vel amare*. In qua sententia etiam hoc quod ait, (k) in homine remanere semper liberum arbitrium, ex aliqua parte non constat; si quidem multa millia infantium in regnum Dei assumptorum, aut a regno Dei extraneorum, sine ullius suæ voluntatis arbitrio gratiam Dei aut accipiant, aut amittant; multique excordes ad omnia prorsus & fatui, per sacramentum regenerationis ab æternæ mortis vinculis eruantur. Accipiamus tamen ita hoc dictum, ut ad eos proprie pertineat hæc definitio, qui uti possunt libera voluntate. Itane libera est ista libertas, (l) ut quantum ex se habeat fastidii ut negligat gratiam Dei, tantum ex se habeat delectationis ut diligat? Itane il- Cordium in Deo mutatio. lum (m) veteris infidelitatis glacialem rigorem nullius meridiani caloris spiritus relaxavit, & corpus mortis obstricta de suo algore consoluit; (n) & dicente Domino, *Ignem veni mittere in terram*, nulla ad cor frigidum scintilla Luc. 12. 49. pervenit, & cinis mortuus a semetipso in flammam caritatis exarsit? Nihil tale (o) in aliis gratiæ amatoribus factum est, quale illi experti sunt, qui dicebant, *Nonne cor nostrum erat* Luc. 24. 32. *ardens*, (p) *cum essemus cum illo in via, & aperiret nobis Scripturas?* Sed nec illud in eisdem actum est, quod (q) in Lydia, civitatis Thyatirorum purpuraria, quæ inter mulieres, quibus illic Apostolus prædicabat, sola tunc ostenditur credidisse, *Cujus*, inquit, *cor aperuit* Act. 16. 14. *Deus, ut intenderet his quæ a Paulo dicebantur?* Et tanta est secundum istum liberi arbitrii

---

(a) Edit. Mog. & Ven. *sed per naturam, quæ gratia reparatur, accepimus*: quam postremam vocem omisit editio Lugd.

(b) Lugd. & posteriores, *existimare*.

(c) Lugd. & recentiores, *laudanda*.

(d) Ms. Jol. *Quia sapientia hujus mundi? Stultitia est*. Editiones Mogunt. & Ven. *At si vitium est, quod putatur esse sapientia, quando stultitia est, quod putatur esse virtus*.

(e) Ita legunt uniformiter. Mss. Corb. Remig. & Jol. cum Mog. & Ven. edit. At Lug. Lovan. Duac. & Colon. *Quomodo autem fieri potest, ut is qui in naturalium virtutum seminibus consistere se putat, quas ipse magnificat esse glorietur*, (Lov. Duac. & Colon. in margine, *quas iste magnificat glorietur*) — *subjiciat*.

(f) Ita hunc locum exhibent Mss. Corb. & Remig. nec non edit. Mogunt. & Ven. quæ editiones pro *præsulcata*, habent *præsulcati cordis*. At Lugd. & ea recentiores. *Quid illa scientia, scientiaque præsumptio, magis ineptum censet.... quæ ignotæ veritati*. Ms. Jol. *Quid illa infirmitatis sapientia, quid illa præsumptio magis ineptum, magisque ridendum, nisi ignotæ veritati.... præsulcati cordis*.

(g) Ita legitur in Ms. Corb. & Remig. nec non in edit. Mogunt. & Ven. Ms. Jol. sic habet locum istum, *Illud autem nullius est auctoritatis testimonium quod.... ex quo ostendere voluit inter boni & mali angeli.... Postea vero addidit definitionis suæ regulam*. Edit. Lugd. Lov. Duac. & Colon. *& quo ostendere voluit, inter boni & mali contrarias suasiones &c. addidit* &c. Vide supra initio capitis hujus.

(h) Ms. Corb. Lugd. & posteriores editiones, *definitionis suæ*. Ms. Remig. & Jol. ut Edit. Mog. & Ven. *definitionis suæ*.

(i) Edit. Lugd. & posteriores, *quo gratiam Dei possit*.

(k) Sic Mss. Corb. & Remig. & Joliensis. Edit. Mog. & Ven. *remanere in homine liberum semper*. Lugd. & recentiores, *manere in homine liberum semper arbitrium*.

(l) Mss. Corb. Remig. & Jol. cum Mog. & Ven. *ut tantum ex se habeat* &c. Edit. Lugd. Lov. Duac. & Colon. ut in textu. Lugd. pro *delectationis* habet *dilectionis*: idemque in margine conjecerunt Duac. & Colon.

(m) In Ms. Jol. abest, *veteris*. In Remig. legitur, *itane veteris actum*.

(n) Sic Mss. Corb. Remig. & Jol. cum Mog. & Ven. At vero Lugd. & posteriores, *ut dicente Domino.... scintilla pervenerit.... in flammam caritatis exarserit*.

(o) Edit. Lov. Duac. & Colon. *in istius gratiæ demonstratoribus*: in margine, *in aliis*. Mss. Corb. Remig. & Jol. cum Mog. & Ven. & antiqua Lugd. *in istius gratiæ amatoribus*; quia ad eum liberi nominis prælatum, forte ingressum est, *in istis gratiæ damnatoribus*. Mss. & antiquiorum ex editis lectio præferenda visa est: in qua hanc sententiam & proxime sequentes, non simpliciter, sed figurate accipiendas per interrogationem ex judicio eruditissimorum virorum, qui operum S. Augustini editionem ultimam procurarunt.

(p) Edit. Mog. & Ven. adduunt, *in nobis*. Alii omnes nostri omiserunt.

(q) Ms. Corb. Lugd. & posteriores editiones, *de Lydia*. Idem Ms. cum Remig. & Jol. *cor aperuit Deus*. Alii, *cor aperuit Dominus*.

tril (a) incolumitas & facultas, ut caritatem, quae in omnium arce virtutum est, non ex Dei munere, sed ex sola habeat voluntate. Quid ergo in anima a suo aedificatore (b) reparatur? aut quae largitate gratiae fiet ornatior, si illa sunt ei propria, sine quibus non possunt prodesse donata? Sed Apostolus, qui profitetur, sine charitate non operationes miraculorum, non scientiam, non fidem, non prophetiam, non erogationes divitiarum, non ipsam saevissimorum suppliciorum prodesse tolerantiam; unde habeatur ipsa charitas non tacet: *Quoniam charitas*, inquit, *Dei diffusa est in cordibus nostris per Spiritum-sanctum, qui datus est nobis*: &, (c) *Pax*, inquit, *fratribus cum charitate & fide, à Deo Patre & Domino Jesu Christo*. Sanctus etiam Joannes apostolus instruens nos, unde hujus boni corperimus esse participes. *Carissimi*, inquit, *diligamus nos invicem, quia dilectio ex Deo est*. Et ne (d) possemus opinari, ideo dilectionem dictam ex Deo, quia in natura hominis hic (e) satus esset affectus: paulo post ait; *Non quod nos dilexerimus Deum, sed quoniam ipse dilexit nos*: & iterum, *Nos diligamus Deum*, (f) *quia prior dilexit nos*. Agnoscat ergo humana egestas, hoc quod de quibuslibet bonis recte dicitur, multo rectius sibi dici de eo, sine quo bona cuncta non prosunt, (g) *Quid enim habes quod non accepisti? Si autem accepisti, quid gloriaris, quasi non acceperis?*

[Margin: 1. Cor. 13. 2. & 3. — Rom. 5. 5. — Ephes. 6. 23. — 1. Joan. 4. 7. — Ibid. v. 10. Ibid. v. 19. — 1. Cor. 4. 7.]

CAPUT XIV.

Cassianus liberi arbitrii vigorem demonstrare aggressus. Definitio decima Cassiani: Job suis viribus vicisse diabolum, non auxilio gratiae: nisi quatenus Deus non majorem tentatori dedit potestatem, quam illi noverat inesse virtutem. Cassiani fraus: catholicam sententiam de gratia in disputationis principio praedicat, & contrarium postea impugnat. Ad praecipitia Pelagiana gradatim decurrit.

[Margin: * alias cap. 11. Cassianus liberi arbitrii vigorem demonstrare aggressus.]

* POst haec autem, (h) cum tantum homini tribuisset ante gratiam, quantum eis fructuosissimum est habere per gratiam, addidit quaedam perplexa atque confusa, ad vigorem liberi arbitrii demonstrandum; & de his quae jam donata sibi (l) viribus facit, vult illa ostendere quae ei naturaliter inesse defecit; ut quod est per adjutorium Dei perfecisse, hoc sit ex liberi arbitrii libertate coepisse. Verum haec ut tolerabilia transeamus: quia & nos liberum arbitrium ideo dicimus, bonae voluntatis affectum fidelique principium, operante gratia concepisse, ut per haec quae illi nullo merito praeeunte donata sunt, ea quae (k) operaturo sunt promissa mereatur; ab illo semper petens posse aliquid boni facere, qui ait, *Sine me nihil potestis facere*. * His itaque praetermissis, id quod de sancti Job passionibus posuit, retractemus, ait enim: *Quod etiam in Job probatissimo athleta suo, cum eum diabolus expetisset ad singulare certamen, dicimus legimus providisse justitiam. Si enim contra inimicum, non sua virtute, sed Dei solius fuisset gratia protegente congressus, & absque ulla virtute* (l) *patientiae suae, divina tantum opitulatione suffultus, multiplices illas ac tota inimici crudelitate quaesitas tentationum moles & caetera pertulisset; quemadmodum illam calumniosam diabolus, quam prius emiserat vocem, adversus eum justius iterasset, Numquid Job gratis* (m) *colit Deum? Nonne tu vallasti eum*, (n) *et domum ejus, & universam substantiam ejus per circuitum? Sed aufer manum tuam, hoc est, sine eum suis mecum viribus decertare, nisi* (o) *in faciem tuam benedixerit tibi. Sed cum nullam hujuscemodi querimoniam calumniosus hostis post conflictum audeat iterare; non Dei, sed illius se victum viribus confitetur. Licet etiam gratia Dei non in totum illi defuisse credenda sit, quae tantam tentatori tribuit potestatem, quantam & illum resistendi noverat habere virtutem: non eum ab illius impugnatione sic protegens, ut nullum virtuti humanae relinqueret locum; sed hoc tantum procurans, ne violentissimus inimicus animam ejus amentem faciens* (p) *& impotem sensu, impari eum atque iniquo certaminis pondere praegravaret.*

[Margin: Joan. 15. 5. — * alias cap. 12. Definitio 10. Cassiani: Job suis viribus vicisse diabolum, non auxilio gratiae, quod nimirum Deus non majorem tentatori dederit potestatem, quam illi noverat inesse virtutem. — Ibid. 1. cap. 10. — Job. 1. 9.]

* 2. Quis haec praedicari (q) a catholicis inter catholicos crederet, nisi quae in collocutionibus domesticis saepe defensa sunt, etiam scripta legerentur? Itane in omnibus hominibus intelligentiae caligo obtenta, & a conflictu Ec-

clesiae

[Margin: * alias cap. 13.]

(a) Editi Lugd. Lovan. Duac. & Colon. *Vel incolumitas vel facultas, ut . . . . habeat.* Lugd. *haberet*; cum MSS. Corb. Remig. & Jol. & Mogunt. & Ven.

(b) Lugd. & illo recentiores, *paratur*.

(c) Edit. Mog. & Ven. conformiter textui Apostolico, *Pax, inquit, fratribus, & caritas cum fide*.

(d) MS. Remig. cum Lugd. & posterioribus editis, *possimus*.

(e) MS. Remig. *hic solutus esset affectus*. MS. Jol. *hic esset affectus*. MS. Corb. *hic solus*. Edit. Lugd. *hic solutus esset affectus*.

(f) MS. Joliens. *quoniam ille prior*. Posterior hic Scripturae locus aberat ab edit. Lugd.

(g) Hic locus desideratur in MS. Jol.

(h) In MS. Jol. ac Mog. & Ven. editi, *tantum*. Pro *quantum* Lugd. Lovan. Duac. & Colon. *quantum ei fructuosissimum*, addidit quaedam perplexa atque confusa. Mogunt. & Ven. *addit*; caetera ut in textu.

(i) Edit. Mog. & Ven. *virtutibus*. Idem mogunt. apud Lov. Duac. & Colon. Postea Mogunt. *vult illa oriri*. Ven. *oriri*. Deinde iidem codices, *arbitrii libertate*: ubi Lugdun. & posteriores, *pro arbitrii libertatem*. MSS. tres *ex arbitrii libertate*.

(k) Edit. Lugd. & posteriores, *operaturis*.

(l) Edit. Mog. & Ven. *sapientiae suae . . . & ceteram pertulisset*.

(m) Lugd. & recentiores, *colet Deum*.

(n) Haec verba, *et domum ejus*, non legimus in MSS. Remig. & Jol. nec in Lugd.

(o) MS. Joliens. *in faciem*, absque pro nomine, *tuam*. Ven. editio, *maledixerit tibi*.

(p) MS. Jol. *& impotem sensus*.

(q) Edit. Mog. & Ven. *catholicis*, sine praepositione *a*: & infra pro *collocutionibus*, Lugd. & recentiores illa habent, *collectationibus*, nec dissentit MS. Joliens.

Cassiani error: [illegible] de gratia [illegible]

clesiæ filiis spiritus scientiæ & pietatis abscessu, ut non (a) erubescant ingerere se judiciis sequentium tam inhonesta mendacia? Vir gravis, doctor sapiens, verax magister, redde nobis catholicam definitionem, qua inter initia disputationis tuæ aures nostras mentesque cepisti. Pronuntiaveras (b) fidem Christianam voce ecclesiasticam, *Non solum actuum, verum etiam cogitationum bonarum ex Deo esse principium: qui nobis & initia sanctæ voluntatis inspirat, & virtutem atque opportunitatem eorum quæ recte cupimus, tribuit peragendi. Omne enim datum optimum, & omne donum perfectum de sursum est, descendens a Patre luminum; qui & inspirat quæ bona sunt, & exsequitur, & consummat in nobis:* (c) & hujus sententiæ soliditate omnia hostilium reliquiarum machinamenta confregeras. Cur professione mutata, quod destruxisti ædificas, quod tuebaris impugnas? Cur invictissimæ veritatis (d) arce dejecta, gradatim ad præcipitia Pelagiana descendis? Qui enim definieras, neque sanctarum cogitationum, neque piarum voluntatum, neque sanctorum actuum ex nobis esse principia; sed inspiratione Dei gratiaque ejus auxilio bona in nobis cuncta generari, & ad profectum perfectionemque perduci: paulo post cœpisti donis gratiæ liberi arbitrii æquare conatus; ut principia quæ Deo assignaveras, posse hominem a semetipso habere monstrares, dicendo, *Quia etiam suis interdum motibus homo ad virtutum appetitus* (e) *possit extendi, semper vero a Domino indigeat adjuvari:* & iterum dicendo; *Etiam per naturæ bonum, quod beneficio Creatoris indultum est, nonnunquam bonarum voluntatum prodire principia: quæ tamen nisi a Domino dirigantur,* (f) *ad consummationem virtutum pervenire non possint.* Et post hæc, ut quosdam præveniri (g) a gratia ostenderes, in quorumdam autem præcedentibus meritis caussam percipiendæ gratiæ collocares, dixisti, *Quid ex quo pendeat dubitari: id est, utrum, quia initium bonæ voluntatis præbuerimus, misereatur nostri Deus; an quia Deus miseretur, consequamur bonæ voluntatis initium.* Quas duas regulas ne in ambiguo relinqueres, (h) utramque exemplis, ut tibi visum est idoneis, munire curasti; unam de Pauli & Matthæi conflictis conversione confirmans, (i) aliam de Zachæi & latronis voluntaria fide roborans; quorum desiderium (k) tam violentum dicis fuisse, *ut ad invadendum regnum cælorum specialia vocationis* (l) *monita prævenirent.* Deinde progressu disputationis, ut incolumitatem interioris hominis patefacias; ipsum *Adam concepisse quidem, quam non habebat,* (m) *scientiam mali; sed quam acceperat boni scientiam, non amisisse* confirmas. Cumque hoc etiam ex comparatione impiorum probare voluisses; in id usque prolapsus es, ut proclamares, *Cavendum nobis esse, ne ita ad Deum omnia sanctorum merita referamus, ut nihil nisi quod malum est, humanæ adscribamus naturæ.* Et ne hanc (n) naturam ullas in prævaricatione Adæ crederemus amisisse virtutes, definisti jam incolumes esse omnium hominum animas naturaliter, quam fuit primi hominis ante peccatum, dicendo, *Dubitari ergo non potest, inesse omni animæ naturaliter virtutum semina beneficio Creatoris inserta.* Consideratis ergo his definitionibus tuis, non est occultum, quantum ab illius sententiæ sanitate defeceris, in qua quod tribuendum erat gratiæ, fallaciter prædicando, catholicorum tibi aurium judicia conciliare voluisti; quibus de (o) præmissæ professionis fronte securis, facile sequentia irreperent, si prima placuissent.

Jacob. 1. 17.

Ad præcipitia Pelagiana Cassianus [illegible]

Supra c. 9. n. 1.

Supra c. 6. n. 2.

Supra c. 7. n. 2.

Supra c. 7. n. 1.

Supra c. 9. n. 2.

Supra c. 11. n. 2.

Sup. c. 12. n. 2.

CAPUT XV.

Libero arbitrio quantas vires tribuat Cassianus. Job in conflictu cum diabolo sua ipsius virtute vicisse putat. Contra probatur Job vicisse auxilio Dei. Tolerantia fortitudo non nisi ex gratia Dei. Cassiani error, virtutem resistendi habuisse Job ex libero arbitrio, non ex gratia.

* SEd hactenus ne in totum videreris a præfixa regula discrepare, ita virtutum meritorumque principia (p) a libero arbitrio ad gratiam transtulisti, (q) ut ipsos bonorum desideriorum voluntarios motus sine auxilio Dei nec provehi fateteris posse, nec perfici: nunc vero remoto longius Deo, & a sustentatione hominis separato, tantam libero arbitrio (r) potentiam tribuis, ut non solum amissionem multiplicium facultatum, & totius simul familiæ

* alias c. 20. Libero arbitrio quantas vires tribuat Cassianus.

(a) Lugd. & Lov. ut non erubescant ingerere judiciis legentium tam inhonesta mendacia. Edit. Mog. & Ven. ut non erubescat ingerere judicio legentium tam inanes fabulas, tam inhonesta mendacia Vir gravis, &c. Ms. Jol. ut non erubescant .... tam inanes fabulas tam inhonesta mendacia? Vir gravis &c. In ora Duac. & Colon. qui legunt ut Mogunt. & Ven. post tam inhonesta mendacia, appositum comate? Vir gravis &c.

(b) Ita Mss. Corb. & Remig. cum edit. Mog. & Ven. At Lugd. & illa recentiores editiones, fidem Christianam, voce ecclesiastica. Ms. Jol. fide Christiana, voce ecclesiastica.

(c) Ms. Jol. hujus enim.

(d) Ms. Jol. arce destructa.

(e) Lugd. & posteriores, posset extendi, semper vero a Domino indigere adjuvari.

(f) Ms. Jol. ad consummationem pervenire, omissa hac voce, virtutum.

(g) Ms. Remig. & edit. Lugd. ad gratiam.

(h) Edit. Mog. & Ven. utramque.

(i) Ms. Jol. Lugd. edit. & posteriores, alteram.

(k) Edit. Mog. & Ven. tam valens.

(l) Ms. Jol. merita.

(m) Editio Lugd. concupiscentiam mali, sed quod acceperat, etiam boni scientiam non amisisse.

(n) Editio Lugd. naturas ullas. Edit. Mogun. & Ven. pro animas, habent animam.

(o) Mss. Corb. & Remig. Edit. Mogunt. & Ven. præmissæ promissionis.

(p) Ita Mss. Corb. Remig. & Joliens. cum Edit. Mog. & Ven. Lugd. vero, & posteriores, ad liberum arbitrium a gratia transtulisti, ut ipsos &c.

(q) Ms. Jol. ut ipsorum bonorum voluntarios motus, omissa voce, desideriorum. Posteriores editiones Lugd. & aliæ paulo post, pateretis habent, ubi Mss. & antiquiores Mog. & Ven. fateteris.

(r) Ms. Jol. potentiam tribuisti.

fixa ac peroccultudinem acerbissimam finem constanter aequanimiterque suscipiat; sed ipsius quoque corporis proprii ineffabiles cruciatus proposito suae voluntatis evincat. Et ut dubitari hinc disputante te nequeat, sancti Job constituis exemplum, qui adversus illam insignem diabolicae saevitiae crudelitatem sine Dei praesidio decertavit: & argumento probare niteris, quod ipse crudelissimus inimicus confessus sit, non Domini, sed Job se virtute superatum, in eo quod sibi in graviore conflictu gratiam Dei obstitisse non dixit: quasi vir ille in damnis atque orbitatibus debuerit superna protectione circumtegi, in carnis autem suae animaeque tormentis non eguerit adjuvari. Si ergo hac magnitudine animi, (a) quam illata per singulos omnesque artus tot mortium poena non superat, (b) nihil inter sanctorum palmas commemorabilius, nihil invenitur illustrius; (c) eamque adseris, ex humana tantum virtute subsistere: quid erit laudis ac meriti, quod inter studio quietis & pacis nequeat arbitrii obtinere libertas, quam in tanti sui certaminis de suis viribus coronasti?

Job in [illegible] [illegible] Cassianus [illegible].

Contra ponitur Job [illegible] Dei.

2. Quaero igitur abs te, videatur ne tibi vir iste, cum illis quae legimus suppliciis probaretur, habuisse (d) in se Spiritum sanctum? Si habuisse dicis; certum est quia Deus quem non deseruit, adjuvit. Si autem exsortem ab eo Spiritum-sanctum dixeris; propheticus te ejusdem sermo convincit, dicentis, *Scio enim quod Redemptor meus (e) vivat, & in novissimo die de terra surrecturus sim, & rursus circumdabor pelle mea, & in carne mea videbo (f) Deum, quem visurus sum ego ipse, & oculi mei conspecturi sunt, & non alius: reposita est haec spes mea in sinu meo.* Quod si de incarnatione Domini nostri Jesu Christi, ac resurrectione ejus qui est primitiae dormientium, & de spe redemtionis, quae in ipso reposita est omnibus sanctis, recte intelligitur prophetatum; manifeste apparet non discessisse a templo suo gratiam Dei; & fecisse jam tunc Dominum (g) in hoc sancto suo, quod postea in Apostolis & Martyribus suis spondebat esse faciendum, dicens, *Cum autem tradent vos, nolite cogitare, quomodo, aut quid loquamini: dabitur enim vobis in illa hora quid loquamini: non enim vos estis qui loquimini, sed Spiritus Patris vestri, qui loquitur in vobis.* Quid cum idem sanctus increpantibus consolatoribus responderet, (h) nonne in Dei fidebat auxilio, dicens, *Qui deridetur ab amico suo, sicut ego, invocabit Dominum, & exaudiet eum?* Aut nesciebat (i) ex illo se habere quod habebat, de quo ait, *Apud ipsum (k) sapientia & fortitudo, ipse habet consilium & intelligentiam:* (l) & de quo dicit, *In cujus manu anima omnis viventis, & spiritus universae carnis hominis:* & iterum, *Exspecto,* inquit, *donec veniat immutatio mea: vocabis, & ego respondebo tibi: operi manuum tuarum porriges dexteram; tu quidem gressus meos dinumerasti,* (m) *sed parcis peccatis meis: signasti quasi in sacculo delicta mea, sed curasti iniquitatem meam.* Non ergo (n) deseruerat Dominus, quem curabat: neque opem suam abstulerat ab eo, cui purificatoria remedia, quibus clarior nitesceret, admovebat.

Job. 19. 25.

Matth. 10. 19.

Job. 12. 4.

Ibid. 12.

Ibid. 10.

* 3. Ad hanc (o) passionum tolerantiam, in qua hic sanctus enituit, etiam ille erat praeparatus a Domino, qui dicebat, *Nam etsi ambulem in medio umbrae mortis, non timebo mala, quoniam tu mecum es:* & illud, (p) *Salus justorum a Domino & protector eorum est in tempore tribulationis.* Ad hanc tolerantiam etiam ille (q) erat praeparatus a Domino, qui & credere in Christum, & pro Christo pati referebat ad Christum; dicens: *Justificati igitur ex fide, pacem habeamus ad Deum per Dominum nostrum Jesum Christum; per quem & accessum habemus (r) per fidem in gratiam istam, in qua stamus, & gloriamur in spe gloriae filiorum Dei: non solum autem, sed & gloriamur in tribulationibus, scientes quod tribulatio patientiam operatur, patientia autem probationem, probatio vero spem, spes autem non confundit; quia charitas Dei diffusa est in cordibus nostris per Spiritum-sanctum, qui datus est nobis.* Et iterum; *Quis nos separabit a charitate Christi? tribulatio? an angustia? an persecutio? an fames? an nuditas? an periculum? an gladius? Sicut scriptum est, Quia propter te mortificamur tota die, (s) aestimati sumus ut oves occisionis: (t) sed in his omnibus superamus per eum qui dilexit nos.* Hujus tolerantiae fortitudo (u) unde descenderit, beatus Petrus, & in illo omnis Ecclesia, Veritatis ipsius voce didicerat, dicentis; *Ecce Satanas postulavit (x) ut cerneret vos velut triticum; ego autem rogavi pro te, Petre, ne deficiat fides*

* alias cap. 11. [illegible]

Ps. 22. 4.

Ps. 36. 39.

Rom. 5. 1.

Rom. 8. 35.

Ps. 43. 22.

Luc. 22. 31.

(a) Ms. Jol. quae illata, &c. ut in textu. Edit. Mog. quae illata, Ven. quae illatam.... mortium poenam superat.

(b) Mss. Corb. & Remig. nihil plus inter (Remig. intre) sanctorum palmas &c.

(c) Edit. Mog. & Ven. eamque. Lugd. eaque.

(d) Ms. Jol. caret his, in se: tum vero dicens, Scio quod.

(e) Edit. Mog. & Ven. vivit & in novissimo de terra surrecturus sum.

(f) Ms. Jol. Deum Salvatorem meum.... reposita est spes mea, omisso pronomine, haec.

(g) Edit. Mog. & Ven. in sancto suo.

(h) Edit. Colon. non in Dei, & post paucos edit. Mogunt. & Ven. invocabit Deum. Ms. Remig. & ipse exaudiet.

(i) Ms. Jol. ab illo: caeteri, ex illo.

(k) Ms. Remig. fortitudo & sapientia.

(l) Lugd. & posteriores editi, & quod dicit.

(m) Mss. Corb. Remig. cum Mog. & Ven. parcens. Ms. Jol. parces.

(n) Ms. Jol. deseruerat Deus.

(o) Edit. Mog. & Ven. non habent, vocem hanc passionum. Lugd. tertio paulo post, in qua hic spiritus enituit.

(p) Ms. Jol. Salus autem justorum.

(q) Lugd. Lov. Duac. & Colon. erat paratus.

(r) Hic editiones Mog. & Ven. addunt haec, per fidem; quae habentur & in textu Apostoli. Lugd. & posteriores, in gratia ista. Colon. in gloria ista.

(s) Lugd. & recentiores, existimati sumus.

(t) Ms. Jol. & in omnibus. Ms. Remig. & in his omnibus.

(u) Lugd. & posteriores, unde descenderet.

(x) Ms. Remig. & Jol. ut cribraret vos.

vitæ tuæ. Quisquis igitur (a) in tribulationibus non deficit, ab illo se non dubitet adjuvari, ad quem quotidie corda universorum fidelium clamant, (b) *Ne inferas nos in tentationem, sed libera nos a malo*: quoniam (c) *Custodit Dominus animas sanctorum suorum, de manu peccatorum liberabit eos*.

Matth. 6. 13. Ps. 96. 10.

Collator errat, virtutem Job tribuendo soli ejus libero arbitrio, non et gratiæ.

2. Quod autem dicis, *Gratiam Dei ab Job ... eo* (d) *intelligendam non penitus recessisse, quod tentatori ejus tantam Deus* (e) *tentandi dederit potestatem, quantam & illum resistendi noverat habere virtutem*: nonne rectius veraciusque loquereris, si ubi dixisti, *Quantam & illum resistendi noverat habere virtutem*; (f) diceres potius, quantam & illi resistendi noverat se dedisse virtutem? (g) In ejus enim verbi correctione, totam illam gloriam, quam humanis viribus adsignare voluisti, sobrietate aliqua temperasses; ut illa mirabilis in tanta afflictione patientia, (h) & Dei adjutorio & libero hominis adscriberetur arbitrio. Sed veritus es naturæ humanæ minuere laudem, si ei profitereris a Deo datam esse virtutem. (i) Ideo conflictus illius atque victoriæ non vis credi cooperatorem Deum fuisse, sed tantummodo spectatorem: ut cui (k) persuadere poteris, per naturalem liberi arbitrii facultatem tam arduum certamen evictum; dubitare non audeat in levioribus causis multo liberiores esse bonæ voluntatis effectus; atque ita (l) in illius damnatæ sententiæ foveam cadat; qua dicitur, ideo nobis gratiam justificationis dari, ut quod facere per liberum jubemur arbitrium, facilius (m) possimus implere per gratiam; tanquam etsi gratia non daretur, non quidem facile, sed tamen possemus, etiam sine illa, implere divina mandata. Quod quia catholici Pontifices dignum anathemate censuerunt; „utendum nobis est eo quo illi sunt testimonio, dicentes, De fructibus enim mandatorum Dominus loquebatur, ubi non ait, (n) Sine me difficilius potestis facere: sed ait, *Sine me nihil potestis facere*.

Carthag. Epist. can. 5. seu 6. V. append.

Joan. 15. 5.

CAPUT XVI.

Quod supra decreverat Cassianus Centurionis evangelici exemplo confirmare nititur: cujus Definitio undecima est: Nullius laudis ac meriti esse, si id in eo Christus, quod ipse donaverat, prætulisset. Contra probat S. Prosper, quod laus & meritum per gratiam non auferatur. Fidei quoque & bonis operibus laudem ac meritum tribui, sine præjudicio gratiæ.

* His autem definitionibus tuis, quas credidisti idonea auctoritate munitas, tanquam de consensu legentium securus, adjungis, Solere interdum Deum ad fidem nostram probandam plus offerre quam sufficit, ut (o) quam firma sit credentium fides, possit agnosci. Et hoc exemplo illius Centurionis ostendis, qui cum pueri sui (p) posceret curationem, *Dominusque se ad domum ejus iturum esse promitteret* (q) *responderit*, *Non sum dignus, ut intres sub tectum meum, sed dic tantum verbo, & sanabitur puer meus*. In quo eum Dominus tali admiratione laudaverit, ut pronuntiaret non se invenisse tantam fidem in Israel. (r) Et exigua conclusione prope totum Pelagianum dogma confirmas, dicendo, *Nullius enim laudis esset ac meriti, si id in eo* (s) *Christus, quod ipse donaverat, prætulisset*. Falso ergo scriptum est, *Quia nemo potest esse continens, nisi Deus det*. Falso prædicavit Apostolus, cum de eadem virtute loqueretur, dicens, *Volo autem omnes homines esse sicut meipsum; sed unusquisque proprium habet donum a Deo, alius sic*, (t) *alius vero sic*. Falso docuit & ille qui dixit, *Si quis indiget* (u) *sapientia, postulet a Deo, & dabitur ei*. Nec secundum veritatem dictum est, *Omne datum optimum, & omne donum perfectum de sursum est, descendens a Patre luminum*: &, *Nemo potest accipere quidquam, nisi ei datum fuerit de cælo*. An decernendum est, omnes quidem virtutes inter Dei dona numerandas; sed in illis hominem, quas de proprio habuerit, esse laudabilem, & ibi esse merita, ubi Dei dona non fuerint? Igitur secundum regulam tuam, quibus dona-

* alias cap. 13.

Matth. 8. 8.

Definitio undecima Cassiani. Collat. 13. cap. 14.

Sap. 8. 21.

1. Cor. 7. 7.

Jacob. 1. 5.

Ibid. 17.

Joan. 3. 27.

Laus & meritum per gratiam non tollitur.

(a) Lugd. & recentiores, *in tribulationibus*.
(b) MSS. Remig. & Jol. cum edit. Mog. & Ven. *Ne nos inducas*.
(c) Edit. Lugd. cum posterioribus, *Custodit Deus*.
(d) Lugd. & posteriores, cum MSS. Corb. & Remig. *intelligendam*.
(e) Edit. Lugd. & recentiores, *tantam Deus tribuit potestatem*. Lugd. omittit vocem hanc, *Deus*. MS. Jol. particulam &, ante *illum*.
(f) MS. Jol. *potius affirmares*.
(g) Ita MSS. Corb. Remig. & Jol. cum editis Mog. & Ven. Lugd. & reliqui codices. *Unius enim verbi correctio.... temperasses*.
(h) MS. Remig. omittit particulam & ante vocem, *Dei*.
(i) MS. Jol. cum Lugd. & posterioribus. *Itaque idem*. MS. Jol. *credere*.
(k) Edit. Lugd. & posteriores, *persuadere potueris ... evictum*. Mog. & Ven. *tam arduo certamine victum*. Eadem Lugd. & recentiores omittunt vocem, *liberi*, ante *arbitrii*.
(l) Mog. & Ven. *in illius damnatam sententiam cadat*. MS. Jol. *in jus damnatæ sententiæ cadat*.
(m) Lugd. & posteriores, *possumus*.
(n) Hic adtexunt Mog. & Ven. loco primo inferius hunc Evangelii locum, *Sine me nihil potestis facere*: quem post pauca cum ceteris codicibus iterum repetunt.
(o) Lugd. & ea posteriores, *quam infirma sit*. Castigatur ex MSS. Corb. Remig. & Jol. nec non edit. Mog. & Ven.
(p) MS. Jol. *quæreret curationem*.
(q) Ita MSS. Corb. & Remig. Mog. & Ven. editi. At MS. Jol. Lugd. editio, & recentiores, *respondit*.
(r) Edit. Lugd. & posteriores, *de exigua conclusione prope totum in*.
(s) MS. Jol. *Dominus*.
(t) Editio Lugd. & quæ post eam, *alius autem sic*.
(u) Edit. Mogunt. & Ven. *sapientiam postulet a Deo*.

donatum est, ut non solum crederent in Christum, sed etiam ut paterentur pro ipso, & laudem & meritum perdiderunt; nec haberet veram gloriam, qui non in se, sed in Domino gloriatur. Sed rectius (a) audimus Prophetam dicentem, *Maledictus homo qui spem habet in homine, & firmat carnem*, (b) *brachii sui, & a Domino discedit cor ejus*: & illum, qui ait, *Diligam te, Domine, virtus mea*; &, *In Domino laudabitur anima mea*: (c) &, *Fortitudo mea, & laudatio mea Dominus*. (d) Ut manifestissime noverimus, nec laudem nos ullam habere, nec meritum, (e) in quibus non inveniuntur, quae nisi Dominus dederit, non habemus.

Jerem. 17. 5.

Psal. 17. 2. Ps. 33. 3. Ps. 117. 14.

Fidei & bonorum operum laudem ac meritum tribui dum praeeunte gratia.

2. Sic autem putasti de testimonio laudatae fidei praejudicium donis gratiae posse generari; quasi fides, ubi ostenderetur laudata, non doceretur esse donata. Laudat Apostolus Romanorum fidem, & pro hoc bono (f) eorum agit gratias Deo, dicens, *Primum quidem gratias ago Deo meo per Jesum Christum pro omnibus vobis, quia fides vestra annuntiatur in universo mundo*. Ad Corinthios quoque simili scribit affectu, dicens, *Gratias ago Deo meo semper pro vobis, in gratia Dei, quae data est vobis in Christo Jesu; quia in omnibus divites facti estis in illo, in omni verbo, & in omni scientia*. Numquid agendo gratias Deo, credentibus (g) sustulit laudem? aut laudando credentes, vere negavit auctorem? De Ephesiorum etiam fide quid sentiat, audiamus. *Propterea*, inquit, *& ego audiens fidem vestram, quae est in* (h) *Domino Jesu, & dilectionem in omnes sanctos, non cesso gratias agens pro vobis, memoriam vestri faciens in orationibus meis, ut Deus Domini nostri Jesu Christi Pater gloriae, det vobis Spiritum sapientiae & revelationis, in agnitione ejus illuminatos oculos cordis vestri*. Habebant ergo isti fidem, habebant & opera charitatis, quae nec laude poterant carere, nec merito: sed pro his virtutibus Apostolus gratias Deo agere non cessat, sciens a Patre luminum haec dona venisse; a quo se etiam petere protestatur, ut quibus dedit fidem, quae per dilectionem operatur, det Spiritum sapientiae & intellectus; (i) & inde se Ephesii noverint accepisse quod habebant, a quo discunt sperare quod non habent. Pro Philippensibus quoque similiter Deo gratias agit, & meritum eorum laudemque (k) non supprimit, dicens, *Gratias ago Deo meo in omni memoria vestri, semper in cunctis orationibus meis pro omnibus vobis cum gaudio deprecationem faciens*, (l) *super communicatione vestra in Evangelio, a prima die usque nunc: confidens hoc ipsum, quia qui coepit in vobis opus bonum, perficiet usque in diem Jesu Christi*. (m) Cujus hic humanae laudis ac meriti nunc in Deo causa suspensa est? Quid virtutis (n) aut pietatis exceptum est, quod non ex gratiae fonte profluxerit, ubi ab initio (o) usque ad finem, & inchoatio & perfectio boni operis Domino deputatur? Cui canitur de sanctis suis, *Domine, in lumine vultus tui ambulabunt, & in nomine tuo exultabunt tota die, & in justitia tua exaltabuntur: quoniam gloria virtutis eorum* (p) *tu es*.

Rom. 1. 8.

1. Cor. 1. 4.

Ephes. 1. 15.

Philip. 1. 3.

Ps. 88. 16. & 17.

CAPUT XVII.

Quantum Cassianus in supra refutatis adjuvet Pelagianos dicentes, Gratiam Dei secundum merita nostra dari; cujus tamen profanam opinionem arguit, in quo sibimetipsi contrarius esse convincitur. Salus enim modo, nisi ex fide esse non potest.

* Considerandum sane est in hac sententia tua, quorum adjuves eos qui dicunt, *Gratiam Dei secundum merita nostra dari*: quam (q) tamen, ut catholicae fidei defenderis umbraculo, profanae opinionis esse profiteris, dicens: *Nemo autem* (r) *existimet haec a nobis ob hoc fuisse prolata, ut nitamur asserere, summam salutis in nostrae fidei ditione consistere, secundum quorumdam profanam opinionem, qui totum libero arbitrio deputantes, gratiam Dei dispensari secundum meritum uniuscujusque definiunt*. Sed miror valde quemadmodum non vides, aut ab aliis admonitus non videris, quod ita ipsum tuo ore condemnes. Dicendo enim quod Centurio, *cujus fides Domini voce laudata est, nullius laudis esset ac meriti*, (s) *si id in eo quod ipse donaverat, praetulisset*: definisti Centurionem illum non donatam fidem habuisse, sed propriam; ac perinde nihil ejus principiis collatum fuisse per gratiam; in eadem autem fide causam fuisse & laudis & meriti, quorum neutrum haberet, si id, cui & laus debetur & meritum, Dominus contulisset. Frustra ergo, ut la-

* alias cap. 17. Cassiani dicta expendit & convincit.

Fides non sit ex fide.

(a) Ms. Remig. *audivimus*.
(b) Ms. Jol. *brachium suum*.
(c) Haec quae sequuntur non leguntur in Ms. Jol.
(d) Ms. Jol. *ut manifeste noverimus*.
(e) Edit. Mog. & Ven. *in quibus ea inveniuntur*, sed mendose, ut videtur.
(f) In edit. Lugd. & posterioribus deest, *eorum*. In Ms. Jol. ac Mog. & Ven. non legitur vox haec *Deo*.
(g) Ms. Jol. *abstulit laudem*.
(h) Ms. Jol. *in Christo Jesu*. Et infra *in agnitione ejus* habent cum Mss. Corb. & Remig. ubi editi omnes, *in agnitionem ejus*.
(i) Lugd. editio cum ea recentioribus, *ut inde ... quod habebant a quo discunt & sperare*.
(k) Ms. Jol. *non omittit*.
(l) Lugd. & posteriores, *super communicationem vestram*. Mog. & Ven. post pauca, *qui coepit in vobis opus, perficiet usque in diem Domini nostri Jesu Christi*.
(m) Ita Mss. Corb. Remig. & Jol. cum Mog. & Ven. edit. At Lugd. Lovan. Duac. & Colon. *Cujus humanae laudis ac meriti nunc hic causa suspensa est?*
(n) Ms. Jol. cum Lugd. & posterioribus, *ac pietatis*.
(o) Edit. Mog. & Ven. *usque in finem*.
(p) In Ms. Jol. additur hic sequentia, *Et in beneplacito tuo exaltabitur cornu nostrum*.
(q) Edit. Lugd. & posteriores omittunt, *tamen*.
(r) Ms. Jol. Ven. Lugd. & recentiores editi, *existimet*. Infra vero idem Ms. cum Mss. Corb. & Remig. & Mog. edit. *aestimat*, ubi ceteri codices, *existimet*, habent.
(s) Ms. Jol. *si id in eo Dominus*: ceteri, *Deus*: & paulo post idem Ms. *Centurionem ipsum*.

ut invidiam damnati erroris evadas, summam salutis ergas in fidei nostræ ditione consistere: cum omni modo salus (a) nisi ex fide esse non possit. *Justus enim ex fide vivit*. Quoniam Veritas dicit: *Amen, amen dico vobis, quoniam qui audit verbum meum, & credit in eum qui me misit, (b) habet vitam æternam, & in judicium non veniet, sed transibit de morte ad vitam*: Et iterum, *Hæc est voluntas Patris mei, ut omnis qui videt Filium & credit in eum, habeat vitam æternam; & ego resuscitabo eum in novissimo die*. Et iterum, (c) *Hæc est autem vita æterna, ut cognoscant te solum verum Deum, & quem misisti Jesum Christum*. Cum itaque huic fidei, quam ideo meritis & laudibus honorasti, (d) quia mavis eam inter liberi arbitrii bona, quam inter Dei dona numerari, æternam beatamque vitam constet (e) esse præparatam; quomodo hoc vulnus declinabis, (f) quo te ipsum confodis, pronuntiando eos profanos, qui gratiam dispensari secundum merita humana definiunt; & asserendo quod nec laudem condignam habere, nec meritum eos, qui ex dono gratiæ sint fideles? Quoquoversum ergo te conferas, a temetipso (g) & vinceris, & vincitis. Si enim gratiam merita non præcedunt, & fides non potest esse sine meritis; fides gratiam (h) non præcedit, & omni modo (i) ex gratia habetur, quidquid illud est, ex quo meritum nascitur, quod ante gratiam non habetur.

Rom. 1. 17. Habac. 2. 4. Joan. 5. 24.

Joan. 6. 40.

Joan. 17. 3.

CAPUT XVIII.

Cassianus inconvenientia miscere conatur, & fideles in duo genera dividit; quibus contraria accommodat. Definitio duodecima Cassiani: Deum in salutis negotio aliis esse salvatorem, aliis susceptorem tantum. Contra probat S. Prosper, Christum omnium qui salvantur esse salvatorem. Placita Cassiani de gratia & libero arbitrio horrescunt evangelicæ apostolicæque doctrinæ discipuli.

* UT igitur definitionum tuarum absurditas non sibi repugnare videatur, (k) inconvenientia miscere conaris, & unitatem membrorum corporis Christi in duobus generibus fidelium nova præsumptione constituis; in uno scilicet, ad quod pertinet illud, quod (l) in principio dixisti, *Non solum actuum, (m) sed etiam cogitationum bonorum ex Deo esse principium; qui & incipit quæ bona sunt, & exequitur, & consummat in nobis*: in alio autem, qui congruat regula illa, qua dicis, *Centurionem nec laudem ullam (n) habiturum fuisse, nec meritum, si id in eo Dominus, quod ipse donaverat, prætulisset*. Et licet totum disputationis tuæ textum ad has duas formulas, quæ nullo modo conformes possunt esse, produxeris; nunc tamen distinctius atque expressius quid volueris firmare, pronuntias, dicens: *Per hæc igitur exempla, quæ de Evangelicis protulimus (o) monumentis, evidentissime poterimus advertere, diversis atque innumeris modis, & inscrutabilibus viis, Deum salutem humani generis procurare: & quorumdam quidem volentium ac sitientium cursum ad majorem (p) incitare flagrantiam, quosdam vero etiam nolentes invitosque compellere: & nunc quidem, (q) ut impleantur ea, quæ utiliter a nobis desiderata conspexerit, adjuvare; nunc vero etiam ipsius sancti desiderii inspirare principia; & vel initium boni operis, vel perseverantiam (r) condonare. Inde est quod oramus, non solum protectorem (s) ac salvatorem, sed etiam adjutorem ac susceptorem Dominum proclamemus. In eo enim, quod prior advocat, & ignorantes nos, atque invitos attrahit ad salutem; protector atque salvator (t) est: in eo autem, quod adnitentibus nobis opem ferre, (u) refugientesque suscipere ac munire consuevit, susceptor ac refugium nominatur*.

Collat. 13. cap. 9.

Duodecimam Cassiani definitionem; Deum in salutis negotio aliis esse salvatorem, aliis tantum susceptorem.

2. Hac ergo (x) discretione præscripta erit, ut definis, in una Ecclesia ista diversitas, ut Dominus noster Jesus Christus, de quo dictum est, *Et vocabis nomen ejus Jesum: ipse enim salvum faciet populum suum a peccatis eorum*; & de quo dictum est, *Nec enim est aliud nomen sub cælo datum hominibus, in quo oporteat nos salvos fieri*; non omnium Christianorum, sed quorumdam salvator, quorumdam vero susceptor sit: ut hi tantum salvari quos ad (y) suscipiendam gratiam Deus aversos reluctan-

Omnium qui salvantur Christum salvatorem esse.

Matth. 1. 21.

Act. 4. 12.

* al. c. 41.

(a) Lugd. & posteriores, cum omnino: idem habet & Ms. Jol. qui subdit, *salus nonnisi ex fide esse possit*.

(b) Edit. Mog. & Ven. *habet vitam, & in judicium non venit, sed transiit de morte in vitam*. Ms. Jol. ut supra: at *sed transiet*, &c. habet pro *transibit*, & *in vitam*. Ms. Remig. *sed transiit*.

(c) Ms. Jol. *Hæc est enim*. Ms. Corb. *Hæc est autem*: & paulo post Mss. Corb. & Remig. *& ego resuscitabo eum*. Cæteri codices ut in textu.

(d) Ms. Jol. *Ac mavis*.

(e) Editiones Lugd. Lovan. Duac. & Colon. *esse paratam*.

(f) Lugd. edit. *quod ipse cogis*.

(g) Ms. Remig. *& vinceris*. Editiones Mog. & Ven. omittunt hæc, *& vinceris*. Lugd. & recentiores, *& vinceris & vincetis*.

(h) Editi Mog. & Ven. *non præcedit*.

(i) Ms. Remig. *per gratiam habetur*. Ms. Jol. cum Mog. & Ven. edit. *pro gratia habetur*. Idem Ms. Jol. deinde, *ex quorum merito nascitur*, & postea Mog. & Ven. *quod ante gratiam non habet*.

(k) Ms. Remig. *inconvenientiam*.

(l) Editi Lugd. & alio recentiores, *quod inter principia*.

(m) Ms. Jol. *verum etiam*.

(n) Edit. Lov. Duac. & Colon. *habiturum esse*.

(o) Ms. Jol. *monimentis*.

(p) Ms. Jol. *excitare*.

(q) Edit. Mogunt. & Ven. omittunt hæc, *ut implerentur*.

(r) Mss. Corbejensis, & Remig. *donare*, cæteri codices *condonare*.

(s) In Mss. Remig. & Jol. item in editionibus Mog. Ven. & Lugd. non leguntur hæc verba, *ac salvatorem*, neque ista, *adjutorem ac*.

(t) Lovan. Duac. & Colon. addunt hic pronomen, *noster*.

(u) Ms. Jol. cum Mog. & Ven. *fugientesque*.

(x) Mss. Remig. & Jol. Edit. Mog. & Ven. *præscriptione*.

(y) Lugd. & posteriores, *ad percipiendam*: & paulo post, pro *aversos*. Mss. Corb. Remig. & Jol. cum Mog. & Ven. habent, *adversos*.

Plurimosque compulerit; hi autem suscepti sint, qui vocationem spontanei cursus fervore (a) praevenerint: & illis quidem conferatur (b) gratuitum donum, istis vero debitum praemium rependatur. Illi nullius sint laudis ac meriti, qui nihil boni habeant, nisi quod acceperint; istis autem & gloria abundet, & remuneratione ditescant, qui propria facultate devoti, quod non acceperant, obtulerunt: atque ita Jesus Christus alios (c) liberatos invenerit, alios liberarit; & non ad omnes pertineat (d) quod ait, *Non vos me elegistis, sed ego elegi vos*; si sunt a quibus, cum eos non elegisset, electus est: non ad omnes pertineat, (e) *Nemo potest venire ad me, nisi datum fuerit ei a Patre meo*; si sunt, qui non dante Patre, ad Filium venire potuerunt: non ad omnes pertineat, quod ait Evangelista, *Erat lumen verum, quod illuminat omnem hominem venientem in hunc mundum*; si sunt, qui aut ita in hunc mundum venerunt, ut non essent tenebrae; aut ita lux esse coeperunt, ut illuminatione veri luminis (f) non egerent: nec de omnibus adoptatis accipiendum sit, quod ait Apostolus, *Qui eruit nos de potestate tenebrarum, & transtulit in regnum Filii dilectionis suae*: si quidem ipsi (g) rumpant vincula sua, & jugo veteris captivitatis excusso, a dominatione diaboli, in regnum Dei libera alacritate transcurrant. Haec si possunt intra unam Ecclesiam praedicari, ut neutra opinio alteri cedat, sed invicem sibi utraque succumbat; possit fieri ut recipiamus quod Pelagiani tenent, & Pelagiani recipiant quod tenemus. Sed hoc modo non tam illi Catholici, quam nos erimus (quod absit) Pelagiani. Contrariorum enim permixtio meliorum defectio est: quia cum virtus vitium recipit, non a vitio, sed a virtute disceditur.

3. Nullo igitur modo Christiana corda suscipiunt, quod persuadere conaris, eos qui gratia Dei sunt quod sunt, nec laudem ullam habere, nec meritum; & ab eo, qui venit salvare quod perierat, partem Christianorum salvatam, partem vero esse susceptam: quoniam discipuli evangelicae apostolicaeque doctrinae, non alta sapientes, sed humilibus consentientes, (h) insaniam istam superbae elationis horrescunt. In toto quippe Ecclesiae corpore, atque in singulis membris, quod mortuum erat, vivificatum est; quod captivum erat, redemptum est; quod caecum erat, illuminatum est; quod perierat, quaesitum est; (i) quod errabat, inventum est. Nec secundum novam (k) istam partitionem, aliorum salvator, aliorum susceptor; sed omnium usquequaque fidelium & salvator, & susceptor est Christus. Nec merito (l) ac laude privantur, qui unde aeterna bona merentur accipiunt: tantoque beatiores fiunt, quanto pauciora habuerint, quae ipsorum sunt, & quanto plura, quae Dei sunt. Non enim conturbat nos superbientium inepta querimonia, (m) qua liberum arbitrium causantur auferri, si & principia, & profectus, & perseverantia in bonis usque in finem Dei dona esse dicantur. Quoniam (n) OPITULATIONES DIVINAE GRATIAE, STABILIMENTA SUNT VOLUNTATIS HUMANAE. Volentes oramus: & tamen misit Deus (o) Spiritum in corda nostra clamantem, Abba, Pater. Volentes loquimur: & tamen, si pium est quod loquimur, non sumus nos loquentes, sed Spiritus Patris nostri, qui loquitur in nobis. Volentes operamur salutem nostram: & tamen (p) id ipsum velle atque operari Deus est qui operatur in nobis. Volentes diligimus Deum, & proximum: (q) & tamen *charitas ex Deo est, diffusa in cordibus nostris per Spiritum sanctum, qui datus est nobis*. Hoc de fide, hoc de tolerantia passionum, hoc de pudicitia conjugali, hoc de continentia virginali, omnibusque virtutibus sine exceptione profitemur; (r) quod nisi donatae essent nobis, non invenirentur in nobis: (s) & quod liberum arbitrium naturaliter homini inditum, maneat in natura; sed qualitate & conditione mutata per Mediatorem Dei & hominum, hominem Christum Jesum: qui ipsam voluntatem ab eo quod perverse volebat, avertit, & in id quod ei bonum esset velle, convertit; ut delectatione affecta, fide mundata, (t) spe erecta, charitate accensa; liberalem susciperet servitutem, & servilem (u) abjiceret libertatem.

Joan. 15. 16.
Ibid. 6. 44.
Ibid. 1. 9.
Coloss. 1. 13.
[illegible]
Galat. 4. 6.
Matth. 10. 20.
Philipp. 2. 13.
1. Joan. 4. 7.
Rom. 5. 5.

(a) Ms. Jol. cum Mog. & Ven. praevenerunt.
(b) Edit. Colon. gratiarum donum.
(c) Ita Mss. Corb. & Remig. & Jol. At Lugd. habent, liberos.
(d) Edit. Mog. & Ven. qui ait.
(e) Sic Mss. Corb. Remig. & Jol. nec non Mog. & Ven. At Lugd. cum posterioribus, Nemo venit ad me.
(f) Edit. Mog. & Ven. Non egeant.
(g) Lugd. & posteriores rumpunt.... transferunt. Ms. Jol. rumperunt.... transcurrerunt.
(h) Edit. Lugd. & posteriores, insaniam superbae elationis ubique hoc loco istam.
(i) Lugd. & recentiores, quod erraverat.
(k) Edit. Lugd. & posteriores, non habent, istam.
(l) Ms. Remigianus Remensis, nec laude.
(m) Ms. Jol. qua liberum... causatur auferri. Lugd. & posteriores, quia liberum.... causantur auferri.
(n) Edit. Colon. opitulationis divinae gratiae.
(o) Ms. Jol. Spiritum suum.
(p) Lugd. & posteriores, ipsum velle &c. Mog. & Ven. idipsum velle atque operari Dei est, qui operatur in nobis.
(q) Mss. Remig. & Jol. sed tamen. Idem Ms. Jol. a Deo est diffusa &c.
(r) Mss. Jolian. & Remig. quae nisi donata essent nobis.
(s) Ms. Remig. eo quod. Ms. Jol. Non quod liberum arbitrium.... non maneat.
(t) Ms. Remig. cum Mog. & Ven. spe recta.
(u) Lugd. editio cum posterioribus, abjiceret: omnibus aliis, abjiceret libertatem.

CAPUT XIX.

Recapitulat S. Prosper duodecim Cassiani definitiones: ut pateat facilius, quid de gratia senserint qui gratiæ defensoribus obloquebantur, & pacem Ecclesiæ, resumptis de Pelagianorum schola quæstionibus, inquietabant.

* coll. 13 cap. 20. * (a) EX his igitur definitionibus, quas hactenus, quasdam (b) prætermittendo, discussimus, non obscurum (c) atque ambiguum est, (d) quid de gratia Dei sentiant, qui sincerissimis ejus defensoribus obloquuntur, & pacem victricis Ecclesiæ, resumptis de damnatorum schola quæstiunculis, inquietant: quas si, ut audivimus, retexamus, fiet sermonis nostri immoderata prolixitas: cum ex his (e) quæ de ipsorum stilo innotuerunt, facile pius Lector intelligat, ad quæ præcipitia perveniatur his callibus, (f) & in illam latentiorum rivorum cœnosam originem, cujus voraginis humor exsudat. Necessarium sane (g) æstimo, ante conclusionem voluminis, ea quæ ostendimus non congruere (h) catholicæ veritati, breviter conjunctimque digerere; ut quæ, interjectis responsionibus nostris, (i) possint recordationem legentis effugere, facilius simul decursa recolantur.

Prima ergo definitione dictum est:

Non solum actuum, verum etiam cogitationum bonarum ex Deo esse (k) principium: qui nobis & initia sanctæ voluntatis inspirat, & virtutem atque opportunitatem eorum quæ recte cupimus, tribuit peragendi. Omne enim datum optimum, & omne (l) donum perfectum desursum est, descendens a Patre luminum: qui & incipit quæ bona sunt, & exsequitur, & consummat in nobis.

Quod & nos (m) valde amplectimur, catholicumque esse profitemur.

Secunda definitione dictum est:

Adest igitur inseparabiliter nobis divina protectio; tantaque est erga creaturam suam pietas Creatoris, ut non solum comitetur eam, sed etiam præcedat jugiter providentia: quam experiens Propheta confitetur, dicens, Deus meus, misericordia ejus præveniet me. Qui cum in nobis ortum quemdam bonæ voluntatis inspexerit; illuminat eam atque confortat, & incitat ad salutem, incrementum tribuens ei, quam vel ipse plantavit, vel nostro conatu viderit emersisse. Ps. 58. 11.

Jam hic a præmissa definitione disceditur; & quod totum gratiæ datum fuerat, ex parte nunc libero arbitrio deputatur.

Tertia definitione dictum est:

Nisi quod in his omnibus, & gratia Dei, & libertas (n) declaratur arbitrii, quo etiam suis interdum motibus homo ad virtutum appetitum possit extendi, semper vero a Domino (o) indigeat adjuvari. Nec enim cum voluerit quis sanitate perfruitur, aut de ægritudinis morbo pro arbitrii sui desiderio liberatur.

Quasi medicus noster (p) non etiam hoc donet morbidis, ut & veram desiderent sanitatem.

Quarta definitione dictum est:

Ut autem evidentius clareat, etiam per naturæ bonum, quod beneficio Creatoris indultum est, nonnunquam bonarum voluntatum prodire principia, quæ tamen nisi a Domino dirigantur, (q) ad consummationem virtutum pervenire non possunt; Apostolus testis est, dicens, Velle enim adjacet mihi, perficere autem bonum non invenio. Rom. 7. 18.

Quasi Apostolus ex naturali affectu, & non ex gratiæ dono bonam haberet voluntatem, qui profitetur ex Deo sibi esse sufficientiam etiam cogitandi. 2. Cor. 3. 5.

Quinta definitione dictum est:

Et ita sunt hæc quodam modo indiscrete permixta atque confusa, ut quid ex quo pendeat, inter multos magna quæstione volvatur: id est, utrum quia initium bonæ voluntatis præbuerimus, misereatur nostri (r) Deus, an quia Deus mise-

---

(a) Sic legitur in MSS. Corb. & Remig. nec non in Mog. & Ven. MS. Jol. *Restat igitur ex definitionibus*. Lugd. editio cum aliis recentioribus, *Referentes igitur definitionibus*.

(b) MS. Jol. *prætermittendo*, omisso, *quasdam*. Edit. Colon. *prætermittendo*.

(c) Ita MSS. Corb. Remig. & Jol. cum Mog. & Ven. Lugd. vero & posteriores, *atque ambiguum est*.

(d) MSS. Corb. & Remig. cum edit. Mogunt. & Ven. *quid de gratia disputant*.

(e) MSS. Corb. Remig. & Jol. *quæ de ipsorum stilo*, (id est scripto,) *innotuerunt*. Jol. solus habet, *ex his*, pro *de his*. Ita quoque edd. Mog. & Ven. Lugd. autem cum aliis posterioribus, *quæ ipsorum schola innotuerunt*.

(f) MS. Jol. *& in istis latentiorum rivorum cœnosa mulagine*. (forte pro *uligine*) *cujus voraginis humor exsudat*. Concinit alter Lugd. pro *uligine*, *mulligine* habens: & mox pro, *his callibus*, vel, ut alii, *bisse callibus*, præfert, *busar callibus*.

(g) Lugd. & recentiores, *existimo*.

(h) MS. Jol. omittit hanc vocem, *catholicæ*.

(i) Ita MS. Jol. At MSS. Corb. & Remig. Mog. & Ven. *possint*.... *facilius decursa*. Lugd. cum recentioribus, *possunt recordationem legentium effugere, facilius, simul recursa*.

(k) MS. Jol. *principia*.

(l) Edit. Colon. *datum perfectum*.

(m) Deest *valde* in Lugd. & posterioribus: qui habent deinde *confitemur*, loco *profitemur*. MS. Jol. *catholicum esse, esse confitemur*.

(n) Lugd. Lov. Duac. & Col. hic addiderunt, *nostri*.

(o) MS. Jol. cum Mog. & Ven. *quia etiam*.... *indigere adjuvari*. Mog. & Ven. *indigeat adjuvari*.

(p) Lugd. & posteriores, *non jam etiam*.... *ut velint*. MSS. Corb. Remig. & Jol. Mogunt. & Ven. edit. omittunt *jam*, & habent, *&*.

(q) MS. Jol. *ad perfectionem virtutum*; idemque post aliquot verba, *Velle adjacet mihi, perficere autem bonum non*. Ubi MSS. Corb. & Remig. Mogunt. & Ven. editi, *non possum* habent, pro, *non invenio*. Iidem editi omittunt particulam, *enim* post *velle*.

(r) Lugd. & recentiores, *Dominus*, aut pro *Deus misereatur*.

misereatur, consequamur bonæ voluntatis initium. Multi enim singula hæc credentes, et justo amplius asserentes, variis sibique contrariis sunt erroribus involuti. Si enim dixerimus, nostrum esse bonæ principium voluntatis, quid fuit in persecutore Paulo? quid in publicano Matthæo; quorum unus cruori ac suppliciis innocentium, alius violentiis ac rapinis publicis incumbens (a) attrahitur ad salutem. Sin vero gratiæ (b) Dei semper inspirari bonæ voluntatis principia dixerimus, quid de Zacchæi fide? quid de illius in cruce Latronis pietate dicemus? qui desiderio suo vim quamdam regnis cœlestibus inferentes, specialia vocationis monita prævenerunt.

In errore esse dicitur & is, qui ex gratia nasci bonam asserit voluntatem, & is qui dicit, gratiam ex bona voluntate pendere: & tamen utraque sententia suscipienda (c) decernitur, dum unius in Paulo & Matthæo, alterius in Zacchæo & Latrone forma præfigitur.

Sexta definitione dictum est:

Hæc ergo duo, id est, gratia vel liberum arbitrium, sibi quidem invicem videntur adversa; sed utraque concordant, & (d) utraque nos pariter debere suscipere pietatis ratione colligimus: ne unum horum homini subtrahentes, ecclesiasticæ fidei regulam excessisse videamur.

Quasi ita utrumque recipiendum sit, ut in aliis (e) hominibus voluntas gratiam, in aliis gratia præveniat voluntatem: & non ita ut in omnibus voluntas gratiam subsequatur. Quoniam secundum ipsos, si aufertur liberum arbitrium, cum gratia prævenitur, aufertur (f) gratia, cum libero arbitrio prævenitur.

Septima definitione dictum est:

Concepit ergo Adam post prævaricationem, quam non habuerat, scientiam mali: boni vero, quam acceperat, scientiam non amisit.

Cum utrumque sit falsum: quia & a quanto malo (g) Adam cavere deberet, Deo monente prædidicit; & in quanto bono esset constitutus, dum diabolo credidit, oblitus est. Sicut autem pessima scientia mali est, (h) malum esse; ita pessima ignorantia boni est, bonum non esse.

Octava definitione dictum est:

Unde cavendum nobis est, ne ita ad Deum omnia sanctorum merita referamus, ut nihil nisi id quod malum est, humanæ adscribamus naturæ.

Quasi natura ante gratiam non sit in damnatione, non sit in cæcitate, non sit in voluntate; aut non gratis justificati sint, quorum (i) inde sunt merita, unde justitia.

Nona definitione dictum est:

Dubitari ergo non potest, inesse quidem omni animæ naturaliter virtutum semina, beneficio Creatoris inserta: sed nisi hæc opitulatione Dei fuerint excitata, ad incrementum perfectionis non poterunt pervenire.

Quasi de spiritalibus (k) bonis nihil Adam prævaricando perdiderit; & virtus non ut habeatur danda, sed ut (l) facilius perfectionem apprehendat, horranda sit.

Decima definitione dictum est:

Quod etiam in Job probatissimo athleta suo, cum eum diabolus expetiisset ad singulare certamen, divinam legimus providisse justitiam. Si enim contra inimicum, non sua virtute, sed Dei solius fuisset gratia protegente congressus, & absque ulla virtute patientiæ suæ, divina tantum opitulatione suffultus, multiplices illas, ac tota inimici crudelitate quæsitas, tentationum moles & cruciatus pertulisset; quomodo non illum calumniosum diabolus, quam prius emiserat vocem, adversus eum justius iterasset: Numquid Job gratis (m) colit Deum? Nonne tu vallasti eum (n) ac domum ejus, & universam substantiam ejus per circuitum? Sed (o) aufer manum tuam, id est, sine eum suis mecum viribus decertare, nisi (p) in faciem tuam benedixerit tibi. Sed cum nullam hujuscemodi querimoniam calumniosus hostis post conflictum (q) audeat iterare; non Dei, sed illius se victum viribus confitetur. Licet etiam gratia Dei non in totum illi defuisse credenda sit, quæ tantam tentatori (r) tentandi tribuit potestatem, quantam & illum resistendi noverat habere virtutem.

(s) Si Deus scivit tantummodo quid Job posset, non etiam donavit ut posset; testis patientiæ ejus, non auxiliator fuit. Et in quo erit necessarium gratiæ adjutorium, si humanis solis viribus tanta illa est parta victoria?

 Ita-

(a) Lugd. & posteriores, *trahitur*.
(b) Vox hæc *Dei* abest a Lugd. editione & illa posterioribus. In MS. Remig. *per gratiam*.
(c) MS. Jol. pro *decernitur*, habet hic, *dicitur*.
(d) Edit. Lugd. & posteriores, *utrumque*. MS. Jol. supra, *vel gratia, vel liberum arbitrium*.
(e) MS. Jol. caret hac voce, *hominibus*.
(f) Lugd. & recentiores, *a gratia*: & infra, *a libero arbitrio*.
(g) MS. Jol. non habet hanc vocem *Adam*. Mog. & Ven. *dum diabolo credit*, pro *credidit*.
(h) MS. Jol. *malum atque perversum est*.
(i) Edit. Lugd. & posteriores, *inde sint merita*.
(k) Hic *bonis* restituimus ex MS. Corb. Remig. & Jol. nec non ex Mog. & Ven. editis.
(l) MS. Joliand. caret hoc adverbio, *facilius*.
(m) Edit. Lugd. cum recentioribus, *colit Deum*.
(n) Hæc verba *ac domum ejus*, quæ hic leguntur in edit. Colon. & supra capite 14. omittuntur hoc loci in MSS. Corb. Remig. & Jol. & ceteris editionibus.
(o) MS. Jol. *aufer ab eo manum tuam*.
(p) MS. Joliand. *in faciem*, absque pronomine, *tuam*.
(q) Lugdun. & posteriores, *ausus iterare*.
(r) Vocem hanc *tentandi*, non habent Lugd. & posteriores.
(s) Editi recentiores, *Si ipse Deus scivit tantummodo quid Job posset .... si humanis solum viribus*. MS. Joliand. *scivit tantum*. Cetera cum MS. aliis duobus, & Mogunt. & Ven. habent Colon. legimus, *non et donavit*.

Undecima definitione dictum est de Centurionis fide:

(a) *Miratur eum Dominus atque collaudat, cunctisque illis qui ex Israelis populo crediderant, praefert, dicens, Amen dico vobis, non inveni tantam fidem in Israel. Nullius enim laudis esset ac meriti, si id in eo Dominus, quod ipse donaverat, praetulisset.*

Impius sensus, qui putat beatiorem esse hominem, cui Deus nihil dederit, quam cui universa contulerit.

Duodecima definitione dictum est:

Inde est, quod oramus, non solum protectorem, sed etiam susceptorem Dominum proclamamus. In eo enim quod prior advenit, & ignorantes nos atque invitos adtrahit ad salutem, protector atque salvator est: in eo autem, quod adnitentibus nobis opem ferre, refugientesque suscipere, ac munire consuevit, susceptor, ac refugium nominatur.

Huic sententiae is potest praebere consensum, qui se a Christo non vult esse salvatum.

CAPUT XX.

Errores in Cassiani definitionibus contenti summatim colliguntur.

[illegible]

* His itaque definitionibus hoc docetur, hoc scribitur, hoc edictis disputationibus praedicatur: Quod Adam peccante, anima ejus ipsa non perit, sanamque in eo manserit, unde peccavit: Si quidem scientiam boni quam acceperat, non amiserit; (b) nec potuerint posteri ejus id perdere, cujus damnum nec ille pertulerit. Insitae autem omni animae naturaliter virtutum semina beneficio Creatoris inferta, ut possit qui voluerit, profectu naturali Dei gratiam praevenire, & adjutorium ejus, quo facilius ad perfectionem perveniat, promereri: Quia nullius sit laudis ac meriti, qui donatis bonis, non propriis adornatur. Cavendum quoque esse, ne ita ad Deum omnia sanctorum merita referamus: quasi per se nihil boni posse agere ipsa humana natura: cum tanta sit virium ejus integritas; ut contra ipsum diabolum, saevitiamque eius usque ad extrema supplicia, sine auxilio Dei valeat dimicare. Hanc autem possibilitatem (c) in omnibus esse hominibus naturalem, sed non omnes (d) ingeneratis sibi uti velle virtutibus. Tantam autem circa universos homines bonitatem esse Creatoris, ut alii ab eo quia sponte veniunt, suscipiantur laudati; alii (e) quia resistunt, attrahantur inviti: (f) atque ideo volentium susceptor, nolentium vero salvator sit. Et cum pars Ecclesiae ex gratia, pars autem ex libero justificetur arbitrio; gloriosiores sint, quos natura provexerit, quam quos gratia liberavit: quia ad omne opus bonum tam libera sit voluntas in Adae posteris, quam (g) in Adam fuerit ante peccatum.

CAPUT XXI.

Redit ad susceptam initio defensionem Augustini, quem praecipue Semipelagiani impetebant, eadem in illum jaculantes, quae olim Pelagiani, & Julianus maxime. Illos ergo iisdem armis impugnandos, quibus Pelagiani victi sunt, auctoritate scilicet Ecclesiae: cum Augustini adversarios damnationi Pelagianorum praestiterit Innocentius; eosdemque damnaverint Palaestina Synodus, Africana Concilia, Zosimus, Bonifacius, & Caelestinus. Quorumdam adversus Caelestini testimonium cavillatio refellitur. Augustini doctrina ejusdem temporis ubique demonstratur. Votum Sancti Prosperi, ut Xistus Pontifex occultos gratiae inimicos repellat.

* EN cujus dogmatis sunt magistri, qui, ut catholicarum mentium callitatem, (h) gratiae defensoribus calumniando corrumpant, praecipuum nostro tempore in doctrina ecclesiastica virum rabido ore (i) discerpunt, creduntque se omnia auctoritatum munimina posse convellere, si hanc pastoralis speculae validissimam turrim crebra Pelagiani arietis illisione pulsaverint. *Firmum* quidem *fundamentum Dei stat*: sed contrahunt illi non desunt partibus suis. Dignum quippe est, ut quorum sequuntur sententiam, imitentur infamiam. Nec enim possunt alia dicere, quam quae damnatorum querelis, & (k) procacissimi Juliani sunt vulgata conviciis. Paria sunt unius seminis germina, & quod latebat in radicibus, manifestatur in fructibus. Non ergo cum istis nova acie dimicandum est; nec quasi contra ignotos hostes specialia sunt ineunda certamina. Tunc illorum machinae fractae sunt, tunc in superbiae (l) suae sociis ac principibus corruerunt, quando beatae memoriae Innocentius nefandi erroris capita apostolico mucrone percussit: quando Pelagium ad profitendam in se suosque sententiam, Palaestinorum Episcoporum Synodus (m) coartavit: quando Africanorum Conciliorum decretis beatae recordationis Papa Zosimus sententiae suae robur adnexuit, & ad impiorum detruncationem gladio Petri dexteram omnium armavit antistitum: quando sanctae memoriae Papa Bonifacius piissimorum Imperatorum catholica devotione gaudebat, & contra inimicos gratiae Dei non solum apostolicis, sed etiam regiis utebatur edictis;

[illegible]

2. Tim. 2. 19.

Augustini adversarios damnationi Pelagianorum praestitit Innocentius. Palaestina Synodus. Africana Concilia. Zosimus.

Bonifacius.

(a) Editio Colon. *Miratur enim.*
(b) Aliqui codices, *nec potuerunt.*
(c) Mss. Jol. *omnibus semper hominibus.*
(d) Mss. Remig. & Jol. *ingenitis sibi.*
(e) Ms. Remig. *quia resistunt.*
(f) Ms. Remig. *atque adeo*, &c. Mox post pauca, *ubi cum pars Ecclesiae.*
(g) Lugd. & posteriores *quam in Adam fuit.*

(h) Mog. & Ven. *gratiae defensores calumniando.*
(i) Mss. Corb. & Remig. Mog. & Ven. edit. *rumpunt.*
(k) Edit. Lugdun. & posteriores, *procacissimi.*
(l) Particulam hanc *suae*, ex Mss. Corb. Remig. & Jol. nec non ex Mog. & Ven. edit. hujc loco restituimus.
(m) Mogunt. & Ven. editiones, *coluerunt est.*

ctis; & quando idem, cum esset doctissimus, adversus libros tacitos Pelagianorum beati Augustini Episcopi responsa poscebat.

Cælestinus. 2. Unde & venerabilis memoriæ Pontifex Cælestinus, cui ad catholicæ Ecclesiæ præsidium multa Dominus gratiæ suæ dona largitus est, sciens damnatis non examen judicii, sed solum (a) pœnitentiæ remedium esse præstandum: Cælestium, quasi non discusso negotio audientiam postulantem, totius Italiæ finibus jussit extrudi: (b) adeo & prædecessorum suorum statuta, & decreta synodalia inviolabiliter servanda censebat, ut quod semel meruerat abscindi, nequaquam admitteret retractari. Nec vero segniore cura ab hoc eodem morbo Britannias liberavit, quando quosdam inimicos gratiæ solum suæ originis occupantes, etiam ab illo secreto exclusit Oceani, & ordinato Scotis Episcopo,

* scilicet Palladio. * dum Romanam insulam studet servare catholicam, fecit etiam barbaram Christianam. Per hunc virum etiam Orientales Ecclesiæ gemina peste purgatæ sunt, quando Cyrillo Alexandrinæ urbis antistiti, gloriosissimo fidei Catholicæ defensori (c) ad exsecandam Nestorianam impietatem, Apostolico auxiliatus est gladio, quo etiam Pelagiani, dum cognatis confœderantur erroribus, iterum prosternerentur. * Per hunc virum intra Gallias istis ipsis, qui sanctæ memoriæ Augustini scripta reprehendunt, (d) maleloquentiæ est adempta libertas: quando (e) consulentium actione suscepta, & librorum, qui errantibus displicebant, pietate laudata, quid oporteret de eorum auctoritate sentiri, sancto manifestavit eloquio, evidenter pronuntians, quantum sibi præsumptionis istius novitas displiceret, qua auderent quidam adversum antiquos magistros insolenter insurgere, & indisciplinata calumnia prædicationi veritatis obstrepere: „(f) AUGUSTINUM, inquiens, „sanctæ recordationis virum, pro vita sua atque pro meritis, in nostra semper (g) communione habuimus; nec umquam hunc sinistræ suspicionis saltem rumor adspersit; quem tantæ scientiæ olim fuisse meminimus, ut inter magistros optimos etiam a meis semper (h) decessoribus haberetur. Bene ergo de eo omnes in commune senserunt; utpote qui ubique cunctis & amori fuerit, & honori".

3. Contra istam clarissimæ laudationis tubam, contra istam sacratissimi testimonii dignitatem, audet quisquam malignæ interpretationis murmur emittere, & perspicuæ sinceritatisque serenitatis nubem obliquæ ambiguitatis obtendere! ut scilicet quia in epistola Papæ librorum, pro quibus actum est, non expressus est titulus, hinc eos appareat non probatos, & illam (i) in sanctum Augustinum laudationem, (k) pro anteriorum scriptorum meritis fuisse collatam. Maneat plane, maneat ista conditio, ut * horum librorum novitas repudiata videatur, si in eadem caussa (l) ejusdem viri dissentit antiquitas; & (m) aut inutile aut incongruum judicetur, quod ab his quæ contra Pelagianos condidit, dissonans invenitur. Ut itaque omittamus ea volumina, in quibus ab exordio episcopatus sui, multo prius quam impugnatores gratiæ exsurgerent, pro gratia disputavit: legantur tres ad Marcellinum 1. ipsius libri. Ad sanctum Paulinum Nolanum (n) Episcopum 2. epistola retractetur. (o) Ad beatissimum quoque Apostolicæ sedis tunc presbyterum Xistum, nunc vero Pontificem 3. emissæ paginæ recurrantur. Ad sanctum 4. Pinianum, ad 5. Valerium comitem, ad servos Christi Timasium & Jacobum 6. distinctim edita volumina revolvantur. Sex libri priores contra Julianum 7. unus ad sanctum Aurelium (p) Carthaginis Episcopum 8. de gestis Palæstinis: alius ad Paulum & Eutropium sacerdotes, 9. contra Pelagii & Cælestii quæstiones: & ad beatæ memoriæ Papam Bonifacium (q) quatuor volumina 10. recenseantur. (r) Et si in his omnibus operibus, multisque aliis, quæ enumerare longum est, idem doctrinæ spiritus, eadem prædicationis forma præfulsit; agnoscant calumniatores, superfluo se objicere, quod his libris non speciale neque discretum testimonium sit perhibitum, quorum in cunctis voluminibus norma laudatur. Apostolica enim (s) sedes, quod a præcognitis probat, & quod judicio jungit, laude non dividit. Qui ergo hos proxime (t) editos libros refutant, anterioribus acquiescant, & iis quæ pro gratia Christiana prius

sunt

(a) Mss. Corb. & Jol. editiones Mogunt. & Ven. *sententia remedium*: & in sequente versu, *non discussi negotii*. Ms. Remig. *non discussi ingressi*. Lugd. editio, *non examen judicii solum, sed pœnitentiæ remedium esse præstandum*.

(b) Lugd. editio, *ab eo & prædecessorum suorum*, &c.

(c) Ms. Remig. & Mog. edit. *ad excusandam*. Male omnino. Melius vero Mss. Corb. & Jol. cum Lugd. & Lov. *ad excidendam*, aut Duac. & Colon. *ad exstirpandam*, aut denique edit. Ven. *ad exstirpandam*.

(d) Ms. Remig. *male eloquentiæ*.

(e) Lugd. & illo posteriores, *consultantium*.

(f) Ms. Jol. *Ait enim, Augustinum*.

(g) Sola editio Ven. *communicatione*.

(h) Lugd. & eo posteriores, *prædecessoribus*; & infra, *fuerant*.

(i) Ms. Jol. *sancto Augustino*.

(k) Sola Lugd. editio, *pro anteriorum meritis*, sed quid hæc sibi velint hic loci, non facile dixerim.

(l) Edit. Mog. & Ven. obscure & confuse, *ejusdem viri Isis frustis, non sentiat antiquitas*.

(m) Ms. Jol. cum Lugd. & posterioribus, *& ad inutile*.

(n) Ms. Jol. non habet, *Episcopum*.

(o) Ms. Jol. *Ad beatum quoque sedis Apostolicæ Sixtum*. *Sixtum* scribunt Mss. Corb. Remig. & Jol. *Xystum* vero editi omnes. Sic scribi magis placet viro doctissimo: tum quia sic scribi solebat a veteribus, tum quia Sixti nomen quod usu invaluit, nec Græce nec Latine quidquam significet.

(p) Lugd. & posteriores, *Carthaginiensem*, sive *Carthaginensem*.

(q) Lugd. editio & recentiores, *libri quatuor explicentur*.

(r) Edit. Lugd. cum illis posterioribus, *At sic*. Lovan. Duac. & Colon. *in omnibus operibus*. Colon. deinde omittit, *aliis*: plurimaque commate significant ante *agnoscant*.

(s) Editio Colon. habet, *fides*.

(t) Vox hæc, *editos*, deest in Lugd. & illo recentioribus.

sunt scripta, consentiant. Sed (a) non faciunt: sciunt enim omnia (b) Pelagianis esse contraria, & nihil sibi posse competere ad consequentiam resolutionem, si constituantur in praecedentibus considere veritatem.

* alias cap. 21.

* 4. Igitur hujusmodi hominum pravitati, non tam disputationum studio, quam auctoritatum privilegio resistendum est; (c) ut de prostrati dudum dogmatis corpore nullum membrum sinatur assurgere. Quia notum est ita falsitatis illius (d) haberi versutias, ut si senserit, praeventa correctionis imagine aliquos sibi fabi faventium radicis suae germen excipere, totam se velit ex sui parte minima reparare. Ubi enim non aliud habet summa quam portio, non est devotionis dedisse prope totum, sed fraudis (e) retinuisse vel minimum. Quod ne hypocritarum obtineatur insidiis, confidimus (f) Domini protectione praestandum, ut quod operatus est in Innocentio, Zosimo, Bonifacio, Caelestino, operetur in (g) Xisto: & in custodia Dominici gregis haec sit pars gloriae huic (h) reservata pastori, ut sicut illi lupos (i) abigere manifestos, ita hic depellat occultos: illo auribus suis doctissimi senis insonante sermone, quo collaborantem secum hortatus est, dicens: „(k) Sunt enim quidam qui justissime damnatas impietates adhuc liberius defendendas putant: & sunt qui occultius penetrant domos; & quod in aperto clamare jam metuunt, in secreto seminare non quiescunt. Sunt autem qui omnino siluerunt, magno timore compressi, sed adhuc corde retinentes, quod ore jam proferre non audent: qui tamen esse fratribus possunt ex priore ipsius dogmatis defensione notissimi. Proinde alii severius (l) coercendi, alii vigilantius (m) vestigandi; alii tractandi quidem lenius, sed non segnius sunt docendi: ut si non timentur, ne perdant, non tamen negligantur, ne pereant".

Vide Leonis epistolam ad [illegible] cap. 1. & 2. [illegible]

August. Epist. [illegible] ad [illegible]

CAPUT XXII.

Conclusio operis. Etsi Augustini reprehensores satis sint convicti; tamen tolerandi sunt, nec de correctione eorum desperandum est. Interim amandi quidem semper, sed vitandi: Deusque orandus, ut in omnibus nostris primas teneat.

SUfficienter, ut arbitror, demonstratum est, reprehensores sancti Augustini & vana objicere, & recta impugnare, & prava defendere; peremptorumque armis haereticorum bellum moventes, (n) dictis divinis, atque humanis constitutionibus rebellare. Quorum tamen, dum adhuc non sunt a fraterna societate divisi, toleranda magis est intentio, quam desperanda correctio: ut donec Dominus per Ecclesiae principes, & legitimos judiciorum suorum ministros, haec quae per paucorum superbiam, & quorumdam imperitiam sunt turbata, componat; nobis Deo adjuvante sit studium, (o) quieta modestaque patientia odiis dilectionem reddere, & imperiorum vitare conflictum, veritatem non deserere, nec cum falsitate certare; semperque a Deo petere, ut in omnibus cogitationibus, in omnibus voluntatibus, in omnibus sermonibus atque actionibus nostris, ipse teneat primatum, qui dixit se esse principium. *Quoniam ex ipso, & per ipsum, & in ipso sunt omnia: ipsi gloria in saecula*, (p) *Amen* (q). Joan. 8. 25. Rom. 11. 36.

(a) Ms. Jol. non faciant.

(b) Lugd. & posteriores, *Pelagiano sibi esse contraria*. Emendavimus ex Corb. Remig. & Jol. MSS. & edit. Mog. & Ven.

(c) Lugd. editio, *ut prostrati dudum corporis inimica, in corpore nullum membrum sinant assurgere*.

(d) Locum alius obscurum, cui lux ex aliis codicibus nostris non accedebat, sic emendavimus auctoritate Ms. Jol. MSS. Corb. & Remig. cum edit. Mog. & Ven. *ita falsitatis istius haberi versutias, ut si ei liceat praeventa correctionis imagine, aliquod sibi faventium radicis suae germen excipere, totam se posse in exigua sui parte reparare*. At Lugd. & eo posteriores, *ita se falsitatis istius habere versutias, ut si ei liceat praeventa correctionis imagine, aliquod sibi faventium radicis suae germen excipere, totam se posse in exigua sui parte reparare*.

(e) Ms. Jol. cum Mog. & Ven. *restituisse*. Melius, *retinuisse*, ut alii codices.

(f) MSS. tres ut supra, *in Sixto*. Xistus vero sive Sixtus Caelestino successit anno Christi 432. die 26. Aprilis.

(g) MSS. Corb. & Remig. *servata*. Alii omnes, *reservata*.

(h) Ms. Jol. *ejicere, … expellat*. Edit. Mogunt. & Ven. *abjicere*.

(i) Edit. Lugd. & ea recentiores, *Sunt enim quidam justissime damnati, qui impietatem adhuc liberius defendendam putant*.

(k) Ms. Jol. *impietates*.

(l) Lugd. & posteriores, *sunt coercendi*.

(m) Ita MSS. Corb. Remig. & Joliens. cum edit. Mog. & Ven. & Epistola ipsa August. At Lugd. & recentiores, *investigandi, … ut si non timeant ne perdant*.

(n) Ms. Jol. *divinis atque humanis constitutionibus*.

(o) Haec verba, *quieta modestaque patientia* absunt a Ms. Jol.

(p) MSS. Corb. & Remig. omittunt hic *saeculorum*, juxta lectionem loci Apostolici, ad quem respicere videtur S. Prosper. Caeteri codices habent: *in saecula saeculorum. Amen*.

(q) In vetere Corb. exemplari subjicitur: *Explicit liber sancti Prosperi contra librum Abbatis cujusdam Cassiani, qui praenotatur, de Protectione Dei; sive adversus dogma Pelagii, & Coelestii, infandi dogmatis repertores ac defensores, & inimicos gratiae Dei & Domini Nostri Jesu Christi, & defensorum sanctorum Romanorum Episcoporum & sancti Episcopi Augustini, asserens veritatem de libris ejus contra supra dictos, haereticos. Deo gratias*. Ms. vero Jol. habet. *Explicit liber Prosperi contra librum Cassiani Presbyteri qui praenotatur De Protectione Dei*. Editiones denique Mog. & Ven. *Finis libri Sancti Prosperi adversus librum Joannis Cassiani Monachi, quem de Protectione Dei Cassianus ipse inscripsit*.

A D-

ADMONITIO
IN SANCTI PROSPERI
Psalmorum a Centesimo usque ad CL. expositionem.

DE Psalmorum Davidicorum excellentia non est nostrum hic aliquid præfari. Hunc enim Scripturæ sacræ librum præ omnibus aliis SS. Patres, & laudibus extulerunt, & enarrationibus sermonibusve ad populum habitis, rudiorum intellectui accommodatum esse curaverunt. Sufficiat hic locum sancti Ambrosii in præfatione Psalmorum loquentis legentium oculis subjicere. „ Licet omnis Scriptura divina Dei gratiam spiret (inquit sanctus Antistes Mediolanensis;) præcipue tamen dulcis psalmorum liber: quandoquidem ipse Moyses qui plano gesta majorum sermone descripsit, ubi tamen per mare rubrum populum patrum memorabili admiratione transduxit, demersum aspiciens regem Pharaonem cum suis copiis, in majora ingenium attollens suum (quia majora viribus suis fuerat assecutus,) canticum Domino cecinit triumphale.... Delectatur igitur cantico Deus non solum laudari, sed etiam reconciliari..... At vero David principaliter a Domino ad hoc munus electus est, ut quod in aliis rarum præeminere reliquo opere videtur, in hoc juge & continuum refulgeret.... Historia instruit, lex docet, prophetia annuntiat, correptio castigat, moralitas suadet: in libro Psalmorum profectus est omnium, & medicina quædam salutis humanæ.... In Psalmis itaque nobis non solum nascitur Jesus; sed etiam salutarem illam suscipit corporis passionem, quiescit, resurgit, ascendit ad cælum, sedet ad dexteram Patris. Id quod nemo præsumpserat hominum dicere, hoc solus hic Propheta annuntiavit, postea Dominus in Evangelio prædicavit.... Psalmus benedictio populi est, Dei laus, plebis laudatio, plausus omnium, sermo universorum, vox Ecclesiæ, fidei canora confessio, auctoritatis plena devotio, libertatis lætitia, clamor jucunditatis, lætitiæ resultatio. Ab iracundia mitigat, a sollicitudine abdicat, a mœrore allevat. Nocturna arma, diurna magisteria, scutum in timore, festum in sanctitate, imago tranquillitatis, pignus pacis atque concordiæ, citharæ modo ex diversis & disparibus vocibus unam exprimens cantilenam. Diei ortus psalmum resultat, psalmum resonat occasus. Mulieres Apostolus in Ecclesia tacere jubet, psalmum etiam bene clamant: hic omni dulcis ætati, hic utrique aptus est sexui.... Magnum plane unitatis vinculum, in unum chorum totius numerum plebis coire! Dispares citharæ nervi sunt, sed una symphonia. In paucissimis chordis sæpe errant digiti artificis: sed in populo Spiritus artifex nescit errare. Psalmus nocturni operis commercium, diurnæ requiei stipendium, institutio incipientium, perfectorum confirmatio, Angelorum ministerium, militia cælestis, hostia spiritalis. Psalmum & saxa respondent: psalmus canitur, & ipsa etiam saxosa pectora molliuntur. Videmus flere praeduros, flecti immisericordes. Certat in psalmo doctrina cum gratia simul. Cantatur ad delectationem, discitur ad eruditionem.... Quid est quod non tibi occurrat psalmos legenti.... Quid igitur psalmus, nisi virtutum est organum, quod sancti Spiritus plectro pangens Propheta venerabilis, cælestis sonitus fecit in terris dulcedinem resultare? &c. Augustinus vero in libro 17. de Civitate Dei cap. 14. de Psalmorum scriptore sacro disserens ait: Erat autem David vir in canticis eruditus, qui harmoniam musicam non vulgari voluptate, sed fideli voluntate dilexerit, eaque Deo suo, qui verus est Deus, mystica rei magnæ figuratione servierit. Diversorum enim sonorum rationabilis moderatusque concentus concordi varietate compactam bene ordinatæ civitatis insinuat unitatem. Denique omnis fere prophetia ejus in Psalmis est. Quorum etiam

S. Ambr. Præf. in Ps. 1. num. 4.

N 4 salu-

salutarem spiritalemque efficaciam, proprio experimento edoctus testatur in libro 9. Confessionum capite 4. „ Quas tibi, Deus meus, (ait) voces dedi cum legerem „ Psalmos David, cantica fidelia, & sonos pietatis excludentes turgidum spiri„ tum, rudis in germano amore tuo.... Quas tibi voces dabam in Psalmis il„ lis, & quomodo in te inflammabar ex eis, & accendebar eos recitare si pos„ sem toto orbe terrarum, adversus typhum generis humani? Et tamen toto or„ be cantantur, & non est qui se abscondat a calore tuo &c.". Et Enarratione

Num. 4. 4. in Psalmum 30. rem conficit paucis, cum dicit circumstanti & auscultanti se populo: „ Si orat Psalmus, orate; & si gemit, gemite; & si gratulatur, „ gaudete; & si sperat, sperate; & si timet, timete. Omnia enim quæ hic con„ scripta sunt, speculum nostrum sunt". Hæc pauca ex multis. Quæ certe attendens sanctus Prosper, & hunc inter omnes Augustini in Psalmos librum in compendiosum quemdam indiculum redigens, suo & fratrum qui sua legissent profectui promovendo inserviit.

Cur autem quod in unum & quinquaginta postremos psalmos, hoc idem & in ceteros omnes non præstiterit, non facile est conjicere. Aut enim id totum forte præstiterat, nec operis ejus ad nos nisi tertia pars, ex temporum injuria potuit pervenire; vel certe eodem modo erga scribendos libros affectus, quo ceteri sancti Patres & Ecclesiæ Magistri, nullum ad opus umquam, nisi charitate imperante, aut necessitate urgente, se accingens, non vero ulla conciliandæ sibi famæ intentione ductus, hos solum, quos certa aliqua, Deo procurante providenteque, nata occasio suggesserat, stilo prosecutus facile creditur.

Priori conjecturæ favet re vera, quod de Psalmo centesimo septimo, nihil se scripturum monent: Psalmus centesimus septimus (ait ibi) prætermissus est: quia in postremis quinquagesimi sexti, & in quinquagesimi noni videtur expositus. Unde consequens esse nemo dubitet, in citatos psalmos scriptam ab ipso nonnullam expositionem.

Cum autem in Psalmum centesimum quadragesimum quartum differendo, expresse impugnet errorem illum qui duplicem in Christo Jesu personam fingebat, de quo nihil omnino in eadem Augustini Enarratione legitur: patet id ab eo dictum, propter natam jam, immo & damnatam heresim Nestorii. Quo fundamento nixi id operis Prosperiani anno citius 434. assignavimus. Hoc in libro facile animadvertas eloquentiam illam validam & concisam, qua ut charactere proprio Prosper dignoscitur: observesque sanctum nostrum non in sola circa gratiam Christi doctrina tradenda, sed etiam in aliis omnibus Magni Augustini se exhibuisse discipulum.

Quo in opere legendo, ne idem quod de sententiarum breviarum libro dicturi sumus contingat, ut scilicet ex brevitate locorum quorumdam, nonnullis supersit obscuritatis querela; & quia plerisque in locis quidem ipsa verba Augustini nihil mutando descripsit, in aliis autem voces diversas substituens, sensus dumtaxat sanctissimi sui Magistri secutus videtur: ideo nos lectorum commodo consulentes, ex quibus opus esse videbatur, loca fusius ex Augustini ipsius Enarrationibus legenda in Appendicis nostræ secunda parte exhibebimus: apposita in margine sequentis operis nota, Vide, quæ locum ibi exhibitum indicabit.

SAN-

SANCTI PROSPERI AQUITANI
PSALMORUM A CENTESIMO USQUE AD CL.
* EXPOSITIO.

* Invenio ut videtur, pro quod ... [illegible]

PSALMUS C.

v. 1. *Misericordiam & judicium cantabo tibi Domine.*

PSALMUS iste (a) de primo versu toto intelligendus est corpore, & confitendum Deo, quoniam universæ viæ ejus misericordia & veritas: ut qualibet se nostris cogitationibus (b) de rerum veritate ingerant causæ, non in aliquam moveamur querelam; sed misericordiam & judicium Domino, pia confessione cantemus. Ad resolvendas enim universas quæstiones, quas contra providentiam Dei exercere audet mundi hujus stulta sapientia, invictissima est ratio, per quam intelligitur, inter præsentis vitæ inæqualitates, nec a justitia Dei misericordiam, nec a misericordia abesse justitiam; donec peractis temporalibus, justo judicio fiant utraque perpetua, cum pro qualitate gestorum dextros gloria, sinistros pœna susceperit.

v. 2. *Psallam, & intelligam in via immaculata, quando venies ad me.*

In hac, inquit, confessione boni intellectus ero; & per immaculatam conversationis meæ viam ad me venire te sentiam. Cum enim sine te bonus esse non possim, si recta sunt quæ ago, te mihi inesse non dubito.

Deambulabam in innocentia cordis mei, in medio domus meæ.

Innocentia vera est, quæ nec sibi, nec alteri nocet. Quoniam *qui diligit iniquitatem, odit animam suam.* Deambulare in latitudine animæ suæ, id est, in habitaculo cordis sui, non potest, quem angustat reatus, & vitæ illicitæ actionis accusat. Pia autem & impolluta conscientia liberis intra se vehitur spatiis, & quæ integros habet suæ ædificationis recessus, in apertum non evagatur alienum.

v. 3. *Non proponebam ante oculos meos rem malam.*

Ante oculos habemus quæ diliguntur, & in quibus delectatur animus, in his moratur aspectus. A re ergo mala oculos avertere, est quidquid Deo displicet, non amare.

Facientes prævaricationes odio habui.

Diligendi sunt (c) homines, ut odio habeantur prævaricationes: quia aliud est amare quod facti sunt, aliud odisse quod faciunt.

v. 4. *Non adhæsit mihi cor pravum: declinantem a me malignum non agnoscebam.*

Pravo, inquit, cordi consensum non præbui; & ab immaculata via declinantem malignum non cognoscebam, hoc est, propter dissimilitudinem non probabam.

v. 5. *Detrahentem proximo suo occulte, hunc persequebar.*

Bona persecutio, quæ non hominem, sed peccatum hominis insectatur.

Superbo oculo & insatiabili corde, cum hoc simul non edebam.

Superbia fomes invidiæ est, quæ numquam nisi maligna est, & malis non satiatur alienis. Cum his igitur, qui tali delectabantur veneno, non convescebar: quia cibum iniquitatis ipsorum, quo incessabiliter replebantur, horrebam. *Beati enim qui esuriunt justitiam: quoniam saturabuntur.*

v. 6. *Oculi mei super fideles terræ, ut simul considerent hi mecum.*

Vox Domini dicentis imitatoribus suis, *Sedebitis super duodecim thronos, judicantes duodecim tribus Israel.*

Ambulans in via immaculata, hic mihi ministrabat.

Mihi, ait, non sibi: multi enim non sinceri prædicatores Evangelii sibi ministrant, sua quærentes, non quæ Jesu Christi.

v. 7. *Non habitavit in medio domus meæ faciens superbiam.*

Non habitavit in corde justi, quæ est domus ejus, injustus; quia semper a se dissimilitudo longinqua est.

Loquens iniqua non direxit in conspectu oculorum meorum.

Iniquorum iter non est directum: & diversum longe est ab illa via, cui oculi Domini præsident, & per quam ad suos venit.

v. 8. *In matutino interficiebam omnes peccatores terræ: ut disperderem de civitate Domini omnes operantes iniquitatem.*

Diem judicii sui denuntiat Dominus, qui loquitur in Propheta: quoniam secundum veritatem in principio Psalmi dictum est, *Misericordiam & judicium cantabo tibi Domine.* Nam quia

(a) Id est, ut ait Augustinus in capite Enarrationis suæ in brevi quædam Psalmum, *Psalmus iste commendat quod habet in primo versu, hoc in toto corpore quærere debemus.*

(b) Ita quidem editi omnes nostri: scilicet Lugd. Lovan. Duac. & Colon. Tamen legendum suspicamur, *de rerum veritate.* Deficientibus autem hisce codicibus nihil immutavimus; licet conjecturam nostram firmet quod post pauca dicitur, *inter præsentis vitæ inæqualitates.*

(c) Editio Colon. *diligendi sunt omnes.* Alia, *homines.*

quia tempus hujus sæculi tempus est noctis, & ignorantiæ, & tribulationis, nec cuiquam patet in quem finem sit quisque venturus: dat locum pœnitentiæ misericordia Dei, & diversis modis agit, ut proficiant justi, ut erigantur lapsi, ut convertantur aversi. Sed hæc patientia, manente adhuc nocte, præstatur.
1. Cor. 4. 5. Ubi autem illuxerit dies, & omnia occulta fuerint revelata, discretis impiis a societate justorum; non ultra parcetur malis, sed interficientur omnes peccatores terræ: in illo mane, quo declarabitur quid quisque meretur.

PSALMUS CI.

℣. 1. PSalmi hujus titulus est, *Oratio pauperis cum angeretur, & in conspectu Domini* (a) *effundit precem suam*. Ille ergo pauper Christus est, qui formam servi accipiens, nostra indutus
1. Tim. 2. 5. est paupertate: & cum sit mediator Dei & hominum, homo Christus Jesus, idem est in humilitate corporis, qui est in gloria Patris, ut quorum suscepit naturam, exequatur & causam.

℣. 2. *Exaudi Domine orationem meam, & clamor meus ad te perveniat.*

Ibid. ℣. 3. *Ne avertas faciem tuam a me: in quacumque die tribulor, inclina ad me aurem tuam.*

QUod est, *Exaudi orationem meam*; hoc idem est, *& clamor meus ad te perveniat*. Sed geminata petitio ostendit pœnitentis affectum. *Ne avertas* autem *faciem tuam a me*, dicit pro humilitate membrorum. Nam quando Pater a Filio, quando Deus (b) avertetur a Christo? Et ideo petit se in quacumque die tribularetur, exaudiri: quia pietas capitis cum omni corporis portione compatitur; & labor omnium, qui & locis & temporibus variatur, numquam sine illo est, qui omnium miseretur.

Ib. *In quacumque die invocavero te, velociter exaudi me.*

Cito obtinentur, quæ bono desiderio postulantur: nec differuntur preces, quæ hoc petunt, quod vult ille qui petitur. Velox itaque exauditio est, cum ipsa primitus exauditur oratio; nec tardis auxilium, qui dedit votum.

℣. 4. *Quia defecerunt sicut fumus dies mei.*

Dies primi hominis, quem suscepit secundus, fumo in sua elatione deficienti aptissime comparantur. Et quia nemo in novitatem Christi, nisi ex Adæ vetustate transfertur, gemit in his quos reparat ipse reparator.

Ibid. ℣. 4. *Et ossa mea sicut in frixorio confrixa sunt.*

Ossa dicuntur hi, qui sunt in Christi corpore fortiores, quorum firmitate omnium compago membrorum munitur; dicente ossa fortissimo
2. Cor. 11. 29. Paulo, *Quis scandalizatur, & ego non uror?*

℣. 5. *Percussum est sicut fœnum, & aruit* (c) *cor meum.*

Omne humanum genus in Adam, a quo est universalis propago, percussum est: & de illius vulnere gemunt, qui spe salvantur in Christo, non sine miseriis mortalitatis inde contractæ. Rom. 5. 14.

Quoniam oblitus sum manducare panem meum. Ibid. ℣. 5.

Acceperat primus homo panem verbi in lege mandati: sed vetitum cibum sumens, panis illius de quo vivebat, oblitus est: & ob hoc, sicut percussum fœnum, cor ejus exaruit. Modo ergo reviviscat, & edat panem quem fuerat oblitus, qui jam in corpore est dicentis, *Ego sum panis vivus, qui de cælo descendi.* Joan. 6. 51.

A voce gemitus mei adhæserunt ossa mea carni meæ. ℣. 6.

A voce, inquit, *gemitus mei*, non a voce gemitus illorum, de quibus gemo quod non recte gemunt, quod carnalia cupiunt, quod corporalia concupiscunt. Sed quia non desunt validiora membra, quæ curam habeant infirmorum, nec ab affectu capitis discrepant; voce gemitus mei exudaverunt ossa, id est, fortiora corporis; ut adhærerent carni meæ, id est, infirmioribus meis, secundum quod scriptum est, *Debemus enim nos firmi infirmitatem infirmorum portare.* Rom. 15. 1.

Similis factus sum pelicano solitudinis, factus sum sicut nycticorax in parietinis. ℣. 7.

Vigilavi & factus sum sicut passer singularis in tecto. ℣. 8.

Omnis strenuus & devotus Evangelii prædicator, his tribus, quæ commemoratæ sunt, avibus comparabilis invenitur; secundum earum formam, quibus verbum veritatis adnuntiat. Si enim infidelibus loquitur, in solitudine est, tamquam pelicanus, nec fastidit deserta & incolit: quia etiam in talibus facit sibi Spiritus-Sanctus habitaculum. Si autem his prædicat, qui acceptam gratiam perdiderunt, fit quodammodo nycticorax in parietinis, non deserens eos qui corruunt, ut ædificii bene fundati & stabilitatem recipiant & decorem. Si vero eos cohortatur, qui cum videantur fideles, tepidi tamen sunt atque carnales; fit sub tecto positis, id est, sub carnis infirmitate viventibus, quidam passer, increpans eos atque incitans, ut in tecto sint potius quam sub tecto, hoc est, ut subjectam sibi carnem habeant, non ut ipsi ei subjiciantur. *Qui enim in tecto est, non descendat tollere aliquid de domo: & quod in aure* Matth. 24. 17. *auditis, prædicate super tecta.* Sed harum affectionum sedulitatem nemo magis quam Domi- Matth. 10. 27. nus Jesus Christus, voluntarius pauper, exequitur: qui veniens peccatores salvos facere, omnium labores infirmitatesque suscepit. Quia 2. Cor. 5. 19. *Deus erat in Christo mundum reconcilians sibi*: ut & solitudo Gentilis acciperet notitiam veritatis; & obcæcatis Judæis, ac sua prævaricatione ruinosis, & lux, & stabilitas præstaretur: dum ille qui tenebrarum illuminator est, per Apostolum dicit, *Fuistis aliquando tenebræ, nunc* Ephes. 5. 8. *autem lux in Domino.* Idem vero a tenebris, quas dilexit, occisus vigilavit, id est, surrexit; & factus est sicut passer singularis in tecto, id est,

(a) Apud Augustinum legitur, *effudit*.
(b) Editio Colon. *avertitur*. Lugd. Lov. Duac. *avertetur*.

(c) Hæc verba, *cor meum* exciderant ab edit. Duac. & Colon. leguntur in Lugdun. & Lovan. & in Augustino.

Joan. 3. 13. 1. Cor. 15. 20. Coloss. 1. 18. Apoc. 1. 5. est, in cælo, quo adhuc nemo ascendit, nisi qui de cælo descendit, qui est *primitiæ dormientium, & primogenitus ex mortuis.*

V. 9. *Tota die exprobrabant mihi inimici mei, & qui laudabant me, adversum me jurabant.*

Ea significantur, quæ in tempore passionis gesta sunt. Exprobratur Domino, quod qui alios salvat, seipsum supplicio eruere non possit;
Matth. 27. 42. & qui fuerant falsi laudatores, in occisione ipsius conspirabant.

V. 10. *Quoniam cinerem sicut panem manducabam: & potum meum cum lacrymis miscebam.*

Ostenditur sacramentum misericordiæ Salvatoris, qui etiam eos membra sua facit, quibus talis congruit medicina; & personæ suæ eorum copulat caussam, in quibus se cinerem dicit sicut panem manducasse, & potum cum lacrymis miscuisse: quod quidem infideles opprobrio deputant, dicentes spem remissionis fomitem esse peccandi.

V. 11. *A facie iræ tuæ, & indignationis tuæ, quoniam elevans allisisti me.*

Ipsa est ira, quam Adam meruit, & in qua omnes nati sumus: secundum quam dicit Apostolus,
Ephes. 2. 3. *Eramus natura filii iræ, sicut & ceteri*, non ex conditione Dei, sed ex judicio. Et ideo *natura* filii iræ dicimur, quia ira ipsis nostris principiis insedit, ut ab illa præter Dominum nostrum Jesum Christum, nullius hominis natura sit libera. Elevatus est autem homo, quia rationalis & ad imaginem Dei factus est: elisus vero est, quia suæ dignitatis oblitus est; sicut scriptum est, *Homo cum in honore esset,*
Psal. 48. 13. & 21. *non intellexit, comparatus est jumentis insipientibus.*

V. 12. *Dies mei sicut umbra declinaverunt, & ego sicut fœnum arui.*

Recessi ab æterno die per peccatum, & in dies transitorios decidi per judicium: & quia sicut fœnum arui, per eum qui inter mortuos liber est, spe salvus fio. *Sicut enim in Adam*
1. Cor. 15. 22. *omnes moriuntur, ita & in Christo omnes vivificabuntur.*

V. 13. *Tu autem Domine in æternum permanes, & memoriale tuum (a) in generatione & generationem.*

Temporalem, inquit, servas æternus: non enim quia cecidi, (b) tu sensisti: qui eras ad me humiliandum, ipse es ad me liberandum, & promissionum tuarum non oblivisceris.

V. 14. *Tu exsurgens misereberis Sion: quia tempus ut miserearis ejus.*

Gal. 4. 4. & 5. Quod tempus, nisi de quo dicitur, *Cum autem venit plenitudo temporis, misit Deus Filium suum factum ex muliere, factum sub lege, ut eos qui sub lege erant redimeret?*

V. 15. *Quoniam beneplacitum habuerunt servi tui lapides ejus, & pulveris ejus miserebuntur.*

In Sion multi sunt lapides, & plerique sunt pulvis. In lapidibus gaudium sanctorum est, in pulvere miseratio. De Sion sancti Patriarchæ, sancti Apostoli, & prædicatores Evangelii: hi omnes lapides electi, & probati; ceteri autem, qui istis non sunt connexi, pulvis sunt, quos auferet ventus a facie terræ; nisi agnoscant se, & dicant, *Memento Domine, quod pulvis sumus.* Psal. 1. 4. Psal. 102. 14.

Et timebunt gentes nomen tuum, Domine, & omnes reges terræ gloriam tuam. V. 16.

Hoc fundamento posito in Sion, & hac misericordia pulveri ejus impensa, veniet etiam de gentibus alius paries, qui angulari lapidi copuletur, & duo in uno condantur, qui facit utraque unum. Ephes. 2. 14.

Quoniam ædificavit Dominus Sion, & videbitur in gloria sua. V. 17.

Crescit quotidie Ecclesia in templum Dei, & ab ipso capite totum corpus exstruitur. Et Matth. 25. 31. apparebit Jesus Christus in gloria sua, cum venerit judicare mundum, a dextris & sinistris alios assumpturus in regnum, alios in supplicium detrusurus.

Respexit in orationem humilium Dominus, & non sprevit precem eorum. V. 18.

Hæc est ædificatio Sion, & structura ejus. Sic vivi lapides instituuntur: quia ad compagem decoris ejus, non nisi per humilitatem & orationem, per gemitus & lacrymas pervenitur: ne perfecta & dedicata domo, frustra pulset, (c) qui serus advenerit.

Scribantur hæc in generatione altera: & populus qui creabitur, laudabit Dominum. V. 19.

Scribuntur hæc in veteri Testamento per prophetiam pertinentem ad novi Testamenti generationem, hoc est, ad populum qui creandus erat in Christo, de quo Apostolus dicit, *Si qua igitur in Christo nova creatura, vetera transierunt, ecce facta sunt (d) nova. Omnia autem ex Deo:* hoc est, vetera & nova: quoniam per unam fidem uterque populus accepit justificationem. 2. Cor. 5. 17. & 18.

Quoniam prospexit ex alto sancto suo, Dominus de cælo in terram prospexit. V. 20.

Ut audiret gemitus compeditorum, ut solveret filios mortificatorum. V. 21.

Prospiciente in terram Deo, hoc est, misericordiam suam hominibus tribuente, tam fortia facta sunt vincula charitatis, ut ea non potuerit vincere violentia persecutionis. Per timorem enim Dei superaverunt Martyres timorem mundi; & compedes fidei continuerunt eos ab excessu transgressionis: qui labor perseverantiæ transiit in libertatem gloriæ: ut gemitus verterentur in gaudia, & compedes in coronas. Solvuntur autem etiam filii mortificatorum, id est, Martyrum, qui eadem instrumenti fide, sæcularium cupiditatum vinculis liberati possunt dicere, *Dirupisti vincula mea, tibi sacrificabo hostiam laudis.* Psal. 115. 16. & 17.

(*a*) Apud Augustinum *in generationem & generationem.*

(*b*) Colon. editio, *tu tremuisti.* Melius Lugd. Lov. & Duac. & in Augustino, *tu sensisti.*

(*c*) Rectius haberetur, ni fallimur, *qui serius advenerit*, & si *serus* scribatur in Lugd. Lov. Duac. & Colon. Nam locum Augustini respicere videtur nom. 18. dicentis, *Dei facto ædificio, & dedicata domo, quid currit, sero quæsiturus, inaniter petiturus, frustra pulsaturus, foris remansurus cum quinque virginibus fatuis?*

(*d*) Apud Augustinum legitur, *omnia nova:* ut in textu Apostolico tam Græco quam Latino.

V. 22. *Ut annuntient in Sion nomen Domini, & laus ejus in Jerusalem.*

Ut solutis vinculis peccatorum, libera charitas serviat Deo, & laus Domini multiplicetur in Sion, id est, in specula, quæ est Ecclesia, quæ non præsentia diligens, sed futura prospiciens, in spe promissionum lætatur.

V. 23. *In conveniendo populos in unum, & reges, ut serviant Domino.*

Factum est sanguine Martyrum & gemitibus compeditorum, ut exauditis illis qui erant in gemitibus & pressura, hanc nostris temporibus haberet Ecclesia libertatem, qua omnium gentium populi in fidei coirent unitatem, & regna quæ persequebantur Christianos, jugo Christi subjecta sint.

V. 24. *Respondit ei in via fortitudinis suæ.*

Sive Sion, sive Jerusalem, quæ est Ecclesia, in qua laus Domini celebratur, respondit ei, quem per fidem laudat, per spem, per charitatem. Nam vocationi ejus respondere, est credere atque obedire, & in præceptis ipsius ambulare. *In via fortitudinis*: quia ab ipso est ut perseveretur inter omnes illecebras & labores.

Ibid. V. 24. *Exiguitatem dierum meorum adnuntia mihi.*

Exiguum est omne quod finitur & transit: vita enim temporalis in comparatione æternitatis exigua est: cujus dies ideo sibi (a) annuntiari Ecclesia postulat, ut noverit se usque in finem sæculi esse mansuram, donec veniant illi dies, qui nec numerum poterunt habere, (b) nec terminum.

V. 25. *Ne revoces me in dimidium dierum meorum.*

Non imminuantur, inquit, dies mei, quos-
Rom. 11, 25. que in consummationem sæculi spopondisti; donec plenitudo gentium intraret, & omnis Israel salvus fiat.

Ibid. V. 25. *In generatione & generationem anni tui.*

Ab initio usque ad consummationem sanctos Dei diversa sæcula, alios & alios protulerunt: quorum justificatio non est nisi in Christo, per quem omnium generationum una generatio est, quam Deus æternitatis facit esse participem: ut
1. Cor. 15, 28. absque commutatione sit omnia in omnibus.

V. 26. *Principio Domine terram fundasti, & opera manuum tuarum sunt cæli.*

V. 27. *Ipsi peribunt, tu autem permanes: & omnes sicut vestimentum veterascent.*

Ibid. V. 27. *Et sicut opertorium mutabis eos, & mutabuntur:*

V. 28. *Tu idem ipse es, & anni tui non deficient.*

Hebr. 1, 11. Vera æternitas, & vera immortalitas non est, nisi in Deitate Trinitatis, cui quod est esse, perpetuum est: & neque per initium, neque per incrementum, neque per defectum ullam recipit mutabilitatem. Creaturæ autem, etiam illæ quibus æternitatem Creator dedit, vel daturus est, non penitus carebunt fine, dum illis finis est ipsa in augmentum facta mutatio. Et terra ergo, quam tu Domine fundasti, & cæli, qui opera sunt manuum tuarum, sicut vestimentum & opertorium veterascent & peribunt: non ut non sint, sed ut aliter sint; renovatione scilicet substantiæ, non defectione naturæ. *Tu autem idem ipse es*, nec ab alio in aliud transis: quia tu es qui vere es, & qui in gloria tua nec minor potes esse, nec major; dans filiis servorum tuorum, ut ad non deficientes annos tuos valeant pervenire.

Filii servorum tuorum inhabitabunt, & semen eorum in sæculum dirigetur. V. 29.

Filii servorum Dei, sunt filii justorum, filii Patriarcharum, Prophetarum, Apostolorum, & Martyrum; filii postremo totius Ecclesiæ, quæ Ephes. 5, 23.
corpus est Christi, & quæ mater est omnium Gal. 4, 26.
patrum, omniumque filiorum. Illi ergo in æternitate amorum Dei habitabunt, & semen eorum in æternum dirigetur. Semen autem eorum recte intelligitur, opus justitiæ ipsorum, quod debet unumquemque præcedere: quoniam sterilem & infructuosum illa æternitatis beatitudo non recipit.

PSALMUS CII.

Benedic anima mea Dominum: & omnia interiora mea nomen sanctum ejus. V. 1.

TOta Ecclesia cum suo capite, quod est Ephes. 5, 31.
Christus, unus est homo: cujus proprium officium est in omni tempore benedicere Dominum, seque in laudem ejus, quem ex tota virtute sua diligit, cohortari. *Interiora* autem ejus sunt ratio intelligentiæ, spes fidei, humilitas timoris, fortitudo charitatis; & si quæ sunt aliæ affectiones, quibus mens in admirationem sui auctoris erigitur.

Benedic anima mea Dominum: & noli oblivisci omnes retributiones ejus. V. 2.

Iterata cohortatio docet, numquam a Dei benedictione cessandum. Erit autem perseverans benedictio, si retributionum ejus nulla umquam subrepat oblivio: Quæ retributiones non secundum merita humana sunt factæ. Nam damnatio peccatoribus debebatur; sed gratia persolita est malis, & salus perditis. Quoniam *filius ho-* Luc. 19, 10.
minis venit quærere, & salvare quod perierat: Luc. 5, 32.
& *non venit vocare justos, sed peccatores.* Benedicendus ergo est, qui non solum non plectit malos; sed etiam bona pro malis reddit, & bonos facit.

Qui propitius (c) fit omnibus iniquitatibus tuis, qui sanat omnes languores tuos. V. 3.

Qui redemit de corruptione vitam tuam, qui coronat te in miseratione & misericordia. V. 4.

Qui satiat in bonis desiderium tuum: renovabitur sicut aquilæ juventus tua. V. 5.

Enumeratio retributionum Dei ostendit per quos gradus gratiæ anima humana salvetur. *Qui propitius fit*, inquit, *omnibus iniquitatibus tuis.*

(a) Sic recusum legimus in recentioribus codicibus, cum editiones veteres quamquam illæ jam sæpe citata habeant, *adnunciare*: minus congrue, ut videtur. Augustinus enim enarrat. 2. in hunc eumdem Psalmum num. 9. dicit, *Quærit a Deo (Ecclesia) ut exiguitatem dierum suorum annuntiet sibi.*

(b) Editi omnes in margine indicant aliter legi in aliis libris, scilicet, *nec terminari*.

(c) Omnes editiones, *propitius fuit*. At in explicatione paulo post, *propitius fit*, forte utroque loco pro, *propitiatur fit*; ut apud Augustinum legitur. Ubi infra, *Qui redimit*, pro eo quod codices nostri habent *redemit*, recentioribus exceptis.

tuis. Non sic, Omnibus virtutibus tuis: quæ utique nostræ essent, nisi fieret remissio peccatorum. Quæ ne rursus exurgant, *Sanat*, inquit, *omnes languores tuos*. Qui autem sunt isti *languores*, nisi concupiscentiæ mala, desideria carnalia, & morbi omnium vanitatum? De qua *corruptione* redimitur vita infirmorum: quia corpus mortis nostræ corpus factum est ipsius vitæ, ut coronaret nos *in miseratione & misericordia*: sicut scriptum est, *Miserebor cui misertus ero*; *& misericordiam præstabo, cui misericordiam præstitero*: ut intelligamus, per eamdem misericordiam dari coronam meritorum, per quam data sunt merita coronarum. Deinde additur, *Qui satiat in bonis desiderium tuum*. His enim curationibus perducta est anima ad desideria bona, ut spretis & abjectis carnalibus, atque terrenis, spiritalia, & cælestia concupiscat: quoniam *Beati qui esuriunt justitiam, quia ipsi saturabuntur*. *Renovabitur ergo sicut aquilæ juventus tua*; hoc est, a vetustate in novitatem, & in juventam a senectute mutaberis: ad similitudinem aquilæ, quæ depositis alis rostroque mutato, in novas vires redivivo vigore juvenescit.

Rom. 9. 15.

Matth. 5. 6.

v. 6. *Faciens misericordias Dominus, & judicium his qui injuriam accipiunt.*

Novit Dominus, quantis hac vita servi ipsius laboribus injuriisque subjecti sunt; sed vult eos esse mites, esse patientes; quia sicut misericors est ad liberandum, ita etiam justus ad judicandum. Dicens enim omnibus injuriam accipientibus, *Mihi vindictam, & ego retribuam*, non deerit opem qui denuntiat ultionem. Facit ergo Dominus misericordiam, facit & judicium. Sed perfectorum est, etiam his qui injuriam faciunt, misericordiam magis quam optare vindictam.

Rom. 12. 19.

v. 7. *Notas fecit vias suas Moysi, filiis Israel voluntates suas.*

Magnum mirandumque mysterium est, ideo datum legem, ut crescente peccato humiliarentur superbi, humiliati confiterentur, confessi sanarentur. Istæ sunt viæ occultæ quas notas fecit Moysi, per quem legem dedit: quia peccatum (a) non haberet, ut superabundaret gratia: quam utique veri Israelitæ intellexerunt, & (b) a Deo revelante viderunt, quæ ratio dispositionum, quod consilium divinarum fuerit voluntatum.

Rom. 5. 20. Galat. 3. 19.

v. 8. *Miserator & misericors Dominus; longanimis, & multa misericordia.*

Quid tam longanimum, quid tam abundans (c) quam Deus, qui in misericordia *pluit super justos & injustos, & solem suum oriri facit super bonos & malos?* Parcit contemptui, parcit ingratos: & mavult vitam peccatoris, quam mortem. Quoniam omnis longitudo patientiæ ejus, eruditio est pœnitudinis, & oblatio correctionis: nec ulla opera ipsius misericordia vacant; quando homini & mansuetudine consulit, & flagello.

Matth. 5. 45. Ezechiel. 18.

Non in finem irascetur; neque in æternum indignabitur. v. 9.

Divina bonitas ideo irascitur, ne irascatur; & misericorditer adhibet temporalem severitatem, ne æternam (d) inferat ultionem. Jeremiæ 3.

Non secundum peccata nostra fecit nobis; neque secundum iniquitates nostras retribuit nobis. v. 10.

Quoniam secundum altitudinem cæli a terra, confirmavit Dominus misericordiam suam super timentes se. v. 11.

Sicut cælum, inquit, protegit terram, sic timentes se protegit Deus.

Quantum distat Oriens ab Occidente, longe fecit a nobis peccata nostra. v. 12.

Regenerationis hæc virtus est, quæ hominem exuit peccatis & gratiæ induit donis; ut vetustas occidat & veritas oriatur. Facta enim mutatione status, innocentia constituitur in oriente, peccata remanent in occasum.

Sicut miseretur pater filiorum, ita misertus est Dominus timentium se. v. 13.

Quia ipse cognovit figmentum nostrum: memento quod pulvis sumus. v. 14.

Qui personam suscipere dignatus est patris, nihil circa filios non misericorditer facit. Flagellat adoptatos, potius quam deserat abdicandos. Novit autem ipse quod nos fecerit, & de quo limo in quem statum reformaverit, quantumque nos pulvis terrenæ fragilitatis infirmet. Petitur ergo Deus, ut memoria conditionis humanæ, id est, ut misereri ipsius perseveret. Quoniam non ipse obliviscitur, sed ut nos gratiæ ejus non obliviscamur facit.

Homo tanquam fœnum dies ejus, & sicut flos agri sic efflorebit. v. 15.

Non superbiat homo, cujus dies sunt sicut fœnorum paululum florens, & mox arescit: sed non desperet homo, cujus infirmitas a Dei virtute suscipitur. *Verbum enim caro factum est*, ut flos qui in Adam erat caducus, in Christo esset æternus. Joan. 1. 14.

Misericordia autem Domini a sæculo, & in sæculum super timentes eum: & justitia ejus in filios filiorum. v. 17. &c.

Timentibus Dominum æterna gaudia promittuntur. Et quia timor obedientiam parit, obedientia autem mandatorum gignit effectum; ideo justitia Dei, hoc est, retributio super filios filiorum: qui melius intelliguntur in germine bonorum operum, quam in prole natorum; quos multi justi non habuisse noscuntur; & qui habuerunt, non omnes sunt, aut in omnibus gloriati.

Co-

(a) Ita editi nostri omnes. Forte tamen melius legeretur, *ut peccatum abundaret*: tum quia sequitur: *ut superabundaret gratia*: tum quia apud Augustinum id indicatur, cum dicitur, *Quia volebant se constituere homines peccatores, addita lege facti sunt & prævaricatores .... Abundavit ergo peccatum, ut superabundaret gratia. Ergo, ut dicere cœperamus, quia hoc est in lege magnum mysterium, ideo tam datum, ut crescente peccato humiliarentur superbi, humiliati confiterentur, confessi sanarentur: istæ sunt viæ occultæ quas notas fecit Moysi.*

(b) Non inde satis constructur propositio, quæ legitur in omnibus libris nostris.

(c) Intellige, *in misericordia*: quod exprimitur in Augustino.

(d) In libro Beneventano habetur, *justo inferat*, pro quo hic Edit. omnes Parisienses, omisso *justo*, scribunt *inferat*.

Ibid. v. 18. *Custodientibus testamentum, & memoria retinentibus mandata ejus, ut faciant ea.*

Ille mandata Dei memoriter tenet, qui quod mandatis Dei continetur, operatur: quod facile potest in latitudine praeceptorum, cum in duobus
Matth. 22. 40. mandatis tota Lex pendeat & Prophetae.

v. 19. *Dominus in caelo paravit thronum suum: & regnum ejus omnium dominabitur.*

Quid aliud significatur, nisi Domini descensio, & ascensio, & assumpti hominis in paterna sede consessio? cui genu omne flectitur caelestium,
Philipp. 2. 10. & 11. terrestrium, & infernorum, & omnis lingua confitetur, quoniam Dominus Jesus Christus in gloria Patris est.

v. 20. *Benedicite Dominum omnes angeli ejus, potentes virtute, facientes verbum ejus, ad audiendam vocem sermonum ejus.*

Potentes sunt verbo, qui verbi famulantur imperio: quia ipsius implentur virtute, cui serviunt.

v. 21. *Benedicite Dominum omnes virtutes ejus: ministri ejus facientes voluntatem ejus.*

Proverb. 14. 5. Vera est confessio benedicentis, cum idem sonus est oris & cordis. Bene autem loqui & male vivere, nil aliud est quam sua se voce damnare. Benedicendus ergo est Dominus ipsis maximis operibus, quibus sic debet uti conscien-
1. Cor. 1. 31. tia, ut de ipsis in Domino glorietur.

v. 22. *Benedicite Dominum omnia opera ejus, in omni loco dominationis ejus.*

Sicut nullus est locus, qui non dominationi ejus subjiciatur, ita nullus est locus, in quo ejus debeat cessare benedictio.

Ibid. v. 22. *Benedic anima mea Dominum.*

Ipso versu Psalmus conclusus est, quo inchoatus: ut intelligamus, perseverari in Dei benedictione debere, quae vere consummatur, si sine cessatione bene vivitur.

PSALMUS CIII.

v. 1. *Benedic anima mea Dominum.*

Sicut in praecedente Psalmo, ita etiam in isto qui sequitur, vox est membrorum corporis Christi. Unus est homo, & cujus in una fide unum cor, & anima una est, cohortans & excitans se in laudem Dei: ut in contemplatione creaturarum magnificetur Creator.

Ibid. v. 1. (a) *Domine Deus meus, magnificatus es vehementer.*

Magnitudini Dei nec accedere aliquid, nec decedere potest: qui quod est, incommutabiliter semper est. Magnificatur ergo non sibi, sed nobis, tanto vehementius, quanto magis se intellectui nostro innotescere facit: ut non illius gloria, sed admiratio nostra proficiat.

Ibid. v. 2. *Confessionem & decorem induisti.*

Induit se Dominus Deus noster confessionem & decorem; id est, induit se Ecclesiam, quae per confessionem deposuit foeditatem, & accepit decorem: ipsa enim confessio peccatorum decus est recte factorum.

v. 2. (b) *Circumamictus lumine, sicut vestimento.*

Ipsa est vestis ejus, non habens maculam, neque rugam, & splendida facta per gratiam,
Ephes. 5. 8. quae & lux vocatur, dicente Apostolo, *Fuistis aliquando tenebrae, nunc autem lux in Domino.*

Ibid. v. 2. *Extendens caelum sicut pellem.*

Si facturam caeli secundum litteram cogitemus (c) in similitudinem pellis extensae, celeritas quaedam demonstrata est, qua sine ulla difficultatis mora opus suum Creator explicuit.
Gen. 1. 6. Dixit enim, *Fiat firmamentum inter aquam &*
Psal. 32. 6. *aquam, & factum est sic. Quoniam verbo Domini caeli firmati sunt, & spiritu oris ejus omnis virtus eorum.* Si autem figuratam significationem admittamus inspicere; invenimus extendisse Deum caelum sicut pellem, cum intelligimus sanctam Scripturam caelum appellatam, (d) cujus auctoritatem primo quasi firmamentum in Ecclesia sua posuit; & quam super omnem orbem terrarum per ministeria praedicatorium, quasi pellem extendit. Pellis autem nomine significata est mortalitas ministrorum, manente illorum opere, per quod ubique veritas
Rom. 1. 20. innotescit, & invisibilitas Dei per visibilia litterarum elementa intellecta conspicitur.

v. 3. *Qui protegis in aquis superiora ejus.*

Et hoc secundum litteram bene intelligitur;
Gen. 1. 6. quia jussit Deus, ut fieret firmamentum inter aquas & aquas, factumque est sic; & pars aquarum resedit in terram, pars autem est caelo superposita, remota ab aspectu nostro, & fidei commendata. Secundum vero figuram, (e) qua scripturam sanctam divina auctoritate firmamentum caelum accepimus, quod super orbem terrae, sicut pellis per famam praedicationis extenditur; superiora caeli protegi aquis in eo intelligimus, quod in hoc caelo, id est, in eloquiis praeceptisque divinis nihil est sublimius charitate, quae inter Dei omnia dona supereminet.
Rom. 5. 5. *Diffusa est enim in cordibus nostris per Spiri-*
Prov. 5. 16. *tum-sanctum, qui datus est nobis.* Quae diffusio (f) aquas sonat, de quibus dicitur, *Et in plateis tuis discurrant aquae: nemo alienus com-*
Proverb. 5. 17. *municet tibi.* Haec quippe aqua, id est, charitas Dei & proximi, propria & specialis virtus est piorum atque sanctorum; cum caeterae virtutes & bonis & malis possint esse communes. Superiora itaque caeli his aquis proteguntur, quia praeceptum charitatis super omnia caelo, id

---

(a) Edit. Duac. & Colon. *Domine Deus meus.*

(b) Editiones Duac. & Colon. habent, *circumamictus.* Apud Augustinum *circumamictus lumine sicut vestimento.* Unde forte legendum esset, hic *lumine* pro *lumine*, quod praeferunt codices nostri.

(c) Forte *in similitudinem* legeretur, praeeunte vergula quae in Lugd. notatur.

(d) Ita Lugd. & Lov. editi. At Duac. & Colon. *cujus auctoritas.* August. enim, *S. Haec auctoritatem (Scripturae) primo posuit Deus in Ecclesia sua.* Quod favet prioribus codicibus.

(e) Colon. editio cum recentioribus Lab. *quia.* Alias, *qua.*

(f) Ita Lugd. & Lovan. conformiter textui Augustiniano. *Jam nomine diffusi vi intellige aquas in donatione Spiritus-sancti. Hae sunt aquae de quibus dicitur in quodam Scriptura, Et in plateis tuis discurrant aquae tuae.* Posteriores editiones Duac. & Colon. *aquas sonat.*

Id est, super omnes (a) libros est, cui militat omnis lingua & omnis doctrina sanctorum. Protectio autem hujus aquæ subjectum cælum Scripturarum (b) non tegit, sed suspendit: quia in gemino charitatis præcepto tota Lex pendet
Matth. 22. 40. & Prophetæ.

Ibid. v. 3. Act. 1. 9. *Qui ponis nubes ascensum tuum.*

Impletum est hoc visibiliter, cum in conspectu discipulorum Dominus nube susceptus, ascendit in cælum: & de resurrectione Apostolus
1. Thess. 4. 16. &c. loquens, dicit, *Deinde nos qui vivimus, simul cum illis rapiemur in nubibus obviam Christo, & ita semper cum Domino erimus.* Sed videndum est quæ sint illæ nubes, quibus in cælum divinarum scripturarum ascenditur. Prædicatores utique veritatis, qui corda audientium a terrenis sordibus erigunt, & ad sublimitatem cælestis intelligentiæ subvehunt. Ab illis nubibus verbum Dei diffundentibus vinea Domini sabaoth, quæ est Ecclesia, fecundatur: ut accepta pluvia, edat fructum, & edat uvas, non spinas; & non sit talis vinea de qua dicit Do-
Isai. 5. 6. minus per Prophetam, *Mandabo nubibus meis ne pluant super eam*; & qualis illa, cui dixe-
Act. 13. 46. runt Apostoli, *Ad vos missi eramus; sed quia repulistis verbum Dei, imus ad gentes.*

Ibid. v. 3. *Qui ambulat super pennas ventorum.*

Potest ad litteram ita accipi, ut velocitatem verbi omnia pervagantis in hoc intelligamus, quod super ventorum pennas dicitur ambulare: quia velocius nihil novimus ventis, quorum celeritas significata est nuncupatione pennarum: sed his pernicior est veritatis administratio, quæ
Sap. 8. 1. *attingit a fine usque ad finem fortiter, & disponit omnia suaviter.* Per figuratam autem significationem, ventorum nomine non absurde animæ intelliguntur: non quia ejusdem naturæ sint, sed quia similiter invisibiles. Quarum pennæ sunt duo præcepta charitatis, quibus ad Dominum tendunt. Sed quia major & sublimior est Dei charitas qua dilexit nos, quam in eundem nostra dilectio; ideo super pennas ventorum, hoc est, super charitatem animarum dicitur ambulare: quia charitatem nostram supergreditur charitas Dei: qui ipsam charitatem qua
Rom. 5. 5. diligimus, diffudit *in cordibus per Spiritum-sanctum, qui datus est nobis.*

v. 4. *Qui facit angelos suos spiritus, & ministros suos ignem (c) urentem.*

Secundum litteram non dubitamus esse spiritus nobis invisibiles, ministros Dei; qui ab officio quod agunt, angeli nuncupantur. Spiritus enim naturæ nomen est, angelus actionis. Hos itaque ministros suos Deus facit etiam ignem urentem, sive flagrantem: sicut legimus, ignem
Exod. 3. 2. Act. 2. 3. Levit. 9. 24. & alibi. in rubo apparuisse; & missum ignem desuper, & implesse quod præceptum est, ministerio executionis angelicæ. Figurate vero spiritales qui que in Ecclesia spiritus appellantur: qui sunt Angeli, cum sunt prædicatores & nuntii veritatis. Idemque sunt ignis, cum fervent spiritu, & eos quos exhortantur, accendunt: duplicem habentes efficientiam, ut & illustrent animas, & adurant; cum eadem vi & ardorem virtutis injiciunt, & peccatorum spinas tribulosque consumunt.

Fundavit terram super firmitatem ejus: non inclinabitur in sæculum sæculi. v. 5.

De terra ista laboriose asseritur, quod non inclinanda sit in sæculum sæculi, cum dictum Matth. 24. 35.
sit, *Cælum & terra transibunt*. Nam fundatam eam super firmitatem suam possumus ita intelligere, ut illa vis qua sustentatur & continetur, firmitas ipsius dicta sit: quæ licet abscondita a nobis sit, tamen recte creditur in sa- Heb. 1. 10. Coloss. 1. 16.
pientia & virtute Creatoris, qui omnia in se firmavit, in quo & omnia condidit. Mystico vero intellectu accepimus terram Ecclesiam, cujus firmitas & fundamentum ejus, super quod fundata est terra, Christus est. *Fundamentum* 1. Cor. 3. 11.
autem nemo potest ponere præter quam quod positum est, quod est Christus Jesus. A quo fundamento non recedens non inclinabitur in sæculum sæculi.

Abyssus sicut vestimentum amictus ejus: super montes stabunt aquæ. v. 6.

Terræ nomine Ecclesiam intelleximus prophetatam, quæ Christum habens fundamentum, non inclinabitur in sæculum sæculi. Verumtamen diluvio persecutionum, (quæ abyssi & aquarum nomine præsignantur,) ita circumtegenda indicatur, ut quasi vestimento ab impugnantibus operienda sit populis: in tantum persecutione crescente, ut etiam super montes, id est, eminentissimos quosque sanctorum, attollenda sit oppressio persecutionum.

Ab increpatione tua fugient, a voce tonitrui tui formidabunt. v. 7.

Factum est hoc, cum Deus conterruit gentes increpationis suæ tonitru. Cessaverunt enim impii Ecclesiam premere, & montes Dei, quorum sublimitas aquis superbientibus obtegebatur, iisdem aquis recedentibus, receperunt eminentiam. Tonante enim Domino, formidaverunt aquæ, & montes a diluvio exuti sunt.

Ascendunt montes, & descendunt campi, in locum quem fundasti eis. v. 8.

Montes elationes aquarum sunt, id est, fluctus persequentium populorum: qui cum sævirent, montes erant; sed increpati quieverunt, & campi facti sunt, fundato ipsis loco in quo cohiberentur. Qui locus intelligitur quædam mensura formidinis, intra quam sævientium corda conclusa sunt; ut etiam si adhuc retineant infidelitatis suæ amaritudinem, super dulces tamen aquas, id est, fideles populos nequeant elevari.

(a) Codices Duac. & Colon. *libros*. Nostros legi, *libros*, auctoritate Lecd. & Lovan. cui favet locus Augustini. *Ergo præceptum charitatis: super cælos, super omnes libros: si enim subducuntur libri, ei militat omnis lingua sanctorum.... Supereminens est ergo via, & merito protegit in aquis superiora cæli; quia nihil invenias eminentius charitate in divinis libris.*

(b) Ita quidem in omnibus nostris codicibus. At merito suspicamur legi debuisse, *non operit*, ut sensu loci ipsius, & conformius operis Augustini. *Non enim sic Deus protegit, ut quasi sustentetur ab eo quem protegit: sublevat quem protegit, non onerat*, &c.

(c) Editiones omnes in ora libri notant alias legi, *flagrantem*: sicque habetur apud Augustinum; & utramque lectionem adfectat paulo post ipse S. Prosper.

levari, neque revertentur tegere terram fluctus illi magni & amari. Acceperunt modum, quem non transgredientur, neque poterunt Ecclesiæ inferre diluvium.

V. 10. Isai. 66. 2. Joan. 7. 38. *Qui emittis fontes in convallibus.*

Super humilem & quietum requiescit Spiritus Dei: & *Qui credit in me* (inquit) *flumina de ventre ejus fluent aquæ vivæ.* Convalles ergo humilitatem significant, quæ congrua sinæ fonte gratiæ est. Non est autem infolens, ut qui montes sunt propter sancti Spiritus magnitudinem, convalles sint propter sui spiritus humilitatem: sicut apostolus Paulus mons erat, 1. Cor. 15. 10. dicendo, *Non autem ego;* & habebat fontem, dicendo, *sed gratia Dei mecum.*

Ibid. V. 10. *Inter medium montium pertransibunt aquæ.*

Montes sunt prædicatores magni, qui de humilitatis convallibus aquas veritatis emittunt. De qua abundantia nihil sibi adscribunt, nihil quasi proprium vendicant; sed communis & concordis est emanatio spiritalium fluentorum. (a) Aut de aquis, id est, de prædicatione, nulla sit discordia montium, sed pax confessionis & societas charitatis faciat unum, & commune quod profluit.

V. 11. *Potabunt omnes bestiæ silvæ.*

Vidimus quidem hoc etiam in ista creatura, bestias silvæ bibere de fontibus, & de rivis inter montes currentibus. Sed quia per hæc quæ omnibus nota sunt, quædam significantur abscondita, quibus invento studia spiritalium gaudeant; bestias silvæ, Gentes intelligimus; quoniam sæpe inveniuntur in scripturis sanctis gentes indicatæ nomine bestiarum. Sicut congregatæ in arca Noe totius generis bestiæ, & discus Gen. 7. 8. & 14. Act. 10. 11. quatuor lineis in visione Petri apostoli demissus de cælo, omnium plenus animalium, non aliud declaravit, quam universi generis homines in unitate Ecclesiæ congregandos. (b) De his ergo aquis in medium montium pertranseuntibus, id est, de doctrina apostolica in medio fluente propter concordiam communionis omnis bestiæ silvæ. Omnes enim erant in arca, omnes in disco. Pertranseuntes autem sunt aquæ istæ; quia omnis doctrina, quæ in hoc tempore dispensatur, transit; dicente Apostolo, *Et scientia destruetur,* 1. Cor. 13. 8. & seq. *& prophetiæ evacuabitur. Ex parte enim scimus, & ex parte prophetamus. Cum autem venerit quod perfectum est, quod ex parte est evacuabitur.*

Ibid. V. 11. *Suscipient onagri* (c) *sitim suam.*

In onagris majores fortioresque bestiæ nominantur, quæ de aquis prætereuntibus tantum suscipiunt, quantum sitiunt. Sunt enim aquæ istæ ita sufficientes, ut & parva & magna animalia, quantum ex eis desideraverint, hauriant.

Ibid. cap. 1. Doctrina quippe Apostolica, tam salubris, tamque vitalis, ut pro capacitate omnium, temperamentum sui diversitat omnium: quia sive parvuli, sive magni, sive infirmi, sive fortes, habent in ea unde alantur, unde satientur.

Super illos volatilia cæli inhabitabunt: de medio petrarum dabunt vocem suam. V. 12.

Sunt quædam volatilia, quæ non habitant nisi super montes: & horum nomine spiritales animæ significantur, aere libero, & cæli serenitate gaudentes: quibus tamen habitatio & pastus in montibus est. Montes enim sunt Prophetæ, montes Apostoli, montes omnes prædicatores veritatis, & sublimes quique doctores, a quibus qui spiritalis est, non aberrat; sed in eis & cibum sumit & requiem. Tales ergo aves in montibus, in quibus habitant, inveniunt petras, firmamenta quædam præceptorum. Sicut enim una illa petra Christus Verbum Dei, 1. Cor. 10. 4. sic multa verba Dei, multæ petræ: de quarum medio dant vocem suam, & illis sonantibus respondent & resultant petræ, cum disputationibus consonant testimonia Scripturarum.

Rigans montes de superioribus suis. V. 13.

Montes illi, quidquid de convallibus suis aquarum fundunt, quidquid vocum de medio dant petrarum, de super acceperunt, & divina gratia sunt rigati, ut & aquis & vocibus abundarent: quibus & sitientes implerent, & audientes delectarent, ea proferentes quæ unicuique secundum mensuram capacitatis suæ congruerent.

De fructu operum tuorum satiabitur terra. Ibid. V. 13.

Producens fœnum jumentis, & herbam servituti hominum. V. 14.

Nemo glorietur in operibus suis, quasi de proprio habeat, *sed qui gloriatur, in Domino glorietur:* quia non meritorum suorum, sed gratiæ fructus est unde satiatur. Terra igitur justificata, & supernis rigationibus fœcundata, 2. Cor. 10. 17. producit *fœnum jumentis, & herbam servituti hominum:* ut agri Dominici cultoribus semina verbi seminantibus necessaria præbeantur, & qui Evangelium annuntiant, de Evangelio vivant. Percipientes enim spiritalium, debitores sunt carnalium, quæ fœni & herbæ nomine significata sunt. *Nam quis unquam militat suis stipendiis? aut quis plantat vineam, & de fructu ejus non edit? vel quis pascit gregem, & de lacte gregis non percipit?* 1. Cor. 9. 7. Præbenda ergo sunt pabula præsidentium servituti. Quoniam prædicatores verbi, & jumenta, & servi sunt: & *qui suscipit justum in nomine justi, mercedem justi accipiet. Qui suscipit Prophetam in nomine Prophetæ, mercedem Prophetæ accipiet: & qui dederit calicem aquæ frigidæ uni ex his minimis, tantum in nomine discipuli, amen dico vobis, non perdet mercedem suam.* Matth. 10. 41. & seq.

Ut educat panem de terra, & vinum lætificet cor hominis. Ibid. V. 14. & 15.

Terra fœnum producit, ut panem de terra producat: plebes scilicet sanctæ pie servientibus sibi

---

(a) Credidimus legi debere, *Ut de aquis.* Non mutavimus tamen, deficientibus libris antiquis.

(b) Hic locus, cujus obscuritas adhuc nostra sagacitate discuti non potuit, planus luci redderetur, si adderetur hic verbum, *bibunt.* Quod patet inspecto Augustini ipsius loco: qui talis est Serm. 2. num. 11. *De illis aquis inter medium montium pertranseuntibus, id est de doctrina Apostolica fluente in medio propter concordiam communionis, omnes bestiæ silvæ bibunt. Omnes enim erant in arca, omnes in disco.* Ex quibus facile intelliges, quid corrigendum, aut quid intelligendum fuerit in textu Prosperi nostri.

(c) In Augustino legitur, & hic legendum vix dubitamus cum præpositione, *in sitim suam:* etsi in editis nostris omnibus desit præpositio.

1. Cor. 9. 11. Joan. 6. 41. sibi serviunt; & præbentes carnalia, accipiunt spiritalia a prædicatoribus verbi Dei, qui est panis qui de cælo descendit: per quos adhuc in terra ambulantes, & terrenum corpus portantes, propter quod & ipsi terra dicuntur, calix Psal. 22. 5. præclarus & inebrians ministratur: ut bibentes sancti Spiritus lætitia repleantur.

Ipsum v. 15. *Ut exhilaretur facies in oleo.*

Gratia quædam, quæ est hominum ad homines, præcipua ad conciliandum fructum amorem, oleum dicitur; in nitore divino, quo totum ungitur corpus Christi, qui principaliter unctus, & fons hujus est olei.

Ipsum v. 15. *Et panis cor hominis confirmet.*

Manifestavit de quo pane loqueretur. Panis enim visibilis ventrem satiat, stomachumque confirmat. Iste autem cibus, cordis est & animæ fortitudo, de quo ipse Dominus dicit, Joan. 6. 41. *Ego sum panis vivus, qui de cælo descendi.*

v. 16. *Saturabuntur ligna campi.*

De ista gratia saturabuntur ligna campi, id est, plebes Judæorum.

Ibid. v. 16. *Et cedri Libani, quas plantasti.*

Satiabuntur hac gratia, non solum humiles hujus mundi, sed etiam nobiles atque sublimes; qui propter excellentiam suam dicuntur cedri; sed quas plantavit Dominus, qui etiam de divitibus & illustribus, multos justificavit.

v. 17. *Illic passeres nidificabunt: fulicæ domus dux est eorum.*

In istis cedris Libani, quas gratia Dei plantat & satiat, nidificabunt passeres: hi scilicet qui elegerunt humilitatem, & relictis quæ habebant, aut venditis, nihil sibi in hoc sæculo reservarunt; sed divitum Christianorum domibus agrisque suscepti, necessariis solatiis adjuvantur. Qui tamen licet in cedrorum altitudine requiescant, non ipsis cedris ducibus utuntur; sed *fulicæ domus dux est eorum*. Domus autem fulicæ, quæ marina est avis, non est in terræ foraminibus, neque in ramis arborum; 1. Cor. 10. 4. sed in petra, quæ aquis sit circumdata. Petra vero intelligitur Christus, qui exemplum patientiæ præbuit humilibus & pauperibus: quorum ipse est fortitudo, ut circumfrementibus fluctibus non moveantur; & si quid in cedris Libani offenderit, fulicæ domum sequantur.

v. 18. *Montes altissimi cervis, petra refugium hericiis.*

Cervi sunt magni & præcipui spiritales, qui mandatorum Dei sublimissima quæque sectantur, & in montibus habitant Scripturarum. Sed & qui excelsa tenere non possunt, habent humilitatis suæ refugium; ut licet sint criminis quibusdam peccatis hispidi & spinosi, (quod significatum est hericiorum nomine,) tamen & ipsi suscipiuntur a petra, quæ sive in montibus, sive in mari, sive in convallibus, omnium est ubique præsidium.

v. 19. *Fecit lunam in tempore.*

Fundavit Dominus Ecclesiam, quæ per temporalia transit ad æterna; & quamvis ad claritatem destinata sit perpetuam, mutationibus tamen, dum hic degit, obnoxia est.

Ibid. v. 19. *Sol cognovit occasum suum.*

Christus agnovit passionem suam. Occasus Christi, passio Christi est. Sed numquid sol sic Psal. 40. 9. occidit, ut non oriatur? *Numquid qui dormit, non adjiciet ut resurgat?* Quid est autem, *Ag-* Ibid. 13. 2. *novit occasum suum*; nisi, placuit ei ut moreretur? Voluntate enim suscepit crucem & mortem; & sicut aliena sunt ab ejus notitia quæ ipsi non placent; ita ea quæ voluntati ipsius congruunt, novit atque cognoscit.

v. 20. *Posuisti tenebras, & facta est nox.*

Cum passus esset Dominus, conturbata sunt tenebris formidinis corda Apostolorum: & quædam illis nox facta est, cum occisus est qui Redemptor omnium videbatur.

Ipsum v. 20. v. 21. *Ibi pertransibunt omnes bestiæ silvæ.*

Catuli leonum rugientes ut rapiant, quærentes a Domino escam sibi.

In hac nocte desperationis, & in his tenebris ignorantiæ insidiabantur bestiæ silvæ, id est, maligni spiritus; & catuli leonum, hoc est, sæviores quique dæmonum, furentes ad rapiendos in escam suam, quos in tenebris infidelitatis invenerint. Quibus tamen nihil (a) nocere inferre possunt, nisi Deus permiserit: & ideo ab ipso petunt rapiendi potestatem, cujus judicio homo inimicis suis aut castigandus traditur, aut probandus.

v. 22. *Ortus est sol, & congregati sunt: & in cubilibus suis (b) collocabuntur.*

Ortus est sol, quia occidit sol; id est, Christus mortuus surrexit, & universum mundum claritatis suæ manifestatione implevit: & quamvis in cordibus infidelium tenebræ perseverent, Ecclesia tamen toto orbe terrarum, cui sol est ortus, in lumine est. Unde illi spiritus, qui ad persequendos Christianos impiorum animos incitant, in tanta luce ubique receptæ veritatis sævire non audent, in sua cubilia congregati, intra infidelium corda cohibentur.

v. 23. *Exivit homo ad opus suum, & ad operationem suam usque ad vesperum.*

Quia modo in pace Ecclesiæ homo Dei, industriæ Dei serviens, libere agit, & ad profutura sibi opera securus egreditur usque ad vesperam. In fine enim mundi erit quædam contenebratio persecutionis (c) exterræ.

v. 24. *Quam magnificata sunt opera tua Domine! Omnia in sapientia fecisti.*

Admiratio hæc, qua magnificentia stupetur operum divinorum, ad utramque conditionem pertinet, id est, & mundi hujus, & Ecclesiæ. Quia temporalium pulcritudo gloriam significat Rom. 1. 20. Hebr. 11. 3. 1. Cor. 1. 24. Coloss. 1. æternorum, & per visibilia, ea quæ non apparent intellecta conspiciuntur. *Omnia* autem *in sapientia fecisti*, id est, in Christo facta sunt, qui est Dei virtus & Dei sapientia.

Ibid. v. 24. *Repleta est terra creatura tua.*

Late oculis apparet, & multiplicitur spectabilis est pulcritudo mundana, quæ sapientiam & vir-

(a) Lugd. nihil nocere. Duac. & Colon. nihil nocere. Loven. nihil nocere.

(b) Editiones omnes pro varia lectione assignant in margine, cubabunt: quæ vox habetur in Augustini enarratione hoc loco serm. 3. num. 13. & 14.

(c) Sic Lugd. editio Loven. Duac. & Colon. exterrens: forte pro externa aut exterrens.

& virtutem sui restatur auctoris. Sed illam magis creaturam debemus attendere, de qua dicit
2 Cor. 5. 17. Apostolus, *Si qua igitur in Christo nova creatura, vetera transierunt, ecce facta sunt* (a) *nova*. Venit enim qui renovaret opus suum, qui conflaret argentum suum, qui formaret monetam suam. Et videmus plenam terram Christianis in eum credentibus, & ad spem novi sæculi, relicta præterita vanitate, currentibus.

v. 25. *Hoc mare magnum, & spatiosum: illic reptilia, quorum non est numerus.*

Licet ad novum sæculum nova creatura pertineat, in hac tamen vita peregrinatur, & non potest ad patriam suam, nisi per hoc magnum & inquietum mare inter pericula navigare: insidiante innumerabilium reptentium dolo, hoc est multarum tentationum incursu: a quibus cavendum est, ne dum repunt, subrepant; & non recedendum a ligno crucis, in quo hoc sævum mare sub Christi gubernaculis transitur.

Ibid. v. 25. & 26. *Animalia pusilla & magna: illic naves pertransibunt.*

In hoc mari sunt infideles, & inter aquas amaras sacrilegque versantur pusilli & magni, id est, & inferni, & primates istius sæculi; qui licet Christianæ religioni adversentur; tamen inter ipsos tutus est nostrarum navium commeatus; hoc est, inter procellas & fluctus maris, gubernante Christo, Ecclesiarum tutus est cursus.

Ibid. v. 26. *Draco iste quem formasti ad illudendum ei.*

In mari isto magno, ubi sunt reptilia, quorum non est numerus, ubi animalia pusilla & magna, ubi etiam nostrarum navium commeatus; ibi est & draco, qui de summis in ima dejectus judicio Dei, ad hoc ex angelo diabolus factus est, ut malitiæ & nequitiæ ipsius a sanctis illuderetur. Qui etsi indesinenter habet nocendi cupiditatem, nemini tamen plus tentationum potest inferre, quam sinitur.

v. 27. *Omnia a te expectant, Domine, ut des illis cibum in tempore opportuno.*

v. 28. *Dante te, illi colligent.*

Universis reptilibus, cunctis animalibus, atque ipsi draconi non suppetit cibus, nisi quem Dominus dederit. Quamvis enim draco semper sit cupidus ad vorandum; vorare tamen non potest, nisi quod Deus justus ciborum omnium distributor, cuique ejus addixerit. Est autem esca
Gen. 3. 14. ipsius terra. Non igitur edendus dabitur, qui terra non fuerit, hoc est, qui non se terrenis cupiditatibus actibusque dediderit.

Ibid. v. 28. *Aperiente te manum tuam, universa replebuntur bonitate.*

v. 29. *Avertente autem te faciem tuam, turbabuntur.*

Apertio manus Dei, revelatio est Christi. Manus enim Domini, Christus est. *Et brachium*
Isai. 53. 1. *Domini cui revelatum est?* Quod cui revelatur, illi aperitur; & cui aperitur, bonitate impletur. Usque hanc bonitatem de super accepisse se noverit, nonnumquam Dominus avertit faciem suam: & qui videbatur plenus bonitate, turbatur; ut per subitam inopiam intelligat, illam boni abundantiam non sibi fuisse de proprio.

Ibid. v. 29. *Auferes spiritum eorum, & deficient; & in pulverem suum revertentur.*

Qui in se gloriabantur, discerunt detumescere: auferetur ab eis spiritus superbiæ, ut convertantur in pulverem suum, agnoscentes quod terra sint, & pœnitentes quod superbierint, ut rursus bonitate repleantur.

v. 30. *Emitte Spiritum tuum, & creabuntur: & renovabis faciem terræ.*

Ephes. 2. 10. *Ipsius enim sumus figmentum*, dicit Apostolus, *creati in operibus bonis, quæ præparavit Deus, ut in illis ambulemus*. Ab Spiritu Dei accepimus gratiam, ut justitiæ vivamus. Deus enim justificat impium, & renovat faciem terræ, condens in toto mundo novam creaturam per Spiritum gratiæ, ut deposito vetere homine, in novitate vitæ ambulemus.

v. 31. *Sit gloria Domini in æternum: lætabitur Dominus in operibus suis.*

Deo ergo sit gloria, Deus lætetur in operibus suis. Quia si quid laudandum, si quid lætandum ab homine agitur, opus Dei est, & munus gratiæ ejus, qui aufert spiritum superbum, & dat Spiritum-sanctum.

v. 32. *Qui respicit terram, & facit eam tremere: qui tangit montes, & fumigabunt.*

Hæc opera Dei convertentis aversos; ut aspiciat ad terram præsidentem sibi, ac de suis viribus præsumentem, & faciat eam tremere, & hanc sibi esse caussam tremoris agnoscat, quia Deus (b) in ipso operatur ut bona sit, quo se avertente defecerat. Eodem autem opere tanguntur & montes, id est, sublimiores quidem, & potentiores hujus sæculi: *& fumigabunt*, id est, dabunt Deo confessionem, & preces ipsorum ad Deum, qui illos terrigit, quasi fumus ascendit.

v. 33. *Cantabo Domino in vita mea: psallam Deo meo, quamdiu sum.*

Omnia, inquit, ad laudem Dei referam, & Dominum in omnibus operibus suis sine fine laudabo.

v. 34. *Suavis sit ei disputatio mea; ego autem jucundabor in Domino.*

Suavis est Domino disputatio illius, qui per humilem confessionem se indicat subjectum Deo, & cui se indicat indigentem Deus. De hac autem tali disputatione oritur delectatio; quia confessio non in se gloriantis, in agnitionem Dei proficit.

v. 35. *Deficiant peccatores a terra, & injusti, ita ut non sint.*

Iracundiæ & odii videtur esse vox ista: sed est præcipuæ charitatis. Hoc enim ait quod & supra, ut auferatur spiritus superborum, & deficiant: & mittatur in illos Spiritus Dei, ut fiat nova creatura, deficiente malitia, non pereunte substantia. Qui enim, cum esset im-

(a) Hic recentiores editiones addiderunt vocem, *omnia*, quæ abest a quatuor veteribus, & quam abesse solere a MSS. codicibus legimus in Augustino hoc loco, & supra jam non semel notavimus.
(b) Forte, *in ipsa*; scilicet terra, *ut bona sit*. Quod si de homine illa terra posita primo sensu exponi deberet, dixisset certe, *in ipso operatur ut bonus sit*. Editiones nostræ ad hoc dubium solvendum nihil conferunt.

impius justificatus est, non erit impius, sed erit justus.

Ibid. v. 22. *Benedic anima mea Dominum.*

Benedicat anima fidelis in omnibus Deo, & qui gloriatur, in Domino glorietur.

1. Cor. 1. 31.

PSALMUS CIV.

PRimus hic Psalmus praenotatur HALLELUJA, quod est, (a) Laudate Dominum: ideo a laude coepit.

v. 1. *Confitemini Domino, & invocate nomen ejus.*

LAudate, inquit, Dominum, & invocate: semper enim invocationem debet praeire laudatio, quae hic dicta confessio est.

Ibid. v. 1. *Annuntiate in gentibus opera ejus.*

Evangelistis hoc dicitur in Propheta, ut universo mundo Christus annuntietur.

v. 2. *Cantate ei, & psallite ei.*

Hoc est, verbo & opere praedicate: quoniam ore cantatur, manibus autem psallitur.

Ibid. v. 2. *Narrate omnia mirabilia ejus.*

v. 3. *Laudamini in nomine sancto ejus.*

Opera, inquit, Dei confitendo narrate: & in operibus vestris sic estote laudabiles, ut Deus laudetur in vobis.

Ibid. v. 3. *Laetetur cor quaerentium Dominum.*

v. 4. *Quaerite Dominum, & confirmamini.*

Psal. 68. 7. Dominum quaerens, gaudium quaerit: sic ergo quaeratur, ut non de se, sed de Deo gaudeat & confortetur. Accedendo enim ad Dominum, & illuminabitur ignorantia, & corroborabitur infirmitas, data sibi & intelligentia qua videat, & charitate (b) qua ferveat.

Ibid. v. 4. *Quaerite faciem ejus semper.*

Psal. 67. 2. Facies pro praesentia ponitur, sicut facies venti, & facies ignis. Praesentia ergo Dei semper quaerenda est: & perseveranti studio agendum, ut qui praesentem se tribuit, non recedat. Hoc autem in ista vita fides quaerit, spes invenit, charitas vero obtinet in vita aeterna, ubi amor verae praesentiae nec minuitur, nec finitur.

v. 5. *Mementote mirabilium ejus quae fecit, prodigia ejus & judicia oris ejus.*

v. 6. *Semen Abraham servi ejus, filii Jacob electi ejus.*

Quia multorum est paucisque possibile est, secundum id semper Deum quaerere, quod ipse de se ait, *Ego sum qui sum*; secundum id saltem a parvulis est quaerendus, quod ipse ait,

Exod. 3. 14. *Ego sum Deus Abraham, & Deus Isaac, & Deus Jacob, hoc mihi nomen est in aeternum.* Mementote ergo mirabilium ejus quae fecit, qui semen estis Abrahae, & filii ejus Jacob quem elegit Deus. Ut si altius Deum non potestis desiderare, vel secundum ea quae cum patribus vestris operatus est, praesentiam ipsius expetatis.

v. 7. *Ipse Dominus Deus noster, in omni terra judicia ejus.*

Manifestavit, quod hi essent filii Abraham, qui essent filii promissionis, dicendo, *In omni terra judicia ejus*: quia in toto mundo forent filii Abrahae, quos nunc sermo propheticus cohortatur, ut meminerint mirabilium Dei. Rom. 9. 8.

Memor fuit in saeculum testamenti sui, verbi quod mandavit in mille generationes. v. 8.

Quod disposuit ad Abraham, & juramenti sui ad Isaac. v. 9.

. *Et statuit illud Jacob in praeceptum, & Israel in testamentum aeternum.* v. 10.

Dicens, Tibi dabo terram Chanaam, funiculum hereditatis vestrae. v. 11.

Per ea quae transierunt, significantur ea quae manebunt; & per imaginem veteris testamenti, confirmata est promissio hereditatis aeternae, per verbum *quod mandavit Deus in mille generationes*, hoc est, in omnes. Nam ut nihil vacui praetermitteret, cum numerum posuit generationum, quem constat nec ab ipso Adam usque ad finem mundi posse compleri, donec omnes generationes finiantur, quae ex abundanti millenario numero comprehensae sunt. Verbum mandati permanet: id est, verbum fidei, cui promissa est hereditas aeterna. Quod enim ait, *Tibi dabo terram Chanaam*, non mandatum est, sed promissum: mandatum autem est, ut justus ex fide vivat, cui patria aeterna promittitur nomine cujusdam terrae, cujus dum non est perpetua possessio, certum est quia alia significatur. Habac. 2. 4.

Cum essent numero brevi, paucissimi, & incolae in ea. v. 12.

Id est, in terra Chanaan.

Transierunt de gente in gentem, de regno in populum alterum. v. 13.

Non reliquit hominem nocere illis, & corripuit pro eis reges. v. 14.

Nolite tangere Christos meos, & in Prophetis meis nolite (c) malignari. v. 15.

Quando, inquit, in terra Chanaam habitaverunt patres Abraham, & Isaac, & Jacob, peregrini erant illic, prius quam illam acciperent in hereditatem: *& cum essent paucissimi, transierunt de gente in gentem* sine noxa. Non enim permisit Deus, ut quisquam illis noceret: ita ut ipsa protectio Dei dicere (d) videretur, *Nolite tangere Christos meos*, & caetera. Quae verba etsi non sunt in historia, fuerunt tamen in ipso rerum effectu: cum divinitus hoc agebatur in cordibus alienigenarum, ut electi Dei essent illaesi. Qui ideo jam tunc christi dicti sunt, cum adhuc in usu chrisma non esset: quia & ipsi in ea vivebant fide, quae erat novissimis temporibus revelanda. Ab initio enim omnibus sanctis non nisi in Christo, justificatio fuit.

Et vocavit famem super terram, & omne firmamentum panis contrivit. v. 16.

Misit ante eos virum, in servum venundatus est Joseph. v. 17.

Per hanc dispositionem factum est, ut transi-

O 2 erant

(a) Sive potius, ut apud Augustinum hic loci, *Laudate Dominum*.
(b) Editio Lugdun. *qua fervet*.
(c) Editi omnes ad unum omnes habent, *malignari*: pro quo in Augustini enarratione, ut in Vulgata nostra legitur, *malignari*.
(d) Editi veteres, *dicere videtur*. Posteriores *videretur*: nos eosdem emendatius.

rent de gente in gentem, (a) de regno in populum alterum. Quod autem vocavit famem, non sic accipiendum, quasi fames aliqua persona sit, vel res substantialis & vivens, quæ imperio vocantis acta sit, cum fames nihil aliud sit, quam ex inedia contracta penuria: sed vocata,
Rom. 4. 17. dictum est, pro facta. *Vocat enim Deus quæ non sunt, tamquam quæ sint*: quæ non ideo vocata sunt quia erant, sed ideo (b) erant quia vocata sunt: id est, exsistere jussa sunt,
Isai. 45. 11. sec. LXX. per eum *qui fecit quæ futura sunt*. In eo vero quod *misit ante eos virum, in servum venumdatus est Joseph*, diligens inspectio necessaria est, qua videamus, quomodo malis operibus hominum bene utatur: cum homines bona opera Dei ad instrumentum malitiæ suæ transferant.

v. 18. *Humiliaverunt in compedibus pedes ejus: ferrum pertransivit animam ejus;*

v. 19. *Donec veniret verbum ejus, eloquium Domini inflammavit eum.*

Compedes quidem Joseph accepisse non legimus, sed dubitandum non est de eo, quod licet historia prætermiserit, tamen propheta non tacuit. In ferro autem, quod pertransisse animam ejus dixit, tribulationem duræ necessitatis
Gen. 41. 25. &c. debemus accipere. Quæ tribulatio tamdiu mansit, donec implerentur somnia, quæ verbo ipsius fuerant interpretata, & per quæ commendatus est regi, ut etiam ipsi futura prædicaret. Ne quis autem hæc homini tribueret, non gratiæ Dei; congruenter adjectum est, *Eloquium Domini inflammavit eum*: ut etiam ipse intelligatur sancto Spiritu (c) ferbuisse.

v. 20. *Misit Rex & solvit eum, princeps populorum, & dimisit eum.*

Ipse est *Rex*, qui *Princeps populorum*: *solvit* eum compeditum, *dimisit* inclusum.

v. 21. *Constituit eum dominum domus suæ, & principem omnis possessionis suæ.*

v. 22. *Ut erudiret principes ejus sicut semetipsum; & seniores ejus prudentiam doceret.*

Ne hoc quidem in illa sublimitate Joseph historia refert, quod Ægyptios suos sapientia imbuerit spiritali. Sed qui fieri posset, ut vir tantus, unius veri Dei cultor, alendis tantummodo Ægyptiorum corporibus, & solis terrenis rebus prospiciendis esset intentus; non autem curaret, ut eorum quos habebat subditos, etiam animos erudiret?

v. 23. *Et intravit Israel in Ægyptum: & Jacob accola fuit in terra Cham.*

Quod est Israel, hoc est Jacob; & quod est Ægyptus, hoc terra Cham. De semine enim Cham filii Noe, exorta est gens Ægyptiorum, apud quos peregrinati sunt Israelitæ. Si autem quæritur, quomodo de regno in populum alterum transisse dicantur, cum terram Chanaan necdum in regnum accepissent: potest per anticipationem, id est, prolepsin, sic dictum accipi, ut quod futurum erat, quasi factum dictum sit.

Et auxit populum suum vehementer, & firmavit eum super inimicos ejus. v. 24.

Quod breviter præmissum est, Firmavit populum suum super inimicos ejus, tamquam quæreretur, quomodo factum sit, incipit dicere, donec id etiam narrando determinet.

Et convertit cor eorum, ut odissent populum suum, et dolum facerent in servos ejus. v. 25.

Cor Ægyptiorum non Deus depravavit a recto; sed cum sponte mali essent, & tales ut possent invidere felicibus, in odium illos Hebræorum convertit beneficentia sua, qua populum suum multiplicabat. Benefaciendo autem suis, Ægyptios ad eorum inimicitias incitavit; non ipsos malos faciendo, sed istis bona quæ malos urerent, largiendo.

Misit Moysen servum suum, & Aaron, (d) & quem elegit ipsum. v. 26.

Posuit in eis verba signorum suorum, & prodigiorum in terra Cham. v. 27.

Multa sine ullis verbis facta sunt, vel virga, vel manu extenta, vel favilla in cælum missa. Sed quia illa ipsa (e) sine verbo facta sunt, non erant ab aliquibus significationibus vacua, sicut verba quæ loquitur: ideo etiam ipsa dicta sunt verba, non vocum & sonorum, sed signorum & prodigiorum.

Misit tenebras, & obscuravit: & non exacerbaverunt sermones ejus. v. 28.

Id est, Moyses & Aaron Ægyptii, quamvis essent durissimi, patienter tulerunt, donec omnia quæ Deus facere disposuerat, complerentur.

Convertit aquas eorum in sanguinem, & occidit pisces eorum. v. 29.

Dedit terra eorum ranas in penetralibus regum ipsorum. v. 30.

Hyperbolicos dictum est, tamquam ipsam terram eorum convertisset in ranas.

Dixit, & venit cynomyia, & sciniphes in omnibus finibus eorum. v. 31.

Si quæritur quando dixerit: in verbo ejus erat ante quam fieret; & sine tempore ibi erat, quo tempore fieret.

Posuit pluvias eorum grandinem, ignem comburentem in terra ipsorum. v. 32.

Et percussit vineas eorum, & ficulneas eorum, & contrivit lignum finium eorum. v. 33.

Hoc vi grandinis, & fulminibus factum est. Unde & ignem dixerunt comburentem.

Dixit, & venit locusta & bruchus, cujus non erat numerus. v. 34.

Una plaga est locustæ & bruchi: quoniam altera est parens, altera fœtus.

Et

(a) Ita Lugd. & Lov. editi, ut supra legitur. Duac. & Colon. *&* regno. Posteriorem, *&* de regno.

(b) Duac. & Colon. editiones, *erant*. Lugd. & Lov. *erunt*.

(c) Lugd. & Lov. legunt, *fervuisse*, Duac. & Colon. *ferbuisse*. Prius a ferveo fervis derivatum notant Grammatici. Unde apud Terent. in Adelph. *Sperabam jam defervisse adolescentiam*.

(d) Lugd. Lovan. & Duac. *in quem*. Colon. cum posterioribus, *&* quem. Apud Augustinum, *quem elegit* sine in, vel *&*.

(e) Locus hic peculiarem vocum additione fieret clarior. Cui rei prosequendæ cum non juvarent Editi nostri, deessentque non MSS. ipsum Augustini locum de verbo ad verbum placet transcribere, *Sed quia illa ipsa quæ facta sunt non erant alicujus significationis inania, sicut & verba quæ loquimur* idco &c.

V. 35. *Et comedit omne fœnum terræ eorum.*

Etiam fœnum fructus est, sicut loqui Scriptura consuevit, quæ etiam segetes frugum fœnum appellat.

V. 36. *Et percussit omne primogenitum in terra eorum, primitias omnis laboris eorum.*

Hæc plaga novissima est, excepta morte in mari rubro. Quæ plagæ cum sint decem, nec omnes commemoratæ sunt, nec eodem ordine quo in Moyse leguntur. Libera est enim prophetica laudatio a lege narrationis historicæ.

V. 37. Psal. 104, 37, etc. *Et eduxit eos in argento & auro.*

Dolus quidem, quo Ægyptii decepti sunt, ut argentum & aurum Hebræis discedentibus darent, non ad præceptum, nec ad inspirationem Dei referendus est; sed ad promissionem tantum, quo carnales quoque hac decipi cupiditate pateretur. Verumtamen habeat aliquid fraus illa justitiæ, quæ ab iniquis hoc quodammodo abstulit, quod pro mercede multorum operum debebatur.

Ibid. V. 37. *Et non erat in tribubus eorum infirmus.*

Etiam hoc magnum beneficium Dei fuit, ut in illa profectione nullus esset infirmus, corpore scilicet, non animo.

V. 38. *Lætata est Ægyptus in profectione eorum: quia incubuit timor eorum super eos.*

Intelligendum, quod hoc tunc factum sit, quando oppresso aquis Pharaone cum exercitu suo, residui Ægyptiorum timere potuerunt, ne ad delendos eosdem Hebræi reverterentur: quibus profectis in longinquiora, caussas haberent lætandi.

V. 39. *Expandit nubem in protectione eorum; & ignem, ut luceret eis per noctem.*

V. 40. *Petierunt, & venit coturnix.*

Quæ utique caro est. (a) Quæ petitio non querulorum, sed electorum præstita est, ad carnalium murmura comprimenda. Quoniam hic Psalmus non de eis loquitur, in quibus non est beneplacitum Deo; sed de fide filiorum promissionis, propter quos etiam illi juvabantur.

Ibid. V. 40. *Et pane cæli saturavit eos.*

Id est, manna.

V. 41. *Disrupit petram, & fluxerunt aquæ: abierunt in sicco flumina.*

His omnibus beneficiis Dei, fidei Abrahæ meritum commendatur.

V. 42. *Quoniam memor fuit verbi sancti sui, quod locutus est ad Abraham puerum suum.*

V. 43. *Et eduxit populum suum in exsultatione, & electos suos in lætitia.*

V. 44. *Et dedit illis regiones gentium, & labores populorum possederunt.*

Tamquam quæreremus, (b) cui bono ista data sint: ne hoc ipsum putaretur summum bonum, quod ista felicitas temporalium rerum data est; continuo eam ad aliud retulit, ubi summum bonum oportet inquiri.

Ut custodiant justificationes ejus, & legem ejus requirant. V. 45.

Ergo intelligendum est, Dei servos, & electos filios promissionis, imitantes fidem Abrahæ, propterea ista bona terrena sumere a Domino, ut non in eis luxu diffluant, sive perversa securitate torpescant: sed ideo habeant hæc omnia ex divina misericordia præparata, in quibus quærendis possent negotiosissimis laboribus occupari; ut ad hoc vacent, unde bonum æternum possit acquiri. Hoc est, *Ut custodiant justificationes ejus, & legem ejus requirant.*

PSALMUS CV.

Halleluja.

Confitemini Domino, quoniam bonus, quoniam in sæculum misericordia ejus. V. 1.

DUo isti Psalmi CIV. & CV. ita inter se conjuncti sunt, ut in uno eorum qui præcedit, commendetur populus Dei in electis ejus, de quibus nulla querela est, & in quibus beneplacitum est Domino: in isto autem qui sequitur, hi commemorantur, qui in eodem populo amaricaverunt: nec tamen etiam ipsis misericordia Dei defuit. Dicuntur autem ista ex eorum persona, qui veniam conversi precantur: & exempla commemorantur illorum, in quos etiam peccatores dives apparuit misericordia Dei. Incipit ergo iste Psalmus, sicut ille, *Confitemini Domino*: sed ibi sequitur, *& invocate nomen ejus*: hic autem, *Quoniam bonus, quoniam in sæculum misericordia ejus.* Confessio igitur peccatorum habet laudationem Dei: quoniam qui indulgentiam petit, cum spe debet orare, & cum laude ejus misericordiæ quam credit æternam.

1. Cor. 10. 5.

Quis loquetur potentias Domini, auditas faciet omnes laudes ejus? V. 2.

Quis enarrabit opera omnipotentis misericordiæ Dei, vel poterit facere ut omnes laudes ipsius audiantur? Quia quod ore promitur, & quod opere agitur, in laudem Dei dicendum est, atque faciendum.

Beati qui custodiunt judicium, & faciunt justitiam in omni tempore. V. 3.

Justitia & judicium tam similia sibi sunt atque vicina, ut quodlibet eorum pro altero poni possit. Verumtamen si proprietas eorum diligentius servanda sit, judicium custodire dicendus est, qui recte judicat, justitiam vero facere, qui recte agit.

Memento nostri, Domine, in beneplacito populi tui. V. 4.

1. Cor. 10. 5.

Id est, ut in eis simus, in quibus beneplacitum est tibi: quia non in omnibus illis bene placitum est Deo.

(a) Augustinus hoc loco: *Non murmurantes concupiverunt, sed carnes. Quia vero & coturnix caro est, & in illo Psalmo non loquitur de amaricationibus illorum, in quibus non est beneplacitum Deo, sed de fide electorum.... ipsi intelligendi sunt petisse ut veniret, unde amaricantium murmur opprimeretur.* Ex quibus intelliges necessario substitui debuisse vocem *murmura* in sequentibus, pro voce *munera*, quæ habetur in Editis omnibus.

(b) Editiones nostræ legebant, *cui bono ista*: At ex Augustini opere, sensu loci id exigente, corrigere non dubitavimus, *cui bono ista data sint*, Id est, quo fine data, seu cui rei a Deo destinata.

Ibid. v. 4. *Visita nos in salutari tuo.*

Hoc est, in Christo tuo, in quo peccata dimittuntur, & animæ sanantur, ut custodiant judicium, faciantque justitiam.

v. 5. *Ad videndum in bonitate electorum tuorum, ad lætandum in lætitia gentis tuæ.*

Visita nos, inquit, ad videndum, id est, illumina nos, ne simus cæci, & extra bonitatem electorum tuorum. Quoniam oculi interiores recta vident, æquitatem vident, bona concupiscunt. In hac ergo bonitate fac & nos videre, & lætari in lætitia populi tui, quæ non est præter te: quia omnes tui non gaudent nisi de te.

Ibidem v. 5. *Ut lauderis cum hæreditate tua.*

Id est, ut omnia bona hæreditatis tuæ, quam elegisti & adoptasti, ad tuam gloriam laudemque referantur. Quia quos visitas in salutari tuo, laudari nisi in tua laude non possunt, qui eos laudabiles facis.

v. 6. *Peccavimus cum patribus nostris, injuste egimus, iniquitatem fecimus.*

Dupliciter intelligi potest, quod peccaverint posteri cum patribus suis, tanto antiquioribus: sive quia in lumbis patrum erant, quando illi

Hebr. 7. 9. in Ægypto fuerunt; quia & Levi cum Abraham decimatus est: sive quia imitatores fuerunt per similitudinem contumaciæ, & cum illis peccaverunt, quos suis moribus retulerunt.

v. 7. Vide app. *Patres nostri in Ægypto non intellexerunt mirabilia tua, non fuerunt memores multitudinis misericordiæ tuæ.*

Et intellectum redarguit, & memoriam. Intellectu quippe vidrre debuerunt, ad quorum bonorum æternitatem, per illa temporalia vocarentur: memoria vero ad hoc saltem instrui debuerunt, ut mirabilium Dei non obliviscerentur: cum ad confirmationem eorum animum posset valere beneficiorum Dei fidelis recordatio.

Ibidem v. 7. *Et irritaverunt, ascendentes in mare, in mare rubrum.*

Ascendentes dictum est, pro terræ positione: quæ talis est, ut descensio dicatur in Ægyptum de terra Chanaan, & in eam de Ægypto ascensio.

v. 8. *Et salvavit eos propter nomen suum, ut notam faceret potentiam suam.*

v. 9. *Et increpuit mare rubrum, & siccatum est.*

Non legitur illa vox facta, qua siccaretur mare: potentia ergo qua id factum est, increpatio dicta est.

Ibidem v. 9. *Et deduxit eos in abyssis, sicut in deserto.*

Quia siccitate factum erat sicut desertum, ubi fuerunt abyssi.

v. 10. *Et salvavit eos de manu odientium, & redemit eos de manu inimici.*

Quid pretii datum est in hac redemptione? An prophetia est, quod in figura baptismi hoc factum sit, ubi redimimur de manu diaboli magno pretio, quod est sanguis Christi? Unde convenienter hoc magis mari rubro figuratum est.

Et operuit aqua tribulantes eos, unus ex eis non remansit. v. 11.

Et crediderunt in verbis ejus, & laudaverunt laudem ejus. v. 12.

Talis locutio est, cum dicitur, Illam servitutem servivit, aut, talem vitam vixit. Laudem vero Dei illam dixit, quæ cantico Exodi continetur. Exod. 15. 1.

Cito fecerunt, obliti sunt operum ejus; non sustinuerunt consilium ejus. v. 13.

Festinaverunt beati fieri temporalibus rebus, & magis concupierunt præsentia, quam futura: cum deberent de tantis erga se beneficiis intelligere, quod ad aliquam sine fine beatitudinem vocarentur.

Concupierunt concupiscentiam in deserto, & tentaverunt Dominum in inaquoso. v. 14.

Talis locutio est, Concupierunt concupiscentiam, qualis est superior, Laudaverunt laudem.

Et dedit eis petitionem eorum, & misit saturitatem in animam eorum. v. 15.

Animam hoc loco, non secundum quod rationalis est, dixit; sed secundum id quod (a) animatum corpus anima facit: ad cujus animalis sustentationem pertinet cibus & potus.

Et irritaverunt Moysen in castris, & Aaron sanctum Domini. v. 16.

Et aperta est terra, & deglutivit Dathan, & (b) superoperuit super congregationem Abiron. v. 17.

Quod est deglutivit, hoc est, superoperuit: amborum autem una erat causa, ob impium schisma.

Et exarsit ignis in synagoga eorum, & flamma combussit peccatores. v. 18.

Licet justi quoque & laudabiliter viventes, non sint absque peccato: Scriptura tamen peccatores, non levium culparum homines, sed multorum facinorum, & profundæ iniquitatis, hoc nomine appellare consuevit.

Et fecerunt vitulum in Choreb, & adoraverunt sculptile. v. 19.

Et mutaverunt gloriam suam in similitudinem vituli comedentis fœnum. v. 20.

Deus erat gloria eorum, si ejus consilium sustinerent; cui dicitur: *Gloria mea, & exaltans caput meum.* Istam gloriam suam, id est, Domini, immutaverunt in similitudinem vituli comedentis fœnum: ut ab eo comederentur, a quo comeduntur qui sapiunt secundum carnem. *Omnis enim caro fœnum.* Psal. 3. 4. Isaiæ 40. 6.

*Obliti sunt Deum, qui liberavit eos, qui fecit magnalia in Ægypto, * mirabilia in terra Cham, terribilia in mari rubro.* v. 21. & 22.

Quæ sunt mirabilia, eadem terribilia. Nulla quippe est admiratio sine quadam formidine.

Et dixit disperdere eos, si non Moyses electus ejus stetisset in confractione in conspectu ejus. v. 23.

Non ita dixit, *In confractione*, quasi ut (c) confringeret iram Dei: sed in plaga, qua erant

(a) Fortasse scripserat S. Prosper, ut in Augustino legitur, *secundum id quod animatum corpus animal facit*: cum statim de animali subjungens dicat, *ad cujus animalis sustentationem*. Non mutavimus tamen, quia non favebant Editi nostri, nec fundus omnis aberat a lectione solita.

(b) Editi simplici verbo, *operuit*. Substitui compositum, *superoperuit*, exigit expositio subsequens.

(c) Sic Lugd. Lovan. Duac. & Colon. pro *confringeret*: cujus loco posteriores editores posuere *frangeret*, quod legitur etiam apud Augustinum.

rant illi contradicendi, in qua Moyses objecit seipsum pro eis. Et demonstratum est, quantum pro malis valeat apud Dominum sanctorum intercessio.

Supra V. 14. & 20. *Ut averteret iram ejus, ne disperderet eos:* * *& pro nihilo habuerunt terram desiderabilem, non crediderunt verbis ejus.*

Nullo modo illi culparentur, quia pro nihilo habuerunt terram, cujus temporale regnum etiam nos pro nihilo habere debemus: nisi terra illa, quæ dicebatur fluens lac & mel, magni sacramenti habuisset significationem. Quod non intelligentes, nec desiderantes, sed in terrenis tantum felicitatem suam constituentes, non crediderunt verbis Dei; & pro nihilo habuerunt terram desiderabilem, id est, æternam atque cælestem.

V. 25. *Et murmuraverunt in tabernaculis suis, non exaudierunt vocem Domini.*

V. 26. *Et elevavit manum suam super eos, ut prosterneret eos in deserto:*

V. 27. *Et dejiceret semen eorum in nationibus, & dispergeret eos in gentibus.*

V. 28. *Et consecrati sunt Belphegor: & manducaverunt sacrificia mortuorum.* *

V. 29. *Et irritaverunt eum in adinventionibus suis, & multiplicata est in eis ruina.*

Suspensa fuerat ira justitiæ, & in peccatores dilata vindicta. Sed postea quam consecraverunt se idolis, & manducaverunt sacrificia mortuorum, id est, quæ mortuis hominibus immolabant; fornicationi quoque alienigenarum mulierum milituerunt, multiplicata est in eis ruina, ut ob augmentum criminum gravius vastarentur. In qua vastatione Dominum Phinees sacerdos placavit: quia masculum & feminam, in complexu adulterii deprehensos, pariter interemit: & deputatum est hoc ei ad justitiam: quia vidit Dominus, quod hoc totius populi charitate fecisset.

V. 30. *Et stetit Phinees, & placavit; & cessavit quassatio.*

V. 31. *Et reputatum est ei ad justitiam in generatione & generationem, usque in sempiternum.*

V. 32. & 33. *Et irritaverunt eum ad aquas contradictionis, & vexatus est Moyses propter eos:* * *quia exacerbaverunt spiritum ejus. Et distinxit in labiis suis.*

Sanctus Moyses perturbatus murmure populi, non tenuit fiduciam qualem debuit, & dubitanter petram virga percussit, distinguens hoc miraculum a ceteris, quasi non posset qui cetera fecerat, etiam illud efficere. Hinc ergo meruit

Deut. 3. 26. prior mori, quam terram repromissionis intraret. Cui tamen Deus tamquam electo suo, etiam post mortem, bonum perhibet testimonium; ut intelligamus, eum hujus tantum hæ-

Jerem. 15. 1. Hebr. 3. 5. reditatis privatione multatum; non autem illius æternæ, quam significabat temporalis & terrena possessio.

V. 34. *Non disperdiderunt gentes, quas dixit Dominus illis.*

V. 35. & 36. *Commixti sunt cum gentibus, & didicerunt opera eorum:* * *& servierunt sculptilibus eorum, & factum est illis in scandalum.*

Illud, quod gentes non disperdiderunt, & quod eis permixti sunt, factum est illis in scandalum.

V. 37. *Et immolaverunt filios suos & filias suas dæmoniis.*

V. 38. *Et effuderunt sanguinem innocentem, sanguinem filiorum suorum & filiarum suarum, quas sacrificaverunt sculptilibus Chanaan.*

Historia quidem talium sacrificiorum non meminit; sed nemo dubitet psalmum vera narrare.

Supra V. 28. & 29. *Et interfecta est terra in sanguinibus,* * *& contaminata est in operibus eorum.*

Tropica locutio est, qua significatur per id quod continet, id quod continetur: sicut dicimus, malam domum, in qua mali habitant; & bonam, in qua boni. (a) Interfecta ergo terra in sanguinibus, cum ipsi, qui eam habitant, interfecti sunt in animam, & contaminati in operibus suis.

Supra V. 29. *Et fornicati sunt in adinventionibus suis.*

Non sic dictæ sunt adinventiones ipsorum, quasi ab ipsis repertæ, nullo præcedente, quod sequerentur, exemplo: sed in eo dictæ sunt ipsorum, quia illas sunt imitando secuti.

V. 40. *Et iratus est furore Dominus in populum suum.*

Perturbatio iræ in Deum non cadit: sed in consuetudine loquendi, potentia vindictæ indeclinabilis hoc vocatur.

Supra V. 38. *Et abominatus est hæreditatem suam:*

V. 41. *Et tradidit eos in manus gentium, & dominati sunt eorum qui oderunt eos.*

V. 42. *Et tribulaverunt eos inimici eorum: humiliati sunt sub manibus eorum.*

Quando eos hæreditatem Dei vocat, non ad perditionem, sed ad disciplinam hæc abominatio fuit.

V. 43. *Sæpe liberavit eos: ipsi autem exacerbaverunt eum in consilio suo.*

Perniciosum consilium est hominis ipsi homini, quo ea quærit quæ sua sunt, non quæ Dei: & ideo exacerbat consilium Dei, qui seipsum suis promittit hæreditatem; ut non temporalibus bonis fieri cupiant, sed æternis.

Supra V. 43. *Et humiliati sunt in iniquitatibus suis.*

V. 44. *Et vidit cum tribularentur, cum audiret orationem eorum.*

V. 45. *Et memor fuit testamenti sui; & pœnituit eum secundum multitudinem misericordiæ suæ.*

Pœnituit, dictum est, quia sententiam, quæ eos punituros videbatur, in misericordiam vertit: quod Deus sine commutatione consilii sui facit. Quia etsi apud nos quædam ipsius judicia & opera variantur; apud ipsum tamen omnium rerum exitus præscientem, nihil nova dispositione agitur; qui fecit quæ futura sunt. Cum ergo *pœnituit eum secundum multitudinem misericordiæ suæ*; hoc fecit quod disposuerat,

(a) Hanc lectionem tuetur sanctus Augustinus hoc loco, his verbis disserens: *Putaremus Scripturis errorem, eumque diceremus pro eo quod est infecta, scripsisse interfecta, nisi haberemus testificium Dei, qui Scripturas suas in multis linguis esse voluit, atque ita esse scriptum, interfecta est terra in sanguinibus, inspectis Græcis codicibus videremus.* Græce habetur, [illegible].

rat, ut concederet quod se concessurum esse præsciebat.

v. 46. Vide app. *Et dedit eos in misericordias, in conspectu omnium qui ceperant eos.*

Bene hoc ad omnes filios promissionis refertur, qui redimuntur per sanguinem, & eruuntur de potestate tenebrarum: ut resipiscant

2. Tim. 2. 26. de diaboli laqueis, a quo captivati tenentur, ad ipsius voluntatem.

v. 47. *Salvos fac nos, Domine Deus noster; & congrega nos de nationibus.*

Idem v. 47. *Ut confiteamur nomini sancto tuo; & gloriemur in laude tua.*

v. 48. *Benedictus Dominus Deus Israel, a sæculo, & usque in sæculum.*

Id est, ab æterno usque in æternum. Quia sine fine laudabitur ab eis, de quibus dicitur,

Ps 83. 5. *Beati qui habitant in domo tua, Domine: in sæcula sæculorum laudabunt te.* Tunc enim perficietur quod in primordio Psalmi hujus oratum

v. 4. Ps 105. est, *Memento nostri Domine in beneplacito populi tui; visita nos in salutari tuo. Ad videndum in bonitate electorum tuorum, ad lætandum in lætitia gentis tuæ, ut lauderis cum*

Matth. 10. 6. *hereditate tua.* Non enim de gentibus solas congregat oves, quæ perierunt domus Israel;

Joan. 10. 16. Ibidem. sed etiam illas, quæ non sunt de hoc ovili; ut fit unus grex, ut dictum est, & unus pastor. Judæi vero computant ad suum regnum visibile illam pertinere prophetiam: quia spe invisibilium bonorum gaudere non norunt, in laqueum

Joan. 5. 43. illius ruituri sunt, de quo Dominus ait, *Ego veni in nomine Patris, & non suscepistis me: alius veniet in nomine suo, hunc suscipietis.*

Idem v. 48. *Et dicet omnis populus:*

Id est, omnis electio prædestinatorum, omnes filii promissionis, qui sunt ex circumcisione, & in præputio gens sancta, populus adoptionis.

Fiat, fiat.

PSALMUS CVI.

v. 1. *Confitemini Domino, quoniam suavis est, quoniam in sæculum misericordia ejus.*

Confiteri potest suavitatem Domini, qui gustavit. Nam quomodo dicet suave esse, quod nescit? Accedat ergo ad gustandum, ut possit ructare ad confitendum. *In sæculum* autem, id est, in æternum est *misericordia ejus*: quia æterni erunt, quorum in hoc tempore miseretur.

v. 2. *Dicant qui redempti sunt a Domino, quos redemit de manu inimicorum, de regionibus congregavit eos.*

v. 3. *Ab Oriente & Occasu, ab Aquilone & Mari.*

Redemptus quidem videtur Israel de terra Ægypti, de domo servitutis: sed hic hi vocantur redempti, qui in toto orbe terrarum, de magna & lata Ægypto, quasi per mare rubrum, baptismum sacratum Christi sanguine, liberantur. Dicant ergo Christiani, qui vocati sunt de universo mundo, *quoniam suavis Dominus, & in sæculum misericordia ejus.*

Erraverunt in solitudine, & in siccitate; viam civitatis habitationis non invenerunt. v. 4.

Esurientes & sitientes, anima eorum in ipsis defecit. v. 5.

Et clamaverunt ad Dominum cum tribularentur, & de necessitatibus eorum liberavit eos. v. 6.

Et deduxit eos in viam rectam, ut irent in civitatem habitationis. v. 7.

Confiteantur Domino misericordiæ ejus, & mirabilia ejus filiis hominum. v. 8.

Quater in hoc Psalmo repetuntur hi versus; & miserationum Domini toties facta confessio significat, unumquemque redemptorum, ut perveniat ad perfectam pacem, quatuor tentationum periculis liberari. Nam primum periculum est, devium a veritate hominem, in ignorantiæ solitudine atque errore versari, & carentem cibo potuque sapientiæ, fame sitique deficere. Sed cum hoc labore fatigatus exclamaverit ad Dominum, deducitur ad viam fidei, per quam incipiat pergere ad civitatem quietis, & confiteatur Domino miserationes ejus, & mirabilia ejus filiis hominum.

Quoniam satiavit animam inanem, & animam esurientem implevit bonis: v. 9.

Sedentes in tenebris & in umbra mortis, compeditos in mendicitate, & in ferro. v. 10.

Quoniam exacerbaverunt eloquia Dei, & consilium Altissimi irritaverunt. v. 11.

Et humiliatum est in laboribus cor eorum: infirmati sunt, nec fuit qui adjuvaret eos. v. 12.

Sicut prima tentatio fuit erroris & famis in ignorantia veritatis; ita postea quam quis agnoverit viam Christi, & nosse cœperit quid sibi credendum, quidve faciendum sit, laboribus secundæ tentationis excipitur: ut cum vult quasi viribus suis contra peccata confligere; (a) inveniat cupiditatum (b) difficultatibus præpeditum, & non posse viam quam didicit, propter compedes, ambulare. Exclamet ergo & in hac tribulatione, & de gratia Dei poscat auxilium: ut ruptis vinculis impossibilitatis suæ, ad recte agendum accipiat facultatem; quam utique posset Dominus, remotis obstaculis, sponte prævenire; nisi utile esset homini, experiri infirmitatem suam, & de bonis operibus, non in se, sed in Domino gloriari: ut noverit confiteri Domino miserationes ejus, (c) cujus munera accipit, ut cupiditates suas possit evincere.

Et clamaverunt ad Dominum cum tribularentur, & de necessitatibus eorum salvavit eos. v. 13.

Et eduxit eos de tenebris & umbra mortis, & vincula eorum disrupit. v. 14.

Confiteantur Domino misericordiæ ejus, & mirabilia ejus filiis hominum. v. 15.

Quia contrivit portas æreas, & vectes ferreos confregit. v. 16.

Suscepit eos de via iniquitatis eorum; propter injustitias enim suas humiliati sunt. v. 17.

Quia

(a) Supple pronomen *se*, ut in Augustino, *inveniet ergo se ligatum* &c.

(b) Augustinus dicit, *laborat Dominus de necessitatibus, rumpit vincula difficultatis*: & supra, *cupiditatum difficultatibus præpeditum* ajebat S. Prosper.

(c) Forte, *cujus munere accipit*. Edit omnes habent, *cujus munera accipit*.

Quia prius quam a dominatione peccati per gratiam liberarentur, suam volebant justitiam constituere, ignorantes Dei justitiam: humiliati ergo sunt per experimenta impossibilitatis suæ, & invenerunt se sine Dei adjutorio nihil posse. Sed tertia eos tentatio suscipit, quæ infert fastidium verbi Dei. Plerumque enim, quam ignorantia & concupiscentia non extinxit, inedia & tædium, & fastidii languor occidit: nisi forte non est periculum, quando nec in lectione, nec in oratione est delectatio. Rom. 10. 3.

v. 18. *Omnem escam abominata est anima eorum; & appropinquaverunt usque ad portas mortis.*

[illegible] Sicut corpori noxium est corporalem escam non posse percipere, ita animæ periculosum, spiritales delicias fastidire.

v. 19. *Et clamaverunt ad Dominum cum tribularentur; & de necessitatibus eorum liberavit eos.*

v. 20. *Misit verbum suum, & sanavit eos: & eripuit eos de corruptela eorum.*

Quædam mentis corruptela est, cum salubria & suavia non amantur: ergo & de hoc liberari malo, plurimum bonum est.

v. 21. *Confiteantur Domino misericordiæ* (a), *& mirabilia ejus filiis hominum.*

v. 22. *Et sacrificent sacrificium laudis; & annuntient opera ejus in exultatione.*

Non cum tædio, non cum mœrore, non cum anxietate, sed *in exultatione*. Verum superest quarta tentatio, & quæ ad præsidentes & ad subditos pertinet: quoniam cum gubernator tempestate urgetur, omnes qui simul navigant, eodem periculo premuntur, & simul in portu sedata tempestate salvantur. Denique sequitur.

v. 23. *Qui descendunt in mare in navibus, facientes operationem in aquis multis,*

v. 24. *Ipsi viderunt opera Domini, & mirabilia ejus in profundo.*

Quorum ergo opera est ut populos regant, hi de profundo cordis humani tempestates seditionum & dissensionum frequenter exortas, quæ navem possint perturbare, patiuntur: & agnoscunt ideo Deum sinere, ut hæc fiant, ut probati manifestiores fiant, & ut ipse in pectoris a fidelibus invocetur. 1. Cor. 11. 19.

v. 25. *Dixit, & stetit spiritus procellæ.*

Id est permansit & perduravit, ut turbati vehementius supplicarent.

Ibid. v. 26. *Et exaltati sunt fluctus ejus.*

Ascendunt usque ad cælos, & descendunt usque ad abyssos: anima eorum in malis tabescebat.

v. 27. *Turbati sunt, & moti sunt sicut ebrius: & omnis sapientia eorum* (b) *exorta est.*

Qui sedent ad gubernacula, & navem fideliter agunt, vim hujus perturbationis agnoscunt. Quoniam plerumque talibus scandalis exagitatur Ecclesia, ut præsidentium corda deficiant. Et quid restat, nisi quod sequitur?

v. 28. *Et clamaverunt ad Dominum, cum tribularentur; & de necessitatibus eorum eduxit eos.*

v. 29. *Et imperavit procellæ, & stetit in auram, & siluerunt fluctus ejus.*

v. 30. *Et lætati sunt quoniam siluerunt, & deduxit eos in portum voluntatis eorum.*

v. 31. *Confiteantur Domino misericordiæ,* (c) *& mirabilia ejus filiis hominum.*

Ubique omnino *confiteantur Domino*, non merita nostra, non vires nostræ, non sapientia nostra; sed *misericordiæ ejus*. Ille ametur in omni nostra liberatione, qui est invocatus in omni tribulatione.

v. 32. *Exaltent eum in ecclesia populi, & in cathedra seniorum laudent eum.*

Jam ergo dubium non est, quod omnes supra dictæ tentationes, tribulationes, liberationes, in Ecclesia aguntur. Quid ergo in hac Ecclesia operatus est Dominus, nisi ut superbis resisteret, humilibus autem daret gratiam? qui Judæos extollentes se de genere Abrahæ, & de legis eloquiis, sprevit; & amputatis naturalibus ramis, oleastrum oleæ inseruit, & de omnibus gentibus, Abrahæ spiritale semen elegit. Jac. 4. 6. Rom. 11. 17.

v. 33. *Posuit flumina in desertum, & exitus aquarum in sitim:*

v. 34. *Terram fructiferam* (d) *in salinis, a malitia inhabitantium in ea.*

Propter hanc superbam malitiam, Judæos deseruit gratia, & facta est terra eorum sterilis atque deserta. Quia omnis prophetia, omne sacrificium, omnia ibi sacramenta cessarunt, & ad humilitatem gentium transierunt.

v. 35. *Posuit desertum in stagna aquarum, & terram sine aqua in exitus aquarum.*

v. 36. *Et habitare fecit illic esurientes.*

Opera gratiæ narrantur, quæ effusa est in nationes immundas prius, atque desertas, & a cultu veritatis alienas. Act. 10. & 11.

Ibid. v. 36. *Et constituerunt civitatem habitationis.*

Quoniam cælestem Jerusalem jam (e) spontè obtinet, qui fide justificatus est.

v. 37. *Et seminaverunt agros, & plantaverunt vineas, & fecerunt fructum frumenti.*

De quo gaudet ille operarius, qui dicit, *Non quia quæro datum, sed requiro fructum.* Philip. 4. 17.

v. 38. *Et benedixit eos, & multiplicati sunt nimis: & jumenta eorum non sunt diminuta.*

Jumenta & pecora dicuntur in Ecclesia, simpliciter ambulantia, sed utilia: non multum docta, sed fide plena. Ergo & spiritales & carnales benedixit Deus, & multiplicavit, ita ut non minuerentur.

v. 39. *Et pauci facti sunt, & vexati sunt a tribulatione malorum & dolorum.*

Eccle-

(a) Hic editi nostri antiquiores omittunt vocem illam *ejus*, quæ supra legebatur, & in Augustino non omittitur.

(b) Lege, *absorpta est*. Errorem que agnosce in antiquis Editis: sic enim legit post Augustinum Vulgata nostra.

(c) Iterum omissum, *ejus*, ut supra in Editis omnibus antiquioribus erratis: cum tamen legatur utrobique apud Augustinum.

(d) Augustinus legit, *in salinas*. Libri nostri omnes, *in salsugine*: cum infrequentes auctoribus antiquis casum sextum usurpare pro quarto. Quod alibi apud Auctorem nostrum notare non erit difficile.

(e) Non dubitamus hoc pro *sponte obtinet*, legendum fore *spe obtinet*, si Editi suffragarentur. Augustinus enim ait, *Interim habitationis in spe constituunt. Qui me audit, inquit, habitabit in spe; & Apostolus, Spe salvi facti sumus.* Rom. 8. 24.

Ecclesia catholica in electis suis, praecognitis a Deo, filiis promissionis, membris corporis Christi, non minuitur, nec ad paucitatem redigitur: quia ipsi vere sunt; aut cum lapsi fuerint, reparantur ac permanent, & semper multi sunt, quia de numero eorum nihil perit. Qui ergo in hanc soliditatem aeternae multitudinis, aut non introierunt, aut cum viderentur introisse, ab eadem recesserunt, ipsi pauci facti sunt: quia ab illa, quae permanet, Supr. ad v. 14. multiplici unitate divisi sunt. Numquam enim multi sunt, qui ad non esse tendunt. Et quid tam obnoxium paucitati, quam quod est debitum perditioni?

V. 40. *Effusa est contemptio super principes.*

Haeretici & schismatici ab Ecclesia reprobati: & ideo magis contempti, quia principes esse voluerunt.

Ibid. v. 40. *Et seduxit eos in invio, & non in via.*

Illi qui ad civitatem habitationis tendebant, directi sunt & deducti: isti autem civitatem sanctam, id est, Ecclesiam catholicam deserentes, per erroris sui invium abire permissi sunt, & suae sunt traditi voluntati. Deus enim non deceptionis malignitate (a) seducit; sed judicii veritate discernit.

V. 41. *Et adjuvit pauperem de mendicitate.*

Pauper & mendicus est ille, qui nihil sibi tribuit; sed totum de misericordia Christi exspectat, ante Dominicam januam quotidie clamans, & pulsans, ut ei aperiatur, & ut ejus nuditas veliatur.

Ibid. v. 41. *Et posuit sicut oves (b) familias.*

Hunc quasi unum pauperem, & unum mendicum adjuvit Deus, eumque in familias multiplicavit, id est, unam Ecclesiam, unam plebem, unam ovem in latitudinem totius orbis extendit.

V. 42. *Videbunt recti, & jucundabuntur, & omnis iniquitas oppilabit os suum.*

Iniquitas illa garriens contra unitatem, convicta a veritate, obstruet os suum, non habens quod loquatur.

V. 43. *Quis sapiens? & custodiet haec, intelliget miserationes Domini.*

Quid custoditurus est sapiens, nisi ut sit pauper, non dives, id est, non sit superbus, non sit inflatus? Qui haec custodiens intelliget miserationes Domini; non consilia sua, non vires suas, sed miserationes Domini: qui errantem & egentem in viam deduxit, & pavit; qui pugnantem adversum difficultatem peccatorum, & colligatum vinculis (c) sollicitudinis, solvit & liberavit; qui fastidio languentem & prope morientem, (d) misso verbi suavitate recreavit; qui periclitantem inter naufragia scandalorum, a discrimine maris in portum deduxit tranquillitatis; qui eum denique constituit in eo populo, ubi humilibus dat gratiam; non in illo, Jac. 4. 6. ubi superbis resistit: & fecit eum sicut oves, ut intus manens multiplicaretur, non ut foras exiens minueretur.

PSALMUS CVII.

PSalmus autem centesimus-septimus praetermissus est: quia in posterioris quinquagesimi-sexti, & in quinquagesimi-noni, (e) videtur expositus. Itaque incipit.

PSALMUS CVIII.

Deus laudem meam ne tacueris: quia os peccatoris, & dolosi super me apertum est. V. 1.

PSalmum istum de Christo habere prophetiam, quisquis Actus Apostolorum fideliter legit, agnoscit; ubi evidenter ostenditur, de Juda traditore Domini prophetatum, quod hic scriptum est, *Fiant dies ejus pauci, & episcopatum ejus accipiat alter.* Sed si de uno (f) V. 8. Act. 1. 20. illa omnia, quae hic in malo dicta sunt, conemur accipere, expositionis ratio vacillabit. Melius ergo universa clarebunt, si quaedam ad omne genus inimicorum Christi, quorum Judas primatum gerit, quaedam autem ad ipsum Judam proprie pertinere intelligantur.

Vox ergo Domini est: DEUS *laudem meam ne tacueris.* Laus vero ipsius vera & maxima V. 2. est, qua, hoc ipsum quod est, unigenitus Dei Filius praedicatur. Contra quem os dolosi peccatoris erupit, cum virtus (g) sua infirmitatis carne tegeretur.

Locuti sunt adversum me lingua dolosa. V. 3.

Tunc utique, quando eum tamquam magi- Matth. 22. 16. strum bonum captiosa adulatione laudabant.

Et sermonibus odii circumdederunt me, & expugnaverunt me gratis. Ibid. v. 3.

Illi qui dolose antea loquebantur, postea in me aperti odii vocibus saevierunt gratis: quia cau-

(a) Ita manifeste legendum suadet sensus loci, & versus Psalmi qui explicatur: non vero ut habet Edit., malignitates efficit: quod errore Typographico in primam editionem facile invectum, in posterioribus omnibus incorrectum remansit.

(b) Editionem nostram omnes hoc in ore habent indicant aliam lectionem, qua pro *familias*, legatur *patrias*.

(c) Augustinus dicit, *vinculis consuetudinis.* Editi omnes Prosperiani, *vinculis sollicitudinis.*

(d) Apud Augustinum, *misso medicinae verbo suo.*

(e) Supple verum, *posterioris partibus.* Nam nec S. Augustinus hunc psalmum cvii. exponendum putaverat. *Quoniam, sit, jam expositi sunt in Psalmo quinquagesimo sexto, & in Psalmo quinquagesimo nono, ex quorum posterioribus partibus ille constat. Nam posterior pars quinquagesimi sexti prima est hujus asque ad eum versum, ubi dicitur, & super omnem terram gloria tua. Hinc autem usque in finem, posterior pars est quinquagesimi noni.* Ex his tamen verbis, ut solitum, non recte inferri posset S. Prosperum, de toto Augustini opere in Psalmos expositiones illo breviori stylo collegisse: cum certe, si non totius Psalmos ... reliquisset, hunc qui illas ... partes expositos, expositionem aliis ... exponere non neglexisset.

(f) Forte, *de uno illo*; ut August. *de illo uno dicuntur.*

(g) Subjiciamus legendum, *mox*, seu, *ejus infirmitatis carne tegeretur*, aut aliud quid supplendum. Augustini verba cui haec respondent talia sunt. *Hoc autem* (scilicet, quod est unigenitus Dei Filius,) *non apparebat, sed apparente infirmitate ejus latebat, cum os peccatoris & os dolosi super eum apertum est, quia aperta virtus hujus fuit.*

caussam inimicitiae meo habuerunt, nisi iniquitatem suam; & nullo sibi proposito commodo, gratuito maligni & crudeles fuerunt.

V. 4. *Pro eo ut diligerent me, detrahebant mihi.*

Non parvum aliquid putari debet, quia non ait, Pro eo ut diligerent me, interficiebant me; sed, *detrahebant mihi.* Ideo quippe interfecerunt, quia detraxerunt, negantes Filium Dei, & dicentes quod *in principe daemoniorum ejicit daemonia*; &, *daemonium habet, & insanit, quid eum auditis?* & cetera talia. Qua detractione avertebant ab eo quorum conversionem ille quaerebat: quod nocentius erat, quam quod mox resurrecturum parabant occidere.

Ibid. V. 4. *Ego autem orabam.*

Non quidem dixit, quid orabat: sed illud intelligimus, quod in cruce pendens ait, *Pater, ignosce illis; quia nesciunt quid faciunt.* (a) Quam bene intelligitur pro discipulis suis orasse, quod etiam ante Passionem suam dixit, ne deficeret fides eorum, quando ipse fixus in ligno non utebatur potentia sua, sed patientiae praebebat exemplum: ne inimicos suos divina potestate delendo, ad hoc nos aedificaret, ut impatienter festinaremus de his, quos malos patimur, vindicari; cum Scriptum sit, *Melior est patiens, quam fortis.*

V. 5. *Et posuerunt adversum me mala pro bonis, & odium pro dilectione mea.*

Quamvis voluntaria sit poena patientis, hoc est tamen maximum persequentium crimen, quod bonitati malitiam, & dilectioni odia reddiderunt: pro qua impietate quid recepturi sint, optantis similitudine incipit prophetare. Non autem poenam reorum concupiscit Deus, tamquam exsaturari desideret ultione; sed quod justum est, cum tranquillitate disponit; ut etiam mali non sint inordinati.

V. 6. *Constitue super eum peccatorem, & diabolus stet a dextris ejus.*

Cum superius querela de pluribus fuerit, nunc de uno loquitur Psalmus, & in unius intellectum personam ultio futura disponitur: non quia illi extra supplicium sint futuri; sed quia in caput sceleris haec fertur sententia, quae consortes impietatis non omittit in ultione, quos damnat in principe. Quid est ergo, *Constitue super eum peccatorem,* nisi, ut ei diabolus praesit, cui ipse se subdidit; & ipsum in dextris habeat, quem elegit? Quia cuicumque, sive in bono, sive in malo, hoc fit dextrum, quod omnibus praefert.

V. 7. *Cum judicatur, exeat condemnatus, & oratio ejus fiat in peccatum.*

Judas non potuit orare per eum, quem vendidit. Oratio quae non fit per Christum, non solum non potest delere peccatum, sed etiam ipsa fit ad peccatum.

V. 8. *Fiant dies ejus pauci.*

Id est, dies apostolatus ejus.

Ibid. V. 8. *Et episcopatum ejus accipiat alter.*

Act. 1. 16. Hoc ita factum esse, ut prophetatum est, Actus Apostolorum loquuntur.

V. 9. *Fiant filii ejus orphani, & uxor ejus vidua.*

Mortuo ipso, utrumque facturo est.

V. 10. *Nutantes transferantur filii ejus, & mendicent.*

Nutantes, incerti quo eant.

Ibid. V. 10. *Ejiciantur de habitationibus suis.*

Hoc est quod supra dixerat, *transferantur.*

V. 11. *Scrutetur fenerator omnem substantiam ejus, & diripiant alieni labores ejus.*

V. 12. *Non sit illi adjutor, nec sit qui misereatur pupillis ejus.*

Id est, nec adjutorem habeat, nec tutorem. (b)

V. 13. *Fiant nati ejus in interitum, in una generatione deleatur nomen ejus.*

Id est, ut quod de eo generatum est, jam non generet, & cito transeat.

V. 14. *In memoriam redeat iniquitas patrum ejus in conspectu Domini, & peccatum matris ejus non deleatur.*

Si Judas maneret in eo ad quod vocatus est, nullo modo ad eum vel sua praeterita, vel parentum iniquitas pertineret. Quia autem non tenuit adoptionem in familia Dei, sed ... potius vetusti generis (c) elegit; ... iniquitas patrum ejus in conspectu Domini, ut ... eo etiam ipse puniretur, & peccatum matris ejus non est in eo deletum.

V. 15. *Fiant contra Dominum semper, & dispereat de terra memoria eorum.*

Ibid. sup. *Fiant contra Dominum*, dixit, non ut Domino adversentur; sed ut sint in conspectu Domini, ne ulla meriti ipsorum fiat oblivio. *Dispereat* autem *memoria eorum* in eo, ut nomen ipsorum, nulla succedente generatione, deficiat. Si autem quaeritur an credibile sit, miserias viventium posterorum ad poenam mortui pertinere: sequestrata omni disputatione, quae de hoc multiplex oritur, recte credimus haec quae per Spiritum sanctum prophetata sunt, accidisse: ac si possit asseri, quod defunctos (d) vivorum poena non cruciet; in Judam tamen scelestissimum eam damnationem esse prolatam, ut inter supplicia sua, etiam suorum miseria infelicior fieret, & generationis suae semper doleret interitum. Haec sane omnia quae in Judam dicta sunt, etiam in Judaeorum populum prophetata intelliguntur. Quia & super ipsum constitutus est peccator, id est, diabolus, cui se subdidit: & idem stat a dextris ejus, quem praetulit Salvatori: & ipse in judicio condemnabitur, quia perseverando in impietate, (e) thesaurizat sibi iram in die irae. *Et oratio ejus fit in peccatum*: quia non fit per mediatorem Dei & hominum, hominem Christum Jesum, & sacerdotem in aeternum, secundum ordinem Melchisedech. Et facti sunt *dies ejus pauci*, quod de regno ipsorum accipiendum est, quia non diu mansit post crucem Christi. *Et episcopatum ejus acci-*

Rom. 2. 5. 1. Tim. 2. 5.

Hebr. cap. 6.

(a) In Augustino, *Quamquam*. Editi nostri omnes *Quam*.

(b) Augustinus hoc intelligit, *ad tuendam ejus posteritatem dici*.

(c) Forte, *elegit*, ut in Augustino: et Editi omnes, *elegerit*.

(d) Edit. Lov. Duac. & Colon. male, *vivorum*: Lugd. edit. *viventium*.

(e) In Augustino, *thesaurizat*.

accipiat alter: quoniam Christum, qui non venerat, nisi ad oves perditas domus Israel, respuerunt. Facti sunt quoque *filii eorum orphani:* de quibus dictum est, *filii autem regni ibunt in tenebras exteriores*, qui utique Deum Patrem bene intelliguntur (a) omisisse. Qui enim Filium non habet, ait Veritas, nec Patrem habet. *Et uxor ejus vidua.* Uxor regni plebs intelligi potest, quæ amisso (b) ipso regno vidua facta est. Nutantes transferantur filii ejus, & mendicent. Nutantes quippe periculis, debellati sunt filii ipsius regni: qui ostenduntur mendicare, quia non domum est, eos ad alienam misericordiam vivere. *Ejiciantur*, inquit, *de habitationibus suis:* & ita factum est. *Scrutetur fœnerator omnem substantiam ejus;* ut scilicet omnis vita eorum, quæ substantiæ nomine significata est, inquiratur, & nullius debiti, id est, peccati eorum, remissio fiat: quia illum respuerunt, in quo solum est abolitio peccatorum. *Et diripiant alieni labores ejus:* diabolus, & angeli ejus, rapiant fructus operum sibi impendiorum. *Non sit illi adjutor.* A quo enim juvari potest, qui non habet Christum? *Nec sit qui misereatur pupillis ejus.* Quia amisso Deo Patre, cujus Filium persecuti sunt, non habent qui eorum misereatur, non ad temporalem vitam sumendam, vel sustentandam; sed ad veram vitam, id est, æternam. *Fiant nati ejus in interitum:* utique sempiternum. *In generatione una deleatur nomen ejus.* Quia generati sunt, non regenerati; ideo in una generatione (c) deleatur. *In memoriam redeat iniquitas patrum ejus in conspectu Domini:* ut reddat eidem populo Dominus perseveranti in malitia, etiam patrum iniquitatem. *Peccatum matris ejus non deleatur.* Peccatum (d) in Jerusalem, quæ servit cum filiis suis, quæ interficit Prophetas, & lapidat missos ad se. *Fiant contra Dominum semper:* iniquitas & peccatum eorum a conspectu Domini non auferatur, Deo in æternum vindicante. *Et dispereat de terra memoria eorum.* Terra Dei, ager Dei, Ecclesia Dei est, de qua terra perit memoria eorum: quia cum essent rami naturales, propter incredulitatem fracti sunt.

Pro eo quod non est recordatus facere misericordiam.

Sive Judas, sive ille populus. Sed melius de populo accipitur, qui recordari potuit pœnitendo, quod occiso Christo, saltem in discipulos & membra ejus sævire non debuit.

Quia persecutus est hominem pauperem & mendicum.

Non enim dedignatus est Dominus pauper fieri, cum dives esset, ut illius paupertate nos ditaremur. Mendicum autem in eo intelligi potest, quod Samaritanæ mulieri dixit, *Da mihi bibere;* vel quod in cruce ait; *Sitio:* quæ verba tamquam indigentis sunt.

Et compunctum corde mortificare.

Cordis compunctio, quæ proprie ad conversos a peccatis pertinet, non convenit Christo, qui solus exstitit absque peccato. In membris itaque suis pœnitentiam agentibus, & ad caput suum cum compunctione redeuntibus, ipse quoque erat compunctus corde: quia non aberat a capite, quod gerebatur in corpore, in quo usque in finem patitur persequentes.

Et dilexit maledictionem, & veniet ei. V. 16.

Quamquam & Judas maledictionem dilexerit, vendendo atque tradendo ipsum benedictionis auctorem: apertius tamen ille populus maledictionem dilexit, quando dixit, *Sanguis hujus super nos, & super filios nostros.*

Et noluit benedictionem, & elongabitur ab eo.

Et Judas quidem benedictionem abjecit in Christo: sed apertius eam populus refutavit, quando illi illuminato dicerent, *Numquid & tu discipulus ejus vultis fieri?* respondit, *Tu sis discipulus ejus.* Et longe facta est ab eo benedictio, quia transivit ad gentes.

Et induit maledictionem, sicut vestimentum.

Sive Judas, sive ille populus.

Et intravit sicut aqua in interiora ejus.

Ergo, & foris, & intus: foris, sicut vestimentum; intus, sicut aqua. Quoniam in ejus incidit judicium, qui potest & corpus & animam occidere in gehennam.

Et sicut oleum in ossibus ejus.

Ostendit impium hominem, vel populum, cum voluptate mala facere; & iniquitate intus, quasi aqua; & foris, quasi oleo delectari. Quæ actio ideo maledictio dicitur, quia talibus Deus æterna tormenta denunciat.

Fiat ei sicut vestimentum quo operitur.

Apertior malitia est, qua se peccator quasi pallio tegit, & inde opertus videtur, unde etiam in oculis hominum gloriatur; malum se dissimulans, sed ostentans.

Et sicut zona, qua semper præcingitur.

Maledictione se præcingit, quia malum non repentinum, sed dispositum aggreditur: & ita discit malefacere, ut semper paratus sit.

Hoc opus eorum, qui detrahunt mihi apud Dominum.

Hi sunt qui detrahunt Christo (e) ipsi, quem lex Domini & Prophetæ prænuntiarunt.

Et qui loquuntur mala adversus animam meam.

Negando eum posse resurgere: cum dicat, *Potestatem habeo ponendi animam meam, & potestatem habeo iterum sumendi eam.*

Et tu Domine, Domine, fac mecum.

Quidam subaudiendum putarunt, *misericordiam:* quidam & addiderunt. Sed emendatiores codices sic habent, *Et tu Domine, Domine fac mecum, propter nomen tuum.* Unde intelligendum est, ideo dixisse Filium Patri, *Fac mecum,*

(a) Ita quidem Editi omnes Prosperiani. At legi convenit ut in Augustino, *amisisse*.

(b) Augustinus, *ipso regno*.

(c) Augustinus, *deleatur*. Editi omnes nostri, *deleatur*.

(d) Melius omittitur præpositio *in:* (*Peccatum Jerusalem*, apud Aug.) quæ habetur in Editis nostris.

(e) Sic editiones Lov. Duac. & Colon. At Lugd. editio habet, *qui detrahunt Christo, ipsum:* quod tale, si alicujus codicis auctoritate sic emendari queat, diceret ipsum non esse quem lex Domini & prophetæ prædicarunt, ut habet locus Augustini a Prospero nostro inspectus.

rum, quia eadem sunt opera Patris & Filii, quod etiam (a) misericordia sentiri potest. Sequitur enim:

Ibid. ŷ. 27. [illegible] *Quia suavis est misericordia tua.*

Quia misericordiam recte intelligimus & Patrem & Filium simul facere in vasa misericordiæ. Potest autem & sic intelligi quod ait, *Fac mecum*; ac si diceret, Adjuva me. Pater quippe adjuvat Filium, in quantum Deus hominem, propter formam servi. Nam in ea forma, in qua æqualis est Patri, non indiget adjuvari: quia utrisque unum opus est, & par atque inseparabilis potestas. Egestas & paupertas susceptæ infirmitatis est, ex qua crucifixus est.

ŷ. 22. *Libera me, quia egenus & pauper sum ego: & cor meum turbatum est in me.*

Secundum illud quod propinquante Passione

Matth. 26. 38. ait, *Tristis est anima mea usque ad mortem.*

ŷ. 23. *Sicut umbra cum declinat, ablatus sum.*

In hoc ipsam mortem significavit. Sicut enim ex umbra declinante fit nox, ita (b) mortali carne fit mors.

Ibid. ŷ. 23. *Excussus sum sicut locustæ.*

Jam hoc in membris ejus convenienter intelligimus. Excussi enim, id est fugati sunt a persecutoribus fideles ejus: quorum vel multitudinem significare voluit in nomine locustarum, vel quod transilierunt de loco in locum.

ŷ. 24. *Genua mea infirmata sunt præ jejunio, & caro mea immutata est propter oleum.*

Propter oleum, propter gratiam spiritalem. Quia cum caro ejus mutata esset per gloriam resurrectionis, cumque ascendisset ad Patrem, misit Spiritum-sanctum ad ungendos credentes, quorum stabilitas, quæ ablato sibi pane, id est, Christo, quasi jejunio fuerat infirmata; accepto dono Spiritus sancti valida effecta est: ut in suis afflictionibus non vincerentur, quæ in Domini passione defecerat.

ŷ. 25. *Et ego factus sum opprobrium illis.*

Galat. 3. 13. Per mortem crucis. *Christus enim nos redemit de maledicto Legis, factus pro nobis maledictum.*

Ibid. ŷ. 25. *Viderunt me, & moverunt capita sua.*

Quia viderunt in ligno pependisse, & non viderunt de sepulcro resurrexisse.

ŷ. 26. *Adjuva me, Domine Deus meus, salvum me fac propter misericordiam tuam.*

Hoc & ad caput referendum est, propter formam servi, & ad corpus, propter servos. Potuit enim & in ipso dicere Dominus, *Adjuva me, & salvum me fac*, quando (c) dixerat,

Act. 9. 4. *Quid me persequeris?* Quod autem ait, *secundum misericordiam tuam*, gratuitam gratiam commendavit.

ŷ. 27. *Et sciant quia manus tua hæc, & tu Domine fecisti eam.*

De eis dixit, *sciant*, pro quibus sævientibus & oravit: quia inter illos erant etiam hi, qui in eum postea crediderunt. Manus autem Dei Christus est, sicut dictum est, *Et brachium Domini cui revelatum est?* Hæc ergo manus erat, & fecit eum. Quia *In principio erat Verbum, & Verbum caro factum est.* Isai. 53. 1. Joan. 1. 1. & 14.

Maledicent illi, & tu benedices. ŷ. 28.

(d) Vana est ergo maledictio filiorum hominum, diligentium vanitatem, & quærentium mendacium. Deus autem cum benedicit, facit quod dicit. Psal. 4. 3.

Qui insurgunt in me, confundantur. Ibid. ŷ. 28.

Qui se adversum me proficere arbitrantur, cum exaltatus fuero super cælos, & effusa fuerit super omnem terram gloria mea, confundentur.

Servus autem tuus lætabitur. Ibid. ŷ. 28.

Sive in dextera patris, sive in suis membris, & nunc in spe, & post in æternum.

Induantur qui detrahunt mihi pudore. ŷ. 29.

Id est, pudeat eos detraxisse mihi. Sed hoc potest bonum esse correctis.

Et operiantur sicut diploide, confusione sua. Ibid. ŷ. 29.

Diplois pallium duplex est, per quod inimicis Christi duplex denuntiatur confusio; hoc est, intus & foris, coram Deo scilicet, & coram hominibus.

Confitebor Domino nimis in ore meo, & in medio multorum laudabo eum. ŷ. 30.

In medio multorum laudabo eum: accipi potest Christus, quia ipse in Ecclesia præsens est, usque ad consummationem sæculi. *In medio* autem esse dicitur, cui præcipuus honor præbetur. Si vero cor hominis quasi medium ejus est, rectissime intelligitur, quod in multorum cordibus, id est, in multorum medio laudatorem sit Dominum. Habitat enim Christus per fidem in cordibus nostris. Et ideo ait, *in ore meo*, id est, in ore (e) cordis mei, quod est Ecclesia. Matth. 18. 20. Ephes. 3. 17.

Qui adstitit a dextris pauperis, ut salvam faceret a persequentibus animam meam. ŷ. 31.

De Juda dictum erat, *Et diabolus stet a dextris ejus*; qui suas divitias volebat augere, Christo vendito. Hic autem Dominus *adstitit a dextris pauperis*, ut divitiæ ejus sit ipse Dominus. Salva fiet autem a persequentibus anima, si non eis consentiatur ad malum: non autem eis consentitur, cum Dominus adsistit a dextris pauperis: ut ipsa paupertate, id est, infirmitate suscipiat. ŷ. 6.

PSALMUS CIX.

Dixit Dominus Domino meo, Sede a dextris meis: ŷ. 1.

Donec ponam inimicos tuos, scabellum pedum tuorum. Ibid. ŷ. 1.

DOminus noster Jesus Christus cum a Judæis quæreret, cujus filium esse dicerent Christum, & respondissent, David: continuo illis respondentibus ait, *Quomodo ergo David in spiritu dicit eum Dominum* (f), *Dixit Dominus* Matth. 22. 41. &c.

(a) Forte, de misericordia. Aug. Ubi etiam si misericordiam intelligamus.

(b) Apud August. ex mortali carne.

(c) In Augustino, dixit. Editi omnes nostri, dixerat.

(d) Editi nostri habebant, Vas est ergo. Sed certe manifesto; pro quo legendum ducit, Vana est ergo, locus ipse ut jacet in Augustino.

(e) Apud Augustinum, corporis mei.

(f) Hic in editis Prosperianis deest vox, dicens, quæ non omittitur in Augustini opere, nec in textu Evangelico, tam Græco quam Latino.

mino meo, Sede a dextris meis: donec ponam inimicos tuos sub pedibus tuis? Si ergo in Spiritu vocat eum Dominum, quomodo filius ejus est? Judæi sub hac interrogatione tacuerunt; ipsum quoque esse Dominum & filium David non agnoverunt, nec agnoscere voluerunt; & maluerunt inflata taciturnitate disrumpi, quam humili confessione eruditionem mereri. Nos autem Evangelio ipsius veritatis edocti, novimus Jesum Christum & Dominum esse
Joan. 1. 1. & seq. David, secundum quod *In principio erat Verbum, & Verbum erat apud Deum, & Deus erat Verbum; hoc erat in principio apud Deum. Omnia per ipsum facta sunt, & sine ipso fa-*
Ibidem v. 14. *ctum est nihil:* & filium esse David, secundum quod *Verbum caro factum est, & habitavit in nobis*. Novimus Dominum David, quia, *Cum esset in forma Dei, non rapinam arbitratus est*
Philip. 2. 7. *esse se æqualem Deo*. Et novimus filium David, quia *semetipsum exinanivit formam servi accipiens*. Hoc ergo & David ipse in spiritu videns, initio Psalmi hujus effatus est, dicens, *Dixit Dominus Domino meo, Sede a dextris meis: donec ponam inimicos tuos scabellum pe-*
Matth. 22. 44. *dum tuorum*. Sedet autem Christus ad dexteram Patris post resurrectionem a mortuis, & ascensionem in cælum. Unde etiam eo ipso quo erat Christus filius David, factus est dominus David. Illud enim quod natum est ex semine David, ita honoratum est, ut ei cum esset filius, esset & Dominus. Secundum hanc enim dispensationem, etiam ab Apostolo de Christo
Philip. 2. 9. dicitur, *Propter quod eum exaltavit a mortuis, & donavit illi nomen quod est super omne nomen, ut in nomine Jesu omne genu flectatur, cælestium, terrestrium, & infernorum; & omnis lingua confiteatur, quoniam Dominus Jesus in gloria Dei Patris est*. Sedet autem Dominus ad dexteram Patris, & inimici ejus subjiciuntur sub pedibus. Omnis enim qui ei adversatur, erit ejus subditus, aut per correctionem, aut per condemnationem. Nam necesse est, ut omnis aut adoptatus, (a) aut victus sub pedibus ejus sit, sive per gratiam, sive per pœnam.

v. 2. *Virgam virtutis tuæ emittet Dominus ex Sion.*

Quæ est Sion, ipsa est Jerusalem: ex qua pronunciatur emittenda virga virtutis Christi, id est, regnum potentiæ ejus, quod regnum incipit a Christianis, & non habet finem. Nam secundum quod est Verbum Patris, unius deitatis & omnipotentiæ, semper cum Patre regnavit. Hoc ergo regnum, quod mediator Dei & hominum homo Christus acquirit, incipit
Luc. 24. 47. ab Jerusalem: quia inde in totum mundum virtus & potestas Evangelicæ prædicationis emissa est.

Ibidem v. 2. *Dominare in medio inimicorum tuorum.*

Tu, inquit, fili David, & Domine David, in medio paganorum, in medio Judæorum, in medio hæreticorum, & in medio fratrum falsorum dominare. Quod fieri quotidie videmus,
Luc. 21. 24. donec impleantur tempora Gentium. *Cæcitas enim ex parte in Israel facta est, donec pleni-* Rom. 11. 25.
tudo Gentium intraret; & sic omnis Israel salvus fieret; & dominaretur Christus in medio inimicorum suorum.

Tecum principium in die virtutis tuæ. v. 3.

Dominus, interrogantibus quis esset, respondit, *Principium, qui & loquor vobis*; hoc est, Joan. 8. 25.
Ego qui loquor vobis, principium sum. Est autem & Pater principium, in quo principio erat Verbum, & Verbum erat apud Deum. Numquid ergo quia Pater principium, & Fi- Joan. 1. 1.
lius principium, duo sunt principia? Absit. Sicut enim Pater Deus & Filius Deus, Pater autem & Filius non duo dii, sed unus est Deus; sic Pater principium, & Filius principium, Pater autem & Filius non duo principia, sed unum principium. *Tecum* ergo *principium in die virtutis tuæ*, in die qua videbitur quomodo creditur. Quamvis enim etiam in forma servi, ipsa illa nostræ infirmitatis susceptio non caret virtute divina, quando & infirmum Dei fortius est hominibus, & in virga virtutis tuæ do- 1. Cor. 1. 25.
minaberis in medio inimicorum tuorum: veniet tamen dies ille, quo omnibus dispensationibus temporalibus peractis atque finitis, manifestabis te sanctis tuis, & in illa eis apparebit gloria, in qua æqualis es Patri, ut videant *Tecum principium in die virtutis tuæ*.

In splendoribus sanctorum. Ibidem v. 3.

Præsens vita sanctorum, quamvis gratiæ floreat, quamvis moribus niteat, non est in splendore, quia nondum exempta est a corruptione. Cum ergo apparuerit Christus, vita sanctorum, Coloss. 3. 4.
tunc & ipsi apparebunt cum illo in gloria. *Tunc justi fulgebunt sicut sol in regno Patris* Matth. 13. 43.
sui, id est, in vita æterna.

Ex utero ante luciferum genui te. Ibidem v. 3.

Si de illa generatione hoc dictum est, qua ex Patre Deo genitus est Deus Filius, *Ex utero* significat, ex secreto, ex occulto, de ipso Patre, de substantia Patris. *Ante luciferum* vero, ait, ante tempora. Per luciferum enim, ut pote per fulgentissimum sidus, tamquam a parte totum, omnia sidera significata sunt, quæ in hoc facta sunt, *ut sint in signis, & temporibus, & in* Gen. 1. 14.
diebus, & annis. Quod est ergo *ante luciferum*, hoc est ante sidera; & quod est ante sidera, hoc ante tempora, atque ideo ex æternitate. Si vero hoc ex persona Prophetæ dictum est, qui ait: *Dixit Dominus Domino meo, Se-* v. 1.
de a dextris meis: non est dubium illam nativitatem significatam, qua Dominus David, filius est David. Potuit enim dicere David propter progeniem, qua de ipsius stirpe Maria virgo descendit, *Ex utero genui te*; hoc est, ex utero virginali, ex utero quo masculus non accessit, in quo sola fuit conceptio matris, sine semine genitoris. Et convenienter dictum est,
Ante luciferum; quia ante exortum diei natus Luc. 2. 8. & 9.
est Dominus, hoc indicantibus testimoniis pastorum, qui (b) vigilias exercebant super gregem suum.

Ju-

(a) Editi antiquiores, *aut victus*. Bene correxerunt posteriores, *aut victus*: ut legere est in opere Augustini, *Inimicus erit; aut sub pedibus ejus, aut adoptatus, aut victus*.

(b) Sic editi veteres, juxta textum Augustini: pro quo recentiores posuerunt, *qui custodiebant vigilias*.

V. 4. *Juravit Dominus, & non pœnitebit eum, Tu es sacerdos in æternum, secundum ordinem Melchisedech.*

Si natum ex utero virginis *ante luciferum* intelligimus Salvatorem, exinde procul dubio, *sacerdos est in æternum, secundum ordinem Melchisedech*. Nam secundum quod Dominus natus ex Patre est, gignenti coæternus & æqualis, non est sacerdos. *Juravit ergo Dominus*, hoc est, cum constitutione promisit. *Et non pœnitebit eum*, hoc est, non mutabit consilium, non aliud faciet, nec umquam ei hæc sententia displicebit. *Tu es sacerdos in æternum*: hoc est, non finitur sacerdotium tuum; nec sicut Aaron ordo cessavit, ita etiam tuum pontificium commutabitur. Sacerdotii tui non erit finis; sed *secundum ordinem Melchisedech*, hoc est, secundum mysteria quæ per eum declarata sunt, in æternum permanebit.

V. 5. *Dominus a dextris tuis, conquassavit in die iræ suæ reges.*

Ad ipsum Dominum, qui dixit Domino, *Sede a dextris meis*, Prophetæ sermo directus est. Ipse, inquit, Domine, cui jurasti, *Tu es sacerdos in æternum*, *Dominus a dextris tuis*, qui *conquassavit in die iræ suæ reges*, illos de quibus dictum est, *Astiterunt reges terræ, & principes convenerunt in unum, adversus Dominum, & adversus Christum ejus*. Quicumque enim talium qui Christianum nomen oderunt, in sua impietate persistunt, jam quidem conquassati sunt, nec potuerunt efficere quod volebant; sed *in die iræ*, id est, retributione justi judicii Dei penitus conterentur.

Psal. 2. 2.

V. 6. *Judicabit in gentibus, implebit ruinas.*

Qui in superbiam eriguntur, & in sua elatione persistunt, sic destruentur ut non ædificentur. Non enim desinunt destrui, qui non desinunt elevari. Qui autem per humilitatem cadunt & se prosternunt, ut fiant sub pedibus ejus, cui dixit Dominus, *Sede a dextris meis, donec ponam inimicos tuos scabellum pedum tuorum*; reparabuntur in integrum: quia non demovit has ruinas Dominus, sed replevit: quod fit in hoc tempore, cum universis gentibus ruinarum reparationem Christus operatur.

Ibid. V. 6. *Conquassabit capita in terra multorum.*

Multorum capita, in hac vita conquassata Christus inclinat, dum e superbis humiles facit.

V. 7. *De torrente in via bibet; propterea exaltabit caput.*

Sicut torrens pluvialibus aquis collectus, redundat, perstrepit, currit, & currendo decurrit, id est, cursum finit; sic est omnis ille cursus mortalitatis humanæ. Nascuntur homines, vivunt, atque moriuntur, rursusque morientibus alii oriuntur, succedunt, accedunt, decedunt. (a) De hoc ergo torrente, de hoc strepitu transeunte, de hac mortalitate bibit filius David, Dominus David, dignatus propter nos nasci & mori; & ita bibit *de torrente in via* quod in via peccatorum non stetit. *Propterea ergo exaltabit caput*: quia humiliatus est, & factus est subditus usque ad mortem, mortem autem crucis. *Propter quod* (b) *exaltavit eum a mortuis, & donavit illi nomen, quod est super omne nomen; ut in nomine Jesu omne genu flectatur, cælestium, terrestrium, & infernorum, & omnis lingua confiteatur quoniam Jesus Christus in gloria est Dei Patris.*

Psal. 1. 1.

Philip. 2. 8. & 9.

PSALMUS CX.

Halleluja.

Confitebor tibi Domine in toto corde meo. V. 1.

NOn semper confessio peccatorum est, sed etiam laus Dei devotione confessionis expromitur. Illa luget, hæc gaudet; illa medico vulnus ostendit, hæc de sanitate gratias agit.

In concilio justorum & congregatione. Ibid. V. 1.

Eorum, sine dubio, qui sedebunt super duodecim thronos, judicantes duodecim tribus Israel. A quorum *concilio & congregatione*, omnis hypocrita segregatus, omnis erit tentator exclusus. Matth. 19. 28.

Magna opera Domini, exquisita in omnes voluntates ejus. V. 2.

Scrutare, exquire, vestiga, si potes, omnes voluntates Domini: in omnibus semper magna opera ejus invenies. Nulla enim voluntas potentior est ipsius voluntate; contra quam cum aliquid fieri sinit, misericordiam suam justitiamque demonstrat. Sicut enim vult ut homo non peccet, ita vult peccanti parcere, ut revertatur & vivat: ita etiam vult in peccatis perseverantem punire, ut justitiæ potentiam contumax non evadat. Ac sic quidquid elegeris, o homo, non deerit Domino unde suam de te compleat voluntatem. Sive ergo justificet impium, sive arguat pigrum, sive expectet aversum, seu deserat puniendum, semper misericors est, semper justus, semper omnipotens.

Confessio & magnificentia opus ejus; & justitia ejus manet in sæculum sæculi. V. 3.

Magnificentia Domini circa nos in eo apparet, quod nullis præcedentibus meritis confitentem justificat peccatorem; ut ubi abundavit peccatum, superabundet gratia, per quam excitata est etiam ipsa confessio: ut nemo in se extollatur, sed qui gloriatur, in Domino glorietur. Quia & confessio peccatoris, & magnificentia justificationis, opus Domini est; apud quem iniquitas non est, etiam si non judicia ejus non comprehendimus. Quoniam *justitia ejus manet in sæculum sæculi*. Rom. 5. 20. 1. Cor. 1. 31. Rom. 3. 26.

Memoriam fecit mirabilium suorum misericors & miserator Dominus: V. 4.

Escam dedit timentibus se. V. 5.

In omni quidem creatura Dei mirabilia ejus & quotidiana & magna sunt: sed quia parum ea consuetudo miratur, quædam Dominus signa & prodigia certis temporibus promenda disposuit; ut per insolita & nova, humana excitaretur intentio, & nutriretur in ea de insolitis utilis

(a) Augustinus addit, nec moriuntur. Nostri codices non addunt ista.

(b) Sic modo, Deus, ut in August. propterea enim Deus exaltavit a mortuis &c.

utilis timor, cui tamen misericors Dominus dabit escam virtutis & vitæ, panem scilicet illum
Joan. 6. 51. incorruptibilem, qui de cælo descendit; ut Verbum Dei esset esca hominum, sicut cibus est Angelorum.

Ibid. V. 5. *Memor erit in æternum testamenti sui.*

V. 6. *Virtutem operum suorum annuntiavit populo suo.*

Implevit Dominus promissiones suas, qui est virtus & fortitudo sanctorum: quoniam quæ
2. Cor. 12. 9. hominibus difficilia sunt, Deo facilia sunt, & ipse operatur omnia in omnibus.

V. 7. *Ut det illis hæreditatem gentium.*

Id est, quam præparavit omnibus gentibus.

Ibid. V. 7. *Opera manuum ejus, veritas & judicium.*

Hoc est, ut veritas, judiciumque servetur: (a) manus enim operatur, hoc est, ut non se-
Rom. 8. 35. paret a Christo tribulatio, angustia, fames, nuditas, gladius.

V. 8. *Fidelia omnia mandata ejus, confirmata in sæculum sæculi.*

Qui dedit mandata, & dedit promissa: quæ fideliter retribuit confirmata in æternum, nec unquam defectura.

Ibid. V. 8. *Facta in veritate & judicio.*

(b) Hoc est enim verum, & justum, ut hic laboretur, ibi requiescatur.

V. 9. *Redemptionem misit populo suo.*

Cives & hæredes cælestis Jerusalem, ab hujus peregrinationis captivitate redimuntur.

Mandavit in æternum testamentum suum.

Testamentum suum, utique novum; quod æternam promisit: non illud vetus, cujus transitoriæ promissiones fuerunt.

Ibid. V. 9. *Sanctum & terribile nomen ejus.*

Sapientia vera est, nosse & diligere Deum. Sed ad hunc gradum de timore conscenditur: quia sicut desideranda sunt ejus munera, sic metuenda judicia.

V. 10. *Initium sapientiæ timor Domini.*

Ibid. V. 10. *Intellectus bonus omnibus facientibus eum.*

Ibid. V. 10. Is bonum habet intellectum, qui quod faciendum recte intelligit, facit: quia talis est sine opere intelligentia, qualis sine timore sapientia.

Ibid. V. 10. *Laudatio ejus manet in sæculum sæculi.*

Nemo ergo quidquam suæ justitiæ (c) adscribat, nemo de suis quasi propriis meritis exultabit; sed in Dei laudem & gloriam, omnis sanctorum beatitudo in æternum referetur.

PSALMUS CXI.

Halleluja.

TItulus Psalmi est, *Reversionis Aggæi & Zachariæ*, qui post eversionem templi Jerusalem, & transmigrationem in Babyloniam, completis sub Dario septuaginta captivitatis annis, prophetare cœperunt ea quæ ad relaxationem captivitatis, & reparationem templi pertinerent. Sed quia quæ corporaliter tunc gerebantur, rerum futurarum indicia præferebant, per illam captivitatis remissionem, & templi restitutionem, spiritaliter figurabatur fabrica ipsius templi, cujus Christus est fundamentum; in quo etiam angulari lapide, vivis lapidibus compactis, cælestis ædificii structura consurgit, ut ex ruina veteri, quæ facta est in Adam, novum Dei templum cum reparatione omnium gentium reformetur. Ad hoc ergo templum pertinet prophetatio Aggæi & Zachariæ, qui in Psalmi titulo præferuntur, ut qui hoc sacramentum intelligit, & qui cupit in hujus ædificii compage solidari, sciat reversionis & renovationis suæ in timore Dei esse principium.

Beatus vir qui timet Dominum; in mandatis ejus volet nimis. V. 1.

BEatitudo viri justi, a timore incipit Domini, & proficit in desiderium mandatorum Dei, quibus templum ejus efficitur.

Potens in terra erit semen ejus. V. 2.

Semen futuræ messis opera esse misericordiæ Apostolus testis est, dicens, *Bonum autem facientes non deficiamus: tempore enim proprio metemus.* Quid autem potentius hoc semine, cujus impendio comparatur regnum cælorum, & vita æterna? Galat. 6. 9.

Generatio rectorum benedicetur. Ibid. V. 2.

Id est, opera eorum qui recto sunt corde, non turbantur propter promissorum dilationem: nec transeuntia carnaliter appetunt, sed mansura fideliter & patienter exspectant.

Gloria & divitiæ in domo ejus, & justitia ejus manet in sæculum sæculi. V. 3.

Qui talis est in domo sua, id est, in corde suo, ubi templum Dei est, gloriam & divitias habet: quia spe non dubia futura jam possidet, & regnum Dei intra ipsum est. Hujus justitia manet in sæculum sæculi, quia ipsa est gloria atque divitiæ. Luc. 17. 21.

Exortum est in tenebris lumen rectis corde. V. 4.

Merito dirigunt cor in Dominum suum, merito ambulant recti cum Domino suo, qui cum essent in tenebris, lucem viderunt magnam, & meminerunt fuisse se aliquando tenebras, nunc autem lucem in Domino. Isai. 9. 2. Ephes. 5. 8.

Misericors, & miserator, & justus Dominus. Ibid. V. 4.

Qui miseretur, ut misereatur, & justus est in retributione: quia nulli faciet judicium sine misericordia.

Suavis homo qui miseretur, & commodat. V. 5.

Hunc suavem & mitem atque jucundum, non evomit Deus ex ore suo, tamquam mali odoris, aut fastidiendi saporis. Tota autem suavitas ejus in eo est qui miseretur & commodat, retrit-

(a) Vix dubitamus locum hunc Prosperi, ex vocis unius permutatione, & mala interpunctione, quidquid obscuritatis habet hausisse. Igitur, cum Editi omnes in idem consentiant, nec sit copia ullius MS. codicis, non mutavimus quidem, sed conjicimus legendum esse, cum exigua mutatione, *Hoc est, ut veritas judiciumque servetur, manus ejus operatur: hoc est, ut non separet a Christo &c.*

(b) Lugd. editio addit verbum substantivum *est*, quo carent *Lov.* Duac. & Colon.

(c) Melius forte legeretur, *adscribat*; & in fine, *referetur*: propter futurum *exultabit*, inter hæc medium; & quia de futuro statu beatorum loqui videtur sanctus noster, in quo soli Deo ab omnibus sanctis honor & gloria in æternum referetur.

remittendo scilicet peccata, & largiendo beneficia: quibus duobus benignitatis officiis omnia pietatis opera continentur, dicente Domino,
Luc. 6. 37. *Dimittite, & dimittetur vobis: date, & dabitur vobis.*

Ipsa v. 5. *Disponet sermones suos in judicio.*

v. 6. *Quoniam in æternum non commovebitur.*

Qui hæc facit, disponit sermones suos in judicio. Facta enim quædam verba sunt testium,
Matth. 25. 34. quibus in judicio (a) defendetur. *Quia in æternum non commovebitur*, qui ad dexteram segregatus audiet, *Venite benedicti Patris mei, percipite regnum, quod vobis paratum est ab origine mundi.*

v. 7. *In memoria æterna erit justus, ab auditu malo non timebit.*

Matth. 25. 41. Non timebit audire quod dicitur sinistris, *Ite in ignem æternum, qui præparatus est diabolo, & angelis ejus.*

Ipsa v. 7. *Paratum est cor ejus sperare in Domino.*

Philip. 2. 21. Quia non sua quæsivit, sed quæ Jesu Christi, & promissa ejus confidenter expectat.

v. 8. *Confirmatum est cor ejus, non commovebitur, donec videat super inimicos suos.*

Inimici ejus præsentia concupierunt; & cum
Ps. 4. 6. eis invisibilia promitterentur, dicebant, *Quis ostendit nobis bona?* Illi voluerunt videre bona hominum in terra morientium, hic credidit videre
Ps. 26. 13. bona Domini in terra viventium. Non ergo commovebitur cor ejus, nec transitoria malorum felicitate turbabitur, donec videat, non deorsum, quod inimici ejus; sed sursum
1. Cor. 2. 9. Isai. 64. 4. super inimicos suos, *Quod oculus non vidit, nec auris audivit, nec in cor hominis ascendit, quod præparavit Deus diligentibus se.*

v. 9. *Dispersit, dedit pauperibus, justitia ejus manet in sæculum sæculi.*

Dispersit visibilia, ut invisibilia compararet: dedit temporalia, accepturus æterna.

Ipsa v. 9. *Cornu ejus exaltabitur in gloria.*

v. 10. *Peccator videbit, & irascetur.*

Irascitur peccator: cui magis quam sibi? Sed sera illa atque infructuosa pœnitudine, cum di-
Sap. 5. 8. cit, *Quid nobis profuit superbia, aut quid divitiarum jactatio contulit nobis?*

Ipsa v. 10. *Dentibus suis fremet, & tabescet.*

Sicut fieret, si opportuno eum tempore pœniteret. Sed tunc fremet, quando *desiderium peccatorum peribit.*

PSALMUS CXII.

Halleluja.

v. 1. *Laudate pueri Dominum, laudate nomen Domini.*

EXhortatio hæc non ad puerilem tantum ætatem, sed ad omnem profertur ætatem. O-
1. Cor. 14. 20. mnibus enim Apostolus dicit; *Nolite effici pueri mentibus, sed malitia parvuli estote, ut mentibus perfecti sitis.* Quæ malitia, nisi superbia? Ipsa enim de vana granditate præsumens, non sinit hominem ambulare per arctam viam, &
Matth. 7. 14. Luc. 13. 24. intrare per angustam portam. Puer autem facile intrat per angustam: & ideo nemo, nisi conversus fuerit ut puer, intrat in regnum cælorum. Puerorum ergo nomine, non ætas infantium, sed animorum humilitas compellatur: quia non laudant nomen Domini, qui se magnos putant, & suam justitiam volentes consti-
Rom. 10. 3. tuere, justitiæ Dei non sunt subjecti. Non enim sunt pueri: & dum prædicari se volunt, non laudant nomen Domini.

v. 2. *Sit nomen Domini benedictum, ex hoc nunc & usque in sæculum.*

v. 3. *A solis ortu usque ad occasum, laudabile nomen Domini.*

Ut scilicet nomen Domini semper benedicatur, & ubique laudetur.

v. 4. *Excelsus super omnes gentes Dominus & super cælos gloria ejus.*

Non solum super omnes gentes majestas Domini, sed etiam super cælos gloria ejus excelsa est.

v. 5. *Quis sicut Dominus Deus noster, qui in altis habitat,*

v. 6. *Et humilia respicit in cælo & in terra?*

Per Isaiam Spiritus ita loquitur; *Hæc dicit*
Isai. 57. 15. *Altissimus in excelsis habitans, in æternum nomen ei Dominus altissimus, in sanctis requiem habens.* Meritoque cælum intelliguntur, qui habitantur a Domino: qui cum sint sancti, atque ideo excelsi, iidem tamen sunt humiles, neque aliunde nisi de humilitate sublimes. *In altis* itaque Dominus *habitat*, id est, in sanctis, & spiritalibus atque cælestibus: *Et humilia respicit*, id est, ipsos sanctos, nunquam in se, sed semper in Domino gloriantes. Delectatur enim altitudine humilium, & humilitate celsorum. *In cælo & in terra*, hoc est, quorum conversatio in cælis est, licet mortali sint carne circumdati. Si vero alia sunt quæ Dominus noster in cælo humilia respicit, alia quæ in terra; possunt cælorum hi intelligi, quos vocatos, & sanctificatos jam inhabitat; terra autem, quos vocat ut habitet in eis. Sed absolutior
Matth. 19. 28. sensus est, si cælos dictos accipiamus eos, qui sedebunt super duodecim thronos, & cum Domino judicabunt: terræ autem nomine, cæteram multitudinem sanctorum, qui constituentur
Luc. 16. 9. ad dexteram, ut per opera misericordiæ commendati recipiantur ab eis in tabernacula æterna, quos amicos sibi de mammona iniquitatis in hujus vitæ mortalitate fecerunt. Et hos ergo & illos humiles respicit Deus; quia meminerunt utrique quid fuerint per suam malitiam, & quid facti sint (b) per Dei gratiam.

v. 7. *Qui erigit de terra inopem, & de stercore exaltat pauperem.*

v. 8. *Ut collocet eum cum principibus, cum principibus populi sui.*

Non itaque dedignentur esse humilia capita excelsorum sub manu Domini. Quamvis enim
Matth. 24. 45. 1. Cor. 4. 1. collocetur fidelis Dominicæ pecuniæ dispensator cum principibus populi Dei, quamvis sessurus

(a) In Augustino, *defenditur.*
(b) Edit. Colon. *per Dei gloriam*. Lugd. Lov. & Duac. *per Dei gratiam*. Sic etiam Augustinus hic.

sit in duodecim sedibus, & angelos quoque judicaturus; a terra tamen inops erigitur, & de stercore pauper exaltatur: quia donum Dei est omnis celsitudo sanctorum.

v. 9. *Qui habitare facit sterilem in domo, matrem filiorum lætantem.*

Ecclesiam enim ante sterilem Dei gratia fecundavit, ut in multis filiis lætaretur. In qua *Isai. 57. 15.* *Dominus, qui in altis habitat, & humilia respicit in cælo & in terra*, habet ex semine Abraham & sublimem sanctitatem, sicut stellas cæli in supernis sedibus collocandam, & sicut arenam in ora maris, misericordem atque innumeram multitudinem, a sinistris fluctibus & ab impia amaritudine segregandam.

PSALMUS CXIII.

Halleluja.

v. 1. *In exitu Israel ex Ægypto, domus Jacob de populo barbaro:*

v. 2. *Facta est Judæa sanctificatio ejus, Israel potestas ejus.*

v. 3. *Mare vidit, & fugit, Jordanis conversus est retrorsum.*

PRæteritorum gestorum recoli videtur historia, & quemadmodum populus *Israel*, qui *Psal. 80. 6.* est *domus Jacob*, de jugo Ægyptiæ dominationis eductus sit in memoriam revocari. Sed per propheticum eloquium, magis futura indicantur, quam præterita referuntur. Et ideo quædam aliter hic dicuntur quam ibi acta sunt: ut vigilantius intelligatur prophetia, ubi non con- *Josue 3. 16.* stat historia. Primum enim Jordanem ipsum non reversum esse retrorsum, sed stetisse legimus, ab ea parte qua desuper influebat: deinde, montes exultasse & colles gestisse non legimus; quæ hic addidit, ut omnia ista etiam requireret. Intelligendum ergo est, quia illa facta *1. Cor. 10. 11.* figuræ nostræ fuerunt. Et ideo de eis aliter quid dicitur, ut quibus temporibus congruat, agnoscatur. Si enim gratiam Dei, quæ data est nobis, firmo corde retinemus, nos sumus Israel *Gal. 3. 7.* semen Abrahæ: qui non carnaliter circumcisæ genti tantummodo factus est pater, sed & o- *Rom. 4. 11. & 12. Gen. 15. 6.* mnium qui sequuntur vestigia fidei Abraham, qui cum esset in præputio, credidit Domino, & justificatus est ex fide, & constitutus est o- *Gen. 12. 3. & 22. 18.* mnium gentium pater, dictumque ei est, *Benedicentur in te omnes gentes.* Quia ergo populus Christianus verus est Israel, & Ægyptus sæpe in figura totius sæculi ponitur, a quo spiritaliter recedendum est: quemadmodum ille populus non potuit ad terram promissionis venire, nisi divino liberaretur auxilio; ita ab hujus sæculi vinculis nullus eruitur, nisi per gratiam *Exod. 6. 6.* Dei, in manu forti & brachio excelso, ut cœlestis Jerusalem civis esse mereatur. Quicumque *Gal. 4. 26.* ergo sunt Israelitæ, *domus Jacob* & Abrahæ, secundum promissionem hæredes, cognoscunt etiam se exisse *de Ægypto*, cum huic sæculo renuntiaverunt: exisse *de populo barbaro*, cum confessione pietatis a blasphemiis impiarum gentium recesserunt. Interrogent corda sua, si ea circumcidit fides, si purificavit confessio Dei Abraham, & Dei Isaac, & Dei Jacob: *Facta est in eis Judæa sanctificatio ejus, & Israel potestas ejus. Dedit enim eis potestatem, filios* *Joann. 1. 12.* *Dei fieri*. Jam hic recordetur unusquisque, qui sub dura dominatione diabolicis in hoc sæculo operibus subditus laborabat, quomodo ab jugo liber effectus sit, quomodo inter dissuadentium retinacula, & obsistentium impedimenta ad viam libertatis, & ad spem æternæ hæreditatis evaserit. *Mare ergo vidit, & fugit*, cum obstacula sæculi, verbo Dei evicta cesserunt. *Jordanis conversus est retrorsum*: quoniam qui aversus a principio suo, Creatorem suum deseris, tamquam fluvius in mare labitur, cui bonum est ut retrorsum convertatur, & redeat ad auctorem, non sibi faciat mare, ad quod ante tendebat: & sic Jordanis convertatur retrorsum, cum illi convertuntur ad Dominum, qui gratiam baptismi perceperunt.

Montes gestierunt velut arietes, & colles velut agni ovium. v. 4.

Fideles dispensatores verbi veritatis, sancti Apostoli, sancti Evangelistæ montes & duces sunt gregum, & colles velut agni ovium sunt, quibus dicitur, *In Christo Jesu per Evangelium* *1. Cor. 4. 15.* *ego vos genui*: de quibus dicitur, *Afferte Do-* *Psal. 28. 1.* *mino filios arietum*: qui montium pabulis opimantur, & sub arietum principatu exultantes reguntur.

Quid est mare quod fugisti? & tu Jordanis quia conversus es retrorsum? v. 5.

Montes quia gestitis velut arietes, & colles velut agni ovium? v. 6.

Quid est, inquit, o sæculum, quod tua impedimenta cesserunt? Quid est, quod tot millia fidelium, toto orbe huic mundo renuntiantium convertimini? Quid est quod gaudetis, quibus in fine dicetur, *Euge serve bone, quoniam in* *Matth. 25. 21.* *paucis fidelis fuisti, supra multa te constituam?* *ibid. 34.* Quid est quod gaudetis, quibus in fine dicetur, *Venite benedicti Patris mei, percipite regnum quod vobis paratum est ab origine mundi?*

A facie Domini commota est terra, a facie Dei Jacob. v. 7.

Quid est *a facie Domini*, nisi ab ejus præsentia, qui dixit, *Ecce ego vobiscum sum usque ad consummationem sæculi?* Ipse ergo com- *Matth. 28. 20.* movet terram, ipse pigra & inertia corda convertit.

Qui convertit petram in stagna aquarum, & rupem in fontes aquarum. v. 8.

Ista est spiritalis petra, id est Christus, qui *1. Cor. 10. 4.* doctrinam suam, quæ prius dura & rigida videbatur, in multa fluenta convertit, & misso de cœlis Spiritu-sancto, sermonem suum fecit esse possibilem, quem discipulis insinuarat, inci- *Luc. 24. 26. & 27.* piens a Moyse per omnes Prophetas, quia sic oportebat Christum pati.

NON nobis Domine, non nobis, sed nomini tuo da gloriam. v. 9.

Gratia prædicatur, quæ aquam regenerationis de petra, quæ est Christus, emisit, nullis *Rom. 5. 6. & 1. Cor. 1. 31.* hominum præcedentibus meritis: quoniam Christus pro impiis mortuus est, ne ullus nisi in Domino glorietur.

Super misericordia & veritate tua. v. 2.

Duo hæc, misericordia & veritas, in scripturis sanctis pene semper juncta inveniuntur. In sua quippe misericordia Deus vocavit impios,

pios, & in veritate judicavit eos qui veniire noluerunt.

Ibid. v. 10. *Ne quando dicant gentes, Ubi est Deus eorum?*

In novissimo enim manifestabitur misericordia
Matth. 24. 30. & veritas. Nec dicent impii, *Ubi est Deus eorum?* cum apparente signo filii hominis in caelo, & instante judicio, non adhuc praedicabitur credendus, sed ostendetur tremendus.

v. 11. *Deus autem noster in caelo sursum, & super terram, omnia quaecumque voluit fecit.*

Non in caelo, ubi solem & lunam vident, qui creaturam colunt; sed in caelo sursum, quod transgreditur omnia corpora caelestia & terrestria. Quamquam nec in ipso ita sit, ut sine ipso esse non possit. Quoniam in quibus est, ipse ea tamquam indigentia continet, qui in caelis & in terra omnia quaecumque voluit fecit: hoc est, & in superioribus & in inferioribus populi sui voluntariam gratiam suam constituit, ne quis de operum meritis glorietur. Quia sive montes gestiant, velut arietes; sive colles, velut agni ovium; *a facie Domini commota est terra*, ne in terrenis sordibus permaneret.

v. 12. *Simulacra gentium argentum & aurum.*

Habent quidem & aerea, & lignea, & fictilia simulacra, & alterius alteriusque materiae: sed pretiosum aurum maluit commemorare Spiritus-sanctus. Quia cum in eo quisque erubuerit quod illi carius est, multo facilius avertitur a veneratione viliorum: ut intelligas etiam in auro & argento nihil aliud esse quam terram.

v. 13. *Os enim habent, & non loquentur; oculos habent, & non videbunt;*

v. 14. *Aures habent, & non audient; nares habent, & non odorabunt;*

v. 15. *Manus habent, & non contrectabunt; pedes habent, & non ambulabunt: non clamabunt in faucibus suis.*

v. 16. *Similes sint illis omnes qui faciunt ea, & omnes qui confidunt in eis.*

Videant ergo impii apertis & sentientibus oculis, & adorent clausis & mortuis mentibus, nec videntia, nec viventia simulacra.

v. 17. *Domus Israel speravit in Domino: adjutor eorum & protector eorum est.*

Spes enim quae videtur, non est spes. Quod
Rom. 8. 24. *enim videt quis, quid sperat? Si autem quod non videmus, speramus, per patientiam exspectamus.* Sed ut perduret usque in finem ipsa patientia, adjutor & protector est Dominus.

v. 18. *Domus Aaron speravit in Domino: adjutor eorum & protector eorum est.*

Ergo etiam sublimiores quique, atque in summo excellentes gradu, (a) etiam ipsi perseveranter currant, donec apprehendant in quo apprehensi sunt, & cognoscant sicut & cogniti sunt, adjutorio & protectione Domini muniuntur.

v. 19. *Qui timent Dominum, speraverunt in Domino: adjutor eorum & protector eorum est.*

Dominus memor fuit nostri, & benedixit nos. v. 20.

Omnes, inquit, timentes Dominum, & sperantes in Domino, auxilio ipsius perficiuntur. Non enim nostris meritis praevenimus misericordiam Domini, sed *Dominus memor fuit nostri, & benedixit nos.*

Benedixit domum Israel, benedixit domum Aaron. Ibid. v. 20.

Benedixit omnes timentes Dominum. v. 21.

Hoc est, & superiores & inferiores: quia utrique timent Dominum. Si ergo quaeris, quos utrosque benedixerit: respondetur, *pusillos cum majoribus*: hoc est, domum Israel & domum Aaron.

Adjiciat Dominus super vos, super vos & super filios vestros. v. 22.

Et ita factum est. Accesserunt enim etiam de Matth. 3. 9.
lapidibus suscitari filii Abraham: accesserunt oves quae non erant de hoc ovili, ut fieret unus Joan. 10. 16.
grex, & unus pastor: accessit fides omnium gentium, & crevit numerus, non solum sapientium antistitum, sed etiam obedientium populorum; adjiciente Domino, non solum super patres, sed etiam super filios eorum, qui patrum pia vestigia sequerentur.

Benedicti vos a Domino, qui fecit caelum & terram. v. 23.

Tamquam diceret, Benedicti vos a Domino, qui vos fecit.

Caelum caeli Domino, terram autem dedit filiis hominum. v. 24.

Non ergo illud visibile caelum plenum luminaribus fecit vos; sed multo excellentius, in quo sibi praeparavit habitaculum, quod sunt sublimiores potioresque mentes: in quarum comparatione, quidquid cernitur terra est. Quamvis possint & parvuli in Ecclesia terrae nomine nuncupari, qui proficiendo futuri sunt caelum, & in ipsa spe lacte nutriuntur a magnis. Sed tamen quia illi jam non ab homine, neque per hominem, sed per ipsum Dominum carpunt sinceritatem ubertatemque sapientiae; acceperunt parvulos futuros quidem caelum, ut caelum caeli (b) esse sciant; adhuc tamen terram, cui dicunt, *Ego plantavi, Apollo rigavit, sed Deus* 1. Cor. 3. 6.
incrementum dedit. Ipsis enim filiis hominum quos fecit caelum, terram dedit in qua operentur, qui novit terrae providere per caelum. Maneant igitur caelum & terra in Domino suo qui fecit ea, & vivant ex eo, confitentes ei & laudantes eum. Nam si ex se velint vivere, moriuntur: sicut scriptum est, *A mortuo, quasi* Eccli. 17. 26.
qui non sit, perit confessio.

Non mortui laudabunt te, neque omnes qui descendunt in infernum. v. 25.

Clamat enim alio loco Scriptura sancta, *Peccator cum venerit in profundum malorum, contemnit.* Prov. 18. 3.

Sed nos qui vivimus, benedicimus Dominum, ex hoc nunc & usque in saeculum. v. 26.

(a) Videtur supplendum *ut* ex Augustini opere, quod deficit in editis nostris.

(b) Aug. *sa esse sciant* Aliud, *sr*, ab Editis nostris.

PSALMUS CXIV.

Halleluja.

V. 1. *Dilexi, quoniam exaudiet Dominus vocem orationis meae.*

Psal. 119. V. 5. CAntet hoc anima quae peregrinatur a Domino, cantet hoc ovis illa quae erraverat, cantet hoc filius ille, qui mortuus fuerat & resurrexit, perierat & inventus est. Quid est enim *Dilexi, quoniam exaudiet Dominus*, nisi,
Rom. 8. 24. Dilexi, quoniam in hac spe sum positus, ut exaudiendum esse me credam? Non enim frustra hoc spero.

V. 2. *Quoniam inclinavit aurem suam mihi.*

Ideo ergo exaudiet, quia inclinavit aurem suam mihi. Jam si quaeramus, unde crediderit anima, quod ad eam aurem Dominus inclina-
Rom. 8. 32. vit, omnino respondebit, Quia *prior dilexit nos*, & *Filio proprio non pepercit, sed pro nobis omnibus tradidit eum.* Quod mihi cum annuntiaretur, quomodo non crederem inclinasse Dominum aurem suam mihi, tanta misericordia praevenientem, tanta vocatione pulsantem.

Ibid. V. 2. *Et in diebus meis invocavi.*

In diebus scilicet miseriae meae, in diebus mortalitatis & praevaricationis, qua deserui Deum, & meritum carcerem, id est, tenebras ignorantiae, compedes difficultatis accepi. In his igitur diebus,

V. 3. *Circumdederunt me dolores mortis, pericula inferni invenerunt me.*

Quae nisi aberrantem abs te (a) non invenirent me: Ego autem illa non inveniebam, id est, non advertebam. Amabam enim deceptiones meas, & gaudens falsis prosperitatibus saeculi, veris periculis demergebar inferni. Sed cum mihi illuxit gratia tua, & caussas tribula-
V. 4. tionis meae ac doloris inveni, *Et nomen Domini invocavi.*

V. 4. *O Domine, eripe animam meam.*

Tamquam diceret, Et inter adversitates, & inter prosperitates hujus saeculi miserum me esse cognovi: quia illa premunt, ista decipiunt.
Rom. 7. 24. *Quis ergo me liberabit de corpore mortis hujus*, nisi *gratia Dei per Jesum-Christum Dominum nostrum.*

Ibid. V. 5. *Misericors Dominus & justus, & Deus noster miserebitur.*

Misericors primo, quia inclinavit aurem suam mihi; *Justus*, (b) qui facit me agnoscere unde conterrerer; & rursum *misericors*, quia ad hoc ut invocarem & miseretur.

V. 6. *Custodiens parvulos Dominus, humiliatus sum, & liberavit me.*

Custodit parvulos, quos vult esse perfectos: & in servitutem per superbiam lapsos, per humilitatem facit liberos.

V. 7. *Convertere anima mea in requiem tuam, quia Dominus benefecit tibi.*

Convertere, inquit, *anima mea*, quia conversionis facultatem ab illo habes qui benefecit tibi.

V. 8. *Quia eripuit animam meam de morte:*

Erepta est a morte anima, etiam mortali adhuc carne circumdata, quae ex infideli fidelis effecta est: & praeter illam perfectam aeternam a cunctis laboribus requiem, quam adipiscitur
Psal. 115. 15. *pretiosa in conspectu Domini mors sanctorum ejus*; habet etiam in hac vita requiem suam anima, quae de morte infidelitatis erepta est, & quae non ab operibus justitiae, sed ab iniquitatis abstinet actione. Talis autem anima, quae jam vivit Domino, & mortua est mundo, quae spiritali industriae vigilanter intenta, in humilitatis & mansuetudinis non pigra, sed quieta tranquillitate requiescit, pro adeptis jam habet, quidquid non dubia spe patienter exspectat. Et ideo addit, & dicit:

Ibid. V. 8. *Oculos meos a lacrymis, pedes meos a lapsu.*

Haec bona non temporalis vitae sunt, sed aeternae, nec obtinere possunt mortali carne circumdati, ut non fleant, non gemant, & nulla
Rom. 8. 14. &c. tentatione pulsentur. Spes ergo sanctorum, qui secundum id quod Spiritu Dei aguntur, jam in carne non sunt, merito de his gaudet & gratias agit, quae sibi a veritate promissa sunt. Denique ut haec se non jam habere, sed sperare monstraret.

V. 9. *Placebo* (inquit) *Domino, in regione vivorum.*

Non ergo ad plenum Domino placet, qui adhuc est in regione mortalium: nec potest talis esse in vita occidua, qualis futurus est in aeterna.

PSALMUS CXV.

Halleluja.

V. 10. *Credidi, propter quod locutus sum.*

TAm reprobi sunt, qui verum quod credunt non loquuntur, quam qui verum quod loquuntur, non credunt. Perfecta ergo hujus fides est, qui dicit non tantum credidisse, sed & propter hoc locutum esse, quia credidit.

Ibid. V. 10. *Ego autem humiliatus sum nimis.*

Cur addidit, *Ego autem*, cum possit dicere, Locutus sum, & humiliatus sum? nisi, quia homo veritatem praedicans, humiliari potest ab his qui veritati contradicunt, non ipsa veritas, quam qui credit, eloquitur. *Ego credidi propter quod locutus sum.*

V. 11. *Ego autem dixi in extasi mea, Omnis homo mendax.*

Extasis, hic pavor intelligitur, quoniam Martyrum vox est, instante cruciatu vel morte trepidantium, & agnoscentium non esse virium suarum, ut quae inferuntur evincant: atque ideo mendacem inveniri hominem infirmitatem, quae non possit non fallere, praesumens de viribus suis: cum fortitudo patientiae ex Deo sit; qui

(a) Apud Augustinum, *non invenirent me.*
(b) Ex hic forte melius haberetur, *quia*, ut antea & post, & August. habet.

qui & constantiam dat non timenti, & fiduciam reparat formidanti: quoniam verax est dicens, *Cum autem tradent vos, nolite cogitare, quomodo aut quid loquamini: dabitur enim vobis in illa hora quid loquamini; non enim vos estis qui loquimini, sed Spiritus Patris vestri qui loquitur in vobis.* Dicitur autem extasis, etiam cum mens non pavore alienatur, sed aliqua inspiratione revelationis assumitur. Matth. 10. 19. & 20.

v. 12. *Quid retribuam Domino, pro omnibus quæ retribuit mihi?*

Hoc dicens, profitetur sibi aliud retributum a Domino, quam merebatur; id est, pro malis recepisse se bona: & quærit quid ipse reddat pro bonis; nec aliud invenit, nisi quod Dominus ipse donaverit, & dicit:

v. 13. *Calicem salutaris accipiam, & nomen Domini invocabo.*

Quis istum dat calicem, nisi qui ait, *Potestis calicem bibere, quem ego bibiturus sum?* & dans exemplum patiendi, consulit donum, rediments ipsam infirmitatem suorum sanguine suo; & dans pretium imitationis ipsorum, ut fieret. Matth. 20. 22.

v. 15. *Pretiosa in conspectu Domini mors sanctorum ejus.*

Emit enim eam sanguine suo, quem fudit Dominus pro servis: ut & servi pro Domino suo fundere non timerent. Cum tamen & Domini mors, & servorum, servis esset profutura, non Domino.

v. 16. *O Domine, ego servus tuus: ego servus tuus, & filius ancillæ tuæ.*

Tamquam diceret: Multi se Martyres dicunt, multi servos tuos se profitentur, quia nomen tuum habent in vitiis, hæresibus, & erroribus. Sed quia præter Ecclesiam tuam sunt, non sunt filii ancillæ tuæ: *Ego autem, & servus tuus, & filius ancillæ tuæ.*

Ibid. v. 16. *Disrupisti vincula mea: tibi sacrificabo hostiam laudis.*

Tu me, inquit, servum tuum, tu fecisti filium ancillæ tuæ, qui captivitatis meæ vincula disrupisti: & ideo laudis tibi hostiam debeo, quia tua gratia sum quod sum, & in tua est mihi gloria gloriandum. 1. Cor. 15. 10.

v. 18. (a) *Vota mea Domino reddam.*

Quisquis bene cogitat quid voveat Domino, & quæ vota reddat, seipsum voveat, seipsum reddat. Hoc exigitur, hoc debetur. Imago Cæsaris, reddatur Cæsari, imago Dei, reddatur Deo. Sed sicut videndum est quid offeras, ita etiam considerandum est ubi offeras. Ibid. v. 18. Luc. 20. 25.

v. 19. *In atriis*, inquit, *domus Domini.*

Quæ autem domus Domini, nisi populus ejus? Ideo sequitur,

Ibid. v. 18. *In conspectu omnis populi ejus.*

Quid est autem populus ejus, nisi quod addit,

Ibid. v. 19. *In medio tui Jerusalem?*

Jerusalem vero interpretatur, Visio pacis. Tunc ergo quod (b) offertur, gratum est, si de pace atque in pace redditur. Qui autem non sunt filii hujus ancillæ, bellum quam pacem potius amaverunt.

PSALMUS CXVI.

Halleluja.

Laudate Dominum omnes gentes, laudate eum omnes populi. v. 1.

In fine superioris Psalmi, ne in Jerusalem Judæi gloriarentur, & hanc dignitatem sibi Israel etiam carnalis assumeret; qui sint Israelitæ, & in quibus sit Jerusalem, Psalmi hujus principio demonstratur. Omnes scilicet gentes, & omnes populi, qui per imitationem fidei facti sunt filii Abraham, & spiritale semen Israel. Rom. 4. 11. Galat. 3. 7.

Quoniam confirmata est super nos misericordia ejus, & veritas Domini manet in æternum. v. 2.

Confirmata est misericordia Domini super nos, cum ejus nomini, per quod liberati sumus, inimicarum gentium rabida ora cesserunt, & quem negando blasphemaverunt, credendo laudaverunt. *Veritas autem Domini manet in æternum*, sive in his quæ promisit justis, sive in his quæ minatus est impiis.

PSALMUS CXVII.

Halleluja.

Confitemini Domino, quoniam bonus, quoniam in sæculum misericordia ejus. v. 1.

Sed hic confessio non pœnitentium est, sed laudantium Dominum: quibus per gratiam præstitum est, ut eruerentur de tenebris, & potestate tenebrarum, & transferrentur in regnum filii Dei: ob hoc solum, quia Deus bonus est, & ea misericordia miseretur, quæ permanet in æternum. Coloss. 1. 13.

Dicat nunc domus Israel, quoniam bonus, quoniam in sæculum misericordia ejus. v. 2.

Dicat nunc domus Aaron, quoniam bonus, quoniam in sæculum misericordia ejus. v. 3.

Domus Israel & domus Aaron, ipsi sunt omnes (c) qui timent Dominum; pusilli scilicet atque majores. Ex quibus, sive Judæis, sive Gentibus, unus factus est populus, concurrens in unum gregem, ad unum pastorem Jesum Christum: quæ societas in ejus gratia facta est qui bonus est, & cujus misericordia æterna est & æternos facit. v. 4. Psal. 113. 13. & 21. Joan. 10. 16.

In tribulatione invocavi Dominum, & exaudivit me in latitudine. v. 5.

Qui tribulatur, in angustia est: sed qui exauditur, latitudinis infinitate suscipitur.

Dominus mihi adjutor est, non timebo quid faciat mihi homo. v. 6.

(a) Præterit S. Prosper versiculum 14. *Vota mea Domino reddam coram omni populo ejus*.. Prætermittit etiam sanctissimus ejus Magister Augustinus. Verba quæ de hoc eodem dicenda, utrobique in fine Psalmi.

(b) Recentior editio corrumperat *offertur*. Sat appositè. Cum veteres omnes scribant *offeretur*.

(c) Hic V. 4. *Dicant nunc qui timent Dominum, Quoniam in sæculum misericordia ejus*, supra omissus, videtur cur sit omissus, & explicari.

Ephes. 6. 12. Apostolus dicit, non adversus carnem & sanguinem nobis, quod est homo iniquus; sed adversus principes & rectores tenebrarum, esse certamen. Quarum autem tenebrarum, nisi hominum diabolo subditorum? Non ergo metuit quid ei faciat homo, qui ipsius incentorem Dei vincit auxilio.

v. 7. *Dominus mihi adjutor est, & ego despiciam inimicos meos.*

Sive ex malis hominibus, sive ex malis angelis, despiciet inimicos is, cui adjutor est Dominus.

v. 8. *Bonum est confidere in Domino, quam confidere in homine.*

Etiam si bonus homo, aut bonus angelus adjuvet, non in eis, inquit, confidam; sed in Domino, qui me per illos juvat.

v. 9. *Bonum est sperare in Domino, quam sperare in principibus.*

Principes & homines & angeli possunt intel-
Rom. 13. 1. ligi: sed in neutris spes collocanda est: quia potestas non est nisi a Deo.

v. 10. *Omnes gentes circumdederunt me, & in nomine Domini ultus sum eas.*

v. 11. *Circumdantes circumdederunt me, & in nomine Domini ultus sum eas.*

v. 12. *Circumdederunt me sicut apes, & exarserunt sicut ignis in spinis; & in nomine Domini, quia ultus sum in eas.*

Ipsum Dominum caput Ecclesiae intelligimus, circumdatum a persecutoribus, sicut circumdant apes favum. Sed mystice significatum est, quod concursus ad persequentes, favus autem ad credentes pertineret. Quoniam impii, nescientes quid facerent, dulciorem cruciando fecerunt: ut gustemus, & videamus quam suavis est Domi-
Ps. 33. 9. nus. Quod autem *exarserunt sicut ignis in spinis*, ad totum corpus Christi, id est populum ejus, melius refertur. *Omnes gentes circumdederunt me:* quia ex omnibus collectus est gentibus, & ubique in eum exarserunt persecutionis incendia. Sed ultus est persequentes: quia extincta malitia facti sunt Christiani. Sive quia omnes qui pertinaciter infideles fuerunt, quem spreverunt vocantem, sentient judicantem.

v. 13. *Impulsus, eversus sum, ut caderem, & Dominus suscepit me.*

Tamquam cumulus arenae versatus sum, ut caderem, & Dominus suscepit me. Multitudinem fidelium in unitatem fidei congregatam persecutio gentium non habuit quo impelleret. Et quamvis multum versando versaret, convellere tamen ac projicere non praevaluit, quia ab omnibus simul in eum creditum est, quia & singulos & universos ubique suscepit.

v. 14. *Fortitudo mea & laudatio mea Dominus; & factus est mihi in salutem.*

Qui sibi sua fortitudo, & sua volunt esse laudatio, cadunt. Quorum autem fortitudo & laudatio est Dominus, tam non cadunt, quam non cadit Dominus. Et ideo eis factus salus: non quia ipse aliquid coeperit esse, quod non erat; sed quia salutem in eo, quam aversi non habuerant, coeperunt habere conversi.

v. 15. *Vox exultationis & salutis in tabernaculis justorum.*

Saevitia persequentium spem sanctorum internis gaudiis privare non poterat: nec valebant impii eorum auferre laetitiam, quorum nequibant expugnare patientiam. Unde & Apostolus
2 Cor. 6. 10. dicit, *Quasi tristes, semper autem gaudentes.*

v. 16. *Dextera Domini fecit virtutem, dextera Domini exaltavit me, dextera Domini fecit virtutem.*

Magna virtus exaltare humilem, deificare mortalem, praebere de infirmitate perfectionem, de subjectione gloriam, de passione victoriam. Sed quia non homo se exaltavit, non homo se perfecit, non homo sibi gloriam dedit, non homo vicit, nec ipse sibimet salus fuit; plissima confessione laudem Dei reperit, *Dextera Domini fecit virtutem.*

v. 17. *Non moriar, sed vivam, & narrabo opera Domini.*

Vox Ecclesiae est, non in se, sed in Domino gloriantis. Extinguendum Dei populum persecutores arbitrabantur; sed aucta est Ecclesia, & ubique Christus Martyrum gloria est, in quorum passionibus Domini opera praedicantur.

v. 18. *Castigans castigavit me Dominus, & morti non tradidit me.*

Non ergo quidquam viribus suis licuisse arbitretur feritas impiorum: non haberent illam
Joan. 19. 11. potestatem, nisi desuper daretur. Saepe filios suos pater familias per nequissimos servos emendari jubet; cum illis haereditatem, his compedes (a) praeparaet. Quae est illa hereditas? Auri est & argenti, an gemmarum, an fundorum, amoenorumve praediorum? Vide quae intretur, & cognosce quid sit.

v. 19. *Aperite mihi portas justitiae, & ingressus in eas confitebor Domino.*

Intra portas justitiae vox est confessionis & exultationis. Beati enim qui habitant in domo Psal. 83. 5.
Domini, in saecula saeculorum (b) laudabunt eum.

v. 20. *Haec porta Domini, justi intrabunt per eam.*

Haec porta illius est Jerusalem, quam nemo Apoc. 22. 15.
incircumcisus, nemo intrat injustus, ubi dicitur, *Canes foras.*

v. 21. *Confitebor tibi Domine, quoniam exaudisti me, & factus es mihi in salutem.*

Confessio haec laudis est; non vulnera medico ostendens, sed de percepta sanitate gratias agens ei, qui ipse est salus.

v. 22. *Lapidem quem reprobaverunt aedificantes, hic factus est in caput anguli.*

Ephes. 2. 15. *Ut duos conderent in semetipsum, in unum novum hominem, faciens pacem, & reconciliaret utrosque in uno corpore Deo*, circumcisionem scilicet & praeputium.

v. 23. *A Domino factus est.*

Quamvis enim non esset lapis angularis, nisi passus esset: non tamen hoc ab eis, a quibus passus est, factus est. Nam illi qui aedificabant reprobaverunt: sed in eo quod Dominus occulte aedificabat, factus in caput anguli, quem reprobaverunt.

Et

(a) Forte legendum, *praeparet*, ut apud Augustinum.

(b) Duac. & Colon. *laudabunt te*. Lugd. & Lovan. cum editione August. *laudabunt eum*.

Ibid. v. 23. *Et est mirabile in oculis nostris.*

In oculis interioribus hominis, in oculis credentium, sperantium, diligentium.

v. 24. *Hæc dies est quam fecit Dominus: exultemus & jucundemur in ea.*

Dies quo nobis salutem dedit, dies quo ille Mediator Dei & hominum factus est in caput anguli.

v. 25. *O Domine salvum me fac, o Domine bene prospera.*

Salvum fac, quia dies salutis est: *prospera* iter a peregrinatione redeuntibus, quia tu nobis factus es via.

v. 26. *Benedictus qui venit in nomine Domini.*

Maledictus ille, qui venit in nomine suo,
Joan. 5. 43. quem suscipient qui Dei Filium non receperunt.

Ibid. v. 26. *Benediximus vos de domo Domini.*

Vox ista magnorum est ad pusillos: eorum scilicet magnorum, qui Verbum Dei Deum, sicut in hac vita possunt, mente contingunt, & tamen sermonem suum propter parvulos temperant.

v. 27. *Deus Dominus, & illuxit nobis.*

1. Tim. 2. 5. *Illuxit nobis Mediator Dei* ille *& hominum, homo Christus Jesus*: qui & Deus æqualis Patri, quod fecit credi, fecit intelligi.

Ibid. v. 27. *Constituite diem festum in frequentationibus, usque ad cornu altaris.*

Id est, usque ad interiorem domum Dei, (a) de qua vos benediximus; ubi sunt altaris excelsa, ubi spiritale sacrificium laudis perpetuum, ubi est sacerdos æternus, & altare sempiternum, ad quod non tepide neque segniter, sed
Joan. 1. 14. in frequentatione currendum est: ut de Filio Deo, qui propter nos caro factus est, non jam humiliter secundum carnem, qua conformis nobis esse dignatus est, sed sublimiter secundum divinitatem, qua Patri æqualis est (b) sentiendum.

v. 28. *Deus meus es tu, & confitebor tibi: Deus meus es tu, & exaltabo te.*

Ibid. v. 28. *Confitebor tibi Domine, quoniam exaudisti me, & factus es mihi in salutem.*

Non strepitu ista verborum dicentur, in illa domo ad quam ut intremus hortatur; sed dilectio inhærens Deo, ipsa erit vox laudationis æternæ.

v. 29. *Confitemini Domino, Quoniam bonus, quoniam in sæculum misericordia ejus.*

Iisdem verbis (c) Psalmum, quibus inchoaverat, claudit: quia ab initio usque in finem debet in nobis laudationem Dei perseverare confessio.

PSALMUS CXVIII.

ALEPH.

v. 1. *Beati immaculati in via, qui ambulant in lege Domini.*

BEati esse non possunt, nisi immaculati. Immaculati autem non sunt, nisi qui in via ambulant, via vero non est, nisi lex Domini. Quærens ergo beatitudinem, immaculatus in via sit, & in lege Domini, quæ beatorum via est, ambulet, id est, non sit otiosus.

Beati qui scrutantur testimonia ejus, in toto corde exquirunt eum. v. 2.

In via Domini hi sine dubio ambulant, qui *scrutantur testimonia ejus*. Sed quia multi volunt habere scientiam sine operibus, merito addidit, *in toto corde exquirunt eum*. Tunc enim recte quæritur Deus, si non per ipsum alia, sed per omnia ipse quæratur. Beatitudo autem quærentium Dominum, in hujus vitæ laboribus non potest esse perfecta. Sed beati jam dicuntur, qui hoc sine dubio sunt futuri, quia in via ambulant immaculati, & scrutantur testimonia legis Domini, in toto corde exquirunt eum. Spe ergo beati sunt, quia talibus beatitudo promissa est.

Non enim qui operantur iniquitatem, in viis ejus ambulaverunt. v. 3.

Hic quæritur, cum iniquitas peccatum sit, & non operantur peccatum qui ambulant in viis Domini; quomodo illi sancti in viis Domini ambulaverunt, qui dicunt, *Si dixerimus quia peccatum non habemus, nos ipsos seducimus, & veritas in nobis non est*? Ergo & peccatum habuerunt, & in viis Domini ambulaverunt, secundum Paulum dicentem, *Si quod nolo, ego hoc facio; non ego operor illud, sed quod habitat in me peccatum*. Itaque nec operantur peccatum qui ambulant in viis Domini, & tamen non sunt absque peccato: quia jam non ipsi operantur illud, sed quod habitat in eis peccatum. Non autem ipsi operantur illud, quando illicitis desideriis consensum non accommodant voluntatis. Verumtamen cum omnes sancti, in carne degentes, veraciter dicant, *Dimitte nobis debita nostra*; quomodo intelligitur immaculatos eos in via Domini ambulare, quos oportet quotidiana oratione remissionem poscere peccatorum? nisi quia verum est, ambulasse in via Domini nullis consentire criminibus; & tamen quibusdam cogitationum carnalium obreptionibus titillari, & ob hoc eis necessariam quotidianam remissionem, ut sint immaculati: quoniam & hoc ipsum ad viam pertinet Domini, de qua non recedit, qui se immaculari semper exposcit. 1. Joan. 1. 8. Rom. 7. 20. Matth. 6. 12.

Tu mandasti mandata tua custodiri nimis. v. 4.

Nimis, sive ad mandantem, sive ad custodientem referas; non pro eo quod est plusquam oportet, accipiendum est, sed pro, valde. Valde enim mandatur, & valde custodienda sunt præcepta divina.

Utinam dirigantur viæ meæ ad custodiendas justificationes tuas. v. 5.

Dedisti, inquit, mandatum, & custodiri illud præcepisti: sed utinam præbeas & auxilium, ut possim facere, te juvante, quod faciendum didici, te docente.

Tunc non confundar, cum perspicio in omnia mandata tua. v. 6.

Cum, inquit, directæ fuerint viæ meæ per

 gra-

(a) In Augustino, *de qua vos benediximus*.
(b) Editi ut non Libri ex conjectura certum aliter legi posse, *sentiendus*.

(c) Lugd. & Lovan. *Psalmus*. Duac. & Colon. *Psalmum*.

gratiam tuam, tunc inspectione mandatorum tuorum non confundar, (a) qui ero non inutilis auditor, sed efficax factor.

v. 7. *Confitebor tibi, Domine, in directione cordis; in eo quod didicerim judicia justitiæ tuæ.*

Si directum fuerit iter meum & cor meum, & prædicabo Domine te, laudabo, & tui esse hoc operis confitebor.

v. 8. *Justificationes tuas custodiam.*

Hoc est, faciam quod jubes, si me adjuveris.

Ibid. v. 8. *Non me derelinquas usquequaque.*

Non ita accipiendum, quasi in aliquo se relinqui velit; sed hoc petit, ne penitus deseratur, & ita potius, ut ab eo nunquam & nusquam divinum abscedat auxilium.

BETH.

v. 9. *In quo corrigit adolescentior viam suam? In custodiendo sermones tuos.*

Interrogatio est, in quo junior viam suam corrigat: & respondetur quod correctio ejus hæc sit, ut Dei verba custodiat. Sed quæritur quis iste sit junior, cujus illa correctio est? cum & senes multi convertantur ad Dominum, per quamlibet seram observantiam mandatorum. Bene ergo iste junior intelligitur populus novus, per Christi gratiam renovatus, qui ab erroris veteris via, verbum fidei custodiendo, corrigitur.

v. 10. *In toto corde meo (b) exquisivi te: ne repellas me a mandatis tuis.*

Fecisti, inquit, ut toto corde meo exquirerem te: fac ut in mandatis tuis maneam: quæ ut mihi possibilia fiant, adjuva me, & noli me ab eis repellere: id est, noli mihi auxilium tuum subtrahere.

v. 11. *In corde meo abscondi eloquia tua, ut non peccem tibi.*

v. 12. *Benedictus es Domine; doce me justificationes tuas.*

Quid adhuc eloquia Domini quærit discere, quæ jam abscondit in corde? Quod utique non fecisset, nisi ea didicisset. Ut quid addit, & dicit, *doce me justificationes tuas*; nisi quia eas vult faciendo discere, & operandi notitia comprehendere, non loquendi tantum facilitate, & memoriæ recordatione retinere?

v. 13. *In labiis meis enuntiavi omnia judicia oris tui.*

Nihil, inquit, judiciorum tuorum tacui, sed omnia prorsus in labiis meis enuntiavi, ea scilicet, quæ mihi ore tuo, id est, eloquiorum tuorum prædicatione dixisti.

In via testimoniorum tuorum delectatus sum, sicut in omnibus divitiis. v. 14.

Via testimoniorum Dei Christus, *in quo sunt omnes thesauri sapientiæ & scientiæ absconditi.* Coloss. 2. 3.
In hac ergo via, quasi in omnibus divitiis delectatur, qui videt per illum multa erga nos testimonia divinæ dilectionis impleta, & non dubitat, quæ expectantur implenda.

In mandatis tuis exercebor, & considerabo vias tuas. v. 15.

Universæ viæ Domini misericordia & veritas: Psal. 24. 10.
quarum plenitudo invenitur in Christo, in quo omnis Ecclesia, contra inimicos fidei Christianæ, copiosis disputationibus exercetur.

In justificationibus tuis meditabor, non obliviscar sermones tuos. v. 16.

Ideo utique meditabor, ut non obliviscar sermones tuos; meditabor ut non obliviscar. Meditatio enim non obliviscendi, est perseverantia operandi, propter quod postulavit adjutorium gratiæ, dicens, *Benedictus es Domine, doce me* v. 12.
justificationes tuas; ut quod sermone noverat, etiam opere compleret.

GHIMEL.

Retribue servo tuo, vivifica me; & custodiam sermones tuos. v. 17.

Quatuor sunt retributiones. Aut enim mala pro malis retribuuntur, sicut Deus ignem æternum retributurus est impiis: aut bona pro bonis, sicut regnum æternum retributurus est justis: aut bona pro malis, sicut Christus per gratiam justificat impium: aut mala pro bonis, sicut Judas per malitiam persecutus est Christum. Harum quatuor retributionum, duæ priores pertinent ad justitiam, ut retribuantur mala pro malis, bona pro bonis: tertia pertinet Rom. 4. 5.
ad misericordiam, ut retribuantur bona pro malis: quartam Deus nescit; nulli enim malum pro bono retribuit. Hæc autem quæ tertio loco posita est, primitus necessaria est. Nisi enim Deus (c) retribueret bona pro malis, nullo modo essent quibus retribuerentur bona pro bonis. Qui ergo dicit, *Retribue servo tuo*; & Habac. 2. 4.
addidit, *Vivifica me, & custodiam sermones* Rom. 1. 17.
tuos: scit justum ex fide vivere, quæ operatur Gal. 5. 6.
(d) per dilectionem. Et quia mortuus erat per suam (e) injustitiam, petit sibi vitam per Dei

(a) Legendum certe, qui ero non inutilis auditor; etsi Editi omnes habeant, quare non utilis. Editiones Duac. & Colon. notarunt in margine qui ero. Quod vero non inutilis legi debeat, probare videtur locus Jacobi 1. 23. ad quem hic alludit Auctor noster, *si quis auditor est verbi & non factor, hic comparabitur viro consideranti vultum nativitatis suæ in speculo: consideravit enim se, & abiit, & statim oblitus est qualis fuerit: qui autem perspexerit in legem perfectam libertatis, & permanserit in ea, non auditor obliviosus factus, (ex inutilis auditor), quatenus se non fore sperat Psalmographus, si perficiat ea mandata Domini; hic beatus in facto suo erit.* Ex quod dicit, Tunc non confundar.

(b) Vox iste meo legitur in Edit. Lugd. & Augusti. desideratur in Lov. Duac. & Colon. Addendam fuadet expositio versus statim subjecta.

(c) Editio recentior cum Augustino retribueret: veteres omnes Prosperianæ, retribuerit. Idem tamen senecrtia id. habet, retribueret.

(d) Sic legitur in Augustino, & legendum suadet locus Apostoli, ad quem alludit S. Prosper: etsi Editi nostri omnes sine dubio ex errore scribarum manifesto & facile irrepente scriptum habeant pro dilectione.

(e) Emendamus ex opere Augustini, quod præ oculis habebat S. Prosper cum hæc scriberet. Editi enim nostri habent per suam justitiam. Nec putamus illud in sensum Apostoli cadere, qui dicit de Judæis, Rom. 10. 3. Ignorantes enim justitiam Dei, & suam quærentes statuere, justitiæ Dei non sunt subjecti.

Dei gratiam: quam profecto non peteret, si omnino non crederet, id est, omnino non viveret. Sed quia id quod acceperat ad desiderandum, non sufficiebat ad obediendum, poscit se vivificari, hoc est, eam in se fidem, quam acceperit, augeri: ut vivificetur per eam in diem,
2. Cor. 4. 16. qui renovatur de die in diem.

℣. 18. *Revela oculos meos, & considerabo mirabilia de lege tua.*

Da, inquit, mihi intellectum, quo possim mirabilia tuae legis inspicere, & virtutem praeceptorum tuorum videre.

℣. 19. *Incola ego sum in terra, ne abscondas a me mandata tua.*

Ibi quisque est peregrinus, ubi absens est a
Vide supra, 17. patria sua. Iste ergo qui supernae Jerusalem civis adscriptus est, peregrinum se profitetur in terra; quia certus est de hereditate promissa.
Job. 7. 1. Sed quia *tentatio est vita humana super terram*, petit ne in tempore tribulationis & difficultatis abscondantur ab eo mandata Dei, quae utique in medio constituta sunt, & possunt etiam ab impiis sciri. Nam quem latet brevissi-
Matth. 22. 37. mum plenissimumque mandatum, *Diliges Dominum Deum tuum ex toto corde tuo, & ex tota anima tua, & ex tota mente tua*, & *Diliges proximum tuum sicut teipsum?* In quibus duobus mandatis tota Lex pendet, & Prophetae. Quomodo ergo hic terrae incola orat, ut ab eo non abscondantur, quae pene nemini latent; nisi quia Dominum nosse paucorum est; & consequens est ut ei mandatum dilectionis sit absconditum, (a) quia aliud pro alio diligit; & qui errat in Domini amore, errat etiam in proximi charitate? Recte itaque qui incola est in terra, & qui terrena non diligit, postulat sibi mandatorum Dei scientiam revelari: ne vel in Dei, vel in proximi dilectione fallatur.

℣. 20. *Concupivit anima mea desiderare justificationes tuas in omni tempore.*

Concupivi, inquit, justificationum tuarum desiderium habere usque in finem. Tu enim me justificas, tua me facit gratia justum & bonum: (b) mihi est semper hoc desiderare, & in hoc tuo praesidio delectari. Alioquin justus non ero, si aut defuerit mihi gratia tua, aut inflaverit me superbia.

℣. 21. *Increpasti superbos, maledicti qui declinant a mandatis tuis.*

Illa increpatio hic intelligenda est, quam primi hominum genitores sua transgressione meruerunt, declinantes a mandato Dei per super-
Gen. 3. 5. biam, (c) quam conceperunt, non quod Deus diligendum praecepit, sed quod diabolus invidendo persuasit. Omnis itaque superbus huic increpationi subjectus est, sive hereditario, sive voluntario arbitrio.

℣. 22. *Aufer a me opprobrium & contemptum, quia testimonia tua exquisivi.*

Matth. 5. 44. Vox illa Ecclesiae est, jam diligentis inimicos suos, & orantis pro persecutoribus suis. Dicat itaque omnis Christianus, dicant omnia membra corporis Christi, *Aufer a me opprobrium*, quod ideo audio: *& contemptum*, (d) quod ideo contemnor, *quia testimonia tua*, id est, martyria tua, *exquisivi*. Ut inimici nostri inde venerentur, unde contemnunt; cum quos persequendos putaverunt, intellexerint honorandos.

Etenim sederunt principes, & adversum me loquebantur. ℣. 23.

Inde persecutio gravis erat, quia eam sedentes, id est, judiciariis sedibus eminentes principes decernebant: quod & in ipsum caput, & in corpus ejus actum esse non dubium est.

Servus autem tuus exercebatur in tuis justificationibus. Ibid. ℣. 23.

Qualis exercitatio haec fuerit, sequentia docent.

Nam & testimonia tua meditatio mea est, & consilium meum justificationes tuae sunt. ℣. 24.

Sic ergo exercebatur servus Christi, ut contra persequentes dilectione certaret. Consilium sedentium principum fuit, invenire Martyres perdere; consilium patientium Martyrum fuit, invenire perditos invenire. Reddebant illi mala pro bonis, isti bona pro malis. Quid ergo mirum, si illi occidendo defecerunt, illi moriendo vicerunt?

DALETH.

Adhaesit pavimento anima mea, vivifica me secundum verbum tuum. ℣. 25.

Qui se vivificari petit, quoniam adhaesit pavimento anima ejus, videtur hoc poscere, ut a terrenis cupiditatibus eruatur. Sed non talia verba praemissa sunt, ut de eo qui dicebat, *Nam & testimonia tua meditatio mea, & consilium meum justificationes tuae*, credendum sit quod terrenae magis conversationi inhaeserit, quam caelesti. Non ergo a concupiscentiis mundi avelli, nec a carnis societate separari, sed ab affectibus carnalibus optat abjungi: ut illa concupiscentia quae concupiscit adversus spiritum, magis comminuatur; & concupiscentia quae concupiscit adversus carnem, perseverantibus profectibus augeatur. Nemo est enim, cujus animam corruptibile corpus & inhabitatio terrena non aggravet, donec corruptibile hoc induatur incorruptionem, & verbum Dei, quo vita aeterna promittitur, impleatur. Galat. 5. 17. Sap. 9. 15. 1. Cor. 15. 53.

Vias meas enuntiavi, & exaudisti me: doce me justificationes tuas. ℣. 26.

Peccata, inquit, mea confessus sum, & exaudisti me: enuntiavi vias meas, & delesti eas: doce me tuas. Non ergo eas justificationes vult discere, in quibus exercebatur: sed ab illis ad illas desiderat pervenire.

Viam justificationum tuarum insinua mihi, & exercebor in mirabilibus tuis. ℣. 27.

Haec petens, magis profectibus concupiscit augeri. Sunt autem quaedam justificationes tam sublimes atque mirabiles, ut hi qui experti non sunt, putent ad eas humanam infirmitatem pervenire non posse.

Dur-

(a) Forte qui aliud: cum paulo post dicatur, & qui errat.

(b) Fortasse, meum est. Editi omnes, mihi est.

(c) Vix dubitamus legi debere, quae, non quam, ut Editi omnes habent.

(d) Apud Augustinum, quo ideo contemnor.

v. 28. *Dormitavit anima mea præ tædio, confirma me in verbis tuis.*

Fatigor namque ex infirmitate, & relabor ex tædio. *Confirma me* in promissionibus tuis: atque per ea quæ dedisti, mihi ascendere, ut dormitans in infirmitatibus meis excitet, atque incitet *in verbis tuis.*

v. 29. *Viam iniquitatis amove a me, & de lege tua miserere mei.*

Rom. 5. 20. Rom. 3. 27. Ne lex factorum, per quam abundavit peccatum, ad iniquitates me adducat infirmum; *lege*, inquit, *tua*, hoc est, lege fidei, *miserere mei*: ut per gratiam tuam faciam, quod per me ipsum (a) implere non valeo.

v. 30. *Viam veritatis elegi, judicia tua non sum oblitus.*

v. 31. *Adhæsi testimoniis tuis Domine, noli me confundere.*

Viam veritatis elegi, ubi currerem; *judicia tua non sum oblitus*, ut currerem. *Adhæsi testimoniis tuis*, cum currerem, *Domine: noli me confundere.* Quomodo quo curro pertendam, quo tendo, perveniam! *Non enim volentis, neque currentis, sed miserentis est Dei.*

Rom. 9. 16.

v. 32. *Viam mandatorum tuorum cucurri, cum dilatasti cor meum.*

Cordis dilatatio, (b) veritatis est dilectio: quod Dei munere fit, ut ei non timore pœnæ, sed amore justitiæ serviatur, cum charitas Dei

Rom. 5. 5. diffunditur *in cordibus nostris per Spiritum-sanctum qui datus est nobis.* Ideo ergo iste viam mandatorum Dei cucurrit, quia cor ejus Dominus dilatavit.

HE.

v. 33. *Legem pone mihi Domine viam justificationum tuarum, & exquiram eam semper.*

Qui viam mandatorum Dei se dilatato corde cucurrisse jam dixerat; quomodo nunc legem sibi postulat poni? nisi quia proficiens loquitur, & donum Dei novit esse quod proficit: & ut magis magisque proficiat, quod habet, a quo accepit poscit augeri. Ergo & currit hanc viam, & currere cupit: exquisivit & exquirere amat, donec perfectum sit gaudium sine periculo amittendi, quod ut apprehendat, semper exquirit.

v. 34. *Da mihi intellectum, & scrutabor legem tuam, & custodiam illam in toto corde meo.*

Ergo altitudinem & profunditatem legis nemo penetrat, nisi qui intellectum acceperit.

Rom. 13. 10. Cum autem plenitudo legis sit dilectio, & iste legem intelligat, qui opera mandatorum ejus exequitur; profecto hic illam sibi charitatem multiplicari petit, qua Deus proximusque diligitur; ut hujus duplicis mandati, de quo pen-

Matth. 22. 40. det tota Lex & Prophetæ, perfectam habeat scientiam, eamque toto corde custodiat.

v. 35. *Deduc me in semita mandatorum tuorum; quoniam ipsa volui.*

Quam prius dixit *viam justificationum*, eam-

Sent. 13. dem dicit *semitam mandatorum.* Quia angusta via est, quæ ducit ad vitam: & cum sit angu- Matth. 7. 14.
sta, nisi dilatato corde non curritur. Sed quoniam adhuc iste proficit, & adhuc currit, ideo divinum quo deducatur quærit auxilium.

Inclina cor meum in testimonia tua, & non in avaritiam. v. 36.

Qui cor suum inclinari in aliquid petit, plenius & perfectius id, quam vult, velle desiderat. Volebat enim cum diceret, *Deduc me in semita mandatorum tuorum, quoniam ipsa volui*; & orat ut velit, cum dicit, *Inclina cor meum in testimonia tua, & non in avaritiam.* Orat ergo ut in ipsa voluntate proficiat, & cor non in avaritiam, sed in testimonia Dei habeat inclinatum: quæ testimonia hoc insinuant, Sent. 110.
hoc docent, ut Deus gratis colatur. Quia si cor non in avaritiam sit declinatum, Deum non colimus nisi propter Deum, ut Dei cultus ipse sit merces. Nam qui Deum ideo colit, ut aliquid aliud promereatur quam ipsum: non quem colit diligit; quia non ipsum, sed aliud concupiscit.

Averte oculos meos, ne videant vanitatem; in via tua vivifica me. v. 37.

Averte, inquit, *oculos meos*, non corporeos; quorum intuitus etiam nolens multas vanitates videt; sed cordis oculos, ne intenti sint vanitati, ne humanam gloriam quærant, nec cum boni aliquid operantur, non dilectione ipsius summi boni, sed amore præsentis utilitatis & laudis hoc faciant: ne postremo justitiam suam ad se magis, quam ad Dominum referant, & in se magis, quam in Domino glorientur. Hanc ergo vanitatem perhorrescens, merito adjecit,

in via tua vivifica me, id est, in Christo, qui Joan. 14. 6.
est contrarius vanitati, & non solum via est, sed & vita & veritas.

Statue servo tuo eloquium tuum in timore tuo. v. 38.

Stabile fit eloquium Dei in corde nostro, cum fit quod eodem jubetur eloquio; & avellitur, cum contrarium opus agitur. Petit ergo servus Dei, ut in eo confirmetur obedientia perseverans, quæ de statu suo nullo malæ actionis moveatur impulsu; quod non habetur nisi per Spiritum, & castum timorem, quo cavetur ne offendatur charitas, non quo metuitur ne damnetur impietas.

Amputa opprobrium meum, quod suspicatus sum; quia judicia tua jucunda. v. 39.

De occultis cordis alieni temere judicare, Sent. 32.
peccatum est, & eum cujus non videntur opera nisi bona, ex suspicione reprehendere. Hoc ergo opprobrium hoc suspicionis vitium, hic qui vult esse perfectus, a se optat auferri. Quoniam eorum quæ incognita homini sunt, solus Deus justus inspector est: & judicia ejus suavia sunt, quoniam vera.

Ecce concupivi mandata tua, in tua justitia vivifica me. v. 40.

Fecisti me, inquit, cupidum mandatorum tuorum, fac & efficacem; adjuva ut faciam quod commendas, dona ipse quod mandas. Quia in me unde morerer habui, unde autem vivam, non

(a) Lugdunensis editio addit vocem *implere*, quam omittunt Lovan. Duac. & Colon. Legitur enim etiam apud Augustinum hoc loco.

(b) In Augustini libro, *justitia est dilectio*.

non invenio, nisi in te, qui homini tuo omnem æquitatem in tua & proximi dilectione posuisti.

VAU.

V. 41. *Et veniat super me misericordia tua, Domine, salutare tuum secundum eloquium tuum.*

Quid poscit, nisi ut mandata quæ concepit, per ejus misericordiam faciat, (a) quæ mandavit? Et quæ est misericordia, nisi Christus? Et secundum quod eloquium, nisi secundum
Rom. 4. 17. verbum promissionis, quo vocata sunt ea quæ non erant, tanquam essent? Quia & quibus promissum est, etiam ipsi promissi sunt, ut totum corpus Christi dicat, *Gratia Dei sum quod*
1. Cor. 15. 10. *sum.*

V. 42. *Et respondebo exprobrantibus mihi verbum, quia speravi in sermonibus tuis.*

Verbum exprobrantibus; an verbum respondebo, ambiguum est: sed utrumque (b) Christus sonat. Ipsum enim nobis exprobrant, (c) quibus est crucifixus vel scandalum, vel stultitia:
1. Cor. 1. 23. ignorantes quia *Verbum caro factum est, & habitavit in nobis.* Quod Verbum in principio
Joan. 1. 14. erat, & apud Dominum erat. Sed etsi ipsi exprobratores non Verbum exprobrent, quod eos latet, quia divinitas ejus ab eis non cognoscitur, a quo infirmitas in cruce contemnitur; non tamen omnibus exprobrantibus Verbum respondeamus. Parum est enim in corde habere Christum, nisi quod corde credimus, ore pro-
Rom. 10. 10. fiteamur. Sed hoc ita demum fieri poterit, si in promissis Dei spes fuerit firma credentis.

V. 43. *Et ne auferas a me verbum veritatis usque valde.*

Hoc est, non ita conturber sub persecutionis flagello, ut a me penitus auferatur confessio veritatis. Quia multi qui ad horam negando defecerunt, postea pœnitendo reparati sunt, & palmam quam perdiderant, resumpserunt.

Ibid. V. 43. *Quia in judiciis tuis supersperavi.*

Id est, quia judicia tua, quibus me corrigis
Hebr. 12. 6. & flagellas, non solum mihi non auferunt spem, sed etiam augent; dum quem diligis corripis, flagellas autem omnem filium quem recipis. Et ideo plerumque eum, qui sibi fortis videbatur, infirmari sinis; ut præsumptio auferatur, & perseverantiæ virtus ex tua opitulatione reparetur.

V. 44. *Et custodiam legem tuam semper; in sæculum, & in sæculum sæculi.*

Quod dixit, *semper*, ne ad omne istius vitæ tempus tantummodo referretur, adjecit, *& in sæculum sæculi.* Lex autem, quam perpetuo cu-
Rom. 13. 10. stodire desiderat, charitas accipienda est: quia ipsa est plenitudo legis, & cessantibus cæteris mandatis, sola permanet in æternum.

V. 45. *Et ambulabam in latitudine, quia mandata tua exquisivi.*

V. 46. *Et loquebar de testimoniis tuis in conspectu regum, & non confundebar.*

Et meditabar in mandatis tuis, quæ dilexi valde. V. 47.

Et levavi manus meas ad mandata tua, quæ dilexi, & exercebar in justificationibus tuis. V. 48.

Superiores versus precationem habuerunt, qua adjutorium gratiæ postulatum est. Hi autem narrationem habent, qua ostenditur quid gratia petita contulerit: tanquam diceret, Hæc cum orarem, exaudisti me, & ambulabam in latitudine, id est ambulabam in charitate, quæ *diffusa est in cordibus nostris per Spiritum sanctum, qui datus est nobis.* Hic est ille Spiritus Rom. 5. 5.
in quo clamamus, *Abba Pater*, ac per hoc ipsius est quod mandata Dei exquisivit: qui acceptus etiam hoc agit, ut largius accipiendus petendo, quærendo, pulsando quæratur. Per Gal. 4. 6.
hunc itaque dilectionis Spiritum confirmatus est, ut in conspectu regum non confunderetur, ut in mandatis Dei cogitationem suam exerceret, & valde eadem mandata diligeret: elevans manus suas, non ad terrena opera, sed ad cælestia, exerceretur in justificationibus Dei.

ZAIN.

Memento verbi tui servo tuo, in quo mihi spem dedisti: V. 49.

Hæc me consolata est in humilitate mea, quia verbum tuum vivificavit me. V. 50.

Cum dicitur Deo, *Memento*, orantis desiderium, quo promissum accelerari poscit, ostenditur: non Deus, quasi id ei a recordatione exciderit, admonetur. *Memento ergo*, inquit, *verbi tui servo tuo*, hoc est, imple promissum tuum, in quo mihi spem dedisti, hoc est, in quo verbo me sperare fecisti. *Hæc me consolata est in humilitate mea.* Hæc scilicet spes mea consolata est, quæ data est humilibus, dicente Scriptura, *Deus superbis resistit, humilibus autem dat gratiam. Quia verbum tuum vivificavit me:* quia fecit me in te sperare, & non deficere in tribulatione. Jac. 4. 6.

Superbi inique agebant usque valde: a lege autem tua non declinavi. V. 51.

Superbos intelligi voluit persecutores humilium, hoc est, impios persecutores piorum: & ideo subjecit, *A lege autem tua non declinavi*, quia hoc eum facere persecutio compellebat.

Memor fui judiciorum tuorum a sæculo Domine, & consolatus sum. V. 52.

A sæculo, inquit, ex quo genus hominum sumpsit exordium, *memor fui judiciorum tuorum.* Et quia probavi quod omnes viæ tuæ mi- Ps. 24. 10.
sericordia & veritas; consolationem accepi in auxilio gratiæ tuæ, & per ipsa quoque vasa iræ, intellexi divitias gloriæ tuæ in vasa misericordiæ. Rom. 9. 22. & 23.

Tædium detinuit me a peccatoribus derelinquentibus legem tuam. V. 53.

Cantabiles mihi erant justificationes tuæ in loco incolatus mei. V. 54.

Quam-

(a) Apud Augustinum, qui mandavit. Editi, *quæ mandavit.*
(b) In Augustino, *Christum sonat.* Editi nostri, *Christus sonat.*
(c) Sic Lugdun. post Aug. At Lovan. & alii, *a quibus est crucifixus, vel scandalum, vel stultitiam.*

Quamvis tædium pateretur a peccatoribus, cum quibus eum proximis vitæ peregrinatio detinebat; tamen cantabiles ei erant justificationes Dei, quia peregrinantem gratia solabatur.

V. 55. *Memor fui in nocte nominis tui, Domine, & custodivi legem tuam.*

Nox est (a) in æternum; nam mortalitatis nox in superbis inique agentibus: nox in tædio,
Vide app. a peccatoribus derelinquentibus Dei legem: nox est postremo in loco peregrinationis hujus, do-
1. Cor. 4. 5. nec veniat Dominus, & illuminet abscondita tenebrarum. In hac ergo nocte memor debet esse homo nominis Domini, ut legem ejus custodiat, & hoc ipsum ad gloriam Dei referat;
Ps. 123. 8. quoniam *adjutorium nostrum in nomine Domini.*

V. 56. *Hæc facta est mihi, quia justificationes tuas exquisivi.*

Rom. 4. 5. Justitias utique tuas quibus justificas impium, non meas, quæ non pium faciunt, sed superbum. Quæ est ergo de qua dicit, *Hæc facta est mihi?* Non enim Lex intelligenda est, quam masculino genere Græcus enuntiat, cum nox accipiatur de nocte; quia superius dixerat, *Memor fui nocte nominis tui*; quæ *facta est mihi*, id est, ut prodesset mihi. Quoniam hæc ipsa humilitas, in loco peregrinationis hujus, quæ merito non intelligitur, prodest eis qui salubriter exercentur in ea, ut discant non superbire, propter quod malum in istam noctem pulsus est homo.

HETH.

V. 57. *Portio mea Domine, dixi, custodire legem tuam.*

(b) Nisi quia ita erit portio cujusque Dominus, cum legem ipsius custodierit. Sed quia hoc non fit sine adjutorio Dei, quid præcipiat obtineri ostendit, adjungens:

V. 58. *Precatus sum faciem tuam in toto corde meo, miserere mei secundum eloquium tuum.*

Quid autem hac prece obtinuerit, & in quem profectum pervenerit, consequenter ostendit, dicens:

V. 59. *Cogitavi vias meas, & averti pedes meos in testimonia tua.*

Averti, inquit, *pedes meos* a viis quæ mihi displicuerunt, ut irent *in testimonia tua*, atque ibi haberent viam. Quod autem hic positum est, *Averti pedes meos*, in nonnullis legitur, *Avertisti pedes meos*, ut hoc Dei potius gratiæ
Sentent. 12. & Concil. 2. Arausic. Canone 4. tribuatur. Sed sive hoc, sive illud sit, dubitari non potest divini esse muneris, (c) cum & recte cogitamus, & pedes nostros ab errore revocamus. Quoties enim bona agimus, Deus in nobis, atque nobiscum, ut operemur operatur.

Paratus sum, & non sum turbatus, ut custodiam mandata tua. V. 60.

Confitetur humiliter, ad custodienda mandata vigilantem se factum esse per gratiam.

Funes peccatorum circumplexi sunt me, & legis tuæ non sum oblitus. V. 61.

Peccatorum, non ab eo quod sunt peccata declinatum est, sed ab eo quod sunt peccatores. *Funes* itaque *peccatorum*, impedimenta sunt inimicorum, sive spiritalium, sive carnalium, qui sanctos, pro Dei lege usque ad sanguinem decertantes, quibuslibet difficultatibus implicare conantur, quibus eos a constantia patiendi, quasi funibus ac restibus retrahebant. Sed si implicant corpus, non implicant animum; in quo iste legis Dei non est oblitus, quia *Sermo Dei* 2. Tim. 2. 9.
non est alligatus.

Media nocte surgebam ad confitendum tibi, super judicia justitiæ tuæ. V. 62.

Media nox, profunda tribulatio est, quia Rom. 8. 18.
non sic affligebatur, ut surgere non valeret. Surgebat autem, ut confiteretur Deo, justo judicio ejus datam peccatoribus potestatem, qua sanctos Dei persequerentur, quos adjuvat gratia Dei, ut hujusmodi exercitiis fierent clariores.

Particeps sum ego omnium timentium te, & custodientium mandata tua. V. 63.

Vox ista proprie ipsius capitis intelligenda est. Non enim efficeremur participes divinitatis Christi, nisi ipse mortalitatis nostræ particeps fieret. Per hanc autem participationem, ejus nobis gratia subministratur, ut caste timeamus Deum, & custodiamus mandata ejus. Ideo quippe Deus hominum, immortalis mortalium, suscepit naturam, & participando suam fecit, ut granum caderet (d) in terra, mortificatumque Joan. 12. 24. & 25.
multum fructum faceret.

Misericordia tua, Domine, plena est terra. V. 64.

In eo utique, quod justificatur impius, in cujus ineffabilis gratiæ scientia ut proficiatur, adjungit:

Et justificationes tuas doce me.

TETH.

Bonitatem fecisti cum servo tuo, Domine, secundum verbum tuum. V. 65.

Fecisti, inquit, Domine, ut me delectaret bonum, quod utique magnum est tuum donum. *Secundum verbum tuum*, hoc est, secundum Rom. 4. 16.
promissum tuum: ut firma sit promissio omni semini.

Suavitatem, & eruditionem, & scientiam doce me; quia in mandatis tuis credidi. V. 66.

Augeri sibi illa poscit, & (e) perfici ei gratia Dei, magis magisque in omni dulcedine bonitatis. Docet autem Deus *suavitatem*, inspirando

(a) Ita Editi omnes Prosperiani. Cum vero apud Augustinum legatur, *Nox est ista humilitas, ubi est mortalitatis ærumna*, non temere forte suspicantur legendum. *Nox est in ærumna mortalitatis*; nam, pro *in æternum*, quod Editi omnes præferunt.

(b) Hæc intellige, supplenda quæ sunt apud Augustinum, *Quid est, Portio mea Domine, dixi custodire legem tuam, nisi quia*, &c.

(c) Lovan. Duac. & Colon. *& cum recte cogitamus, & pedes* &c. Lugdun. *cum & recte*. Sic quoque in sententia 12. in qua pro recte, legimus *recte cogitamus*.

(d) Augustinus *in terram*, ut in utraque sacra Scriptura.

(e) Apud Augustinum, *& perfici*: nam utique qui jam dixerat *suavitatem fecisti cum servo tuo*; quando dicit, *suavitatem doce me*, nisi ut ei gratia Dei magis magisque innotescat dulcedinem bonitatis.

rando dilectionem; docet scientiam, instruendo cognitionem. *Quia mandatis tuis credidi*: hoc est, credidi quod tu illa mandaveris, qui donas ut fiant; non autem homo, qui ejus potest notum facere præceptum, (a) obedientiæ tamen tribuere non potest donum. Docet disciplinam, docendo patientiam, docet scientiam, illuminando intelligentiam: quoniam te credidi illa mandasse, qui Deus es, & homini donas (b), unde possit facere quod mandas.

℣. 67. *Prius quam humiliarer ego deliqui, propterea eloquium tuum ego custodivi.*

Propter priorem, inquit, delictum humiliatus sum: & ne rursum humiliarer, *eloquium tuum custodivi*. Ita per gratiam tuam profuit experiri pœnam, ut acquirerem obedientiam.

℣. 68. *Bonus es tu, Domine, & in tua suavitate doce me justificationes tuas.*

Vere vult facere justificationes Dei, quando eas in ejus suavitate vult discere.

℣. 69. *Multiplicata est super me iniquitas superborum.*

Eorum scilicet, quibus non profuit, quod postea quam deliquit, humiliata est humana natura.

Ibid. ℣. 69. *Ego autem in toto corde meo scrutabor mandata tua.*

Quantalibet, inquit, abundet iniquitas, non refrigescet in me charitas. Ad hoc enim mandata tua sponte scrutor, ut perfectius ea faciendo cognoscam.

Matth. 24. 12.

℣. 70. *Coagulatum est sicut lac cor eorum, ego autem legem tuam meditatus sum.*

Cor, inquit, superborum obduratum est; ego autem legis tuæ meditatione didici, quia superbis resistis, & humilibus das gratiam.

Jacob. 4. 6.

℣. 71. *Bonum est mihi, quod humiliasti me; ut discam justificationes tuas.*

Pœnam convertisti mihi ad disciplinam, & humiliationem ad eruditionem: quia justificationes tuas ita cupio nosse, ut faciam. * Non enim est vera scientia boni, nisi ad hoc cognoscatur, ut agatur.

* [illegible]

℣. 72. *Bonum mihi lex oris tui, super millia auri & argenti.*

Ut amplius diligat charitas legem Dei, quam diligit cupiditas millia auri & argenti.

JOD.

℣. 73. *Manus tuæ fecerunt me, & plasmaverunt me.*

Manus Domini, sunt potestas Dei, quæ efficit opera voluntatis suæ, ut nihil de Deo per usurpationem manus corporeæ cogitemus. Quod si pluralis numerus movet, accipiamus manus Dei (c) virtus, sapientia; quod utrumque unus est Christus, qui & brachium Domini dicitur. Accipiamus postremo manus Dei, Filium & Spiritum sanctum, qui & Spiritus-sanctus cooperator est Patris & Filii: tamen ut in natura incommutabilis deitatis nulla forma corporea sentiatur. Quod ergo ait, *Manus tuæ fecerunt me, & finxerunt*, sive *plasmaverunt me*; non incongrue ita discernitur, ut *fecerunt*, ad animam, *finxerunt* vero ad corpus pertineat. Licet soleant hæc indifferenter posita reperiri. Hoc autem opus Dei, non solum in primi hominis conditione præcessit, in quo omnes seminali ratione sunt conditi; sed etiam in quotidiana singulorum hominum creatione perficitur. Quæ si operatoria illa Dei potentia, ab hoc se opere contineret, cuncta deficerent.

1. Cor. 1. 24. Ibid. ℣. 2. & 2. Cor. 12. [illegible]

Vide Gen. [illegible]

Da mihi intellectum, ut discam mandata tua. Ibid. ℣. 73.

Numquid ita condita est humana natura, ut careat intellectu? Quid igitur sibi dari postulat, quod accepit, nisi quod peccati vitio ipsum primitus rationale corruptum est, & gratiæ munere (d) reformandum est? Non enim sufficit naturæ quod ei remansit, nisi recipiat a reparatore quod perdidit. Dominus ergo Jesus in hoc Psalmo per Prophetam, tamquam sibi, petivit intellectum dari a Deo corpori suo, quod est Ecclesia. Cum ipso enim vita corporis ejus, hoc est populi ejus, abscondita est in Domino; & ipse in eodem corpore suo indigentiam patitur, & per id quod membris suis est necessarium.

Apoc. [illegible] Coloss. 3. 3.

Qui timent te, videbunt me, & jucundabuntur; quoniam in verba tua speravi. ℣. 74.

Præsens vita sanctorum, timoris est, & laboris; sed habens spem lætitiæ & jucunditatis æternæ. Quia ergo adhuc timet Ecclesia, & nondum se videt in eo regno, ubi secura gaudebit, ipsa est quæ videbitur; quoniam inter præsentes tentationes, in promissa Dei sperare non deficit.

Cognovi, Domine, quoniam justa judicia tua; & in veritate tua humiliasti me. ℣. 75.

Fiat autem misericordia tua, ut consoletur me, secundum eloquium tuum servo tuo. ℣. 76.

Quamvis grave jugum sit super filios Adam, quo creatura humana deprimitur; cognovi tamen, quod justa sunt judicia tua, & secundum veritatem humiliatus est homo. *Fiat ergo misericordia tua*: secundum promissionem tuam; de præsentibus muneribus accipiat mortalis vita solatium, & futura æternitatis bona patienter expectet. Eccli. 40. 1.

Veniant mihi miserationes tuæ, & vivam. ℣. 77.

Tunc vere vivam, quando non timebo ne moriar. Ipsa est enim vera vita, quæ sine ullo additamento dicitur, quasi aliud ibi non sit vivere, quam sine ullo fine, & sine ulla miseria vivere.

Quia lex tua meditatio mea est. Ibid. ℣. 77.

Hæc meditatio, nisi esset in fide quæ per dilectionem operatur, ad vitam non perveniret æter- Gal. 5. 6.

(a) Hic virgula, apposita, quæ post vocem *obedientiæ* ponebatur in editis, locum sensui planiori reddituram credimus. Ait enim Augustinus, *Si enim homo mihi hoc juberet faciendum, nunquid ut etiam facerem quod jubebat adjuvaret manifestum*. Ex *obedientiæ donum*, non vero *obedientiæ præceptum*, quod alia interpunctione significatur.

(b) August. *unde facias eum facere quod mandas*.

(c) In Augustino, *virtus & sapientia*: particula & hanc excidit a codicibus Prosperi.

(d) In edit. Lugd. & Lovan. *formandum est*. In Duac. & Colon. *reformandum est*. Quod propius accedere videtur ad illud Augustini, *Quia tu*, inquit, *formasti, tu reformas: ut sim in corpore Christi, quod ait Apostolus, Reformamini in novitate sensus vestri*. Rom. 12. 2. & ad sequentia S. Prosperi verba.

* [illegible] terram. * Non ergo utiliter meditatur legem Dei, qui laborat ut memoria teneat, quod (a) actione non implet.

℣. 78. *Confundantur superbi, quia injuste iniquitatem fecerunt in me: ego autem exercebor in mandatis tuis.*

Quamvis saeviant superbi, & iniquitatem operentur in sanctos: charitas tamen piorum non refrigescit, & a mandatorum Dei exercitatione non deficit.

℣. 79. *Convertantur ad me qui timent te, & qui cognoscunt testimonia tua.*

Non est quisquam hominum qui possit hoc dicere, praeter illum qui cum sit Deus universitatis, naturam sibi univit humanam: ad quem convertentur timentes Dominum, & cognoscentes compleri testimonia Dei, quae de illo per Prophetas tanto ante praedicta sunt.

℣. 80. *Fiat cor meum immaculatum in tuis justificationibus: ut non confundar.*

Redit ad vocem corporis, hoc est, membrorum suorum, quorum cor fit immaculatum per ipsum corporis caput, hoc est, per gratiam Dei,
Gal. 5. 17. in (b) generationis lavacro, ubi abluta sunt omnia peccata praeterita, in adjutorio spiritus, quo concupiscimus adversus carnem, ne ejus cupiditate vincamur, (c) in Dominicae orationis
Matth. 6. 12. effectu, qua dicimus, *Dimitte nobis debita nostra*. Ita donata nobis regeneratione, fusa precatione, fit cor nostrum immaculatum, ut non confundamur: quia & ad hoc ad justificationes Dei pertinet, quando inter alia ejus mandata
Luc. 6. 37. & 38. praecipitur, *Dimittite, & dimittetur vobis; date, dabitur vobis*.

CAPH.

℣. 81. *Defecit in salutare tuum anima mea, & in verbum tuum semper (d) speravi.*

Non ait, Defecit salutari tuo; sed, *Defecit in salutare tuum*, hoc est, ad salutare tuum, *anima mea*. Bonus est ergo iste defectus: indicat enim desiderium boni, nondum quidem adepti, sed avidissime concupiti; quo desiderio inflammati sunt omnium temporum sancti. Quia sicut numquam defuerunt, qui incarnationis Christi adventum desiderarent: ita post quam ascendit in caelos, non desunt, qui manifestationem ipsius, qua ad judicandos vivos & mortuos venturus est, concupiscant. *Defecit ergo in salutare tuum anima mea, & in verbum tuum supersperavi*. Hic enim spes promissi tui fecit, ut quod nondum video, & vehementer desiderem, & patienter exspectem.

℣. 82. *Defecerunt oculi mei in eloquium tuum, *dicentes, Quando consolaberis me?*

In oculis interioribus, idem defectus desiderii ejus ad Dei eloquia, id est, promissa, tendentis, cui speratarum consolationum longa sunt morae. Quia etiam quod subvenienti breve est, longum videtur optanti.

Quoniam factus sum sicut uter in pruina, justificationes tuas non sum oblitus. ℣. 83.

Per utrem, carnem mortis hujus; per pruinam vero caeleste beneficium vult intelligi, quo carnales concupiscentiae, velut frigore cohibente torpescunt; & hinc fit ut justificationes Dei de memoria non labantur.

Quot sunt dies servi tui, quando facies de persequentibus me judicium? ℣. 84.

Et in Apocalypsi est ista vox Martyrum, & discipuli (e) ad Dominum judicari sibi diem finis exposcunt. Sed illis patientia indicitur, & illis constitutio secreta non panditur. In his Apoc. 6. 10. Marc. 13. ergo Psalmi verbis, bene intelligitur haec ipsa Ecclesiae inquisitio prophetata.

Narraverunt mihi iniqui delectationes; sed non ut lex tua, Domine. ℣. 85.

Fabulas vanarum opinionum, (f) delectabilis eloquii arte compositas, ab iniquis sibi dicit esse narratas: sed nihil se in eis utile reperisse, sicut in lege Domini, in qua est omnis veritas.

Injuste persecuti sunt me, adjuva me. ℣. 86.

Mendaciorum, inquit, fabulis veritatis mandata praeposui; & ob hoc me *injuste persecuti sunt* falsitatis amatores. Ergo *adjuva me*, ut possim usque ad mortem pro veritate certare.

Paulo minus consummaverunt me in terra; ego autem non dereliqui mandata tua. ℣. 87.

Strage Martyrum facta, dum confitentur & praedicant veritatem, quam a te adjutus non deserui.

Secundum misericordiam tuam vivifica me; & custodiam testimonia oris tui. ℣. 88.

Martyres enim, quia misericordia Dei adjuti & vivificati sunt, veritatem, quae vita est, non negantes, pro eadem moriendo, vicerunt.

LAMED.

In aeternum, Domine, permanet verbum tuum in caelo. ℣. 89.

Permanet verbum in Angelis custodientibus sine defectione aeternam militiam.

In generationem & generationem veritas tua; fundasti terram, & permanet. ℣. 90.

Post caelestem Jerusalem, respicit & filiam ejus Ecclesiam, quae in hoc mundo conversatur, & dicit, *In generationem & generationem veritas tua*. Hac autem repetitione, vel omnes generationes significavit, a quibus non defuit

(a) Lugd. *ut actio teneat*, forte *lectio*, aut *lectionem teneat*. Quam vocem Lovan. Duac. & Colon. in margine notant, tamquam legeretur alicubi, aut legi posset pro voce sequenti *actione*, quam forte magis crediderunt respondere priori parti *ut lectionem teneat*, pro *memoria teneat*, quod habent praedicti codices, conformiter Augustini loco, *cum totum ingenio memoriae mandaverit*.

(b) Melius forte legeretur, *in regenerationis lavacro*, ut Augustinus hoc eodem loco, *per regenerationis lavacrum*: nam & infra Prosper ipse ait, *donata nobis regeneratione*.

(c) In Augustini opere habetur, *per Dominicae orationis effectum*.

(d) Editiones nostrae pro lectione diversa in margine notant, *supersperavi*, quod habet S. Prosper infra, ut videtur nostra: & ut Augustinus, *Etiam hic Graeci illud verbum* (ἐπήλπισα) *habent; quod quidam nostri interpretes supersperavi transferre maluerunt, quia prorsus dubio plus futurum est, quam dici possit*.

(e) Forte, *a Domino*.

(f) Editio Lugd. *delectabiles*, *eloquii arte compositas*.

fuit veritas Dei; vel duas intelligi voluit, unam scilicet ad Legem & Prophetas; alteram
1 Cor. 3. 11. vero ad Evangelium pertinentem, supra fundamentum æternum, quod est Christus: & terra
Psal. 103. 5. hæc permanet, quæ tali fundamento constabilita non inclinatur in sæculum sæculi.

v. 91. *Ordinatione tua perseverat dies, quoniam omnia serviunt tibi.*

Omnia, scilicet, de quibus loquebatur, & quæ ad æternum pertinent diem.

v. 92. *Nisi quod lex tua meditatio mea est, forsitan periissem in humilitate mea.*

Gal. 5. 6. Lex illa, fidei est quæ per dilectionem operatur: in cujus meditatione permanens, auxilium gratiæ promeretur, ut in tribulationum humilitate non pereat.

v. 93. *In æternum non obliviscar justificationum tuarum: quoniam in ipsis vivificasti me.*

Ecce unde factum est, ut non periret in humilitate sua: quoniam unde est justificatus, inde est vivificatus.

v. 94. *Tuus sum ego, salvum me fac Domine; quoniam justificationes tuas exquisivi.*

Non voluntates meas exquisivi, quibus sui eram; *justificationes tuas*, ut essem jam tuus.

v. 95. *Me exspectaverunt peccatores, ut perderent me: testimonia tua intellexi.*

(a) Non hic morte corporis perire metuebat, quæ erat pro veritate subeunda. Exspectabant ergo peccatores, ut eis consentiret ad mala; tunc enim eum perderent. Sed ideo non prævaluerunt, quia testimonia Dei intellexit: id est, quia veritatem confitens, etiam si (b) oppeteret, non periret.

v. 96. *Omnis consummationis vidi finem, latum mandatum tuum valde.*

Qui intellexit testimonia, & scivit sibi usque ad mortem pro veritate certandum, non ignoravit omnem exitum piorum quam beatum finis exciperet. Mandatum autem Dei valde latum, charitas intelligenda est, qua diligi Deum jubetur & proximus, quo quid esse latius potest, cum ibi pendeat tota Lex & Pro-
Matth. 22. 40. phetæ?

MEM.

v. 97. *Quomodo dilexi legem tuam, Domine, tota die meditatio mea est.*

Gal. 5. 6. Sic, inquit, dilexi legem fidei quæ per dilectionem operatur, ut tota die, id est, omni tempore, meditatio mea sit.

v. 98. *Super inimicos meos sapere me fecisti mandato tuo, quoniam in æternum mihi est.*

Rom. 10. 4. & Rom. 3. 24. *Finis Legis Christus* est *ad justitiam omni credenti*, ut justificetur gratis per gratiam ipsius, in quem inimici hujus non crediderunt. Hic autem qui justitiam non suam quæsivit, sed quæ ex Deo est, quem supra inimicos suos sapere Deus fecit, ipsum mandatum sibi tenebit in æternum: quoniam non temporalia pro eo præmia concupivit. Diligentis enim remuneratio est ipse dilectus.

Super omnes docentes me intellexi. v. 99.

Super omnes doctores intellexit, quem Pater docuit. Quod ex persona Verbi difficile intelligitur, nisi quis utcumque capere valeat, id esse Filium a Patre doctum esse, quod genitum. A quo enim ei est esse, ab ipso & simul doctum esse. Ex persona vero hominis, ubi formam servi accepit, facilius intelligitur a Patre didicisse quæ dicit. In qua forma puerum putaverunt homines majoris ætatis docendum. Sed ille quem Pater docuit, ulterioris erat intelligentiæ, quam docentes.

Quia testimonia tua meditatio mea est. Ibid. v. 99.

Ideo super omnes docentes se intelligebat, quia testimonia Dei meditabatur, quæ de se prænuntiata ipse melius noverat, & implebat.

Super seniores intellexi, quia mandata tua exquisivi. v. 100.

Mandata tua, non mandata hominum: *mandata tua*, non mandata seniorum, qui volentes esse Legis-doctores, non intelligunt neque quæ dicunt, neque de quibus affirmant. 1 Tim. 1. 7.

Ab omni via mala prohibui pedes meos, ut custodiam verba tua. v. 101.

Membrorum est vox ista, non capitis. Non enim ipse Salvator corporis malis ullis concupiscentiis pulsabatur, ut ei necesse esset pedes suos a via malignæ cupiditatis inhibere. Nostros ergo motus, nostros cohibet appetitus, ut in prava itinera noxiis desideriis non trahamur.

A judiciis tuis non declinavi, quoniam tu legem posuisti mihi. v. 102.

Perseveranter, inquit, judiciis tuis credidi; quia tu mihi legem in corde posuisti, tamquam digito tuo scribens; ut eam, non tamquam servus sine amore metuerem, sed tamquam filius casto timore diligerem.

Quam dulcia faucibus meis eloquia tua, super mel & favum ori meo. v. 103.

Hæc est illa suavitas quam Dominus dabit, ut terra nostra det fructum suum; & ut bonum vere bene, id est, non mali carnalis formidine, sed boni spiritalis delectatione faciamus. Psal. 84. 13.

A mandatis tuis intellexi. v. 104.

Spiritalium membrorum Christi vox ista est. Hoc enim recte dicit corpus Christi in eis, quibus mandata servantibus, propter ipsam custodiam mandatorum præbetur uberior doctrina sapientiæ.

Propterea odio habui omnem viam iniquitatis. Ibid. v. 104.

Necesse est enim ut oderit omnem iniquitatem amor justitiæ, qui augetur & inflammatur: idemque obtemperat Deo, & in mandatis ejus intelligit.

NUN.

Lucerna pedibus meis verbum tuum, Domine, & lumen semitis meis. v. 105.

Verbum hic intelligendum est, non illud quod est æquale gignenti, & quod est verum lumen, Joan. 1. 9.
illuminans omnem hominem; sed verbum quod factum

(a) Duac. & Colon. *Non hoc*. Melius Lugd. & Lov. *Non hic*.

(b) Ita Edit. Lugd. cæteris antiquior, & quidem meliori sensu, quam ex posteriores aperiunt, quod Augustini verba sic exprimunt: *Quia scilicet ut sibi non consentirent, etiamsi occiderent, sua martyria confitens non periret.*

factum est ad Prophetas, vel quod prædicatum est per Apostolos: verbum scilicet Christi, de
Rom. 10. 17. quo scriptum est, *Fides ex auditu, auditus autem per verbum Christi*. Nam & verbum propheticum lucernæ comparans Apostolus Petrus,
2. Petr. 1. 19. *Habemus*, inquit, *certiorem propheticum sermonem, cui benefacitis intendentes, velut lucernæ in obscuro loco*. Quod itaque hic ait, *Lucerna pedibus meis verbum tuum, Domine, & lumen semitis meis*; verbum est quod in Scripturis sanctis omnibus continetur. Non itaque sermo deitas, sed sermo deitatis.

V. 106. *Juravi, & statui custodire omnia judicia justitiæ tuæ.*

Hoc appellavit (a) juramentum, quod statuit præter sacramentum: quia ita debet esse mens fixa in custodiendis judiciis justitiæ Dei, ut se omnino pro (b) juratione quod statuit.

V. 107. *Humiliatus sum usque valde, Domine: vivifica me secundum verbum tuum.*

Pro eo quod juravit & statuit custodire judicia justitiæ Dei, persecutionem maximam passus est: & ne in tanta humiliatione deficeret, vivificari se, secundum verbum promissionis, exposcit. Quia in nocte tribulationum lucerna est pedibus, & lumen semitis ipsa promissio.

V. 108. *Voluntaria oris mei fac beneplacita, Domine, & judicia tua doce me.*

Voluntaria oris quæ approbari petit, sacrificia sunt laudis, confessione charitatis, non timore necessitatis oblata. *Judicia* autem Dei doceri se cupit, non quia ignorat, sed ut proficiat.

V. 109. *Anima mea in manibus (c) tuis semper; & legem tuam non sum oblitus.*

Ita dictum, tamquam ad non obliviscendam legem Dei, memoria ejus illius manibus adjuvetur.

V. 110. *Posuerunt peccatores laqueum mihi, & a mandatis tuis non erravi.*

Unde hoc, nisi quia anima ejus in manibus Dei semper est?

V. 111. (d) *Hæreditatem acquisivi testimonia tua in æternum, quia exultatio cordis mei sunt.*

Ut testis, inquit, tuus esse cuperem, tu donasti; & ut pro veritate mori non metuerem, tuæ hæreditatis, tuæ est gratiæ: quod mihi donum in æternum est, quia non est in eo gloria temporalis: propter quod etsi corpore afflictus sum, tamen corde lætatus sum.

V. 112. *Inclinavi cor meum ad faciendas justificationes tuas in æternum, propter retributionem.*

V. 36. Qui dicit, *Inclinavi cor meum*, ipse jam dixerat, *Inclina cor meum in testimonia tua*: ut intelligamus, simul hoc esse, & divini muneris, & propriæ voluntatis. Facit autem hoc *propter retributionem*: ut quia justificationes Dei dilectione sectatur, in æternum mereatur habere quod diligit.

SAMECH.

V. 113. *Iniquos odio habui, & legem tuam dilexi.*

Qui legem Dei diligit, probat se in hominibus iniquis id quod contra legem est odisse, non homines.

V. 114. *Adjutor meus & susceptor meus es tu; & in verbum tuum supersperavi.*

Adjutor & susceptor, ad mala evadenda.

V. 115. *Declinate a me maligni, & scrutabor mandata Dei mei.*

Mandata Dei scrutari, nisi quieta mens non potest. Ut ergo exerceatur hoc studium, abigenda sunt (e) studia malignorum.

V. 116. *Suscipe me secundum eloquium tuum, & vivam; & non confundas me ab exspectatione mea.*

Poscit magis magisque suscipi a Domino is, qui sperat intentus, (f) ut tum demum, cum illa adeptus fuerit, se sciat esse victurum: quia præsentia morti sunt similiora, quam vitæ.

V. 117. *Adjuva me, & salvus ero, & meditabor in justificationibus tuis semper.*

Ut vivam, ut non confundar, ut in tuis justificationibus semper exercear, *Adjuva me*, inquit, *& salvus ero*: quia ad promissiones tuas, nisi tuo auxilio non venitur.

V. 118. *Ad nihilum deduxisti omnes discedentes a justificationibus tuis, quoniam injusta cogitatio eorum.*

Omnia opera, vel bona, vel mala, a cogitatione procedunt. Qui ergo corde iniquus est, ad nihilum deducitur, qui a Dei justificationibus injusta cogitatione discedit.

V. 119. *Prævaricatores existimavi omnes peccatores terræ, ideo dilexi testimonia tua.*

Rom. 4. 15. Cum prævaricator dici non possit, nisi qui legis mandata transgreditur; quæritur, quomodo omnes peccatores terræ prævaricatores debeant existimari, quorum multos constat sine lege peccatores? Et invenitur, omnes quidem gentes, præter populum Israel, extra legem fuisse: sed omnem hominem teneri lege naturæ; ut quod pati non vult, sciat alii non esse faciendum. Quamvis ergo multo amplius prævaricator sit, qui non solum naturalis, sed etiam

(a) Apud Augustinum, *juramentum*. Editi nostri, *juramento*.

(b) Emendavimus ex Augustino, loci sensu cogente, cum Editi, ex errore sine dubio scribarum, haberent, *pro ratione*.

(c) Ita veteres editiones post Augustinum, qui observat quod: *Nonnulli codices habent, in manibus meis: sed plures, in tuis: & hoc quidem planum est. Justorum enim animæ in manu Dei sunt; in cujus manu sunt & nos & sermones nostri*. Posteriores mutarunt in *meis*. Sed verius proxime sequentis expositionis revocavimus.

(d) Ita legunt Editiones Prosperianæ antiquæ ad unam omnes: recentiores scripserunt *hæreditate*. Forte magis quia sic dicitur quotidie ex vulgata nostra, quam quod vox hæc *hæreditate* magis placuerit Augustino hoc ipso loco. *Nonnulli, Hæreditati interpretati sunt. Melius ergo duobus verbis insinuatur integer sensus, sive dicatur, Hæreditate possedi, sive dicatur hæreditate acquisivi: non hæreditatem, sed hæreditate.*

(e) In sententiis ex Augustino prius est, *religiosum exerceatur studium*, tum vero, *abigenda sunt jurgia malignorum; Nam (ait Augustinus hic) maligni exercent ad facienda mandata, a scrutandis autem avocant, non solum cum persequuntur aut litigare nobiscum volunt, verum etiam cum obsequuntur & honorant*, &c.

(f) Augustinum dicit: *Poscit se magis magisque suscipi, & ad illud propter quod tam multa molesta tolerat perduci: veniat ibi se, quem in istis humanarum rerum fluctibus fidenter esse victurum.*

lem divinae transgressor est legis; nullus tamen, nisi transgressione peccator est: quia etiam quem non condemnat littera, utique conscientia. Inter hos etiam parvuli congrue deputantur, propter originalis vinculum peccati. Quia etiam
Rom. 5. 14. ipsi in similitudine (a) praevaricatoris Adae, ad illam praevaricationem pertinere monstrantur,
Rom. 3. 23. quae in paradiso commissa est. Cum ergo omnes peccassent & egerent gloria Dei, nec
Rom. 3. 24. cuiquam in sua justitia salus esset; restabat, ut per gratiam Salvatoris donata a Deo fidei justificatio subveniret. Unde ait Apostolus, *Per*
Ibidem 20. & 21. *Legem cognitio peccati*. Cognitio, non abolitio. *Nunc autem sine Lege*, inquit, *justitia Dei manifestata est, testificata per Legem & Prophetas*. Merito igitur adjecit, *Propterea dilexi testimonia tua*; tanquam diceret, Quoniam Lex sive in paradiso data, sive naturaliter insita, sive litteris promulgata, praevaricatores fecit omnes peccatores terrae: propterea dilexi testimonia tua, quae sunt in lege tua, de gratia tua.

V. 120. *Confige clavis a timore tuo carnes meas.*

Quid in his verbis vult intelligi, nisi quod ait Apostolus,
Gal. 6. 14. *Mihi autem absit gloriari, nisi in cruce Domini nostri Jesu Christi, per quem mihi mundus crucifixus est, & ego mundo?* Et
Gal. 2. 19. iterum, *Christo confixus sum cruci. Vivo autem jam non ego, vivit vero Christus in me.*

Ibidem V. 120. *A judiciis enim tuis timui.*

Si jam timuit vel timebat, cur adhuc ut a timore suo Deus crucifigeret carnem ejus orabat, nisi quia addi sibi volebat timorem, qui sufficeret mortificandis concupiscentiis, affectibusque carnalibus? Aliter quoque ita intelligitur, *Confige clavis a timore tuo carnes meas, a judiciis enim tuis timui*: hoc est, a timore tuo casto, qui permanet in saeculum saeculi, carnalia a me desideria comprimantur, a quibus me judiciorum tuorum formido frenavit. Cum ergo voluntatem tuam facere, & recte vivere non metu poenae, sed justitiae amore desiderem, da hunc ergo castum & liberum timorem, ad quem perveniam me tanquam paedagogus Legis ille perduxit, quo *a judiciis tuis timui*.

HAIN.

V. 121. *Feci judicium & justitiam, non tradas me nocentibus me.*

Quisquis timore Dei casto crucifixas habet carnes suas, & nulla carnali corrumpitur illecebra facit judicium, operaque justitiae; orare debet ne adversantibus tradatur, id est, ne vincendo perpeti mala, ad facienda mala persequentibus cedat. A quo enim accipit victoriam, ne concupiscentiae voluptate superetur, ab illo etiam robur patientiae, ne dolore frangatur.

Quoniam de quo dicitur, *Dominus dedit virtutem*; de illo etiam dicitur, *Ab illo est patientia mea*. Psal. 67. 36. Psal. 61. 6.

Suscipe servum tuum in bonum, ut non calumnientur mihi superbi. V. 122.

Id est, ne illi impellant ut cadam in malum, tu suscipe in bonum. Illi calumniantur in superbia: tu humilitate defende, ut non mihi noceant calumniae superborum.

Oculi mei defecerunt in salutare tuum, & in eloquium justitiae tuae. V. 123.

In eloquium justitiae Dei, hoc est, in promissionem Christi defecisse dicit oculos cordis sui: non quia intentio desiderantis animi victa succubuerit; sed quia in exspectationem gratiae Dei, toto mentis ardore transierit. Justitia autem Dei, Christus est, qui justos facit. 2. Cor. 5. 21.

Fac cum servo tuo secundum misericordiam tuam. V. 124.

Non utique secundum justitiam meam.

Justificationes tuas doce me. Ibidem V. 124.

Illas procul dubio, quibus facit justos, (b) non ipsi se.

Servus tuus sum ego. V. 125.

Neque enim bene mihi cessit, quando esse volui liber meus, non servus tuus.

Da mihi intellectum, ut discam testimonia tua. Ibidem V. 125.

Nemo tam intelligens, nemo tam doctus est, [illegible]
qui hoc postulare non egeat. Non enim horum donorum ita ulla augmenta sufficiunt, ut non semper superfit, quod & intelligi desideretur, & sciri.

Tempus faciendi, Domine, dissipaverunt (c) superbi *legem tuam.* V. 126.

Quid est, *Dissipaverunt legem tuam* (d) nisi praevaricationis iniquitate, integritatem ejus non custodierunt? Dissipata ergo lege, tempus fuit ut per unigenitum Filium Dei, misericordia mitteretur. *Lex enim subintravit, ut abundaret delictum*, quo delicto Lex dissipata est: & Rom. 5. 20.
opportuno jam tempore Christus advenit, ut ubi *abundavit delictum, superabundaret gratia*. Ibidem.

Ideo dilexi mandata tua super aurum & topazion. V. 127.

Id agit gratia, ut mandata Dei dilectione impleantur, quae impleri timore non poterant. Diliguntur autem *super aurum & topazion*, id est, super ea quae pretiosa habentur in terra; quando in observantia mandatorum, non aliquod temporale praemium quaeritur, sed ipsa justitia: quia nihil est melius eo bono, quo ipse homo fit bonus.

Propterea ad omnia mandata tua dirigebar. V. 128.

Quia illis rectis, ut etiam ipse rectus essem, dilectione cohaerebam.

Omnem viam iniquitatis odio habui. Ibidem V. 128.

Unde enim fieri poterat, ut iniquam viam non odisset diligens (e) rectam?

(a) Apud Augustinum, *praevaricationis*. Editi nostri tamen, *praevaricatoris*.

(b) Melius apud Augustinum, *non ipsi se*, quam in Editis nostris, *non ipsi se*.

(c) Haec vox *superbi*, cum in Augustino non addatur, nec Scripturae textui, videtur, ex ipsa versus expositione, irrepsisse in textum: ideo diverso charactere excudendam duximus: cum etiam paulo infra non legatur in Prospero, ubi repetitur pars ipsa versus ejusdem.

(d) Editi nostri, *si*, cum ex Augustino & sensu loci ipsius facile judicetur primam syllabam excidisse vocis, *nisi*.

(e) Ita Editi nostri: Augustinus habet, *rectam*, scilicet viam. Si rectum legatur, intellige, mandatum, cum supra dixerit, *illis rectis*, scilicet mandatis, cohaerebam.

PE.

v. 129. *Mirabilia testimonia tua, propter hoc scrutata est ea anima mea.*

Omnia quidem opera Dei, testimonia sunt potentiae & bonitatis ejus; nihilque eorum est, quod non stupendum sit atque mirandum. Sed (a) multa mirabilia sunt testimonia legis ipsius, quorum utilitas & justitia altissime latet, cum quaeritur, quare data sit lex quae vivificare non posset, & ex qua non justificaretur omnis caro coram Deo. Merito ergo hanc altitudinem scrutatus est, qui intellexit, per Legis difficultatem id egisse misericordiam Dei, ut qui legem implere non possent, converterentur ad gratiam: (b) sed divina ope apprehenderent quod propriis viribus assequi non valebant.

Gal. 3. 21. Rom. 3. 20. Rom. 5.

v. 130. *Manifestatio verborum tuorum illuminat, & intelligere facit parvulos.*

Scrutando hoc intellexit hic parvulus, quod & Apostolus Paulus, ideo datam legem quae vivificare non posset, quia conclusit Scriptura omnia sub peccato, ut promissio ex fide Jesu Christi daretur credentibus. Hujus ergo mysterii manifestatio *illuminat, & intelligere facit parvulos*. Non enim hoc secretum gratiae, nisi humilibus humilibusque reseratur; qui confugientes ad adjutorium Dei, viribus suis se justificari non posse profitentur.

Gal. 3. 22.

v. 131. *Os meum aperui, & (c) abstraxi spiritum, quoniam mandata tua desiderabam.*

Desiderabat mandata divina ut faceret. Sed non erat unde faceret infirmus servus, parvulus magnus. Aperuit os, confitens quod facere per se ipse non posset.

v. 132. *Respice in me, & miserere mei, secundum judicium diligentium nomen tuum.*

Id est, secundum judicium quod in eos fecisti qui diligunt nomen tuum: quoniam, ut diligerent te, prius dilexisti eos.

1. Joan. 4. 10.

v. 133. *Gressus meos dirige secundum eloquium tuum, & non dominetur mei omnis injustitia.*

Quid orat, (d) nisi ut Dei praecepta, quae imponit jubendo, compleri faciat adjuvando?

v. 134. *Redime me a calumniis hominum, & custodiam mandata tua.*

Tu, inquit, ago infuso Spiritu tuo, ne me calumniae hominum terroribus vincant, & a tuis mandatis, ad sua (e) male facta traducant. Si enim me hoc modo redemeris, ut mihi inter persecutiones calumniantium constantiam dones atque patientiam, custodiam mandata tua.

v. 135. *Faciem tuam illumina super servum tuum, & doce me justificationes tuas.*

Praesentiam, inquit, tuam subveniendo & opitulando manifesta: & ita me justificationes tuas doce, ut mihi eas didicisse, fecisse sit.

v. 136. *Exitus aquarum descenderunt oculi mei, quia non custodierunt legem tuam.*

Descensio oculorum per effusionem lacrymarum, humilitatem indicat poenitentis. Cui autem non custodita lege sic flenti, nisi ut impleretur gratia, quae confitentis delet iniquitatem, & credentis adjuvat voluntatem?

TZADE.

v. 137. *Justus es Domine, & rectum judicium tuum.*

v. 138. *Mandasti justitiam testimonia tua, & veritatem tuam nimis.*

Idem affectus poenitentiae perseverat, reddens rationem, cur maliuerit flere debuerit: quia nisi ipse se condemnaret, rectissime plecteretur. Magna est ergo in utroque justitia Dei, rectumque judicium, quo & poena peccatori decernitur, & poenitenti justificatio non negatur.

v. 139. (f) *Tabescere me fecit zelus domus tuae; quia obliti sunt verba tua inimici mei.*

Zelus iste, amoris est, non livoris. Sancta enim aemulatione inimicos suos vult esse correctos, dolens & tabescens quod obliti sint verborum Dei.

v. 140. *Ignitum eloquium tuum vehementer, & servus tuus dilexit illud.*

Diligens divinum eloquium, ea charitate fervebat, ut ad amorem Dei etiam inimicos suos vellet accendi.

v. 141. *Junior ego sum & contemptus, justificationes tuas non sum oblitus.*

Bene hic doctorum populorum intelligitur significatio, qui etiam in Rebeccae utero inclamantur, quando non ex operibus, sed ex vocante dictum est, *Major serviet minori*. Contemptum ergo se dicit hic junior: & ideo factus est major, quia *ignobilia & contemptibilia elegit Deus, & ea quae non sunt tamquam sint, ut ea quae sunt evacuaret*: id est, ut superbi destruantur, & humiles justificentur.

Gen. 25. 23. & 27. 29. Rom. 9. 12. 1. Cor. 1. 28.

v. 142. *Justitia tua justitia in aeternum, & lex tua veritas.*

Quomodo enim non veritas lex, per quam cognitio peccati, & quae testimonium perhibet justitiae Dei?

Rom. 3. 20. & 21.

v. 143. *Tribulatio & necessitas invenerunt me, mandata autem tua meditatio mea est.*

Saevitia inimicorum infert huic pastori tribulationem, sed non adimit charitatem. Meditatio enim ipsius mandata sunt Dei, ex quibus his qui eum oderunt, dilectionem rependit.

v. 144. *Justitia testimonia tua in aeternum, intellectum da mihi, & vivam.*

Intellectum poscit junior hic, qui supra seplo-

(a) Suspicamur legendum, *multo mirabiliora*, pro eo quod Editi omnes scriptum tenent *multa mirabilia*.

(b) Editi Lov. Duac. & Colon. hic ora libri notant aliter legi, *& divina ope*.

(c) Augustinus legit *attraxi*, exponitque, *attraxit unde faceret*, scilicet, *mandata divina*. Unde vix dubitamus, erratum esse in Editis Prosperianis, cum legunt *abstraxi*.

(d) In Augustino, *nisi ut praecepta, quae Deus imponit &c.*

(e) August. *mala facta*. Editi nostri, *male facta*.

(f) Sic legunt Lugdun. Lovan. & Duac. Colon. vero, *Tabescere me*. Augustinus autem cum legisset *Tabescere me fecit zelus tuus*; addit, *Vel ut alii codices habent, zelus tuus. Habent nonnulli etiam, zelus domus tuae: & non Tabescere me, sed comedit me. Quod ex alio Psalmo, quantum mihi videtur, putatum est commendandum, ubi scriptum est, Zelus domus tuae comedit me*. Psal. 68. 10.

nientem se intellexit, in tribulatione, in necessitate: ut intelligat quam sit contemnendum, (a) quod ei auferri potest, qui propter aeternam justitiam Dei temporalia negligens, vitam sperat aeternam.

KOPH.

v. 145. *Clamavi in toto corde meo, exaudi me Domine, justificationes tuas exquiram.*

Clamor cordis, est sine sono vocis, magna cogitationis intentio: qua ad hoc ille toto corde clamavit, & hoc sibi desideravit a Domino exaudiente praestari, ut justificationes ejus exquirat; quas non solum scientia comprehendat, sed etiam opere exerceat.

v. 146. *Clamavi ad te, salvum me fac, & custodiam testimonia tua.*

Salus animae facit ut pro custodiendis testimoniis Dei, vita corporis contemnatur: & si hoc flagitat extrema necessitas, ut usque ad mortem pro veritate certetur.

v. 147. *Praeveni intempesta nocte, & clamavi, & in verbis tuis speravi.*

Nox intempesta tempus est noctis mediae, rebus quae per diem aguntur, incongruum. Quo significatur quoddam obstaculum praesentis saeculi, quod in comparatione futuri saeculi nox vocatur; & quo promissiones Dei, donec aeternae lucis veniat manifestatio, differuntur. In hoc ergo tempore intempestae noctis clamat ad Dominum, tempus retributionis desiderio suo praevenit, qui promissa Dei vigilanter exposcit. Quod etiam ad illa referri tempora potest, qui-
Gen. 12. 3. & 22. 18. bus Ecclesia propheticis vocibus Christi postulabat adventum, & sperabat impleudum, ut in semine Abrahae benedicerentur omnes gentes.

v. 148. *Praevenerunt (b) oculi mei ad matutinum, ut meditarer eloquia tua.*

Matutinum factum est Ecclesiae, quando qui
Isai. 9. 2. sedebant in tenebris & in umbra mortis, lux orta est eis. Quod matutinum spes credentium praebebat. Et meditabantur eloquia Dei, quae in Lege ac Prophetis, hanc lucem praenuntiabant.

v. 149. *Vocem meam exaudi, Domine, secundum misericordiam tuam, & secundum judicium tuum vivifica me.*

Prius enim Deus secundum misericordiam aufert a peccatoribus poenam, eisque postea justis secundum judicium dabit vitam. Quia non fru-
Ps. 100. 1. stra illi hoc ordine dicitur, *Misericordiam & judicium cantabo tibi, Domine.*

v. 150. *Appropinquaverunt persequentes me (c) iniquitate, a lege autem tua longe facti sunt.*

Vid. app. Tunc appropinquant qui persequuntur, quando usque ad carnem cruciandam perimendamve (d) perveniunt. Sed quanto viciniores sunt persequendis istis, tanto longinquiores sunt a lege justitiae.

v. 151. *Prope es tu Domine, & omnes viae tuae veritas.*

Etiam in tribulationibus suis, quod eas non immerito patiantur, Deo tribuere veritatem, sanctorum est usitata confessio. Sed quaeri potest, quomodo hoc dictum sit, *Omnes viae tuae veritas*; cum in alio Psalmo legatur, *Universae viae Domini misericordia & veritas*. Si ergo omnes homines consideremus, quorum alii misericordia liberantur, alii a veritate damnantur, *Universae viae Domini misericordia & veritas*. Si autem solos sanctos intueamur, non discernuntur hae viae. Individua enim ibi est & a misericordia veritas, & a veritate misericordia: quia beatitudo sanctorum est & de munere misericordiae, & de retributione justitiae. Ps. 24. 10. Juxta Hebr.

v. 152. *Ab initio cognovi de testimoniis tuis, quia in aeternum fundasti ea.*

Quae sunt illa testimonia, nisi quibus testatus est Deus, daturum se regnum suis filiis sempiternum? Et ideo ipsa testimonia in aeternum fundata; quia id quod promisit, aeternum est, 1. Cor. 3. 11.
quia fundamentum promissionis est Christus, in quo hujus spei testimonia vera sunt: quae hic *ab initio* cognovisse se dicit, quia verbis Ecclesiae loquitur, quae ab initio humani generis exorta, nullis generationibus defuit.

RESCH.

Vide humilitatem meam, & eripe me, quia legem tuam non sum oblitus. v. 153.

Vox ista totius Ecclesiae est, & omnium membrorum corporis Christi. Hoc autem loco, ubi ad liberandam humilitatem Dominum invocavit, nullam Dei legem convenientius intelligimus, quam illam quae immobiliter fixa est, Luc. 14. 11. & 18. 14.
ut omnis qui se exaltat humilietur, & omnis qui se humiliat exaltetur. Superbus ergo malis, ut humilietur, implicitur; humilis a malis, ut exaltetur, eripitur.

Judica judicium meum, & redime me, propter eloquium tuum vivifica me. v. 154.

Ejusdem sensus repetitio est: hoc est enim, *Judica judicium meum*, quod, *Vide humilitatem meam*; & hoc est, *redime me*, quod, *eripe me*. Nec aliud sonat, *propter eloquium tuum*, quam illud, *quia legem tuam non sum oblitus*. Tantumdem est, vivificari humilem, quantum & exaltari, quia sanctorum exaltatio vita aeterna est.

Longe a peccatoribus salus; quia justificationes tuas non exquisierunt. v. 155.

Longe est a superbis salus, quia non exquisierunt gratiam tuam, quae sola justificat; & non de te tibi, sed de se sibi placere voluerunt.

Miserationes tuae multae Domine. v. 156.

Etiam hoc, inquit, quod exquirimus justificationes tuas, pertinet ad miserationes tuas.

O 2 Sterna-

(a) Lugd. editio, quod &. Lovan. Duac. & Colon. ut in Augustino quod ei.
(b) Haec duo, oculi mei, quae in Editis nostris desiderantur, supplendi debere probat quod habeantur tum in Augustino, tum in textu Scripturae, & sine his non pateat quo referatur verbum numeri pluralis praevenerunt.

(c) Vulgata nostra, iniquitati. At Augustinus, ut Editi Persequentes iniquitate: subaudique, ut forte nonnulli codices habent, inique.
(d) Editi in textu perveniunt. Ex quibus Duac. & Colon. in margine pervenerunt. Quod cum legatur in Augustino, sumsi etiam necessarium videtur.

Item v. 156. *Secundum judicium tuum vivifica me.*

Novi enim quia & judicium tuum sine misericordia non erit super me.

v. 157. *Multi persequentes me, & tribulantes me; a testimoniis tuis non declinavi.*

Vox ista est Ecclesiæ in Martyribus suis, qui inter tormenta & multiplicata supplicia, persequentibus non cesserunt, & quorum exemplis gloriosissimis totus mundus illustris est: qui tamen victoriam suam non sibi, sed Deo tribuunt, dicentes in alio Psalmo, *Nisi quod Dominus*
Psal. 123. 2. *erat in nobis, forsitan vivos deglutissent nos.*

v. 158. *Vidi* (a) *non servantes pactum, & tabescebam.*

Qui sunt qui pactum non servaverunt, nisi qui tribulationes multorum persequentium non ferentes, a Dei testimoniis declinaverunt? Hoc ergo, inquit, cum viderem, tabescebam, dolens eos a tanta gloria decidisse.

Item v. 158. *Quia eloquia tua non custodierunt.*

Hoc erat pactum (b) non perseverare, promissa Dei perdere.

v. 159. *Vide quoniam mandata tua dilexi.*

Ipsa est fructuosa tolerantia, quæ sævitiam persequentium dilectione suscipit mandatorum.

Item v. 159. *Domine, in tua misericordia vivifica me.*

Cujus misericordia donavit palmam, ejus misericordia poscit & vitam.

v. 160. *Principium verborum tuorum veritas, in æternum omnia judicia justitiæ tuæ.*

Judicia justitiæ Dei sunt, quibus pronuntiatur in æternum vita justo, pœna impio.

SCIN.

v. 161. *Principes persecuti sunt me gratis, & a verbis tuis formidavit cor meum.*

Terreni reges Ecclesiam Christi gratis persecuti sunt, quia nullam caussam persecutionis habuerunt; cum eos Christiani in nullo læderent, & ipsi Christianis negationem veritatis extorquere non possent. Habuerunt ergo verba minacia, intulerunt sæva supplicia: sed me tua potius verba terruerunt, *Nolite timere eos qui*
Matth. 10. 28. *corpus occidunt, & postea non habent quid faciant: sed eum timete, qui habet potestatem & corpus & animam perdere in gehennam.* Ab his ergo verbis formidavit cor meum; & sperans in æternum præmium, contempsi temporale supplicium.

v. 162. *Exultabo ego super eloquia tua, sicut qui invenit spolia multa.*

Per ipsa verba vicit, quibus formidavit. Victis enim spolia detrahuntur: & multa spolia capta sunt, quando etiam per se custodes plurium admirati patientiam Martyrum, in eum in quem sævierant, crediderunt.

v. 163. *Injustitiam odio habui, & abominatus sum, legem autem tuam dilexi.*

Lex, eloquia sunt Dei, quæ sic timuit, ut amaret: consequens enim erat ut diligeret justitiam, qui oderat pravitatem. Timor ergo ille verborum Dei a quibus formidavit, non fuit a charitate dissentiens, sed metuens ab eo quod amabat, (c) avelli.

Septies in die laudem dixi tibi, super judicia justitiæ tuæ. v. 164.

Quod ait *Septies*, significat semper. Hoc enim numero omnes explicantur dies, & tempora universa volvuntur. Ecclesia ergo nullis persecutoribus superata, in illo tribulationum die, semper patientiæ & perseverantiæ suæ laudat auctorem: quia cum tempus esset ut judicium inciperet a domo Dei, in omnibus tentationibus atque pressuris, (d) non infirmitate, sed corona martyrum gloriata est. 1. Petr. 4. 17.

Pax multa diligentibus legem tuam, & non est eis scandalum. v. 165.

Ipsa lex diligentibus se scandalum non est? an diligentibus eam nullum est undecumque scandalum? Sed utrumque recte intelligitur. Qui enim diligit Dei legem, etiam quod in ea non intelligit honorat, & in profunditate quam non penetrat, magnum aliquid ac mysticum latere non dubitat. Et item qui Dei legem diligit, si eum non ex mutabilibus hominum moribus pendet, nullum scandalum patitur: quia etiamsi bonæ professionis homines propositum suum deserunt, legis tamen justitia perseverat.

Exspectabam salutare tuum, Domine, & mandata tua dilexi. v. 166.

Omnes quidem fideles, ante Incarnationem Christi, ejusdem semper exspectaverunt redemptionem. Sed potest hæc prophetia etiam eorum convenire personæ, qui ex quo revelata gratia Evangelium prædicatur, diligentes mandata Christi, adventum ejus exspectant: ut cum Coloss. 3. 4.
Christus apparuerit, vita nostra, tunc & nos cum ipso appareamus in gloria.

Custodivit anima mea testimonia tua, & dilexit ea valde. v. 167.

Custodiuntur Dei testimonia, dum non negantur. Sed quia pro testimoniis Dei, etiam flammis concremari, sine charitate non prodest, 1. Cor. 13. 3.
ideo addidit, *& dilexit ea valde.*

Custodivi mandata tua & testimonia tua, quia omnes viæ meæ in conspectu tuo Domine. v. 168.

Plerumque, dum mandata Dei custodiuntur, fiunt inimici qui eadem mandata contemnunt; & necessarium est ut tunc pro testimoniis Dei fortiter stetur. Quod hic ideo fecisse se dicit; quia omnes viæ ejus in Domini conspectu fuerunt: tamquam diceret, Si avertisses a me faciem tuam, Domine, conturbatus fuissem, nec tua mandata, nec testimonia custodissem: nunc autem ideo utraque servavi, quia vias meas conspectus tui lumine direxisti. Ps. 29. 8.

TAU.

(a) S. Augustinus ita legerat, *Vidi insensatos.* Sed observat quod alii codices habent, *Vidi non servantes pactum, & hoc plures habent.*

(b) Forte, *non servare.*

(c) Edit. Sirmondi verbo *velli.* Marginal apposuerunt *avelli.* Duac. & Colon. Retinent autem dictio quod pro exemplo Augustinus posuerat, *sic pudica conjux virum & timet, ne ab illo deseratur, & amat, ne fraudetur.*

(d) Ita Edit. nostri omnes. Qui licet sensum aliquem exhibeant, tamen non dubitamus melius legi in Augustino ipso. *Non infirmata, sed coronis Martyrum glorificata est.* Nec difficile fuit vocem *infirmata* mutari a scriba in alteram *infirmitate.*

TAU.

v. 169. *Appropinquet oratio mea in conspectu tuo, Domine, secundum eloquium tuum da mihi intellectum.*

Appropinquat oratio, quæ recipitur: quoniam, *Prope est Dominus his qui tribulato sunt*
Ps. 33. 19. *corde*: & dat intellectum, secundum promissum
Ps. 31. 8. suum, qui ait, *Intellectum dabo tibi.*

v. 170. *Intret postulatio mea in conspectu tuo Domine, secundum eloquium tuum eripe me.*

Reperivit quodammodo quod petivit. Nam qui & intellectum accipit eripitur, ne non intelligens subruatur.

v. 171. *Eructabunt labia mea hymnum, cum docueris me justificationes tuas.*

Laudabo, inquit, Dominum, & gloriabor in te, cum docueris me illa doctrina tua, qua quod jubes fieri, auxiliaris ut fiat.

v. 172. *Pronuntiabit lingua mea eloquia tua, quia omnia mandata tua (a) justitia.*

1. Cor. 3. 6. Spondet se prædicatorem futurum eloquiorum Dei: quia etsi Deus dat incrementum, tamen a ministris verbi, & plantandum est, & rigandum.

v. 173. *Fiat manus tua ut salvum me faciat, quia mandata tua elegi.*

Ut pronuntiarem eloquia tua, *mandata tua elegi*, & constantem me facit dilectio veritatis. *Fiat ergo manus tua, ut salvum me de omni faciat* aliena: non ita, ut carnem persecutor non perimat; sed ita, ut animam tormenta non vincant.

v. 174. *Concupivi salutare tuum, Domine, & lex tua meditatio mea est.*

Salutare Christus haud dubium est, & ipsum se concupisse, justi antiqui veracissime confitentur. Ipsum concupivit Ecclesia venturum de visceribus matris, ipsum concupiscit Ecclesia venturum a dextera Patris. Legis autem meditatio nutrit & firmat hoc desiderium, dum testimoniis suis pronuntiat Christum.

v. 175. (b) *Vivet anima mea, & laudabit te, & judicia tua adjuvabunt me.*

Illa sunt hæc judicia, quæ & tempus erat ut
1. Petr. 4. 17. inciperent a domo Domini. Sed his Ecclesia semper adjuta est: quia Deo dante victoriam, passionibus suis crevit.

v. 176. *Erravi sicut ovis quæ periit: quære servum tuum, quia mandata tua non sum oblitus.*

Matth. 18. 12. Hæc est ovis propter quam pastor ejus nonaginta novem dimisit in montibus, & eam quærens, Judaicis laceratus est vepribus, (c) verberibus. Sed ex parte inventa, adhuc quæritur.
Luc. 15. 4. Ex ea namque parte qua iste dicit, *Mandata tua non sum oblitus*, inventa est; sed per eos qui mandata Dei eligunt, colligunt, diligunt, adhuc quæritur, & per sui pastoris sanguinem fusum atque dispersum, in omnibus gentibus invenitur.

PSALMUS CXIX.

PRænotatio tituli, *Canticum graduum* indicat inchoari. Nomine vero *graduum* significatur ascensio, qua proficientes quique a temporalibus ad æterna, a terrenis ad cælestia provehuntur. Iidem autem gradus & ascensionum sunt & descensionum; non quia deficiunt qui proficiunt; sed quoniam *qui se humiliat, exaltabitur*; & præcipua sublimitas virtus est, compati cum infirmis, & ad eos qui insipientes sunt, hoc est, & ad parvulos inclinari: ut omnes qui sursum sunt sapiant, & frater fratrem adjuvans exaltetur. Habemus enim omnes fideles formam descensionis ipsum Dominum Jesum Christum, qui manens in gloria sua qua æqualis est Patri, naturam & servilitatem servi recepit: ut quibus gradibus ad nostra ima descendit, ipsis possemus ad ejus summa conscendere.

Luc. 14. 11. · Rom. 12. 16. · Coloss. 3. 2. · Philipp. 2. 6.

v. 1. *Ad te, Domine, cum tribularer clamavi, & exaudisti me.*

OMnis cogitans ingredi viam Domini, & in mandatis ambulare divinis, necesse est ut multis tribulationibus incipiat laborare; cui nihil est utilius quam ejus auxilium ad quem tendit, expetere, qui ait, *Sine me nihil potestis facere*. 2. Tim. 3. 12.

Joan. 15. 5.

v. 2. *Domine, libera animam meam a labiis iniquis, & a lingua dolosa.*

Religiosæ voluntati, & piam vitam agere disponenti, amatores hujus sæculi contradicunt, & dolosis verbis sanctum propositum capiunt deterrere: quorum iniqua labia difficillimum est evadere, dum per quemdam affectum videntur consulere, & ab aspero labore tamquam parcendo revocare: ut videatur piæ esse sollicitudinis, quod est nocentissimæ suasionis.

v. 3. *Quid detur tibi, aut quid apponatur tibi ad linguam dolosam?*

Vis, inquit, virtutum gradus scandere? vis dolosæ linguæ officia fraudulenta superare? Dic quid auxilii concupiscas, aut si capax es eruditionis supernæ, eo ipso quo utilia poscis, ascendas.

v. 4. *Sagittæ potentis acutæ, cum carbonibus desolatoriis.*

Sagittæ acutæ, verba sunt Dei: quæ cum animos fidelium penetrant, inflammant corda, non sauciant. Ut autem mens superna charitate transfixa ab omni contraria cupiditate sit libera; spiritalium carbonum petitur ignita purgatio, per quam noxiorum germinum congregatione vastata, fiat in homine salutifera desolatio, si interiora ejus vacua sint ab hospitalitate vitiorum.

v. 5. *Heu me, quia incolatus meus prolongatus est, habitavi cum habitantibus Cedar.*

Gemitus iste totius Ecclesiæ est, omniumque sanctorum, qui per fidem sperantes supernæ

(a) Apud August. *judicia*.
(b) In Augustino & recentioribus codicibus Prosperi, *Vivet*. Editi veteres omnes, *Vivit*.
(c) Editiones posteriores addiderant conjunctivam particulam &, quæ ab antiquioribus abest. Nam *vepribus, verberibus*, est quasi diceret *vepribus, id est, verberibus*.

patriæ bona, inter (a) longinquæ peregrinationis adversa suspirant: quia spirituales cum carnalibus habitant, & ad cælestia proficientibus
Gal. 4. 22. molesti sunt terrena sectantes. Unde & secundum Apostolum, in duo genera dividitur omne semen Abrahæ: & alii sunt pertinentes ad Ismael filium ancillæ, alii ad Isaac filium liberæ. Tabernacula autem Ismael, appellata sunt Cedar, ut intelligantur non esse in lumine, qui non sunt in hæreditate.

V. 6. *Multum peregrinata est anima mea.*

Ne peregrinationem corporalem intelligeres, animam dixit peregrinari. Corpus enim absentatur loco, anima peregrinatur affectu. Et ideo cavendum est, ne longe simus ab illo, cui appropinquare debemus mentis afectu.

V. 7. *Cum his qui oderunt pacem, eram pacificus; cum loquebar illis, impugnabant me gratis.*

Christiana perfectio est pacificum esse etiam
[illegible] cum pacis inimicis, spe correctionis, non consensu malignitatis. Ut si nec exemplum, nec cohortationem sequantur; caussas tamen non habeant, propter quas odisse non debeant.

PSALMUS CXX.

Levavi oculos meos ad montes, unde veniet
V. 1. *auxilium mihi.*
Auxilium meum a Domino, qui fecit cælum
V. 2. *& terram.*

INgressus viam virtutum, in qua sunt gradus ascensionum ad montes, id est, ad sublimes quosque sanctorum, oculos cordis attollit, & per ipsos Dei poscit auxilium qui fecit cælum & terram. Terram scilicet, de qua cupit surgere: & cælum, quo optat ascendere. *Quis*
Psal. 112. 5. & 6. *enim sicut Dominus Deus noster, qui in altis habitat, & humilia respicit?*

Non det in commotionem pedem tuum, neque
V. 3. *dormitet qui custodit te.*

Ipsa sibi fidelis anima ex Dei inspiratione respondet, & desideratum profectus contra superbiam munit, quæ & angelo & homini prima fuit caussa labendi. Det igitur tibi custos tuus perseverantiam humilitatis, & nulla elatione moveatis: ne cum tu non habueris vigilantiam standi, protegens te dormitare videatur.

Ecce non dormitabit, neque obdormiet, qui
V. 4. *custodit Israel.*

Si vis, inquit, habere custodem non dormitantem, esto Israel, id est, videns Deum. Vide igitur Deum primo per fidem, ut postea possis videre per speciem. Sicut enim Moysi di-
2. Cor. 3. 7. ctum est a Domino, *Non poteris videre faciem*
Exod. 33. 20. & 23. *meam, posteriora mea videbis*: ita & tu vide quæ posteriora sunt, ut possis videre quæ prima sunt. Prima autem sunt, *In principio erat Verbum, & Verbum erat apud Deum*: posterio-
Joan. 1. 1. ra sunt, *Et Verbum caro factum est, & habitavit in nobis*. Unde qui a hac fide corda mun-
Ibid. 14. dantur, *Beati mundo corde, quia ipsi Deum vi-*
Act. 15. 9. Matth. 5. 8. *debunt*.

Dominus custodit te, Dominus protectio tua, super manum dexteræ tuæ. V. 5.

Frequens insinuatio inculcat auditui quod principaliter in Dei protectione fidendum est. Dextera autem est hominis, amor Dei, & eorum quæ Deo sociant appetitus: & hujus dexteræ manus est, potestas quam dedit Deus credentibus, ut possint esse filii Dei, abstinentes a sini- Joan. 1. 12.
stris, & dextris inhærentes. Unde per omnia in Domino confidendum est, in Domino gloriandum: quia possibilitatem in dextris proficiendi perseverandi ipse dedit, ipse custodit.

Per diem sol non uret te, neque luna per noctem. V. 6.

In Sole significatur Christus lumen verum: & Luna significatur Ecclesia illuminatione lucis facta. Quia ergo omne scandalum, quo homo aut infirmatur, aut uritur, ex duabus nascitur caussis; cum aut in confessione deitatis erratur, aut ab Ecclesiæ unitate disceditur, hoc præstat protectio Dei, ut in fide & charitate, quæ ipsius dona sunt, nulla tentatione superemur.

Dominus custodit te ab omni malo, custodiat animam tuam Dominus. V. 7.

Dominus custodiat introitum tuum, & exitum tuum, ex hoc nunc & usque in sæculum. V. 8.

Custodit Dominus ab omni malo, non ut nihil patiamur adversi, sed ut (b) in ipsis adver- [illegible]
sitatibus anima non lædatur. Cum enim tentatio adest, fit quidem in id quod impugnat introitus; & cum bono fine, id est, sine vulnere animæ, tentatio consummatur, ad æternam requiem de profundo tentationis exitur. Sicut Apostolus dicit, *Fidelis Deus, qui non permittit* 1. Cor. 10.
vos tentari supra id quod potestis ferre, sed faciet cum tentatione etiam exitum, ut possitis sustinere. 13.

PSALMUS CXXI.

Lætatus sum in his quæ dicta sunt mihi, in domum Domini ibimus. V. 1.

OMnis homo fide illuminatus, & promissionum Dei cupidus, merito exultat & gaudet in his quæ a Prophetis dicta, quæque ab Apostolis prædicata, & utriusque Testamenti paginis declarata sunt, de vocatione Dei, quæ diligentibus Dominum & proximum, æternam domus Dei spondet habitationem.

Stantes erant pedes nostri in atriis tuis, Jerusalem. V. 2.

Non in illa Jerusalem quæ occidit Prophetas, Matth. 23.
& lapidavit ad se missos, quæ ob impietatem 37.
malorum stare non potuit, sed in illa cælesti Jerusalem, quæ est sanctorum omnium mater, fi- Galat. 4. 26.
lii ipsius se stare lætantur. Qui licet in via sint, & adhuc illo tendant: ita tamen quasi pervenerint gaudent, quia de adipiscendis fides firma non dubitat.

Jerusalem quæ ædificatur ut civitas. V. 3.

In

(a) Legendum suspicamur, *longinquæ peregrinationis*, cum forsan Augustinus, *Multum a te recessi, peregrinatio mea longinqua facta est*. Ad quæ verba respexisse arbitramur S. Prosperum hoc loco.

(b) Editio Colon. & posteriores, *in ipsis adversitatibus*. In ceteris & in libro subintelligendam videtur præpositio *in*.

In illius, inquit, atriis Jerusalem, fidei nostræ firmitas stabat, quæ non mole saxorum, sed virtutum soliditate consurgit, & sanctorum societate, quæ nunquam dissolvetur, extruitur.

Ibid. v. 3. *Cujus participatio ejus in idipsum.*

Patuit quod de æterna ædificatione Jerusalem, nihil deberet carnale sentiri: quandoquidem *participatio ejus*, id est consortio, *in idipsum* est. Quid autem est *in idipsum*, nisi quod vere & sempiterne est? Neque ulla varietate mutatur deitas, scilicet Trinitas, quæ nunquam non fuit quod est, nihil dissimilitudinis recipiens, nihil inæqualitatis admittens: cui per Incarnationem Verbi conjuncta humana natura; ut liberata a commutationibus temporalibus, incommutabili æternitate potiatur.

v. 4. *Illuc enim ascenderunt tribus, tribus Domini: testimonium Israel, ad confitendum nomini Domini.*

Ascendisse dicuntur ad æternam Jerusalem *tribus*, id est, populi per suas familias distributi. Sed de toto pars intelligenda est: quia in omni genere hominum alii justi, alii inveniuntur injusti; nec omnes aut persecutores sunt, aut discipuli veritatis. Ad concordiam itaque cælestis Jerusalem non ascendunt, nisi *tribus Domini*, quibus testimonium fides perhibet, quod sint Israel, id est, videns Deum, & sine simulationis dolo donorum gratiæ prædestinati. Ille enim vere ascendit, qui confitetur non proprii operis, sed divini esse muneris, quod ascendit.

Ibid. 11.

v. 5. *Quia illic sederunt sedes in judicio, sedes super domum David.*

Sublimiores quique sanctorum throni sunt Dei, sicut scriptum est, *Anima justi thronus sapientiæ est.* Et dicit Apostolis suis Dominus, *Sedebitis super duodecim sedes, judicantes duodecim tribus Israel.* Tota ergo domus David, id est, tota Ecclesia, quæ in Christo semen David, & semen Abraham, veniet in judicium: cum & ipsi qui sedebunt, sedes erunt Dei; & per examen judicantium, omnes dilecti Dei & proximi, in unitatem assumentur corporis Christi.

Matt. 19. 28.

v. 6. *Rogate quæ ad pacem sunt Jerusalem: & abundantia diligentibus te.*

Ad ipsas sedes Dei propheticus sermo dirigitur, & ait, Vos qui judicaturi estis, per quos fiet omnium hominum interrogatio, quæque estis ipsa Jerusalem, discernite a superbis humiles, ab implacidis separate pacatos; & fiant unitas & abundantia diligentium te. Quia qui tecum habent pacem, inde in æternum divitiis abundabunt.

v. 7. *Fiat pax in virtute tua, & abundantia in turribus tuis.*

Virtus tua, o Ecclesia, o Jerusalem, charitas est, qua & dives & fortis es. In hoc fiat pax filiorum tuorum, hoc abundet turrium tuarum celsitudo: ut unde ipsa magna es, inde tui participes augeantur.

Propter fratres meos & proximos meos, loquebar pacem de te. v. 8.

Propter domum Domini Dei nostri, quæsivi bona tibi. v. 9.

Prædicator pacis tuæ, non propter me, sed propter fratres meos existi. Nec meum honorem, sed aliorum quæsivi salutem; non ut mea cresceret gloria, sed ut tua dilataretur hæreditas. Nam ipse apud te manerer, si non profectibus laborarem.

PSALMUS CXXII.

Ad te levavi oculos meos, qui habitas in cælis. v. 1.

MEns proficiens & ascendens, quæ sursum sunt sapit, non quæ super terram; & ideo dirigit cordis aciem quo pervenire desiderat, non corporeis gressibus, sed proficientium ascensione virtutum. Habitatio autem Dei, non hoc cælum intelligendum est quod videtur, & de quo dicitur, *Cælum & terra transibunt:* sed (a) de illa Jerusalem quæ ædificatur ut civitas, non tantum in sanctorum Angelorum sublimitate, sed etiam in totius Ecclesiæ glorificatione, quæ in Christo fundata, unum est cum supernis potestatibus Dei templum.

Coloss. 3. 2.

Matth. 24. 35.

Ps. 121. 3.

Ecce sicut oculi servorum in manibus dominorum suorum. v. 2.

Et sicut oculi ancillæ in manibus Dominæ suæ: ita oculi nostri ad Dominum Deum nostrum, donec misereatur nobis. Ibid. v. 2.

Quæ humilitas, qualisve subjectio servilis ostendit, cum inter tentationum molestias & eruditionum plagas, gementium oculos ad Deum dicit esse conversos: donec misereatur & parcat, a cujus judicio venit quidquid inferri aut jubetur, aut sinitur. Quia sicut servi & ancillæ in potestate sunt dominorum suorum atque dominarum; ita fideles modum castigationum suarum, ex Dei sententia pendere noverunt.

Miserere nostri Domine, miserere nostri. v. 3.

Vox vapulantis est, & intelligentium inter flagella postulantis: quia omnis hæc vita plena tentationum est, plena plagarum.

Vide epist. Jac. 1. 2.

Quia multum repleti sumus despectione. Ibid. v. 3.

Et multum repleta est anima nostra: opprobrium abundantibus, & despectio superbis. v. 4.

Omnes qui secundum Christum pie volunt vivere, necesse est ut ab impiis & dissolutibus patiantur opprobria, & despiciantur tamquam stulti & insani, qui præsentia bona (b) perdant, & invisibilia sibi ac futura promittant. Sed hæc despectio & irrisio in ipsos retorquebitur, cum & abundantia eorum in egestatem & superbia transierit in confusionem.

2. Tim. 3. 12.

(a) Forte redundat præpositio *de*, quæ habetur in omnibus editis.

(b) Emendavimus ex libro Sententiarum sententia 31. ubi legitur quod in textu posuimus. Habent enim omnes hoc Psalmi loco habentes, *qui præsentia bona spernunt*: sensu evidenter opposito Auctoris intentioni. Nisi forte legeres: *qui non præsentia bona spectant, & invisibilia sibi ac futura promittunt.* Editi enim legunt hic *promittunt*, non *permittunt*. Augustini locus, quem præ oculis habuisse videtur Sanctus Prosper, talis est. *Insultatur illi qui feliciter credit, quem oculis videre non possunt, & dicitur ei, Quid credis, insane? Vides quod credis?... Ecce ego quod amo video, fruor. O spreveris, quia speras quod non vides, & despicit te ille, qui quasi tenet quod videt.*

PSALMUS CXXIII.

℣. 1. & 2. *Nisi quod Dominus erat in nobis, dicat nunc Israel, Nisi quod Dominus erat in nobis.*

Ephes. 5. 23. CORpus Christi, quod est Ecclesia, ita distributum est, ut alia membra ejus pericula tribulationum jam evaserint, alia iisdem adhuc laboribus atterantur. Sed quia & praecedentium & subsequentium sanctorum unus est liberator; una est omnium exsultatio, & illorum qui jam adversa vicerunt, & horum qui sperant se praesentibus periculis liberandos: & promissione Dei firmam dante constantiam, uno utuntur cantico, quia uno muniuntur auxilio, dicentes, *Nisi quod Dominus erat in nobis*, persecutionum nos magnitudo superasset: sed illo praesidente cordibus nostris, illo dante tolerantiam, illo consummante victoriam, habitantis in nobis (a) fuerat gloria, non hostium praeda.

Ibidem ℣. 3. Cum *insurgerent homines in nos;*

℣. 3. *Forsitan vivos deglutissent nos.*

Vide opp. Fortunati in Ps. 67. 36. Tota ergo fidelium salus, tota perfectorum fortitudo ad Deum, qui in sanctis est mirabilis, referenda est: quia nisi in illis Dominus esset, furori impiorum fragilitas humana succumberet. Dicat ergo Israel, dicat populus redemptus, populus regeneratus, populus adoptivus,

℣. 3. *Nisi quia Dominus erat in nobis, cum insurgerent homines adversum nos, forsitan vivos deglutissent nos.* Vivi autem deglutiuntur, qui persecutione superati, in societatem transeunt impiorum, & amore ejusque vitae, in profundum ruunt mortis aeternae.

Ibidem ℣. 3. Cum *irasceretur furor eorum super nos;*

℣. 4. *Forsitan vivos absorbuissent nos.*

Vivi absorbentur, qui fidem quidem suam in conscientia sua retinent, sed metu prave acquiescunt idola colere. Vivunt itaque tenentes fidem; sed dum contra fidem faciunt, adorantes quod nihil esse noverunt, occiduntur & pereunt.

℣. 5. *Torrentem pertransivit anima nostra, forsitan pertransisset anima nostra aquam intolerabilem.*

Vel (b) *sine substantia*. Magnitudo periculi, quod hi quibus Dominus inerat, evaserunt, facit eosdem qui liberati sunt mirari, quod tanta oppressi tentatione non perierint. Ideo enim verbum dubitationis ponitur, ut id superatum demonstretur, quod humana vinci facultate non potuit. Per vim autem aquarum, significavit populorum furorem. Et ideo ista aqua sine *substantia* dicitur; quia peccatum nullius substantiae est, &

Psal. 10. 6. *qui diligit iniquitatem, odit animam suam*, eo plenam quod non erit, & quod egentem facit.

℣. 6. *Benedictus Dominus, qui non dedit nos in venationem, (vel in captionem,) dentibus eorum.*

Fidelis anima, non in suis viribus, sed in Dei exsultat auxilio. Ideo enim venantium evasit insidias, quia Dominus fecit irrita omnia genera captionum.

Anima nostra sicut passer erepta est de laqueo venantium. ℣. 7.

Laqueus vel muscipula venantium, amor est istius vitae, cujus dolos passeres, id est, humiles quique fidelium, praesidio superni protectionis, effugiunt.

Laqueus contritus est, & nos liberati sumus. Ibidem ℣. 7.

Praeterit enim figura hujus mundi; & omnis praesentium vanitatum illecebra conteretur, cum liberati passeres, id est, humiles, a contritione temporalium, dicent exsultantes atque gaudentes. 1. Cor. 7. 31.

Adjutorium nostrum in nomine Domini, qui fecit caelum & terram. ℣. 8.

Merito ergo non sunt capti a venatoribus istius mundi, qui adjutorium quaesierunt in nomine Domini, qui caelum & terram creavit.

PSALMUS CXXIV.

Qui confidunt in Domino, sicut mons Sion, non commovebitur in aeternum, qui habitat ℣. 1.

In Jerusalem. ℣. 2.

INter mundi scandala, & rerum temporalium varietates non discedere a Domino, sed in charitate ejus ac proximi stabiliter permanere, tam clarum atque sublime est; ut qui in hac firmitate consistunt, montis Sion nomen obtineant. Ipsi enim fide & spe habitant in Jerusalem, Psal. 121. 3. non hac terrena, sed in illa caelesti & aeterna, quae aedificatur ut civitas.

Montes in circuitu ejus: Ibidem ℣. 2.

Montium nomine significantur praedicatores veritatis, sive Angeli, sive Apostoli, sive Prophetae; qui splendorem veritatis, quem de superis accipiunt, in inferiora diffundunt.

Et Dominus in circuitu plebis suae, Ibidem ℣. 2.

Quidquid ergo est lucis in montibus, ipse est qui splendere montes facit; & quidquid per ministros auxilii venit, illius est *qui operatur omnia in omnibus*. 1. Cor. 12. 6.

Ex hoc nunc & usque in saeculum. Ibidem ℣. 2.

Ut a temporalibus transferantur ad aeterna.

Quia non derelinquitur virga peccatorum super sortem justorum: ut non extendant justi ad iniquitatem manus suas. ℣. 3.

Saepe in hoc saeculo peccatores mundanam potentiam consequuntur: cum & ipsi sint iniqui, publicarum tamen legum sunt ministri: quorum potestas etiam fidelibus honoranda est, propter utilitatem dispositae disciplinae. (Parere debemus potestatibus.) Sed si in id prorumpant, ut justos veri Dei cultu conentur avertere, nulla eis obedientia, nulla eis praebenda consensio. *Quia non derelinquet Dominus virgam peccatorum super sortem justorum:* quorum sors ipse Deus est, qui justis suis eam perseverantiam dabit, ut imperia saevientium non metuant impiorum, & ab omni opere iniquae actionis abstineant. Ita ergo & a plebibus principes, & a servis domini sunt ferendi; ut sub exercitatione tolerantiae sustineantur temporalia, spe-

(a) Fortasse, *fuimus gloria*.
(b) Sic legitur in Augustino, qui hanc lectionem exponit quo modo S. Prosper hic in fine.

speratur æterna. Auget enim meritum virtutis, quidquid propositum non violat religionis.

v. 4. *Benefac Domine bonis, & rectis corde.*

Recti sunt corde, qui de præceptis Dei & constitutionibus non querantur, nec varietate rerum temporalium depravantur: quia justum est æquanimiter ferre, quod judicaturus voluit tolerari.

v. 5. *Declinantes autem in obligationes adducet Dominus cum operantibus iniquitatem.*

Impios, iniquos, queruloss, a fidei limite deviantes, & in imitationem multorum scelerum transeuntes, adducet Dominus ad judicium retributionis, paribus conscientiarum vinculis obligatos; ut quem non crediderunt judicem, experiantur ultorem.

Ibid. v. 5. *Pax super Israel.*

Jerusalem interpretatur Visio pacis; & Israel, Videns Deum. Qui ergo videt Deum, pacem videt, & pax super ipsum est, cui Deus semper placet, & in nullo ab ipsius voluntate discordat.

PSALMUS CXXV.

v. 1. *Cum averteret Dominus captivitatem Sion, facti sumus sicut consolati.*

PRopheticus Psalmus ad ascensionem pertinet graduum, quibus bene currentium crescit profectus. Sub appellatione autem urbis & populi, ea quæ de universa Ecclesia sunt intelligenda, significat. Sion quippe in toto mundo est sanctorum omnium corpus, & civitas a captivitate Babylonis, quæ confusio interpretatur, educta. Ab ipso enim Adam totum genus humanum jugum subiit servitutis, per quem omnia mundi sæcula, & generalis captivitas a filiis adoptionis avertitur, & quicumque ad redemptionem pertinent sanguinis Christi, in spem non dubiæ salutis habent gaudium consolationis.

v. 2. *Tunc repletum est gaudio os nostrum, & lingua nostra exsultatione.*

Gaudium quidem proprie animi est. Sed quia ore promitur, quod corde concipitur, ipsam linguam exsultatione dixit impletam, cujus se ministerio in actionem gratiarum, abundantia mentis effundit. Quod etiam tacente lingua fieri potest; quia & interior homo habet os invisibile, & linguam secretam, cum quo tacito sono clamat affectus.

Ibid. v. 2. *Tunc dicent inter Gentes, Magnificavit Dominus facere cum eis.*

v. 3. *Magnificavit Dominus facere nobiscum, facti sumus lætantes.*

Inter omnes Gentes sunt cives Sion, qui redemptione ac pretio sanguinis Christi, de captivitatis jugo quotidie liberantur, & dicunt, *Magnificavit Dominus facere nobiscum*: quia nos per magnificentiam gratiæ suæ, cælesti patriæ reformavit. *Lætantes*, quia spei manifestæ vera sunt gaudia.

v. 4. *Converte, Domine, captivitatem nostram, sicut torrens in austro.*

Vita præsens multis tentationibus impugnatur, ut etiam redempti captivitatis mala metuant, & indesinenter opera Redemptoris implorent: ut tenentes in via Domini per ascensionem gradum, absoluti cursus habeant libertatem: & sicut aquæ, quæ gelu fuerint ligatæ, austro flante laxantur; ita ipsi per Spiritum sanctum resoluta glacie peccatorum, veloci ad patriam reditu ferantur, more torrentium.

v. 5. *Qui seminant in lacrymis, in gaudio metent.*

v. 6. *Euntes ibant & flebant, mittentes semina sua.*

Ibid. v. 6. *Venientes autem venient in exsultatione, portantes manipulos suos.*

2. Tim. 3. 12. Gal. 6. 9. *Omnes qui volunt in Christo pie vivere, persecutionem patiuntur*: & molestia laborum sanctorum est causa lacrymarum. Sed tempus flendi, tempus est seminandi: quia opera charitatis, quæ relevandis hominum miseriis adhibentur, æternorum messem pariunt gaudiorum. De fructu enim bonorum operum sui coronabuntur agricolæ; & cum manipulis gloriæ, id est, meritis afflictionum, adventui Domini Salvatoris exsultanter occurrent.

PSALMUS CXXVI.

PSalmi hujus titulus est, *Canticum Salomonis*. Et mirum est quod ascensionis canticum ejus nomine prænotatur, quem notum est ab his virtutum gradibus decidisse. Sed illo cadente, si quæ per ipsum dicta sunt, deleventur, existimaretur quod quæ Spiritus Dei locutus est, ipse diruisset, & repudiari quasi ejus propria debuissent. Nunc autem, sequestrato hominis merito, quod a Deo factum est non moritur, & doctrina spiritalis servatur a prævaricatione doctoris. Manet ergo auctoritas prophetiæ, quæ non humana est, sed divina: & quia templum Dei, non nisi ipsius opere ædificatur ostendit.

v. 1. *Nisi Dominus ædificaverit domum, in vanum laboraverunt ædificantes eam.*

APostoli vox est, dicentis populo fideli, *Dei ædificatio estis, Dei agricultura estis.* Qua voce etiam propheta utitur, protestans vanum laborem esse ædificantium domum, nisi auxilio Domini opus ædificii inchoatum fuerit ad effectum. Quod utique de tota Ecclesia intelligendum est, quæ est Jerusalem, in omnium compage sanctorum una domus, & unum templum, & una civitas, cujus eructio ab initio usque in finem, Domino ædificante, consurgit: sine cujus gratia nihil est solidum, nihil firmum, sed vana omnia atque ruitura.

Ibid. v. 1. *Nisi Dominus custodierit civitatem, In vanum laboravit qui custodit.*

Omnis sancti ædificii status, sicut Domino operante proficit, ita Domino custodiente, consistit. Quoniam utilis præpositorum custodia est, cum Spiritus Dei populo suo præsidet, & non solum gregem, sed etiam ipsos dignatur custodire pastores.

v. 2. *In vanum est vobis ante lucem surgere.*

Præsumptionis spiritus increpatur, cui vanum est suis viribus relevari: cum gloriæ Christi particeps esse non possit, nisi qui fuerit humilitatis ejus verus imitator, & amator. Si ergo

qui

quia *ante lucem surgere*, & obscurum noctis vult effugere, fallitur. Inordinata quippe excellendi cupiditas, cui humilitate crescendum fuerat, dum præpropere levatur, in profunda demergitur.

Ibid. v. 2. *Surgite postea quam sederitis, qui manducatis panem doloris.*

Cum dicitur, *Surgite*, projiciendæ sublimitatis hortatio est: cum autem dicitur, *postquam sederitis*, prius humilitati studendum esse monstratur: quoniam *qui se humiliat, exaltabitur.* Luc. 14. 11. Et ne dubitaremus prius quam esset hoc meritum, *qui manducatis panem*, inquit, *doloris*: hoc est, qui propter justitiam patimini, & in lacrymis tribulationum tempus vitæ præsentis exigitis: ut qui de corpore estis Domini, viam capitis ambulantis, servantes participationem tolerantiæ usque in finem: quoniam spes vobis in Christo certa est, & gloria resurgendi.

Ibid. v. 2. *Cum dederit dilectis suis somnum.*

(a) Electi Dei sunt sancti ejus, quorum mortem similem facit somno, de quo Christus surrexit a mortuis. Ita surgent & hi, qui membra sunt ipsius: sequentes enim præviam lucem, post labores humilitatis, introibunt in consortium gloriæ æternæ.

v. 3. *Ecce hæreditas Domini filii, merces fructus ventris.*

Hæreditas Domini filii sunt Ecclesiæ, in quibus & merces est fœcunditatis, & gaudium de fructu ventris sui. Quoniam vero fides ipsa eos concepit, parturivit, & peperit: simul quidem cum reprobandis ventre se aiere, sed postmodum pro sui qualitate discretos, translato somno, quem dilectis suis Dominus dedit, ut felicitatem resurrectio consequatur.

v. 4. *Sicut sagitta in manu potentis, ita filii excussorum.*

Filii excussorum intelliguntur Apostoli, filii prophetarum, quorum prophetia multis fuit tegminibus obumbrata, quam prædicatores Evangelii excutiendo reseraverunt. De prophetis ergo postea nati Apostoli excusserunt patres suos, & secreta eorum revelando (b) eruerunt: ut essent tanquam sagittæ missi in universos fines terræ, arcu Dominicæ justitiæ.

v. 5. *Beatus qui (c) implebit desiderium suum ex ipsis.*

Beatitudinis apostolicæ fit particeps, qui ea concupiscit, quæ illi desiderando adepti sunt, & adipiscendo docuerunt. Ex ipsis ergo impleri dicitur desiderium, quia imitatione ipsorum ad eadem gaudia pervenitur.

Ibid. v. 5. *Non confundetur, dum loquitur inimicis suis in porta.*

Quis est qui *loquitur in porta*, nisi qui evangelizat in Christo: quoniam ipse est janua introitus Dei regnum? Inimici autem eorum sunt, qui prædicationi veritatis resistunt; & dum detrahunt Incarnationi Domini contradicunt, ab ingressu portæ merentur excludi.

PSALMUS CXXVII.

Beati omnes qui timent Dominum, qui ambulant in viis ejus. v. 1.

MUlti homines malæ conscientiæ timent Dominum, agnoscentes quæ operibus suis retributio debeatur: sed cum permanent in peccatis, quorum delectatione superantur, non medelam capiunt ex suo timore, sed pœnam. Igitur timor beatitudinis particeps est, (d) in eis qui in Dei viis ambulant, & metuunt ne quid de bono quo beatificantur, amittant, *Spe gaudentes, & in tribulatione patientes.* Rom. 12. 12.

Labores fructuum tuorum manducabis, beatus es, & bene tibi erit. v. 2.

A plurali numero ad singularem Propheta translatus est: quia omnes in Christo unum sumus, ex multis membris unum corpus efficimur, dum sive pluribus, sive in singulis unus est Christus, quia & caput in compage, & compago omnis in capite. 1. Cor. 10. 17. Ille ergo timens Dominum, & in viis ejus ambulans, quomodo (e) fructum laborum sit manducaturus, inquiritur: & invenitur quod justi non solum fructibus laboris sui, sed etiam ipso illo, quo ad fructum tendunt, labore pascuntur: dum prius quam præmia pii laboris accipiunt, fit eis tolerantiæ amor, futuræ portio voluptatis.

Uxor tua sicut vitis abundans in lateribus domus tuæ. v. 3.

Cum multi sanctorum non habuerint conjugia, atque filios; quomodo accipientur hujus benedictionis fuisse participes; nisi harum affectionum societas in totius Ecclesiæ corpore intelligatur? per illud scilicet spiritale conjugium, quo viro suo Christo, id est, sponso sponsa connectitur. Sacramentum vero illius copulæ multis nominibus significatur, ut qui adhærent capiti, nunc membra ejus, nunc mater & fratres, nunc uxor & filii, nunc templum & vinea nuncupentur: dum per has accessitudinum species illa individua unitas fidei, & spei, & charitatis ostenditur; & quidquid Christo subjungitur, sibi quoque invicem colligatur, ut totius domus latera fœcundæ vitis abundantia vestiantur.

Filii tui sicut novellæ olivarum, in circuitu mensæ tuæ. Ibid. v. 3.

Qui uxoris vocabulo appellati sunt, iidem commemorantur nomine filiorum, de fructu pacis novellis oleis comparati: quoniam pacifici Matth. 5. 9.

filii

(a) Forte legendum, *Dilecti Dei*, ut in textu Scripturæ, quem exponit S. Prosper, & apud Augustinum, *Dat his Deus, cum dormierint dilecti ejus; tunc surgent dilecti ejus, id est, Christi.* Omnes enim *surgent, sed non quomodo dilecti ejus.*

(b) Rhillaeri tamen in ora libri notant pro lectione diversa, *reseraverunt.*

(c) Apud Augustinum, *implevit*, & infra secundo parte versus, *non confundetur, cum loquitur.*

(d) Edit. Lovan. & Lov. in textu habent, *qui in Dei viis*, absque his verbis, *in eis*: quæ iterum in margine monitum addenda textui, ab editoribus deinceps ex vera textus addita leguntur.

(e) Ita quidem Editi omnes. Sed convenit legi forte debere *fructuum laborum*, ex textu mox citato, & ex expositione quæ sequitur: tum ex ipso opere Augustini de hac ipsa lectione fuse disserente in hoc eodem loco, & sic concludente, *laborem modo labores fructuum tuorum, post a fructus laboris — Beatus es, de præsenti est: bene tibi erit, de futuro est. Cum manducas labores fructuum tuorum, beatus es: cum perveneris ad fructum laborum, bene tibi erit.*

filii Dei vocabuntur, qui mensam Dominicam, sacramentorum atque doctrinæ, cum unanimitate circumdant; ut quod inde percipitur, nulla dissensione violetur.

v. 4. *Ecce sic benedicetur omnis homo, qui timet Dominum.*

Caput & corpus, Christus & Ecclesia unus homo, unus est Christus: qui in se ipso atque in se habens benedictionem, & sumit & tribuit.

v. 5. *Benedicat te Dominus ex Sion, & videas quæ bona sunt in Jerusalem omnibus diebus vitæ tuæ.*

Non humana hæc, sed divina benedictio est; nec terrenæ, sed cœlestis Jerusalem bona incorruptibilia promittuntur. Quamvis enim etiam temporalia commoda dona sint Dei; non ea tamen spondet propria sanctis, quæ communi-
Isai. 45. 17. ter largitur (a) & reprobis. Æternæ igitur civitatis æterna sunt gaudia, & stantium dierum perpetua infinitas, nec variabitur, nec labetur. Ibi videbuntur filii filiorum, id est, fructus sanctorum operum, & perpetua justitiæ præmia, quæ pacis nomine universaliter exprimuntur: quia omnis illa beatitudo Jerusalem, incommutabili pace gaudebit, & erit bonum omnium, quod fuerit singulorum.

v. 6. *Et videas filios filiorum tuorum, pax super Israel.*

Omnis promissio æternorum bonorum, pacis nomine comprehensa est; quæ specialiter ad eos pertinet, qui sunt Israel, id est, videntes Deum:
Matt. 5. 8. de quibus dicitur, *Beati mundo corde, quoniam ipsi Deum videbunt.*

PSALMUS CXXVIII.

v. 1. *Sæpe expugnaverunt me a juventute mea, Dicat nunc Israel;*
v. 2. *Sæpe expugnaverunt me a juventute mea.*

PRophetiæ spiritus Ecclesiam Dei ad perseverantiam cohortatur, ut de superatis persecutionibus in Domino glorietur. Ab initio enim in sanctos, qui sunt Israel, impii sævierunt: sed Ecclesia, sive in juventute sua, sive in ætate majore, sive in senectute ultimi jam seculi, nullis oppressionibus, nullis est victa suppliciis; cui per passiones & mortes suorum, corona semper triumphique creverunt.

Ibid. v. 2. *Etenim non potuerunt mihi.*

v. 3. *Supra dorsum meum fabricaverunt peccatores, prolongaverunt iniquitatem suam.*

Omnis malorum intentio contra bonos, hæc est, ut eos similes sui faciant, & in consensum iniquitatis suæ a fide ac probitate traducant. Quod cum obtinere non possunt, opprobriis & criminationibus impetunt innocentium vitam, construentes super dorsum eorum congeriem falsitatum. Quia perfectorum fidelium est, etiam tales, & impiorum odiorum onera sustinere, etiam si prolongent iniquitatem suam, & nulla correctione mutentur: quæ pertinacia malorum longe ab innocentibus separatur, & qui est rectus, nulla eorum societate polluitur.

Dominus justus concidet cervices peccatorum. v. 4.

Generale quidem nomen est peccatorum, quod nec sancti quidem a se existimant alienum. Sed aliud est quod quotidie aufertur, aliud quod semper augetur. Unde ex ipsa vitiorum specie, quales hic peccatores commemorentur, ostenditur, cum Dominus non nomen peccatorum, sed cervices concisurus denuntiatur. Per cervices enim superbia significata est eorum, qui in nullo se reprehendi volunt, & Dei verba tamquam deliramenta contemnunt.

Confundantur, & (b) revertantur retrorsum omnes qui oderunt Sion. v. 5.

Oderunt Sion, qui oderunt Ecclesiam, & qui Dei præcepta contemnunt. Sed quos super dorsum fabricaverunt, quid faciet Ecclesia, nisi tales spe correctionis ipsorum toleret usque in finem? Veniet enim quod sequitur.

Fiant sicut fœnum tectorum, quod prius quam evellatur, arescit. v. 6.

De quo non implebit manum suam qui metit, & sinum suum qui manipulos colligit. v. 7.

Contemptores eloquiorum Dei, & amatores mundi, fœno quod super tecta & super parietes nascitur, comparantur. Qui ante tempus messis arescunt, & cum videntur stare, ceciderunt; nec inveniunt messores, id est Angeli, Matt. 13.
quod de eis Dominicis horreis inferant; quia 30.
igni deputabitur, quidquid caruit substantia charitatis.

Et non dixerunt qui præteribant, Benedictio Domini super vos. v. 8.

Superbi & vani in agro Domini nihil operati sunt, nec meruerunt ab eis qui per temporalia ad æterna transibant, gratiam benedictionis accipere. Omnes enim prophetæ & Apostoli universique sancti, bene viventibus benedixerunt in nomine Domini: non in suo, sed in illius cujus gratia erant quod erant, & cujus pollicitationes bonis & fidelibus promittebant. (c)

PSALMUS CXXIX.

De profundis clamavi ad te Domine, Domine exaudi vocem meam. v. 1. v. 2.

QUI profunditatem malorum vitæ hujus intelligit, & a terrenis erui cupit; jam de his est qui ad ascensionum pertinent gra- Vide app.
dus, & qui superno auxilio cupiunt adjuvari, ut per virtutum profectus, ab imis ad summa conscendant. Clamandum ergo est voce desiderii sperantis ad Dominum, ut non de uno tantum, sed de multis profundis humanarum miseriarum eruat laborantes. Quia etiam qui valde profecerunt, habent usque in finem de quibus cupiant liberari: (d) etsi magnorum & fidelium

(a) Bellarmini Duac. & Colon. & probis. Melius Lugd. & Lovan. & reprobis.

(b) Lugd. & Lov. Et revertantur retrorsum. Duac. & Colon. revertuntur. Augustinus, avertantur retrorsum.

(c) Deest hic altera pars versus, Benediximus vos in nomine Domini; quæ tamen in ipsa versus explicatione videtur comprehensa.

(d) Locus obscurus, quem MSS. defectu restituere non possum. Fortasse paucis mutatis clarior fiet, si legatur, etsi magnorum & fidelium ista conditio est, ut quamdiu in sæculo sunt, mundani maris profunda pa-

delium ista conditio est, ut quamdiu in sæculo mundani maris profunda patiuntur: quæ extremitas demersos habet eos, qui ipsis imis profunditatibus delectantur, & tanto magis fiunt miseri, quanto se putant esse felices.

Ibid. v. 2. *Fiant aures tuæ intendentes, in vocem deprecationis meæ.*

v. 3. *Si iniquitates observabis, Domine, Domine quis sustinebit?*

1. Joan. 3. 8. Luc. 19. 10. Quia qui venit solvere opera diaboli, hoc est peccata, & venit quærere quod perierat, dedit spem etiam in ultimo profundo jacenti, per quam se ad opem salvantis erigeret. Et ideo quantalibet mole malæ consuetudinis peccator oppressus, habet in Psalmi hujus forma quod sequatur implorationis exemplum, ne de sua liberatione desperet: quia si divina justitia hoc hominibus in hac vita redderet quod merentur, nemo posset retributionis sustinere judicium. Quid ergo spei sit confitenti, aperit sermo qui sequitur:

v. 4. *Quoniam apud te propitiatio est, & propter legem tuam sustinui te, Domine.*

Joan. 1. 29. Quæ est *propitiatio*, nisi sacrificium? & quod sacrificium nisi occisio illius Agni, qui tollit peccatum mundi, & venit ut legem veteris Testamenti, nova lege Evangelicæ veritatis impleret? Lex autem perfectio charitatis est, qua Deus proximusque diligitur, & per quam dicitur conditori legis, *Dimitte nobis debita nostra,* Matth. 6. 12. *sicut & nos dimittimus debitoribus nostris.* Bene enim sustinet promissiones Dei, qui mandatum ejus exequitur: nec frustra sperat parcendum peccatis suis, qui ignoscit alienis; dicente Gal. 6. 2. Apostolo, *Invicem onera vestra portate, & sic adimplebitis legem Christi.*

Ibid. v. 5. *Sustinuit anima mea in verbum tuum.*

Exspectationis, inquit, meæ substantia Christus est, & verbi tui promissione non fallor, quia ipse est Veritas qui promisit.

v. 5. *Speravit anima mea in Domino.*

v. 6. *A vigilia matutina usque ad noctem, (b) a vigilia matutina speret Israel in Domino.*

Spes fidelium, exspectatioque sanctorum, non unius diei concluditur fine: cum etiam intra brevia tempora istius vitæ, multorum dierum ortus atque occasus sæpe renovetur. Virtus igitur patientiæ de illa sumenda est vigilia matutina, in qua Dominus Jesus Christus in nostræ naturæ carne surrexit a mortuis; ut quod præcessit in capite, hoc in se speraret omnia membra faciendum. Quæ spes nullis terrenda adversitatibus, nullis terroribus obscuranda, sed usque in finem præsentis vitæ, ubi nox quædam mortis intervenit, fortiter custodienda est: ut omnis Israel, quousque de hac vita exeat, hoc quod in Domino factum est, in se quoque faciendum sperare non desinat. Hæc enim spes propria est Israelitarum spiritualium, quorum desiderium non vana neque temporalia concupiscit; sed a vigilia matutina resurrectionis Christi, usque in noctem finis sui occurrit, eo tendit, quo jam in præcedente pervenit.

v. 7. *Quoniam apud Dominum misericordia est, & multa apud eum redemptio est.*

Fiducia sperantium, misericordia Dei est; nec ideo quisquam debet de capessenda Domini promissione dubitare, quia se participatione ejus novit indignum; cum ipsa confessio per commutationem actionis & mentis indulgentiam mereatur, & multiplex sit redemptio ejus, qui nihil donorum suorum correctis negat, & universa vincula captivitatis abrumpit.

v. 8. *Et ipse redimet Israel ab omnibus iniquitatibus ejus.*

Non ergo timeat aliquas iniquitates accessurus ad Dominum; tantum ut toto corde se vovat, & ea in quibus etiam sibi displicet, agere ac velle desistat: nec dicat quod illa forte iniquitas remittenda sit, illa autem pro sua qualitate plectenda; sed clamet *de profundis*, & *a vigilia matutina* speret *usque in noctem*, quia Redemptor sine peccato suo pro injustis pretiosum sanguinem fudit, ut omnium in se credentium omnia peccata deleret.

PSALMUS CXXX.

Domine, non est exaltatum cor meum, neque elati sunt oculi mei. v. 1.

Neque ingressus sum in magnis, neque in mirabilibus. Ibid. v. 1.

SUperna cujuslibet spiritalis Israelitæ, in qua totum Christi corpus ostenditur, sanctæ humilitatis veritas commendatur. Et hunc Psalmi vocem omnes Ecclesiæ filii suam esse cognoscunt: quorum temperantia nihil humanæ gloriæ concupiscit, neque optat de operum mirabilibus gloriari, ut pro ostentatione virtutum pretium laudis acquirat. Cum omnis gratia Dei, quæ in quocumque fidelium dignatur operari, a nullo membro corporis Christi possit abjungi: & suum quisque faciat bonum quod per alium gaudet effectum. Vide app.

Si non humiliter sentiebam, sed exaltavi animam meam: v. 2.

Sicut ablactatum est super matrem suam, sic retributio in animam meam. Ibid. v. 2.

Mens perfectæ humilitatis delectat a propo-sito,

patiuntur: quæ extremitas demersos habet .... quanto se putant felices. Conjecturam nostram locum dum videtur Augustinus, cum dicit inter cætera; *Valde in profundo sunt, qui nec clamant de profundo. Dicit Scriptura: Peccator cum venerit in profundum malorum, contemnit. Jam videte, Fratres, quale profundum sit, ubi contemnitur Deus. Solet enim hoc illis evenire, qui multum in profundo sunt, & perseverantes in iniquitatibus sunt, & tanto magis in profundo mergantur, quanto magis videntur esse felices.*

(a) Hic quidam Editi nostri repetunt, a vigilia matutina: Augustinus quoque hic legisse agnoscitur hæc verba; semel quidem in fine versus quinti, *Speravit anima mea in Domino, a vigilia matutina usque ad noctem;* tum initio sexti, *A vigilia matutina usque ad noctem speret Israel in Domino.* Quam repetitionem urget, cum ait; *Speravit anima mea in Domino, a vigilia matutina usque ad noctem. Quid est quod ait? Uno die speravit in Dominum, & finita est illa spes ipsius? A vigilia matutina usque ad noctem, speravit in Dominum. Ista vigilia finis noctis est.... Ergo intelligendum est hoc usque ad noctem speravit anima mea in Domino, ergo intelligendum est, ut speremus una die nobis sperandum esse in Dominum. Et infra; & redit ad illud. A vigilia matutina speret Israel in Dominum.*

sito, intrepide de hac se lege constringi, et cuidam maledictioni fiat obnoxia, si alta sapere, & de aliquibus miraculis voluerit superbire. Sicut ergo male agitur cum infante nondum idoneo ad perfectionem solidioris cibi, si a matris uberibus auferatur, cum lactantis alimonia ejus sit in matre sua: ita, inquit, retribuatur animae meae; ut cum panem angelorum edere non valeam, potum materni lactis amittam; & cum ea quae supra me sunt, apprehendere non queam, humilitatis bono caream, in quo salubrius est proficere, quam * timere.

* forte, tumere.

V. 3. *Speret Israel in Domino, ex hoc nunc & usque in saeculum.*

Verus ergo Israel, quae sibi sint in Domino praeparata prospiciens, totam spem suam confirmet in Domino, & quae sursum sunt sapiat, non quae super terram: non temporalem quaerat gloriam, sed aeternam: ne dum bona fallacia amat, vera non capiat. Coloss. 3. 2.

PSALMUS CXXXI.

V. 1. *Memento Domine David, & omnis mansuetudinis ejus.*

Congruit quidem personae beati David, ut apud Dominum memoriam haberi cupiat mansuetudinis suae, cujus observantissimus fuit, & de qua secundum historiam multus est ordo gestorum. Sed altiore intellectu sermo propheticus accipiendus est; ut scilicet ad illum hominem, qui in capite & in corpore, id est, in Christo & Ecclesia unus homo est, haec verba referantur; quibus plene utitur tota Dei civitas, & omnis compago sanctorum, mansuetudine potentium, & humilitate sublimium, hujusque propositi votum offerentium Deo, ut tabernaculum ipsius efficiantur, & templum: quod anima omnis fidelis quodam insolubili juramento profitetur & facit, cupiens se in aeternum a Domino possideri, & habitaculum esse Spiritus-sancti.

V. 2. *Sicut juravit Domino, votum vovit Deo Jacob:*

V. 3. *Si introiero in tabernaculum domus meae, si ascendero in lectum strati mei:*

V. 4. *Si dedero somnum oculis meis, aut palpebris meis dormitationem,*

V. 5. *Et requiem temporibus meis, donec inveniam locum Domino, tabernaculum Deo Jacob.*

In his omnibus vera perseverantia, & fidei fervor ostenditur. Ut enim quis locus sit Domino & tabernaculum Deo Jacob, a propria utilitate ad bonum debet commune transire, non in se requiescere, nec in suis delectationibus dormitare. Quod faciunt, qui sua quaerunt, Philip. 2. 21. non quae Jesu Christi; quae autem sunt Jesu Christi, non singulorum membrorum, sed totius corporis bona sunt, & nullus non habet, de quibus nemo non gaudet. Fit ergo locus Domini, & tabernaculum Dei Jacob, qui Ecclesiae compaginatur, qui corpori Christi per spiritum charitatis unitur, nec usquam alibi beatus fieri cupit, nisi in illa domo, de qua dicitur, Psal. 83. 5. *Beati omnes qui habitant in domo tua, in saecula saeculorum laudabunt te.*

Ecce audivimus eam in Ephrata, invenimus eam in campis silvae. V. 6.

Ephrata nomen Hebraeum interpretatur Latine speculum, in quo propheticae significationis imago praecessit. Per speculum enim propheticae, adnuntiata haec sedes vel habitatio Dei, de qua dicitur, *Ecce audivimus eam in Ephrata*, id est, in eloquiis Prophetarum. *Invenimus eam in campis silvae*, hoc est, in altitudine Gentium, in quibus fuerunt vepres idololatriae, concretiones errorum, & silvestres incultarum mentium feritates. Quod ergo audivimus ex litteris Judaeorum, manifestum est in fide Gentium.

Introibimus in tabernacula ejus, adorabimus in loco ubi steterunt pedes ejus. V. 7.

Qui intrant ut inhabitent, ipsi sunt qui ut inhabitentur, intrantur: & hi sunt in domo Dei, qui sunt domus Dei, ut vere in regno Dei sint quibus dici potest, *Regnum Dei intra vos est*. Luc. 17. 21. Adorant ergo isti *in loco ubi steterunt pedes*, vel ipsius domus permanentes in Domino, vel ipsius Domini, qui domus perseverantis habitator est. Sicut autem non est locus adorandi, nisi in Ecclesia catholica, ita *Nemo potest dicere* (a) *Dominum Jesum Christum, nisi in Spiritu sancto*. 1. Cor. 12. 3.

Exsurge Domine, in requiem tuam, tu & arca sanctificationis tuae. V. 8.

Ecclesia, id est, corpus Christi, capiti suo dicit, Dormisti per conturbationem crucis; surge in requiem aeternitatis, tu, & arca sanctificationis tuae: ut gloria resurrectionis, non solum in capite membrorum, sed etiam in membris capitis impleatur. Quae membra arca sunt sanctificationis Deo, sive per Incarnationis veritatem, sive per gratiae electionem; ut in persona Mediatoris Dei & hominum hominis Christi Jesu intelligatur, 1. Tim. 2. 5. & altare propitiationis, & arca sacrificii, & arca doctrinae.

Sacerdotes tui induantur justitia, & sancti tui laetentur. V. 9.

Te, inquit, resurgente a mortuis, & eunte ad Patrem, regale illud sacerdotium induatur fide, quia *justus ex fide vivit*. Rom. 1. 17. Et accepto pignore Spiritus sancti, laetentur membra, spe resurrectionis quae praecessit in capite.

Propter David servum tuum, non avertas faciem Christi tui. V. 10.

Hoc Deo Patri dictum est ab Ecclesia supplicante, ut meminerit promissionum suarum in domum David; ne omne Israeliticum genus pereat, propter facinus impiorum: qui licet receperint, & recipiant quod merentur; multa tamen ex ipsis millia justificata sunt per fidem, & inde Apostoli, inde Doctores, inde tot Martyres, & primogeniti totius adoptionis, electi ut frumenta discernerentur a paleis, & reliquiae salvae fierent. Rom. 11. 5. Pro quibus & Dominus in cruce orabat dicens, *Pater, dimitte illis, non enim sciunt quid faciunt*. Luc. 23. 34.

Juravit Dominus David veritatem, & non poenitebit eum. V. 11.

Sicut

(a) Colon. editio & aliae posteriores, *Dominus Jesus Christus*.

Sicut juramenti nomine, in Deo constitutio significatur incommutabilis veritatis; ita pœnitentiæ appellatione, conversâ sententia demonstratur. Unde ideo dicitur Dominus non pœnitere, quod statuit numquam immutare: quo quid aliud, quam æternitas donorum, & judiciorum ejus ostenditur?

Ps. 109. 4.

Ibid. v. 11. *De fructu ventris tui ponam super sedem tuam.*

David, in quo persona est capitis & corporis, id est, Christi & Ecclesiæ, hanc promissionem accipit, quod fructus ventris ejus super sedem ipsius esset ponendus, cujus regnum maneret in æternum. Qui ideo fructus ventris dicitur, quia Salvator secundum carnem virginis matris est filius, conceptus, non per virilem coitum, sed per Spiritum-sanctum.

Luc. 1. 33.

v. 12. *Si custodierint filii tui testamentum meum, & testimonia mea hæc quæ docebo eos:*

Ibid. v. 12. *Et filii eorum usque in æternum sedebunt super sedem tuam.*

Custodibus testamenti, hæreditas pollicitationum, & æterni regni beatitudo promittitur, quâ non solum filii David, sed etiam filiorum ejus filii ditabuntur. Sed hanc gloriam, semen fidei, non carnis propago consequitur, & in toto mundo qui sunt in fide sanctorum patrum, ipsi in honore numerantur hæredum.

v. 13. *Quoniam elegit Dominus Sion, præelegit eam in habitationem sibi.*

Sion ipsa est Ecclesia, & ipsa est Jerusalem cælestis, ad cujus pacem currunt, qui etiam nunc peregrinantur. Ipsa est civitas Dei, quæ ex meliore sui parte, semper cum auctore suo mansit: & partem, quæ per Dei gratiam quotidie ab exilio revocatur, exspectat, ut semper tota sit sui habitatoris ædificatio.

v. 14. *Hæc requies mea in sæculum sæculi; hic habitabo, quoniam præelegi eam.*

Apparet quam ineffabili dilectione Ecclesiam suam diligat Deus, quando eam requiem, quæ ipsam facit requiescere, suam dicit; cum immutabilem deitatis tranquillitatem nullius umquam laboris perturbatio fatigaret. Hujus vero tanti muneris quæ principalis causa sit, planissime demonstratur, cum dicit, *Quoniam prælegi eam*: secundum quod in Evangelio Dominus ait, *Non vos me elegistis, sed ego elegi vos.*

Joan. 15. 16.

v. 15. *Viduam ejus benedicens benedicam, pauperes ejus saturabo panibus.*

Tota Ecclesia Dei, in Dominum sperans, & humilitate proficiens, formam viduæ gerit, quæ, quoniam consolationem hujus mundi non habet, instat orationi nocte & die, & solo divino fidit auxilio. *Pauperes* quoque hi significantur, de quibus dicitur, *Beati pauperes spiritu*: &, *Beati qui esuriunt & sitiunt justitiam; quoniam ipsi saturabuntur*: cibo utique gratiæ & pane justitiæ, (a) ut edant illum, qui dicit, *Ego sum panis, qui de cælo descendi.* Viduitas igitur & paupertas, non in solis mulieribus maritorum consortio destitutis, neque in eis tantum qui inopia laborant, intelligatur; sed in omnibus membris corporis Christi. Quia aliud est quod tolerat labor necessitatis, aliud quod elegit amor religionis.

1 Tim. 5. 5. Luc. 2. 37. Matth. 5. 3. 6. Joan. 6. 41.

v. 16. *Sacerdotes ejus induam salutari, & sancti ejus exsultatione exsultabunt.*

Salutaris, id est, salutem afferens, Christus est, quo quisque regeneratus induitur, dicente Apostolo, *Quotquot in Christum baptizati estis, Christum induistis.* Et hoc universa Ecclesia sub nomine assequitur sacerdotum: quia totus populus Christianus sacerdotalis est. Verum plenius hoc ipsi rectores plebis accipiunt, qui specialiter summi Pontificis & Mediatoris personam gerunt.

Gal. 3. 27.

v. 17. *Illic producam cornu David.*

In cornu altitudo significatur, non in se, sed in Domino gloriantium: quia sublimitas cornuum cæteram totius carnis excedit.

Ibid. v. 17. *Paravi lucernam Christo meo.*

Id est, præmisi ante ipsum prophetiam, cujus lumine uterentur, qui erant in ignorantiæ tenebris constituti. Unde & beatus Petrus apostolus dicit, *Habemus firmiorem propheticum sermonem, cui bene facitis intendentes, quasi lucernæ lucenti in caliginoso loco.* Et ipse Dominus ait de Baptista Joanne, *Ille erat lucerna ardens & lucens.* Merito ergo sancti exsultatione exsultabunt, quia non in se, sed in Domino glorificantur.

2. Petr. 1. 19. Joan. 5. 35.

v. 18. *Inimicos ejus induam confusione, super ipsum autem florebit sanctificatio mea.*

Aperte significatum est, quid debeatur inimicis gratiæ Christi, & quæ in ipsis sanctis gloria præparetur, cum Christus in toto suo corpore refulgebit, & erit Dominus omnia in omnibus.

1. Cor. 15. 28.

PSALMUS CXXXII.

v. 1. *Ecce quam bonum & quam jucundum, habitare fratres in unum.*

Bona & jocunda habitatio est, quæ inter filios adoptionis efficit unitatem, & præter corpoream ac localem habitationem, fraternos animos fidei pace connectit. Quod tunc vere impletur, cum in unum caput totius corporis Christi, omnia fidelium membra concurrunt.

v. 2. *Sicut unguentum in capite, quod descendit in barbam, barbam Aaron.*

Per Aaron sacerdotem ille indicatur sacerdos, qui veri pontificis sacramentum, non in alieni generis hostia, sed in oblatione corporis & sanguinis sui solus implevit: idem sacerdos, idem victima, propitiator, & propitiatio, omniumque mysteriorum, quibus figurabatur effector: qui mortuus, sepultus, resuscitatus, ascendit in cælos, naturam humanam super omne nomen exaltans & mittens Spiritum-sanctum, cujus unctio omnem Ecclesiam penetraret. A capite enim, id est, a Christo unguentum benedictionis, non solum *in barbam*, sed etiam *in ora vestimenti ejus*, id est, usque ad infima membra descendit.

In

(a) Editi omnes, *ut educant*. Melius legeret *ut edant*; nec enim de educendo, sed de edendo pane hic agi constat, ex voce *saturabuntur*, quæ proxime præcessit. Scriptum autem decerptum fuisse versu alterius Psalmi, *Ut educas panem de terra*. Ps. 103. 14.

In barba autem, quæ unguentum fluens a capite prima suscepit, Apostoli significantur & Martyres, in quibus virtus capitis & sacramento eminet, & exemplo.

Ibid. v. 2. *Quod descendit (1) in ora vestimenti ejus.*

v. 3. *Sicut ros Hermon, qui descendit in montem Sion.*

Roris descensio, supernæ gratiæ significatio est, quæ sanctorum est origo meritorum. *Hermon* autem interpretari dicitur, (b) lumen exaltatum, quod intelligitur Jesus Christus, qui

Ps. 67. 19. Ephes. 4. 8. *ascendens in altum, captivam duxit captivitatem, dedit dona hominibus.* Ab ipso enim in Sion, id est, in Ecclesiam, venit pluvia charismatum; exoritur ex tota compage fructus benedictionum, & fortitudo virtutum.

Ibid. v. 3. *Quoniam illic mandavit Dominus benedictionem, & vitam usque in æternum.*

Gratia roris Hermon ibi descendit, ubi per unitatem charitatis habetur participatio benedictionis. Ipsi enim in unum habitant, qui in Christo concorditer vivunt, & in diligendo non

Matth. 5. 44. Luc. 23. 34. solum fratribus, sed etiam inimicis servant præceptum, quo pro persecutoribus suis jubentur orare: quando pro inimicis suis est mortuus Dominus, qui eos facit participes æternitatis, quos imitatores habuerit dilectionis.

PSALMUS CXXXIII.

v. 1. *Ecce nunc benedicite Dominum omnes servi Domini.*

Ibid. v. 2. *Qui statis in domo Domini, in atriis domus Dei nostri.*

NUnc, inquit, id est, in hoc tempore tribulationum & angustiarum, in tempore persecutionum & lacrymarum, *benedicite Dominum*, omnes qui (1) uno corde, & uno spiritu, in confessione & in laude Domini permanetis: stantes, id est, perseverantes in latitudine fidei, & spei, & charitatis.

v. 2. *In noctibus extollite manus vestras in sancta, & benedicite Dominum.*

In adversitatibus, ait, quæ diem vitæ hujus obscurant, nolite deficere; sed manus vestras in opere sanctitatis extollite: ut benedictionem quæ voce promitur, in conversationis vestræ pietate videatur.

v. 3. *Benedicat te Dominus ex Sion, qui fecit cælum & terram.*

Plures hortatus est ut benedicerent Dominum, & ipse unum benedicit, quia ex pluribus unum facit: ut omnis Ecclesia, cujus corpus unum, & anima una, benedictionem tanquam homo unus accipiat.

PSALMUS CXXXIV.

Laudate nomen Domini, laudate servi Dominum. v. 1.

Qui statis in domo Domini, in atriis domus Dei nostri. v. 2.

BOna cohortatio & utilis, qua in Domini laudem servi ipsius incitantur: cum utique hoc non egeat Deus, cujus gloria nec minor se potest esse, nec major. Sed quia tali officio proficiunt laudatores, & discunt eum timere atque amare quem laudant; persistat fidelis devotio in divinarum confessione virtutum, ut observantia consuetudinis fiat sacrificium voluntatis. Quales autem esse debeant prædicatores Dei consequenter ostenditur, cum dicitur, *Qui statis in domo Domini, in atriis domus Dei nostri*: id est, qui in præceptis Dei infatigabiles permanetis, ex hoc ipso quod in Domini domo statis, ipsi gratias agitis, qui solvit compeditos, illuminavit cæcos, erexit elisos, & dedit vobis spiritum intelligentiæ, qui vos in dilectionem & in laudem ejus accenderet. Psal. 145. 7. & 8.

Laudate Dominum, quoniam bonus Dominus: psallite nomini ejus, quoniam suavis est. v. 3.

Laus Domini nec apertius significari, nec plenius potest, quam cum dicitur *bonus*. Verum hoc non cum cæteris bonis, quæ non sunt nisi per ipsum; sed præ omnibus singulariter intelligendum est: quia aliud est bonum omnia bona facientem, & auctorem sui non habens; aliud quod nisi fieret, esse non posset. Unde dicitur, *Nemo bonus, nisi unus Deus*. Nec est ulla creatura comparabilis Creatori, quæ si quid boni habet, non est ei proprium, sed acceptum. Hoc itaque summum & incommutabile bonum, laudatoribus suis participationem fecit suavitatis impertit, per hoc quod æqualis Patri Filius Dei, factus est mediator Dei & hominum, homo Christus Jesus. Ipse est enim secundum quod Verbum caro factum est, panis hominum; qui descendendo ad nos, per nos, nobis ad se per se fecit ascensum; & bibendo calicem nostræ infirmitatis, fecit nos calicem suæ gustare virtutis: ut agnosceremus & confiteremur, quoniam suavis est Dominus. Marc. 10. 18. 1. Tim. 2. 5. Joan. 1. 14.

Quoniam Jacob elegit sibi Dominus, Israel in possessionem sibi. v. 4.

Tota suavitas bonitatis Dei in gratia ipsius demonstratur: quia *Jacob elegit sibi Dominus, & Israel in possessionem* suam fecit, (d) excipiens illum sibi dominum, quam specialius eligeret & amaret. Quamvis enim omnes gentes ipse condiderit, hanc tamen non sicut aliam commisit Angelis, sed suo nomini proprie deputavit; ita disponens sacramentum vocationis suæ, ut electio Israel ad salutem omnium gentium pertineret; promissionis filiis, in æternum hære-

(a) Augustinus, *in oram*, ut in Vulgata nostra.

(b) Sic interpretationem habetur in omnibus Editis Prosperi. At in Augustino legitur. *Hebræam interpretationem ab eis qui illam linguam (Hebræam) noverunt, Hermon interpretari dicitur, lumen exaltatum.*

(1) Lugdunensis editio non addit hic præpositionem *in*, quam posteriores addiderunt.

(d) Posterior editio, *accipiens*; veteres omnes Lugd. Lov. Duac. & Colon. *recipiens*. Nam Augustinus dixit, *quamvis ipse omnes gentes condiderit, aliarum Angelis commisit, sibi istam possidendam servandamque deputavit.*

Psal. 133. v. [illegible]

hæreditatem, non ex carnis propagine, sed ex regenerationis adoptione venturis.

v. 5. *Quoniam ego cognovi quia magnus est Dominus, & Deus noster super omnes deos.*

Contemplatio prophetica altiora operum Dei secreta conspiciens, Ego, inquit, cognovi quam magnus est Deus, & quod propositum ejus atque consilium nullo explicatur eloquio. Sed quia super omnem potentiam excellit omnipotens, neque ulla natura est super quam non Creator ejus emineat: commemorentur de conditis, per quæ intelligantur mirabilia conditoris.

v. 6. *Omnia quæcumque voluit Dominus fecit in cælo, & in terra, in mari, & in omnibus abyssis.*

Quidquid creaturarum est in cælo, & in terra, in mari, & in abyssis Deus fecit: nec est ulla natura, ullave substantia, quæ non præcepto ejus extiterit. In creanda autem universitate rerum atque formarum, non operatio fuit laboris, sed ratio voluntatis: quam nullum præcessit tempus, nullum est moratus effectus. Hanc potentiam homo totius mundi consideratione cognoscens, confitetur, quia cum in agro cordis sui, aliquid boni nascitur, de opere & munere est cælestis agricolæ, qui ea quæ instituit per naturam, & corrupta sunt per inobedientiam, dignatur reparare per gratiam.

v. 7. *Suscitans nubes ab extremo terræ, fulgura in pluviam fecit.*

Ierem. 10. 13. *Qui producit ventos de thesauris suis.*

Hæc omnia in toto mundi corpore, Dei opere & Dei aguntur arbitrio: quæ utique cum multa admiratione laudanda sunt; & in eis intelligendum est, quæ operetur Deus in ipsis hominibus, quos ad imaginem & similitudinem suam fecit, & refecit.

v. 8. *Qui percussit primogenita Ægypti, ab homine usque ad pecus.*

Primogenita hominum, sunt principia bonæ & probabilis vitæ, quæ initium sumit ex fide. Cum igitur aliqui Christiani aut schismata, aut hæreses movent, & Ecclesiam Dei quibus possunt afflictionibus impetunt, fiunt Ægyptii, quorum nomen interpretatur, afflictio populi Dei: & percutiuntur in primogenitis suis, id est, in fide, quæ dum a charitate Ecclesiæ deficit, extinguitur. Hæc autem pessima plaga in homines. Percutiuntur & pecora, hoc est, qui sapientiore doctorumque speciem gerunt, & hi qui pro caussa stultitiæ & imperitiæ, possunt pecoribus comparari.

v. 9. *Immisit signa & prodigia in medio tui Ægypte, in Pharaonem & omnes servos ejus.*

Nihil habent bonæ significationis eorum nomina, in quos iram suam Dominus effundit. Nam & Phare dissipationem, & (a) Ægyptus afflictionem sonat. Afflictio regem habet dissipationem, quia illi qui affligunt Ecclesiam, dissipati affligunt, & regi suo sua primum eversione famulantur.

v. 10. *Qui percussit gentes multas, & occidit reges fortes.*

v. 11. *Seon regem Amorrhæorum, & Og regem Basan, & omnia regna Chanaan.*

Interfectiones quidem regum, & gentium adversantium populo Dei, ita ut narrantur, impletæ sunt. Sed quia propheticus est textus bilogiæ, non caremus figuris scriptorum nominum qualitatem; ut per interpretationem significationem cognoscat Ecclesia, quorum maxime hostium corde salvetur. Interpretatur namque Seon (b) tentatio colorum, & Amorrhæi interpretantur, amaricantes. Cum itaque tentatio colorum non sit nisi mendacium; quod ut facilius obrepat, colorem sibi veritatis (c) adsumunt, quid autem si amaricantes, mendacis regis simulatione ducuntur? Quoniam & ipse mendacii pater diabolus, transfigurans se in angelum lucis, & tentatio colorum contrarios veritati faciat esse, quos decipit. Sed hi homines spiritaliter occiduntur, cum moriuntur diabolo, ut vivant Deo; & qui crediderant mendacio, credant potius veritati. Manus autem Dei quia sacrificiones, & vivificationes facit. Og regem, & Basan populum ejus interimit. Og enim interpretatur conclusio, & Basan interpretatur confusio. Talis quippe conclusio intercludit viam, quæ ducit ad Dominum, & interceptos ad confusionem perducit, & iniquos modo concludit, ut credant in Christum: quando Christus apparuerit, confundentur, nisi nunc gratia convertente, mutentur. Chanaan vero interpretatur paratus humilitati. Quæ humilitas pœnalis intelligenda est, quæ paratur superbis, qui modo non in humilitate, sed in elatione sunt positi, & prærordinantur in id quod retribuendum est vanitati.

Et dedit terram eorum hæreditatem, hæreditatem Israel populo suo. v. 12.

Fit hoc quotidie: nam quod alii per meritum suum perdunt, alii per gratiæ munus acquirunt: *Quoniam Jacob elegit sibi Dominus, Israel in possessionem sibi*: & habenti dicitur, *Tene quod habes, ne alius accipiat coronam tuam.* v. 4. Apoc. 3. 11.

(d) *Domine nomen tuum in æternum: & memoriale tuum in generatione & generationem.* v. 13.

Id est, virtutum tuarum miracula non cessabunt, & quæ operatus es significanda, operaberis indesinenter implendo. *Memoriale* autem Domini in eo intelligitur quod non obliviscitur promissionum suarum; sed omnino efficit quod spopondit: & hoc fit a *generatione in generationem*; quia alia est generatio hominum qui nascuntur mundo, alia quæ renascuntur Deo. Sed

Joan. 8. 44. 2. Cor. 11. 14.

(a) Lugd. & Lovan. *Ægyptiis*. Duac. & Colon. *Ægyptus*: ut August. *Nam & ipsa Ægyptus afflictio interpretatur*. Sed vero pro *Phare*, August. habet post aliquot literas: *Ægyptus afflictio est*, *Pharao dissipans*.

(b) In Augustini textu legitur, *tentatio oculorum*: observationesque ab eruditissimis Editoribus, ex omnes prope ejusdem MSS. hic & alibi confirmant habere, *tentatio colorum*. Idemque nomen postea in Ps. 135. interpretari, *germen inutile*, vel *tentationem colorum*.

(c) *Forsan*, *adsumit*; [illegible] *mendacium*, nisi *adsumunt* referri velis ad *amaricantes*, de quibus statim fit sermo.

(d) Apud August. *Domine*, ut in Vulgata nostra.

Sed in utroque sub altissimo judicio Dei, & opus naturæ impletur, & gratiæ.

v. 14. *Quoniam judicabit Dominus plebem suam, & in servis suis deprecabitur.*

Excepto judicio futuro, jam judicata est plebs Judæorum. Quid est, judicata? Separati inde sunt justi, & contemnentes impulsi. Audi Dominum

Joan. 9. 39. dicentem: *In judicium veni in hunc mundum, ut qui non vident, videant; & qui vident, cæci fiant.* Excæcati enim sunt superbi, illuminati sunt humiles; (a) & in hoc uno populo, qui & Jacob & Israel generaliter appellatur, una enim persona est domus Jacob & domus Israel, una gens, una plebs; hanc invitat, & hanc diminuit, mites a ferocibus, credentes ab infidelibus separando. *In servis suis* igitur *deprecabitur* Dominus, id est, invocabitur, vel exorabitur: & in omnibus naticonibus erunt homines Israeliticæ dignitatis, cum Judæi ex maxima sui parte erunt impii, & veritatis inimici. Sed quia spiritalis Jacob ex omni gente colligitur, idolorum cultoribus infidelitatis cæcitas exprobratur.

v. 15. *Simulacra gentium argentum & aurum, opera manuum hominum.*

Omnes ex quacumque natione verum Deum nescientes, & Christi Evangelio resistentes idolorum cultores sunt; & cum in cordibus suis falsitatum dogmata fabricentur, id quod fenerant, simulacrum est: & si quid ratiocinando (b) machinentur, id argentum videtur, aut aurum: (c) qui in humanæ sapientiæ argumentis & eloquio colorantur, ut reverentiam sibi pro mendaciorum arte concilient. In hujusmodi ergo figmentis, *opera sunt manuum hominum*, quæ humanus error excogitavit, non doctrina veritatis instituit.

v. 16. (d) *Os habent, & non loquentur; oculos habent, & non videbunt;*

v. 17. *Aures habent, & non audient; nares habent, & non odorabunt.*

Manus habent, & non operantur; pedes habent, & non ambulabunt.

Non clamabunt in gutture suo: nec enim est spiritus in ore eorum.

v. 18. *Similes illis fiant qui faciunt ea, & omnes qui confidunt in eis.*

Proprie quidem hæc de paganis dici videntur; sed etiam hæreticos comprehendunt, qui dum falsis inhærent, & impia hominum commenta sectantur, omnia rationalis vitæ officia perdiderunt. Nam quid est habere oculos, & non videre, quam in erroribus cæcitate versari? (e) Habere aures, & divinæ institutionis doctrinæ? Habere nares, & bonum Christi odorem non capere? Pedes habere, & vocationem non sequi gratiæ? Habere linguam, & non loqui veritatem? Habere manus, & non operari opera

Rom. 14. 23. justitiæ? Quia *omne quod non est ex fide, peccatum est*. Mendaces igitur conformabuntur simulacris; & quo magistro fidunt, cum eodem confundentur. Et tamen ex ipsis quotidie convertuntur per miracula Dei; quotidie aperiuntur oculi cæcorum, & aures surdorum, inspirantur nares infidelium, resolvuntur ora mutorum, fiunt operariæ manus paralyticorum, diriguntur pedes claudorum, ex lapidibus ex-

Matth. 3. 9. citantur filii Abrahæ, quibus omnibus simul dicatur:

v. 19. *Domus Israel benedicite Dominum, domus Aaron benedicite Dominum.*

v. 20. *Domus Levi benedicite Dominum.*

Quia omnes hos gradus, quos una gens habuit, per ipsam fidem, qua illa justificata est, totus mundus obtinuit, & in cunctis jam nationibus invenitur Abraham credentium pater.

Supra v. 19. *Qui timetis Dominum, benedicite Dominum.*

v. 21. *Benedictus Dominus ex Sion, qui habitat in Jerusalem.*

Habitatio Dei, non est illa Jerusalem, quæ cecidit; sed est in cordibus fidelium, atque sanctorum, ex quibus ædificatur æternum templum Dei cum compage Angelorum, qui numquam a Domino recesserunt. Benedicit ergo Ecclesia Dominum, ex Sion, id est, de specula, ex qua promissiones Dei prospicit venturas in Jerusalem, id est, in visionem pacis, ubi jam nullum periculum infirmitatis, nulla erit adversitas tentatoris.

PSALMUS CXXXV.

v. 1. *Confitemini Domino, quoniam bonus, quoniam in sæculum misericordia ejus.*

PSalmus iste laudem continet Dei, & eodem modo in omnibus suis versibus terminatur, ut quidquid operum Dei percurritur, ideo intelligatur effectum, ut bonitatis & misericordiæ ejus manifestaretur æternitas. Quamvis enim

Matth. 25. 46. post judicium, quo in fine sæculi vivi & mortui judicandi sunt, missis justis in vitam æternam, impiis autem in ambustionem æternam, non sint deinceps futuri, qui divinæ gratiæ dis-

pensa-

(a) Lugdunensis editio, & hoc in uno populo.

(b) Lugdunensis editio legit, machinentur. Lovan. Duac. & Colon. minentur.

(c) Legi debere arbitramur, quia; cum in Editis legatur qui.

(d) Hæc prima pars versus 16. in August. transfertur post hæc verba, & non odorabunt; similiter quoque, Non clamabunt in gutture suo, nec enim est spiritus in ore eorum. In Vulgata nostra non leguntur plura, quam hæc. Os habent, & non loquentur; oculos habent, & non videbunt. Aures habent & non audient neque enim est spiritus in ore ipsorum. Reliqua vero quæ hic leguntur in Psalterio Hieronymi, quod Romanum vocant, leguntur. A Gallicano dempta multa sunt. De quibus novissimi S. Hieronymi operum Editores observant quod, sequentes versiculi (ab his, nares habent, ad hæc, neque enim est spiritus) hic translati sunt ex Romano Psalterio ex Psalmo superiori 113. Quem tamen præ oculis habuisse Prosperum nullatenus dubitare sinit subjecta ab eo, licet brevissima ipsorum expositio. Observandum denique hæc ipsa non legi in textu Hebraico, Psalmi hujus.

(e) Hic aliqua deesse videntur ad plenam sententiam sanandam. Forte suppleri possint, & non audire, quam divinæ &c. Sic postea: Habere nares, & non odorari, quam bonum &c. Pedes habere, & non ambulare, quam vocationem non sequi gratiam. Habere linguam & non loqui, quam non loqui veritatem. Quæ in sequentibus supplenda sunt ut prioris responsionis membrum, etsi aliquando occurrunt MSS. qui Editorum defectus vindicabunt.

præfatione salvandi sunt: recte tamen intelligi potest, in æternum futuram misericordiam ejus, quam suis sanctis fidelibusque largitur; quoniam ea beatitudo, quam ex Dei misericordia consequuntur, nulla umquam tentatione pulsabitur, sed in æterna pace & gloria, incommutabilis permanebit. Quod opus ineffabilis pietatis, quia in sempiterno Dei proposito atque consilio fuit, ut per temporalia præordinaretur æterna; mira totius mundi elementorumque conditio propter hanc misericordiam dicitur instructa, cui perficiendæ omnium rerum ordo serviret.

v. 2. *Confitemini Deo deorum, quoniam in æternum misericordia ejus.*

v. 3. *Confitemini Domino dominorum, quoniam in æternum misericordia ejus.*

Deorum nomen cum in bono positum reperitur, secundum gratiam intelligendum est, non
1 Cor. 8. 5. & 6. secundum naturam, dicente Apostolo, *Nam etsi sunt qui dicuntur dii, sive in cælo, sive in terra: quemadmodum sunt dii multi, & domini multi; sed nobis unus Deus Pater ex quo omnia,* (a) *& nos per ipsum.* Qui ergo sunt filii Dei, & per adoptionis sacramentum divi-
2 Petr. 1. 4. næ sunt consortes naturæ, habent hujus nominis donum: quia uni Deo serviunt, uni Do-
Psal. 95. 5. mino voluntaria subjectione famulantur. *Dii autem gentium dæmonia;* quæ quoniam gaudent se ab erroribus coli, in æternum ignem cum suis cultoribus (b) damnabuntur.

v. 4. *Qui facit mirabilia magna solus, quoniam in æternum misericordia ejus.*

Possunt ea mirabilia accipi a Deo solo facta, quæ neque per Angelos, neque per homines sunt effecta; sed sola Dei operante virtu-
Genes. 1. 1. te. Quamvis enim ipse operetur omnia in omnibus, naturas tamen cunctarum creaturarum, cælum & cælestia, terram & mare, cum universis quæ in eis sunt, solus instituit. Non quod sine Filio suo Verbo, aut Spiritu-sancto aliquid fecerit Pater; sed quia Trinitas unus Deus est, qui creaturas, non per creaturam fecit, sed sola potentia deitatis. Quod autem in singulis dicitur, *Quoniam in sæculum misericordia ejus;* ad reparationem humani generis referendum est, quod Dei misericordia per sacramentum regenerationis eis reddit æternum.

v. 5. *Qui fecit cælos in intellectu, quoniam in sæculum misericordia ejus.*

In intellectu facti sunt cæli, ad erudiendam eam creaturam, quæ ad cognitionem sui præ-
Rom. 1. 20. ordinabatur auctoris. *Invisibilia enim Dei,* sicut ait Apostolus, *a creatura mundi, per ea quæ facta sunt intellecta conspiciuntur; sempiterna quoque virtus ejus & divinitas:* & hic
Psal. 18. 1. idem propheta dicit, *Cæli enarrant gloriam Dei, & opera manuum ejus annuntiat firmamentum.* Quia majestatis invisibilis pulchritudo, (c) & per corpoream creaturam incorporeus Creator agnoscitur.

Qui firmavit terram super aquas; quoniam in sæculum misericordia ejus. v. 6.

Bene quidem intelligitur super aquam terra fundata, in eo quod circumfluentibus aquis supereminet; & ita etiam in infimis earum invenitur humorem, ut ei solidum subdatur elementum. Sed secundum sacramentum Ecclesiæ, quod per totum mundum in regenerationis lavacro celebratur, sacratius hoc accipitur dictum, de præparatione baptismatis, super quod naturæ humanæ terra fundatur; ita ut ab aquis tota æterni templi structura consurgat.

Qui fecit luminaria magna solus; quoniam in æternum misericordia ejus. v. 7.

Ideo & hic addidit *solus,* quia cætera mirabilia quæ dicturus est, aut per homines, aut per Angelos fecit.

Solem in potestatem diei, v. 8.

Lunam & stellas in potestatem noctis. v. 9.

Splendor solis in die potens est, & lunæ & stellarum in nocte. Sed hæc præter utilitatem, quam mundo vicibus suis præbent, & præter decorem quo totius mundi augetur ornatus, dant significationem spiritalium gratiarum. Nam præcipuum fidelium cordium lumen est, venires ab ipso justitiæ sole, sapientiæ: secundum autem lumen est scientiæ, quæ inter sæculi hujus obscura dat quodammodo lunare solatium; deinde plurimorum charismatum munera stellarum ignibus merito comparantur: ut ambulantibus per difficilem viam numquam desit cælestis præsidium.

Qui percussit Ægyptum cum primogenitis eorum. v. 10.

Nulla pars mundi est, quam non percutiat gladius veritatis, ut Christo præcipua quæque subdantur.

Qui eduxit Israel de medio eorum. v. 11.

Quotidie sancti ab iniquis & adversis tribulationibus eruuntur.

In manu potenti, & brachio excelso. v. 12.

Quid potentius eo, de quo dictum est, *Et brachium Domini cui revelatum est?* Isai. 53. 1.

Qui divisit rubrum mare in divisiones. v. 13.

Rubri maris divisione significatur baptismus Christi, in quo fiunt divisiones: ut (d) una res aliis sit in vitam, aliis in mortem; in vitam fidelibus, in mortem persecutoribus.

Et eduxit Israel de medio ejus. v. 14.

Et (e) educit populum suum Dominus, innovatum per lavacrum regenerationis.

Et excussit Pharaonem, & virtutem ejus in mare rubrum. v. 15.

Perit in aquis rex peccati, & baptizatis reatus excutitur.

Qui

(a) Locus iste Apostoli plenior legitur in Augustino, scilicet, *& nos in ipso, & unus Dominus Jesus Christus, per quem omnia, & nos per ipsum.* Quæ autem ita amplius leguntur forte ex codicibus Prosperi exciderunt, ut conjicitur ex verbis sequentibus, *Uni Deo serviunt, uni Domino* &c. Idcirco quoque locum Apostoli totum in fine notæ citavimus.
(b) Editiones Lugdun. & Lovan. *damnabuntur.*

(c) Priori sententiæ hujus membri aliquid deesse videtur: forte, *ex visibilium pulcritudine conjicitur,* aut aliquid hujusmodi.
(d) Augustinus hic, *ut unus atque idem baptismus aliis sit in vitam, aliis sit in mortem.*
(e) Duac. & Colon. *educit.* Lugdun. & Lovan. *eduxit,* ut apud Augustinum. Nam agit de gratia baptismi, quæ quotidie renascentibus confertur.

v. 16. *Qui traduxit populum suum in deserto.*

Traduxit & nos per hujus mundi ariditatem & sterilitatem, ne in ea pereamus.

v. 17. *Qui percussit reges magnos,*

v. 18. *Et occidit reges fortes.*

Percussit, atque occidit etiam per nos diabo-
1. Cor. 15. 57. licas & noxias potestates, quoniam dat victo-
riam per Dominum nostrum Jesum-Christum.

v. 19. *Seon regem Amorrhæorum.*

Germen inutile, quod interpretatur *Seon*: & regem *Amorrhæorum*, quod interpretatur amaricantium, peremit per Ecclesiam suam Dominus.

v. 20. *Et Og (a) regem Basan.*

Hoc est, confusionis: quid enim coacervat diabolus nisi confusionem?

v. 21. *Et dedit terram eorum hæreditatem,*

v. 22. *Hæreditatem Israel populo suo.*

Dat etiam, quæ diabolus possidebat, hære-
Gal. 3. 16. ditatem semini Abrahæ, quod est Christus.

v. 23. *Quia in humilitate nostra memor fuit nostri.*

v. 24. *Et redemit nos ab inimicis nostris.*

Redemit nos sanguine Unigeniti sui.

v. 25. *Qui dat escam omni carni.*

Joan. 6. 56. Hæc est esca, de qua Dominus dicit, *Caro mea vere est esca*, quæ datur omnibus gentibus. Quia nullus terrarum fidelium ab esu ejus excipitur.

v. 26. *Confitemini Domino cæli:*

v. 27. *Confitemini Domino Dominorum, quoniam in æternum misericordia ejus.*

Quod hic ait, *Domino cæli*, hoc videtur superius dixisse, *Deo deorum*: & quod ibi subdidit, hoc etiam hic conservavit, *Confitemini Domino deorum*. Ut si sunt qui dicantur dii, &
1. Cor. 8. 5. & 6. Domini, sive in cælo, sive in terra: nobis tamen unus sit Deus Pater, ex quo omnia, & nos in ipso; & unus Dominus Jesus-Christus, per quem omnia, & nos per ipsum, cui confiteamur, quoniam in æternum misericordia ejus.

PSALMUS CXXXVI.

v. 1. *Super flumina Babylonis illic sedimus, & flevimus, cum recordaremur tui Sion.*

PRophetia Psalmi non solum hoc denunciat, quod secundum gerendarum rerum ordinem ad Israeliticum populum proprie pertinebat; sed etiam quod in omni Ecclesia Dei, quæ in toto mundo est, agitur & impletur. Universi enim fideles, qui cives sunt Jerusalem, & in hoc sæculo peregrinantur, apte his vocibus & congruenter utuntur, ut dicant quod Psalmi
verba pronuntiant. Nam qui fide justificati sunt,
Rom. 5. 1. & 8. 24. & spe salvi facti, ad patriam cælestem angelicamque desiderant, recordantes promissionis Dei; flent & gemunt de habitatione terrena, quæ in quacumque sui parte Babylonia est, & flumina ejus sunt omnes illecebræ temporales, sive in moribus, sive in opinionibus, quas sibi quisque delegerit, in quibus nihil stabile, nihil
firmum est, sed omnia fluida, & in mortis pro-
funda decurrentia. Qui autem quæ sursum sunt Coloss. 3. 1.
sapiunt, non quæ super terram; sedent quidem super mundi flumina atque torrentes, sed tamen cursu aquarum labentium non trahuntur, nec miscentur confusioni, (b) quæ interpretatur, Babylon: sed recordantes Sion, quæ interpretatur, specula; in quod Deus promisit intendunt, & a temporalibus ad æterna proficiunt.

In salicibus in medio ejus suspendimus organa nostra. v. 2.

Habent organa sua cives Jerusalem, Scripturas Dei, (c) præcepta & promissa Dei, & meditationem quamdam futuri sæculi; sed cum agunt in medio Babyloniæ, organa sua in salicibus ejus suspendunt. Ligna autem Babylonis fluminibus rigata, & nullum fructum afferentia, similitudinem gerunt hominum sterilium, qui mundanis pascuntur illecebris, & nulla sunt virtute fecundi; nec possunt eis illa divinarum sermonum Scripturarum inseri, quia capaces non sunt præceptorum Dei; & merito in eis differendo suspenduntur, quod pro sua insipientia audire non possunt.

Quia illic interrogaverunt nos, qui captivos duxerunt nos, verba canticorum. v. 3.

Et qui abduxerunt nos, Hymnum cantate nobis de canticis Sion. Ibid. v. 3.

Omnes homines priora transgressione a diabo-
lo captivati sumus; quoniam qui facit pecca- Joan. 8. 34.
tum, servus est peccati: sed ab hac captivitate redemit nos suo sanguine Jesus-Christus. Pars ergo quæ captivatoribus suis volens servit, & eis delectatur quæ hostibus placent, præbet se ministram ad impugnandos redemptos, & per ipsam diabolus quidquid contra sanctos audet, exequitur; ut merito ipse agere dicatur, quod per homines sibi subditos gerit. Interrogant ergo Christianos pagani, & impii eorum quorumque dogmatum sectatores, quæ nobis religionis sit ratio, quæ utilitas in fide Christi, quive sit fructus? & interrogatio eorum non veritatem vult discere, sed credentium corda turbare. Unde a talium auribus suspendenda sunt organa, nec canticorum, hymnorumque
nostrorum sacramenta pandenda; (d) ne sanctum detur canibus, & jaciantur margaritæ an-
te porcos. Volentibus igitur de confessione fi- Matth. 7. 6.
dei nostræ instruere calumnias suas, respondendum est quod ait Psalmus:

Quomodo cantabimus canticum Domini in terra aliena? v. 4.

Homo deditus carni, deditus mundo, serviens vanitatibus, plenus erroribus, terra aliena est: in qua seri sacra semina, quæ sunt divina cantici verba, non possunt: quia nisi in Sion, id est, in Ecclesia, non congrue celebratur divina laudatio. Ne ergo per alienorum contagia quæ-

 dam

(a) Augustinus scripserat in textu psalmi, *Et Og regem Basan*, tum, *Coacervantem*, quod interpretatur Og, *&* regem confusionis, quod interpretatur Basan.

(b) Editi omnes antiqui, quæ interpretatur. Lugdunensis editio recentior, quæ interpretatur. Bene eamdem indicat pluralis flexio similiter subjecta, quæ exprimitur specula.

(c) In Augustino *præcepta Dei*, voce hac *Dei* ter repetita.

(d) Lugd. & Lov. *ne sanctum*. Duac. & Colon. *ut sanctum*.

dum cælestis patriæ irrepat oblivio, quadam jurejurando confirmanda est fides, & dicendum:

v. 5. *Si oblitus tui fuero Jerusalem, oblivioni detur dextera mea.*

Dextera nostra est vita æterna, sinistra est vita temporalis: illa plena spe beatitudinis, hæc plena periculo perditionis. Quidquid fit propter vitam æternam, dextera operatur: sinistrum vero est quidquid propter gaudia transitoria aut optatur, aut agitur: & in oblivionem venit dextera sinistræ, cum virtutis amor, & consuetudo superaverit. His ergo, qui ab Jerusalem charitate discedunt, hoc contingit, ut obliviscatur eos dextera eorum. Vita enim æterna in se manet: illi autem remanent in delectatione mortifera, amplectentes mala pro bonis, falsa pro veris, sinistra pro dexteris.

v. 6. *Adhæreat lingua mea faucibus meis, si non meminero tui,*

Ibid. v. 6. *Et non proposuero Jerusalem in principio lætitiæ meæ.*

Obmutescam, inquit, nisi tui meminero. Quid enim loquitur, aut quid sonat, qui canticis Sion in laude non sonat? Eloquium linguæ nostræ est Jerusalem canticum. Os autem carnalia loquens, & sæcularia canens, mutum est & obstructum: quia inde delectatur, unde confunditur. Verus ergo Jerusalem amator & civis, hac se lege constringit, ut hujus pœnæ subeat damnationem, si non omnibus jucunditatibus præposuerit cælestis patriæ charitatem.

v. 7. *Memento Domine filiorum Edom, in die Jerusalem.*

Homo Israelita inter alienigenas constitutus precatur Dominum, ut meminerit, quia inter filios Edom, id est, Esau, & inter filios Jacob concordia esse non possit; & illæ inimicitiæ maneant, quas jam in matris utero significabat

Gen. 25. 22. motus nascentium, (a) & post ita discrevit præscientia Creatoris, ut diceret,

Malach. 1. 2. *Jacob dilexi, Esau autem odio habui.* Unde omnes filii promissionis personam gerunt Jacob, Esau vero nomine tota pars inferiorum figuratur.

Gen. 27. 41. Petit igitur ut meminerit Deus, quemadmodum Esau insurrexerit in Jacob: meminerit etiam diem laborum Jerusalem, quæ superbiam tolerat impiorum: vel diem felicitatis ejus, qua a servitute captivitatis quotidie eruitur, (b) & ad æternæ patriæ bona vera perducatur.

Ibid. v. 7. *Qui dicebant, Exinanite, exinanite, usque ad fundamentum in ea.*

Persecutoribus populi Dei non sufficit qualiscumque vastatio; nisi etiam fidem, quæ sancti est ædificii fundamentum, sæva exinanitione subvertant.

v. 8. *Filia Babylonis misera.*

Ipsa est eadem, quæ Babylon: quæ in propagine sua & mater, & filia est: mater generando, filia succedendo. Infelix utique & misera, quæ ad perditionem & generatur, & generat.

Ibid. v. 8. *Beatus qui retribuit tibi retributionem tuam, quam retribuisti nobis.*

Beatus qui tenebit, & allidet parvulos tuos ad petram. v. 9.

Omnes primo ortu in Babylonis gremio sumus, & ab ipso carnali exordio parvulos nos accepit mundana confusio; nec aliud nobiscum agit hoc sæculum, quam ut per varias opiniones & diabolicas artes diversis implicaremur erroribus. Sed de hoc generali malo innumeros eruit Dei gratia, & adhuc inter oblectamenta Babylonis morantes, jam inter Jerusalem computat cives, (c) quos qui beatus est, & beatos facit, eruit de tenebris & de potestate tenebrarum, ut sint filii lucis & regni, allisi ad petram Christum, ut moriendo mundo, vivant Deo, dejecti & erecti, destructi & ædificati; in pulverem comminuti, & in petram, petra instaurante, solidati. 1. Cor. 10. 4.

PSALMUS CXXXVII.

Confitebor tibi, Domine, in toto corde meo, quoniam audisti omnia verba oris mei. v. 1.

PSalmi titulus sub nomine David eum significat, qui est ex semine David secundum carnem, ad quem prophetica est directa confessio, quæ laudis est divinæ, non iniquitatis humanæ. Confessionis enim nomine solet indicari confessio pœnitentis: sed hic manifestatur gratulatio laudatoris, quæ toto corde profertur, quia nulla illi alia affectio sociatur: & ideo exaudita sunt verba oris ejus; cujus oris, nisi cordis, unde sumunt ipsa verba principium? Et ibi auribus Dei vox interna auditur. Rom. 1. 3.

In conspectu Angelorum psallam tibi. Ibid. v. 1.

Adorabo ad templum sanctum tuum, & confitebor nomini tuo. v. 2.

Super misericordia tua & veritate tua. Ibid. v. 2.

Si in vera exultatione cordis spiritaliter Deo psallimus, coram Angelis psallimus; quia non terrena, sed cælestia sapimus; in quo psallendi officio beatitudo excellit angelica. Nam carnalia desideria non psallunt, nisi coram hominibus, quorum se amore supra terram non erigunt, & qui sanctorum gaudiis interesse non possunt: quia nec adorant ad templum sanctum Dei, quod est Jerusalem, una simul & mater & filia, mater in Angelis, filia in hominibus, quibus dicitur, *Templum Dei estis, & Spiritus Dei habitat in vobis.* Confessio autem religiosa veritatem & misericordiam Dei prædicat; veritatem in judicando, misericordiam in subveniendo. Non enim aliæ sunt viæ, quibus ad nos venit, nisi aliæ quibus nos ad se provehit. 1. Cor. 3. 16.

Quoniam magnificasti (d) super nos nomen sanctum tuum. Ibid. v. 2.

Magnificavit Dominus super omnes nomen sanctum suum, super Abraham, & Isaac, & Jacob, super duodecim tribus Israel, quas erutas de jugo servitutis introduxit in terram promissionis; & super universas nationes, de quibus tanquam de lapidibus suscitat quotidie filios

---

(a) Forte legendum, & quam, non & post, quod habent omnes editi nostri.

(b) Forsan legen. ut, non &..., producatur, aut saltem producitur, pro perducatur.

(c) Sola Lugdun. editio quod qui beatus est &c.

(d) Forte, super omnes, ut subjicitur in explicatione, non super omne, ut in Romana & Vulgata nostra: licet libri nostri omnes habeant, super nos.

Matth. 3. 9. Philip. 2. 10. & 11. lios Abrahæ, *Ut in nomine Domini Jesu omne genu flectatur, cælestium, terrestrium, & infernorum, & omnis lingua confiteatur, quia Dominus Jesus Christus in gloria est Dei Patris.*

v. 3. *In quacumque die invocavero te, velociter exaudi me.*

Isai. 58. 9. Quare velociter? Quia ipse dixisti, *Adhuc loquente te, dicam, Ecce adsum.* Quare velociter? Quia non in diversa tendo, nec superflua concupisco; sed quod docuisti peti, hoc mihi concupisco præstari.

Item v. 3. *Multiplicabis me in anima mea, in virtute multa.*

Exprimit votum secundum desiderium, & ab omni carnali cupiditate purgatum. Si, *Multiplicabis me*, tantummodo diceret, videri poterat terrena aliqua conceptio: sed cum addidit, (a) *in justitia*, nihil est quod possit plenius & perfectius postulari; quia summi boni significatio est in appellatione virtutis.

v. 4. *Confiteantur tibi Domine omnes reges terræ, quoniam audierunt omnia verba oris tui.*

Ubique Evangelium prædicabitur, ubique Apostolica doctrina discitur, *In omnem enim terram exivit sonus eorum, & in fines orbis terræ verba eorum.* *Confiteantur* ergo tibi, *Domine, omnes reges terræ.* Et quia non habent necessitatem sublimiora cupiendi, laudent te de excellentia quam dedisti; quia latere eos jam non potest, quod eorum sceptra tua dona sunt.

v. 5. *Et cantent in viis Domini, quoniam magna gloria Domini.*

Ps. 24. 10. In quibus viis, nisi de quibus dicitur, *Universæ viæ Domini, misericordia & veritas?* et dum omnia opera Dei in his consummantur, nemo nisi in ipsius gloria glorietur.

v. 6. *Quoniam excelsus Dominus, & humilia respicit, & alta a longe agnoscit.*

Sub oculis Domini est & humilis, & elatus. Sed humilem quia placet, proximus videt; superbum, quia displicet, longinquus agnoscit: & cum juxta sit his qui tribulato sunt corde, longe tamen est a peccatoribus salus.

Psal. 33. 19. Ps. 118. 155.

v. 7. *Si ambulavero in medio tribulationis, vivificabis me.*

Si præsentia, inquit, non amavero, & si ad promissiones tuas tendens, terrenis illecebris non inhæsero, vivificabis me, & cito exaudies: quia tribulationem mihi afferent temporalia, quæ spes levius æterna.

Item v. 7. *Super iram inimicorum meorum extendisti manum tuam, & salvum me fecit dextera tua.*

Protectio, inquit, brachii tui defendit me ab inimicis meis; & ne adversantibus non vincerer, fecit dextera tua, quæ me a sinistris omnibus liberavit.

v. 8. *Dominus, retribuet pro me.*

1. Cor. 7. 20. Ego, inquit, debitor sum, & (b) conditione proprii debiti liber esse non possem: tu, Domine, pro me retribues, qui nihil debes; & qui mortem, dum moreris, occidis, solvens mea, ut sequar tua.

Domine, misericordia tua in æternum: opera manuum tuarum ne despicias. Item v. 8.

Illam, inquit, misericordiam quæro, quæ temporalibus eruit, & ad æterna perducit, Domine. *Opera manuum tuarum ne despicias.* Quia sive in eo quod homines sumus, sive in eo quod ex nostra impietate mutari & justificari sumus, tuarum manuum sumus opera, quibus nos & condis & renovas.

PSALMUS CXXXVIII.

Domine, probasti me, & cognovisti me. v. 1.
Tu cognovisti sessionem meam, & resurrectionem meam. v. 2.

IN prophetia Psalmi verba sunt ipsius Domini Jesu Christi; qui quamvis secundum deitatem conformis & æqualis sit Patri; tamen secundum quod Verbum caro factum est, & habitum formæ servilis accepit, dicit Patri, *Domine*: qui ei & Pater & Dominus est; Pater formæ Dei, Dominus formæ servi. *Probasti, & cognovisti me*; non quia non noveras, sed quia notum aliis feceras. Sedere autem est humiliari; surgere, exaltari: unde sedit Dominus in passione, resurrexit in resurrectione. Quod, inquit, ego volui, Domine, approbasti; & ideo factum est, quia sic tibi placuit. Qui autem vocem capitis ex persona corporis mavult accipere, confessionem intelligat pœnitentium, qui sederat per humilitatem pœnitudinis, & surgunt per justificationem remissionis.

Philipp. 2. 7. Joan. 1. 14.

Intellexisti cogitationes meas de longe: semitam meam, & funiculum meum investigasti. v. 3.

Et omnes vias meas prævidisti. v. 4.

Agnoscamus hic vocem illius filii minoris, qui dissipata substantia patris, in longinqua discesserat, & personam gerens Gentium quæ deseruerant in idolorum culturam, tandem resipiscens ait, *Surgam, & ibo ad patrem meum*: Luc. 15. 18. & cui revertenti occurrit pater; quia intellexerat cogitationes ejus de longinquo. *Semitam* igitur, inquit, *meam*, qua discessi; *& funiculum meum*, quousque perveni, *investigasti*. Quia deserentem tua præsentia ubique concludebat: ideo sinebas me laborare vias meas, ut si perpessus miser esse nollem, redirem ad vias tuas.

Quoniam non est dolus in lingua mea. Item v. 4.

Confiteor, inquit, quod mihi discedenti a te eorum miseria utile fuit. Nam si bene mihi esset sine te, nollem forsitan redire ad te.

Ecce, Domine, tu cognovisti omnia, novissima & antiqua. v. 5.

Antiquum peccatum, quo in primis parentibus ruimus, novissimam pœnam, quam omnes per multos labores, continuæ (c) mortalitatis conditione, dependimus.

Tu formasti me, & posuisti super me manum tuam. Item v. 5.

Omnes in terris natum Deo plasmante fa-

gen-

(a) Apud Augustinum hic, *in virtute*, ut etiam supra in textu verbis.
(b) Forte, *conditione*. Editi tamen omnes, *conditione*.
(c) Editiones Lugdun. & Lov. *immortalitatis*. Melius Duac. & Colon. *mortalitatis*. Augustino dicente hic, *quando in istam mortalitatem laboriosam periculosamque pervenimus*.

gantur, sub ea lege quam superbiæ merito humanum genus sustinet: superposita divinæ potentiæ manu, quæ et humiles erigat, elatos premit.

v. 6. *Mirificata est scientia tua ex me; invaluit, et non potero ad eam.*

Mea, inquit, superbia & discessione factum est, ut obscuraretur cor meum, nec possent mihi tua patere judicia. Dum enim meæ potestatis libertate delector, factus sum egentior, atque tenebrior. *Ex me* mihi ista difficultas convaluit; *Ex me* extra lumen scientiæ tuæ factus sum, ad quod nisi ex te redire non potero.

v. 7. *Quo ibo a Spiritu tuo, aut quo a facie tua fugiam?*

Vide Serm. 141. Discedenti a Spiritu Dei nullus invenitur locus, qui ejus præsentia, & potestate sit vacuus. Nemo iram ejus fugit, nisi qui ad iratum confugit.

v. 8. *Si ascendero in cælum, tu illic es; si descendero ad infernum, ades.*

Si ad cælum extollar elatus, te invenio resistentem: si ea quæ infra me sunt eligam, te experiar persequentem. Quia sicut malum mihi est præsumptione erigi, ita malum est desperatione demergi.

v. 9. *Si sumpsero pennas meas in directum, & habitavero in postremis maris.*

Jam bono consilio utitur qui pennas sumit, geminæ scilicet præsidia charitatis, quibus in directum volet, meditatur assumere, & in ultimis maris, id est, in fine sæculi hujus habitare: ut tota intentio animi & temporalis vitæ conclusione sollicita, non jam vanis occupetur cupiditatibus, sed ad promissionem Dei de hoc sæculo valeat evolare. Verum hoc ipsum quis efficit suis viribus, nisi adjuvet ille qui jubet? Propter quod sequitur, & dicit:

v. 10. *Etenim illuc manus tua deducet me, & adducet me dextera tua.*

Considerans autem longinquitatem viæ, & de laboris exitu timens, addit:

v. 11. *Et dixi, Forsitan tenebræ conculcabunt me.*

Hoc est, forsitan superabor adversis, & magis magisque tenebrabor, si perseverantiæ finem non apprehendero.

Ibid. v. 11. *Et nox illuminatio in deliciis meis.*

v. 12. *Quoniam tenebræ non obscurabuntur a te, & nox sicut dies illuminabitur: sicut tenebræ ejus, ita & lumen ejus.*

Vid. app. Tempus, inquit, laboris mei tempus est noctis, quam tamen gratiæ tuæ splendor illuminat. Verbum enim tuum lucerna factum est

Ps. 118. 105. gressibus meis, ut quæ mihi erant tenebræ inciperent esse deliciæ: quia tenebræ quæ a semetipsis obscurantur, a te lumen accipiunt. Qui ideo agentes opera tenebrarum flagellas, ne temporalium deliciarum oblectatione cæcati, bona non desideremus æterna. Nocte autem nobis lucere soles, & tamquam diem facis, cum per aspera remedia ad vitam nos vocas, ut dulcia sint flagella patris, ne sit amara (a) severitas patris. Quia ergo & adversa vitæ istius, & secunda non carent tentatione, qua aut elevamur, aut premimur; utrumque fit nox, si desit illa lux, quæ nec superbire nos sinat, nec desperare permittat.

Quoniam tu possedisti renes meos, Domine. v. 13.

Tu, inquit, Domine, non solum cor meum, sed & renes meos possides: & te habitante interiora mea, factum est, ut me aliquid lucis delectaret in nocte.

Suscepisti me ex utero matris meæ. Ibid. v. 13.

Qui Paulum apostolum segregavit ab utero matris suæ, ipse & nos segregavit ab utero matris (b) nostræ illius Babyloniæ, unde in novam vitam regenerati, nova spe, novis deliciis, nova luce gaudemus. Quoniam nec felicitas sæculi hujus nos beatos facit, nec adversitas miseros, si vera bona & mansura diligamus. Gal. 1. 15.

Confitebor tibi, quoniam terribiliter mirificatus es: mirabilia opera tua, & anima mea cognoscet valde. v. 14.

Terrorem, inquit, mihi incutiunt miracula gratiæ tuæ: & unde est ratio gaudii, inde est caussa formidinis. Cognoscit enim anima mea, quanta operaris ut salves, & quæ mihi sint pericula cavenda, ne peream.

Non est absconditum os meum a te, quod fecisti in abscondito. v. 15.

Est quædam in sanctis hominibus Dei insuperabilis fortitudo, & invicta patientia, quam in eis occulte finxit Deus, & absconditam fecit, habentem osseam firmitatem, quæ nec corrumpatur secundis, nec frangatur adversis. De qua virtute in alio Psalmo dicitur, *Veruntamen Deo subjecta erit anima mea, quoniam ab ipso est patientia mea.* Ps. 61. 6.

Et substantia mea in inferioribus terræ. Ibid. v. 15.

In hac, inquit, substantia fragilis & infirmi corporis, quod est in infimis terræ, fortitudinem quærit, quæ inter sævas tribulationes, etiam carni perseverantiam daret.

Imperfectum meum viderunt oculi tui, & in libro tuo omnes scribentur. v. 16.

In his verbis persona est ipsius capitis, quod nunc in se, nunc in corpore suo loquitur: quia duo sunt in carne una. De illis ergo, in quibus erat patientiæ roboranda constantia, ut ipsi pro Domino pati possent, qui in ejus passione titubaverant, dicit ipse, *Imperfectum meum viderunt oculi.* Et quia qui usque ad desperationem expaverant, usque ad victoriæ coronas, te aspiciente, coronati sunt; addidit, *Et in libro tuo omnes scribentur.* Igitur omnibus timidis, & de propria infirmitate trepidantibus sperandum est supernæ virtutis auxilium; ne inde non excidat charitas, unde præstatur facultas. Ephes. 5. 31.

Per diem errabunt, & nemo in eis. Ibid. v. 16.

Sive, ut in quibusdam codicibus invenitur,

Die formabuntur, & nemo in eis.

Imperfecti, inquit, mei, qui omnes erunt in vita æterna, *per diem errabunt*; hoc est, in me turbabuntur: & nemo erit *in eis*, quem non timoris tenebræ ad desperationem usque perducant.

(a) Augustinus scripserat, *severitas judicis*. Unde conjicimus errorem forte irrepsisse in codicibus Prosperianis, ubi legitur, *severitas patris*.

(b) Editi omnes, *matris suæ*. Errore manifesto, quem sola Augustini lectione suffragante emendare non dubitamus.

tur. Si autem legamus, *Die formabuntur*: intelligendum quod hi quorum animo conturbabitur, *die formabuntur*, hoc est, illuminatione illius visionis, qua beatum Petrum nimis trepidum ad remedium patientiæ suo reformavit aspectu.

v. 17. *Mihi autem valde honorificati sunt amici tui, Deus, valde confortati sunt principatus eorum.*

v. 18. *Dinumerabo eos, & super arenam multiplicabuntur.*

Ipsi, inquit, qui in die erraverant, & quorum nullus fuit qui conturbaretur, servi mei & valde honorabiles facti sunt, & totius Ecclesiæ habuerunt principatum. Et quamvis a me sint dinumerati, super arenam tamen multiplicabuntur: quia in infinitum & multitudo eorum crescit & gloria.

Ibid v. 18. *Exsurrexi, & adhuc sum tecum.*

Hoc tempus significat, quo adhuc in occulto est ad dexteram Patris, antequam reveletur in ea majestate, in qua judicaturus est vivos & mortuos. Unde sequitur & dicit, quid interea per totum hoc tempus in Ecclesia agatur: de bonorum & malorum permixtione, & omnibus afflictionibus vitæ temporalis obnoxium sermonem occultum, dum eis differtur adventus.

v. 19. *Si occideris Domine peccatores, viri sanguinum declinate a me.*

v. 20. *Quod dicitis in cogitatione, accipient in vanitate civitates suas.*

Occiduntur superbi, cum deseruntur gratia Dei: quibus in cogitatione humilium (a) & unitate custodientium Dominus dicit occurrere, *Viri sanguinum, declinate a me*: quod palam in judicii sui manifestatione dicturus est, *Nunquam novi vos; discedite a me qui operamini iniquitatem.* Viri autem sanguinum qui sunt, nisi qui oderunt fratres? Sicut Joannes dicit, *Qui odit fratrem suum, homicida est.* Isti ergo ab unitate Ecclesiæ per superbiam recedentes, qui quasi offensi permixtione palearum, ante discretionis ventilabrum triticum deserunt, *accipient in vanitate civitates suas*: id est, in reproborum societatem & in vana se concilia congregabunt: quia qui charitate catholica non (b) utitur, hæretica vanitate dispergitur.

Matth. 7, 23. — 1 Joan. 3, 15.

v. 21. *Nonne qui oderunt te Domine, odio habui, & super inimicos tuos tabescebam?*

v. 22. *Perfecto odio oderam illos, inimici facti sunt mihi.*

Perfecta in Dominum dilectio est, non amare quod non amat, & ipsos inimicos Dei sic odio habere, ut pravitas eorum odiosa sit prius quam cætera. Quia aliud est in illis quod ipsi faciunt, aliud quod Creator instituit. Hoc est enim perfecte, id est scienter odisse, ut nec propter vitia homines oderis, nec vitia propter homines diligas.

Aug. in Psal.

v. 23. *Proba me Domine, & scito cor meum: interroga me, & cognosce semitas meas.*

v. 24. *Et vide si via iniquitatis in me est, & deduc me in via æterna.*

Scrutare, inquit, semitas meas, id est, consilia & cogitationes meas probans & examinans, quo affectu diligam bona, & quo animo toleretn mala. *Et deduc me in via æterna.* (c) Nisi ille qui dixit, *Ego sum via, veritas, & vita*; & qui est *mediator Dei & hominum homo Christus Jesus: per quem habemus accessum ad Patrem*, & qui *est exoratio pro peccatis nostris.*

Joan. 14, 6. — 1 Tim. 2, 5. — 1 Joan. 2, 2.

PSALMUS CXXXIX.

In finem Psalmus ipsi David. v. 1.

Finis non aliter intelligendus est, quam qui est ab Apostolo declaratus, dicente: *Finis enim legis Christus, ad justitiam omni credenti.* Titulo ergo suo indicat Psalmus unde locuturus sit: nam & dicendo, *Ipsi David*, eum significat, qui est secundum carnem ex semine David. Ergo non secundum divinitatem, qua Creator est non solum David, verum etiam visibilium atque invisibilium naturarum; sed secundum carnem filius David esse dignatus est; ut totum corpus ejus, id est, Ecclesia, capitis sui utatur auxilio; & omne membrum ejus, voce ipsius dicat.

Rom. 10, 4. — Rom. 1, 3.

Eripe me, Domine, ab homine malo; a viro iniquo libera me. v. 2.

Non ab uno maligno, sed ab omni genere malignorum: nec a vasis tantum, sed ab ipso principe, id est, ab ipso diabolo se erui cupit, qui vult ab injustitia liberari. Dicit enim Apostolus, *Non est nobis colluctatio adversus carnem & sanguinem; sed adversus principes & potestates, & rectores mundi tenebrarum harum*, id est, rectores peccatorum, quibus præsidet & dominatur totius malignitatis inventor. Qui autem est homo malus, idem est & vir iniquus. Nullus enim injustus malitia caret, & in dissimilibus peccatis unius nomen est peccatoris: qui etiam si sic peccet, ut ab aliorum se læsione contineat, quolibet tamen modo sibi nocens, innocens non est.

Ephes. 6, 12.

Qui cogitaverunt injustitias in corde, tota die constituebant bella. v. 3.

Minus noxia est iniquitas aperta, quam tecta: & ille est insidiosior inimicus, qui in labiis portat bona, & in penetralibus animi occulit mala. In talibus autem latebris non nisi bella constituuntur, hoc est, ea ordinantur, quæ bonis sunt adversa & repugnantia: quia contra omnia vitia continua sunt bella virtutibus.

(a) Forte legendum, *& unitatem custodientium.* Ed. Basil. autem *unitate* habent. Nam S. Augustinus hic loci in Donatistas sententiam dirigebat, qui *refluente justitiæ nomine, perfunderant populos, ut disrupta unitate vivendo, nec tamquam pulsantes ... sapientiæ ... sacer bona viventium Christi, ... unitati ... praestabat.*

(b) Editores Basil. & Colon. marginal apposuerunt, *non amatur.*

(c) Hic aliqua ad sensus perfectionem deesse videntur. Forte quæ in Augustino ipso habentur, nimirum eorum. *Quid aliud dicit, quam, Deduc me in Christo! Quis est enim via æterna, nisi qui est vita æterna? Æternus enim est qui dixit, Ego sum via, &c.*

℣. 4. *Acuerunt linguam suam sicut serpentes, venenum aspidum sub labiis eorum.*

Non est dubium quales sint qui serpentibus comparantur, qui sine strepitu ac sono leniter serpunt, sed nocenter irrepunt.

℣. 5. *Custodi me, Domine, de manu peccatoris, & ab hominibus injustis eripe me.*

Ibid. ℣. 5. *Qui cogitaverunt supplantare gressus meos.*

Omnes quidem maligni, sive occulti, sive manifesti, sollicite sunt cavendi, ne quid excitent periculi, ne quid inferant damni; sed in nullo magis eorum metuenda versutia, quam ut nos socios suos faciant, & gressus nostros a via recta in sua itinera moresque traducant. Ipsa est sævissima supplantatio, quando fideles & religiosi, relicto proposito bono, in imitationem transeunt impiorum.

℣. 6. *Absconderunt superbi muscipulam mihi:*

Ibid. ℣. 6. *Et funes extenderunt in laqueum pedibus meis.*

Totum corpus diaboli breviter explicavit, dicens, *superbi*. Inde est enim, quod justos se videri volunt cum sint iniqui, & nihil magis refugiunt, quam peccatorum confessionem: cumque sint falsi justi, veris justis invident, quia moleste ferunt illorum sinceritate suam dirigi simulationem. Agunt ergo omnia arte fallaciæ, ut subruant gressus bonorum, & imitatores sui faciant, quos ad condemnationem suam dolent esse meliores. Doli autem iniquorum ideo *funes* dicuntur, quia insidiantes rectorum gressibus, adjiciunt malitiam super malitiam, & peccatis peccata connectunt.

Vide app.

Ibid. ℣. 6. *Juxta semitas scandalum posuerunt mihi.*

℣. 7. *Dixi Domino, Deus meus es tu.*

Semitæ justorum mandata sunt Dei: in quibus scandala constituere mali nequeunt, sed juxta insidias tendunt, & veris verisimilia adjungunt, ne a lege justitiæ discordare videantur. Non ergo discedatur a semitis, & scandula non nocebunt. Ambulans autem per viam mandatorum Dei dicat Domino, *Deus meus es tu*, quæ vox proprie justorum est, cum Deus etiam malorum sit Deus. Sed hac confessione non adjuvantur, quamdiu Domino, conditione potius quam voluntate subduntur.

Ibid. ℣. 7. ℣. 8. *Percipe auribus vocem deprecationis meæ, Domine, * Domine virtus salutis meæ.*

Cum videatur recte (a) potuisse dicere, Percipe auribus deprecationem meam, id est, non sonum, qui est etiam animalium; sed vocem, quæ est (b) sperantium atque viventium. Nam mortuorum soni sunt, voces autem non rerum viventium non sunt. Magnus tamen affectus precantis ostenditur, cum & Domini appellationem repetit, & salutis suæ non in se esse caussam, sed in Domini virtute profitetur.

Ibid. ℣. 8. *Obumbrasti super caput meum in die belli.*

Job. 7. 1. Præsens vita, quæ tota tentatio, dies est belli; quia vel foras, vel intus nunquam deest adversitas, cui debeat repugnari. Laborans igitur in hoc bello, recte sibi obumbrationem petit gratiæ Dei, ne æstu laborum fatigatus arescat.

Ne tradas me a desiderio meo peccatori. ℣. 9.

Ideo ait obumbratum se in die belli, ut non ureretur æstu desiderii: quo qui vincitur, traditur peccatori, & adversæ subjicitur potestati. Pertinacia enim malæ voluntatis ducit in laqueum, a quo eximitur, cujus concupiscentia superna obumbratione sedatur.

Cogitaverunt adversus me: ne derelinquas me, ne forte exaltentur. Ibid. ℣. 9.

Cogitatio adversantium fraudulenta est: sed ut mihi, inquit, non noceat, ne derelinquas me, ne de mea abjectione lætentur.

Caput circuitus illorum, labor labiorum ipsorum operiet eos. ℣. 10.

Me, inquit, umbra alarum tuarum tegat in die belli. Illi autem mendacio suo se tegere laborabunt, & hoc erit caput circuitionis ipsorum. Non enim unquam quiescent in suis commentis veritatis inimici: qui volentes suis se operire mendaciis, ad hoc laborant, ut non finiendis laboribus implicentur: quia velare se non poterunt, nisi (c) mendacium laborem labiorum.

Cadent super eos carbones ignis, in terra dejicies eos. ℣. 11.

Sicut prædicatio crucis Christi *aliis erat odor vitæ in vitam, aliis odor mortis in mortem*; sic & illi carbones eius sunt operationis, quæ & illustrare valent fideles, & punire peccatores. Fit autem hæc malorum pœna *in terra*, id est, in hoc sæculo, & in hac vita, cadente super eos igne supplicii temporalis, ante quam veniat ignis æternus. 2. Cor. 2. 16.

In miseriis non subsistent. Ibid. ℣. 11.

Victi, inquit, tribulationibus cadent: & non *subsistent*, quia debitis plagis non emendabuntur, sed pejores fient.

Vir linguosus non dirigetur super terram. ℣. 12.

Linguosus non capit scientiam veritatis: amans enim semper loqui, non potest erudiri. Prava ergo studia ipsius non diriguntur: quia loquacitas imperita mavult docere, quam discere.

Virum injustum mala venabuntur in interitum. Ibid. ℣. 12.

Venient mala, & non subsistent injusti, cum aliqua clade opprimuntur, intereunt. Non enim quæ inciderint mala, pro justitia patiuntur; & ideo non subsistunt, quia in miseriis suis nulla possunt bonæ spei fiducia sustinere.

Cognovi quia faciet Dominus judicium inopis, (c) & in causam pauperum ostendit iniquis. ℣. 13.

Pau-

(a) Edidi omnes potius se dicere: sed facilis error potuit irrepere, ubi potuisse legi debuisset, nulla adjectione, & levi litterarum permutatione. Quod senserant jam Lovan. & Colon. editores, & in ora libri observarant.

(b) Fortassis melius legeretur *spirantium*, cum exponat Augustinus, *vocem deprecationis meæ*, *vitam deprecationis meæ*, non quod *sonat in verbis meis*, *sed unde vivunt verba mea*. *Per proprie animatum est*, *vivorum est*. *Quam multi autem deprecantur Deum*, *& non sentiunt Deum*, *nec bene cogitant de Deo*, *sonum deprecationis habere possunt*, *vocem non possunt*; *quia vita ibi non est*.

(c) Sic Editiones Lovan. Duac. & Colon. Lugd. vetus, *mendacium labore labiorum*. Lugdun. recentior, *mendacio labores labiorum*.

(c) Edidi omnes antiqui, *in causam pauperum*, posterior editio *causam pauperum*, ut legitur in a-

pers

Matth. 5, 6. Sup. v. 12. & 13. Propterea sunt humiles, & sancto semper desiderio suspirantes, qui *esuriunt & sitiunt justitiam*: quae saturabuntur, quorum caussam Deus non negligit, & in quorum gloria videbunt impii quid amiserint.

v. 14. *Verumtamen justi confitebuntur nomini tuo, habitabunt recti cum vultu tuo.*

Vide app. Glorificabuntur, inquit, justi, & aeterna beatitudine ditabuntur; sed tamen nihil operum suorum suis meritis vindicabunt. Confitebuntur tibi opera misericordiae tuae, & omne bonum suum tuae gratiae deputabunt: & in hoc *inhabitabunt cum vultu tuo*; hoc est, aeterna vultus tui visione potientur. Matth. 5, 8. *Beati enim mundo corde, quoniam ipsi Deum videbunt.*

PSALMUS CXL.

v. 1. *Domine, clamavi ad te, exaudi me: intende voci deprecationis meae, dum clamavero ad te.*

ORatio corporis Christi non separatur a capite, quod in suscepta membrorum natura manet, & omnem totam Ecclesiam facit, dicente Domino, *Clamavi ad te*, non alta voce, sed forti fide. Nec quia exaudisti, ideo clamare cessabo: cum humilitatis meae conditio talis sit, ut non cessantibus tribulationibus, semper gaudeat adjuvari.

v. 2. *Dirigatur oratio mea sicut incensum in conspectu tuo, elevatio manuum mearum sacrificium vespertinum.*

Matth. 27, 50. Hoc de ipso capite intelligendum omnis Christianus agnoscit. Declinante enim die in vesperam, Dominus in cruce emisit spiritum, rursum resumendum corpori: ut spes omnium fidelium hoc in se non dubitaret implendum, quod in capite praecessisset. Super omnia ergo holocaustomata hoc sacrificium fuit, quod imitantur Apoc. 5, 8. & 8, 3. corda sanctorum, cum de bona fragrantia orationum, tamquam de ara, ad Deum odor redit incensi. Cujus oblatio non fit sine illa confessione, quam Christus ex persona sui corporis suam fecit, dicens, Psal. 21, 2. *Verba delictorum meorum*: ut agnosceremus semper nobis necessariam confessionem peccatorum, quae inesse nobis, ipsius qui nos suscepit voce cognoscimus.

v. 3. *Pone Domine custodiam ori meo, & ostium circumstantiae labiis meis.*

Numquid hoc praesidio, & hac munitione indiget caput? Sed agit caussam corporis sui, & quae membri sunt, prosusum sibi postulat. Quoniam qui dicit, Matth. 25, 40. *Cum uni ex minimis meis fecistis, mihi fecistis*; & persequenti Ecclesiam ait, Act. 9, 4. *Quid me persequeris?* ipse est, qui ex persona suorum poscit, & dicit, *Pone Domine, custodiam ori meo, & ostium circumstantiae labiis meis.*

v. 4. *Non declines cor meum in verba malitiae, ad excusandas excusationes in peccatis:*

Ibid. v. 4. *Cum hominibus operantibus iniquitatem.*

Custodiam ergo sibi apponi ori fidelium petit, & ut ostio continentiae muniatur: quod nec clausum sit ad confitendum, nec apertum ad excusanda peccata. Sunt enim qui scelera sua nolunt sibimet imputari, & pondera malae consuetudinis ad necessitatem retorquent naturae; ut accusatione conditionis defendant crimina voluntatis: cum quibus homo corporis Christi non vult habere consortium, dicens:

Et non communicabo cum electis eorum. Ibid. v. 4.

Hoc est, Non sociabor cum electis eorum, quos in his excusationibus praecipuos habent, quadam scientia tumidos, & caussam facinorum quasi doctius defendentes, ne videantur peccata esse hominum, quae facta sunt siderum. Nostra itaque electorum in bonis donum est gratiae, in malis mendacium superbiae: qui etiam perdita inverecundia, defensione commissorum scelerum gloriantur.

Corripiet me justus in misericordia, & increpabit me. v. 5.

Castigatio justi non servitia est odii, sed medicina charitatis, quae non laudat, sed arguit delinquentem. Melior est severa justi misericordia, quam blanda adulatio peccatoris, de qua dicitur:

Oleum autem peccatoris non impinguet caput meum. Ibid. v. 5.

Intima, inquit, conscientiae meae non oblectet falsa laudatio: quoniam argui me malo quam decipi. *Quis enim gloriabitur castum se habere cor, aut mundum se esse a peccato?* Prov. 20, 9. sec. LXX. cum quotidie *caro concupiscit adversus spiritum, & spiritus adversus carnem*: Galat. 5, 17. sciatque se suum esse quod patitur concupiscentem, & gratiae esse quod superat rebellantem.

Quoniam adhuc oratio mea in beneplacitis eorum. Ibid. v. 5.

Oratio, inquit, Christi, sive quam docuit, Matth. 6, 9. sive qua quotidie interpellat pro nobis, Hebr. 7, 25. adhuc placebit eis, qui ridendam putant confessionem nostram, qua dicimus, *Dimitte nobis debita nostra, sicut & nos dimittimus debitoribus.* Matth. 6, 12. In toto enim mundo haec supplicatio convalescit: & qui se falso justificant, probabunt hanc hominis veram esse sapientiam, ut nemo de se praesumat, sed *qui gloriatur, in Domino glorietur*. 2 Cor. 10, 17.

Absorpti sunt juxta petram judices eorum. v. 6.

Judices eorum, id est, magistri ipsorum, qui sibi judicium vindicant de mendaciorum dogmatum disciplinis, si petrae jungantur, id est, si Christo comparentur, absorpti sunt; id est, nihil loci habebunt, sed in sua vanitate deficient. Quia etsi aliquid recti verique dixerint; non cujusquam hominis, sed est ipsius veritatis.

Audient verba mea, quoniam praevaluerunt. Ibid. v. 6.

Evangelium veritatis nulla persecutione superabitur: cedent impii, cedent loquaces; & ingenia adversantium discipulos Christi facient doctiores. Non eos exilia, non damna, non mor-

---

parte Augustini. Haec autem verba, *ostendit iniquis*, cum non habeantur in Augustino, nec in utraque Hieronymi versione Romana & Gallicana, nec in textu Hebraeo, unde haec interpretatio difficile conjicimus; nisi forte ex textu Augustini, qui post citatum hunc versum, *Quoniam faciet Dominus judicium egenis, & caussam pauperum*, statim explicando subdit, *Ostendet iniquis quomodo diligit justos*. Prosper tamen ad haec respicere videtur, dum in fine expositionis dicit, *in quorum gloria videbunt impii quid amiserint*.

mortem, non crux ipsa terrebit: quoniam prævalebunt verba mea, & passionibus Martyrum multiplicabitur gloria triumphorum.

v. 7. *Sicut crassitudo terræ disrupta est super terram,*

Ibid. v. 7. *Dissipata sunt ossa nostra secus infernum.*

Mortibus Martyrum, & sanguine occisorum sanctorum, quorum ossa dispersa sunt, incrassata est terra: & sicut agri de cinere ac de stercore, ac de vilissimis excrementis vires ubertatis accipiunt, ita cruore cæsorum testium Christi totus fecundatus est mundus, ut ubique seges martyrum cresceret, & inferrentur cœlo, qui deputabantur inferno.

v. 8. *Quoniam ad te, Domine, oculi mei: in te speravi, ne auferas animam meam.*

Contra sævitiam persequentium vox ad Dominum emittitur in tribulatione positorum, ut fidei fortitudinem superet atrocitas passionum. Petitur igitur tolerantia, ut validior sit dilectio Dei, quam magnitudo supplicii.

v. 9. *Custodi me a muscipula, quam statuerunt mihi, & ab scandalis operantium iniquitatem.*

Quæ erat muscipula, nisi vox persecutoris, dicentis, Si consentis, parco: ut per cibum præsentis vitæ iretur in laqueos mortis æternæ? Quæ autem erant scandala, nisi exempla lapsorum, quorum impio defectu patientia perseverantium gravabatur?

v. 10. *Cadent in retiaculo ejus peccatores.*

Non quia cuiquam virtutem non cadendi justitia sua dederit, cum gratia Dei multos etiam ex impiis martyrio coronaverit. Sed ideo dicuntur peccatores casuri, quia ille casus etiam eos qui justi videbantur, facit peccatores.

Ibid. v. 10. *Singulariter ego sum, donec transeam.*

Solus Christus Martyrum fortitudo, pro quo nullus est prius mortuus, quam ipse moreretur, sicut dicit, *Cum exaltatus fuero a terra, omnia ad me traham*; &, *Nisi granum frumenti cadens in terra mortuum fuerit, solum manet; si autem mortuum fuerit, multum fructum affert.* Prius quam ergo moreretur, & resurgens transiret ad Patrem, singularis fuit; nec habuit socios passionis, qui postea in multiplicem segetem de unius grani fecunditate creverunt.

Joan. 12. 32. Ibid. 24.

PSALMUS CXLI.

v. 2. *Voce mea ad Dominum clamavi, voce mea ad Dominum deprecatus sum.*

Quod dixit, *clamavi*, exposuit dicendo, *deprecatus sum voce mea*; id est, interiori affectu, nec corporis voce, sed mentis.

v. 3. *Effundo in conspectu ejus precem meam.*

Matth. 6. 6. Id est, in secreto cordis, quod solus Deus audit & videt, in quo cubiculo, clauso ostio, jubemur orare, ne penetralia nostra pateant tentaturi. Duo quippe sunt, quibus maxime hominis interiora pulsantur, amor scilicet, & timor: quibus geminis motibus animus aut aperitur, aut clauditur. Sed cum terrenum est quod cupit vel timet, diabolo præbet introitum: cum autem quæ sursum sunt sapit, non quæ super terram, Deus recipitur, & tentator excluditur. Coloss. 3. 2.

Tribulationem meam ante ipsum pronuntio. Ibid. v. 3.

Quod dictum est, *in conspectu ejus*, hoc est, & *ante ipsum*: sed repetitione ostenditur, quam incessanter hoc faciat, & quam nihil sine Deo agat, qui semper ipsum se habere & adjutorem profitetur & salvem.

In deficiendo ex me spiritum meum. v. 4.

Confessio est humilitatis, (a) qua potens fit qui in tribulatione non deficit. Vinceretur enim qui spiritum non proficeretur infirmum: quia ille Spiritu Dei agitur, qui suo spiritu non inflatur.

Et tu cognovisti semitas meas. Ibid. v. 4.

Quo, inquit, desiderium meum tendat, & ad quem finem omnes meæ properent actiones, scientiam tuam non latet: quia semitas meas cognoscis esse misericordias tuas. Cognitio autem Dei salus est cogniti; eum enim non cognoscit, in quo opera sua & dona non invenit.

In via hac qua ambulabam, absconderunt laqueos mihi. Ibid. v. 4.

Via sanctorum omnium Christus est, in quo volentes pie vivere, persecutionem patiuntur. Quia crux Christi Judæis quidem scandalum, Gentibus autem stultitia est. Qui ergo Christo adversantur, in via se ponere scandalum putant, cum Christianis crucifixi nomen exprobrant. Sed cum ab ejus Evangelio gressus fidelium non absterreat, nihil possunt in via collocare laqueorum: quia in veritate falsitas non latet, nec valent tenebræ in luce delitescere. Secundum animum ergo insidiantium dictum est, quod in via absconderant laqueos, qui proximas quæque suis fraudibus obsidentes, nulli per viam gradienti nocere potuerunt. 2. Tim. 3. 12. 1. Cor. 1. 23.

Considerabam ad dexteram, & videbam: nec erat qui cognosceret me. v. 5.

Dextera sunt, quæ Dei sunt, & ad Dei promissa perducunt; quibus animam ejus qui persecutionem sustinet, non avertitur. Hæc ergo quæ dextra sunt intuens, promissa perseverantibus præmia videt, & accipit: perseverantiam tolerantiæ, & dilectionem Dei assequitur, ne superetur. Hanc tamen intentionem nemo cognoscit: quia impossibile est homini penetralia alieni cordis aspicere; unde merito dixerat Deo, *Tu cognovisti semitas meas.* v. 4.

Periit fuga a me, & non est qui requirat animam meam. Ibid. v. 5.

Circumclusus quidem a persecutoribus, perdidit licentiam fugæ, qua uti posset absque peccato, si manente fide, suppliciis membra subtraheret. Sed cum in proposito mentis sit, lapsum magis timere quam pœnam, perdit ab eo fuga, qui mavult tormenta tolerare, quam cedere. Secundum autem multitudinem persequentium dixit, non esse qui requirat animam ejus. Quia præter donum Dei, nulla hominum consolatio hoc cuiquam potest conferre præsidii, ut inter ingruentia mala fides illæsa permaneat. Vide app.

Cla-

(a) Sic Lugd. editio. Lovan. & Duac. *quia potens fit*. Colon. *quia potens fit*.

℣. 6. *Clamavi ad te, Domine: dixi, Tu es spes mea, portio mea in terra viventium.*

Ostendit unde tribulationum magnitudinem toleraverit: quia scilicet & hic tota spes ipsius
1. Cor. 15. 28. Deus est, & in futuro totum praemium ipsius Deus est, qui erit omnia in omnibus.

℣. 7. *Intende ad deprecationem meam, quia humiliatus sum nimis.*

Ibid ℣. 7. *Erue me a persequentibus me.*

Nimia humiliatio & nimia persecutio, cujus vim sola protectio Dei vincit. Potest quidem praestare sanctis, ut in eos non habeant adversarii potestatem, sed mirabilius tribuens ut omnem superent passionem. In persecutoribus autem non humanarum tantum cavenda sunt odia, sed multo magis inimicitiae spirituum malignorum, qui opere ministrorum suorum justos Dei latenter impugnant; de quibus dicit Apostolus, *Non*
Ephes. 6. 12. *est nobis colluctatio adversus carnem & sanguinem; sed adversus principes, & potestates, & rectores hujus mundi, tenebrarum harum.* Quem vero rectorem habent iniqui, nisi diabolum? Cum & fideles non habeant nisi Christum.

Ibid ℣. 7. *Quoniam corroborati sunt super me!*

Vox est Ecclesiae conquerentis, quod multum creverit numerus impiorum, quod abundet iniMatth. 24. 12. quitas, & refrigeret charitas multorum.

℣. 8. *Educ de carcere animam meam, ad confitendum nomini tuo.*

Omnes quidem angustiae & conclusiones turbationum carcerem faciunt, quia coarctant animam, & auferunt libertatem: sed ipsa inhabitatio corporis potest carcer intelligi; non quia malum sit quod Deus fecit, qui omnia quidem
Gen. 1. 31. Sap. 9. 15. bona condidit; sed *corpus quod corrumpitur, aggravat animam.* Non a corpore, sed a corruptione corporis animam suam optat educi, ut confessionem laudationis Dei nulla necessitas mortalitatis impediat.

Ibid ℣. 8. *Me expectant justi, donec retribuas mihi.*

Totus Psalmus ipsius capitis voce concluditur, cui & quod membra ejus patiuntur, infertur, & in quo omnis Ecclesia glorificabitur, quae beatorum retributionem expectat auctorem,
Joan. 17. 24. dicentem Patri, *Volo ut ubi ego sum, & ipsi sint mecum.*

PSALMUS CXLII.

℣. 1. *Domine, exaudi orationem meam, auribus percipe deprecationem meam in veritate tua, exaudi me in tua justitia.*

Titulus Psalmi passionem indicat Christi. Ipse est enim verus David, qui & in se, & in suis persecutionem & falsorum fratrum, & falsorum sustinet filiorum. (a) Clamat ergo ad Deum & caput in corpore, & corpus in capite, hoc est, Ecclesia in Christo, & Christus in Ecclesia: & cum orans in Dei justitia poscit audiri, mirabili confessione exprimit gratiam Dei; ne quisquam in sua justitia precem suam existimet recipi, cum si quid boni meretur, ex Deo sit, nec possit peccator bene agere, nisi ab illo justificatus, qui neminem hominum nisi in peccatorum remissione justificat.

Et non intres in judicium cum servo tuo; quia non justificabitur in conspectu tuo omnis vivens. ℣. 2.

Cito aperuit, quare nollet se divinae comparare justitiae, & cum Deo metueret judicari, *Quia non justificabitur in conspectu tuo omnis vivens.* Quomodo praesumam de innocentia, cum a te convincendus sim (b) de injustitia? Aut quid mihi boni proprii vindicabo, qui quod non dederis non habeo? Expavesco igitur discuti, metuo judicari; quia nemo in hac mortali carne viventium veraciter potest dicere, se peccati contagia non habere; cum etiam ipsi praecipui arietes ovium Christi sic orare jubentur, ut dicant, *Dimitte nobis debita nostra, sicut &* Matth. 6. 12.
nos dimittimus debitoribus nostris.

Quoniam persecutus est inimicus animam meam, humiliavit in terra vitam meam. ℣. 3.

Collocaverunt me in obscuris, sicut mortuos saeculi. Ibid ℣. 3.

Et a corpore hoc dictum, & a capite congruenter accipitur: quoniam & diabolus persecutus est animam Christi, & Judas animam magistri. Idemque diabolus ad persequendum corpus Christi manet, nec Judas deest in falsis fratribus succedendo. Quid enim nobiscum quilibet adversarius agit, nisi ut relicta spe caelesti corruamus in terram? Sed contra hos vigilandum est, ut possimus dicere, *Nostra autem conversatio in caelis est.* Quod ergo dictum est, Philipp. 3. 20.
Collocaverunt me in tenebris, sicut mortuos saeculi; in quo melius quam in Domino intelligitur, qui solus fuit *inter mortuos liber, &* Ps. 87. 6. Isai. 53. 12.
cum iniquis deputatus est? qui (c) cum unus fuit qui proprie & singulariter diceret, *Non est* Ps. 91. 16.
inventa in me iniquitas.

Anxiatus est in me spiritus meus. ℣. 4.

Agnoscimus Dominum, dicens, *Tristis est anima mea usque ad mortem:* in quo utique & Matth. 26. 38.
nos eramus, quia nostrae naturae illa tristitia, & vetus homo noster simul (d) confixus est
cruci cum illo. Rom. 6. 6.

In me conturbatum est cor meum. Ibid ℣. 4.

Conturbatio haec voluntaria fuit, & in ipso tantummodo mansit consilium misericordiae ejus. Nam caeteri recesserunt, non intelligentes magnae pietatis sacramentum, nec resurrectionem credentes, qui & passioni subdebantur & morti.

Memoratus sum dierum antiquorum, (e) & avens ℣. 5.

(a) Titulus autem Psalmi hujus est, *Ipsi David quando eum filius suus persequebatur.*

(b) Editi habebant, *de justitia,* manifesto lapsu librariorum; quem sensum nunc restituimus, & verba Augustini respicere videmur dicentis, *Non litigemus, noli tecum habere conflictum, ut ego proponam justitiam meam, tu convincas iniquitatem meam.*

(c) Haec vox *cum*, hic superflua nobis videtur; etsi in Editis omnibus legatur.

(d) Ita post Augustinum editio Lugdunensis posterior, cum Lugdun. antiquior, Lovan. Duac. & Colon. dicerent, *simul crucifixus est cruci.*

(e) Haec verba, *& avens eiravus in mente habui*, videntur huc translata ex Psalmo 76. ℣. 6. In Augustino enim hoc loci non habentur, nec in textu Scripturae Psalmi hujus. Ad ea tamen forte respicit S. Prosper cum in expositione versus dicit, *& recordatio omnium temporum:* unde conjiciatur, hanc partem ab ipso huc insertam fuisse.

annos æternos in mente habui, & meditatus sum in omnibus operibus tuis.

Hæc commemoratio antiquorum dierum, & recordatio omnium temporum, atque in eis divinorum operum contemplatio, non ex sapientia; sed ex corporis sensu est. Nam auctori omnium rerum quid unquam non conspicuum est, apud quem & præterita adsunt, & futura jam facta sunt? Membrorum igitur voce Dei gratia prædicatur, & opera misericordiæ Dei lingua Ecclesiæ confitetur: quæ totius ævi seriem revolvens, nihil invenit, nisi Dei providentia & bonitate subsistere, & a quo cuncta sunt condita, in ipso, & per ipsum esse renovata; quoniam 2. Cor. 5. 17. *vetera transierunt, ecce facta sunt omnia nova.*

Ibid. v. 5. *In factis manuum tuarum meditatus sum.*

v. 6. *Et extendi manus meas ad te.*

Meditatio, inquit, mea, qua vidi omne bonum a tua bonitate manare, & tui esse operis quidquid in nobis tuæ potest placere justitiæ, ad hoc me confirmavit, ut omnem spem meam in te constituerem, & tui per omnia peterem totius alimoniam.

Ibid. v. 6. *Anima mea velut terra sine aqua tibi:*

v. 7. *Velociter exaudi me, Domine, defecit spiritus meus.*

Ariditas, inquit, animæ meæ tibi sitit; quia a te desiderat irrigari, & tu accendisti æstum cordis mei, ut me exaudiri velociter petam. *Defecit enim spiritus meus*, ut impleat me Spiritus tuus; & fecisti me pauperem spiritu, ut Matth. 5. 3. tribuas mihi quod humilibus spopondisti, quorum est regnum cælorum.

Ibid. v. 7. *Ne avertas faciem tuam a me, & ero similis descendentibus in lacum.*

Aversio a me vultu tuo, conturbatus sum, & factus sum terra sine aqua. Quia excitasti erga delictum, redde conspectum, ne aversa a me facie tua, *similis efficiar descendentibus in lacum*. Qui autem isti sunt, nisi de quibus Prov. 18. 3. dicitur, *Peccator cum venerit in profundum malorum, contemnit?* id est, non convertitur. In quod profundum descendentes, in æternæ miseriæ lacum decidunt: quia per contemtum superbiam remedia confessionis pœnitentiæ perdiderunt.

v. 8. *Auditam mihi fac mane misericordiam tuam, quia in te speravi.*

Oriatur, inquit, in me lux misericordiæ tuæ, fiatque quod credidi, ut spes, quæ auditu concepta est, impleatur.

Ibid. v. 8. *Notam mihi fac, Domine, viam in qua ingrediar.*

Dux mihi sit veritas tua, & gressus mei tua gratia dirigantur.

Ibid. v. 8. *Quoniam ad te levavi animam meam.*

Quoniam non de me præsumo, sed ut mihi auxilieris posco.

v. 9. *Eripe me de inimicis meis, Domine, quoniam ad te confugi.*

Vide app. De illis se inimicis erui cupit, per quos etiam (a) humana odia commoventur, id est, Ephes. 6. 12. diabolo & angelis ejus: qui sunt rectores tenebrarum, & incentores impiorum, a quibus fugiens ad Dominum confugit, ne veteris homi- Gen. 3. 8. nis sequatur exemplum, qui se a facie Domini mala conscientia conturbatus abscondit.

Doce me facere voluntatem tuam, quia tu es v. 10. *Deus meus.*

Imple in me, inquit, affectu gratiæ tuæ, ut & hæc velim quod velle te novi; & non aliud sit in meo opere, quam quod in tua est voluntate. Hæc autem ideo peto, quia *tu es* 1. Cor. 12. 6. *Deus meus*, qui operaris omnia in omnibus.

Spiritus tuus bonus deducet me in terram rectam. Ibid. v. 10.

Propter nomen tuum, Domine, vivificabis me in tua justitia. v. 11.

Ab omni me errore bonus Spiritus tuus eruet, & in terram rectam, quæ est viventium regio, perducet; non propter meritum meum, sed *propter nomen tuum*. Quia omnis mihi donata est misericordia tua. Ps. 114. 8.

Educes de tribulatione animam meam. Ibid. v. 11.

Et in misericordia tua disperdes inimicos meos. v. 12.

Et perdes omnes qui tribulant animam meam, quoniam servus tuus ego sum. Ibid. v. 12.

Quanta dignitas, & quanta beatitudo est, esse Dei servum, cui nullo præcedente merito, tanta præstatur?

PSALMUS CXLIII.

Psalmi titulus (b) rei gestæ tangit historiam, qua (c) Golias bellator potens a puero David singulari certamine superatus agnoscitur. Sed & Golias significat diabolum, & 1. Reg. 17. 49. 2. Cor. 11. 2. David indicat Christum, qui etiam in corpore suo, id est, Ecclesia, intelligitur: quia non illa membra separantur a capite. Sic ergo accipiendus est Psalmus, ut historicas actiones formas esse rerum spiritalium noverimus & victoriam David, qua Goliam percussit, ad ipsum Dominum, qui est ex semine David, & ad o- Rom. 1. 3. mnia ejus membra referamus.

Benedictus Dominus Deus meus, qui docet manus meas in prælium, digitos meos ad bellum. v. 1.

Vox est membrorum corporis Christi, quibus ad superandum Goliam divinum necessarium est semper auxilium; ut sive in prælio, sive in bello, & manus doceantur, & digiti. In manibus enim significatur omnis operis plenitudo; in digitis autem, laborum quædam divisio: ut totæ vires ad conficienda bella pertineant; ad partes autem virtutum, diversæ species præliorum. Unde quibus armis, quibusque præsidiis milites Christi instruantur, mani- Vide app. festat Apostolus, dicens, *Alii quidem datur per* 1. Cor. 12. 8. &c. *Spi-*

(a) Editio Coloniensis, *humana odia*. Lugd. recentior, *humana odio*. Lugdunensis vetus, Lovan. & Duac. *humana ora*.

(b) Titulus Psalmi in Augustino est, *Ipsi David ad Goliam*: in Vulgata, *Psalmus David adversus Goliath*. Priori modo scribit Hieronymus in translatione Romana: posteriori in Gallicana.

(c) Coloniensis editio posuit *Golias*, cum anterioribus, & Augustinus ipse scriptum habetur *Golias*, hic & in sequentibus.

Spiritum sermo sapientiæ, alii sermo scientiæ secundum eumdem Spiritum, alii fides in eodem Spiritu, alii donatio curationum in uno Spiritu, alteri genera linguarum, aliis prophetia, alii dijudicatio Spirituum. Omnia autem hæc operatur unus atque idem Spiritus, dividens propria unicuique prout vult. His ergo digitis, sive in bello, sive in prælio pugnat corpus Christi, & certamen hostem, sive visibilem, sive invisibilem, lapidis jaculatione, hoc est, Christi soliditate prosternit.

V. 2. *Misericordia mea, & refugium meum, susceptor meus, & liberator meus.*

Recte & veraciter dicimus Domino, *Misericordia mea*: quia non solum miseretur nostri, sed & nos ipsos (a) misericordiam facit, ne sit

Jacob. 2. 13. *judicium sine misericordia ei qui non facit misericordiam. Refugium* autem est, a quo reparationem (b) & confortationem sumit infirmitas. *Susceptor est*, qui pugnanti præstat ne cadat. *Liberator* est, qui tribuit ne vulneretur dimicans: propter quod addit, & dicit:

Ibid. V. 2. *Protector meus, & in ipso speravi, qui subdit populum meum sub me.*

Voce capitis dictum videtur, Qui subdis populum sub me: id est, Ecclesiam mihi per fidem subdis. Voce autem corporis intelligi potest, spiritalis quisque bellator, qui populum rebellem cupiditatum, & motum carnalium desideriorum, legi mentis suæ per opem gratiæ subditum confitetur.

V. 3. *Domine, quid est homo, quoniam innotuisti ei; aut filius hominis, quoniam æstimas eum?*

Magna dignitas hominis, qui sic a Deo (c) creatus, ut suum nosset auctorem; & tanti æstimatus esset, ut Unigeniti Dei sanguinem pro redemptione ejus impenderet.

V. 4. *Homo vanitati similis factus est, dies ejus sicut umbra prætereunt.*

Naturæ suæ homo immemor, in similitudinem vanitatis voluntaria prævaricatione mutatus est: ut qui factus fuerat in æternis, esset in vanis, id est, in caducis, & non permanentibus, diesque ejus *sicut umbra* transcurrerent. In comparatione quippe æternorum vana sunt temporalia, nec vera sunt quæ vel esse desinunt, vel quod sunt perdunt. Mira ergo circa hominem bonitas & dilectio Dei, quod etiam ad se cognoscendum vocat talem, & dignum æstimat, quem tanto pretio redemit, & ab umbra vanitatis educat.

Rom. 8. 32. *Qui enim Filio proprio non pepercit, sed pro nobis omnibus tradidit eum, quomodo non & cum illo omnia nobis donavit?*

V. 5. *Domine, inclina cœlos tuos, & descende; tange montes, & fumigabunt.*

V. 6. *Corusca coruscationem, & dissipabis eos; emitte sagittas tuas, & conturbabis eos.*

V. 7. *Emitte manum tuam de alto; eripe me, & libera me de aquis multis.*

Ps. 18. 2. Cœli sunt prædicatores veritatis enarrantes gloriam Dei, per quorum inclinationem, & tolerantiam passionum innotescit mundo coruscatio Evangelii, & fulgore miraculorum illustrant corda credentium. *Montes* enim, id est, elati quique & tumidi, tangente eos Dei gratia, *fumigabunt*, & accensi cordis vaporem cum lacrymis confessionis emittent. Sagittæ autem Dei verba sunt Dei, quibus dissipatur consideratio superborum, & percutiuntur male sani, ut sanentur bene vulnerati: & hoc fit per emissam manum Dei de alto; quoniam brachium Dei, Isai. 53. 1. quod est Christus, homo factus est, & membra sui corporis non relinquit, & eruit Ecclesiam suam de aquis multis, id est, de populis infidelibus, sive foris oppugnantibus, sive intus insidiantibus.

De manu filiorum alienorum. Ibid. V. 7.

Quorum os locutum est vanitatem, & dextera eorum, dextera iniquitatis. V. 8.

De quibus aquis eruit Dominus humilitatem David, id est, humilitatem corporis Christi, nisi de manu filiorum alienorum? Omnes enim infideles alienigenæ sunt, nec in filiorum Dei adoptione numerantur, & os eorum loquitur vanitatem, quorum lingua a confessione veritatis aliena est; & dextera est (d) illis iniquitas: quia in his quæ injusta sunt, gaudent, & pravis tamquam rectis lætantur.

Deus, canticum novum cantabo tibi, in psalterio decem chordarum psallam tibi. V. 9.

Canticum novum est canticum gratiæ & novi hominis, ac novi Testamenti, quod *in decachordo*, id est, in decem præceptis legis canitur: quia perfecta est in charitate cantatio: Rom. 13. 10. charitas legis est plenitudo.

Qui dat salutem regibus. V. 10.

Hoc est, quia tangis montes, & fumigabunt, ut humiliati subdantur tibi cum satisfactionis confessione.

Qui redimis David servum tuum. Ibid. V. 10.

Non caret Davidis nomine, qui corpus est Christi, & cui contra Goliam decertatio est.

De gladio maligno Ibid. V. 10.

Eripe me. V. 11.

Non sufficit ut *de gladio* diceret, nisi adderet, & *maligno*. Quia est sine dubio & benignus, de quo Dominus dicit, *Non veni pacem* Matth. 10. *mittere in terram, sed gladium*. Malignus ergo 34. est, qui separat a Christo; benignus, qui abscindit a mundo.

Et eripe me de manu filiorum alienorum. Ibid. V. 11.

Qui scilicet utuntur gladio maligno. *Filii* Ps. 56. 5. *quippe hominum dentes eorum arma & sagittæ, & lingua eorum gladius acutus.* Qui ergo sunt filii alieni, ipsi sunt gladius malignus, ipsi sunt aquæ multæ: & ideo eadem subjungit, quæ prius dixerat, ut de quibus loquatur, apertius pandat, dicens:

Quorum os locutum est vanitatem, & dextera eorum dextera iniquitatis. Ibid. V. 11.

Quam ergo vanitatem filii alieni loquantur, & quæ

(a) Suspicamur legendum, *misericordes facit*; nisi Editi nostri omnes habeant, *misericordiam facit*. In Augustino enim legimus, hoc ipso loco. *Praestas mihi misericordiam, & in me custodis misericordiam; an donasti mihi ut & ipse sim misericors?* De nullo enim ut fit misericordia indigentes, quam cum misericordes sumus.

(b) Forte legendum, & *confortationem*.

(c) Forsasse, *creatus est*, *ut suum nosset auctorem*, & *tanti æstimatus est*, *ut* &c.

(d) Hic Lovan. Duac. & Colon. addunt præpositionem *in*, quæ in Longobardis non additur.

& quæ sit dextera iniquitatis ipsorum, subjecta demonstrant.

℣. 12. *Quorum filii sicut novellæ constabilitæ a juventute sua:*

Ibid ℣. 12. *Filiæ eorum compositæ, & ornatæ sicut similitudo templi,*

℣. 13. *Cellaria eorum plena, eructantia ex hoc in hoc:*

Ibid ℣. 13. *Oves eorum fœtosæ, abundantes in egressibus suis:*

℣. 14. *Boves eorum crassi,*

Ibid ℣. 14. *Non est ruina maceriæ, neque transitus, neque clamor in plateis eorum.*

Hæc abundantia atque prosperitas communis est & malis, & bonis; sed a malis in dextera habetur, a bonis autem in sinistra reponitur. Non quia & ipsa non Dei dona sunt, sed quia terrenis & temporalibus cælestia & æterna supereminent; & sicut utuntur sancti præsentibus

1. Cor. 7. 31. tanquam non utantur, sicque habentes quasi non habentes; filii autem alienigenæ, qui dextram sibi in transitoriis bonis, & in lubrica felicitate constituunt, non de opulentia arguuntur, sed de perverso rerum amissibilium amore culpantur: cujus & vanitas, & iniquitas ejus

Eccl. 1. 2. sententiæ est, ut neque fide, neque spe, neque charitate, quæ sursum sunt sapiant, sed inferna & caduca præmia diligant, quæ deserunt, & a quibus deseruntur.

℣. 15. *Beatum dixerunt populum cui hæc sunt.*

Vanitate pleni, fide vacui, iniquitate armati, & a sorte æternæ hæreditatis alieni in hoc proruperunt, ut dicerent beatum populum cui hæc sunt. Sed dicunt filii promissionis:

Ibid ℣. 15. *Beatus populus cujus est Dominus Deus ipsius.*

PSALMUS CXLIV.

℣. 1. *Exaltabo te, Deus meus rex, & benedicam nomini tuo in sæculum, & in sæculum sæculi.*

TOtus Psalmus Dei laude contexitur: & cum in titulo Psalmi David sit prænotata laudatio, (a) videtur ille ostendi prædicari, qui est secundum deitatem Dominus, creatorque David, & secundum quod

* Rom. 1. 3. Joh. 1. 14. Rom. 9. 5. *Verbum caro factum est*, filius David est; & non duplex persona; sed unus est Christus, qui est super omnia Deus benedictus in sæcula. Hujus ergo laudatio etiam in præsenti tempore continuanda est, quæ in æternitate mansura est: a quo officio qui in hoc sæculo alienus est, futuræ laudationis Dei gaudia non intrabit.

℣. 2. *Per singulos dies benedicam te, & laudabo nomen tuum in æternum, & in sæculum sæculi.*

Dubium non est, ad præsentem quoque vitam pertinere Dei laudem, quandoquidem *per singulos dies* benedictio Dei celebranda disponitur, non obsistente rerum mutabilium varietate. Quia sive lætus de secundis, sive tristis de adversis ducatur dies; nunquam a Dei laude cessandum est. Qui enim nunquam tentatur, nunquam probatur: & melius est cum tribulatione exerceri, quam cum prosperitate periri.

Magnus Dominus, & laudabilis valde, & magnitudinis ejus non est finis. ℣. 3.

Nullo fine laudatio ejus concluditur, cujus magnitudinis nullus terminus invenitur, & in cujus prædicatione quidquid laudatur poterit cogitare, non sufficit. Qui ergo omni laude semper est major, sine fine laudetur. Ex hoc ipso homo spem suæ æternitatis accipiat, quia nunquam non erit, qui Dominum laudare non desinat.

Generatio & generatio laudabit opera tua, & virtutem tuam annuntiabunt. ℣. 4.

Omne humanum genus generatio repetita significat, quæ ab initio sui usque in finem per considerationem creaturarum rationabiliter intelligit universitatis auctorem, ut de his quæ videre possibile est, & in quibus tanta admirationum materia est, ea quæ cerni nequeunt, Rom. 1. 20.
æstimentur; & ille omnem aciem mentis excuperet, de quo parum digne sentit, qui putat sufficere quod intelligit. Potest autem per unam generationem, prima significari vita mortalium: per alteram vero generationem, resurrectio accipi. Quia & ipsa (b) regeneratio nuncupatur: secundum quod dictum est, *In regeneratione autem, cum sederit filius hominis in majestate sua.* Matth. 19. 28.
Laudatur ergo in hoc sæculo, & multo magis laudabitur in futuro. Nam si nunc hoc faciunt compediti, quomodo non amplius facient coronati!

Magnificentiam gloriæ sanctitatis tuæ loquentur, & mirabilia tua enarrabunt. ℣. 5.

Et virtutem terribilium tuorum dicent, & magnitudinem tuam enarrabunt. ℣. 6.

Memoriam abundantiæ suavitatis tuæ eructabunt, & justitiam tuam exultabunt. ℣. 7.

Veri laudatores Dei nihil operum ejus judiciorumque non laudant: & sic omnia facta mirantur, ut mirabilior sit ipse qui fecit. Quia quidquid in creatura laudabile reperitur, ad illius recurrit gloriam, qui operatur omnia in omnibus. Unde & terribilia ejus laudis honore 1. Cor. 12. 6.
sunt plena. Non enim blanditur, & non minatur. Si non blandiretur, (c) nulla esset correctio: Ministri igitur eloquiorum Dei & mi- Ierem.
sericordiam ejus, & justitiam prædicabunt: & sicut regnum æternum, ita (d) ignem perpetuum non tacebunt: ut in via, qua ad retributionem tenditur, constituti, sciant quid eligere debeant, quid cavere. Magnitudinem autem Dei, quæ non habet finem, quomodo enarrabunt, nisi quia semper hoc prædicabunt, quod sem-

(a) Scilicet, *Laudatio ipsi David*, aut, *Laudatio David*.

(b) Colonienfis codex, *generatio nuncupatur*: & infra idem, *In generatione*.

(c) Locus hic videtur aliqua parte mutilus in omnibus Editis, quæ supplebat tum sententia ya. Infra, tum in Augustino, in hunc Psalmum. *Si non blandiretur, nulla esset exhortatio; si non minaretur, nulla esset correctio*.

(d) Emendamus ex Augustino, cogente sensu loci ipsius, cum Editi omnes ex errore manifesto habeant, *regnum perpetuum*, quod tamen statim dicitur esse cavendum.

finis ejus mequeat inveniri? Ineffabilitatem enim nullus elegantior est narrator, quam qui fatetur inexplicabilia esse quæ loquitur. Hi ergo, inquit, narratores magnitudinis tuæ *memoriam abundantiæ suavitatis tuæ eructabunt*, quia non es oblitus nostri, neque tui meminisse facis. Doctrina itaque sana hoc de abundantia suavitatis divinæ ructat, facitque eructari, ut omnes boni Dei gratia se regi, Dei gratia noverint custodiri, & per ipsum sibi, ut de illa possint gaudere, præstari.

v. 8. *Miserator & misericors Dominus, longanimis, & multum misericors.*

v. 9. *Suavis Dominus universis, & miserationes ejus super omnia opera ejus.*

Misericordia & gratia, bonitas, & patientia Dei per omnia declaratur; (a) & nemo desperet, nemo præsumat. Quia sicut suavis est lenitate, ita justus est ultione: & nihil longanimitati ejus perit, quem & conversus benignum, & obduratus experitur severum. *Miserationes* enim *ejus in omnia opera ejus*: quia in his qui salvabuntur, damnavit aliquos.

v. 10. *Confiteantur tibi, Domine, omnia opera tua, & sancti tui benedicant te.*

Quæcumque sunt in universitate rerum, a summis usque ad infima, opera utique sunt Dei. Et quamvis rationales tantum intellectualesque creaturæ divinæ laudis affectione moveantur; non frustra tamen ad confitendum Deo *omnia opera* ipsius incitantur. Quia nihil est tam exiguum, tamque a sensu remotum, in quo non mirabilis sit Creator: quem cum Angeli, & homines confitentur & laudant, ipsæ inhabitatæ mundi partes, & species, atque naturæ suum semper loquuntur auctorem; & utilitate ac pulcritudine sua innumeros dant veritatis laudatoribus; & videntur laudantia, quæ sunt laudabilia, dum quod non possunt (b) loqui, faciunt non tacere.

v. 11. *Gloriam regni tui dicent, & potentiam tuam loquentur.*

v. 12. *Ut notam faciant filiis hominum potentiam tuam, & gloriam magnificentiæ regni tui.*

Omnis species, & virtus, & pulcritudo creaturæ regnum est Dei: quia universorum ipse est auctor & Dominus. Sed ab his quæ videntur, distinguuntur & ea quæ mundum innotuerunt: & intelligitur ex decore visibilium, quantum excellant, & in qua gloria emineant, quæ regnum Dei specialiter nominantur. Unde quotidie dicimus, *Adveniat regnum tuum*: cujus nec magnitudinem, nec gloriam, nec decorem ulla possunt corda concipere; sed quia sicut promittitur, ita creditur, certissimo desiderio, donec adsit, expetitur.

Matth. 6. 10.

v. 13. *Regnum tuum regnum omnium sæculorum, & dominatio tua in omni generatione & progenie.*

Vid. app. Repetitio generationis, & præsens sæculum indicat & futurum. Quia & resurrectio generatio dicitur, quæ sanctos ad incorruptionem beatæ æternitatis creavit.

Fidelis Dominus in verbis suis, & sanctus in omnibus operibus suis. Ibid. v. 13.

Multa Dominus, & magna promisit; & quædam credita implevit, quædam servanda servavit: ut secura esset expectatio, cui vires (c) tot præcepta præberent.

Confirmat Dominus omnes qui decidunt, & erigit omnes elisos. v. 14.

Septies cadit justus, & resurgit; impii autem infirmabuntur in malis. Aliter ergo sancti, aliter decidunt infideles: & horum nunc fit commemoratio, quorum nullus confirmatur a Domino. Ruisse enim quodammodo videntur, cum omnibus temporalibus carent, & inhonori ac pauperes spernuntur a potentibus mundi, & inter abjecta quæque reputantur. Sed *Deus superbis resistit, humilibus autem dat gratiam.* Prov. 24. 16. Jacob. 4. 6.

Oculi omnium in te sperant, & tu das escam illis in tempore opportuno. v. 15.

Sicut bonus medicus novit qua esca ægrotus, & quo tempore sit cibandus: ita Dominus servos suos opportune salubribus cibis reficit, & quid cuique congruat, ineffabili scientia benignitate discernit: ut subjectio fidelium de omnibus proficiat, quæ illi adhibenda censuerit, sive aspera, sive blanda; ut in nullo murmurent ægri; sed quodlibet curationis genus æquanimiter ab auctore suæ salutis accipiant, dicentes, quod ad eruditionem patientiæ nostræ ipse Salvator dignatus est dicere, *Pater, si fieri potest, transeat a me calix iste. Verum non quod ego volo, sed quod tu vis. Pater, fiat voluntas tua.* Matth. 26. 39. & 42.

Aperis tu manum tuam, & imples (d) omnem animam benedictione. v. 16.

Ex Dei largitate est quidquid benedictionis assequimur. Quia nemo eam concupisceret, nisi ad incitandum ipsum desiderium, manum suæ bonitatis aperiret.

Justus Dominus in omnibus viis suis, & sanctus in omnibus operibus suis. v. 17.

Universæ, inquit, *viæ Domini misericordia & veritas*: sive circa nos severior, sive sit mitior. Quia qui etiam flagella moderatur, ideo castigat, ut parcat. Ps. 24. 10.

Prope est Dominus omnibus invocantibus eum, omnibus qui invocant eum in veritate. v. 18.

Multi non *in veritate* invocant Dominum, aliud ab illo quam ipsum desiderantes: a quibus longe abest; quia diversum & remotum est ab ipsius voluntate, quod cupiunt. Si autem id concupiscunt quod præcipit justus, & bonus, propinquus omnino est his, quos inspiravit affectibus: & timentium se voluntatem facit; quia quæ erat Domini, esse cœpit & servi.

Voluntatem timentium se faciet, preces eorum exaudiet, & salvos faciet eos. v. 19.

Cu-

(a) Forte, ut nemo desperet.
(b) Editi Duac. & Colon. cum his omittentibus, eloqui.
(c) Conditum legi debere, vel præcepta, non vero præcepta, ut Editi habent; propterea quod dicitatur paulo ante, quædam credita implevit: & Augustinus, Adhuc quædam promisit, & non dedit: sed credatur illi ex his quæ dedit.
(d) Editi nostri omnes habent omnem animam in verbo, nomen vero, omne animal, in ora libri; sicque cum Augustinus. Legiturque apud Hieronymum, in utraque versione, etsi alteri nostri desiderat in postrema editione, ut canis [illegible] nonnullis legi, imples omnem animam benedictione.

V. 20. *Custodit Dominus omnes diligentes se, & omnes peccatores disperdet.*

Quos omnes peccatores, nisi perseverantes in peccatis, & quotidie contra Deum disputantes? Pars autem dextera, cui nullum est cum sinistra parte consortium, quia semper illi judicia Dei universa placuerunt, quid in aeternum sit factura profitetur, & dicit:

V. 21. *Laudem Domini loquetur os meum, & benedicat omnis caro nomen sanctum ejus in aeternum, & in saeculum saeculi.*

PSALMUS CXLV. (a)

V. 2. *Lauda anima mea Dominum, laudabo Dominum in vita mea, psallam Deo meo, quamdiu sum.*

Vide app. SAncta & spiritalis anima ipsa se ad laudandum Dominum cohortatur: excellentiore sui parte, ea quae in se minora sunt, incitat. Non enim alia est quae dicit, & alia cui dicit: aut carnis haec vox est, quae ab anima & vitam sumit, & sensum, nec sine anima aliquid potest velle, & non velle. Quia vero ipsius animae duplices actiones sunt, & alio officio erigitur ad Dominum, alio inclinatur ad corpus; si bene spiritui servit, bene praesidet carni, & per id quod adhaeret Deo, id etiam quod adhaeret corpori, ad superiores invitat affectus: ut rationali dominatu motum subditis tribuat, quantum ad salutem sat est; ne si Deo non est subjecta, animatur. Mens itaque, summa quaedam pars animae, semetipsam in omnibus suis incitans conatibus, dicit, *Lauda anima mea Dominum*. Non quia hoc non faciat quantum potest; sed quia parum est, quod infirmitate corruptibilis corporis potest; ad illam perfectam & aeternam laudationem proficere concupiscit; & memor praesentis conditionis, in qua desiderii sui non invenit viam, quantum hoc per se factura, respondit, dicens, *Laudabo Dominum in vita mea, psallam Deo meo, quamdiu sum.* Nunc enim quamvis fide, & spe, & charitate roboremur, tribulationibus tamen & scandalis ac tentationibus non caremus; & inter innumera mortalitatis obstacula, (b) & aeternae vitae officia, non implemus.
Sap. 9. 15. Quoniam *corpus quod corrumpitur, aggravat animam, & terrena inhabitatio deprimit sensum multa cogitantem. In vita* igitur *mea*, quam nulla aegritudo infirmat, nulla egestas facit inquietam, *laudabo Dominum* tota mei libertate atque virtute: & *psallam Deo meo, quamdiu sum*; quia sicut esse erit mihi aeternum, ita erit mea in Domino aeterna laudatio.

V. 3. *Nolite confidere in principibus, neque in filiis hominum, in quibus non est salus.*

Qui in defensione principum, & hominum praesidio gloriantur, in vanitate confidunt. Solus enim Deus, de quo speranda sit salus; & haec ab eo expectatur, quo ipse non indiget. Nam quid sit filius hominis, breviter in eo quod sequitur, demonstratur.

Exibit spiritus ejus, & revertetur in terram suam, in illa die peribunt omnes cogitationes eorum. V. 4.

Totum ergo quod in hoc mundo agitur, temporale est & transitorium; & nemo veraciter spondet alteri, quod praestare non potest sibi. Mortalis enim est: emisso spiritu, in terram suam terrena carne redeunte, quidquid disposuit, quidquid cogitavit, intercidit.

Beatus cujus Deus Jacob adjutor ejus, spes ejus in Domino Deo ipsius, V. 5.

Qui fecit caelum & terram, mare & omnia quae in eis sunt. V. 6.

Beatus, inquit, homo cui adjutor est Deus: non ille quem sibi ignorantia humana confingit, sed *Deus Jacob*, qui ipsum Jacob Israel fecit, ut fide & intellectu videret universitatis auctorem.

Qui custodit veritatem in saeculum, facit judicium injuriam patientibus. V. 7.

Et timendum Deum commendavit, & amandum: timendum, quia iniqua facientes veritate damnavit; amandum, quia pro justitia laborantes misericordia coronavit.

Dat escam esurientibus. Ibid. V. 7.
Dominus solvit compeditos. Ibid. V. 7.
Dominus sapientes facit caecos. V. 8.
Dominus erigit elisos, Dominus diligit justos. Ibid. V. 8.
Dominus custodit advenas. V. 9.

Omnibus quidem animantibus providentia Dei constituit & praestat alimoniam: sed hominibus non terrenam tantum, sed & spiritalem cibum praebet; quem hi accipiunt qui desiderant, quibus dicitur, *Beati qui esuriunt & sitiunt justitiam, quoniam saturabuntur.* Matth. 5. 6. Talis ergo est & compeditorum absolutio, qui mortalitatis compedibus aeternitate adoptionis evadunt. Talis & illuminatio caecorum, qui sapientes ex insipientibus fiunt. Talis quoque elisorum elevatio, qui voluntaria humilitate prostrati, ad altitudinem caelestium provehuntur. *Dominus* enim *diligit justos*: quoniam ipse est justitia eorum: & ipse *custodit advenas*, qui omnes gentes in Christo unum facit, & in Abrahae filios lapidea corda convertit. Matth. 3. 9.

Pupillum & viduam suscipiet, & viam peccatorum exterminabit. Ibid. V. 9.

Regnabit Dominus in aeternum, Deus tuus Sion, in generatione & generationem, (c) in saeculum saeculi. V. 10.

Istis quidem pupillis, qui mortuis patribus indefensi remanent, Deus opitulatur, & omnes viduas Deus protegit. Sed hic illos orphanos, & illas viduas melius intelligimus, quibus in hoc

(a) Titulus Psalmi *Alleluja, Aggaei & Zachariae*, pro V. 1. notatur, de quo nihil dicitur in Praefatio.

(b) Forte omissa &, legeretur melius, *aeternae vitae officia non implemus*. Quod Augustinus innuere videtur his verbis: *Respondet ista anima tua: Laudo quantum possum, tenuiter, exiliter, infirmiter. Quare? Quia quamdiu sumus in corpore peregrinamur a Domino.*

(c) Haec verba, *in saeculum saeculi*, non habentur in textu Hebraeo, nec Latino Psalmi hujus, nec apud Augustinum, hoc loco; apud Hieronymum vero in editione Gallicana non habentur, sed in Romana leguntur, pro generationem, *in generatione & generatione*.

hoc sæculo nullum est præsidium, nulla est consolatio; sed spes eorum in Domino Deo (a) ipsorum. Anima ergo, quæ in bonis temporalibus non fidit, sed mundi istius peregrina est, supernum patrem & supernam desiderans matrem, merito pupilla appellatur & vidua: quæ donec & patrem videat & sponsum, tunc videtur esse longinqua. Via vero peccatorum exterminabitur, cum omnium iniquitatum deseretur actiones, & vanitas in latitudine ambulantium in supplicia æterna mergetur. In hunc autem finem procurrentibus malis, quid audiet civitas Sion, quid alloquetur civitas Dei? *Venite benedicti Patris mei, percipite regnum quod vobis paratum est ab origine mundi.* Quoniam tu Sion in Ecclesia regnum eris æternum Domini Dei tui, & regnante ipso, sine fine regnabis.

PSALMUS CXLVI.

v. 1. *Laudate Dominum, (b) quoniam bonus est Psalmus, Deo nostro jucunda laudatio.*

BOnum est Dominum laudare, in gloriam Dei psallere, non voce tantum, quæ incessabiliter canere non potest; sed multo amplius modulatione rationabilis vitæ, quæ nullo tempore omittenda est. Quoniam in conversationem spiritalium servorum Dei, quidquid domi forisque agitur, laus illius est, cujus & doctrina & munere ita vivitur, ut nihil actionum non Dei laude sit dignum; dicente Apostolo, *Sive manducatis, sive bibitis, sive aliud quid facitis, omnia in gloriam Dei facite.* Quod qui faciunt, nunquam a Dei laudibus silent; & a bonis operibus ipsorum, semper *Deo jucunda est laudatio.*

v. 2. *Ædificans Jerusalem Dominus, & dispersiones Israel congregans.*

Extructio Jerusalem, quæ ædificatur ut civitas, pace consurgit: omnem Israel pax ad soliditatem colligit unitatis. Non ergo ab operibus vox, nec a voce debent opera dissonare; & laus quæ voce promitur, de bona conscientia proferatur. Nam non est firma compago, si in officio laudis non unus sonus est cordis & vocis.

v. 3. *Qui sanat contritos corde, & alligat contritiones eorum.*

Ecce quomodo colliguntur dispersiones Israel, ut sanentur contrito corde. Quoniam *cor contritum & humiliatum Deus non spernit*: ut humilitas sanet quod superbia vulneravit. Per alligationem autem contritionum, significatur diversitas remediorum, quæ summus medicus misericorditer & scienter apponit: quia multarum elisionum non est curatio una.

v. 4. *Qui numerat multitudinem stellarum, & omnibus eis nomina vocat.*

Non est præcipuum in laudibus Dei stellas cœli habere numeratas, cui capilli capitum numerati sunt. De illis ergo stellis dignius intelligitur hoc dictum, quæ in Ecclesia Dei, ad consolandam præsentis temporis noctem, bonæ conversationis exemplo, & cœlestis doctrinæ luce resplendent, quibus dicat Apostolus, *In ista natione prava & perversa, in quibus apparetis tamquam luminaria in mundo, verbum vitæ habentes.* Has ergo stellas Deus numerat in æternam præelectas gloriam, & nominatim ex omnibus gentibus advocatas. *Novit enim Dominus qui sunt ejus*: cum quibus non computabuntur, quibus dicitur, *Discedite a me operarii iniquitatis: non novi vos.*

Magnus Dominus, & magna virtus ejus, & sapientiæ ejus non est numerus. v. 5.

Multa in natura magna sunt, & multarum naturarum magna virtus est. Sed in comparationem Dei nihil vere magnum, nihil vere dicitur potens, & in illo vera est magnitudo, & magna virtus. Universa ergo excellentia habent limites suos; & intra modum sibi positum natura quæque subsistit: Deus autem magnitudine gloriæ suæ excedit universa, & omnipotentia sapientiæ ejus nullo numero comprehenditur. *Quoniam ex ipso, & per ipsum, & in ipso sunt omnia.*

Suscipiens mansuetos Dominus, humilians autem peccatores usque ad terram. v. 6.

Non ascendunt ad cognitionem Dei nisi humiles atque mansueti, qui etiam quod nondum intelligunt, credunt; & revelationem occultorum expectant. Hos erudiendos suscipit Dominus, & doctrinæ suæ capaces facit, quorum desideria * delectatione exercuit, & accendit. *Peccatores autem humiliat usque ad terram*: eos utique peccatores, qui ad promerendum Scripturarum intellectum mansuetudine carent, & ea quæ introspicere nequeunt, tamquam superflua & vana contemnunt. Horum contumaciam Deus in terram demergit, cum ipsos tradit insipientiæ; ut qui spreverunt gratiam illuminationis, subeant supplicium cæcitatis.

Præcinite Domino in confessione, psallite Deo nostro in cithara. v. 7.

Desiderantibus intelligentiam sacramentorum a confessione incipiendum est, ut semetipsos accusantes, & sibi adscribentes caliginem & tarditatem suam, radium supernæ lucis accipiant. Nec sit eorum otiosa confessio: sed psallant Deo in cithara, id est, in quadam bonarum actionum concordia: ut misericordiam quam confitendo quærunt, operando mereantur, & quod recte offerunt, recte dividant.

Qui operit cœlum nubibus, (c) descendit in terram sufficientem pluviæ gratiarum. v. 8.

Ad hoc enim Deus obscuravit dicta prophetica, ut obumbratio pararet imbrem; irrigaret vero & fructum gigneret, & operiret serenum.

Qui producit in montibus fœnum, & herbam servituti hominum.

Utilitas pluviæ spiritalis non solum valles, sed & montes uberes facit, *In montibus fœnum,*

(a) Hactenum editi post, *Domino Deo*, apposito commate, novum sensum incipiebant ab his, *Ipsorum anima ergo*. Sed vitiosa interpunctione id fieri facile fuit ... legenti. Alludit etiam Auctor ad superius dicta v. 5. *spes ejus in Domino Deo ipsius.*

(b) Lugdunensis editio sic distinguit, *quoniam bonus: & Psalmus Deo nostro jucunda laudatio.*

(c) Apud Augustinum, *qui parat terræ pluviam.* Sic cum Vulgata & textu Hebræo, utraque Hieronymi versio: unde infertur, hunc textum a S. Prospero ad sensum spiritalem ... conversum.

num, *& herbam servituti hominum*. Montes autem intelliguntur sublimiores quique hominum Ecclesiarum, qui ita sæpe superioribus opinantur, ut unde fructuosæ sunt valles, inde altitudines etiam montium sint fertiles. *Producit* ergo Dei gratia *in montibus fœnum*: & potentium ac divitum accepto semine charitatis, præbent profutura pauperibus, *& ministrant herbam servituti hominum*, qui famulatum devotionis suæ Deo Ecclesiæque dependunt.

v. 9. *Dat jumentis escam ipsorum, & pullis corvorum invocantibus eum.*

Jumentorum & pecorum nomine significatur multitudo plebis, quæ necessario cibo non fraudatur; & dum spiritalium est particeps, fit ministra carnalium, ut impleatur illud Apostoli,

1. Cor. 9. 7. *Quis pascit gregem, & de lacte gregis non percipit?* Dispensatio igitur misericordiæ Dei, non tantum ad Israeliticam gentem, sed ad omnium quoque gentium propaginem pervenit. Patres enim idola venerantes corvorum habuere figuram, mortua & immunda sectantes: quorum pulli, id est, filii, Deum verum invocant, & Sancti-spiritus pascuntur alimonia. Quia parentibus non invocantibus Deum, sed in sua obduratione manentibus, credidit posteritas quod ignoravit antiquitas.

v. 10. *Non in fortitudine equi voluntatem habebit, nec in tabernaculis viri beneplacitum est ei.*

v. 11. *Beneplacitum est Domino super timentes eum, & in eis qui sperant in misericordiam ejus.*

In equi potentia superbiæ indicatur elatio, quæ Deo semper odiosa est. Tabernacula quoque sublimia & magnifica divitiarum manifestant tumorem, in quibus nihil approbat Deus;

Jacob. 4. 6. qui *superbis resistit, humilibus autem dat gratiam*. Non enim illi placent nisi mites & pauperes spiritu, ad hos timentes Dominum, ut sperent in misericordiam ejus. Ille est enim utilis timor, qui spe erigitur, non qui desperatione demergitur.

PSALMUS CXLVII.

v. 12. *Lauda Jerusalem Dominum, lauda Deum tuum Sion.*

1. Esdræ 6. 14. CUm in titulo Psalmi *Aggei & Zachariæ* prophetarum nomina præferantur, (a) quos in Babylonia cum populo suo captos esse non dubium est, & reparationem ejus civitatis Jerusalem prævidisse, ac sicut facta est, denuntiasse: intelligitur cohortatio Psalmi ita ad universam Ecclesiam pertinere, ut omnes cives & filii Jerusalem in præsenti vita, quodam se vinctos captivitate cognoscant, & consolationem de spe futuræ libertatis accipiant. Nemo enim sanctorum sine laboribus ac molestiis potest præsens tempus exigere: & in quadam captivitate se esse sentiunt, cum exurgentibus scandalis, &

Gal. 5. 17. Rom. 7. 23. manentibus (b) inter spiritum carnemque discordiis, non omnia quæ volunt faciunt, & multa adversa patiuntur. Recte ergo spe futurorum bonorum ipsam Jerusalem hortatur vox prophetica in laudem & gloriam Dei, ut cum sanctis Angelis, quorum adipiscitur indivisam societatem, in gaudiis æternæ pacis exultet.

Quoniam confortavit seras portarum tuarum. v. 13.

Conclusio Jerusalem, & seratum ejus confirmatio securitatem indicat (c) incommutabilium gaudiorum. Quia nullius mali ad bona patebit introitus, neque inde ullus malorum timebit excludi.

Benedixit filios tuos in te. Item v. 13.

Extra Jerusalem nulla benedictio est. Quia non sanctificatur, nisi qui Ecclesiæ, quæ est Christi corpus, unitur.

Qui posuit fines tuos pacem, & adipe frumenti satiat te. v. 14.

Nulla enim civitatem bella perturbant, quæ pacis est septa limitibus: nec aliquid patitur inquietum, in qua nihil est a Dei voluntate diversum. Ne autem tranquillitas illius pacis aliqua indigentiæ necessitate turbetur, adeps ei panis indeficiens ministratur; ut justitiæ cibus sit in epulis, qui fuit in desideriis. *Beati enim qui esuriunt & sitiunt justitiam, quoniam ipsi saturabuntur.* Matth. 5. 6.

Qui emittit verbum suum terræ, velociter currit sermo ejus. v. 15.

Verbi missio Christi est incarnatio, cujus Evangelio currente per omnem terram, omnium gentium fit vocatio, præveniente gratia Dei credentium fidem. Nihil est velocius & scientia, & opera Dei, qui quæ futura sunt, & novit, & fecit, & quæ eatenus sunt orta, jam apud illum sunt præordinata.

Qui dat nivem sicut lanam, nebulam sicut cinerem spargit. v. 16.

Valens quidem ista ad opinandam terram, secundum litteræ superficiem. Quia & * nubes decidentes habent vellerum speciem, & nebularum rox non aliter quam cinis spargitur, atque ex eo terra pinguescit. Sed sublimius in his gratiæ Dei opera sentiuntur, per nivium vellera vocatione Gentium figurata, quæ ad conficiendum vestimentum Christi, quod est Ecclesia, in unum confluit, & in idipsum tota contexitur, non habens maculam aut rugam, sed in illa puritate mansura, quæ æterna glorificatione resplendeat, sitque in ea compage, de qua dicitur, *Dominus amictus lumen sicut vestimentum*. Ad quod significandum pertinuit, quod vestis Christi transfigurati in monte, sicut nix legitur refulsisse. Per nebulam autem caligo ignorantiæ, quæ ad pœnitentiæ cinerem confugit, indicatur. Non enim quisquam ante vocationem dici justus potest; quoniam Filius hominis non venit justos eligere, sed peccatores & impios salvos facere. * forte, nivei. Ephes. 5. 27. Psal. 103. 2. Matth. 17. 2. Matth. 9. 13. 1. Tim. 1. 15.

Qui mittit crystallum suam sicut frusta panis: ante faciem frigoris ejus quis subsistet? v. 17.

Nives antiquitus obduratæ convertuntur in crystallum: quo significantur lapidea corda infidelium, quæ gelu nimiæ vetustatis obstricta, nullum calorem Sancti-spiritus receperunt. Sed

num

(a) Apud LXX. interpretes habetur hicce Titulus.
(b) Editiones Duac. & Colon. in spiritum. Notion in Lugd. & Lovan. inter spiritum.
(c) Editi Duac. & Colon. incommutabilium.

tam potens est gratia Dei, ut tam annosam glaciem faciat superno igne fervescere, & eos qui crystallino frigore fuerant obdurati, afflatu suo faciat concalescere; ut etiam ipsi qui vitæ cibum nesciebant, panem verbi incipiant mini-
Act. 9. strare: sicut in beato Paulo factum est; qui cum esset credentium persecutor, factus est Evangelii prædicator. Quis autem poterit subsistere, quem ab hoc frigore non liberavit Chri-
Luc. 12. 49. stus? qui venit ignem mittere in terram, & ad fervorem fidei, quod gelu infidelitatis obtorpuerat, excitare.

v. 18. *Emittet verbum suum, & liquefaciet ea; flabit spiritus ejus, & fluent aquæ.*

Verbo Evangelicæ prædicationis obduratio infidelium solvitur; ut fiat hoc quod alibi dictum
Psal. 104. 41. est, *Rupit petram, & fluxerunt aquæ.* Flante autem Spiritu, calor charitatis emittitur, ut terram sitientem flumina rigent, & in aridis
Joan. 4. 14. cordibus fiat *fons aquæ salientis in vitam æternam.*

v. 19. *Annuntians verbum suum Jacob, justitias & judicia sua Israel.*

Deus scilicet intellectum vocatis, & justificatis. Quia omnes ex quibuslibet gentibus electi, Jacob & Israel nuncupantur: & discunt omnia Dei justa esse judicia; nec aliquid ab eo fieri, unde possit ignorantia humana causari: quia abundarent etiam circa justos (a) causæ ultionum, nisi justitiam suam misericordia temperaret.

v. 20. *Non fecit taliter omni nationi, & judicia sua non manifestavit eis.*

Rom. 11. 33. Altitudinem divitiarum sapientiæ suæ nulli genti Deus voluit esse perspicuam, atque cuiquam nationi judiciorum secreta patuere. Sed ex omnibus gentibus una est gens, unus est populus, qui se ab æterna perditione non suis meritis, sed Dei gratia intelligit liberari; & unumquemque fidelium miraculum misericordiæ Dei, ut quod in ipso factum est, etiam in aliis fiat, & in unitatem confluat universa dispersio.

PSALMUS CXLVIII.

v. 1. *Laudate Dominum de cælis, laudate eum in excelsis.*

Philipp. 3. 20. Psal. 120. 1. POpulus Dei, cujus conversatio est in cælis, & cujus spes in Domino Deo ipsius, ad supernam Jerusalem pertinens, & de æterna sanctorum Angelorum societate jam gaudens, exultat in Spiritu Dei, & universam creaturam in laudem accendit Creatoris. Non quia omnia irrationabilia & sensu carentia possint Deum propria confessione laudare: sed quia nihil est in universitate rerum, a summis usque ad infima, quod non sua qualitate naturæ potentiam sui protestetur auctoris. Duarum proprie creaturarum est tota ista laudatio, angelicæ scilicet & humanæ; quæ hunc affectum ex totius mundi consideratione concipiunt, ut cum laudatoribus Dei ipsa laudis materia Deum laudare dicatur. Quia ergo in hoc officio cælestia obtinent principatum, merito ipsis primitus dicitur, ut de excellentia dignitatis ac pulcritudinis suæ in Domino glorientur.

Laudate eum omnes Angeli ejus, laudate eum omnes virtutes ejus. v. 2.

Laudate eum sol & luna, laudate eum omnes stellæ & lumen. v. 3.

Laudate eum cæli cælorum; & aquæ quæ super cælos sunt, v. 4.

Laudent nomen Domini. v. 5.

Nihil est in sublimitate cælesti, quod non pulcrum atque mirandum sit. Et quia omnia in Creatoris sui consistunt laudem, non quasi cessantibus ab inferioribus dicitur, ut in confessionem divinæ laudis exurgant; sed ut homo inspiratus, ostendat sibi placere quod faciunt, & eo se per spem fidei delectari, ad quod per exhortationes promissionum Dei etiam ipse provehetur. Cum autem Dominus Jesus Christus Verbum sit Dei, in nullo Patris laude discernitur, dicente Psalmo:

Quoniam ipse dixit, & facta sunt; ipse mandavit, & creata sunt. Ibid. v. 5.

Quod enim Deus dicit, Verbo dicit: & Verbum per quod facta sunt omnia, mandatum decretis exequitur. Joan. 1. 3.

Statuit ea in æternum, & in sæculum sæculi; præceptum posuit, & non præteribit. v. 6.

Omnia quæ ad cælestem beatitudinem sunt creata, hanc plenitudinem sui officii susceperunt, ut in Dei laudatione permanerent: cui operi etiam natura humana sociatur, propter quod Apostolus dicit, *Quæ sursum sunt sapite, non quæ super terram. Quæ sursum sunt quærite, ubi Christus est in dextera Dei sedens.* Bene ergo spiritalis quisque devotioni se cælestium jungit, & in consideratione totius creaturæ laudat artificem, ut pro modulo suo jam faciat, quod sine fine facturus est. Coloss. 3. 1. & 2.

Laudate Dominum de terra, dracones, & omnes abyssi. v. 7.

Ignis, grando, nix, glacies, spiritus procellæ, quæ faciunt verbum ejus. v. 8.

Terræ nomine appellantur, quæ vicina sunt terræ: & quidquid hoc nubilo aere aut humidum in rore, vel pluviis, aut in nive, & grandine glaciale, aut in procellis turbidum, vel in coruscationibus apparet ignitum, terræ & abyssi appellatione prolongitur. Quorum nihil fortuitis motibus subjacet, & singula (b) quæque ejus legibus serviunt, qui ut vult, de omnibus atque in omnibus, secundum causas occultæ rationis operatur.

Montes & omnes colles, ligna fructifera, & omnes cedri. v. 9.

Bestiæ, & universa pecora, serpentes & volucres pennatæ. v. 10.

Nihil horum non in magna sapientia factum est: & ideo quædam prolongantur, ut universitatis Creator in omnibus prædicetur. Psal. 103. 24.

Reges terræ, & omnes populi, principes, & omnes judices terræ. v. 11.

Juvenes, & virgines, seniores cum junioribus laudent nomen Domini. v. 12.

In multitudine hominum diversitas est gradum,

(a) Ita Lovan. & Lovan. Melius quam, *causæ virtutum*, in Duac. & Colon.

(b) Editio Coloniensis, quippe. Alia, quæque.

duum, differentia sexuum, & dissimilitudo meritorum: sed in Dei laudibus omni ordini atque ætati una materia est. Tota enim in Christo Ecclesia unum corpus est; & quod recte agit qualibet portio, tota sibi bene vindicat plenitudo.

v. 13. *Quoniam exaltatum est nomen ejus solius.*

v. 14. *Confessio ejus super cælum & terram, & exaltavit cornu populi sui.*

Super omnia enim (a) & omnium conditor, & unius auctoris laus est quidquid in universitate laudabile est: quod ipsa rerum pulchritudo multiformi confitetur ornatu. Ab ipso ergo est honor sanctorum ejus, & ipse exaltat cornu populi sui. Quoniam qui magna contulit per naturam, ipse dat majora per gratiam.

Ibid. v. 14. *Hymnus omnibus sanctis ejus, filiis Israel, populo appropinquanti sibi.*

Hymnus est canticum, quo laudatur Deus, & quo utuntur omnes sancti ejus, omnesque filii Israel; non illi qui frustra carnali semine gloriantur: sed qui per illam, qua Abraham

Rom. 4. 3. placuit, fidem coeli, veri sunt filii Israel appro-

Joan. 14. 6. pinquantes Deo per ipsum, qui est *via, veritas, & vita.*

PSALMUS CXLIX.

v. 1. *Cantate Domino canticum novum; laudatio ejus in Ecclesia sanctorum.*

BEne laudantes Dominum canticum novum cantant, non in vetustate carnis, sed in spiritus novitate viventes: ut laus Dei in sanctorum Ecclesia celebretur, quæ sibi ex fide, & moribus, & charitate concordat. Nam sine hac parilitate nulla est cantantium suavitas, nec est modulatio concinens, ubi est fides ac vita dissentiens.

v. 2. *Lætetur Israel in eo qui fecit ipsum, & filii Sion exultent super Regem suum.*

Qui sunt veri Israelitæ, ipsi sunt filii Sion, sive Jerusalem. Utrumque enim nomen unius est civitatis, quæ constat ex Angelis, & homi-

Hebr. 12. 22. nibus, ad eamdem societatem per fidem, & spem, & charitatem de longinqua peregrinatione tendentibus. Qui ergo (b) sic credit, sic

Rom. 10. 11. gaudeat; quia Deus est novi populi & creator, & redemptor, & rector.

v. 3. *Laudent nomen ejus in choro, in tympano & psalterio psallant ei.*

Chori nomine concordia significatur laudantium, quorum voces nisi fuerint consonæ, placere non possunt. Rationalis itaque cantus, cujus tota est in fide & charitate modulatio, neque in moribus, neque in confessione dissideat: sed bene utatur psalterio & tympano, diligens Deum, diligens proximum: & in tympano & psalterio manus concinat voci, & impleatur opere quod ore cantatur. In tympano autem & chordarum extensione crucifixio carnis accipitur: quia nervi quanto plus fuerint extensi, tanto acutius sonant.

Quia beneplacitum est Domino in populo suo, & exaltavit mansuetos in salutem. v. 4.

Quid tam benignum, quam est Dominus in populo suo, quem dignatur convertere aversum, suscipere correctum, juvare pugnantem, & coronare vincentem? Dabit enim exaltationem humilibus: & inde eriguntur mansueti, unde premuntur elati.

Exultabunt sancti in gloria, lætabuntur in cubilibus suis. v. 5.

Exultatio sanctorum, non in divitiis, non in honoribus, neque in ulla est prosperitate terrena: sed *in cubilibus suis*, id est, in conscientia bona, quam tamen non sibi, sed gratiæ Dei adscribunt; ne sint de hominibus sibi placentibus, sed sint de his qui in Christo gloriantur.

(c) *Exaltationes Dei in faucibus eorum, & gladii ancipites in manibus eorum.* v. 6.

Gratias agentes Deo de omnibus profectibus suis, ipsum exaltant, & ad ipsum referunt quod ei placere noverunt, habentes in manibus sermones Dei, qui est gladius bis acutus, efficax Apoc. 1. 16.

& carnales affectus dividere, & peccata resecare. Hebr. 4. 12.

Ad faciendam vindictam in gentibus, objurgationes in populis. v. 7.

Potestas verbi, quo infidelium corda feriuntur, non solum præsidentibus data est, sed omnibus etiam discipulis veritatis, qui possunt arguere errantes, & increpatione sua devios revocare.

Ad alligandos reges eorum in compedibus, & nobiles eorum in vinculis ferreis. v. 8.

Potentes mundi, & reges ac nobiles, nisi Deum timerent, quem timebunt? Sed prædicatur illis Evangelium Christi, & percutiuntur framea bis acuta: annuntiatur illis judicium, & auditis æternis suppliciis sinistrorum, ligantur, Eccli. 6. 25.

& compedes sapientiæ ab initio (d) amoris accipiunt: ut dura præcepta molliant voluntatem, (e) & fit obedientibus blandum, quod asperum videbatur aversis.

Ut faciant in eis judicium conscriptum: gloria hæc est omnibus sanctis ejus. v. 9.

Omnium sanctorum gloria hæc est, ut totus mundus subjiciatur Deo, & divinis legibus, quarum justitia uniformiter ubique conscripta est, simili observantia serviatur. Ad hoc enim utuntur in omnibus gentibus spiritus potestate, ut ubique cantetur canticum novum, & *omnis lingua confiteatur, quoniam Dominus Jesus Christus in gloria est Dei Patris.* Philip. 2. 11.

PSAL-

(a) Editi Lovan. Duac. & Colon. in margine ibi monent forte legendum, *est*.

(b) Forte, *sic credit*. Editi omnes, *sic credis*.

(c) Editiones Lugd. & Lov. *Exultationes Dei*. Sic quoque legit Augustinus hoc loco, & Hieronymus in Libro Psalmorum juxta Hebraicam veritatem translato. At Editiones Duac. & Colon. ut Vulgata nostra habent. *Exaltationes Dei*. Quod pariter legisse idem Hieronymus in utraque versione ex LXX. interpretibus facile est intuenti videre. Sed quoque scripsisse S. Prosperum fundet, quod in expositione dicat, *ipsum exaltant &c.*

(d) Duac. & Colon. edit. *& sic*. Lugd. & Lov. *& sic*.

(e) Forte, *timoris*. Quia *Initium sapientiæ timor Domini*. Psal. 110. 11. & tota hujus versus expositione timor laudari videtur, etsi Editi omnes habeant, *amoris*; & Augustinus ait, *Cœpisti a timore, consummasti ad sapientiam*.

PSALMUS CL.

v. 1. *Laudate Dominum in sanctis ejus.*

AD confessionem pertinet gratiæ, Dominum in sanctis suis laudare, quibus habent sanctificatione quod sancti sunt. Unde in alio Psal-
Psal. 67. 36. mo dicitur, *Mirabilis Deus in sanctis suis*: ut quidquid in illis virtutum atque meritorum est, totum ad Dei gloriam referatur.

Ibid. v. 1. *Laudate eum in firmamento virtutis ejus.*

v. 2. *Laudate eum in potentatibus ejus: laudate eum secundum multitudinem magnitudinis ejus.*

Omnia illa instrumenta laudum Dei, ipsi sancti sunt, per quos ad Deum multiplex sonus concinentis confessionis emittitur. Et ideo in omnibus eorum officiis laudatur Deus; quia omnis canentium motus, ejus Spiritu quem prædicat, animatur.

v. 3. (a) *Laudent igitur eum in sono tubæ.*

Propter excellentissimam Evangelii in Chri-
Psal. 18. 5. sto declarationem. *In omnem enim terram exiit sonus eorum, & in fines orbis terræ verba eorum.*

Ibid. v. 3. *Laudent eum in psalterio & cithara.*

De superioribus scilicet & inferioribus, tanquam eum qui fecit cælum & terram: ut psalterio cælestia, cithara autem terrena laudentur. Quia cavum illud lignum, supra quod chordarum resultat extensio, in psalterio superius, in cithara habetur inferius.

Laudent eum in tympano & choro. v. 4.

Dum ad similitudinem tympani, quod de sicco extensoque fit corio, ad confessionem Dei sensus nostræ carnis aptantur, & ad speciem chori societas canentium in omni modulatione (b) concordet, ut nihil diversum de eo cui canitur, sentiatur.

Laudate eum in chordis, & organo. Ibid. v. 4.

Id est, in quolibet instrumento musico, quod vel pulsu potest sonare, vel flatu.

Laudent eum in cymbalis bene sonantibus. v. 5.

Dum unusquisque honoratur a proximo, non a se ipso. Cum autem dicitur,

Laudate eum in cymbalis jubilationis: Ibid. v. 5.

Evidenter ostenditur, per omnia opera musica, non corporeos sonos, sed affectus animi designatos; siquidem nulla ratio sinat, ut jubilatio esse possit in cymbalis, nisi ipsa cymbala ad motus animi transferantur. Cum enim cœptas Dei laudes verbis non potest explicare, admiratio ejus similis fit jubilationi, quæ in eo minatur sono, qui nullis syllabarum comprehenditur articulis. Nihil ergo extra ipsos sanctos, quibus laus Dei indicitur, cogitetur, nec vile aliquid spiritalibus officiis sentiatur. Et quia sapere secundum carnem mors est.

Omnis spiritus laudet Dominum. Alleluja. v. 6.

(a) Lugdun. & Lovan. hic & versu sequenti, *Laudent*, Duac. & Colon. *Laudate*, quod propius accedit ad *Laudate eum*, quod in Augustino, & omnibus codicibus sacri Psalterii textus habetur, in omni versu atque in omnibus S. Hieronymi editionibus. Vox enim forte tantum inserta est a Prospero differenti in Psalmum.

(b) Forte *concordat*: aut præcedens & sequentia in al.

FINIS.

ADMONITIO
IN SANCTI PROSPERI

Librum Sententiarum ex Augustino delibatum.

EA erat sancti Prosperi in Augustinum, singulasque doctrinæ ab ipso variis in libris traditæ partes propensio, is zelus; ut cum hunc solum pene auctorem doctoremque a puero sibi sequendum proposuisset, omnia ejus dictata sibi quanta potuit diligentia comparaverit, & eo studio, quo major inveniri nequeat, animi penetralibus imbuerit. Sed ne tot tantarumque rerum sibi subreperet oblivio, immo ut cælestes sanctissimi Antistitis regulas pro speculo sibi essent, regendisque singulis vitæ passibus inservirent; quæ fusius scripta legerat, sedulisque curis fuerat meditatus, ea in summam quamdam, brevesque quasi sententias, memoriæ juvandæ renovandæque gratia collegit. Quo in opere non suis tantum profectibus, sed & aliorum omnium utilitati mirum in modum consuluisse invenitur. Ex his enim qui Augustini Opera legerint, doctrinam ejus sub uno veluti conspectu exhiberi sibi gratulantur: qui vero in iis adhuc rudes & inexperti, eorum prolixitate deterrerentur, brevi ista tam sublimis tamque solidæ doctrinæ quasi tabella, ad sedulam ipsorum lectionem accenduntur. In hoc autem libro ea maxime quæ morum ædificationem promoverent collegisse videtur, quamquam non pauca, præsertim sub finem libri, etiam de præcipuis magisque arcanis religionis fideique nostræ mysteriis non præterierit.

Quia vero sunt hæc in plerisque ita brevia, ut aliquid pleniori eorum intellectui apud nonnullos homines defuturum videri posset; ideo notata exhibentur in margine loca ipsa, in quibus eadem stilo diffusiori scripta habentur, & unde breves istæ sententiæ sunt excerptæ. Quæ nos in Appendicis secunda parte exhibenda duximus; ne Lector aliorum librorum vel indigus, vel forte consulendorum piger, hic lectorum fructu omni modo privaretur.

De hoc opere notarunt eruditissimi operum sancti Augustini Editores Monachi Sangermanenses Benedictini, in Appendicis tomi 10. parte tertia pag. 323. Sententias in editis codicibus trecentas & nonaginta contineri. Priores triginta septem, aliasque inter subsequentes perpaucas decerptas esse ex ipsius Prosperi Commentariis in Psalmos: ceteras autem ex operibus Augustini, cujus sancti Doctoris, cum verba nonnumquam mutata esse deprehendamus (subjiciunt illi provide,) eam ob caussam optimum factu judicamus, si moneamus ut inspiciantur ea loca, e quibus mens Augustini magis est expressa quam dictio. Id vero præstamus, e regione hujus generis sententiarum adscripto verbo, VIDE. *Colbertinus Codex notatus 323. (quod unum istius libri exemplar manu scriptum reperire nobis licuit, nec ipsum admodum vetus,) sententias septuaginta sex, non plures repræsentat, scilicet octodecim primas, & omissa decimanona, vigesimam, vigesimam-primam, & alias ex subsequentium serie selectas, cum hacce ad illas prævia annotatione:* Prosper iste Equitaneus fuit, Tolonensis civis, qui relictis rebus sæcularibus, ad divina se omnino negotia transtulit, & quasdam ex beati Augustini sententiis carpens, istum librum composuit &c. *Plures ex hoc libro sententiæ inter Arausicani secundi Concilii canones relatæ sunt; & permultæ sub nomine Prosperi citantur a Floro seu Beda Vulgato in Paulum. Quibusdam etiam ex his sententiis usus est ille, qui Zephyrini, Callisti I. & aliorum Romanorum Pontificum decretales epistolas confinxit. Hactenus Doctissimi viri, quibus tot nominibus obstricta studiosorum multitudo.*

Iidem viri doctissimi cum hunc sententiarum Prosperi librum rursus excudi in

fine

fine tomi decimi Operum sancti Augustini curarent, observarunt in quibusdam libris sententias numerari octoginta octo, in aliis vero nonaginta supra trecentas, cujus varietatis cum originem non notarint, nos re examinata, hinc ortam animadvertimus, quod in editionibus Augustinianis prioribus bis notati reperiantur numeri duo, in aliis a *336. & 337. in aliis vero* b *340. & 341.*

a In Lugd. Lov. & Duac. b In Colon. & hic attendendum.

Nos autem quibus, præter Codicem illum Colbertinum, fas fuit alios duos, tam per viros ad præstandum studiosis omnibus beneficium paratissimos, quam per nos ipsos consulere, videlicet Remigianum unum, id est, qui est Archimonasterii sancti Remigii Remensis ordinis S. Benedicti, alterum Joliensem, qui scilicet olim fuerat viri clarissimi Claudii Joli Præcentoris & Canonici Ecclesiæ Parisiensis, nunc ex ejus legato factus est venerabilis Capituli ejusdem Ecclesiæ; horum ope numerum sententiarum ad 392. crescere posse judicavimus, adnotatis tamen priorum editionum numeris, ne quid Lectoribus ex hac mutatione incommodi crearetur.

Cum denique, ex dicendis infra in Admonitione Epigrammatis S. Prosperi præfigenda, conjici possit, hæc carmina ab ipso circa tempus Concilii Chalcedonensis anno 451. habiti, fuisse composita, in hisque easdem quæ hic sunt ut plurimum sententias, stricta orationis limitibus inclusas observare non sit arduum: hinc istum quoque sententiarum librum huic, ut verisimile nobis videtur, prævium, circa idem tempus concinnatum arbitramur.

TITULUS SENTENTIARUM
SANCTI PROSPERI.

CXII.

CXII. *De cupiditate & charitate.*
CXIII. *De gaudio Christiani.*
CXIV. *De sabbato.*
CXV. *Quod bonum cum gaudio sit faciendum.*
CXVI. *Quod non homines, sed hominum sit fugienda perversitas.*
CXVII. *Quod sunt vitanda peccata, non timore pœnæ, sed amore justitiæ.*
CXVIII. *De humili confessione, & superba jactantia.*
CXIX. *Quod iniqui malitia prosit bonis.*
CXX. *De fidelium perseverantia.*
CXXI. *De propria facultate hominis.*
CXXII. *De contrariis moribus.*
CXXIII. *Qualiter accedatur ad Deum, vel recedatur a Deo.*
CXXIV. *De vera libertate.*
CXXV. *De tolerantia.*
CXXVI. *Unde sit bonum nostrum.*
CXXVII. *De incarnatione Verbi.*
CXXVIII. *De fide intellectus.*
CXXIX. *De superbia.*
CXXX. *De perfectione desideriorum.*
CXXXI. *De duobus donis gratiæ.*
CXXXII. *De laboris fine.*
CXXXIII. *De iniquitatis labore.*
CXXXIV. *De miraculis visibilibus & invisibilibus.*
CXXXV. *De fugientibus diabolum.*
CXXXVI. *De pravis cupiditatibus.*
CXXXVII. *De adulatione.*
CXXXVIII. *De malo consensu animæ.*
CXXXIX. *Quod prior sit natura, quam vitium.*
CXL. *De Angelis & hominibus malis.*
CXLI. *De conditione creaturæ.*
CXLII. *De bono & malo amore.*
CXLIII. *De bona creatura.*
CXLIV. *De vitio naturæ.*
CXLV. *Quod non sit in Deo aut pigra vacatio, aut laboriosa industria.*
CXLVI. *Quod Deus tantum est Creator.*
CXLVII. *De prima & secunda corporis morte.*
CXLVIII. *De morte piorum.*
CXLIX. *De Martyribus non baptizatis.*
CL. *Quod non secundum hominem, sed secundum Deum vivendum sit.*
CLI. *De diversitate humanæ affectionis.*
CLII. *De arbitrii libertate vera.*
CLIII. *Quod cor ad Deum sit habendum.*
CLIV. *De vita beata.*
CLV. *Quod nemo fiat bonus, nisi ex malo.*
CLVI. *De civibus terrenæ civitatis, ac cœlestis.*
CLVII. *De ira Dei.*
CLVIII. *De persequentibus Ecclesiam.*
CLIX. *De fine boni & mali.*
CLX. *De natura.*
CLXI. *De animi æquitate.*
CLXII. *De præcepto charitatis.*
CLXIII. *De concordia & obedientia.*
CLXIV. *De conditione servitutis.*
CLXV. *De patientia.*
CLXVI. *De regimine populi.*
CLXVII. *De vita animæ.*
CLXVIII. *De justitia hominum.*
CLXIX. *De plena pace.*
CLXX. *De prima & secunda morte.*
CLXXI. *De causis incognitis operum Dei.*
CLXXII. *De falsa fiducia.*
CLXXIII. *Quod nihil prosit homini, si invitus bene facias.*
CLXXIV. *De obedientia.*
CLXXV. *De vera dilectione.*
CLXXVI. *De non circumveniendo.*
CLXXVII. *Quod Deus omnes creaturas bonas fecerit.*
CLXXVIII. *Quod justitia iniquis odiosa sit.*
CLXXIX. *De æquitudine animi.*
CLXXX. *De homine benigno.*
CLXXXI. *De veritate odiosa.*
CLXXXII. *De tolerantia.*
CLXXXIII. *De egestate humanæ intelligentiæ.*
CLXXXIV. *De vera æternitate Dei.*
CLXXXV. *De non desperandis peccatoribus.*
CLXXXVI. *Qualiter pax a Deo quæratur.*
CLXXXVII. *Ne juste flagellatus doleat.*
CLXXXVIII. *Ut peccator sibi displiceat.*
CLXXXIX. *De quærendis præsidiis in pace.*
CXC. *De altari Dei duplici.*
CXCI. *De fine legis.*
CXCII. *De malæ conscientiæ pœna.*
CXCIII. *De vera peccatorum remissione.*
CXCIV. *De ruminante verbum Dei.*
CXCV. *De imperio animæ.*
CXCVI. *De misericordia Dei.*
CXCVII. *De discretione bonorum & malorum.*
CXCVIII. *De terreno amore.*
CXCIX. *De hæreditate æterna.*
CC. *De felicitate.*
CCI. *De remediis pœnitentiæ.*
CCII. *De bonis occultis sanctorum.*
CCIII. *De inimicis bonorum.*
CCIV. *De vigore fidei Christianæ.*
CCV. *De purgandis electis.*
CCVI. *De bonis quæ nemo amittit invitus.*
CCVII. *De fine fidelium.*
CCVIII. *De tristitia.*
CCIX. *De peccatis præteritis.*
CCX. *De veritate.*
CCXI. *De impœnitentia peccatorum.*
CCXII. *De præventu misericordiæ Dei.*
CCXIII. *De effectu supplicationis.*
CCXIV. *De profectu bonorum per tentationes.*
CCXV. *De prophetiis implendis.*
CCXVI. *De idolis.*
CCXVII. *De corporibus humanis.*
CCXVIII. *De fini bono.*
CCXIX. *De meditatione fidelium in otio & actione.*
CCXX. *De simulationis malo.*
CCXXI. *Pœna animæ justitiam deserentis.*
CCXXII. *De duabus civitatibus.*
CCXXIII. *Quod præceptum Dei leve sit amanti.*
CCXXIV. *De charitate.*
CCXXV. *De operibus bonis.*

CCXXVI.

CCCXXIV.

SANCTI PROSPERI AQUITANI

SENTENTIARUM EX OPERIBUS

Sancti Augustini Hipponensis Episcopi delibatarum.

LIBER UNUS. *

I.

(a) *Quæ ſit vera innocentia.*

INnocentia vera eſt, quæ nec ſibi, nec alteri nocet. Quoniam *qui diligit iniquitatem, odit animam ſuam.* Et nemo non prius in ſe, quam in alterum peccat.

II.

De hominibus diligendis.

Sic diligendi ſunt homines, ut eorum non diligantur errores: quia aliud eſt amare quod facti ſunt, aliud odiſſe quod faciunt.

III.

De vera æternitate.

Vera æternitas, & vera (b) immutabilitas non eſt, niſi in deitate Trinitatis: cui quod eſt eſſe, (c) perpetuum eſt: quia natura initio carens, incremento non indiget, ſicut nullum finem, ita nullam recipit mutabilitatem. Creaturæ autem (d) etiam illæ, quibus Deus æternitatem dedit, vel daturus eſt, non penitus omnes ſuis alienæ ſunt: quia non ſunt extra commutationem; dum ſuis illis eſt, & temporalis inſtitutio, & localis motio, & ipſa in augmentum ſui facta mutatio.

IV.

De patientia Dei.

Patientia Dei, (e) quæ parcit contemptus, parcit etiam negatus, & magis vult vitam peccatoris, quam mortem; eruditio eſt pœnitudinis, & oblatio correctionis: nec ulla ipſius opera miſericordiæ vacant; quando homini & indulgentia conſulit, & flagello.

V.

(f) *De ultione Dei.*

Divina bonitas ideo maxime iraſcitur (g) in hoc ſæculo, ne iraſcatur in futuro: & miſericorditer adhibet temporalem ſeveritatem, ne æternam juſte inferat ultionem.

VI.

(h) *De vera Dei laudatione.*

Vera eſt, confeſſio benedicentis, cum idem ſonus eſt & oris & cordis. Bene autem loqui, & male vivere, nihil aliud eſt, quam ſua ſe voce damnare.

VII.

De virtute charitatis.

(i) Dilectio Dei & proximi propria & ſpecialis virtus eſt piorum atque ſanctorum, cum cæteræ virtutes & bonis & malis poſſint eſſe communes.

VIII.

De doctrina apoſtolica.

Doctrina apoſtolica (k) tam ſalubris tamque vitalis eſt, ut pro capacitate audientium perviſerviorum

---

(a) Mſ. Jolienſis, *De vera innocentia.*
(b) Mſſ. Remig. Remenſis & Jolienſis, *incommutabilitas*: ut in expoſitione Pſalmi 101. legitur, & ad oram Editorum omnium notatur.
(c) Mſ. Remig. *ſemper eſt.* Editi in margine, *perfectum eſt.*
(d) Mſſ. Remig. & Jol. addunt hic, *etiam*: ut legitur in expoſitione Pſalmi in margine citati, qua voce tamen hic loci carent Editi noſtri omnes.
(e) Editio Colonienſis anni 1540. paulo aliter, *Patientia Dei magna eſt, quæ &c. eruditio eſt pœnitudinis & oblatio correctionis; nulla enim Chriſti opera a miſericordia vacant; quoniam &c.* Mſ. Jol. omittit *etiam*, poſt *parcit*: & *mortem*. Mſ. Remigienſis, *non parcat negatus.... Eruditio enim eſt.* Neque legimus in margine Edit. Lovan. & priorum, *Eruditio pœnitudinis eſt oblatio correctionis*, ſicque legi in codice ſcripto, qui eſt Lovanii in Carthuſia.
(f) Mſ. Jolienſis, *De ultionibus Dei.*
(g) In Mſſ. Remig. & Jolienſi deſunt hæc, *in hoc ſæculo*; & poſtea, *in futuro*: quæ tamen in expoſitione Pſalmi 101. leguntur.
(h) Edit. Colon. vetus, *De vera confeſſione; ſive laudatione.*
(i) Mſ. Jolienſis, *Charitas Dei*, ut in expoſitione Pſalmi præfatam legitur, apud Proſperum.
(k) Sic Mſ. Jolienſis. Edit. Colon. vetus, *tam ſalubris atque vitalis eſt.* Mſ. concinit Pſalmi expoſitio. Edit. Lugdunenſis, Lovanienſis, Duac. & Colon. recentior, *ſalubris atque vitalis eſt.*

non sui (a) relinquat exsortem. Quia sive parvuli, sive magni, sive infirmi, sive fortes habent in ea (b) unde alantur, & unde satientur.

IX.

De quaerendo Deo.

Ejusd. in Psal. 104. v. 4. Deum quaerens, gaudium quaerit. Sic ergo quaerat, ut non in se, sed in Domino gaudeat. Accedendo enim ad Deum, illuminatur ignorantia (c) ipsius, & corroboratur infirmitas, data sibi & intelligentia qua videat, & charitate qua ferveat.

X.

De fastidio spiritali.

Ejusd. in Psal. ead. v. 16. Sicut corpori noxium est, corporeum escam non posse percipere: ita animae periculosum est, spirituales delicias fastidire.

XI.

(d) *De bonorum & malorum finibus.*

Ibid. v. 28. Nunquam erunt boni, (e) qui ad non esse tendunt. Quid enim tam est oppositum paucitati, quam quod est debitum perditioni!

XII.

(f) *De tranquillitate ultionis Dei.*

Ejusd. in Psal. 105. v. 1. Non concupiscit Deus poenam reorum, tamquam saturari desiderans ultione: sed quod justum est, cum tranquillitate decernit, & recta voluntate disponit; ut etiam mali non sint inordinati.

XIII.

De bono intellectu.

Ejusd. in Psal. 110. v. 10. Bonum intellectum habet, qui (g) quod faciendum est, recte intelligit & facit. Alioqui talis est sine opere intelligentia, qualis sine timore sapientia: (h) cum scriptum sit, *Initium sapientiae timor Domini.*

XIV.

De requie adhuc in carne (i) viventis.

Ejusd. in Psal. 114. v. 8. Habet (k) & in hac vita requiem suam anima, quae de morte infidelitatis exempta est, & non ab operibus justitiae, sed ab iniquitatis se abstinet actione: ut vivens Deo, & carnem curando, in humilitatis & mansuetudinis (l) placida tranquillitate requiescat.

XV.

De vovendo (m) Deo.

Ejusd. in Psal. 115. v. 18. Quisquis bene cogitat, (n) quae Deo voveat, & quae vovendo persolvat, seipsum voveat & reddat. Hoc exigitur, hoc debetur. Imago Caesaris reddatur Caesari, imago Dei reddatur Deo. Sed sicut videndum est, (o) quid offeras & cui offeras, ita etiam considerandum est, ubi offeras. Quia veri sacrificii extra Catholicam Ecclesiam locus non est. Lev. 17. 4.

XVI.

De justitia & gratia.

Ejusd. in Psal. 118. v. 64. & Aug. in Joan. tract. in Psal. Vide app. p. 218. Duae sunt retributiones justitiae, cum aut bona pro bonis, aut mala redduntur pro malis. Tertia est retributio gratiae, cum per regenerationem remittuntur mala, & retribuuntur bona. Atque ita manifestatur, quia *universae viae Domini misericordia & veritas.* Illam autem retributionem impiorum, qua pro bonis mala (p) retribuuntur, Deus nescit: qui nisi retribueret bona pro malis, non essent quibus (q) retribueret bona pro bonis. Ps. 24. 10.

XVII.

De supernae patriae civibus.

Psal. 118. v. 19. Omnis qui ad supernam pertinet civitatem, pere-

---

(a) MS. Remigianus, *dimittat*, ut in expositione Psalmi.
(b) Ita Editio Lovan. in Aug. append. ex MS. Colbertino. Editio Colon. vetus, *unde alantur*, *unde satientur*, ut in expositione Psalmi. Editiones Lugd. & ex recentiores, *unde alantur & unde satientur*, omisso & loco priore.
(c) Hoc pronomen, *ipsius*, additur ex MS. Colb. & edit. append. August. MS. Remig. & Editiones ceterae omittunt, cum tamen correspondeat, *sibi*, paulo post in omnibus codicibus. MS. Jol. pro *Accedendo ad Deum*, habet, *Accedendo ad Dominum*, & *illuminatur*.
(d) In editione Colon. veteri, *Quam absurdum sit ad non esse tendere*. Idemque & Lugdunensis ac MS. Remig. *Nunquamquam*. Melius alii, *Nunquam*, ut in Psal. expos.
(e) MS. Joliensis, *qui pereunt*, pro, *qui ad non esse tendunt*.
(f) In Colon. vet. *Quod Deus poenam reorum non concupiscat*.
(g) MS. Jol. *Quod faciendum recte intelligit, facit*. MS. Remig. *recte faciendum intelligit* &c. ut alii codices.
(h) MS. Joliensis, *cum initium sit sapientiae timor Domini*. MS. Remig. *cum initio sit sapientiae*.
(i) Edit. Colon. vet. *viventium*.
(k) MS. Jol. *jam in hac vita*. Expositio Psalmi *etiam in hac vita*. Idem MS. Jol. omittit *se* ante *abstinet*, ut exposit. Psal.
(l) Editi omnes, *placita*. MS. Jol. & Colb. ex quo edit. append. Aug. *placida*. In exposit. Psalmi, *quieta tranquillitate*.
(m) MS. Jol. omittit, *Deo*.
(n) MS. Colb. & edit. Aug. *quid voveat, & quae vota persolvat*. MS. Jol. *quid Deo voveat, & quae vota persolvat, hoc exigitur hoc debetur, ut seipsum voveat & reddat. Imago*, &c.
(o) Ita MS. Remig. qui pro *offeras*, habet *offeret*; forte ex errore. MS. Colb. & edit. August. post Colon. vet. Abs, *quid & cui offeras*.
(p) Sic MS. Colb. & edit. August. app. In expos. Psal. *Nulli malum pro bono retribuit*. Tamen alii omnes, *restituuntur*, & MS. Remig. Jol. vero MS. *restituunt*.
(q) MS. Remig. *retribueretur*.

peregrinus est mundi; & dum temporali utitur vita, in patria vivit aeterna, ubi inter multa illecebrosa, & multa fallacia, Deum nosse & amare paucorum est, (a) quibus sit praeceptum Domini lucidum, illuminans oculos, ut nec in Dei, nec in proximi (b) charitate fallantur. *Psal. 18. 9.*

XVIII.

De carnis cupiditate vincenda.

Ibid. v. 10. Sap. 9. 15. Nemo est cujus animam corruptibile corpus, & inhabitatio terrena non aggravet. (c) Sed admittendum est, ut carnis cupiditates spiritus vigore superentur; & interior homo qui semper sibi sentit resisti, semper se divino auxilio expectet adjuvari.

XIX.

De angusta vitae (d) via.

Ibid. v. 32. Matth. 7. 14. *Angusta est via quae ducit ad vitam*: & tamen per ipsam, nisi dilatato corde non curritur. Quia iter virtutum, quo gradiuntur pauperes Christi, amplum est (e) fidelium spei, etiam si arctum sit infidelium vanitati.

XX.

De praemio (f) Christianae religionis.

Ibid. v. 38. Vide Aug. ibid. [illegible] Hoc affectu & desiderio colendus est Deus, ut sui cultus ipse sit merces. Nam qui Deum ideo colit, ut aliud magis quam ipsum promereatur, non Deum colit, sed illud quod assequi concupiscit.

XXI.

De occultis non judicandis.

Prosp. ibid. [illegible] De occultis cordis alieni temere judicare peccatum est; & eum, (g) cujus non videntur opera nisi bona, iniquum est ex suspicione reprehendere. Cum eorum quae hominibus sunt incognita, solus Deus judex sit justus, qui & inspector est verus.

XXII.

De adjutorio Dei.

Prosp. ibid. [illegible] Divini est muneris, cum & recta cogitamus, & pedes nostros a falsitate (h) & injustitia continemus. Quoties enim bona agimus, Deus in nobis atque nobiscum, ut operemur, operatur.

XXIII.

De passionibus sanctorum. (i)

Justo judicio Dei datur plerumque peccatoribus potestas, qua sanctos ipsius persequantur: (k) ut qui Spiritu Dei reguntur & aguntur, fiant per laborum exercitia clariores. *Prosp. ibid. v. 84.*

XXIV.

De scientia boni. (l)

Non est vera scientia boni, nisi ad hoc comprehendatur, ut agatur. (m) Non enim utiliter meditatur legem Dei, qui laborat ut memoria teneat, quod actione non implet. *Ibid. v. 97. & 11.*

XXV.

De amore legis. (n)

Qui legem Dei diligit, probat se (o) in hominibus iniquis id quod contra legem est odisse, non homines. *Ibidem v. 113.*

XXVI.

De servandis mandatis Dei. (p)

Mandata Dei servari, nisi quieta mente, non potest. Ut ergo religiosum exerceatur studium, abjicienda sunt jurgia malignorum. *Ibidem v. 115.*

XXVII.

De proficiendo. (q)

Nemo tam eruditus, nemo tam doctus est, qui superna illustratione non egeat. (r) Non enim ita ulla divinorum bonorum augmenta sufficiunt, ut non semper supersit, quod mens rationalis, & intelligendum desideret, & gerendum. *Ibidem v. 125.*

XXVIII.

De duplici opere Dei. (s)

Si omnes homines simul consideremus, quorum alii misericordia salvi fiunt, alii veritate damnantur; universae viae Domini, id est, misericordia & veritas, suo fine distinctae sunt. Si autem *Ibidem v. 156.*

(a) Ms. Joliensis, *quibus fit*.
(b) Ms. Colb. & edit. app. August. *fallantur dilectione*. Sic & expos. Psalmi. Cum caeteri omnes habeant, *charitate fallantur*.
(c) Edit. Colon. vet. *mittendum est .... semper se divino*. Ms. Jol. *expectat adjuvare*. Reliqui omnes, *expectet adjuvari*.
(d) Ms. Joliensis, *De angusta via*: omissa voce, *vitae*.
(e) Edit. Colon. vet. *fideli spei*.
(f) Ms. Jol. non habet vocem hanc, *Christianae*.
(g) Edit. Colon. vet. *cujus opera non videntur, nisi bona, ... solus Deus judex sit, quia justus est, & inspector verus*. Ms. Remig. *Cum eorum quae hominibus sunt incognita solus Deus judex sit justus, qui inspector est veri*.
(h) Ms. Remig. *a falsitate injustitia*.
(i) Edit. Colon. vet. addit, *a malis*.
(k) Ms. Colb. & edit. app. August. *ut illi qui*.
(l) Edit. Col. vet. addit, *& aliena*.
(m) Editio Col. vet. *Inutiliter autem*.
(n) Editio Colon. vet. addit, *in hominibus*.
(o) Mss. Remig. & Jol. *in omnibus iniquis*.
(p) Editio Col. vet. addit, *sine jurgiis*.
(q) Editio Colon. vet. addit hic, *semper*.
(r) Ms. Remig. *Non enim illa ita*. Col. vet. *alia ita*.
(s) Editio Colon. vet. addit; *misericordia & veritatis*.

merem solos sanctos intraturos, non discernentes has vias (a) Domini. Individua enim ibi est, & a misericordia veritas, & a veritate misericordia: quia beatitudo sanctorum & de munere gratiae est, & de retributione justitiae.

XXIX.

De observantia pacis. (b)

Ex eodem in Psal. 119. v. 7. Christianae perfectionis est, pacificum esse etiam cum pacis inimicis, spe correctionis, non consensu malignitatis: ut si nec exemplum, (c) nec cohortationem dilectionis sequantur, causas tamen non habeant, quibus odisse nos debeant.

XXX.

De custodia Dei. (d)

Ex eodem in Ps. 120. v. 7. Custodit nos Dominus ab omni malo, non ut nihil patiamur adversi, sed ut ipsis adversitatibus anima non laedatur. Cum enim tentatio adest, fit quidem in id quod nos impugnat invasio: (e) & cum bono fine, id est, sine vulnere agitur, tentatio consummatur; ad aeternam requiem, de profundo temporalis laboris exitur.

XXXI.

(f) *De adjutorio Dei.*

Ex eodem in Ps. 121. v. 1. Tom. 4. (g) Ad caelestis Jerusalem consortium non ascendunt, nisi qui toto corde profitentur, non proprii operis, sed divini esse muneris, quod ascendunt.

XXXII.

(h) *De odiis mundi in Christianos.*

Ex eodem in Ps. 122. v. 3. Omnes qui in Christo pie volunt vivere, necesse est ut ab impiis & difficilibus patiantur opprobria; & despiciantur tanquam stulti & insani, qui (i) praesentia bona perdant, & invisibilia sibi ac futura (k) promittant. Sed haec despectio & irrisio (l) in impios retorquebitur, cum & abundantia eorum in egestatem, & superbia transierit in confusionem.

XXXIII.

(m) *De patientia fidelium.*

Tota fidelium salus, tota patientiae fortitudo, ad eum, qui in sanctis suis est mirabilis, referenda est: quia nisi in illis Dominus esset, furori impiorum fragilitas humana succumberet. Ejusdem in Ps. 123. v. 1.

XXXIV.

De obsequiis debitis.

Ita & a plebibus principes, & a servis domini sunt ferendi, ut sub exercitatione tolerantiae sustineantur temporalia, & sperentur aeterna. Auget enim (n) merita virtutis, quod propositum non violat religionis. Ejusdem in Ps. 124. v. 3.

XXXV.

(o) *De toleranda varietate mundana.*

Recti corde de praeceptis Dei & constitutionibus non queruntur: quia justum est omnia aequanimiter accipi, quae judicaturus (p) voluit tolerari. Ibid. v. 4.

XXXVI.

De aedificatione domus Dei.

Omnis sancti aedificii status, sicut Deo (q) operante proficit, ita Deo custodiente consistit. Quoniam tunc utilis praepositorum custodia est, cum Spiritus Dei populo suo praesidet, & non solum greges, sed etiam ipsos dignatur custodire pastores. Ejusdem in Ps. 126. v. 1.

XXXVII.

De aeternis gaudiis.

Aeternae civitatis aeterna sunt gaudia, (r) & fluminum dierum (s) perpes infantia nec variabitur, nec labetur: quia incommutabili pace potientur, quorum omnium erit bonum, quod fuerit etiam singulorum. Ejusdem in Ps. 126. v. 4.

XXXVIII.

De lege charitatis.

Lex Christi (t) perfectio charitatis est, quae Deus Ejusdem in Ps. 129. v. 4.

(a) MS. Jol. non habet vocem hanc, *Domini*.
(b) Editio Colon. vet. addit, *cum malis*.
(c) Edit. Colon. vet. *nec cohortationem dilectionis sequantur*. MS. Jol. *nec exemplo, nec cohortatione dilectionis*.
(d) Editio Colon. vet. addit, *in tentatione*.
(e) Colon. vet. editio, *Et fiat bono fine, id est sine vulnere, tamen tentatio consummatur*. MS. Jol. *Et cum bono*.
(f) Edit. Col. vet. *De munere Dei in ascensu Jerusalem*.
(g) MS. Remig. *Ad caelestis Israeliticam Jerusalem consortium non ascendunt, nisi qui confitentur* &c.
(h) Colon. vet. edit. *De odio*.
(i) Edit. Colon. vet. *in praesentia*.
(k) MS. Joliensis, *perquirant*.
(l) MS. Jol. *in ipsos*. MS. Remig. *in ipsis* forte pro *in ipsos*.
(m) Colon. vet. edit. *De patientia, in quo consistat*.
(n) MS. Colb. & edit. August. *meritum*.
(o) Edit. Colon. vet. *Non conqueri de constitutionibus Dei*.
(p) Colon. vet. edit. *voluerit*.
(q) Colb. vero MS. *cooperante*; ac bis infra, *custodia est*, *ordo est*.
(r) MS. Joliensis *& instantium dierum*. MS. Remig. *& instantia dierum*. Postea.
(s) Colon. vet edit. *perpetuitas infinita .... quorum erit omnium bonum, etiam quae fuerit singulorum*.
(t) Editio Colon. vet. *perfectio est charitatis*.

Deum proximumque diligimus, & per quem dicitur Conditori legis, (a) *Dimitte nobis debita nostra, sicut & nos dimittimus debitoribus nostris*. Bene enim expectat promissionem Dei, qui mandata ejus exequitur: nec frustra sperat parcendum peccatis suis, qui ignoscit alienis. Matth. 6. 12.

XXXIX.

De jussionibus Dei.

Ex Aug. epist. 140. ad Honoratum c. 6. Nihil Deus jubet quod sibi prosit, sed illi cui jubet. Ideo verus est Dominus, qui servo non indiget, & quo servus indiget.

XL.

(b) *De intemporali scientia Dei.*

Ibid. c. 9. Id quod in tempore novum est, non est novum (c) apud Deum, qui condidit tempora, & sine tempore habet (d) omnia, quae suis quibusque temporibus, pro eorum varietate, distribuit.

XLI.

De providentia Dei.

Ibid. c. 8. Mutabilium dispositionem (e) immutabilis ratio continet, ubi sine tempore simul sunt, quae in temporibus non simul sunt, quia tempora non simul currunt.

XLII.

De impunitate peccantium.

Ibid. c. 19. Nihil infelicius est felicitate peccantium, (f) qua poenalis nutritur impunitas, & mala voluntas velut hostis interior roboratur.

XLIII.

De legis littera. (g)

Ex lib. de spiritu & littera, c. 5. & 14. Legis littera, quae docet non esse peccandum, si Spiritus vivificans desit, occidit. (h) Sciri enim peccatum facit potius quam caveri: & ideo magis augeri quam minui; quia malae concupiscentiae etiam praevaricatio legis accedit.

XLIV.

De lege & gratia.

Ibid. c. 19. Lex data est, ut gratia quaereretur: gratia data est, ut lex impleretur. Neque enim suo vitio non implebatur, sed vitio prudentiae carnis: quod vitium per legem demonstrandum, per gratiam sanandum fuit.

XLV.

De promissione Dei.

Hoc promittit Deus, quod ipse facit. Non enim ipse promittit, & alius facit: quod jam non est promittere, sed praedicere. Ideo non *ex operibus, sed ex vocante*: ne ipsorum sit, non Dei; & merces non imputetur secundum gratiam, sed secundum debitum; atque ita gratia jam non sit gratia. Ibid. c. 24. Rom. 9. 12. & 4. 4.

XLVI.

De fidelium culpis, & infidelium bonis.

Sicut non impediunt ab aeterna vita justum quaedam peccata venialia, sine quibus haec vita non ducitur; sic ad salutem aeternam nihil prosunt impio aliqua bona opera, sine quibus difficillime vita cujuslibet pessimi hominis invenitur. Ibid. c. 28.

XLVII.

(i) *De malae voluntatis effectu.*

Cum voluntas mala potestatem accipit, (k) ut efficiat quod cupit; ex judicio Dei venit, apud quem non est iniquitas. Punit enim etiam isto modo: nec ideo injuste, quia occulte. Caeterum iniquus puniri se ignorat, nisi cum (l) manifesto supplicio senserit nolens, quantum mali sit quod perpetravit volens. Ibid. c. 34.

XLVIII.

De superbia. (m)

Omnia vitia in malefactis tantummodo valent: sola superbia etiam in recte factis cavenda est. Ex Aug. lib. de nat. & gratia, c. 27.

XLIX.

(n) *De impari usu fortunae.*

Interest plurimum qualis sit usus, vel earum rerum quae prosperae, vel earum quae dicuntur adversae. Nam bonus temporalibus nec bonis extollitur, nec malis frangitur: malus autem ideo (o) hujusmodi infelicitate punitur, quia felicitate corrumpitur. Ex lib. 1. de Civitate Dei, c. 8.

L. De

(a) MS. Joliensis addit hic Deo: & post aliquot verba, qui mandatum ejus.

(b) Emendamus ex MS. Joliensi: in quo melius exhibetur sententiae subjectae scopus, quam in caeteris, ubi, De temporali scientia legitur.

(c) MS. Joliensis, apud eum qui.

(d) Edit. Colon. addit, omnium.

(e) MS. Joliensis, immutabilis dispositio.

(f) MS. Remigianus, quia.

(g) Edit. Colon. addit, sine vita.

(h) MS. Joliensis. Sciri, ut in loco Augustini in margine citato. Codices alii nostri Scire, cui non bene respondet caveri.

(i) Colon. vet. edit. De malae voluntate & potestate.

(k) Edit. Colon. vet. efficiendi quod cupit, ex judicio ejus venit.... quantum mali sit quod perpetravit volens.

(l) MS. Remig. manifesto supplicio senserit nolens, tunc agnoscit quantum &c.

(m) Edit. Colon. vet. addit, in bonis.

(n) Colon. vet. De pari usu. MS. Jol. De usu prosperi & adversi.

(o) MS. Joliensis, hujus mundi.

L.

De morte fidelium. (a)

[illegible] Mala mors putanda non est, quam bona vita praecesserit. Non enim facit malam mortem, nisi quod sequitur mortem. Non itaque multum curandum est necessario morituris, quid accidat ut moriantur, sed moriendo quo ire cogantur.

LI.

De puritate (b) *quam non perdit invitus.*

[illegible] Ita non amittitur corporis sanctitas, manente animi sanctitate, etiam corpore oppresso; sicut amittitur sanctitas corporis, violata animi puritate, etiam corpore intacto.

LII.

De fortitudine tolerantiae.

[illegible] Major animus merito dicendus est, qui vitam aerumnosam magis eligit ferre, quam fugere; & humanum judicium, (c) maximeque vulgare, quod plerumque caligine erroris involvitur, prae conscientiae luce ac puritate contemnere.

LIII.

(d) *De libera servitute, & dominio servili.*

[illegible] Justis quidquid malorum (e) ab iniquis dominis irrogatur, non poena est criminis, sed virtutis examen. Nam bonus etiam si serviat, liber est; malus autem, etsi regnet, servus est; nec unius hominis, sed, quod est gravius, tot dominorum, quot vitiorum.

LIV.

De oblatione votorum.

[illegible] Nemo quidquam Domino recte voveret, nisi ab ipso acciperet quod voveret.

LV.

De essentia Deitatis.

[illegible] Omnis substantia quae Deus non est, creatura est, & quae creatura non est, Deus est. Nulla ergo differentia est in deitate Trinitatis; quoniam quod Deo minus est, Deus non est.

LVI.

Quales nos diligit Deus.

Tales nos amat Deus, quales futuri sumus ipsius dono, non quales sumus nostro merito.

LVII.

(f) *De intemporali opere Dei.*

Ordo temporum in aeterna Dei sapientia sine tempore est, nec aliqua sunt apud illum nova, qui fecit quae futura sunt.

LVIII.

De principali omnium rerum causa.

Voluntas Dei est prima & summa causa omnium corporalium spiritaliumque motionum. Nihil enim fit visibiliter & sensibiliter, quod non de invisibili atque intelligibili summi Imperatoris aula, aut jubeatur, aut permittatur, secundum ineffabilem justitiam praemiorum, atque poenarum, gratiarum & retributionum, in ista totius creaturae amplissima quadam immensaque republica. [illegible]

LIX.

(g) *De superbia diaboli, & Christi humilitate.*

Diabolus superbus hominem superbientem perduxit ad mortem, Christus humilis hominem obedientem reduxit ad vitam. Quia sicut ille elatus cecidit, & dejecit consentientem; sic iste humiliatus surrexit, & erexit credentem. [illegible]

LX.

De spiritalibus augmentis.

In rebus spiritalibus cum minor majori adhaeret, sicut Creatori creatura, illa fit major quam erat, non ille: & hoc est majus esse, quod est melius esse: quia adhaerens creatura Creatori, non mole auctior, sed virtute fit major. [illegible]

LXI.

De ineffabili excellentia Deitatis.

Excedit supereminentia Deitatis non solum usitati eloquii nostri, sed etiam intelligentiae fa- [illegible]

(a) Edit. Colon. vet. addit *bene*. Ms. Jol. *Quod non recte male mori, qui bene vixerit.*
(b) Edit. Colon. *De puritate animi, oppresso corpore.*
(c) Colon. vet. edit. *maxime quod est vulgare.*
(d) Edit. Colon. *De libera servitute in Domino servili*, tota pro, *& dominio servili*: caeteri codices, *De humilitate justorum*, non item bene.
(e) Edit. Colon. *aliquos dominos rogat* ... *Nam etiam bonus si serviat*, &c. Ms. Jol. *malus quamvis*. Ms. Jol. initio, *Justis quidquid mali*.
(f) Codices omnes alii, praeter Ms. Joliensem, *De temporali*: cujus lectio magis congruere sententiae visa est, ubi *sine tempore* dicitur esse in Deo ordo temporum.
(g) Hoc loco Ms. cod. Colbertinus sententiam illam addit. *De studiis malorum & bonorum. Status malorum ut quae timent sit parte fugiendus, Discant quid timeant, quaeant, sit quod amant.* Sumpta est ex libro Epigrammatum Prosperi, c. 52.

cuitatem. Verius enim cogitatur Deus, quam dicitur, & verius est, quam cogitatur. Non (a) parva autem notitiae pars est, si antequam scire possimus quid sit Deus possumus scire quid non sit.

LXII.

De vera beatitudine.

Ex lib. 13. de Trin. cap. 5. Omnes beati habent quod volunt, quamvis non omnes qui habent quod volunt, continuo sint beati. Continuo autem sunt miseri, qui vel non habent quod volunt, vel id habent quod non recte volunt. Propior ergo beatitudini voluntas recta, etiam (b) non adepta quod cupit, quam prava, etiam si quod cupit obtinuit.

LXIII.

(c) *Quid sit esse cum Deo.*

Ex lib. 14. de Trin. cap. 12. Magna hominis miseria est, cum illo non esse, sine quo non potest esse. In quo est enim, sine dubio sine illo non est: & tamen si ejus non meminit, eumque non intelligit, neque diligit, cum eo non est.

LXIV.

De incarnatione Verbi Dei.

Divinitas Verbi aequalis Patri, facta est particeps mortalitatis nostrae, non de suo, sed de nostro: ut & nos efficeremur participes divinitatis ejus, non de nostro, sed de ipsius.

LXV.

(d) *Quo odio odiendi sint mali.*

Perfectum odium est, quod nec justitia, nec scientia caret: id est, ut nec propter vitia homines oderis, nec vitia propter homines diligas. Recte ergo in malis odimus malitiam, & diligimus creaturam: ut nec propter vitium natura damnetur, nec propter naturam vitium diligatur.

LXVI.

De labore (e) fingentium mendacia.

Difficilia & laboriosa sunt figmenta mendacii. Qui autem verum vult dicere, non laborat: quietiores enim sunt boni, quam mali; & absolutoria sunt verba (f) veridicorum, quam commenta fallacium.

LXVII.

(g) *De divinis scripturis.*

Bona sunt in scripturis sanctis mysteriorum profunditates, quae ob hoc teguntur, ne vilescant; ob hoc quaeruntur, ut exerceant; ob hoc (h) autem aperiuntur, ut pascant.

LXVIII.

(i) *De oratione Domini.*

Orans cum sudore sanguineo Dominus Jesus Christus, significabat de toto corpore (k) suo, quod est Ecclesia, emanaturas Martyrum passiones.

LXIX.

(l) *De sacramentorum perceptione.*

Sacramentum pietatis in judicium sibi sumit indignus. Bene enim esse non potest male accipienti quod bonum est.

LXX.

De laudando (m) Deum.

Qui laudat Deum in miraculis beneficiorum, laudet etiam in terroribus ultionum. (n) Nam & blanditur & minatur. Si non blandiretur, nulla esset exhortatio: si non minaretur, nulla esset correctio.

LXXI.

De accelerando conversione. (o)

Remedia (p) conversionis ad Deum, nullis sunt cunctationibus differenda; ne tempus correctionis pereat tarditate. Qui enim poenitenti indulgentiam promisit, dissimulanti diem crastinum non spopondit.

LXXII.

De humilitate orandi. (q)

Rectus est, & bene invocat Deum, qui in omnibus malis quae patitur, se accusat, non Deum;

(a) MS. Joliensis. *Non parva .... si ante quam possimus scire*, &c. Nec dissonat Augustini liber. *Non enim parvae notitiae pars est .... si antequam scire possumus quid sit Deus, possumus jam scire quid non sit.*
(b) Edit. Colon. vet. *non adepta*. MS. Joliensis *quod cupit .... quod concupivit.*
(c) Colon. vet. edit. *Quomodo sit esse cum Deo.*
(d) Edit. Colon. vet. *De hominibus malis odiendis.*
(e) MS. Jol. *fallentium.*
(f) MSS. Colo. & Jol. cum edit. opp. August. & omnes editi in ora libri, *veridicorum*: sed hi in textu praeferunt, *veracium.*
(g) MS. Joliensis, *De quaestionibus Scripturarum.*
(h) In MS. Remig. & Jol. deest, *autem*: quo habetur in loco Augustini.
(i) Col. vet. edit. *De oratione Christi in sanguine.*
(k) MS. Jol. addit *membrorum*, *suo*: cui opus respondet in loco posteriori Augustini.
(l) Colon. vet. edit. *De sacramentis ad malos.*
(m) MS. Jol. *Deo* legit, ubi ceteri *Deum*. Colon. vet. edit. *De laude Dei in beneficiis & minis.*
(n) MS. Jol. *nunc blanditur, & nunc minatur*. MS. Remig. *Non enim blanditur & minatur* ubi deficeretur non, & *non monetur*, ut in locis Prosperi, & Augustini habetur.
(o) Colon. vet. edit. addit, *in remedio.*
(p) MS. Remig. *correctionis.*
(q) Edit. Colon. vet. addit, *in bonis et malis.*

Deum; & in bonis quæ facit, non se laudat, sed Deum. Sicut enim repellit Deus peccata sua defendentem, sic recipit confitentem.

LXXIII.

De admiratione creaturarum. (a)

Mirabilis est fabrica mundi, sed mirabilior fabricator. Et male occupatur creatis, qui (b) a Creatore discedit: (c) qui si hæserit superiori, inferiora calcabit; ne quod diligeret contra naturam, converteretur in pœnam.

LXXIV.

De anima inordinata.

Aug. ibid.

Anima rationalis superioribus inferiora præponens, non potest regere quod regebat: quia regi (d) noluit a quo regebatur.

LXXV.

De pœna peccati. (e)

Ibid.

Corpus carnis nostræ ornamentum nobis fuit: peccavimus, & compedes inde accepimus, ut vinculis mortalitatis omnis humanarum actionum cursus præpediretur.

LXXVI.

De ratione (f) *psallendi.*

Vide Aug. in Ps.

Recte in Dei laudem psallit, cujus opera cum voce concordant. Nam finito canticum, vox tacet: vita autem in bonis actibus (g) permanens, nunquam reticet ejus gloriam, quem in se gaudet operari.

LXXVII.

De timore. (h)

Vide ibid.

Omnia quæ timentur, rationabiliter declinantur: Deus sic timendus est, ut ab ipso ad ipsum (i) confugiatur. (k)

LXXVIII.

De recta sollicitudine. (l)

Sicut præpostera securitas in periculum impellit: ita ordinata sollicitudo securitatem parit.

LXXIX.

De virginitate. (m)

Virginitas carnis, corpus intactum: virginitas animæ, fides incorrupta. Ibid.

LXXX.

(n) *De modo habendi.*

Multa nos in facultatibus nostris superflus habere (o) probabimur, si necessaria sola retineamus. Nam vana quærentibus nihil sufficit, & alienorum quodam modo retentor est, qui profutura pauperibus inutiliter habet.

LXXXI.

De cogitationibus. (p)

Quomodo aures nostræ ad voces nostras, (q) sic aures Dei ad cogitationes nostras. Non potest autem fieri, ut (r) in mala opera exeant cogitationes bonæ: quoniam hoc actione promitur, quod corde concipitur.

LXXXII.

De cantico novo.

Sicut veteris hominis vetus canticum ad temporalia, sic novi hominis novum canticum pertinet ad æterna; & ita unusquisque cantat, ut vivit. Novum autem canticum, caritas est fidei quæ per dilectionem operatur.

LXXXIII.

De vera humilitate.

Vera fidelium humilitas est, in nullo superbire, in nullo murmurare; nec ingratum esse, nec querulum, sed in omnibus Dei judiciis gratias Deo agere, Deumque laudare, cujus omnia opera aut justa sunt, aut benigna.

LXXXIV.

De desperantibus.

Nimis miser est, qui non sperat (s) in Deo, & de

T 2

(a) Colon. vet. edit. addit, *& admiratione.*

(b) MSS. Remig. & Jol. *ab auctore*: idemque margini adscribitur in editis omnibus, dempto Col. vet.

(c) Colon. vet. edit. *cui si inhæserit.*

(d) Edit. Colon. vet. & Lugdun. *voluit*: errore manifesto ex loci sensu, & Augustini libro.

(e) Colon. vet. edit. addit, *in compedibus.*

(f) Emendavimus ex MS. Jol. cum in editis fere omnibus haberetur *psallentium*. Colon. vet. edit. *De psallentibus cum opere & voce.*

(g) MS. Jol. *perseverantis.*

(h) Colon. vet. edit. addit, *recto.*

(i) MS. Remig. *confugiatur.*

(k) Colbertinus codex addit, *utile pænitere est, mundana adversa timere.* Iisdem est Prosperiani epigrammatis 73.

(l) Edit. Colon. vet. addit, *& securitate.*

(m) Colon. vet. edit. addit. *corporis & animæ.*

(n) Edit. Colon. vet. *Contra superflua.*

(o) MSS. Remig. & Jol. *probabimus.*

(p) Col. vet. edit. addit, *ad Deum.*

(q) MS. Jol. *ita cogitationes nostræ ad aures Dei.*

(r) MS. Johannis, *mala opera exeuntes*, MS. Remig. *mala opera exeant.*

(s) MSS. Remig. & Jol. *in Deum*: & infra, *quærit.*

cultatem. Verius enim cogitatur Deus, quam dicitur, & verius est, quam cogitatur. Non (a) parva autem notitiae pars est, si antequam scire possimus quid sit Deus possumus scire quid non sit.

LXII.

De vera beatitudine.

Omnes beati habent quod volunt, quamvis non omnes qui habent quod volunt, continuo sint beati. Continuo autem sunt miseri, qui vel non habent quod volunt, vel id habent quod non recte volunt. Propior ergo beatitudini voluntas recta, etiam (b) non adepta quod cupit, quam prava, etiam si quod cupit obtinuit.

LXIII.

(c) *Quid sit esse cum Deo.*

Magna hominis miseria est, cum illo non esse, sine quo non potest esse. In quo enim est, sine dubio sine illo non est: & tamen si ejus non meminit, eumque non intelligit, neque diligit, cum eo non est.

LXIV.

De incarnatione Verbi Dei.

Divinitas Verbi aequalis Patri, facta est particeps mortalitatis nostrae, non de suo, sed de nostro: ut & nos efficeremur participes divinitatis ejus, non de nostro, sed de ipsius.

LXV.

(d) *Quo odio odiendi sint mali.*

Perfectum odium est, quod nec justitia, nec scientia caret: id est, ut nec propter vitia homines oderis, nec vitia propter homines diligas. Recte ergo in malis odimus malitiam, & diligimus creaturam: ut nec propter vitium natura damnetur, nec propter naturam vitium diligatur.

LXVI.

De labore (e) fingentium mendacia.

Difficilia & laboriosa sunt figmenta mendacii. Qui autem verum vult dicere, non laborat: quietiores enim sunt boni, quam mali; & absolutoria sunt verba (f) veridicorum, quam commenta fallacium.

LXVII.

(g) *De divinis scripturis.*

Bene sunt in scripturis sanctis mysteriorum profunditates, quae ob hoc teguntur, ne vilescant; ob hoc quaeruntur, ut exerceant; ob hoc (h) autem aperiuntur, ut pascant.

LXVIII.

(i) *De oratione Domini.*

Orans cum sudore sanguineo Dominus Jesus Christus, significabat de toto corpore (k) suo, quod est Ecclesia, emanaturas Martyrum passiones.

LXIX.

(l) *De sacramentorum perceptione.*

Sacramentum pietatis in judicium sibi sumit indignus. Bene enim esse non potest male accipienti quod bonum est.

LXX.

De laudando (m) Deum.

Qui laudat Deum in miraculis beneficiorum, laudet etiam in terroribus ultionum. (n) Nam & blanditur & minatur. Si non blandiretur, nulla esset exhortatio: si non minaretur, nulla esset correctio.

LXXI.

De acceleranda conversione. (o)

Remedia (p) conversionis ad Deum, nullis sunt cunctationibus differenda; ne tempus correctionis pereat tarditate. Qui enim poenitenti indulgentiam promisit; dissimulanti diem crastinum non spopondit.

LXXII.

De humilitate orandi. (q)

Rectus est, & bene invocat Deum, qui in omnibus malis quae patitur, se accusat, non Deum;

(a) Ms. Joliensis. *Non parva .... si ante quam possemus scire,* &c. Nec dissimilis Augustini liber. *Non enim parva notitiae pars est, si .... si ante quam scire possumus quid sit Deus, possumus jam scire quid non sit.*

(b) Edit. Colon. vet. *non adepta.* Ms. Joliensis *quae cupit ... quod concupivit.*

(c) Colon. vet. edit. *Quorsum sit esse cum Deo.*

(d) Ibid. Colon. vet. *De hominibus malis odiendis.*

(e) Ms. Jol. *fallaciarum.*

(f) Mss. Colb. & Jol. cum edit. opp. August. & omnes editi in ora libri, *veridicorum*: esto hi in textu mendacium, *veracium.*

(g) Ms. Joliensis, *De quaestionibus Scripturarum.*

(h) In Mss. Remig. & Jol. deest, *autem*: uno habetur in loco Augustini.

(i) Col. vet. edit. *De oratione Christi in sanguine.*

(k) Ms. Jol. addit praeterea, *suo*: cui etiam respondet in loco posteriori Augustini.

(l) Colon. vet. edit. *De sacramentis ad malos.*

(m) Ms. Jol. *Deo* legit, ubi ceteri *Deum*. Colon. vet. edit. *De laude Dei in beneficiis & minis.*

(n) Ms. Jol. *nunc blanditur, & nunc minatur.* Ms. Remig. *Non enim blanditur & minatur ubi desideratur nos, & non minatur,* ut in loco Prosperi, & Augustini habetur.

(o) Colon. vet. edit. addit, *in remedio.*

(p) Ms. Remig. *correctionis.*

(q) Ibid. Colon. vet. addit, *in bonis et malis.*

Deum; & in bonis quae facit, non se laudat, sed Deum. Sicut enim repellit Deus peccata sua defendentem, sic recipit confitentem.

LXXIII.

De admiratione creaturarum. (a)

V. Aug. in Ps. [illegible] infra app. p. [illegible] Mirabilis est fabrica mundi, sed mirabilior fabricator. Et male accipitur creatura, quae (b) a Creatore discedit: (c) qui si inhaeserit superiori, inferiora calcabit; ut quod dilexerit contra naturam, convertatur in poenam.

LXXIV.

De anima inordinata.

Aug. ibid. n. [illegible] Anima rationalis superioribus inferiora praeponens, non potest regere quod regebat: quia regi (d) noluit a quo regebatur.

LXXV.

De poena peccati. (e)

Ibid. n. [illegible] Corpus carnis nostrae ornamentum nobis fuit: peccavimus, & compedes inde accepimus, ut vinculis mortalitatis carnis humanarum actionum cursus praepediatur.

LXXVI.

De ratione (f) *psallendi.*

Vide Aug. in Ps. [illegible] infra app. p. [illegible] Recte in Dei laudem psallit, cujus opera cum voce concordant. Nam finito carmine, vox tacet: vita autem in bonis actibus (g) permanens, nunquam reticet ejus gloriam, quem in se gaudet operari.

LXXVII.

De timore. (h)

Vide ibid. [illegible] infra app. p. [illegible] Omnia quae timentur, rationabiliter declinantur: Deus sic timendus est, ut ab ipso ad ipsum (i) confugiatur. (k)

LXXVIII.

De recta sollicitudine. (l)

V. Aug. in Ps. [illegible] Sicut praepostera securitas in periculum impellit: ita ordinata sollicitudo securitatem parit.

LXXIX.

De virginitate. (m)

Virginitas carnis, corpus intactum: virginitas animae, fides incorrupta. Ibid. n. [illegible]

LXXX.

(n) *De modo habendi.*

Multa nos in facultatibus nostris superflua habere (o) probabimur, si necessaria sola retineamus. Nam vana quaerentibus nihil sufficit, & alienorum quodam modo raptor est, qui profutura pauperibus inutiliter habet. Prosp. in Ps. [illegible] Aug. serm. in Ps. [illegible]

LXXXI.

De cogitationibus. (p)

Quomodo aures nostrae ad voces nostras, (q) sic aures Dei ad cogitationes nostras. Non potest autem fieri, ut (r) in mala opera exeant cogitationes bonae: quoniam hoc actione promitur, quod corde concipitur. Ex Aug. in Ps. [illegible]

LXXXII.

De cantico novo.

Sicut veteris hominis vetus canticum ad temporalia, sic novi hominis novum canticum pertinet ad aeterna; & ita unusquisque cantat, ut vivit. Novum autem canticum, carmen est fidei quae per dilectionem operatur. V. Aug. in Ps. [illegible] infra app. p. [illegible]

LXXXIII.

De vera humilitate.

Vera fidelium humilitas est, in nullo superbire, in nullo murmurare, nec ingratum esse, nec querulum, sed in omnibus Dei judiciis gratias Deo agere, Deumque laudare, cujus omnia opera aut justa sunt, aut benigna.

LXXXIV.

De desperantibus.

Nimis miser est, qui non sperat (s) in Deo, V. Aug. in Ps. [illegible] Sermo [illegible] infra app. p. [illegible]

T 2 & de

(a) Colon. vet. edit. addit. *& coelestium.*
(b) MSS. Remig. & Jol. *ab actore*: idemque margini subscribitur in editis omnibus, dempto Col. vet.
(c) Colon. vet. edit. *cui si inhaeserit.*
(d) Edit. Colon. vet. & Lugdun. *voluit*: errore manifesto ex locis similis, & Augustini libro.
(e) Colon. vet. edit. addit, *in compedibus.*
(f) Emendamus ex MS. Jol. cum in editis fere omnibus habeatur *psallentium*. Colon. vet. edit. *De psallentibus cum opere & voce.*
(g) MS. Jol. *permanentis.*
(h) Colon. vet. edit. addit. *recto.*
(i) MS. Remig. *confugiemus.*
(k) Colbertinus codex addit, *utile prudenti est, mundana adversa cavere.* Inditum est Prosperiani epigrammatis 73.
(l) Edit. Colon. vet. addit, *& frequenter.*
(m) Colon. vet. edit. addit. *corporis & animae.*
(n) Edit. Colon. vet. *Contra superflua.*
(o) MSS. Remig. & Jol. *probabimus.*
(p) Col. vet. edit. addit, *ad Deum.*
(q) MS. Jol. *ita cogitationes nostrae ad aures Dei.*
(r) MS. Joliensis, *mala opera exeuntes*, MS. Remig. *mala opera exeant.*
(s) MSS. Remig. & Jol. *in Deum*: & infra, *quaerit.*

& de se sibi secunda promittit: cum eo ipso quod non quaerit Dei auxilium, ab omni spe verae salutis exciderit.

LXXXV.

De divitiis.

V. ibid. n. [illegible] In magna egestate sunt, qui de iniquitate sunt divites, justitiae opes, & sapientiae thesauros (a) non habentes: qui autem Domino serviunt, ea bona acquirunt, quae perire non possunt.

LXXXVI.

De vera bonitate.

V. ibid. n. [illegible] Non sufficit abstinere a malo, nisi fiat quod bonum est; & parum est nemini nocere, nisi studeas multis prodesse.

LXXXVII.

De mali impunitate.

V. ibid. n. [illegible] Peccator (b) qui peccat, non ideo a Domino non videtur, quia mala ejus poena differtur: gravius autem in eum (c) decernitur, cui etiam ipsa correctio denegatur.

LXXXVIII.

De bono humilitatis.

V. ibid. n. [illegible] Non acceditur ad altitudinem Dei, nisi per humilitatem: & cui propinquat subditus, longe ab eo recedit elatus.

LXXXIX.

De sepultura.

V. ibid. n. [illegible] Sicut peccatoribus divitibus nihil prosunt exequiae sumptuosae, ita nihil nocent aut viles, aut nullae sanctorum properatae sepulturae.

XC.

De gaudio (d) recto.

Non potest umquam fraudari delectationibus suis, cui Christus est gaudium. Aeterna enim exultatio est, quae bono laetatur aeterno.

XCI.

(e) *Quid hominem Deo jungat.*

V. [illegible] Deo, qui ubique est, non locis, sed actionibus, aut longinqui, (f) aut proximi sumus: quia sicut separat dissimilitudo, ita nos illi conjungit imitatio.

XCII.

De bono praelio.

Humanae aegritudinis est, in carne mortali delectationem habere peccandi. Sed discipulus amatorque virtutum, non pacem huic concupiscentiae tribuere, sed bellum debet indicere. V. [illegible]

XCIII.

De spe fidelium.

Non te terreat, Christiane, quod credita differuntur: licet in abscondito sit promissio, in spe tamen perseveret oratio. Exercere operibus, cresce virtutibus. Dum fidei constantia probatur, gloria retributionis augetur.

XCIV.

De temporibus (g) *malorum.*

Omne tempus malorum pusillum est. Quid enim tam exiguum, (h) quam quod in hoc tendit, ut non sit?

XCV.

(i) *De charitatis augmento.*

Crescit semper (k) charitatis facultas, dum usu major, & largitate fit ditior.

XCVI.

De defectu malorum.

Malorum impietatem perire necesse est, aut proprio judicio, aut sententia Dei. Nulla enim iniquitas permanet, cui finem aut correctio, aut damnatio facit.

XCVII.

Unde adhaeretur Deo.

Adhaerens Deo & semper (l) ejus faciens voluntatem, numquam a suo habitatore deseritur: & si quandoque dura atque adversa patiatur, non relinquitur, sed probatur.

XCVIII.

(a) MSS. Remig. & Jol. non habentes. Editi omnes, non habent.
(b) MSS. Remig. & Jol. cum peccat.
(c) Colon. vet. edit. differtur.
(d) MS. Jol. recti.
(e) MS. Jol. Quid sit Deo esse vicinum.
(f) MS. Jol. aut propinqui, aut longinqui sumus, & paulo post Colon. vet. edit. sicut nos separat.
(g) Colon. vet. edit. addit hanc vocem, malorum.
(h) Vitiose Colon. vet. tam exiguum est. Caeteri codices omittunt verbum substantivum est.
(i) MS. Jol. De charitate.
(k) Vitiose Colon. vet. facultatis charitas.
(l) MS. Jol. Dei faciens.

XCVIII.

De justitia.

Tota justitiae ratio est, ut declinentur mala, & fiant bona: cujus observantiae inter quaslibet adversitates forma servanda est: quia hoc solum nunquam amittitur, quod (a) operi pietatis impenditur.

XCIX.

De tolerantia.

V. August. [illegible] Tolerentur praesentia mala, donec veniat beatitudo promissa. Sustineantur a fidelibus infideles, & (b) zizaniorum inter frumenta zizaniorum avulsio differatur. Quantumlibet saeviant impii, melior est etiam in hoc tempore causa justorum, qui quanto acrius impetuntur, tanto gloriosius coronantur.

C.

Quid sit clamor ad Deum.

V. Aug. in Ps. [illegible] Clamor ad Deum est intentio cordis, & flagrantia dilectionis: quia semper petitur, quod semper optatur. Hoc autem Deo absconditum non est; quoniam ad ipsum redit, quod ab ipso processit.

CI.

De confitendo peccato.

V. ibid. [illegible] Bona est (c) peccati confessio, si curatio consequatur. Nam quid prodest detegere plagam, & non adhibere medicinam?

CII.

(d) *De perfectione.*

In hac vita, quae tota tentatio est, etiam in sublimissimis sanctis, non apprehenditur illa perfectio, cui non supersit ascensio.

CIII.

(e) *De laboribus praesentis vitae.*

V. Aug. in Ps. [illegible] Dum praesentis vitae cursus agitur: etiam si valde proficiat (f) cujus exterior homo corrumpitur, & interior renovatur; necesse est tamen, ut dum conditioni subjacet mortis, labores toleret vetustatis.

CIV.

Quod imago Dei homo sit, (g) etiam obnoxius vanitati.

Imago quidem Dei est homo; & qui per justitiae ambulat vias, ad similitudinem sui tendit auctoris: & tamen dum in hac vita degit, conturbationes vanitatis incurrit. V. ibid. [illegible]

CV.

De eruditione divina. (h)

Prima divini muneris gratia est, ut erudiat nos ad nostrae humilitatis confessionem, & agnoscere faciat, quod si quid boni agimus, per illum possumus, sine quo nihil possumus. Aug. [illegible]

CVI.

Quod tota infidelium vita peccatum sit. (i)

Omnis infidelium vita peccatum est, & nihil est bonum sine summo bono. Ubi enim deest agnitio aeternae & incommutabilis veritatis, falsa virtus est, etiam in optimis moribus.

CVII.

(k) *De fundamento spiritali.*

Sicut fundamentum corporeae fabricae in imo est, ita fundamentum fabricae spiritalis in summo est. Terrena aedificatio a terra incipit, caelestis exstructio a superno crescit exordio.

CVIII.

(l) *Quod recordatio vel oblivio non cadant in Deum.*

Tunc dicitur Deus meminisse, quando facit; tunc oblivisci, quando non facit. Nam neque oblivio cadit in Deum, quia nullo modo mutatur; neque recordatio, quia nihil obliviscitur. [illegible] in Ps. [illegible]

CIX.

(m) *Qui Dei mirabilia videant.*

Hi vident mirabilia Dei, quibus prosunt. Nam V. ibid. [illegible]

(a) Ms. Remig. *quod opere.*

(b) Ms. Remig. *& inter herbarum frumenta zizaniorum*. Editiones omnes sic distinguebant, *avulsio differatur, quantumlibet saeviant impii. Melior est etiam* &c. August. opp. editio distinctionem nostram, quae commodior visa est, primus invexit.

(c) Edit. Colon. & posteriores, *peccati*.

(d) Ms. Remig. *facere plagam.*

(e) Colon. vet. edit. *De perfectionis*, (forte pro *perfectionis*) *ascensu.*

(f) Colon. vet. edit. addit titulo, *in vetustate*. Ms. Jol. totum sic habet, *De profectu vitae praesentis.*

(g) Editio Colon. vet. *cujus exercitio homo corrumpitur exterior*. Sub finem Ms. Remig. habet, *laborem*, non *labores*.

(h) Posteriorem hanc tituli partem praetermittit editio Colon. vet. Ms. Jol. *De homine ad imaginem Dei facto.*

(i) Editio Colon. vet. addit hic, *etiam optimis moribus.*

(k) Ms. Jol. *De caelesti & terrena aedificatione.*

(l) Colon. vet. edit. addit, *& quomodo*. Ms. Jol. aliter totum exhibet. *Qualiter accipi debeat, quod obliviscatur Deus.*

(m) Ms. Jol. *Qualiter videri possint mirabilia Dei.*

Nam quod non intelligitur, vel unde non proficitur, non videtur.

CX.

De misericordia & veritate (a) jungendis.

Non auferat veritas misericordiam, nec misericordia impediat veritatem. Si enim pro misericordia judicaveris contra veritatem, aut quasi rigida veritate oblitus fueris misericordiam, non ambulabis in via Domini, in qua misericordia & veritas obviaverunt sibi.

CXI.

De tentatione & imitatione Christi. (b)

Tentatio Christi, eruditio (c) Christiani est. Imitatores enim magistri debent esse discipuli, non in faciendis miraculis, quæ nemo exigit; sed in custodienda humilitate atque patientia, (d) ad quæ nos Dominus suo invitavit exemplo.

CXII.

De cupiditate & charitate.

Quemadmodum radix omnium malorum est cupiditas, sic radix omnium bonorum est charitas.

CXIII.

(e) De gaudio Christiani.

Christiano (f) recte gaudendi causa non præsens sæculum, sed futurum est: & ita est utendum temporalibus, ne obsint æternis; ut in via, qua peregrini ambulant, (g) hoc placeat quod ducit ad patriam.

CXIV.

De sabbato.

Male celebrat sabbatum, qui ab operibus bonis vacat. Otium autem ab iniquitate debet esse perpetuum: quia bona conscientia non inquietum, sed tranquillum facit. (h)

CXV.

(i) Quod bonum cum gaudio sit faciendum.

Cum bonum operaris, hilaris operare. Nam si quid boni tristis feceris, fit de te, magis, quam facis.

CXVI.

(k) Quod non hominem, sed hominum sit fugienda perversitas.

Si in mores malorum non transeant boni, etiam inter cohabitantes magna divisio est. Non ergo homines, qui meliorum exemplo corrigi queunt, sed hominum est fugienda iniquitas.

CXVII.

(l) Quod sint vitanda peccata, non timore pœnæ, sed amore justitiæ.

Eam Deus innocentiam probat, qua homo non (m) metu pœnæ fit innocens, sed amore justitiæ. Nam qui timore non peccat, quamvis non noceat cui vult nocere, sibi tamen plurimum nocet; & abstinens ab iniquo opere, sola tamen reus est voluntate.

CXVIII.

(n) De humili confessione, & superba jactantia.

Melior est in malis factis humilis confessio, quam in bonis superba gloriatio.

CXIX.

(o) Quod iniqui malitia prosit bonis.

De malitia mali flagellatur bonus; & de ferro emendatur filius.

CXX.

De fidelium perseverantia.

Sicut stellas cœli non extinguit nox; sic mentes fidelium, adhærentes firmamento sanctæ scripturæ, non obscurat (p) mundana iniquitas.

CXXI.

(a) Edit. Colon. vet. obviaverunt sibi. MS. Jol. Qualiter intelligi debeat misericordia & veritas.
(b) Colon. vet. edit. addit, non in miraculis.
(c) MS. Remig. Christianus est; & sub sensu, ad quam nos.
(d) MS. Jol. & patientia, ad quam nos Deus suo exemplo invitat.
(e) MS. Jol. Quæ sit causa recte gaudendi.
(f) Edit. Colon. & posteriores, recta gaudendi causa.
(g) Colon. vet. edit. hoc placeat: non malo latus.
(h) Editio Colon. vet. tranquillum facit animum.
(i) Colon. vet. edit. Quod bonum cum gaudio sit faciendum. Alii, Bonum cum gaudio est faciendum.
(k) MS. Jol. De consortio; Colon. edit. De cohabitatione bonorum & malorum.
(l) Colon. vet. edit. non habet pœnæ, nec justitiæ. MS. Joliensis, Quæ sit vera innocentia. Huic sententiæ similia lèges apud August. lib. de spir. & lit. cap. 8. & 14. lib. de nat. & grat. cap. 57. & lib. 2. contra 2. epist. Pelag. c. 9. & lib. 3. cap. 4.
(m) Colon. recentior edit. & posteriores, metu pœnæ. MS. Remig. metu pœnæ, fit innocens.
(n) Ita MS. Jol. & quidem aptius quam alii codices, De Pharisæo & publicano, cui sententiæ hæc ex historia utriusque occasionem sumpsisse videtur.
(o) MS. Jol. De correptione disciplinæ.
(p) MS. Jol. titulum substituimus antiquo, De mundana iniquitate, quem habent alii codices.

CXXI.

(a) *De propria facultate hominis.*

Ad peccandum homo abundat propria facultate: ad agendum autem bonum non sibi sufficit, nisi ab illo justificetur, qui solus justus est.

CXXII.

(b) *De contrariis moribus.*

Ibid. Magnus bonorum labor est, mores tolerare contrarios: quibus qui non offenditur, parum proficit. Tantum enim torquet justum (c) iniquitas aliena, quantum recedit a sua.

CXXIII.

(d) *Qualiter acceditur ad Deum, vel receditur a Deo.*

Non locorum intervallis acceditur ad Deum, vel receditur ab eo: sed similitudo facit proximum, dissimilitudo longinquum. Et omnis miseria est, ab eo bono longe esse, quod ubique est.

CXXIV.

De vera libertate.

Ibid. Libera semper est servitus apud Deum, cui non necessitas servit, sed charitas.

CXXV.

(e) *De tolerantia.*

Ibid. Qui ideo tolerantem vult hominem pati, quia multum, ut arbitratur, proficit; per hoc ipsum quod alios non tolerat, ostendit quod potius non proficit.

CXXVI.

(f) *Unde sit bonum nostrum.*

Totum bonum quod habemus, ab artifice nostro habemus. Sed si hoc in nobis est quod ipsi fecimus, inde damnabimur; si autem hoc quod Deus fecit, inde coronabimur.

CXXVII.

(g) *De Incarnatione Verbi.*

Verbum Dei, per quod facta sunt omnia, tempus praeordinavit, quo susciperet carnem; (h) non tempori cessit, quo verteretur in carnem. Homo quippe Deo accessit, non Deus a se recessit.

CXXVIII.

(i) *De fide & intellectu.*

(k) Intellectui fides viam aperit, infidelitas claudit. Ibid.

CXXIX.

(l) *De superbia.*

Quo primum vitio (m) superatus est homo, hoc ultimum vincit. Cum enim (n) omnia peccata superaverit, manet periculum, ne bene sibi mens conscia, in se potius, quam in Domino glorietur.

CXXX.

(o) *De profectione desideriorum.*

Finis curarum (p) perfectio est desideriorum; & in id quisque tendit ac nititur, ut ad illud perveniat quo delectatur. (q) Sapientis ergo est, hoc appetere, quod bonum facit; non id amare, quod decipit. Ibid.

CXXXI.

De duobus (r) donis gratiae.

Sicut duo sunt officia medicinae, unum quo sanatur infirmitas, aliud quo custoditur sanitas; ita duo sunt dona gratiae, unum quod aufert carnis cupiditatem, aliud quod facit animi perseverare virtutem. Ibid.

CXXXII.

(s) *De laboris fine.*

Non poterit hominis labor finiri, nisi hoc diligat, quod ei non possit auferri. Ibid.

(a) Ms. Jol. *Qualiter possit agi quod bonum est.*
(b) Ms. Jol. *Qualiter boni sustinere debeant malos.* Colon. vet. addit titulo vocem, *boni.*
(c) Edit. Colon. vet. *aliena peccati iniquitas.*
(d) Ms. Jol. *Quid sit abesse a Deo.*
(e) Colon. vet. edit. *De tolerantia hominum.* Ms. Jol. *De tolerando proximo.*
(f) Codices omnes habent, *De artifice summo*: sed clarior visa est lectio Ms. Jol. quam substituimus.
(g) Sic Ms. Jol. Antea, *De Verbo Dei*; generaliore significatione.
(h) Ms. Remig. *non tempore accessit*, & infra, *quo videretur in carne.*
(i) Ms. Jol. *De intellectu sapientiae.*
(k) Ms. Jol. *Intellectum fides aperit.* Ms. Remig. *Intellectui auditum fides aperit.*
(l) Ita Ms. Jol. Quod aptius visum titulo veteri, *De humano vitio.*
(m) Colon. vet. edit. *superatur*, & post multa, *male conscia*, pro *bene conscia.*
(n) Ms. Jolensis, *omnia vitia superaverit.*
(o) Ms. Jol. *De perceptione desideriorum.* Colon. vet. edit. *De profectione.* Nec male fortasse, si hanc sententiam respiciatur.
(p) Ms. Jol. *est perceptio desideriorum*, idemque postea, *quod bonum facit.*
(q) Ms. Remig. & Colon. vet. editio, *Sapientis.*
(r) Ms. Jol. intersert hic, *officiis medicinae fere*, &c.
(s) Ms. Jol. *Quid praecipue diligendum sit.*

CXXXIII.

(a) *De iniquitatis laesione.*

Ibid. n. 17. Impossibile est, ut iniquitas prius laedat hominem justum in quem saevit, quam cor injusti unde procedit.

CXXXIV.

De miraculis (b) *visibilibus & invisibilibus.*

In enarr. in Ps. 9. n. 2. Visibile miraculum ad illuminationem vocat; invisibile autem, eum qui vocatus venit, illuminat. Omnia ergo narrat mirabilia Dei, qui credens visibilibus, ad intelligenda invisibilia transitum facit.

CXXXV.

De fugientibus diabolum. (c)

Ibid. n. 4. Melior causa est eorum, qui diabolum persequentem fugiunt, quam qui praeeuntem sequuntur: quia utilius est eum hostem habere, (d) quam principem.

CXXXVI.

(e) *De pravis cupiditatibus.*

Ibid. n. 14. Omnes pravae cupiditates sunt portae inferi, per quas itur in mortem: cujus dominatum sibi, qui adeptum se ad perfruendum laetatur, (f) quod perdite concupivit.

CXXXVII.

(g) *De adulatione.*

Ibid. n. 21. Adulantium linguae alligant animas in peccatis: delectat enim ea facere, in quibus non solum non metuitur reprehensor, sed etiam (h) auditur laudator.

CXXXVIII.

(i) *De male conscio animo.*

Ibid. n. 22. Animus male sibi conscius dum videtur sibi nullam poenam pati, credit quia non judicat Deus: cum abuti patientia Dei, & non intelligere parcentis benignitatem, jam sit magna damnatio.

CXXXIX.

(k) *Quod prior sit natura, quam vitium.*

In creatura, quae arbitrio suo peccat, prior est natura quam vitium: quod ita contra naturam est, (l) ut non possit nisi nocere naturae. Non itaque esset vitium recedere a Deo, nisi naturae, cujus hoc vitium est, potius competeret esse cum Deo. Ex lib. 11. de civ. Dei cap. 17.

CXL.

De Angelis & hominibus (m) *malis.*

Nullum Deus vel angelorum, vel hominum crearet, quem malum futurum esse praescisset, nisi pariter nosset quibus eos bonorum usibus (n) commodaret; atque ita ordinem saeculorum, quasi pulcherrimum carmen, etiam ex quibusdam antithetis (o) honestaret. Ex eod. lib. cap. 18.

CXLI.

(p) *De conditione creaturae.*

Tria quaedam nobis maxime scienda de conditione creaturae oportuit intimari: quis eam fecerit, per quid fecerit, quare fecerit. *Dixit Deus*, inquit, *Fiat lux, & facta est lux: & vidit Deus lucem quod bona esset.* (q) Si ergo quaerimus, quis fecerit: Deus est. Si, per quid fecerit: Dixit, & facta est. Si, quare fecerit: quia bona est. Nec auctor excellentior est Deo, nec ars efficacior Dei verbo: nec causa melior, quam ut bonum crearetur a bono. Ex eod. lib. cap. 21. Gen. 1. 3.

CXLII.

De bono & malo amore.

Est amor, quo amatur & quod amandum non est: & illum amorem odit in se qui illum diligit, (r) quo amatur quod amandum est. Possunt enim ambo esse (s) in uno homine, & hoc Ex eod. lib. cap. 28.

(a) Ms. Jol. *Quod iniquitas prius sibi, quam aliis noceat.*
(b) Colon. vet. edit. addit, *visibilibus & invisibilibus.* Ms. Jol. *De miraculo visibili & invisibili.*
(c) Colon. vet. edit. addit, *& persequentibus.* Titulus in Ms. Jol. *De persecutione diaboli.*
(d) Edit. Colon. vet. *quam participem.*
(e) Ms. Jol. *Quae sint portae inferni.*
(f) Edit. Colon. vet. *quod perditurum.*
(g) Ms. Jol. *De vitio adulationis.*
(h) Sic Ms. Jol. & edit. Colon. vet. Auctior editi, *laudator auditur.*
(i) Ms. Jol. *De perversi animi malignitate.*
(k) Ms. Jol. *De creatura, quae arbitrio suo peccat.*
(l) Ms. Remig. *ut nisi noceret naturae, non aliquo esse vitium.* Colon. vet. edit. post *ita*, *nisi noceret naturae: quod ita non esset vitium a Deo recedere, nisi natura cujuslibet vitium esset, cui potius competeret esse cum Deo.*
(m) Colon. vet. edit. addit hanc vocem, *malis.* Ms. Jol. aliter habet, *De praescientia Dei.*
(n) Ita Mss. Cors. Remig. & Jol. cum edit. Aug. tum in libro de civit. Dei, quam in append. At editi Prosperi, *commendaret.* Ms. Jol. habet, *usi si sciret pro, nisi nosset.* Colon. vet. edit. *atque in ordinem saeculorum, quasi pulcherrimum carmen, etiam ex quibusdam pulcherrimis antithesis honestavit.*
(o) Ms. Remig. *demonstraret.*
(p) Ms. Jol. *De conditione lucis.*
(q) In Edit. Colon. vet. non sequitur sequentia, *Si ergo quaerimus . . . quia bona est.* Nec habentur in libro August. de civit. Dei.
(r) Colon. vet. edit. *quo amat.* Ms. Jol. *qui illud diligit quod amandum est.*
(s) Legi & posteriores editiones, *in animo humano.* Ms. Cors. Remig. & Jol. Edit. August. app. & Colon. vet. *in uno homine*, ut in lib. de civ. Dei.

hoc bonum est homini, ut illo proficiente quo bene vivimus, iste deficiat quo male vivimus; donec ad perfectum sanetur, & in bonum (a) commutetur totum quod vivimus.

CXLIII.

(b) *De bono creaturæ.*

Ex lib. 12. de civ. Dei cap. 1. Creaturæ rationalis vel intellectualis bonum, quo beata sit, non est nisi Deus: quod ei non ex se ipsa est, quia ex nihilo creata est; sed ex illo, a quo creata est. Hoc enim adepto fit beata, quo amisso misera.

CXLIV.

(c) *De vitio naturæ.*

Ex eod. lib. cap. 3. Vitium esse non in summo potest bono, nec nisi in aliquo bono. Sola ergo bona (d) alicubi esse possunt, sola autem mala nusquam. Quoniam naturæ etiam illæ, quæ ex malæ voluntatis initio vitiatæ sunt, in quantum vitiosæ sunt, malæ sunt: in quantum autem naturæ sunt, bonæ sunt.

CXLV.

(e) *Quod non sit in Deo aut pigra vacatio, aut laboriosa industria.*

Vide ibid. cap. 17. Non est fas credere aliter affici Deum cum vacat, aliter cum operatur: quia nec affici dicendus est, tamquam in ejus natura fiat aliquid, quod ante non fuerit. Patitur quippe qui afficitur, & mutabile est omne quod patitur. Non ergo in Deo aut pigra vacatio, aut laboriosa cogitetur industria: quia novit & quiescens agere, & agens quiescere: & quod in operibus (f) ejus prius quidem est, aut posterius, non ad facientem, sed ad facta referendum est. Æterna enim est & incommutabilis voluntas ejus, nec consilio alternante variatur: in qua simul est, quidquid in rebus creandis vel ordinandis, aut præcessit, aut sequitur.

CXLVI.

(g) *Quod Deus tantum est Creator.*

Ex eod. lib. cap. 24. Nullius, quamvis minimæ naturæ, nisi Deum creatorem credi aut dici licet (h) ab aliquo. Quia etiam si Angeli jussi vel permissi adhibent operationem suam rebus, quæ gignuntur in mundo; tam non sunt creatores animalium, quam nec agricolæ frugum atque arborum.

CXLVII.

(i) *De prima & secunda corporis morte.*

Ex lib. 13. de civ. Dei cap. 2. De prima corporis morte dici potest, quod bonis bona sit, malis mala. Secunda vero sine dubio, sicut nullorum bonorum est, ita nulli bona.

CXLVIII.

De morte piorum.

Ibid. c. 6. Mors etiam piorum, pœna peccati est. Sed ideo bona ipsis dicitur, quia illa bene utuntur, quibus finis est ad mala temporalia, & transitus ad vitam æternam. Sicut enim injustitia male utitur non tantum malis, verum etiam bonis; ita (k) etiam justitia bene utitur, non tantum bonis, verum etiam malis.

CXLIX.

De Martyribus non baptizatis.

Ibid. c. 7. Qui (l) etiam non percepto regenerationis lavacro pro Christi confessione moriuntur, tantum eis valet ad abolenda peccata, quantum si abluerentur fonte baptismatis.

CL.

(m) *Quod non secundum hominem, sed secundum Deum vivendum sit.*

Vide lib. 14. de civ. Dei c. 4. Cum homo secundum se vivit, non secundum Deum, similis est diabolo: quia nec angelo

(a) MS. Remig. consumetur.

(b) MS. Jol. Quod non sit verum bonum, nisi Deus.

(c) MS. Jol. De vero & summo bono, & de aliquo bono.

(d) Edit. Colon. vet. alicui .... Et illæ quæ ex malæ voluntatis initio vitiatæ sunt .... in quantum autem veræ sunt bonæ sunt. In libro quoque de civit. Dei habetur, ex malæ voluntatis initio, observaturque in margine inferiori MSS. plures & probæ notæ habere initio; quod codices nostri omnes, demto Colon. vet. exhibent.

(e) Antehac editi gerebant hunc titulum, Quid credi debeat. MS. Jol. exhibent quod substituimus.

(f) MS. Remig. addit pronomen, ejus: idemque, prius est atque posterius .... ad factum, pro, ad facta. MS. Jol. in operibus ejus prius dicitur atque posterius.

(g) MS. Jol. Quod omnis creatura a Deo sit condita.

(h) MS. Remig. & Jol. non habent, ab aliquo. Sed post pauca adhibent, pro adhibeant. Idem Jolienss initio scribit minimæ creaturæ, pro quo alii, minimæ naturæ. Colon. vet. edit. Quod si Angeli ... tamen non sunt creatores animalium, sicut nec agricolæ &c.

(i) Hactenus editi, De prima conditione mortis. MS. Jol. De prima corporis morte. Sensu planiori, addita a nobis voce, & secunda. Per primam autem corporis mortem intelligit Augustinus, ea quo Prosper sententiam hausit, eam qua animam sejungit a corpore; per secundam vero illam sine fine permanentem, quæ, ut ibidem ait, invitam animam tenet in corpore.

(k) MS. Jol. Ita justitia bene, non tantum bonis sed etiam malis. Quo propius accedere videtur ad locum libri de civit. Dei.

(l) MSS. Remig. & Corb. & ex illo edit. Augustana, In libro de civ. Dei, etiam non illi omnes ubi nostri codices.

(m) Hunc titulum hausimus ex MS. Joliensi, qui huic sententiæ magis convenire visus est, quam qui in antehac editis, Quod omne peccatum sit mendacium.

gelo secundum angelum, sed secundum Deum vivendum fuit, ut staret in veritate, & veritatem de illius, non (a) de suo mendacium loqueretur. Unde non frustra dicitur, omne peccatum esse mendacium: quia non peccatur, nisi ea voluntate, quæ est contraria veritati, id est, Deo.

CLI.

(b) De diversitate humanæ affectionis.

Ex lib. 14. de civ. Dei cap. 6. Diversitas humanæ affectionis, ex diversitate est voluntatis: quæ si prava est, perversis erit (c) moribus inquieta; si autem recta, non solum non culpabilis affectio hominis, sed etiam laudabilis erit.

CLII.

(d) De arbitrii libertate vera.

Ibid. c. 11. Arbitrium voluntatis tunc est vere liberum, cum vitiis peccatisque non servit. Tale datum est a Deo, quod amissum, nisi a quo potuit dari, (e) non potest reddi. Unde Veritas dicit, *Si vos Filius liberaverit, (f) tunc vere liberi eritis.*

CLIII.

(g) Quod cor ad Deum sit habendum.

Ib. l. c. 13. Bonum est sursum habere cor, non tamen ad seipsum, quod est superbiæ; sed ad Deum, quod est obedientiæ. Plus autem appetendo minor est, qui dum se sibi sufficere confidit, ab eo qui vere ei sufficit, deficit.

CLIV.

De vita beata.

Ibid. c. 25. Beata vita si non amatur, non habetur. Porro si amatur, (h) & habetur; cæteris omnibus rebus necesse est ut excellentius diligatur: quoniam (i) propter hanc amandum est, quidquid aliud est amandum. Quia vero beatus esse non potest, nisi qui eam, (k) ut dignum est, amat: consequens est, ut eam æternam velit; quæ tunc vere beata erit, quando terminum non habebit.

CLV.

(l) Quod nemo fiat bonus, nisi ex malo.

Non omnes quidem mali in hoc proficiunt, ut fiant boni: nemo tamen est, nisi ex malo, bonus. Ex lib. 15. de civ. Dei cap. 1.

CLVI.

(m) De civibus terrenæ civitatis, et cælestis.

Cives terrenæ civitatis parit peccato vitiata natura, qui sunt vasa iræ. Cives vero cælestis patriæ parit a peccato naturam liberans gratia, qui sunt vasa misericordiæ. Ibid. c. 2.

CLVII.

(n) De ira Dei.

Ira Dei non perturbatio est ejus, sed judicium quo irrogatur pœna peccato. Cogitatio vero ipsius, & recogitatio, mutandarum rerum est incommutabilis ratio. Neque enim sicut hominem, ita Deum cujusquam facti sui pœnitet, cujus de omnibus omnino rebus tam fixa sententia, quam (o) certa est præscientia. Ibid. c. 25. 1. Reg. 15. 29.

CLVIII.

(p) De persequentibus Ecclesiam.

Inimici Ecclesiæ quolibet errore cæcentur, vel malitia depraventur; si accipiant potestatem corporaliter affligendi, exercent ejus patientiam; si tantummodo male sentiendo adversantur, exercent ejus sapientiam; & ut etiam inimici diligantur, exercent ejus benevolentiam; quia Deus his qui eum diligunt, omnia cooperatur in bonum. Ex lib. 18. de civ. Dei cap. 51.

CLIX.

De fine boni & mali.

Finis boni est, non quo consumatur ut non sit, sed quo perficiatur ut plenum sit. Et finis mali est, non quo esse desinat, sed quo usque nocendo perducat. Unde unum est summum bonum, aliud autem summum malum: illud pro- Ex lib. 19. de civ. Dei cap. 1.

pter

(a) Ita emendavimus ex MS. Joliensi, Colon. vet. edit. & libro illo in margine citato, cum Edit. alii haberent, de suo mendacio: etiam Append. Aug. & MS. Colb. & Remig.

(b) MS. Jol. De affectione hominis. Alius edit., De diversa voluntate affectionis. Titulum claviorem ex primis sententiæ verbis expressimus.

(c) MS. Joliensis, motibus. Sic habet, cum Aug. illo libro dicat, perversos habebit hos motus. Alii omnes, moribus.

(d) MS. Jol. De reparatione liberi arbitrii.

(e) MS. Jol. non potuit reddi.

(f) Particula tunc abest a MS. Remig. & Jol. & Vulgata nostra, cum tamen habeatur in Græco textu Evangelii Joan. 8. 36.

(g) MS. Jol. Qualiter sursum cor habere debeamus.

(h) MS. Remig. non habetur. Colon. vet. editionum idem habetur. Melius in textu, ut in cap. lib. de Civ. Dei legitur.

(i) MS. Remig. ut apud Aug. de Civ. Dei: propter hanc. Alii codices nostri, propter hoc.

(k) MS. Jol. ut in libro de civ. Dei, ut dignum est.

(l) Sic MS. Jol. Alii omnes, Quod solus Deus bonus sit: aut solus Deus bonus.

(m) Sic MS. Jol. complendo cæterorum titulum. De civibus terrenis.

(n) MS. Jol. Qualiter accipi debeat ira Dei.

(o) MS. Remig. recta præscientia. Edit. Colon. vet. Lugd. & Lovan. præscientiæ. Melius cum MS. Colb. Remig. & Jol. Duac. & Colon. concinente Augustino, præscientia.

(p) MS. Jol. De inimicis Ecclesiæ.

pter quod appetenda sunt bona caetera, ipsum autem propter se ipsum; hoc, propter quod declinanda sunt mala caetera, ipsum autem (a) propter se ipsum.

CLX.

(b) *De natura.*

Ibid. l. 13. Est natura in qua nullum malum est, vel etiam nullum malum esse potest. Esse autem natura in qua nullum bonum sit, non potest.

CLXI.

De animi aequitate.

Ibidem. Melior est animi aequitas, quam corporis sanitas; & convenientius (c) injustus dolet in supplicio, quam laetatus est in delicto.

CLXII.

De praecepto charitatis.

Ibid. c. 14. In praecepto charitatis tria invenit homo quae diligat; Deum, se, & proximum. Et quia ille in sui dilectione non errat, qui Deum diligit; consequens est ut proximo ad diligendum Deum consulat, quem jubetur diligere sicut se ipsum.

CLXIII.

(d) *De concordia & obedientia.*

Ibidem. Pax domestica, est ordinata cohabitantium imperandi obediendique concordia. Imperant enim qui consulunt; sicut vir uxori, parentes filiis, domini servis. Obediunt autem quibus consulitur; sicut mulieres maritis, filii parentibus, servi dominis. (e) Sed in domo justi viventis ex fide, & ab illa adhuc civitate peregrinantis, etiam qui imperant, serviunt eis quibus videntur imperare. Quia non dominandi cupiditate imperant, sed officio consulendi; nec principandi superbia, sed providendi beneficentia.

CLXIV.

De (f) conditione servitutis.

Ibid. c. 15. Nomen, & conditionem servitutis culpa genuit, non natura; & prima hujus subjectionis caussa peccatum est; quia sicut scriptum est, *Omnis qui facit peccatum, servus est peccati.* Unde melior ejus status est, qui famulatur homini, quam qui suae servit cupiditati.

CLXV.

(g) *De praelatis.*

Ibid. c. 16. Veri patres-familias subditis suis, tamquam filiis, ad colendum & promerendum Deum consulunt, desiderantes venire ad caelestem domum, ubi imperandi necessarium non sit officium: quo donec veniatur, magis debent patres (h) quod dominantur, quam servi tolerare quod serviunt.

CLXVI.

(i) *De regimine populi.*

Ibid. c. 19. Locus superior, sine quo regi populus non potest, etiam si ita se teneatur, atque administretur, ut decet; tamen indecenter appetitur. Unde otium sanctum (k) quaerit dilectio veritatis, negotium justum suscipit necessitas dilectionis.

CLXVII.

De vita animae.

Ibid. c. 26. Sicut non est a carne, sed supra carnem, quod eam facit vivere; sic non est ab anima, sed supra animam, quod eam facit beate vivere: quia ut vita carnis anima est, ita beata vita hominis Deus est.

CLXVIII.

(l) *De justitia hominum.*

Ibid. c. 27. Justitia nostra quamvis vera sit, propter verum boni finem, ad quem refertur; tamen tanta est in hac vita, ut potius (m) remissione peccatorum constet, quam perfectione virtutum.

CLXIX.

(n) *De plena pace.*

Ibidem. Quamdiu vitiis repugnatur, plena pax non est: quia & illa quae resistunt, periculoso debellan-

---

(a) Attendunt editi plures, *propter summum*; nullo recto sensu. Corrigimus ex MS. Remig. & Jol. & Editione Colon. vet. juxta oramque Augustini locum in margine citato, *propter se ipsum.*

(b) MS. Jol. *De natura boni.*

(c) Editi nostri omnes habebant *justus.* Emendatur ex MS. Remig. & libro de civ. Dei: emendaturum item erat ex MS. Colb. in edit. append. tom. 10. Aug.

(d) MS. Jol. *De pace domestica.* Colon. titulo vulgari, *De Concordia & obedientia*, addit, *imperantium & subditorum.*

(e) Edit. Colon. vet. *Sed in Domino justi viventes ex fide .... peregrinantes .... sed providendi beneficio.*

(f) MS. Jol. addit, *nominis &.*

(g) MS. Jol. *De veris patribus familias.*

(h) Colon. vet. edit. *qui dominantur .... qui serviunt.*

(i) MS. Jol. *Qualiter honor accipi debeat.*

(k) MS. Jol. *quaerat.* Alii omnes *quaerit.* In lib. de civ. Dei utrumque, *quaerit & suscipit*: in indicativo legitur. Colon. vet. editio, *Unde otium sanctum quaerat, quam dilectionem veritatis &c.*

(l) Colon. vet. edit. *De veris unde constet beata vita.* Alii, *De veris.* MS. Jol. *De justitia hominum.*

(m) Colon. vet. edit. *non tamen tanta est in hac vita, ut potius per remissionem peccatorum constet, quam per fidem virtutum.*

(n) MS. Jol. *De collectatione vitiorum.*

bellantur prælio; & illa quæ victa sunt, nondum securo triumphantur otio, sed adhuc sollicito premuntur imperio.

CLXX.

De prima & secunda morte.

Ex lib. 21. de civ. Dei cap. 3. Prima mors animam nolentem (a) pellit e corpore, secunda animam nolentem tenet in corpore. Ab utraque morte communiter id habetur, ut quod non vult anima, de suo corpore patiatur.

CLXXI.

(b) *De caussis incognitis operum Dei.*

Ex quæst. lib. cap. 1. (c) In incognitis caussis operum divinorum nonnihil novimus, cum scimus non sine ratione Omnipotentem facere, unde infirmus humanus animus rationem non potest reddere.

CLXXII.

(d) *De falsa fiducia.*

V. Gennadii, c. 1. in Append. Frustra sibi homo post hoc corpus promittit, quod in hoc corpore comparare neglexit.

CLXXIII. *alias* CLXXII.

Quod nihil prosit homini, si invitus bene faciat.

Ex lib. 1. Confess. c. 10. Nemo (e) invitus (f) bene facit, etiam si bonum est quod facit: quia nihil prodest spiritus timoris, ubi non est spiritus charitatis.

CLXXIV. *alias* CLXXIII.

(g) *De obedientia.*

Ex lib. 3. Confess. c. 8. Sicut in potestatibus societatis humanæ major potestas minori ad obediendum præponitur; ita Deus omnibus.

CLXXV. *alias* CLXXIV.

(h) *De vera dilectione.*

Beatus qui diligit Deum, & amicum in Deo, & inimicum propter Deum. Solus enim nullum carum amittit, cui omnes in illo cari sunt, (i) qui nunquam a non dimittente amittitur. Ex lib. 4. Confess. c. 9.

CLXXVI. *alias* CLXXV.

(k) *De non corrumpendis.*

Manifestum est, quoniam bona sunt quæ corrumpuntur; quæ neque, si summa (l) bona essent, corrumpi possent; quia si summa bona essent, incorruptibilia essent; si autem nulla bona essent, quod in eis corrumperetur non esset. Ex lib. 7. Confess. c. 12.

CLXXVII. *alias* CLXXVI.

(m) *Quod Deus omnes creaturas bonas fecerit.*

Cum Deus incommutabiliter bonus, omnes creaturas fecerit bonas, nec ulla omnino nisi ab ipso sit creata natura; nulla est substantia mali: quia quod auctorem Deum non habet, non est. (n) Itaque vitium corruptionis nihil est aliud, quam inordinatæ vel desiderium vel actio voluntatis. Ibidem.

CLXXVIII. *alias* CLXXVII.

(o) *Quod justitia iniquis odiosa sit.*

Sicut palato non sano pœna est cibus, qui sano suavis est; & oculis ægris odiosa lux, quæ incolumis gaudet obtutu: ita displicet iniquis justitia Dei, cui si subjicerentur, (p) non conturbarentur. Ibid. c. 16.

CLXXIX. *alias* CLXXVIII.

De ægritudine animi.

Ægritudo animi rationalis est, cum bonis inferioribus delectatus, superiora ex parte appetit, Ex lib. 8. Confess. c. 9.

(a) Colon. vet. edit. *pellit*. MS. Remig. *pellet*.

(b) MS. Jol. *De occultis operibus Dei*. Alii, *De caussis incognitis*, addentes, *operum Dei*, ex prioribus verbis sententiæ ipsius.

(c) Sic MSS. Remig. & Jol. Editi omiserunt præpositionem, *In*.

(d) Ita MS. Jol. Alii codices, *De negligentiis*.

(e) In MS. Jol. hæc verba, *Nemo invitus* &c. novam sententiam constituunt, cui præfigitur titulus, *Quod nihil prosit homini, si invitus bene faciat*. In aliis codicibus hæc cum antecedentibus in sententiam unam coalescunt.

(f) Colon. vet. editio, *bonum facit*.

(g) Aptior visus est titulus MS. Jol. quam qui præferebatur in aliis codicibus, *De humana societate*. Et hanc plenius sententiam Prosperi repræsentat, quam, *De diligendo Deo*, quod alii codices præferebant.

(h) Edit. vet. Colon. *qui nunquam eum dimittit te, nisi dimittatur*.

(i) MS. Jol. *Quod solus Deus corrumpi & immutari non possit*.

(k) MS. Remig. *bona essent, neque si bona non essent, corrumpi possent, quia si summa bona essent incorruptibilia essent*. Colon. vet. edit. *Neque si bona non essent corrumpi possent; quia & si summa bona essent, incorruptibilia essent*.

(l) MS. Jolensis. Alii omnes: *De incommutabili Deo*.

(m) MS. Jol. *nulla est substantia quæ auctorem Deum non habet*.

(n) MS. Jolensis *Itaque*, alii omnes *ita*. Colon. vet. editio omisso, *ita*, *quia quod auctorem Deum non habet, non est aliud quam desiderium aut actio inordinatæ voluntatis*.

(o) MS. Jol. *De spirituali sapore*.

(p) MSS. Remig. & Jol. *non minuerentur*. Idem in margine notarunt editiones omnes.

tit, & ex parte non apparit. Ideoque in duas dividitur voluntates: (a) cumque una est, tota non est: & hoc adest uni, quod deest alteri.

CLXXX. *alias* CLXXIX.

De homine (b) *benigno.*

Homini benigno parum esse debet inimicitias aliorum non excitare vel augere male loquendo; nisi eas etiam extinguere bene loquendo (c) studuerit.

CLXXXI. *alias* CLXXX.

(d) *De veritate odiosa.*

Beata vita est gaudium de veritate, quod Deus est: sed multis veritas odiosa est, quam audire nolunt docentem; & nolentes falli, volunt mendacia sua veritatem videri. Quibus juste retribuitur, ut ipsi veritatem non lateant, ipsos autem lateat veritas.

CLXXXII. *alias* CLXXXI.

(e) *De tolerantia.*

Nemo quod tolerat amat, etiam si tolerare amat: quia aliud est fortis patientia, aliud secura felicitas; nec ejusdem est temporis labor pugnæ, & beatitudo victoriæ.

CLXXXIII. *alias* CLXXXII.

(f) *De egestate humanæ intelligentiæ.*

Ideo plerumque in sermone copiosa est egestas humanæ intelligentiæ, quia plus loquitur inquisitio, quam inventio; & longior est petitio, quam impetratio.

CLXXXIV. *alias* CLXXXIII.

(g) *De vera æternitate Dei.*

Vera æternitas Dei est, qui solus habet immortalitatem; quoniam ex nulla specie motuve mutatur, nec temporalis est voluntatis. Non enim immortalis est voluntas, quæ alia, & alia est.

CLXXXV. *alias* CLXXXIV.

De non desperandis peccatoribus.

Non est desperandum de malis, sed pro ipsis, ut boni fiant, studiosius est supplicandum: quia numerus sanctorum de numero semper est auctus impiorum.

CLXXXVI. *alias* CLXXXV.

(h) *Qualiter pax a Deo quæratur.*

Quærens a Deo pacem, (i) sit sibi ipse pacatus; ne aliud in professione oris, aliud sit in cordis arcano. Nihil enim prodest hoc esse in corde quod verum est, si hoc dicitur voce quod falsum est; quia veritas & credenda est, & loquenda.

CLXXXVII. *alias* CLXXXVI.

(k) *Ne juste flagellatus doleat.*

Non conqueratur homo, quando in his quæ juste habet, patitur aliquas adversitates: per amaritudinem enim inferiorum docetur amare (l) meliora; ne viator tendens ad patriam, stabulum pro domo diligat.

CLXXXVIII. *alias* CLXXXVII.

(m) *Ut peccator sibi displiceat.*

Bene currit ad remissionem peccatorum, qui displicet sibi. Apud judicem enim justum & misericordem, qui se accusat, excusat.

CLXXXIX. *alias* CLXXXVIII.

De quærendis præsidiis (n) *in pace.*

In tranquillitate pacis comprehendenda est doctrina sapientiæ, quæ inter tribulationum turbines difficulter agnoscitur. Nec facile invenitur in adversitate præsidium, quod non fuerit in pace quæsitum.

CXC. *alias* CLXXXIX.

De altari Dei (o) *duplici.*

Ad altare Dei invisibile, quo non accedit injustus, ille pervenit, qui ad hoc præsens justifica-

(a) Ms. Jol. *Cumque una non est tota, non est.* Hic locus ex Augustini capite sit clarior, sic habente: *Et ideo sunt duæ voluntates, quia una earum tota non est, & hoc adest alteri, quod deest alteri.*
(b) Alias editi *religioso*. Ms. Jol. melius, *benigno*.
(c) Ms. Remig. & Joliens. *studuerit*. Alii codices *studeat*. Prioribus favet locus ipse confessionum in margine notatus.
(d) Ms. Jol. *De beata vita.*
(e) Sic Ms. Jol. Alii vero, *De forti patientia.*
(f) Ita Ms. Jol. Alii codices, *De copiosa egestate*, Colon. edit. vet. addit, *in orationes*. In cap. citato in Augustino legitur, *Dulcedinis inquisitio vero.*
(g) In Ms. Jol. plenior est titulus, quam in aliis, ubi, *De æternitate*.
(h) Ms. Jol. *De vera pace.*
(i) Ms. Remig. *sit sibi*. Ita quoque in Augustini libro citato.
(k) Ms. Jol. *De vera patientia*. Alii, *Ne juste*, forte *justus* vel ut superior *flagellatus, doleat.*
(l) Ms. Remig. *meliorem*.
(m) Ms. Jol. *De vera pœnitentia.*
(n) Hæc duo, *in pace*, addantur in Edit. Col. vet. Ms. Jol. *De providentia pacis.*
(o) Colon. vet. edit. supplet vocem hanc, *duplici*. Ms. Jol. *Qualiter accedi debeat ad altare.*

ficum accedit. Inveniet enim illic vitam suam, qui hic discreverit caussam suam.

CXCI. *alias* CXC.

(a) *De fine legis.*

Finis legis Christus est, in quo lex justitiæ non consumitur, sed impletur. Omnis enim perfectio in ipso est: ultra quem non est, quo se spes fidei & charitatis extendat.

CXCII. *alias* CXCI.

De malæ conscientiæ (b) *pœna.*

Nullæ pœnæ graviores sunt, quam malæ conscientiæ: in qua (c) cum Deus non habetur, consolatio non invenitur: & ideo invocandus est liberator, ut quem tribulatio exercuit ad confessionem, contritio perducat ad veniam.

CXCIII. *alias* CXCII.

(d) *De vera peccatorum remissione.*

(e) Quod gravius peccatum ægri, quam medici interfectio? Sed cum in baptismo hoc dimittitur, quid non dimittitur?

CXCIV. *alias* CXCIII.

(f) *De ruminante verbum Dei.*

Auditor (g) verbi similis debet esse animalibus, quæ ob hoc quia ruminant, munda (h) esse dicuntur: ut non sit piger de his cogitare, quæ in alvo cordis accepit: & cum audit, sit similis edenti; cum vero audita in memoriam revocat, sit similis ruminanti.

CXCV. *alias* CXCIV.

(i) *De imperio animæ.*

Rationalis anima domina est corporis sui; quæ inferiori non bene imperabit, nisi superiori se Deo tota charitatis subjectione (k) servierit.

CXCVI. *alias* CXCV.

(l) *De misericordia Dei.*

Sicut terra de cælo exspectat pluviam, & lucem: sic homo ex Deo debet exspectare misericordiam, & veritatem.

CXCVII. *alias* CXCVI.

(m) *De discretione bonorum & malorum.*

Gaudendum est bonis Ecclesiæ filiis, quod in discretione eorum non fallitur divina justitia. Sed non temere dividant congregatos: quia ipsorum est velle colligere, Domini separare.

CXCVIII. *alias* CXCVII.

(n) *De terreno amore.*

Dominus est rerum quas habet, qui nulla cupiditate (o) irretitur. Nam qui terrenorum amore obligatur, non possidet, sed possidetur.

CXCIX. *alias* CXCVIII.

De hæreditate (p) *æterna.*

Hæreditas, in qua cohæredes Christi sumus, non minuitur multitudine filiorum, nec fit angustior numerositate cohæredum: sed tanta est multis, quanta paucis; tanta singulis, quanta omnibus.

CC. *alias* CXCIX.

(q) *De felicitate.*

Numquam debet secura esse felicitas; quia periculosiora sunt animo secunda, quam corpori adversa: prius enim corrumpunt prospera, ut inveniant adversa (r) quod frangant.

CCI. *alias* CC.

De remediis pœnitentiæ.

Prima salus est, declinare (s) peccatum: secunda est, non desperare de venia. Nam ipse se in

---

(a) Ms. Jol. *De vero & perfecto fine*. Alii omnes, *De Lege*. Placuit lectori tradere, si legatur, *De fine legis*, ex primis verbis sententiæ.
(b) Vocem hanc *pœna* habemus ex Ms. Jol. Alii habebant tantum, *De mala conscientia*. Ms. Jol. *De conscientiæ pœna*.
(c) Ms. Remig. *in qua Deus non habetur, consolatio &c.*
(d) Ita Ms. Jollen. & quidem melius & clarius, quam quod ceteri ostant *De ægro*. Colon. vet. solum habet, *De ægro interficiente medicum*.
(e) Sic legitur in Mss. Corb. & Jol. & Augustin. tom. 4. & in tom. 10. append. In Prosperianis editionibus, *Quid gravius peccato ægri, quam*.
(f) Ms. Jol. *Qualiter verbum debeat audiri*.
(g) Ms. Jol. *Verbi Dei . . . . animalibus*. Ms. Remig. legitur etiam, *animalibus*, & postea, *quæ ob hoc*.
(h) Ms. Jol. *munda dicuntur . . . quæ alvo cordis*. Colon. vet. edit. *& non pigeat cogitare de his*.
(i) Ms. Jol. *De imperio animæ*. Alii, *De anima rationali*.
(k) Ms. Jol. *subdiderit*.
(l) Ms. Jol. *De misericordia & veritate*. Forte plerique legerent, *Unde homini misericordia & veritas*.
(m) Ita Ms. Jol. Alii, *De bonis Ecclesiæ filiis*.
(n) Ms. Jol. *Qualiter possidenda sit terrena substantia*.
(o) Ms. Remig. *illiditur*.
(p) Ms. Jol. *æterna*. Alii, *Christi*.
(q) Ms. Jol. *De prosperitate & adversitate terrena*.
(r) Colon. vet. edit. *quo frangant*.
(s) Ms. Remig. *declinare a peccato*.

se in aeternum perimit, qui apud misericordem judicem ad poenitentiae remedia non recurrit.

CCII. alias CCI.

(a) *De bonis occultis sanctorum.*

Boni latent, quia bonum ipsorum in occulto est: (b) nec visibile enim est, nec corporale quod diligunt; & tam merita eorum sunt (c) in abscondito constituta, quam praemia.

CCIII. alias CCII.

(d) *De inimicis bonorum.*

Nullus bonorum inimicum habet, nisi malum: (e) qui ideo esse permittitur, ut aut corrigatur, aut per ipsum bonus exerceatur. Orandum est ergo pro inimicis, ut aut obtineatur eorum conversio, aut in nobis divinae bonitatis inveniatur imitatio.

CCIV. alias CCIII.

(f) *De vigore fidei Christianae.*

Vigor fidei Christianae tribus temporibus (g) initiatur, vespere, mane, & meridie. Vespere enim Dominus in cruce, mane in resurrectione, meridie in ascensione. Unum ad patientiam occisi, aliud ad vitam resuscitati, tertium ad gloriam pertinet majestatis in Patris dextera consedentis.

CCV. alias CCIV.

(h) *De purgandis electis.*

Ad hoc (i) exagitantur homines tribulationibus, ut vasa electionis evacuentur nequitia, & impleantur gratia.

CCVI. alias CCV.

(k) *De bonis quae nemo amittit invitus.*

Potest homo invitus amittere temporalia bona; numquam vero, nisi volens, (l) perdit aeterna.

CCVII. alias CCVI.

(m) *De fine fidelium.*

Finis fidelium Christus est: ad quem cum pervenerit currentis intentio, non habet quod possit amplius invenire, sed habet in quo debeat permanere.

CCVIII. alias CCVII.

De tristitia.

Melior est tristitia iniqua patientis, quam laetitia iniqua facientis.

CCIX. alias CCVIII.

(n) *De peccatis praeteritis.*

Revocandus est animus (o) a recordandis cum quadam delectatione praeteritis, ne subrepente concupiscentia, redeamus corde in Ægyptum.

CCX. alias CCIX.

(p) *De veritate.*

Bonum est a veritate vinci. (q) *Ad correptionem* superet veritas (r) volentem: nam & invitum ipsa superabit.

CCXI. alias CCX.

(s) *De impunitate peccatorum.*

Peccata sive parva, sive magna, impunita esse non possunt: quia aut homine poenitente, aut (t) Deo vindicante plectuntur. Cessat autem vindicta divina, si conversio praecurrat humana. Amat enim Deus confitentibus parcere; & eos, qui semetipsos judicant, non judicare.

CCXII. alias CCXI.

(u) *De praeventu misericordiae Dei.*

Nullus miser de quacumque miseria liberatur, nisi qui Dei misericordia praevenitur.

CCXIII.

(a) Ms. Jol. *De occulta vita sanctorum.*
(b) Edit. Colon. vet. *nec visibile est nec corporale est.*
(c) Ms. Remig. *in abdito.*
(d) Ms. Remig. *Qualiter amandi sunt inimici.*
(e) Ms. Jol. *quod ideo.*
(f) Ms. Jol. *De resurrectione.*
(g) Ms. Jol. *initiatur.*
(h) Ms. Jol. *De probatione justorum.*
(i) Edit. vet. Colon. *exagitantur homines tribulationibus.*
(k) Ms. Jol. *De libero arbitrio.*
(l) Ms. Remig. *perdet.*
(m) Ms. Remig. *De fine perfectorum.*
(n) Ms. Jol. *Quod cavenda sint recogitanda peccata.*
(o) Col. vet. edit. *ad recordandum* (forte *a recordando*) *cum quadam delectatione de praeteritis.*
(p) Ms. Jol. *Gaudendum ut a veritate vincamur.*
(q) Ms. Remig. *ad correptionem superet te.*
(r) Edit. vet. Colon. *volentem.* Ms. Jol. *superet veritas volentes: nam & volentem & invitum ipsa superabit.*
(s) Ms. Jol. *Non posse impunita esse peccata.*
(t) Col. vet. editio addit hic, *in seculo.* Ms. Jol. *Deo vindicante*; alii, *judicante*; priori favet locus August. citatus.
(u) Sic Ms. Jol. cum aliis habemus. *De misero.*

CCXIII. *alias* CCXII.

(a) *De effectu supplicationis.*

Fideliter supplicans Deo pro necessitatibus (b) hujus vitæ, & misericorditer auditur, & misericorditer non auditur. Quid enim infirmo sit utile, magis novit medicus quam ægrotus. Si autem id postulat, quod Deus (c) & præcipit & promittit, fiet omnino quod poscit; quia (d) accipit charitas, quod parat veritas.

CCXIV. *alias* CCXIII.

De profectu (e) *hominum per tentationes.*

Profectus fidelium sine tentatione non provenit; nec sibi quisquam innotescit, nisi probationis examine; nec coronabitur, (f) nisi qui vicerit; nec vincet, nisi qui certaverit. (g) Quis autem certat, nisi inimicum habens, & tentationi resistens?

CCXV. *alias* CCXIV.

(h) *De prophetiis implendis.*

Stultus est, qui non credit denuntiationibus Prophetarum in paucis quæ restant; cum videat tam multa completa, quæ tunc non erant, quando (i) prædicebantur implenda.

CCXVI. *alias* CCXV.

(k) *De idolis.*

Ibid.

Sic sunt qui colunt idola, quemadmodum qui in somnis vident vana. Si autem evigilet anima ipsorum, intelligit a quo facta sit, & (l) non colit quod ipsa fecit.

CCXVII. *alias* CCXVI.

(m) *De corporibus humanis.*

Omnia corporis nostri, quæ (n) discerpta, vel putrefacta, vel etiam concremata, in quasdam dissolvuntur favillas, Deo perire non possunt. In illa enim elementa mundi eunt, unde sumpta sunt illa manu, quæ tenet omnia.

CCXVIII. *alias* CCXVII.

(o) *De frui bono.*

Qui Deo fruitur, tota sua debet frui substantia, id est, & anima & carne: quia & animæ Deus dat panem suum, id est, verbum veritatis, (p) & carni necessitatis Dei præbet: qui utrumque (q) ipse pascit, qui utrumque fecit.

CCXIX. *alias* CCXVIII.

(r) *De meditatione fidelium in otio & actione.*

Qui otiosus & quietus non cogitat Deum; quomodo inter actus multos, & laboriosa negotia de illo poterit cogitare? Meditetur ergo quæ Dei sunt fidelis, (s) cum vacat; & hinc operandi substantiam quærat, ne in actione deficiat.

CCXX. *alias* CCXIX.

(t) *De simulationis malo.*

Simulata innocentia, non est innocentia: simulata æquitas, non est æquitas: sed duplicatur peccatum, in quo est & iniquitas, & simulatio.

CCXXI. *alias* CCXX.

(u) *Pœna animæ justitiam deserentis.*

Ibidem.

Anima recedens a luce justitiæ, quanto magis quærit (x) quod inveniat contra justitiam, tanto plus repellitur a lumine veritatis, & in tenebras demergitur.

CCXXII. *alias* CCXXI.

De duabus civitatibus.

Duas in toto mundo civitates faciunt duo amores: Jerusalem facit amor Dei; Babyloniam, amor sæculi. Interroget ergo se quisque quid amet, & inveniet unde sit civis.

CCXXIII.

(a) Ita MS. Joliensis. Alii omnes, *De remediis tribulationum.*
(b) MS. Remig. & Jol. *istius vitæ.*
(c) MS. Remig. *præcepit & promisit.*
(d) MS. Jol. *accipiet charitas.*
(e) MS. Jol. *De provectu fidelium per tentationes.* Alii omnes, *De provectu hominum.*
(f) MS. Jol. *sine probationis examine*: & paulo post. MS. Jol. *nisi vicerit ..... nisi certaverit.*
(g) Editio vet. Colon. *Nec certabit, nisi inimicum habens.*
(h) MS. Jol. *De pronuntiationibus Prophetarum.*
(i) MS. Remigianus, *prædicabantur.*
(k) MS. Remig. *De cultu idolorum.*
(l) MSS. Remig. & Jol. *non colet*: & antea Jol. MS. *si vigilet anima.*
(m) MS. Jol. *De resurrectionis veritate.*
(n) Colon. vet. edit. *discerpta*: & sub finem sententiæ, *quæ donat omnia.*
(o) MS. Jol. *Qualiter fruendum sit Deo.*
(p) MS. Jol. *& carni necessaria.*
(q) Plures ex editis & MS. Colon. *ipse fecit.* Emendavimus ex MS. Remig. & Jol. & Edit. Colon. vet. Augustino dicente loco citato, *qui fecit utrumque, ipse pascit ambos eos.*
(r) Hæc verba *in otio & actione* non invenimus in edit. Colon. vet. editio. MS. Jol. *Quo studio meditandum sit de Deo.*
(s) MS. Jol. *dum vacat.*
(t) MS. Jol. *De simulationis malo*, Alii, *De simulata innocentia.*
(u) Ita habet. MS. Jol. Alii generalius, *De lumine.*
(x) MS. Jol. *quid inveniat*: & post pauca, MS. Remig. *& in tenebris.*

CCXXIII. alias CCXXII.

(a) *Quod praeceptum Dei leve sit amanti.*

Omne praeceptum Dei leve est amanti: nec ob aliud intelligitur dictum, *Onus meum leve est*, nisi quia dat Spiritum sanctum, per quem diffunditur charitas in cordibus nostris, ut diligendo liberaliter faciamus, (b) quod qui timendo facit, serviliter facit: nec est amicus recti, quando mallet, si fieri posset, id quod rectum est non juberi.

CCXXIV. alias CCXXIII.

De charitate.

Plenitudo legis charitas est: quia per charitatem lex impletur, non per timorem. In tantum enim fiunt mandata justitiae, in quantum adjuvat Spiritus gratiae.

CCXXV. alias CCXXIV.

De operibus bonis.

Non sunt bona opera, nisi quae per fidem & dilectionem fiunt: quia alterum sine altero nullius virtutis fructum parit.

CCXXVI. alias CCXXV.

(c) *De lapsu Adam, & conversione fidelium.*

Ab eo quod formavit Deus mutatus est Adam, sed in pejus per iniquitatem suam: ab eo quod operata est iniquitas, mutantur fideles, sed in melius, per gratiam Dei. Illa ergo mutatio fuit praevaricatoris primi, haec mutatio dexterae est Excelsi.

CCXXVII. alias CCXXVI.

De temporalibus deliciis & poenis.

In praesenti vita & deliciae temporales dulces sunt, & tribulationes temporales amarae sunt: sed quis non bibat tribulationis poculum, metuens ignem gehennarum? & quis non contemnat dulcedinem saeculi, inhians bonis aeternae vitae?

CCXXVIII. alias CCXXVII.

(d) *De Trinitate.*

In Trinitate divina tanta est substantiae (e) unitas, ut aequalitatem teneat, pluralitatem non recipiat. *Ibid. n. 2.*

CCXXIX. alias CCXXVIII.

(f) *Nullam mali esse naturam.*

Omnia per Verbum facta sunt, & sine ipso factum est nihil. Cum (g) itaque universae naturae per Verbum Dei factae sint, iniquitas per ipsum facta non est, quia iniquitas nulla substantia est: & peccatum non natura est, sed vitium naturae, id appetentis quod non est ordinis sui. *Ibidem. Joan. 1. 3.*

CCXXX. alias CCXXIX.

(h) *Quid sublatum sit diabolo.*

Sublatum est diabolo iniquitate sua victo, non quod habebat proprium, sed quod rapuerat alienum. Auferendo enim Christus quae de magna ejus domo perierant, (i) non furtum fecit, sed furtum recepit. *Ibid. n. 2.*

CCXXXI. alias CCXXX.

De profunditate iniquitatis.

Tunc hominem concludit (k) profunditas iniquitatis, quando non solum immersus peccatis jacet; sed etiam volens ea defendere, perdit aditum confessionis.

CCXXXII. alias CCXXXI.

(l) *Quod Deus misericors sit in tribulationibus.*

Cum Deus permittit, aut facit, ut aliqua tribulatione vexemur, etiam tunc misericors est: quia excitans fidem, & differens opem, non auxilium negat, sed (m) desiderium movet. *Ibidem.*

(a) Sic Ms. Jol. Alii, *De praecepto Dei.*
(b) Edit. Colon. vet. *quia quod quis timendo facit, serviliter facit: nec est amicus recti, quando mallet* &c.
(c) Ms. Jol. *De mutatione Adam.* Mallem forte. *De mutationibus oppositis.* Ad plenam sententiae subjectae intelligentiam addimus, *& conversione fidelium*, reclamante textu nostri.
(d) Ms. Jol. *de unitate Trinitatis.*
(e) Ms. Remig. *substantiae & unitas.*
(f) Ms. Jol. *Nullam mali esse naturam.* Colon. vet. edit. *Quod malo sint creata.* Non bene, ut videtur, nisi legas cum negante particula.
(g) Ms. Remig. *Cum utique.* Ms. Jol. post itaque a prima manu *factae sint*; & infra Colon. vet. edit. *id appetens.*
(h) Ita Ms. Jol. Alii, *De iniquitate diaboli.*
(i) Colon. vet. edit. *victo.* Melius *vincto.* Alludit enim ad locum, Matth. 12. 29. *Nemo in domum fortis intrat, & vasa ejus diripit, nisi prius alligaverit fortem.* Idem postea, *non quod non habuit proprium, sed quod rapuerat alienum. Auferendo enim Christus de magna domo ejus quae perierant; non furtum fecit.* Alterum lectioni favet quod ait August. loco citato in margine, *respondet tibi*, (Dominus) *vasa ista de magna domo mea perierant; non furtum feci, sed furtum recepi.*
(k) Colon. vet. edit. *profunditatis iniquitas: & eadem circa finem, perdit confessionem, & aditum confessionis.* Hoc, *confessionem*, & in nullo alio codice habetur.
(l) Ita Ms. Jol. In aliis, *De auxilio Dei.*
(m) Ms. Jol. *desideria movet.*

CCXXXIII. *alias* CCXXXII.

(a) *De divitibus Christianis.*

Ibid. n. 10. Divites Christiani, si veri Christiani sunt, profecto pauperes sunt; & in comparatione cælestium bonorum quæ sperant, omne aurum suum arenam deputant: quia ibi quisque habet divitias suas, ubi delectationem.

CCXXXIV. *alias* CCXXXIII.

De fide Abrahæ.

V. ibid. n. 31. supra app. p. 124. Fides Abrahæ, semen est Abrahæ. Proinde qui pertinent ad credulitatis similitudinem, ipsi pertinent ad hæreditatem promissionem.

CCXXXV. *alias* CCXXXIV.

(b) *De perseverantia in bono.*

Ex enarr. in Ps. 69. n. 8. Nemo fidelium, quamvis multum profecerit, dicat, Sufficit mihi. Qui enim dixerit, remansit, & hæsit in via ante finem, qui non (c) perseverabit usque in finem.

CCXXXVI. *alias* CCXXXV.

(d) *Quod omnis locus in Deo sit.*

Ex enarr. in Ps. 74. ser. 2. n. 9. Nullus (e) in Deo locus est, nec est quo fugiatur ab ipso, nisi ad ipsum. Qui vult evadere offensum, confugiat ad placatum.

CCXXXVII. *alias* CCXXXVI.

(f) *De duabus vitis.*

Ex eandem Ps. serm. 2. n. 2. Duæ vitæ sunt, una est corporis, altera animæ. Sicut vita corporis anima; sic vita animæ Deus: & quomodo si anima deserat, moritur corpus; sic anima moritur, (g) si deserat Deus.

CCXXXVIII. *alias* CCXXXVII.

(h) *A quo bene sit homini.*

Ibid. n. 2. A quo habet homo ut sit, (i) apud illum habet ut ei bene sit.

CCXXXIX. *alias* CCXXXVIII.

De obedientia.

Perfecte Deus evidenterque monstravit, quantum sit bonum obedientia, cum hominem in paradiso positum (k) ab ea re prohibuit, quæ non erat mala. Sola (l) ibi obedientia poterit tenere palmam, sola inobedientia (m) incidit in pœnam. Ibid. n. 7.

CCXL. *alias* CCXXXIX.

(n) *De eruditione bonorum per malos.*

Interdum Deus per malos erudit bonos, & per temporalem potentiam damnandorum, exercet disciplinam liberandorum. Ex enarr. in Ps. 73. n. 8.

CCXLI. *alias* CCXL.

De confessione.

Apud misericordiam Dei plurimum valet confessio pœnitentis, quam facit peccator confitendo propitium, quem negando non facit nescium. Ex enarr. in Ps. 76. n. 1.

CCXLII. *alias* CCXLI.

(o) *Quod non sit gloriandum de scientia.*

Humilium virtus est, de scientia non gloriari: quia communis est omnibus, sicut (p) usus lucis, ita participatio veritatis. V. enarr. in Ps. 75. n. 17. supra app. p. 125.

CCXLIII. *alias* CCXLII.

Qualiter regantur corpora.

(q) Non caret regia potestate, qui corpori suo noverit rationabiliter imperare. Vere dominator est terræ, qui carnem suam regit legibus disciplinæ. V. ibid. n. 20. supra app. p. 125.

CCXLIV. *alias* CCXLIII.

(r) *De timente pœnam, & amante justitiam.*

Quantum ad opera attinet quæ forinsecus aguntur, & qui timet pœnam & qui amat justitiam, Ex enarr. in Ps. 77. n. 11.

(a) MS. Jol. nullo addidit vocem illam, *divitibus*.
(b) MS. Jol. *De profectu fidelium*.
(c) MS. Jol. & Colon. vet. edit. *perseveraverit*.
(d) Ita MS. Jol. Alii omnes generatim, *De Deo*.
(e) Suspicamur legendum, *Nullus in Deo locus est*, aut *Nullus sine Deo locus est*: tum ex titulo MS. Jol. tum ex ipso Augustini textu: *Ego si mihi alium locum elegero, salvus esse non potero. Elige certe homo, si invenis, munitionem. Non est ergo quo fugiatur ab illo, nisi ad illum. Si vis evadere iratum, fuge ad placatum*.
(f) MS. Jol. *Quod duæ vitæ sint*.
(g) MS. Colon. vet. edit. *si deserat Christus*.
(h) Sic MS. Jol. Alii, *De bonitate*.
(i) MS. Jol. *ab illo habet*. In Augustino, *apud illum*, ut in aliis codicibus.
(k) MS. Remig. & Jol. *ab arbore prohibuit*.
(l) MS. Remig. *sola sibi obedientia*.
(m) MS. Remig. & Colon. vet. edit. cum recentioribus nonnullis, *incidit in pœnam*. MS. Jol. & Coll. cum edit. Lugd. Lovan. Duac. & Colon. & Append. Aug. *incidit pœnam*. Aug. in fin. *invenit pœnam*.
(n) Ita MS. Jol. Alii, *Quomodo erudiantur boni*.
(o) MS. Jol. addit, *Quod non sit gloriandum*.
(p) MS. Remig. & Jol. auctoritate addimus vocem, *usus*.
(q) MS. Jol. *Non caret regiam potestatem*. Non male, si inspiciantur verba hæc Augustini, loco citato. *Nisi civilitate imperandi poteris tibi esse utilis provincias latissimas, quas tua regna defendas, carnem quam portas rege*, unde idem MS. pro titulo præfigit hanc sententiam, *Qualiter non caremus regiam potestatem*, & in textu, *noveris* pro *noverit*.
(r) Alii codices, *de pœna & justitia*. Reliqua supplet MS. Jol.

ſtitiam, non facit contra mandatum; & ideo pares quidem ſunt manu, ſed diſpares corde; ſimiles actione, diſſimiles voluntate.

CCXLV. *alias* CCXLIV.

(a) *Quid colatur.*

Hoc ab homine colitur, quod diligit. Unde quia Deus omnibus rebus major & melior invenitur, plus omnibus diligendus eſt, ut colatur.

CCXLVI. *alias* CCXLV.

(b) *De corde recto.*

Rectum cor cum Deo eſt, quando propter Deum quæritur Deus.

CCXLVII. *alias* CCXLVI.

(c) *De benevolentia justi erga impios.*

De benevolentia eſt, non de malitia, cum lætatur juſtus in impios proceſſiſſe vindictam: quia non peccatoris exitium placet, quem voluit corrigi; ſed juſtitia Dei, qua ſcit multos poſſe converti.

CCXLVIII. *alias* CCXLVII.

(d) *De ſimulatione pacis cum inimico.*

Non vincit in bono malum, qui in ſuperficie bonus eſt, & in alto malus, opere parcens, corde ſæviens, manu mitis, voluntate crudelis.

CCXLIX. *alias* CCXLVIII.

(e) *De amore & timore.*

Ad omne opus bonum amor ducit, & timor Dei: ad omne peccatum amor ducit, & timor mundi. Ut ergo apprehendatur bonum, & declinetur malum; diſcernendum eſt, quid & diligi debeat, & timeri.

CCL. *alias* CCXLIX.

(f) *Quem non frangat infelicitas.*

Nulla infelicitas frangit, quem felicitas nulla corrumpit.

CCLI. *alias* CCL.

(g) *Qualiter dives pauper eſt Dei.*

Dives qui talis eſt, ut contemnat in ſe quidquid (h) illud eſt unde inflari ſuperbia ſolet, pauper eſt Dei.

CCLII. *alias* CCLI.

(i) *De gradibus pietatis.*

Aſcendentium ad Deum gradus ſunt, pietatis affectus. Iter tuum voluntas tua eſt; amando accedis, (k) negligendo recedis: conſtitutus in terra Deo jungeris, (l) ſi quæ Deo cara ſunt diligis.

CCLIII. *alias* CCLII.

De petitionibus contrariis Dei.

Deus cum aliquid (m) male poſcitur, dando iraſcitur, non dando miſeretur.

CCLIV. *alias* CCLIII.

De mendacio.

Incredibile eſt, non mentiri hominem ne capiatur, qui mentitur ut capiat.

CCLV. *alias* CCLIV.

Item de mendacio.

Quamvis omnis qui mentitur, velit celare quod verum eſt, non tamen omnis qui vult celare verum, mentitur. Plerumque enim (n) vera non fallendo occultamus, ſed tacendo. Neque enim mentitus eſt Dominus, ubi ait, (o) *Multa habeo vobis dicere, ſed non poteſtis illa portare modo.*

CCLVI. *alias* CCLV.

(p) *De primo & ſecundo homine.*

In primo homine patuit, (q) quid hominis arbitrium valeret ad mortem: in ſecundo autem, quid Dei adjutorium valeret ad vitam. Primus enim homo, non niſi homo: ſecundus

V 2 vero

(a) Mſ. Jol. *Hoc colit homo quod diligit.* Forte melius in aliis legeris, *Quomodo Deus diligatur;* non, *Quid diligatur.*
(b) Addimus vocem hanc, *recto.* Mſ. Jol. *De quærendo Deo.*
(c) Hæc addenda credidimus ad pleniorem ſenſum. Mſ. Jol. *De benevolentia juſti, & vindicta impiorum.* Melius utroque forte, *Quomodo lætetur juſtus de vindicta impiorum.* In fine tractatus Mſ. Jol. *multos converti* abſque voce hac *poſſe.*
(d) Mſ. Jol. *De vincendo in bono malum.* Alii, *De ſimulatione.* Ethices, *diſſimulatis inimici,* aut, *pacis cum inimico.*
(e) Colon. vet. edit. *De opere amoris & timoris.*
(f) Sic Mſ. Jol. Cæteri, *De felicitate.*
(g) Ita Mſ. Jol. Alii, *De divite paupere.*
(h) Mſ. Remig. *quidquid eſt.* Ita Auguſt. in Pſ. citatum.
(i) Mſ. Jol. *De gradibus aſcendentium ad Deum.* Colon. vet. edit. *De aſcenſu ad Deum.*
(k) Mſ. Jol. *contemnendo recedis.*
(l) Idem ſub finem, *ſi quæ Deo:* alii, *quia quæ Deo.*
(m) Mſ. Jol. *Quando aliquid mali, poſcitur Deus.* Et in textu ſequenti, *aliquid mali,* ubi alii codices habent, *aliquid male.*
(n) Mſ. Jol. & Edit. Colon. vet. *vera;* ut apud Aug. Alii codices, *verum.* Col. vet. edit. *occultamus.*
(o) Ita poſt Auguſt. in hoc libro Mſ. Remig. & Jol. Alii codices noſtri, *cum ait.*
(p) Ita Mſ. Jol. Alii vero, *De libero arbitrio.*
(q) Colon. vet. edit. *quaſi,* hic & paulo poſt.

vero homo, Deus & homo. Peccatum ergo factum est, relicto Deo, justitia non fit sine Deo.

CCLVII. *alias* CCLVI.

(a) *De legis littera.*

Ex lib. de Spiritu & litera c. 4. Legis littera quæ docet non esse peccandum, si Spiritus vivificator desit, occidit. (b) Scire enim peccatum potius facit quam cavere; & ideo magis augeri, quam minui: quia malæ concupiscentiæ etiam prævaricatio legis accedit.

CCLVIII. *alias* CCLVII.

De mandato Dei, & timore.

Ibid. c. 14. Mandatum Dei si timore fit pœnæ, non amore justitiæ, serviliter fit, non liberaliter; & ideo nec fit. Non enim bonus fructus est, qui non (c) de charitatis radice procedit.

CCLIX. *alias* CCLVIII.

(d) *Quod lex Dei secundum naturam sit.*

V. Ibid. c. 27. supra sent. 17. Lex Dei secundum naturam est, & cum homines quæ legis sunt (e) faciunt, naturaliter faciunt, superato vitio, quod nec præsidium legis abstulerat. Cum itaque per gratiam lex Dei in cordibus (f) scribitur, quæ legis sunt naturaliter fiunt, non quia per naturam (g) præventa sit gratia, sed quia per gratiam reparata natura.

CCLX. *alias* CCLIX.

(h) *De gloria non habenda, nisi in Deo.*

Ex eod. lib. c. 10. & 28. Nemo (i) ex eo quod videtur habere, glorietur, tamquam non acceperit; aut ideo se putet accepisse, quia littera extrinsecus vel ut legeretur apparuit, vel ut audiretur insonuit. Nam *si per legem justitia, ergo Christus gratis mortuus est*. Porro autem si non gratis mortuus est; *Ascendens in altum* (k) *captivam duxit captivitatem, dedit dona hominibus*. Inde habet, quicumque habet. Quisquis autem inde habere se negat, aut non habet, aut id quod habet auferetur ab eo.

Gal. 2. 21. Psal. 67. 19. Eph. 4. 8.

CCLXI. *alias* CCLX.

(l) *Quid per inobedientiam perdidit homo.*

Homo factus erat immortalis, (m) Deus esse voluit: non perdidit quod homo erat, sed perdidit quod immortalis erat; & (n) de inobedientiæ superbia contracta est pœna naturæ.

CCLXII. *alias* CCLXI.

De laude (o) *& præmio fidei.*

Laus fidei est, non visa credere: præmium erit, creditorum adeptione gaudere.

CCLXIII. *alias* CCLXII.

(p) *Cur Sapientia Dei per carnem ad homines venerit.*

Sicut lac non transit nisi per carnem, ut parvulum pascat qui panem edere non potest: sic nisi Sapientia Dei, quæ panis est Angelorum, ad homines dignaretur venire per carnem, nemo ad Verbi contemplandam divinitatem posset accedere. Quia ergo lux a tenebris non poterat comprehendi, ipsa lux mortalitatem subiit tenebrarum, & per similitudinem carnis peccati, participationem dedit luminis veri. [illegible]

CCLXIV. *alias* CCLXIII.

(q) *De bona fama.*

Odor bonus fama bona est, (r) quam quisquis bonæ vitæ operibus habuerit, dum Christi vestigia sequitur, pedes quodammodo ejus pretiosi unguenti odore perfundit. Ex tr. [illegible]

CCLXV. *alias* CCLXIV.

(s) *Quid recte diligatur.*

Non est in carendo difficultas, nisi cum est in habendo cupiditas: & ideo id solum recte diligitur, quod numquam bene amittitur. Ibid. c. 10.

CCLXVI.

(a) Sic Ms. Jol. Alii, *De lege & peccato*.

(b) Ms. Jol. *Scire enim . . . . quam cavere*: ut in libro August. unde sumpta est [illegible].

(c) Colon. vet. edit. *de charitate procedit*. Ms. Remig. *de charitate radice procedit*.

(d) Sic Ms. Jol. Alii libri, *De lege*. Colon. vet. *De lege in natura*.

(e) Mss. Remig. & Jol. aliter habent locum istum: scilicet post, *naturaliter faciunt: superato vitio quod naturæ præsidium legis abstulerat*. Augustini verba sunt, loco citato in margine. *Præcipit naturaliter homines quæ legis sunt faciunt: qui enim hoc non faciunt, vitio suo non faciunt. Quo vitio lex Dei est deleta de cordibus: ac per hoc vitio sanato, cum illic scribitur, fiunt quæ legis sunt naturaliter.*

(f) Ms. Jol. *inscribitur*.

(g) Apud August. *negata sit gratia*.

(h) Ms. Jol. *Quod non glorietur de habitis, tamquam non acceperit* [illegible].

(i) Ms. Jol. *ut eo quod*.

(k) Ms. Remig. *captivavit*, & infra, *Non qui non vere habet*.

(l) Sic Ms. Jol. Alii, *De homine & superbia*; alii, *De hominis superbia*. Colon. vet. edit. *De superbia inobedientiæ*.

(m) Ms. Remig. *Sed quia mortalis*, (forte immortalis) *esse voluit*.

(n) Ms. Jol. *& inobedientia superbiæ*.

(o) Ms. Jol. supplet, *& præmio*.

(p) Ms. Jol. addit vocem, *Dei*, ad titulum, *De Sapientia*, aliorum codicum. Colon. vet. edit. *De sapientia in contemplando*. Forte plenius diceretur, *Quare sapientia Dei ad homines venerit per carnem*, [illegible], *Cum Sapientia Dei incarnata sit*.

(q) Ms. Jol. *De odore bonæ famæ*.

(r) Sic Mss. Remig. & Jol. conformiter textui Augustini loco citato in margine. Alii codices, *quam quisque . . . . habuit: dum Christi* &c.

(s) Ita Ms. Jol. Alii codices, *De cupiditate*.

CCLXVI. *alias* CCLXV.

(a) *De insipienti eloquentia.*

Ex Ps. 4. de Doctrina Christ. c. 6. Qui affluit (b) insipienti eloquentia, tanto magis cavendus est, quanto magis ab eo, in his quae audire inutile est, delectatur auditor, & eum quem ornate dicere audit, etiam vere dicere existimat.

CCLXVII. *alias* CCLXVI.

(c) *De indole bonorum ingeniorum.*

Bonorum ingeniorum clara est indoles, in Ibid. c. 11. verbis diligere verum amare, non verba. Quid enim prodest clavis aurea, si aperire quod volumus non potest? aut quid obest lignea, (d) si hoc potest? quando nihil quaerimus, nisi patere quod clausum est.

CCLXVIII. *alias* CCLXVII.

(e) *De diligendo & non diligendo peccatore.*

Ex lib. 1. de Doctrina Christ. c. 27. Omnis peccator, in quantum peccator est, non est diligendus; & omnis homo, in quantum homo est, diligendus est propter Deum, Deus vero propter seipsum: a quo habent omnes qui eum diligunt, & quod sunt, & quod eum diligunt.

CCLXIX. *alias* CCLXVIII.

(f) *Quod prima ad Deum via sit Christus.*

Ibid. c. 34. Dominus ait, *Ego sum via, veritas & vita.* Hoc est, per me venitur, ad me pervenitur, in me manetur. Cum enim ad ipsum pervenitur, etiam ad Patrem pervenitur: quia per aequalem ille, cui aequalis est, cognoscitur; vinciente atque (g) agglutinante nos Spiritu-sancto, ut in summo atque incommutabili bono sine fine maneamus.

CCLXX. *alias* CCLXIX.

(h) *Quod melior sit qui fallitur, quam qui mentitur.*

Multos invenimus qui fallere velint, qui autem falli, neminem. Cum vero hoc aliud sciens faciat, aliud nesciens patiatur; satis apparet, in una eademque re, illum qui fallitur, eo qui mentitur esse meliorem; quando quidem pati melius est iniquitatem, quam facere. Ibid. c. 36.

CCLXXI. *alias* CCLXX.

(i) *De dilectione bonorum aeternorum, aut temporalium.*

Inter temporalia atque aeterna hoc interest, quod temporale (k) aliquid plus diligitur ante quam habeatur, vilescit autem cum advenerit; non enim satiat animam, nisi incorruptibilis gaudii vera & certa aeternitas: aeternum vero ardentius diligitur adeptum, quam desideratum. Nemo enim plus de illo aestimat quam (l) se habet, ut fiat vilius, quia speratum est amplius: sed tanta est ibi excellentia, ut multo plus (m) adeptura sit charitas, quam vel fides credidit, vel spes desideravit. Ibid. c. 38.

CCLXXII. *alias* CCLXXI.

De fame & (n) fastidio spirituali.

Qui in scripturis sanctis non inveniunt (o) veritatem quam quaerunt, fame laborant: qui autem non quaerunt quod in promptu habent, fastidii languore marcescunt; & per utrorumque periculum est, dum sapientiae cibum & illis obcaecatio, & his inedia subtrahit. Ex lib. 2. de Doctrina Christ. c. 6.

CCLXXIII. *alias* CCLXXII.

De laboribus (p) piorum.

Non sunt condigna passiones hujus temporis (q) ad futuram gloriam, quae revelabitur in nobis. Saeviat & fremat mundus, increpet linguis, coruscet armis: quidquid fecerit, (r) quan- Ex Aug. serm. 1. de verb. Apost. c. 6.

(a) Alii, praeter Ms. Jol. *De eloquentia insipientis.*
(b) Ms. Remig. *insipientia eloquentia.*
(c) Ms. Jol. *De indole ingeniorum.* Alii *De ingenio:* addimus priori, *bonorum*, ex textu sententiae.
(d) Ms. Remig. *si aperire potest.*
(e) Sic Ms. Jol. Reliqui, *De homine peccatore.*
(f) Ms. Jol. *Ego sum via, veritas, & vita.* Alii, *De incommutabili bono*, Titulum a nobis substitutum ex libro Augustini citato, ut pleniorem habuimus.
(g) Ita Ms. Jol. & liber August. citatus in margine. Caeteri, *glutinante.*
(h) Sic Ms. Jol. Alii, *De mendacio & fallacia.*
(i) Ms. Jol. *Quid differt inter temporalia & aeterna.* Colon. vet. edit. *De diligendis aeternis bonis & temporalibus.*
(k) Ms. Jol. addit, *aliquid*, quod legitur in Augustino: alii non addunt. Idem postea, *habeatur . . . . animam*, pro eo quod in caeteris, *habetur, & animam.*
(l) Ms. Jol. *se habet*, ut in August. loco citato in margine. Caeteri alii, *de se habet.*
(m) Ms. Remig. & Jol. *adepta sit*. Jol. vero postea, *credit . . . . desiderat.*
(n) Alias editi habebant, & *inedia*. Melius *fastidio*; quod distinguitur contra famem in textu sententiae. Ms. Jol. *De quaerentibus & non quaerentibus veritatem in Scripturis.* Colon. vet. edit. *De fame & inedia spirituali in Scripturis.*
(o) Ms. Remig. *charitatem quam quaerunt.*
(p) Omnes editi, *peccatorum*. In margine notatum, *piorum* Duac. Colon. & his posteriores. Melius posteriorem hoc legi suadet textus sententiae. Ms. Jol. pro titulo habet priora verba, *Non sunt condigna passiones hujus temporis &c.*
(q) Ms. Remig. & Jol. *ad futuram* ut in Augustino: alii, *superventuram.*
(r) Sic Ms. Jol. Colon. vet. edit. *quantulum erit ad illud:* caeteri, *quantillum erit ad illud quod.* Aug. *quid faciet ad id quod acceptaturi sumus.* Quibus propius accedere visa est lectio Ms. Jol.

quantum illud erit ad id quod accepturi sumus? Appendo quod patior contra id quod spero: hoc quidem sentio, illud spero; & tamen incomparabiliter majus est quod speratur, quam quod (a) infertur. Quidquid est quod contra Christi nomen sævit, si potest (b) vinci, tolerabile est; si non potest, proficit præmio citius consequendo, (c) & finis temporalis mali transit in perceptionem æterni boni.

CCLXXIV. *alias* CCLXXIII.

De charitate.

Cum in duobus præceptis charitatis tota lex pendeat & Prophetæ; quanto (d) magis est Evangelium, quo lex non solvitur, sed adimpletur, & de quo Dominus dicit, *Mandatum novum do vobis, (e) ut vos invicem diligatis?* Charitas enim innovat hominem: & sicut cupiditas veterem, ita dilectio novum facit.

Joan. 13. 34.

CCLXXV. *alias* CCLXXIV.

(f) *De flagellis Dei.*

Quando corripit Deus genus humanum, & flagellis piæ castigationis exagitat, exercet ante judicium disciplinam, & plerumque (g) diligit quem flagellat, nolens invenire quem damnet. Flagellat autem simul & justos & injustos, quia nemo est qui possit gloriari castum se habere cor, aut mundum se esse a peccato. Ita (h) de gratia misericordiæ ejus veniunt etiam coronæ justorum.

Prov. 3. 12.
Prov. 20. 9.

CCLXXVI. *alias* CCLXXV.

(i) *De passionibus fidelium.*

Labor piorum exercitatio est, non damnatio. Nec enim conturbari debemus, cum aliquis sanctus gravia & indigna perpetitur, si obliti non sumus, quæ pertulerit Justus justorum, Sanctusque sanctorum; cujus passio omnes superat passiones: quia cum auctore universitatis nulla cujusquam est comparatio creaturæ.

CCLXXVII. *alias* CCLXXVI.

(k) *De originali peccato.*

Miseria generis humani, cujus nullum hominum ab exortu usque ad obitum videmus alienum, non pertineret ad justum (l) Omnipotentis judicium, si non esset originale peccatum.

Ex lib. 2. operis imperf. n. [illegible]

CCLXXVIII. *alias* CCLXXVII.

(m) *De providentia Dei operantis.*

Creatoris (n) omnitenentis omnipotentia, causa est subsistendi omni creaturæ: quæ virtus, si ab eis quæ condidit regendis aliquando cessaret, simul omnium rerum species & natura concideret. Proinde quod Dominus ait, *Pater meus usque nunc operatur*, continuationem quamdam operis ejus, (o) qua simul omnia continet atque administrat, ostendit. In quo opere etiam sapientia ejus perseverat, de qua dicitur, *Pertingit a fine usque in finem fortiter, & disponit omnia suaviter.* (p) Idem etiam Apostolus sentit, cum Atheniensibus (q) Deum prædicans ait, *In quo vivimus, & movemur, & sumus.* Qui si opus suum rebus creatis subtraheret; nec vivere, nec moveri, nec esse possemus. Et ideo sic Deus intelligendus est requievisse ab omnibus operibus suis, (r) ut jam nullam naturam conderet, non ut condita continere, & gubernare cessaret.

Ex lib. 4. de Gen. ad lit. cap. 12.

CCLXXIX. *alias* CCLXXVIII.

(s) *De observatione sabbati.*

Observatione sabbati, quæ vacatione unius diei figurabatur, ablata, perpetuum sabbatum observat, qui spe futuræ quietis sanctis est operibus intentus; nec (t) in ipsis bonis actibus suis quasi de propriis, (u) & de his quæ non acceperit, gloriatur; illum in se operari cognoscens, qui simul operatur & quietus est.

Ibid. cap. 13.

CCLXXX.

(a) Colon. vet. edit. quod auferatur.
(b) Ms. Jol. vinci. Quod verbum est in Augustino; etsi quidam codices etiam ibi habeant, vinci.
(c) Colon. vet. edit. & fidelis, fine temporalis mali, transit.
(d) Edit. Duac. & seq. in margine scriptum habent, majus est, & post pauca, Ms. Jol. sed impletur.
(e) Colon. vet. edit. ut diligatis invicem.
(f) Hactenus editi, De flagellis. Ms. Jol. De flagellis Dei, prout Colon. vet. addidit etiam vocem Dei.
(g) Ms. Remig. eligit. Ms. Jol. non eligit. Idem quæ in ora libri scriptum legere est in Lugd. & omnium posteriorum excusis, etiam in append. tom. 10. August.
(h) Mss. Remig. & Jol. de gratia ejus: omissa voce hac, misericordiæ.
(i) Ms. Jol. De labore piorum.
(k) Ms. Jol. De miseria generis humani.
(l) Ms. Remig. ad justum Dei omnipotentis.
(m) Ms. Remig. De omnipotentia Creatoris.
(n) Pro hac voce, omnitenentis, sive omnipotentis, in margine notant Edit. Duac. & Colon. cum recentioribus, ut utramque usurpaverat August. loco illo. Creatoris namque potentia & omnipotentis atque omnitenentis virtus.
(o) Ms. Jol. quo simul . . . . usque ad finem.
(p) Ms. Remig. & Jol. Idque etiam. August. Et illud.
(q) Ms. Jol. addit, Deum, quæ vox habetur etiam in libro August.
(r) Ms. Jol. nullam naturam conderet. Sic in Augustini opere legitur, novam naturam ulterius nullam conderet. Alii codices nostri, ut jam nullam novam conderet creaturam.
(s) Ita Ms. Jol. Alii libri, De vero sabbato.
(t) Ms. Jol. addit præposit. in, cum Augustini libro.
(u) Ms. Remig. & aliique.

CCLXXX. *alias* CCLXXIX.

De requie Dei.

Ibid. c. 10. Requies Dei recte intelligentibus ea est, (a) qua nullius indiget bono. Et ideo (b) certa etiam requies nobis in illo est, quia (c) non beatificamur bono quod ipse est, non ipse bono quod nos sumus. Nam & nos aliquid bonum ab ipso sumus, qui fecit omnia bona valde, in quibus fecit & nos. Porro alia res bona praeter ipsum nulla est, quam ipse non fecit: ac per hoc (d) nullo bono alieno eget, qui bono quod fecit non eget.

CCLXXXI. *alias* CCLXXX.

(e) *De initio temporum.*

Ex l. 5. de Gen. ad lit. c. 5. (f) Factae creaturae motibus coeperunt currere tempora. Unde ante creaturam frustra tempora requiruntur, quasi possint inveniri ante tempora tempora. Motus enim si nullus esset vel spiritalis vel corporalis creaturae, quo per praesens praeteritis futura succederent, (g) tempus nullum omnino esset. Moveri autem creatura non utique posset, si non esset. Potius ergo tempus a creatura, quam creatura coepit a tempore. Utrumque autem ex Deo. *Ex ipso*

Rom. 11. 36. *enim, & in ipso sunt omnia.*

CCLXXXII. *alias* CCLXXXI.

(h) *Quod abjectissima etiam divinae providentia regit.*

Ibid. c. 21. & 22. Matth. 10. 29. Matth. 6. 30. Cum Salvator dicit, unum passerem non cadere in terram sine voluntate Dei, & quod foenum agri, (i) post paululum mittendum in clibanum, ipse tamen format, ac vestiat; (k) nonne confirmat, non solum (l) totam istam mundi partem rebus mortalibus & corruptibilibus deputatam; verum etiam vilissimas ejus abjectissimasque particulas divina providentia regi; ne fortuitis perturbari motibus ea, quorum caussas comprehendere non possumus, aestimemus?

CCLXXXIII. *alias* CCLXXXII.

(m) *Animam rationalem in spiritalia erigi debere.*

Ex lib. 6. de Gen. ad lit. c. 12. Anima rationalis in ea debet erigi, quae (n) in spiritalium natura maxime excellunt: ut quae sursum sunt (o) sapiat, non quae super terram.

CCLXXXIV. *alias* CCLXXXIII.

(p) *Quod in miraculis nihil fiat contra naturam.*

Ibid. c. 13. Naturarum conditor Deus nihil in miraculis contra naturam facit, nec quod novum est (q) consuetudini, repugnans est rationi. Nobis ergo videntur (r) contra naturam insolita, quibus aliter naturae cursus innotuit; non autem Deo, cui (s) hoc est natura quod fecerit.

CCLXXXV. *alias* CCLXXXIV.

De immutabili ratione operum Dei.

Ex lib. 7. de Genes. ad lit. c. 12. & 16. (t) Omne corpus in omne corpus posse mutari credibile est: quodlibet autem corpus in animam rationalem posse converti, credere absurdum est. Quoniam Deus sic est omnipotens, ut nunquam suae rationis instituta convellat.

CCLXXXVI. *alias omittebatur.*

(u) *Quod naturale sit nobis velle vivere, non autem male vivere.*

Ex lib. 8. de Gen. ad lit. c. 14. Naturale nobis est velle vivere, male autem vivere, jam non est naturae, sed perversae voluntatis, quam juste poena consequitur.

(a) Emendamus ex Ms. Jol. qui consentit loco Augustini citato. Alii codices mendosi, *qua*.
(b) Ms. Jol. addit *etiam*, item Ms. Remig. qui ita habet, *& ideo certa etiam requies illo est quia non beatificamur*. Colon. vet. *in Deo est*, ubi alii, *in illo est*.
(c) Mss. Remig. & Jol. cum August. addunt, *nos*. Idem Jol. & Aug. postea, *non ipse bono*, quo loco alii codices nostri, *non ipse eo*.
(d) Ms. Jol. *nullo alieno*.
(e) Ms. Jol. *De cursu temporum*.
(f) Colon. vet. edit. *Factae creaturae*, *motibus*. Ms. Jol. omittit *Factae*, & incipit, *Creaturae motibus*. Idemque iterum habet *tempora*, ut & August. Ceteri semel habentibus.
(g) Ms. Jol. *tempus nullum omnino non esset*.
(h) Alias edit. *omnia Dei arbitrio regi*. Ms. Jol. *Quod abjectissima etiam divinae providentia regit*.
(i) Sic Ms. Jol. sicut legitur in libro Augustini, Caeteri, *quod post paululum mittendum est*.
(k) Colon. vet. edit. *sic confirmans*.
(l) Mss. Remig. & Jol. supplent vocem, *totam*, quam carebant editiones Prosperianae, quae tamen legitur in loco Augustini citato.
(m) Sic Ms. Jol. qui tamen habet, *in spiritalibus*. Alii codices, *De anima rationali*.
(n) In libro August. *in spiritalibus naturae maxime excellunt*.
(o) Editi nostri omnes, *sapiens*. Mss. Remig. & Jol. post Augustinum, *sapiat*. Colon. vet. edit. *in ea debet regi (f. erigi) quae spiritalium naturam maxime excellunt, & quae sursum sunt sapiens*.
(p) Sic Ms. Jol. Alii, *De miraculis naturalibus*.
(q) Ms. Jol. cum Colon. vet. edit. *consuetudini*. Alii, *consuetudine*.
(r) Ms. Jol. *contraria videntur insolita*.
(s) Mss. Remig. & Jol. *hoc est in natura quod ipse fecit*. Colon. vet. edit. *cum hoc est natura quod ipse fecerit*.
(t) Ms. Jol. *Omne corpus in aliud, in animam vero nunquam mutari posse*. Colon. vet. *De immutabili mutatione animae in corpus*.
(u) In Mss. Remig. & Jol. post sententiam 285. alia 286. praecedente, titulus est. *Quod naturale sit nobis velle vivere*. Cui subjicitur sententia haec: *Naturale nobis est velle vivere, male autem vivere jam non est naturae sed perversae voluntatis, quam juste poena consequitur*, quae decerpitur ex libro septimo de Genesi ad Literam cap. 15. Aberat vero ab omnibus editionibus.

CCLXXXVII. *alias* CCLXXXV.

(a) *Qualiter homo praesentia Dei illuminetur.*

Ex lib. 8. de Gen. ad lit. c. 12. Sicut aer ex praesente lumine non factus est lucidus, sed fit; quia si factus esset, non autem fieret, etiam absente lumine, lucidus permaneret: sic homo, Deo praesente illuminatur, absente autem (b) continuo tenebratur: a quo non locorum intervallis, sed voluntatis aversione disceditur.

CCLXXXVIII. *alias* CCLXXXVI.

(c) *Deo obediendum.*

Ibid. c. 13. Magna est utilitas hominis, jubenti Deo, etiam incognita jussionis ratione, servire. Jubendo enim Deus utile facit, quidquid jubere voluerit: de quo metuendum non est, ne non profutura praecipiat: nec fieri potest, ut voluntas propria non grandi ruinae pondere super hominem cadat, si eam voluntati superioris extollendo praeponat.

CCLXXXIX. *alias* CCLXXXVII.

De excellentia humanae naturae.

Ibid. c. 14. Quam excellens bonum sit natura humana, hinc maxime apparet, quod datum ipsi sit ut possit summi & incommutabilis boni adhaerere naturae. Quod si noluerit, bono se privat, & hoc ei malum est; unde per justitiam Dei etiam cruciatus consequitur. Quid enim tam iniquum, quam ut bene sit desertori boni? Aliquando autem amissi superioris boni non sentitur malum, dum habetur quod amatum est inferius bonum. Sed divina justitia est, ut qui voluntate (d) amisit quod amare debuit, amittat cum dolore quod amavit, & naturarum Creator ubique laudetur. Adhuc enim bonum est, quod dolet amissum bonum. Nam nisi aliquod bonum remansisset in natura, nullius amissi boni dolor esset (e) in poena.

CCXC. *alias* CCLXXXVIII.

(f) *De potestate nocendi.*

Nocendi cupiditas potest esse a suo cuique animo prava: *Non est autem potestas nisi a Deo*, (g) & hoc abdita, altaque ejus justitia; *quoniam non est iniquitas apud Deum.* Ex lib. 11. de Gen. ad lit. c. 3.

CCXCI. *alias* CCLXXXIX.

(h) *Quantum & quale bonum sit Deus.*

Quantum & quale bonum sit Deus, etiam ex hoc evidenter ostenditur, quod nulli ab eo recedenti bene est: quia & qui gaudent in mortiferis voluptatibus, sine doloris timore esse non possunt; & qui omnino malum desertionis suae majore superbiae stupore non sentiunt, aliis qui haec discernere noverunt, (i) quanta miseria premantur, apparent: ut si nolint recipere medicinam talia devitandi, valeant ad exemplum, (k) quo possunt talia devitari. Ibid. c. 5.

CCXCII. *alias* CCXC.

(l) *Quod nulla creatura mala sit in natura.*

Sicut vera ratio docet meliorem esse creaturam, quam prorsus nihil delectat illicitum: ita eadem ratio docet, etiam illam bonam esse, quae in potestate habet illicitam delectationem ita cohibere; ut non solum de caeteris licitis, rectisque factis, verum etiam de ipsius pravae delectationis (m) cohibitione laetetur. Ibid. c. 7.

CCXCIII. *alias* CCXCI.

(n) *De magnis operibus Domini.*

Magna opera Domini exquisita in omnes voluntates ejus. Praevidet bonos futuros, & creat: praevidet futuros malos, & creat: seipsum ad fruendum praebens bonis, multa munerum suorum largiens etiam malis; (o) misericorditer ignoscens, juste ulciscens; itemque misericorditer ulciscens, juste ignoscens: nihil metuens de cujusquam malitia; nihil indigens de operibus bono- Ibid. c. 11.

(a) Ita MS. Jol. Alii, *De merito*, et Colon. vet. edit. *De merito voluntatis*, ut reliqui.

(b) Vox haec *continuo* additur hic a MS. Remig. & habetur in Augustini loco, hic citato in margine.

(c) MS. Jol. *De utilitate serviendi Deo*. Colon. vet. edit. *De utilitate hominis obediendo Deo in incognitis.*

(d) MS. Jol. *dimisit .... laudatur.*

(e) MS. Remig. Lugd. & posteriores editiones, *in poenam*. MS. Colb. & Jol. Edit. vet. Col. & Append. tom. 10. Aug. *in poena*: imago & locus ipse libri citati in margine.

(f) MS. Jol. *De cupiditate & potestate nocendi.*

(g) Sic post Augustinum, MS. Jol. MS. Remig. cum Colon. vet. edit. *& hoc abdita altaque* (Col. *ejus*) *justitia*. Alii codices, *& hoc abdita altaque ejus judicia.*

(h) MS. Jol. & Colon. vet. edit. addunt, *Quantum & aliis liberis.*

(i) Colon. vet. edit. *quanta sit miseria.*

(k) Ita conformiter Augustino editio Append. tom. 10. ejusdem. MS. Remig. & Jol. *quo possunt caveri*. Edit. alii omnes, post vocem hanc *medicinam*, *talia devitandi valeant ad exemplum quo possunt habere.*

(l) MS. Jol. *Quod creatura alia bona, alia melior.*

(m) MS. Remig. & Jol. post August. *cohibitione*, cum superius dictum sit, *cohibere*. Alii omnes, *correctione.*

(n) MS. Jol. *Quod opera Domini exquisita sint in omnes voluntates ejus.*

(o) MS. Remig. *etiam misericorditer*, & infra, *etiam de bonis malorum*. Colon. vet. edit. *seipsum ad fruendum praebet bonis, multa bonorum suorum largiens ... consolatur autem bonis.*

bonorum, & bonis consulens etiam de pœnis malorum.

per voluntatis arbitrium, quod est a nobis, sed per Spiritum-sanctum, qui datus est nobis.

CCXCIV. *alias* CCXCII.

De superbia (a) *& invidentia.*

Cum superbia sit amor excellentiæ propriæ, invidentia vero sit odium felicitatis alienæ; quid unde nascatur in promptu est. Amando enim quisque excellentiam suam; vel paribus invidet, quod ei coæquentur, vel inferioribus, ne sibi coæquentur, vel superioribus, quod eis non coæquetur. Superbiendo igitur quisque invidus, non invidendo superbus est.

CCXCV. *alias* CCXCIII.

(b) *Qualiter plenitudo divinitatis habitet in Christo corporaliter.*

Plenitudo divinitatis in Christo dicta est corporaliter habitare, non quia divinitas corpus est, sed quia sacramenta veteris Testamenti appellantur (c) umbræ futuri, propter umbrarum comparationem corporaliter dicta est in Christo plenitudo divinitatis habitare, quod in illo impleantur omnia quæ (d) in illis umbris figurata sunt, ac sic quodammodo umbrarum præcedentium ipse sit corpus, hoc est figurarum & significationum illarum (e) ipse sit veritas.

CCXCVI. *alias* CCXCIV.

(f) *De vitiis expugnandis.*

Actio in hac vita pia est, Deum colere, (g) & ejus gratia contra vitia interna pugnare, eisque usque ad illicita instigantibus (h) cogitationibus non cedere; & ubi ceditur, indulgentiam, atque ut non cedatur, adjutorium Dei, affectu religiosæ pietatis exposcere. In paradiso autem, si nemo peccasset, non esset actio pietatis expugnare vitia: quia felicitatis esset permansio vitia non habere.

CCXCVII. *alias* CCXCV.

De fortitudine gentilium & Christianorum.

Fortitudinem gentilium mundana cupiditas, fortitudinem autem Christianorum Dei charitas facit; quæ diffusa est in cordibus nostris, non

CCXCVIII. *alias* CCXCVI.

(i) *Quod nullum malum sit, nisi in aliquo bono.*

Non potest esse ullum malum, nisi in aliquo bono: quia non potest esse nisi in aliqua natura: omnis autem natura, (k) in quantum natura est, bonum est.

CCXCIX. *alias* CCXCVII.

(l) *Nullis meritis gratiam præveniri.*

Debetur merces bonis operibus, si fiunt: sed gratia, quæ non debetur, præcedit ut fiant.

CCC. *alias* CCXCVIII.

De circumcisione & baptismo.

Circumcisio carnis lege præcepta est; quia non posset melius significari, per Christum regenerationis auctorem tolli originale peccatum. Cum præputio quippe omnis homo nascitur, quemadmodum cum originali peccato. Et octavo die lex circumcidi carnem præcepit: quia Christus die Dominico resurrexit, qui post septimum sabbati octavus est. Et circumcisus præputiatum gignit, trajiciens in illum, quo ipse jam caret: sicut baptizatus in filium quem generat carne, reatum tamen trajicit originis, (m) a quo ipse jam liber est.

CCCI. *alias* CCXCIX.

(n) *De primo & secundo homine.*

Primus homo Adam sic olim defunctus est, ut tamen post illum secundus homo sit Christus, cum tot hominum millia inter illum & hunc orta sint: & ideo manifestum est, ad illum pertinere omnem, qui ex illa successione (o) propaginis nascitur: sicut ad istum pertinet omnis, qui (p) in illo gratiæ largitate renascitur. Unde fit ut totum genus humanum quodam modo sint homines duo, primus & secundus.

CCCII.

(a) MS. Jol. & Colon. vet. addunt, *& invidentia seu invidia.*

(b) Ita ex MS. Jol. sic habente, *Qualiter divinitas habitet in Christo corporaliter*, & aliorum librorum titulo, *De plenitudine divinitatis in Christo.*

(c) MS. Remig. *umbra futuri.*

(d) MS. Jol. & Colon. vet. edit. *in illis umbris.* Alii libri nostri carent præpositione *in*, quam tamen habetur in Augustin.

(e) Edit. Colon. recentior, cum nonnullis vetustioribus, *ipsa sit veritas.*

(f) MS. Jol. *De pietate actionis in hac vita.*

(g) MS. Remig. omittit hic præpositionem, *in*, quæ legitur in aliis codicibus Prosperi, & in append. tom. 10. Aug. non vero in libro in margine notato.

(h) Colon. vet. edit. *cogitationibus.*

(i) Ita MS. Jol. In aliis, *vitium nisi in aliquo bono esse non posse.*

(k) Ita ex Augustini libro MS. Remig. & Jol. Alii omnes, *in quantum natura, bona est.*

(l) MS. Jol. *De mercede & gloria bonorum operum.*

(m) Apud August. *quo absolutus est ipse.*

(n) Sic MS. Jol. Alii, *De Adam primo & secundo.*

(o) MSS. Remig. & Jol. *propaginis.* In Aug. *qui ex illa successione propaginis*: & in aliis *ex illa*, legitur. Edit Prosperianæ, *ex illa successione propaginis.*

(p) MS. Remig. *gratia largitate.*

CCCII. *alias* CCC.

De judiciis Dei.

Nullo modo judiciis hominum comparanda sunt judicia Dei: quem non dubitandum est esse justum, etiam quando facit quod hominibus videtur injustum.

CCCIII. *alias* CCCI.

(a) *De nativitate justorum.*

Justus ex Deo, (b) non ex hominibus nascitur: quoniam renascendo, non nascendo fit justus. Unde etiam (c) regenerati filii Dei vocantur.

CCCIV. *alias* CCCII.

De natura humanæ qualitate.

Natura humana etsi mala est, quia vitiata est; non tamen malum est, quia natura est. Nulla enim natura, in quantum natura est, malum est: sed prorsus bonum, sine quo bono ullum esse non potest (d) malum: quia nisi in aliqua natura ullum esse non potest vitium; quamvis sine vitio possit esse vel nunquam vitiata, vel sanata natura.

CCCV. *alias* CCCIII.

De morte peccatorum.

Justum Dei judicium est, ut peccato suo quisque pereat, cum peccatum Deus non faciat: sicut mortem non facit, & tamen quem mortem dignum (e) censet, occidit. (f) Unde legitur, *Deus mortem non fecit*: & legitur, *Mors & vita a Deo est*. Quæ duo inter se non esse contraria profecto videt, quisquis ab operibus divinis judicia divina discernit: quia aliud est creando non instituisse mortalem, aliud judicando plectere peccatorem.

CCCVI. *alias* CCCIV.

De pœna peccati.

Deus quidem mundum fecit, & corpora prorsus omnia. Sed ut corpus corruptibile aggravet animam, & caro concupiscat adversus spiritum, non est præcedens natura hominis instituti, sed consequens (g) pœna damnati.

CCCVII. *alias* CCCV.

(h) *De bona institutione hominis.*

Quamlibet vitiis turpetur quæcumque natura, institutio ejus semper est bona. Nam sicut institutio corporis bona est, etiam quando nascitur (i) morbidum, & institutio animi bona est, etiam quando nascitur fatuus; sic institutio ipsius hominis bona est, quando nascitur (k) peccati originalis obnoxius.

CCCVIII. *alias* CCCVI.

(l) *De abolitione peccati.*

Sicut quidam parentes aggravant originale peccatum, ita quidam relevant: sed nullus tollit, nisi ille, de quo dictum est, *Ecce agnus Dei, ecce qui tollit peccata mundi*: cui nullum bonum hominis impossibile, nullum malum est insanabile.

CCCIX. *alias* CCCVII.

(m) *De gratia Dei.*

Non ad merita hominum, sed ad Dei misericordiam pertinet, cum ex illa massa primi hominis, cui merito mors debetur, quisque liberatur. Non est enim iniquitas apud Deum; quia neque remittendo, neque exigendo quod debetur, injustus est; & ibi gratuita est indulgentia, ubi justa posset esse vindicta.

CCCX. *alias* CCCVIII.

Neminem, nisi Deo misereute salvari.

Natura humana, etiamsi in illa integritate, in qua est condita, permaneret, nullo modo se ipsam, Creatore suo non adjuvante, servaret. Unde cum sine Dei gratia salutem (n) non possit custodire quam accepit; quomodo sine Dei gratia potest recuperare quam perdidit?

CCCXI.

(a) Ms. Jol. *De regeneratione*.
(b) Ms. Jol. *non ex homine*. Sic quoque in libro Aug. citato in margine.
(c) Ita restituimus auctoritate Mss. Remig. & Jol. pro *creati*, quod habetur in Editis nostris: quanquam & hi, a Lovaniensi, marginal inscripserint, *alias regenerati*.
(d) Hæc verba, *malum; quia nisi in aliqua natura ullum esse non potest vitium*, implevimus ex Ms. Remig. & textu Augustini, licet exciderint a cæteris codicibus nostris. Ms. Jol. habet tantum, *nullum posse esse vitium*.
(e) Ita Ms. Jol. post August. librum. Alii codices nostri, *fecerit*.
(f) Hæc verba, *Deus mortem non fecit, & legitur*, addimus auctoritate Mss. Remig. & Jol. qui plenius locum Augustini citatum exhibent.
(g) Ita Ms. Jol. juxta textum Augustini, & epist. 10. ejusd. Alii codices nostri cum in textu ponant, *pœna peccati*, in margine indicant vocem, *damnati*.
(h) Sic Ms. Jol. cæteri codices. *De opere in quocumque malo*.
(i) Duac. & Colon. & recentiores habent *morbidum*. Cum tamen & Augustini locus tam in Opere imperf. quam in Enchiridio, & alii codices nostri habeant *morbidus*. Sic etiam scribi debere putavimus, cum sana subintelligi facile credatur *homo*, qui talis nascatur: immo post aliquot lineas expresse habetur: ubi Ms. Jol. omittit, verum, *ipsius autem hominis*.
(k) August. habet, *contagioni peccati originalis*.
(l) Ms. Jol. *Quod parentes aggravant & relevant originale peccatum*.
(m) Ms. Jol. *De misericordia Dei*.
(n) Ms. Remig. *non possitne* in Aug. Ep. Alii, *non posset*.

CCCXI. *alias* CCCIX.

(a) *Nihil excusationis competere peccanti.*

Inexcusabilis est omnis peccator vel reatu originis, vel additamento etiam propriae voluntatis; sive qui novit, sive qui ignorat, sive qui judicat, sive qui non judicat. Quia & ipsa ignorantia in eis qui intelligere noluerunt, sine dubitatione peccatum est; in eis autem qui non potuerunt, poena peccati. Ergo (b) in utrisque non est excusatio, sed justa damnatio.

CCCXII. *alias* CCCX.

De his qui Spiritu Dei aguntur.

(c) Plus est procul dubio agi, quam regi. Qui enim regitur, aliquid agit; & ideo regitur, ut recte agat: qui autem agitur, agere ipse aliquid vix intelligitur. Et tamen tantum praestat voluntatibus nostris gratia Salvatoris, ut non dubitet Apostolus dicere, *Quicumque Spiritu Dei aguntur, hi filii Dei sunt.* Nec aliquid in nobis libera voluntas melius agere potest, quam ut illi se commendet, qui male agere non potest.

CCCXIII. *alias* CCCXI.

(d) *Quid sit liberari a corpore mortis hujus.*

Liberari a corpore mortis hujus, omni sanato languore concupiscentiae carnis, est non ad poenam corpus recipere, sed ad gloriam.

CCCXIV. *alias* CCCXII.

(e) *Nihil hominem posse sine Deo.*

Multa Deus facit in homine bona, quae non facit homo: nulla vero facit homo, quae non Deus facit ut faciat homo.

CCCXV. *alias* CCCXIII.

De vera justitia.

Justitia secundum quam justus ex fide vivit, quoniam per spiritum gratiae homini ex Deo est, vera justitia est: quae licet non immerito in aliquibus justis pro hujus vitae capacitate perfecta dicatur; parva tamen est ad illam magnam, quam capit aequalitas Angelorum. (f) Quam qui nondum habebat, & propter illam quae jam inerat, perfectum; & propter istam, quae adhuc deerat, imperfectum se esse dicebat. Sed plane minor ista justitia (g) facit meritum, major illa facit praemium. Unde qui istam non sequitur, illam non assequitur.

CCCXVI. *alias* CCCXIV.

(h) *Quod Christus solus sine peccato subiit poenam peccati.*

De uno solo mediatore Dei & hominum homine Christo Jesu fides catholica novit, quod pro nobis mortem, id est, peccati poenam sine peccato subire dignatus est. Sicut enim solus ideo factus est hominis filius, ut nos per illum Dei filii fieremus: ita solus suscepit sine malis meritis poenam, sicut nos per illum sine (i) bonis meritis gratiam. Quia sicut nobis non debebatur aliquid boni, ita nec illi aliquid mali. Commendans ergo dilectionem suam in eos, quibus daturus erat indebitam vitam, pati pro eis voluit indebitam mortem.

CCCXVII. *alias* CCCXV.

(k) *Quod gratia non sit ex natura.*

Sicut eis qui volentes in lege justificari, a gratia exciderunt, verissime dicit Apostolus, *Si ex lege justitia est, ergo Christus gratis mortuus est*: sic eis qui gratiam, quam commendat & percipit fides Christi, putant esse naturam, verissime dicitur, Si per naturam justitia est, ergo Christus gratis mortuus est. Jam hic enim erat lex, & non justificabat: jam hic erat & natura, & non justificabat. Ideo Christus non gratis mortuus est: ut & lex per illum impleretur, qui dixit, *Non veni solvere legem, sed implere*; & natura per Adam perdita, per illum repararetur, qui dixit, venisse se quaerere & salvare quod perierat. Gal. 2. 21. Matth. 5. 17. Luc. 19. 10.

CCCXVIII. *alias* CCCXVI.

(l) *De misericordia & judicio.*

Posse habere fidem, sicut posse habere charitatem, naturae est hominum: habere autem fidem, (m) quemadmodum habere charitatem, gratiae est fidelium. Sed cum voluntas credendi aliis (n) praeparetur, aliis non praeparetur a Domino, discernendum est quid veniat de misericordia ejus, quid de judicio. *Universae enim viae Domini misericordia & veritas. Investigabiles* (o) autem *sunt viae ipsius.* (p) Investigabi- Ps. 24. 10. Rom. 11. 33.

(a) Ms. Jol. *Quod inexcusabilis est omnis peccator.*
(b) Ms. Remig. *in utrumque.*
(c) Ms. Jol. *Quod plus sit agi, quam regi.*
(d) Sic Ms. Jol. correct. *De resurrectione.*
(e) Ms. Jol. *De bonis quae facit Deus in homine.*
(f) Colon. vet. editio, *quam Paulus qui nondum habebat.*
(g) Ms. Remig. *facit meritum .... fit praemium.*
(h) Ita Ms. Jol. Coton., *De mortalitate Christi* [illegible].
(i) Haec vox *bonis* abest a Lovan. Duac. & Colon. recent. Restituitur auctoritate Mss. Remig. & Jol. ac edit. Colon. vet. & Lugd. consonanter textui Augustini.
(k) Sic Ms. Jol. Alii, *De natura & gratia.*
(l) Ms. Jol. *De fide.*
(m) Mss. Remig. & Jol. & Colon. vet. *sicut habere charitatem.* Idem Remig. codex, *gratia est fidelium.*
(n) Ms. Jol. *praeparatur .... praeparatur.*
(o) Ms. Remig. *investigabiles enim.*
(p) Ms. Remig. & Colon. vet. *Investigabilis*: eadem Colon. edit. *quae gratis liberat, & veritas quae,*

gabiles igitur sunt, misericordia, qua gratis liberat, & veritas qua juste judicat.

CCCXIX. *alias* CCCXVII.

(a) *De erigendis lapsis.*

Nemo erigit (b) quemquam ad id in quo ipse est, nisi aliquantum ad id in quo est ille descendat.

CCCXX. *alias* CCCXVIII.

De contemnenda mundi gloria.

Quas vires nocendi habeat humanæ gloriæ amor, non sentit, nisi qui ei bellum indixerit. Quia (c) si cuiquam facile est laudem non cupere, dum negatur; difficile est ea non delectari, cum offertur.

CCCXXI. *alias* CCCXIX.

(d) *De temporalibus bonis relinquendis.*

Omnes mundi opes contemnit, qui non solum quantum potuit, sed etiam quantum voluit habere contempsit. In quo cavendum est ne surrepat elatio. Utilius enim terrena opulentia humiliter tenetur, quam superbe relinquitur.

CCCXXII. *alias* CCCXX.

De cohibenda ira.

Nulli irascenti ira sua videtur injusta. Unde ab omni indignatione cito redeundum est ad mansuetudinis lenitatem. Nam pertinax motus facile in ejus odium transit, cui non celeriter ignoscitur.

CCCXXIII. *alias* CCCXXI.

De lege & gratia.

Qui dedit legem, ipse dedit & gratiam: sed legem per servum misit, cum gratia ipse descendit: ut quia lex (e) ostendit peccata, non tollit; volentes legem suis viribus exequi, nec valentes, cogantur ad gratiam, quæ & impossibilitatis morbum, & inobedientiæ aufert reatum.

CCCXXIV. *alias* CCCXXII.

De sabbato.

Verum sabbatum Christianus observat, abstinens (f) se ab opere servili, id est, a peccato: quoniam *qui facit peccatum, servus est peccati.*

CCCXXV. *alias* CCCXXIII.

(g) *De his quæ hominum propria sunt.*

Nemo habet de suo, nisi mendacium & peccatum. Si quid autem habet homo veritatis atque justitiæ, ab illo fonte est, quem debemus sitire in hac eremo; ut ex eo quasi quibusdam guttis irrorati, non deficiamus in via.

CCCXXVI. *alias* CCCXXIV.

(h) *De inseparabili opere Patris & Filii.*

Quod Pater cum Christo facit, Christus facit: & quod Christus cum Patre facit, Pater facit: (i) nec seorsum aliquid agit inseparabilis charitas, majestas, & potestas: sicut ipse Dominus dicit, *Ego & Pater unum sumus.*

CCCXXVII. *alias* CCCXXV.

(k) *Cui prosit baptismi sacramentum.*

Regenerationis gratiam ita etiam hi non minuunt, qui ejus dona non servant, sicut lucis radios loca immunda non polluunt. Qui ergo gaudes baptismi perceptione, vive in novi hominis sanctitate; (l) & tenens fidem quæ per dilectionem operatur, (m) habe bonum quod nondum habes, ut prosit tibi bonum quod habes.

CCCXXVIII. *alias* CCCXXVI.

(n) *Quomodo Christus sit veritas.*

Sic est veritas Christus, ut (o) totum verum accipiatur in Christo: verum Verbum Dei, Deus æqualis Patri; vera anima, vera caro, verus homo, verus Deus, vera nativitas, vera passio, vera mors, vera resurrectio. Si aliquid horum dixeris falsum, intrat putredo, de veneno serpentis nascuntur vermes mendaciorum, & nihil integrum remanebit: quia ubi fuerit (p) falsi ali-

---

(a) Sic Ms. Jol. Alii, *De [illegible].*
(b) Ms. Jol. post Augustini epistolam citatam hic in margine, *quemquam*. Prosperi codices alii *quidquam*.
(c) Edit. vet. Colon. cum August. epist. citata, *Si cuiquam*. Alii codices nostri, *etsi cuiquam*.
(d) Ms. Jol. *De contemptu mundi.*
(e) Ms. Jol. *ostendit peccatum*: & itidem Ms. Remig. *non tollit*.
(f) Colon. vet. editio juxta locum August. addit, *se*, quo carent alii codices nostri.
(g) Ms. Jol. *A nobis peccatum, a Deo habere justitiam.*
(h) Ms. Jol. *De operatione Patris & Filii.*
(i) Editio Colon. vet. hic inserit, *nec seorsum facit*, omittitque voces, *majestas*, *potestas*, quæ sunt aliorum librorum & Augustini.
(k) Ms. Jol. *De regenerationis gratia.*
(l) Ms. Remig. *Ne fidem quæ per dilectionem operatur male vivendo amittas, habe.* Ms. Jol. post, *sanctitate*, omissa particula *&*, *tenens &c.*
(m) Dant. & Colon. cum recentioribus in margine indicant, *ave*.
(n) Ita Ms. Jol. ceteri, *De veritate.*
(o) Ms. Remig. *totum vere.*
(p) Ms. Remig. *falsi hujus.*

alicujus corruptio, ibi veritatis integritas non erit.

CCCXXIX. alias CCCXXVII.

De charitate.

Ex Tract. 9. in Joan. n. 8. (a) Quanta est charitas? quæ si desit, frustra habentur cætera; si adsit, (b) habentur omnia.

CCCXXX. alias CCCXXVIII.

Quomodo Christus reliquerit patrem & matrem.

Phil. 2. v. 6. & seqq. Reliquit Christus Patrem: quia cum in forma Dei esset, non rapinam arbitratus est (c) esse æqualis Deo, sed semetipsum exinanivit, formam servi accipiens. (d) Hoc est enim, Reliquit Patrem; non quia deseruit, & recessit a Patre; sed quia non in ea forma apparuit hominibus, in qua æqualis est Patri. Reliquit autem matrem, relinquendo synagogam Judæorum, de qua secundum carnem natus est; & inhærendo Ecclesiæ, quam ex omnibus gentibus congregavit.

CCCXXXI. alias CCCXXIX.

(e) De comparatione primi Adam & secundi.

Ibidem. (f) Dormit Adam, ut fiat Eva: moritur Christus, ut fiat Ecclesia. (g) Dormienti Adæ, fit Eva de latere: mortuo Christo, lancea (h) percutitur latus; ut profluant sacramenta, (i) quibus formetur Ecclesia. Unde manifesto Apostolus ipsum Adam dicit formam futuri. *Rom. 5. 14. 1. Cor. 15. 22.* Quia *sicut omnes in Adam moriuntur, ita & in Christo omnes* (k) *vivificabuntur.*

CCCXXXII. alias CCCXXX.

(l) *De Incarnatione Verbi.*

Ex Tract. 21. in Joan. n. 1. Deus homo factus est: quid futurus est homo, propter quem Deus factus est homo?

CCCXXXIII. alias CCCXXXI.

De duabus nativitatibus hominum.

Una est nativitas de terra, alia de cœlo; una est de carne, alia de Spiritu; una est de æternitate, alia de mortalitate; una est de masculo & femina, alia de Deo & Ecclesia. Sed ipsæ duæ singulares sunt. Quomodo enim uterus non potest repeti, sic nec baptismus iterari. *Ex Tract. 11. in Joan. n. 6.*

CCCXXXIV. alias CCCXXXII.

De diversitate bonorum (m) in Deo.

(n) Si visibilia attendas, nec panis est Deus, nec aqua est Deus, nec lux ista est Deus, nec vestis est Deus, nec domus (o) est Deus: omnia enim hæc visibilia sunt, & singula sunt. Quod enim est panis, non hoc est aqua; & quod est vestis, non hoc est domus; & quod sunt ista, non hoc est Deus: visibilia enim sunt. Deus autem totum tibi est, quod recte desideras: & omnium bonorum varietas uno fonte (p) profunditur. Quoniam eum sua tribuit, se ipsum sub diversis eorumdem sucorum nominibus impertit. *Ex Tract. 13. in Joan. n. 5.*

CCCXXXV. alias CCCXXXIII.

(q) *De anima & intellectu.*

Anima carnalis apparens feminæ comparatur non habenti rectorem virum, qui est intellectus, cujus eam oportet sapientia gubernari: non quasi aliud sit quam anima; sed quia obtutus quidam (r) oculorum sit animæ. Sicut enim exteriores oculi (s) quiddam sunt carnis; ita mens quiddam est (t) animæ, quod in ea secundum participationem divinæ rationis excellit. Et tunc omnibus (u) motibus suis bene præsidet, cum superna luce radiatur, ut sit in ea *lumen verum, quod illuminat omnem hominem venientem in hunc mundum.* *Ex Tract. 15. in Joan. n. 19. & seqq.* *Joan. 1. 9.*

CCCXXXVI. alias CCCXXXIV.

(x) *De loco orationis.*

(y) Qui supplicaturus Deo locum aptum & san-

(a) Colon. vet. edit. *Tanta est charitas.*
(b) Hic Augustinus dicit, *recte habentur omnia.* Quæ vox, *recte* in MS. Augustini omittitur.
(c) Ita MS. Jol. cum Augustino loc. cit. Reliqui nostri codices, *esse se æqualem.*
(d) MS. Remig. & Jol. *Hoc est enim, relinquere.* Idem Jol. *aut recessisse.*
(e) MS. Jol. *Sicut de Adam Eva, ita de latere Christi fit Ecclesia.*
(f) MS. Jol. *Dormivit Adam.*
(g) Ita MS. Remig. & Jol. cum loco August. in Joan. Evang. Alii omnes etiam append. tom. 10. *Dormiente Adam.*
(h) MS. Jol. ut in loco Aug. citato, *percutitur.* Cæteri, *perforatur.*
(i) MS. Jol. *quibus fiat Ecclesia.*
(k) MS. Remig. *vivificantur.*
(l) MS. Jol. *Quod fuit homo, pro quo Deus factus est homo.*

(m) MS. Jol. *Quod Deus sit invisibilis.* Quod rerum accedit ad sensum sententiæ, cui, *in Deo* additum majoris perspicuitatis gratia.
(n) Edit. Colon. vet. *in visibilia attendas.*
(o) Editi omnes, *domus ista.* MS. Remig. & Jol. non habent pronomen, *ista*, nec locus August. in Joan. Evang.
(p) MS. Remig. *profluit.* Edit. Colon. vet. *profunditur.*
(q) MS. Jol. *De anima carnalis apparente.*
(r) MS. Remig. & Jol. *oculusque sit animæ.*
(s) MS. Remig. *quidam sunt carnis.*
(t) MS. Jol. *animæ, quod in ea.* Reliqui, *animi, quod in eo.*
(u) Edit. Colon. vet. *motibus ejus.*
(x) MS. Jol. *Quod in nobis sit orandum.*
(y) Colon. vet. edit. *Quis supplicaturus ... requiris.*

sanctum requiris, interiora tua munda, & omni inde mala cupiditate depulsa, praepara tibi in cordis tui pace secretum. Volens in templo orare, in te ora: & ita age semper, ut Dei templum sis. Ibi enim Deus exaudit, ubi habitat.

CCCXXXVII. alias CCCXXXV.

(a) *De sensibus corporis, & judicio animi.*

V. Tract. [illegible] Sensus corporis corporalia nuntiant cordi. (b) Et non omnium facultas eadem: quia non inde videtur, unde auditur, nec unde sapor, inde & odor capitur, nec hi ministri, sine tactu ad levia & aspera, calida & frigida, humida & sicca, discernenda sufficiunt. Incorporea vero animus suo tantum sensu dijudicat, & omnes veritates uno motu attingit: & quidquid (c) discretionis inter bona & mala, justa & injusta rationabiliter invenit, (d) totius est intentionis effectus: ut ibi imago Dei appareat, ubi unum idemque est, (e) quo mens potest quantum potest.

CCCXXXVIII. alias CCCXXXVI.

(f) *De vita Filii Dei.*

[illegible] (g) Dei Filius dicitur vitam habere in semetipso, sicut habet Pater, non participando adeptus, sed habendo. Vitam enim genuit Pater vita: nec distat in aliquo essentia gignentis & geniti; cum sic ex Patre sit Filius, (h) ut consempiternae aequalitatis, non una quidem persona, sed una sit deitas.

CCCXXXIX. alias CCCXXXVII.

(i) *Quare Filius, & non Pater dicitur judicaturus.*

Ibid. [illegible] Quamvis nunquam recedat a Filio Pater; ad judicandos tamen vivos & mortuos, non ipse dicitur, sed Filius adhaesurus: quia ibi nec Patris, nec Filii deitas, sed illa forma videbitur Filii, quam sibi per sacramentum incarnationis univit. Ipsa ergo erit judex, quae sub judice stetit: ipsa judicabit, quae judicata est; ut videant impii ejus gloriam, in cujus mansuetudinem (k) saevierunt. Talis ergo apparebit judex, qualis videri possit, & ab eis quos coronaturus est, & ab eis quos damnaturus est. Pater autem non apparebit; quia forma servi non est indutus: sed Filio, (l) qui etiam homo factus est, dedit judicii potestatem.

CCCXL. alias CCCXXXVIII. ante CCCXXXVI.

(m) *Quomodo voluntatem Dei & nostram faciamus.*

Suam voluntatem homines faciunt, non Dei, quando id agunt quod Deo displicet. Quando autem ita faciunt quod volunt, ut divinae serviant voluntati: quamvis volentes agant quod agunt, illius tamen voluntas est, a quo & praeparatur, & jubetur quod volunt. [illegible]

CCCXLI. alias CCCXXXIX. ante CCCXXXVII.

(n) *De doctrina Patris per Verbum*

Si illum docet Pater, qui audit verbum ejus: quaere (o) quid sit Christus, & invenies Verbum ejus, *In principio erat Verbum*; non autem, In principio Deus fecit Verbum: sicut, *In principio Deus fecit caelum & terram*. Verbum enim Dei Deus est, non creatura: nec factum inter omnia, sed per quod facta sunt omnia. Ut ergo ad talis verbi doctrinam homo in carne constitutus possit accedere, *Verbum caro factum est, & habitavit in nobis.* Joan. 1. 14.

CCCXLII. alias CCCXL. ante CCCXXXVIII.

(p) *De carne Christi.*

Caro Christi fidelium vita est, si corpus ipsius esse non negligant. Fiant ergo corpus Christi, si volunt vivere de spiritu Christi; de quo non vivit, nisi corpus Christi. [illegible]

CCCXLIII. alias CCCXLI. ante CCCXXXIX.

(q) *Qui edunt corpus Christi.*

Escam vitae accipit, (r) & aeternitatis poculum bibit, qui in Christo manet, & cujus Christus habitator est. Nam qui discordat a Christo, (s) nec carnem ejus manducat, nec sangui-

---

(a) Ita MS. Jol. caeteri, De [illegible].
(b) MS. Remig. & [illegible] [illegible]
(c) MS. Remig. [illegible].
(d) Sic MS. Jol. Alii, [illegible] MS. vero Remig. [illegible].
(e) Ita MS. Remig. & Jol. caeteri, quod [illegible].
(f) MS. Jol. Quomodo Filius dicitur habere vitam in semetipso.
(g) Sic MS. Jol. & Edit. Colon. vet. Alii vero, Dei Filius Deus habere vitam in semetipso, sicut Pater habet, non participando adeptus est, sed habendo.
(h) Colon. vet. edit. ut consempiternae, non una quidem persona, sed una sit deitas.

(i) Sic MS. Joliensis caeteri, De judicio.
(k) MS. Jol. in cujus mansuetudinem saevierant. Remig. in cujus mansuetudine saevierunt. Alii in textu fremuerunt; in margine, saevierunt.
(l) MS. Remig. quia etiam homo factus est, ei dedit.
(m) Ita MS. Jol. Alii, De voluntate Dei, ut Colon. vet. vel, de voluntate Dei & hominis, ut reliqui.
(n) MS. Jol. De [illegible] Dei.
(o) MS. Remig. Verbum ejus, quod est Christus, invenies Verbum ejus, caeteris omissis.
(p) Sic MS. Jol. Alii, De corpore Christi.
(q) MS. Jol. Qui accipiant & qui non accipiant corpus Christi.
(r) Colon. vet. edit. & [illegible] vitae accipit.
(s) MS. Jol. Nec carnem Christi manducat.

sanguinem bibit: etiam si tantæ rei sacramentum ad judicium suæ præsumptionis quotidie indifferenter accipiat.

CCCXLIV. *alias* CCCXLII. *ante* CCCXL.

(a) *De malorum felicitate.*

V. Tract. [illegible] Vellet mundana sapientia, ut nunquam permitteret Deus eos qui mali sunt esse felices, (b) quod utique non fieri; sed ideo mali cum habent quod volunt, felices putantur, quia quid sit felicitas (c) ignorant.

CCCXLV. *alias* CCCXLIII. *ante* CCCXLI.

De mutatione cordis.

V. Tract. [illegible] Aliud est migrare corpore, aliud corde. Migrat (d) corpore, qui motu corporis mutat locum; migrat corde, qui motu cordis mutat affectum. Si aliud amas, aliud amabas; non ibi es, ubi eras.

CCCXLVI. *alias* CCCXLIV. *ante* CCCXLII.

(e) *De chrismate.*

V. Tract. [illegible] Christi nomen a Chrismate est, id est, ab unctione. Quia ideo omnis Christianus sanctificatur, ut intelligat, se non solum sacerdotalis & regiæ dignitatis esse consortem, sed etiam contra diabolum fieri luctatorem.

CCCXLVII. *alias* CCCXLV. *ante* CCCXLIII.

(f) *De lumine.*

Ex Tract. [illegible] Sequamur Christum lumen verum, ne ambulemus in tenebris. Tenebræ autem metuendæ sunt morum, non oculorum, & si oculorum, non exteriorum, sed (g) interiorum, unde discernitur non album & nigrum, sed justum & injustum.

CCCXLVIII. *alias* CCCXLVI. *ante* CCCXLIV.

(h) *Quod verus Deus & verus homo sit Christus.*

Catholica fides Dominum Jesum Christum & verum Deum & verum hominem credit, & prædicat. Utrumque enim scriptum est, & utrumque verum est. Qui Deum tantummodo asserit Christum, (i) medicinam negat, qua sanatus est. Qui hominem tantummodo asserit Christum, potentiam negat, qua creatus est. Utrumque ergo anima fidelis ac recta suscipe; & Deus Christus est, & homo Christus est. Qualis Deus Christus? Æqualis Patri, unum cum Patre. Qualis homo Christus? Virginis filius, trahens de homine mortalitatem, non trahens iniquitatem. Ex Tract. [illegible]

CCCXLIX. *alias* CCCXLVII. *ante* CCCXLV.

De missione (k) Verbi.

(l) Missus est Dominus Christus a Patre, non recessit a Patre. Missio ejus incarnatio fuit, & invisibili deitati hoc fuit in hunc mundum venire, quod apparere. Quod si cito caperetur, non opus erat ut crederetur, (m) quia videretur. Credendo ergo capitur, quod nisi credatur, nunquam intelligitur. Ibid. [illegible]

CCCL. *alias* CCCXLVIII. *ante* CCCXLVI.

(n) *De fide Patris & Filii.*

Ut recte credatur Pater & Filius, ipse Filius audiendus est, dicens, *Ego & Pater unum sumus*. Duobus enim verbis duas simul hæreses detruncamus. Nam per id quod ait, *unum*, Arium percussit: per illud quod ait, *sumus*, Sabellium stravit: quia nec, *sumus*, de uno, nec, *unum* (o) diceret de diverso. Ibid. [illegible]

CCCLI.

(a) MS. Jol. *De falsa felicitate malorum.*

(b) MS. Remig. *quod utique Deus non fieri.* Alii omissa voce Deus, *non fieri.* MS. Jol. *non fruitur nec mala, cum dicat Augustinus, nunquam hoc permitteret Deus.*

(c) Melius legeretur, *ignorantur* post Augustinum; quod in margine indicant editi Duac. Colon. & posteriores, & MSS. Profpera [illegible].

(d) MS. Jol. *Aliud esse migrare corpore, aliud corde.*

(e) MS. Jol. *Quod Christi nomen a chrismate sit.*

(f) MS. Jol. *De tenebris interioribus.* Alii, *De lumine*, quibus adjecimus, *vero*.

(g) Hæc duo verba, *sed interiorum*, supplevimus auctoritate MS. Remigiano-Remensis etiam solius, quia in Augustini loco citato hic in margine leguntur, & sensui sententiæ sunt necessaria.

(h) Sic MS. Jol. Alii vero, *De incarnatione verbi.*

(i) Colon. vet. edit. *& potentiam negat qua creatus est, & medicinam negat qua creatus est .... est Deus Christus: est & homo Christus. Æqualis Deo Christus, æqualis Patri, unum cum Patre, æqualis homo Christus Virginis filius, trahens de homine mortalitatem, non autem iniquitatem.*

(k) MS. Jol. *Filii.*

(l) MS. Remig. & Colon. vet. edit. *Missus Dominus a Patre.* Eadem Colon. edit. *& invisibili deitati hoc (l. hæc) fuit in hunc mundum venire, quod apparere.*

(m) Hæc verba, *quia videretur*, addidimus ex MS. Remig. & Jol. & ex ipso textu August. in Joan. Bivarg. in suis codicibus Prosperianis non habemus. MS. Jol. *Credendo ergo capitur, quod nisi capiatur (forte credatur) nunquam intelligitur.*

(n) Ita MS. Jol. ceteri, *De Patre & Filio.*

(o) MS. Jol. *diceretur.* MS. Remig. *diceret de diverso posuit.*

CCCLI. *alias* CCCXLIX. *ante* CCCXLVII.

(a) *De Deo & homine Jesu Christo.*

Ex Tract. 78. in Joan. n. 3. (b) Utrumque oportet noverimus in Christo, & unde æqualis est Patri, & unde illo major est Pater. Illud Verbum est, illud caro; illud Deus est, illud homo. Sed unus est Christus Deus & homo.

CCCLII. *alias* CCCL. *ante* CCCXLVIII.

(c) *De unitate divinæ Trinitatis.*

Ex Tract. 39. in Joan. n. 5. Multorum hominum multæ sine dubio animæ, & multa sunt corda; sed (d) si per fidem & dilectionem adhæreant Deo, fiunt omnes una anima, & cor unum. Si ergo *charitas Dei quæ diffusa est in cordibus nostris, per Spiritum-sanctum, qui datus est nobis,* tantam unitatem multarum animarum, & multorum cordium facit: quanto magis certiusque in Patre & Filio & Spiritu-sancto æterna & incommutabilis unitas manet, ubi indifferens Trinitas unus Deus est, unum lumen, unumque principium? Rom. 5, 5.

CCCLIII. *alias* CCCLI. *ante* CCCXLIX.

(e) *Quomodo docuit Pater Filium.*

Ex Tract. 40. in Joan. n. 5. Non sic docuit Pater Filium, quasi indoctum genuerit, & scientiam contulerit deficienti: (f) sed intemporalis doctrina est intemporalis essentia; & hoc est a Patre doceri, quod est a Patre generari: quia simplici veritatis naturæ esse & nosse, non est aliud atque aliud, (g) sed idipsum.

CCCLIV. *alias* CCCLII. *ante* CCCL.

De fide & veritate.

Ibid. n. 9. Fides semper prævenit visionem. Credimus enim, ut cognoscamus; non cognoscimus, ut credamus. Fides ergo est, quod non vides credere: veritas, quod credidisti videre.

CCCLV. *alias* CCCLIII. *ante* CCCLI.

De bono odore Christi.

Bonus Christi odor est prædicatio veritatis, (h) quo odore vitam capit, qui Evangelio bonis (i) moribus servit & congruit; mortem autem incurrit, cujus ab his quæ bene loquitur, vita dissentit. Quæ conditio etiam apostolos obstringit, cum recta prædicatio ab aliis per incredulitatem auditur in mortem, ab aliis per fidem suscipitur in salutem. V. Tract. 50. in Joan. n. 6. supra app. p. 100.

CCCLVI. *alias* CCCLIV. *ante* CCCLII.

(k) *De facultate credendi.*

Fides Christi est, credere in eum qui justificat impium, credere in Mediatorem, sine quo nullus reconciliatur Deo, credere in Salvatorem, qui venit quærere & salvare quod perierat, credere in eum qui dixit, *Sine me nihil potestis facere.* Sed hanc fidem non apprehendit, qui ignorans Dei justitiam, qua justificatur impius, suam vult constituere, (l) qua convincatur superbus. Talis enim sententias suæ elatione obdurantur, & excæcantur: quia negando Dei gratiam, non adjuvantur. Ex Tract. 53. in Joan. n. 10. Joan. 15. 5.

CCCLVII. *alias* CCCLV. *ante* CCCLIII.

(m) *De vera dilectione.*

Charitatem habens, *quæ est de corde puro, & conscientia bona, & fide non ficta,* diligit Deum & proximum sicut seipsum. Amator enim Dei, amator est sui: & non diligens Deum, non diligit proximum; quia non diligit seipsum. Pro hac autem dilectione patienter etiam mundi odia sunt toleranda: necesse est enim ut nos oderit, quos videt odisse (n) quod diligit. V. Tract. 87. in Joan. n. 3. & 4. supra app. p. 112. 1. Timot. 1. 5.

CCCLVIII. *alias* CCCLVI. *ante* CCCLIV.

(o) *De bipartita mundi significatione.*

Duo hominum genera sub uno mundi nomine nuncupantur. Sicut enim dicitur mundus in impiis, ita dicitur mundus in sanctis. Unde V. Ibid. n. 2. in Joan. app. p. 112.

con

(a) Ms. Jol. *Unde æqualis sit Filius Patri, & unde minor.*

(b) Edit. Colon. vet. *Utrumque noverimus esse in Christo, & unum quo ... & unum quo ille major est Pater.*

(c) Ms. Jol. *Quomodo multi sint cor unum, & anima una, & de unitate Trinitatis.* Colon. vet. edit. *De unitate dilectionis.*

(d) Ita legimus in Ms. Remig. & Jol. in editis. *Sed ubi per dilectionem sibimet adhærent Deo.* Colon. vet. edit. pergit, *una anima & unum cor fiunt,* & post aliquot lineas, *ut indifferens Trinitas unus Deus, & unum lumen & unum principium.*

(e) Sic Ms. Jol. Alii, *De doctrina Patris ad Filium.*

(f) Recentiores editi, *sed temporalis doctrina est intemporalis essentia.* Colon. *intemporalis doctrinæ,* &c. Mutavimus ut in textu *intemporalis doctrina,* sic exhibentibus Ms. Remig. Jol. quoque scriptum præferentes, *intemporalis doctrina est intemporalis essentia.* Ubi aliquid omissum videtur ad hæc Augustini loco citato in margine. *Intemporaliter Pater locutus est Filio, quia intemporaliter Pater genuit Filium.*

(g) Alii codices, *sed ipsum.* Ms. Remig. *sed id ipsum,* juxta id August. *sed hoc ipsum.*

(h) Ms. Jol. *quo odore alterum in vitam capit.*

(i) Ms. Jol. & Remig. *bonis moribus,* pro eo quod alii habebant, *bonis operibus;* prave tamen ac maligne indigerentes.

(k) Ms. Jol. *De fide Christi.*

(l) Edit. Colon. vet. *qua convincitur.* Ab eodem absunt hæc *Talia* &c. ad finem sententiæ, quæ in August. & cæteris codicibus habentur.

(m) Ms. Jol. *De charitate.*

(n) Ms. Remig. *quem diligit.*

(o) Ms. Jol. *De duobus generibus hominum.*

cum totus a semetipso & in odio & in amore discordet; nec eum se odisse jubeamur, & amare, cum dicitur nobis, *Nolite diligere mundum*: & cum dicitur, *Diligite inimicos vestros*; ut quorum execramur iniquitatem, optemus salutem.

1. Joan. 2. 15. Matth. 5. 44.

CCCLIX. *alias* CCCLVII. *ante* CCCLV.

(a) *De vitanda jactantia gloriæ.*

Ex Tract. 57. in Joan. n. 2.

Ad vitandam tentationem vanæ gloriæ, utilior est (b) discentis conditio, quam docentis. Tutius enim auditur veritas, quam prædicatur. Quoniam cum doctrina excipitur, humilitas custoditur; cum autem disputatio placet, vix est ut delectantem non pulset quantulacumque jactantia.

CCCLX. *alias* CCCLVIII. *ante* CCCLVI.

(c) *De laude qua se prædicat Deus.*

Ex Tract. 58. in Joan. n. 3.

Periculosum est homini sibi placere, cui cavendum est superbire. Deus autem quantumcumque se laudet, non se extollit excelsus, nec vult se sua videri majestate majorem. Sed cum homini loquitur potentiam suam, non hoc agit, ut ipse gloriosior, sed ut ille melior fiat & doctior. Nobis enim prodest auctorem nostrum agnoscere; & ei qui est super omnia, subjacere: (d) ut de quo non possumus comprehendere quid est, possimus sentire quod non est.

CCCLXI. *alias* CCCLIX. *ante* CCCLVII.

(e) *De remittendis peccatis.*

Ibid. n. 5.

Christiana observantia ad perfectæ pietatis (f) profectum per mutuam orationem pervenit indulgentiam peccatorum, dante nobis Domino suæ bonitatis exemplum. Nam si ille, in quo nullum omnino fuit peccatum, interpellat pro peccatis nostris; quanto magis nos invicem pro propriis orare debemus? Amplectenda quippe est homini, qui (g) non omni potest carere peccato, tam benigna conditio; ut dimittendo delicta aliena, diluat sua.

CCCLXII. *alias* CCCLX. *ante* CCCLVIII.

(h) *De impletione desideriorum justorum.*

Ex Tract. 65. in Joan. n. 1. 1. Cor. 15. 28.

Justorum desideriorum (i) satietati tunc nihil deerit, quando Deus omnia in illis omnibus erit. Ad quam beatitudinem hi perveniunt, qui huic sæculo ante separationem (k) animæ a carne moriuntur, nec in eis inveniuntur (l) cupiditatibus, quas sola superat dilectio Dei: (m) ut & id patiatur iniquitas, quod elegit; & eo bono fruatur justitia, quod amavit.

CCCLXIII. *alias* CCCLXI. *ante* CCCLIX.

De confitendo homine Jesu Christo.

Ex Tract. 66. in Joan. n. 2.

Qui sic confitetur Christum Deum, ut eundem hominem neget verum, habentem scilicet unitam sibi nostræ carnis animæque naturam; non est pro illo mortuus Christus; quia secundum hominem mortuus est Christus. Non reconciliatur per Mediatorem Deo. *Unus enim Deus*, (n) *& unus Mediator Dei & hominum, homo Christus Jesus*. Non justificatur per ipsum: quia *sicut per inobedientiam unius hominis peccatores constituti sunt multi, ita per obedientiam unius hominis justi constituentur multi*. Non resurget (o) in resurrectionem vitæ: quia *per hominem mors, & per hominem resurrectio mortuorum. Sicut enim in Adam omnes moriuntur, ita & in Christo omnes* (p) *vivificabuntur*. (q) Nec ullus se beati Petri defendat exemplo, qui se multis lacrymis & accusavit, & lavit: ut principem suum Ecclesia non negationis, sed pœnitentiæ imitatione sequeretur.

1. Tim. 2. 5. Rom. 5. 19. 1. Cor. 15. 21. 22. Matth. 26. 75.

CCCLXIV. *alias* CCCLXII. *ante* CCCLX.

De æternitate.

Ex Tract. 67. in Joan. n. 2.

In quibusdam æternis potest aliqua esse distantia, ipsa autem æternitas absque diversitate mensuræ est. Multæ quippe mansiones, in una vita varias meritorum significant dignitates. Sed (r) ut Deus omnia in omnibus erit, sic etiam

(a) Ms. Jol. *De conditione discentis, & docentis.*
(b) Editio Colon. vet. *discentis, quam docentis status.*
(c) Ms. Jol. *Quod non extollat se Deus laudando se.*
(d) Ms. Jol. *ut de quo non possumus comprehendere quid est, possimus* &c. Ms. Remig. *ut de quo ..... quod est.* Editi plerique, *ut de quo ..... possumus sentire quod non est*, Duac. & Colon. cum manuscriptis, *ut de quo .... possumus sentire quod non est.*
(e) Ms. Jol. *De profectu pietatis per indulgentiam peccatorum.*
(f) Ms. Remig. *provectum.*
(g) Ms. Jol. *non omnino.*
(h) Ita Ms. Jol. Alii, *De æternitate sanctorum.*
(i) Mss. Remig. & Jol. *satietati*, ubi alii omnes *satietate*. Melius hinc, cum respiciat verba hæc Augustini, *prædicaturus nos ad illam satietatem, qua satiatus eris, ubi satiatur in bonis desiderium tuum.* Post aliquot verba Duac. & Colon. vetust. *omnia in illis omnibus*. Melius Mss. Remig. & Jol. Colon. vet. Lugd. & Lovan. *omnia.*
(k) Ms. Jol. *animæ a corpore.* Alii omittunt præpositionem *a.*
(l) Ms. Remig. *cupiditates.* Ms. Jol. *inveniuntur cupiditatibus.*
(m) Edit. Colon. vet. *& ut id eo bono fruatur.*
(n) Sic Mss. Remig. & Jol. post Aug. loco citato, Editi Lovan. & posteriores *& unus est.* Colon. vet. *Unus est enim Deus, & unus.*
(o) Sic cum August. Mss. Remig. & Jol. Editi, *in resurrectione.*
(p) Ms. Remig. *vivificantur.*
(q) Editio Colon. vet. *Nullus se.*
(r) Mss. Jol. & Remig. *ubi*, alii *ut.*

jam in dispari claritate (a) par gaudium, ut quod habent singuli, commune sit omnibus. Quoniam per connexionem dilectionis a gloria capitis nulla erit aliena pars corporis.

CCCLXV. *alias* CCCLXIII. *ante* CCCLXI.

De fide.

Ex Tract. 40. in Joan. n. 9. Fides eorum qui Deum visuri sunt, quod non videt credit: nam si videt, non est fides. Credenti (b) colligitur meritum, videnti redditur praemium.

CCCLXVI. *alias* CCCLXIV. *ante* CCCLXII.

(c) *Quod propitius sit Deus, non annuendo malorum votis.*

Ex Tract. 73. in Joan. n. 1. Male usurus eo quod (d) vult accipere, Deo potius miserante non accipit. Proinde si hoc ab eo petitur, unde homo exauditus laedatur; magis metuendum est, ne quod (e) posset Deus non dare propitius, det iratus.

CCCLXVII. *alias* CCCLXV. *ante* CCCLXIII.

(f) *De duplici dilectione Christi erga diligentes se.*

Ex Tract. 75. in Joan. n. 5. *Qui diligit me*, inquit Dominus, *diligetur a Patre meo; & ego diligam eum, & manifestabo ei me ipsum.* (g) Quid est, *diligam*? tanquam tunc dilecturus sit, & nunc non diligat? Absit. Quomodo enim nos Pater sine Filio, aut Filius sine Patre diligeret? (h) Quomodo, cum inseparabiliter operentur, separabiliter diligunt? Sed ad hoc *diligam eum*, ad quod sequitur, *& manifestabo ei meipsum. Diligam, & manifestabo*, id est, ad hoc diligam, ut manifestem. Nunc enim ad hoc (i) dilexit, ut credamus, & (k) mandatum fidei teneamus: tunc ad hoc diliget, ut videamus, & ipsam visionem mercedem fidei capiamus. Quia & nos nunc diligimus credendo (l) quod videbimus; tunc autem diligemus videndo quod credidimus.

CCCLXVIII. *alias* CCCLXVI. *ante* CCCLXIV.

(m) *De vite & palmitibus vitis.*

Ita sunt in vite palmites, ut viti nihil conferant, sed inde accipiant unde vivant. Sic quippe vitis est in palmitibus, ut vitale alimentum subministret eis, non sumat ab eis. Ac per hoc & manentem in se habere Christum, & manere in Christo, discipulis prodest utrumque, non Christo. Nam praeciso palmite, potest de viva radice alius pullulare: qui autem praecisus est, sine radice non potest vivere. Ex Tract. 81. in Joan. n. 1. & Lib. de ...

CCCLXIX. *alias* CCCLXVII. *ante* CCCLXV.

(n) *De humana justitia modo.*

Divinitus dictum est, *Noli esse justus multum.* (o) Quo notata non est justitia sapientis, sed superbia praesumentis. Qui ergo fit nimis justus, ipso nimio fit injustus. Quis est autem qui se (p) nimis facit justum, nisi qui dicit se non habere peccatum? Ex Tract. ... in Joan. n. ... Eccles. 7. 17.

CCCLXX. *alias* CCCLXVIII. *ante* CCCLXVI.

(q) *Quod sola divina substantia vere sit simplex.*

Nullius, etiam incorporeae creaturae, vere simplex est substantia, cui non hoc est esse, quod nosse; potest enim esse, (r) nec nosse: at illa divina (s) non potest, quia idipsum est quod habet. Ac per hoc non sic habet scientiam, ut aliud illi sit scientia qua scit, aliud essentia qua est, sed utrumque unum: quamvis non utrumque dicendum sit, quod verissime simplex & unum est. Habet enim Pater vitam in semetipso; nec aliud est ipse quam vita, quae in Ex Tract. ... in Joan. n. ...

in

(a) Emendatum ex editione Duac. sensu exigente, & Augustino scribente in loco quem imitatur S. Prosper, *propter unum dominium nullus separatur a regno.* Alii codices habent *per gaudium*. Col. non convenit immediate antecedenti, *in dispari claritate*.

(b) Scripsimus, *colligitur*, loco vocis *pollicetur*, quae in aliis editis legebatur; auctoritate Mss. Remig. & Jol. & quia id quoque in margine indicarunt omnes editiones a Lugdunensi veteri ad ultimas, & in loco Augustini habetur.

(c) Ita Ms. Jol. Alii, *De petitione contraria*.

(d) Ms. Remig. *acciperit*.

(e) Colon. vet. edit. *posset dare ut propitius*.

(f) Alias edit. *De dilectione*, quaedam addenda duximus majoris perspicuitatis gratia. Ms. Jol. pro titulo habet, *Qui diligit diligetur a Patre meo*, &c.

(g) Ms. Remig. hic inserit verba ista, *Quid est diligam, & manifestabo me ipsum*.

(h) Sic Ms. Jol. conformiter textui Augustini loco citato hic. Colon. vet. edit. *Quomodo inseparabiliter operantur, separabiliter diliguntur*, inde pro *diligunt*? Alii codices, *Cum inseparabiliter operentur, quomodo separabiliter diligunt?*

(i) Ms. Remig. *ad hoc diligit*. Alii omnes post Aug. *dilexit*.

(k) Ms. Remig. *mandatum fidei*. Jol. Ms. *mandatum fidei*, ut in August. Caeteri, *mandatum ejus*: qui tamen *mandatum fidei* in ora libri indigitant.

(l) Ms. Jol. *quod non videmus*. Alii ut in textu & Aug.

(m) Hactenus, *De palmitibus vitis*. Ms. Jol. *Quomodo sint in vite palmites*.

(n) Ms. Jol. *De eo quod scriptum est, Noli esse justus multum*.

(o) Sic Ms. Remig. & edit. append. August. juxta eumdem in Joan. Evang. Ms. Jol. *Quod non est justitia*. Caeteri codices, *Quoniam non est*.

(p) Vocem hanc *nimis* addidimus ex Ms. Remig. & Jol. Augustino dicente, *Nimium enim se facit justum, qui dicit se non habere peccatum*.

(q) Ita Ms. Jol. Reliqui, *De simplicitate*.

(r) Mss. Remig. & Jol. *& non nosse*.

(s) Sola editio Colon. vet. addit hic, *substantia*, quae in aliis omnibus ex praecedentibus subintelligitur.

in illo est: & dedit Filio habere vitam in semetipso; hoc est, genuit Filium, qui & ipse (a) vita esset. Sic itaque debemus accipere, quod de Spiritu-sancto dictum est, *Non enim loquetur a semetipso, sed quæcumque audierit, loquetur*; ut intelligamus, non eum esse a semetipso. Pater quippe solus de alio non est. Nam & Filius de Patre natus est, & Spiritus-sanctus de Patre (b) procedit: Pater autem nec natus est de alio, nec procedit. Nec ideo sane aliqua disparilitas in summa illa Trinitate cogitationi occurrat humanæ: quia & Filius ei de quo natus est, & Spiritus-sancti de quo procedit, æqualis est. — Joan. 16, 13.

CCCLXXI. *alias* CCCLXIX. *ante* CCCLXVII.

(c) *Quomodo fuit, & erit, & est accipiantur in Deo.*

Quamvis natura incommutabilis non accipiat fuit & erit, sed tantum, est; ipsa enim veraciter est, quia aliter quam est, esse non potest: tamen propter mutabilitatem temporum, in quibus versatur nostra mortalitas & nostra mutabilitas, non mendaciter dicimus, (d) & fuit, & erit, & est: fuit in præteritis sæculis, est in præsentibus, erit in futuris. Fuit quippe, (e) quia numquam defuit; erit, quia numquam deerit; est, quia semper est. Neque enim velut qui jam non sit, cum præteritis occidit; aut cum præsentibus, tamquam non maneat, labitur; aut cum futuris, tamquam non fuerit, oritur. Proinde cum secundum volumina temporum locutio humana variatur; qui per nulla deesse potuit, aut potest, aut poterit tempora, vera de illo dicuntur cujuslibet temporis verba. Semper itaque audit Spiritus-sanctus, quia semper scit: & scire, & audire, hoc illi est, quod semper esse. Semper vero illi est esse, de Patre procedere. * Nemo autem potest dicere quod non sit vita Spiritus sanctus, cum vita Pater, vita sit Filius. Ac per hoc sicut Pater cum habeat vitam in semetipso, dedit & Filio habere vitam in semetipso: (f) sic ei dedit vitam procedere de illo, sicut procedit & de ipso. — Ibid. n. 2. — Joan. 1. 26. — * Ibid. n. 9.

CCCLXXII. *alias* CCCLXX. *ante* CCCLXVIII.

(g) *Quod donum Dei sit diligere Deum.*

Prorsus donum Dei est, diligere Deum. Ipse ut diligeretur dedit, qui non dilectus dilexit. Displicentes amati sumus, ut fieret in nobis unde placeremus. (h) Diffundit enim charitatem in cordibus nostris Spiritus Patris & Filii, quem cum Patre amamus & Filio. — Ex Tract. 102. in Joan. n. 5. & de agone Christ. [illegible]

CCCLXXIII. *alias* CCCLXXI. *ante* CCCLXIX.

De pace Christi.

Pax Christi finem temporis non habet, & ipsa est omnis piæ intentionis actionisque perfectio. Propter hanc sacramentis ejus imbuimur: propter hanc mirabilibus ejus operibus & sermonibus erudimur: propter hanc (i) Spiritum ejus pignus accepimus: propter hanc in eum credimus & speramus, & amore ipsius, quantum donat, accendimur: propter hanc denique omnem tribulationem fortiter toleramus, ut in ea feliciter sine tribulatione regnemus. Vera enim pax unitatem facit: quoniam (k) *qui adhæret Domino, unus spiritus est.* — Ex Tract. 104. in Joan. n. 1. — 1. Cor. 6, 17.

CCCLXXIV. *alias* CCCLXXII. *ante* CCCLXX.

(l) *Omne tempus a Deo esse dispositum.*

Omne tempus ab illo est dispositum, qui tempori subditus non est. Quoniam quæ futura erant per singula tempora, in Dei sapientia habent (m) efficientes causas, in qua nulla sunt tempora. Non ergo credatur hora passionis Domini fato urgente venisse, sed Deo potius ordinante. Non enim (n) siderea necessitas Christo intulit crucem; nec sidera cogerunt mori siderum conditorem: qui (o) intemporalis cum Patre, sic tempus quo carne moreretur, quemadmodum & quo de matre nasceretur, elegit. — Ibid. n. 5.

(a) Alii codices, *vita est*. Ms. Remig. post August. in Joan. Evang. *vita esset*.

(b) Ms. Remig. hoc addit *& Filio*: & infra, *vis de quibus procedit*. Quæ cum nec in aliis codicibus, nec in ipso Aug. Tractatu leguntur, videntur additamenta scribæ imperitioris. Maxime cum eodem quidem Tractatu, sed post multa interposita, expresse sciamus S. Doctor probare, quod Spiritus-sanctus etiam a Filio procedit.

(c) Sic Ms. Jol. Alii libri, *De intemporalitate divinitatis*.

(d) Ms. Remig. *et fuit, & erit, & est*. Ms. Jol. *& fuit, & erit, & est*, ut disponuntur verba in Tract. Aug. Alii *& fuit, & est, & erit*. Ita post August. locum citatum hic Ms. Jol. Ms. vero Remig. *in præteritis*. Alii vetant, *in præteritis*.

(e) Colon. vet. edit. *numquam defuit*. Ms. Jol. numquam *nec fuit*.

(f) Ita Mss. Remig. & Jol. juxta Augustini locum citatum, Codices alii Prosperiani, *sic Spiritui-sancto dedit*.

(g) Ita Ms. Jol. Alii, *De dilectione qua diligimus Deum*.

(h) Ms. Remig. cum Aug. Tract. in Joan. & Conc. Arausic. can. habet, *Diffundit*: ceteri codices nostri, *Diffudit*.

(i) Ms. Remig. *Spiritum ejus pignus accepimus*, Ms. Jol. *Spiritum ejus pignus accepimus*, ut in Tractatu August. in Joan. citato. Alii libri nostri, *Spiritus sancti pignus accepimus*.

(k) Ita habet Ms. Remig. ut in utroque Apostoli textu. Alii codices nostri, *qui adhæret Deo*.

(l) Ita Ms. Jol. Alii generalius, *De temporibus*.

(m) *Pro voce, efficaces*, restituimus, *efficientes*, quam habent Mss. Remig. & Jol. ac locus August. in Joan. Evang. immo & in margine notatam omnes editiones post antiquam Lugdun. quæ in textu ferebant, *efficaces*.

(n) Colon. vet. edit. *Non enim causa necessitatis*.

(o) Quod Augustinus in Joan. Evang. exprimit his verbis, *cum Patre, de quo sine tempore natus est*. Ms. Remig. *qui intemporalis cum Patre est, tempus quo in carne moreretur, & quod (forte quo) de matre nasceretur elegit*.

CCCLXXV. *alias* CCCLXXIII. *ante* CCCLXXI.

(a) *De unitate Trinitatis.*

Ex Tract. 105. in Joan. n. 3. In eo quod dicitur, *Haec est autem vita aeterna, ut cognoscant te solum verum Deum, & quem misisti Jesum Christum*, ordo verborum est: (b) Ut te, & quem misisti Jesum Christum, cognoscant solum verum Deum. Consequenter enim intelligitur & Spiritus-sanctus. Quia Spiritus est Patris & Filii, tamquam charitas substantialis & consubstantialis amborum. Quoniam non duo dii, Pater & Filius; nec tres dii, Pater & Filius & Spiritus-sanctus; sed ipsa Trinitas unus solus verus Deus. Nec idem tamen Pater, qui Filius; nec idem Filius, qui Pater; nec idem Spiritus-sanctus, qui Pater aut Filius: quoniam tres sunt, Pater, & Filius, & Spiritus-sanctus: sed ipsa Trinitas unus est Deus.

CCCLXXVI. *alias* CCCLXXIV. *ante* CCCLXXII.

(c) *Quod gignendo dedit Pater omnia Filio.*

Ex Tract. 106. in Joan. n. 7. Quidquid Deus Pater Deo Filio dedit, gignendo dedit. Ita enim dedit Filio Pater, sine quibus Filius esse non posset, sicut ei dedit ut esset. Nam quomodo Verbo verba daret aliqua, in quo ineffabiliter dixit omnia?

CCCLXXVII. *alias* CCCLXXV. *ante* CCCLXXIII.

(d) *De custodia Dei circa nos.*

Custodiam circa nos Dei, non tam carnaliter debemus accipere, velut vicissim nos servent Pater & Filius, amborum in nobis (e) servanda alternante custodia, quasi alius, alio discedente succedat. Simul enim custodiunt Pater & Filius & Spiritus-sanctus, qui est unus verus (f) & beatus Deus. Sed Scriptura nos non levat, nisi descendat ad nos. Sicut Verbum caro factum descendit, (g) ut levaret; non cecidit, ut jaceret. Si descendentem cognovimus, cum levante surgamus: & intelligamus, cum ita loquitur, personas (h) eum distinguere, (i) non separare naturas.

CCCLXXVIII. *alias* CCCLXXVI. *ante* CCCLXXIV.

De gratia Dei, quae omnia hominis merita praevenit.

Si naturam cogitemus in qua creati sumus; (k) cum omnes Veritas creaverit, quis non est ex veritate? Sed non omnes sunt, quibus, ut audiant veritatem, & credant, ex ipsa Veritate praestatur, (l) nullis procul dubio praecedentibus meritis, ne gratia non sit gratia. Si enim dixisset, Omnis qui audit vocem meam, ex veritate est: ideo dictus ex veritate (m) putaretur, quia obtemperat veritati. Non autem hoc ait: sed, *Omnis* inquit, *qui est ex veritate*, (n) *audit vocem meam*. Ac per hoc, non ideo est ex veritate, quia ejus audit vocem: sed ideo audit, quia ex veritate est, id est, quia hoc illi donum ex veritate collatum est. Quod quid est aliud, quam, donante Christo credit in Christum? Ex Tract. 115. in Joan. n. 4. Joan. 18. 37.

CCCLXXIX. *alias* CCCLXXVII. *ante* CCCLXXV.

De amore quo Deum amare debemus.

Ex Tract. 123. in Joan. n. 5. Quisquis se ipsum, non Deum amat, non se amat; & quisquis Deum, non se ipsum amat, ipse se amat. Qui enim non potest vivere de se, moritur utique amando se: (o) non ergo se amat, qui ne vivat se amat. Cum vero (p) ille diligitur, de quo vivitur; non se diligendo magis diligit, qui propterea se non diligit, ut eum diligat de quo vivit.

CCCLXXX. *alias* CCCLXXVIII. *ante* CCCLXXVI.

(q) *De individuo Patris, & Filii opere.*

V. lib. 2. de Trinit. c. 9. Quidquid illud est quod oportet Patrem agere ad Filium, non fit nisi per eumdem Filium: ad ipsum scilicet, quia filius hominis est, & factus est inter omnia; per ipsum autem, quia Filius Dei est, & per illum fiunt a Patre omnia.

CCCLXXXI.

(a) Ms. Jol. *De ordine horum verborum. Ut cognoscant te solum verum Deum, & quem misisti Jesum Christum.*

(b) Colon. vet. edit. *Ut cognoscant te solum verum Deum, & quem misisti Jesum Christum cognoscant solum verum Deum:* & in fine sententiae, *sed ipsa Trinitas in hoc unus Deus.* Reliqua ut in textu & apud Augustinum.

(c) Ita Ms. Jol. Caeteri, *Quia dedit Pater Filio.*

(d) Sic Ms. Jol. Colon. vet. edit. *De custodia, qua Deus servat suos.* Alii, *De custodia Dei, qua suos servat.*

(e) Mss. Remig. & Jol. *servandis*, ut Aug. *custodiendis*; alii, *servandi*.

(f) Mss. Remig. & Jol. post Aug. in Joan. Evang. *addunt*, *& beatus*, quod alii omiserant.

(g) Mss. Remig. & Jol. *ut levaret*, ut apud August. alii, *ut attolleret*. Colon. vet. editio, *ut nos relevaret*.

(h) Ms. Jol. cum Aug. Tract. in Joan. *eum*, [illegible] *eum*.

(i) Ms. Jol. *non separare naturam*.

(k) Ms. Jol. *De eo quod Dominus ait, Qui est ex veritate audit vocem meam.*

(l) Colon. vet. edit. *Nullus procul dubio praecedentibus meritis salvatur.* Ms. Remig. *Ne ullis procul dubio praecedentibus meritis, gratia non sit gratia.*

(m) In Ms. Remig. pro, *putaretur*, scribitur, *est*.

(n) Ms. Remig. *audiet*.

(o) Ms. Remig. hic addit, *non ergo se amat, qui ne vivat se amat*, quae leguntur in Augustini oper. in Joan. Evang. hoc loco, absunt vero ab aliis codicibus nostris.

(p) Ms. Remig. *ille diligitur*.

(q) Ms. Jol. *Quod ad Filium per Filium agat Pater.*

CCCLXXXI. *alias* CCCLXXIX. *ante* CCCLXXVII.

(a) *Quomodo Filius subjectus erit Patri.*

[illegible] Non est mirum dicere Apostolum, etiam in futuro saeculo Patri Filium subjectum futurum, ubi ait, *Tunc & ipse subjectus erit ei, qui illi subjecit omnia*. Quando quidem in Filio forma humana mansura est, qua semper major est Pater. Quamvis non defuerint, qui illam tunc Filii subjectionem ipsius humanae formae in divinam substantiam commutationem intelligendam putarunt, tanquam hoc cuique rei subjiciatur quod in eam vertitur & mutatur. Sed intelligi potest, ideo magis dixisse Apostolum, etiam tunc Patri Filium subjectum futurum, ne quis in eo putaret spiritum & corpus humanum conversione aliqua consumendum: *ut sit Deus omnia*, non tantum (b) in illius forma hominis, sed *in omnibus*, quando capitis gloria universum corpus implebit. Ibid. v. 28.

CCCLXXXII. *alias* CCCLXXX. *ante* CCCLXXVIII.

(c) *Quod omnia bona ex Deo.*

[illegible] Quantacumque bona, quamvis magna, quamvis minima, nisi ex Deo esse non possunt. Quid enim majus in creaturis, quam vita intelligens? aut quid minus potest esse, quam corpus? Quae quantumlibet deficiant, & in id tendant ut non sint; tamen aliquid (d) formae illis remanet, ut quoquo modo sint. Quidquid autem formae (e) cujuspiam rei deficienti remanet, ex illa forma est quae nescit deficere, motusque ipsos rerum deficientium vel proficientium excedere numerorum suorum leges (f) non sinit. Quidquid igitur laudabile advertitur in rerum natura, sive exiguum, sive amplum (g) laude dignum judicetur; ad excellentissimam & ineffabilem laudem referendum est (h) Conditoris.

CCCLXXXIII. *alias* CCCLXXXI. *ante* CCCLXXIX.

(i) *Quod praescientia Dei neminem peccare compellat.*

Neminem Deus ad peccandum cogit: praevidet tamen eos, qui propria voluntate peccabunt. Cur ergo non vindicet justus, quae fieri non cogit praesciens? Sicut enim nemo memoria sua cogit facta esse, quae praeterierunt: sic Deus praescientia sua non cogit facienda, quae futura sunt. Et sicut homo quaedam quae fecit meminit, nec tamen omnia quae meminit (k) fecit: ita Deus omnia quorum ipse auctor est, praescit, nec tamen omnium quae praescit, ipse auctor est. Quorum autem non est malus auctor, justus est ultor. [illegible]

CCCLXXXIV. *alias* CCCLXXXII. *ante* CCCLXXX.

De cognoscendis creaturis quae non videntur.

Humana anima naturaliter divinis ex quibus pendet connexa rationibus, cum dicit, (l) Melius fieret hoc quam illud: si verum dicit, & videt quod dicit, in illis superais rationibus videt. Credat ergo Deum fecisse, quod recto intellectu ab eo faciendum fuisse (m) cognovit; etiam si hoc in rebus factis non videt. Quia etiam si caelum oculis videre non posset, & tamen ratione vera tale aliquid faciendum fuisse colligeret; credere deberet (n) factum fuisse, quamvis id oculis non videret. Non enim cogitatione cerneret faciendum fuisse, (o) nisi in his rationibus, quibus facta sunt omnia. Quod autem ibi non est, tam nemo potest vera cogitatione videre, (p) quam non est. [illegible]

CCCLXXXV. *alias* CCCLXXXIII. *ante* CCCLXXXI.

(q) *Quo remedio vulnera humana curentur.*

Quid tam dignum misericordia, quam miser; & quid tam indignum misericordia, quam (r) superbus miser? (s) Ex quo factum est, ut illud Dei Verbum, per quod facta sunt omnia, [illegible]

 & quo

(a) Sic MS. Jol. qui addit etiam, *quod ait Apostolus*. Alii, *De subjectione Filii*.

(b) MS. Jol. *in illa forma hominis*.

(c) Ita MS. Jol. Alii vero, *Nihil in quibuscumque creaturis a Creatore immediatum relinqui*.

(d) Codices nostri communiter, *formae illius*. MS. Remig. & Editio append. tom. 10. Aug. *formae illis*, juxta id quod legitur in libro citato in margine.

(e) Ita MS. Jol. Alii, *cujuspiam rei deficientis*. Apud Aug. hic, *cuipiam rei deficienti*.

(f) MS. Remig. *non sinit*.

(g) Ita MS. Jol. post August. loco hic notato. Alii, *quod laude dignum*. Praepositionem *quae* nihil perturbabatur sensus loci.

(h) MS. Remig. *Creatoris*.

(i) MS. Jol. *Quod Deus neminem cogat ad peccandum, licet praevideat peccaturum*.

(k) Apud Augustinum hic, *fecit*. Omnes nostri codices, *fecit*.

(l) Ita MSS. Remig. & Jol. cum edit. append. tom. 10. August. In aliis nostris codicibus, *Melius fieri hoc*: praeeuntes concinit locus August. in libro ipso de lib. arbitrio.

(m) Ita MSS. Remig. & Jol. & liber Aug. de lib. arb. Alii codices nostri, *cognoscit*.

(n) Ita MSS. Remig. & Jol. juxta textum libri de lib. arbitr. Caeteri codices Prosperiani, *factum fuisse*.

(o) Sic MSS. Remig. & Jol. conformiter libro Augustini citato. Alii autem, *nisi his rationibus in quibus*.

(p) MS. Jolian. *quam nusquam*. Apud August. lib. de libero arb. *quam non est verum*.

(q) MS. Jolian. *Qui digni, & qui indigni misericordia*.

(r) MS. Remig. *quam superbi miseri*.

(s) MS. Remig. *Ex eo factum est . . . . per quod facta sunt omnia*.

& quo fruitur omnis angelica beatitudo, usque ad miseriam nostram porrigeret clementiam suam, & Verbum caro fieret, & habitaret in nobis. (a) Sic enim posset panem Angelorum homo manducare nondum Angelis adæquatus, si panis ipse Angelorum hominibus dignaretur æquari. Nec sic descendit ad nos, ut illos desereret: sed simul integer illis, integer nobis; illos intrinsecus pascens, per id quod Deus est; (b) nos forinsecus admonens, per id quod nos sumus, (c) idoneos facit per fidem, quos per speciem pascat æqualiter.

CCCLXXXVI. *alias* CCCLXXXIV. *ante* CCCLXXXII.

(d) *Quod omne vitium est contra naturam.*

Ibidem. Dubium non est, contra naturam esse omne vitium, etiam ejus rei cujus est vitium. Quapropter quoniam in quacumque re non vituperatur nisi vitium, ideo autem vitium est, quia (e) contra naturam ejus rei est cujus est vitium, nullius rei recte vituperatur vitium, nisi cujus natura laudatur. Non enim in vitio displicet, nisi quod corrumpit quod in natura placet.

CCCLXXXVII. *alias* CCCLXXXV. *ante* CCCLXXXIII.

(f) *De pœna peccati.*

Ibid. c. 18. (g) Omni peccanti animæ duo sunt pœnalia, ignorantia, & difficultas. Ex ignorantia, (h) depravat error, ex difficultate cruciatus affligit. Sed approbare falsa pro veris, ut erret invitus, & resistente repugnatione (i) carnalis vinculi, non posse ab illicitis operibus temperare; non est natura instituti hominis, sed pœna damnati.

CCCLXXXVIII. *alias* CCCLXXXVI. *ante* CCCLXXXIV.

(k) *De varietate remediorum.*

Ex lib. de vera religione c. 28. Ut ars medicinæ, cum eadem maneat, neque ullo modo ipsa mutetur, mutat tamen præcepta languentibus; quia mutabilis est nostra valetudo: ita divina providentia, cum sit ipsa omnino incommutabilis, mutabili tamen creaturæ varie subvenit; & pro diversitate morborum (l) aliis alia jubet, aut vetat: ut a vitio, unde mors incipit, & ab ipsa morte, ad naturam suam & essentiam, ex qua deficiunt, id est, ad nihilum tendunt, reducat & firmet.

CCCLXXXIX. *alias* CCCLXXXVII. *ante* CCCLXXXV.

(m) *De primo vitio animæ.*

Primum animæ rationalis vitium est, voluntas ea faciendi quæ vetat summa & intima veritas. Ita homo de paradiso in hoc sæculum expulsus est, id est, ab æternis ad temporalia, a copiosis ad egena, a firmitate ad infirma. Non ergo a bono substantiali ad malum substantiale, quia nulla substantia malum est; sed a bono æterno, ad bonum temporale; a bono spiritali, ad bonum carnale; a bono intelligibili, ad bonum sensibile; a bono summo, ad bonum infimum. Est igitur quoddam bonum, quod si diligit anima rationalis, peccat; quia infra illam ordinatum est. Quare ipsum peccatum malum est, non ea substantia, quæ peccando diligitur. Ibid. c. 20.

CCCXC. *alias* CCCLXXXVIII. *ante* CCCLXXXVI.

(n) *De lege omnium artium veritate.*

Lex omnium artium cum sit omnino incommutabilis, mens vero humana, cui talem legem videre concessum est, mutabilitatem pati possit erroris, satis apparet, supra mentem nostram esse legem, quæ veritas dicitur. Nec jam illud ambigendum est, incommutabilem naturam, quæ supra animam rationalem sit, Deum esse; & ibi esse primam vitam, & primam essentiam, ubi est prima sapientia. Nam hæc est illa incommutabilis veritas, quæ lex omnium artium recte dicitur, & ars omnipotentis artificis. (o) Itaque cum se anima sentiat nec corporum speciem motumque judicare secundum se ipsam: simul oportet (p) agnoscat, præstare suam naturam ei naturæ, de qua judicat; præstare autem sibi eam naturam, secundum quam judicat, & de qua judicare nullo modo potest. Ibid. c. 30. & 31.

CCCXCI.

(a) MS. Remig. *Nec enim posset*: Joliensis, *Non enim posset . . . nisi panis* &c.

(b) Editiones Duac. Colon. & posteriores, *nos forinsecus admonens*.

(c) MS. Jol. post August. librum hoc loco omittit particulam, *&*, quæ habetur in reliquis nostris codicibus.

(d) Ita MS. Jol. Non bene alii, *Nullum naturæ vitium ab auctore esse*.

(e) MS Remig. & Joliensis, *contra naturam est*: omittuntque hæc, *ejus rei cujus est vitium*, quamvis tria postrema verba in omnibus editis Prosperianis duobus uncis inclusa designentur, quasi hoc loco abundarent. Leguntur tamen in textu ipso Augustini, loco unde hæc sententia est delibata.

(f) MS. Jol. *De ignorantia & difficultate peccantium*.

(g) Colon. vet. edit. *Omni peccatum animæ est*. *Duo sunt pœnalia*.

(h) Apud August. *dedecorat*, quod mendum irrepsisse in Prosperianas editiones omnes, a Lugdunensi, non tamen habetur etiam in MS. nostris.

(i) MS. Remig. *carnalis . . . non possit*. Colon. vet. editio, *& resistendo repugnationem carnalis vinculi*. MS. Jol. *impugnatione carnalis vinculi*.

(k) MS. Jol. *De diversitate præceptorum*. MS. Jol. *varietate*.

(l) In Augustino, *aliis alia jubet*: pro ut nobis, *alii alias*.

(m) Sic MS. Jol. Alii, *De prima hominis prævaricatione*.

(n) Alias editi. *De magistro*. &c. MS. Jol. *De lege omnium artium quæ est veritas*.

(o) MS. Joliensis, *A quo cum se*.

(p) MS. Joliensis post August. librum de vera relig. *agnoscat*; alias *cognoscat*.

CCCXCI. *alias* CCCLXXXIX. *ante* CCCLXXXVII.

(a) *Quo incitetur quis ad discendum.*

Ex lib. 2. de Ordine c. 9. Ad discendum necessario dupliciter ducimur, auctoritate atque ratione. Tempore auctoritas, re autem ratio prior est. Aliud est enim quod in agendo anteponitur, aliud quod pluris in appetendo aestimatur. Quia ergo & principium sapientiae timor Domini est, Prov. 1. 7. & per humilitatem ad sublimia gradus est; incedat humana ignorantia per fidem, ut mereatur fide videre quod credit.

CCCXCII. *alias* CCCXC. *ante* CCCLXXXVIII.

(b) *De divitiis &c. non superbiendum.*

(c) Divitiis flores, & majorum nobilitate te jactas, & extollis de patria, & pulchritudine corporis, & honoribus qui tibi ab hominibus deferuntur: respice te ipsum, quia mortalis es, & quia terra es, & in terram ibis. Circumspice eos qui ante te similibus splendoribus fulsere. Ubi sunt quos ambiebant civium potentatus? Ubi insuperabiles imperatores? ubi qui conventus disponebant, & festa? ubi equorum splendidi (d) invectores? exercituum duces, satrapae, tyranni? (e) non omnia pulvis? non omnia favillae? non in paucis versibus eorum vitae memoria est? Respice sepulcra, & vide quis servus, quis Dominus, quis pauper, quis dives. Discerne, si potes, vinctum a rege, fortem a debili, pulcrum a deformi. (f) Memor itaque naturae, non extollaris aliquando. Memor autem eris si te ipsum respexeris.

(*a*) MS. Joliensis, *De auctoritate & ratione discendi.*

(*b*) Haec postrema sententia abest a MS. Remigiano & Joliensi.

(*c*) Editio vetus Colon. *Divitiis, floribus, & majorum &c.*

(*d*) Editi omnes post Colon. vet. in margine scriptum ferunt, *alias incentores.*

(*e*) Editio vetus Coloniensis, *Nunc omnia pulvis: nunc omnia favillae: nunc in paucis versibus eorum vitae memoria est.*

(*f*) Editio Coloniensis vetus, *Memor sis itaque; ne extollaris aliquando.*

ADMONITIO SANCTI PROSPERI EX SENTENTIIS S. AUGUSTINI.

EPIGRAMMATUM LIBRUM.

Epigrammata sex supra centum, quorum singulis argumentum ex selectis inter Augustini sententias præponitur, vel ex eo solo Prosperi esse judicarentur. „ *Sed in tota illorum serie ita gratiæ divinæ dogmatibus aut explicandis aut defendendis intentus est Noster, adeoque pristinis conceptibus retractandis assuefactus, ut ex omnibus operæ lineis se se proderet inter millenos internoscendum, etsi omnes usquequaque MSS. codices, omnesque Editiones, & ætates eadem non præferrent* “. *Hoc totidem verbis de isto opere judicium pronuntiat Josephus Antelmius, de quo tam sæpe mentio, Dissert. 9. quæ est de Poetice sancti Prosperi, inter Dissertationes Criticas in opere SS. PP. Leonis & Prosperi.*

Quo autem consilio, quove cum fructu id tentaverit, facile judicabit Lector æquus & prudens: cum intelliget id unum intendisse virum in omnibus sua aliorumque ædificationi intentum, ut scilicet præcipuæ sententiarum superiori Libro editarum partes, non tantum venæ poeticæ exercendæ utiliter assumerentur, verum etiam ut ex tali scribendi genere eadem & tenacius animo inhærerent, & suavius memoriæ commendarentur, ab his maxime quibus cordi est Carminum elegantia; quorum acumen & virtus hominum mentes tangit fortius, corda quoque efficacius afficit, nativæ suavitati utilitatem veram & duraturam adjungens, qua re nihil ad informandos mores utilius, juxta illud poetæ:

Omne tulit punctum qui miscuit utile dulci.

Vel potius, cum in usum spiritalis sapientiæ edocendæ poesis assumitur, id sibi eo nomine merito usurpat quod Sap. 8. V. 8. *dicitur de ipsa sapientia,* Sobrietatem & prudentiam docet, & justitiam & virtutem, quibus utilius nihil est in vita hominibus. *Et infra,* Non habet amaritudinem conversatio illius (*sapientiæ*) sed lætitiam & gaudium. *Et adhuc inferius,* Immortalitas est in cognatione sapientiæ, & in amicitia illius delectatio bona. *Quæ omnia soli illi sapientiæ, quæ in sanctorum operibus elucet, vere conveniunt.*

Hanc sibi tali in opere mentem fuisse satis indicat sanctissimus vates noster in Præfatione cunctis Epigrammatis sequentibus prævia, cum ait primo:

Dum sacris mentem placet exercere loquelis,
Cælestique animum pascere pane juvat.

Quidquid autem recti fuerit, quidquid laude dignum ibi reperiatur, totum illud ad supernum fontem unde effluxerat refluere vult omnino & satagit iterum in sequentibus, cum summa grati animi significatione canens:

Nec nostræ hoc opis est, sed ab illo sumitur hic ros,
Qui siccam rupem findere jussit aquas.

Cum autem alicubi, id est, Epigrammatis 65. & 66. videatur sanctus Prosper Eutychianos impugnare, quibus non placuit corpus Christi corpori nostro fateri consubstantiale, dum sic scribit:

Hinc Verbum carni insertum, mortemque receptans,
Nec se confundit corpore, nec geminat.
Sic naturam hominis virtute augente superna,
Esset ut in vero lumine lumen homo.

Qui

Qui vires mortis cum vitæ absorbuit haustu;
  Factum est æternum quod fuit occiduum.

Et pressius Epigrammate 66. sequenti.

Quisquis consilio æterno contraria sentis,
  Et Verbum in nostra carne manere negas;
Divinæ pietatis opus dissolvere quæris,
  Speque sua mundum dispoliare cupis.
Nam quis ventura quemquam salvabit ab ira,
  Quisve hominis primi crimine liber erit;
Si deitas Verbi nostræ non est insita carni,
  Aut Christus falsi corporis umbra fuit?
Quis genitus puer est intactæ Virginis alvo?
  Quæ natura annis crevit & aucta cibis?
In qua prole patrem mundi se credidit Abram?
  Quæve ejus stirps est omnia sanctificans?
Quod regale genus simul est & pontificale?
  Quisve idem David filius & Dominus,
Peccati servis, & mortis compede vinctis
  Unum est dignatus ferre Redemptor opem?
Qui nostri generis carnem cum morte receptans,
  Nostra hosti, ut nobis vinceret, opposuit.
Et carne exsuta dominantem perculit hostem,
  Ut caperet palmam præda vetusta novam.

Ex his omnibus non ægre conjicias, hoc opus non longe ante tempus Concilii Chalcedonensis, quod anno 451. congregatum constat, fuisse exaratum. Cum aliunde certum sit S. Prosperum hujusce concilii temporibus supervixisse.

TITULI EPIGRAMMATUM

SANCTI PROSPERI.

PRæfatio.

I. *Quæ sit vera innocentia.*

II. *De hominibus diligendis.*

III. *De vera æternitate.*

IV. *De patientia Dei.*

V. *De ultione Dei.*

VI. *De vera Dei laudatione.*

VII. *De virtute charitatis.*

VIII. *De doctrina apostolica.*

IX. *De quærendo Deo.*

X. *De fastidio spirituali.*

XI. *De bonorum & malorum finibus.*

XII. *De tranquillitate ultionis Dei.*

XIII. *De bono intellectu.*

XIV. *De requie adhuc in carne viventis.*

XV. *De videndo Deo.*

XVI. *De justitia & gratia.*

XVII. *De supernæ patriæ civibus.*

XVIII. *De carnis cupiditate vincenda.*

XIX. *De angusta vitæ via.*

XX. *De præmio Christianæ religionis.*

XXI. *De occultis non judicandis.*

XXII. *De adjutorio Dei.*

XXIII. *De possessionibus sanctorum.*

XXIV. *De sanitate boni.*

XXV. *De amore legis.*

XXVI. *De servandis mandatis Dei.*

XXVII. *De proficiendo.*

XXVIII. *De duplici opere Dei.*

XXIX. *De observantia pacis.*

XXX. *De custodia Dei.*

XXXI. *De adjutorio Dei.*

XXXII. *De odiis mundi in Christianos.*

XXXIII. *De patientia fidelium.*

XXXIV. *De obsequiis debitis.*

XXXV. *De miranda varietate mundana.*

XXXVI. *De ædificatione domus Dei.*

XXXVII. *De æternis gaudiis.*

XXXVIII. *De lege charitatis.*

XXXIX. *De jussionibus Dei.*

XL. *De intemporali scientia Dei.*

XLI. *De providentia Dei.*

XLII. *De impunitate peccantium.*

XLIII. *De legis littera.*

XLIV. *De lege & gratia.*

XLV. *De promissione Dei.*

XLVI. *De fidelium culpis, & infidelium bonis.*

XLVII. *De malæ voluntatis effectu.*

XLVIII. *De superbia.*

XLIX. *De impari usu fortunæ.*

L. *De morte sanctorum.*

LI. *De puritate quam non perdit invitus.*

LII. *De fortitudine tolerantiæ.*

LIII. *De humilitate justorum.*

LIV. *De oblatione votorum.*

LV. *De essentia deitatis.*

LVI. *Qualis nos diligat Deus.*

LVII. *De intemporali opere Dei.*

LVIII. *De principio rerum omnium causa.*

LIX. *De finibus bonorum & malorum.*

LX. *De gaudio Christiani.*

LXI. *De ineffabili excellentia deitatis.*

LXII. *De superbia diaboli, & Christi humilitate.*

LXIII. *De vera beatitudine.*

LXIV. *Quid sit esse cum Deo.*

LXV. *De incarnatione Verbi Dei.*

LXVI. *De eodem.*

LXVII. *Quo odio odiendi sint mali.*

LXVIII. *De labore fugiendæ mendacitatis.*

LXIX. *De eodem.*

LXX. *De divinis scripturis.*

LXXI. *De oratione Domini.*

LXXII. *De sacramentorum perceptione.*

LXXIII. *De laudando Deum.*

LXXIV. *De accelerando conversione.*

LXXV. *De timore.*

LXXVI. *De virginitate.*

LXXVII. *De modo habendi.*

LXXVIII. *De divitiis.*

LXXIX. *De vera bonitate.*

LXXX. *De mali impunitate.*

LXXXI. *De gaudio recto.*

LXXXII. *Quid hominem Deo jungat.*

LXXXIII. *Quod tota infidelium vita peccatum sit.*

LXXXIV. *De sabbato.*

LXXXV. *De vera libertate.*

LXXXVI. *De superbia.*

LXXXVII. *De diligendo Deum.*

LXXXVIII. *De adulationis vitio.*

LXXXIX. *De Martyribus non baptizatis.*

XC. *De venia.*

XCI. *De causis iniquitatis.*

XCII. *De non desperandis peccatoribus.*

XCIII. *De quærendis præsidiis.*

XCIV. *De bonis quæ nemo amittit invitus.*

XCV. *De remediis tribulationum.*

XCVI. *De bello intestino.*

XCVII. *Nullam mali esse naturam.*

XCVIII. *De petitionibus contrariis Deo.*

XCIX. *De judiciis Dei.*

C. *De cohibenda ira.*

CI. *De fine sanctorum.*

CII. *De desideriis carnis castigandis.*

CIII. *De altitudine fidei, spei, & charitatis.*

CIV. *De confitendo cum Deo.*

CV. *De eodem.*

CVI. *De quærendo perseveranter Deo.*

SAN-

SANCTI PROSPERI AQUITANI
EX SENTENTIIS SANCTI AUGUSTINI
EPIGRAMMATUM LIBER UNUS.

PRÆFATIO.

DUM sacris mentem placet exercere loquelis,
  Cælestique (a) animum pascere pane juvat:
Quosdam, ceu prato, libuit decerpere flores,
  Distinctisque ipsos texere versiculis.
Ut proprias canerent epigrammata singula caussas.
  Et pars quæque suo congrueret titulo.
Nec (b) nostræ hoc opis est, sed ab illo sumitur hic r os
  Qui siccam rupem fundere jussit aquas.
Ut quod in affectum cordis, pietate magistra,
  Venerit, hoc promat carmine læta fides.

I.

(c) QUÆ SIT VERA INNOCENTIA.

Innocentia vera est, quæ nec sibi, nec alteri nocet. Quoniam qui diligit iniquitatem, odit animam suam. Et nemo non prius in se, quam in alterum peccat.

Perfecte bonus est, & vere dicitur insons,
  Nec sibi, nec cuiquam quod noceat faciens.
Nam (d) quicumque alium molitur lædere, primum
  Ipsum se jaculo percutiet proprio.
Et cum forte animum non sit (e) subitura facultas,
  (f) Non dubium in cordis viscere vulnus habet.
Nec fugit infecti sceleris mens prava reatum,
  Cui nimis hoc solum, quod voluit, nocuit.

II.

DE HOMINIBUS DILIGENDIS.

Sic diligendi sunt homines, ut eorum non diligantur errores: quia aliud est amare quod facti sunt, & aliud est odisse quod faciunt.

Naturæ quisquis propriæ non spernis honorem,
  In quocumque hominum, quæ tua noscis, ama.

Sic

(a) MSS. Colbertini tres, & Colon. editio recentior, *animam*.

(b) Editi omnes, *Nec nostrum hoc opus est*. MSS. Regius unus, Colbertini tres, Theodoricensis unus, & Jol. *Nec nostræ hoc opis est*. Idemque a margine indicarunt editi Lovan. & posteriores. Qua voce usurpatur etiam a Virgilio in eumdem sensum, pro auxilio, aut virtute. 4. Æneid. *Non opis est nostræ*: & alibi.
  1. propria nitimur, opis haud indiga nostra.

(c) MSS. quatuor, *De vera innocentia*.

(d) MS. Theod. solus, *quicumque*.

(e) Hanc vocem *subitura*, substituere editiones recentiores, pro ea quæ in antiquioribus legebatur non paris momenti. Ven. & Lovan. vetus, *fronte facultas* habebant. Lovan. Duac. & Colon. *frontosa facultas*. Nec a posterioribus differentiam MSS. codices.

(f) MS. Theodor. *Non dubium vulnus, viscere cordis habet.*

Sic tamen, ut pravos vitet concordia mores,
  Nullaque sint pacis fœdera cum vitiis.
Namque quod artificis summi fecit manus, unum est:
  Quæque (a) auctore bono condita sunt, bona sunt.
Divinum in nullo figmentum despiciatur,
  Sola malis studiis addita non placeant,

III.

DE VERA ÆTERNITATE.

Vera æternitas, & vera immortalitas non est, nisi in deitate Trinitatis: cui quod est esse, perfectum est; quia natura initio caret, & incremento non indiget, sicut nullum finem, ita nullam recipit mutabilitatem. Creaturæ autem, etiam illæ quibus Deus æternitatem dedit, vel daturus est, non penitus omnis finis aliena sunt; quia non sunt extra commutationem; dum illis finis est, & temporalis institutio, & localis motio, & ipsa in augmentum sui facta mutatio.

(b) Æternus vere est solus Deus omnicreator,
  Vita in se vivens permanet esse quod est.
Hoc Pater, hoc Verbum Patris (c) hoc est Spiritus almus.
  Quorum natura est una, eademque simul.
Non cœptum, aut auctum, (d) non hic mutabile quidquam est,
  Quod subeat leges temporis, aut numeri.
Virtus præteritis prior, ulteriorque futuris;
  Nil recipit vanum, nil habet occiduum.
Nam rerum, quas ut voluit sapientia fecit,
  (e) Multis vita quidem est præstita perpetua.
Sed quodcumque potest sese amplius aut minus esse;
  Quodam fine, (f) ipsi quod fuerat, moritur.
Sic nihil æternum, quod commutabile factum est.
  (g) Et quod cuncta super, semper idem Deus est.

IV.

DE PATIENTIA DEI.

Patientia Dei (h) vere est, quæ parcit contemptus, (i) parcitque negatus: & (k) mavult vitam peccatoris, quam mortem: eruditio est pœnitudinis, & oblatio correctionis. Nec ulla ipsius opera (l) misericordia vacant, quando homini & indulgentia consulit, & flagello.

Multa diu summi differt patientia Regis,
  Suspendens æqui pondera judicii.
Et dum plectendis parcit clementia factis
  Dat spatium, (m) quo se crimine purget homo,
Denique committunt homines mala crimina semper,
  Dat spatium, ut pereant crimina, non homines.

Ve-

(a) MS. Jol. *auctore Deo.*
(b) MS. Theod. & Jol. *Æternus vere solus Deus*, absque *est*. MS. unus ex Colb. initio pentametri, *In se ipse vivens.*
(c) MS. Colb. tres & Thead. *hoc &*. Tum in fine pentametri, MS. quinque, & Venet. editio. *Una eademque simul*, ubi editi alii habent, *Una eademque trium.*
(d) MS. septem, *non hic*: & editio Ven. Alii omnes, *non huic.*
(e) Editio Veneta. *Vita quidem multis præstita perpetua est.*
(f) MS. Colb. unus, *ipsi quo fuerat*. MS. Jol. *ipse quo fuerat.*
(g) Ita MS. septem. Edit. Ven. *Conditor quod superat*. Alii omnes. *Quod cunctis superest.*
(h) MS. Colb. unus & Cantabrigiensis, *magna est*. MS. alter Colb. & Jol. *Patientia Dei, quæ .... eruditio est*, &c. ut in libro sententiarum.
(i) MS. Colb. unus, *parcit etiam negatus*. Alter cum Jol. *parcit negatus.*
(k) MS. Colb. duo, & Theod. *mavult.*
(l) MS. Jol. & editio Ven. *a misericordia*. Alii codices carent propositione.
(m) MS. Colb. duo. Cantabrig. & Jol. *ut pereant crimina, non homines*. In quibus desunt duo versus qui in aliis sequuntur.

Verbere nonnumquam castigans (a) corde paterno:
Ne cito consumant sæva flagella reos.
Sic pietate Dei terrarum non vacat orbis,
Et nihil est, quod nos non trahat ad veniam:
Cum Rex salvandis ipsa quoque consulit ira,
(b) Ut curat medicus vulnera vulneribus.

V.

(c) DE ULTIONE DEI.

Divina bonitas ideo maxime irascitur in hoc seculo, ne irascatur in futuro: & misericorditer adhibet temporalem severitatem, ne aeternam juste inferat ultionem.

(d) Cum Deus efferta peccantes verberat ira;
Ut norint homines, quid mereantur, agit.
Nam dum mortalis peraguntur tempora carnis,
Auxilium miseris ipsa flagella ferunt.
Et vindicta brevis sic noxia crimina finit:
Ne sine fine habeat debita pœna reos.

VI.

DE VERA (e) DEI LAUDATIONE.

Vera est confessio benedicentis, cum idem sonus est & oris, & cordis. Bene autem loqui, & male vivere, nihil est aliud quam sua se voce damnare.

Laus vera in Dominum depromitur ore precantis,
Si quæ voce fluunt, intima cordis habent.
Non prodest cuiquam solis bona dicere verbis,
Ni pia mens habeat, quod bene lingua sonat.
Nam fari recte, miserum est, & vivere prave.
Damnat nota malum regula justitiæ.

VII.

(f) DE VIRTUTE CHARITATIS.

(g) Dilectio Dei & proximi propria & specialis virtus est piorum, atque sanctorum; cum cæteræ virtutes & bonis & malis possint esse communes.

Plurima sanctorum bona sunt communia multis,
Et quiddam recti constat inesse malis.
Sed pia pars summæ tendens virtutis ad arcem,
Omne operum meritum (h) vincit amore Dei.
Quo pariter quemcumque hominum sic (i) diligit, ut se
Hoc optans aliis, quod cupit ipse sibi.
Unde istis geminis virtutum qui caret alis,
Cælorum ad regnum, non habet, unde volet.

VIII.

(a) MSS. tres cum edit. Ven. *corde paterno.*
(b) MSS. tres & editio Ven. *Et curat.* Legd. *Ut curet.*
(c) MS. Tol. *De ultionibus Dei.*
(d) MS. Cameracen. *Dum Deus.*
(e) MS. Camb. *De vera confessione.*
(f) MS. Camb. & Theod. *De dilectione Dei & proximi*, MS. Theod. *& de virtute charitatis Dei.*
(g) Ita MSS. sex, & Ven. edit. Alii codices excusi, *charitas.*
(h) MSS. sex cum edit. Ven. *transit.* Reliqui, *vincit* cum Coll. uno.
(i) Editio Ven. *diligat.*

VIII.

DE DOCTRINA APOSTOLICA.

Doctrina apostolicae tam salubris (a) omnique vitalis est, ut pro capacitate utentium neminem sui relinquat (b) expertem. Quia (c) sive sint parvuli, sive magni, sive infirmi, sive fortes, habent in ea & unde alantur, & unde satientur.

Exsueret Deus ut tetra caligine mundum,
  Doctrinae accendit lumen apostolicae:
Quae nullis animis, nullis non congruit annis,
  Lacte rigans (d) parvos, pane cibans validos.
Non tempus, (e) non sexus huic, non caussa resistit,
  Omnes curat, alit, justificat, vegetat.
Sumite quae magnae apposuit (f) Sapientia mensae,
  Et variis pasci discite deliciis.
Quarum pars totum est epulum, & quo quisque juvatur,
  Inde capit vitam, quam parit una fides.

IX.

DE QUÆRENDO DEO.

Deum quaerens, gaudium quaerit. Sic ergo quaerat, ut non in se, sed in Domino gaudeat. Accedendo enim (g) ad Deum, illuminatur ignorantia & corroboratur infirmitas, data sibi & intelligentia qua videat, & charitate (h) qua serviat.

Scire Deum cupiens, gaudere & vivere quaerit,
  Si verum & summum norit (i) amare Deum.
Cui tribuat quidquid recte sapit, optat, agitque,
  Et sine quo carnis gloria pulvis erit.
Non ergo in quoquam sua munera deserit auctor,
  Perque suum Dominus se manifestat opus.
Inque illis habitat dives penetralibus hospes,
  Quae gaudent hoc (k) se comta, quod ipse dedit.

X.

DE FASTIDIO SPIRITALI.

Sicut corpori noxium est, corporeas escas non posse percipere: ita animae perniciosum est, spiritales delicias fastidire.

Ut perdunt propriam mortalia corpora vitam,
  Si nequeunt escas sumere corporeas:
Sic animae, nisi deliciis rationis alantur,
  Dum Verbi aeterni pane carent, pereunt.
Nam quid erit quod dira procul fastidia pellat,
  Cum se ipso refugit mens saturare Deo?

XI.

(a) MSS. quinque & Ven. edit. atque vitalis. Colb. unus quam vitalis est.
(b) MS. Colb. unus, expertem.
(c) MS. Colb. unus, sive sint magni, sive parvi.
(d) MS. quatuor, & Ven. edit. parvos. Editi caeteri, parvos. Lugd. parvulos, pro parvos.
(e) In margine Duac. & Colon. alias non sexus.
(f) Conjunctionem & hic addunt. MS. Colb. unus, & Jol.
(g) MS. Colb. duo cum edit. Ven. ad Dominum.
(h) In libro sententiarum legitur, qua fruatur.
(i) MS. Colb. unus, amare Dominum.
(k) Editi omnes in verso habent, hoc se comtae. Lov. Duac. & Colon. in margine indicant, comta: quam vocem MS. ipsorum auctoritate substituimus; qua significari credimus, ea penetralia sive corda a Deo inhabitata, quae gaudent, se hoc dono compta, id est, ornata, quod Deus ipse dederit, non quod a se ipsis habere se putaverint.

XI.

(a) DE BONORUM ET MALORUM FINIBUS.

Numquam multi sunt, qui (b) ad non esse tendunt. Quid enim tam contrarium paritati, quam quod est debitum perditioni?

Esse Deo verum, & proprium est: cui quisquis adhæret,
Æterni in regni lumine semper erit.
Nam qui justitiam spernunt, non esse laborant,
Inque nihil tendunt, (c) & nihil esse queunt.
Non ergo illorum poterit pars multa videri,
Quorum in sanctorum nullus erit numero.
Sed vere magni, & multi sine fine manebunt,
In Christo quorum gloria perpes erit.

XII.

DE TRANQUILLITATE (d) ULTIONIS DEI.

Non concupiscit Deus poenam reorum, tamquam saturari desiderans ultione. Sed quod justum est cum tranquillitate decernit, & recta voluntate disponit: ut etiam mali non sint inordinati.

Nulla Deum oblectat miserorum pœna reorum,
Nec scelerum vindex ira movet placidum.
Omnipotentis enim recta & tranquilla voluntas,
Quidquid decerni convenit, hoc statuit.
Ut nullus pateat Regis censura querelis,
Cum juste accipiet debitus ordo (e) malos.

XIII.

DE BONO INTELLECTU.

Bonum intellectum habet, qui (f) quod faciendum recte intelligit, facit. Alioquin talis est sine opere intelligentia, qualis est sine timore sapientia; (g) cum sit scriptum, Initium sapientiæ timor Domini.

Scriptorum Domini plene videt omne profundum,
(h) Implet qui factis cognita verba piis.
Nam nimis (i) a sensu doctrinæ devius errat,
Si, quæ curavit scire, fugit facere.

XIV.

DE REQUIE ADHUC IN CARNE (k) VIVENTIS.

Habet (l) jam in hac vita requiem suam anima, quæ de morte infidelitatis exempta est, & non ab operibus justitiæ, sed ab iniquitatis se abstinet actione: ut vivens Deo, & mundo mortua, in humilitatis & mansuetudinis (m) placida tranquillitate requiescat.

Est & in hac vita multis requies data sanctis,
Quorum animas mundus non tenet occiduus:

Quos

(a) Ita MS. Corb. novus & Jol. MS. Remig. *De bonis & malis hominibus*. Alii, *De finibus malorum & bonorum*.
(b) MS. Regius, *qui non ad esse*.
(c) MSS. quinque, *nec nihil esse queunt*. Alii, *& nihil*.
(d) MSS. tres, *ultionem Dei*.
(e) MSS. septem, cum edit. Ven. *malos*. Alii, *reos*.
(f) MSS. Regius *quod est faciendum recte intelligit & facit*. Ven. edit. *quod recte faciendum intelligit, facit*.
(g) Ita MSS. quatuor & edit. Ven. Ceteri, *cum initium sit sapientiæ timor Domini*.
(h) MSS. quatuor, *Qui factis implet*.
(i) Alias editi *a sensu doctrina*. Emendatur ex MSS. quinque.
(k) MSS. quatuor, *viventium*.
(l) MSS. quatuor & edit. Ven. *etiam*. Ex his MS. Camb. post aliquot verba, *quæ non ab operibus*.
(m) MS. Theodoricensis solus, *placita*.

Quos deſideriis nullis peritura fatigant,
  Et quibus omne bonum eſt Chriſtus, & omnis honor.
Utuntur terra ut cælo, fugientia temnunt.
  Quod credunt, quod amant, quod cupiunt, Deus eſt.

XV.

(a) DE VOVENDO DEO.

Quiſquis bene cogitat quid Deo voveat, & quæ vota perſolvat; (b) ſeipſum voveat, & reddat. Hoc exigitur, hoc debetur; imago (c) Cæſaris reddatur Cæſari, imago Dei reddatur Deo. Sed ſicut videndum eſt, (d) quid, & cui offeras; ita etiam (e) conſiderandum eſt, ubi offeras. Quia veri ſacrificii extra catholicam Eccleſiam locus non eſt.

Quid voveat Domino quiſquis bene corde volutat,
  Ipſum ſe totum præparet, & voveat,
Major enim (f) offerri nequit hoſtia mentis in ara,
  Nec Chriſti ex templo ſuavior exit odor,
Quam cum (g) homo caſtorum profert libamina morum,
  Et de virtutum munere ſacra litat.
Sic tamen, ut norit qui reddit vota Tonanti,
  Unum divinis cultibus eſſe locum,
In toto mundo quem vera Eccleſia præbet,
  Et ſine quo nullum juſtitiæ eſt meritum.

XVI.

DE JUSTITIA ET GRATIA.

Duæ ſunt retributiones juſtitiæ, cum aut bona pro bonis, aut mala redduntur pro malis. Tertia eſt retributio gratiæ, cum per regenerationem remittuntur mala, & retribuuntur bona. Atque ita manifeſtatur, quia univerſæ viæ Domini (h) miſericordia & veritas. *Illam autem impiorum retributionem, quæ pro bonis mala (i) reſtituunt; Deus neſcit: (k) qui niſi retribueret bona pro malis, (l) non eſſent quibus retribueret bona pro bonis.*

Juſtitiæ merces gemina eſt, vel cum bona rectis,
  Vel pravis digne cum mala reſtituit.
Salvatrix autem cunctorum gratia Chriſti,
  Non penſans meritum, diluit omne malum:
Credenteſque omnes renovans baptiſmate ſacro,
  Dat bona, quæ propter det meliora bonis.

XVII.

DE SUPERNÆ PATRIÆ CIVIBUS.

Omnis qui ad ſupernam pertinet civitatem, peregrinus eſt (m) mundi: & dum temporali utitur vita, in patria vivit aliena, ubi inter multa illecebroſa, & multa fallacia Deum noſſe & amare paucorum eſt, (n) quibus ſit præceptum Domini lucidum illuminans oculos, *(o) ut nec in Dei, nec in proximi charitate fallantur.*

Cæleſtem ad patriam Chriſto redimente vocatus,
  Vitam (p) labentis temporis hoſpes agit.

Dum-

(a) Mſ. Jol. *De vovendo.* Mſ. Camb. *De bene vovendo.*
(b) Mſ. Regius, *voveat ſe ipſum totum.*
(c) Mſſ. Regius & Thead. & edit. Ven. *ut & imago Cæſaris . . . . & imago Dei.*
(d) Mſſ. quatuor, *quid offeras, & cui offeras.*
(e) Mſ. Colb. unus, *videndum eſt*, ut in ſententiis.
(f) Mſſ. quatuor, & edit. Ven. *nequit offerri.*
(g) Vox hæc, *homo*, abeſt a Mſ. Jol.
(h) Mſ. Colb. unus, & edit. Ven. *ſunt miſericordia.*
(i) Mſſ. duo, *reſtituuntur.* Mſ. Reg. *quæ bonis mala reſtituuntur.*
(k) Mſſ. tres, *Qui niſi.* Edit. Ven. *Qui niſi Deus.*
(l) Mſ. Reg. *non eſſet cui retribueretur.*
(m) Mſſ. tres & edit. Ven. *mundo.*
(n) Ita Mſſ. tres, & edit. Ven. Alii, *quibus, præceptum Domini ſit lucidum.*
(o) Mſ. Regius, *ut nec in Dei dilectione, nec in proximi charitate fallantur.* Edit. Ven. *ut nec in Dei charitate, nec in proximi dilectione fallantur.*
(p) Edit. Lovan. & recentiores in margine ponunt, *præſentis.*

Dumque ad promissam requiem (a) non per sua tendit,
Mundanæ patitur multa pericla viæ.
Quæ nunc obsessa adversis, (b) nunc plena secundis
Aut frangit (c) trepidos, obligat aut dubios.
Inter quos laqueos currentem (d) ad gaudia vera
Non capiet mundus, cui via Christus erit.

XVIII.

DE CARNIS CUPIDITATE VINCENDA.

Nemo est, cujus (e) animam corruptibile corpus, & inhabitatio terrena non aggravet. Sed adnitendum est, ut cupiditates carnis, spiritus vigore superentur: & interior homo, qui semper sibi sentit resisti, semper se divino (f) expetat auxilio adjuvari.

Nulla anima est, quæ non mortali carne gravetur,
(g) Nec de corporea conditione gemat.
Sed confirmare invalidam, & frenare rebellem,
Legitimum & proprium est mentis opus dominæ.
Quæ (h) jus naturæ, ut moderamine temperet æquo,
Et subdat sceptris noxia quæque suis:
A Domino auxilium, & vires petat: ut valeat se
Vincere, (i) nec sensus incitet ipsa suos.
Nam (k) nullos famulæ poterit compescere motus,
Ni fuerit Christi semper amore potens.

XIX.

(l) DE ANGUSTA VITÆ VIA.

Angusta est via, quæ ducit ad vitam. (m) Et tamen per ipsam, nisi dilatato corde, non curritur: quia iter virtutum, quo gradiuntur pauperes Christi, amplum est fidelium spei, etiam si artum sit infidelium vanitati.

Arta via est, veræ quæ ducit ad atria vitæ,
Nec recipit carnis gaudia mentis iter.
Amplis incedit spatiis (n) terrena voluptas,
Angusto virtus limite celsa petit.
Et tamen hi calles, quos mundi vana pavescunt,
Quædam magnificis æquora sunt animis.
Difficilisque nimis per dura, (o) per ardua gressus,
Commendat fidei quod tolerare juvat.

XX.

DE PRÆMIO CHRISTIANÆ RELIGIONIS.

Hoc affectu & hoc desiderio colendus est Deus, ut sui cultus ipse sit merces. Nam qui Deum ideo colit, ut aliud magis quam ipsum promereatur, non Deum colit, sed id quod assequi concupiscit.

Hac desiderii Deus est pietate colendus,
Justitiæ ut merces tota sit ipse Deus.

(a) MSS. tres *per sua fuera*.
(b) MSS. tres Colb. & Colon. edit. *non plena*.
(c) MS. Jol. *impedit*.
(d) Sic MSS. quatuor, Editi omnes, *ad gaudia vitæ*.
(e) MSS. quinque, & Venet. edit. *animam*. Alii, *animum*.
(f) MSS. Jol. & Camb. *expetat*.
(g) Sic MSS. septem, & edit. Ven. Alii, *nec quæ*.
(h) MSS. quinque, *jus naturæ*. Quo forte designantur naturales inclinationes, & ex corrupta natura infirmitates procedentes. Alii codices, *vis naturæ*.
(i) MS. Colb. unus, *ne sensus*.
(k) Sic MSS. quatuor. *Alii*, *nullus*.
(l) MS. Jol. *De angusta via*. MS. Thuan. *De angusta & arta via*.
(m) MS. Camb. addit hic vocem, *æternam*.
(n) MS. Regius, *terrena voluntas*.
(o) Edit. Lugd. & posteriores in ora libri *per aspera*.

Nam sperans alio se munere posse beari,
Non (a) quod poscit amat, sed quod habere cupit.

XXI.

DE OCCULTIS NON JUDICANDIS.

De occultis cordis alieni temere judicare peccatum est; & eum, cujus non videntur opera nisi bona, ex suspicione reprehendere, iniquum est. Cum (b) rerum quæ homini sunt incognitæ, solus Deus judex sit justus, qui & inspector est verus.

Culpare in quoquam, quæ non sunt nota, malignum est,
Præsertim, (c) si quæ cognita sunt bona sunt.
Non pateant faciles sævis rumoribus aures
Quæ nescire juvat, credere non libeat.
Linquantur secreta Deo: qui si quid opertum est,
Inspicit, & nullis indiget (d) indiciis.

XXII.

DE ADJUTORIO DEI.

Divini est muneris, (e) cum & recte cogitamus, & pedes nostros a falsitate & injustitia continemus. Quoties enim bona agimus, (f) Deus in nobis atque nobiscum, ut operemur, operatur.

Non dubie nostri Deus est & rector, & auctor,
Cum toto affectu, quæ bona sunt, gerimus.
Ex operum specie clarebunt intima cordis,
(g) Quisve hominis mentem spiritus intus alit.
Sanctus enim sanctos facit, & de lumine lumen
Exoritur: nullus fit bonus absque (h) bono.

XXIII.

DE PASSIONIBUS SANCTORUM.

Justo judicio Dei datur plerumque peccatoribus (i) aperta potestas, qua sanctos ipsius persequantur: ut qui Spiritu Dei (k) juvantur & aguntur, fiant per laborum exercitia clariores.

Quod plerumque mali in sanctos sævire sinuntur,
Quodque bonis pravi sæpe nocere queunt:
Absque Dei nutu non fit, qui corda suorum
His etiam bellis glorificanda probat.
Crescunt virtutum palmæ, crescuntque coronæ,
(l) Mutantur mundi prælia pace Dei.

XXIV.

(a) Ms. Corb. *Non quem poscit amat.*
(b) Editio Ven. *rerum operum.*
(c) Ita disponitur versus in Ms. sex & edit. Ven. In aliis.
Præsertim quæ sunt cognita, si bona sunt.
(d) Mss. tres, *indiciis.*
(e) Ms. Thuan. *cum recte cogitamus.*
(f) Ms. Reg. *Deus nobiscum est,* Edit. Ven. *in nobis est:* tum utrumque, *atque nobiscum operatur, ut operemur cum illo.*

(g) Ms. Corb. *agat.* Editi alias, *Quisve .... alit.* Mss. quinque, *Quisque .... alat.*
(h) Editi communiter, *absque Deo.* Mss. nostri omnes, & Ven. editio, *absque bono,* scilicet spiritu.
(i) Abest vox hæc, *aperta,* a Mss. tribus & Ven. edit. ut [illegible] libro.
(k) Ms. Corb. *vivunt.*
(l) Mss. tres, *Temperantur.* Ms. unus, *Vincuntur.* Utrumque margini inscripserunt editiones Lovan. & illas posteriores.

XXIV.

(a) DE SCIENTIA BONI.

Non est vera scientia boni, nisi ad hoc comprehendatur, ut agatur. (b) *Non enim utiliter meditatur legem Dei, qui laborat ut memoria teneat, quod actione non implet.*

Scit legem, doctèque tenet jussa Omnipotentis,
 Qui quod novit agens, diligit id quod agit.
Non satis est Domini præceptum volvere lingua:
 Is meminit legis, qui memor est operis.

XXV.

DE AMORE LEGIS.

Qui legem Dei diligit, probat se (c) *in omnibus iniquis id quod contra legem est odisse, non homines.*

Legem spernentes odit cum legis amator,
 Non homines odit, (d) sed reprobat quod agunt.

XXVI.

(e) DE SCRUTANDIS MANDATIS DEI.

(f) *Mandata Dei scrutari, nisi quieta mens non potest. Ut ergo religiosum exerceatur studium,* (g) *abigenda sunt jurgia malignorum.*

Scrutari legem possunt utcumque quieti,
 Si mundi a strepitu libera corda vacent.
Ut mens ergo piis studiis intenta juvetur,
 (k) Prælia divinus carnea vincat amor.
Nam templum Domini per sacra silentia crescit,
 Et tacite (i) struitur non ruitura domus.

XXVII.

DE PROFICIENDO.

(k) *Nemo tam eruditus, nemo tam doctus est, qui superna illustratione non egeat. Non enim* (l) *ita alicui divinorum donorum augmenta sufficiunt, ut non semper supersit aliquid, quod mens rationalis & intelligendum desideret* (m) *& gerendum.*

Doctrinæ Domini penetralia, tempore in isto,
 Ad plenum nulli pervia sunt homini.
Semper enim sanctis superest, quo crescere possint:
 Et perfectorum gloria, principium est.
Virtutem virtus pariat, de lumine lumen
 Prodeat, atque (n) omnis palma gradum faciat.
Nam cur non cupide mens quærat, quæ Deus offert:
 Cui, danda ut recte posceret, ipse dedit?

Y 2 XXVIII.

(a) MS. Thuan. *De scientia Dei.*
(b) MSS. Quinque & Ven. edit. *Inutiliter enim.*
(c) MSS. quinque *in hominibus*, ut in libro sententiarum.
(d) Edit. Ven. omisso *sed reprobat id quod agunt.*
(e) MS. Camb. *De observandis.*
(f) MS. Regium, *Mandata Dei, nisi sit quieta, mens servari*, &c.
(g) MSS. tres, & Venet. edit. *abjicienda sunt.* Colb. verò, *abigenda est injuria.*
(h) MS. unus, *jurgia.*
(i) MSS. tres, *construitur.*
(k) MS. Reg. & edit. Ven. *Nemo est tam doctus, & nemo est.*
(l) MS. Jol. *ita ulli.*
(m) MS. Regium, *& agendum.*
(n) MS. Colb. unus, *hominis palma.*

XXVIII.

DE DUPLICI OPERE DEI.

Si omnes homines simul consideremus, quorum alii misericordia salvi fiunt, alii veritate damnantur; universae viae Domini, id est, misericordia & veritas, suo fine distinctae sunt. Si autem solos sanctos intueamur, non discernuntur hae viae (a) Domini. Individua enim ibi est & a misericordia veritas, & a veritate misericordia: quia beatitudo sanctorum & de munere gratiae est, & de retributione justitiae.

Omnibus in rebus geminum est opus Omnipotentis.
  Totum aut justitia est quod gerit, aut pietas.
Quae simul in terras descendunt lucis ab arce:
  Ne cuiquam parti desit utrumque bonum.
Et quoniam cuncti auxilio miserantis egemus,
  Praecedit semper gratia justitiam,
Damnantem elatos, salvantem justificatos,
  Quos Deus & donis auxerit & meritis.

XXIX.

DE OBSERVANTIA PACIS.

Christianae perfectionis est, pacificum esse, etiam cum pacis inimicis, spe correctionis, non consensu malignitatis: ut si nec exemplum, nec cohortationem dilectionis sequantur, causas tamen non habeant, (b) quibus odisse nos debeant.

Moribus in sanctis pulcra est concordia pacis,
  Cum multis unum convenit, atque placet.
(c) Nec tamen hoc cohibenda modo sunt foedera amoris,
  Ut solis pax haec sit tribuenda bonis.
Injustis etiam praestetur justa voluntas,
  Nec quemquam spernant vota benigna hominem.
Non ut amicitiae vitiis socientur iniquis;
  Adsit sed pravis ut medicina animis.
Quae si pace sua non sedat turbida corda,
  Nobis non possit nostra perire quies.

XXX.

(d) DE CUSTODIA DEI.

Custodit nos Dominus ab omni malo, (e) non ut nihil patiamur adversi, sed ut ipsis (f) adversitatibus anima non laedatur. Cum enim tentatio adest, fit quidem in id quod nos impugnat introitus; & cum bono fine, id est, sine vulnere animae, tentatio (g) consummatur, (h) ad aeternam requiem de profundo temporalis laboris exitur.

Saepe quidem Dominus sic cuncta adversa repellit,
  Ut nullo attingi vulnere possit homo.
Sed mirabilior tunc est manus Omnipotentis,
  Illata afflictum cum mala non superant.

Lau-

(a) Vox haec *Domini* non legitur in Mss. Colb. tribus, Jol. & editione Ven. Post aliquot verba, editio Ven. cum Colb. uno, *semper est de munere gratiae & de retributione*.
(b) Ms. Jol. *Propter quas*.
(c) Ita Ms. Cameracensis: qui solus nobis visus est sententiae praefixo Epigrammati, & contexto sequenti convenire. Ms. Regius, *Sed tamen hoc cohibenda modo sunt faedera amoris*. Mss. Colb. duo, *Sed tamen hoc tolerando modo*. Ms. Jol. *Sed tamen*, deinde pergit cum edit. Lugd. & posterioribus, in quibus est, *Sed tamen, hoc tolerando modo sic*.
(d) Ms. Theod. *De custodia animi*.
(e) Ms. Camb. *non ita ut*.
(f) Edit. Duac. & Colon. *adversantibus*. Ms. Theod. *in ipsis adversantibus*.
(g) Ms. Jol. *consumitur*.
(h) Ms. Theod. &, edit. Ven. *sic*. Ms. Reg. *& sic*.

Laudetur (a) custos, virtutem dans toleranti,
Intima corrumpat ne furor exterior.
Nam non certanti nulla est speranda corona,
Palmam, qua capitur gloria, finis habet.

XXXI.

DE ADJUTORIO DEI.

Ad caelestis Jerusalem consortium non ascendunt, nisi qui toto corde (b) profitentur, non esse proprii operis, sed divini muneris quod ascendunt.

(c) Caelestem ad patriam tendens, cognosce vocantem,
Cujus proveheris, si bene curris, ope.
Nam si te virtute tua ad caelestia (d) credis
Scandere, de superis pulsus ad ima cades.

XXXII.

DE ODIIS MUNDI IN CHRISTIANOS.

Omnes qui in Christo volunt pie vivere, necesse est ut ab impiis & dissimilibus patiantur opprobria: & despiciantur tamquam stulti & insani, qui praesentia bona (e) perdunt, & invisibilia sibi ac futura promittunt. Sed haec despectio & haec irrisio in ipsos retorquebitur, (f) cum & abundantia eorum in egestatem, & superbia transferet in confusionem.

Impia pars mundi parti est infesta piorum,
Nec tolerare potest dissimiles animos.
Ridens nolentes opibus praesentibus uti,
Sperantesque sibi credita posse dari.
(g) Sed spernenda haec sunt populis opprobria sanctis,
Quae stulte jaciunt corda aliena Deo.
Nam spes nostra ex hoc visu fit certior omni,
Quod spondens (h) quidquid credimus, hoc Deus est.

XXXIII.

(i) DE PATIENTIA FIDELIUM.

Tota fidelium salus, tota patientiae fortitudo ad eum, qui in sanctis suis est mirabilis, referenda est: quia nisi in illis (k) Deus esset, saevis impiorum fragilitas humana succumberet.

Cum constans anima adversis non frangitur ullis,
Et fidei virtus intemerata manet:
Norit inesse sibi Dominum patientia fortis,
Inque ejus donum, quod steterit, referat.
Nam quod non cecidit, propriis si viribus aptat;
(l) Hoc ipso, quo se stare putat, cecidit.

(a) Ms. Reg. custos virtutum, dans toleranti, &c.
(b) Ms. Camb. confitentur.
(c) Ms. Cass. unus, Aeternam.
(d) Ms. Cass. unus credas. Et in fine versus sequentis Ms. Camb. ruis, aut cadis.
(e) Ms. Thuan. perdunt, sed invisibilia sibi ad futurum promittunt.
(f) Ms. Reg. & edit. Ven. cum & abundantia eorum in egestatem verterit, & superbia eorum transferit in confusionem. Mss. quoque alii quaedam habent, perdunt .... promittunt.
(g) Mss. ... Sed sunt haec populis spernenda opprobria sanctis.
(h) Mss. tres, quidquid credimus est, Deus est. Ms. Cass. unus, quidquid credimus est Dominus.
(i) Ms. Theodoric. De constantia fidelium, & fortitudine patientiae.
(k) Mss. tres. Dominus esset: ut in libro sententiarum.
(l) Ms. Theodor. Hoc ipso quod &c.

XXXIV.

DE OBSEQUIIS DEBITIS.

Ita & a plebibus principes, & a servis domini sunt ferendi, ut sub exercitatione tolerantiae sustineantur temporalia, & sperentur aeterna. Augeri enim merita (a) virtutis, quod propositum non violat religionis.

Reddendum est quidquid mundi bene postulat ordo,
Propositumque piae non violat fidei.
Mitibus & sanctis nulla est spernenda potestas:
Æquum servire est regibus, & dominis.
Ut Christi famulis ad verum prosit honorem,
Dilexisse bonos, & tolerasse malos.

XXXV.

DE TOLERANDA VARIETATE MUNDANA.

Recti corde de praeceptis Dei, & constitutionibus (b) mundi non queruntur: quia justum de aequanimiter omnia accipi, quae judicaturus voluit (c) tolerare.

Dum mutabilium decurrunt tempora rerum,
Dumque suis mundus motibus atteritur;
Rectorum est adversa pati, & tolerare modeste,
Nec querula in quoquam voce movere Deum.
Cujus judicio nulli parcetur iniquo,
Et perpes justos gloria suscipiet.

XXXVI.

DE ÆDIFICATIONE DOMUS DEI.

Omnis sancti aedificii status, sicut Deo (d) operante proficit, ita Deo custodiente consistit. Quoniam utilis (e) praepositorum custodia est, cum Spiritus Dei populo suo praesidet, & non solum greges, sed etiam ipsos dignatur custodire pastores.

Cum lapides vivi pacis compage ligantur,
Inque pares numeros (f) convenit una domus:
Claret opus Domini, qui totam construit aulam,
(g) Effectumque piis dat studiis hominum.
Quorum perpetui decoris structura manebit,
(h) Si perfecte auctor protegat, atque regat.

XXXVII.

DE ÆTERNIS GAUDIIS.

Æternae civitatis aeterna sunt gaudia, & stantium dierum perpes infinitas, nec variabitur, nec labetur: quia incommutabili pace potientur, (i) quorum omnium erit bonum, quod fuerit etiam singulorum.

Semper erunt (k), quod sunt, aeternae gaudia vitae:
Gaudendi quoniam caussa erit ipse Deus.

Nec

(a) MSS. tres, merita virtutis. MS. Colb. unus, donum virtutis. Alii, meritum virtutis.

(b) MSS. duo & Ven. edit. addunt, mundi. MS. Camb. ejus.

(c) MSS. tres & Ven. voluit tolerare. Alii, tolerari.

(d) MSS. duo, Deo operante. Ita in lib. Sententiarum.

(e) MSS. quatuor, & edit. Ven. ordo praepositorum.

(f) MS. Colb. unus, omnia convenient,

(g) MSS. quatuor, Effectusque.

(h) MS. Thuan. Si perfectam. MS. Jol. Si perfecta.

(i) MS. Jol. quorum hominum.

(k) MSS. tres Colb. quod erunt a prima manu: a secunda, quod sunt.

Nec varios pariet motus diversa voluntas.
  Unum erit in cunctis lumen, & unus amor.
Inque bonis summis posita experientia felix,
  Nec volet augeri, nec metuet minui.

XXXVIII.

DE LEGE CHARITATIS.

Lex Christi perfectio charitatis est, qua Deus proximusque diligitur; & per quam dicitur Conditori legis, Dimitte nobis debita nostra, sicut & nos dimittimus debitoribus nostris. Bona enim expectat promissionem Dei, qui mandatum ejus complectitur: nec frustra sperat (a) parcendum peccatis suis, qui ignoscit alienis.

Verus amor Christi vera est custodia legis,
  Et mandata Dei complet amans homines.
Quorum ignoscentes culpis sua crimina solvunt,
  Quodque aliis tribuunt, hoc sibi prospiciunt.
Det peccatori veniam peccator, & aequa
  Conciliet Dominum conditione sibi.
Cujus judicium de nostro examine pendet,
  Quod ferimus metimus, quod damus accipimus.

XXXIX.

DE JUSSIONIBUS DEI.

Nihil Deus jubet quod sibi prosit, sed illi cui jubet. Ideo (b) verus est Dominus, qui servo non indiget, & quo servus indiget.

Non ideo quidquam mandat Deus, ut sibi prosit,
  Nec servi officio verus eget Dominus.
Cujus praeceptis augetur qui famulatur,
  Fitque minor quisquis negligit imperium.
Nam Deus omnipotens, simul omnitenensque potestas,
  Nil perdit proprium, (c) nil capit occiduum.
Numquam non habuit quod habet, dum quidquid haberi
  (d) Proderit, & sumens non nisi quod dederit.

XL.

(e) DE INTEMPORALI SCIENTIA DEI.

Id quod in tempore novum est, non est novum (f) apud Deum qui condidit tempora, & sine tempore habet omnia, quae suis quibusque temporibus, pro eorum (g) varia aetate distribuat.

Insolitum si quid labentia tempora promunt,
  Hoc mirum mundus dicit, habetque novum.
Sed rerum auctori nullus non cognitus ordo est,
  Cernenti quidquid saecula cuncta ferunt.
Quae non incerto volvunt magna agmina motu,
  Sed sub judicio stantque fluuntque Dei.

(a) MSS. duo, esse parcendum.
(b) MS. Colb. unus, verus est Deus. MSS. duo, sed quo servus.
(c) MS. Colb. unus & Camb. nil capit occiduum. MS. Regium, Nil recipit varium, nil capit occiduum. MS. Colb. alter, & Camb. Ipse sibi famulans perpetuusque manens.

(d) MS. Colb. unus, Prosit, & accipiens, &c.
(e) Ita MS. Jol. Alii, De temporali scientia, quibusdam addentibus, Dei. MS. Camb. De futurorum Dei praescientia.
(f) MSS. quatuor, & Ven. editio, apud eum.
(g) MSS. duo & edit. Ven. juxta quod in sequentium libro habetur, narravit.

Ut nihil existat naturae in partibus ullis,
  Quod non ille suo temperet arbitrio.

XLI.

DE PROVIDENTIA DEI.

Mutabilium (a) dispositionum immutabilis ratio Dei continet, ubi sine tempore (b) simul fiunt, quae in temporibus non simul fiunt: quia tempora non simul currunt.

Lex aeterna Dei stabili regit omnia nutu,
  Nec mutat vario tempore consilium.
Utque locis praesens simul est Deus omnibus unus,
  Sic (c) aevi metas secum habet, & numeros.
Nec serum aut properum sibi sentit in ordine rerum,
  Cui cuncta assistunt acta, & agenda simul.

XLII.

(d) DE IMPUNITATE PECCANTIUM.

Nihil est infelicius felicitate peccantium, qua poenalis nutritur impunitas, & mala voluntas, velut hostis interior, roboratur.

Qui se peccatis gaudet feliciter uti,
  Infelix nimis est prosperitate sua.
Dumque capit miseros effectus prava voluntas,
  A vera semper luce fit exterior.
Sumens pestifera de consuetudine robur,
  Et sua complectens vincula mortis amor.
Deficiant potius vana oblectamina mundi,
  Subdanturque pio colla domanda jugo,
Idque putres fibras descendat cura medentis:
  Ut (e) blandum morbum, pellat amica salus.

XLIII.

DE LEGIS LITTERA.

Legis littera (f) qua dicit non esse peccandum: si Spiritus (g) vivificans desit, occidit. (h) Sciri enim peccatum facit, potius quam caveri: & ideo (i) magis augeri quam minui: quia mala concupiscentiae etiam praevaricatio legis accedit.

Index peccati lex est plectenda vetando,
  Quae, nisi cor mundet Spiritus, interimit.
Nullus enim est insons sola formidine poenae,
  Qui sanctum & justum non amat imperium,
Hunc tamen (k) affectum non lex, sed gratia confert:
  Quodque jubet legis littera, velle facit.

XLIV.

(a) MS. Regius & edit. Ven. *Mutabilium rerum dispositiones*: Ven. *dispositionum*: & post pauca MSS. tres & Ven. editio *immutabilis ratio continet*, omissa voce, *Dei*.
(b) MSS. duo, *omnia simul fiunt*. Ven. edit. *ubi omnia sine tempore simul fiunt*.
(c) Sic MSS. septem. Editi vero *aevum metas*.
(d) MS. Thuan. *De felicitate peccantium*.
(e) MSS. tres. *Ut consilii morbi*. [illegible] Colb. unus in margine scriptum habet quod in editis.
(f) MSS. quatuor, *quae docet*.
(g) MS. Thuan. *vivificaret*.
(h) Edit. Ven. *Scire .... quam cavere*. MSS. duo, *Sciri .... quam cavere*. Alii, *Scire .... quam caveri*.
(i) MS. Reg. & edit. Ven. *magis facit augeri*.
(k) Ita MSS. quinque cum editione Ven. Alii, *effectum*.

XLIV.

DE LEGE ET GRATIA.

Lex data est, ut gratia (a) *quæreretur, & gratia data est, ut lex impleretur. Neque enim suo vitio non implebatur, sed vitio prudentiæ carnis,* (b) *quod vitium per legem demonstrandum, per gratiam sanandum fuit.*

Non servit jussis legis prudentia carnis,
  Peccati stimulos nec superare potest.
Sed quia mens anceps patitur mala corporis ægri,
  Quærere divinum cogimur auxilium.
Lex igitur facit ut poscatur gratia Christi,
  Ardua quæ legis jussa queant fieri,
(c) Nec jam non valeant carnales vincere sensus,
  Quos justæ legis conditor ipse juvat.

XLV.

DE PROMISSIONE DEI.

(d) *Hoc promittit Deus, quod ipse facit. Non enim ipse promittit, & alius facit; quod jam non est promittere, sed prædicere. Ideo non ex operibus, sed ex vocante; ne ipsorum sit, non Dei; & merces non imputetur secundum gratiam, sed secundum debitum, atque ita gratia jam non sit gratia.*

Quæ Deus omnipotens promittit, perficit ipse,
  Nec proprium externis viribus implet opus.
Hinc secura fides sperat quod credit, amatque
  Auctorem, qui quod spondet (e), & efficiet.
Nam si quæ Dominus promittit, non operatur,
  Sed solum humanum prævidet arbitrium;
Non hæc dona ejus, sed sunt prædicta vocanda,
  Cum quisquam ex proprio sit bonus, absque Deo.
Quod quia non recipit pietas, veroque repugnat;
  Gratia nos reparet, gratia justificet.
Quæ sic in cunctis implet sua dona vocatis,
  Ut quorum dux est, fiat & ipsa comes.

XLVI.

DE FIDELIUM CULPIS ET INFIDELIUM BONIS.

Sicut non impediunt ab æterna vita justum quædam peccata venialia, sine quibus hæc vita non ducitur; sic ad salutem æternam nihil prosunt impio aliqua bona opera, sine quibus difficillime vita cujuslibet pessimi hominis invenitur.

Ut quædam tenues maculæ in splendore piorum,
  Major virtutum quas vacuas numeres,

Æter-

(a) Edit. Ven. addit hic vocem hanc, *Christi*.
(b) Ms. Jol. *quia vitium*. Ms. Regium, *neque enim erat suo vitio quod non implebatur .... & per gratiam*. Ms. Thuod. *sed ex vitio prudentiæ carnis*.
(c) Ms. Colb. unus, *Nec jam*. Alii codices, *Nec jam*. Mss. quinque, *carnalem vincere sensum*, sola Ven. editio, *non valeat carnalis vincere sensus*.
(d) Mss. sex & Ven. edit. *Hoc quod promittit Deus, ipse facit*. Eadem Ven. editio, *Non enim ipse promittit & aliud facit .... Ideo homines non fiunt boni ex operibus suis, sed ex Deo vocante, ut ipsorum sit bonitas, sed Dei*. Ms. Regium, *quod jam non esset promittere. Ideo homines non fiunt boni ex suis operibus, sed ex vocante Deo, ut nec bonitas ipsorum sit, Dei* (l. *sed Dei*); *& merces non imputetur secundum debitum, sed secundum gratiam*. Reliqua desunt in hoc codice. Ms. Colb. unus quem habet, *ne bonitas ipsorum sit*. Mss. Jol. & Camb. *ex vocante sit*. Ms. Thuod. *non ex operibus justificantur homines, sed ex .... ne ipsorum sit justificatio & non Dei*. Alii edeti ut in textu, & in libro sententiarum, supra, immo & apud Augustinum, lib. de spirit. & litt. cap. 29.
(e) Sic Mss. omnes, & Ven. editio. Reliqui, *id efficiet*.

Æternæ donis nequeunt obsistere vitæ,
  Nec merita obscurat grandia culpa levis:
Sic aliquid plerumque boni pars impia gestat,
  Magni mole mali quod facile obruitur.
Nec prodest quiddam recti sapuisse malignis,
  Si verum (a) & summum non coluere Deum.
Una fides igitur, spes una est, atque amor unus,
  Quo fiat justus, sitque beatus homo.
Nam bona, quæ pravis naturæ ex dote supersunt,
  Augent peccati pondera, non minuunt.

XLVII.

DE MALÆ VOLUNTATIS EFFECTU.

Cum mala voluntas potestatem accipit efficiendi quod cupit, (b) ex judicio Dei venit, apud quem non est iniquitas. Punit enim etiam isto modo, (c) nec ideo injuste quia occulte. Cæterum iniquus puniri se ignorat, nisi cum manifesto supplicio senserit nolens, quantum mali sit, quod perpetravit volens.

Cum datur injusto peccandi optata potestas,
  Ut mala mens prave quod cupit efficiat:
(d) Ira Dei magna est, qua multos sic quoque punit,
  Ut quibus exultant criminibus pereant.
Crescit enim occulte cum longo pœna reatu,
  Ausibus illicitis si nihil obstiterit.
Et magis, erranti ne parcant flagra, timendum est:
  Quam ne non fiat, quod voluisse nocet.

XLVIII.

DE SUPERBIA.

Omnia vitia in male factis tantummodo valent; sola superbia etiam in (e) recte factis cavenda est.

Omne genus vitii proprio tantum valet actu,
  Et peccata suam quæque gerunt speciem.
Sola est innumeris armata superbia telis,
  Cui possunt vires, & bene gesta dare.

XLIX.

(f) DE IMPARI USU FORTUNÆ.

Interest plurimum, qualis sit usus, vel earum rerum quæ prospera (g) dicuntur, vel earum quæ dicuntur adversa. Nam bonus temporalibus nec bonis extollitur, nec malis frangitur: (h) malus autem ideo hujusmodi infelicitate punitur, quia felicitate corrumpitur.

In rebus mundi non idem est omnibus usus,
  Nec cuncti paribus cuncta (i) ferunt animis.
(k) Namque bonos non blanda inflant, non aspera frangunt;
  Sed fidei invictæ gaudia vera juvant.

Terræ

(a) Ms. Jol. & edit. Ven. & sanctum. MSS. quinque, sancte.
(b) MS. Reg. ex justo judicio Dei venit.
(c) MSS. duo, nec ideo facit injuste. Venet. edit. nec ideo injuste est.
(d) MSS. tres, Ira est magna Dei, qua &c.
(e) MSS. [illegible], in rectis factis. Ms. Colb. unus, in cunctis factis; utrumque in margine, in rectis factis.
(f) Ms. Jol. De usu prosperi & adversi. Ms. Thuod. contrariorum.
(g) MSS. Colb. duo & Thuod. omittunt hic, dicuntur; quod addit, rerum legendo.
(h) Ms. Camb. addit bonus: & infra, malus autem per hujusmodi . . . quam felicitate corrumpitur. Edit. Ven. sola, hujus mundi infelicitate.
(i) MSS. duo Colb. gerunt animis.
(k) Ms. Colb. unus, Nam non blanda bonos inflant.

Terræ autem, & fœni breviter florentis amator,
  Seu caret optatis, seu fruitur, miser est.

L.

(a) DE MORTE SANCTORUM.

Mala mors putanda non est, quam bona vita præcesserit. Non enim facit malam mortem, nisi quod sequitur mortem. (b) Non itaque multum curandum est necessario morituris, quid accidat ut moriantur, sed moriendo quo ire cogantur.

Cuncta bonis prosunt, quos & mors ipsa beatos
  Efficit, ut sumant præmia principium.
Ille igitur finis malus est, quem pœna sequetur,
  Et qui perpetui porta doloris erit.
Non quo (c) absumentur lacrymæ, cunctique labores:
  Ut veteris pereant omnia signa mali.

LI.

DE PURITATE QUAM (c) NON PERDIT INVITUS.

Amittitur corporis sanctitas, manente animi sanctitate, (d) etiam corpore oppresso: & amittitur sanctitas corporis, violata animi puritate, etiam corpore intacto.

Mens illesa (f) nihil violato corpore perdit:
  Invitam carnis vulnera non maculant.
Nec crimen facti recipit non mixta voluntas:
  Velle magis facinus, quam tolerare nocet.
Sic autem ad cordis penetralia cuncta recurrunt,
  Ut plerumque animus sit sine carne reus.
(g) Dum, quod ab intacto semotum est corpore, solus
  Concipit, & tectis motibus intus agit.

LII.

DE (g) FORTITUDINE TOLERANTIÆ.

Major animus merito dicendus est, qui vitam ærumnosam magis (h) eligit ferre, quam fugere; & humanum judicium, maximeque vulgare, quod plerumque caligine erroris involvitur, præ conscientiæ luce ac (i) puritate, contemnere.

Qui valet adversis oneratam ducere vitam,
  Et tolerare magis vult mala, quam fugere:
Majoris multo est animi, quam ferre pavescens
  (l) Indocti injustum judicium populi.
Mens etenim recta, & puri sibi conscia cordis,
  Hoc plus splendescit, quo magis atteritur.

LIII.

(a) In Ms. Jol. *Quod non possit male mori, qui bene vixerit.*

(b) Mss. quatuor. *Non igitur*, &c. deinde Ms. Camb. *hominibus necessario morituris.*

(c) Aliam editi cum Mss. paucis, *assumuntur*, aut *assumantur*. Melius Mss. Colb. tres *absumantur*, aut Jol. *absumuntur*. Ms. Camb. utrumque exhibet.

(d) Mss. tres, *quam animus*. Ms. Colb. unus, *quam anima non perdit invita.*

(e) Edit. Ven. *in corpore oppresso:* & infra, *in corpore intacto*. Ms. Jol. vero habet, *animæ sanctitate . . . . animæ puritate.*

(f) Mss. quatuor, *violato in corpore.*

(g) Mss. septem. *Cum quod*. In eadem versu Mss. quinque, *submotum est.*

(h) Ms. Camb. *De altitudine.*

(i) Ita Mss. tres cum edit. Ven. & fere supra 30. Mss. duo, *diligit ferre*. Editi alii, *patet ferre.*

(k) Ms. Reg. & Ven. *ac animi puritate.*

(l) Mss. quinque, *Injustum indocti.*

LIII.

DE HUMILITATE (a) JUSTORUM.

Justis quidquid malorum ab iniquis dominis irrogatur, non poena est criminis, sed virtutis examen. Nam bonus (b) etiam si serviat, liber est. Malus autem etiam si regnet, servus est; nec unius (c) domini; sed quod est gravius, tot dominorum, quot vitiorum.

Oppressis quoties justis dominantur iniqui,
  Non est puniti supplicium meriti.
Sed virtus fidei sub tali examine crescit,
  Nec servile gravat libera corda jugum.
Solus peccator servit male: qui licet amplo
  Utatur regno, fit miser est famulus;
Cum mens (d) carnalis, nimium dominante tyranno,
  Tot servit sceptris, dedita quot vitiis.

LIV.

DE OBLATIONE VOTORUM.

Nemo quidquam (e) Domino recte vovet, nisi ab ipso acceperit, quod vovet.

Optima vota Deo, quorum est dator ipse, voventur.
  Hoc sursum dignum est ire, quod inde venit.

LV.

DE (f) ESSENTIA DEITATIS.

Omnis substantia quae Deus non est, creatura est: (g) & quae creatura non est, Deus est. Nulla igitur differentia est in deitate Trinitatis: quoniam quod Deo minus est, Deus non est.

Natura omnipotens una est, quae cuncta creavit,
  Et proprie quod sunt, omnibus esse dedit.
(h) Quodque Deo minus est, non est Deus. A Patre natum
  Verbum, & qui amborum Spiritus est, Deus est.
Una eademque trium quoniam est essentia, quae se
  Nunquam vel major, vel minor esse potest.

LVI.

QUALES NOS (i) DILIGAT DEUS.

Tales nos amat Deus, quales (l) futuri sumus ipsius dono; non quales sumus nostro merito.

Tales a Domino, quales formamur, amamur;
  Non quales nostris extitimus meritis.
Sanctificet, doceat, plantet, riget, excolat, ornet:
  Et sibi perpetuo quod placeat, faciat.
Nam nihil est hominis, quod digne possit amari;
  Perficiat proprium si bonus auctor opus.

LVII.

(a) MS. Colb. unus, *sanctorum*. MS. Camb. *De patientia justorum*. MS. Theod. *De malignitate servorum*. MS. vero Jol. ante lem. 53. *De libera servitute, & dominio servili*.
(b) MS. Reg. *bonus homo*.
(c) MSS. Reg. *dominis*. MS. Reg. *nec est servus unius domini: deinde, est servus tot dominorum*.
(d) MS. Theod. *carnali*.
(e) V.L. Ven. *Deo*. MSS. tres & editi, praeter Ven. *acceperit*.
(f) MS. Theod. *substantia*.
(g) MS. Regium, *& quae est creatura, non est Deus*.
(h) Editio Ven. cum MS. Theod. & duobus Colb. & Regio. *Nam quidquid minus est*. MS. Jol. *Nam quidquid minus sit*.
(i) MS. Cambron. *Deus amat*.
(l) Editio Ven. *facti sumus dono ejus, non quales facti sumus*. Consonat MS. Regium.

LVII.

DE INTEMPORALI OPERE DEI.

Ordo temporum in aeterna Dei sapientia, sine tempore est, (a) nec aliqua sunt apud illum nova, qui fecit (b) quae futura sunt.

Artifice in summo sine tempore temporis ordo est,
  Inque Deo rerum non variat series.
Æterno auctori simul adsunt omnia semper,
  Cum quo in factorum est ordine, quidquid erit.

LVIII.

DE PRINCIPALI RERUM OMNIUM CAUSSA.

Voluntas Dei est prima & summa caussa omnium corporalium, spiritaliumque motionum. Nihil enim fit visibiliter et sensibiliter, quod non de invisibili, atque intelligibili summi Imperatoris aula aut jubeatur, aut permittatur, secundum ineffabilem justitiam praemiorum atque poenarum, gratiarum & retributionum, in ista totius creaturae amplissima quadam immensaque republica.

Principium mundi Deus est, quo cuncta moventur,
  Et quae permittit, vel jubet auctor, (c) agunt.
Hinc mutabilium rerum immutabilis ordo,
  Æterni servit legibus artificis.
Inque suos fines procedit quaeque voluntas,
  Nec variis meritis arbiter aequus abest:
(d) Corda regens, vires tribuens, peccata remittens;
  Mitis subjectis, implacidus tumidis.
Ut nec poena malum quemquam, nec gloria justum
  Suscipiat, nisi cum laude & honore Dei.

LIX.

DE FINIBUS BONORUM ET MALORUM.

Eam Deus innocentiam probat, qua homo non metu poenae fit innocens, sed amore justitiae. Nam qui timore non peccat, quamvis non noceat cui vult nocere, sibi tamen plurimum nocet; & abstinens ab iniquo opere, sola tamen reus est voluntate.

Scire volens, in qua rerum sis parte locandus,
  Discute quid timeas, quidve sit id quod amas.
Nam cuncti hoc gemino nascuntur fomite motus,
  Respondentque suis germina principiis.
(e) Et quod quisque bonum sibi tempore duxit in isto;
  Hoc summi Regis judicio capiet.

LX.

(a) Editio Ven. *Nec apud eum aliqua opera fiunt nova.*
(b) Ms. Thuan. *quae ventura sunt.*
(c) Ita Ms. omnes nostri. Editi, *agit*, Ms. Colb. unus.
Quaeque jubet summus, vel sinit auctor agunt.
(d) Ms. unus Colb. loco duorum versuum qui sequuntur.
Atque humilis humiles curans, pellensque superbos.
Augens subjectos, despiciens tumidos.
In altero Colb. posteriores ex his duntaxat versibus leguntur.
(e) Ms. Jol. *Nam quod*. Eodem versu Ms. Reg. *sibi duxit tempore in isto.*

LX.

DE GAUDIO CHRISTIANI.

Christiano recte gaudendi caussa non praesens saeculum, sed futurum est. Et ita est utendum temporalibus, ut adsint aeternis: ut in via, qua peregrini ambulant, hoc placeat quod ducit ad patriam.

Angelicos cives, (a) & Christi in membra renatos,
  Non trahat ad veterem carnis origo hominem.
Multa quidem in nostros mundus bona procreat usus,
  Et pleno tellus servit opima sinu.
Sed terrae hospitibus, caeli super astra vocatis,
  Virtutis palma est spernere (b) blanda soli;
Et sic praesentis spatium percurrere vitae,
  Ipsa peregrinis ne via sit laqueus.
Nam declinantes pro summis ferre laborem,
  Terrenorum avidos infima suscipient.

LXI. *alias* LX.

DE INEFFABILI EXCELLENTIA (c) DEITATIS.

Excedit supereminentia deitatis non solum (c) usitati eloquii nostri, sed etiam intelligentiae facultatem. Verius enim cogitatur Deus, quam dicitur, & verius est, quam cogitatur. (d) Non parva autem notitiae pars est, si antequam scire possimus quid sit Deus, possumus scire quid non sit.

Nulla quidem mens est mortali in corpore vivens,
  Quae plena videat cognitione Deum.
Sed miris operum signis ostenditur auctor,
  Rectoremque suum condita (e) quaeque canunt.
Unde licet fandi vires, animique vigorem
  Vincat, & excedat gloria lausque Dei:
Nos tamen officio cordis gaudemus, & oris,
  Et tanto oblectat succubuisse bono.
Hinc fidei virtus, hinc flamma oriatur amoris,
  Quod latet, exercet; quod superat, (f) reparat.

LXII. *alias* LXI.

DE SUPERBIA DIABOLI, ET CHRISTI HUMILITATE.

Diabolus superbus hominem superbientem (g) seduxit ad mortem: Christus humilis hominem obedientem reduxit ad vitam. Quia sicut ille elatus cecidit, & dejecit consentientem: sic iste humiliatus surrexit, & erexit credentem.

Letifer (h) immodico naturae elatus honore
  Angelus, inde hominem subruit, unde ruit.
Sed Christus miserans deceptum fraude maligni,
  In se illi ad vitam posse redire dedit:
Si caveat pactis hostis servire superbi,
  Sectari & studeat formam humilis Domini.

Qui

(a) Ms. Camb. *ad Christi membra renatus*.
(b) Ms. Regius, *blanda folis*. In sequenti vero dysticho Ms. Thuan. *& nunc praesentis .... ipsa peregrinis nec via*.
(c) Ms. Cantabrig. *Dei*.
(d) Ms. Camb. & Ven. edit. *usitatam*.
(e) Aliae editt. *Nec parva*, Mss. quatuor *Non parva*, ut in sent. supra 61.
(f) Ms. Camb. *cuncta canunt*.
(g) Ms. Camb. unus, edit. Ven. & Lugdun. *rapuit*.
(h) Mss. Jol. & Camb. *deduxit*. In sent. 59. *perduxit*.
(i) Mss. tres, *immodice*.

Qui Patris in deitate manens Deus omnicreator,
  Verus de sacra Virgine natus homo est.
Sic nostrum assumens Matris de corpore corpus,
  Esset ut assumptæ carnis origo Deus:
In quo per lavacrum, (a) fidei virtute renata,
  Cæleste (b) accipiet gens nova principium.
Nil hominis primi retinens, sed plena secundi,
  Splendore (c) in capitis glorificanda sui.

LXIII. alias LXII.

DE VERA BEATITUDINE.

(c) *Omnes beati habent quod volunt, quamvis non omnes qui habent quod volunt, continuo sint beati. Continuo autem sunt miseri, qui vel non habent quod volunt, vel id habent quod non recte volunt. Propior ergo est beatitudini voluntas recta,* (d) *etiam non adepta quæ cupit; quam prava, etiam si* (e) *quod concupivit obtinuit.*

Non semper vere est felix impleta voluntas:
  Cum sæpe (i) injustis sint mala vota animis.
Recta igitur cupiens, etiam si non sit adeptus;
  Persistendo tamen velle bonum, bonus est.
At pravus, quod fert animo, si non habet actu,
  Tam miser est, quam si quod cupit obtineat.

LXIV. alias LXIII.

(k) QUID SIT ESSE CUM DEO.

Magna hominis miseria est cum illo non esse, sine quo non potest esse. In quo enim est, sine dubio sine illo non est: (l) *& tamen si ejus non meminit, eumque non intelligit, neque diligit, cum illo non est.*

Majestate Dei concluditur omne quod usquam est:
  Qua sine nil rerum stare, vel esse potest.
Huic homo si recte famulatur, proximus hæret:
  Si resilit, misero degit in exilio.
Omnia sic Dominus discriminat ordine justo,
  Quo sint summa bonis, ima parata malis.

LXV. alias LXIV.

DE INCARNATIONE VERBI DEI.

Divinitas Verbi æqualis Patri, facta est particeps mortalitatis nostræ (m) *non de suo, sed de nostro: ut & nos efficeremur participes divinitatis ejus, non de nostro, sed de ipsius.*

Omnipotens Genitor, Natusque, & Spiritus almus,
  Una in personis par tribus est deitas:
Quæ genus humanum, prostratum fraude maligni,
  Ad vitam hac fecit posse redire via:

Natu-

(a) MS. Colb. unus, *superna virtute renata.*
(b) MSS. duo, *accepit.*
(c) MSS. quinque, *& capitis:* alii codices, *in capite.*
(d) MSS. Camb. & Jol. & Colb. duo, *Omnes qui habent quod volunt non continuo sunt beati. Continuo autem sunt miseri qui vel non habent quod volunt* &c.
(e) MS. Reg. *etiam si non est adepta.*
(f) MSS. quatuor, *quod cupit obtineat.*
(g) MSS. quatuor, *injusti sint mala vota animi.*
(h) MSS. Cantuarien. Thuan. Colb. duo, & Jol. *Quorum sit.*
(i) Editio Ven. *Nam si ejus.*
(k) MS. Regius *non de suo vitio, sed de nostro* ... *sed de ipsius dono.* MS. Colb. unus, *de dono nostro:* & initio, *Divinitas vero,* ubi alii *Divinitas Verbi,* quamquam alia manu scriptum habeat, *Verbi.* MSS. Thuan. & Jol. *sed de suo,* pro, *de ipsius.*

Naturæ ut nostræ Christus caussæque Redemptor,
  Mortalis fieret, non minuens quod erat;
Perque habitum servi, vacuaret jura tyranni,
  Et lethum letho vinceret (a) innocuo.
Hinc Verbum carni insertum, carnemque receptans,
  Nec se confundit corpore, nec geminat.
Sic naturam hominis virtute augente superna,
  Esset ut in vero lumine lumen homo.
Qui vires mortis (b) cum vitæ absorbuit haustu;
  Factum est æternum, quod fuit occiduum.

LXVI.

DE EODEM. (c)

Catholica fides Dominum Jesum Christum & verum Deum, & verum hominem credit & prædicat. Utrumque enim scriptum est, & utrumque verum est. Qui Deum tantummodo asserit Christum, medicinam negat, qua sanatus est. Qui hominem tantum asserit Christum, potentiam negat, qua creatus est, utrumque ergo anima fidelis et recta suscipe. Et Deus Christus est, & homo Christus est. Qualis Deus Christus? Æqualis Patri, unum cum Patre. Qualis homo Christus? Virginis filius, habens de homine mortalitatem, non habens iniquitatem.

Quisquis consilio æterno contraria sentis,
  Et Verbum in nostra carne manere negas;
Divinæ pietatis opus dissolvere quæris,
  Speque sua mundum dispoliare cupis.
Nam quis ventura quemquam salvabit ab ira?
  Quisve homini primi crimine liber erit,
Si deitas Verbi non nostræ est insita carni,
  (d) Aut Christus falsi corporis umbra fuit?
(e) Quis genitus puer est intactæ Virginis alvo?
  Quæ natura annis crevit, & aucta cibis?
In qua prole patrem mundi se credidit Abram?
  Quæve ejus stirps est omnia sanctificans?
(f) Quod regale genus simul est & pontificale?
  (g) Quisve idem David filius & Dominus,
Peccati servis, & mortis compede vinctis,
  Unam est dignatus ferre Redemptor opem?
Qui nostri generis carnem cum morte receptans:
  Nostra hosti, ut nobis vinceret, opposuit.
Et carne exsuta, dominantem perculit hostem:
  Ut caperet palmam præda vetusta novam.

LXVII.

(a) In ora edit. librorum a Lugd. & deinceps, *innocuo*.

(b) Sic MSS. quatuor, quarum duo *absorbuit*, pro *absorbet*, scriptum habent. MS. Camb. *quia vitæ absorbuit haustu*. Editi omnes, *per vitæ absorbuit haustum*.

(c) Hic in omnibus codicibus qui nobis occurrerunt deest titulus novus, aut inscriptio. In aliquibus indicatur distinctio aliqua a præcedentibus, in Cantabrigiensi MS. titulus, *De eodem*. Titulum sententiamque posuimus, quæ in libro sententiarum S. Prosperi singula comprehendere visa est nobis. Idemque prædiximus de Epigram. 58 & 60.

(d) MS. Iol. *Et Christus*.

(e) Ita MSS. quatuor cum edit. Ven. Alii cum editis reliquis, *Qui genitus*.

(f) MS. quatuor, *Quis regale genus*.

(g) MS. Camb. *Quisque idem*. MS. Iol. *Quisque idem David est filius & Dominus*. Primam in David produxerunt Prudentius & Sedulius, corripuit Fortunatus.

LXVII. *alias* LXV.

(a) QUO ODIO ODIENDI SUNT MALI.

Perfectum odium est, quod nec justitia, nec scientia caret: id est, ut nec propter vitia homines oderis, nec vitia propter homines diligas. Recte ergo in malis odimus malitiam, & diligimus creaturam: ut nec propter vitium natura damnetur, nec propter naturam vitium diligatur.

Recta volens animus sapiens, & amator honesti,
  Quosdam odio dignos judicat esse suo.
Nec tamen hos toto depellit fœdere, gnarus
  Naturam (b) errantum dividere a vitiis.
Sic generi indulgens proprio, ut peccata recidi
  Optet, & ut damnet crimina, non homines.

LXVIII. *alias* LXVI.

(c) DE LABORE FINGENTIUM MENDACIA.

Difficilia & laboriosa sunt figmenta mendacii. Qui autem verum vult dicere non laborat. Quietiores enim sunt boni, quam mali: & absolutoria sunt verba veridicorum, quam commenta fallaciorum.

Fallaces curis semper torquentur amaris,
  Et mala mens numquam gaudia pacis habet,
(d) Lubrica dum trepido mendacia plasmate fingit,
  Consumens totum (e) tempus in arte mali.
At simplex animus, commenti & liber iniqui,
  Nil amat injustum, nil gerit implacidum.
Sectator veri potietur luce serena,
  Est quoniam mendax, noxque, dolorque sibi.

LXIX. *alias pars altera* LXVI.

DE EODEM.

Ad patriam vitæ (f) mortis de valle vocati,
  Virtutum gradibus scandite lucis iter.
Arduus atque artus fert ad cælestia callis:
  Devexa ad mortem ducit, & ampla via:
Qua fallax (g) tumidi incedit sapientia mundi:
  Commentisque suis ædificata ruit.
Et mala corporei sequitur dum gaudia sensus,
  Exulat a vero lumine cæca procul:
Nec falsarum habitus virtutum ornata juvatur.
  Perdit mens veri nescia, quidquid agit.
Noverit ergo Deum sapiens, totisque medullis
  Diligat, inque ipso se quoque amator amet.
Sit bonus, & justus, (h) sit verax, atque benignus,
  Sit forma & speculum, lux & imago Dei.
In Christo factus novus, & jam carne vetusta
  Exutus, vilem mente relinquat humum.

(a) MS. Theodor. & Jol. & Colb. duo, *Quo odio mali homines sunt habendi.*
(b) Ita MS. quinque cum editio Ven. Alii, *errantium.*
(c) MS. quinque, *De labore fallentium.*
(d) MS. Regius, *lusitivo.*
(e) MS. Colb. unus, *cordis in arte malum.*
(f) Edit. Ven. & MS. quinque, *de mortis valle;*
(g) MS. Colb. unus, *tumide incedit.*
(h) MS. Colb. unus, *sit verus.*

(a) Ut sacri templi quacumque in parte locetur,
   Magnum erit, in capitis corpore quidquid erit.

LXX. *alias* LXVII.

(b) DE DIVINIS SCRIPTURIS.

Ideo sunt in scripturis sanctis mysteriorum (c) Dei profunditates, quæ ob hoc teguntur ne vilescant; ob hoc quæruntur, ut exerceant; ob hoc aperiuntur, ut pascant.

Quamvis in sacris libris, quos nosce laboras,
   Plurima sint, Lector, clausa, & opaca tibi:
Invigilare tamen studio ne desine sancto.
   Exercent animum dona morata tuum.
Gratior est fructus, quem spes productior edit:
   Ultro objectorum vilius est pretium.
Oblectant adoperta etiam mysteria mentem:
   Qui dedit ut quæras, (d) addet ut invenias.

LXXI. *alias* LXVIII.

DE ORATIONE DOMINI.

Orans cum sudore sanguineo (e) Dominus Jesus Christus, significabat de toto corpore suo, quod est Ecclesia, emanaturas Martyrum passiones.

Ferre parans Christus pœnam, mortemque propinquam,
   Invictamque suis ingenerare fidem:
Cum prece sanguineas fundebat corpore guttas,
   Et pretium mundi sudor erat Domini.
Nec crucis asperitas poterat terrere volentem,
   Quæ regnaturæ gloria carnis erat.
Sed cruor ille pares sanctis spondebat honores,
   Orturis toto corpore martyribus.
Nam, cum sacra seges terrarum impleverit orbem,
   Omnis ab hoc uno semine messis erit.

LXXII. *alias* LXIX.

DE SACRAMENTORUM PERCEPTIONE.

Sacramentum (f) pietatis in judicium sibi sumit indignus. Bonum enim esse non potest male accipienti quod bonum est.

Magnum præsidium est sacro libamine pasci,
   Si cor participis crimina nulla premunt,
Nam geminat sibimet peccati pondera, quisquis
   Quæ bona sunt sumit, quæ mala non refugit.

LXXIII.

(a) MS. Camberon. *Et sacri templi.*
(b) MSS. Colb. duo & Camb. *De utilitate divinarum scripturarum.* MS. Thuan. *De profunditate divinarum scripturarum.* MS. Jol. *De humilitate divinarum scripturarum.*
(c) Abest vox hæc *Dei* a MSS. duobus, & libro Sententiarum sent. 67.
(d) MS. Colb. unus addit; *ut invenias.*
(e) MSS. tres & Ven. edit. *Dominus noster.*
(f) MSS. quatuor & Ven. *sumens pietatis.* MS. Colb. unus deinde post pauca, *indignus homo.*

LXXIII. *alias* LXX.

DE LAUDANDO DEUM.

Qui laudat Deum in miraculis beneficiorum, laudat etiam in terroribus ultionum. Nunc & blanditur, (a) & minatur. Si non blandiretur, nulla esset exhortatio: si non minaretur, nulla esset correctio.

Qui laudat Dominum de mundi conditione,
  Et rerum (b) in specie prædicat artificem;
Laudet & æternam mortem, flammasque minantem,
  Et justi Regis judicium metuat.
Spes de promissis nihil ambigat: omne dabit Rex,
  Quod parat, & meritis gratia major erit;
(c) Si properent fontes peccati abrumpere nodos,
  Ante diem mortis, dum locus est veniæ.

LXXIV. *alias* LXXI.

DE ACCELERANDA CONVERSIONE.

Remedia conversionis ad Deum nullis sunt cunctationibus differenda: ne tempus correctionis pereat tarditate. Qui enim pœnitenti indulgentiam promisit, dissimulanti diem crastinum non spopondit.

Converti (d) ad mores rectos, & vivere sancte
  In Christo meditans, quod cupit acceleret.
Cedant virtuti vanarum obstacula rerum,
  Ne perdat voti tempora lenta fides.
Quid juvat in longum caussas producere morbi?
  Cur dubium expectat cras hodierna salus?
Scimus correctis veniam non esse negandam,
  Sed nulli nostrum est ultima nota dies.

LXXV. *alias* LXXII.

DE TIMORE. (e)

Omnia quæ timentur, rationabiliter declinantur: (f) Deus sic timendus est, ut ab ipso ad ipsum confugiatur.

Utile prudenti est mundana adversa cavere,
  Et quod (g) vitandum prospiciat, fugere.
Sed cum peccati merito manus Omnipotentis,
  Omnia concludens arctat ubique reum:
Unum (h) profugium tutum est Deus ipse timenti,
  A quo discedens, ne pereat, redeat.
Converti namque ad Dominum certissima vita est,
  Et pacem offensi quærere, sola salus.
Qui terret, parcit; qui percutit, ipse medetur.
  Vivere vis, illi subdere, quem metuis.

(a) MS. Camb. & Theod. *Etenim*. MS. Colb. [illegible]. *Nec enim blanditur, & non minatur*. MS. Jol. *Nunc blanditur, & nunc minatur*. Edit. Ven. *Nunc enim in se blanditur & nunc minatur*. MS. Regius *Nunc enim blanditur, & nunc minatur*.
(b) Editi præter Ven. *in speciem*. Melius, *in specie*, ex Ven. & MS. quinque.
(c) MS. Theodor. *Sed properent*.
(d) MS. Camb. *ad mores sanctos, & vivere recte*. Item Colb. [illegible].
(e) MS. Camb. addit, *Dei*. MS. Colb. deo, & Theod. addunt, *recte*.
(f) MS. Camb. *Sic autem Deus*.
(g) Editi, *vitandum est*, Melius MS. plures omittunt *est*.
(h) MS. Bod. *perfugium*.

LXXVI. *alias* LXXIII.

DE VIRGINITATE. (a)

Virginitas carnis, (b) corpus intactum: virginitas animæ, fides incorrupta.

Carnis virginitas intacto corpore habetur:
Virginitas animæ est intemerata fides:
Qua sine corporei nil prodest cura pudoris:
Sed mentis pietas auget utrumque bonum.

LXXVII. *alias* LXXIV.

DE MODO HABENDI.

Multa nos in facultatibus nostris habere superflua (c) probabimur, si necessaria sola retineamus. Nam vane quærentibus nihil sufficit: & alienorum quodam modo raptor est, qui profutura pauperibus inutiliter habet.

Magnum peccatum est amor immoderatus habendi,
Et plus quam vitæ sufficiat, cupiens.
Nam quod nos vestit, quod pascit, cura salutis,
Si vanis sit mens libera, non onerat.
Si qua igitur superant, quorum non indiget usus,
Debilibus prosint, atque juvent inopes.
Quisquis enim cupide (d) non expendenda recondit;
(e) Quæ nulli tribuit, pauperibus rapuit.

LXXVIII. *alias* LXXV.

(f) DE DIVITIIS.

(g) In magna egestate sunt qui de iniquitate sunt divites: justitiæ opes, & sapientiæ thesauros non habent. Qui autem (h) Domino serviunt, ea bona acquirunt, quæ perire non possunt.

Terrenis opibus cum dives gaudet iniquus,
Veris se miserum nescit egere bonis.
Nam quid erit, quod non momento temporis uno
Perdere mundana conditione queat?
(i) Cui licet, adversis cessantibus, omnia parcant;
Lege tamen mortis sit faciendus inops.
At bona justorum nullis obnoxia damnis,
Hostes, furta, ignes, & mare non metuunt.
Indemnis servat proprium sapientia censum,
(k) Nec perdunt meritum pax que fidesque suum.
Omnis virtutum semper substantia salva est,
Invitis Christi munera nemo rapit.

LXXIX.

(a) MS. Cameron. addit, *animæ & corporis*.
(b) MSS. Camb. & Regium, *est corpus . . . est fides*.
(c) Edit. Ven. MSS. Colb. unus & Theod. ut in textum. In supra *probabimur*. Edit. Lugd. & Lovan. *probamur*. Duac. & Colon. *probamus*. MSS. Jol. & Camb. *probabimus*.
(d) In MSS. quatuor: quibus accedere videtur edit. Ven. ubi *expendenda*, pro *reprimenda* legimus. Alii edit. *expendenda*. MS. Reg. *exprimenda*.
(e) MSS. duo Colb. *Quæ nullis tribuit*.
(f) MSS. Theodor. *De egestate divitum*. MSS. Colb. duo & Camb. *De differentia divitiarum*: item Joliensis, qui tamen ex lapsu scribæ, pro *divitiarum*, habet *divisarum*.

(g) In hac sententia, ubi mira inter codices occurrit varietas, Editio Lugdun. & posteriores, ut in textu, nostra sententiam supra 81. MSS. Theodor. & Colb. unus, *In magna egestate sunt divites justitiæ opes & sapientiæ thesauros non habentes*. MS. Colb. alter, Jol. & Cameron. *divites justitiæ inopes, & sapientiæ thesauros non habentes*. Easdem voces habet editio Ven. sed diverso modo dispositas.
(h) MS. Colb. unus & Theod. *Deo serviunt*. MS. Camb. *ea bona reparantur*. MS. Colb. alter, *quæ perire non possunt*.
(i) MSS. Regium & Theodoric. & editio Ven. *Cum licet*.
(k) Versus hic, qui in cæteris omnibus exemplaribus legitur, [illegible] est in Ms. Cameracensi.

LXXIX. alias LXXVI.

DE VERA BONITATE.

Non sufficit abstinere a malo, nisi fiat quod bonum est. Et (a) parum est nemini nocere, nisi studeas multis prodesse.

Dignus laude quidem est, vitam sine crimine ducens,
  Et quæcumque sibi (b) sunt nocitura, cavens.
Sed non hoc pietas contenta est limite claudi,
  Nec (c) justo, vetitis abstinuisse, sat est.
Major cura boni est, fratrum relevare labores,
  (d) Et ferre optatum tristibus auxilium:
Pascere jejunos, nudos vestire, ligatos
  Solvere, discordes conciliare sibi,
Et quæcumque homines miseri solatia quærunt,
  (e) Hæc, ut possibile est, promere corde pio.
(f) Ut recti vere cupidus, vereque benignus,
  Quæ mala sunt fugiat, quæ bona sunt faciat.

LXXX. alias LXXVII.

(g) DE MALI IMPUNITATE.

Peccator cum peccat, (h) non ideo a Domino non videtur, quia male agentis pœna differtur: gravius autem in eum decernitur, cui etiam ipsa correctio denegatur.

Gaudet transgressor peccato impune potitus,
  Si non infertur debita pœna reo.
Ceu nulla offendant hominum commissa Tonantem,
  Aut aliqua Excelsi notitiam lateant.
Sed vetitorum avidis gravior tunc ira timenda est,
  Cum sese removent verbera justitiæ.
Nam quid erit morbi, quod non dominabitur illi,
  (i) Cui supera auxilium jam medicina negat?

LXXXI. alias LXXVIII.

DE GAUDIO (k) RECTO.

Non potest umquam fraudari delectationibus suis, cui Christus est gaudium. Æterna (l) enim exultatio est, quæ bono lætatur æterno.

Felices vere faciunt, semperque beatos,
  De vero & summo gaudia nata bono.
Nam mundi ex opibus brevis ac peritura voluptas,
  Edita perpetuæ semina mortis habet.
Non placeat vanis animum (m) submittere rebus,
  Pestiferisque avidam mentem (n) onerare cibis.

(a) MS. Camb. [illegible]. Idem ac MS. Reg. [illegible] studeat. Editio Ven. studeatur. Reliqua ut supra in textu.

(b) MS. quæque sibi scit nocitura, edit. Ven. sint nocitura.

(c) Ita MS. Colb. unus & Cambaron. Alii, justis.

(d) MS. Colb. ferre. Et MS. Theodoric. & ferre.

(e) MS. quinque, Hæc. Alii codices, Hæc ut possibile est.

(f) MS. Camberonensis, Et recti.

(g) MS. Colb. duo & Theodor. De impunitate peccantis. MS. Jol. De malo impunitatis. MS. Camberon. De impunitate peccandi.

(h) Editio Ven. sola, ideo a Domino non videtur: & post aliquot lineas, MS. Colb. duo: correptio denegatur.

(i) MS. Theodoric. Cui terra.

(k) MS. Jol. a prima manu, utili: ab altera, recto. MS. Camb. addit, in Christo habito.

(l) MS. tres, ætern[illegible].

(m) MS. quinque, subm[illegible].

(n) MS. Regius, onerare curis.

Cor mundum, & sapiens fructu virtutis alatur,
Et Christi in nostro pectore regnet amor:
Quo semel impletus, numquam vacuabitur illo.
Æterna æterni flumina fontis erunt.

LXXXII. *alias* LXXIX.

QUID HOMINEM DEO JUNGAT.

Deo, qui ubique est, non locis, sed affectibus aut longinqui, aut proximi sumus: quia sicut separat dissimilitudo, ita nos illi (a) conjungit imitatio.

(b) Ambitum mundi totum Deus implet, & ambit,
Nec præsens ulli desinit esse loco.
A quo longinquus multum est, nimiumque remotus,
Quisquis sinceræ luce caret fidei:
Cujus si radiis, depulsa nocte nitescat,
Divino impletus lumine lumen erit.
Non igitur terrarum orbis, non æquora ponti
Invia circuitu sunt obeunda vago,
Ut possit rerum dominator & auctor adiri:
(c) Quem templo in cordis mens pia semper habet.
A quo ut dissimilis (d) terra in deserta recedit,
Sic vitæ merito proximus est similis.

LXXXIII. *alias* LXXX.

QUOD (e) TOTA INFIDELIUM VITA PECCATUM SIT.

Omnis infidelium vita peccatum est: & nihil est bonum sine summo bono. Ubi enim deest agnitio æternæ & incommutabilis veritatis, (f) falsa virtus est, etiam in optimis moribus.

Quamvis multa homini post vulnera prima supersint,
Quæ vitam hanc faciant laudis habere decus:
(g) Si tamen ingenio claro, & probitatis amori
Fons desit fidei, subdita corda rigans;
Cunctarum frugum marcescit inutile germen,
Nec fruitur vero lumine falsus honor.
Ignoratus enim Deus, & non credita virtus,
Quæ vera ad summum provehit arte bonum,
Non sinit eniti regna ad cælestia mentem,
(h) Obstructam vanis, occiduisque gravem.
Perque omnes calles errat sapientia mundi,
Et tenebris addit, quæ sine luce gerit.

LXXXIV.

(a) MSS. quatuor & edit. Ven. *jungit imitatio.*
(b) MSS. septem, *Omnem habitum mundi totus Deus.*
(c) MS. Jol. *Quem in templo.* MS. Colb. tres omittunt præpositionem, *in.*
(d) MS. Camb. *terræ in deserta.*
(e) MS. Cambron. *omittit.* Eodem modo habent etiam in Ven.
(f) MSS. duo & edit. Ven. *falsa etiam virtus est in optimis moribus.* MS. alter Colb. *falsa etiam ibi virtus est.*
(g) MS. Jol. solus aliter habet: scilicet,
Si non ingenio claro, & probitatis amori
Fons adsit fidei, &c.
(h) MSS. quinque, *Obstrictam vanis.*

LXXXIV. *alias* LXXXI.

(a) DE SABBATO.

Male celebrat sabbatum, qui ab operibus bonis vacat. Otium autem ab iniquitate debet esse perpetuum. Quia bona conscientia non inquietum, sed tranquillum facit. (b)

Non recto servat legalia sabbata cultu,
  Qui pietatis opus credit in his vetitum:
Nulla dies actus hominum non damnat iniquos:
  (c) Omnia conveniunt tempora justitiæ.
Nec corrumpuntur virtutibus otia sancta:
  Tantum a peccatis libera corda vacent.

LXXXV. *alias* LXXXII.

DE VERA LIBERTATE.

Libera semper est servitus apud Deum; cui non necessitas servit, sed charitas.

Libertas nulla est melior, majorve potestas,
  Quam servire Deo, cui bene servit amor.
Absque jugo posita est ditionis amica voluntas:
  Quæ viget affectu, non gemit imperio.

LXXXVI. *alias* LXXXIII.

DE SUPERBIA. (d)

Quo primum vitio superatus est homo, (e) *hoc ultimum vincit. Cum enim omnia peccata superaverit, manet periculum, ne mens bene sibi conscia, in se potius quam in Domino glorietur.*

Qua primum in mortem est homo pulsus fraude maligni,
  Hanc illi extremam bella (f) peracta movent.
Sublimes ut cum palmas, clarasque coronas
  Sumpserit, atque hostem subdiderit pedibus:
Virtuti propriæ velit assignare triumphum,
  Non Domino, cujus munus opusque fuit.
In quo uno semper superat, qui non superatur;
  Quo dignante manum subdere, nemo cadit.

LXXXVII. *alias* LXXXIV.

DE DILIGENDO DEUM. (g)

Non poterit hominis labor finiri, nisi hoc diligat, quod ei non possit auferri.

Ancipitis vitæ qui vis superare labores,
  Dilige quod semper verus amator habet.
Instant terrenis infesta pericula rebus,
  Fervent pro damnis prælia, proque lucris:
Et nihil est inter carnalia vota quietum,
  Nec pax sollicitis, nec modus est cupidis:

(a) MSS. quatuor, *De observantia sabbati.*
(b) MS. tres, & Ven. editio addunt, *animum.*
(c) MS. Jol. *Omnia justitiæ tempora conveniunt.*
(d) MS. quatuor subjiciunt, *quem boni ultimum vincunt.*
(e) MS. Jol. *hoc ad ultimum.* MS. Theodor. *hoc ultimum vincitur.* MS. Colb. duo, *ad ultimum vincunt.*

(f) Ita in omnibus codicibus nostris, præter MS. Regium, qui habet *parata,* pro *peracta:* suspicamur tamen posse aliter legi, videlicet,
Hanc illi extremam bella parata movent.
(g) Titulus hic ex Camb. MS. habetur. Epigramma [illegible] ex libro sententiarum alias 133. quam epistulo vita est additamus. In hujus capite erat lemmatum: *De labore fine.*

In solo est mens tuta Deo, quem linquere nolens,
  Numquam erit æterno non opulenta bono.

LXXXVIII. *alias* LXXXV.

DE ADULATIONIS VITIO.

Adulatorum (a) *linguæ alligant animas in peccatis. Delectat enim ea facere, in quibus non solum non metuitur reprehensor, sed etiam laudator auditur.*

Lingua assentatris vitium peccantis acervat,
  Et delectatum crimine, laude ligat.
Nulla sit ut lapso reparandæ cura salutis,
  Blanditur sonti dum malesuasus honor.
Libera sit potius vox (b) correctoris amici,
  Serpere nec fibris cæca venena sinat.
(c) Nec credens medici verbis fallacibus æger,
  Noxia laudatæ vulnera pestis amet.

LXXXIX. *alias* LXXXVI.

DE MARTYRIBUS NON BAPTIZATIS.

(d) *Qui etiam non percepto regenerationis lavacro, pro Christi confessione moriuntur, tantum eis valet* (e) *ad abolenda peccata, quantum si abluerentur fonte baptismatis.*

Si mundo moritur divino fonte renascens,
  Fitque novus vita, qui sepelitur aqua:
(f) Fraudati non sunt sacro baptismate Christi,
  Fons quibus ipsa sui sanguinis unda fuit.
Et quidquid sacri fert mystica forma lavacri,
  Id totum implevit gloria martyrii.

XC. *alias* LXXXVII.

DE VENIA, (g) QUA ETIAM JUSTI INDIGENT.

Justitia nostra, quamvis vera sit, propter verum boni finem ad quem refertur, tamen tanta est in hac vita, (h) *ut potius remissione peccatorum constet, quam perfectione virtutum.*

Magna quidem in multis est excellentia sanctis,
  Quorum (i) animos superi gratia roris alit.
Sed dum mens quædam patitur mala corporis ægri,
  Et pugnam (k) interius exteriora movent;
Numquam ita perfecto capitur victoria bello,
  Vera ut securus pace fruatur homo.
Inter discordes motus contagia serpunt,
  Ipsaque virtutum gaudia vulnus habent.
(l) Ut faciat cunctis longa experientia notum,
  Non esse hoc plenam tempore justitiam:

Ni

(a) MS. Regius, *linguæ alligat.*
(b) MS. Theodoric. *corrumpentis.*
(c) MS. Colb. unus. *Ne credas . . . . Noxia laudantem.*
(d) MSS. quatuor, & edit. Ven. *Qui mundum.* MS. unus, *Qui non.*
(e) MS. Regius & edit. Ven. addunt hic, *effuso sanguinis.*
(f) Editio Ven. *Non sunt fraudati.*
(g) Hæc verba, *quâ etiam justi indigent*, adduntur ex MSS. quatuor. Absunt a reliquis codicibus. MS. Theodoric. *De justitia nostra.*
(h) Edit. Ven. *tanta est in hac vita fragilitas, ut &c.* MS. Reg. *tamen est tanta in hac vita humana fragilitas, ut potius in remissione.*
(i) MSS. tres, *animas.*
(k) MSS. quinque, *interius.*
(l) Sic disponuntur versus in MSS. sex & edit. Ven. In aliis vero,
  Ut faciat notum longa experientia cunctis.

Ni Dominus miserando lavet delicta suorum;
  Et dans virtutum munera, det veniam.

XCI. *alias* LXXXVIII.

(a) DE CAUSSIS INCOGNITIS OPERUM DEI.

Incognitis caussis operum divinorum, non nihil novimus, cum scimus, non sine ratione Omnipotentem facere, unde infirmus humanus animus rationem non possit reddere.

Divinorum operum secretas noscere caussas
  Humanis non est possibile ingeniis.
Nec nullo tamen intuitu speculatur operta,
  Qui, multa ut lateant, scit placuisse Deo.
In quo mens imbuta fide simul omnia discit,
  Perque operum speciem (b) suscipit artificem,
Fingentem rebus formas, loca, tempora, motus,
  Mensuris, numeris, ponderibusque suis.
Scrutari (c) ne cura procax obstrusa laboret,
  Cui cuncta in Christo nosse, & habere datur.

XCII. *alias* LXXXIX.

DE NON DESPERANDIS (d) PECCATORIBUS.

Non est desperandum de malis, sed pro ipsis, ut boni fiant, studiosius supplicandum. Quia numerus sanctorum de numero semper est auctus (e) impiorum.

Ut morbo (f) oppressis praestanda est cura medendi,
  Donec in aegroto corpore vita manet;
Sic pravis, multa & vitiorum mole gravatis,
  Sanctarum pietas est adhibenda precum.
Ut dum possibile est mutari corda malorum,
  Horrescat noctis devia lucis amor:
Conversisque novam mentem det gratia Christi,
  Qua fiunt homines justificante boni.

XCIII. *alias* XC.

DE QUÆRENDIS PRÆSIDIIS IN PACE.

(g) In tranquillitate pacis comprehendenda est doctrina sapientiae, quae inter tribulationum turbines difficulter agnoscitur. Nec facile inveniuntur in adversitate praesidia, quae non fuerint in pace quaesita.

Dum non perturbant animum discrimina mundi,
  Dumque diem pacis praelia nulla (h) premunt;
Exercere fidem divinis convenit armis,
  Consilioque omnes anticipare minas.

Tran-

(a) MS. tres, *De incomprehensibilibus*. Titulus erat in aliis aut nullus, aut hic, *De caussis incognitis*, additis *operum Dei*, ex prioribus verbis sententiae, hic & in libro sententiarum, sent. 171.
(b) Alias editi, *suscipit artificem*. MS. quatuor *suspicit*, id est, conspicit & cognoscit. *Invisibilia enim ipsius a creatura mundi per ea quae facta sunt intellecta conspiciuntur*. Rom. 1. 20.
(c) MS. quatuor habent, *ne cura procax*, Alii, *ne cura*.

(d) MS. Theodor. *malis*. MS. Jol. *Quod non desperandum de peccatoribus*.
(e) MS. Theodoric. *peccatorum*.
(f) MS. quinque, *afflictis*.
(g) MS. tres, *De tranquillitate*. Quartus addit [illegible], *pacis*. Alter, *De providentia pacis*. Reliqui, *De quaerendis praesidiis*, cui adduntur a nobis *in pace* ex titulo sent. supra, [illegible].
(h) Sic MS. [illegible] Vet. Catul? monitis.

Tranquillam & curis vacuam sapientia mentem
  (a) Imbuet, & placidi pectoris hospes erit.
Nam quod non fuerit conceptum corde quieto,
  Adquiri in sævo turbine non poterit.

XCIV. *alias* XCI.

(b) DE BONIS QUÆ NEMO AMITTIT INVITUS.

Potest homo invitus amittere temporalia bona: numquam vero, nisi volens, perdit æterna.

Omne bonum mundo concretum, & tempore partum
  Quacumque amitti conditione potest.
Et quamvis damnis vigilanter cura resistat,
  Sæpe tamen propriis dispoliatur homo.
At bona, quæ vere bona sunt, nec fine tenentur,
  Semper habet, quisquis semper habere cupit.
Nec vim ferre potest (c) Christo subnixa voluntas,
  In quo persistens omnia vincit amor.

XCV. *alias* XCII.

DE REMEDIIS TRIBULATIONUM.

Fideliter supplicans Deo pro necessitatibus hujus vitæ, & misericorditer auditur, & misericorditer non auditur. Quid enim infirmo (d) *sit utile, magis novit medicus, quam ægrotus. Si autem id postulat quod Deus præcipit* (e) *& promittit, fiet omnino quod poscit. Quia accipit charitas,* (f) *quod parat veritas.*

Inter mundanæ mala conflictantia vitæ,
  Sæpe (g) quibus Domini corripitur populus;
Qui tempestatum varia sub clade laborant,
  Noscant (h) se justi ferre flagella Dei:
(i) Atque ipsum toto gemitu planctuque precentur,
  Ut, qua scit, miseris auxilietur ope.
Non etenim proprio arbitrio curabitur æger,
  Nec vero leges ipse dabit medico.
Morbida rimetur penetralia dextra salutis,
  Et depressa gravi viscera peste (k) levet.
Absque dolore quidem nequeunt (l) mala sueta repelli:
  (m) Sed quod læserunt dulcia, amara novant.
Pœniteat morum, & vitiis virtute fugatis,
  Regnum peccati respuat aula Dei.
Ad veniam tendunt justi (n) pia verbera Regis.
  Ira brevis tectis gaudia longa dabit.

XCVI.

(a) MS. Jol. *imbuat*.
(b) MSS. quinque, *De bono quod nemo invitus perdit, aut amittit*; unus, *accipit*.
(c) MS. Cambron. *Ut quamvis . . . dispoliatur*. MS. Theodoric. habet unus, *dispoliantur*.
(d) MS. Regius, *Christo subnexa*.
(e) MSS. sex & edit. Ven. non habent hic, *& promittit*. Habetur in libro sententiarum sent. 113.
(f) MS. Regius, *quod parat Dei veritas*.
(g) Ita MSS. quinque. Alii libri, *quidem*, [illegible] commune in [illegible] verbis.
(h) MS. Jol. *se justi*.
(i) MS. Colb. unus, *Atque ipsum*.
(k) MS. Regius & editio Ven. *lavet*.
(l) MS. Jol. *mala facta repelli*.
(m) MS. Reg. *sed quæ læserunt dulcia*. MSS. quatuor, *amara maturant*. MS. Jol. *amara novant*. Editi omnes, *amara curarent*. Non tam bene.
(n) MS. Cambron. *per verbera*.

XCVI. alias XCIII.

(a) DE BELLO INTESTINO.

Aliud in hac vita pium est, Deum diligere, & in ejus gratia contra vitia interna pugnare, eisque usque ad illicita instigantibus cogitationibus non cedere: & ubi ceditur indulgentiam, atque ut non cedatur adjutorium Dei, affectu religiosæ pietatis exposcere. In paradiso autem, si nemo peccasset, non esset aliud pietatis expugnare vitia; quia felicitatis esset permansio vitia non habere.

Numquam bella bonis, numquam discrimina desunt,
  Et cum quo certet, mens pia semper habet.
Quæ carnem oblectant, sancto sunt noxia cordi,
  Contra animi legem prælia corpus habet.
Pulsant exterius diversis motibus hostes,
  Intus civile est, & sociale malum.
Ut possit mundi illecebris, vitiisque resisti,
  Vis est corporei mortificanda hominis.
Sed quæ mens recto famulam sub jure tenebit,
  Edomitæ ut regnet carnis in officiis;
Excelso nisi quæ servit bene subdita Regi,
  Unde est facta volens, fiat (b) & inde valens?

XCVII. alias XCIV.

NULLAM MALI ESSE NATURAM.

Omnia per Verbum facta sunt, & sine ipso factum est nihil. Cum itaque universa natura per Verbum Dei facta sit, iniquitas per ipsum facta non est. Quia iniquitas nulla substantia est, & peccatum non natura est, sed vitium naturæ, id appetentis quod non est ordinis sui.

Per verbum omnipotens Deus omnia condidit unus,
  A quo natura est nulla creata mali.
Et quod non fecit dives sapientia Verbi,
  Non habet in rerum conditione locum.
Nulla igitur vitiis substantia, nullaque vita est,
  Quæ vegetet corpus, (c) materiamque suam.
Sed cum libertas discedit ab ordine recto,
  Nec servant proprium quæ bona sunt, modulum;
(d) In culpa & vitio est vagus in contraria motus,
  Fitque malum veram deseruisse viam.
In quam si toto properet quis corde reverti,
  Nullus neglecti limitis error erit:
Totaque (e) deleti peccati pœna peribit,
  Condita in integrum restituente Deo.

XCVIII. alias XCV.

DE PETITIONIBUS CONTRARIIS (f) DEO.

Deus cum aliquid male petitur, dando irascitur, non dando miseretur.

Cum Deus (g) effectum precibus non præstat iniquis,
  Multum concedit, quod nocitura negat.

Et-

(a) Titulum addidimus ex MSS. Theod. Jol. & 1. Colb. In Corb. *De eadem*. Sententiam ex Prosperianis quæ maxime convenire credita est.
(b) MSS. duo, cum edit. Ven. & Lugd. ut *inde*
(c) MSS. tres, *materiamve suam*.
(d) MS. Jol. *In culpa vitio est*. MS. Colb. unus, *In culpa est vitio vagus*.
(e) MSS. septem, *deleti*. Editi omnes, *delicti*.
(f) MSS. tres carent hac voce, *Deo*.
(g) MSS. tres, *effectus*.

Errantes voto non vult delinquere facto,
Iratus fineret, quod prohibet placidus.
Discat felici supplex gaudere (a) repulsa:
Incipiatque animo pellere, quod voluit.
Parcentemque Deum noscat sibi, cum ruiturus
Non exaudiri, ne rueret, meruit.

XCIX. *alias* XCVI.

DE JUDICIIS DEI. (b)

Nullo modo judiciis hominum comparanda sunt judicia Dei: quem non dubitandum est esse justum, etiam quando facit quod hominibus videtur injustum.

Judicium humanum, quod falli sæpe necesse est,
Non semper recipit regula justitiæ.
At Domini in cunctis æqua est, veraxque potestas,
Adspectum cujus nulla remota latent.
Talis laudetur judex, timeatur, ametur,
Qui vere justus permanet, atque bonus:
(c) Adversos revocans, conversis cuncta remittens,
Atque malis veniam dando bonos faciens.
Non ergo audacter mens veri nescia culpet,
Quod placuit summi judicis arbitrio.
Sed subdat sese justo ignorantia Regi,
Qui numquam, quæ sunt (d) non bona, velle potest.

C. *alias* XCVII.

DE COHIBENDA (e) IRA.

Nulli irascenti ira sua videtur injusta: unde ab omni indignatione cito redeundum est ad mansuetudinis lenitatem. Nam pertinax motus facile in ejus odium transit, cui non celeriter (d) ignoscitur.

Nemo suæ mentis motus non æstimat æquos,
Quodque volunt (f) homines, se bene velle putant.
Unde animus celeri pace est revocandus ab ira:
Ne robur sævis tempora dent odiis.
Offensas sibimet parcentia corda remittant,
Nam nemo est, qui non indigeat venia:
Quam nostri memores, mundi inter vana vicissim,
Omnibus in caussis, & damus, & petimus.

CI. *alias* XCVIII.

DE FIDE SANCTORUM.

Cultor justitiæ, divinæ & pacis amator,
Quem vocat ad summum vita beata bonum:
Scandere constanter dextros admitere calles,
Despiciens lævæ noxia plana viæ.
Tutius est duros mundi tolerare labores,
Infestique hostis prælia sæva pati:

Quem

(a) MS. tres, *repulsa*.
(b) MSS. tres addunt, *non comparandis judiciis hominum*.
(c) MS. Camberon. *Aversos revocans*: Et hujus pentametri sequens, *Atque malis veniam*.
(d) MS. Theoderic. *ni bona velle potest*.
(e) MSS. tres, *iracundia*. MS. Jol. tantum, *De ira*.
(f) MS. tres, *ignoscitur*.
(g) MS. Colb. unus, *cuncti*, *hoc bene velle putant*.

Quam (a) victum officiis animum submittere blandis,
  Captaque servili subdere colla jugo.
Tempore (b) in occiduo non longi est usus honoris,
  Et celeri lapsu gaudia falsa fluunt.
Finem igitur proprii sapiens speculabitur ævi,
  (c) Et via qua curris, quo ferat adspiciet.
Nam mundo (d) innexis pars est cum principe mundi:
  At servis Christi gloria Christus erit.

CII. *alias* XCIX.

DE DESIDERIIS CARNIS CASTIGANDIS.

Corporeos inter sensus, moribundaque membra,
  Multa animus patitur carnis ab hospitio:
Quæ vitæ, de qua vivit, contraria quærens,
  Legem vult mentis solvere lege sua.
Sed prudens præsul famulam frenare rebellem
  Æterni Regis (e) discat ab imperio,
Et veram accipiens supero de lumine lumen,
  Noctem peccati cordis ab æde fuget.
(f) Nam quia cuncta Deus bona condidit, ipsaque nostri
  Exilii regio est pulcra decore suo:
Auditus, visus, (g) gustus, contactus, odorque,
  Præberi gaudent undique, quod placeat.
Fitque nocens homini præsentis temporis usus,
  Si captum blandis inferiora ligant.
Mens igitur sapiens superas (h) enitere ad arces,
  Et summis fieri sueta beata bonis,
Delicias jam nunc promissi concipe regni,
  (i) Virtute atque fide, quod cupis esse, tene.
Neve ad spem dubiam frustra te currere credas;
  Naturæ in Christo prospice (k) liba tuæ.
A quo susceptum si te non ambigis esse,
  Totus homo in capitis corpore semper eris.
Tantum ut jussa velis (l) nutu observare docentis,
  Qui (m) quod ait verbo, prævenit auxilio.

CIII. *alias* C.

DE ALTITUDINE FIDEI, SPEI, ET CHARITATIS.

In Deitate gradus, (n) mensura, & tempora non sunt:
  Et quod idem est, (o) majus non habet, atque minus.
Corporeæ longe moles formæque (p) recedant,
  Virtus summa caret finibus, & spatiis:

(i) Quod

(a) MSS. duo, *victum*. Alii *victam*. MS. Camb. *Quam victum vanis animum submittere velis.*
(b) MS. Colb. [illegible] : & [illegible] *longe est*, in quo [illegible] Camb. convenit.
(c) MSS. tres, *quam curris*.
(d) MS. Camb. [illegible]. Et in alio versu. MS. Colb. *Ut [illegible]*.
(e) MS. [illegible], *discit*. Et secundo post versu, *fugat*.
(f) MSS. tres cum Ven. edit. *Nam quia*. In aliis, *Nam qua*.
(g) MS. tres & Ven. editio, *contactus*, *gustus*, *odorque*.
(h) Sic MSS. omnes cum Ven. edit. Alii, *enitere*.
(i) MS. Reg. & Camb. *virtute & fidei*.
(k) MSS. duo, *naturæ tuæ*.
(l) MS. Reg. *nutu servare*. MS. Colb. [illegible], *nutu [illegible]*. MS. alter Colb. *nutu [illegible]*. Alter, *& [illegible]*. MS. Jol. *et [illegible]*.
(m) MSS. *quoniam*, *quod agit verbo*. Unus ex his, *prævenit auxilio*.
(n) MSS. tres, *mensura*.
(o) MS. Thuan. *magis*.
(p) MS. Camb. *recedunt*.

(a) Quod Pater, hoc simul est Verbum Patris, hoc utriusque
 Spiritus. Hic Deus est unus, & una fides.
(b) Per quam verorum spes non incerta bonorum
 Sublimem (c) ignito scandit amore viam.
Et prægustata superi dulcedine roris,
 Doctrinis pasci gaudet apostolicis.
(d) Tu qui ergo indignas non vis incurrere curas;
 Innecti vanis occiduisque cave.
Mortalis vitæ brevitas non multa requirit,
 Paucorum exigui temporis usus eget.
(e) Esse volens gaudere optans, scire abdita quærens,
 Ut te non teneant (f) infima, summa pete.
Delectare Deo rege, in cælestibus esto,
 Et quæ spe sequeris, credita amore tene.
Nulla in te maneant hominis vestigia primi,
 Nec formam veteris gestet imago novi.
Exulta agnoscens te Verbi in carne renatum,
 (g) Cujus si pars es, pars tua Christus erit.
Qui, ne damnandi legeres mala gaudia mundi,
 Promissum ad regnum se tibi fecit iter.

CIV. *alias* CI.

DE CONFITENDO UNO DEO.

Quod Pater cum Christo facit, Christus facit: & quod Christus cum Patre facit, Pater facit: nec seorsum aliquid agit inseparabilis charitas, majestas, potestas. Sicut ipse Dominus dicit, Ego & Pater unum sumus.

Cum Pater in Verbo sit semper, & in Patre Verbum,
 (h) Sicque unus Verbi Spiritus, atque Patris;
Sic de personis tribus est tibi non dubitandum,
 Unum, ut docta fides, confiteare Deum.
Corde Patris genitum creat, & regit omnia Verbum,
 Nec tamen est aliquid, quod sine Patre gerat.
(i) Unus enim amborum motus, ratio una volendi est,
 Par virtus, idem spiritus, unus amor.

CV. *alias* CII.

DE EODEM.

Dei Filius Deus vitam habere in semetipso, sicut habet Pater, non participando adeptus est, sed nascendo. Vitam enim genuit Pater vita: nec differt in aliquo essentia gignentis & geniti, cum sit in Patre sic Filius, ut consempiternæ æqualitatis, non una quidem persona, sed una sit Deitas.

(k) Sic Deus est magnus, de se valet, & manet in se,
 Cui summum & proprium est, semper id esse quod est.

Splen-

(a) Ita legitur in MSS. & edit. Ven. at in aliis:
 Quod Pater, hoc Verbum Patris est, simul hoc utriusque.
(b) MSS. duo, *Per quem.*
(c) MS. Camb. unus; edit. Ven. *igneo.*
(d) Edit. Ven. *Indignas quisque non vis incurrere curas.* MSS. Camb. & Colb. unus, *Quisque ergo.* MS. Jol. *Quisquis ergo.*
(e) MS. Theodoric. *Esse volens.*

(f) MSS. quatuor, & editio Ven. *ultima.* Alii, *infima.*
(g) MS. Colb. unus, *Pars si cujus eris.*
(h) MSS. sex & Ven. *Sitque unus.* Alii codices, *Sitque idem.*
(i) Edit. Lovan. & posteriores cum aliquot MSS. *Unus en ambobus.*
(k) MSS. Reg. & Colb. omnes, & edit. Ven. *Sic magnus Deus est.* MS. Colb. alter, *Sic magnus Deus est.* MS. Jol. *Hic magnus Deus est.*

Splendet enim (a) verum vero de lumine lumen:
  Ut Genitum agnoscens noverit Ingenitum.
Una trium Deitas, una est essentia (b) conctis.
  (c) Idem est & Verbi Spiritus, atque Patris.
Nullum opus abjunctum, nulla est non æqua potestas,
  In cunctis unum, (d) non tria, principium.

CVI. alias CIII.

DE QUÆRENDO PERSEVERANTER DEO.

Nemo fidelium, quamvis multum profecerit, dicat, Sufficit mihi. Qui enim dixerit, remansit, & haesit in via ante finem, qui non perseverabit usque in finem.

Cum pia mens in laude Dei superata (e) laboras,
  Gaude, quod tantum te bene vincit opus.
Teque aliquid superi cognosce hausisse vigoris,
  Si tibi non satis est, (f) quod cupis atque sapis.
Quære bonum (g) sine fine bonum, & persiste reperto:
  Quærere non habeant talia vota modum.
Nam qui se nullo jam munere credit egere,
  Crescere non cupiens, perdit adepta repens.

(a) Ms. Regius, *summum* (forte *summa*) *de lumine de lumen*.
(b) Ms. Camberon. *conctis: idem, tribus personis*. Alii, *ab uno*.
(c) Mss. quatuor. *Idem est cum Verbo Spiritus atque Patris*. Ms. unus *Idem cum Verbo*.
(d) Ms. Jol. *non tria*. Alii antiqui, *sunt tria*.
(e) Ita Mss. duo. Alii, *laborat*.
(f) Ita Mss. quatuor. Alii *conditum quod cupis*.
(g) Sic Mss. quinque: ceteri, *sine fine*, *bono & persiste reperto*.

A D.

ADMONITIO
IN CHRONICUM S. PROSPERI.

NE aliqua sancti Prosperi Aquitani operum portio huic desit Editioni, quam, in quantum potuit fieri, & emendatissimam & amplissimam prodire cupimus, exhibendum superest, ex veris & indubitatis Auctoris nostri laboribus, Chronicum, seu Chronica, (nam ita varie opus illud citant veteres,) ejusdem nomine insignita: quem librum pro genuino Prosperi partu omnes hactenus (si perpaucos excipias) habuerunt.

Paucorum illorum ex viris Doctis, quibus hoc opus alii quam Aquitano nostro assignare placuit, momenta solide diluuntur a nupero SS. Patrum Leonis & Prosperi operum Critico ac vindice eruditissimo Antelmio, de quo non semel a nobis facta est mentio. Ac primum quidem Antiquorum auctoritates adducta Prosperum Chronici auctorem asserunt. Illi autem sunt magni nominis viri, testesque omni, ut ajunt, exceptione majores: quos ementitam inscriptionem decepisse suspicio esse non potest.

[illegible]

Primus ordine temporis occurrit, eo attentius auscultandus, quod vel ex nomine Aquitani nostri popularem & conterraneum, ex studio & professione Chronographum, seu temporum calculatorem, ex ævo coætaneum se prodit; & ex gestis tandem ac necessitudinibus, cum S. Prospero consuetudine ac familiaritate probabilissime conjunctum. Is est Victorius, vel Victorinus, qui ex Leonis Pontificis jussione, cui erat a consiliis & epistolis Prosper, procurante Hilaro R. E. tum Diacono, postea Pontifice, Cyclum Paschalem indagatione cautissima concinnavit. Iste autem in præfatione ad Hilarum ita loquitur. Recensitis fidelibus historiis veterum, beati scilicet Eusebii Cæsariensis .... Chronicis, prologoque, ac proinde his quæ a sanctæ memoriæ Hieronymo iisdem Chronicis sunt adjecta presbytero, per quem in latinum quoque probantur translata sermonem; hisque etiam QUÆ A SANCTO ET VENERABILI VIRO PROSPERO, usque ad consulatum Valentiniani Augusti VIII. & Anthemii, constat fuisse suppleta, reperi a mundi principio ad diluvium .... A cujus (*Nini*) tempore gestarum rerum publici scriptores esse cœperunt. Quapropter vir venerabilis prædictus Eusebius Chronicorum ab hinc exorsus est historiam, volens industriæ suæ fidem mundanorum quoque Annalium coætaneo relatu perpendi, & professæ veritatis etiam Gentilium litteras testes sciscitari, contextus præterita sæcula sacris voluminibus explicari, ætates tantum summatim retro generationum ex Prologi textu patefaciens, & operis plenitudine sub annorum recapitulatione pariter comprehendens. Cujus tenorem VIR VENERABILIS PROSPER secutus, iisdem Chronicis, hæc eadem egregia brevitate composuit, ut eorum initium a mundi inchoaretur exordio. *Hac Victorius Aquitanus, qui hoc in arduo opere non alios secutus esse declarat duces, quam Eusebium, Hieronymum, ac Prosperum, quem Sanctum ac Venerabilem, tum Venerabilem Virum appellat: qua, vel simili nuncupatione designatur Aquitanus noster apud antiquos: ne quis alium a populari suo indigitare voluisse Victorium suspicetur.*

[illegible]

Victorio Aquitano Gennadium Massiliensem subjicimus, cujus assertioni quemadmodum auctoritatem confert ætate superior ille, ita & istius testimonium alter, post annos circiter quadraginta, virorum illustrium Catalogum curiose recensens robur conciliat: dum expresse Chronicorum auctorem Prosperum Aquitanum & Massiliensium adversarium determinat. Quod ne & ei forte non elapsum esse dubitaretur, illud ipsum in duobus insignibus locis retractat. Namque non satis habens dum de Prospero loquitur cap. 84. eidem pro primo ingenii partu Chronicorum opus his verbis adscripsisse: Composuisse multa dicitur, ex quibus ego CHRONICA nomine illius prætitulata legi, continentia a primi hominis conditione, juxta divinarum scripturarum fidem, usque ad obitum Valentiniani Augu-

Augusti, & captivitatem urbis Romæ a Genserico Vandalorum rege factam: quasi, inquam, hæc tradere non satis illi fuisset, & posterorum dubitationes augustius, aut anteverttere satagisset, post duo capita, de Victorio jam laudato sermonem habens, hæc ad illius mentem profert: Composuit Paschalem cursum indagatione cautissima, post quatuor priores qui composuerant; id est Hippolytum, Eusebium, Hieronymum, ET PROSPERUM. Sed nec sic ista prætermittenda sunt. Dum enim audimus Gennadium asserentem Prosperi Chronica legisse continentia a primi hominis conditione, juxta divinarum scripturarum fidem, & ea usque ad Valentiniani obitum perduxisse, in memoriam revocandum, fidem jam scripsisse Victorium, quod Prosper Eusebii, pariter a mundi principio historiam suam, seu Chronologicos calculos auspicantis &c. tenorem secutus, iisdem Chronicis hæc eadem egregia brevitate composuit, ut eorum initium a mundi inchoaretur exordio .... & insuper ad Valentiniani Aug. consulatum hæc continuavit. Quibus quidem ita mire invicem coeuntibus, nunc id nobis certum exploratumque est, Gennadio alia non fuisse suppeditata Chronica, quam ea quibus usus est ipse Victorius, eaque tandem verum, non ementitum auctorem prætulisse; quandoquidem illius operis, penes utrumque diligentissimum scriptorem par invenitur & una delineatio.

Calculatori & Historico succedat scriptor utroque studio commendandus, Cassiodorus Senator: qui etsi solus per se tantam forte, quantam alii sibi non prærogaret auctoritatem; ita tamen ducibus ac fidejussoribus præ aliis posterioribus audiri debet: quod ipse Prosperi subpar, Gennadii lucubrationum peritus, & Chronici alterius concinnator, istius lucubrationes sæpe sæpius non tractare, resumereque non potuerit; ut etiam ex hac necessitate ejus potius internoscendi major illi potiorque facultas debuerit accedere. Is autem cap. 17. lib. de Inst. divin. litter. habet. Sanctus quoque Prosper CHRONICA ab Adam ad Genserici tempora & Romæ deprædationem perduxit. 7. Cassiodorus.

Atque in istorum trium testimoniis sistere proponentibus, conspectui nostro quartus se exhibet; & ille tam nobilis ac venerandus, ut ejus assertionem, nec citra illius injuriam, nec citra jurium Prosperi nostrorumque imminutionem, præterivi posse videatur. Et hic quidem alter est insignis calculator & historicus, Isidorus videlicet Hispalensis, in Bætica post Leandrum germanum sexto currente sæculo, Episcopus; cujus hanc lib. 6. Origin. c. 17. assertionem legimus: Paschalem Cyclum Hippolytus Episcopus temporibus Alexandri Imperatoris primus conscripsit. Post quem probatissimi auctores Eusebius Cæsariensis, Theophilus Alexandrinus, PROSPER quoque natione Aquitanus, atque Victorius, amplificatis ejusdem festivitatis rationibus, multiplices circulos ediderunt. Hæc accuratus scriptor, qui sua avique sui fide, tam quæ præcedenti sæculo his Chronicis habebantur, ultro adhibuit ac confirmavit: quin de aliis posterioribus in medium proferendis amplius solliciti simus. Nam & huic etiam præcedenter omisimus Victorem Tunnunensem in Africa Episcopum, qui a Consulatu XVIII. Theodosii Junioris Historiam prosequi testatur, ubi Prosper reliquit (quod utique postremum ejus exemplar auctius non habuerit). Quem & Victorem Joannes Abbas Biclariensis continuans a Justino juniore, ubi desierat alter, qui prætorant Eusebium, Hieronymum, nec non & PROSPERUM virum religiosum, atque Victorem Tunnonensem initio opera laudare non omittit. Quæ non persequimur. 8. Isidorus Hispalensis. 9. Victor Tunnunensis, [illegible]

Ex istis namque luce meridiana clarius est, Prosperum Aquitanum scilicet, Chronica litterarum monimentis tradidisse, quibus & coætanei scriptores versatissimi in Ecclesia tunc usi sunt, aliique sagaces deinceps viri citra suppositi tituli metum, eadem suis genuinis lineamentis repræsentarunt ac commendarunt. [illegible]

Cum ex dictis satis constet Chronica Prosperum scripsisse, & ea nullo suppositionis vitio notata, pura, genuinaque coætaneis subparibusque auctoribus innotuisset facile agnosceretur pro indubitato Chronicum quod Prosperi nomine circumfertur, & infra a nobis exhibetur, illud ipsum esse quod Aquitanus digessit, non vero aliud ab hoc omnino diversum: immo Chronici istius scriptorem Prosperum [illegible] a Collatoris & Massiliensium adversario nullatenus esse diversum. Quod quidem ex Eruditorum pene omnium consensu satis arguitur: & insuper inconcussum remanebit, cum discussæ legentur apud supra citatum auctorem Dissertationis 8. in opera SS. Leonis & Prosperi difficultates paucæ illæ & leves, ex duobus aut tribus calculi erroribus, qui aut pro erroribus haberi non debeant, aut facile a Prospero ipso admitti potuerint, aut nec forte aliunde quam a scribis amanuensibus irrepserint: quibus tamen moti quidam, in opinionem diversam abire voluerunt. Quæ si nos hic referre tentemus, longiores fient Admonitionis nostræ fines, quam par foret.

Dum porro supra asserimus Prosperum Chronicum suum a mundi exordio duxisse, non ita illud accipiendum est, quasi novum opus ad novæ Chronologiæ exactioris calculos apparare sibi proposuisset. Quin potius in eodem concinnando Chronico nonnisi Epitomatorem Eusebii prodere se voluit, ut de eo jam egregie fidem fecisse Victorius reperitur, cujus superius allata sunt verba ista: Eusebii tenorem Vir Venerabilis Prosper secutus, iisdem Chronicis, hæc eadem, egregia brevitate, composuit, ut initium eorum a mundi inchoaretur exordio. Quæ rem expresse testantur, convincuntque Aquitanum hæc eadem Eusebii Chronica, egregia brevitate perstrinxisse. Sed idipsum opera ipsa Prosperiana demonstrant. Nam, ut Sirmundus Hist. Prædest. c. 5. opportune monet: Chronicum hoc, Chronici Eusebiani, quousque cum Hieronymi supplemento porrigitur, mera est Epitome: unde & Epitomen Chronicorum interdum vocant; aut excerpta ex Chronicis: quia inde Prosper omnia decerpsit, nisi quod Consulum fastos, quibus illi carebant, a Christi usque Baptismo, seu, ut vocat ipse, ab ejus manifestatione, suis Prosper locis inseruit, ac cetera quoque deinceps ad operis finem de suo contexuit. Attamen etsi ille Abbreviatoris duntaxat partes susceperit, & in suorum priori parte Chronicorum Eusebium atque Hieronymum contrahere voluerit; non ita tamen eorum vestigia pressit, ut eos quandoque non abjecerit, phrasesque ac periodorum membra de suo non concinnarit, immo & calculos alios non supposuerit. Unde & semper locuples ad Ecclesiasticæ Historiæ integritatem censeri debet accessio, quod monimentum istud tamdiu inter tenebras densiores servatum, sine ullo decremento ad nos tandem illæsum pervenerit. De alia autem Chronici parte, quam idem Prosper prosecutus est, ubi ab Eusebio ductam continuationem Hieronymus absolvit, non est cur moneamus eam variis additamentis ab ipso Prospero illustratam, quod editi codices alii aliis arctiores satis repræsentant, ad fidem utique MSS. exarati, quorum quæ posterius reperta sunt exemplaria, Historiam perducunt ad annum 455. hoc est usque ad Vandalicam urbis deprædationem, cum alia eidem, ante annos undecim, sub consulatu Theodosii Aug. XVIII. & Albini terminum posuissent.

Chronicum S. Prosperi decem annis auctius ediderat primo Doctissimus Duchesnius t. 1. Histor. Franc. Hoc idem deinde integrum edidit R. P. Labbæus S. J. tomo primo Bibliothecæ novæ Manuscriptorum. Hujus editionem ut ampliorem ceteris nos hic secuti sumus: non omissis tamen aliarum editionum differentiis, ubi opus visum est.

Denique observatum legimus a viro rerum Ecclesiasticarum peritissimo, S. Prosperum ter Chronicum suum ad incudem, ut ajunt, revocasse, terque, si sic loqui fas sit, illud in lucem edidisse: scilicet anno 433. iterum anno 445. demum anno 455. Et illud ex eo conjicitur, quod in pluribus libris legitur quoddam totius Chronologiæ compendium ad annum 433. Scaligeriana tamen editione id exhibente ad annum 445. quo finem ponit toti Chronico, cum omnibus aliis qui Duchesnii editionem antecesserunt. Immo Victor Tunnunensis, qui supplevit illud Prosperi Chronicum, illud anno 444. desiisse observat. At vero in his MSS. quorum ope usi sunt tum Duchesnius, tum Labbeus, Opus protenditur usque ad Romanum excidium per Gensericum, Consulibus Valentiniano VIII. & Anthemio, ad annum scilicet 455. Revera enim Victorius biennio post Gennadium scribens, Cassiodorus quoque huc usque extendi illud affirmarunt. Immo & Marius Abricensis sive Lausannensis Episcopus, cum Prosperi opus supplere aggrederetur, idem & ipse testatus est. Unde conjicias anno demum 455. assignandos Chronici Prosperiani limites.

SAN-

SANCTI PROSPERI AQUITANI (a) CHRONICUM INTEGRUM*

IN DUAS PARTES DISTRIBUTUM.

PRIMA PARS.

AB ORTU RERUM AD MORTEM VALENTIS.

Cum adnotatione Consulum a morte Christi.

ADam cum esset annorum (b) ccxxx. genuit Seth.

Seth cum esset annorum ccv. genuit Enos.

Enos cum esset annorum cxc. genuit Cainan.

Cainan vero cum esset annorum clxx. genuit (c) Malaleel.

Malaleel habens annos lxv. genuit Jared.

Jared autem cum esset annorum (d) clxii. genuit Enoch.

At Enoch cum esset annorum (e) clx. genuit Mathusalem.

Mathusalem vero cum esset annorum clxxxvii. genuit Lamech.

Lamech quoque cum esset annorum (f) clxxxii. genuit Noe.

Erat autem annorum D. cum genuit tres filios Sem, Cham, & Japheth.

Post annos vero centum, quando genuit Sem, factum est Diluvium, cum esset annorum DC.

Ad probandam fidem temporum, hæ generationes ab initio retexuntur, quibus annorum adscriptus est numerus. Nam Cain fratricidæ posteritas non fuit digna cum Dei populo computari. Sed cum latius serperet peccatum, maximaque pars hominum connubiis se alienigenarum mulierum miscuisset, crimen illicitæ societatis Diluvio meruit expiari, solo Noe justo, cum uxore & tribus filiis, ac totidem nuribus, ad reparationem humani generis reservato.

Fuerunt igitur ab Adam usque ad Diluvium generationes decem, anni (g) mmccxlii.

Post Diluvium succedunt hæ generationes.

Sem filius Noe cum esset annorum (h) centum, genuit Arphaxad, anno post Diluvium secundo.

Arphaxad autem cum esset annorum (i) cxxxv. genuit Cainan.

Et Cainan, cum esset annorum cxxx. genuit Salem.

Deinde Salem, cum esset annorum cxxx. genuit Heber.

Heber quoque, cum esset annorum cxxxiv. genuit Phalec.

Hoc tempore, ad perturbandam superbæ turris constructionem, divisæ sunt linguæ, & per orbem terræ facta est gentium dispersio.

Phalec autem, cum esset annorum cxxx. genuit Ragau.

(a) Apud Labbeum tom. 1. Biblioth. novæ MS. *Viri clarissimi Tironis Prosperi*, &c. Hoc nomine designatur etiam in MS. Colb. uno, & aliquot aliis.

(b) Semel monuisse sufficiat, quod observavit Arnaldus Pontacus Vasatensis olim Episcopus in notis ad Eusebii Chronicon, & observavique ante in aliquot MSS. Colbertinis, Eusebium in ratione supputandi annos ab orbe, secutum præcipue editionem Bibliorum juxta LXX. Interpretes, ut qui docet circa annum 540. Quod fecit etiam ipse Josephus, licet Judæus. Unde videmus nonnullos Patres tam Græcos, quam Latinos, & ipsam Ecclesiam catholicam tum in Conciliis œcumenicis, tum in Martyrologiis, secutos calculum Eusebii, relicta Hebraica illa supputatione. Quæ observatio tollit scrupulum omnem qui oriri posset legendo Adamum anno 230. genuisse Seth, cum textus Hebræus Vulgataque versio id contigisse narrent anno ætatis 130. Idemque esto judicium de numeris generationum subsequentium.

(c) In Chronico Labbei legitur hic *Jared*, pro *Malaleel*, omittiturque sequens generatio, quam restituimus auctoritate MS. Colb. & editionis Chronici Eusebiani a Pontaco procuratæ & Diligentiæ: cum non omittatur in textu Hebræo, nec in versione Latina.

(d) Huic 162. annorum numero favent, præter Hebræum & Vulgatam, MS. Colb. unum, & editio Chronici Eusebiani a Pontaco data. In Chronico Labbei erant 212.

(e) MS. Colb. & Chron. Pontaci, cum Hebræo & Vulg. 65.

(f) Ita MS. Colbert. Chronic. Pontaci, cum Vulg. & Hebræo textu. Labbeus 188.

(g) Secundum Hebræorum veritatem M.DCLVI. Chron. *Eusebii*.

(h) MS. Colbertinus unus, *centum duorum annorum*. MS. Colb. alter, *annorum centum*.

(i) Uterque MS. Colb. atque convenit cum Vulg. & Hebræo. Chronicon vero Eusebii Pontac. cum sequentibus præter unum: scilicet, *Sarach cum esset annorum* 30. pro 130. *Nachor cum esset annorum* [illegible] pro 79. MS. autem Colb. alius in omnibus consentit cum iis quæ habentur in textu.

Ragau quoque cum esset annorum cxxxii. genuit Seruch.

Seruch vero, cum esset annorum cxxx. genuit Nachor.

Porro Nachor, cum esset annorum lxxix. genuit Thare.

Thare autem annorum lxx. genuit Abraham, qui cum esset annorum lxxv. divino monetur eloquio, ut exeat de terra sua, & de domo patris sui, ut transeat in terram Chanaan. Quo tempore promissio ad Abraham facta est, quod futurus esset gentium pater.

Et inveniuntur ab anno lxxv. Abraham, in quo est repromissionis exordium, usque ad Moysen & egressum Hebrææ gentis ex Ægypto anni ccccxxx.

Fiunt itaque a Diluvio usque ad primum annum promissionis, (a) mclxvi. ab Adam vero anni mmm. cccxcviii.

Abram octogenarius ex ancilla Agar genuerat Ismael, a quo Ismaelitæ, qui postea Agareni, ad postremum Saraceni dicti.

In hoc tempore Abraham fide justificatus, qua credidit in semine suo omnes gentes benedicendas, mandatum circumcisionis accepit: quæ usque ad Nativitatem D. N. Jesu Christi, promissionis corporeum fuit signum, quod in spiritale sacramentum veræ cordis circumcisionis transivit.

Abraham anno ætatis suæ centesimo, repromissionis autem vicesimo quinto, genuit Isaac ex libera.

Isaac autem, cum esset annorum lx. genuit geminos, quorum prior Esau, qui & Edom, a quo Idumæi.

Hoc tempore apud Argos regnabat Inachus, cujus filia Io, quam Ægyptii Isidem vocitatam divino honore coluerunt.

Sequens Jacob, qui postea Israel, a quo Israelitæ, qui nunc Judæi.

Erat autem annus repromissionis (b) xxxvi.

A primo vero anno Jacob, usque ad principatum Joseph in Ægypto, fiunt anni cxxi.

Cujus temporis anno xv. qui est promissionis c. moritur Abraham ann. clxxv.

In hæc tempora Niobe, ut Græci perhibent, mixtus est Jupiter, exque illo concubitu natus est Apis, quem Serapin vocant.

Igitur Abraham, Isaac, & Jacob antiquiores Serapide.

Hoc tempore Messina, quæ & Mamertina, condita est.

Jacob autem agens annum lxxvii. descendit in Mesopotamiam, & servivit apud Laban annis vii.

Jacob cum esset annorum xcii. procreat Joseph, qui cum esset annorum xvii. venditus est a fratribus, anno patris sui Jacob cix.

Isaac vero moritur anno ætatis suæ clxx. relinquens filium Jacob habentem annos cxx.

Hoc tempore Memphis ab Api in Ægypto condita.

Joseph dux Ægypti annis lxx. quorum cum ageretur annus vigesimus sextus, Jacob obiit, anno ætatis suæ cxlvii. prophetans de Christo & vocatione gentium.

Anno principatus Joseph ix. qui erat famis annus secundus, ingressus est Jacob in Ægyptum cum filiis suis.

Ipse autem Joseph moritur anno ætatis suæ cx. Hebræorum in Ægypto servitutis (c) clxxv.

Hujus servitutis anno xx. Atlas Astrologus insignis habebatur frater Promethei.

Hujus servitutis anno lxv. qui est repromissionis annus ccl. Aram genuit Mosen, cum esset annorum lxx.

Hoc tempore Epidaurus condita, & templum Apollinis Delphici ab Erichthonio conditum.

Anno servitutis Hebræorum lxxvii. primus in Thessalia regnavit Hæmon.

Anno vero xc. Phorbas Rhodum obtinuit.

Anno vero xcii. Hercules Antæum luctæ certamine superat.

Anno xcvii. primus Trochilus quadrigam junxisse perhibetur.

Anno xc. Xanthus Triopæ Lesbon condidit.

Anno c. Cecrops regnavit in Attica: sub quo (d) in Arce oliva nata est, & ex Minervæ nomine, quæ Græce Athena dicitur, Attici Athenæ vocati.

Anno cxiii. Curetes & Corybantes Cnossum condiderunt, qui modulatam & inter se convenientem in armis saltationem repererunt.

Moyses octogesimum agens ætatis suæ annum, implentur ab initio promissionis ccccxxx. dux itineris ab Ægypto Hebræorum gentis efficitur, legem eis in eremo tradens per annos xl.

Hoc tempore Corinthus conditur, quæ prius Ephyre dicta est.

Cujus temporis anno quinto, primus apud He-

(a) Ex enumeratis supra patriarcharum annis, quo singulis nati sunt liberi, colligit summa annorum 1145. a Diluvio ad fidelem Abrahæ promissionem; ad summam 1147. ex notis ad Chron. Eusebii, ab Adam vero conflatur numerus 3414.

(b) MSS. Colb. duo cum editione Pontaci ponunt numerum 90.

(c) Supplendum videtur, *anni fuerunt*. Pro 144. Eusebius, tam in edit. Pont. quam in MSS. quinque Colbertinis, notat tantum 144. sic. *CX. anno Joseph moritur. Post cujus interitum Hebræi Ægyptiis servierunt annis CXLIV. Fuerunt autem omnes anni quibus Hebræi in Ægypto fuerunt CCXV. qui ab eo tempore computantur, quo Jacob cum filiis suis descendit in Ægyptum. Ergo anno 71. post ingressum illorum* mortuus est Joseph. De quo Pontacus in notis. *Sunt qui respuant tot annos, dum incredibile judicant tam* [illegible] *spatio populum illum servisse, & tam* [illegible] *sa servitute pressum ita potuisse propagari, ut sexcenta armatorum millia, absque mulieribus & parvis, ex Ægypto eduxerit. Nihilominus quantum Augustinus lib. 2. qq. in Exod. q. 47. ubi multa hac de re* [illegible] *, tandem concludit: Proinde illa* [illegible] *computatio, quam secutus est Eusebius in historia sua Chronica,* [illegible] *; non est quod* [illegible] *, ab Eusebii operatur* [illegible]

(d) Illustrissimus Pontacus in notis: *Conjiciebam* [illegible] *legendum, seu primum in Arce, seu primum in Actis, pro in Arce: cum constet ex Platone, Herodoto, Hyginio, & aliis primam arborem olivam in Attica, seu in regione Attica; &* [illegible] *de Athenis;* [illegible] *relinqui integrum. Utraque enim lectio tolerari potest. Arx enim illa erat in Attica.*

Hebræus Pontifex constitutus frater Moysis Aaron.

Hoc tempore Apollinis Delphici templum ab Erisichthone fabricatum.

Huc usque quinque libri Moysis continent gesta annorum (b) MMCCCCXL. cc. secundum LXX. Interpretes.

Mortuo Moyse dux constituitur Josue, qui principatum tenuit annis XXVII. & terram Palestinorum Judæis forte distribuit.

Hoc tempore apud Hebræos Pontificatum suscepit Eleazar.

Post mortem Josue Hebræos alienigenæ octo annis subjectos habent, qui junguntur temporibus Gothoniel, secundum Judæorum traditionem.

Hac ætate apud Hebræos Pontifex erat Phinees.

Supputantur itaque omnes anni Gothoniel XL. Fuit autem ipse ex tribu Juda.

Post Gothoniel Hebræi alienigenis subjecti fuere annis XVIII. qui copulantur temporibus Aod, secundum Judæorum traditionem.

Supputantur itaque omnes anni Aod Judicis ex tribu Ephrem octoginta.

In fine hujus ætatis Amphion Thebis regnabat.

Debbora cum Barach annis XL. ex quibus sunt (b) anni XX. quibus post obitum Aod Hebræos alienigenæ habuere subjectos. Fuit autem Debbora ex tribu Ephrem, Barach vero ex tribu Nephtalim.

Hujus ætatis anno XVI. Ilium ab Ilo conditum.

Gedeon ex tribu Manasse annis XL. in quibus sunt anni VII. quibus Hebræos alienigenæ habuere subjectos, juxta Hebræorum traditionem.

Hoc tempore Tyrus condita. Argonautæ his temporibus fuere. Cyzicus hoc tempore condita. Orpheus Thrax clarus habebatur.

Abimelech filius Gedeonis annis tribus.

Hæc & Herculis tempora.

Tholam annis (c) XXVI. vel XXII. *in alio codice.*

Huic ætati adscribitur bellum Lapitharum & Centaurorum. Priamus post Laomedontem regnat. Medea Colchis, mors Androgei, & Minotauri fabula hoc tempus habuerunt.

Jair ex tribu Manasse annis XXII.

Hac ætate regnabant Agamemno Mycenis, Menelaus Lacedæmone.

Horum annorum fine Carthaginem Tyrii condiderunt.

Hac ætas habuit Atreum Argis regnantem, eadem Phædram & Hyppolitum.

(d) Jephte annis VI. (e) Esbon (f) annis VII.

Hoc tempus fuit raptus Helenæ. Bellum Trojanum.

(g) Labdon XVIII. alias VIII. Cujus principatus anno tertio Troja capta. Ejusdemque Labdon anno octavo, Latinis regnat Æneas annis tribus.

(h) Samson annis XX.

Cujus anno tertio Ascanius, Æneæ filius Albam condidit.

Ascanius regnat Latinis annis XXXVII. seu XXXVIII.

Post quem Sylvius Æneæ posthumus filius annis XXVIII. *alias* XXIX. A quo Albanorum reges Sylvii appellati.

Heli Sacerdos annis XL. (i)

Mortuo Heli Sacerdote, arca Testamenti ab alienigenis possidetur.

Samuel & Saul annis XL.

Primus rex Hebræorum Saul ex tribu Benjamin, cujus regni anno secundo, Latinis regnat Æneas Sylvius annis XXXI.

Post quem regnat Latinus Sylvius annis quinquaginta.

Ab initio principatus Moysis, usque ad ortum regni David anni CCCCXXXIX.

David ex tribu Juda primus regnavit annis XL. Quo tempore Abiathar Pontifex clarus habebatur: prophetabant autem Gad, Nathan, & Asaph.

Salomon filius David, annis XL. qui templum Jerosolymis ædificare cœpit, consummavitque annis octo. Quo tempore Sados Hebræorum Sacerdos clarus habebatur.

Anno regni Salomonis XL. Latinis regnare incipit Sextus Albanus Sylvius, annis XXXVIII.

Roboam annis XVII.

Post mortem Salomonis regnum Hebræorum seditione divisum est; vocabanturque qui in Samaria erant, Israel, quibus primus regnavit Jeroboam.

Roboam filius Salomonis regnavit in Jerusalem, duabus tribubus sibi subjectis, quæ vocabantur Juda, ab rege Judæorum ex stirpe Judæ.

Hoc tempore apud Latinos Ægyptus Sylvius septimus regnat annis XXIII.

Septimo autem regni Jeroboæ, Susachim rex Ægypti contra Judæos dimicans templum expoliat.

(b) Chronicon Eusebii edit. Pont. cum quinque aliisdem MSS. Colbertinis 1710.

(c) In MSS. quinque Colb. Eusebiani Chron. & edit. Pont. anni 20.

(d) Apud Eusebium, *annis* XX. *vel* 23. secundum Hebræos. Hæc autem postrema vel 23. &c. non habentur in MSS. Colb. quinque, sed in uno alio & edit. Pont.

(e) In Chron. Eusebii, *Post Jair Hebræos in ditionem suam redigunt Ammanitæ annis XVIII.* edit. Pont. *VIII. qui cum temporibus posteriorum copulantur secundum Hebræorum traditionem.*

(f) In eod. Chron. Eusebii additur, *Jephte in libro judicum ab ætate Mosi usque ad semetipsum ait supputari annos* 300.

(g) In aliis codicibus *Esebon*: in aliis, *Abesan*.

(h) Chron. Euseb. tam in MSS. Colb. quatuor, quam in edit. Pont. *Post Esbon in libro Judæorum (f. Judicum, alii Hebræorum,) fertur præter Aelon vel Abialon rexisse populum anni X. qui non habentur apud LXX. Interpretes*: quem tamen ibi haberi commendat Pontacus, in notis p. 308.

(a) Apud Eusebii Chron. *Post Labdon Hebræos in ditionem redigunt alienigenæ annis 40. qui copulantur temporibus judicum posteriorum, secundum Judæorum traditionem.*

(b) Observant codices MSS. & edit. Chron. Eusebii, quod, *in libro Hebræorum* 40. *anni reperiuntur, in LXX. autem interpretatione* 20.

Abia annis tribus. Hebræorum Pontifex Abimelech illustris habebatur: prophetabant autem Achias, Semeas, Jemodad, Azarias, qui & Addo, & Anani.

Asa justus annis xli.

Josaphat justus annis xxv. Prophetabant apud Hebræos Abdias, (a) Jenezias, & Michæas.

Hujus regni anno xii. apud Latinos Capys Sylvius regnat annis septem. Deinde ix. (b) Carpentus Sylvius annis quinque.

Joram annis octo: quo tempore prophetabant Helias & Heliseus.

(c) Ozias anno uno. Jonadab filius Rechab clarus habebatur.

(d) Gotholia mater annis septem.

Hoc tempore in Græcia Homerus poeta clarus fuit.

Joas annis xl. His temporibus apud Hebræos Joiada insignis Pontifex erat, qui solus post Moysen vixit annis cxxx. Hoc tempore Azarias propheta occiditur: Zacharias quoque propheta a rege Joas interficitur.

Latinos xci. Aremulus Sylvius annis xix. Post quem Aventinus Sylvius regnavit annis xxxvii. a quo mons Aventinus. Post quem xxv. Procas Sylvius, annis xxvi. Post quem xx. Amulius Sylvius annis xliii.

Amasias annis xxix.

Azarias, qui & Ozias, annis lii.

Hujus regni sextus agebatur annus, cum reges Assyriorum defecerunt, imperio in Medos translato.

Apud Hebræos autem prophetabant Osee, Amos, Isaias, Jonas, cum esset annus Oziæ vicesimus primus.

Quadragesimo vero & nono ejusdem anno constituitur Olympias prima: Elis agonibus quinquennale certamen, quatuor mediis annis vacantibus. Et hoc certaminis tempus Olympiadem vocaverunt auctore Iphito.

Joathan annis xvi. Prophetabant Osee, Amos, Isaias, & Johel, qui & Jobeth.

Achaz annis xvi.

Hujus regni anno quinto Romulus, Roma condita, regnare orsus est.

Ejusdem autem regni Achaz anno xi. decem tribus gentis Hebrææ, quæ vocabantur Israel, & erant in parte Samariæ, victæ a Sennacherim, qui & (e) Salmanazar, rege Chaldæorum, translatæque sunt in montes Medorum, cum regnatum esset in Samaria annis ccl. Sennacherim autem ad custodiendam regionem Judææ accolas misit Assyrios, qui æmulatores Judæorum legis facti, Samaritæ nuncupati sunt, quod latina lingua exprimitur, Custodes.

Ezechias annis xxix. sub quo apud Hebræos prophetabant Isaias & Osee.

Romulus primos milites sumpsit ex populo, & nobiles centum legit, quos ob ætatem Senatores, ob curam Patres appellavit.

Eodem tempore Siracusæ & Catana in Sicilia conditæ.

Manasses annis lv.

Cujus regni initio apud Romanos regnabat Numa Pompilius, annis xli. cum post Romulum regnasset senatus annum unum.

Amnon (f) annis xii.

Hujus regni initio Tullus Hostilius Romæ septimum-decimum imperii sui gerebat annum, regnavitque annis xxxi.

Josias (g) annis xxxii. quo regnante Hebræorum Pontifex maximus Chelcias insignis habebatur: & prophetabant eadem tempestate, Jeremias, & Sophonias, & Olda mulier.

Apud Romanos autem regnabat Ancus, qui Ostiam condidit civitatem, regnavitque annis xxiii. Post quem regnat Tarquinius Priscus annis xxxvii.

Josias rex Judæorum, cum Nechaone Ægyptiorum rege congressus occiditur.

Thales Milesius primus physicus Philosophus agnoscitur.

Anno xxi. regni Tarquinii Prisci, Massilia condita.

Joachaz mensibus tribus.

Joachim, qui Eliachim, annis undecim. Anno iii. Joachim Nabuchodonosor rex Babyloniæ Judæam capit, & in ditionem suam redactis plurimis Judæorum, cum jam partem vasorum templi invasisset, & Joachim tributarium fecisset, victor ad patriam rediit.

Joathan seu Joachim, qui & Jechonias, menses tres.

In

(a) Apud Euseb. Chron. Jehu, Ozias.

(b) In Euseb. Chron. Carpentus Sylvius.

(c) Eusebii Chronicon cum vulg. & Hebr. Ochoziam. Sic quoque LXX. tam Romæ quam Antverpiæ editi, & Eusebius lib. 10. de Præparat. cap. 3. & Theophil. Antiochen. lib. 3. Pontacus pag. 438.

(d) In Vulg. Athalia vocatur 4. Reg. 11. Sequitur S. Prosper Eusebii lectionem, quem (ait Pontacus) novum non est in plurimis e nostris Bibliis tam Hebraicis quam vulgatis, immo etiam aliquando e Græcis dissidere: quod & diserte docet lib. 10. de Præpar. cap. 3. ubi enumerans omnes reges post Ochoziam, recenset Gotholiam. Gotholia an. 7. Theophil. lib. 3. post Ochoziam, nominat Gotholiam, nulla facta mentione Athaliæ. In Chron. Eus. Odra.

(e) Pontacus p. 446. in notis monet hæc verba qui & Salmanasar abesse a Codicibus non paucis, Lecto in textu. Codices Colbertini variant: in uno solus Sennacherib, in altero Salmanasar solus nominatur, in aliis ambo utrique. Cum autem utrumque retineo, Sennacherib & Salmanasar, videntur confundi duæ personæ, cum hic illius pater fuisse legatur Tobiæ 1. & 4. Regum 17. decem tribus leguntur translatæ a Salmanasar, tribus Juda invasione; Sennacherib vero ascendisse super omnes civitates Judæ munitas, & eas cepisse, & obsidione Jerosolymam cinxisse Isaiæ 36. & 4. Reg. 18. Intercessit ingens haud dubio intervallum. Respondet ab Eusebio nullam fieri mentionem obsidionis Jerosolymitanæ, sed tantum dici Salmanasar, dictum etiam Sennacherib, abegisse Israel in exilium. Unde satius fore contendo dicere cum S. Thoma in Isaia 10. Salmanasar habuisse tria nomina, & eumdem dictum fuisse Sennacherib. Nam etiam tunc jam prius observarat Hieronymus in c. 36. nonnullos existimasse Salmanasar multis nominibus appellatum: quod non usque alienum a lingua sancta, ubi frequenter eadem nomina patri & filio sunt communia.

(f) Eusebii Chron. Amon secundum LXX. secundum interpretationem 12. annis secundum Hebræos annis 2.

(g) Huic 32. annorum numero favent MSS. quatuor Colb. Vulg. 31. numerat editio Pontaci cum MS. Colb. uno 31.

In Babylone Azarias, Daniel, Misael clari habebantur.

Hunc (a) rex Babylonius captum secum pertrahit secundo veniens ad Judæam.

Sedecias annis xi.

Nabuchodonosor rex Chaldæorum, Jerosolymis captis, templum incendit, quod ab initio ædificationis suæ permanserat annos (b) cccxlii. *alias* ccclii.

Captivitatis Judæorum anni lxx. qui supputantur usque in secundum annum Darii.

Apud Romanos post Tarquinium Priscum, regnat Servius annis xxxiv. Cui successit Tarquinius Superbus, qui regnavit annis xxxv. Hujus regni anno xxv. prophetabant apud Hebræos Aggæus, & Zacharias, & Malachias, Pontifice Jesu filio Josedech.

Hoc tempore Pytagoras Philosophus clarus habebatur.

A David, usque ad lxx. annum captivitatis Judæorum, supputantur anni DIV.

A septuagesimo anno captivitatis Judæorum, supputantur Darii regis Persarum anni xxxvi.

Cujus regni anno decimo apud Romanos regii dominatus finis est factus: qui praeviis apud eos mansit annis ccxl. Hinc apud Romanos a Bruto Consules esse coeperunt, dein Tribuni plebis ac Dictatores, & rursum Consules rempublicam obtinuerunt, per annos cccclxiv. seu cccclxv. usque ad Julium Cæsarem.

Xerxes regnat annis xx. filius Darii, quo tempore Sophocles & Euripides clari habebantur. Herodotum quoque Historiarum scriptorem eadem ætas habuit.

Post Xerxem Artabanus regnavit mensibus septem.

Artaxerxes annis xl.

Hoc regnante Esdras Sacerdos apud Hebræos insignis habebatur, cujus ætate Pontifex maximus fuit Eliachim, alias Eliasib, filius Joachim, filii Jesu, filii Josedech.

Empedocles & Parmenides, Zeno, & Heraclitus Philosophi claruerunt. Tunc etiam Pericles Historicus, Cratinus Comicus, Aristarchus Tragicus extiterunt.

Vicesimo regni Artaxerxis, Neemias Hebræus minister regis, concedente domino suo, de Babylone venit in Judæam, & xxvii. anno muros tabernamque restituit. Si quis autem lxx. hebdomadas a Daniele scriptas ab hoc tempore numerat, quæ faciunt annos ccccxc. reperiet eas in regno Neronis expletas, sub quo obsideri Jerusalem coeptam, secundo postea Vespasiani anno capitur.

His temporibus Hippocrates Medicus, & Socrates Philosophus illustres fuerunt.

Xerxes mensibus duobus. Plato nascitur.

Sogdianus mensibus vii. in his supputatur annus unus.

Darius cognomento Nothus annis xix. alias xviii.

Dionysius in Sicilia tyrannidem exercet.

Romani per legatos jura ab Atheniensibus petierunt, ex quibus xii. Tabulæ conscriptæ.

Artaxerxes Mnemon, Darii & Parysatidis filius, annis xl.

Hujus regni anno xv. Galli Senones Romam, excepto Capitolio, occupaverunt.

Aristoteles xvii. ætatis suæ anno Platonis auditor est.

Artaxerxes, qui & Ochus, annis xxvi.

Cujus regni initio Camillus Gallos, qui Romanis bellum intulerant, superavit.

Eodem tempore Alexander Philippi filius nascitur.

Demosthenem quoque Oratorem eadem ætas clarum habent.

Arses Ochi filius annis quatuor.

Hoc tempore descriptione facta Romæ, inventa sunt civium clx. millia.

Apud Judæos Jaddus Pontifex maximus clarus habebatur.

Darius Arsami filius annis sex.

Quo tempore apud Romanos Consul Manlius Torquatus filium suum, quod contra imperium in hostes pugnaverat, virgis cæsum securi percussit.

Hoc interpellante Alexander Philippi filius regnare cœpit, sexto imperii sui anno regnum Persarum subvertit, & in Ægypto urbem Alexandriam condidit.

Appius Claudius cæcus apud Romanos clarus habetur, qui Claudiam aquam duxit, & viam Appiam stravit.

Romani Samnites subjugant.

ALEXANDER, post finem regni Persarum, regnavit annis septem, qui xxxii. ætatis suæ anno apud Babylonem moritur.

Regnum Alexandrinorum nascitur, quo potitus est Ptolemæus Lagi filius annis xl. Hic regni sui anno quarto, Jerosolymis & Judæa in ditionem suam redactis, plurimos captivorum in Ægyptum transtulit. Tunc Judæorum Pontifex Onias Jaddi filius clarus habebatur.

Machabæorum autem Hebræa Historia hinc Græcorum supputat regnum. Verum (c) hi libri ab

(a) Scilicet Jechoniam, ex MS. Cod. Chron. Eusebiani, & edit. Pontaci: ubi hæc, *In Babylone Daniel &c.* post narratam captivitatem Judæorum collocantur.

(b) In Chron. Euseb. MS. Cod. quatuor & edit. Pontaci 442. in unico MS. 342.

(c) Ad similia Eusebii verba Pontacus in notis pag. 446. *Cum in Ecclesia ante Concilium Carthaginense 3. omnes libri tam veteris, quam novi Testamenti Canonici, non uno & eodem tempore & eadem fide recepti sint apud omnes Ecclesias . . . Illius tempore Eusebii non constabat apud omnes, maxime apud Græcos, de libris duobus Machabæorum. Nec sunt propterea rejiciendi ex Catalogo, non magis quam liber Esther, quem perinde Eusebius non recepit inter divinas scripturas; quem sequuntur Athanasius in Synopsi, Gregorius Nazianz. de genuin. script. Amphilochius, necnon apud Eusebium lib. 4. Hist. cap. 26. & alii Græci, nec etiam magis, quam Apocalypsis aut Epistola Pauli ad Hebræos, quarum posteriorem sicut Latinorum consuetudo non recipiebat inter canonicas scripturas, sic nec Græcorum Ecclesia Apocalypsim, ut ait Hieron. ep. ad Dardanum. Sed postquam Ecclesia in Concilio illo 3. Carthaginensi (cui Augustinus interfuit) cap. 47. consensione unanimi suo canonem librorum sacrorum seu canonicorum, deinceps duo libri Machabæorum, sicut etiam cæteri, pro divinis & canonicis sunt apud omnes habiti. Unde Augustinus lib. 18. de civitate cap. 36. Libros Machabæorum non Judæi sed Ecclesia pro canonicis habet &c.* Quibus adde pleniorem auctoritatem Concilii Tridentini sessione 4. in decreto de Canonicis scripturis.

bri ab Hebræis inter divinas scripturas non recipiuntur.

Romani Marsos, & Hernicos, & Pelignos superant.

His annis Seleucus Antiochiam, Laodiciam, Apameam, Edessam, Beroeam, Pellam urbes condidit, in quibus Judæis, quos transtulerat, jus civium dedit. Seleucus Babylonem obtinuit.

XXV. anno regni Ptolemæi, Judæorum Pontifex maximus Simon Oniæ filius insignis erat.

Romæ vero censu agitato, inventa sunt civium millia CCLXX.

Pontificatum apud Judæos suscepit Eleazar frater Simonis, cujus filius Onias, ob ætatem pueritiæ, non potuerat patri succedere.

Eo tempore a Romanis Beneventum & Ariminum conditur.

Ptolemæus, qui & Philadelphus, annis XXXVIII. Hic Judæos, qui in Ægypto erant, liberos esse permisit, & vasa Eleazaro Pontifici Jerosolymorum votiva transmittens, divinas scripturas in Græcum sermonem ex Hebræa lingua per LXX. Interpretes transferri curavit, quas in Alexandrina Bibliotheca habuit, quam sibi ex omni gente litterarum comparaverat.

Argentea moneta primum in Urbe figuratur, regni hujus anno XXII. Hujus regni autem XXIV. Romani Carthaginenses navali certamine superant, & centum Lybiæ urbes capiunt.

Judæorum Pontificatum post Eleazarum avunculus ejus Manasses accepit: post quem Onias Pontifex Simonis justi filius clarus habebatur, qui consueta Ptolemæo tributa non reddens, ad iram eum commovit. Verum Josephus vir inter suos nobilis, legatus a Judæis ad Ptolemæum missus, cum familiaritatem Regis ob plurima in eum contulisset obsequia, dux Judææ & finitimarum regionum constituitur.

Parthis ab Imperio Macedonum recedentibus, primo regnavit Arsaces, unde Arsacidæ dicti.

Ptolemæus Evergetes annis XXVI.

Hujus temporis Judæorum Pontifex Simon Oniæ filius clarus habebatur: sub quo Jesus filius Sirach Sapientiæ librum composuit, quem Panareton vocant.

Ennius Poeta Tarenti nascitur.

Rhodo terræ motu concussa, Colossus ruit.

A Romanis XL. fere millia Gallorum cæsa.

Ptolemæus Philopator annis XVII. Judæi victi & XL. millia armatorum ex numero eorum cæsa.

Romani vero Capuam & Siciliam subjugant.

Antiochus rex Syriæ, victo Philopatore, per Ptolemæum, Judæam sibi sumit.

Ptolemæus Epiphanes annis XXIV. Hic Scopa principe militiæ destinato, Judæam capit, & plurimas Syriæ civitates. Secundus liber Machabæorum hujus temporis gesta continet.

Hac tempestate, cum ab Antiocho per legatos Hannibalem Romani reposcerent, cui se victus a Scipione sociaverat, idem Hannibal ad Prusiam regem Bithyniæ transfugit: & cum etiam ab eo per Flaminium reposceretur, tradendusque esset, venenum bibit, & apud Libyssam Bithyniæ sepultus est.

Cæcilius Poeta Comicus.

Ptolemæus Philometor annis XXV. seu XXXV. Hujus anno quarto Hyrcanus Josephi ducis Judææ filius, cum ad Ptolemæum pervenisset, honorifice ab eo susceptus est. Verum fratres ejus seditione contra eum mota, magnarum calamitatum Judææ gravi caussa extiterunt.

Aristobulus, natione Judæus, Peripateticus Philosophus claruit: qui ad Philometorem Ptolemæum explanationum in Moysen commentarios scripsit.

Eodem tempore Antiochus Epiphanes, cum de regione Ptolemæorum, quam subito invaserat, territus senatus Romani imperio recessisset, Judæam venit, ibique Jesu & Jasoni fratri Oniæ Pontificatum tradidit. Quo deinde expulso, Oniam cognomento Menelaum successorem ei dedit. Itaque ob sacerdotii dignitatem orta seditione inter Principes, ingentium miseriarum semina pullulaverunt.

Samaritæ & Judæi Alexandriæ, Ptolemæo judicante, contendunt de honoribus ex utraque parte templo suo defendendis, & superant Judæi.

Vicesimo autem ejusdem regni anno, Judæ Machabæo, post Alcimi Iaimici ejus interitum, sacerdotium & principatus, omnium Judæorum favore decernitur. Qui dignitate suscepta, legatos Romam misit, & obtinuit decreto Senatus, ut Judæi amici & auxiliatores Romanorum haberentur. Idem Judas duces Antiochi, qui legem Judæorum multa profanitate impugnaverat, de Judæa expulit, & templum ab idolorum imaginibus emundans, patrias religiones post triennium civibus suis reddidit.

Ennius poeta moritur, sepeliturque in monumento Scipionum, via Appia.

Judas Machabæus triennio Pontificatu gesto dimicans adversus Demetrii duces occiditur.

Terentius Carthaginensis Comœdiarum scriptor moritur.

Pacuvius Tragicus clarus habetur, Ennii poetæ ex filia nepos, vixitque Romæ quoad picturam exercuit, ac fabulas venditavit: deinde Tarentum transgressus, prope nonagenarius diem obiit.

Romæ descriptione facta, inventa sunt civium (a) CCCXXII. millia: quo tempore Carthago in ditionem Romanam per Scipionem redigitur.

Ptolemæus Evergetes annis XXIX.

Jonathas Pontifex Judæorum a Triphone occiditur, & in sacerdotium Simon Jonathæ frater adsumitur: cui interfecto succedit filius ejus Joannes, qui contra Hyrcanos bellum gerens, Hyrcani nomen accepit, & a Romanis decreto Senatus inter amicos relatus est. Idem Samariam obsidione captam solo æquavit, quam postea Herodes instaurans, Sebasten in honorem Augusti vocari voluit.

Attalus moriens (b) populum Romanum reliquit hæredem.

Ptolo-

(a) In hoc calculo variant MSS. Eusebii. In uno habet CCCXXIII. In alio & in edit. Pontaci CCCXXIII. in aliis duobus CCCXXX. In alio CCCXXXX. In edit. Pont.

(b) Codices Eusebii addunt hic, *regni sui*.

Ptolomæus Physcon, qui & Soter, annis xxvii, *alias* xvii.

Hujus regni anno octavo Cicero Arpini nascitur, matre Helvia, patre Equestris ordinis, ex regio Volscorum genere.

Triennio post, Cn. Pompejus Magnus oritur.

Septimo decimo autem hujus regni anno, C. Marius v. Consul juxta Rhodanum Cimbros superat, quorum ducentis millibus cæsis, lxxx. capit, & de his cum Catulo triumphat.

Jugurtha contra Romanos dimicans capitur. In Sicilia rursus bellum servile consurgit. Thraces a Romanis victi.

Aristobulus filius Jonathæ (Joannis) rex pariter & Pontifex, primus apud Judæos diadema sumpsit insigne. Post quem regnavit Jannæus, cognomento Alexander, qui Pontificatum quoque administrans crudelissime civibus præfuit.

Ptolomæus, qui & Alexander, annis viii.

Syriæ regnabat Philippus, quem dux Romanus Gabinius cepit, cum jam ante eum Antiochus in Parthos fugiens Pompejo se dolo cepi tradidisset. Ita Syria in Romanam ditionem transivit.

J. Pomponius Bononiensis Atellanarum scriptor clarus habebatur.

T. Lucretius poeta hoc tempore oritur, qui amatorio poculo in furorem versus, propria manu se interficit.

Plotius Gallus primus Romæ Latinam rhetoricam docuit.

Ptolomæus Cleopatræ filius annis viii.

Sallustius Historiarum scriptor in Sabinis Amiterni nascitur.

Descriptione Romæ facta, inventa sunt hominum (a) cccclxiii. millia.

P. Terentius Varro, vico Atace in Provincia Narbonensi nascitur, qui xxxv. annum agens Græcas litteras didicit.

Ptolomæus Dionysius annis xxx.

Ab hujus regni anno sexto Alexandra, quæ & Salina, uxor Alexandri Jerosolymis per novem regnavit annos: ex cujus ætate Judæos rerum confusio & variæ clades oppressere. Ac mox per Cn. Pompejum Jerosolymis captis, temploque usque ad sanctorum sancta reserato, Judæi vectigales Romanorum facti: Hyrcano apud eos Pontifice constituto, & Antipatro Herodis Ascalonitæ filio procuratore Palestinæ facto.

M. Porcius Cato Stoicus Philosophus agnoscitur.

Quæ de Catilina Sallustius scribit hoc gesta sunt tempore.

Decimo autem Ptolomæi regnantis anno, Virgilius Maro in pago, qui Andes dicitur, juxta Mantuam nascitur, Pompejo & Crasso Consulibus.

Et post septem annos Horatius Flaccus poeta satyricus & lyricus Libertino patre Venusii nascitur.

Crassus Consul cum filio apud Carras capitur.

Pompejus Imperator appellatus, Lusitaniam, & quasdam insulas in Oceano capit.

Cleopatra annis xxii. ex quibus duo tantum supputandi: quia Romanis continuo nascuntur Imperia: quorum deinceps tempora numeranda sunt a C. Julio Cæsare, qui primus apud Romanos singulare obtinuit Imperium, a quo Romanorum principes appellati Cæsares.

Cæsar Rhenum transiens, Germanos vastat, Gallos subigit.

Principium belli civilis inter Cæsarem & Pompejum.

Ex hoc loco continua Romanorum adnotantur Imperia, & regnat apud eos primum omnium C. Julius Cæsar.

C. JULIUS CÆSAR primus annos iv. (b) menses sex.

Pompejus victus & fugiens, a spadonibus Alexandrini regis occiditur.

Decretum Senatus & Atheniensium ad Judæos mittitur, qui per legatos amicitiam postularant.

Cleopatra regio comitatu Urbem ingressa.

Antonius decernit Quintilem mensem Julium debere dici, quia in eo natus fuisset Julius.

Cassius Judæa capta, templum spoliat.

Idibus Martiis C. Julius Cæsar in curia occiditur.

CÆSAR AUGUSTUS, qui & Octavianus, annis lvi. (c) a quo reges Romanorum Augusti appellati.

Ovidius Naso in Pelignis nascitur.

Cicero in Formiano suo ab Herennio & Popilio occiditur.

Antonius adversus Augustum bellum movet.

E Taberna meritoria trans Tiberim oleum terra erupit, fluxitque toto die sine intermissione, significans Christi gratiam ex gentibus.

Antiochus superatus ab Augusto, in amicitiam ejus, interveniente Senatu, redit.

Herodes Antipatri Ascalonitæ & matris Cypridis Arabicæ filius a Romanis Judæorum accipit principatum. Cujus tempore Christi nativitate vicina, regnum & sacerdotium Judææ, quod prius per successiones majorum tenebatur, destructum est, completa prophetia, quæ per Moysen ita loquitur: *Non deficiet Princeps ex* Gen. 49. 10.
Juda, (d) *neque Rex de femoribus ejus, donec veniat* (e) *semen, cui repositum est, & ipse erit expectatio gentium.* In hoc etiam loco Christus, quem Daniel scribit, accepit finem. Nam usque ad Herodem christi, id est, sacerdotes erant reges Judæorum, qui imperare cœperunt a lxv. Olympiade, & ab instauratione templi sub Dario, usque ad Hyrcanum, & ad clxxxvi. Olympiadem, annis ccccLxxxiv. in medio transactis, quos Daniel quoque significavit dicens: *Et scies & intelliges, ab initio ser-* Dan. 9. 25.
monis respondendi & ædificandi Jerusalem, usque ad Christi principatum hebdomades septem, & hebdomades lxii. Quæ hebdomades lxix. in quibus christi, id est, sacerdotes per unctionem consecrati, regnaverunt, faciunt annos cccclxxxiii.

usque

(a) MS. Colb. tres adjunxit, unus, ergo [illegible].
(b) In Chronici Eusebiani MS. & edit. Pont. *super sex septem.*
(c) In Eusebii Chronico additur mensibus sex.
(d) Codices Chronici Eusebiani, *neque dux*, ut in Vulgata nostra & Hebræo.
(e) In Eusebio omittitur hæc vox, *semen*.

usque ad Hyrcanum. Quo extremo omnium a Parthis capto, Herodes Antipatri filius nihil ad se pertinentem Judæam ab Augusto & Senatu accepit, filiique ejus post eum regnaverunt, usque ad novissimam Jerosolymorum captivitatem, neququam ex successione sacerdotalis paternis Pontificibus constitutis, neque perpetuitate vitæ, secundum legem Moysis, servientibus Deo. Ignobiles vero quidam, & alio tempore alii, & nonnulli unius anni, sive modico amplius, a Romanis Imperatoribus sacerdotium emebant. Quæ omnia etiam propheta Daniel

Dan. 9. 26. vaticinatur ita dicens: *Et post hebdomadas septem & sexaginta duas, interibit chrisma, & judicium non erit in eo, & templum & sanctum corrumpet populus duce venturo; & caedentur in cataclysmo belli.* Et in consequentibus: *Super templum*, inquit, *abominatio desolationum, & usque ad consummationem temporis consummatio dabitur super desolationem.*

Sallustius diem obiit quadriennio ante bellum Actiacum.

Vinium Maximum Quæstorem designatum agnovit dominus suus, & abduxit.

Lunæ secundum Romanos cursus invenitur.

Cleopatra & Antonius semet interficiunt, & Ægyptus fit Romana provincia.

Cæsar Augustus appellatur, a quo Sextilis mensis Augusti nomen accepit.

Augustus cum monarchia offerretur, recusavit.

Augustus Calabriam (Cantabriam) & Gallos (Gallæcos) vectigales facit.

Tiberius ab Augusto missus occupavit Armeniam.

Cantabri res novas molientes opprimuntur.

Augustus Cajum Agrippam adoptat in filium.

Tiberius Vindelicos (a) & confines Rætiarum Romanas provincias facit.

XVII. anno imperii Augusti censu Romæ agitato, inventa fuere civium Romanorum (b) XLI. centena & septuaginta quatuor millia.

XXIV. Augusti imperii anno Tiberius de captis Pannoniis triumphavit.

Ejusdem imperii anno XXV. Virgilius Brundusii moritur, & Neapoli secundo a civitate milliario sepelitur.

Herodes Samariam, olim jam in clarioribus fedentem, a fundamentis suscitans, in honorem Augusti, Augustam, id est, Sebasten, appellavit, & in Paneade, id quod Panion vocatur extruxit. Idem Cæsaream in nomine Cæsaris condidit, quæ prius Turris Stratonis vocabatur. Idem Hyrcanum, qui olim Sacerdos Judæorum fuerat, de captivitate Parthica regressum, & filium ejus, qui sacerdotio patris successerat, interficit: sororemque ejus uxorem suam, cum duobus filiis propriis jam adolescentulis, & matrem uxoris occisæ socrum suam crudelissime necat. Virum etiam sororis suæ Salomæ interfecit: & cum eam alii tradidisset uxorem, etiam ipsum peremit: Scribas quoque & interpretes divinæ legis simili scelere occidit.

Augustus Juliam filiam suam in adulterio deprehensam damnat exilio: Tiberium & Agrippam in filios adoptavit.

Judas Galilæus ad rebellandum Judæos cohortatus.

XLIV. imperii Augusti anno, Quirinus ex consilio Senatus ad Judæam missus, censum hominum possessionumque describit.

Eodem anno JESUS-CHRISTUS Filius Dei in Bethleem Judæ nascitur.

Colliguntur autem omnes anni ab Abraham exordio, usque ad nativitatem Christi ex Maria, (c) duo millia XVIII. seu XV.

Herodes cum Christi nativitatem Magorum indicio cognovisset, universos in Bethleem parvulos jussit interfici: ipse autem biennio post morbo intercutis aquæ, & scatentibus toto corpore vermibus, misere, sed digne moritur.

In Herodis locum Archelaus ab Augusto constituitur (& Tetrarchæ fiunt fratres ejus Herodes, Antipater, Lysias, & Philippus) annis IX.

Tiberius Cæsar Dalmatas Sarmatasque redigit in Romanam potestatem.

Atheniensis res novas contra Romanos molientes opprimuntur.

Augustus cum Tiberio filio suo LXXI. imperii sui anno censum Romæ agitans, invenit hominum nonagies & ter centena & (d) LXX. millia.

Messala Corvinus Orator ante biennium quam moreretur, ita memoriam perdidit, ut vix pauca verba conjungeret.

Archelaus in Viennam urbem Galliæ relegatur, anno regni sui IX. Post quem Herodes Tetrarches fuit annis XXIV.

Tiberius Drusum consortem regni facit.

TIBERIUS III. annis XXIII. cujus imperii anno V. tredecim urbes terræ motu corruerunt.

Ejusdem imperii anno XIV. Pilatus Procurator Judææ mittitur.

Herodes Tiberiadem & Liviadem condidit.

Tiberius multos reges ad se per blanditias evocatos, nunquam remisit, regnaque eorum in provincias vertit.

Joannes filius Zachariæ in deserto juxta Jordanem fluvium prædicans Judæis, Christum Filium Dei in medio eorum adesse testatur.

Ipse quoque Dominus JESUS-CHRISTUS hinc in populos salutarem adventum, signis atque virtutibus vera comprobans esse quæ diceret.

Drusus Cæsar veneno periit.

(e) Josephus circa hæc tempora die Pentecostes sacerdotes Judæorum primum commotiones locorum Templi, & quosdam sonitus sensisse testatur: deinde ex adyto erupisse vocem dicentium, Transmigremus ex his sedibus.

Scribit idem Josephus, quod eodem anno Pilatus secreto noctis imagines Cæsaris in templo statuerit.

Com-

(a) Libri Chronic. Eusebii, & ras qui Tiranianam confecerant.

(b) In duobus MSS. Colb. numerantur 314000.

(c) MSS. tres Colb. 1014. Meliores nostri duo ex eadem Bibliotheca habent, 2015. & editio Chronici Eusebiani a Pontaco procurata.

(d) MS. Colb. undecim, & dec. millia. Hæc descriptio in aliis codicibus assignatur anno 55. Augusti, in aliis anno 56.

(e) Articulus hic cum sequenti in Chronico Eusebii reperitur in annum 18. Tiberii, post Passionem Christi.

Computantur itaque in annum XV. Tiberii Cæsaris, ab instauratione Templi, quæ facta est sub altero anno Darii regis Persarum, anni DXLVIII. a Salomone autem & prima ædificatione Templi, anni computati sunt MLX. a Moyse & egressu Israelis ex Ægypto, anni (a) MDXVI. (alias XLVIII.) ab anno repromissionis primo, anni MDLXXXI. ab anno quo natus est Abraham, anni (b) MMXLVII. a Diluvio autem, usque ad primum annum Abrahæ, anni nongenti XLII. Eusebius vir disertissimus adnumeravit. Ab Adam vero usque ad Diluvium, anni duo millia CCXLII. Sunt ergo omnes anni ab Adam, usque in annum XV. Tiberii Cæsaris, anni MMMMMCCCLX. aut CCXXVIII. Anni vero secundum Geneseos scripturam & Africani Historici supputationem amplius inveniuntur CXXII.

(c) Quidam putant Dominum nostrum Jesum Christum XV. anno regni Tiberii Cæsaris, id est, duobus Geminis Consulibus crucifixum; quo anno, secundum indubitabilem Lucæ Evangelistæ auctoritatem, baptizatum eum esse manifestum est, & Evangelium regni cælorum prædicare cœpisse. Secundum vero Joannis Evangelium, festivitas Paschæ Judæorum ter Dominum interfuisse cognoscimus: ut appareat tertium fuisse illud Pascha, quod verus Agnus suo sanguine consecravit.

Proinde Consules quidem a Manifestatione Domini, id est, a RUFINO GEMINO & RUBELLIO GEMINO Consulibus inchoamus: sed tertios ab iis Consules Dominicæ Passionis adscribimus, sequentes quod auctoritas tradidit & ratio.

INCIPIT ADNOTATIO CONSULUM, (d) CUM HISTORIA.

RUFINO GEMINO, ET RUBELLIO GEMINO COSS.

VINICIO ET LONGINO.

SULPICIO ET SULLA.

Ecclesiæ Jerosolymorum primus Episcopus ordinatus est Jacobus, qui habitus est frater Domini.

PRISCO ET VITELLIO.

GALLO ET NONIANO.

GALLIENO ET PLAUTIANO.

Pilatus sacrum thesaurum, quem Corban Judæi vocant, in aquæductum Jerosolymorum expendens, secundæ seditionis præbuit fomitem. Ab hoc tempore innumeræ calamitates Judæorum gentem oppresserunt.

PROCULO ET NIGRINO.

JULIANO ET ASPRENATE.

PUBLICOLA ET NERVA.

Pilato de Christianorum dogmate ad Tiberium referente, Tiberius retulit ad Senatum, ut inter cætera sacra reciperetur. Verum cum ex consulto Patrum Christianos eliminari Urbe placuisset, Tiberius per edictum accusatoribus comminatus est mortem.

CÆSARE ET JULIANO.

Tiberius in Campania moritur.

CAJUS CÆSAR CALIGULA XV. regnavit annis tribus, mensibus decem.

CÆSARE II. ET SATURNINO.

SATURNINO II. ET VENUSTO.

TIBERIO ET GALLO.

Hoc tempore Pontius Pilatus in multas incidens calamitates, propria se manu interfecit.

Caligula cum se in Deos retulisset, Petronio Præfecto Syriæ præcepit, ut Jerosolymis statuam suam, sub nomine Jovis Optimi Maximi poneret: sed etiam per totum orbem Romani imperii, in Judæorum Synagogis statuæ, & imagines, & aræ C. Cæsaris consecrabantur.

CRISPINO ET TAURO.

Plurimi nobilium a Cajo interfecti.

Cajus a protectoribus suis in palatio occiditur.

CLAUDIUS V. regnavit annis XIII. mensibus VIII. diebus XXVIII. Ipse est Claudius patruus Drusi, qui apud Moguntiacum monimentum habet.

VINICIO ET CORNELIO.

ASIATICO ET SILANO.

PETRUS Apostolus, cum primum Antiochenam Ecclesiam fundasset, Romam proficiscitur, ubi Evangelium prædicans XXV. annis ejusdem urbis Episcopus perseverat.

TIBERIO II. ET VITELLIO.

Marcus Evangelista interpres Petri Ægypto & Alexandriæ Christum annuntiat.

Initium Cycli primi.

VITELLIO II. ET PUBLICOLA.

Primus Antiochiæ ordinatus Episcopus Evodius.

VERINO ET GALLO.

VETERE ET NERVILIANO.

Censu Romæ acto, inventa sunt civium LXVIII. centena & (e) LXXV. seu XLIV. millia.

Paschalis Cycli ratio ab his Consulibus incipit, per annos XCIV. & ad eamdem legem revertens.

CLAUDIO ET ORPHITO.

Sub Procuratore Judææ Cumano in diebus Azymorum, tanta est Jerosolymis orta seditio, ut in portarum exitu populo corruente, (f) XXXIV. millia Judæorum perierint.

Prophetia Agabi, qui in Actis Apostolorum famem in toto orbe futuram dixerat, sub Claudio expletur.

Thracia hucusque regnata, in provinciam redigitur.

SILANO ET SILIO.

TIBERIO III. ET ANTONINO.

SILANO ET OTHONE.

Paulus

(a) In Eusebii Chronico 1517.

(b) Apud Hofelium, 1716.

(c) Aliam hujus loci lectionem in quibusdam codicibus haberi docet Ph. Labbeus in Auctuario tom. I. Biblioth. novæ MSS. pag. 11. scilicet. *Quidam ferunt anno XVIII. Tiberii Jesum Christum passum. Et argumentum hujus rei ex Evangelio assumunt Joannis, in quo post 15. annum Tiberii Cæsaris triennio Dominum prædicasse intelligitur. Sed quia usitatior traditio habet Dominum nostrum XV. anno Tiberii Cæsaris duobus Geminis Consulibus crucifixum, sine præjudicio alterius opinionis, sacratissimam sequentium consulum a suis consulatibus ordinem: memoratæ adnotationi temporum quæ cujusque imperium habuit.*

(d) Auctuarium to. I. Biblioth. novæ MSS. addit, *a Passione D. N. J. C.*

(e) In Chronico Eusebii sunt post CCL. *centena &* XL. *millia.*

(f) Apud Eusebium memoratur tantum [illegible].

Paulus Apostolus apud Felicem Procuratorem Judææ in defensionem sui perorat.

SILANO II. ET ANTONINO.

MARCELLINO ET AVIOLA.

Sub Felice Procuratore Judææ extiterunt multi, qui populum sua persuasione deciperent. Inter quos & Ægyptius quidam pseudopropheta fuit, qui plurimos sibi adsciscens, in ipso conatu per exercitum Felicis opprimitur, secundum quod in Actibus Apostolorum Paulo dicitur: *Nonne tu es Ægyptius, qui ante hos dies concitasti & eduxisti in desertum quatuor millia virorum?*

NERONE ET VETERE.

NERONE II. ET PISONE.

Claudius moritur in Palatio, anno ætatis suæ LXIV.

NERO VI. regnat annis XIII. mensibus VII. & diebus XXVIII. aut XXX. Hujus avunculus fuit C. Caligula.

NERONE III. ET MESSALA.

NERONE IV. ET CORNELIO.

Festus succedit Felici, apud quem, præsente Agrippa rege, Paulus apostolus religionis suæ rationem redditurus, vinctus Romam mittitur.

Nero tantæ luxuriæ fuit, ut frigidis & calidis lavaret unguentis, retibusque aureis piscaretur, quæ purpureis funibus extrahebantur.

PIO ET TURPILIANO.

MARBINO ET GALLO.

CRASSO ET BASSO.

SILVANO ET PAULINO.

Nero Agrippinam matrem suam, & sororem patris interfecit.

Jacobus frater Domini, quem omnes justum appellabant, a Judæis lapidibus opprimitur: in cujus thronum Simeon secundus assumitur.

Nero omnes cithara contendens superat.

CELSINO ET APULEJO.

Ante mensam Neronis fulmen cecidit.

Post Marcum Evangelistam, primus Alexandrinæ Ecclesiæ ordinatur Episcopus Anianus.

CAPITONE ET RUFO.

SILIO ITALICO, ET TURPILIANO.

SILVANO ET OTHONE.

VESPASIANO ET TITO.

VESPASIANO II. ET TITO II.

VESPASIANO III. ET NERVA.

Nero in Olympiaco agone coronatur, ceryces, citharistas, tragœdos, aurigas, vario certamine superans.

Nero, ut similitudinem Trojæ ardentis videret, plurimam partem Romanæ urbis incendit.

Musonius & Plutarchus Philosophi insignes habentur.

PRIMA PERSECUTIO. (a) Primus Nero, super omnia scelera sua, etiam persecutionem in Christianos facit, in qua Petrus & Paulus apostoli gloriose Romæ occubuerunt.

Post Petrum primus Romanam Ecclesiam tenuit LINUS (b) annis XII. sive XIII.

Vespasianus Magister militiæ ad debellandos Judæos a Nerone mittitur.

VESPASIANO IV. ET TITO III.

Vespasianus duobus præliis superatos Judæos, ad muros compellit.

Antiochiæ secundus Episcopus ordinatur Ignatius.

Nero cum a Senatu quæreretur ad pœnam, de Palatio fugiens, ad quartum Urbis milliarium semet interfecit.

VESPASIANUS VII. regnavit annis IX. mensibus XI. & diebus XXII. seu XXIX.

VESPASIANO V. ET TITO IV.

Post Neronem, Galba in Iberia, Vitellius in Germania, Otho Romæ Imperium arripuerunt. Sed Galba septimo mense Romæ capite truncatur. Otho apud (c) Betriacum propria manu occubuit: Vitellius a Vespasiani ducibus occisus, in Tiberim projicitur.

Vespasianus apud Judæam ab exercitu Imperator appellatur: bellum Tito filio commendans, Romam per Alexandriam proficiscitur.

VESPASIANO VI. ET TITO V.

Titus Judæa capta, & Jerosolymis subversis, sexcenta millia virorum interficit. Josephus scribit, undecies centena millia fame & gladio periisse, & alia centum millia captivorum publice venundata. Ut autem tanta multitudo Jerosolymis reperiretur, causam Azymorum festum fuisse: ob quod ex omni gente Judæi ad templum confluentes, urbe quasi carcere sunt reclusi. Oportuit enim in his diebus eos interfici, in quibus Salvatorem crucifixerant.

Colligitur itaque omne tempus in secundum annum Vespasiani, & novissimam Jerosolymorum eversionem. A quinto decimo anno Tiberii Cæsaris, & ab exordio Evangelicæ prædicationis, anni XLII. A captivitate autem, quam ab Antiocho perpessi sunt, anni (d) CCXXIX. Porro a Darii secundo anno, sub quo rursum templum ædificatum est, anni (e) DLXXX. aut XC. A prima autem ædificatione templi sub Salomone, usque ad novissimam ejus ruinam, quæ sub Vespasiano facta est, anni (f) MCII.

VESPASIANO VII. ET TITO VI.

COM-

(a) *Duo animadversione digna hic notat* Illust. Pontacus, in notis pag. 575. *Primum, quod auctor hanc persecutionem in Christianos nominet primam, cum dicat Neronem primum illam excitasse. Nam intelligit non solum de prima universali, seu Gentium (quæ enim narratur Act. 8. fuit particularis in Judæa & Samaria, & a Judæis) sed etiam de prima omnium. Unde eleganter Tertullianus in Scorpiaco cap. 15. orientem fidem Nero primus Romæ cruentavit. Si quæris non solum auctore Suetonio, sed etiam ipso Luca Act. 15. & 18. Claudius Christianos una cum Judæis Urbe expulerat. Alterum, cum forsan loqui de persecutione hoc anno facta, non tamen ut ejus initium seu tantum probat, & indicet, quam ut ejus occasione exprimat martyrium Petri & Pauli. Nam certum est ex Tacito lib. 15. persecutionem Neronis coeptam anno 10. Imperii ejus, occasione incendii Urbis Romæ, & ut tormentis & suppliciis Christianorum abolere rumorem illius incendii, & extingueret odium, quod propterea omnes in eum conceperant.*

(b) Eusebiani chronici MS. tres annis, XI. Alii duo cum edit. Pont. annis XI.

(c) MS. Colb. duo, *Bedriacum*. Alii tres, *Betriacum*.

(d) In Chronico Eusebii edit. Pont. 230. & MSS. quinque Colb. 30. quorum unus supra pro 42. habet 43.

(e) In Eusebii Chronico edit. Pont. 591. Idem in MS. Colb. uno. Quartum alii habent 590.

(f) MS. Colb. tres 1102.

COMMODO ET RUFO.

Achaia, Lycia, Rhodus, Byzantium, Samos, Cilicia, Commagene, quæ ante liberæ sub regibus & amicis erant, in provincias redactæ.

VESPASIANO VIII. ET TITO VII.

VESPASIANO IX. ET TITO VIII.

SILVANO ET VERO.

DOMITIANO ET MESSALINO.

DOMITIANO II. ET RUFO II.

Vespasianus circa Sabinos in villa propria moritur, anno ætatis (a) lxix.

TITUS viii. regnavit (b) annis tribus, mensibus duobus.

Titus Vespasiani filius in utraque lingua disertissimus fuit, & tantæ bonitatis, ut cum quadam die recordatus fuisset in cœna, se nihil in illa die cuiquam præstitisse, diceret, Amici, hodie diem perdidi.

DOMITIANO III. ET SABINO.

DOMITIANO IV. ET RUFO III.

Titus Amphitheatrum Romæ ædificavit, & in dedicatione ejus quinque millia ferarum occidit.

DOMITIANO V. ET DOLABELLA.

Romanæ Ecclesiæ II. constituitur Episcopus (c) CLETUS annis xii.

Titus morbo periit in ea villa in qua pater, anno ætatis xlii.

DOMITIANUS IX. frater Titi junior regnavit annis xv. mensibus v.

DOMITIANO VI. ET RUFO IV.

Domitiani uxor Augusta appellata.

Domitianus eunuchos fieri prohibet. Mathematicos Philosophos Romana urbe pellit.

FLAVIO ET TRAJANO.

Domitianus plurimos Senatorum in exilium mittit, de Dacis & Germanis triumphavit.

DOMITIANO VII. ET NERVA.

Duo menses aliter appellati: September, Germanicus; & October, Domitianus.

Primus Domitianus Dominum se & Deum appellari jussit.

Secundus Alexandriæ ordinatur Episcopus Abilius.

TRAJANO II. ET GLABRIONE.

Quintilianus rhetor Calaguritanus Romæ clarus habetur.

DOMITIANO VIII. ET SATURNINO.

SILVANO ET PRISCO.

Domitianus prohibuit (d) vites in urbibus seri.

ASPRENATE ET CLEMENTE.

Apollonius Thyaneus, & Eufrates Philosophi insignes habentur.

Multa opera Romæ facta: in quibus Capitolium, Forum transitorium, Divorum porticus, Iseum, Serapium, Stadium, Horrea (e) piperata, Vespasiani templum, (f) Minerva Chalchidonica, Odium, Forum Trajani, Thermæ Trajanæ & Titianæ, Senatus, Ludus matutinus, Mica aurea, Meta sudans, & Pantheon.

Domitianus tantæ superbiæ fuit, ut aureas & argenteas statuas sibi in Capitolio poni juberet.

DOMITIANO IX. ET CLEMENTE.

Multi nobilium mariti, plures in exilium acti.

FULVIO ET VETERE.

NERVA II. ET RUFO.

SABINO ET ANTONINO.

NERVA III. ET TRAJANO III.

Romæ III. Ecclesiæ præfuit Episcopus CLEMENS annis IX.

SENECIONE ET PALMA.

TRAJANO IV. ET FRONTONE.

SECUNDA PERSECUTIO. Secundus post Neronem Domitianus Christianos persequitur: & sub eo Apostolus Joannes in Pathmon insulam relegatus, Apocalypsin vidit, quam Irenæus interpretatur.

Domitianus eos qui de genere David erant interfici præcepit, ut nullus Judæorum regni reliquus foret.

TRAJANO V. ET ORFHITO.

Scribit Brutius, plurimos Christianorum sub Domitiano fecisse martyrium, inter quos & Flaviam Domitillam Flavii Clementis Consulis ex sorore neptem in insulam Pontiam relegatam, quia se Christianam esse testata sit.

SENECIONE II. ET SURA.

Domitianus occisus in palatio, anno ætatis suæ xlv.

NERVA X. regnavit anno uno & menses quatuor.

TRAJANO VI. ET MAXIMO.

Justus a Tiberiade Judæorum scriptor agnoscitur.

Alexandrinæ Ecclesiæ Episcopus ordinatur tertius Cerdo.

Ajunt apostolum Joannem hoc tempore exilio solutum, Ephesum recessisse: cum Senatus decrevisset, ut omnia quæ Domitianus statuerat, in irritum deducerentur.

Nerva morbo periit in hortis Sallustianis, anno ætatis suæ lxxiii. alias lxxii. cum jam Trajanum adoptasset in filium.

TRAJANUS XI. regnavit (g) annis xviii. & mensibus septem. Trajanus Agrippinæ in Galliis Imperator factus, natus Italicæ in Hispania.

SENECIONE III. ET SURA II.

Ter-

(a) In MS. Colb. anno, 69.

(b) Codices chronici Eusebiani assignant Tito annos duos menses duos. Pont. menses octo.

(c) Hunc Pontificem Romanum Anacletum vocant MS. quatuor Colbertini. Clerum vocant omnium antiquissimi. De quo vide notam Pontaci pag. 580. & 589. Lege etiam alios qui contra unicum sub utroque nomine designari probant, Vales. not. ad Euseb. p. 40. col. 1. Coteler. not. ad const. Apost. p. 300. Nat. Alexand. to. 1. p. 519. & alios.

(d) Suetonius rationem reddit hujus edicti per Italiam & provincias, Ex quod nimio vinearum studio negligi arva existimaret: unde conjicit Pontacus in notis. p. 590. pro in Urbibus, legendum forsan, in orbe; nisi intelligas dictum pro, in omnis vicinis urbibus. Vineta enim nimium urbibus & locis habitatis plerumque adjacent. Philostratus in vita Apollonii reddit aliam rationem, quod vitæ, pugnæ, cædes ex ebrietate orirentur.

(e) In Chron. Eusebii piperataria.

(f) In Eusebii Chronic. Chalcidica. Edit. Pont. Templum Minervæ Chalcidicæ.

(g) Apud Eusebium annis 19. mensibus 7. in quibusdam codicibus 6.

Terræ motu Asiæ quatuor, & duæ Græciæ urbes subversæ.

Trajanus de Dacis & Scythis triumphavit.

URBANO ET MARCELLO.
CANDIDO ET QUADRATO.
COMMODO ET CEREALE.

Decreto Senatus, Nerva in Deos relatus.

Romanæ Ecclesiæ IV. Episcopus præest EVARISTUS annis 12.

Joannem Apostolum usque ad Trajani tempora Irenæus Episcopus permansisse scribit. Post quem Papias Hierapolitanus Episcopus, Polycarpus Smyrnæus, & Ignatius Antiochenus.

SENECIONE IV. ET SURA III.
GALLO ET BRADUA.
AFRICANO ET CRISPINO.
CRISPINO II. ET BOLENO.
PISONE ET RUSTICO.

Alexandrinæ Ecclesiæ IV. Episcopus ordinatur nomine Primus.

TRAJANO VII. ET AFRICANO.

TERTIA PERSECUTIO. Trajano adversus Christianos persecutionem movente, Simon filius Cleophæ, qui in Jerosolymis Episcopatum tenebat, crucifigitur: cui succedit Justus.

Ignatius quoque Antiochenæ Ecclesiæ Episcopus Romam perductus, bestiis traditur. Post quem tertius constituitur Episcopus Eron.

CELSO ET CRISPINO.
ASTA ET PISONE.

Plinius secundus, cum quamdam provinciam regeret, & in magistratu suo plurimos Christianorum interfecisset; multitudine eorum perterritus, quæsivit de Trajano, quid facto opus esset: nuntians ei, præter obstinationem non sacrificandi, & antelucanos cœtus, ad canendum cuidam Christo ut Deo, nihil apud eos reperiri. Præterea (a) ad confœderandam disciplinam, vetari ab his homicidia, furta, adulteria, latrocinia, & his similia. Ad quæ commotus Trajanus rescripsit, hoc genus quidem hominum inquirendos non esse, oblatos vero puniri oportere.

MESSALA ET PEDONE.

Quintus Romanæ Ecclesiæ præest ALEXANDER annis 10.

ÆMILIANO ET VETERE.
NIGRINO ET APRONIANO.

Plinius secundus Novocomensis insignis Orator, dum invisit apud Vesuvium, periit: & tres Galatiæ civitates terræ motu excisæ.

Post Justum IV. Jerosolymitanæ Ecclesiæ Episcopatum suscipit Zacharias: post quem quintus Tobias, cui succedit sextus Benjamin, ac deinde septimus Joannes, octavus Matthias, in cujus locum nonus constituitur Philippus.

CLARO ET ALEXANDRO.
ADRIANO ET SALINATORE.
ADRIANO II. ET RUSTICO.
SERVILIANO ET FULVIO.

Hoc tempore Judæi qui in Lybia erant, & qui in Ægypto, quique apud Cyrenem & Thebaidem, adversus cohabitatores suos magnas seditiones movent.

Judæis (b) Alexandriæ rebellantibus, Trajanus Imperator Lysiæ Quieto præcepit, ut eos e provincia exterminaret: adversus quem Quietus aciem instruens, infinita eorum millia interfecit, & ob hoc Procurator Judææ ab Imperatore decernitur.

Salaminam urbem Cypri subvertere Judæi.

Trajanus in Selinunte, sive, ut alii ferunt, apud Seleuciam Isauriæ civitatem moritur, anno ætatis (c) lxiv. Ossa ejus in urnam auream collata, & in foro sub columna posita, solusque omnium intra Urbem sepultus est.

ADRIANUS XII. regnavit annis xxi. Hic Italicæ in Hispania natus, consobrinæ Trajani filius fuit.

VERO ET AUCURINO.
AVIOLA ET PANSA.

Senatus Trajanum in Deos refert, & Adrianus reliqua tributorum urbibus relaxat, chartis publice incensis, plurimasque ipsis tributis liberas facit.

Adrianus Judæos capit, secundo adversus Romanos rebellantes.

PATERNO ET TORQUATO.
GLABRIONE ET APRONIANO.

Bellum gestum contra Sarmatas.

Romanæ Ecclesiæ VI. Episcopatum suscipit XISTUS (d) annis 11.

Alexandriæ V. Episcopus ordinatur Justus.

ASIATICO ET QUINTILLIO.

Cephissus fluvius Eleusinam inundavit: quem Adrianus ponte conjungens, Athenis hyemem exegit.

VERO ET AMBIGUO.
GALLICANO ET TITIANO.

Jerosolymis post Philippum constituitur X. Episcopus Seneca: post quem XI. Justus: cui succedit XII. Levi: post quem XIII. Ephres: XIV. Joseph: XV. Judas. Hi omnes usque ad eversionem, quam per Adrianum Jerusalem passa est, ex Circumcisione Episcopi præfuerant.

Terræ motu Nicomedia ruit, & Nicææ urbis plurima: ad quarum instaurationem Adrianus de publico est largitus impensas.

TORQUATO ET LIBONE.
CELSO ET MARCELLINO.
CATULINO ET APRO.
PONTIANO ET RUFINO.

Finis Cycli primi, & sequentis exordium.

Quadratus discipulus Apostolorum, & Aristides noster Philosophus, libros pro Christiana religione compositos edidere.

Serenus Granius vir apprime nobilis, litteras ad Imperatorem misit, iniquum esse dicens clamoribus vulgi innocentium hominum sanguinem concedi, & sine ullo crimine, nominis tantum & sectæ reos fieri. Quibus commotus Adrianus, Minucio Fundano Proconsuli Asiæ scribit, Sine objecto criminum Christianos non con-

(a) MS. quinque Cod. Chron. Eusebii *ad confœderandam.*

(b) Apud Eusebium, tum in MS. Cod. quinque, quam in edit. Pont. *Mesopotamiæ*, non *Alexandriæ.*

(c) In Chron. Eusebii edit. Pont. & MS. duobus Cod. 63. hist. tert. 75.

(d) In Eusebii Chron. *annis* 10.

condemnandos. Cujus epistolæ usque ad nostram memoriam durat exemplum.

AUGURINO ET SERGIANO.

TIBERIO ET SILANO.

Romæ VII. Episcopus ordinatur Telesphorus annis XI.

Antiochenæ Ecclesiæ IV. præficitur Cornelius.

SERGIANO II. ET VERO.

PUMPEJANO ET ATILIANO.

Alexandrinæ Ecclesiæ VI. præest Eumenes.

PUMPEJANO II. ET COMMODO.

LÆLIO ET ALBINO.

Judæi in arma versi, Palestinam depopulati sunt, tenente provinciam Tinnio Rufo: cui ad opprimendos rebelles Adrianus misit exercitum.

CAMERINO ET NIGRO.

Basilides hæresiarches in Alexandria commoratur, a quo Gnostici. Hoc autem Basilides distabat a Simonis dogmate, quod CCCLXV. cælos esse credebat, quo numero dierum annus includitur. Unde etiam quasi sanctum nomen commendabat, quod est ABRAXAS, quia hujus nominis litteræ, secundum supputationem Græcam, eumdem numerum complent. Gnostici autem a præsumtione excellentioris scientiæ nominati sunt, quos quidam Borboritas vocant, quasi cœnosos, propter nimiam turpitudinem, quam in suis mysteriis exercere dicuntur. Tradunt autem fabulosissimis dogmata plena figmentis. Animarum substantiam dicunt Dei esse naturam: Deum quoque bonum & Deum malum in sua perhibentur habere doctrina.

Barcochebas dux Judæorum, nolentes sibi adversus Romanum militem ferre subsidium, Christianos diversis cruciatibus necat. Bellum Judaicum, quod in Palestina gerebatur, finem rebus Judæorum posuit penitus oppressis. Ex quo tempore etiam introeundi eis Jerosolymam licentia ablata est; primum Dei nutu, sicut Prophetæ vaticinati sunt, deinde Romanorum interdictionibus.

ANTONINO ET PRÆSENTE.

Jerosolymis primus ex gentibus constituitur Episcopus Marcus, cessantibus his qui fuerant ex Judæis.

ANTONINO II. ET PRÆSENTE II.

SEVERO ET SILVANO.

Ælia ab Ælio Adriano condita est, & in fronte ejus portæ, qua Bethleem egredimur, sus sculptus in marmore, significans Romanæ potestati subjacere Judæos.

Adrianus apud Bajas moritur major LX. annorum.

ANTONINUS TITUS cognomento Pius XXIII. cum filiis Aurelio & Lucio regnavit annis (a) XXII. & mensibus III.

RUFINO ET TORQUATO.

Romæ VIII. Episcopus ordinatur HYGINUS annis IV.

TORQUATO II. ET HERODE.

AVIOLA ET MAXIMO.

Antoninus pater patriæ appellatur.

(b) Valentinus hæresiarches, & Cerdo magister Marcionis Romam venerunt. Valentinus de natura rerum multa fabulosa confinxit, asserens XXX. Æonas, id est sæcula, extitisse, quorum sit principium Profundum & Silentium, quod Profundum etiam Patrem appellat. Cerdonianus vero duo principia sibi adversantia dogmatizat, dominumque legis ac Prophetarum non esse Patrem Christi, nec bonum esse Deum, sed justum; patrem vero Christi bonum. Ex quibus, duorum velut ex conjugio, processisse perhibet intellectum & veritatem, & protulisse æonas octo. De intellectu & voluntate processisse Verbum, & protulisse æonas decem. Porro de Verbo & vita processisse hominem, & Ecclesiam protulisse æonas duodecim. Itaque VIII. & X. & XII. fieri triginta æonas, habentes principium de Profundo & de Silentio. Christum autem a Patre missum, id est a Profundo, spiritale vel cæleste corpus secum attulisse: nihil assumpsisse de Virgine Maria; sed per illam, tamquam per rivum aut fistulam, sine ulla de eadem sumpta carne transisse. Negat etiam resurrectionem carnis, solum per Christum spiritum vel animam salutem accipere affirmant. (c) Christumque ipsum neque natum ex femina, neque habuisse carnem, nec vero mortuum, vel quidquam passum, sed simulasse passionem. Quidam eos in duobus principiis sua ita duos perhibent deos dicere, ut unus eorum sit bonus, alter autem malus. Resurrectionem mortuorum negant, spernentes novum Testamentum.

Marcion quoque, a quo Marcionitæ appellati, Cerdonis dogma secutus est, hoc adjiciens, ut non duo tantum, sed tria asserens esse principia, unum scilicet bonum, alterum justum, tertium pravum. Quamvis tertii principii auctorem quidam Sirconem quemdam, potius quam Marcionem fuisse existiment.

ANTONINO III. ET AURELIO.

GRATO ET SELEUCO.

Romæ IX. Episcopus ordinatur PIUS (d) annis XV.

Hoc tempore Justinus Philosophus librum pro nostra religione conscriptum Antonino Imperatori tradidit.

Antio-

(a) In edit. Pont. 23. mens. 3. In MS. Colb. uno annis 23. Alii ut in textu nostro.

(b) In alio codice, quem se pro manibus habuisse testatum est Ph. Labbeus, sic exprimitur hic articulus. *Valentinus hæresiarches, & Cerdo magister Marcionis Romam venerunt. Valentinus rerum naturæ duo dixit esse principia, profundum, & silentium. A quibus XV. orta sunt sæcula. Profundum autem Patrem esse Christi, qui spiritale vel cæleste corpus habuerit, nihilque de natura matris Virginis assumpserit, sed per ipsum, tamquam rivum, sine carnis humanæ veritate transierit. Resurrectionem quoque carnis negavit, spiritui tantum vel animæ promittens salutem. Cerdo quoque duorum principiorum, idest, unius boni, & alterius mali assertor fuit: & Patrem Christi Deum esse legis ac prophetarum negavit. Christum ipsum neque natum ex femina, neque habuisse carnem, nec vere passum, nec vere mortuum dixit. Resurrectionem etiam carnis refutavit, & Testamentum vetus spernendum esse decrevit.*

(c) Vox bonum, additur ex Augustino lib. de Hæres. hær. 22.

(d) MS. unus ex Colb. annis 20. MS. tres annis 18. Quintus MS. antiquus & edit. Pont. annis 15.

Antiochiæ V. Episcopus constituitur Heros.

ANTONINO IV. ET AURELIO II.

LARGO ET MESSALINO.

TORQUATO III. ET JULIANO.

Alexandriæ VII. Episcopatum suscipit Marcus.

ORPHITO ET PRISCO.

GLABRIONE ET VETERE.

GORDIANO ET MAXIMO.

GLABRIONE II. ET ROMULO.

PRÆSENTE ET RUFINO.

COMMODO ET LATERANO.

VERO ET SABINO.

SILVANO ET AUCURINO.

BARBARO ET REGULO.

Alexandrinæ Ecclesiæ VIII. præfuit Celadion.

TERTULLO ET SACERDOTE.

Crescens Cynicus in nostri dogmatis Philosophum Justinum, a quo ob nimiam gulam prævaricator Philosophiæ arguebatur, persecutionem suscitavit, in qua ille gloriose pro Christo sanguinem fudit.

QUINTILLO ET PRISCO.

VERO II. ET BRADUA.

Romanæ Ecclesiæ Episcopatum X. suscipit ANICETUS annis X. sub quo Polycarpus Romam veniens multos ab hæretico errore correxit.

ANTONINO III. ET AURELIO III.

P. C. ANTONINI III. ET AURELII III.

Jerosolymæ Episcopatum post Marcum XVII. suscepit Cassianus, XVIII. Publius, Maximus, XIX. deinde XX. Julianus: sic XXI. (a) Cajanus: XXII. Symmachus: tum XXIII. Cajus: XXIV. Julianus: atque inde XXV. Capito.

Antoninus Pius apud Lorium in villa sua, XII. ab Urbe milliario moritur, anno vitæ suæ LXXIII. (b) alias LXXVII.

M. ANTONINUS, qui & VERUS, & L. AURELIUS COMMODUS XLV. regnavit annis XIX. & mense uno.

DUOBUS AUGUSTIS.

Hi primitus æquo jure imperium simul administraverunt, cum usque ad hoc tempus singuli Augusti fuerint.

RUSTICO ET AQUILO.

ÆLIANO ET PASTORE.

MACRINO ET CELSO.

ORPHITO ET PUDENTE.

PUDENTE II. ET POLLIONE.

Alexandriæ IX. præfuit Agrippinus.

QUARTA PERSECUTIO. Persecutione orta in Asia, Polycarpus & (c) Pionius fecere martyrium: quorum scriptæ quoque feruntur passiones.

In Gallia quoque plurimi ob nomen Dei interfecti: quorum usque in præsentem diem condita libris certamina perseverant.

VERO IV. ET QUADRATO.

APRONIANO ET PAULO.

Romanæ Ecclesiæ Episcopatum XI. suscipit SOTER (d) annis VIII.

APRONIANO ET PAULO.

Antiochiæ VI. Episcopus ordinatur Theophilus, cujus plurima ingenii opera extant.

PRISCO ET APOLLINARE.

CETHEGO ET CLARO.

Lucius Imperator anno regni sui IX. sive, ut quidam putant, (e) X. inter Concordiam & Altinum apoplexia extinctus est.

Antonino Imperatori Melito Asianus Episcopus Apologeticum pro Christianis tradidit.

Apollinaris Asianus Hierapolitanus Episcopus insignis habetur.

Eodem tempore Dionysius Episcopus Corinthiorum clarus fuit, & Pinytus Cretensis vir eloquentissimus.

Hac tempestate pseudoprophetia, quæ Cataphrygas nominatur, accepit exordium, Montano auctore, (f) Prisca Maximillaque insanis vatibus. Nomen errori provincia Phrygia dedit; quia inventores ejus illic primitus extiterunt, ibique vixerunt, & nunc etiam in eisdem partibus populos habent. Adventum Spiritus sancti a Domino promissum, in se potius, quam in Apostolos fuisse asserunt: secundas nuptias pro fornicationibus habent; & ideo dicunt eas permisisse apostolum Paulum, quia ex parte sciebat & ex parte prophetabat; nondum enim venerat quod perfectum est. Hoc autem perfectum in Montanum, & in ejus prophetissas venisse delirant. Sacrificia perhibentur habere funesta. Nam de infantis anniculi sanguine, quem de toto ejus corpore minutis punctionum vulneribus extorquent, quasi Eucharistiam suam conficere perhibentur, miscentes eum farinæ, panemque inde facientes. Qui puer, si mortuus fuerit, pro martyre habetur; si autem vixerit, pro maximo sacerdote.

SEVERO ET HERENNIANO.

(g) Tatianus Hæreticus, a quo appellati Encratitæ, quorum dogma est non admittere ad communionem suam nisi continentes, & eos qui sæculo ita renuntiaverint, ut propria nulla possideant.

(h) Bardesanes quoque alterius auctor erroris, eodem tempore innotuit, in Valentini hæresim ex parte prolapsus.

ORPHITO ET MAXIMO.

SEVERO ET POMPEJANO.

In regione Quadorum, exercitu Antonini Impera-

(a) In Eusebii Chronico, Gaianus.

(b) Editio Pomer. cum MS. quatuor Colb. habent 77. MS. alius item Colb. 73.

(c) Apud Eusebium Pionius, non Pyonius.

(d) MS. Colb. etsi annis non convenientibus, annos IX. cum aliis, & edit. habemus, annis 8.

(e) Codices Eusebiani Chronici habent IX.

(f) In libris Eusebiani Chronici, Priscilla.

(g) Auctor loquitur articulos istos in codicibus aliis a Ph. Labbeo visis. Tatianus hæreticus agnoscitur, a quo appellati Encratitæ. Nuptias damnant, parésque eas fornicationi, & omni turpitudini esse definiunt: nec recipiunt in consortium suum vel feminam conjugio utentem, Tradebantur quædam fabularum de fabulis Valentini sequentes. Sibi tamen invicem contradicunt.

(h) Articulo sequenti ibidem diffusiori sermone legitur. Bardesanes alterius hæreseos princeps agnoscitur, qui Bardesanem cum eloquentia in fide fuisse insignem, postea in Valentini transiisse errorem, quamvis non omnia ejus fecerit sua.

peratoris sui oppresso, (a) pluvia divinitus missa est: cum e contrario Germanos & Sarmatas fulmina persequerentur, & plurimos eorum interficerent. Extant litteræ Marci Aurelii gravissimi Imperatoris, quibus illam Germanicam sitim, Christianorum militum precationi imbre impetrato, discussam contestatur.

GALLO ET FLACCO.

PISONE ET JULIANO.

POLLIONE ET APRO.

COMMODO ET QUINTILLO.

Antoninus Commodum filium suum consortem regni facit.

ORPHITO ET RUFO.

Antoninus cum filio de hostibus triumphavit, quos per triennium apud (b) Carnuntum habens stativa castra vallaverat.

COMMODO II. ET VERO II.

Alexandriæ X. ordinatur Episcopus Julianus.

Antoninus in Pannonia morbo periit.

COMMODUS XV. regnavit annos XIII.

PRÆSENTE ET BURRO.

Irenæus Lugdunensis Episcopus insignis habetur.

Commodus Septembrem mensem nomine suo appellavit.

MAMERTINO ET RUFO.

Thermæ Commodianæ Romæ factæ.

COMMODO IV. ET VICTORINO.

Jerosolymis XXVI. ordinatur Episcopus (c) Maximus: postquem XXVII. Antoninus, XXVIII. Valens, XXIX. Dolichianus, XXX. Narcissus, XXXI. Dius, XXXII. Germanio, XXXIII. Gordius, XXXIV. alius Narcissus.

MARULO ET HELIANO.

MATERNO ET BRADUA.

COMMODO V. ET GLABRIONE.

CRISPINO ET HELIANO.

FULCIANO ET SILANO.

Alexandriæ XI. constituitur Episcopus Demetrianus annis XLIII.

Commodus Colossi capite sublato, suæ imaginis caput jussit imponi.

Serapion Antiochiæ Episcopus VIII. ordinatur.

DUOBUS SILANIS.

COMMODO VI. ET SEPTIMIANO.

APRONIANO ET BRADUA.

Commodus multos nobilium interficit.

COMMODO VII. ET PERTINACE.

Commodus strangulatur in domo Vestiliani.

HELVIUS PERTINAX XVI. regnavit menses sex: qui cum major septuagenario præfecturam Urbis ageret, ex Senatus consulto imperare jussus est.

Romæ Episcopatum suscepit XIII. VICTOR annis XII. cujus (d) non mediocria de religione extant volumina.

Pertinax obsecrante Senatu, ut uxorem suam Augustam, & filium suum Cæsarem faceret, contradixit: sufficere testatus, quod ipse regnaret invitus.

Pertinax occiditur in Palatio, scelere Juliani jurisperiti, quem postea Severus ad Pontem Milvium interfecit.

SEVERUS XVII. regnavit annis XVIII. Qui ortus provinciæ Tripolitanæ oppido Lepti, solus ex Africa usque in præsentem diem ex Romanis imperatoribus fuit, & in honorem Pertinacis se cognominari jussit.

FALCONE ET CLARO.

SEVERO ET ALBINO.

TERTULLO ET CLEMENTE.

DEXTRO ET PRISCO.

Clemens Alexandrinæ Ecclesiæ Presbyter, & Pantenus Stoicus Philosophus in disputatione dogmatis nostri disertissimi habentur.

LATERANO ET RUFINO.

Narcissus Jerosolymorum Episcopus, & Theophilus Cæsariensis, Polycarpus quoque & Bachilus Asianæ provinciæ Episcopus, hæc tempora illustraverunt.

SATURNINO ET GALLO.

ANULINO ET FRONTONE.

SEVERO II. ET VICTORINO.

FABIANO ET MUCIANO.

SEVERO III. ET ANTONINO.

Hoc tempore bellum Judaicum & (e) Sarmaticum; & Severus de nominibus gentium subactarum, Parthicus, Arabicus, Adiabenicus appellatus est.

Quæstione orta in Asia inter Episcopos, an secundum legem Moysis decima quarta mensis primi Pascha observandum esset, Victor Romanæ urbis Episcopus, & Narcissus Jerosolymorum, Polycrates quoque & Irenæus, & Bachilus, plurimique Ecclesiarum pastores, quid eis probabile visum fuerit litteris ediderunt, quarum memoria ad nos usque perdurat.

GETA ET PLAUTIANO.

CHILONE ET LIBONE.

(a) Plura de hac pluvia divinitus missa orationibus Christianorum, apud Orosium lib. 7. cap. 15. Eusebium lib. 5. cap. 5. qui illa transcripsit pene ad verbum ex Tertulliano in Apolog. cap. 5. & ad Scapulam. Nicephorum lib. 4. cap. 12. Justinum in Apolog. Dionem lib. [illegible] Dion, qui artibus magicis tribuit hanc pluviam, Capitolinum, qui precibus Antonini erga Deum tribuit [illegible]. Xiphilinus tradit legionem (Christianorum) ideo vocatam fuisse Keraunoforon id est fulminatricem. Anno 12. Antonini contigisse patet ex litteris ipsius Imperatoris ad Senatum, de tanta victoria precibus Christianorum obtenta, quæ ex Bibliotheca Vaticana reperiuntur apud Onuphrium in Fastis pag. 330. in quibus inscribitur, Antoninus fuisse Tribunitiæ potestatis 28. [illegible] ex nummis & veteribus inscriptionibus, ex quibus [illegible] fuisse 25. Tribunitiam potestatem eo anno quo ipse Antoninus [illegible] imperium. [illegible], in notis pag. 314. & 315.

(b) MS. unicus, Carnutum. Carnuntum urbs est in Pannonia ex Plinio, lib. 4. cap. 12. & lib. 37. cap. 3. & Anton. in itinerar. Sunt viri docti qui putant idem esse quod hodie Petronilla dicitur in Austria, ubi videntur rudera & [illegible] castrorum. Pontac.

(c) In Eusebii Chron. Maximus XXVII. Dolichianus.

(d) Abest [illegible] particula a codicibus Eusebianis.

(e) Libri Chronici Eusebiani, duo atque Manuscripti Colb. uno, Samariticum, vel Sarmaticum. De quo Pontacus in notis pag. 631. Grammatici contrariæ lectio (quæ Samariticum dicitur) & non frequenter, præter alia exemplaria, Osiriacus, [illegible], Antonius. Quid enim Severus bellum Sarmatiis intulerit, nullus, quod sciam scripsit. Eruditissimus vir [illegible], se nunquam invenisse bellum Judaicum a Severo gestum. At [illegible] illud hic [illegible] [illegible].

Romæ XIV. Episcopus fuit ZEPHIRINUS annis (a) xiv.

QUINTA PERSECUTIO. Persecutione Christianis facta, Leonides Origenis pater gloriosa martirii morte translatus est.

Alexander quoque ob confessionem Dominici nominis clarus extitit.

Qua tempestate Perpetua & Felicitas pro Christo passæ sunt, Nonis Martii, apud Carthaginem Africæ in castris bestiis deputatæ.

ANTONINO II. ET GETA.

ALBINO ET ÆLIANO.

APRO ET MAXIMO.

Clemens multa conscribit.

ANTONINO III. ET GETA II.

Clodio Albino, qui se in Gallia Cæsarem fecerat, interfecto Lugduni, Severus ad Britannos transfretavit, ut receptas provincias ab incursione barbarica faceret tutiores, fossam & aggerem per cxxxii. millia passuum a mari ad mare deduxit, & non multo post intra Britanniam Eboraci moritur.

POMPEJANO ET AVITO.

FAUSTINO ET RUFINO.

ANTONINUS cognomento CARACALLA Severi filius XVIII. regnavit annis sex.

GENTIANO ET BASSO.

DUOBUS ASPRIS.

Antiochiæ IX. Episcopus constituitur Asclepiades: Jerosolymis vero xxxv. Alexander, adhuc vivente Narcisso: & cum eo pariter Ecclesiam regit.

ANTONINO IV. ET BALBINO.

MESSALA ET SABINO.

Finis Cycli secundi, & initium tertii.

LÆTO ET CEREALE.

SABINO II. ET VENUSTO.

Antoninus interficitur inter Edessam & Charras, anno ætatis suæ xliii.

MACRINUS XIX. regnat anno uno.

PRÆSENTE ET EXTRICATO.

Antiochiæ X. Episcopus ordinatur Philetus.

M. AURELIUS ANTONINUS XX. regnavit (b) annis tribus.

ANTONINO ET ADVENTO.

Romæ Episcopatum suscepit XV. CALLISTUS (c) annis sex.

Macrinus occiditur in Archelaide.

Antoninus Romæ Thermas nominis sui ædificavit.

ANTONINO II. ET SACERDOTE.

ANTONINO III. ET COMAZONTE.

GRATO ET SELEUCO.

Antoninus Romæ tumultu militari occiditur.

ALEXANDER Mammeæ filius XXI. regnavit annos xiii. sumpto nomine ab Imperatore Alexandro.

Alexander Xerxem regem Persarum gloriose vincit.

MAXIMO ET ÆLIANO.

JULIANO ET CRISPINO.

Romæ XVI. Episcopus creatur URBANUS annis ix.

(d) His temporibus Sabellius fuisse perhibetur. Cujus error est, ut in Trinitate divina, quem nominat Patrem, eumdem Filium, eumdem asserat Spiritum-sanctum. Unde impietatis istius Impostores merito etiam Patropassiani vocantur: qui hæc sentientes, passionem Domini nostri Jesu Christi, quam pro humani generis salute pertulit, Patri convincuntur asserere.

Ulpianus Jurisconsultus insignis habetur.

FUSCO ET DEXTRO.

Thermæ Alexandrinæ Romæ ædificatæ.

ALEXANDRO II. ET MARCELLO.

ANIANO ET MAXIMO.

ALBINO ET MAXIMO.

(e) Geminus Presbyter Antiochenus, & Hippolytus, & Beryllus Episcopus Arabiæ Bostrenus clari scriptores habentur.

Antiochiæ XI. Episcopus fit Zebennus.

MODESTO ET PROBO.

Alexandrinæ Ecclesiæ XII. præest Episcopus Heraclas.

Hoc tempore Origenes Alexandriæ clarus videbatur. (f) Hic qui per multam eloquii facultatem, perversa quædam est conatus astruere, condens libros, quorum est titulus περὶ ἀρχῶν, in quibus, præter multa sacræ doctrinæ adversa, etiam de commutatione hoc totius rationalis creaturæ asserit, quod non solum impiorum animæ, sed & ipse quoque diabolus, longa purificatione revocandus sit in suæ originis dignitatem, succedentibus sibi semper revolutionibus de bonis ad mala, & de malis ad bona. Quia hæc alternatio non possit non esse perpetua, & vicissim ut de miseris beati, & de beatis miseri.

ALEXANDRO III. ET DIONE.

GRATO ET SELEUCO.

POMPEJANO ET FELICIANO.

LUPO ET MAXIMO.

Romæ XVII. Episcopatum suscepit PONTIANUS annis (g) quinque.

Alexander apud Moguntiacum tumultu militari occiditur.

MAXIMO ET PATERNO.

MAXIMINUS XXII. regnat annis tribus.

MAXIMO II. ET URBANO.

SEVERO ET QUINTIANO.

MAXIMINO ET AFRICANO.

SEXTA PERSECUTIO. Maximinus adversus Ecclesiarum Sacerdotes persecutionem movet.

Maximinus Aquileiæ a Pupieno occiditur.

GORDIANUS XXIII. regnavit annis sex.

PERPETUO ET CORNELIANO.

Romæ XVIII. fit Episcopus ANTERUS: post cujus unum mensem XIX. constituitur FABIANUS annis xiii.

PIO ET PROCULO.

GORDIANO ET AVIOLA.

SA-

(a) Editio Pont. 17. MSS. tres Colbert. 18.

(b) In codicibus Eusebianis notantur, *anni quatuor*.

(c) Editio Pontaci: *annis* 5. MS. tres, *annis quatuor*: unus 15. alius 5.

(d) Hæc adduntur in nostra Editione ex Auctario quod Ph. Labbei Chronico Eusebiano & Hieronymiano subjunxit.

(e) Quidam MSS. *Geminus*: alii, *Geminianus*.

(f) Hæc quæ sequuntur articulo addita habentur ex Auctario Ph. Labbei tom. 1. Biblioth. novæ.

(g) In MS. Colb. uno, *novem*.

SABINO ET VENUSTO.
GORDIANO II. ET POMPEJANO.
ATTICO ET PRÆTEXTATO.

Gordianus cum Parthorum natione superata victor revertitur ad patriam, fraude Philippi Præfecti Prætorio haud longe a Romano solo interfectus est.

PHILIPPUS XXIV. regnavit annis septem.

ARIANO ET PAPPO.

Philippus Philippum filium suum consortem regni facit: primus omnium ex Romanis Imperatoribus Christianus fuit.

PEREGRINO ET ÆMILIANO.
PRÆSENTE ET ALBINO.
PHILIPPO II. ET PHILIPPO.

Regnantibus Philippis millesimus Romanæ urbis annus expletur.

Philippus urbem sui nominis in Achaja condidit.

PHILIPPO III. ET PHILIPPO II.
ÆMILIANO ET AQUILINO.

Alexandriæ XIII. ordinatur Episcopus Dionysius.

Philippus senior Veronæ, Romæ junior occiditur.

DECIUS XXIV. regnat anno uno, & mensibus tribus.

DECIO ET GRATO.
DECIO II. ET RUSTICO.

SEPTIMA PERSECUTIO. Decius cum Philippos patrem & filium interfecisset, ob odium eorum persecutionem in Christianos movet.

Antonius monachus nascitur.

Alexandro Jerosolymorum Episcopo ob martyrium interfecto apud Cæsaream Palestinæ, & Antiochiæ Babyla eadem gloria occiso, (a) Mazabanus & Fabius Episcopi constituuntur.

Decius cum filio (b) in Abritto, quæ est civitas Mysiæ, occiditur.

GALLUS & VOLUSIANUS Galli filius XXVI. regnavit (c) annis tribus & mensibus quatuor.

Romanæ Ecclesiæ Episcopatum post Fabiani gloriosam mortem XX. suscipit CORNELIUS annis duobus, qui post biennium eodem martyrio coronatur.

GALLO ET VOLUSIANO.
VOLUSIANO II. ET MAXIMO.

Novatus Presbyter Cypriani Romam veniens, Novatianum & cæteros confessores sibi sociat, eo quod Cornelius pœnitentes apostatas recepisset. Ab hoc hæresis Novatianorum sumpsit exordium, qui se propter mundissiam, quam sibi superbissime arrogant, Catharos appellari volunt: secundas nuptias (d) non admittunt, reconciliationem pœnitentibus negant.

Antiochiæ (e) XIV. constituitur Episcopus Demetrianus.

Romanæ Ecclesiæ Episcopatum tenet XXI. LUCIUS mensibus (f) octo. Postquam XXII. STEPHANUS annis tribus. Extant ad utrumque Cypriani Epistolæ.

Gallus & Volusianus adversus Æmilianum res novas in Mœsia molientem Romæ profecti, (g) Interamnæ occisi sunt.

Æmilianus tertio mense occupatæ tyrannidis extinctus est.

VALERIANUS & GALLIENUS XXVII. regnaverunt annis xv.

VALERIANO ET GALLIENO.

Cyprianus primum Rhetor, deinde Presbyter, ad extremum Carthaginensis Episcopus martyrio coronatur.

MAXIMO ET GLABRIONE.

Romæ XXIII. constituitur Episcopus XISTUS annis (h) septem.

OCTAVA PERSECUTIO. Valerianus in Christianos persecutionem movet.

VALERIANO III. ET GALLIENO II.

Valerianus a rege Persarum Sapore capitur, ibique servitute misera consenescit.

TUSCO ET BASSO.

Valeriano in Persas ducto, Gallienus nostris pacem reddidit.

Antiochiæ XV. ordinatur Episcopus Paulus Samosatenus.

ÆMILIANO ET BASSO.
SÆCULARE ET DONATO.
GALLIENO IV. ET GENTIANO.

Gallieno in omnem lasciviam dissoluto, Germani Ravennam usque venerunt. Alemanni vastatis Galliis in Italiam transiere. Græcia, Macedonia, Pontus & Asia per Gothos depopulatæ sunt. Quadi & Sarmatæ Pannonias occupaverunt. Germanis Hispanias obtinentibus, Tarraco expugnata est. Parthi Mesopotamiam tenentes Syriam incursaverunt.

GALLIENO V. ET VICTORINO.
ALBINO ET MAXIMO.

Alexandriæ XIV. Episcop. ordinatur Maximus.

Romæ XXIV. præficitur Episcopus DIONYSIUS (i) annis xi.

GALLIENO VI. ET SATURNINO.
VALERIANO ET LUCILLO.

Jerosolymorum Episcopatum tenet XXVII. Hymenæus.

GALLIENO VII. ET SABINILLO.

Paulus Samosatenus a cunctorum prædicatione descivit, Artemonis hæresin suscitans, quæ asserit Christum non semper fuisse, sed initium ejus ex quo de Maria natus est prædicat, nec eum aliquid amplius quam hominem putat. (k) Hu-

(a) MS. Colb. unus *Arabanus*, Quatuor alii & edit. Pont. *Mazabanus*.

(b) MS. Colb. unus, *in Abrutio*. MS. Colb. tres, *e Bruto*.

(c) Apud Eusebii Chronicon ubique, *annis duobus*.

(d) Hæc verba, *non admittunt: reconciliationem pœnitentibus negant*, ex codicibus in Auctuario tom. 1. Biblioth. Labbei expressis, substituimus pro verbis sere dissimilibus, quibus antea legebatur, *denegantes ad pœnitentiam non admittentes*.

(e) Numeratur 13. in editione Pontaci & MS. Colb. unico. In aliis dicitur 14.

(f) In MS. Colb. unico, *septem*.

(g) Apud Eusebium, *in Foro Flaminii*, vel ut alii putant *Interamnæ*.

(h) In edit. Pontaci, & MS. Colb. *annis [illegible]*. MS. unus omittit Sixtum. MSS. tres alii Sixto [illegible] praire volunt, priori annos 11. posteriori [illegible] assignantes.

(i) In edit. Pont. annos 11. MS. Colb. *annis 9*.

(k) In Auctuario tomi 1. Biblioth. MS. Labbei ex MS. *Hæc hæresis prius Artemonis fuit, sed [illegible] [illegible] Pauli Samosateni in ecclesiis [illegible] [illegible], accedente postea prævaricatore Photino, [illegible] est ut [illegible] Photinianos quam Paulia[nos] [illegible]*, &c. ut supra.

jus erroris etiam Photinus assertor fuit, qui vehementiore studio, ut sectatores impietatis hujus Photiniani potius, quam Paulianistae dicerentur obtinuit. Hos baptizari in Ecclesia catholica Synodus Nicaena constituit. Unde credendum est eos regulam baptismi non habere.

Antiochiae in locum Pauli xvi. ordinatur Episcopus Domnus.

PATERNO ET ARCHESILAO.

PATERNO II. ET MARIO.

CLAUDIUS XXVIII. regnat anno uno, mensibus novem.

CLAUDIO ET PATERNO.

Claudius Gothos Illyricum & Macedoniam vastantes superat: ob quae illi in Curia clypeus aureus, & in Capitolio statua aurea collocatur.

ANTIOCHIANO ET ORPHITO.

Claudius Sirmii moritur, cujus frater, Quintillus.

(a) Claudius a Senatu Augustus appellatus, septimo decimo die imperii sui Aquilejae occiditur.

AURELIANUS XXIX. regnat annos quinque, mensibus sex.

VALERIANO ET BASSO.

Antiochiae XVII. ordinatur Episcopus (b) Timaeus.

Aurelianus, Tetrico apud Catalaunos prodente exercitum suum, Gallias recepit.

QUIETO ET VOLDUMIANO.

Zenobia (c) apud Immas haud longe ab Antiochia vincitur, quae occiso Odenato marito Orientis tenebat imperium. In qua pugna strenuissime adversus eam dimicavit Pompejanus dux cognomento Francus.

TACITO ET PLACIDIANO.

Eusebius Laodicenus Episcopus insignis habetur.

Aurelianum Romae triumphantem Tetricus & Zenobia praecesserunt. Ex quibus Tetricus Corrector postea Lucaniae fuit, & Zenobia in Urbe summo honore consenuit, a qua hodieque Romae Zenobia familia nuncupatur.

AURELIANO ET CAPITOLINO.

Romae XXV. Episcopatum suscepit FELIX annis quinque.

AURELIANO II. ET MARCELLO.

Aurelianus cum adversus nos persecutionem movisset, fulmen juxta eum comitesque ejus ruit: ac non multo post inter Constantinopolim & Heracleam in (d) Cenophrurio viae veteris occiditur.

TACITUS XXX. regnat mensibus sex: quo apud Pontum occiso FLORIANUS XXXI. obtinuit imperium, regnavitque diebus LXXXVIII.

Floriano apud Tarsum interfecto, PROBUS XXXII. regnat annis sex, mensibus octo, alias quatuor.

PROBO ET PAULINO.

Anatolius Laodicenus Episcopus, Philosophorum disciplinis eruditus, plurimo sermone celebratur.

Insana Manichaeorum haeresis exorta, (e) Persa quodam, qui Manes vocabatur, auctore. Quorum impietates & sacrilegia ac turpitudines explicare in hoc opere nimis longum est. Sufficit enim sciri, quod duo adversa sibi & contraria principia, & duas boni scilicet & mali afferunt esse naturas. De Christo nihil secundum veritatem sentiunt. Cujus nativitatem ex Maria secundum carnem, & passionem & resurrectionem, simulationem dicunt fuisse, nec ita, ut praedicantur effecta. Vetus Testamentum & Prophetas refutant, Scripturarumque illarum non Deum bonum, sed malae naturae principem auctorem opinantur. De novo Testamento ea accipiunt quae putant apocryphis convenire. Resurrectionem carnis negant, nuptias damnant, adulterinos concubitus pro licitis habent, baptismum regenerationis nihil conferre existimant. Sacra eorum tam nefanda quam morea.

PROBO II. ET PATERNO II.

PROBO III. ET PATERNO III.

MESSALA ET GRATO.

Antiochiae XVIII. constituitur Episcopus Cyrillus.

Romae XXVI. ordinatur Episcopus EUTICHIANUS mensibus octo: post quem CAJUS XXVII. creatur annis xv.

PROBO IV. ET TIBERIANO.

PROBO V. ET VICTORINO.

Alexandriae XV. Episcopus praefuit Theonas.

Probus tumultu militari apud Sirmium in Turri, quae ferrata vocabatur, occiditur.

CARUS cum filiis CARINO & NUMERIANO XXXIII. regnavit annis duobus.

CARO ET CARINO.

CARO II. ET NUMERIANO.

Carus Narbonensis, cum omni Parthorum regione vastata, Cochen & Ctesiphontem nobilissimas hostium cepisset urbes, super Tigrim castra ponens, fulmine ictus interiit. Numerianus autem cum ob oculorum dolorem lectica vehereur, insidiis Apri soceri sui occisus est. Porro Carinus praelio apud Margum victus occubuit.

DIOCLETIANUS XXXIV. regnavit annis xx.

DIOCLETIANO ET ARISTOBULO.

MAXIMO ET AQUILINO.

Diocletianus in consortium regni HERCULIUM

(a) Aliter in Chronico Eusebii tam in edito, quam in MS. Colb. post ista, Syrmii moritur. Quintilius Claudii frater a Senatu &c. nec reperitur vox haec, Claudius.

(b) MS. tres Timotheus; alius, Timotheus vel Timaeus; alius Timaeus, cum edit. Pontaci.

(c) MS. Colb. quartum Timas. Deinde pro Odenato, omnes Eusebii codices Odenato, vel Denato.

(d) Interpres Cedreni Xilander, in loco qui dicitur, Novum castellum, ipsorum lingua. Pontacus in notis pag. 658.

(e) In Auctario Labbei Biblioth. novae tom. I. Manichaeus Manes quidam auctor dementissimi dogmatis fuit: apud quem duo principia praedicantur, boni scilicet & mali: quorum natura adversa sibi & contraria semper extiterunt: de quorum compugnantia prodigiosas fabulas & mendacia vana commenti sunt, promittentes discipulis suis purgationem per sacrilega sacramenta, in quibus nihil est, nisi venerabilis turpitudo confoederationis obscenae. Testamentum vetus non recipiunt, evacuantes per omnia Evangelicam veritatem.

LIUM MAXIMIANUM assumit. Qui rusticorum multitudine oppressa, quae factioni suae (a) Bacaudarum nomen indiderat, pacem Galliis reddidit.

Carausius sumpta purpura Britannias occupavit.

DIOCLETIANO II. ET MAXIMIANO.

MAXIMIANO II. ET JANUARIO.

Constantius & Galerius Maximianus assumuntur in regnum. Quos Diocletianus ut etiam affinitate conjungeret, Constantio privignam Herculii Theodoram uxorem dedit, Galerio autem filiam suam Valeriam tradidit: utque haec conjugia firmaret, ambos repudiare uxores suas, quas prius habebant, coegit.

BASSO ET QUINTIANO.

DIOCLETIANO III. ET MAXIMIANO III.

TIBERIANO ET DIONE.

HANNIBALIANO ET ASCLEPIODOTO.

DIOCLETIANO IV. ET MAXIMIANO III.

Primus Diocletianus adorari se ut Deum jussit, & gemmas vestibus calceamentisque inseri: cum ante eum Imperatores in modum judicum (b) salutarentur, & chlamyde tantum purpurea a privato habitu discernerentur.

CONSTANTIO ET MAXIMO.

TUSCO ET ANULINO.

Romae XXVIII. Episcopatum suscepit (c) MARCELLINUS annis IX.

DIOCLETIANO V. ET CONSTANTIO II.

Jerosolymis XXXVII. Zabdas Episcopus ordinatur.

MAXIMIANO IV. ET MAXIMINIANO II.

FAUSTO ET GALLO.

Veturius Magister militiae Christianos persequitur.

Finis Cycli tertii, quartique principium.

DIOCLETIANO VI. ET MAXIMIANO V.

CONSTANTIO III. ET MAXIMINIANO III.

Thermae Diocletianae Romae, & Carthagine Maximianae aedificatae.

Jerosolymis XXXVIII. Episcopus praefuit Hermon.

Antiochiae XIX. constituitur Episcopus Tyrannus.

Alexandrinae Ecclesiae XVI. post Theonam ordinatur Episcopus Petrus, qui postea persecutionis anno nono gloriose martyrium perpetravit.

TITIANO ET NEPOTIANO.

CONSTANTIO IV. ET MAXIMIANO IV.

Diocletianus & Maximianus Augusti ingenti pompa Romae triumpharunt, antecedentibus currum eorum Narsei conjuge, sororibus, liberis, & omni praeda, qua Parthos spoliaverant.

DIOCLETIANO VII. ET MAXIMINIANO VI.

NONA PERSECUTIO. Decimo nono anno Diocletiani, mense Martii, in diebus Paschae Ecclesiae subversae sunt.

DIOCLETIANO VIII. ET MAXIMIANO VII.

Secundo anno persecutionis Diocletianus Nicomediae, Maximianus Mediolani purpuram deposuerunt.

GALERIUS XXXV. biennio solus imperium tenuit, (d) mox cum alio annis sex.

CONSTANTIO V. ET MAXIMIANO V.

Romae XXIX. Episcopus constituitur EUSEBIUS: post cujus sepulturam mensem xxx. Ecclesiam tenet MELCHIADES (e) annis tribus.

CONSTANTIO VI. ET MAXIMIANO VI.

His consulibus Timotheus Romae pro Christo passus est X. Kal. Julias. Maximinus & Severus a Galerio Maximiano Caesares facti.

Constantius XVI. imperii sui anno diem obiit in Britanniis Eboraci. Post quem filius ejus CONSTANTINUS (f) ex concubina Helena pro-

(a) MSS. tres Codd. *Bagaudarum*.

(b) Apud Eusebium in Chronico, tam edito, quam in MSS. quinque Codd. *salutarentur*.

(c) In uno ex Codd. codicibus, *Marcellianus*. *Alia tamen lectio magis est recepta*, ut observat Pontacus in notis in Eusebii Chronicon p. 6?8. ubi fratrum haec [illegible]. *Mirum autem est Eusebium praeteriisse Marcellum, cum de utroque Marcellino loquatur, sed forsan deceptus fuit similitudine nominis. Tamen ex Augustini Epist.* 165. (nunc 53.) *Optato lib.* 2. *Martyrologiis, & monachis historiis constat duos & diversos fuisse Marcellinum & Marcellum. Nos tamen* [illegible] *MS. ita haberi ad annum* 12. *Diocletiani: Romanae Ecclesiae* XXVIII. *Episcopatum suscepit Marcellinus annis* VIII. *Marcellus annis* III. *cum in aliis sit tantum expressum nomen Marcellini seu Marcelliani, & illi tribuantur anni* 9. [illegible] *Marcellinum ad infulas Ecclesiasticas* [illegible] *si velis anno* 9. *Diocletiani,* [illegible] *Q. Vi. Mar. sic anno* 10. *Fa. &* [illegible]*, & anno* 11. *Pi.* [illegible] *anno* 12. *Pat. Pen. Le.* (MS. [illegible] prae oculis habuerat) [illegible]*. Sic enim facilius comprimuntur anni* 15. *Caii seu Gaii super nunc Pontificis & anni* 9. *qui inter hunc, & Eusebium ejus successorem interponendi sunt. Adde quod* [illegible] *a* [illegible] *Baronio &* [illegible]*, qui sedis illius* [illegible] *a decimo tertio. Distribuunt.*

(d) Haec desunt in codicibus Chron. Eusebiani, praeter MS. unum Cod. qui post haec, *Galerius solus biennio Augustus imperium tenuit*, addit, *mox cum aliis* XVI. Vide notam Pontaci. pag. 67?.

(e) MS. Cod. unus, *annis quatuor*. Alius cum edit. Pont. *annis sex*. Tres alii, *annis tribus*.

(f) Hac voce non indicatur Helenam Constantii Chlori minime fuisse uxorem. Sed ita tunc sic vocabatur uxor sive indotata, sive aliis solemnibus carens quae matrimoniis [illegible] competebant. Licet ergo non erat [illegible] Helena, quae juxta [illegible] vito [illegible] Imperatoris Vespasiani oriunda, & Claudio II. Imperatori consanguineo [illegible]; patet tamen ex [illegible] antiquis, ipsam ex legitimo matrimonii vinculo Constantio Chloro adhaesisse; quidquid in contrarium protulerint quidam filii Constantini gloriae aemuli, aut etiam quidam e sanctis Patribus [illegible] a maledicis [illegible] decepti, in contrarium sensisse videantur.

creatus, regnum invadit. Cujus regni initio quartus jam persecutionis annus agebatur.

CONSTANTINUS XXXVI. regnavit annis XXX. mensibus decem.

DIOCLETIANO IX. ET CONSTANTINO.

Maxentius Herculii Maximiani filius, a Prætorianis militibus Romæ Augustus appellatur.

Severus Cæsar a Galerio Maximiano contra Maxentium missus Ravennam, secundo imperii sui anno interficitur.

DIOCLETIANO X. ET MAXIMIANO VII.

LICINIUS a Galerio Carnunti Imperator factus.

Herculius Maximianus a filia Fausta detectus, quod dolum Constantino pararet viro ejus, Massiliæ fugiens occiditur.

POST CONSULATUM X. ET VIII.

Quirinus Episcopus Scisciensis cum sociis gloriose pro Christo interficitur.

ITEM ANN. II. POST X. ET VIII. COSS.

Galerius Maximianus moritur (a) XXI. imperii sui anno, quod partim Cæsar, partim Augustus exegit.

Romæ XXXI. ordinatur Episcopus SILVESTER annis XXIII.

MAXIMIANO VIII. ET LICINIO.

Maximinus persecutione in Christianos facta, cum jam a Licinio puniendus esset, apud Tarsum moritur, anno imperii sui sexto.

CONSTANTINO II. ET LICINIO II.

CONSTANTINO III. ET LICINIO III.

Alexandriæ XVII. ordinatur Episcopus Achillas.

Maxentius juxta Pontem Milvium a Constantino superatus occiditur.

VOLUSIANO ET ANIANO.

Jerosolymæ XXXIX. constituitur Episcopus Macharius.

CONSTANTINO IV. ET LICINIO IV.

Pax nostris a Constantino reddita.

Diocletianus haud procul a Salonis in villa sua Spalato moritur.

SABINO ET RUFINO.

Crispus & Constantinus filii Constantini, & Licinius adolescens Licinii Augusti filius ex sorore Constantini, Cæsares appellantur. Quorum Crispum Lactantius erudivit vir omnium suo tempore eloquentissimus, sed adeo in hac vita pauper, ut plerumque etiam necessariis indiguerit.

GALLICANO ET BASSO.

LICINIO V. ET CRISPO.

CONSTANTINO V. ET LICINIO CÆS.

Licinius Christianos de palatio suo pellit.

CONSTANTINO VI. ET CONSTANTINO CÆS.

Basileus Amasiæ Ponti Episcopus sub Licinio martyrio coronatur.

Alexandriæ XVIII. ordinatur Episcopus Alexander.

CRISPO II. ET CONSTANTIO II.

(b) Arius Presbyter, ab Alexandro Episcopo de Alexandrina Ecclesia ejectus, multos suæ impietati sociat, prædicans Patrem & Filium & Spiritum-sanctum non esse unius ejusdemque naturæ, aut, ut expressius dicitur, essentiæ; utpote creaturam: Spiritum vero sanctum creaturam creaturæ; id est ab ipso Filio creatum. Ad quam perfidiam exaggerandam Synodus trecentorum decem & octo Episcoporum in Nicæam urbem Bithyniæ congregata, omnes hæreticorum machinas Homousii oppositione dejecit.

PROBIANO ET JULIANO.

SEVERO ET RUFINO.

Constantius Constantini filius Cæsar factus.

CRISPO III. ET CONSTANTINO III.

Licinius Thessalonicæ occiditur.

PAULINO ET JULIANO.

Crispus filius Constantini, & Licinius junior Constantiæ Constantini sororis & Licinii superioris filius interfecti.

CONSTANTINO VII. ET CONSTANTIO.

Vicennalia Constantini Nicomediæ acta, & sequenti anno Romæ edita.

CONSTANTINO II. ET MAXIMO.

HUCUSQUE Historiam perduxit Eusebius, Pamphyli Martyris contubernalis. Post hæc Hieronymi Presbyteri succedit auctoritas.

Drepanam Bithyniæ civitatem in honorem Luciani Martyris ibi conditi Constantinus instaurans, ex vocabulo matris suæ Helenopolim nuncupavit.

JANUARIO ET JUSTO.

(c) Donatus agnoscitur, a quo per Africam Donatistæ, qui primum propter ordinatum contra voluntatem suam Cæcilianum Ecclesiæ Carthaginensis Episcopum schisma fecerant, objicientes ei crimina non probata, & maxime, quod a Traditoribus divinarum Scripturarum fuerat ordinatus. Sed post caussam convictam atque finitam, pertinaci discordia in hæresim tran-

(a) Mf. Colb. anno XX. ponit. Itemque infra Silvestri Pontificatui annos assignat XX. cum alii XI. numerent.

(b) In Auctario tomi I. Biblioth. MSS. Ph. Labbei. *Arius Patrem & Filium & Spiritum-sanctum negans unius esse naturæ, vel ut expressius dicamus, essentiæ, ita ut Filius Patre minor, Spiritus autem sanctus Filio etiam habeatur inferior.* Cætera ut supra.

(c) Auctarium tomi I. Biblioth. MSS. novæ Labbei. *Donatus agnoscitur, a quo per Africam Donatistæ sunt. Qui propter Cæcilianum Carthaginis Episcopum, quia ipsis contradicentibus ordinatus est, in schismate divisi sunt, principe & auctore Donato, objicientes Cæciliano quædam crimina, quorum nullum probaverunt. Unde pravitate sua etiam hæretici facti sunt, baptizatos in catholica rebaptizantes, & in Trinitate deitatis unam quidem substantiam confitentes, sed Filium non æqualem Patri, & Spiritum-sanctum minorem Filio fatentes. In quam impietatem illos alius Donatus, qui ab illo tertius fuit, impulisse dicitur.*

transferrent: definientes propter Cæciliani crimina, seu vera, seu, quod magis apparuit, falsa, Ecclesiam Christi in toto orbe terrarum contagione communionis extinctam, in sola Donati parte superesse. Audent etiam rebaptizare catholicos: cum Ecclesiæ catholicæ placuerit, nec in ipsis hæreticis baptismas communes rescindere.

Antiochiæ post Tyrannum XX. ordinatur Episcopus Vitalis: post quem XXI. (a) Philogonus: cui successit XXII. Paulinus: post quem XXIII. fuit Eustathius. Quo in exilium ob fidem trudo, usque in præsentem diem Ecclesiam Ariani obtinuerunt.

CONSTANTINO VIII. ET CONSTANTINO CÆS. IV.

CONSTANTIO III. ET SYMMACHO.

Alexandriæ XIX. Ordinatur Episcopus Athanasius.

BASSO ET ABLABIO.

Hieronymus nascitur.

PACATIANO ET HILARIANO.

Romæ XXXII. ordinatur Episcopus MARCUS mensibus octo.

Post quem XXXIII. ordinatus est JULIUS annis xvi. mensibus quatuor.

Edicto Constantini Gentilium templa subversa sunt.

Romani Gothos in Sarmatarum regione vicerunt.

Constans filius Constantini provehitur ad regnum.

DALMATIO ET XENOPHILO.

OPTATO ET PAULINO.

CONSTANTIO ET ALBINO.

Constantinus cum liberis suis honorifice ad Antonium Monachum literas mittit.

NEPOTIANO ET FACUNDO.

Tricennalibus Constantini Dalmatius Cæsar appellatur.

Nazarii Rhetoris filia Eunomia Christiana Virgo in eloquentia patri coæquatur.

(b) Eustachius Constantinopolitanus Presbyter innotescit, cujus industria Jerosolymis (c) Martyrium constructum est.

(d) Constantinus extremo vitæ suæ tempore ab Eusebio Nicomediensi Episcopo baptizatus, in Arianum dogma declinavit.

FELICIANO ET TITIANO.

Constantinus cum bellum pararet in Persas, in Ancyrone villa publica juxta Nicomediam moritur, anno ætatis suæ lxvi. post quem tres liberi ejus ex Cæsaribus Augusti appellantur.

CONSTANTINUS, CONSTANTIUS, & CONSTANS, XXXVII. regnavit annis xxiv. mensibus quinque, diebus duodecim.

URSO ET POLEMIO.

Dalmatius Cæsar, quem patruus Constantinus consortem regni cum filiis reliquerat, factione Constantii patruelis occiditur.

Jacobus Nisibenus agnoscitur, ad cujus preces sæpe urbs discrimine liberata est, cum oppugnaretur a Sapore rege Persarum.

CONSTANTIO II. ET CONSTANTE.

Ex hoc tempore Impietas Ariana (e) Constantii Imperatoris fulta præsidio, exiliis, carceribus, & variis afflictionum modis, primum Athanasium, deinde omnes non suæ partis Episcopos persecuta est.

ACYNDINO ET PROCULO.

Constantinus bellum fratri inferens juxta Aquilejam, (f) Alsa occiditur, anno imperii sui xxiii.

(a) Quidam Codices Chron. Eusebiani, *Philogonius*.

(b) In MS. antiquissimo Colb. Bibliotk. & editione Pont. vocatur *Eustathius*.

(c) Templum intellige. Quare autem hoc templum in honorem gloriosissimi sepulcri Salvatoris constructum, ex quo aque, quæ ipse Constantinus ædificari jussit Jerosolymis, nuncupatum fuerit *Martyrium*, explicat Cyrillus Jerosolymitanus Catech. 14. quasi *testimonium & monumentum resurrectionis* Christi. Hoc ipsum vocatur, *Basilica Constantiniana*. Adiunge a. Conc. Nic. a. Pontacus pag. 704. notarum in Chron. Eusebii.

(d) Prima pars illius articuli, quod *Constantinus extremo vitæ suæ tempore fuerit baptizatus*, confirmatur testimonio Socratis libro primo cap. 39. Sozomeni libro secundo cap. 34. Theodoreti libro primo cap. 31. Evagrii libro tertio cap. 40. Mariani, & Eusebii lib. 4. de vita Constantini cap. 61. 62. & 63. & post eum Ambrosii in oratione de obitu Theodosii. Quod pertinet ad alteram partem, videlicet *Constantinum declinasse in Arianum dogma*, idem Lucifer ex veteribus lib. 1. de reg. apost. idem sentire videtur, hinc fortasse suspicionis ansam capiens, quod Episcopos catholicos, ut Athanasium, & alios in exilium amandavit circa ultimos vitæ annos. Sed hoc factum non provenit ab fide corrupta, sed quia ipse armatus & fallaciis Eusebianorum deceptus (qui licet simularent se catholicos, Arianis tamen occulte favebant;) existimabat, ex eo effecturum ut hoc pacto Athanasius liber esset ab eorum crudelitate, qui illi per insidias imminebant; sicut loquitur Athanasius epist. ad solitariam vitam agentes; ubi non solum illum de suo exilio excusat, sed etiam testatur ab hac labe immunem. Idem facit Epiphan. hæresi 69. Hilarius lib. 1. ad Constantium, & Theodoretus lib. 1. hist. cap. 5. His adde quod sacra antiquitas veneratur est Constantinum ut Orthodoxum, & memoriam ejus recolit Ecclesia Græca 21. Maii. Hæc pauca ex pluribus, quæ differit [illegible] Pontacus in notis p. 704. & 771. Quibus aliqua subjungit ad fulciendam lectionem codicis unius, qui integram sententiam refert ad Constantium. Utique haud sane non videri, quomodo possit dici Hieronymus hæc memorasse de Constantino, cum talia ab omnibus libris referantur ad annum 31. Constantini, nullo modo autem ad tempora Constantii; [illegible] dici posse Arianos jam ab initio Chronici in lucem editi, hæc quæ dicebantur de Constantino, transposuisse in ultimum annum Constantini. Ex quibus omnibus colligit acri & maturo judicio Baronius tom. 3. Annal. pag. 410. exclusisse hunc paragraphum, tamquam adulterinum, & *ab alio appositum, atque totius Ecclesiæ consensione & usu contrarium improbatum & rejectum*. Quem nihilominus ob codicum tam MS. quam excusorum auctoritatem non movit.

(e) Unicus ex MS. Colb. habet *Constantini*. Alii omnes cum edit. Pont. *Constantii*.

(f) Emendavimus pro *Alsa* ex MS. quinque Colb. & edit. Pont. Chron. Eusch. Nam constat ex Aurelio in Epitome Constantinum fuisse projectum in fluvium, cui nomen Alsa, non longe ab Aquileja, & Rufinus lib. 1. cap. 13. *Constantinus non longe ab Aquileja apud Alsam fluvium a militibus interfectus*: & eo sensu Eusebius vocat Aquilejam Alsæ, hoc est, quæ adjacet Alsæ fluvio, ut testatur Ninius lib. 3. cap. 18. Pontacus pag. 708. in notis Chron. Euseb.

MARCELLINO ET PROBINO.

Audæus in Syria agnoscitur, a quo hæresis Audæianorum, (a) & Audiani, quos & Anthropomorphitas vocant: quia Deum humanæ imagini credunt esse conformem. In quibus etiam illud arguitur, quod Pascha Christianorum Judaica perhibentur observantia celebrare.

CONSTANTIO III. ET CONSTANTE II.

Hermogenes Magister militiæ Constantinopolim (b) tractus a populo ob Episcopum Paulum, quem regis imperio & Arianorum factione pellebat.

(c) Macedonius ariis plurimis in locum Pauli ab Arianis Episcopus subrogatur, a quo hæresis Macedoniana, cujus dogma est, Patrem quidem & Filium unius divinitatis ejusdemque substantiæ confiteri, sed Spiritum-sanctum dicere creaturam.

Paulus eruditate Præfecti Philippi, nam fautor Macedonii partium erat, & Arianorum insidiis strangulatur.

PLACIDO ET ROMULO.

Maximinus Treverorum Episcopus clarus habebatur, a quo Athanasius Alexandrinus Episcopus cum a Constantio quæreretur ad pœnam, honorifice susceptus est.

LEONTIO ET SALUSTIO.

Sapor Persarum rex Christianos persequitur.

CONSTANTIO IV. ET CONSTANTE III.

Athanasius ad Constantis litteras Alexandriam regreditur.

AMANTIO ET ALBINO.

POST CONS. AMANTII ET ALBINI.

RUFINO ET EUSEBIO.

Quadragesimus Maximus post Macarium Jerosolymorum Episcopus moritur: post quem Ariani Ecclesiam invadunt.

PHILIPPO ET SALIA.

Romanæ Ecclesiæ XXXIV. Episcopus ordinatur LIBERIUS, quo in exilium nono Episcopatus sui anno ob fidem truso, omnes Clerici juraverunt, quod nullum alium susciperent. Verum cum Felix ab Arianis fuisset in Sacerdotio sublimatus, plurimi perjuraverunt, & post annum reverso in Urbem Liberio, cum Felice ejecti sunt.

LIMENIO ET CATULINO.

Magnentio apud Augustodunum arripiente imperium, Constans haud longe ab Hispania, in castro cui Helena nomen est, interficitur: ob quam rem turbata republica, Vetranio Mursæ, Nepotianus Romæ Imperatores facti.

SERGIO ET NIGRIANO.

Nepotiani caput pilo per Urbem circumlatum.

Vetranioni apud Naissum a Constantio regium insigne detractum, & Magnentius Mursæ magna Reipublicæ clade superatus est.

POST CONS. SERGII ET NIGRIANI.

Gallus, qui & Constantius, Constantii patruelis Cæsar factus.

CONSTANTIO V. ET CONSTANTIO CÆS.

CONSTANTIO VI. ET CONSTANTIO CÆS. II.

CONSTANTIO VII. ET CONSTANTIO CÆS. III.

Magnentius Lugduni in palatio propria manu seipsum interficit, & Decentius frater ejus, quem ad tuendas Gallias Cæsarem miserat, apud Senonas laqueo vitam finit.

Gallus Cæsar sollicitatus a Constantio patruele, cui in suspicionem (d) ob regiam indolem venerat, in Istria occiditur.

Paulinus & Rhodanus Galliarum Episcopi in exilium ob fidem trusi.

Eusebius quoque Vercellensis Episcopus, & Lucifer Calaritanæ Ecclesiæ, & Mediolanensis Ecclesiæ Dionysius Episcopus, Pancratiusque Romanus Presbyter, & Hilarius Diaconus, distantibus inter se, ab Arianis & Constantio damnantur exiliis.

ARBETIANO ET LOLLIANO.

Julianus frater Galli Mediolani Cæsar appellatur.

CONSTANTIO VIII. ET JULIANO CÆS.

Antonius Monachus (e) centesimo anno ætatis suæ in eremo moritur, solitus multis adse venientibus de Paulo quodam Thebæo miræ beatitudinis viro plurima memorare.

Hilarius Pictaviensis Episcopus factione Saturnini Arelatensis Episcopi, reliquorumque qui cum illo erant Arianorum, in Phrygiam (f) pulsus, libros de nostra religione composuit.

Reliquiæ Timothei Apostoli Constantinopolim invectæ.

Sarmata, Amathas, & Macarius discipuli Antonii insignes habentur.

Liberius Episcopus Romanus in exilium mittitur.

CONSTANTIO IX. ET JULIANO CÆS. II.

Ossa Andreæ Apostoli & Evangelistæ Lucæ Constantinopolim inlata.

Paulinus Treverorum Episcopus in Phrygia exulans moritur.

DA-

(a) In Auctario tom. 1. Biblioth. nov. MS. Ph. Labbé. *Audæus ab Audæo quodam cognominati* &c. ut supra.

(b) Quorum verborum is sensus est: cum quod Constantinopolim perductus sit, sed quod cum in eum populus insiluisset, captum & interfectum fuisse traxerit. Sic enim servatur lib. 2. cap. 13. *Pont. in notis* p. 709.

(c) Auctarium Labbei. *Macedoniani Macedonius fuit auctor eorum, quos Græci Pneumatomachos vocant; eo quod Spiritui sancto Deo conferente repugnant. Nam de Patre & Filio recte sentiunt, quod unius sunt ejusdemque substantiæ: sed hoc de Spiritu-sancto nolunt credere, creaturam eum esse dicentes. Quidam hos semi-Arianos vocant, quod in hac quæstione ex parte cum illis sint, ex parte ab illis.*

(d) Edit. Pont. & MS. Codd. duo, *ob egregiam indolem*. Cum vero dicitur supra *sollicitatus a Constantio*, significatur Constantium verbis blandis Gallum eo se pellexisse, ac deinde interfici curasse, ut testantur Ammianus, Zosimus, Victor, Socrates, & alii. *Pontacus* pag. 713.

(e) In Chronico Hieronymi, *centesimo quinto*.

(f) Chronicon Hieronymi, addit, *ante triennium*.

DATIANO ET CEREALE.

Synodus apud Ariminum & Seleuciam Isauriæ facta, in qua antiqua Patrum fides decreto primo legatorum, dehinc omnium proditione damnata est.

EUSEBIO ET HYPATIO.

Gratianus, qui postea Imperator factus est, nascitur.

Hilarius Episcopus, cum apud Constantinopolim librum pro se Constantio porrexisset, ad Gallias rediit.

Omnes pene Ecclesiæ toto orbe sub nomine pacis & regis, Arianorum consortio polluuntur.

Gallia per Hilarium Ariminensis perfidiæ dolos damnat.

CONSTANTIO X. ET JULIANO III.

Constantius Mopsocrenis inter Ciliciam Cappadociamque moritur.

JULIANUS XXXVIII. regnat (a) annis duobus & mensibus octo.

Juliano ad idolorum cultum converso, blanda persecutio fuit, illiciens magis quam impellens ad sacrificandum, in qua multi ex nostris voluntate propria corruerunt.

TAURO ET FLORENTIO.

Georgio per seditionem populi incenso, qui in loco Athanasii ab Arianis fuerat ordinatus, Athanasius rediit.

Eusebius & Lucifer Episcopi de exilio revertuntur, e quibus Lucifer, adscitis aliis duobus confessoribus, Paulinum Eusthatii Episcopi Presbyterum, qui se numquam hæreticorum communione polluerat, in parte Catholica Antiochiæ Episcopum facit.

Prohæresius sophista Atheniensis, lege data, ne Christiani liberalium disciplinarum doctores essent, cum sibi specialiter Julianus concederet, ut Christianos doceret, scholam sponte deseruit.

MAMERTINO ET NEVITTA.

Æmilianus ob ararum subversionem Dorostori a Vicario incenditur.

JULIANO III. ET SALUSTIO.

Ecclesiæ Antiochiæ clausæ: & gravissima imminentis persecutionis procella Dei voluntate sopita est. Nam Julianus in Persas profectus, nostrum diis suis post victoriam sanguinem voverat, ubi a quodam simulato perfuga ad deserta perductus, cum fame & siti magnam partem exercitus perdidisset, occisus est.

JOVIANUS XXXIX. regnat menses viii. dies viii.

JOVIANO ET VARRONIANO.

Synodus a Meletio & suis Antiochiæ facta, in qua Homousio Anomæoque rejecto, medium inter hæc Homoiousion (b) Macedonianum dogma vindicaverunt.

Jovianus cruditate, sive calore prunarum (c) moritur.

Post quem VALENTINIANUS Tribunus scutariorum apud Nicæam Augustus appellatus, fratrem Valentem Constantinopoli in communionem regni assumit.

VALENTINIANUS & VALENS XL. regnaverunt annis (d) xiv. mensibus quinque.

VALENTINIANO ET VALENTE.

GRATIANO ET DAGALAIPHO.

(e) Apollinaris Laodicenus Episcopus multimoda religionis nostræ scripta componit: qui postmodum a fide catholica devians, condidit hæresim, quæ ipsius nomine nuncupatur: & cujus hic error est, ut asserat JESUM solam carnem sine anima suscepisse, vel animam vitalem tantum, non etiam rationalem, quoniam ipsum Verbum vim mentis impleverat: ipsam autem carnem non de Maria assumptam, sed Verbi aliquid in carnem fuisse conversum.

Procopius, qui apud Constantinopolim tyrannidem invaserat, apud Phrygiam Salutarem extinctus est, multis partium ejus cæsis atque proscriptis.

Romanæ Ecclesiæ xxxv. ordinatur Episcopus DAMASUS annis xviii.

Hoc tempore fuit secundum schisma, Ursicino Antipapa, quod eo per collectam Romæ synodum ejecto, duravit mensibus sex, anno Domini ccclxxx. *Hæc in libri margine.*

Valens ab Eudoxio Arianorum Episcopo baptizatus nostros persequitur.

LUPICINO ET JOVINO.

GRATIANUS Valentiniani filius Ambianis Imperator factus.

HI-

(a) Huic codices Chronici Hieronymiani *annum unum imperii assignant cum mensibus Octo*, quod ero *sequimur*.

(b) De hac Meletii synodo, & mente S. Hieronymi hic in Chronico, legi possunt viri eruditi, qui de hac difficultate scripserunt: & interim consuli potest illustrissimi Valesiani Episcopi ad hanc partem Chronici S. Hieronymi pag. 713. & sequentibus: in qua plura scribit de textus illius restitutione, & nonnulla addit de Meletii Synodo, quam alii damnarunt, alii vero probatam habuerunt, postremoque inter numerat S. Basilium & plerosque patrum, apud quos asseritur Meletium semper verum doctrinam amplexatum fuisse. Athanasius quoque dispat. 1. contra Arianos vocat *Magnum*, & Nicephorus *Confessorem*. Ter enim ob fidem exilium in exilium tradit Greg. Nis. Orat. in funere Meletii, & Theodoretus lib. 2. cap. 31. *Divinum & magnum* appellat Meletium. Quin adhuc hodie a Græcis inter sanctos colitur, & ejus festum ipsius idem Februarii celebratur. Cum autem non tam de re ipsa, quam de mente ac sententia Hieronymi agatur, hæc patet ex MSS. hujus Chronici, & aliis ejus libris, in quibus Meletium numerat inter hostes Christi. Quibus non obstantibus, concludit contradictor illustrator Chronici Hieronymiani, quod potest tamen Meletius varii modis defendi aut excusari, ut id quod in hac Synodo egit nomine hæretico lenia egisse credendus sit: ut pote qui fuit vir sanctissimus, quique post hæc in exilium tertio a Valente fidei causa sit pulsus, teste Sozomeno lib. 6. cap. 7.

(c) Codices Chronici Hieron. addunt, *quem nimium adoleri jusserat*.

(d) Cod. MS. antiquioris nota habet 34. ut hic alii cum edit. Pontaci 15. totidemque mensibus qui supra notantur.

(e) Auctarium tom. 1. Biblioth. novæ MSS. Lab. *Apollinaris perversitas hoc primum devenit errore, ut Dominum Jesum Christum diceret humanam carnem sine anima suscepisse; quia vitam & regimen corporis Deitas ipsa præbuerit. Ex hoc refutatus, confessus est illi carni animam non defuisse; sed mentis operia Verbi virtute completa. Ad ultimum, ipsam Christi carnem partem quamdam Verbi dixit fuisse, quæ naturam Divinam habuerit, non maternam.*

Hilarius Episcopus Pictavis moritur.

VALENTINIANO II. ET VALENTE II.

VALENTINIANO N. P. ET VICTORE.

VALENTINIANO III. ET VALENTE III.

Athanaricus rex Gothorum in Christianos persecutione commota, plurimos interfecit, & de propriis sedibus in Romanum solum expulit.

Eusebius Vercellensis Episcopus moritur.

Constantinopoli Apostolorum Martyrium dicatur.

Lucifer Calaritanus Episcopus moritur, qui cum Gregorio Episcopo Hispaniarum, & Philone Lybiæ, numquam se Arianæ miscuit pravitati. (a) Sed dum vigorem justitiæ erga correctionem eorum qui cesserant, non relaxat, ipse a suorum communicatione descivit.

GRATIANO ET PROBO.

MODESTO ET ARINTHEO.

Didymus Alexandrinus multa de nostro dogmate per notarios commentatur, qui post quintum nativitatis suæ annum luminibus orbatus, elementorum quoque ignarus fuit.

VALENTINIANO IV. ET VALENTE IV.

Eunomius discipulus Aetii Constantinopoli agnoscitur, a quo hæresis Eunomiana, quæ Filium Patri non consubstantialem dicit esse, sed similem. Cujus error est dissimilem asserere Patri Filium, & Filio Spiritum-sanctum.

GRATIANO III. ET EQUITIO.

POST CONS. GRATIANI ET EQUITII.

Quia superiore anno Sarmatæ Pannonias vastaverunt, iidem consules permansere.

Post Auxentii serum mortem, Mediolani Ambrosio Episcopo constituto, omnis ad fidem rectam Italia convertitur.

Aquilejenses Clerici quasi chorus beatorum habentur.

Valentinianus subita sanguinis eruptione, quæ Græce apoplexis vocatur, Brigitione moritur.

Post quem GRATIANUS assumpto in imperium VALENTINIANO fratre cum patruo Valente regnat.

Valens legem dedit, ut Monachi militarent, nolentes fustibus necarentur.

VALENTE V. ET VALENTINIANO.

Photinus in Galatia moritur, a quo Photinianum dogma inductum, Paulo Samosateno & Artemone, de quibus supra dictum est, conceptum auctoribus.

GRATIANO IV. ET MEROBAUDE.

Alemannorum multa millia (b) apud Argentarium oppidum Galliarum ab exercitu Gratiani cæsa.

Gens Hunnorum Gothos vastat, qui a Romanis sine armorum depositione suscepti rebellant.

VALENTE VI. ET VALENTINIANO II.

Superatis Romanis, Gothi funduntur in Thracia.

Valens de Antiochia exire compulsus, sera pœnitentia nostros de exilio revocat.

Lacrymabile bellum in Thracia: in quo deserente Equitum præsidio, Romanæ legiones usque ad internecionem a Gothis cæsæ sunt. Ipse autem Valens cum sagitta saucius fugeret, & ob dolorem nimium sæpe equo laberetur, ad cujusdam villæ casam deportatus est. Quo persequentibus barbaris, incensa cum eadem domo, sepultura quoque caruit.

(a) Illustrissimus Valesianus Chronici illustrator hunc Hieronymi locum explicans dicit, *Significat eos abstinuisse a communione non solum Arianorum, sed etiam, sive Episcoporum, sive aliorum catholicorum, qui cum Arianis quamdiu libet pœnitentibus communicabant: non autem quod hi soli ex omnibus Episcopis immunes fuerint ab Ariana hæresi. Nam in Occidente, præter Auxentium Mediolan. Episcopum admodum pauci fuerunt sectatores illius impietatis.* Unde Basilius in epist. 70. quam ad Italiæ & Galliæ Episcopos dirigit, *Nec enim*, inquit, *hæresim nudam cuncta depascatur, & periculum est, ne vastatis Ecclesiis nostris, ad vestram incolumis vestri partem serpat.* Immo in Oriente quoque major pars erat catholicorum, teste Basilio epist. 72. *State in fide, ipsum orbem inspicite, & videte quam modica sit ea partio quæ hoc morbo laborat, reliqua vero universa Ecclesia, quæ ab orbis finibus, usque ad finem Evangelium recepit, sanam hanc & rectam doctrinam sectatur, a cujus communione ne excidatis precamur.*

(b) MS. Colb. *circiter* xxx. Locum vero certaminis eruditissimus Andr. Schottus putat esse oppidum in finibus Lemovicensium, quod *Argenton* vulgo. Sed probabilius putat Pontacus esse urbem sitam supra Rhenum, vulgo *Strasbourg*: quæ ab Eusebio circa Olympiadem 289. vocatur *Argentoratum*, dum de simili Alemannorum cæde fit mentio, ut & apud Mar. hoc loco. Nam raro aut vix umquam constabit, Alemannos tempore priorum Imperatorum Lemovicas usque irrupisse.

SANCTI PROSPERI AQUITANI CHRONICUM.

PARS SECUNDA.

A MORTE VALENTIS IMPERATORIS

Usque ad obitum Valentiniani tertii, & Romam a Vandalis captam.

HUCUSQUE Hieronymus Presbyter ordinem praecedentium digessit annorum. Nos quae consecuta sunt adjicere curavimus.

Igitur Valente a Gothis in Thracia concremato, GRATIANUS cum fratre VALENTINIANO XLI. regnavit annis VI.

AUSONIO ET OLYBRIO COSS. (a)

Gratianus post mortem patrui, Theodosium Theodosii filium in consortium assumit imperii, & ei regnum tradit Orientis.

(b) Theodosius summa felicitate multis atque ingentibus praeliis Gothos superat, & e Thracia expellit.

Longobardi ab extremis Germaniae finibus, Oceanique protinus littore, Scandiaque insula, magna multitudine egressi, & novarum sedium avidi, Iborea & Aione ducibus Vandalos primum vicerunt.

Sempronius vir apprime eruditus agnoscitur.

Ea tempestate Priscillianus Episcopus (c) de Gallecia, ex Manichaeorum & Gnosticorum dogmate, haeresim nominis sui condidit.

GRATIANO V. ET THEODOSIO COSS.

(d) Pro catholica fide multa sublimiter Ambrosius scribit.

(e) Theodosius cum Thessalonicae aegrotaret, (f) ab Ascholio ejusdem civitatis Episcopo baptismum suscepit.

Procurante Gratiano, eo quod Theodosius aegrotaret, pax firmatur cum Gothis.

Synodus Patrum (g) CLXXX. apud Constantinopolim celebrata est contra Macedonium, Spiritum-sanctum Deum esse negantem.

(h) SIAGRIO ET EUCHERIO COSS.

Martinus Episcopus Turonorum Galliae civitatis multis clarus habetur.

(i) Gra-

(a) MS. Colb. *Musonio*. Restituerat *Ausonio* Pontacus ex MS. Cujaciano in Cassiod. pag. 545. & Vaseo in Chron. Hispan. pag. 517. Nec hallucinari existimat Josephum Scaligerum & Onuphrium Panvinium, cum indicant hunc Ausonium esse Ausonium Burdigalensem poetam insignem: quod demonstratur ex ipso Ausonio cum de suo consulatu scribens inter Epigrammata, significat eum incepisse in annum 3. Olympiadis 289.

(b) Sequentia usque ad articulum qui incipit ab his verbis *Ea tempestate*, absunt ab editione Labbei & MS. Colb. ac edita leguntur apud Pontacum charactere Italico, quo vulgato Prosperi Chronico addita notari voluit. Habentur etiam in editione Lugd. Biblioth. Patrum 1677.

(c) Emendavimus pro *de Galatia*, quod Labbeus & Biblioth. Patrum Lugdun. 1677. aut *de Gallias*, quod Augustanus MS. exhibentare, & emendantes illust. Pontaci in notis ad Chron. Prosperi, p. 760. Cum constet Priscillianum non Galatam fuisse, ex illa scilicet Galatia regione Asiae ad Pontum Euxinum, tam ex Hieronymo Epist. 66. Isidoro in Etymologiis lib. 8. cap. 5. & Augustino de Haeresibus. Quod fuerit Episcopus Hispanus, patet ex Sulpitio Severo, & ex ipso Hieron. libro de script. Eccles. qui testantur ipsum fuisse Episcopum *Abile*, hodie *Avila*: & Joan. Mariana lib. 4. cap. 20. de rebus Hispaniae vocat *Priscillianum Presulem Abulensem*. Unde patet corrupte legi apud Sulpicium *in oppido Labilensi*, pro *Abilensi*. Idem alias corrupte dicebatur, *Prisceanus*: quod correctum jam, & ex MS. Colb. duobus corrigi debuisse agnoscitur.

(d) MS. unus Colb. & Augustanus, *Ambrosius Episcopus pro catholica fide multa sublimiter scripsit*. Pont. omisit vocem, *Episcopus*.

(e) Hic articulus cum duobus sequentibus absunt ab editione Labbei & MS. Augustano & Colb. & apud Pontacum pro additis habentur.

(f) Alias, *a Basilio*. Quae lectio (ex Pontaco in notis 763.) non poterat constare cum iis quae leguntur in epistola Synodali Concilii Constantinopolitani, & apud Sozomenum lib. 7. cap. 4. Socratem lib. 5. cap. 6. Nicephor. lib. 12. cap. 16. & Chronicon, dum tradunt, Theodosium ab Ascholio Episcopo Thessalonicensi baptizatum. Hinc idem existimavit oportere sibi datam esse ab ipsis libris (cum nihil reliquerit de mente Prosperi) amplectendi potius veritatem, quam nimis religiose immorandi in retinenda editorum lectione sine teste & ratione: quia etiam verisimile sit esse errorem solius librarii.

(g) In editione Pontaci & alibi numerantur ducenti. cujus autem vide de anno hujusce Synodi, quae nuncuique pio debet esse commendata; facta est Gregorio cuique inter Evangelii.

(h) Pont. *Evagrio & Eucherio*, alii *Eleutherio*.

(a) Gregorius Nazianzenus vir suæ ætate eloquentissimus, & Hieronymi præceptor obiit.

(b) ANTONIO ET SYAGRIO COSS.

Athanaricus Rex Gothorum apud Constantinopolim xv. quo fuerat susceptus die (c) occiditur.

MEROBAUDE II. ET SATURNINO COSS.

Arcadius Theodosii Imperatoris filius Augustus appellatur.

Petronius Bononiensis Episcopus, vir studiis & sanctitate clarus moritur. (d)

RICIMERE ET CLEARCHO COSS.

Honorius Theodosii filius nascitur.

Romanæ Ecclesiæ post Damasum (e) SIRICIUS XXXVI. præfuit annis xv.

In Britannia per seditionem militum Maximus Imperator est factus, quo mox ad Gallias (f) transfretante, Gratianus Parisiis (g) Merobaudis magistri militum proditione superatus, & fugiens, Lugduni captus atque occisus est.

Maximus Victorem filium suum Cæsarem consortem regni facit.

VALENTINIANUS cum Theodosio XLII. Romanorum regnavit (g) annis vii.

ARCADIO ET BAUTONE COSS.

Hoc tempore Hieronymus Presbyter toto jam mundo clarus habitat in Bethleem, egregio ingenio & studio (i) universæ Ecclesiæ serviens.

Priscillianus in Synodo Burdegalensi se damnandum intelligens, ad Imperatorem Maximum provocavit, auditusque Treviris ab Evodio præfecto prætorio, (k) a Maximo gladio addictus est, cum Euchrocia Delphidii Rhetoris conjuge, & Latroniano, aliisque erroris consortibus.

HONORIO (l) N. P. ET EVODIO COSS.

Burdegalæ quædam Priscilliani discipula nomine Urbica, ob impietatis pertinaciam per seditionem vulgi lapidibus extincta est.

VALENTINIANO III. ET EUTROPIO COSS.

THEODOSIO II. ET CYNEGIO COSS.

Maximus tyrannus a Valentiniano & Theodosio Imperatoribus in tertio ab Aquileja lapide spoliatus indumentis regiis, sistitur & capite damnatur: cujus filius Victor eodem anno (m) ab Arbogaste comite est interfectus in Galliis.

TIMASIO ET PROMOTO COSS.

Ithacius & Ursacius Episcopi, ob necem Priscilliani, cujus accusatores fuerant, Ecclesiæ communione privantur.

(n) Longobardi, eorum ducibus defunctis, primum sibi regem creaverunt Agelmundum Aionis filium, qui regnavit annis xxxiii.

VALENTINIANO IV. ET NEOTERIO COSS.

(o) Signum in cælo, quasi columba pendens ardensque per dies xxx. apparuit.

(a) Theo-

(a) Hæc addita narrantur in Chron. edit. Pontaci, & absunt a latere Labbei. Quanquam sententia sit vero plane consentanea: quia ipse Hieronymus ad Pammachium, ad Rufinum, & ad Domnionem epist. 5z. vocat Gregorium Nazianz. suum catechistam, & adversus Jovinianum, suum præceptorem, ut etiam lib. de script. Eccles. quo ex loco ista verba videntur desumpta. Tamen sibi nullo modo convenit cum ipso Hieronymo, dum lib. de script. Eccles. scribit illum decessisse sub Theodosio principe ante hoc ferme triennium. Ac cum ipse ibidem testetur se absolvisse hujusmodi librum de script. Eccles. anno 14. Theodosii, sequitur Gregorium Nazianz. vita functum anno 11. Theodosii: unde opposite Sigebertus in Chron. ejus obitum ad illum annum 11. refert. *Pontac.*

(b) MS. Colb. unus, *Antonio & Syagrio*: alii, *& Evagrio*. V. Pont. p. 765.

(c) In ora editionis Lugdun. habet, *inqe seidit* [illegible], teste Marcellino, Ammiano l. 27. Zosimo lib. 4. Themistio orat. & Orosio lib. 7. c. 34. Cassiodoro, & aliis. Marcellinus & Sigebertus ad annum superiorem referunt. *V. Pontac.* p. 765.

(d) Hæc etiam absunt a MSS. pluribus & edit. Labbei. Quod Petronius fuerit Episcopus Bononiensis circa hæc tempora nemo posset dubitare (ait Pontacus p. 765.) cum idem referatur Gennadius cap. 41. Ado &c. Sed quod obierit hoc Consulatu nullo modo potest sustineri: cum vixerit adhuc Rufino Bononiensi, cui successus est Felix, & huic deinde Petronius. Itaque magis credendum est Gennadio, dum scribit eum vita functum, Theodosio & Valentiniano imperantibus Augustis, quem Ado sequitur. Unde concludit vir in Historia Ecclesiastica peritissimus, hunc locum non esse Prosperi.

(e) Male in quibusdam codicibus vocatur *Ursinus*, in Colb. uno *Siricius*, notaturque præfuisse annis 14. in August. & Colb. uno, in alio annis 16.

(f) Alias legebatur *transfretante se*.

(g) Codex Augustanus, *Merobaudis Magistro militum*. Quæ lectio probatur Pontaco. Quia testis est Pacatus Merobaudem occisum a Maximo, ut fama ferret & inclamante Gratiani, & hunc illo invito a militibus proditum.

(h) Pontacus ex MS. Ubiciano (quem & Augustanum vocamus, quia erat Monasterii Augustani SS. Afræ & Udalrici teste Herrico Canisio) posuit annos 8. V. *notam ejus* p. 767.

(i) Alias, *studiis universali*. Deest in Labbeo. Legitur in MS. Colb. & August. *universæ*, in Colb. altero *universali*.

(k) Hic additur *a Maximo*, in MS. Colb. uno & edit. Lugd. abest ab edit. Labbei & Colb. alio: quam lectionem tuetur Pontacus in notis pag. 767. ex Hieron. lib. de script. Eccles. scribente, *Priscillianum Treviris a Maximo tyranno cæsum*, & Sulpitio lib. 2. dum refert *Evodium* [illegible] *pronuntiasse Priscillianum, & gestis delatis ad Imperatorem, ipsum censuisse Priscillianum, sociosque ejus capitis damnari oportere*: & Isidoro in Chron. *Priscillianus a Maximo tyranno gladio caditur*.

(l) MS. Colb. unus, *Honorio Nepote*. Alius, *Imperatore*, & Augustanus codex. Verum Pontacus in notis p. 768. observat quod illæ duæ literæ N. P. non significant, *Nepote*, sed *nobilissimum puerum*. Unde in fastis ista leguntur. *Fl. Honorius Theodosii Augusti fil. nobiliss. puer.* Nam cum consulatus ei fuit delatus agebat duos annos, ut docet Claudianus.

Inter incunabula Consul
Proveheris, signat primos sua nomina fastus.

(m) Hæc verba, *eodem anno*, addunt MS. Colb. duo & August. codex.

(n) Hic articulus adjectus narratur apud Pontacum: nec habetur in edit. Labbei & MS. Colb. sed plura indicant Pontacus ex Diacono lib. 1. de Longobardis cap. 10.

(o) Desunt hæc, & una articulo sequenti habentur in edit. Labbei & MS. Pontaco videntur cæterorum eorumdem verbis ex Marcellino correcta. At legendum *Columnæ pendens*, non *Columba pendens* ex Chr. Can. Marcellino, Sigeberto, & aliis.

(a) Theodosius venerabile Joannis Baptistæ caput ex vico Coslai Constantinopolim deportans, septimo ab urbe lapide, in Basilica, quam magno sumptu in ejus honorem erexerat, recondit.

TATIANO ET SYMMACHO COSS.

(b) Eugenius favore Arbogastis confisus, imperium sibimet asurpavit.

ARCADIO II. ET RUFINO COSS.

Valentinianus ad vitæ fastidium nimia Arbogastis magistri militum austeritate ductus, (c) laqueo apud Viennam periit.

Arbogastes magister exercitus, mortuo Valentiniano, cujus (d) extitit gravabatur, Eugenium in Galliis imperare facit.

THEODOSIUS XLIII. Romanorum, cum jam per XIV. regnaret annos, regnat cum Arcadio & Honorio filiis annis III.

THEODOSIO III. ET ABUNDANTIO COSS.

(e) Honorium pater suus Theodosius in eodem loco, ubi quoque fratrem ejus Arcadium Cæsarem fecerat, principem constituit, VII. ab urbe milliario, cum hora tertia tenebræ factæ sunt.

ARCADIO III. ET HONORIO II. COSS.

Joannes monachus Anachoreta clarus habetur: qui omnium prophetiæ gratia, Theodosium consulentem de eventu belli quod adversus Eugenium movebat, victorem futurum prædixit.

OLYBRIO ET PROBINO COSS.

Theodosius Eugenium Tyrannum vincit, & perimit.

Augustinus beati Ambrosii discipulus multa facundia doctrinaque excellens, (f) Hipponeregio in Africa Episcopus ordinatur.

Hoc tempore Claudianus poeta insignis habetur.

Theodosius Imperator Mediolani moritur.

ARCADIUS XLIV. Romanorum, cum jam regnasset annis XII. regnat cum fratre HONORIO annos XIII.

ARCADIO IV. ET HONORIO III. COSS.

(g) Terræmotus per dies plurimos fuit, cælumque ardere visum est.

Orosius Hispanus Presbyter, vir eloquens, & Historiarum (h) cognitor clarus.

CÆSARIO ET ATTICO COSS.

(i) Flacilla nata est Arcadio filia. (k)

Evagrius incredibilis abstinentiæ monachus, & in sacris literis eruditus, apud Ægyptum habetur insignis.

(l) Concilium Carthaginis, ubi Hipponensis Concilii statuta firmantur & inferuntur.

HONORIO IV. ET EUTYCHIANO COSS.

ANASTASIUS XXXVII. Romanæ Ecclesiæ Episcopatum tenet annos III. dies XXI.

(m) MANLIO THEODORE V. C. COS.

Cum hoc consulatum fuerat Eutropius Eunuchus, qui mox honore & vita exutus est.

STILICONE ET AURELIANO COSS.

Gothi Italiam Alarico & Rhadagaiso ducibus ingressi.

VINCENTIO ET (n) FRAVITO COSS.

Joan-

(a) Ex illo ex additis designatur. Meminerunt tamen hujus translationis Sozomenus lib. 7. cap. 21. Cassiodorus lib. 9. Hist. Tripart. cap. 43. & Sigebertus qui eam designat circa annum Christi 392. & cum asserere circa annum 8. Theodosii, ut Cedrenus. Verum in annum sequentem transferendo, si credimus Marcellino, Theodosium non ante annum insequentem Constantinopolim reversum. Hæc Pontanus pag. 768.

(b) Articulus adjectus, de quo Pontanus censet quod videatur præcipue credendus: cum eodem dicatur sequenti anno, & verum; quia Fasti & alii scriptores referunt Eugenii imperium post mortem Valentiniani.

(c) An mors Valentiniani fuerit spontanea, sicut vult auctor cum Cassiodoro & Sozomeno, lib. 7. cap. 22. an ab aliis illata jussu Arbogastis, ut sentiunt Marcellinus, Orosius lib. 7. cap. 35. Socrat. lib. 5. cap. 25. jam eo tempore dubium erat, sicut testatur Ruffinus lib. 2. cap. 31. Pontan. MS. Colb. unus pro *austeritatem* scribit *auctoritatem*. Quod huic anno sit assignanda probat Pontac. p. 769.

(d) Sic legitur apud Labbeum & in MS. Colb. & August. Alibi, *cujus evertere*.

(e) His carent MS. Colb. & alii plures. Habet editio Labbei. Quæ omnia Epist. Valer. p. 769. monuerat sufpicatur Librarium ex Marcellino, ubi ad verbum reperiuntur, nisi quod legatur 7. *ab urbe milliario* pro VI. cui conveniunt Socr. l. 5. c. 25. Cassiod. in hist. Trip. l. 9. c. 46. Nam in Chron. rejicit in superiorem consulatum.

(f) Vide notam Pontaci col. 770. ubi adversum maculam codicum quorundam qui præferebant, *Hipponi regione Africæ* probat; contendque duas fuisse in Africa urbes quæ Hipponis nomen obtinuerunt, quarum una *Regia*, alia *Diarrytus*, propter aquarum irrigua dicebantur, cum immediate addat Hipponem dicta regionis nomen.

(g) Absunt ista a codice Labbei & quibusdam MS. sed sunt ad verbum apud Marcellinum: & meminit Ambrosius, orat. de funere Theodosii. Pontac.

(h) Absunt hæc a MS. pluribus & editis quibusdam, sed non a rei veritate (ait Pontacus col. 770.) Placuit doctissimo viro Nicolao Fabro legi *conditor* non *cognitor*. sed deest fides ullius codicis, & adversatur Gennadius in catalogo, ubi habetur *cognitor*.

(i) Non habentur hæc in edit. Lab. nec in MS. pleraque descripta ex Marcellino, cui assentitur Cedrenus, apud quem alius dicitur, *Flacria*, alias *Flacilla*. Baronius tom. 4. p. 515. confirmat vulgatam scriptionem. Pontac.

(k) Ista quoque desiderantur in edit. Lab. & MS. multis. Leguntur apud Gennadium in Catalogo. Sozom. l. 6. c. 29. Cassiod. l. 8. hist. Tripart. cap. 1. Pont.

(l) Hic articulus additur ex MS. Colb. uno & edit. Lugd. ad MS. Augustanum exacta.

(m) Quod hic collocandus Consulatus iste, & quod male legatur alias *Mandio* sed *Manlio* & *Theodoro* sola differentia legere licet in nota Pontac. colum. 771. qui inter ceteros testes citat Augustinum lib. 18. de civit. Dei cap. ult. & eundem lib. 1. retract. cap. 1. Claudianus quoque illi in consulatu panegyricum elegantissimum habuit, ubi profitetur eum solum consulem illius anno dicens, *Cultura attamque teum*.

(n) In aliis codicibus, *Flavitta*, in aliis, *Flavito*, seu *Fabutio*.

Joannes Constantinopolitanus (a), & Theophilus Alexandrinus illustres Episcopi habentur. Sed utrumque obscuravit discordia, quae eo usque processit, ut Joannes a Theophilo oppressus, Pontum exilio pergere cogeretur; cum tamen communionem ejus maxima pars Episcoporum, Romani Pontificis exemplum secuta, servaret.

ARCADIO V. ET HONORIO V. COSS.

(b) Pollentiae adversus Gothos vehementer utriusque partis clade pugnatum est.

INNOCENTIUS xxxviii. Romanae Ecclesiae praesul Episcopus (c) annis xv. mensibus ii. diebus xxi.

THEODOSIO AUGUSTO ET RUMORIDO COSS.

(d) Carthaginense Concilium habitum de Donatistis.

Eudoxiae Arcadii uxoris statua super porphyriticam columnam posita est.

HONORIO VI. ET ARISTENETO COSS.

(e) Eudoxia uxor Arcadii diem clausit.

STILICONE II. ET ANTHEMIO COSS.

Radagaisus in Thuscia multis Gothorum millibus caesis, ducente exercitum Stilicone, superatus & captus est.

ARCADIO VI. ET PROBO COSS.

Vandali & Alani Gallias, trajecto Rheno, (f) pridie Kal. Januarias ingressi.

HONORIO VII. ET THEODOSIO II. COSS.

Constantinus (g) ex infima militia, ob solam spem nominis, in Britannia tyrannus exoritur, & ad Gallias transit.

BASSO ET PHILIPPO COSS.

Arcadius Imperator Constantinopoli moritur.

HONORIUS cum THEODOSIO fratris filio xlv. Romanorum regnavit annis xvi.

HONORIO VIII. ET THEODOSIO III. COSS.

Vandali Hispanias occupaverunt.

Attalus Romae Imperator factus, qui mox privatus regno, Gothis (h) cohaesit.

FLAVIO VARRONE V. C. CONSULE. (i)

(k) Roma Orbis quondam victrix, a Gothis Alarico duce capta, & ob hoc solus fuit Orientalium partium Consul, quod in & sequenti anno observatum est.

THEODOSII AUGUSTI IV. CONSULATU.

Constantinus (l) per Honorii duces Constantium & Ulphilam, apud Arelatense oppidum victus & captus est, cujus filium Constantem in Hispania regnare ausum Gerontius Comes, in Maximum quemdam tyrannidem transferens, interemerat.

HONORIO IX. ET THEODOSIO V. COSS.

Maximo in Hispania regno ablato, vita est concessa, eo quod modestia humilitasque hominis affectati imperii invidiam non merebatur.

Gothi rege Athaulpho Gallias ingressi.

Eodem tempore Heros vir sanctus, & beati Martini discipulus, cum Arelatensi oppido Episcopus praesideret, a populo ipsius civitatis insons, (m) & nulli insimulationi obnoxius, pulsus est, inque ejus locum Patroclus ordinatus, amicus & familiaris Constantii magistri militum, cujus per ipsum gratia quaerebatur. Quae res inter Episcopos regionis illius magnarum discordiarum causa fuit.

* LU-

(a) Intelligit Joannem Chrysostomum, qui sub consulatu Honorii & Eutychiani ordinatus fuerat Episcopus Constantinopolitanus ab ipso Theophilo Alexandrino, teste Socrate lib. 6. cap. 2. Pontac.

(b) Sic post Pontaci correctionem Labbeus & MS. Colb. cum August. & aliis. In Colb. uno, *Adversus Gothos utriusque pollentiae partis clade pugnatum est*. Quem sequitur editio Lugd. Bibl. Patrum in qua pro *tentia* substituitur verbo *Pollentia*. Eadem narrat Cassiodorus paulo diverse. *Pollentia* urbs est sita in Alpibus Cottiis Ptolemaeo, inter Liguriae urbes. Claudianus de Consolatu 6. Honorii, & Claudi lib. 4. de bello Getico haec describit, & refertur Alaricum victum, ac cum paucis fugisse: contra Cassiodorus & Jornandes lib. de rebus Getic. ajunt Stiliconem victum atque fugatum. Sed videtur potius victoria Cadere secundum auctorem. Pontacus col. 771.

(c) Chronicon Labbei cum MS. Colb. & Aug. *annos* 14. Aliqui codices, *diebus* 12. Videri potest Baronius in Annalibus. Pontacus.

(d) Prior articulus hujus consulatus additur ex MS. Colb. & Baronio. Posterior ex Chronici editione Ant. Pontaci, MS. Augustano & Lugdun. editione. Deest utrumque apud Labbeum.

(e) Haec absunt ab edit. Labbei & MS. Colb. & pluribus aliis. Marcellinus quidem & Socrates collocant ejus obitum sub ipsum consulatum, quibus auctor. Sed quomodo illud possit conciliari cum Nicephoro lib. 13. c. 18. & aliis qui tradunt Eudoxiam superstitisse Joanni Chrysostomo, qui plura, qui nonnus, Lectoris eruditi judicio relinquimus. Pontac. col. 773.

(f) MS. Colb. unus & Augustanus. 3. Kalendas.

(g) Haec verba, *ex infima militia ob solam spem nominis*, non habent editio Labbei, nec MS. Colb. duo, & alii quos citat Pontacus. col. 773. nec immerito, si credimus Sigeberto in Chronico dicenti hunc Constantinum tyrannum (alii vocant Constantinum) fuisse fratrem Aldroeni regis Britanniae minoris. Verum Orosium ipsissima verba profert; nec non eadem repetuntur a Diacono & Beda in hist. Angliae. Pontacus.

(h) Sic MS. Colb. & edit. Labbei. In vulgatis, *Gothis cessit*. Priorem lectionem tuetur Pontacus col. 774. ex Zosimo, Procopio, & Orosio lib. 7. cap. 42. Quamquam posteriorem defendi liceret, si diceret quod ejus praesidium Gothi succederint.

(i) In quibusdam codicibus vitiose additur *Tertullus*. Quia eo anno Cal. Januarii nulli fuerunt consules ordinarii; sed creati sunt, Varro quidem in Oriente ab Honorio circa Cal. Februarias, alter vero Romae ab Attalo circa Cal. Julias, & hic a Fastis erasus fuit, cum a tyranno Consul creatus esset. Propterea Orosius eum vocat *umbratilem Consulem*, ut atque Ethelcius. Pontac.

(k) Haec omittuntur in edit. Labbei & MS. Colb. & aliis pluribus.

(l) Desunt haec, *per Honorii duces Constantium & Ulphilam*. Editio Labbei *Ulphilam*, pro Ulphilam.

(m) In quibusdam libris, *nullis insimulationibus noxius*.

* al. Lucio

* LUCIANO VIRO CLARISSIMO CONSULE.

Hujus collega in consulatu fuit Heraclianus, qui novarum in Africa rerum reus, & honorem amisit & vitam.

Burgundiones partem Galliae propinquantem Rheno obtinuerunt.

(a) Jovinus & Sebastianus fratres in Galliis regno arrepto interempti.

Hac tempestate Pelagius Brito dogma nominis sui contra gratiam Christi, Caelestio & Juliano adjutoribus, exeruit, multosque in suum traxit errorem, praedicans unumquemque ad justitiam voluntate propria regi, tantumque accipere gratiae, quantum meruit: quia Adae peccatum ipsum solum laeserit, nec posteros ejus obstrinxerit; unde & volentibus possibile sit omni carere peccato: omnesque parvulos tam insontes nasci, quam primus homo ante praevaricationem fuit, nec ideo baptizandos, ut peccato exuantur, sed ut sacramento adoptionis honorentur.

(b) CONSTANTIO V. C. CONSULE.

Attalus Gothorum consilio & praesidio tyrannidem resumit in Galliis.

HONORIO X. ET THEODOSIO VI. COSS.

Attalus a Gothis ad Hispanias migrantibus neglectus, & praesidio carens, capitur, & Constantio patricio vivus offertur.

Athaulphus a quodam suorum vulneratus interiit, regnumque ejus VVallia, peremptis qui idem cupere intelligebantur, invasit.

THEODOSIO VII. ET PALLADIO COSS.

Placidiam Theodosii Imperatoris filiam, quam Romae Gothi ceperant, quamque Athaulphus conjugem habuerat, VVallia pacem Honorii expetens reddit, ejusque nuptias Constantius promeretur.

ZOSIMUS XXXIX. Romanae Ecclesiae Episcopatum suscipit, (c) anno I. mensibus IX. diebus IX. Quo tempore Pelagianis, jam a Pontifice Innocentio praedamnatis, Afrorum vigore, & maxime Augustini Episcopi (d) scientia resistebatur.

HONORIO XI. ET CONSTANTIO II. COSS.

Honorius (e) triumphans Romam ingreditur, praeeunte currum ejus Attalo, quem Liparae vivere exulem jussit.

HONORIO XII. ET THEODOSIO VIII. COSS.

Hoc tempore Constantius servus Christi, ex Vicario Romae habitans, & pro gratia Dei devotissime Pelagianis resistens, factione eorumdem multa pertulit, quae illum sanctis Confessoribus sociaverunt.

Concilio apud Carthaginem habito (f) CCXIV. Episcoporum, (g) ad Papam Zosimum Synodi decreta perlata sunt: quibus probatis, per totum mundum haeresis Pelagiana damnata est.

Valentinianus Constantii & Placidiae filius nascitur, sexto nonas Julias.

Romanae Ecclesiae XL. Episcopatum egit BONIFACIUS (h) annis III. mensibus VIII. diebus VI.

MONAXIO ET PLINTA COSS.

Hoc tempore fuit tertium schisma, Eulalio Antipapa per Honorium Caesarem ejecto, quod duravit annis duobus.

Constantius patricius pacem firmat cum VValia, data ei ad habitandum (i) secunda Aquitania, & quibusdam civitatibus confinium provinciarum.

THEODOSIO IX. ET CONSTANTIO III. COSS.

Constantius ab Honorio in consortium regni assumitur.

Hieronymus Presbyter moritur (k) anno aetatis suae XCI. pridie Kal. Octobris.

AGRICOLA ET EUSTATHIO COSS.

Constantius Imperator moritur.

HONORIO XIII. ET THEODOSIO X. COSS.

Hoc tempore exercitus ad Hispanias contra Vandalos missus est, cui Castinus dux fuit, qui Bonifacium virum bellicis artibus praeclarum, inepto & injurioso imperio, ab expeditionis suae societate avertit. Nam ille periculosum sibi atque indignum ratus eum sequi, quem discordem superbientemque expertus esset, celeriter se ad portum urbis, atque inde ad Africam proripuit, idque reipublicae multorum laborum initium fuit.

MA-

(a) Sic legendum pro *Jovinus* probat Pontacus, col. 776. Favet MS. unus Colb. cum aliis ab ipso citatis, ubi & *arrepto* tantum legi vult quam *accepto*. MS. unus Colb. *abrepto*.

(b) Sic MS. Colb. duo, & alii codices ex quibus restituerat Pontacus, pro *Constantino viro Consule*, col. 777.

(c) In editione Labbei & MS. Colb. uno, *annis tribus*. In altero MS. Colb. Pontaco, & aliis ut supra.

(d) MS. Colb. unus, *industria*. Idemque, *a Papa Innocentio*, cum aliis a Pontaco citatis. Alii libri habebant, *Pelagiani jam ... praedamnatos ut Afrorum vigore* &c.

(e) In editione Labbei, *Romam cum triumpho*.

(f) Sic editio Labbei & MS. Colb. quorum unus addit, *& amplius*. Alii codices 217. aliqui 214. quod magis legendum monet Pontacus col. 677. cum auctor libri adversus Collatorem totidem numeret, nec plures. Verumtamen Marcellinus & Contractus habent vulgatum numerum. *Pontac.*

(g) Editio Lugd. in margine notat alias lectum, *a Pontifice Zosimo decreta sunt perlata*.

(h) Apud Labbeum & in MS. Colb. uno & Aguilario, *annis quatuor*. MS. alter, & Pont. ut supra. Id autem Labbeus cum MS. duobus Colb. & August. codice, aliique in Pontaci notis citati tribuunt in sequentem consulatum. Priorem lectionem praetuli idem, tum propter auctoritatem Baronii, tum propter litteras Symmachi Praefecti urbis ad Honorium Imperatorem de obitu Zosimi, & ingressu Bonifacii datas eodem anno 4. Calend. Januarii.

(i) Adjectum *secunda* ex MS. Colb. uno & aliis codicibus. Nam quod Aquitania in primam & secundam fuerit divisa docent Sextus Rufus & Notitia Provinciarum, quae agit de praesulibus Aquitaniae primae & Aquitaniae secundae, & de Provinciis Galliarum 17. inter quas numerat Aquitaniam primam, & Aquitaniam secundam: illa a Garumna flumine ad Ligerim, haec a Pyrenaeis montibus ad Garumnam. *Pontac.*

(k) De anno mortis & aetate Hieronymi vide notam Ant. Pontaci col. 776. & 778.

MARINIANO ET ASCLEPIODOTO COSS.

Placidia Augusta a fratre Honorio pulsa, ad Orientem cum Honorio & Valentiniano filiis proficiscitur. (a)

CÆLESTINUS XLI. Romanæ Ecclesiæ præsidet Episcopus annis IX.

(b) Longobardorum XI. regnavit Lamissus meretricis filius annis XL.

Honorius moritur, & regnum ejus Joannes occupat, conniventia, ut putabatur, Castino, qui exercitui magister militum præerat.

(c) THEODOSIUS XLVI. Romanum Imperium tenet annis XXV.

CASTINO ET (d) VICTORE COSS.

Theodosius Valentinianum amitæ suæ filium Cæsarem facit, & cum Augusta matre (e) sua ad recipiendum occidentale mittit Imperium: quo tempore Joannes, dum Africam, quam Bonifacius obtinebat, bello reposcit, ad defensionem sui infirmior factus est.

THEODOSIO XII. ET VALENTINIANO (f) COSS.

Placidia Augusta, & Valentinianus Cæsar mira felicitate Joannem tyrannum opprimunt, & regnum victores accipiunt, data venia Aetio, quod Hunni quos per ipsum Joannes (g) acciverat, ejusdem studio ad propria reversi sunt. (h) Castinus autem in exilium actus est: quia videbatur Joannem sine conniventia ipsius regnum non potuisse assumere.

Valentinianus decreto Theodosii Augustus appellatur.

(i) Arelas nobile oppidum Galliarum a Gothis multa vi oppugnatum est, donec imminente Aetio non impuniti discederent.

THEODOSIO XII. ET VALENTINIANO (k) II. COSS.

Patroclus Arelatensis Episcopus a Tribuno quodam barbaro multis vulneribus laniatus occiditur: quod facinus ad occultam jussionem Felicis magistri militum referebatur, cujus impulsu (l) creditus est etiam Titus diaconus vir sanctus Romæ pecunias pauperibus distribuens interemptus.

HIERIO ET ARDABURE COSS.

Bonifacio, cujus potentia gloriaque (m) intra Africam augebatur, bellum ad arbitrium Felicis, quia ad Italiam venire (n) abnuerat, publico nomine illatum est, ducibus Mavortio, & Galbione, & Sinoce: cujus proditione Mavortius & Galbio, cum Bonifacium obsiderent, interempti sunt: moxque ipse a Bonifacio dolo (o) detectus, occisus est.

Exinde gentibus, quæ uti navibus nesciebant, dum a concertantibus in auxilium vocantur, mare pervium factum est, bellique contra Bonifacium cœpti in Sigisvultum comitem cura translata est.

Gens Vandalorum (p) ab Hispania ad Africam transit.

FELICE ET TAURO COSS.

Nestorius Constantinopolitanus Episcopus novum Ecclesiis molitur errorem inducere, prædicans Christum ex Maria hominem tantum, (q) non etiam Deum natum, eique divinitatem collatam esse pro merito. Cui impietati præcipue Cyrilli Alexandrini Episcopi industria, & Papæ Cælestini repugnat auctoritas.

Pars Galliarum propinqua Rheno, quam Franci possidendam occupaverant, Aetii comitis armis recepta.

FLORENTIO ET DIONYSIO COSS.

Felice ad patriciam dignitatem provecto, Aetius magister militum factus est. (r)

Agricola Pelagianus, Severiani Pelagiani Episcopi

(a) MSS. Colb. & August. *Romanæ Ecclesiæ XL. episcopatum suscepit Cælestinus annis 9.* Unus addit, *mens. 10. diebus 17.* ut in Chron. Pontaci.

(b) Monet Pontacus in notis col. 779. hæc desiderari in MSS. pluribus (non leguntur etiam in duobus Colb.) & quæcumque in hoc Chronico dicuntur de Longobardis, videri tempore posteriora, & aliunde assuta, ut ex Diacono lib. de Longobardis cap. 10. & 11. ubi *Lamissum* hic nominatum *Lamissionem* appellat. *Pontac.*

(c) MS. Colb. unus & Chron. Pont. *Romanorum XLVI. Theodosius regnavit annis XXV.*

(d) In codicibus nonnullis *Victorino*, ut in MS. Colb. uno.

(e) Abest vox hæc, *sua* a MS. Colb. uno & August. & a Labbei Chronico.

(f) Quidam, inter quos Lab. addunt, *Cæsare*, ut habent omnes Fasti, Marcellinus & Cassiod. *Pont.*

(g) MS. Colb. unus, *acceperat.*

(h) Hic articulus ex quo non legatur in multis codicibus, & pro additione reputetur in Chron. Pontaci, firmatur tamen testimonio Diaconi lib. 14. & idem auctor ex epist. 10. in appendice Augustini. Ad hunc morem tamen consulatus referri vult idem [illegible] 780.

(i) [illegible] Lab. post Pont. Chron. pro *Arelas.* Quod etiam ingenium nostrum ad exemplum [illegible] Hist. Gothor. Lectioni nostræ suffragatur Isidor. in Chron. Goth. *Theodoricus*, inquit (rex Gothorum) *Arelatem nobilissimum oppidum Galliæ obsidet, a cujus obsidione imminente virtute Aetii Romanæ militiæ ducis veniens abscedit.* Accedit Chronicon Pithœanum. Vix usquam legitur [illegible] de *Arelate* oppido.

(k) Edit. Chron. Lab. addit, *August.* Vide Pont. p. 781.

(l) Alias, *traditur:* & infra, *interfectus.* MS. Colb. unus, *creditur .... interemptus.*

(m) Sic MS. Colb. & alii aliquot. In aliis, *in Africa.*

(n) MS. Colb. unus, *annuerit*, alius, *abnuebat.* Edit. Lab. ut supra. Rectius quidem: nam teste Diacono lib. 14. causa belli contra Bonifacium erat, *quod accersitus ab Imperatore, accedere distulit.* Quod vero Auctor scribit, hoc bellum illatum ad arbitrium Felicis, Diaconus & Sigebertus [illegible] *Pontac.*

(o) MS. Colb. unus *deceptus.*

(p) MS. Colb. unus & alii codices, *ab Hispaniis.*

(q) In aliis codicibus, *& non Deum.*

(r) Hæc [illegible] in aliis, ubi [illegible] Aetius magister militiæ factus. Ex Agricola [illegible] errori favebant etiam MSS. & hos inter MS. Colb. At MS. Colb. alter [illegible] a Pontaco & Labbeo ut supra legitur. Cum nusquam appareat Aetium fuisse agricolam: & insuper hic a Prospero hæc addita forte, qui dum sæpe illius [illegible], [illegible] commemorarat. Plura vide in notis Pontaci col. 781.

piscopi filius, Ecclesias (a) Britanniae dogmatis sui insinuatione corrupit. Sed ad actionem Palladii Diaconi, Papa Caelestinus Germanum Antissiodorensem Episcopum vice sua mittit, (b) & deturbatis haereticis, Britannos ad catholicam fidem dirigit.

THEODOSIO XIII. ET VALENTINIANO III. COSS.

Aetius Felicem cum uxore sua Padusia, & Grunitum diaconum, cum eos insidiari sibi praesensisset, interemit.

Augustinus Episcopus per omnia excellentissimus moritur V. Kal. Septembris, libris Juliani (c) inter impetus obsidentium Vandalorum, in ipso dierum suorum fine respondens, & gloriose in confessione Christianae gratiae perseverans.

BASSO ET ANTIOCHO COSS.

Congregata apud Ephesum plus ducentorum Synodo Sacerdotum, Nestorius cum haeresi nominis sui, & cum multis Pelagianis, qui (d) cognatum errori suo juvabant dogma, damnatur.

Ad Scotos in Christum credentes ordinatur a Papa Caelestino Palladius, & primus Episcopus mittitur.

AETIO ET VALERIO COSS.

Romanae Ecclesiae XLII. praeficitur Episcopus XISTUS, annis VIII. diebus XIX. (e) totius Urbis pace & consensione mirabili.

Bonifacius ab Africa ad Italiam (f) per Urbem venit, accepta Magistri militum dignitate: qui cum sibi resistentem Aetium praelio superasset, paucos post dies morbo extinctus est.

Aetius vero cum deposita potestate in agro suo degeret, ibique eum (g) quidam inimicus ejus repentino incursu opprimere tentasset; profugus ad Urbem, atque illinc ad Dalmatiam, deinde per Pannoniam ad Hunnos pervenit, quorum amicitia auxilioque usus, pacem Principum (h) & jus interpolatae potestatis obtinuit.

THEODOSIO XIV. ET MAXIMO COSS.

(i) Maxima urbis regiae pars Septentrionalis per tres dies continuo incendio collapsaque est, mense Augusto.

Joannes monachus cognomento Cassianus Massiliae insignis & facundus scriptor habetur.

Colliguntur omnes anni usque ad Consulatum Theodosii XIV. & Maximi.

A XV. Tiberii anno & Passione Domini, anni CCCCVI.

Ab instauratione Templi sub Dario, anni DCCCCLIV.

Ab Olympiade prima & Isaia Propheta, anni M. CCV.

A Salomone & prima aedificatione Templi anni M. CCCCLXVI.

A Moyse & Cecrope rege Atticae, anni M. DCCC. XC.

Ab Abraham & regno Nini & Semiramidis anni MM. CCCC. L.

A Diluvio autem, usque ad Abraham, anni M. LXXI.

Ab Adam vero, usque ad Diluvium, anni MM. CC. XLII.

Sunt itaque ab Adam, usque ad tempus supra scriptorum consulum quinquies mille DCC. LXII.

(a) Sic legendum, non vero Britanniae, aut Hyberniae, constat ex MS. Colb. uno & aliis pluribus; & maxime ex eo quod constat ex Sigeberto in Chronico, Germanum Episcopum Antissiodorensem, de quo hic Prosper, & Lupum Episcopum Trecassinum huc in Britanniam navigasse ut haeresim Pelagianam confutarent. Adde quod statim Prosper subjungit, Britannos: quis certius est, quam ut probari debeat Pelagianam illorum errorem [illegible] fuisse. Pontac. col. 781.

(b) In quibusdam libris ut . . . dirigat MS. Colb. unus dirigit.

(c) MS. Colb. unus, inter impetus. De anno quo mors tanti Doctoris contigit V. notam Pontaci col. 781.

(d) Quidam codices, cognatum sibi.

(e) Haec quae sequuntur in codicibus quibusdam a superioribus disjuncta erant interpunctione, & sequentibus aggregata, tanquam de Bonifacio accipienda essent, & non de Xisto; a Pontaco & Labbeo ex MSS. restituta: ubi voces Urbis & consensione pro urbe & confessione reposita.

(f) Alias, ad Italiam pervenit in urbem. Aliam lectionem in ter Pontacus, sequitur Labbeus, & praeferunt MSS. Colb. duo & tres alii a Pontaco citati, ac Augustanus codex, quem ille utique Ulricianum vocat.

(g) Editio Lab. & MS. unus Pontaci, ibique eum quidam inimici ejus repentino cum incursu opprimere tentassent.

(h) Ita emendatum a Pontaco & Labbeo, pro Aetius interpolatae parti, secutis MSS. pluresque priori citatis, quibus favent MS. Colb. unus, & alter etiam pro vero potestatis. Duc. tamen lib. 14. referens totam istam sententiam ita scribit, Pacem principum Aetius cum vertice interpolatae potestatis obtinuit, nec multo post patriciatus etiam dignitatem adeptus est. Quibus verbis non solum confirmat nostram lectionem, sed etiam eam explicat. Tradit etiam Sigebertus ad an. Christi 435. Aetium sese contulisse ad Rugilam regem Hunnorum, & ejus auxilio regressum ad Romanum solum; & anno sequenti, Aetius in gratiam recipitur. Hinc intelliges quomodo Aetius pristino gradui restitutus fuerit, ubi teste Prospero devicerit Burgundionum regem, & Patricius & Consul tertio factus sit, & multa praeclara gesserit, usque ad annum 30. Valentiniani, cujus manu interfectus fuit, ut ait Prosper Pithou, & alii scriptores. Pontac. col. 784. 785.

(i) Hic & sequens articuli, qui in MSS. Pontaci & Colb. desiderantur, hic leguntur, ut in edit. Lab. habentur ad eumdem Consulatum apud Marcellinum & Socratem lib. 7. cap. 39. Intellige per urbem regiam, urbem Constantinopolim. Nec dubium quin viveret tunc Joannes Cassianus, cujus exstant Collationes Patrum, & qui lib. 7. de incarnatione circa finem testatur se fuisse discipulum Joannis Chrysostomi, quem antea Prosper vocavit Joannem Constantinopolitanum. Sed non est verisimile (ait Pontacus) Prosperum ejus meminisse [illegible] tam honorificam, contra quem scripserit tanquam male sentientem de fide concordem cum Pelagianis: ut notat Marcellinus sub consulatu Theodosii 16. & [illegible] ejus opera. Hinc Pontacus, qui in notis p. 785. subjicit collectionem annorum ab orbe condito &c. ex MS. Lab. quae licet [illegible] non caret, tamen juvat [illegible] ad comprobanda quae [illegible]: [illegible] si aliquot annos ex numeris detrahas. Quae cum addita fuerit editioni Chronici a Labbeo cum utraque numerorum [illegible] diversitate, nec nos omittendam putavimus.

ASPARE ET AREOBINDA COSS.

THEODOSIO XV. ET VALENTINIANO IV. COSS.

Pax facta cum Vandalis, (a) data eis ad inhabitandum per Trigetium Africæ portione, Hippone III. Idus Februarii.

Eodem tempore Gundicarium Burgundionum regem intra Gallias habitantem Aetius (b) bello obtrivit, pacemque ei supplicanti dedit, qua non diu potitus est. Siquidem illum (c) Hunni cum populo atque stirpe sua deleverunt.

ISIDORO ET SENATORE COSS.

Gothi pacis placita perturbant, & pleraque municipia sedibus vicina suis occupant, Narbonensi oppido maxime infesti, quod cum diu obsidione & fame laboraret, per Litorium comitem ab utroque periculo liberatum est. Siquidem per singulos equites binis tritici modiis advectis, strenuissime & hostes in fugam vertit, & civitatem annona (d) implevit.

AETIO II. ET SIGISVULTO COSS.

Bellum adversus Gothos Hunnis auxiliantibus geritur.

In Africa Geisericus rex Vandalorum intra habitationis suæ limites volens catholicam fidem Ariana impietate subvertere, quosdam nostrorum Episcoporum, (e) quorum Possidius, & Novatus, ac Severianus clariores erant, eatenus persecutus est, ut eos privatos jure Basilicarum suarum, etiam civitatibus pelleret, cum ipsorum constantia nullis superbissimi regis terroribus cederet.

Valentinianus Augustus ad Theodosium principem Constantinopolim proficiscitur, (f) filiamque ejus in matrimonium accipit.

Eodem anno piraticam (g) barbarorum fœderatorum desertores exercuerunt.

Per idem tempus quatuor Hispani viri, Arcadius, Probus, Paschasius, & (h) Eutychius dudum apud Geisericum merito sapientiæ & fidelis obsequii chari clarique habebantur: quos Rex ut copulatiores sibi faceret, in Arianam sectam transire præcepit. At illi facinus constantissime respuentes, excitato in rabidissimam iram barbaro, primum proscripti, deinde in exilium acti, tum atrocissimis cruciati suppliciis, ad postremum diversis mortibus interempti, illustri martyrio mirabiliter occubuerunt.

Puer autem Paulillus nomine, frater Paschasii & Eutychii pro elegantia formæ atque ingenii admodum regi acceptus, cum a professione atque amore catholicæ fidei nullis minis deturbari posset, fustibus diu cæsus, (i) ad infimam servitutem damnatus est; (k) ideo, ut apparet, non interfectus, ne de superata sævitia impii regis etiam illa ætas gloriaretur.

THEODOSIO XVI. ET FAUSTO COSS.

Hoc quoque anno iidem piratæ multas insulas, sed præcipue Siciliam vastavere.

Adversum Gothos in Gallia quædam prospere gesta.

THEODOSIO XVII. ET FESTO COSS.

Litorius (l) qui secunda ab Aetio patricio potestate Hunnis auxiliantibus præerat, dum Aetii gloriam superare appetit, dumque aruspicum responsis & dæmonum significationibus fidit, pugnam cum Gothis imprudenter conseruit, fecitque intelligi, quantum illa, quæ cum eodem periit, manus prodesse potuerit, si potioribus consiliis quam sua temeritate uti maluisset, quando tantam ipse hostibus cladem intulit, ut nisi inconsideranter prælium in captivitatem incidisset, dubitandum foret, cui potius parti victoria adscriberetur.

Hac tempestate Julianus (m) Eclanensis jactantissimus Pelagiani erroris assertor, quem dudum amissi Episcopatus intemperans cupido agitabat, multimoda arte fallendi correctionis spem præferens, molitus est in communionem Ecclesiæ irrepere. Sed his insidiis Xistus Papa Diaconi Leonis hortatu vigilanter occurrens, nullum aditum pestiferis conatibus patere permisit: & ita omnes catholicos de rejectione fallacis bestiæ gaudere fecit, quasi tunc primum superbissimam hæresim Apostolicus gladius detruncasset.

Per idem tempus Vitericus reipublicæ nostræ fidelis, & multis documentis bellicis clarus habebatur.

Pax cum Gothis facta, cum eam post ancipitis pugnæ lacrymabile experimentum, humilius quam unquam antea poposcissent.

Aetio rebus quæ in Galliis componebantur intento, Geisericus, de cujus amicitia nihil metuebatur, XIV. Kalendas Novembris Carthaginem dolo pacis invadit, omnesque opes ejus, ex-

---

(a) Sic castigatur locus a Pontaco, quem sequitur Labb. & favent MSS. Colb. & alii: cum antea legeretur *data eis ad habitandum per Trigetium in loco Africæ Hippone 3. Id. Febr.* MS. unus ex Colb. & codex August. seu Ulric. *data eis ad habitandum Africæ portio*: nec plura. V. notam Pontaci col. 780.

(b) Sic MS. Colb. unus. Lab. & Aug. Cod. Abi *Actius obtrivit*.

(c) Iidem in diversis codicibus, *Hunni* aut *Chunni* vocantur. *Pont.*

(d) MS. Colb. unus *implevit*. Alius, *adjuvit*. August. *adjuvit*.

(e) Hæc addita ex edit. Lab. & MS. Lud. a Pontaco laudato.

(f) Eadem scribit & sub iisdem Consulibus Marcellinus, sed Socrates lib. 7. cap. 44. Cassiod. lib. 12. Trid. Tripart. cap. 13. Diaconus lib. 14. rejiciunt in sequentem consulatum. Cui potius adhærens vix judicari possit. Hæc autem filia vocabatur *Eudoxia* & alias Eudoxia. *Pontac.* col. 786.

(g) In quibusdam codicibus *barbari pyraticam exercuerunt*. Deficit hæc apud Lab. Chron.

(h) Apud Labbeum, *Eutychianus*. Idem addit, *chari*, & postea *in Arianam perfidiam*.

(i) Sic MS. Col. unus, August. eadem & Chron. Labbei. In aliis, *ad infimam*.

(k) Ita Chron. Lab. cum MS. Colb. duobus & August. Alibi, *nec idem, ut apparet, interfectus*.

(l) Sic emendamus auctoritate MSS. plurimorum, pro, *secunda ab Aetio patricio persona*, item pro quantum *illa eorum quæ* [illegible].

(m) In aliis codicibus *Eclanensis*. Apud Pontacum & Lab. *Eclanensis*. Eclanum urbs est Campaniæ Antonino & aliis: & Gennadius tradit hunc Julianum fuisse Campanum. Qua de re consule Præfationem [illegible] Operis imperfecti contra Julianum tomo x. Operum S. Augustini Editionis novissimæ RR. PP. Benedictinorum pag. 803. & sequent.

excruciatis diverso tormentorum genere civibus, in jus suum vertit, nec ab Ecclesiarum despoliatione abstinens, quas & sacris vasis exinanitas, & sacerdotum administratione privatas, non jam divini cultus loca, sed suorum jussit esse habitacula; in universum captivi populi ordinem sævus, sed præcipue nobilitati & religioni infensus, ut non discerneretur hominibus magis, an Deo bellum intulisse. (a)

Hanc autem captivitatem Carthago subiit anno postquam Roma esse cœperat DLXXXV.

VALENTINIANO AUGUSTO V. ET ANATOLIO COSS.

Defuncto Xisto Episcopo, XL. amplius diebus Romana Ecclesia sine Antistite fuit, mirabili pace atque patientia (b) præsentiam Diaconi Leonis exspectans, quem tunc inter Aetium & Albinum simultates (c) redintegrantem Galliæ detinebant. Quasi ideo (d) longius esset abductus, ut & electi meritum, & eligentium judicium probaretur. Igitur LEO Diaconus legatione publica accitus, & gaudenti patriæ præsentatus, XLIIII. Romanæ Ecclesiæ Episcopus ordinatur.

Geisericus Siciliam graviter affligens, accepto nuntio (e) de Sebastiani ab Hispania ad Africam transitu, (f) celeriter Carthaginem rediit, ratus periculosum sibi ac suis fore, si vir bellandi peritus recipiendæ Carthaginis incohuisset. Verum ille amicum se magis quam hostem videri volens, diversa omnia apud (g) barbari animum quam præsumpserat reperit; eaque spes causa illi maxima & calamitatis & infelicissimæ mortis fuit.

CYRO V. C. CONSULI.

Theodosius Imperator bellum contra Vandalos movet (h) Areobindo, & Ansila, atque Germano ducibus cum magna classe directis: qui longis cunctationibus negotium differentes, Siciliæ magis oneri, quam Africæ præsidio fuerunt.

DIOSCORO V. C. ET EUDOXIO COSS.

Hunnis Thraciam & Illyricum sæva depopulatione vastantibus, exercitus qui in Sicilia morabatur, ad defensionem orientalium (i) partium revertitur.

Cum Geiserico autem a Valentiniano Augusto pax confirmata, & certis spatiis Africa inter utrumque divisa est.

In Geisericum etiam apud suos de successu rerum superbientem, quidam optimates ipsius conspiraverunt. Sed molitione detecta, multis ab eo suppliciis excruciati atque extincti sunt. Cumque idem audendum etiam ab aliis videretur, multis regis suspicio exitio fuit, ut hac sui cura plus virium perderet, quam si bello superaretur.

MAXIMO II. ET (k) PATERIO COSS.

Hoc tempore plurimos Manichæos intra Urbem latere (l) diligentia Papæ Leonis innotuit, qui eos de secretis suis erutos, & oculis totius Ecclesiæ publicatos, omnes dogmatis sui turpitudines & damnare fecit & prodere; incensis eorum codicibus, quorum magnæ moles fuerant interceptæ. Quæ cura viro sancto divinitus, ut apparuit, inspirata, non solum Romano orbi, sed etiam universo orbi plurimum profuit. Siquidem confessionibus in Urbe captorum, qui doctores eorum, qui episcopi, quive presbyteri, in quibus provinciis vel civitatibus degerent, patefactum est. Multique orientalium partium Sacerdotes industriam Apostolici rectoris imitati sunt.

THEODOSIO XVIII. ET ALBINO COSS.

Hoc anno Pascha Domini IX. Kalendas Maji celebratum est, nec erratum est. Quia in die undecima Kalendarum Majarum dies Passionis fuit. Ob cujus reverentiam natalis urbis Romæ sine Circensibus transiit.

Attila rex Hunnorum Bledam fratrem & consortem in regno suum perimit, ejusque populos sibi parere compellit.

(a) Sic consequenter habetur in Chron. Labbei, sed in quibusdam deficit hæc sententia, in aliis articulus novus confirmatur ab his verbis, *Carthago a Vandalis capta anno postquam Roma esse cœperat* D. XXCIII. *alias* D. XLIV. Pontaco non videntur esse Auctoris. Prior autem numerus optime respondet anno 3. Olymp. 158. quo Eutropius notavit Carthaginem fuisse captam a Romanis: modo non includas in ea Consulatum hunc extremum, quo capta a Vandalis. *Pontac. col.* 787.

(b) In aliis codicibus, *adventum*.

(c) In quibusdam libris, *amicitia redintegranda detinebant sibi devinctum*.

(d) Alii codices *longius esset abventus*. In Colb. uno *longius esset adductus*, in aliis & Aug. Cod. deest hæc.

(e) In quibusdam codicibus, *de Sebastiano .... transitu*.

(f) Erat autem Sebastianus (ut ait Victor. de persec. Vandal. lib. 1.) gener illius Comitis Bonifacii, acer ingenio & strenuus in bello; cujus Geisericus sicut consilio necessaria habens, ita & præsentiam formidans, occasionem ejus extinguendi a religione quæsivit. Sed quod ipse Geiserici rationes de transformanda fide catholica in profanam Arianam egregia elusisset similitudine panis [illegible] qui si in frusta confractus, & aqua madidatus iterum coquatur, decorior evadit; eumdem alterius generis argumento Geisericus postea occidit. Narrat hæc Victor. Sed quo mortis argumento vel genere extinctus Sebastianus fuerit non tradit. Fuerat autem illa [illegible] Præfectorum Romani exercitus, quasi perduellis existimatus Romani Imperii; ob tamque causam [illegible], ex Hispania in Africam ad Geisericum se contulit: *Spondanus tom.* 1. *Epitomes pag.* 647.

(g) Hic variant codices: alii habent, *apud barbaros*, alii *apud barbarum*, alii *apud barbarum animum*. Notandum interim in hoc articulo & aliis *Geisericum* legi & *Gensericum*, ut diversis libris & auctoribus quos enumerat Pontacus. Colum. 787. & 788.

(h) In quibusdam *Ariobindo & Ansila*, seu *Ansila*, *Ausila*, & *Asaridia*.

(i) In quibusdam codicibus, *provinciarum*.

(k) Ita edit. Chron. Labbei, MS. Colb. duo, & Aug. codex. Pontacus, ex MS. Cassiodoro & Fastis, magis probat legi, *Paterno*.

(l) Apud Lab. MS. Colb. duo & August. cod. *diligentiæ*. Alibi, *diligentia*. Et infra in eodem Chron. Labbei, *turpitudinem*.

VALENTINIANO VI. ET (a) NOMO COSS.

AETIO III. ET SYMMACHO.

(b) CALLEPIO ET ARDEBURE.

(Eutiches Haeresiarches Constantinopolitanus Presbyter, fretus Theodosii Augusti amicitia, conatus est non perfectum hominem in Christo asserere. Contra quem Flavianus ejusdem urbis Episcopus suscipiens . . . . . cum sacerdotibus suis damnatus est, auctore Dioscoro Alexandriae urbis Episcopo. Contra quem Papa Urbis Leo misit Episcopum, Presbyterum, & Diaconum. Qui injuriam passi, Flavianum sanciunt in defensione catholica per injurias gravissimas defecisse.

POSTHUMIANO ET ZENONE.

Theodosius Imperator pro defensione Eutichetis Leonem Papam Urbis ad se vocat: qui dum ire vellet, a populo prohibitus, Presbyteros & Diacones direxit.

(c) ASTURIO ET PROTOGENE.

Iterum vocati Catholici audiendi.)

Hoc tempore Eutichiana haeresis exorta est, auctore Eutiche quodam Presbytero, qui apud Constantinopolim Monasterio celeberrimo praesidebat, praedicans Jesum-Christum Dominum nostrum beatae Mariae Virginis filium, nihil maternae habuisse substantiae, sed sub specie hominis solam in eo Verbi Dei fuisse naturam. Ob quam impietatem a Flaviano ejusdem urbis Episcopo, quia corrigi noluit, condemnatus est. Sed fidens amicitia regia & Aulicorum favore, ab universali Synodo se proposcit audiri: annuente Imperatore Theodosio, qui ob hujus caussae retractationem omnes Episcopos jussit Ephesum convenire.

In quo Concilio Dioscorus Alexandrinus Episcopus primatum sibi vindicans, absoluto Eutiche, in Flavianum Episcopum Constantinopolitanum damnationis sententiam tulit: reclamante Hilario Diacono Ecclesiae Romanae, qui vice sancti Leonis Papae, cum Julio Episcopo Puteolano a Sede Apostolica fuerat delegatus. (d) Nam cum omnes Episcopi in Concilio constituti, vi & metu Comitum, vel militum, quos Dioscoro Alexandriae urbis Episcopo attribuerat Imperator, compellerentur huic haeresi accommodare consensum; memoratus Diaconus inter tot vitae pericula constitutus, voce contradictionis emissa, cum in ejus propter hoc perniciem saeviretur; relictis illic omnibus suis, latenter abscessit, ut praefato Papae, vel ceteris Italiae Sacerdotibus, qualiter ibi catholica fides fuerat violata, sua delatione proderet.

Sanctus vero Flavianus, inter manus eorum, a quibus in exilium ducebatur, glorioso ad Christum fine transivit.

VALENTINIANO VII. ET AVIENO.

Praevalente iterum Papa Leone, diriguntur ad Orientem (e) Presbyteri & Diacones, ad haeresim confutandam. Et eodem anno defecit Theodosius Augustus. (f)

Theodosio Imperatore diem functo, & Chrysaphio praeposito, qui amicitia Principis male usus fuerat, interempto; MARCIANUS consensione totius exercitus suscepit regnum, vir gra-

(a) MS. Colb. sum Nomo. Sic scribit Spondanus pag. 631. ubi legitur passim Nomio. Quamvis tamen scribatur in Chron. Labbei, & editione antiqua, itemque Aug. Nomo praetulit. Lectionemque nostram juvant idem Pontacus laudans ex MSS. quibus, Fastis Siculis, Marcellino, Cassiodoro, post Fastos capitolinos, Sigonium & Aldinum, t. Concilii Chalcedonensis. Post haec autem in edit. antiqua & MS. Colb. uno desinit Prosperi Chronicon in haec verba, *Hic finit Prosper post Hieronymum*. Nonnulla etiam subjunguntur in uno ex MSS. Colbertinis (& Ludoniensi a Pontaco laudato) usque ad Consulatum Valentiniani VIII. ejusque necem & Urbem captam a Genserico: inter quae leguntur ad calcem eadem, quae itidem sunt ad calcem in Prospero Pithoei, idque iisdem fere verbis sumpto initio ab ea periocha, *Attila in sedibus suis* [illegible], *magno inter filios ipsius certamine de obtinendo regno orto* &c. Unde certissime colligo (fidebat illustrissimus Valesensis) illum codicem non solum esse germanum Prosperi Chronicon, cum ea omnia habeat quae pridem Gennadius designavit. Orditur enim ab Adamo, & tandem in necem Valentiniani definit, & Urbis expugnationem factam a Genserico. Sed etiam illud Pithoei esse ejusdem auctoris, qui quaedam excerpsit ex Chronico Prosperi, & nostrum seu Ulmensem (Augustanum vocavimus) & alia hujusmodi esse quidem Prosperi magna ex parte; sed aucta ab aliis, vel a Mileto seu Melito, qui similiter auxit Chronicon Isidori, vel ab ipso Tirone, cujus praeferunt nomen, ex quibus dubium excerpsisse se profitetur Marianus: idque in eis locis quae notavimus deficientem confecto librorum. Hi[illegible] Arnaldus Pontacus, col. 780.

(b) Sic vocat Chron. Labbei. MS. Colb. *Albino*. Aug. cod. *Albro*. Spond. ad annum 447. *Alypio seu Callypio & Ardaburio*. Articulus subsignatus non legitur in Chron. Labbei, sed in MS. Colb. & Aug.

(c) Quae hic duobus his signis ( ) includuntur absunt omnino a codice Labbei: leguntur autem in MS. Colbertino & Augustano codice, cum eadem lacuna, quam MS. defectu explere nequivimus. Apud Labbeum vero indicantur tantum tres Consulatus supra editi, absque ulla historia alia, praeter expositionem Eutichianae haeresis narrationem, quae sub *Asturio & Protogene* consulibus refertur.

(d) Praeter hos destinatos fuisse & Renatus Presbyter tituli S. Clementis, qui in via in Delo insula diem extremum obiit. Quibus adjunctus & Dulcitius Leonis Notarius, vir probatae fidei.

(e) Hoc anno S. Leo ad Theodosium misit *coepiscopos Abundium & Asterium, sed & Basilium & Senatorem Presbyteros, per quos quae nostra* (ait in Epistola num. 52.) *forma sit fidei, manifestatis institutionibus, quas misimus, possit dignanter agnoscere*. De Diaconis tamen in ea nulla mentio. Hi autem Theodosium jam defunctum advenientes reperierunt.

(f) Hic loci in MS. Colbertino & Codice Augustano leguntur sequentia, quibus res apud Labbeum infrae narrata paulo aliter referuntur, scilicet,

ADELPHIO V. C. CONSULE.

Theodosius cum magna Pompa a Pistridia & Leone & omni Senatu deductus, & in mausoleo ad Apostolum Petrum depositus est.

Nuntiatur defuncto Theodosio regnare Marcianum; & Pulcheria ejus conjux Augusta facta est. A quo damnatur. In Aug. *ejus conjugem Augustam factam. A quo damnatur Eutyches & omnes ejus fautores.* In MS. Colb.

MARCIANUS IMPERATOR XLV. REGNAVIT ANNIS VIII.

In August. codice, *Et levatus est imperator Marcianus XLVII. annis VIII.*

gravissimos, & non solum reipublicæ, sed, etiam Ecclesiæ perturbatores.

Hujus Edictis Apostolicæ sedis auctoritatem secutis, Synodus Ephesina damnatur, & apud Chalcedonem celebrari Concilium Episcopale decernitur: ut correctis venia mederetur, & pertinaces cum hæresi depellerentur.

Placidia defuncta est V. Kalendas Decembris.

MARCIANO AUGUSTO ET FLAVIO ADELPHIO.

(a) Attila post necem fratris, auctus opibus interempti, multa vicinarum sibi gentium millia cogit in bellum, quod Gothis tantum se inferre, tanquam custos Romanæ amicitiæ denuntiabat. Sed cum transito Rheno sævissimos ejus impetus multæ Gallicanæ urbes experirentur, cito & nostris & Gothis placuit, ut furori superborum hostium consociatis exercitibus repugnaretur. Tantaque Aetii Patricii providentia fuit, ut raptim congregatis undique bellatoribus viris, adversæ multitudini non impar occurreret. In quo conflictu, quamvis neutris cedentibus, inæstimabiles strages commorientium factæ sint, Chunnos tamen eo constat victos fuisse, quod amissa præliandi fiducia, qui superfuerant ad propria reverterunt.

(b) HERCULANO ET SPORATIO.

Attila redintegratis viribus quas in Gallia amiserat, Italiam ingredi per Pannonias intendit, nihil Duce nostro Aetio secundum prioris belli opera prospiciente; ita ut ne clusuris quidem Alpium, quibus hostes prohiberi poterant, uteretur: hoc solum spei suis superesse existimans, si ab omni Italia cum Imperatore discederet. Sed cum hoc plenum dedecoris & periculi videretur, continuit verecundia metum, & tot nobilium Provinciarum latissima eversione credita est sævitia & cupiditas hostilis explera: nihilque inter omnia consilia Principis ac Senatus, Populique Romani salubrius visum est, quam ut per legatos pax truculentissimi regis expeteretur.

Suscepit hoc negotium cum viro consulari Avieno, & viro Præfectorio Trigetio beatissimus Papa Leo auxilio Dei fretus, quem sciret nunquam piorum laboribus defuisse. Nec aliud secutum est quam præsumpserat fides. Nam tota legatione dignanter accepta, ita summi Sacerdotis præsentia rex gavisus est, ut & bello

abstineri præciperet, & ultra Danubium promissa pace discederet.

OPILIONE V. C. CONSULE. (c)

Synodus Chalcedonensis peracta, Eutiche Dioscoroque damnatis: cæteri autem qui, se ab eis retraxerunt, in communionem recepti, confirmata universaliter fide, quæ de Incarnatione Verbi secundum Evangelicam & Apostolicam doctrinam per sanctum Papam Leonem prædicabatur.

Attila in sedibus suis mortuo, magna primum inter filios ipsius certamina de obtinendo regno exorta sunt: deinde aliquot gentium, quæ Chunnis parebant, defectum secuti, causas & occasiones bellis dederunt, quibus ferocissimi populi mutuis incursibus conterrerentur.

Apud Gothos intra Gallias consistentes, inter filios Theodorici regis, quorum Thorismodus maximus natu patri successerat, orta dissensio est. Et cum rex ea moliretur, quæ & Romanæ paci, & Gothicæ adversarentur quieti, a germanis suis, quia noxiis dispositionibus irrevocabiliter instaret, occisus est.

AETIO ET STUDIO.

(d) Inter Valentinianum Augustum & Aetium Patricium, post promissæ invicem fidei sacramenta, post pactum de conjunctione filiorum, diræ inimicitiæ convaluerunt, & unde fuit gratia charitatis augenda, inde exarsit fomes odiorum, incentore (ut creditum est) Heraclio spadone, qui ita sibi Imperatoris animum insincero famulatu obstrinxerat, ut eum facile in quæ vellet impelleret.

Cum ergo Heraclius sinistra omnia Imperatori de Aetio persuaderet, hoc unum creditum est saluti Principis profuturum, si inimici molitiones suo opere præoccupasset. Unde Aetius, dum placita instantius repetit, & caussam filii commotius agit, Imperatoris manu & circumstantium gladiis crudeliter confectus est: Boethio Præfecto Prætorio simul perempto, qui eidem multa amicitia copulabatur. (e)

VALENTINIANO VIII. ET ANTHEMIO.

Mortem Aetii mors Valentiniani non longo post tempore consecuta est, tam imprudenter non declinata, ut interfectoris Aetii amicos armigerosque ejus sibimet consociaret. Qui concepti facinoris opportunitatem dissimulanter aucupantes, egressum extra Urbem Principem,

& in-

(a) MS. Colb. & August. eadem brevius, *Pugna facta in Galliis inter Aetium & Attilam regem Hunnorum, cum utriusque populi cæde. Attila fugatus in Gallias superveniens.*

(b) In MS. Colb. & codice Augustano: *Herculano & Asporo.* In margine August. edit. *Herculano & Asporatio sive Sporatio. Introitu Marciani Imperatoris Romam ingressus 3. Kalendas Aprilis.*

(c) In MS. Colbertino, & Augustano codice, *Opilione & Vincomalo*, in margine, *Vincomalo Cons.* S. Leo in Epistolis hoc anno datis solius *Opilionis* meminit; utrumque tamen citatur in Dissertat. 1. de vita & rebus gestis S. Leonis magni p. 312. tom. 2. novæ editionis ejusdem Operum.

(d) Hæc eadem paucioribus verbis in MS. Colbertino & edit. Augustani codicis. *Eo anno occisi sunt Aetius & Boetius Patricii. Catabagium ordinavit Episcopus Dingentiae in Basilica Sancti die Dominica VIII. Kalendas Novembris.*

(e) Aetium propria Imperatoris manu necatum esse, Boetium a circumstantibus, tradit Cassiodorus in Chron. & post illum auctor Miscellæ lib. 15. Sed Procopius de bel. Vand. lib. 1. Aetium obtruncari jussum esse interfici; ... hæc pluribus narrans, id accidisse ait ex falsa suggestione *Petronii Maximi* Senatoris Romani, ex stirpe illius Maximi tyranni, quem Theodosius senior sustulerat: qui injuriam passus a Valentiniano in stupro uxoris suæ formosissimæ, æquæ, ac pudicissimæ, cogitans de vindicta, primo Aetium fortissimum ducem, in quo postremum spes Romanorum esset, e medio tollendum judicavit, ... illum per Imperatoris Eunuchos eidem Augusto affectati imperii suspectum reddidit. Quod autem sublato Aetio Maximus in ipsum Valentinianum molitus sit dicetur anno sequenti. *Spondanus tom. 1. Epitomes ad annum Christi* 454. p. 674.

& ludo gestationis intentum, inopinatis ictibus confoderunt; Heraclio simul, ut erat proximus, interempto, & nullo ex multitudine regia ad ultionem tanti sceleris accenso.

(a) Ut autem hoc parricidium perpetratum est, MAXIMUS, vir gemini consulatus & Patriciæ dignitatis, sumpsit Imperium. Qui cum periclitanti reipublicæ per omnia profuturus crederetur, non sero documento quid animi haberet probavit: si quidem interfectores Valentiniani, non solum non plecterit, sed etiam in amicitiam receperit, uxoremque ejus Augustam, amissionem viri lugere prohibitam, intra paucissimos dies in conjugium suum transire coegerit.

Sed hac incontinentia non diu potitus est. Nam post alterum mensem, nuntiato ex Africa Giserici regis adventu, (b) multisque nobilibus, ac popularibus ex Urbe fugientibus, cum ipse quoque, data cunctis abeundi licentia, trepide vellet abscedere; septuagesimo septimo adepti Imperii die a famulis regiis dilaniatus est, & membratim dejectus in Tiberim, sepultura quoque caruit.

Post hunc Maximi exitum, confestim secuta est multis digna lacrymis Romana captivitas, & urbem omni præsidio vacuam Gisericus obtinuit, occurrente sibi extra portas sancto Leone Episcopo; cujus supplicatio ita eum Deo agente lenivit, ut cum omnia potestatis ipsius essent, tradita sibi civitate, ab igne tamen & cæde atque suppliciis abstineretur.

Per quatuordecim igitur dies, secura & libera scrutatione, omnibus opibus suis Roma vacuata est, multaque millia captivorum, prout quique, aut ætate, aut arte placuerant, cum regina & filiabus ejus Carthaginem abducta sunt.

Eodem anno Pascha Dominicum die VIII. Kalendas Maji celebratum est, pertinaci intentione Alexandrini Episcopi, cui omnes Orientales consentiendum putaverunt: quamvis sanctus Papa Leo XV. Kalendas Maji potius observandum protestaretur. (c) Exstant ejusdem Papæ Epistolæ ad clementissimum Principem Marcianum datæ, quibus ratio veritatis sollicitatæ evidenter patefacta est; ex quibus Ecclesia catholica instrui potest, quod hæc persuasio, studio unitatis & pacis tolerata sit, potius quam probata; nunquam deinceps imitanda: ut quæ exitialem attulit offensionem, omnem in perpetuum perdat auctoritatem.

(a) Pro his omnibus, & sequentibus, in MS. Colbertino & editione Lugd. codicis Augustani, seu Ulpeliani: *Valentinianus ipse occisus est ad duas Lauros XVII. Kalendas Aprilis. Et levatur Petronius Maximus Imperator, qui LXXII. die occisus, per Urbem tractus.*

Gisericus Romam ingressus præda facta Carthaginem revertitur. Et post aliquot dies levatur in Imperium AVITUS.

(b) Ab Eudoxia mortem Valentiniani mariti in Maximum vindicare volente accersitum narrat Procopius; *de bello Vandal. lib.* 1.

(c) Hic intervertor a Bucherio in Paschal. Cyclum Victorii cap. 3. *In quo aut in ratione [illegible], aut in primi [illegible] fuisset erratum.* Quæ tamen marginalem Rudolfi annotationem esse non absurde quis putaverit. Neque enim in Sirmondi aut Chiffletii codd. MSS. ex quibus Chronicon illud auctius addidit Duchesnius, inveniuntur hæc verba. Vide dissert. 2. de vita & Oper. S. Leonis pag. 318 & seq. tom. 2. nov. edit. Oper. S. Leonis Magni. Ubi observabis, tum primum hac occasione Occidentalibus inquirendi diem Paschalem, motusque Solis & Lunæ diligentius scrutandi ortam æmulationem apud Latinos: qui deinceps passi non sunt leges sibi ab Alexandrinis de indicendo Paschali die imponi, Prosperum quoque Aquitanum, qui tum Romæ apud Leonem Pontificem agebat, suum Cyclum composuisse: cujus testes sunt Gennadius in Catal. vir. illustr. cap. 88. ubi de Victorio Aquit. & Isidorus Origin. lib. 6. cap. 17. nisi jam editus ab illo esset ad annum CCCCLIV. quo similis occurrerat difficultas. Ut ut sit, dubium non est quin ad illum scribendum a Leone sit excitatus. Cyclus ille jam periit. Certe cum paulo iratior scribat de Paschate hujus anni CCCCLV. quo Chronicon suum clausit; apparet pro sua sententia ipsum decertasse.

APPEN-

APPENDICULA AD CHRONICUM SANCTI PROSPERI.

MONITUM.

CUM in codice, quem Augustanum vocamus, Pithœus vero sub Ulriciani titulo citavit in notis suis ad Chronicum Eusebii &c. subjiciantur quædam, quæ leguntur etiam in MS. Colbertinæ Bibliothecæ 140. & illa limites excedant Prosperiano Chronico a Gennadio assignatos in Catalogo cap. 84. de Prospero, de quibus fusius dictum in Admonitione consules, si vacat; illa non hic, charactere tamen inferiori, excudi debere credidimus. In quibus regni Vandalorum, post captam ab iis Romam, status per annos non paucos repræsentatur. Quibus tamen in iisdem libris præsequuntur ista Consulatus, qui Valentiniani VIII. ultimum cum morte consulatum exceperunt.

VARANE ET JOHANNE.
CONSTANTINO ET RUFO.
ARDABURE ET MAXIMIANO.

Post consulatum Theodosii XVII. & Festi, Gisericus Vandalorum rex Carthaginem ingressus est, die XIV. Kalendarum Novembrium. (a) Qui rexit eamdem Africam civitatem annis XXXVIII. mensibus III. diebus VI.

Post hunc regnavit Hunericus, filius ejus annis VII. mensibus X. (b) diebus XVII. Qui in fine anni VII. regni sui catholicæ Ecclesiæ persecutionem fecit, omnesque Ecclesias clausit, & cunctos Domini catholicos sacerdotes, cum Eugenio Carthaginensi Episcopo exilio relegavit. Qui Dei judicio scatens vermibus vitam finivit.

Post eum regnavit (c) Guntamundus Gentonis ejusdem Hunerici regis fratris filius annos XI. menses XI. dies XI. Qui tertio anno regni sui cœmeterium sancti martyris Agilei apud Carthaginem catholicis dare præcepit; Eugenio Carthaginensi Episcopo, ab eodem jam de exilio revocato. Decimo autem anno regni sui, Ecclesias catholicorum aperuit, & omnes Dei sacerdotes, petente Eugenio Carthaginensi Episcopo, de exilio revocavit. Quæ Ecclesiæ fuerunt clausæ annos XI. menses VI. dies V. hoc est, ab octavo anno Hunerici, id est, ex die VII. Idus Februarii, usque in decimum annum regis Guntamundi, in diem IV. Idus Augusti. In quo completi sunt supradicti (d) anni X. menses VI. dies V. Qui memoratus Guntamundus rex postmodum vixit annos II. menses I.

Post quem regnavit Trasamundus Gentonis filius annos XXVI. menses VIII. dies IV.

Ab exordio ergo imperii Aviti, usque ad annum XXVII. Trasamundi (e)... XXVII. A XIV. anno autem Imperii & morte Valentis, usque in annum (f) XXVI. Trasamundi, anni sunt CXVIII.

Post quem regnavit Hildrix filius Hunerici annos VIII. dies VIII. Qui in exordio regni sui Bonifacium Episcopum apud Carthaginem in Ecclesia sancti Agilei ordinari præcepit, & omnibus catholicis libertatem restituit.

Quo regnante, assumpta tyrannide Geilamer regnum ejus invadit, in quo (g) sedit annos III. menses III. Qui tanta homicidia scelestus commisit, ut nec suis parentibus parceret.

Fiunt ergo ab exordio (h) regis Giserici, usque ad exitum Vandalorum, anni XCVII. menses X. dies XI. Ab interitu vero Valentis in XIV. anno regni ejus, usque ad supra dictum tempus, anni CLIV. Collecta ergo omnium summa annorum ab Adam usque ad Vandalorum perditionem fiunt anni V. M. DCC. XXXIII.

(a) In codice MS. Colb. *Qui regnavit in eadem Africa civitate annis 37.*
(b) In MS. Colb. *diebus 18.*
(c) Alias. *Gundabundus Patruelis seu Patruus.*
(d) Forte *anni XI.*
(e) Hæc lacuna non suppletur ex MS. Colb. qui paulo antea habet *annum XXVI. pro XXVII.*
(f) Iterum numerus XXVI. pro XXVII. in MS. Colb.
(g) MS. Colb. *fecit.*
(h) MS. Colb. *regis.*

ADMONITIO
IN CONCILIUM ARAUSICANUM II.
DE GRATIA ET LIBERO ARBITRIO.

Omnibus sancti Prosperi operibus annecti solet Concilium Arausicanum secundum, Canones viginti quinque complexum. Et merito quidem. Nam hujusce Concilii decreta, illa maxime dogmata statuunt, quæ contra Semipelagianos Augustinus primum, ac deinde S. Prosper, Augustini doctrinæ strenuus assertor & vindex, defenderant. Quin immo ex ipsissimis utriusque Patris verbis concinnata noscuntur: cum sint ex diversis S. Augustini libris hausta, & speciatim ex sententiis illis excerpta, quas S. Prosper de operibus S. Augustini collegerat. Nec solum ex Augustino sed etiam ex Operibus a Prospero ipso post Augustini obitum exaratis: quomodo ex libro contra Collatorem decerpti canones VI. VII. & VIII. Qua Episcoporum illorum agendi ratione manifestum est, probatum fuisse a Patribus Arausicæ convenientibus, tum Augustini, tum speciatim S. Prosperi nostri doctrinam: immo etiam a Felice IV. quo Romæ sedente, & ad id celebrandum eos admonente, & auctoritate sua muniente, habitum est Concilium. Hæc docent Patres in Præfatione his verbis: Pervenit ad nos esse aliquos qui de gratia & libero arbitrio minus caute, & non secundum fidei catholicæ simplicitatem, sentire velint. Unde id nobis, secundum auctoritatem & admonitionem sedis Apostolicæ, justum & rationabile visum est, ut pauca capitula ab Apostolica nobis sede transmissa de gratia & libero arbitrio, quæ ab antiquis Patribus de sanctarum scripturarum voluminibus in hac caussa collata sunt, ad docendos eos qui aliter quam oportet sentiebant, ab omnibus observanda proferre, & manibus nostris subscribere deberemus. *Cui Concilio postea assensum suum approbationemque authenticam concessit Bonifacius II. in Epistola ad Cæsarium Arelatensem in hunc finem data.*

* Vide append. in parte pie. [illegible] ** In quibusdam vero suis canonibus, maxime in octavo, ex professo Patres illi rejiciunt distinctionem illam quam Cassianus Collatione decima tertia confinxerat, duplicis generis prædestinatorum, quorum alii meritis quibusdam gratiæ donum prævenirent, alii nullis meritis præcedentibus a Deo gratia donarentur, quamque S. Prosper fuse refellerat in libro contra Collatorem per multa capita. Diversas quoque hujusce auctoris Scripturarum explicationes singulis membris applicatas circa finem Canonis XXV. paucis verbis rejicit, sic statuens:* Hoc etiam salubriter profitemur, & credimus, quod in omni opere bono, non nos incipimus, & postea per Dei misericordiam adjuvamur, sed ipse nobis nullis præcedentibus bonis meritis & fidem & amorem sui prius inspirat, ut & baptismi sacramenta fideliter requiramus, & post baptismum cum ipsius adjutorio, ea quæ sibi sunt placita implere possimus. Unde manifestissime credendum est quod & illius latronis, quem Dominus ad paradisi patriam revocavit, & Cornelii Centurionis, ad quem Angelus Domini missus est, & Zacchæi, qui ipsum Dominum suscipere meruit, illa tam admirabilis fides non fuit de natura, sed divinæ largitatis donum.

Arausione convenit hæc Synodus secunda quinto nonas Julii anno Christi 529. ut observat Jacobus Sirmondus, sub Felice Papa IV. regnante in Italia Athalarico Amalasuntæ filio, in Gallia vero liberis Clodovei. Concilio præsedit Cæsarius Arelatensis: quod approbavit Bonifacius II. Pontifex in sua ad Cæsarium ipsum epistola, quam ex antiquis MSS. Sirmondus in lucem protulit. Hac Synodo contra Semipelagianos, qui in Gallia, maxime in secunda Narbonensi provincia, per hujus hæresis præcipuos assertores eximii ingenii viros Cassianum & Faustum percrebuerant, Christi gratiæ necessitas, etiam ad fidei omnisque piæ vitæ initium, commendata est.

CON-

(a) CONCILIUM ARAUSICANUM II.

DE GRATIA ET LIBERO ARBITRIO.

In Dedicatione Basilicæ a Liberio Patricio constructæ celebratum V. Nonas Julias, Decio Juniore V. C. consule, id est, anno Christi 529. Felicis IV. Papæ anno 3.

PRÆFATIO.

CUM ad dedicationem Basilicæ, quam illustrissimus Præfectus & Patricius filius noster Liberius in Arausica civitate fidelissima devotione construxit, Deo propitiante, & ipso invitante convenissemus, & de rebus quæ ad Ecclesiasticam regulam pertinent, inter nos fuisset spiritalis oborta collatio; pervenit ad nos esse aliquos, qui de gratia & libero arbitrio minus caute, & non secundum fidei catholicæ regulam sentire velint. (b) Unde id nobis secundum auctoritatem & admonitionem Sedis Apostolicæ, justum & rationabile visum est, ut pauca capitula, ab Apostolica nobis Sede transmissa, quæ ab antiquis Patribus de sanctarum scripturarum voluminibus in hac præcipue causa collata sunt, ad docendos eos, qui aliter quam oportet sentiunt, ab omnibus observanda proferre, & manibus nostris subscribere deberemus. Quibus lectis, qui hucusque non sicut oportebat, de gratia & libero arbitrio credidit, ad ea quæ fidei catholicæ conveniunt, animum suum inclinare non differat.

I.

Quod per peccatum Adæ non solum corpus, sed anima etiam læsa fuerit.

Vid. lib. 1. Op. imperf. contra Jul. cap. 20.

Si quis per offensam prævaricationis Adæ non totum, id est, secundum corpus & animam, in deterius dicit hominem commutatum; sed animæ libertate illæsa durante, corpus tantummodo corruptioni credit obnoxium: Pelagii errore deceptus adversatur Scripturæ dicenti, *Anima quæ peccaverit, ipsa morietur*: &, *Nescitis quoniam cui exhibetis vos servos ad obediendum, servi estis ejus cui obeditis?* &, *A quo quis superatur, ejus & servus addicitur.*

Ezech. 18. 20. Rom. 6. 16. 2. Pet. 2. 19.

II.

Quod peccatum Adæ non ipsi soli nocuit, sed ad posteros quoque transiit.

Si quis soli Adæ prævaricationem suam, non & ejus propagini, asserit nocuisse; aut certe mortem tantum corporis, quæ pœna peccati est, non autem & peccatum, quod mors est animæ, per unum hominem in omne genus humanum transiisse testatur; injustitiam Deo dabit, contradicens Apostolo dicenti, *Per unum hominem peccatum intravit in mundum, & per peccatum mors*, (c) *& ita in omnes homines mors pertransiit, in quo omnes peccaverunt.*

Vid. l. 4. contra duas epist. Pel. cap. 4. Rom. 5. 12.

III.

Quod gratia Dei non ad invocationem detur, sed ipsa faciat ut invocetur.

Si quis invocatione humana gratiam Dei dicit posse conferri; non autem ipsam gratiam facere, ut invocetur a nobis; contradicit Isaiæ prophetæ, vel Apostolo idem dicenti, *Inventus sum a non quærentibus me, palam apparui his qui me non interrogabant.*

Isaiæ 65. 1. Rom. 10. 20.

IV.

Quod Deus ut a peccato purgemur voluntatem nostram non exspectet, sed præparet.

Si quis, ut a peccato purgemur, voluntatem nostram Deum exspectare contendit, non autem ut etiam purgari velimus per sancti Spiritus infusionem & operationem in nobis fieri confitetur, resistit ipsi Spiritui sancto, per Salomonem dicenti, *Præparatur voluntas a Domino*: & Apostolo salubriter prædicanti, *Deus est qui operatur* (d) *in vobis & velle & perficere pro bona voluntate.*

Prov. 8. sec. LXX. Philip. 2. 13.

V. Quod

(a) In vetere codice Lugdunensi inscriptio est: *Constitutio Episcoporum in civitate Arausicana, de gratia & libero arbitrio.* In edit. Lovan. Duac. & Colon. *Canones Concil. alterius Arausicani, circa tempora Leonis Papæ primi. De libero arbitrio, vel de diversis conditionibus, & de rebus necessariis per capitula requirendis.* Hoc quidem primo Baronius collocaverat ad annum 463. sed postea in addit. tom. 10. voluit in annum 529. transferri. Cæsarium enim Episcopum Arelatensem, qui ei præfuit Concilio, non illis temporibus sedisse docetur variis in locis; quem & pervenisse ad annum Christi 544. constat ex ejus vitæ scriptoribus. Insuper tempus Liberii Patricii Præfecti Galliarum, qui huic Arausicano Concilio subscripsisse reperitur, erratum fuisse, cum assignatum est temporibus Leonis magni admonet Spondanus, tom. 1. Epitom. p. 311.

(b) In editionibus Lov. Duac. & Colon. *Unde & nobis* Monitorum in Append. tom. 10. Aug. ut supra. Sic & infra *de utriusque Scripturarum voluminibus*, ubi nunc Aug. editio, *de sanctarum*.

(c) In edit. Lovan. Duac. & Colon. desunt, *& ita, ... omnes*, quæ restituta sunt ut append. tom. 10. Aug.

(d) In Lovan. Duac. & Colon. *in nobis*.

V.

Quod initium fidei non ex nobis, sed ex gratia Dei sit.

Vide S. Aug. de prædest. SS. cap. 2. & sequentibus. Si quis sicut augmentum, ita etiam initium fidei, ipsumque credulitatis affectum, quo in eum credimus qui justificat impium, & ad regenerationem (a) sacri baptismatis pervenimus, non per gratiæ donum, id est, per inspirationem Spiritus-sancti corrigentem voluntatem nostram ab infidelitate ad fidem, ab impietate ad pietatem, sed naturaliter nobis inesse dicit; apostolicis dogmatibus adversarius approbatur, beato Paulo dicente, *Confidimus quia qui cœpit in vobis bonum opus, perficiet usque in diem Domini nostri Jesu Christi*: & illud, *Vobis datum est pro Christo, non solum ut in eum credatis, sed etiam ut pro illo patiamini*: &, *Gratia salvi facti estis per fidem, & hoc non ex vobis, Dei enim donum est*. Qui enim fidem, qua in Deum credimus, dicunt esse naturalem, omnes eos qui ab Ecclesia Christi alieni sunt, quodammodo fideles esse definiunt.

Philip. 1. 6.

Ibid. 29.

Ephes. 2. 8.

VI.

Quod sine gratia Dei credentibus & petentibus misericordia non conferatur, cum gratia ipsa faciat ut credamus & petamus.

Vide Aug. lib. de dono persev. cap. 23. Prosp. contra Collat. cap. 2. Si quis sine gratia Dei credentibus, volentibus, desiderantibus, conantibus, laborantibus, vigilantibus, studentibus, petentibus, quærentibus, pulsantibus nobis misericordiam dicit conferri divinitus; non autem ut credamus, velimus, vel hæc omnia sicut oportet agere valeamus, per infusionem & inspirationem sancti Spiritus in nobis fieri confitetur; & aut humilitati, aut obedientiæ humanæ subjungit gratiæ adjutorium, nec ut obedientes & humiles simus ipsius gratiæ donum esse consentit; resistit Apostolo dicenti, *Quid habes quod non accepisti?* &, *Gratia Dei sum id quod sum*.

1. Cor. 4. 7.

Ibid. 15. 10.

VII.

Quod viribus naturæ bonum aliquod quod ad salutem pertinent cogitare aut eligere sine gratia non possimus.

Vide Aug. lib. de gra. Christi cap. 26. Si quis per naturæ vigorem bonum aliquod, quod ad salutem pertinet vitæ æternæ, cogitare ut expedit, aut eligere, sive salutari, id est, evangelicæ prædicationi consentire posse confirmat, absque illuminatione & inspiratione Spiritus-sancti, qui dat omnibus suavitatem (b) in consentiendo & credendo veritati; hæretico fallitur spiritu, non intelligens vocem Dei in Evangelio dicentis, *Sine me nihil potestis facere*: & illud Apostoli, *Non quod idonei simus cogitare aliquid a nobis, quasi ex nobis, sed sufficientia nostra ex Deo est*.

Joan. 15. 5.

2. Cor. 3. 5.

VIII.

Quod per liberum arbitrium ad gratiam baptismi pervenire nullus possit.

Prosper. contra Collat. cap. 13. & 19. & in defens. Augustini. Si quis alios misericordia, alios vero per liberum arbitrium (quod in omnibus qui de prævaricatione primi hominis nati sunt, constat esse vitiatum,) ad gratiam baptismi posse venire contendit; a recta fide probatur alienus. Is enim non omnium liberum arbitrium per peccatum primi hominis asserit infirmatum: aut certe ita læsum putat, ut tamen quidam valeant, sine revelatione Dei, mysterium salutis æternæ per semetipsos conquirere. Quod quam sit contrarium, ipse Dominus probat, qui non aliquos, sed neminem ad se posse venire testatur, nisi quem Pater attraxerit. Sicut & Petro dicit, *Beatus es Simon Barjona, quia caro & sanguis non revelavit tibi, sed Pater meus qui in cælis est*: & Apostolus, *Nemo potest dicere, (c) Dominum Jesum Christum, nisi in Spiritu-sancto*.

Joan. 6. 44.

Matt. 16. 17.

1. Cor. 12. 3.

IX.

De adjutorio Dei per quod bona operamur.

Divini est muneris, cum & recte cogitamus, & pedes nostros a falsitate & injustitia (d) continemus. Quoties enim bona agimus, Deus in nobis atque nobiscum, ut operemur, operatur.

Prosper. sent. 22. Philip. 2. 13.

X.

De adjutorio Dei omnibus semper implorando.

Adjutorium Dei etiam renatis (e) ac sanctis semper est implorandum, ut ad finem bonum pervenire, vel in bono possint opere perdurare.

Prosper. contra Collat. cap. 20.

XI.

De obligatione votorum.

Nemo quidquam Domino recte voveret, (f) nisi ab illo acciperet quod voveret, sicut legitur, *Quæ de manu tua accepimus, damus tibi*.

Vid. Aug. lib. 17. de Civit. Dei c. 4. Prosp. sent. 54. 1. Paral. 29. 14.

XII.

(a) Editio Concilii in append. tomi 10. Aug. addit hic, *sacri*: & infra, *& hoc*, cum *non ex vobis*: quibus carent Prosperiani codices.

(b) Duac. & Colon. omittunt *in*: Melius Lovan. & app. tom. 10. Aug. non omittunt.

(c) Editio tom. 10. Aug. in append. *Dominus Jesus*. Prosperiani libri addunt textui sacro, *Dominum Jesum*, vocem hanc, *Christum*.

(d) Sic August. editio. & in Sentent. libro. Lovan. Duac. & Colon. hic, *tenemus*.

(e) Duo MS. codices Laudunensis & Remensis, *ac sanctis*.

(f) Emendatur ex tom. 10. Aug. in Append. & libro sentent. Prosperi; nam Lovan. Duac. & Colon. hoc *voveret, nisi ab illo acciperet, sicut legitur*: carent omissis. Titulum quoque ex libro sententiarum supra edito correximus, *oblatione*, loco vocis *obligatione*, qua etiam in append. August. inscribit.

XII.

Quales nos diligat Deus.

Tales nos amat Deus, quales futuri sumus ipsius dono, non quales sumus nostro merito.

XIII.

De reparatione liberi arbitrii.

Arbitrium (a) voluntatis in primo homine infirmatum, nisi per gratiam baptismi, non potest reparari: quod amissum, nisi a quo potuit dari, non potest reddi. Unde ipsa Veritas dicit, *Si vos Filius liberaverit, tunc vere liberi eritis.*

XIV.

Quod ut liberemur a miseria, misericordia Dei prævenimur.

Nullus miser de quantacumque miseria liberatur, nisi qui Dei misericordia prævenitur: sicut dicit Psalmista, *Cito anticipet nos misericordia tua, Domine*: & illud, *Deus meus, misericordia ejus præveniet me.*

XV.

Quod per gratiam Dei in melius mutatur fidelis.

Ab eo quod formavit Deus, (b) mutatus est Adam, sed in pejus per iniquitatem suam: ab eo quod operata est iniquitas, mutatur fidelis, sed in melius per gratiam Dei. Illa ergo mutatio fuit prævaricatoris primi: hæc, secundum Psalmistam, *mutatio est dexteræ Excelsi.*

XVI.

Quod ex eo quod habemus non sit gloriandum, quasi ex Deo sit.

Nemo ex eo quod videtur habere, glorietur, tamquam non acceperit; aut ideo se putet accepisse, quia littera extrinsecus, vel ut legeretur apparuit, vel ut audiretur insonuit. Nam sicut Apostolus dicit, *Si per legem justitia, ergo Christus gratis mortuus est.* Porro autem si non gratis mortuus est, *Adscendens in altum captivam duxit captivitatem, dedit dona hominibus.* Inde habet, quicumque habet. Quisquis autem inde se habere negat, aut vere non habet, aut id quod habet, auferetur ab eo.

XVII.

De fortitudine Christiana.

Fortitudinem gentilium mundana cupiditas; fortitudinem autem Christianorum Dei charitas facit, quæ *diffusa est in cordibus nostris*, non per voluntatis arbitrium, sed *per Spiritum-Sanctum qui datus est nobis*, (c) nullis meritis gratiam prævenientibus.

XVIII.

Nullis meritis gratiam præveniri.

Debetur merces bonis operibus, si fiant; sed gratia, quæ non debetur, præcedit ut fiant.

XIX.

Neminem nisi Deo miserante salvari.

Natura humana, etiam si in illa integritate in qua est condita, permaneret, nullo modo se ipsam, Creatore suo non adjuvante, servaret. Unde cum sine gratia Dei salutem non possit custodire quam accepit, quomodo sine Dei gratia poterit reparare (d) quam perdidit?

XX.

Nihil boni hominem posse sine Deo.

(e) Multa Deus facit in homine bona, quæ non facit homo: nulla vero facit homo bona, quæ non Deus præstet, ut faciat homo.

XXI.

De natura & gratia.

Sicut eis qui volentes in lege justificari, a gratia exciderunt, verissime dicit Apostolus, *Si ex lege justitia est, ergo Christus gratis mortuus est*: sic & his qui gratiam quam commendat & percipit fides Christi, putant esse naturam, verissime dicitur, Si ex natura justitia, ergo Christus gratis mortuus est. Jam hic enim erat lex, & non justificabat. Ideo Christus non gratis mortuus est, ut & lex per illum impleretur, qui dixit, *Non veni legem solvere, sed adimplere*; & natura per Adam perdita, per illum repararetur, qui dixit, venisse se quærere & salvare quod perierat.

XXII.

(a) Nonnulli MSS. *Arbitrium libertatis.*
(b) Lovan. Duac. & Colon. *mutatur.*
(c) Hæc verba ad finem canonis 17. leguntur in editionibus Prosperi Lovan. Duac. & Colon. hic; non vero in editione tom. 10. Oper. S. Aug. nec in sententiis ejus, nec in libro Oper. imperf. contra Julianum. Forte huc irrepserunt ex titulo Canonis sequentis.

(d) Editi Prosperiani, *quod perdidit.* Verum, *quam perdidit* habetur apud Augustinum loco in margine citato, & in append. tom. 10. nec non in sententiis Prosperi.
(e) Sic legitur canon iste in edit. append. tom. 10. Aug. & locis Aug. & Prosperi in margine citatis. In edit. vero Prosperi Lovan. Duac. & Colon. *Multa in homine bona fiunt.*

XXII.

De his quæ hominum propria sunt.

Aug. Tract. 5. in Joan. & Prosp. sent. 323. Nemo habet de suo, nisi mendacium & peccatum. (a) Si quid autem habet homo veritatis atque justitiæ, ab illo fonte est quem debemus sitire in hac eremo, ut ex eo quasi guttis quibusdam irrorati, non deficiamus in via.

XXIII.

De voluntate Dei & hominis.

August. Tract. 19. in Joan. & Prosper. sent. 324. Suam voluntatem homines faciunt, non Dei, quando id agunt quod Deo displicet. Quando autem ita faciunt quod volunt, ut divinæ serviant voluntati, quamvis volentes agant quod agunt, illius tamen voluntas est, à quo & præparatur & jubetur quod volunt.

XXIV.

De vite & palmitibus vitis.

Aug. tract. 81. in Joan. & Prosper. sent. 361. Ita sunt in vite palmites, ut viti nihil conferant, sed inde accipiant unde vivant. Sic quippe vitis est in palmitibus, ut vitale alimentum subministret eis, non sumat ab eis. Ac per hoc & manentem in se habere Christum, & manere in Christo, discipulis prodest (b) utrumque, non Christo. Nam præciso palmite, potest de viva radice alius pullulare: qui autem præcisus est, non potest sine radice vivere.

XXV.

De dilectione, qua diligimus Deum.

Aug. tract. 102. in Joan. & Prosper. sent. 370. Rom. 5. 5. Prorsus donum Dei est, diligere Deum. Ipse ut diligeretur dedit, qui non dilectus (c) diligit. Displicentes amati sumus, ut fieret in nobis unde placeremus. Diffundit enim charitatem in cordibus nostris Spiritus Patris & Filii, quem cum Patre amamus & Filio.

Ac sic secundum supra scriptas sanctarum scripturarum sententias, vel antiquorum Patrum definitiones, hoc, Deo propitiante, & prædicare debemus & credere, quod per peccatum primi hominis ita inclinatum & attenuatum fuerit liberum arbitrium, ut nullus postea aut diligere Deum sicut oportuit, aut credere in Deum, aut operari propter Deum quod bonum est, possit, nisi gratia eum & misericordia divina prævenerit. Unde Abel justo, & Noe, (d) & Abrahæ, & Isaac, & Jacob, omnique antiquorum sanctorum multitudini illam præclaram fidem, quam in ipsorum laude prædicat apostolus Paulus, non per bonum naturæ, quod prius in Adam datum fuerat, sed per gratiam Dei credimus fuisse collatam: quam gratiam, etiam post adventum Domini, omnibus qui baptizari desiderant, non in libero arbitrio (e) haberi, sed Christi novimus simul & credimus largitate conferri: secundum illud quod jam supra dictum est, & prædicat Paulus apostolus, *Vobis donatum est pro Christo, non solum ut in eum credatis, sed etiam ut pro illo patiamini*: & illud, *Deus qui cœpit in vobis bonum opus, perficiet usque in diem Domini nostri (f) Jesu Christi*: & illud, *Gratia salvi facti estis per fidem, & hoc non ex vobis, Dei enim donum est*: & quod de seipso ait Apostolus, *Misericordiam consecutus sum, ut fidelis essem*: non dixit, quia eram; sed *ut essem*: & illud, *Quid habes quod non accepisti?* & illud, *Omne datum bonum & omne donum perfectum de sursum est, descendens a Patre luminum*: & illud, *Nemo habet quidquam, boni, (g) nisi illi datum fuerit de super*. Innumerabilia sunt sanctarum scripturarum testimonia, quæ possunt ad probandam gratiam proferri, sed brevitatis studio prætermissa sunt; quia & re vera, cui pauca non sufficiunt, plura non proderunt.

Hebr. 11. Philip. 1. 29. Ibid. 6. Ephes. 2. 8. 1. Cor. 7. 25. 1. Cor. 4. 7. Jacob. 1. 17. Joan. 3. 27.

Hoc etiam secundum fidem catholicam credimus, (h) quod accepta per baptismum gratia, omnes baptizati, Christo auxiliante & cooperante, quæ ad salutem pertinent, possint & debeant, si fideliter laborare voluerint, adimplere. Aliquos vero ad malum divina potestate prædestinatos esse, non solum non credimus, sed etiam, si sunt qui tantum malum credere velint, cum omni detestatione illis anathema dicimus.

Hoc etiam salubriter profitemur & credimus, quod in omni opere bono, non nos incipimus, & postea per Dei misericordiam adjuvamur; sed ipse nobis, nullis præcedentibus bonis meritis, & fidem & amorem sui prius inspirat, ut & baptismi sacramenta fideliter requiramus, & post baptismum cum ipsius adjutorio, ea quæ sibi sunt placita implere possimus. Unde manifestissime credendum est, quod & illius latronis, quem Dominus ad Paradisi patriam revocavit, & Cornelii Centurionis, ad quem Angelus Domini missus est, & Zachæi, qui ipsum Dominum suscipere meruit, illa tam admirabilis fides non

Luc. 23. 43. Act. 10. 3. Luc. 19. 6. V. de Lib. Prosp. contra Collat. cap. 2. n. 7. & 18. & seq.

(a) Editi Lovan. Duac. & Colon. *Si quid autem habet homo veritatis atque justitiæ*. August. append. tom. 10. & loci in ora libri citati habent ut legitur in textu.

(b) Edit. Lovan. Duac. & Colon. *& non Christo*. Append. tom. 10. Aug. & locis in margine notatis, utrumque, non Christo.

(c) In Cod. Prosp. Lov. Duac. & Colon. *diliget* .... & infra, *diffundit*. Append. tom. 10. Aug. hic & sent. Prosp. ut in textu.

(d) Sic editio Concilii in append. tom. 10. Aug. ex MS. recensiti. Prosperiana vero Lovan. Duac. & Colon. *& Abraham* ... *in ipsorum laudem*.

(e) Lovan. Duac. & Colon. *habere*. Melius legi *haberi* convincit editio append. Aug. tom. 10. & series loci.

(f) Desunt hæc verba, *Jesu Christi* in Lovan. Duac. & Colon. Prosperi editionibus. Habentur in appendice August. tom. 10. utrumque in textu Apostoli desunt hæc duo, *Domini nostri*.

(g) In Lovan. Duac. & Colon. Prosperi edit. *nisi illud*. Additum, videtur; *illud*, quo caret editio August. append. conformiter textui sacro.

(h) Legitur in eodem codice, *post acceptam baptismi gratiam*.

non fuit de natura, (a) sed divinae largitatis donum.

Et quia definitionem antiquorum Patrum, nostramque quae supra scripta est, non solum religiosis, sed etiam laicis, medicamentum esse & desideramus & cupimus: (b) placuit ut eam etiam illustres ac magnifici viri, qui nobiscum ad praefatam festivitatem convenerunt, propria manu subscriberent.

CAESARIUS in Christi nomine Episcopus, constitutionem nostram relegi, & subnotans subscripsi, quinto Nonas Julii, Decio juniore viro clarissimo Consule.

JULIANUS (c) AMARTOLUS Episcopus relegi & subscripsi.

CONSTANTIUS in Christi (d) nomine Episcopus consensi & subscripsi.

CYPRIANUS .... Episcopus .... subscripsi.

EUCHERIUS .... Episcopus .... subscripsi.

(e) Item EUCHERIUS .... Episcopus .... subscripsi.

HERACLIUS .... Episcopus .... subscripsi.

PRINCIPIUS .... Episcopus .... subscripsi.

PHILAGRIUS .... Episcopus .... subscripsi.

MAXIMUS .... Episcopus .... subscripsi.

PRAETEXTATUS .... Episcopus .... subscripsi.

ALETHIUS .... Episcopus .... subscripsi.

LUPERCIANUS .... Episcopus .... subscripsi.

VINDEMIALIS .... Episcopus .... subscripsi.

(f) PETRUS MARCELLINUS FELIX LIBERIUS vir clarissimus & illustris Praefectus Praetorii Galliarum atque Patricius, consentiens subscripsi.

SYAGRIUS vir illustris consentiens subscripsi.

OPILIO vir illustris consentiens subscripsi.

PANTAGATHUS vir illustris consentiens subscripsi.

DEODATUS vir illustris consentiens subscripsi.

CARIATHTO vir illustris consentiens subscripsi.

MARCELLUS vir illustris consentiens subscripsi.

(g) NAMATIUS vir illustris consentiens subscripsi.

(a) Codex Lugdunensis, *sed gratiae largitate donata*. Remensis & Bellovacensis, *sed de divinae largitatis dono*.

(b) Edit. Prosp. Lovan. & Duac. *placuit ergo ut etiam* Aug. append. tom. 10. ut in textu.

(c) Haec vox, *Amartolus* additur in edit. Append. tom. 10. Aug. sicut & Prosperi libris Lovan. Duac. & Colon. excusis. Additur quoque in eadem Aug. edit. *in Christi nomine, & consensi*.

(d) Editio append. tom. 10. Aug. supplet, hujus Episcopi nomen, & subscriptionem, cum aliis e codicibus Prosperi.

(e) In codicibus Prosperi leguntur: *Petrus, Marcellinus, Felix, Liberius, viri clarissimi & illustres Praefecti Praetorio Galliarum atque Patricii consentientes subscripserunt*. Emendavimus ex editione Concilii, ut habetur in append. tom. 10. Augustini, exarato singulari, & plurali numero in singularem. Nam recte observat Spondanus tom. 1. Epitomes ad annum 529. pag. 2. falso referri eidem Concilio interfuisse quatuor Praefectos Praetorii, ut textus depravatus habet. Nam, ut Codex Vaticanus docet, quatuor sunt illa nomina personae unicae: & in ipsius Synodi exemplar, non quatuor qui interfuerint illic Praefecti, sed unus duntaxat Liberius Patricius nominatur: ac denique hoc tempore Athalarici regis, non quatuor Praefectos Gallias administrasse, sed unum hunc Liberium patet ex ejusdem regis epistola ad eumdem Liberium data, *apud Cassiod. l. 8. ep. 6.* Qui quidem ille ipse esse Liberius invenitur, cui Theodericus Athalarici praedecessor fasces antea crediderat. Quippe qui laeto aliis praeclare ab ipso, bello praecipue in Italia, Gallia, & alibi gestis, commendatus ex eo habetur, quod Italos Gothis conciliaverit, tertia agrorum parte illis concessa. *Ibid. l. 2. epist. 15. ad Senat.*

(f) Ex eadem edit. tom. 10. Aug. adest, consensi, *subscripsi*, quod legitur in codicibus Prosperianis, in *subscripsi* hic & in sequentibus.

(g) Haec autem, & haec subscriptio additur ex Augustini tom. 10. in Append.: cum desit editionibus Prosperi Lovan. Duac. & Colon. Cujus auctoritate in subscriptionibus sex quae praecedunt posuimus, *vir illustris*, ubi antea habebatur, *vir clarissimus*.

A D-

ADMONITIO

DE OPUSCULO SEQUENTI.

De hoc opusculo, quod primo editum est a Sirmondo sub nomine Confessionis Prosperi Aquitani, quod habetur etiam in MS. Juliensi inter cetera S. Prosperi opera, hoc censet sæpe laudatus a nobis Josephus Antelmius Presbyter & canonicus Forojuliensis, in eo libro cui titulum fecit, „ De veris operibus SS. PP. Leonis Magni & Prosperi Aquitani Dissertationes criticæ, Dissertatione septima, quæ est, De suppositis S. Prospero scriptis & tractatibus pag. 370. „ Quod superest, præter ista opera Prospero supposita, alia non „ animadverti alicujus nominis ac celebritatis, quæ sub ejus nomine circumfe„ runtur. Extat quidem Confessio Tyronis Prosperi, quam primum Jac. Sirmon„ dus publicavit anno 1619. ex Bibliotheca Vaticana, post Eugenii & Dracontii „ carmina: at in qua vix aliquid deprehendere licet Prosperi stilo satis simile, „ aut ejus fama valde consentaneum; pro qua illi afferenda multum sollicitudi„ nis impendi debeat “. Quæ in re Antelmio omnino assentitur celeberrimus doctissimusque auctor Bibliothecæ novæ Scriptorum Ecclesiasticorum, parte secunda Tomi tertii, qui est de Scriptoribus quinti Ecclesiæ sæculi pag. 451. De Prospero: ubi illam Confessionem vocat, Opus nullius momenti, & tanto Patre indignum. Alius tamen vir Ecclesiasticorum Monumentorum peritissimus scriptor, de hac opella paulo meliora sentiens, satis eleganter scriptum opus judicat, ut Magno Prospero tribuatur: nec tamen aliquid certi hac in re statuens, cum libelli sequentis auctoritatem non audeat penitus rejicere, nec illum vult etiam pro indubitato Prosperi nostri fœtu admittere. In tam diverso sapientissimorum Criticorum judicio, multo minus licuit nobis quidquam, quasi pro indubitato, decernere, sed tutius fore visum est, si hanc elucubrationem dubiis Prosperi operibus, non tamen certo suppositis, accenseremus.

CON-

CONFESSIO

QUÆ DICITUR

PROSPERI AQUITANI.

NAm mihi quondam sub lege peccati, & transfusa in me a parentibus (a) ordinaria mortis conditione captivo; ne longo ferocis Domini jure detinerer, inter ipsa me vitæ initia, misericors & miserator Domine liberasti. Ante levem tyrannicidam, (b) quam experirer tyrannum: & prius adeptus sum redemptionem, quam intelligerem servitutem. Querantur qui volunt de salutis suæ celeritate; ad excusationem violatæ regenerationis, rudem ætatem & imprudentes causentur annos: mihi semper adorabilior velox dignatio, & (c) properata clementia. Nam velut ignaro mihi hoc unum profuisse intelligo, quod licet ego a donis tuis recesserim, in me tamen tua dona manserunt. Renatus itaque in Christo Jesu per Spiritum sanctum tuum, heres adscriptus, filius nuncupatus, nihil minus quam senior frater accepi. Quin etiam remisso legalis observantiæ onere, initiatus a gratia, non de Jacob, sed de Esau, Israel tuus factus sum. Felix profecto, si acceptam substantiam, non dicam multiplicatam, sed integram, vel otiosa incuria, si non operante servassem. Sed, heu me miserum! relicta Patris domo, abii in voluntarium deserto exilium; & duce vitiorum omnium multitudine, intima quæque Ægypti per spaciosorum itinerum proclivia deceptus intravi. Illic attrita decoris stola, & nobilitatis veste corrupta, inopem me, & paternorum decoctorem honorum, subdoli comites, infideles amici, sub hasta mortis, & auctione peccati, cupidissimis licitatoribus vendiderunt. Sub quorum longo & gravi confectus imperio, in Babyloniorum etiam jura transivi. Ibi cum per innumeras sævissimarum dominationum vicissitudines, non (d) subjectione corporis, sed animæ sudore servirem, & dignis confusus officiis, pejore quotidie status mei conditione turbarer; subtraxi me, quantum ab instantibus dominis licuit, in occultum spiritus cordisque secretum: & apprehenso cujusdam sanctarum scripturarum volumine, quid mihi adhuc spei superesset inspexi: ac multo perfusus imbre lacrymarum, Quousque, inquam, dominabuntur mihi qui me oderunt? Quamdiu inimicis meis serviam? Illis quidem ipse me dedi, & per lethiferas voluptates pretium meæ perditionis accepi: sed pacisci de me meo jure non potui; habebam enim dominum, & meus non eram. Scio enim me ejus redemptum sanguine, cui cælestia, & terrena, & inferna subjecta sunt. Quid illis mecum est, quorum commercium mors est? Revertar ad eum qui me emit ad vitam. At ne me revertendi moretur facultas, quia in medio gentis alienæ sum, & regni sui limites barbaros dispositis (e) servat excubiis; bene est, quod redemptorem meum tenent omnia, loca non tenent. Præsens cælis, inferis adest, totus in abyssis est, totus in terris: non itinere adeundus, non navigatione quærendus est. Ipsum in Jerusalem reliquimus, ipsum in Ægypto prætermisimus, ipsum inter Babylonios non videmus. Sed quæramus, & apparebit; pulsemus, & aperiet; petamus, & tribuet. Verum, heu me miserum! erubesco quia nudus sum, & nihil habeo, quo membrorum meorum inhonesta circumtegam: obscœnæ egestatis dedecore confundor: tum quo ore, quave conscientia, tanta familiæ oculos, & sacri Patris subibo conspectum! Quasi vero tolerabilius judicium sit accusatis, quam confessis, reis contumacibus, quam supplicibus, exhibitis, quam reversis. Habeat quamlibet crucis ignominia (f) pœnitentias, levior erit ignis verecundiæ, quam gehennæ.

(a) Ms. Joliensis, *ordinaria mortis*.
(b) Ms. Joliensis hæc addit, *quam experirer tyrannum: & prius adeptus sum redemptionem, quam intelligerem servitutem*.
(c) Sic corrigimus ex Ms. Joliensi. Edit., *præparata*.
(d) Editiones, *in subjectione* Ms. Jol. caret. præpositione.
(e) Ms. Joliensis, *servat*.
(f) Ms. Joliensis, *pœnitentis*.

ADMONITIO
DE POEMATE CONJUGIS
AD UXOREM.

Carmen Anacreonticon ad uxorem, quo ipsius auctor uxorem suam hortatur, ut se totam Deo dedicet, non quidem inter subdititia falsoque titulo adscripta Prospero, sed nec inter certa & indubitata ejus opera censeri posse jam ab aliis est animadversum. Unde dubiis accenseri debere judicavimus. Est certe vere dubitandi locus, an sit Prosperi. Nam Rosweydus vir eruditionis non vulgaris, Prospero, sub cujus nomine legebatur alias, opus istud abjudicavit, & S. Paulino Nolano, in ejus Operum recensione, adscripsit, cognita utique caussa, ut videtur. Sed refragatur omnino doctus juxta atque accuratus ejusdem Paulini operum novissimus editor & scholiastes tomi 2. Dissert. 6. ubi etsi fateatur hoc Carmen ad stilum Paulini Nolani & sermonem in pluribus poematum locis satis accedere, lectore in judicem assumpto, tamen asserere non dubitat poema istud, licet egregium & jucundissimum, aliis tamen Paulini carminibus suavius & liberius fluere. Tum hæc subjungit: „At quod istud carmen Paulino potest abjudicare, illud nempe est, quod universum orbem, in ea generali eversione rerum & perturbatione describit, quam expertum est anno 407. Occidentis Imperium. Verum Paulino tunc temporis non necesse fuit ut se & uxorem ad Christianam vitam hortaretur, & designaret quomodo facultatibus suis uterentur. Arbogastus maximas in Occidente turbas fecit: cum anno 392. 15. Maji die juniorem Valentinianum strangulari jussit, & diadema Eugenio imposuit. At illud Carmen hoc non adumbrat". Hactenus Paulini Illustrator, qui quidem apposite observat, quibus temporibus Imperium Romanum tantis infestationibus premebatur & agitabatur, necesse non fuisse Paulino Therasiam sanctissimam conjugem ad similia adhortari, cum illa dudum ut sponsi imitatrix Christianæ perfectionis iter fuisset ingressa, nisi forte & currentem quandoque monere non inutile quis dixerit.

Hinc etiam prohiberi se testatur idem Auctor, ne carmen illud Paulino assignet, quod, inquit, in quatuor MSS. Codicibus Prospero tribuatur, in nullis Paulino, cujus historiæ prorsus non respondet. Quod certe tam grave est, ut Paulini fœtum agnoscere in illo non audeat. Quo postremo quatuor MSS. non a se visorum testimonio Antelmius in Dissertat. IX. *in Opera Leonis & Prosperi quintum adjungit, quem præ manibus habuit optimæ notæ ante annos* DCCC. *ut judicabat, exaratum, quem ex Massiliensi civitate, ubi clarior & certior Prosperi memoria, in Aquensem, quo tum degebat, transmissum, & in amplissimi Senatoris Thomassini Bibliotheca asservatum, sibi illuc advenienti manere non potuisse incognitum, testatur: verum ab hujus copiosæ Bibliothecæ possessore cum multis & præmultis inter plura adjumenta, dicit a se susceptum. Porro talis codex nonnisi Prosperi epigrammata continebat, quibus sententiæ ab eo excerptæ præponuntur. In hoc post epigramma 97.* de cohibenda Ira *&c. hoc versu desinens*, crescere non cupiens perdit adepta tepens, *immediate subjungitur, Metrum Anacreonticon, ab his verbis* Age jam precor mearum; *ad hæc*, Quibus occupare animas fuit voluptas. *Atque hic expliciunt versus, simulque cum pagina & Codex totus cum his verbis*, Finit liber. *Desiderantur itaque in hoc codice quæ ab aliis exhibentur exametra pentametris intermixta jambis istis cohærenti conceptuum serie ingeniose illigata. Quæ consuetudo non extranea est Prospero, qui carmen de ingratis omnium celeberrimum duplici versuum serie variasse agnoscitur: aliter enim in Prologo, quam in Poemate cecinit.*

Quæ

Quæ porro Paulini historiæ prorsus non respondere videntur viro docto, rerum temporumque circumstantiæ, carmine, de quo hic agitur, descriptæ, Prosperi personæ congruentius forsan aptarentur: quippe quem sub exitum quarti sæculi, & consequentis initium Christianæ pietatis studia magis afficere primum potuerunt, suam ut conjugem (si tamen conjugatus vixit aliquando) ad pares ausus tam suavium consiliorum incitamentis stimularit.

Ad id etiam facit Bedæ in fine libri de arte Metrica testificatio, qui carmen istud Tironi Prospero diserte adscribit. Metrum anacreonticum, inquit, quo usus est Prosper Tiro in principio exhortationis ad conjugem, ita dicens Age jam precor &c.

Sed (si præfato critico doctissimo credimus) nec omnino carent Prosperianis lineamentis hæc carmina; & castissimis Prosperi sensibus plena sunt, ejusque veros affectus sincere reddunt, & locutiones non raro easdem exhibent. Nec tamen ille quantumvis avens quæcumque potest cum aliquo fundamento, Prospero vindicare opera, quid certi de tali carmine audet statuere, post quasi cohibitum repressumque circa illud aliorum judicium, animique etiamnum pendere se fatetur: nam etsi hinc paulo comptius & elegantius agnoscatur quam reliqua poetica scripta Prosperi, inde retinet ætatis circumstantia, qua elucubrari debuit. Cum enim conversionis initio digestum esse pateat, & minus tunc erat cœlestibus assuefactus atque distentus Aquitanus noster, ita magis juvenilis ejus animus arti & concinnitati studens hanc elegantiam affectare potuit, quam maturior sanctiorque factus postea respuerit vel neglexerit. Quibus perpensis, dum meliora ab aliis anxius rem totam librantibus opperitur, judicio suspensus manet & indeterminatus. Post hanc eruditorum fluctuationem, quid securius nobis & ab omni temeritatis nota magis alienum erit, quam si hoc opus nec inter veros, nec inter spurios suppositosque Prosperi fœtus, sed inter dubios exhibeamus.

POEMA CONJUGIS AD UXOREM.

Uxorem hortatur ut totam se Deo dedicet.

AGE // jam precor mearum
Comes irremota rerum,
Trepidam brevemque vitam
Domino Deo dicemus.
Celeri vides rotatu
Rapidos dies meare,
Fragilisque membra mundi
Minui, perire, labi.
Fugit omne quod tenemus;
Neque fluxa habent recursum:
Cupidas, // vagasque mentes
Specie trahunt inani.
Ubi nunc imago rerum?
Ubi sunt opes potentum,
Quibus occupare captas
Animas fuit // voluntas?
Qui centum quondam terram vertebat aratris,
Æstuat, ut geminos possit habere boves.
Vectus // magnificas carpentis sæpe per urbes,
Rus vacuum fessis æger adit pedibus.
Ille decem celsis sulcans maria // ante carinis,
Nunc lembum exiguum scandit, & ipse regit.
Non idem status est agris, non urbibus ullis,
Omniaque in finem præcipitata ruunt.
Ferro, peste, fame, vinclis, algore, calore,
Mille modis miseros mors rapit una homines.
Undique bella fremunt, // omnes furor excitat, armis
Incumbunt reges regibus innumeris.
Impia confuso sævit discordia mundo,
Pax abiit terris, ultima quæque vides.
Et si concluso superessent tempora sæclo,
// Aut posset longos mundus habere dies:
Nos tamen occasum nostrum observare liceret,
Et finem vitæ quemque videre suæ.
Nam mihi quid prodest, quod longo flumina cursu
Semper inexhaustis prona feruntur aquis?

// Mul-

℣. 1. Metrum Anacreonticum, quali scanduntur sexdecim primi versus sequentes; quod & Colobon, id est, mutilum, dicitur, recipit anapæstum, duos iambos, & unam syllabam, ut

Age jam precor mearum.

Quamquam docet Georgius Fabricius de re poetica lib. 1. quod metrum Anacreonticum seu heptasyllabum habet loca tria, & syllabam unam; pedes habet adsitales duos, iambum & spondeum; loco primo ponitur iambus vel spondeus, & hujus resolutione interdum anapæstus, reliquis solus iambus, ut

Sat est quiete duci,
Nessium [illegible].

℣. 11. MSS. septem, *cupidasque vana mentes.*

℣. 16. Editor Operum S. Paulini scripsit *voluptas*: ut in MS. Joliensi. Editi nostri cum MSS. aliis *voluntas.*

℣. 19. MS. Cantabrigiensis, *magnificis.*

℣. 20. Sic MSS. tres. Alii codices, *maria alta.*

℣. 27. Ita MSS. quatuor Edit. Ven. *hominis furor hostes armis*. MS. Lugdun. & edit. recentiorum, *hominis furor excitat* MS. Colb. unus, *excitat arma.*

℣. 32. MSS. quinque *Aut posset*. MS. Theodor. *Et posset, armis*. Alii, *Ut posset.*

// Multa quod annosæ vicerunt sæcula silvæ,
  Quodque suis durant florea rura locis?
Ista manent, nostri sed non mansere parentes:
  // Exigui vitam temporis hospes ago.
Non ergo sumus // hic nequidquam in sæcula nati,
  Quæ pereunt nobis, & quibus occidimus:
Sed vitam æternam vita ut mereamur in ista,
  // Et subeat requies longa labore brevi.
Et tamen iste labor // sit forte rebellibus asper,
  Ac rigidas leges efféra corda putent:
// Non tamen hæc gravis est mansueto sarcina dorso,
  Nec lædit blandum mitia colla jugum.
// Tota mente Deum, tota vi cordis amari
  Præcipitur: vigeat // cura secunda hominis.
Quod sibi quis nolit fieri, non inferat ulli,
  Vindictam læsus nesciat exigere.
Contentus modicis, vitet sublimis haberi;
  Sperni non timeat, spernere // non libeat.
Parcus, vera loquens, & mente & corpore castus,
  Insontem vitam pacis amator agat.
// De proprio cunctis, quos cernit egere, benignus:
  Non sua non cupiat, quæ sua sunt tribuat.
Quid, rogo, mandatis durum censetur in istis?
  Aut quid erit, quod non possit // obire fides?
Qui credunt sacros verum cecinisse Prophetas,
  Et qui non dubitant verba manere Dei.
// Qui Christum passum pœnas crucis, ultima mortis;
  // In toto excelsi Patris honore vident,
Quique ipsum multa cum majestate tremendum
  Expectant pingui lampade pervigiles,
His sordent terrena, patent cœlestia, nec se
  Captivos // servos temporis hujus agunt.
Non illos fallax cepit sapientia mundi,
  Nec curas steriles inseruere polis.
Imperia & fasces, indocti munera vulgi,
  Quasque orbis scelerum semina fecit opes,
Calcarunt, sancta cœlum ambitione petentes.
  // Suffragiis Christi, & plausibus Angelicis.

---

v. 37. Ms. Colb. unus, *Multaque ingesta*.
v. 40. Ms. Jol. *Exiguam vitam*. Ms. Colb. *Exigui vitam temporis*.
v. 41. Ms. Joliensis, *hoc*.
v. 44. Sic Mss. quinque. At editi, *Ut subeat*. Edit. Ven. In primo versu omittit. *ut*: *vita mereamur in ista*.
v. 45. Mss. eod. Jol. Colb. unus & Vict. duo, *sit*: & versu seq. *putant*.
v. 47. Mss. quinque, *Non autem gravis est*. Vulgata lectio concinnior.
v. 50. Mss. quinque, *vigeat cura secundi hominis*. Quo putamus doceri, ut quæratur *primum regnum Dei*. Quod Christus præcepit, *Matth.* 6. 33. Editi, *secunda*.
v. 54. Mss. tres, *aut libeat*.
v. 57. Mss. sex & editio Paulini, *De proprium cunctis*. Editio Ven. *Et proprio pascat loculo quos noverit egentes*.
v. 60. Ms. Camb. *adire*. Mss. alii quinque, *habere*.
v. 63. Edit. Ven. *Quique Redemptorem passum crucis ultima morte*.
v. 64. Mss. quatuor, *In toto celsi Patris*.
v. 68. Ms. Jol. & Ms. Colb. a secunda manu, *servi temporis*.
v. 74. *Suffragium* secunda correpta etiam alibi occurrit. In epigrammatis sacris orbis Romæ apud Gruterum pag. 1166. num. 2. in epitaphio Bonifacii Papæ.
Ista sanctorum sunt pia suffragia.
Paulinus quoque Carm. 32. v. 616.
Infames castis vincere suffragiis.
Immo & inter prophanos Ovidius.
Quid nisi suffragium nimbus vitamibus essem?
Ibid. Ms. Joliensis omisso *et*, *plausibusque Angelicis*.

// Nec labor hos durus vincit, nec blanda voluptas.
  Quærere nil cupiunt, perdere nil metuunt.
Omnia non Christi, qui Christi est, odit in illo
  // Se statuens, in se qui gerere optat eum.
// Ille Deus rerum, cæli terræque creator,
  Me propter sacra Virgine natus homo est.
Flagris dorsa, alapis maxillas, ora salivis,
  Præbuit, & figi se cruce non renuit.
Non ut tanta Deo quidquam patientia ferret,
  Cujus nec crescunt, nec minuuntur opes.
Sed quod erat // vitiatum in me, ut superaret in illo,
  Factus sum Christi corporis, ille mei,
Me gessit moriens, me victa morte resurgens,
  Et secum ad Patrem me super astra tulit.
Quidnam igitur tanta // pro spe tolerare recusem!
  Aut quid erit, quod me separet a Domino?
Ignem adhibe, rimare manu mea viscera, tortor:
  Effugient pœnas membra soluta tuas.
Carcere si cæco claudar, nectarque catenis,
  Liber in excessu mentis adibo Deum.
Si mucrone paret cervicem abscindere lictor,
  Impavidum inveniet: mors cita, pœna brevis.
Non metuo exilium, mundus domus omnibus una est.
  Sperno famem, Domini // fit mihi sermo cibus.
Nec tamen ista mihi de me fiducia surgit,
  Tu das, Christe, loqui, tuque pati // tribuis.
In nobis nihil audemus, sed fidimus in te,
  Quos pugnare jubes, & superare facis.
Spes igitur mea sola Deus: quem credere vita est,
  Qui patriæ civem me dedit alterius.
Sorte patrum occiduum justus transcurrere mundum,
  Sub Christi sacris advena miles eo:
// Nec dubius me jure brevi terrena tenere,
  Sic utar propriis, ceu mea non mea sint.
Non mirabor opes, nullos sectabor honores,
  Pauperiem, Christo divite, non metuam.
Qua stetero adversis, hac utar mente secundis:
  // Nec mala me vincent, nec bona me capient.
Semper agam grates Christo, dabo semper // honorem:
  Laus Domini // semper vivet in ore meo.

Tu

℣. 75. MSS. Jol. & Germ. *vincit durus*. MS. Colb. *superat*.

℣. 78. MS. Cambron. *Æstuat in se se* &c. Id est, odit omnia, *adhuc autem & animam suam*, juxta. Luc. 14. 26. Alii omnes *in illo se statuens*, *in sese qui gerere optat eum*.

℣. 79. Sic cum MSS. tres & edit. Ven. editor Paulini. Alii, *Ille Deus cæli, terræ terræque creator*.

℣. 85. MS. Camb. cum Paulino, *vitiatum in me*. Alii, *vitiam in me* præter MS. Theod. ubi habetur *vitium de me*. Vulgata lectio deficit numero syllabarum.

℣. 89. Editio Veneta sola, *utrum Prosper tolerare recusem*. Forte ex ingenio scribæ aut editoris cujusplam, qui hoc opus Prosperi esse certo sibi in animum induxerat.

℣. 98. Sic edit. Paul. ex MSS. Germ. Jol. & 1. Vict. Alii codices, *sit mihi*.

℣. 100. MSS. tres, *tribues*.

℣. 107. MS. Reg. *Nec dubito*. Deinde MS. Colb. *Sic utor*.

℣. 112. MS. Regius. *Nec bona me vincent, nec mala me capient*. Non tam bene, ut videtur.

℣. 113. Ita MSS. Reg. Colb. Germ. & Vict. unum. Alii codices, *honores*.

℣. 114. Ita legitur in Edit. Paulini & MSS. Colb. Theodoric. & Camb. In reliquis vigeat *semper*.

Tu modo fida comes, mecum isti accingere pugnæ,
   Quam Deus infirmo præbuit auxilium.
// Sollicita elatum cohibe, solare dolentem:
   Exemplum vitæ simus uterque piæ.
Custos esto tui custodis, mutua redde,
   Erige // labentem, surge levantis ope.
// Ut caro non eadem tantum, sed mens quoque nobis
   Una sit, atque duos spiritus unus alat.

---

v. 117. Mſ. Theodoric. Germ. & Vict. [illegible] *sollicitis*.
v. 120. Mſ. Theodoric. *labentem*.
v. 121. Editio Ven. *Ut caro non eadem, sed tantum mens quoque nobis*.

ADMONITIO
IN CARMEN
DE PROVIDENTIA DIVINA.

Ut Carmen de Providentia divina genuinis operibus sancti Prosperi Aquitani sine scrupulo non accenseatur, nec tamen statim inter supposita numeretur, suadent diversa eruditorum de eo judicia. Etsi enim primo sub sancti Prosperi Aquitani nomine prodierit in editione Lugdunensi anno 1539. diu est tamen cum ab aliis Operum Sancti Prosperi editoribus cum hac cautione editum est, ut sedulo observaretur, Prosperi non videri carmen hoc, sed cujuspiam haud integre gratiam Christi explicantis. Id enimvero notatum legimus in editionibus antiquis, Lovaniensi anno 1565. studio Joannis Sotelli Collegii minoris Theologorum Lovaniensium alumni procurata: tum in Duacensi anno 1576, curis Joannis Olivarii perfecta: quam Coloniensis anni 1630. & aliæ subsequentes de verbo ad verbum sunt imitatæ. In illa autem Duacensi editione doctissimus Editor, in Epistola ad lectorem, cum Catalogum contexit operum a se emendatorum & in lucem emittendorum, ac de singulis judicium suum paucis profert, de hoc quem in manibus habemus sic pronuntiat: „ Carmen (inquit) de Providentia „ Dei a D. Prosperi Operibus removendum duximus: quia Pelagianæ doctrinæ „ est, cui Prosper infestissimus fuit. Docet enim optimum quemque non plus gra- „ tiæ accipere quam pessimum: sanctos patres ex lege naturæ bonos fuisse: a vo- „ luntate nostra præveniri auxilium Dei, & alia multa errori Pelagii consona, „ quæ Divo Prospero numquam placuerunt. Nec novum est (subdit ille) magno- „ rum virorum scriptis opera quædam hæreticorum inseri; cum inter libros Hiero- „ nymo adscriptos reperiamus & epistolam Pelagii ad Demetriadem, & Commen- „ tarios breves in omnes Epistolas Pauli, excepta ea quæ est ad Hebræos. Simili- „ ter epistolam Celestii ad parentem de licentia divinæ legis. Item epistolam de „ duobus filiis frugi & luxurioso, non illam quæ est ad Damasum, sed quæ in- „ cipit, Omnium quidem de scripturis, &c. & alia multa, quæ non sunt hoc „ loco recensenda. Ad quem modum etiam inter Augustini opera irrepsit liber „ quæstionum veteris & novi Testamenti, qui inter cetera asserit Melchisedech „ esse Spiritum-sanctum, Sacerdotemque summum: quam ob rem merito est a „ Divo Hieronymo in Epistola ad Evagrium rejectus. Eodem errore (pergit il- „ le) inscribitur liber Gennadii de Ecclesiasticis dogmatibus Augustino: cui, „ quoniam non satis catholicus est, studiosus quispiam ex epistola prima Celesti- „ ni & Concilio Arausicano secundo aliquot capitula subjecit, nempe 22. 29. &

» *sequentia. Quæ licet ejusdem libri esse videantur, tamen in nonnullis exem-*
» *plaribus tam impressis, quam scriptis omissa inveniuntur, sicque capiti vigesi-*
» *mo primo libri ejusdem ex professo repugnant, ut aliquantulum consideranti*
» *satis statim eluceat, non nisi ad ejus redargutionem esse annexa. Quo consilio*
» *(concludit ille) & Carmen de Providentia adjunctum videtur Carmini de In-*
» *gratis, ne cum esset perniciosum, suo careret antidoto, si sejunctim legere-*
» *tur*[14]. *Hæc ille.*

Utriusque judicio assentitur Bellarminus in libro de Ecclesiasticis scriptoribus: in quo Eminentissimus & eruditissimus auctor hoc ipsum opus semipelagiano potius quam sancto Prospero tribuendum esse judicavit. Auctor quoque novæ Bibliothecæ scriptorum Ecclesiasticorum parte 2. tomi tertii eadem fere quæ supra, in Poematis parente arguens; hæc præcise esse notat quæ Prosper impugnavit, tam in suo contra Ingratos Poemate, quam in aliis suis operibus. Nec si supponatur cum auctore Dissertationis in opera sancti Prosperi, hunc quædam sancti Augustini doctrinæ emollimenta quæsisse, ullatenus vero simile esse contendit, eo usque tantum virum declinaturum fuisse, ut quod alias totis viribus impugnarit, scriptorum priorum velut oblitus, hic imprudenter propugnaret.

Atque ut lectores non lateat quæ potissimum loca ex in opere supra dictis displicuerit: id observatum ab editione Lovaniensi & deinceps, ut duplici virgula in margine apposita signarentur quæ reprehensionem mererentur; quod & nos pariter observandum duximus. Et licet, ex benigniori quorumdam sententia in hunc librum, hæc & alia istiusmodi per opus de Providentia Dei respersa, ex parte saltem ad catholici sensus normam aptari queant: vix tamen omnia (ex Anselm. Dissert. in de aut. Op. II. PP. Arelat. & Prosper. *Anselmii judicio) ad Prosperianos conceptus congruenter reducentur. Quia de arbitrii naturali possibilitate, & de virtutum residuo post peccatum semine, aliter interdum mentem suam aperire studuit sanctus Aquitanus noster.*

Hinc factum est, ut alius a Prospero auctor huic operi a nonnullis quæreretur. Quos inter Henricus Norisius lib. 2. Historiæ Pelagianæ cap. 13. Hilarium Arelatensem hujus Carminis auctorem esse suspicatus est; cum illud semipelagianum esse pateat. Quod si tam aperte pateret, quam putat vir doctus, magis hæc illi suspicio ablegandа foret: cum Hilarius e contra nullo ex probato testimonio ad semipelagianorum partes transisse convincatur, ut demonstravit alias Anselmius in Lirinensium secretis.

Ad investigandum porro Carminis hujus auctorem quod attinet, nihil ultra ex Gennadio scriptorum sui temporis recensitore pro Hilario suspicari datur. Quippe qui postquam de eodem in Catalogo cap. 69. ait, Absque personarum acceptionibus omnibus castigationem ingessit: *ut præfert MS. codex Biblioth. Benedictinæ sancti Germani Pratensis ante annos mille in membrana exaratus; cum alii tam editi quam MSS. habeant*, Sine personarum exceptione & acceptione omnibus castigatum opus prædicationis ingessit; *quæ sensum adeo clarum non reddunt, & minus consequentibus cohærent: post ista, inquam, relata, non nisi aliqua & parva tantum Hilarium edidisse refert Massiliensis Presbyter: ex quibus, quæ illi præcipua est, sancti Honorati Arelatensis vita duntaxat recensetur. Quod vero alter Honoratus, Massiliensis scilicet, in Hilarii vita, præter multa præclara copioseque relicta ingenii monimenta, composuisse testatur* etiam versus fontis ardentis; *hoc præconium illis de Providentia versibus congruenter aptari posse censet supradictus Anselmius: & si forsan (subdit ille) divinare tam obvium non esset, cur Gennadius illorum mentionem non fecisset, si tam eorum sensa quam auctorem semipelagianum aperte cognovisset? Idem tamen doctissimus Censor monet, hæc carmina in nonnullis caute esse legenda, viro tamen pio ac erudito, & Hilario haud impari non esse indigna; cum, his paucis demptis, sentiat ut Prosper Anonimus iste: in quo sensus & verba Prospero familiaria, elocutionesque Prosperianis similes observat. Quo factum est, ut Labbeus libro de scriptoribus Ecclesiasticis, licet a Joan. Hasselio & Joan. Olivario, quos ipse non*

impro-

improbet, idcirco annexum fuerit, ut jam observatum est, opusculo huic Poema de Ingratis, non quod istud initio Prosperi existimatum sit, sed ut remedium præsens veneno pararetur: ille tamen in hoc propendeat ut credat, ex Prosperianis lineamentis, quæ in hoc opere agnovisse se existimat, primum deceptos librarios hoc opus indubitanter Aquitano nostro affinxisse; ea pene indiligentia, qua tractatus alios istius stilo magis repugnantes eidem adscribere non dubitarunt; etsi illud ipsum ab Hincmaro ut Prosperianum recognitum esse legatur: quod quidem sententiam antiquiorem probat. Huic autem opinioni occasio nasci potuit quod scriptor ille ævo Prosperi floruit, carmineque suo in Carmine Vandalorum Getarumque seu Gothorum in solum nostrum irruptiones attigerit, quorum sanctus Prosper & testis & narrator fuit in Chronicis.

Quæ omnia attentius considerans supradictus Censor, nec ullum hac tempestate in Galliis, ubi hæc præcipue contigerunt, scriptorem alicujus nominis huic elucubrando carmini idoneum animadvertens, facile tribueret hoc opus Prospero nostro, nisi aliunde dissimulare sibi nequiret quantum differat carmen istud a castigatissimis sensibus sancti Prosperi. Unde quousque ex doctiorum criticorum examine & judicio lux major affulgeat, a judicio hac in re ferendo abstinendum sibi putavit. Cui nos quoque hac in parte subscribimus.

Cum autem per decem annos integros hic descriptis calamitatibus oppressa ingemuerint Gallia nostra; in quas sub anni 406. finem irruperant Barbari; quo tempore Auctor antea scribendis carminibus operam exercere assuetus, publicarum miseriarum partem non modicam ferens, a scribendo retardatus fuerat; tandem anno, ut videtur, 416. iterum se ad opus tamdiu intermissum accinxit. Unde operis ætatem facile agnoscas.

ARGUMENTA CAPITUM CARMINIS DE PROVIDENTIA DIVINA.

CAPUT I.

PROLOGUS. *Auctor carminis a scribendis versibus calamitatibus publicis retardatus, querelarum vocibus coactus Dei providentiam tueri suscipit. Hos maxime urebat quod etiam insons aetas, & ipsa sacra hostilem furorem senserant. Auctor ipse sub potestatem hostium, urbe sua conflagrante, redactus. Etiam pacis tempore boni gemunt, mali gaudent. Hinc pulsatur divina providentia.*

CAPUT II.

Omnes semper Deum esse, & cunctorum auctorem senserunt, qui omnia ut voluit, sed sapienter disposuit.

CAPUT III.

Deus mundum quem condidit, regit sine fatigatione. Nec de illius judicandum, ut de hominum regimine.

CAPUT IV.

Deo, cui potestas non deest, etiam voluntatem inesse hominum providentia sua curandi.

CAPUT V.

In quo differant a primo parente homines post lapsum. Diaboli invidia adversus hominem primum. Justi aliqui qualibet mundi aetate. Exempla providentiae Dei erga homines ante Legem. Abel, Cain, Raptus Enoch & Eliae quid doceat. In Diluvio cur servata Domus Noe. Abrahae fides. Loth servatus. Joseph in Aegyptum venditus. Moyses populum educens ex servitute. Protectio Dei erga filios Israel in deserto.

CAPUT VI.

Exempla providentiae Dei in Lege. Mirum spectaculum est quod fides legit. Lex & prophetae Christum annuntiarunt.

CAPUT VII.

Contra Eutychem, de Incarnatione. Neminem salvatum unquam sine fide Christi Incarnationis. Lex observatu facilis per gratiam Christi, qui quod praecepit, prius ipse fecit.

CAPUT VIII.

Homo, qui divinae providentiae ingratus non sibi imputat peccata sua, refellitur: quia cum libero arbitrio creatus, per illud peccat. Quae homini cavenda in mundo, si virtutem colere curet. Quis rerum temporalium usus. Sancti omnes iisdem tentationibus, quibus nos, subjecti, quomodo eas vicerint.

CAPUT IX.

Contra eos qui peccata sua sideribus imputant. Libertas arbitrii sola causa peccati. Non homo sideribus subditur, sed aliquando sidera hominibus sanctis subdita fuere. Josue, Elias. Vana & noxia praedictiones humanarum actionum ex astris ducta.

CAPUT X.

Contra Epicureos divinam providentiam negantes, eo quod boni hic adversa patiantur, dum mali prospere omnia experiuntur. Quare nec malos hic puniri, nec bonos remunerari oporteat. Deus patiens, quia omnipotens & aeternus.

CAPUT XI.

Deus tamen maxima justitiae suae documenta saepe hic edit. Multa in hac vita bonis & malis communiter accidunt, in alia nullatenus ita res erit. Nulla vere bonis mala. Quam injuste judicet mundus de beatitudine.

CAPUT XII.

Afflictio malis poena est criminis, bonis custodia virtutis. Anima domanda magis quam rerum exteriorum lugenda. Conversis prodest afflictionis tolerantia. Vincitur diabolus etiam ab his quos antea vicerat, si spem in Christo ponant, & vincendi virtutem a Christo, qui diabolum vicit, petant.

DE PROVIDENTIA DIVINA

INCERTI AUCTORIS

CARMEN

PROLOGUS.

MAxima pars lapſis ablit jam menſibus anni,
Quo ſcripta eſt verſu pagina nulla tuo.
Quæ tam longa tibi peperere ſilentia cauſſæ?
Quisve dolor mœſtum comprimit ingenium?
Quamquam * & jam gravibus non abſint carmina curis,
Et proprios habeant triſtia corda modos:
Ac ſi te fracti perſtringunt vulnera mundi,
Turbatumque una ſi rate ſert pelagus;
Invictum deceat ſtudiis ſervare vigorem.
Cur manſura pavent, ſi ruitura cadunt?
O felix cui tanta Deo tribuente facultas
Contigit, ut tali tempore liber agat!
Quem non concutiat vicina ſtrage ruina,
Intrepidum flammas inter, & inter aquas?
Nos autem tanta ſub tempeſtate malorum,
Invalidi paſſim cædimur, & cadimus.
Cumque animum patriæ ſubiit fumantis imago,
Et ſtetit ante oculos quidquid ubique perit.
Frangimur, immodicis & fletibus ora rigamus:
Dumque pios agimus, vertimur in querulos.
Nec parcunt quidam turbatam inceſſere mentem,
Linguarum & jaculis faucia corda petunt.
Dic (ajunt) cauſſas, qui rerum hominumque labores
Arbitrio credis ſtare regique Dei:
Quo ſcelere admiſſo, pariter periere tot urbes?
Tot loca, tot populi, quid meruere mali?
Si totus Gallos ſeſe effudiſſet in agros
Oceanus, vaſtis plus ſupereſſet aquis.
Quod ſane deſunt pecudes, quod ſemina frugum,
Quodque locus non eſt vitibus, aut oleis:
Quod fundorum ædes vis abſtulit ignis & imbris,
Quarum ſtare aliquas triſtius eſt vacuas:
Si toleranda mali labes, heu! cæde decenni
Vandalicis gladiis ſternimur & Geticis.
Non caſtella petris, non oppida montibus altis
Impoſita, aut urbes amnibus æquoreis,
Barbarici ſuperare dolos atque arma furoris
Evaluere omnes, ultima pertulimus.
Nec querar extinctam nullo diſcrimine plebem,
Mors quoque primorum ceſſet ab invidia.
Majores anni ne forte & nequior ætas,
Offenſo tulerint quæ meruere Deo:

Quid

[illegible]

Quid pueri insontes? quid commisere puellæ,
   Nulla quibus dederat crimina vita brevis?
Quare templa Dei licuit popularier igni?
   Cur violata sacri vasa ministerii?
Non honor innuptas devotæ virginitatis,
   Nec texit viduas relligionis amor.
Ipsi desertis qui vitam ducere in antris
   Suerant, laudantes nocte dieque Deum,
Non aliam subiere necem, quam quisque prophanus:
   Idem turbo bonos sustulit, atque malos.
Nulla sacerdotes reverentia nominis almi
   Discrevit miseri suppliciis populi:
Sic duris cæsi flagris, sic igne perusti,
   Inclusæ vinclis sic gemuere manus.

[illegible]

Tu quoque pulvereus plaustra inter & arma Getarum
   Carpebas duram, non sine fasce, viam:
Cum sacer ille senex plebem, usta pulsus ab urbe,
   Ceu pastor laceras duceret exul oves.
Verum hæc sub belli sileantur turbine gesta,
   Confusis quoniam non fuit ordo malis.
Forte etenim placidas res mundi, & tempora pacis,
   Arbitra dignetur cernere cura Dei.
Si cunctos annos veterum recolamus avorum,

[illegible]

   Et quidquid potuit nostra videre dies;
Maximus injustis locus invenietur in orbe,
   Oppressis autem pars prope nulla bonis.
Qui fuerit violentus, atrox, versutus, avarus;
   Cujus corde fides cesserit, ore pudor,
Hunc omnes mirantur, amant, reverentur, honorant,
   Huic summi fasces, huic tribuuntur opes.
Quod si quis justus castam, & sine crimine vitam
   Dissimili studio ducere maluerit,
Hic inhonorus, inops, odium juvenumque senumque
   In totis mundi partibus exul agit.
Impius exultat maturis integer annis,
   Carpere non cessant ulcera dira pium.
Falsa valent in judiciis, & vera laborant,
   Insontes sequitur pœna, salusque reos.
Ignorata piis illudit adultera sacris,
   Blasphemus templi limina tutus adit.

[illegible]

Quæ si cura Dei celsa spectaret ab arce,
   Resque ageret nostras sub ditione sua;
Aut non effugerent ultrices crimina pœnas,
   Aut virtus terris sola reperta foret.
Talia cum facilis vulgi spargantur in aures,
   Quam multis rudibus lingua maligna nocet?
Nec tantus dolor est Scythicis consumier armis,
   Quantus ab infidis cordibus ista seri.
Prome igitur sanctis cælestia tela pharetris;
   Et medicis hostem confice vulneribus.
Forte aliqui poterunt errorum evadere noctem,
   Inque viam, visa luce, referre pedem,
At ne sermo moram patiatur ab impare versu,
   Heroi numeris porrige pentametrum.

ISTA quidem melius divinis edita libris
Cognoſcenda forent, ubi legis in æquore aperto,
Promptum eſſet ventis dare libera vela ſecundis.
Sed quoniam rudibus metus eſt intrare profundum,
In tenui primum diſcant procurrere rivo,
Qua jacet extremo tellus circumdata ponto,
Et qua gens hominum diffuſa eſt corpore mundi.
Seu noſtros annos, ſeu tempora priſca revolvas,
Eſſe omnes ſenſere Deum, nec defuit ulli
Auctorem natura docens: & ſi impius error
Amiſit, multis tribuens, quod debuit uni;
Innatum eſt cunctis genitorem agnoſcere verum.
Hic auctore carens, & tempore, permanet idem
Semper, & immenſum non ſæcula nec loca claudunt.
Hic nullis mundi cauſſis exſtantibus, in ſe
Quidquid vellet habens, cum viſum eſt, omnia ſolus
Condidit ut voluit, formas, numeroſque, modoſque,
Et genera, & vitas ſtatuens & ſemina rebus.
Quidquid ineſt cœlo, quidquid terræque marique,
Quidquid quocumque eſt in corpore, ſive animatum,
Sive expers animæ, calida, humida, frigida, ſicca,
Uno extant auctore Deo: qui divite Verbo,
(Quod Deus eſt) rerum naturas, atque elementa
Protulit, & ſummis opifex intentus & imis.
Quod vero adverſis compugnant condita cauſſis,
Atque aliis alia obſiſtunt, contraria diſcors
Omnia motus alit; dumque illi occurritur illo,
Vitalem capiunt cuncta exagitata vigorem:
Quæ vel pigra ſitu, vel prono lubrica lapſu,
Aut curſu inſtabili, ſtabili aut torpore perirent.
Mollia ſic duris, ſic raris denſa reſiſtunt,
Et liquidis ſolida, & tardis velocia, claro
Obſcurum objectum, & dulci contendit amarum.
Nec mihi fas dixiſſe aliquid non rite creatum,
Aut ullas auſim mundi reprehendere partes:
Cum ſator ille operum teneat momenta ſuorum,
Et carptim varios in totum temperet uſus.
Denique quidquid obeſt, aut cauſſa, aut tempore verſo
Prodeſt: & gemino ſubſiſtunt cuncta periclo.
Frigora perpeſſus, ſolem cupit: uſtus ab æſtu,
Inter Hyperboreas mavult algere pruinas.
Injuſto pluviam metuit ſub faſce viator,
Quam poſcit votis ſitienti ruſticus agro.
Cæruleos angues timor iſti eſt viſere; at illi
Intrepida excoctis oneratur menſa chelydris.
Quod ſi forte lupos, lyncaſque, urſoſque creatos
Diſplicet, ad Scythiæ proceres regeſque Getarum
Reſpice; queis oſtro contempto, vellere Serum,
Eximius decor eſt tergis horrere ferarum.
Singula ſectari longum eſt: ſed munere Chriſti
Scire datum, quod alit tellus, quod in æquore vivit,
Quidquid in arboribus, quidquid variatur in herbis,
In laudem auctoris, certis ſubſiſtere cauſſis.
At quæ ſola nocent, eadem collata mederi.

Caput II. [illegible]

Eſt

Cap. III. [illegible]

EST igitur Deus, & bonus est, & quidquid ab illo
Effectum est culpa penitus vacat, atque querela.
Omnem autem hanc molem mundi qui condidit, ipse
Et regit, utque nihil non * ortum sumpsit ab illo;
Sic nihil est quod stare queat, factore remoto.
Nam qui pigra Deo dant otia, credo, verentur
Ne curæ intentum vigiles durique labores
Conficiant, & tanta simul non explicet unus.
O mersi in tenebras, divinique ignis inanes,
Et plus corporeis oculis quam mente videntes
Qui vestræ æternum naturæ & conditioni
Auderis conferre Deum: cui si quid amatis
In laudem pravi adjicitis, vestrisque beatum
Creditis esse bonis, aut ulla incommoda ferre.

Nec de illius [illegible]

An quia cum magnas urbes, populosque tenetis
Sub vestro imperio, miserum est insomnibus ægram
Partiri curis in multa negotia mentem;
Cumque graves trepidis incumbant undique caussæ,
Non fert urgentes industria victa labores:
Et si animis ægris depulsa est sollicitudo,
Blanda voluptatem requies creat otia nactis:
De Domino hoc sentire pium est, quem semper eumdem
Nil gravat, ex toto nil occupat! Effluit ætas,
Ac venit, & spectant genita & gignentia finem:
Ille manet, simul acta tenens & agenda, futuris
Ulterior, tum præteritis prior: omnibus unus
Præsens, & solus sine tempore tempora condens.
Utque ævi spatia ac numeros præcedit, & exit,
Sic nullo immensus cohibetur fine locorum.
Nilque adeo est magnum, quod non certus modus arcet:
Et cælum, & terras, & totum denique mundum
Limes habet: meta est altis, & meta profundis.
Sed nusquam non esse Dei est, qui totus ubique,
Et penetrat mundi membra omnia liber, & ambit.
Hæc igitur vis sola potest moderamina rerum
Dividere, & placidis eadem persistere curis:
Quam non effugiant cita, nec remorantia tardent:
Quæ numquam ignara; numquam longinqua, nec ullis
Translata accedens regionibus, absit ab ullis:
Nec // de noscendis egeat // manifesta doceri.
Hæc testis rerum tacita audiat, abdita cernat:
Det vitas, adimatque datas, pereuntia salvet,
Dejecta attollat, premat ardua, proroget annos
Et minuat, mutet corda, & peccata remittat.

Cap. IV. [illegible]

SED qui virtutem concedunt omnipotenti,
Forte voluntatem demant: & magna regentem
Curam hominis renuisse putent, in tempora nati
Exigua, & varia sub tempestate relicti.
Quo vos sponte juvat cadere, oblitosque parentis,
In pecudum genus; & sortem transire ferarum?

In-

v. 190. Editio Lugd. *Nec dignoscendis egeat manifesta doceri.*

Ibid. Hic vox, *manifesta* pro voce *certa* usurpatur: ut notarunt anteriores editiones.

Incomperta latent naturæ exordia noſtræ:
Aut ſpem propoſitam in Chriſto præſentia turbant!
Parcite ſublimes æternæ gentis honores
Degeneri violare metu: potiuſque relictum
Immortale decus, ſuperato apprendite cælo.
Nota via eſt, Chriſto cunctis reſerante magiſtro,
Qui vocat, & ſecum nos deducturus, & in ſe.
Ac ne vaniloqui ſpondere incerta putemur:
Res monet a primis aperire parentibus ortum
Humani generis cauſſaſque evolvere vitæ
Amiſſæ, & rurſus, Chriſto donante, receptæ.
Diſpoſitis rebus, totum jam conditor orbem
Fecerat, & pulchra vernabat origine mundus.
Jam ſol dimenſis in tempora curſibus ibat,
Lunaque cum ſtellis præbebat lumina nocti:
Jam pecudes tellus, jam piſces pontus alebat,
Et liquidum volucres innabant aera pennis:
Sed quod divina poſſet ratione potiri,
Nondum erat in terris animal: dedit optimus auctor
Hoc homini ſpeciale decus, cumque omnia verbo
Conderet, hunc manibus, quo plus genitoris haberet,
Dignatur formare ſuis: ſubſtantia duplex
Jungitur, inque unam coeunt contraria vitam.
Namque anima ex nullis, ut cetera, gignitur, expers
Interitus, niſi quod Domino cruciabilis uni eſt,
Et rea ferre poteſt pœnam, ſub nomine mortis,
Terrenamque illapſa domum, dat vivere ſecum
Conſortem, & pariter divinum haurire vaporem.
Nec quia diſſimilis rerum natura duarum eſt,
Diſpar conditio eſt: manet exitus unus utrumque:
Seu potior juri ſubdatur poſterioris,
Seu ſe majoris virtuti infirmior æquet.
Eſt etenim ambarum vinci, eſt & vincere poſſe,
Proficere, & minui; regnare, & perdere regnum.
Non quia plus cuiquam, minus aut in origine cauſſæ
Naſcendi attulerint, aut ulla externa creatos
Vis promat, ignaroſque agat in diſcrimina morum:
Sed quia liber homo, & ſapiens, diſcernere rectis
Prava poteſt, in ſe intus habens diſcrimina rerum,
Juſque voluntatis, quo temperat arbitrium mens.
Si tamen ancipitis cæca inter prælia vitæ,
Non de ſe tumeat; ſed votis tuta modeſtis,
Inde putet totum poſſe, unde accepit & eſſe:
Inſita ſic nobis patriæ virtutis imago eſt,
Longo juſtitiæ quæ multum exercita cultu,
Ceu ſpeculo lumen divinum imitata referret:
Cumque bonis poſitum tranſiſſet in artibus ævum,
Æternam victrix arcem manſura teneret.
Totaque res electa Dei, jam nulla ſubiret
Prælia, nec trepide ſecum decerneret in ſe,
Nec vellet quod mox nollet, voluiſſe, timere,
Ignorare, optare, pati jam neſcia: nullis
Creſcere egens cumulis, nulliſque obnoxia damnis:
Et quo promiſſis adſit fiducia magnis,

Ac spes propositæ sit non incerta coronæ:
Munere præsentis vitæ, documenta futuræ
Sumit homo, & dandis confidere discit adeptis.
Huic cœli volucres, & cuncta animalia terræ
Subjecta: & pisces quos nutrit pontus, & amnes.
Huic Solis Lunæque vices, & sidera noctis
Nosse datum: numerisque dies comprendere & annos.
Scire potestates herbarum, & nomina rebus
Indere, & ingenium varias augere per artes.
Hunc potiorem unum cunctis spirantibus, uni
Subjectum servire Deo: nec corporea vi,
Sed rationis ope, præfortibus imperitare.

Caput V. [illegible]

Quod si quis non totus homo hæc extendere verbis
Me putat, & nondum sese cognovit in istis:
Audiat a primis distare parentibus actum
Per delicta genus, multa & rubigine morum
Corrupti exiguum semen superesse vigoris.
Utque suæ tantum naturæ discat honorem;
In summum sancti generis redeat caput, & se
Æstimet a manibus Domini, afflatuque regente,

[illegible]

Qualis Adam nondum terram damnatus in istam,
Et liber culpæ, paradisi divitis orbem
Cultarum locuples virtutum fruge tenebat.
Cui cum tanta Deus largitus dona fuisset,
Viperei populi princeps invidit, & alta
Dejectus regione poli (quia summa tenere
Non nisi pura potest bonitas;) majora nocendi
Concepit verso mutatus corde venena.
Qui possessorem tantarum deliciarum,
Mandato exclusum quia noverat arbore ab una,
Perpulit a vetitis pomum decerpere ramis,
Queis inerat recti & pravi experientia major
Tunc ditione hominis: quia nondum acceperat hanc vim,
// Qua posset vitanda suo sine nosse periclo.
His illata dolis, hoc crimine nata subegit
Mors hominem, culpa in cunctos manante minores:
Quæ semel antiqua pulsos virtutis ab arce,
Non uno tantum transfuso errore parentum
Implicuit: sed cum populis nascentibus aucta,
Multiplicem lata porrexit strage ruinam.

[illegible]

» At quamquam immissa regnaret morte peremptos;
» Nulla tamen placitos Domino non edidit ætas,
» Cunctaque diversos habuerunt sæcula justos:
» Quos licet ob meritum vitæ bona multa manerent;
» In mortem vitiata tamen natura trahebat,
» Non prius a primi vinclo absolvenda parentis,
» Quam majestate incolumi generatus in ipsa,
» Destrueret lethi caussas & semina Christus.
Cujus perpetuam cunctis assistere curam,
Promptum est exemplis ab origine nosse peritis.

[illegible]

Non latet hanc sanctis onerans altaria sacris

Ju-

v. 288. Ita Lugd. editio: aliæ vero, *Quæ p. sor.*

Justus Abel, qui primitiis ovium grege lectis,
Convertit Domini sincera in munera vultum:
Nec fallit specie devota relligionis
Dona Cain reprobanda dicans, cui virus amarum
Invidia in fratrem succenso felle coquebat.
Nec revocare ferum Dominus sermone benigno
Abstinuit: quantumque nefas strueretur ab ipso
Ingessit, formamque dedit qua vincere sese
Posset, & insanæ regnaret fortior iræ.
Sed concepta semel facinus crudele peregit
Impietas, scelere // immergens primordia mundi.
At numquid placitum sibi justum a cæde nefanda
Non potuit servare Deus? Sed finis acerbi
Occasum, potior vita, & tribuenda corona
Immodico æterni superabant pondere honoris.
Quid, cum viventem de terris transtulit Enoch,
Spernebat terrena Deus? Namque omnibus illud
Proderat exemplum, quo mortis terror abiret,
Spemque inconcussam caperet substantia carnis.
Sic alio post multa ævo documenta minores
Propositæ in Christo meruerunt sumere vitæ,
Cum raptum ignitis per inane jugalibus // Helim
Scandentem rutilo viderunt æthera curru.
An aberat tum cura Dei, cum effusa per omnes
Gens hominum culpas, penitus pietate relicta,
Dira toris vetitis generaret monstra gigantas?
Illa quidem mundi exitium præfata futurum,
Tempora larga dedit, queis in meliora // reducti
Mortales, scelerum seriem virtute piarent.
Cumque nefas placitum tota persisteret orbe,
Nec nisi diluvio deleri crimina possent:
Sola Noe servata domus; quæ libera cladis,
Conclusis paribus spirantum de genere omni,
Unde forent vacuis reparanda animalia terris,
Illæsa, mundo pereunte, superfuit arca.
Non quia non alios populos Deus edere posset:
Sed multis fractus morbis, ut semine ab ipso
Idem homo in Christi corpus nascendo veniret;
Utque Deo justo meritorum judice, partam
Nossemus requiem sanctis in clade malorum.
Nonne etiam in nostram Domini jam tum miserentis
Progeniem tendebat amor, cum credulus Abram
Multorum, pariente fide, genitor populorum,
Promissum genus innumeris censebat in astris?
Aut cum in Pentapolim descenderet igneus imber,
Nonne prius multo dilata examine venit
Judicis ira Dei? qui promptus parcere, nullas
Invenit caussas veniæ: deque omnibus unum
Dissimilem Sodomis incesta in plebe repertum

355 Exc-

V. 316. Sic alias: & quidem meliori sensu, quam cum legitur in editionibus nostris, immerso.

V. 327. Id est, Heliam.

V. 333. Lugd. & Lovan. deducti, præter leges carminis.

Exemit, parvique dedit dominium oppiduli Loth.
Cum vero Ægyptum Chananæaque regna teneret
Dira fames, totos septem toleranda per annos:
Præstruitur certe Patriarchis caussa movendis,
Et domus externos inter placitura paratur,
Quæ blande foveat populi incrementa futuri,
Mystica dum Joseph prodentem somnia fratres
In servum vendunt pretio, falluntque parentem:
Dum castum dominæ petulantia carcere damnat:
Dum Rex obscuri narrato ænigmate somni,
Exemptum vatem dignatur honore secundo:
Dumque piis traducta dolis Hebræa inventus,
Gaudet adoratum venia cognoscere fratrem.
Qui cum multa insons ferret mala, nonne remotum,
Resque hominum dedignantem potuisset inepto
Incusare Deum questu, nisi cuncta profundis
Judice sub justo scisset decurrere caussis?
Quæ licet insidias soleant confundere mentes;
Non possunt turbare pias: quia tempore in isto
Hæc posita est virtus, ut libertate potitos,
Exiguo in spatio, justi patiantur iniquos,
Quos Deus ipse modo dilata sustinet ira.
Si gens cara Deo, & sævo suspecta tyranno,
Injustum imperium Regis tolerabat acerbi;
Mœstarum & matrum fœtu potiore necato,
* Condensas jussos lateres præbebat ad urbes,
Ut durus labor, & sævæ inclementia mortis,
Omnes terribilis populi consumeret annos.
Sed non ista Deo patribus illata remoto,
Ipse docet, curamque sibi probat esse suorum.
Nam jubet electum Pharaoni edicere Mosen,
Ut sinat Ægypto Domini discedere plebem:
Ni faciat, multis plectenda superbia plagis,
Sentiet excitam quæ regni vis habet iram.
Ille quidem quoties patitur cælestia tela,
Cedit, & obsequium simulat: sed clade remota,
Duratur parcente Deo: caussas pereundi,
Impius inde trahens, quo posset habere salutem.
Donec vi victus laxat fera jura tyrannus,
Ditia barbaricis & Moses agmina gazis,
Promovet, insigni sulco monstrante columna
Per deserta viam; quæ formam in tempus utrumque
Temperat, alterna ut tribuat vice commoda castris,
Luce tegens, & nocte regens, eadem ignis & umbra,
Discutiens flammis tenebras, & nube calores.
Quid loquar & trepidis patribus cum incumberet hostis,
Divisum pelagus, solidoque rigore legatas
Instar montis aquas, vacuo cessisse profundo;
Quaque gradum illæsa tulerant tot millia plebis,
Oppressum Ægypti populum coeuntibus undis?
Omnis enim auctori servit natura potenti,
Quæque ad opem cedunt, eadem famulantur ad iram.
Sed mihi nec vacuum cunctas percurrere formas
Virtutum, & gestis oris non æqua facultas.

* forte Condendas.

Nam quis tantarum evolvat miracula rerum?
Mannæ imbrem, & cunctos in cæli pane sapores,
Siccæ rupis aquam, & dulcorem fontis amari,
Aut inter deserta actos denos quater annos,
Nec membris nocuisse ævo, nec vestibus usu?
  Legis in exemplum juvat ire, & quærere ab ipsis
Qui curam Domini removent, an tempore ab illo
Cœperit humanas in vitæ fœdera mentes
Informare Deus; nec per tot secula mundi
Permotus vitiis, tunc jus perscripserit æquum.
Ite ipsi in vestræ penetralia mentis, & intus
Incisos apices, ac scripta volumina cordis
Inspicite, & genitam vobiscum agnoscite legem.
Nam quis erit, modo non pecus agri, aut bellua ponti,
Qui vitiis adeo stolide oblectetur apertis,
Ut quod agit, velit ipse pati? Mendacia fallax,
Furta rapax, furiosum atrox, homicida cruentum
Damnat, & in mœchum gladios distringit adulter.
„ Unus enim pater est cunctorum, & semine recti
„ Nemo caret, similisque omnes produxit origo.
„ Unde etenim, nondum descripta lege, fuerunt
„ Qui placidum sanctis agerent in moribus ævum;
„ Nec summi patris ignari, nec juris egeni?
„ Ergo omnes una in vita cum lege creati
„ Venimus, & fibris gerimus, quæ condita libris,
„ Nec nova cura fuit nostri, cum tradita Mosi
„ Littera præsenti damnaret crimina pœna.
„ Sed superadjecta est generi custodia sancto,
„ Qua memor in patriæ fidei perstaret honore,
„ Et promissorum Domini succederet heres.
„ Cum tamen & quoscumque eadem sub sacra liceret
„ Ire, nec externos arcerent limina templi:
Cumque Dei monitu canerent ventura Prophetæ,
Sæpe etiam ad varias gentes sint multa locuti.
Sic regina Austri cupidis, Salomonis ab ore,
Auribus eloquium Domini venerata trahebat.
Sic Ninive monitis Jonæ sub tempore cladis
Credidit: & tribus in luctu jejuna diebus,
Promeruit morum excidio consistere regno.
Verum ne longo sermone moremur in istis,
Quæ sparsim varieque suis sunt edita seclis:
Neve quod in parte est, in toto quis neget esse,
Dum solidam Domini divisa negotia curam
Velant, & nulla accipitur quæ rara videtur.
„ Dicite quem populum, qua mundi in parte remotum,
„ Quosve homines, cujus generis, vel conditionis
„ Neglexit salvare Deus? Vir, femina, servus,
„ Liber, Judæus, Græcus, Scytha, Barbarus, omnes
„ In Christo sumus unum: non persona potentis,
„ Nec domini, regisve prior: distantia nulla
„ Luminis unius, speculi nisi discrepet usus.
Namque velut speculum mens est: quæ quo mage tersa est,
Expoliente fide, radiisque intenta supernis,
Hoc mage confessi resplendet imagine Christi:

Qui cum Patre Deo semper Deus: inque paterna
Majestate manens, miscetur conditioni
Humanæ: & Verbum caro fit, rerumque Creator
Nascitur, atque annis succedit conditor ævi.
Hoc etenim lex, hoc veneranda volumina vatum,
Hoc Patriarcharum spes non incerta tenebat:
Ultima cum mundi finem prope correret ætas,
Venturum ad terrena Deum, qui morte perempta,
Solveret inferni leges, longamque ruinam
Humani generis, meliore attolleret ortu.

[illegible]

Cap. VII. [illegible]

Sed tu qui geminam naturam hominisque Deique
Convenisse vides anguili in tramitis ora,
Firma tene cautus vestigia, ne trepidantem
Alterutram in partem, propellat devius error:
Si cernens operum miracula divinorum,
// Suspicias sine carne Deum; cumve omnia nostri
Corporis agnoscas, hominem sine Numine credas.
Nulla etenim soli vita est mihi; morsque subactum
Detinet, & non est quo victus vincere possim,
Si non vera Dei virtus mihi consociata est,
Aut me non vera Salvator carne recepit.
Cujus majestas stabilis non hoc violatur,
Quo redimor; neque se minor est, dum mutor in illo:
Sed mortale meum subit: ut quia morte teneri
Vita nequit, pereat mihi mors, & non ego jam in me
Vivam, sed Christus, qui se mihi miscuit in se.
Victus enim terrenus Adam, transfudit in omnes
Mortem homines, quoniam cuncti nascuntur ab illo,
Et transgressoris decurrit caussa parentis.
Sed novus e cælis per sacræ Virginis alvum
Natus homo est, aliudque bonus mortalibus in se
Fecit principium, carnemque refusus in omnem,
Et vita functos, naturam participando,
Edidit, & vivos, vitam mutando, creavit.

[illegible]

Usque illos veterum complexa est gratia solos,
Qui Christum videre fide; sic tempore nostro
Non renovat quemquam Christus, nisi corde receptus.
En, homo, quanta tibi est gratis collata potestas.
„ Filius esse Dei, si vis, potes, omnipotens te
„ Spiritus umbratum Verbi virtute creavit.
„ Nec te corporeo patrum de semine natum
„ Jam repures; pereant captiva exordia carnis.
Nil veteris conjunge novo, non hic tibi mundus,
Non hæc vita data est; nulla hic tua, nec tuus ipse es.
Emptus enim es, pretiumque tui resolvere fas est,
* Quo potes, ut solvens sis ditior, & tibi crescant
Quæ dederis, cedatque tibi pars ipse Redemptor.

* al. Qua.

[illegible]

Nec te difficilis nunc observantia legis
Sub durum jubet ire jugum; mens libera sanctum
Obsequium ratione ferat, quam Spiritus almus
In tabulis cordis describat sanguine Christi:

Qui

v. 478. Sola editio Lugdunensis, *suscipias*.

Qui nobis quidquid sermonibus insinuavit,
Condidit exemplo, factis præcepta coæquans
Rex ille, & rerum dominus; sed pauperis egit
In specie, nec veste nitens, nec honore superbus:
Infirmis fortis, rex servis, dives egenis;
Justitia injustis cedit, sapientia brutis.
Sacrilegis manibus percussus, non parat ictum
Reddere; nulla refert avidæ convitia linguæ.
Damnatur judex, Verbum tacet, inspuitur lux,
Ipse ministerium sibi pœnæ est; felque & acetum
Dulcius ille favis haurit; sanctus maledictum
Fit Crucis, & moritur Christus, vivente Barabba.
Impia gens tantum ausa nefas, sentisne furorem
Jam mundo damnante tuum! Sol fugit ab orbe,
Et medio nox facta die est; concussaque tellus
Intremuit, mortemque Deo subeunte, sepulcris
Excita sanctorum sumpserunt corpora vitam.
Velum etiam templi discissum est, ne quid opertum
In sacris adytis, jam plebs indigna teneret:
Sanctaque pontifices fugerent offensa cruentos.
Te vero extinctæ calcantem spicula mortis,
Et de carne novum referentem carne trophæum,
Tertia discipulis, Jesu, dedit attonitis lux.
Nec dubiis Dominum licuit cognoscere signis;
Cum documenta fides caperet, visuque manuque
Rimans clavorum vestigia, vulnus & hastæ.
Cumque quater denis firmans promissa diebus,
Conspicuus multis, sæpe & tractabilis esset.
Hactenus in nostris te, Jesu, novimus; exhinc
In tua nostra abeunt: // nec jam diversa, sed unum
Sunt duo: dum vita in vita est, in lumine lumen,
Augmento, non fine hominis: quo glorificato,
Sic homo, sic Deus es, ut non sis alter & alter.
Nosque ad te ire jubes sursum, tecumque potiri
Luce tua: si calle tamen curramus eodem,
Edocti, non posse capi nisi de cruce cælum.
„ Jamne Dei compertus amor, diffusaque in omnes
„ Cura patet! notum & cunctis adstare salutem?
„ Et tamen, heu! rursus querulis, homo, garrula verbis
„ Bella moves, jaculisque tuis tua viscera figis.
„ Cur non sum bonus? hoc non vis. Cur sum malus? hoc vis.
„ Cur volo quæ mala sunt, & cur quæ sunt bona nolo?
„ Liber es: sed cum recta queas discernere pravis,
„ Deteriora legis, placitisque improvidus hæres.
„ Erro, ais, & vellem non posse errare. Duobus
„ Subjacet hæc votis sententia: nam penitus te

 Aut

℣. 541. Hæc cum grano salis (ut ajunt) accipienda. Cum ibi videatur Auctor in duos errores, Nestorii & Eutychetis incurrere, dum ait Christum ex Ascensionis die ita hominem & Deum esse, *ut non sit alter & alter: nec jam diversa sed unum sint* in eo utraque natura. Verum sapienter observatum a viro eruditissimo: prætereaquam quod facile ignosci possit poetæ per transennam rem difficillimam attingenti, si quid minus exacte in terminis loquens reperiatur. Auctor ille hoc eodem in loco Christi glorificationem fuisse factam *augmento, non sine hominis*: præsertim cum non longe antea clare prædicarit *geminam naturam hominisque Deique* in Christo *convenisse*; nec esse quo nullus majus *posse*, *si non vera Dei virtus*, humana natura esset *conjuncta*. ℣. 473. & 481.

Aut esse exanimum cupis, aut rationis egenum.
Error enim est ejus, qui cessit limite recti,
Quique potest ad iter, Christo ducente, reverti.
At quem nulla viæ suscepit linea, nusquam
Declinat; nullumque timent non stantia casum.
Numquid cura Deo de bobus? numquid ad ullas
Fit verbum Domini volucres? num lege tenentur
Monstra maris? quæ cum faciant jussa Omnipotentis,
Ignorant sese facere, affectumque volendi
Sumunt, & quod agunt aliis, sibi cedere credunt.
Sic etiam quæ non spirant, sunt semper in illo,
In quo sunt formata modo: non plana tumescunt
Collibus, aut celsi sternuntur // in æquora montes:
Non veniunt alpes in pontum, aut pontus in agros:
Saxa jacent, amnes decurrunt, stantque paludes.
Et tamen his nihil est mercedis, quæ sine sensu
Dispositos in se præbent viventibus usus.
Quod si horum præstare tibi natura videtur;
Jam bove mutari velles, vel rupe, vel amne.
Deterior nollem fieri, potior voluissem.
„ Numquid qui Domino placuerunt moribus almis,
„ Displicuere tibi? numquid non semine ab uno
„ Venimus, aut alia est hominum natura bonorum?
„ Non aliter dives quam pauper nascitur, unum est
„ Principium servis & regibus: optimus ille
„ Non plus accepit, quam pessimus; æqua creandis
„ Mensura est, uno qui lumine luminat omnes.
Sed mundum ingressi variis rerum speciebus
Suscipimur, mentemque adeunt quæcumque videntur,
Judicio censenda hominis: stant undique formæ
Innumeræ, possuntque omnes spectando probari.
Quædam etiam patulas intrant stipata per aures,
Errores veterum studiorum, & vana parentum
Dogmata, cum quodam fuco ostentantia veri.
Hæc modulata sono veniunt, hæc // lævia tactu,
Hæc blandis late funduntur odoribus, illa
Conciliant varias in mille saporibus escas.
Magno ergo hæc homini sunt discernenda periclo:
Ne nimium trepidus nullum procedat in æquor;
Neu vagus effusis sine lege feratur habenis.
Est etenim sanctus rerum usus, quem cohibentes
Intra modum numeri, & momentum ponderis æqui,
Pro cunctis soli Domino reddemus honorem.
Omnia quæ fecit bona valde, ut non vitiorum
Incentiva, sed ut superas caperemus in illis,
Hic decertato virtutis agone, coronas.
An tibi cælestes illi, quos protulit orbis,
Ferreque viri, non hæc eadem tolerasse videntur,
Quæ patimur? motus animi, affectusque rebelles,
Et circumjectis vitia oppugnantia castris?

[illegible]

[illegible]

[illegible]

Sed

v. 572. Ita Lugd. et Lovan. Duac. & Colon. & recentiores, in æquora.

v. 594. Editio Coloniensis & recentiores, lenia.

Sed gladio verbi, fideique umbone potenti
Vincebant arcus tenebrarum, & ſpicula mortis:
Cumque opus hoc mundi magnum pulcrumque viderent;
Non mare, non cœlum, non ignem, aut ſidera cœli,
Quæ numero ſubjecta ſibi, viſuque tenebant,
Suſpexere deos: unum ratione magiſtra,
Auctorem & Dominum rerum, non facta colentes.
At tu nobilius qui factum te voluiſſes,
Numquid in angelico ſtatus ordine non quæreretis?
Nam cum ille excelſo dejectus Lucifer axe
Conciderit, rueritque illo pars tertia pulſo
Aſtrorum, quæro in quanam tunc parte fuiſſes?
Clara Dei ſemper bonitatis imago maneres,
An caſtra invidiæ ſequereris & agmina noctis?
SED quo te præceps rapit orbita? Vis bonus eſſe
Abſque labore tuo? Credis hoc cedere poſſe,
Si tibi mutentur natalia ſidera, quorum
Te pravum decurſus agit? Quid vana vetuſti
Perfugia erroris Chaldæis quæris in aſtris?
Quamvis ſollicitis adeas cœleſtia curis,
Et penitus cauſſas rerum ſcruteris apertas;
Non tenuis mage noſſe Deum, quam cuique elemento
Naturam dederit, qua pontum lege moveri
Juſſerit, aut teneris quam vim conſeverit auris,
Sidereoſque ignes in quæ momenta crearit.
Qui cum ſincerus ſit fons æquique bonique,
Immitem juſſis legem præſcripſit iniquis,
Si prius ipſe hominum mores conſtrinxerat aſtris.
Namque adverſa ſibi ſunt hæc, nimiumque repugnant,
Exigere inſontes actus, delictaque pœnis
Afficere, & cunctos eadem ad promiſſa vocare:
Contra autem natis violentum affigere ſidus,
Quod nec velle homini cedat, nec poſſe, ſed omnes
Deſuper ignaros & virtus ducat, & error.
Ergo aut æthereis nullum eſt jus ignibus in nos,
Aut ſi quid noſtri retinent, amittere poſſunt:
Cum mihi progenito ad vitam, mandata ſalutis
Et cordi inſinuet bonus auctor & auribus, ac me
Currentem mercede vocet, terrore morantem.
Solum, inquit, venerare Deum, ſolique memento
Servire: externas & deſpice religiones.
Hoc operis ſectare boni, hoc fuge cœtus iniqui.
Vita beata iſto paritur, mors editur illo.
Coram adſunt aqua ſervatrix, populator & ignis:
Ad quodvis extende manum; patet æqua facultas.
Quod legis monitus, & vatum ſcripta piorum,
Et Deus ipſe ſuo nequidquam promeret ore,
Arbitrium noſtrum ſi vis externa teneret.
Verum ſi quid obeſt virtuti, animoſque retardat,
Non ſuperi pariunt ignes, nec ab æthere manat.
Sed noſtris oritur de cordibus: ipſaque bellum
Libertas movet, & quatimur civilibus armis:
Otia cum mollis complexa ignava voluptas,
Difficili negat ire via, bravioque potitus

Ardua quæque piget pro spe tentare latenti.
Cumque hæc intus agi prospexit callidus hostis;
De studiis vestris vires capit: utque parentis
Avertat veri cultum, persuadet ab astris
Fata seri, frustraque homines contendere divis;
Hinc vario vitæ dominos mercantur honore.
Error abi, procul error abi: satis agnita prisci
Sunt commenta doli, monitos quibus Omnipotens nos
Elaqueat, cultusque docet vitare profanos.
Scimus enim quanta steterit mercede quibusdam
Sidus adoratum Rempham, venerataque cœli
Militia, & cultus Soli Lunæque dicatus.
Nec latet hæc verbis hominis subsistere jussa,
Ad vocem servisse mora, noctisque repulsæ
Temporibus crevisse diem: cum lux famulata
Nesciret, nisi quem faceret victoria finem.
Novimus & cælo præscriptas conditiones
Arbitrio quondam sancti mansisse Prophetæ;
Cum positum ad tempus clausos sitientibus agris
Non licuit rorare polos: ipsumque vocata
Partibus e superis in sancta altaria flamma,
Quem dederat sacris, ignem immisisse profanis:
Cujus vis etiam Christi delapsa fuisset
Discipulis, pœnam hospitii exactura negati;
Ni patiens Dominus venia præverteret iram.
Nullum ergo in nos est permissum jus elementis,
In quæ jus hominis: nec possunt condere legem,
Quæ legem accipiunt. Solus Deus omnipotens Rex,
Omnia qui nostræ dispensat tempora vitæ,
Nec servire astris vult, quos super astra locavit.
Nam quoscumque sacro renovavit Spiritus amne,
In Christo genitos mortali ex stirpe recisos,
Jam sedes cœlestis habet, nec terrea nectit
Progenies, templum in Domini corpusque redactos.
Quod si quis cursu astrorum effectuque notato,
Contendit naturam hominis vitamque videri;
Quæro quid hac trepidis mortalibus afferat arte?
Hic (inquit) felix, miser hic erit, hunc rapiet mors
Impubem, hic senio transcendet Nestoris annos.
Falsum hoc, aut verum est? Si stant prædicta canentis,
Nec misero superest spes, nec formido beato.
Et quæ sideribus danda est reverentia fixis;
Si quæ ferre queunt, nequeunt decreta movere?
Dent sese scelerum potius torrentibus omnes:
Fallant, diripiant, jugulent, fas omne nefasque
Confundant; persistet enim nihilominus astrum;
Cujus ab effectu firmato cardine rerum,
Ut mala non poterunt sancta probitate repelli,
Sic bona non fugient perversos debita mores.
At si prædictæ sortis mutabilis ordo est,
Et declinari possunt ventura; soluta est
Omnis ab ancipiti casu vis pendula fati.
Scrutatis igitur stellarum motibus, hoc est
Artis opus, totam subvertere relligionem;

Dum nullum curare Deum mortalia suadet:
Aut dum posse docet votis elementa moveri,
Innumeram miseris plebem insinuare deorum.
Sed quia detectis laqueis jam fraudis opertæ,
Quo captos vanis studiis deduceret error
Compertum: superest nunc respondere querelis,
Quæ mundi rebus divinam absistere curam
Objiciunt, dum sæpe bonos labor anxius urget,
Et tranquilla fluit cunctorum vita malorum.
Dic age, qui nullis Domini moderantis habenis
Humanas res ire putas, quid ab ordine cessat
Naturæ? quæ bella movent elementa? quid usquam
Diffidet a prisco divisum fœdere rerum?
Sic interjecta Solis revocatur in ortum
Nocte dies, idem est Lunæ astrorumque recursus,
Et relegunt notas subeuntia tempora metas.
Non aliter venti spirant, ita nubibus imber.
Læta negant, servantque genus trudentia flores
Semina quæque suum: nec abest ab origine rerum
Ordo manens, iisdem subsistunt omnia caussis.
Quæ nisi perpetui solers prudentia Regis
Adstrueret, molemque omnem spirando foveret;
Conciderent subita in nihilum redigenda ruina.
Et cum hæc pervigili cura Omnipotentis agantur,
Quæ certum ad finem deveno limite vergunt:
Quis neget in nostram gentem specialius æquum
Partiri sua jura Deum? cui perpetis ævi
Spem tribuit, propriæ largitus imaginis instar.
At qui nec pœnam injustis, nec præmia sanctis
Restitui ad præsens quereris, vellesne per omnes
Ultricem culpas descendere judicis iram?
Et quo magnanimi clemens patientia Regis
Distaret sæva immitis feritate tyranni?
An quæ pars hominum peccati nescia mundum
Possessura foret? vel sanctæ quis locus esset
Virtuti in terris? cui si præsentia dona
Affluerent, cælo potius sublata maneret,
Sic mundi meta abruptis properata fuisset
Temporibus: neque in sobolem generanda veniret
Posteritas, pariter cum justos atque nocentes,
Aut promissus honos, aut pœna auferret ab orbe.
Nunc vero & generis nostri profunda propago
Tenditur, ac duplici // succedit origine pubes,
Nata patrum membris, & Christi fonte renata:
Et pia dum populis Domini patientia parcit;
In lucem multos de terra nocte reversos,
Ac posita claros peccati labe videmus.
Ille per innumeros vultus, & mille per aras,
Barbatos, levesque deos, juvenesque, senesque,
Ut quondam fecere, colens, jam errore parentum
Abjecto, solum Unigenam submissus adorat.
Hic sophicas artes Græcorum, & vana secutus

[illegible]

[illegible]

V. 766. Duac. & Colon. cum posterioribus editionibus, fecerunt.

Dogmata, jam Chriſto ſapere, & bruteſcere mundo
Gaudet Apoſtolico doctus cœleſtia ludo.
Quam multos procul a portu rationis in altum
Dedecorum turbo abſtulerat; quos æquore toto
Jactatos, nimiumque vagis erroribus actos,
Nunc reduces juvat excipere; amplexuque paterno
Conſotos, nuſquam ſtatione abſcedere vitæ!
Quos ſi multa inter morum delicta priorum
// Plexiſſet propere rigor implacabilis iræ;
Intercepta forent melioris tempora vitæ,
Nec ſtandi vires licuiſſet ſumere lapſis.
Mortem (inquit Dominus) peccantis nolo, nec ullum
De pereunte lucrum eſt: redeat magis, inque relictum
Mutatus reſeratur iter, vitaque fruatur.
Et quia virtutum ſimiles vult eſſe ſuarum
Quos genuit; Vindictam, inquit, mihi cedite; reddam
Judicio quæ digna meo; detur locus Iræ.
Sic dum multorum differtur pœna malorum,
Nonnulli plerumque probos revocantur in actus,
Ac fit quiſque ſibi judex, ulterque ſeverus,
Quod fuerat prius interimens, aliuſque reſurgens.
At qui perſiſtunt errori incumbere longo,
Quamvis in multis vitiis impune ſeneſcant,
In ſævum finem venient: ibi non erit ulla
Spes veniæ, minimo ad pœnam quadrante vocando.
Nos etenim quoties cauſſa quacumque movemur,
Vindictam celerem cupimus: quia rara facultas
Non patitur læſis tempus tranſire nocendi.
At vero æternum nil effugit, omniaque adſunt
Salva Deo: nihil eſt illi tardumve, citumve:
Nec dilata umquam, nec feſtinata putemus,
Quæ veniunt: noſtris mutantur tempora rebus.
Nam quod ubique agitur, quod geſtum eſt, quodque gerendum eſt,
Ante oculos Domini puncto ſubſiſtit in uno:
Una dies cui ſemper adeſt, cras, atque // here noſtrum.
Sed quamquam examen Deus omnia ſervet in illud,
Quo quæ nunc occulta latent, reſerata patebunt:
Multa tamen mundum per ſæcula cuncta regentis
Juſtitiæ documenta dedit: dum maxima bellis
Regna quatit, dum ſæpe urbes, populoſque potentes
Exhaurit morbis, cremat ignibus, obruit undis:
Dumque inopes ditat, dejectos elevat, auctos
Imminuit, ſolvit vinctos, ſubigitque ſuperbos.
Nec vero hoc niſi cum magna ratione putandum eſt
Accidere, ut quoties iram experiuntur iniqui,
Supplicia inſontes, videantur obire nocentum.
Multa quidem ſemper mundo communia in iſto
Indignos dignoſque manent: ſol omnibus idem eſt,
Idem imber, pariter ſubeuntur frigora & æſtus.
Utque indiſcreta eſt cunctis aqua, lumen, & aura;

820 Sic

℣. 778. Editiones antiquæ, *Plexiſſet*: recent. *plectiſſet*.

℣. 804. Editio Lugdun. habet *here*; alia, *heri*, cujus ultima longa verſui debitæ quantitati non convenit. *Here* adverbium autem idem ſonare quod *heri*, patet ex hoc verſu pentametro Martialis; *Et poſitum eſt nobis hic here præter opus*.

Sic injustorum justos mala ferre necesse est:
Ut dum multa malis insontes compatiuntur,
Sint quorum merito populis parcatur iniquis,
Et qui conversos virtutis imagine ducant.
Sed cum perdendis indemutabilis instat
Finis; non eadem incumbit sententia sanctis.
Sunt quos diluvium mundi non obruat, & quos
Arsuris liceat Sodomis evadere: norat
Angelus Ægypti vastator limina signo
Scripta crucis, sacro removens a sanguine plagam.
Nec rutilo mulier decepta est vellere, cujus
Sola domus tanta pereunte superfuit urbe.
Fit mare per tumidum sanctis via, fitque per amnem;
Et per inane piis gradus est: cibus alite serva
Suggeritur, perditque avidus sua fercula messor.
Utque Dei servis nihil obsit, vertitur ordo
Naturæ, vinctos labentia vincula solvunt;
Carcer sponte patet, fera non tenet obice valvas;
Deficit humor aquas, ignes calor, ira leones.
Non autem dubium est, in magnæ turbine cladis
Involvi teneros annos, // & more parentum,
Criminis expertes, aliena occumbere culpa.
Nam cum homines pontus tegeret, deleta per orbem
Multa puellarum & puerorum millia notum est.
Nec tamen injuste terris exempta videtur
Progenies auctura malos, cui multus in ipso
Exitio est collatus honor, quod crimine patrum
Occidit ante, sua caderet quam noxia culpa.
Quod si & justum aliquem complexa est pœna malorum,
Ne dubites placuisse Deo: nec enim mala mors est
Ulla bonis, quibus vario longoque labore,
Quilibet in requiem patet exitus: aspera vitam
Dat via, nec campo capitur, sed fine corona.
Verum nos blandis capti, offensique severis,
Nec bona judicio spectamus, nec mala vero.
Dum non nostrarum curanda negotia rerum
Suscipimus, propriisque juvant aliena relictis.
Nec quemquam vitiis miserum, aut virtute beatum
Censentes, frustra externis culpamque, decusque
Jungimus, & cælo adscripti terrena fovemus.
Felices dici mos est, quos blanda potestas
In summos apices tumidorum evexit honorum:
Quos magni quæstus ditarunt, & quibus amplos
Congessit reditus totum res fusa per orbem.
Laudantur vestes pretiosæ, & pulcra supellex,
Magnæ ædes, famuli innumeri, vigilesque clientes,
Et quidquid non est nostrum, quodque ut dare quivit
Una dies, sic una potest auferre: nec illud
Quod speciale bonum est hominis, nullamque timet vim,
Amplexi; miseros, quibus hæc perdentia desunt,

Et

V. 840. Editio Lugd. & in ore parentum: id est, & sub oculis parentum. Editiones Lovan. Duac. Colon. & alia: & more parentum: quod forte significat, & pro peccatis suorum parentum: sive, pariter ac parentes. Hic sensus juvatur verbis sequentibus: *Aliena occumbere culpa.*

Et per mille modos pereuntia, credimus: ac si
Justitiam durus labor urgeat, & dolor ægri
Corporis, & mortes natorum, & turpis egestas.
Non quantas pariat constans tolerantia palmas,
Nec quo pugna brevis sit processura videmus:
Sed calicem crucis ac vitæ libare verentes,
Vipereum obducto potamus melle venenum.
Dulcia sunt etenim gustu, specieque decora,
Quæ morbos mortemque animæ generantque, foventque,
Canceris & ritu languentia viscera carpunt.
Cumque Deus medicam cælo demittere curam
Dignatur, penitusque putres abscindere fibras;
Incusamus opem teneri, & tabescere morbo
Malumus, antidoti quam vim tolerare severi.
Non igitur mala sunt, quæ nos mala ducimus: & cum
Ulceribus diris non parcit dextra medentis;
Amplectenda salus, non exacuenda querela est,
Jam quos peccantes Deus arguit, hos etiam nunc
Diligit, & patrio vult emendare flagello.
Meque istis potius societ, quam congreget illis,
Quos jam summoto permisit verbere, cursu
Ire voluntatis, propriaque libidine ferri.
Hi sunt vero illi, quos inter crimina tutos,
Et scelerum dites fructu, impunita senectus
Extremæ turpis vitæ produxit // in oras.
Hi justum injustis odiis pressere: per istos
Bella excita piis, & flagra medentia tardis.

Caput XII. [illegible]

Namque eadem cunctos exercent tela fideles,
Sub duplici caussa: dum quo torquentur iniqui,
Hoc sancti crescunt; & quod pœnam attulit illis
Pro culpa, hoc istis dat pro virtute coronam.
Denique si quidquid mundanis rebus acerbum
Accidit, excutias; totum jam sponte videbis
Anticipasse Dei famulos. Gemit ille talentis
Argenti atque auri amissis, hunc rapta supellex,
Perque nurus Geticas divisa monilia torquent.
Hunc pecus abductum, domus ustæ, potaque vina
Afficiunt, tristes nati, obscœnique ministri.
Sed sapiens Christi servus, nil perdidit horum,
Quæ sprevit, cæloque prius translata locavit,
Ac si quid mundi sub tempestate laborum
Incidit, intrepide subiit: // manifestus honoris
Promissi, & cupidus victo certamine solvi.
At tu, qui squalidos agros, desertaque defles
Atria, & exustæ proscenia diruta villæ;
Nonne magis propriis posses lacrymas dare damnis,
Si potius vastata tui penetralia cordis
Inspiceres, multaque obtectum sorde decorem,
Grassantesque hostes captivæ mentis in arce?
Quæ nisi per cunctas patuisset dedita portas,
Inque suam cladem facibus fomenta dedisset,

[illegible]

Hæc

℣. 899. Sic editiones Lugd. Lovan. Duac. & Colon. Recentiores vero, *in auras*.
℣. 916. Id est, *certus*. V. supra ℣. 190.

Hoc etiam quæ facta manu speciosa fuerunt;
Devoti meritum populi testata manerent.
Sed cum deformi jaceant prostrata ruina;
Objiciunt nobis casus nostrosque suosque.
Hos igitur cineres templorum, hæc busta potentum,
Quæ congesta jacent, populati cordis in aula
Plangamus captiva manus: nos splendida quondam
Vasa Dei, nos almæ aræ, & sacraria Christi,
In quibus argentum eloquii, virtutis & aurum,
Et sceptrum captum est crucis, & diadema decoris:
Nec rabidis jussam moveamus questibus iram,
Judicium culpando Dei, quod mentis & oris
Officium multa transcendit majus abysso.
Quamvis exiguo hoc fugientis tempore vitæ
Injusti tumeant, & tuta pace suorum
Lætentur scelerum: nonque illos vinea fallat,
Non ager; & noceant illæsi, & crimine crescant:
Nos, quibus in Christo sunt omnia, non capiant res
Occiduæ: quas nec nobiscum inveximus // orti;
Nec discessuri mundi exportabimus isto.
Sed si quis superest animi vigor; excutiamus
Peccati servile jugum, ruptisque catenis,
In libertatem & patriæ redeamus honorem.
Impia non oberunt cum sævo pacta tyranno,
Captiva conscripta manu, resolubile Christo est
Hoc fœdus, quod jure potest subvertere justo;
„ Aversos revocans & suscipiens conversos;
„ Sanguine quos proprio quæsivit prodigus emptor.
„ Si tamen assertoris opem festina voluntas
„ Præveniat, fletu Dominum motura fideli.
„ Nam ut nemo invitus, somnove quietus in alto
„ Fit salvus, nec vi perituг qui sponte recessit:
„ Sic pulsata patent redeuntibus atria vitæ,
„ Et recipit cœli servatos curia cives.
Cujus spem veniæ firmato corde foventes,
Implorate Deum, pugnasque relinquite, fratres,
Verborum, & lites de pravis sensibus ortas.
Nec quia procidimus fusi certamine primo;
Stare, & conflictum vereamur inire secundum.
Cuncta licet variis terroribus impleat hostis,
Et vigili clausas obsidat milite portas:
Cum victo tamen est bellum, si carne vetusta
Exuti, in Christi renovemur corpus, & omnem
Vincendi nobis vim de victore petamus.
Qui dum nostra suis sociat, junxit sua nostris.
Ut non humanis fidens homo, totus in illum
Se referat; sine quo non stant, qui stare videntur:
Et per quem sparsi coeunt, stratique resurgunt.
Hæc sat erit parvo rudibus scripsisse libello:
Qui cum sincerum vivo de fonte liquorem
Gustarint, ipsi profundent flumina ab alvo
Cordis, & irriguas præbebunt fratribus urnas.

AD-

V. 944. Ita libri veteres Lugdun. Lovan. & Colon. cum posteriores habeant, *inveximus orbi*.

ADMONITIO
IN LIBROS DE VOCATIONE
OMNIUM GENTIUM.

Diu est cum quæritur quis fuerit auctor librorum de vocatione omnium gentium. Et primum quidem adscripti sunt sancto Ambrosio ex quorumdam Manuscriptorum codicum fide. Sed non multo post tempore ab hac opinione discessum est: cum animadversum est ab eruditis, non solum his in libris citari Pelagianorum hæresim, quæ post Ambrosium inter cælites assumptum orta est, sed etiam in illis agi de contentione quæ in Ecclesia nata est ex doctrina quam sanctus Augustinus contra Pelagianorum hæresim decertans strenue propugnaverat. Deinde vero Prospero adscripti sunt a quibusdam, qui illos in Manuscriptis nonnullis sub S. Prosperi nomine descriptos legerunt, & quia magna in his affinitas notatur cum quæstionibus, quas sanctus ille Augustini discipulus & vindex in suis operibus attigit. Sed eruditis criticis, nec paucis quidem, visum est, & in hac secunda opinatione erratum esse, nec eos ut veros sancti Patris illius fœtus debere agnosci: his quidem propter stili diversitatem, illis vero propter doctrinæ discrepantiam. Cum vero non superessent ulli codices Manuscripti, in quibus libri illi certi cuipiam parenti assignarentur, tum vero ventum est ad conjecturas. Alii enim, inter quos Latius & Vossius, Hilario illi tribuendos crediderunt, cujus Epistola legitur ad sanctum Augustinum data, quemque nonnulli cum Arelatensi hujus nominis Episcopo confuderunt. Alii autem, ut Erasmus, Eucherio tribui posse suspicati sunt, illiusque genium satis referre judicarunt. Denique P. Quesnellio in mentem subiit, opus hoc Leoni magno omnino esse assignandum; cujus doctrinam stilumque in his duobus libris omnino agnovisse se asseruit. Quod suum hac in re judicium satis probabile fecisse videbatur, ita ut multi postremæ illi opinioni ultro subscriberent: cum Josephus Antelmius Forojuliensis Canonicus in contrarium se opponens, & longa Dissertatione hanc opinionem subruere conatus, alteram qua hi libri Prosperi esse agnoscebantur, iterum statuisse se gloriatus est.

Inter tam diversas una de re opiniones, duæ tantum ejus sunt ponderis quæ in examen revocari mereantur: scilicet quæ sancto Prospero, & quæ sancto Leoni hoc opus assignandum probant: aliæ enim aut manifesto falsæ, aut nullo fundamento niti inveniuntur. Ambrosio enim quomodo tribuetur opus in quo quæstiones agitantur quæ pluribus annis post Ambrosii obitum tractari cœperunt? Nec ea est stili similitudo inter hosce libros & opera sancti Eucherii, ut ex solo hoc fundamento ei auctori tribui queant. Multo minus ab Hilario Arelatensi curatos credibile, cum ille in materia gratiæ non paria sentiret cum Augustino, sed magis cum his qui in hoc opusculo impugnantur. Nec Syracusani Hilarii esse verisimile, aut Hilarii illius sancti Prosperi socii (si tamen non unus sit idemque). Siquidem Epistolarum quas ad Augustinum dederunt stilus longe distat a stilo auctoris nostri. Sed nec Prosperi Aurelianensis opus esse agnoscitur: qui tantum abest ut tractatum ejus quo iste agnoscitur esse ingenii scribere potuerit, ut Sidonium Appollinarem convenire coactus sit, cum vitam sancti Aniani decessoris sui scribi optavit, quam ipse pro sui ingenii tenuitate aggredi ausus non fuit. Nec denique ejus Prosperi qui interfuit subscripsitque Concilio Carpentoractensi anni 527. & Vasensi anni 529. Siquidem opus illud de vocatione gentium absque auctoris nomine citatum legitur a Gelasio Papa in suo contra Pelagianos opusculo: obiit vero Gelasius anno 496. unde extra omnem veri similitudinis speciem est citatum ab illo auctorem qui anno 529. erat superstes.

In

In hoc ergo unum tota vertitur quæstio: an opus hocce Prosperi sit, an Leonis magni, an tandem ignoti huc usque auctoris dici debeat. Hæ autem utrimque rationes diversarum opinionum afferuntur.

Pro Prospero quidem primo exhibentur Manuscripti codices, & plures quidem, in quibus huic operi præfigitur nomen Prosperi: Hincmarus quoque testis adducitur, qui in libro quem scripsit de Prædestinatione citat illud sub nomine sancti Prosperi: doctrinam quoque hujusce operis S. Prosperi doctrinæ conformem, stilum etiam valde similem, sententias easdem utrobique legi contendunt. Exempli gratia, dicit Prosper in suo carmine de ingratis quod

Sedes Roma Petri, quæ pastoralis honoris
Facta caput mundo, quidquid non possidet armis
Relligione tenet.

Hoc idem & iisdem pene verbis legitur apud eumdem auctorem librorum de vocatione gentium capite 16. libri 2. Prosper quoque in responsione ad objectiones Gallorum asserit quod ex toto mundo totus mundus eligitur: *loquendi modus similis legitur in libro 1. de vocatione gentium cap. 9. ubi* de toto mundo totus mundus liberatus *agnoscitur. S. Prosper in carmine de Ingratis, inter diversa inscrutabilium judiciorum Dei exempla numerat eas differentias quæ reperiuntur inter homines, etiam in naturalibus donis: librorum de vocatione gentium parem eamdem comparationem adhibet libro 1. capite 14. Denique S. Prosper, & scripti subsequentis auctor, exempla infantium sine Baptismo morientium, infidelium quoque in extremo vitæ halitu ad Deum conversorum, & alia plura ad easdem res probandas usurpant.*

Et vero Jos. Antelmius, qui hanc opinionem inter criticos jam obsoletam tueri suscepit, hujuscemodi momenta ponderat, exaggeratque sedulo, aliaque insuper addit ducta ex stili similitudine, verborumque & sententiarum consonantia, quæ in diffusas tabulas distribuens, longa & pene fastidiosa parallela instituit. Tum Photii testimonium adducit in medium, qui in cod. 54. Bibliothecæ Actorum Episcoporum Occidentalium contra Pelagianos insurgens, ait: Cum temporis progressu sectæ hujus homines per hæresis suæ abjurationem Ecclesiæ restituti essent, iterum malum ab ipsis principium sumpsit, ut Septimo Episcopo renascens eadem lues, antequam longius serperet, fuerit reprimenda, datis ad Leonem Romæ tunc sedem Apostolicam tenentem litteris: qui Leo ferventi zelo contra impietatem illam depugnavit. Post non diu rursum veluti existere atque renasci e mala radice impudenter cum cœpisset, Romæ etiam quidam libere pro hæresi locuti sunt, quos vir sane divinus Prosper libellis adversus eos in vulgus editis facile dissipavit extinxitque, Leone etiamnum, quem diximus, Romanam sedem gubernante. *Quod vero hic ait Photius aliis Prosperi operibus ante Leonis magni pontificatum exaratis convenire nequeunt. De libris ergo his de vocatione gentium loquebatur ibi Photius.*

Qui autem e contra hos libros a Prosperi operibus alienandos tuentur, id primo dicunt: Stilum librorum illorum longe differre a stilo operum Prosperi. Hæc fuit censura doctissimorum inter criticos hujus sæculi: sic enim Latius, Erasmus, Vossius, Grotius, aliique bene multi præcellentes eximiique saporis critici censuerunt. Enimvero auctoris librorum de vocatione stilus Prosperiano longe castigatior concinniorque, elegantior dictio, periodi magis commensuratæ, antitheses sententiarum, verborumque pugnæ frequentiores, schematum usus crebrior, tota denique oratio ex affectato rithmorum occursu longe modulatior. Hocque in primis attendendum, utpote non nisi ex consilio studioque natum: non enim tunc solum occurrunt, cum in eas velut sponte currere videbatur oratio, quod & nonnumquam in Prospero inveneris; sed aliis etiam in locis, ubi nonnisi data opera usurparentur.

2. Scribendi methodus auctori anonymo familiaris a Prosperi ratione plurimum differt. Hic enim palam & publice assertorem se vindicemque sancti Augustini exhibet, ejus doctrinæ apices omnes ubique acriter ac strenue propugnat, premit

studia-

studiose omnia ejus vestigia; ubique sancti Doctoris animum, doctrinam, sensusque omnes spirat. Nihil tale in gemino libello. De sancto Augustino ne apex quidem ullus: ita ut vel ipsum videatur non nosse (quod nemo crediderit); vel ejus nomen ex certo consilio, certasque ob caussas reticuisse. Prosper cum scribit, Ecclesiæ Romanæ auctoritatem passim prædicat ac circumfert, ut pote (ut nonnullis placuit) ejus nomine & ex ejus delegatione in arenam descendens; alter ex proprio ingenio stilum exerit, non tam pugnandi, quam sese exercendi studio, magisque inquirenti similis, quam certa & jam sancita dogmata propugnanti. Ille palam aggreditur Semipelagianos, atque ut catholicæ doctrinæ adversarios insectatur; hic non tam ex industria, quam aliud veluti agens eos exagitat, nec id ea vehementia eoque zelo exequitur, quo sanctus ille Augustini doctrinæ discipulus & vindex.

3. *Cum certum sit scriptum opusculum fuisse aliquamdiu ante Gelasii Papæ tempora, vix tamen unum aliquod temporis spatium assignare possis, quod Prospero conveniat. Si statim ab initio concertationum, vel paulo post eas exortas exaratum velis, jam ipsum auctorem in libri sui exordio contradicentem habes, qui jam dudum de his quæstionibus controversum fuisse diserte asserit.* Inter defensores liberi arbitrii, *inquit*, & prædicatores gratiæ Dei magna & difficilis DUDUM vertitur quæstio. *Si vero ultro concesseris, quod negari non potest, eam controversiam dudum efferbuisse inter Augustinianos & Semipelagianos, cum ad scribendum auctor se applicuit, jam alium a Prospero fuisse necesse est. Hic enim statim atque Pelagiani veneni reliquias per Genuensium Excerpta, vel Capitula Gallorum, vel Joannis Cassiani Collationes spargi cœpere, stilum ocyus arripuit acuitque, & totis viribus illarum vocum novitates insectatus est. Contra vero auctor librorum* De vocatione gentium *innuit hanc primam suam esse de hac materia lucubrationem, & quidem dudum post motas quæstiones elaboratam:* Magna & difficilis DUDUM vertitur quæstio .... De hac igitur compugnantia opinionum qua mensura & temperantia sentiendum sit, quantum Dominus adjuverit, ADNITAR inquirere, exercens atque discutiens modulum facultatis meæ in his quæ cordi meo sobrie, quantum arbitror, inhæserunt. *En verba post longam opinionum istarum concertationem scribentis, primam in hoc scripto operam ponentis primumque conatum, hominisque magis* inquirentis, *sese* exercentis, *remque proprio studio* discutientis, *ac pro modulo facultatis suæ, quam confidenter ex Patrum doctrina asserentis, propugnantisque ex delegatione Sedis Apostolicæ. Immo timide admodum ac dubitanter scribit: quia videlicet quamvis per omnia Augustinianæ receptæque in Ecclesia doctrinæ congruentia proponeret, novos tamen loquendi modos inducebat: sciebat autem suspectas merito esse in Ecclesia novitates vocum, etiam servata antiquitatis doctrina: unde post descripta verba, hæc subjicit;* Ut si in eas regulas processerit stilus, quæ nihil offensionis, nihil habeant pravitatis, non solum nobis, sed & aliis utile sit, ad aliquem nos limitem pervenisse, quem non debeamus excedere. *Qui demum, ne scriptum Prospero abjudicent, discrimen notatum inde nasci posse dixerint, ut dixerunt nonnulli, quod illo tempore exaratum est a Prospero, quo nondum plene hauserat Augustinianæ doctrinæ fluenta, præsertim vero ex iis libris quos posteriores subque vitæ finem scripsit; facile ex fixa superius epocha hujus scriptionis refelluntur.*

Ante quam vero longius progrediatur oratio, examinandæ rationes quas Jos. Antelmius allatis mox a nobis munitatis opponit. Ait enim primo eamdem esse Prosperi doctrinam quæ est librorum de Vocatione gentium: & hac in re suffragatorem se habere Quesnellium, qui contrariam Norisii sententiam expresse refellit. Hoc quidem verum omnino, si ipsam in se utriusque doctrinam spectes. At contendimus auctorem anonymum diverso quandoque loquendi modo mentem suam exposuisse, ab eo quo semper usum fuisse Prosperum nemo jure dubitabit. Fatemur quoque librorum de Vocatione gentium scriptorem non dissimili aliquando

sensu

Lib. 1. de vocat. gent. cap. 1.

sensu gratiæ nomen usurpasse, ab eo quo Prosper usurpat, pro vera scilicet Jesu Christi gratia: sed contendimus hunc auctorem sub hoc gratiæ nomine etiam dona naturalia quandoque intellexisse: & hoc omnino sensu eam omnibus hominibus communem agnovisse. Quo sensu a Prospero nostro ullo in opere suo gratiæ vocem usurpatam nemo probaverit. Rem quidem eamdem docet Prosper cum auctore anonymo, Deo scilicet curam fuisse omni tempore de hominibus, hos vocasse sive per legis litteram, sive per naturale rationis lumen, sive per Evangelii prædicationem: sed hujuscemodi a Deo impensas homini admonitiones gratiæ nomine nullibi invenitur decorasse: nec hujusce rei ullum Antelmius protulit exemplum. Hoc unum enim ille probat, docuisse Prosperum naturale lumen omnibus hominibus esse commune, ad omnes pertinere Dei providentiam; sed non hoc agitur: probandum enim omnino illi incumbebat quod talibus generalis providentiæ auxiliis, id est naturalis rationis disciplinæ, legis instructionibus, Evangelicæve prædicationi &c. gratiæ nomen S. Prosper fuerit impertitus: nec doctissimus Criticus unum Prosperi locum objicit quod in hunc sensum usurpari probetur. Quem enim ille protulit Dissertationis tertiæ pagina 139. in quo loquitur S. Prosper c. 14. lib. contra Collatorem, de potentia gratiæ Dei, & de modis cognoscendi Deum per naturalia auxilia, nihil probat: cum hisce exterioribus adjumentis gratiæ nomen non indiderit Prosper: hoc solum illo in loco docens, quod quodlibet Deus exterius adhibeat homini auxilium, sola semper gratia interius ad Deum trahit. Fatetur tandem vel invitus Censor eruditissimus, diversa aliquatenus via ingressum auctorem operis de Vocatione gentium, ab ea quam tenuerat S. Prosper in aliis suis Operibus in explicandis quæstionibus de Dei gratia: sed vult ille Prosperum hoc in opere se se occultasse, illud anonymum edidisse, sensus suos mentemque aliquatenus dissimulasse, ideo nomen Magistri sui Augustini tacuisse, ut ejus doctrinam securius tueretur: novam denique illum in eodem viam iniisse; & hinc fieri quod nihil hactenus hac de re scripsisse finxerit: ipsumque Prosperum aliis etiam in operibus suis cautius aliquando esse locutum. Augustini principia temperasse, cumque aliquando se ulterius non scripturum promisisset, necesse fuisse ut diversa disserendi methodo uteretur, ne agnosceretur, stilum ipsum denique mutasse & simulasse, & ad hoc adactum omnino ex ea scribendi ratione, quam sibi hocce in libro sequendam proposuerat.

Hæc autem argumenta momentave quid solidi contineant lector æquus dijudicet: hoc unum asserimus, si ex conjecturis hujusmodi liceat tanti ponderis rationes quas supra recensuimus enervare, nullum imposterum a Critico quovis proferri posse argumentum, quod hac via, quæcumque polleat vi & efficacia, non possit everti. Unde enim didicit Antelmius Prosperum intendisse hoc opus sub larvati & occulti hominis persona proferre? A quo audivit libris his nullum auctoris nomen inditum? Quod si contigit, quomodo Prosperi esse probabit? Nam quot in medium adducit pro sua causa, tamquam probationum efficacium loco, Manuscriptos codices; quid ultra pro ipso militant, cum constet Prosperi ætate opus istud sine auctoris nomine legi solere, & tale permansisse diu post Prosperum, cum scilicet a Gelasio Papa recensebatur. Cui bono igitur Prosper sensus suos aliquando dissimulasset? Cur idem illa qua solebat animi libertate & constantia, S. Augustini doctrinam tueri hoc in opere cessasset? Numquid credibile ipsum tunc viri illius, erga quem se hactenus tanta reverentia affectum exhibuerat, nomen proferre erubuisse? Etsi enim perversos sensus qui sancti Doctoris verbis affingi poterant sedulo ille diluerit, eoque modo qui calumniis locum non præberet expresserit; illos tamen aperte tuitus est, in Augustini adversarios ubique strenue insurrexit, quos certo certius in errorem lapsos esse arguit. Etsi tandem stilum dissimulare voluisset, non est verisimile quod id tam feliciter præstare potuerit. Nam dubio procul auctoris anonymi stilus stilo Prosperi nitidior, elegantior & sublimior agnoscitur. Nec quisquam in melius stilum proprium mutasse facile experietur. Qui enim personam mutat, in deterius vergit, &

grisquisquis a naturali genio recedit, nihil non informe imperfectumque producit. Quam ægre quis tot rithmos invenerit, & tam accurate omnes periodos commensuratas non assuetus ediderit. Nec apparet ullatenus Prosperum ad hoc adactum ut stilum mutaret, ex methodo qua opus hoc compositum habetur.

Denique quæcumque Antelmius iis opponit momentis, quibus probatum est libros de Vocatione gentium non esse Prosperi, meris suppositionibus vel leviori probationis specie carentibus innititur.

Jam vero illud examinandum an efficaciora sint argumenta, quibus illi libri Prospero adjudicandi esse dicuntur. Hæc autem ad tria omnino momenta revocantur. 1. Ad Manuscriptorum codicum auctoritatem. 2. Hincmari testimonium. 3. Doctrina stilique similitudinem.

Quantum ad primum, de quo solo convenimus cum Auctore Dissertationis, non majoris ponderis censeri debent MSS. illi ut opus istud Prospero adscribatur, quam alii in quibus eidem assertum fuisse legitur opus Juliani Pomerii, de Vita contemplativa. Nec Hincmari auctoritas præponderat auctoritati Conciliorum Galliæ, in quibus ab annis 800. libri de Vita contemplativa sub Prosperi nomine citati leguntur. Nec novum aut insolitum Hincmaro quædam opera sanctis Patribus assignare, quorum tamen illi parentes non agnoscantur. Citat enim ille Hypomnesticon sub nomine S. Augustini; librum de Prædestinatione & gratia, sub ejusdem nomine recenset, librum de Induratione Pharaonis sub Hieronymi, Commentarium Hilarii Diaconi in Paulum sub S. Ambrosii, & Carmen de Providentia Dei, sub sancti Prosperi nomine in testimonium adhibet. Quod spectat autem MSS. codices librorum de Vocatione gentium; ex quinque MSS. Vaticanis antiquior, qui mille annorum ætatem excedere creditur, & alius pariter vetustissimus nomen Sancti Ambrosii præferunt; tres reliqui, quorum ætate major 800. annos non excedit, nomine Prosperi insigniuntur. Alii absque dubio extant MSS. in quibus sub Ambrosii nomine exhibentur hi libri; cum ubique sub ejus nomine editi legantur ante annum 1566. Si ergo antiquiorum Manuscriptorum auctoritati cedi opus esset, omnino tribuendi S. Ambrosio viderentur. Nec diffitebitur, opinor, Antelmius ex suo systemate, primos hujus operis Manuscriptos anonymos prodiisse, cum latere intenderit S. Prosper. Unde probabitur, amanuenses illos, qui primi Operi isti nomen Prosperi præfixerunt, pro vero Prosperi nostri fœtu agnoscendos ex certis argumentis cognovisse? Nonne probabilius est, quod, cum eos libros anonymos reperissent, ex argumenti doctrinæque conformitate inducti fuerint ut Prosperi nomen in fronte apponerent. Alii minus docti, licet antiquiores, minus etiam feliciter eidem operi nomen Ambrosii indiderant. Ex qua amanuensium diversitate colligitur, non standum hic Manuscriptorum auctoritati, & ex sola amanuensium temeritate titulos istis libris inditos prodiisse.

De doctrinæ consensione diximus supra, probavimusque, etsi revera idem sentiat auctor librorum de Vocatione gentium quod S. Prosper; diversos tamen ab illo loquendi modos usurpatos, eaque adhibita temperamenta quæ S. Prosper numquam adhibuisset. Si consulantur perpauca utriusque periodi, fortissimum argumentum a nobis merito duci videbitur ex stili disparitate, quæ oculis legentium primo intuitu patebit. Nec terrent nos aut ab opinione dimovebunt longæ illæ quas elaboravit Antelmius Tabulæ: in quibus sæpe nulla alia in stilo conformitas prospicitur, præter voces quasdam tunc temporis usurpari solitas. Nec facile invenientur auctores duo idem argumentum versantes, qui non aliquando easdem voces usurpaverint: multo minus mirum quod in sensibus conveniant, & iisdem loquendi formulis utantur. Si quis eadem cura investiget Opera S. Augustini, qua Antelmius S. Prosperi Opera omnia scrutatus est; non desperandum omnino quin feliciter succedat quæ institueretur operum Augustini cum libris de Vocatione gentium collatio: cum revera non pauca Antelmianorum parallelorum loca ex sententiis Augustini a Prospero excerptis ducantur, aut iisdem terminis scripta legantur in S. Doctoris Operibus. Verum frustra omnino talis minutatim comparatio

ratio institueretur: quoniam non obstantibus diffusis illis ultra modum Antelmii parallelis, ex illis quas dedu ximus rationibus librorum de Vocatione gentium ab Operibus Prosperi differentia ipsa se legenti & ponderanti prodet.

Nunc vero superest ut examinentur conjecturæ, quibus ductus Quesnellius libros de Vocatione gentium Leoni suo adjudicavit. Præcipuum, immo vero unicum ipsius argumentum stat in styli paritate, quam se agnovisse asserit inter libros istos & reliqua S. Leonis Papæ opera. „ Scripta Sancti Leonis sæpius relegenti, inquit ille, familiarissima facta est phrasis Leonina, totusque dicendi character, quem in libris de Vocatione gentium agnovi. Statim animadverti quod in eis idem loquendi modus, nonnullorum verborum affectata frequentatio, conformatio periodorum eadem, eadem sermonis constructio, conflictus verborum, crebræque antitheses, dictionis varietas, elegantia, dignitas, ubertas, igneusque vigor, tota denique styli facies eumdem omnino auctorem prædicant ". Cumque rem penitius considerasset, patuit. 1. Scriptionis tempus in ætatem Leonis incidere, quam ille scribere aggressus esset cum jamdudum ferverent dissidia adversus Augustinianam doctrinam mota. 2. Auctoris patriam Leonem arguere; nec Africanum dici posse, cum de Augustino ne verbum quidem ullum habeat; nec Gallum facile probari posse, cum a Gennadio vel ignoratus sit, vel prætermissus. Italum ergo pronuntiari debere ex styli elegantia & nitore, & loco peculiari capitis 33. libri secundi, ubi hæc habentur: Alii barbari dum Romanis auxiliantur, quod in suis locis nosse non poterant, in nostris didicere regionibus, & ad sedes suas cum Christianæ religionis institutione remearunt: quæ verba Romam ipsam auctoris patriam fuisse arguunt. His addit, libros istos numquam in Africana Ecclesia citatos legi, in Gallicana vero nonnisi octavo Christi sæculo, cum mentio expressa de his habeatur a Gelasio Papa tamquam de opere Romæ noto & approbato. 3. Scriptor ille in citanda Scriptura convenit cum S. Leone. Uterque S. Hieronymi translationem adhibet, eadem uterque loca, & modo sibi peculiari usurpat. 4. Istius operis doctrina circa Christi gratiam eadem prorsus est cum doctrina sancti Leonis: cumque in illo nonnulli sint tam explicandi quam loquendi in hac materia modi, quibus videtur primo intuitu ab Augustini sententia recedere; iidem quoque passim apud Leonem occurrunt. In quibus præsertim est quod de generali quadam gratia nulli ætati, nulli homini non impensa sæpius differit, quam quidem patere in elementorum discordi concentu, in terra cæloque, & creaturarum omnium structura, ordine ac veluti loquela, quæ creatoris omnipotentiam, bonitatem, sapientiam, ineffabiliter prædicant: uterque clementa ista paginas & volumina, in quibus lex æterna scripta manet, appellat. 5. In aliis quoque bene multis eadem cogitata, iidem conceptus, dicendique ratio eadem occurrunt. Eodem modo loquuntur de Apostolicæ sedis in Romana urbe fundatione: de eo quod a Deo electa sit ut primatum inter ceteras totius orbis Christiani Ecclesias obtineret, quod ideo Imperium Romanum usque ad ultimos orbis fines dilatari voluerit, quo facilius hac usque Christiana religio diffunderetur, quæ & eo pervenisse agnoscitur, quo nec Romana ditio pervenerat. Conferri potest caput 1. serm. 1. de SS. Petro & Paulo apud Leonem cum capite 16. lib. 2. de Vocatione gentium. Eadem dicunt ambo de trina Petri negatione ipsiusque veloci pœnitentia. Legatur & sermo 3. de Passione & caput 28. libri 2. de Vocat. gent. Uterque dicit quod a Christo Petrus tamquam a petra principali soliditatem traxit: Petrus a principali petra (ait S. Leo) soliditatem & virtutis traxit & nominis: & auctor noster loco citato, Quis ambigat fortissimam petram, quæ ab illa principali petra communionem & virtutis sumpsit & nominis. Ubi idem cogitatum, eadem phrasis, eadem omnino verba. 6. Stilus librorum de Vocatione in omnibus congruit stilo sancti Leonis. Jam observatum a nobis in eo eminere elegantiam, nitorem, antitheses frequentes, & rithmos, periodos commensuratas & in membra paria distinctas: hic etiam, ut notavimus stili Leonini proprius character. 7. Non solum autem phrasis eadem utrique, sed & voces sæpius eædem, nec ab aliis frequentiata, quarum longa enumeratio legi potest pagina 375. tomi 2. S. Leonis a Quesnellio editi & illustrati: qui deinde etiam phrasium plurimarum utrique communium parallelum instituit; ex quibus omnibus invicte probatum arbitratur, hocce de Vocatione gentium opusculum Leoni Magno esse adjudicandum.

Verum Quesnellii antagonista duo probanda suscepit, ut omnem vim argumentorum ejus elevare videatur. 1. quidem levioribus omnino illum nisi conjecturis. 2. Argumentis claris & efficacibus demonstrari libros de Vocatione gentium pro Leonis fœtu non debere agnosci. Frustra autem priori investigando insudaveris, si posterius recte probatum inveniretur, ideo ab illa posteriori parte erit exordium. His ergo momentis invicte probatur (si Josepho Anthelmio fides) Leoni omnimodis abjudicandum opus de Vocatione gentium. Primo quidem (ait) obviat quæ erat Leonem inter & Cassianum singularis necessitudo. Quis credat, quod Cassiano Leo munus refellendi Nestorii imposuisset, quod tamen certo certius imposuit, & quod illum tanto in pretio habuisset, si errori obnoxium cognovisset? Aut numquid Cassiani doctrinam scriptis libris de Vocatione gentium refellere suscepisset, si ipsum ab errore jam revocatum & sana sapientem credidisset, quod tamen asserit Quesnellius? Ego autem probationes non suppetere, immo nec vero simile arbitror, Cassianum aliquando mentem mutasse, Leonem quidem inter Cassiani amicos numerandum fateor; sed nec inde recte probari ejusdem cum Cassiano Leonem fuisse sententiæ, nec inde argui invicte non ab eo scriptos de Vocatione gentium libellos contendo. Quotidiano experimento fit notum, ab amicis scribi contra amicos, si opinione differat unus ab altero. Hoc unum præstat amicitia, ut amico quantum veritas patitur parcatur, non directe oppugnetur, leni stilo tractetur, tamquam homo quem magis docere cupias quam refellere. Idipsum omnino præstat auctor librorum de Vocatione gentium.

Quæ tunc erant inter Augustini discipulos & ejus doctrinæ adversantes dissidia, nondum hæresim inducere credebantur. Sanctus enim Prosper, fervens licet Augustini discipulus, & vindex, eos a quibus ipse impugnabatur Catholicos vocat, & in Ecclesia vivere agnoscit. Auctor librorum de Vocatione gentium adhuc mitius de his concertationibus loquitur, quæstiones de quibus agitabantur vocans difficiles, & inter Catholicos agitari solitas. Cassianus ipse cum suis affectis sensus suos modeste defendebat, absque pertinacia aut invectivis. Ex quibus conficitur nihil obstare quin S. Leo potuerit Cassianum ad Nestorianos refellendos assumere, & postea libros de Vocatione gentium, in quibus Cassiani de gratia sententia contradicit, idem ipse conscribere.

At saltem (subjicit Anthelmius) ut amicis indulsisset Leo Cassiano ejusque discipulis, nec eorum disputationes vocasset Calumniosa certamina, nec calumniose objicere criminatus esset, aut impie diffiteri, aut præsumptionis arguisset & ignorantia tendere laqueos deceptionis contumacesve querelas, aut insidiosam malignitatem & insolentem præsumptionem his exprobrasset. Hæc tamen probra omnia per libros de Vocatione gentium sparsa, & iis afficta leguntur qui non perfectæ gratiæ fidem sequebantur.

Forte quis responderit, satis indultum Cassiano a Leone cum ipsius nomini pepercit, nec ipsum eo nomine refellere aggressus est, sed eos generatim insectatus, qui nimium libero tribuebant arbitrio, totam hanc quæstionem ita tractavit, quasi qui nullas in ea partes eligeret, nec se palam illis adversarium declararet. Quæ vero dura leguntur hoc in opere, nec Cassianum tangunt, nec ejus speciatim discipulos; sed consecutiones erroneas afficiunt, quæ ex eorum principiis elici facile possent. Adde quod nec talia adeo injuriosa censeri posse probatur quantum jactantur. Tertium profert Anthelmius argumentum quod videtur ipsi ineluctabile, quo plane convictum se fuisse ait, & neminem non convictum iri facile sibi persuadet: scilicet, si Leo Diaconus Semipelagianos tam viriliter insectatus fuisset, qui credetur summi Pontificatus apicem adeptus eosdem indemnatos reliquisse toto Pontificatus sui tempore? Indignum sane & monstro simile si nihil contra eos statuis-

set

sei: cum tamen ejusmodi homines sub pontificatu Leonis honoribus cumulatos dignitatibusque auctos appareat. Leonis quoque successor Hilarus antesignanum illorum Faustum Romano concilio præsidere voluit. Si vero dicatur Leo alium vultum induisse, talesque errores tacendo palpasse; immerito ergo Hæreticorum non fictus aut trepidus impugnator, & constans veritatis propugnator audit; immerito Leoni de tribu Juda comparatur, propter ardens studium quo Pelagianos insectatus est. Cur ille in Semipelagianos insurgere neglexisset, si cum auctore librorum de Vocatione gentium sensisset, illos Pelagii errores revocare? Numquid S. Prosper fidelis Leonis amanuensis, & ei a secretioribus, insignis inter omnes Semipelagianorum adversarius, zelum ejus in ipsos non inflammasset? Quas omnes egregias declamationes ab ullo pro probationibus invictis & ineluctabilibus haberi posse vix in animum inducas. Librorum de Vocatione gentium scriptor defensores liberi arbitrii hæreticis non accensuit, eorum sententias ut privatus homo refutavit. Supponamus ergo librorum auctorem Leonem fuisse; quid opus erat ut Pontifex factus, pro summa qua pollebat in Ecclesia auctoritate, eos ut hæresis indubitatæ reos damnaret? Et si enim opiniones a se in libris istis suis rejectas pro hæreticis habuisset; cui bono in homines insurrexisset quietos & silentes, qui nec dogmata perversa disseminare, nec in partem se dividere attentassent? Nec enim legitur quamdiu ille Pontificatum tenuit ulla hac de re exorta disputatio. Diu post ejus obitum recaluit illa concertatio. Dicatur ergo qua ex occasione sanctus Leo damnasset Semipelagianos? Num ab aliquo ad ejus tribunal delati? An de iis aliquid ad eum scriptis nuntiatum? An eo Pontifice opiniones suas scriptis libris propugnarunt? Hæc omnia omni etiam leviori probatione carent. At enim eorum asseclæ honoribus creverunt, in Abbates & Episcopos in Galliis electi leguntur. Leonis erat intercedere talibus. Quasi vero tunc diplomatibus pontificiis opus esset electis ad hasce dignitates. At Hilarus Leonis successor Faustum Regiensem Semipelagianorum principem Romano Concilio præsidere voluit. Prius intelligendum quid hic sit Concilio præsidere: non enim ibi significat præesse, sed tantum interesse, quomodo dicitur, Præsidente fratrum numeroso concilio. Num inde conficies fautorem Semipelagianorum Leonem? Non id quidem multis consequens videndum reor. Cum Faustus Romano interfuit Concilio, nondum scripserat librum illum quo in sancti Augustini doctrinam insurgit: diu post id temporis librum hunc scripsit: & licet antea scripsisset, non inde inferas probatum ab Hilaro opus, multo minus a Leone Hilari decessore, nec hunc Fausto favisse concludas. Sed, quod maxime mirum videbitur, non advertit Anthelmius omnia a se adducta exempla solo Prosperi exemplo convelli. Nec enim videtur ille aliquod contra Semipelagianos scriptum edidisse post librum suum contra Collatorem, id est Cassianum, quem ante Leonis pontificatum ediderat. Si ergo illi homines sub hoc pontificatu aliquid novi inducere tentarunt, cur ipse siluit, aut cur non illos, ut ante, palam & publice insectatus est? Cur eo quo pollebat apud Pontificem summum favore non usus est adversus illos? Cur non apud Leonem detulit errantes? Si quis hoc genus ratiocinii eo usque urgeret de Prospero, quantum Anthelmius urget de S. Leone, parum abesset, quin inde concluderetur quoque nihil unquam adversus Semipelagianos curasse sanctum Prosperum.

Quod ducitur ex Gelasii Papæ auctoritate argumentum, quod ille auctorem librorum de Vocatione gentium, inter Doctores Ecclesiæ numeret, etsi ab ejus nomine abstineat, præcedentibus plausibilius videtur. Si enim Leonis esset opus istud, quomodo id Gelasium latuisset; aut si non latuit, quo consilio Leonis nomen tacuisset? Verum hoc argumento probatur tantum, opus istud tunc etiam temporis anonymum prodiisse, de quo convenit inter omnes: unde semper quærendum superest, numquid non ipse sanctus Leo absque nomine ediderit. Eas affert Quesnellius rationes, quæ rem verisimilem efficiant. Ad ea nunc quæ istis respondentur descendamus, cum jam certum sit apud nos nullo argumento evinci hos libros non esse S. Leonis: Quesnellii adversarius hoc unum probare nititur, sanctum

 Prosp-

Prosperum sancti Hieronymi translatione usum, quomodo & S. Leo; & hunc nonnunquam antiquam quoque versionem Scripturarum adhibuisse; quo solo firmissimo adversarii sui argumento satisfactum arbitratur. Non hic investigare aggrediar quis eorum recte, quis secus hoc in negotio senserit: soli argumento quod ducitur ex stili conformitate insistam, de quo parti adversæ assentiri cognoscitur Antbelmius; cum ipse ideo Sermones & Epistolas Leonis magni S. Prospero tribui vult, quia concinit stilus horum operum, cum stilo librorum de Vocatione gentium. Qua confessione nihil magis caussam Quesnellii promovere potest. Cum enim longe certius sit Sermones & Epistolas, quibus præfigitur Leonis nomen, Leonis opus esse; quam libros de Vocatione gentium esse fœtum S. Prosperi; si necessario agnoscendus idem utrorumque parens, æquiori jure tribuentur Leoni libri de Vocatione gentium, quam Prospero Epistolæ & Sermones S. Leonis. Equidem P. Natalis Alexander, & P. Oldinus, stili differentiam agnovisse se dicunt, nec tot in Leone rithmos, tot figuras, tot similiter cadentia, quot in illis libris. Sed non sedulo rem considerasse videntur: si quid enim diversi reperiatur, hoc exigui admodum momenti apparebit.

Ex his quæ hactenus disputata sunt de Auctore librorum de Vocatione gentium hæc confici possunt. 1. Hoc opus primum prodiisse anonymum. 2. Exaratum esse post annum 430. & ante 496. 3. Sub Pontificatu Gelasii Papæ opus notum fuisse, sed sine auctoris nomine lectum esse. 4. Post eam ætatem in quibusdam MSS. nomen prætulisse S. Ambrosii, in aliis nomen S. Prosperi. 5. Certe certius, non esse Ambrosii. 6. Nec vero simile idem esse S. Prosperi. 7 Auctorem cum hactenus ignotus manserit, difficile posse sciri quis tandem ille fuerit. 8. Quod si ex modo res tractandi & stili conformitate judicium ducatur, esse unde conjiciatur opus Sancti Leonis. 9. Nullatenus probari hoc opus non a Leone elaboratum. Unum superest, scilicet pro certo definire hos libros esse Sancti Leonis fœtum. Quod nos ex argumento in sola stili similitudine fundato statuere non ausimus, quod tamen momentis a Quesnellio in medium adductis fere persuaderi non diffitebimur.

Probationi vero quam Antbelmius ex Photii testimonio eruit non respondimus, quia illud in rem de qua agitur nihil confert. Huic enim auctori confuse leviterque nota videtur Historia Pelagianorum, & ignota omnino acta post Augustini mortem de ejus doctrina inter occidentales dissidia. Ex suo ingenio ait, a S. Prospero pugnatum contra Pelagianos sub Pontificatu S. Leonis. Audierat de gratia scripsisse Prosperum: Pelagianos ab eo impugnatos credidit: & cum legisset in Epistolis Sixtimii & Leonis ad Januarium Aquilejensem sub hoc Pontificatu motos istiusmodi homines, hoc ipso tempore a Prospero impugnatos arbitratus est, eo libentius quod non eum latebat tunc temporis Romæ diversatum fuisse Prosperum. Sed hæc omnia ex meris conjecturis a Photio scripta manifeste patet, locutumque ut hominem a temporibus & locis sejunctum, qui cuncta rerum Historia carebat, sed omnia ex suo ingenio fingebat. Et si vero fateremur Prosperum sedente in Romana sede Leone contra Pelagianos stilum exercuisse: ex mera conjectura id tribuitur libris de Vocatione gentium, qui in Pelagianos non diriguntur. Unde habetur de his libris locutum esse Photium? Numquid fieri nequit Prosperum interea temporis aliquos libros edidisse contra Pelagianos, qui tamen ad nos non pervenerint. Sed tandem nihil certi statui potest ex hoc Photii loco, qui hæc omnia ex mera conjectura scripsisse convincitur.

Ex his omnibus facile colliges æquus lector, nihil satius, & ab omni temeritatis suspicione remotius, a nobis fieri debuisse, quam ut hosce libros inter eruditos hinc inde tanta concertatione discussos, unde tamen certum de auctore judicium statui nequeat, nec veris S. Prosperi operibus annumeremus, nec ad supposititios omnino rejiciamus, donec de tanta lite statuerint eruditi. Ex dictis tamen facile conjicitur hos libros circa annum Christi 440. fuisse exaratos.

AR-

ARGUMENTA CAPITUM LIBRI PRIMI DE VOCATIONE OMNIUM GENTIUM.

CAPUT I.

Materiam hoc libro tractandam proponit, ostenditque non recte sentire eos qui prædicatione gratiæ liberum negari arbitrium contendunt.

CAPUT II.

Omni animæ humanæ naturaliter inesse qualemcumque voluntatem; quæ aut sensualis, aut animalis, aut spiritalis est.

CAPUT III.

De voluntate sensuali.

CAPUT IV.

De voluntate animali; qua nihil supra mercedem temporalis gloriæ acquiritur, etiam si dono Dei in ea sublimius sapiatur.

CAPUT V.

Omnes gentes in elementis accepisse præcepta legalia, ut inexcusabiles sint in idololatria.

CAPUT VI.

Quod absque divina gratia voluntas tanto citius propinquat iniquitati, quanto acrius intenditur alicui: quia non in gloriam Dei vivit.

CAPUT VII.

In homine, cum ad pietatem redit, non aliam in eo creari substantiam, sed eamdem quæ fuerat labefactata, reparari; nec aliud ab eo auferri nisi vitium, priore voluntate correcta.

CAPUT VIII.

Gratiam sic reparare opus Dei, ut liberum arbitrium non auferat; sed potius per ipsummet illud sanet.

CAPUT IX.

Quod Scriptura sive de bonis, sive de malis loquatur, sive de electis, sive de reprobis; ita nominatim unius partis, quasi universum hominum prætermittat.

CAPUT X.

Quod Scriptura de electis & reprobis ejusdem populi loquitur, tamquam de iisdem.

CAPUT XI.

Quod Scriptura de diversorum temporum hominibus loquitur, quasi de ejusdem temporis generatione.

CAPUT XII.

Quod illud Apostoli, Volt omnes homines salvos fieri, *de omni genere hominum intelligitur.*

CAPUT XIII.

Secreti illius profunditas, quo Dei salvantis gratia aliquos pro quibus Ecclesia orat præterit, nobis in hac vita patere non potest.

CAPUT XIV.

Multa esse in dispensatione operum divinorum; quorum caussis latentibus, soli monstrantur effectus.

CAPUT XV.

Quod pars hominum liberatur, adscribi non potest meritis voluntatum: velut bonos elegerit gratia, malos præterierit.

CAPUT XVI.

Ex eo quod primum parvulorum alii ad æternam vitam, alii ad mortem æternam ante intelligentiæ usum hinc migrent, ostenditur inscrutabilitas divinorum judiciorum.

CAPUT XVII.

Ex impiis, qui in extremis conversi salvantur, ostenditur & gratiam sine meritis dari, & inscrutabile esse Dei judicium.

CAPUT XVIII.

Gratia, sine qua bona merita esse nequeunt, non accipitur a quoquam, nisi ex Dei voluntate, sine meritis.

CAPUT XIX.

Qualis sit natura sine gratia.

CAPUT XX.

Visitare misericordia Dominum ad omnium nationum impendit salutem, omnesque salvat: & tamen etiam verum est, quod testimonium ejus nemo accipit.

CAPUT XXI.

Non esse scrutandum, cur Deus alios eligit, alios non eligit: sicut nec, cur autem omnibus gentibus praetermissis, unum Israelem elegit.

CAPUT XXII.

Eos qui discrimen, quo Deus alios non eligit, ad merita referunt voluntatis humanae, docere neminem gratis, sed ex retributione salvari; & ex parvulis aperte confutari.

CAPUT XXIII.

Omne bonum hominis meritum, ab initio fidei, usque ad perseverantiae consummationem, donum esse divinum. Et primum hoc ostenditur de fide.

CAPUT XXIV.

Omne bonum in homine esse ex gratia, & fidem dari non petitam, ut ipsius petitionibus caetera bona consequantur.

CAPUT XXV.

Quaestionem, cur potius hic quam ille accipiat gratiam, esse impenetrabilem, nec posse ex libero arbitrio solvi.

LIBRI SECUNDI
DE VOCATIONE
OMNIUM GENTIUM.

CAPUT I.

TRIA esse in hac quæstione certa: Deum velle omnes salvos fieri: cognitionem veritatis & salutem esse ex gratia: & judicia Dei esse impenetrabilia.

CAPUT II.

Scripturæ docet Deum velle omnes salvos fieri.

CAPUT III.

Inscrutabile cur Deus judicaverit quorumdam vocationem differendam.

CAPUT IV.

In præteritis sæculis semper admonuit divina bonitas homines sui cultus per elementa: sicut populum Israel peculiariter per legem & prophetas.

CAPUT V.

Qui inter Gentes Deo placuerunt, spiritu fidei & gratiæ sunt discreti.

CAPUT VI.

Non omnibus etiam nunc eadem mensura gratiæ confertur.

CAPUT VII.

Cum omne bonum ex gratia Dei sit, imparitas meritorum nec in liberum arbitrium est referenda, nec in querelam est vocanda.

CAPUT VIII.

Unicuique sine merito datur, unde tendat ad meritum: & a gratia jam donata expectatur, ut id quod accepit, augeat per illum qui dat incrementum.

CAPUT IX.

Variatæ per diversa tempora gratiæ caussa a nobis non est investiganda.

CAPUT X.

Omnibus sæculis misericordia Dei & corpora aluit, & mentes juvit.

CAPUT XI.

Hominibus fere paulatim & particulatim accrescit, quod superna largitas eis dare decrevit.

CAPUT XII.

Divinæ constitutionis non est nostra a Deo aversio, sed propriæ voluntatis: ideoque meriti hominis esse si steterit, quia cadere potuit.

CAPUT XIII.

Bonitatem Dei non solum sanctis, sed & impiis instituendis adfuisse ante diluvium.

CAPUT XIV.

In diluvio, & postea usque ad Christum revelata sunt opera divinæ gratiæ, & Christianæ gratiæ miracula præsignata: etsi abundantia gratiæ, quæ nunc mundum rigat, pari largitate non fluxit.

CAPUT XV.

Meliora non nasci nunc ingenia, quam ante Christi adventum: quinimmo tempore adventus Christi inventa est iniquitas robustior, ut gratia Dei manifestaretur.

CAPUT XVI.

Quod Christus pro omnibus mortuus sit.

CAPUT XVII.

Nationes quibus nondum gratia Salvatoris illuxit, disposito tempore vocandas esse ad Evangelium.

CAPUT XVIII.

Prioribus sæculis absconditam fuisse Gentibus gratiam Christi, non tamen Prophetis.

CAPUT XIX.

Deus pro omni tempore vult omnes homines salvos fieri, aut generalibus donis, aut etiam peculiaribus.

CAPUT XX.

Objectio ex parvulis contra illud: Qui vult omnes homines salvos fieri.

CAPUT XXI.

Juste agi cum parvulis pereuntibus, tam in hoc saeculo quam futuro, propter originale peccatum.

CAPUT XXII.

Divina justitia cuilibet mensuram & modum miseriae ordinat.

CAPUT XXIII.

Parvulis pereuntibus generalis gratia tribuitur, parentibus data ea datur.

CAPUT XXIV.

Non esse justam querelam ex discretione pereuntium parvulorum, sed magnam divinae justitiae & gratiae Christi commendationem.

CAPUT XXV.

Deum ob generalem gratiam omni tempore velle omnes salvos fieri: at peculiari gratia quosdam tantum.

CAPUT XXVI.

Quod in omni justificatione gratia quidem principaliter praeeminet, sed voluntas ei subjungatur: quia gratia primo sibi tamquam receptricem & famulam donorum suorum praeparat voluntatem.

CAPUT XXVII.

Consensum voluntatis per gratiam gigni, non solum ex doctrina & illustratione, sed etiam ex terrore & metu.

CAPUT XXVIII.

Posse eos qui gratia Dei in Christum credunt, non credere, & eos qui perseverant, a Deo recedere.

CAPUT XXIX.

Promissio benedictionis omnium gentium ita completur quotidie, ut nec pereuntibus sit excusatio justa, nec salvatis de sua justitia gloriatio.

CAPUT XXX.

Repetitio primi capitis libri secundi.

CAPUT XXXI.

Omnibus saeculis adfuisse omnibus hominibus generalem Dei bonitatem: sed tantum salvandis peculiarem gratiam.

CAPUT XXXII.

Inter fideles varios esse gradus munerum Dei, idque non ex meritis eorum, sed justo & latenti Dei judicio.

CAPUT XXXIII.

Neminem perire qui perire non debet: sed omnes ab aeterno electi salvi fiunt.

CAPUT XXXIV.

Non frustra laborari ad adquirenda bonorum operum merita, vel orationibus insisti, quamvis immutabile sit Dei propositum super salute electorum.

CAPUT XXXV.

Gratia datur electis, non ut otientur, vel a nullo hoste impetantur: sed ut bene operentur & hostem vincant.

CAPUT XXXVI.

Electio non tollit orandi studium, sed ejus effectus per orationem & bona opera completur.

CAPUT XXXVII.

De nullo ante finem vitae hujus pronuntiari potest, quod in electorum gloria sit futurus: & nullius lapsi est desperanda reparatio.

DE

DE VOCATIONE OMNIUM GENTIUM IGNOTI AUCTORIS

LIBER PRIMUS.*

* [illegible]

CAPUT PRIMUM.

Materiam hoc libro tractandam proponit, ostenditque non recte sentire eos qui praedicatione gratiae liberum negari arbitrium contendunt.

INTER defensores liberi arbitrii, & praedicatores gratiae Dei, magna & difficilis dudum (a) vertitur quaestio. Quaeritur enim: Utrum velit Deus omnes homines salvos fieri? Et quia negari hoc non potest: Cur voluntas Omnipotentis non impleatur, inquiritur? Cumque hoc secundum (b) voluntatem hominum fieri dicitur, gratia videtur excludi; quae si meritis redditur, constat eam non donum esse, sed debitum. Unde iterum quaeritur: Cur hoc donum, sine quo nemo (c) salvus est, ab eo qui omnes salvari vult, non omnibus confertur? Atque ita, contrariarum disputationum nullus terminus reperitur, dum non discernitur quid manifestum, quid sit occultum. De hac igitur compugnantia opinionum, qua mensura & temperantia sentiendum sit, quantum Dominus adjuverit, addidi inquirere; exercens atque discutiens modulum facultatis meae in his, quae cordi meo sobrie (quantum arbitror) inhaerent: ut si in eas regulas processerit stilus, quae nihil offensionis, nihil habeant pravitatis, non solum nobis, sed & aliis utile sit, ad aliquem nos limitem pervenisse, quem non debeamus excedere. Primitus itaque de voluntatis humanae motibus & gradibus disputandum est. Inter quam & gratiam Dei quorumdam non sana discretio est, (d) existimantium quod praedicatione gratiae liberum negetur arbitrium; nec advertentium eadem regula sibi posse objici, quod gratiam negent, cum eam humanae voluntatis non ducem volunt esse, sed comitem. (e) Si enim tollitur voluntas, nisi ipsa est virtutum origo; tollitur gratia, nisi ipsa est bonorum causa meritorum. Sed jam auxiliante Christo, quod tractandum concepimus inchoemus.

[illegible]

CAPUT II.

Omni animae humanae naturaliter inesse qualemcumque voluntatem; quae aut sensualis, aut animalis, aut spiritalis est.

OMni animae humanae, quantum intelligere atque experiri datur, naturaliter qualiscumque inest voluntas, qua (f) aut appetitur quod placet, aut declinatur quod displicet. Hujus voluntatis, quantum ad naturalem pertinet motum ex vitio primae praevaricationis infirmum, genera sunt duo secundum quae voluntas hominis, aut sensualis, aut animalis est. Sed cum adest gratia Dei, accedit ei per donum Spiritus tertium genus, ut possit fieri spiritalis: & per hunc excellentiorem motum omnes affectus undecumque nascentes superiore rationis lege dijudicat.

CAPUT III.

De voluntate sensuali.

SEnsualis igitur voluntas, quam & carnalem solemus dicere, non transit supra eum motum, qui de corporis sensibus nascitur, qualis est (g) in animis parvulorum: qui licet nullo judicio rationis utantur, ostendunt tamen aliquid se velle, aliquid nolle, cum videndo, audiendo, odorando, gustando, tangendo, & ea quibus delectantur amant, & ea quibus offenduntur oderunt. (h) Quid autem est amare, nisi velle? aut quid est odisse, nisi nolle? Habent ergo etiam ipsi voluntatem suam, (i) quae nisi providendi & consulendi impos atque ignara sit; [illegible]

In

(a) Editi nostri. Lovan. Duac. & Colon. quaeritur quaestio, quemadmodum ex edit. Oper. S. Leonis ad MS. Thuaneum exacta, MS. Cambronensi in ora codicum nostrorum cruato, & Jol.
(b) Ita edit. Lovan. consentiunt MS. Thu. Camb. & Jol. Alias secundum voluntatem hominum fieri videatur, in editis nostris.
(c) MS. Camb. & edit. Leo, alias, salvus esse potest.
(d) MS. Camb. & Jol. aestimantium.
(e) Sic MS. Joliensis, ad quem propius accedunt MS. Camb. & Thu. ubi tamen pro, si enim, habetur, sic enim &c. ut in textu. Editiones Prosperianae & Leonina, Si enim tollitur voluntas, ubi ipsa est virtutum origo? Si tollitur gratia, ubi ipsa est bonorum causa meritorum?
(f) MS. Joliensis, aut appetit quod placet, aut declinat &c.
(g) Editio Lovan. op. omittit praepositionem, in.
(h) MS. Cambronense. Quid est enim . . . . & quid est. Edit. Lovan. & MS. Jol. & quid est; pariter habet.
(i) MS. Joliensis impotens atque ignara est. MS. Camb. & Lovan. op. quae & providendi & consulendi impos atque ignara est. In his tamen.

in his tamen amat agere quæ carnis sensibus blandiuntur, donec vigor rationalis ingenii per maturiora incrementa corporis excitetur, & ad famulantium sibi membrorum usum, non (a) alieno nutu, sed sua lege moveatur.

CAPUT IV.

De voluntate animali: qua nihil supra mercedem temporalis gloriæ adquiritur etiam si donum Dei in ea sublimius sapiatur.

AB hoc ergo sensuali appetitu, in quo remanent hi, quos etiam in annis majoribus excordes videmus & fatuos, ad animalem surgitur voluntatem; quæ prius quam Spiritu Dei agatur, etiam si supra sensualem motum se se adtollere potest, tamen (b) sine summi amoris participatione in terrenis occiduisque versatur. In hac humana (c) ingenia etiam si corporeæ voluptati non turpiter serviant, & cupiditates suas justitiæ atque honestatis legibus temperent, nihil supra mercedem gloriæ temporalis adquirunt: & cum præsentem vitam decenter exornent, æternæ tamen beatitudinis præmium non habent; quia rectas actiones & bona studia sua, non ad ejus laudem atque honorem referunt, a quo acceperunt (d) ut sublimius saperent, & excellentius ceteris enitescerent. Cum enim quidam non solum ad militiam utilissimarum artium, & doctrinas liberalium disciplinarum; sed etiam ad inquisitionem summi boni aciem mentis intenderint, & Rom. 1. 20. *invisibilia Dei per ea quæ facta sunt intellecta conspexerint*: non agentes tamen gratias Deo, nec
v. 22. confitentes illum sibi esse hujus facultatis auctorem, sed *dicentes se esse sapientes*, hoc est, non in Deo, sed in semetipsis gloriantes, quasi ad veritatis inspectionem suis studiis atque rationibus propinquassent; *evanuerunt in cogitationibus suis*, & quod illuminante Dei gratia, (e) invenerant, obcæcante superbia perdiderunt: relapsi a superna luce (f) in tenebras suas, hoc est, ab incommutabili atque æterno bono, ad mutabilem corruptibilemque auctorem. Cum ergo tales in amorem sui recidunt, & ita sibimet placent, ut totum quod in se laudabile judicant, non ad dona Dei referant, sed sibi vindicent, & studio propriæ voluntatis adscribant; procul ab illa spiritali (g) exulant voluntate, & nihil in se habent quo ad vitam provehantur æternam, incipientes in semetipsis etiam illa temporalia Dei dona corrumpere, & a bono rerum usu in consuetudinem innumerabilium transire vitiorum.

CAPUT V.

Omnes gentes in elementis accepisse præcepta legalia, ut inexcusabiles sint in idololatria.

QUamvis enim scriptum sit, quod *cum dispergeret Excelsus gentes, quemadmodum dispersit filios Adam, statuit terminos gentium secundum numerum Angelorum Dei, & facta est pars Domini populus ejus Jacob, funiculus hæreditatis ejus Israel*: & scriptum sit Dominum dicere ad Israel, *Eritis mihi sancti, quia ego sanctus sum Dominus Deus vester, qui segregavi vos ab omnibus gentibus esse mihi*. Et quamvis scriptum sit libro Esther, dicente Mardochæo, *Gratias tibi, Domine, quoniam fecisti nova signa & prodigia, qualia non sunt facta in gentibus, dividens omne sæculum in sortes duas, elegisti unam tibi populi tui, relinquens aliam gentibus*: & Paulus & Barnabas dicant, *Et nos mortales sumus, similes vobis homines, annuntiantes vobis converti ad Deum vivum, qui fecit cælum, & terram, & mare, & omnia quæ in eis sunt, qui in præteritis generationibus dimisit omnes gentes ingredi vias suas*. Quamvis ergo hæc & multa similia veritatis Scriptura pronunciet; (h) secundum ipsam tamen credimus, & pie fideliter confitemur, quod nunquam universitati hominum divinæ providentiæ cura defuerit. Quæ licet exemplum sibi populum specialibus ad pietatem direxerit institutis, nulli tamen nationi hominum bonitatis suæ

(a) Ita MSS. Camb. Thu. & Jol. Editi ante, *a bono motu*.
(b) Sic habent MSS. Camb. Thuan. & Jol. non ut antea Editi, *sine sui amoris*; quæ in margine ferunt, *scilicet Dei*. Gratiam videlicet summi amoris seu boni participatione definit. Quemadmodum & cap. 8. inferius.
(c) Ita emendavere ex MSS. Cod. Camb. & Thuan. in Leone, & a nobis hic ex MS. Joliensi: cum antea Editi Prosperiani, & Leonis I. haberent, *in hac humana etiam ingenia, si corporeæ &c.* Non sine diminutione energiæ hujus sententiæ, quæ *solius gloriæ temporalis*, & ut ait cap. 18. *Vane laudis mercedem eos assequi asserit*, qui rectas actiones & bona studia sua, non ad ejus laudem atque honorem referunt, *a quo acceperunt, ut sublimius saperent*, tametsi *cupiditates suas justitiæ atque honestatis legibus temperent*. Qui enim receperunt in hac vita mercedem suam, vani vanam, recipient & in altera pœnam suam. Quoniam ex Augustino libro 4. contra Julianum cap. 3. *Cum facit homo aliquid, ubi peccare non videtur, si non propter hoc facit, propter quod facere debet, et facere debere veta sapientia præcipit, peccare convincitur: quia etsi ipso illud officio videatur bonum, ipso tamen non recto fine peccatum est*. Hanc esse mentem auctoris nostri magis elucescit tum ex cap. 6. ubi scribit, quod *ille male vivit, qui non in gloriam Dei vivit*: tum ex cap. 7. ubi ait quod *sine cultu Dei etiam quod virtus videtur peccatum est*. Sed ex hoc ipso capite 4. ubi eos quos hujusmodi rectis actionibus præsentem vitam decenter exornare dixit, paulo post sugillat, tamquam qui 1. non confiteantur Deum rectæ hujus actionis auctorem. 2. non in Deo, sed in semetipsis glorientur. 3. evanescant in cogitationibus suis. 4. in amorem sui recidant. 5. in semetipsis dona Dei corrumpant. Consuli possunt Prosper carm. de ingratis, variis quæ & notæ eidem subjectæ.
(d) In Editis aliis, *ut in ipsa animali discretione sublimius saperent*. Nos edit. Leon. ad Camb. & Thu. MS. emendatam, & MS. Joliensem a nobis consultum secuti sumus. Verba quippe illa, *in ipsa animali discretione*, glossematis habent speciem, quod ex margine studiosi cujuspiam in textum irrepserit.
(e) MS. Cambron. *invenerunt*.
(f) Editi, *ad tenebras suas*. MS. Joliensis & edit. Leon. *in tenebras suas*.
(g) Melius *exulant* ex MS. Joliensi & edit. oper. Leon. quam *exsultant* in Editis prioribus legitur.
(h) Has voces, *secundum ipsam* non habent MSS. Camb. & Thuan. nec Joliensis.

suæ dona subtraxit: ut propheticas voces & præcepta legalia convincerentur in elementorum obsequiis ac tollimentis accepisse. Unde & inexcusabiles facti sunt, quia deos sibi Dei dona fecerunt, & quæ creata erant ad utendum, venerati sunt ad colendum.

CAPUT VI.

Quod absque divina gratia voluntas tanto citius propinquat iniquitati, quanto acrius intenditur actioni, quia non in gloriam Dei vivit.

IN quam impietatem etiam illa gens, quam sibi ab omnibus gentibus Deus noster segregavit, tota transisset, nisi misericordiæ suæ propositum (a) sustentandis electorum lapsibus prætendisset. Nam plenæ sunt paginæ veteris Testamenti de Israeliticæ defectionis relatu: ut aperte appareat, divinæ semper fuisse gratiæ, quod non omnis ille populus discessit a Domino. Ita humana natura in primi hominis prævaricatione vitiata, etiam inter beneficia, inter præcepta & auxilia Dei, semper in deteriorem est proclivior voluntatem; cui committi non est aliud quam dimitti. Hæc itaque voluntas vaga, incerta, (b) instabilis, imperita, infirma ad efficiendum, facilis ad audiendum, in cupiditatibus cæca, in honoribus tumida, curis anxia, suspicionibus inquieta, gloriæ quam virtutum avidior, famæ quam conscientiæ diligentior, & per omnem sui experientiam miserior fruendo his quæ concupiverit, quam carendo; nihil in suis habet viribus, nisi periculi facilitatem; quoniam voluntas mutabilis, quæ non ab incommutabili voluntate regitur, tanto citius propinquat iniquitati, quanto acrius intenditur actioni.

Quamdiu ergo homini ea placent quæ Deo displicent, voluntas ejus animalis est: quia etiam si in bonis moribus agat, male adhuc vivit, si non in Dei gloriam vivit. Hoc est enim proprium & præcipuum piorum, ut in Domino glorientur, nec se nisi in Deo diligant. Bene enim se amant, qui in se opera Dei amant. Nam & Deus hoc amat in nobis, quod ipse fecit: & hoc odit, quod ipse non fecit. Si ergo opus Dei amamus in nobis, bonam voluntatem (c) recte amamus in nobis: quæ utique si opus Dei non esset, amanda non esset. Quis autem homo, nisi malæ voluntatis (d) bonam in se non amat voluntatem, quæ superni agricolæ prima plantatio est? Dicente enim veritate, *Omnis plantatio quam non plantavit Pater meus cælestis, eradicabitur*; quidquid non est eradicandum, manifestum est a Patre esse plantatum. Bona autem voluntas omnium virtutum germen est primum. Quæ innixa origini suæ, in illa æterna & incommutabili voluntate requiescit, ut vere sit spiritalis: quoniam *qui adhæret Deo, unus spiritus est*, dum per communionem illuminantis & illuminati, justificantis & justificati, regentis, & subditi, omnis affectio ad unum refertur: & quod ad unum refertur, utriusque est. Quia nec a Deo alienari potest quod dedit, nec ab homine quod accepit.

Matth. 15. 13.

1. Cor. 6. 17.

CAPUT VII.

In homine, cum ad pietatem redit, non aliam in eo creari substantiam, sed eamdem quæ fuerat labefactata, reparari; nec aliud ab eo auferri nisi vitium, prima voluntate correcta.

HIC tractandum videtur: Utrum cum bonæ voluntatis esse homo incipit, eadem quæ in ipso erat corrigatur voluntas; an alia ei, quam (e) non habebat, & quæ priori repugnet, detur. Quod ut evidentius appareat, altius id non pigeat inquirere. Omnes homines in primo homine sine vitio conditi sumus, & omnes naturæ nostræ incolumitatem, ejusdem hominis prævaricatione perdidimus. Inde tracta mortalitas, inde multiplex corporis (f) animique corruptio; inde ignorantia & difficultas, curæ inutiles, illicitæ cupiditates, sacrilegi errores, timor vanus, amor noxius, injusta gaudia, præcipitanda consilia, & non minor miseriarum multitudo, quam criminum. His ergo atque aliis malis in naturam humanam irruentibus, fide perdita, spe relicta, intelligentia obcæcata, voluntate captiva, nemo in se unde repararetur invenit. Quia etsi fuit qui naturali intellectu conatus sit vitiis reluctari, hujus tantum temporis vitam steriliter ornavit, ad veras autem virtutes æternamque beatitudinem non profecit. Sine cultu enim (g) veri Dei, etiam quod virtus videtur esse, peccatum est, nec placere ullus Deo sine Deo potest. Qui vero Deo non placet, cui, nisi sibi & diabolo placet? A quo cum homo spoliaretur, non voluntate, sed voluntatis sanitate privatus est: quia nec detrudi ab innocentiæ statu posset, nisi voluntate peccaret. Quæ ergo natura erat bona, qualitate facta est mala: & ille animi motus, qui nunquam potest sine aliquo esse amore, hoc est, sine aliqua voluntate, non perdidit appetitum, sed mutavit affectum; id recipiens desiderio, quod debuit refutare judicio. Cum igitur homo ad pietatem redit, de quo ideo dictum est, *Spiritus vadens & non rediens*, quia nisi illum Deus converteret, non rediret; (h) cum fit novum figmentum, novaque creatura, non alia in eo creatur substantia, sed eadem quæ fuerat labefactata, reparatur: nec aliud ab eo aufertur, (i) nisi vitium quod natura non habuit.

Psal. 77.

CA-

(a) MS. Joliensis, *sustentavit*.
(b) Hæc duo, *instabilis*, *imperita*, absunt ab edit. Lovanii.
(c) MS. Thuaneus caret voce, *recte*.
(d) Hæc editi suffarciunt *fortis*, quo carent MS. Jol. & Camb. & edit. Lovanii. Iidem postea *non amat*, & Leon. edit. ubi MS. Jol. & Camb. *amat*.
(e) Colon. editio, *non habeat*.
(f) MS. Cambronen. *animæque*.
(g) Vox hæc *veri*, abest ab editione Lovanii, est in cæteris omnibus & MS. Joliensi.
(h) Ita MS. Thuan. & Jol. & edit. Leon. Cujus loco alias legebatur: *cum fit novum figmentum*: quod & Apostolo, & ipsi baptismatis ac justificationis mysterio contrarium.
(i) MS. Joliensis, *nisi quod natura*; omissa voce hac, *vitium*.

CAPUT VIII.

Gratiam sic reparare opus Dei, ut liberum arbitrium non auferat: sed potius per ipsum reparet illud saneт.

FUit enim in Adam natura sine vitio, qui per voluntatis inobedientiam mala multa contraxit, & in posteros magis magisque (a) multiplicanda transfudit. Quæ ut vincantur atque in nihilum deducantur, (b) non efficit nisi gratia Salvatoris, qui opus suum opere suo reparat. Sicut enim dicit Joannes apostolus, *In hoc apparuit Filius Dei, ut solvat opera diaboli*. Et sic rumpit vincula captivi, sic vestit nuditatem spoliati, sic sanat vulnera sauciati, ut quod in ipso agit, etiam per ipsum geratur. Cui utique contra hostem (c) suum non expedit sine protectore confligere. Cum illo enim habet certamen, a quo aliquando superatus est. Non ergo fidat (d) de viribus suis, quæ etiam cum essent integræ, non steterunt; sed per illum quærat victoriam, qui solus non est victus, & omnibus vicit. Et si quærit, non dubitet quærendi affectum ab illo se accepisse, quem quærit. Nec quia Spiritu Dei agitur, ideo se putet liberum arbitrium non habere: quod ne tunc quidem perdidit, quando diabolo voluntate se dedit, a quo judicium voluntatis depravatum est, non ablatum. Quod ergo non (e) interfectum est per vulneratorem, non tollitur per medicatorem: voluntas sanatur, non natura removetur. Sed quod in natura periit, non restituitur nisi ab auctore naturæ: (f) apud quem quod perdidit natura, non periit. Æterna est enim sapientia, æterna veritas, æterna bonitas, æterna justitia, omnium denique virtutum lumen æternum est, totumque quod virtus est, Deus est. Qui si non operatur in nobis, nullius possumus particepes esse virtutis. Sine hoc quippe bono nihil est bonum, sine hac luce nihil est lucidum, sine hac sapientia nihil sanum, sine hac justitia nihil rectum. Dicit enim per Isaiam Dominus, *Ego sum, ego sum Deus, & non est præter me qui salvet*: & Jeremias, *Scio*, inquit, *Domine, quia* (g) *non est in homine via sua, nec viri est ut dirigat iter suum*. Homo namque mortalis damnata in Adam origine carnaliter natus, ad spiritalem novi generis dignitatem, nisi Spiritusancto regente non pervenit. Sed nec illo hanc desiderio appetit, qui calorem ipsius desiderii non accepit (h) a Deo, de quo dicit Dominus, *Ignem veni mittere in terram, & quid volo nisi ut ardeat?* Ignis autem iste, dilectio est Dei, quam amator mundi corde captivo non potest concipere: plenus est enim amore vanitatum: quas etiam si potuerit ex aliqua parte vitare, & transcensis (i) temporalibus ac visibilibus, ad æterna & invisibilia intelligendo profecerit; si a colendis quoque simulacris recesserit, & venerari cælum ac terram, omniaque mundi hujus elementa destiterit; fidem tamen dilectionemque Christi, conturbatus de ejus ipsa humilitate, non capiet, & scandalum Dominicæ nativitatis ac mortis, proprio judicio non evincet. Propter sapientiam enim mundi resistentem sapientiæ Dei, ut superbia de se præsumentium cæcaretur, *placuit Deo per stultitiam prædicationis salvos facere credentes*. Unde qui doctrinis sæcularibus tument, ridendam magis quam adorandam crucem Christi existimant; & quanto sublimius quisque ad humanarum disciplinarum instituta conscendit, tanto magis prædicationis nostræ humilia & infirma fastidit.

Nec mirum si Evangelio crucis Christi Philosophia (k) gentilis obsistitur, cui etiam Judaica eruditio reluctatur. Nec docti igitur, nec indocti, cujuslibet stirpis, aut ordinis, humana ratione (l) ad Deum ducuntur; sed omnis homo qui ad Deum convertitur, Dei primum gratia commovetur. Non enim ipse sibi lumen est, (m) nec ad suum radio propriæ lucis ascendit. Si enim beatus Joannes, quo nemo hominum major natus est, *non erat lumen*, quia non suo splendore lucebat, sed de illo vero lumine *quod illuminat omnem hominem venientem in hunc mundum*, ut lux esset acceperat; quis ille erit qui tot opinionum colligationes, tot vincula consuetudinis, tot præjudicia vetustatis, suo tantum judicio (n) usus abrumpat; & sola voce extrinsecus sonante doctoris, hoc tantum de gratia habeat quod audivit, & totum de voluntate quod credidit? Quod si ita esset, nihil inter gratiam legemque distaret, nec indulgentiæ quemquam spiritus vivificaret, si occidens littera permaneret. Lex enim quod fieri aut non fieri jubet, non præstat ut aut fiat, aut non fiat; quoniam severitati ejus non libertate, sed timore servitur: Dominus autem ut legem non solveret, sed impleret, per gratiæ auxilium efficax fecit legis imperium, & multiplicando clementiam, sustulit pœnam; ut peccatum non ulciscendo plecteret, sed remittendo deleret. Unde adulteram ex legis constitutione lapidandam, & veritate liberavit, & gratia; cum exsecutores præcepti de conscientiis terruit, tremendam reatum sub illius judicio reliquissent, qui venerat

Margin notes: Naturam sanat sola gratia. — 1 Joan. 3. 8. — Rom. 7. 16. — Id. Prosp. c. 56. contra Collat. — Conditor virtutum Deus. — Isai. 45. 18. — Jerem. 10. 23. — Luc. 12. 49. — 1 Cor. 1. 21. — Joan. 1. 8. — Matt. 5. 17.

(a) Mss. Thom. & Jol. *multiplicanda*.
(b) Editi Lovan. Duac. & Colon. *non efficit*. Melius Ms. Jol. & Leon. editio, *efficit*.
(c) Vox hæc, *suum*, abest a Ms. Jolienss.
(d) Editi, *de viribus*. Ms. Jol. & edit. Lugd. non habent particulam, *de*.
(e) Sic editi nostri omnes. Forte *infectum*, non *interfectum*. Mss. Jol. & Camb. & Leon. oper. edit. *ereptum est*.
(f) Hæc quæ sequuntur usque ad finem capitis absunt a Lovaniensi editione; olim ex Cambronensi Ms. suppleta sunt in Duac. & sequentibus; & reperta postmodum in Mss. cod. Thomæo & Joliensi.
(g) Verbum substantivum *est* ex Ms. Jol. addidimus: deest in aliis.
(h) Ms. Jol. omittit, *a Deo*.
(i) Ms. Jol. *corporalibus*.
(k) Ms. Jol. & edit. oper. Leon. addunt, *gentilis*, cui respondet *Judaica*.
(l) Editi Duac. & Colon. *ad Dominum*.
(m) Ms. Jol. *nec cursum*.
(n) Ms. Jol. & edit. Leon. addunt, *usus*, quo caruit alii libri.

Luc. 19. 10. nerat quærere & salvum facere quod perierat; & ideo inclinatus, id est, ad humana demissus,
Joan. 8. 6. & in opus nostræ reformationis inflexus, digito scribebat in terram, ut legem mandatorum per gratiæ decreta vacuaret, & ostenderet se esse qui
Jerem. 31. 33. dixerat, Dabo leges meas in sensu ipsorum, & in corde ipsorum scribam eas. Quod utique quotidie facit, dum cordibus vocatorum suam ingerit voluntatem, & stilo Spiritus-sancti quidquid in animæ paginis diabolus invidendo falsavit (a) veritas miserando rescribit.

Cum igitur verbum Dei per ministerium prædicantium auribus carnis infertur; misfetur operatio potentiæ divinæ cum sono vocis humanæ; & qui incitavit evangelizantis officium, eodem in quoque (b) firmavit affectum. Dulcescit enim animæ cibus verbi, veteres tenebræ nova luce pelluntur, & obtutus interior caligine antiqui erroris exuitur; transit animus de voluntate in voluntatem: etsi illa quæ pellitur, aliqua (c) conflatione remoratur; ea tamen quæ gignitur, electiora quæque sibi vindicat: ut lex peccati, & lex Dei diversas atque discretas in eodem homine habeant mansiones, & concupiscente carne adversus spiritum, (d) carnis etiam concupiscentiis spiritu repugnante, per externam quidem
Gal. 5. 17. militiam teratur acies, sed intus auxilio Dei munita prævaleat. (e) Ad magnam enim utilitatem fidelium materia est reservata certaminum, ut non superbiat sanctitas, dum pulsatur
2. Cor. 12. 7. infirmitas. Unde & Apostolus dicit, In magnitudine revelationum ne extollar, datus est mihi angelus satanæ qui me colaphizet. Propter quod ter Dominum rogavi ut discederet a me: sed dixit mihi, Sufficit tibi gratia mea: nam virtus in infirmitate perficitur. Quærat ergo Dominus imaginem, suam & errantem ovem bonus pastor inveniat: nec dedignetur ægram diuque in invio fatigatam humeris suis ferre, & non revocando tantum, sed etiam portando salvare. Quærat Dominus imaginem suam, & omnium quæ in eam inciderant sordium concretione detersa, speculum humani cordis emabilet. Scri-
Job 14. 4. ptum est enim, Quis potest facere mundum de immundo conceptum semine? Nonne tu qui solus es? Quærat Dominus imaginem suam, ut (f) in renovatione ac justificatione ejus gratia reformantis appareat, sicut in se factum Paulus
Gal. 1. 22. apostolus protestatur & dicit, Eram autem ignotus facie Ecclesiis Judææ, quæ erant in Christo: tantum auditum habebant, quod is qui persequebatur nos aliquando, nunc evangelizat fidem quam expugnabat, & in me clarificabant (g) Deum. Sic ergo tunc Christianus populus didicerat, & illi (h) primitivi Ecclesiæ, quorum erat unum cor & una anima, sic credebant;
ut cum viderent quempiam ad agnitionem veri- Act. 4. 32.
tatis ab errore conversum, glorificarent Deum; & fidem correcti confiterentur muneris esse divini. Ipse quoque Dominus discipulos suos ma-
gistros omnium gentium sic docebat dicens. Sic Matt. 5. 16.
luceat lumen vestrum coram hominibus, ut videntes opera vestra bona, magnificent Patrem vestrum qui in cælis est.

CAPUT IX.

(i) *Quod Scriptura sive de bonis, sive de malis loquatur, sive de electis, sive de reprobis, ita meminerit uniús partis, quasi neminem hominum prætermittat.*

Fixa ergo hac fide in cordibus nostris, (k) immobiliterque fundata, quæ saluberrime credimus omnia bona, ac maxime ea quæ ad vitam æternam provehunt, (l) Dei munere haberi, Dei munere augeri, Dei munere custodiri; puto quod pius sensus non debeat in ea quæstione turbari, quæ de omnium & de non omnium hominum (m) conversione generatur; si ea quæ clara sunt, non de his quæ occulta sunt, obscuremus, & dum procaciter insistimus clausis, excludamur ab apertis: cum sufficere debeat ut (n) in eo in quod pervenimus, ambulemus. Quid enim mirum si quidam ad vitæ sacramenta non perveniunt, (o) cum plerique, qui videbantur venisse, discedant, de quibus di-
citur, Ex nobis exierunt, sed non erant ex no- 1. Joan. 2.
bis. Si enim fuissent ex nobis, mansissent utique 19.
nobiscum. Quorum similes sunt illi qui profi-
tentur se Deum scire, factis autem negant. Tit. 1. 16.
Nam cum scriptum sit, Omnis qui invocaverit Rom. 10. 13. Matt. 7. 21.
nomen Domini salvus erit: de quibusdam tamen Dominus ait, Non omnis qui dicit mihi, Domine, Domine, intrabit in regnum cælorum, sed qui facit voluntatem Patris mei qui in cæ-
lis est, ipse intrabit in regnum cælorum: & v. 22.
Multi mihi dicent in illa die, Domine, Domine, nonne in nomine tuo prophetavimus, & in nomine tuo dæmonia ejecimus, & in nomine tuo virtutes multas fecimus? & tunc dicam illis,
(p) Numquam novi vos, discedite a me, ope- Luc. 13. 27.
rarii

(a) Hæc aberant ab edit. Lovanii & exciderant e Colon. sunt in MS. Camb. & Jol. & Duac. editione.
(b) Duac. & Colon. formavit. MS. Jol. & edit. Lovanii formavit.
(c) Sic MS. Jol. & edit. Lov. Alias, contagione, in Lovan. & Prosperio.
(d) MS. Jol. & Duac. carnis autem. Alii, carnis etiam.
(e) Hæc referuntur a Gelasio Papa in opusculo adversus Pelagianos, cum hoc elogio: Sanctus quidam Magister Ecclesiæ sapienter edocuit, dicens, Ad magnam enim utilitatem &c.
(f) Sic MS. Jol. & edit. Lovanii. Alii, in revelatione, aut relevatione.
(g) Duac. & Colon. Dominum. MS. Jol. & edit. Lovanii, Deum.
(h) Ita MS. Jol. & edit. Lovan. Duac. & Colon. primitivæ Ecclesiæ.

(i) Hic capitis noni initium facimus auctoritate MS. Joliensis, qui ea verba a quibus alias incipiebat hoc caput continuata serie habet descriptum cum antecedentibus. Nec commodum erat a nomine Prophetæ qui citatur, disjungi novo titulo locum ejusdem qui in testimonium afferebatur.
(k) MS. Joliensis, immobiliterque.
(l) Hæc ex MS. Thuan. & Joliensi, ac edit. Lovanii addimus, quæ in editis deerant.
(m) Ita MS. Thuan. & Jol. Alias, conversatione.
(n) MS. Joliensis: in quod pervenimus. Alii, quo pervenimus.
(o) Hæc verba aberant ab editis nostris & Lovanii: leguntur in MS. Joliensi, videnturque omnino sequentibus necessario præmittenda.
(p) MS. Joliensis, recedite: & post aliquot lineas, Numquam vos cognovi.

tertii iniquitatis. Tales non invocant nomen Domini quia non habent *Spiritum adoptionis filiorum in quo clamamus, Abba, pater*. Nemo autem *potest dicere Dominum Jesum, nisi in Spiritu-sancto*: & *Quicumque Spiritu Dei aguntur, hi filii sunt Dei*. Qui (a) ad Deum per Deum veniunt, & salvari volentes omnino salvantur: quia ipsum desiderium salutis ex Dei inspiratione concipiunt, & per illuminationem vocantis in agnitionem veniunt veritatis. Sunt enim filii promissionis, merces fidei, spiritale semen Abrahæ, *genus electum, regale sacerdotium*, præscitum & præordinatum in vitam æternam, sicut testatur Spiritus-sanctus per Jeremiam prophetam dicens, *Ecce dies veniunt, dicit Dominus, & disponam domui Israel, & domui Juda testamentum novum, non secundum testamentum quod disposui patribus eorum, in die qua apprehendi manum eorum, ut educerem illos de terra Ægypti: quia ipsi non perseveraverunt in testamento meo, & ego eos neglexi*, * *dicit Dominus. Quia hoc est testamentum quod disponam domui Israel post dies illos, dicit Dominus, Dabo leges meas in sensu ipsorum, & in corde ipsorum scribam eas, & ero illis in Deum, & ipsi erunt mihi in populum. Et non docebit unusquisque proximum suum, & unusquisque fratrem suum, dicens, Cognosce Dominum: quia omnes cognoscent me a pusillo eorum usque ad magnum, quia propitius ero iniquitatibus eorum, & peccatorum eorum memor non ero*. (b) *Et dabo illis viam alteram, & cor aliud, ut me timeant omnes dies in bonum ipsis, & filiis eorum post eos, & constituam illis testamentum æternum, quod non avertam post eos: & timorem meum dabo in cor eorum, ut non discedant a me, & visitabo eos, ut bonos eos faciam*. Per Isaiam quoque de gratia sua Dominus, qua ex omnibus hominibus (c) novam creaturam facit, eadem pronuntiat, dicens, *Ecce facio nova quæ nunc* (d) *orientur, & cognoscetis ea, & faciam in deserto viam, & in sicca terra flumina. Benedicent me bestiæ agri, sirenes & filiæ struthionum, quia dederim in deserto aquam, & flumina in sicca terra ad potandum genus meum electum, populum meum quem mihi adquisivi, ut narraret virtutes meas*. Et iterum, (e) *Per memetipsum juro, nisi exiet de ore meo justitia, & verba mea non avertentur, quia mihi flectetur omne genu, & confitebitur omnis lingua Deo*. Si ergo impossibile est ista non fieri, quia nec incerta præscientia Dei est, nec mutabile consilium, nec inefficax voluntas, nec falsa promissio; omnes isti de quibus hæc prædicta sunt, sine cujusquam exceptione salvantur. Dat enim leges suas (f) in sensum ipsorum, easque in cordibus eorum digito suo scribit; ut agnitionem Dei, non doctrinæ humanæ opere, sed magisterio summi eruditoris accipiant. *Qui neque qui plantat, neque qui rigat est aliquid; sed qui incrementum dat Deus*. Omnes hi *a pusillo usque ad magnum* (g) *cognoscunt Deum*: quia ut venirent ad Christum, a Patre audierunt atque didicerunt, (h) omnes educti ab errore, diriguntur in viam vitæ, omnibus corde mutato, recta sapere & recta velle donatur, omnibus timor, quo in mandatis Dei (i) erudiantur, inseritur. Fit in deserto via, (k) & terra arida fluminibus irrigatur: ut qui prius ad confitendum Deum, os non aperiebant, & velut muta atque irrationabilia animalia in feritatem transierant bestiarum; divinorum eloquiorum fontibus (l) mundati, benedicant & laudent Deum, enarrantes virtutes & mirabilia misericordiæ ejus, qui elegit eos, & in filios adoptavit, ac novi Testamenti fecit heredes. Si autem, ut Apostolus loquitur, *hominis confirmatum testamentum nemo spernit aut superordinat*, quomodo fieri potest, ut ex ulla parte, divina promissio resolvatur?

Manet prorsus & quotidie impletur quod Abrahæ Dominus sine conditione promisit, sine lege donavit. Quia etsi quidam quibus hæc (m) prædicata sunt, non crediderunt, *incredulitas eorum fidem Dei non evacuavit. Est enim Deus verax, omnis autem homo mendax*. Et illi quidem qui audito evangelio credere noluerunt, inexcusabiliores facti sunt, quam si nullum præconium veritatis audissent; sed certum est, eos apud præscientiam Dei Abrahæ filios non fuisse, nec in illorum sorte numeratos, de quibus dictum est, *Benedicentur in semine tuo omnes tribus terræ*. Credituros enim promisit qui dixit, *Et non docebit unusquisque fratrem suum, dicens, Cognosce Dominum: quia omnes cognoscent me a pusillo eorum usque ad magnum*. Reconciliandos promisit, qui dixit, *Propitius ero* (n) *iniquitatibus eorum, & peccatorum eorum memor non ero*. Obedituros promisit qui dixit, *Dabo illis viam alteram, & cor aliud, ut timeant me omnes dies*. Perseveraturos promisit qui dixit, *Timorem meum dabo in cor eorum, ut non discedant a me; & visitabo eos, ut bonos eos faciam*. Postremo, omnes sine cujusquam exceptione (o) promisit qui dixit, *Per memetipsum juro, nisi exiet de ore meo justitia, & verba mea non avertentur: quia mihi flectetur omne genu, & confitebitur omnis lingua Deo*. Hic si dicamus non fieri quod Deus juravit esse faciendum, falsitatem Deo (quod absit,) & mendacium adscribimus veritati. Si autem, ut pietas fidesque persuadent, Dei verba non

---

(a) Sic MS. Jol. & edit. oper. Leon. Alibi, ad Dominum per Dominum.
(b) MS. Jolurdin, & iterum, Et dabo &c.
(c) MS. Jol. novam creaturam fecit.
(d) MS. Cambron. & edit. Leonis, oriuntur.
(e) MSS. Camb. & Jol. & edit. Leonis. Per memetipsum juro, nisi exiet: Alii, Per meipsum juro, nisi exiet.
(f) MS. Camb. & edit. Leon. in sensu.
(g) MS. Jol. cognoscent.
(h) Quidam vir doctus suspicatus est legendum, omnes electi, ab errore diriguntur.
(i) MSS. Camb. & Jol. custodiantur, & paulo quidem.
(k) MS. Jol. & terra arida.
(l) MS. Jol. inundati. Deinde Edit. benedicent & laudent. MS. Jol. & opera Leonis, benedicant & laudent.
(m) MS. Camb. prædicta: & infra, incredulitas tamen eorum.
(n) MS. Jol. addit, omnibus.
(o) Forte addendum, sibi obsistentes.

lia non tacuissent, & sit omnino quod sentiat quemadmodum nobis veracis promissionis firmitas apparebit, cum multa adhuc hominum millia daemoniis serviant, & idolis genu flectant? Nisi hujusmodi demonstrationem Dei secundum illam incommutabilem scientiam editas noverimus, in qua apud illum jam universitas hominum discreta est, & sive de bonis, sive de malis loquatur, ita unius partis meminit, quasi omnes homines praetermittat. Nam cum dicit Apostolus, *Vetera transierunt, ecce facta sunt omnia nova*; numquid non omnes homines videtur dixisse renovatos? aut cum dicit, *Quia in ipso complacuit omnem plenitudinem habitare, & per ipsum reconciliari omnia in ipso*; (a) numquid non ita loquitur, quasi neminem velit exsortem hujus reconciliationis intelligi? aut cum ait, *Novissimis istis diebus locutus est nobis in Filio, quem constituit heredem universorum*; numquid aliud sonat forma sermonis, quam omnem hominem in Christi hereditate a Patre esse transcriptum, secundum prophetiam David, dicentis, *Postula a me, & dabo tibi gentes hereditatem tuam, & possessionem tuam terminos terrae*? Dicente (b) autem Domino, *Si exaltatus fuero a terra, omnia traham ad me*; nonne universorum videtur promissa conversio? aut cum de Ecclesia prophetatur & dicitur, *Omnis vallis replebitur, & omnis mons & collis humiliabitur, & erunt prava in directa, & aspera in vias planas*; numquid ullus hominum videtur omissus, qui non signatus sit Christo esse subditus? Quid cum dicitur, *Et veniet omnis caro in conspectu meo, ut adoret in Jerusalem, dicit Dominus*? aut illud, *Et erit in diebus illis, effundam de Spiritu meo super omnem carnem*? aut illud, *Allevat Dominus omnes qui corruunt, & erigit omnes elisos*: numquid non ita pronuntiatum est quasi ab hoc Dei munere nemo discretus sit?

Scriptura loquitur de parte quasi de toto. — *II. Cor. 5. 17.* — *Coloss. 1. 19.* — *Hebr. 1. 2.* — *Psal. 2. 8.* — *Joan. 12. 32.* — *Isa. 40. 4.* — *Isa. 66. 23.* — *Joel. 2. 28.* — *Psal. 144. 14.*

Habet ergo populus Dei plenitudinem suam: & quamvis magna pars hominum salvantis gratiam aut repellat aut negligat, in electis tamen & praescitis, atque ab omnium generalitate discretis specialis quaedam censetur universitas, ut de toto mundo totus mundus liberatus, & de omnibus hominibus omnes homines videantur assumpti. Sicut etiam cum de impiis sermo est, ita locutionem suam divinus stilus ordinat, ut ea quae de quadam parte dicuntur, ad omnes homines pertinere videantur: veluti est illud quod ait Joannes Baptista, *Qui de caelo venit, super omnes est: quod vidit & audivit testificatur, & testimonium ejus nemo accipit*. Aut illud Apostoli, *Omnes quae sua sunt quaerunt, non quae Jesu Christi*. Aut illud quod Psalmus Davidicus canit, *Dominus de caelo prospexit super filios hominum, ut videat si est intelligens, aut requirens Deum. Omnes declinaverunt, simul inutiles facti sunt, non est qui faciat bonum, non est usque ad unum*. His igitur & aliis documentis, quae possunt ab inquirentibus numerosiora proferri, non dubie demonstratur, interdum & pro parte terrae omnem terram, & pro parte mundi totum mundum, & pro parte hominum omnes homines nominari. Quorum tamen discretionem plerumque Scriptura (c) ipsa aperit, ut sensus legentis ab universitatis appellatione, ad partem quae intelligenda est transferatur. Sicut est illud Apostoli dicentis, *Praedicamus Jesum Christum crucifixum, Judaeis quidem scandalum, gentibus autem stultitiam, ipsis vero vocatis Judaeis atque Graecis Christum Dei virtutem & Dei sapientiam*. Numquid ipsis (d) est Christus virtus quibus scandalum, aut ipsa sapientia quibus stultitia? Sed quoniam quidam (e) ex ipsis justificabantur fide, quidam autem sua impietate obdurabantur; tam credentium & non credentium genus, sub vocatorum appellatione discrevit; ut quos a fide significabat alienos, eos, quamvis audissent evangelium, ostenderet vocationis extraneos.

Plenitudo & universitas electorum. — *Joan. 3. 31.* — *Philip. 2. 21.* — *Psal. 13. 2. & seq.* — *I. Cor. 1. 23.* — *Non omnes vocati qui audierunt evangelium.*

CAPUT X.

Quod Scriptura de electis & reprobis ejusdem populi loquitur, tamquam de iisdem.

(f) HAc regula per Isaiam promittit sermo divinus, dicens, *Ducam caecos in viam quam non noverunt, & semitas quas nescierunt calcabunt*. (g) *Et faciam illis tenebras in lucem, & prava in directum. Haec verba faciam, & non dereliquam eos*. Sed quod sequitur, *Ipsi autem conversi sunt retro*; ad partem quamdam praeteritis ipsorum referendum est, non ad eos de quibus ait, *non dereliquam eos*. Iterum dicit Dominus ad Jacob, *Noli (h) timere, quia tecum sum. Ab oriente adducam semen tuum, & ab occidente colligam te. Dicam Aquiloni, Adduc, & Africo, Noli vetare: Adduc filios meos de terra longinqua, & filias meas a summo terrae, omnes in quibus vocatum est nomen meum. In gloriam enim meam paravi illum, & finxi, & feci illum*. Quod autem sequitur, *Et produxi plebem caecam, & oculi eorum sunt caeci, & surdas aures habent*; non potest his ulla ratione congruere, quos in gloriam suam parasse se dicit. In his quippe omnibus verbis, quae de uno hominum genere dicuntur, aliis pertinent priora, aliis posteriora conveniunt. Apud Apostolum quoque quod in parte populi agitur sub totius populi nuncupatione narratur, (i) & in reliquiis plenitudo cense-

Isai. 42. 16. — *Isai. 43. 5.*

(a) In MS. Jol. deest hic *numquid*. Post pauca pro *exsortem*, Cambron. MS. *extorrem*.
(b) Sic MSS. Camb. & Jol. & edit. Lovanii. Alii, *Dicente enim*.
(c) In MS. Jolensi non est vox haec, *ipsa*.
(d) Verbum substantivum *est* additum ex editione Lovan.
(e) Sic MSS. Camb. & Jol. & edit. Lovanii. Editi nostri, *ex iisdem justificabantur fide quidam ... obdurabantur*.

(f) MSS. Camb. & Jol. & editio Lovanii, *Hanc regulam*.
(g) Sic MSS. Camb. & Jol. Editi alias, *Educam ... tenebras illuminare*.
(h) MS. Camb. *timere .... & ab Occidente*.
(i) Ita MSS. Cambronen. & Jolensis. Quae intelligi videretur quae nobis ex Apostolo citantur, *Et in hoc tempore reliquiae secundum electionem gratiae salvae factae sunt*, Editi nostri & Lov. [illegible]

censetur. Cum enim de Judæorum obcæcatione dissereret, quosdam ex ipsis gratia salvos fieri demonstraret, *Dico ergo*, inquit, *Numquid* (a) *repulit Deus populum suum? Absit. Nam & ego Israelita sum, ex semine Abraham, de tribu Benjamin: non repulit Deus plebem suam quam præscivit.* Rom. 11. 1. & seqq.

Plebs ergo præscita, plebs non repulsa, hi sunt qui in Christo justificati sunt. Et quod de omni Israele dici videtur, in his tantum quos sibi gratiæ electio reliquos fecit, ostenditur, sicut sequentia Apostolici sermonis enarrant. Adjungit enim & dicit, *An nescitis in Elia quid dicit Scriptura, quemadmodum interpellat Deum adversus Israel? Domine, Prophetas tuos occiderunt, altaria tua suffoderunt, & ego relictus sum solus, & quærunt animam meam. Sed quid dicit illi responsum divinum? Reliqui mihi septem millia virorum, qui non curvaverunt* (b) *genu Baal. Sic ergo*, inquit, *& in hoc tempore reliquiæ secundum electionem gratiæ* (c) *factæ sunt. Si autem gratia jam non est gratia.* Ibid. v. 2. & seq. Non ergo omnis Israel reprobatus, nec omnis electus est; sed partem cæcitas (d) voluntaria averit, partem sibi (e) illuminatio gratuita reservavit: & tamen ita de eis sermo habetur, ut in his qui pereunt, & in his qui salvi fiunt, nulla totius generis videatur facta discretio. Nam cum legitur, *Secundum Evangelium quidem inimici propter vos, secundum electionem autem* (f) *dilecti propter patres*; ita locutio sonat, tamquam eosdem dicat dilectos, quos dixit inimicos. Ibid. v. 28. Sed hanc caliginem Apostolus ipse detersit, dicendo, *Quia cæcitas ex parte in Israel contingit*: ut unum genus in duas species intelligeremus esse divisum, & unum hominem, omnem plenitudinem, omnem Israelem non semper ad universitatem, sed plerumque ad partem esse referendum.

CAPUT XI.

Quod Scriptura de diversorum temporum hominibus loquitur, quasi de ejusdem temporis generatione.

INter has autem formulas locutionum, etiam illam in Scripturis dictionem debemus advertere, qua id quod ad diversorum temporum homines pertinet, ita (g) promitur, quasi de una & ejusdem ætatis generatione dicatur. Sicut est quod sanctus Petrus Apostolus scribens sui & futuri temporis gentibus, ait: *Vos autem genus electum, regale sacerdotium, gens sancta, populus adquisitionis; ut virtutes annuntietis ejus, qui de tenebris vos vocavit in admirabile lumen suum: qui aliquando non populus,* (h) *nunc autem populus Dei, qui non consecuti misericordiam, nunc autem misericordiam consecuti.* 1. Petr. 2. 9. Numquid cum hæc prædicarentur, adhuc illi homines permanebant, quos omnes Deus in præteritis generationibus dimiserat ingredi vias suas; & iidem ipsi, qui prius traditi fuerant voluntatibus suis, (i) nunc de tenebris in lumen admirabile vocabantur? Ibid. 10. Nonne illi jam defecerant (k) in ignorantia sua, jam in hoc mundo non erant, nec ab errore ad veritatem reditus olim mortuis supererat? (l) Et tamen quod post multa sæcula agebat gratia in posteris impiorum, sic loquendi consuetudo perstrinxit, ut ipsi videantur nunc eligi, qui prius fuerant derelicti. Pertinent autem hæc non ad eosdem homines, sed ad ejusdem (m) generis homines: & vocatio quæ illuxit prope mundi finem, ad præteritam non recurrit ætatem. Ita modo quodam & ipsi & non ipsi sunt, de quibus & quibus ita dicuntur; dum in aliquo (n) specialia a generalibus non dividuntur, in aliquo vero a communibus separantur.

CAPUT XII.

Quod illud Apostoli, Vult omnes homines salvos fieri, *de omni genere hominum intelligitur.*

1. SED cum hæc legerint vel audierint qui student calumniosis certaminibus, dicent nos per hujusmodi disputationem Apostolo contradicere definiendi, quod Deus *omnes homines* velit *salvos fieri*, (o) *& in agnitionem veritatis venire.* 1. Tim. 2. 4. Quam particulam verborum Apostoli, ita nos integre pleneque suscipimus, ut nihil ei de præcedentibus sive subjectis, quæ ad ipsam pertinent, subtrahamus. Quoniam, ut cetera divinorum eloquiorum testimonia sequentur, hic locus sufficit ad evacuandum quod calumniose objiciunt, & ad defendendum quod impie diffitentur. Scribens itaque ad Timotheum (p) Paulus apostolus, ait; *Obsecro igitur primo omnium* Ibid. v. 1. & seq.

(a) In Ms. Camb. hic & infra, *repellit*.
(b) Mss. Jol. & Camb. & Leonis editio, *genua ante Baal*. Editi, *genu Baal*. Juxta Græcum Apostoli, τῇ Βάαλ, ante imaginem scilicet de qua 4. Reg. 10.
(c) Sic Ms. Joliensis conformiter Græco Apostoli, ubi vox hæc *salvæ* omittitur. Quam post vulgatam habet Leo noster, & Editi ac Ms. Camberon. ubi *secundum electionem* loco hujus, *per electionem*, quod Editi Prosperiani præferebant.
(d) Hæc vox *voluntaria* deest in Mss. Thuan. Camberon. & Jol.
(e) In ora Duac. & sequentium editionum, *illuminatione*.
(f) Mss. Camb. & Jol. & Leo addunt, *Dei*. Quæ vox subsequitur in textu Apostoli, non exprimitur.
(g) Ita Ms. Camb. & Leo noster. Alii, *promittitur*. Non tam bene.
(h) Ms. Joliensis, solus, *non populus Dei*.
(i) Ms. Joliensis omittit vocem hanc, *nunc*. Editio vero Leonis non omissa hac voce, pro *vocabantur*, habet *vocantur*.
(k) Hæc verba, *in ignorantia sua*, ex Ms. Thuan. addita jam aliter in Leone, desunt in Camb. & Editis. Pro quibus Ms. Jol. *in ignominia sua*. Nec male si spectetur summa dignitas Christiana populi verbis Petri Apostoli paulo ante citatis expressa.
(l) Emendatum ex Mss. Joliensi & Camber. & Leone, cum habent nostri habebant, *& tamen quod post multa sæcula gratia in posteris impiorum fit, loquendi consuetudo prosequitur*.
(m) Ita Mss. Camb. & Joliensis. Alibi, *generis*.
(n) Sic Mss. Camb. & Jol. cum Edit. Leonis. Alii, *in aliquo specialia*.
(o) Ms. Camb. hic & infra, *& ad agnitionem*.
(p) Mss. Camb. & Jol. addunt hic, *magister gentium*.

omnium fieri obsecrationes, postulationes, gratiarum actiones pro omnibus hominibus, pro regibus, & omnibus qui in sublimitate sunt: ut quietam & tranquillam vitam agamus in omni pietate & castitate. Hoc enim bonum est & acceptum coram (a) *salvatore nostro Deo, qui omnes homines vult salvos fieri, & in agnitionem veritatis venire. Unus enim Deus, & unus mediator Dei & hominum, homo Christus Jesus, qui dedit redemtionem semetipsum pro omnibus.*

De hac ergo doctrinæ apostolicæ regula, qua Ecclesia universalis imbuitur, nec in diversum intellectum nostro evagemur arbitrio, quid (b) ipsa universalis Ecclesia sentiat, requiramus: quia nihil dubium esse poterit in præcepto, si obedientia concordet in studio. Præcepit itaque Apostolus, imo per Apostolum Dominus qui loquebatur in Apostolo, fieri obsecrationes, (c) postulationes, gratiarum actiones pro omnibus hominibus, pro regibus, ac pro his qui in sublimitate sunt. Quam legem supplicationis ita omnium Sacerdotum, & omnium fidelium devotio concorditer tenet, ut nulla pars mundi sit, in qua hujusmodi orationes non celebrentur a populis Christianis. Supplicat ergo ubique Ecclesia Deo, non solum pro sanctis & in Christo jam regeneratis, sed etiam pro omnibus infidelibus & inimicis crucis Christi, pro omnibus idolorum cultoribus, pro omnibus qui Christum (d) in membris ipsius persequuntur, pro Judæis quorum cæcitati lumen evangelii non refulget, pro hæreticis schismaticis, qui ab unitate fidei & caritatis alieni sunt. Quid autem pro istis petit, nisi ut relictis erroribus suis, convertantur ad Deum, accipiant fidem, accipiant caritatem, & de ignorantiæ tenebris liberati, in agnitionem veniant veritatis? Quod quia ipsi præstare sibi nequeunt, malæ consuetudinis pondere oppressi, & diaboli vinculis alligati, neque deceptiones suas evincere valent, quibus tam pertinaciter inhæserunt, ut quantum amanda est veritas, tantum diligant falsitatem: misericors & justus Dominus pro omnibus sibi vult hominibus supplicari: ut cum videmus de tam profundis malis innumeros erui, non ambigamus Deum præstitisse, quod ut præstaret oratus est; & gratias agentes pro his qui salvi facti sunt, speremus etiam eos, qui (e) necdum illuminati sunt, eodem divinæ gratiæ opere eximendos de potestate tenebrarum, & in regnum Dei, prius quam de hac vita exeant, transferendos.

Fundit Ecclesia preces pro omnibus.

Deus vult pro omnibus orari.

CAPUT XIII.

Secreti istius profunditas, quo Dei salvantis gratia aliquos pro quibus Ecclesia orat præterit, nobis in hac vita patere potest.

QUod si aliquos, sicut videmus accidere, salvantis gratia præterierit, & pro eis oratio Ecclesiæ recepta non fuerit; ad occulta divinæ justitiæ judicia referendum, & agnoscendum (f) secreti hujus profunditatem nobis in hac vita patere non posse. *Ex parte enim scimus, & ex parte prophetamus, & videmus nunc per speculum in ænigmate.* Nec sapientiores aut scientiores beatissimo Apostolo sumus, qui cum de gratiæ potentia disputaret, magnorum mysteriorum ingressus arcanum, in quæ (g) impossibile erat enarrare, succubuit. Cum enim dixisset, *Nolo enim vos ignorare, fratres, mysterium hoc, ut non sitis vobis ipsis sapientes, quia cæcitas ex parte in Israel contigit, donec plenitudo gentium intraret, & sic omnis Israel salvus fieret; sicut scriptum est, Veniet ex Sion qui* (h) *eruat & avertat impietates ab Jacob, & hoc illis a me testamentum, cum abstulero peccata eorum. Secundum Evangelium quidem inimici propter vos, secundum electionem vero dilecti propter patres. Sine pœnitentia enim sunt dona & vocatio Dei. Sicut enim aliquando & vos non credidistis Deo, nunc autem misericordiam consecuti estis propter illorum incredulitatem, ita & isti nunc non crediderunt in vestra misericordia, ut & ipsi misericordiam consequantur. Conclusit enim Deus omnia* (i) *in incredulitate, ut omnium misereatur.* Cum ergo hæc divinorum operum mysteria supra mensuram humanæ intelligentiæ excellentia, quodam mentis suæ prodidisset excessu; totam expositionis rationem transtulit (k) in stuporem, & admiratus eorum quæ protulerat, exclamavit & dixit, *O altitudo divitiarum sapientiæ & scientiæ Dei! Quam incomprehensibilia sunt judicia ejus, & investigabiles viæ ejus! Quis enim cognovit sensum Domini, aut quis consiliarius ejus fuit, aut quis prior dedit illi, & retribuetur ei? Quoniam ex ipso, & per ipsum, & in ipso sunt omnia. Ipsi gloria in sæcula.* (l) *Amen.* Præmissa enim docentis assertio locum dabat multimodæ quæstioni, ut (m) variatæ per tot populos ac tempora gratiæ Dei caussa quæreretur. Cur scilicet anterioribus sæculis dimissæ essent omnes gentes ingredi vias suas, uno tantum Is-

Rom. 11. 25. & seq.

Isai. 59.

Rom. 11. 33. & seq.

(a) Editi nostri antea, *salutari*. MS. Camb. & Leo, *Salvatore*. MS. Tho. omittit, *Deo*.
(b) Editi Prosperiani & MS. Jol. inferebant præpositionem *in*, qua caret editio Leonis.
(c) Particulam, *&*, quæ in editis Prosperi & Leonis habetur omittit MS. Jol. nec in textu Apostoli supra relato legitur. Idemque hic addit *&*, ante *pro regibus*.
(d) MS. Camb. *in membris suis*.
(e) MS. Camb. *nec dum* cum Leone. Alii *nondum*. Post aliquot verba autem idem MS. cum Jolyensi & Leone, ut in textu; cum Editi Prosperiani habeant *ac in regnum Dei*, *priusquam de hac vita exeant*, *transferantur*.
(f) MSS. Camb. & Jol. omittunt *est*: & Leo *autem*.
(g) MS. Cameracen. *impossibilia erant enarrari*.
(h) MS. Jolyensis, *eruat & avertat*.
(i) MS. Jol. cum textu Græco Pauli, *in incredulitatem*.
(k) Editi, *ad stuporem*. MS. Jol. & Leo. *in stuporem*.
(l) Hic vox *sæculorum*, omittitur in Leone, nec est in loco Apostoli, quæ habetur in Editis Prosperi & MS. Jol.
(m) In Leonis editione, *varia*. MS. Jol. omittit *Dei*, post *gratiæ*.

racle, qui divinis eloquiis erudiretur, excepto, Rom. 11. 5. & ad cognitionem veritatis electo; cujus infidelitas locum tandem salvandis gentibus fecerit: tamquam si unus populus in fide sui generis permaneret, misericordia Dei (a) ceteris se nationibus præstare non posset. Rom. 11. 25. Cur denique ipsi quorum dominatio falsus (b) gentium est, ab obcæcatione sua non liberentur, prius quam ingrediatur gentium plenitudo: quasi illuminari cum omnibus nequirent, qui omnes facta omnium gentium adoptione, salvandi sunt? Aut quomodo omnis Israel, sublata obcæcatione salvandus sit, cujus innumerabilis multitudo in sua infidelitate deficiens, (c) ad tempora salvandis promissa non pervenit. Vel quomodo ipsarum gentium, quarum (d) prius non est facta vocatio, dicatur nunc ingredi plenitudo: cum tot promissæ ætatis & conditionis hominum millia in omnibus nationibus quæ sunt sub cælo, sine Christi justificatione moriantur? Sed horum mysteriorum judiciorumque causas prius & doctus magister maluit ad altitudinem divitiarum sapientiæ Dei scientiæque suspendere, quam justissimæ veritatis & misericordissimæ bonitatis subtractum ab humana cognitione secretum temeraria inquisitione discutere; nihil omittens de his quæ non oportet ignorari, nihil contrectans de his quæ non licet sciri.

CAPUT XIV.

Multa esse in dispensatione operum divinorum, quorum caussis latentibus, soli monstrantur effectus.

Dei consilia inscrutabilia.

1. MUlta enim sunt in dispensatione divinorum operum, quorum caussis latentibus, soli monstrantur effectus, ut cum pateat quod geritur, non pateat cur geratur; negotio in medium deducto, & in occultum ratione subducta: ut in eadem re & de inscrutabilibus præsumptio comprimatur, & de manifestis falsitas refellatur. Neque enim si nescio cur ille Græcus creatus, hic barbarus, iste in divitiis, ille in egestate nascatur; hunc valida proceri corporis pulcritudo sublimet, illum debilitas membrorum exilitas contracta deformet; iste a catholicis editus, in veritatis cunabulis nutriatur, ille hæreticorum progenies, cum ipso lacte matris hauriat virus erroris; si denique mille alias differentias in habitu corporum, in qualitatibus animorum, in (e) conditione temporum, in more regionum dijudicare non possum; ideo quod omnium horum Deus sit conditor atque ordinator ignoro. Qui utique singulorum

Homines cur ita differenter nascantur, [illegible] Deus [illegible] judicio.

hominum ita & corpora creavit & spiritus, ut præter illam secuturam ex uniuscujusque studio voluntariam diversitatem, ipsa conditionis exordia dissimillima numerositate variaret. Turbarent autem nos, & in diversum distraherent multæ vaniloquorum opiniones, qui de incognoscibilibus (f) definire inconvenientia præsumpserunt, & has originales inæqualitates fatis (quæ nulla sunt) & sideribus deputarunt; nisi certissima notitia teneremus, Deum Creatorem de elementis (g) originalibus, prout vult, vas unumquodque formare, & unam naturam animarum, & unam naturam corporum, placitis sibi temperare mensuris. Quæ utique opera Dei humanæ intelligentiæ (h) non subtraherentur, si innotescere debuissent; & manifestaretur cur ita quidque fieret, nisi, quod ita fieret, scire sufficeret.

Dicit Dominus ad Moysen, *Quis dedit os homini, & quis fecit mutum & non audientem, videntem & cæcum? Nonne ego Dominus Deus?* Exod. 4. 11. Et per Isaiam; *Nonne ego fecundam & steriles feci, dicit Dominus?* In libro Ecclesiastico legitur, *Bona & mala, vita & mors, paupertas & honestas a Deo sunt.* Isa. 66. 9. & MS. Camb. & Jol. secundum. Eccli. 11. 14. Et Job dicit, *Abundant tabernacula prædonum, & audacter provocant Deum, cum ipse dederit omnia in manibus eorum.* Job 12. 6. Et idem de omnimoda rerum humanarum profectu & defectu disputans, omnesque mutationes ad judicia Dei referens: *Apud ipsum est*, inquit, *sapientia & fortitudo, ipse habet consilium & intelligentiam. Si destruxerit, (i) nemo est qui ædificet; si incluserit hominem, nullus est qui aperiat. Si continuerit aquas, omnia siccabuntur; si emiserit eas, subvertent terram. Apud ipsum est fortitudo & sapientia: ipse novit & decipientem, & eum qui decipitur, adducit consiliarios in stultum finem, & judices in stuporem: balteum regum dissolvit, & præcingit fune renes eorum. Ducit sacerdotes (k) inglorios, & optimates supplantat, commutans labium veracium, & doctrinam senum auferens, effundens despectionem super principes, & eos qui oppressi fuerant relevans. Qui (l) revelat profunda de tenebris, & producit in lucem umbram mortis. Qui multiplicat gentes & (m) perdit eas, & subversas in integrum restituit. Qui immutat cor principum terræ, & decipit eos, ut frustra incedant per invium. Palpabunt quasi in tenebris, & non in luce, & errare eos faciet quasi ebrios.* Ibid. 13. & seq. Et iterum idem dicens voluntatem Dei irritam esse non posse: *Ipse enim*, inquit, *solus est, & nemo avertere potest (n) cogitationem ejus; & anima ejus quodcumque voluerit, hoc facit.* Job 23. 13.

CA-

(a) MS. Joliensis: *ceteris se præstare.*
(b) Sic post textum Apostoli MS. Jol. & Cameron. Alias, *gentibus est.*
(c) MS. Cameron. *ad tempora salutis.*
(d) MS. Jol. *quarum prior*, & post pauca, *cum* MS. Camb. *cum tamen.*
(e) MSS. Thuan. Camb. & Jol. *conditione.* Nec male.
(f) Ita MSS. Thu. Camb. & Jol. ac Leo. editio. Editi alias, *divinare in inconvenientia.*
(g) Sic habent MSS. Thuan. & Jol. Vulgati codices & MS. Camb. *naturalibus.*
(h) Ita scriptum in MSS. Joliensi & Camb. & Leone. Editi alias *cognoscentia essent.*
(i) MS. Joliensis, *& non est qui.*
(k) Sic MS. Camb. & Leonis editio. Alias, *ingloriosos.*
(l) Ita MSS. Camb. & Jol. & Leo. Alii *relevat.*
(m) Ita MSS. Camb. & Jol. *perdit eas ... restituit.* Leonis edit. *perdit eas ... restituet.* Postea MSS. Camb. & Leo. *decipiet.*
(n) MS. Cameron. *cogitationes.* Alii quidam codices, *cogitationem.*

CAPUT XV.

Quod pars hominum liberatur, adscribi non posse meritis voluntatum: velut bonos elegerit gratia, malos praeterierit.

Liberatur pars hominum, parte pereunte: & si hoc voluntatum meritis (a) voluerimus adscribere, ut malos neglexisse gratia, bonos autem elegisse videatur; resistet nobis innumerabilium caussa populorum, quibus per tot saecula (b) nulla caelestis doctrinae annuntiatio coruscavit. Nec meliores fuisse eorum posteros possumus dicere, de quibus scriptum est, *Gentium populus, qui sedebat in tenebris, lucem vidit magnam; & sedentibus in tenebris & umbra mortis, lux orta est illis.* Et ad quos apostolus Petrus dicit, *Vos autem genus electum, regale sacerdotium, gens sancta, populus acquisitionis, ut virtutes annuntietis ejus qui de tenebris vos vocavit (c) in tam admirabile lumen suum; qui quondam non populus, nunc autem populus Dei; quorum aliquando non est misertus, nunc autem miseretur.* Non ergo meritis minorum tribuitur quod non meruere majores. Par enim impietas & patres accusabat & filios, eademque ignorantiae caecitas omnes simul in eosdem mergebat errores. Sed cur illorum non miserus, (d) horum sit misertus Deus, quae scientia comprehendere, quae potest investigare sapientia? Latet discretionis (e) illius ratio, sed non latet ipsa discretio. Non intelligimus judicantem, sed videmus operantem. Quid calumniamur justitiae occultae, qui gratias debemus misericordiae manifestae? (f) Laudemus & veneremur quod agitur, quia tutum est nescire quod tegitur.

1. Petr. 2. 9.

Cur Deus [illegible]

CAPUT XVI.

Et eo quod parium parvulorum alii ad aeternam vitam, alii ad mortem aeternam ante intelligentiae usum hinc migrent, ostenditur inscrutabilitas divinorum judiciorum.

Respice autem & ad universam multitudinem parvulorum, in quibus excepto illo quo in damnationem nascitur genus humanum delicto, nec praeterita possunt merita, nec futura censeri. Omnes enim de quibus nunc loquimur, ante ullum intelligentiae usum, ante liberum voluntatis arbitrium, alii ad aeternam beatitudinem regenerati, alii ad perpetuam miseriam

Judicium Dei [illegible] parvulorum.

transierunt non renati. Si originalem culpam faterit, omnis numerus in reatu est: si moralem innocentiam quaeris, omnis summa sine vitio est. Non invenit quod discernat humana justitia, sed habet quod eligat inenarrabilis gratia Dei. In abscondito est consilium, sed non latet donum; (g) opus enserit pietas, causam obscurat potestas. Sed tam indubitabile est quod non videtur, quam quod videtur; quia auctori manifesti operis, negari consensio etiam ignotae non potest aequitatis.

CAPUT XVII.

Et impiis, qui in extremis conversi salvantur, ostenditur & gratiae sine meritis dari, & inscrutabile esse Dei judicium.

Quod si (h) & ad illos dirigat mentis intuitum, qui longam aegrotam in flagitiis & sceleribus aetatem, sacramento baptismatis Christi in ipso vitae fine renovantur, & sine ullo suffragio bonorum operum in regni caelestis consortium transferuntur, quo intellectu divinum judicium comprehendet? nisi ut indubitanter agnoscat gratuita esse Dei munera: & sicut nulla sunt tam detestanda facinora, (i) quae possint gratiae arcere donum, ita nulla posse tam praeclara opera existere, quibus hoc quod gratis tribuitur, per retributionis judicium debeatur. Vilesceret enim redemptio sanguinis Christi, nec misericordiae Dei humanorum operum praerogativa succumberet, si justificatio quae fit per gratiam, meritis praecedentibus deberetur, ut non munus largientis, sed merces esset operantis. Unde autem (k) probari posset, quod ad evacuandum originale peccatum nulla idonea esset industria; nisi & impii & facinorosi per lavacrum Christi assumerentur in regnum; agnoscerentque qui in sua justitia gloriantur, quam nihil dignum agere possent adoptione filiorum Dei, si ad regenerationis (l) non pervenirent sacramentum; cum eadem qua scelestissimi peccatores conditione teneantur, pares futuri in sanctificatione, (m) si adfuerit regeneratio, simul perituri, si cessaverit ablutio? Si ergo etiam ex nequissimis in ipso vitae exitu gratia invenit quos adoptet, cum tamen multi, etiam qui minus nocentes videntur, doni hujus (n) alieni sint: quis hoc aut sine dispensatione Dei fieri, aut sine profunda dicat aequitate decerni? Quod utique non ideo iniquum est, quia occultum est; sed ideo aequum est, quia judicium Dei esse non dubium est. Quod enim ab illius

Gratia non datur ex meritis.

Quod Deus [illegible] est.

 pendet

(a) Sic MS. Cambron. & Jol. cum Lovan. Alii, voluntati.
(b) MS. Jol. omisso nulla, caelestis doctrinae annuntiatio non coruscavit.
(c) In Lovan., in admirabile, omissa particula tam, quam habent edit. alii & MS. Jol.
(d) Sic MS. Jol. cum edit. Lovanii. Alii, & horum sit misereatur.
(e) Ita rectius ex Camb. & Jol. MS. & Lovan., quam in edit. aliis, ista ratio.
(f) MS. Jolensis solus, Laude & veneratur quod agitur, quia tutum est nescire quod tegitur.
(g) Alias edit., opus terrat. MS. Camb. & Jol. & Lov., opus enserit. In MS. Thu. opus restrit. Ibidem MS. Camb. & Jol. infra ignotae; alii alii, & Lov., incognitae.
(h) MS. Jol. omisso &, ad illos dirigit.
(i) Sic MS. Jolensis & edit. Lovanii. Addit, quae possunt; minus bene.
(k) MS. Camb. & Lovanii edit. possit. Alii nostri codices, posset.
(l) Ita MS. Jol. & Lovan. edit. Alii, non pervenissent. MS. Camb. non pervenerint.
(m) MS. Jol. si adfuerit miseratio. MS. Camb. si adsset miseratio.
(n) MS. Jolensis, alieni sint.

pendet arbitrio, qua sententia judicari debeat, prius quam judicetur, incertum est: cum autem res ad finem suum venerit, nemini liberum est de exitu conqueri; quia certissimum est nihil aliter Deum facere debuisse quam fecerit. Qui multimodæ vocationis varietatem, ad unam gratiam pertinentem, etiam illa regula Evangelicæ comparationis adstruxit, quæ ostendit patrem familias diverso tempore conducentem operarios vineæ sub pactione denarii, (a) (quo vitæ æternæ significatur æqualitas.) Ubi sine dubio hora undecima intromissi in vineam, & totius diei operariis (b) aggregati, illorum, de quibus nunc loquimur, præferunt sortem, quos ad commendandam gratiæ excellentiam, in defectu diei & conclusione vitæ divina indulgentia (c) muneratur, non labori pretium solvens, sed divitias bonitatis suæ in eos, quos (d) sine operibus elegit, effundens; ut etiam hi qui in multo labore sudarunt, nec amplius quam novissimi acceperunt, intelligant, donum se gratiæ, non operum accepisse mercedem. Unde si & nos adversum patrem-familias murmuramus, eo quod novissime (e) vocati totius diei operariis coæquentur, nec amplius multa opera quam pene nulla merentur; dicetur nobis quod uni eorum responsum est, *Amice, non facio tibi injuriam. Nonne ex denario convenisti mecum? Tolle quod tuum est, & vade. Volo autem & huic novissimo dare sicut & tibi. Aut non licet mihi de re mea facere quod volo?* (f) *Aut oculus tuus nequam est, quia ego bonus sum?* Certe huic calumniatori injusta videbatur hæc largitas; & quid eruditionis retulit? quid rationis accepit? Non est ei dispensationis (g) hujus revelata justitia, nec ad inspectionem secreti latentis admissus est: sed ut a discutiendis Dei judiciis abstineret, opposita est ei bonitas miserantis, & volentis potestas: quasi illi & ab Apostolo diceretur, *O homo, tu quis es qui respondeas Deo? Numquid dicit figmentum ei qui se finxit, Quare me fecisti sic?*

Matth. 20. 1. & seq.

Matth. 20. 13. & seq.

Rom. 9. 20.

CAPUT XVIII.

Gratia, sine qua bona merita esse nequeunt, non accipitur a quoquam, nisi ex Dei voluntate, sine meritis.

Omnibus ergo hominibus cujuslibet (h) gentis & generis, cujuslibet conditionis & ætatis, causa percipiendæ gratiæ voluntas Dei est, apud quam ratio electionis abscondita est, ab ea gratia incipientibus meritis quam accepere sine meritis. Quæ si possent bona esse sine gratia, non diceretur, *Nisi quis renatus fuerit ex aqua & Spiritu-sancto, non intrabit in regnum cælorum*: &, *Nisi manducaveritis carnem filii hominis, & biberitis sanguinem ejus, non habebitis vitam in vobis*: sed diceretur, Nisi quis fuerit justus & bonus, beatus in æternum esse non poterit. Nec opus esset per aquam & Spiritum renasci, si per mandatum sufficeret erudiri. Et evacuaretur fides, quæ credit per baptismum omnia peccata dimitti, si gratia non malis & impiis, sed bonis & rectis deberetur impendi. Origo itaque veræ vitæ, veræque justitiæ in regenerationis est posita sacramento; ut ubi homo renascitur, ibi etiam ipsarum virtutum veritas oriatur; (i) & incipiant ad perpetuam gloriam proficere per fidem, qui vix ad temporalem vanæ laudis poterant pervenire mercedem. Sive enim Judæus legis scientia tumens, sive Græcus studio sapientiæ naturalis inflatus, prius quam justificetur per fidem Christi, conclusus est sub peccato: & si in sua (k) infidelitate permanserit, ira Dei manet super eum, illa scilicet in Adæ prævaricatione contracta, de qua Apostolus loquitur dicens, *Et vos cum essetis mortui delictis & peccatis vestris, in quibus aliquando ambulastis secundum sæculum mundi hujus, secundum principem potestatis aeris hujus, spiritus qui nunc operatur in* (l) *filios diffidentiæ, in quibus & nos aliquando conversati sumus in desideriis carnis nostræ, facientes voluntatem carnis & cogitationum, & eramus natura filii iræ, sicut & cæteri.* Et iterum, *Qui*

eratis

Gratia principium omnium meritorum.

Joan. 3. 5.

Joan. 6. 54.

[illegible]

Ephes. 2. 1. & seq.

Ibid. 12.

(a) Verba his signis ( ) inclusa non omisimus propter Editorum Prosperi & MS. Johnensis auctoritatem. De quibus tamen juvat Leonis operum editorem & illustratorem non prætermittere. *Exemplaria excusa* (ait) *addunt continuo: Quo vitæ æternæ significatur æqualitas: & lineæ sequenti, ubi nunc habemus: totius diei operariis aggregati; eadem habemus: totius diei operariis exæquati. Quorum hoc in præsentiarum, illud addendum mihi videtur, ad novorum Joviniani hæreticorum, qui ut sanctus Hieronymus docet lib. II. .. adversus ipsum, omnia præmia beatorum paria esse contendebant. Codices enim Camb. & Thuanus nihil amplius habent quam editio nostra* (quæ hæc prætermittit) *& certe auctor noster parabolam istam non eo fine adducit, ut æqualitatem æterni præmii, ex æqualitate denarii parabolici afferat: imo de mansionibus diversis in cælo futuris ne verbum quidem; sed hoc est, ut ex illa parabola, commendet gratiæ excellentiam quam in conclusione vitæ mortalis impertitur summus Pater-familias, & multimodæ vocationis varietatem ad unam justificationis gratiam pertinentem, ut etiam hi qui in multo labore sudarunt, nec amplius quam novissimi acceperunt, intelligant donum se gratiæ, non operum accepisse mercedem, in quo non æqualitas gloriæ, sed gratuitas gratiæ ab eo commendatur. Quem sensum parabolæ hujus genuinum esse, & communi magis consonum probat Corn. Jansenius Gandavensis Episcopus capite 104. Commentarii in Concordiam Evangelicam.*

(b) Editi alias, *coæquati*: de quo nota superiori. MS. Jol. & Camb. & Leo: *aggregati*.

(c) Alias editi, *numeravit*. MS. Camberon. & Jol. & Leon. edit. *muneratur*.

(d) MS. Johnensis solus, *sine operibus legit*. Alii omnes non habent vocem hanc *legit*.

(e) MS. Camberon. *vocatis totius diei operarii coæquantur*. MS. Jol. ut in textu, excepto quod *coæquantur*, pro *coæquentur* habet.

(f) MS. Johnensis. *Aut oculus tuus*.

(g) MS. Johnensis, caret voce, *hujus*.

(h) MS. Camberon. & Jol. & edit. Leonis addunt hic, *gratis &*.

(i) Editi Prosperiani alias, *& incipiunt*. MS. Camb. & Jol. cum edit. Leon. *& incipiant*. Eadem editio Leonis postea, *qui vix*, hoc est, virtutis Codicum nostris qui vix, scilicet homines.

(k) Sic corriguntur ex MS. Camberon. & Jol. ac Leone. Alias, *infidelitate*.

(l) MS. Camberon. & Jol. juxta Græcum, *in filiis*. Alii, ut Vulg. *in filios*.

tratis illo tempore sine Christo, alienati a conversatione Israel, & hospites testamentorum, promissionis spem non habentes, & sine Deo in Ephes. 5. 8. *mundo*. Et iterum, *Eratis aliquando tenebræ, nunc autem lux in Domino*. Et iterum, *Gra-* Col. 1. 12. & seq. *tias agentes Patri, qui dignos nos fecit in partem sortis sanctorum in lumine, qui eripuit nos de (a) tenebris & potestate tenebrarum, & transtulit in regnum Filii dilectionis suæ*. Et Tit. 3. 3. & seq. iterum, *Eramus enim & nos aliquando insipientes, increduli, errantes, servientes desideriis & voluptatibus variis, in malitia & invidia agentes, odibiles, odientes invicem. Cum autem benignitas & humanitas apparuit Salvatoris nostri, non ex operibus justitiæ quæ fecimus nos, sed secundum suam misericordiam salvos nos fecit per lavacrum regenerationis (b) Spiritus-sancti, quem effudit in nos abunde per Jesum Christum Salvatorem nostrum, ut justificati gratia ipsius, heredes simus secundum spem vitæ æternæ*.

CAPUT XIX.

Qualis sit natura sine gratia.

ET ut brevissime pateat, qualis sit natura humana sine gratia, dicat Judas apostolus, quid agat vel ignorantia imperitorum, vel do- Judæ v. 10. ctrina sapientium. *Hi autem, inquit, quæcumque quidem ignorant blasphemant; quæcumque autem naturaliter (c) velut muta animalia norunt, in his corrumpuntur*. (d) Dicat etiam Luc. 1. 76. & seq. sub verbis Zachariæ Evangelista Lucas, unde illuminationem gratiæ in qua humanorum cordium nocte verteretur, & de quibus ignorantiæ tenebris Dei populus erueretur. *Et tu, inquit, puer, Propheta Altissimi vocaberis: præibis enim ante faciem Domini parare vias ejus: ad dandam scientiam salutis plebi ejus, in remissionem peccatorum ipsorum: propter viscera misericordiæ Dei nostri, in quibus visitavit nos Oriens ex alto, lucere his qui in tenebris & in umbra mortis sedent, ad dirigendos pedes nostros in viam pacis*.

CAPUT XX.

Viscera misericordiæ Dominus ad omnium nationum impendit salutem, omnesque salvat: & tamen etiam verum est quod testimonium ejus nemo accipit.

HÆc autem viscera misericordiæ Dominus non ad unius tantum populi redemptionem, sed ad omnium nationum impendit salu- Joan. 11. 51. tem, dicente Evangelista, *Quia Jesus (e) moriturus erat pro gente: non tantum pro gente, sed etiam ut filios Dei dispersos congregaret in unum*. Hæc enim agit illa vox Domini, quæ per quamdam pietatis tubam toto terrarum orbe resonantem, (f) omnes homines & invitat & convenit. Nam cum dixisset, *Confiteor* Matth. 11. 25. & seq. *tibi, Pater, Domine cæli & terræ, quia abscondisti hæc a sapientibus & prudentibus, & revelasti ea parvulis. Ita Pater, quoniam sic complacitum est ante te*; addidit, *Omnia mihi tradita sunt a Patre meo, & nemo novit Filium nisi Pater, neque Patrem (g) quis novit nisi Filius, & cui voluerit Filius revelare*. Et deinde adjecit, *Venite ad me omnes qui laboratis & onerati estis, & ego vos reficiam. Tollite jugum meum super vos, & discite a me, quia mitis sum & humilis corde, & invenietis requiem animabus vestris. Jugum enim meum suave est, & onus meum leve est*. Joannes vero Baptista in Evangelio Joannis prophetico spiritu protestatus dicens, *Qui de cælo ve-* Joan. 3. 31. 32. & 33. *nit super omnes est, quod vidit & audivit testificatur, & testimonium ejus nemo accipit. Qui accipit testimonium ejus, (h) signavit, quoniam Deus verax est*. Igitur quantum attinet ad humani generis cæcitatem, longa ignorantiæ & superbiæ nocte contractam, venit in hunc mundum Creator mundi, *& mundus eum non* Joan. 1. 10. *cognovit; Lux lucet in tenebris, & tenebræ* [illegible] *eam non comprehenderunt; Qui super omnes est,* Joan. 3. 31. *quod vidit & audivit, testificatur, & testimonium ejus nemo accipit*. Sed quia non frustra [illegible] Deus Dei Filius venit in mundum, & dedit semetipsum pro omnibus, & mortuus est *non tantum pro gente, sed etiam ut filios Dei dispersos congregaret in unum*; & universis dicit, Matth. 11. 28. *Venite ad me omnes qui laboratis & onerati estis*, & servato sibi incognoscibilis electionis arbitrio, dat sui Patrisque notitiam, quibus (i) eum voluerit revelare: omnes filii lucis, filii [illegible] promissionis, filii Abrahæ, filii Dei, genus electum, regale sacerdotium, veri Israelitæ, præ- Rom. 8. 29. cogniti & præordinati in regnum Dei, quos vocavit non solum ex Judæis, sed etiam ex gentibus, testimonium ejus qui de cælo venit accipiunt: (k) signantes quia Deus verax est, id est, expresse significantes in sui salvatione quoniam Deus verax est, implens & perficiens quod promisit Abrahæ omnium gentium patri: qui pollicente Deo quod heres futurus esset mundi, *non hæsitavit diffidentia, sed confortatus est fi-* Rom. 4. 20. *de, dans gloriam Deo, & plenissime sciens, quoniam quod promisit, potens est & facere*. Quis autem tam alienus est a fide Abrahæ, quis tam degener ab universarum gentium patre, qui promissionem Dei aut non impleri, aut ab alio præter eum qui promisit, dicat impleri?

(a) Hæc duo, *tenebris &*, non habentur in omnibus libris nostris, tamen non leguntur in utraque textu Epistola Apostoli.

(b) MS. Camberon. hic addit, *renovationis*: quæ vox deest apud a textu Apostoli.

(c) MS. Camberon. *velut bruta animalia*.

(d) MSS. Camberon. & Jol. *Dicat autem*.

(e) Editi alias, *moriturus erat*. Melius MSS. Camb. & Jol. cum Lovan. juxta textum Evangelii, *moriturus erat* Leo posuit, & non *tantum*.

(f) In Lovan. editione omittitur, *omnes*: quam vocem codices Prosperi non omittunt.

(g) MS. Joliensis, *quisquam novit*.

(h) Editio Duac. & Colon. *significavit*.

(i) MSS. Camb. & Jol. *eum voluerit revelare*.

(k) Sic in editione Lovanii, & supra legitur. At editi nostri hic, *significantes*. Prius melius lectio patet, quia vere *signantes*: per *expresse significantes* exponitur postea.

pleri? Ille quidem erit mendax: Deus autem est verax, & omnis qui accipit testimonium ejus, hoc signat, hoc indicat, quod per lumen illuminantem factus est videns, factus (a) obediens, factus intelligens: sicut Joannes Evangelista testatur dicens, *Scimus quia* (b) *mundus totus in maligno positus est, & scimus quia Filius Dei venit, & dedit nobis sensum, ut cognoscamus verum Deum, & simus in vero Filio ejus.* 1. Joan. 5. 19.

CAPUT XXI.

Non esse scrutandum, cur Deus alios eligit, alios non eligit, sicut nec, cur antea omnibus gentibus prætermissis, unum Israelem elegit.

SI vero quæritur cur Salvator omnium hominum non omnibus dedit hunc sensum, ut cognoscerent verum Deum, & essent, id est, permanerent in vero Filio ejus; quamvis credamus nullis hominibus opem gratiæ in totum fuisse subtractam (de quo plenius (c) in sequentibus disseremus;) tamen ita forte hoc velatum sit, sicut illud absconditum est, cur (d) antea, omnibus gentibus prætermissis, unum populum sibi, quem ad veritatis cognitionem erudiret, excerpsit. De quo judicio Dei si non est conquerendum, multo minus de hoc quod cum electione omnium gentium geritur, murmurandum est. Quæ enim Deus occulta esse voluit, non sunt scrutanda; quæ autem manifesta fecit, non sunt (e) negligenda: ne & in illis illicite curiosi, (f) & in istis damnabiliter inveniamur ingrati. Non autem ignoramus esse quosdam tam inconsideratæ præsumptionis, & tam superbæ arrogantiæ; ut quod præcipuus magister gentium, *non ab hominibus neque per hominem*, sed divinitus eruditus, supra mensuram scientiæ suæ longe & alte remotum esse confessus est, audeant falsi nominis reserare doctrina; & nihil illic occultum, nihil velint esse secretum, ubi Apostolus non quid scrutandum esset aperuit, sed quid non scrutandum esset ostendit. Nullis etenim (quod supra jam diximus) studiis, nullis ingeniis indagare concessum est, quo judicio, quove consilio Deus incommutabiliter bonus, incommutabiliter justus, semper præscius, semper omnipotens, *licet omnia in incredulitate* (g) *conclusserit, ut omnium misereatur*; & tamen illis sæculis, quibus unum Israelem erudiebat, innumerabiles populos impiorum illuminare distulerit; & nunc eumdem Israelem, donec universitas gentium intraret, obcæcatum esse patiatur, pereuntem in tot millibus nascentium atque morientium, & salvandum in eis quos mundi finis invenerit. Quo mysterio toto Scripturarum corpore dilatato, innotuit quidem nobis quid factum sit, quid fiat, quidve faciendum sit; sed quare ita fieri placuerit, ab humanæ intelligentiæ contemplatione subtractum est.

Galat. 1. 1.

Rom. 11. 32.

CAPUT XXII.

Eos qui discretionem qua Deus alios elegit, alios non elegit, ad merita referunt voluntatis humanæ, docere neminem gratis, sed ex retributione salvari; & ex parvulis aperte confutari.

ISti autem qui nescire aliquid erubescunt, & per occasionem obscuritatis tendunt laqueos deceptionis; omnem discretionem qua Deus alios (h) eligit, aliosque non eligit (*multi enim* (i) *sunt vocati, pauci autem electi*) ad merita humanæ referunt voluntatis, docentes scilicet neminem gratis, sed ex retributione salvari: quia naturaliter omnibus sit insitum, ut si velint, possint veritatis esse participes, eisque affluere gratiam, a quibus fuerit expetita. Quæ definitio, ut interim de gratiæ veritate taceatur, de his videtur aliquam ostentare ratiunculam, qui libero utuntur arbitrio. De parvulis vero, quibus sine ullo bonæ voluntatis merito in originali vulnere cum cæteris mortalibus caussa communis est, nihil potest expositionis (k) afferri, qua doceatur cur illi salvi fiant renati, illi pereant non renati, sub illius providentia & omnipotentia, *In cujus manu est anima omnis viventis, & spiritus universæ carnis hominis*: & cui dicitur, *Breves dies hominis sunt, numerus dierum ejus apud te est*. Non autem puto illos voluntatum patronos simplicitate illorum tam impudenter usuros, ut aut (l) fortuito illa dicant accidere, aut non renatos asserant non perire. Aperte enim aut cum Paganis convincerentur sentire de fato, aut cum Pelagianis transitum in posteros Adæ negare peccatorum. Fato autem non baptizari parvulos, nec Pelagiani potuerunt dicere: sed quia eos liberos a peccato ausi sunt profiteri, meruere damnari. Cum autem de discretione omnium hominum quæstio ventiletur, & ab omnibus hominibus parvuli nequeant separari, simulque de totius ætatis hominibus Veritas dixerit, *Filius hominis venit quærere & salvare quod perierat*; frustra profunditatem inscrutabilis gratiæ per liberum arbitrium conantur aperire, qui caussam electionis in eorum constituunt meritis qui eliguntur. Et cum multa de majorum voluntate ac judicio astruta & falsa protulerint, in parvulorum tamen discretione deficiunt; nec possunt de ejus quæstionis ratione reddita gloriari, quæ de omnibus (m) hominibus tractatur, & non de omnibus expeditur.

Matt. 20. 16.

Job 12. 10.

Job 14. 5.

Luc. 19. 10.

CA-

(a) Editi, *factus est obediens, factus est intelligens*. Verbum substantivum utrobique omittitur in Ms. Joliensi & Lovan.
(b) Ms. Joliensis, *mundus totus ... & dederit*.
(c) Ms. Joliensis, *in consequentibus*.
(d) Vox hæc, *antea*, abest a Ms. Joliensi & Lovan.
(e) Mss. Camb. & Jol. cum Lovan, *negligenda*. Cæteri, *neganda*.
(f) Ms. Jol. *& in his*.
(g) Ms. Cameracen. *dimiserit*.
(h) Duac. editio & seq. in margine scribunt pro diversa lectione *elegit, alios non elegit*.
(i) Ms. Joliensis, *Multi enim vocati*.
(k) Ms. Joliensis, *afferre, qua doceat*.
(l) Ms. Cameracen. & Joliensis, *fortuito*. Alii *fortuitu*.
(m) Abest vox, *hominibus*, a Ms. Joliensi.

CAPUT XXIII.

Omne bonum hominis meritum, ab initio fidei usque ad perseverantiæ consummationem, donum esse divinum, & primum hoc ostenditur de fide.

MUltiformitas autem & magnitudo divinæ gratiæ probat illos contra veritatem, etiam quod de majorum voluntatibus loquuntur, adstruere, eorumque persuasioni divinorum eloquiorum testimonia repugnare. Quæ si omnia sermoni nostro velimus annectere, modus non erit (a) disserendi. Quæ tamen se recordationi offerunt, (b) non omittentur: ut, quantum satis est, manifestetur, hominis bonum meritum, ab initio fidei usque ad perseverantiæ consummationem, donum atque opus esse divinum.

Omne bonum hominis esse donum Dei.

Igitur fides, quæ bonæ voluntatis & justæ actionis est genitrix, quo ipsa fonte nascatur, apostolus Paulus exponat, qui pro Romanorum

Rom. 1. 8.

fide Deo gratias agit, dicens, *Primum quidem gratias ago Deo meo per Jesum Christum pro omnibus vobis, quia fides vestra annuntiatur in universo mundo.* Ad Ephesios quoque scri-

Ephes. 1. 15. & seq.

bens, *Propterea* (inquit) *& ego audiens fidem vestram, quæ est in Domino Jesu, & dilectionem in omnes sanctos, non cesso gratias agens pro vobis, memoriam vestri faciens in orationibus meis, ut Deus Domini nostri Jesu Christi Pater gloriæ, det vobis spiritum sapientiæ & revelationis in agnitionem ejus, illuminatos oculos cordis vestri, ut sciatis quæ sit spes vocationis ejus, quæ divitiæ gloriæ hæreditatis ejus in sanctis.* De fide etiam Colossensium similiter Deo

Coloss. 1. 3.

gratias agens, *Gratias agimus* (inquit) *Deo & Patri Domini nostri Jesu Christi: semper pro vobis orantes, audientes fidem vestram in Christo Jesu, & dilectionem quam habetis in sanctos omnes, propter spem quæ reposita est vobis in cælis.* Et ut alia bona ab eodem bonorum auctore percipiant, quid pro eis oret enarrans,

Ibidem 9. & seq.

Ideo (inquit) *& nos ex qua die audivimus,* (c) *non cessamus pro vobis orantes, & postulantes ut impleamini agnitione voluntatis ejus, in omni sapientia & intellectu spiritali, ut ambuletis digne, Deo* (d) *per omnia placentes, in omni opere bono fructificantes, & crescentes in scientia Dei, in virtute confortati secundum potentiam claritatis ejus,* (e) *in omni patientia & longanimitate cum gaudio.* Item ad Thessalonicenses qui spiritu fidei dilectionisque fer-

1. Thess. 1. 2.

vebant: *Gratias agimus,* inquit, *Deo semper pro omnibus vobis, memoriam vestri facientes in orationibus nostris sine intermissione, memores operis fidei vestræ, & laboris, & charitatis, & sustinentiæ spei Domini nostri Jesu Christi ante Deum & Patrem nostrum.* Et infra; *Ideo &*

1. Thess. 2. 13.

nos gratias agimus Deo sine intermissione, quoniam cum accepissetis a nobis verbum auditus Dei, accepistis non ut (f) *verbum hominum, sed, sicut est vere, verbum Dei, qui operatur in vobis, qui credidistis.* Poteritne plenius aut

Fidem esse donum Dei.

evidentius demonstrari, Dei esse donum credentium fidem, quam ut ideo agerentur gratiæ Deo, quoniam hi quibus verbum Dei per homines prædicabatur, non quasi de humano sermone dubitarunt; sed tamquam Deo loquenti per homines crediderunt, qui in ipsis est operatus ut crederent? In secunda quoque ad eosdem Thessalonicenses epistola de fide in Christo profi-

2. Thess. 1. 3. & seq.

cientium ita Apostolus loquitur: *Gratias agere debemus Deo semper pro vobis, fratres, ita ut dignum est, quoniam supercrescit fides vestra, & abundat charitas uniuscujusque vestrum in invicem: ita ut &* (g) *nos ipsi in vobis gloriemur in Ecclesiis Dei, pro patientia vestra & fide in omnibus persecutionibus vestris & tribulationibus, quas sustinetis in exemplum justi judicii Dei, ut digni habeamini* (h) *regno Dei, pro quo & patimini.* Petrus quoque apostolus ex Deo haberi fidem prædicans, ita scribit:

1. Petri 1. 18. & seq.

Scientes quod non corruptibilibus auro & argento redempti estis de vana conversatione (i) *vestra paternæ traditionis, sed pretioso sanguine quasi agni incontaminati & immaculati Christi Jesu, præcogniti quidem ante constitutionem mundi, manifestati autem novissimis temporibus propter vos, qui per ipsum fideles estis in Deum, qui suscitavit eum a mortuis, & gloriam ei dedit; ut fides vestra & spes esset in Domino.* Item idem in secunda epistola de fidei perceptione sic

2. Petri 1. 1.

loquitur: *Simon Petrus servus & apostolus Jesu Christi, his qui coæqualem nobis adepti sunt fidem per justitiam Domini & Salvatoris* (k) *nostri Jesu Christi.*

Unde fidei spiritus habeatur. 1. Joan. 4.

Unde autem habeatur spiritus fidei, Joannes apostolus manifestissime docet dicens: *Omnis spiritus qui confitetur Jesum in carne venisse, ex Deo est; & omnis spiritus qui solvit Jesum, ex Deo non est, & hic est Antichristus.* Item (l) idem dicit ab eo recipi Evangelium, in

Ibidem 6.

quo est spiritus veritatis; *Nos,* inquit, *ex Deo sumus. Qui novit Deum, audit nos; qui non est ex Deo, non audit nos. In hoc cognoscimus spiritum veritatis, & spiritum erroris.* Item in actibus Apostolorum Petrus apostolus fidem (m) esse per Dominum Jesum pronuncians:

Act. 3. 16.

Hunc, inquit, *quem videtis & nostis, confirmavit nomen ejus, & fides quæ per eum est, dedit integram sanitatem istam in conspectu omnium vestrum.* De fide quoque Lydiæ, cujus inter alias mulieres quæ Evangelium pariter audie-

(a) Sic MSS. Camb. & Jol. & Lovan. edit. Alii nostri codices, *differendo*.
(b) MSS. Jol. & Camb. *non omittentur*. Lovanii editio, *Quæ tamen, si se recordationi offerunt, non omittentur*.
(c) MS. Joliensis, *non cessavimus*.
(d) MS. Joliensis supplet, *per omnia*, quæ sunt textus sacri, desunt vero in aliis codicibus Prosperi.
(e) MS. Joliensis, *in omni sapientia*.
(f) MS. Joliensis, *verbum hominis*.
(g) MS. Joliensis, *nosmetipsi*.
(h) Hic editi nostri addunt *in*. Quo carent MS. Jol. Lovan. editio, & textus sacer Apostoli.
(i) In Lovan. habetur, *vestra paternæ traditionis*.
(k) MS. Joliensis addit, *nostri*, conformiter textui sacro. Alii codices non addiderunt.
(l) MS. Joliensis addit, *idem*.
(m) MS. Joliensis omittit verbum, *esse*.

dicebant, Dominus cor aperuit. Ita in eadem narratur historia: *Die autem sabbatorum egressi* Act. 16. 13. & 14. *sumus extra portam juxta flumen, ubi videbatur esse oratio, & sedentes loquebamur mulieribus quæ convenerant. Et quædam mulier nomine Lydia, purpuraria civitatis* (a) *Thyatirenorum, colens Deum audivit, cujus Dominus cor aperuit, intendere his quæ dicebantur a Paulo*. Non autem ex humana sapientia esse fidem, sed ex inspiratione divina ipsius Veritatis voce firmatur. Dicente enim Domino ad discipulos suos, Matt. 16. 15. & seq. *Vos autem quem me esse dicitis? Respondens Simon Petrus dixit, Tu es Christus Filius Dei vivi. Respondens autem Jesus, dixit ei, Beatus es Simon Bar-Jona, quia caro & sanguis non revelavit tibi, sed Pater meus qui in cælis est*. Paulus vero apostolus hanc ipsam fidem secundum mensuram dari pro arbitrio largientis ita prædicat: Rom. 12. 3. *Dico enim per gratiam, quæ data est mihi, omnibus qui sunt inter vos, non plus sapere quam oportet sapere, sed sapere ad sobrietatem, sicut unicuique divisit Deus mensuram fidei*. Item idem unitatem rectæ fidei, (b) & confessionem in honorem Dei a Deo esse commendans: Rom. 15. 5. & 6. *Deus autem*, inquit, *patientiæ* (c) *& consolationis det vobis idipsum sapere in alterutrum, secundum Jesum Christum,* (d) *ut unanimes uno ore honorificetis Deum & Patrem Domini nostri Jesu Christi*. Et infra: Ibid. v. 13. *Deus autem spei repleat vos omni gaudio & pace in credendo,* (e) *ut abundetis in spe, in virtute Spiritus-sancti*. Quo testimonio non solum fides, sed etiam gaudium, & pax, & abundantia spei, docentur nisi in virtute sancti Spiritus non haberi. Ad Ephesios vero scribens Apostolus de divitiis gratiæ pro malis bona retribuentis, & de fide quæ non ex nobis, sed ex Dei dono habetur, hæc loquitur: Ephes. 2. 4. & seq. *Deus autem,* (f) *qui dives est in misericordia, propter nimiam charitatem suam qua dilexit nos & cum essemus mortui peccatis, convivificavit* (g) *nos Christo, cujus gratia salvi facti sumus, & conresuscitavit & consedere fecit in cælestibus in Christo Jesu. Gratia enim estis salvati per fidem, & hoc non ex vobis, Dei enim donum est; non ex operibus, ne quis glorietur. Ipsius enim sumus figmentum, creati in Christo Jesu in operibus bonis, quæ præparavit Deus ut in illis ambulemus*. Proprium ergo hoc habet nova creatura per gratiam, ut qui figmentum Dei sunt, qui nativitate cælesti conduntur in Christo, non otio torpeant, nec desidia resolvantur; sed de virtute in virtutem, per viam bonorum operum ambulando proficiant. Hoc est enim fingi, hoc de vetere creatura novam fieri, hoc de imagine terreni hominis ad imaginem cælestis hominis reformari. Quod totum sive palam per cooperatores gratiæ, sive occulte per subministrationem Spiritus: ille inchoat, ille auget & perficit, cujus agricultura, cujus ædificatio, & cujus figmentum sumus.

CAPUT XXXIV.

Omne bonum in homine esse ex gratia, & fidem dari non petitam, ut ipsius petitionibus cetera bona consequamur.

Abunde, quantum arbitror, his testimoniis (quamvis & alia documenta aggregari potuerint) demonstratum est, fidem qua justificatur impius, nisi ex Dei munere non haberi, eamque nullis meritis præcedentibus tribui; sed ad hoc donari, ut principium possit esse meritorum, (h) & cum ipsa data fuerit non petita, ipsius jam petitionibus bona cetera (i) consequantur. Unde quædam de plurimis assumenda sunt testimonia, quæ in diversitate donorum ostendant gratiæ largitatem. Ex Deo itaque esse, ut homo viam Dei eligat, & ut surgat a lapsu, psalmus Davidicus canit dicens, Psal. 36. 23. *A Domino gressus hominis dirigentur, & viam ejus volet. Cum ceciderit, non collidetur, quia Dominus supponit manum suam*. Item idem, quod duce Deo venitur ad Deum: Psal. 42. 3. *Emitte lucem tuam & veritatem tuam, ipsa me deduxerunt, & adduxerunt in montem sanctum tuum, & in tabernacula tua*. Item quod (k) in Domino sit hominis fortitudo, & Dei voluntas præveniat liberandum: Psal. 58. 10. *Fortitudinem,* (l) inquit, *meam ad te custodiam: quia Deus susceptor meus: Deus meus,* (m) *voluntas ejus præveniet me*. In Proverbiis quoque legimus de sapientia & intellectu, Prov. 2. 6. *Quoniam Dominus dat sapientiam, & a facie ejus scientia & intellectus*. Item in eodem libro de dispensationibus sapientiæ Dei, sine qua nullæ rectæ sunt actiones, ita dicitur, Prov. 8. 14. *Meum consilium & mea tutela, ego prudentia, mea autem virtus. Per me reges regnant, & tyranni per me obtinent terram*. Item alibi, quod nemo possit recte incedere, nisi Domino dirigente: Prov. 20. 24. *A Domino* (n) *corriguntur gressus viri, mortalis autem quomodo intelligat vias suas?* Item alibi: Prov. 21. 2. *Omnis vir videtur sibi justus, dirigit autem corda Dominus*. Et infra: Prov. 8. 35. *Præparatur voluntas a Domino*. Item ibidem de cogitatione atque consilio: Prov. 19. 21. *Multæ cogitationes in corde viri, consilium autem Domini obtinet*. In libro vero Ecclesiastæ (o) scribitur, quod & habere necessaria, & eis bene uti, donum sit Dei, Eccles. 2. 24. *Non est*, inquit, *bonum homini nisi quod* (p) *manducavit, & bibit, & ostendit animæ suæ bonum*

(a) Sic MS. Jol. cum Lovanii edit. Alii, *Thiatirenum*.
(b) MS. Joliensis, *& confessionem*.
(c) MS. Joliensis ut Vulgata versio, *& solatii*.
(d) MS. Joliensis, *ut uno animo, uno ore honorificetis*.
(e) MS. Joliensis, *in spe & virtute*. Lovanii editio, *in spe, in virtute*, ut textus utriusque Apostoli. Editi Prosperi, *abundetis spe, in virtute*.
(f) In Lovanii additur, *inquit*.
(g) MS. Joliensis non habet præpositionem *cum* expressam.
(h) Alias, *ut cum ipsa*.
(i) In Lovanii, *conferantur*.
(k) MS. Joliensis, *in Deo sit*.
(l) MS. Jol. omittit, *inquit*.
(m) MS. Camberon. *misericordia ejus*.
(n) MS. Joliensis, *diriguntur*.
(o) MS. Camberon. & Jol. *scribitur*: item editio Lovanii. Alii, *dicitur*.
(p) Ita MSS. Camb. & Jol. & Lovanii editio, ceteri, *manducet & bibat, & ostendat*.

meum in labore suo. Et quidem (a) *hoc vidi ego, quia e manu Dei est. Quoniam quis manducabit aut parcet absque illo?* Item in eodem (b) libro legitur, quod corda & opera justorum in manu sint Dei, & tantum in studiis suis proficiant, quantum ille (c) donaverit. *Quantumcumque laboraverit homo ut quaerat, non inveniet; & quodcumque dixerit sapiens ut sciat, non poterit invenire. Quia universum hoc* (d) *dedi in cor meum, & cor meum universum hoc vidit, quia & justi & sapientes, & operationes eorum in manu Dei.* In libro autem Sapientiae de eodem gratiae opere ita dicitur: *Quoniam ipse & sapientiae dux est, & sapientium emendator. In manu enim illius & nos & sermones nostri, & omnis sapientia, & operum scientia, & disciplina.* De continentia quoque, quod ex Dei habeatur munere, eadem Scriptura sic loquitur: *Ut scivi quia aliter non possum esse continens, nisi Deus det, & hoc ipsum erat sapientiae, scire cujus esset hoc donum.* Cui sententiae Pauli apostoli doctrina consonat in prima ad Corinthios haec scribentis: *Volo autem omnes homines esse sicut meipsum; sed unusquisque proprium habet donum ex Deo, alius sic,* (e) *alius vero sic.* Dominus vero in Evangelio secundum Matthaeum haec de continentiae dono insinuasse narratur. Dicentibus namque discipulis suis, *Si ita est causa viri cum uxore, non expedit nubere;* dixit illis Jesus, *Non omnes capiunt verbum istud, sed quibus datum est.*

(f) De timore Dei & sapientia ita in Ecclesiastico legitur, *Corona sapientiae timor Domini, utraque autem dona sunt Dei.* Item (g) in eodem, *Timor Domini super omnia* (h) *se superposuit: beatus cui donatum est habere timorem Domini.* Isaias quoque de divitiis spiritalibus, quarum auctor est Dominus, ita loquitur: *In thesauris salus nostra advenit, sapientia, & pietas, & disciplina a Domino: hi sunt thesauri justitiae.* (i) Item de altitudine divitiarum sapientiae & scientiae Dei, cujus bonitas nullius merito praevenitur, haec dicit: *Quis mensus est manu aquam, & caelum palmo, & universam terram pugillo? Quis statuit montes in libra, & rupes in statera? Quis cognovit sensum Domini, aut quis ejus fuit consiliarius, qui instruat eum? aut quem consuluit, & instruxit eum? vel quis ostendit ei judicium, aut viam prudentiae quis ostendit ei, vel quis prior dedit ei, & retribuetur illi?* Unde & in libro Job secundum eumdem sensum leguntur Domini verba dicentis, *Quis ante dedit mihi, ut retribuam illi? Omnia quae sub caelo sunt, mea sunt.* Jeremias vero quod a Deo sit homini (k) vera sapientia, sic profitetur: *Scio, Domine, quia non est in homine via ejus, nec viri est ut dirigat iter suum.* Item quod (l) ad Deum conversio cordis ex Deo sit, per ipsum Dominum protestatur, & dicit: *Restituam illos in terram istam,* (m) *& aedificabo, & non destruam, & plantabo eos, & non evellam, & dabo illis cor ut sciant me: quia ego sum Dominus, & erunt mihi in populum, & ego ero illis in Deum, quia convertentur ad me ex toto corde suo.* (n) Baruch quoque praedicat quod ut Deus cognoscatur, ex Deo sit. *Et scient,* inquit, *quia ego Dominus Deus illorum, & dabo illis cor cognoscendi me, & aures audiendi.*

Quod autem omne verum bonum, & omne opus sanctum subministratio sit Spiritus sancti, sine quo nihil recte (o) agatur, in prima ad Corinthios Paulus apostolus docet, dicens: *Ideo notum vobis facio, quod nemo in Spiritu Dei loquens dicit anathema Jesu. Et nemo potest dicere Dominum Jesum, nisi in Spiritu-sancto. Divisiones vero gratiarum sunt, idem autem Spiritus: & divisiones ministrationum sunt, idem autem Dominus: & divisiones operationum sunt, idem vero Deus, qui operatur omnia in omnibus. Unicuique autem datur manifestatio Spiritus ad utilitatem. Alii quidem per Spiritum datur sermo sapientiae, alii autem sermo scientiae secundum eumdem Spiritum, alteri fides* (p) *in eodem Spiritu, alii gratia sanitatum in uno Spiritu, alii prophetatio, alii discretio spirituum, alii genera linguarum, alii interpretatio sermonum. Haec autem omnia operatur unus atque idem Spiritus, dividens singulis prout vult.* Tantum vero unumquemque habere gratiae, quantum (q) Dominus donaverit, idem Apostolus ad Ephesios ait: *Unum corpus, & unus Spiritus, sicut vocati estis in una spe vocationis vestrae. Unus Dominus, una fides, unum baptisma, unus Deus & pater omnium, qui* (r) *super omnes est, & super omnia, & in omnibus nobis. Unicuique autem nostrum data est gratia secundum mensuram donationis Christi: propter quod dicit, Ascendens in altum, captivam duxit captivitatem, dedit dona hominibus.* Item idem in secunda ad Corinthios dicit, quod ne ad cogitandum quidem quod spiritale est idonei sumus, nisi per gratiam Dei: *Fiduciam autem talem habemus per Christum ad Deum; non quod sufficientes simus aliquid cogitare a nobis, quasi ex nobismetipsis; sed*

(b) *Suf-*

(a) Ms. Joliensis, *hoc ego vidi.*
(b) Ms. Joliensis, *loquitur.*
(c) Mss. Camberon. & Jol. *voluerit.*
(d) Lovanii editio habet, *dedit in cor meum.*
(e) Ms. Joliensis, *alius autem sic.*
(f) Hic libri Prosperiani additur, *a Patre meo:* quae verba nec in Ms. Joliensi, nec Lovanii editione, nec in textu Evangelii Graeco aut Latino habentur. Ideo ea erasimus.
(g) Ms. Joliensis, *de eodem.*
(h) Ms. Jol. omisso, *se*, habet, *superposuit:* post ea, *timorem Dei.*
(i) Ms. Joliensis, *Item de altitudine.*
(k) Sic Ms. Jol. ac Lovanii editio. Alii codices, *recta sapientia.*
(l) Ms. Joliensis, *ad Dominum.*
(m) Lovanii editio, *& aedificabo*, sicut in Vulgata versione.
(n) Sic Mss. Camberon. & Jol. ac Lovan. edit. Alii, *item idem praedicans.*
(o) Ms. Joliensis, *agitur.*
(p) Ms. Joliensis, *in uno Spiritu.* Infra Colon. *singulis prout vult.*
(q) Ms. Joliensis, *donaverit Deus.*
(r) Ms. Jol. *& super omnes, & per omnia*, ut in utroque Apostoli textu.

(a) *sufficientia nostra ex Deo est, qui & idoneos fecit nos ministros novi Testamenti, non litteræ, sed spiritu. Littera enim occidit, spiritus autem vivificat.* Et iterum in eadem epistola, (b) dicens bonorum operum effectum & sufficientiam a Dei gratia ministrari: *Potens est autem*, inquit, *Deus omnem gratiam (c) abundare facere in vobis: ut in omnibus per omnia sufficientiam habentes, abundetis in omne opus bonum: sicut scriptum est, Dispersit, dedit pauperibus, justitia ejus manet in æternum. Qui autem ministrat semen seminanti, & panem ad manducandum præstabit, & augebit incrementa frugum justitiæ vestræ, ut in omnibus locupletati abundetis in omnem simplicitatem.* Ad Ephesios vero scribens Apostolus docet, quod omnia bona, quibus placetur Deo, dona sint Dei: & quod ab ipso peti oporteat, ut ea non (d) habentibus tribuantur: *Hujus rei*, inquit, *gratia flecto genua mea ad Patrem Domini nostri Jesu Christi, ex quo omnis paternitas in cælo & in terra nominatur, ut det vobis secundum divitias gloriæ suæ (e) virtutem corroborari per Spiritum ejus in interiorem hominem, habitare Christum per fidem in cordibus vestris: in caritate radicati & fundati, ut possitis comprehendere cum omnibus sanctis, quæ sit latitudo, & longitudo, sublimitas & profundum: (f) scire etiam supereminentem scientiæ caritatem Christi, ut impleamini in omnem plenitudinem Dei. Ei autem qui potens est omnia facere superabundantius quam petimus, aut intelligimus, secundum virtutem quæ operatur in nobis, ipsi gloria in Ecclesia & in Christo Jesu, in omnia sæcula sæculorum, Amen.*

Omnis autem boni Deum esse auctorem, cujus dona nec (g) incerta sunt, nec mutabilia, sed ex æterna voluntate venientia, Jacobus apostolus ita loquitur: *Nolite errare, fratres mei dilecti. Omne datum optimum, & omne donum perfectum de sursum est, descendens a Patre luminum, apud quem non est transmutatio, nec vicissitudinis obumbratio. Voluntarie enim genuit nos verbo veritatis, ut simus initium aliquod creaturæ ejus.* Cui & Zacharias Propheta concinit, dicens: (h) *Salvavit Dominus in die illa sicut oves populum suum, quoniam lapides sancti volvuntur super terram ipsius. Quia si quid bonum, ipsius est, & si quid optimum, ab ipso est.* In Evangelio vero secundum Matthæum, quod (i) scientia & intellectus dona sint Dei, quæ quibus voluerit largiatur, ita dicitur: *Et accedentes discipuli ejus, dixerunt ei, Quare in parabolis loqueris ad eos? At ipse respondens, ait illis, Quia vobis datum est nosse mysteria regni cælorum, illis autem non est datum.* Joannes quoque Evangelista pronunciat, neminem aliquid boni habere, nisi quod de sursum acceperit, dicens: *Non potest homo accipere quidquam, nisi fuerit ei datum de cælo.* Joan. 3. 27. In ejusdem vero Evangelio doctrina est ipsius Veritatis, quod nemo veniat ad Filium, nisi adtractus a Patre; quia venturum Deus & intelligentem & obedientem facit: *Nemo*, ait, *potest venire ad me, nisi Pater qui misit me, adtraxerit eum, & ego resuscitabo eum in novissimo die. Scriptum est enim in Prophetis, Et erunt omnes docibiles Dei. Omnis qui audivit a Patre, & didicit, venit ad me.* Joan. 6. 44. & seq. *Et infra, Propter hoc dixi vobis, quia nemo potest venire ad me, nisi datum fuerit ei a Patre meo.* Ibid. v. 66.

In fide autem & in operibus bonis proficere ac perseverare usque in finem, muneris atque auxilii esse divini sanctarum scripturarum confirmat auctoritas. Etenim scribens Paulus apostolus Philippensibus ait: *Confidens hoc ipsum, quia qui cœpit in vobis opus bonum, perficiet usque in diem Christi Jesu.* Philip. 1. 6. Hujus autem testimonii virtutem quidam volens ad sui sensus pravitatem convertere, ita quod dictum est, *Qui cœpit in vobis*, volebat intelligi, quasi dictum esset, Qui cœpit ex vobis: ut & initium & consummatio operis non ad Deum, sed ad hominem referretur, qui & incipere, & perficere voluisset. Sed hanc infandissimam superbiam, in eadem epistola excellentissimus gratiæ prædicator elidit dicens: *In nullo terreamini ab adversariis, quæ est illis causa perditionis, vobis autem salutis, & hoc a Deo.* Ibid. 28. & 29. (k) *Vobis enim donatum est pro Christo non solum ut in eum credatis, sed etiam ut pro illo patiamini.* Et iterum, *Cum metu*, inquit, *& tremore vestram salutem operamini. Deus est enim qui operatur in vobis & velle (l) & perficere pro bona voluntate.* Philip. 2. 12. Item in prima ad Thessalonicenses docet ex Deo esse principium & profectum, consummationemque virtutum, dicens, *Ipse autem Deus & Pater noster, & Dominus Jesus dirigat viam nostram ad vos. Vos autem Dominus multiplicet, & abundare faciat caritatem in invicem & in omnes, quemadmodum & nos in vos, ad confirmanda corda vestra sine querela in sanctitate (m) ante Deum, & Patrem nostrum in adventu Domini nostri Jesu Christi cum omnibus sanctis ejus.* 1. Thess. 3. 11. & seq. Ad Corinthios quoque scribens, & omnium virtutum proficientem perseverantiam Dei donum esse commendans: *Gratias*, inquit, *ago Deo meo semper pro vobis in gra-* 1. Cor. 1. 4. & seq.

(a) Ms. Jol. ut in textu Apostoli, *sufficientia nostra*.

(b) Ms. Jol. *docens* . . . . . *& effectum & sufficientiam*.

(c) Mss. Camber. & Jol. *abundantem facere*.

(d) Ita Mss. Camberon. & Joliensis cum Lovanis editione. Alii, *ut non habentibus tribuat*.

(e) Editio Lovan. ut in textu Apostoli, *virtute corroborari*.

(f) Hæc, *scire etiam* exciderant a Prosperi libris. Restituimus ex Mss. Camberon. & Jol. & editione Lovanis, cum legantur in textu Apostoli.

(g) Ms. Jol. & edit. Lovan. *incerta sunt*. Editi alii, *certa sunt*.

(h) Sic editio Lovanis cum Duac. & Colon. Ms. Joliensis & Lovan. *salvabit*; ut in textu Scripturæ: ubi in consequentibus *volvuntur*, non *volventur*, quod libri nostri omnes præferunt.

(i) Mss. Camb. & Jol. & Lovanis editio, *scientia*. Alii, *sciencia*.

(k) Sic Ms. Jol. & Lovanis editio. Alii vero, *Quia vobis &c.*

(l) Ms. Jol. & edit. Lovanis, *& operari*. Cæteri, *& perficere*.

(m) Hic Editi addiderant etiam *vita*, quod carent Ms. Jol. & editio Lovanis, necnon & textus utergue S. Pauli.

gratia Dei, quæ data est vobis in Christo Jesu: quia in omnibus divites facti estis in illo, in omni verbo & scientia: sicut testimonium Christi confirmatum est in vobis, ita ut nihil vobis desit in ulla gratia, exspectantibus revelationem Domini nostri Jesu Christi, qui & confirmabit vos usque ad finem sine crimine, (a) *in diem adventus Domini nostri Jesu Christi.* Item ad Romanos de caritate Christi, quæ eos quos diligit, (b) insuperabiles facit, id est usque in finem perseverantes. (Nam quid est aliud perseverare, quam tentatione non vinci?) *Quis nos*, inquit, *separabit a charitate Christi? Tribulatio? an angustia? an persecutio? an fames? an nuditas? an periculum? an gladius? sicut scriptum est, Quia propter te mortificamur tota die;* (c) *æstimati sumus sicut oves occisionis: sed in his omnibus superamus per eum qui dilexit nos.* Item ad Corinthios de victoria, quam perficit Christus: *Stimulus*, inquit, *mortis peccatum est, virtus vero peccati lex. Deo autem gratias, qui dedit nobis victoriam per Jesum Christum Dominum nostrum.* Item ad Thessalonicenses de perseverantia quam Deus tribuit: *Ipse autem*, ait, *Deus pacis sanctificet vos per omnia,* (d) *ut integer spiritus vester, & anima, & corpus sine querela in adventum Domini nostri Jesu Christi servetur. Fidelis est qui vocavit vos, qui etiam* (e) *faciet.* Item ad Thessalonicenses, quod omnia bona nostra, sive in operando, sive in loquendo, & in eis perseverantia, dona sint Dei, ita prædicat, dicens: *Ipse autem Dominus noster Jesus Christus,* (f) *& Deus Pater noster, qui dilexit nos, & dedit consolationem æternam & spem bonam in gratia, exhortetur corda vestra, & confirmet in omni opere & sermone bono. De cetero, fratres, orate pro nobis, ut* (g) *sermo Domini currat & clarificetur, sicut & apud vos, & ut liberemur ab importunis & malis hominibus. Non enim omnium est fides. Fidelis autem* (h) *Dominus est, qui & confirmabit vos, & custodiet a malo.* (i) Petrum quoque apostolum, unde esse virtutem perseverantiæ doceat, audiamus. *Deus autem*, inquit, *omnis gratiæ, qui vocavit nos in æternam suam gloriam in Christo Jesu, modicum passos ipse perficiet, confirmabit, solidabitque: cui est virtus & potestas in sæcula sæculorum, Amen.* Joannes vero apostolus, quod victoria sanctorum opus Dei sit habitantis in sanctis, ita loquitur: *Vos ex Deo estis, filioli, & vicistis mundum; quoniam major est qui* (k) *in vobis est, quam qui in mundo.* Item idem: *Omne quod natum est ex Deo, vincit mundum; & hæc est victoria quæ vincit mundum, fides nostra.* In Evangelio autem secundum Lucam, Deum dare, (l) ut in fide perseveretur, ita promittit: *Dixit autem Jesus Petro, Simon, Simon, ecce Satanas postulavit ut vos* (m) *cerneret sicut triticum. Ego autem rogavi pro te, Petre, ut non deficiat fides tua: & tu conversus confirma fratres tuos,* (n) *& roga ne intretis in tentationem.* In Evangelio quoque Joannis, de ovibus Christi, quæ de manu ipsius a nullo (o) rapiuntur, hæc legimus dicere Veritatem: *Sed vos non creditis, quia non estis de ovibus meis. Oves meæ vocem meam audiunt, & ego novi illas, & sequuntur me, &* (p) *ego vitam æternam do illis, & non peribunt in æternum, nec quisquam rapiet eas de manu mea.* Item in eodem Evangelio, de his quos Pater dat Filio, qui & omnes veniunt ad Filium, & quorum nullus perit, hæc ipsius Domini ore dicuntur: *Omne quod dat mihi Pater, venit ad me, & eum* (q) *qui venit ad me non ejiciam foras: quia descendi de cælo, non ut faciam voluntatem meam, sed voluntatem ejus qui misit me Patris: ut omne quod dedit mihi, non perdam ex eo quidquam, sed resuscitem illud in novissimo die.*

Perseverantia quid sit. Rom. 8. 35. & seq.

1. Cor. 15. 56. & 57.

1. Thess. 5. 23. & 24.

2. Thess. 2. 16. & 17. & 3. 1. & seq.

1 Pet. 5. 10. & 11.

1 Joan. 4. 4.

1 Joan. 5. 4.

Luc. 22. 31. & seq.

Joan. 10. 26. & seq.

Joan. 6. 37. & seq.

CAPUT XXV.

Quæstionem, cur potius hic quam ille accipiat gratiam, esse impenetrabilem, nec posse ex libero arbitrio solvi.

MUlta sunt alia in canonicarum serie scripturarum, quæ vitandæ prolixitatis studio prætermittimus, quoniam quæ assumpsimus, nec pauca sunt, nec obscura, nec levia: quibus planissime declaratur, omnia quæ ad promerendam vitam æternam pertinent, sine gratia Dei nec inchoari, nec augeri posse, nec perfici; & contra omnem (r) elationem de libero arbitrio gloriantem, illam invictissime veniri sententiam dicentis Apostoli: *Quis enim te discernit? Quid autem habes quod non accepisti? Si autem accepisti, quid gloriaris quasi non ac-*

1 Cor. 4. 7.

ceper-

(a) MS. Joliensis ut in textu Apostoli, in die. Quæ alias erat lectio loci hujus in Lovanii libris. Idemque addit noster, circa finem post textum Apostoli.

(b) Editi alias, inseparabiles, MS. Joliensis & Lovanii editio, insuperabiles.

(c) MS. Joliensis, æstimati.

(d) MS. Jol. & integer, ut in textu Græco.

(e) Alias in Lovan.: faciet.

(f) Sic MS. Joliensis, ut apud Apostolum. Alii codices nostri omittunt & secundo loco.

(g) MS. Joliensis, sermo Dei.

(h) Sic MS. Jol. ut in Apostolo. Ceteri Deus est.

(i) MS. Joliensis, Petrus vero. Idemque addit, Amen post aliquot verba, ut Lovanii editio.

(k) MS. Jol. & edit. Lovanii, in nobis est.

(l) Colon. editio, ut in virtute. MS. Joliensis & Camb. & edit. Lovanii promittit, loco vocis promittitur, quæ est in aliis.

(m) MS. Joliensis, ut vos cribraret. Alii omnes, cerneret. Cernere autem pro secernere & cribrare usurpare tunc solitum observarunt editores Lovanienses omnes: apud Plinium quod eodem hoc sensu usurpatur.

(n) In Lovan., & orate.

(o) Ita MS. Joliens. & Lovanii editio. Ceteri, rapiuntur.

(p) Vocem ego addunt MS. Jol. & Lovanii edit. in quo pro do eis, in marg. dabo eis alias lectum scribitur.

(q) MS. Jol. qui venerit, Alias sic lectum in Lovan.

(r) MSS. Cambron. & Jol. cum Lovanii edit. elationem. Alii electionem.

Per liberi arbitrii velle & nolle, non solvitur difficultas electionis & reprobationis. Deus dat bonum velle.

operis? Igitur profunditas illius quaestionis, quam secundum admirationem Apostoli impenetrabilem confitemur, per liberi arbitrii (a) velle & nolle non solvitur. Quia licet ipsi homini bonum nolle, tamen nisi donatum non habet (b) bonum velle: & illud contraxit natura per culpam, hoc recipit natura per gratiam. Sed quid illud sit quod haec eadem natura in omnibus hominibus ante reconciliationem (c) rea, in omnibus misera, non in omnibus justificatur, & a pereuntibus quadam sui parte discernitur, ab eo qui venit *quaerere & salvare quod perierat*, humano sensu prorsus non potest indagari. Quantumlibet enim impiorum malignitas accusetur, resistens gratiae Dei; numquid (d) probabuntur eam, quibus est collata, renuisse? aut illa virtus gratiae, quae sibi quam voluit subdidit, convertere eos qui inconvertibiles permansere, non potuit? Tales fuerunt qui sunt adtracti, quales hi qui in sua duritia sunt relicti. Sed illis tribuit gratia superanda quod voluit, istis (e) retribuit veritas justa quod debuit: ut judicium Dei magis inscrutabile sit in electione gratiae, quam (f) in retributione justitiae. Verumtamen ne illa pars fidei, qua pie credimus Deum velle, ut omnes homines veritatis agnitione salventur, per hoc quod de effectibus gratiae evidenter ostenditur, infirmata videatur; adnitendum est, auxiliante Christo, ut nobis stabilitas hujus definitionis appareat. Sed quia necessariae inquisitionis negotium non levem operam sibi poscit impendi, sequentem disputationem ab exordio alterius voluminis inchoemus.

Luc. 19. 10.

[illegible]

Deus tribuit sibi per gratiam bonum quod vult.

(a) MSS. Thuan. Camb. & Jol. *velle & nolle*. At alterum lectionem anteponendam probat quod sequitur: *& illud contraxit natura per culpam*; quod non ad aliud quam ad *bonum nolle* referri potest.

(b) Editi Prosperi, *donum bonum velle*. Melior congruitque vox *donatum* in MS. Johann. & editione Leonis.

(c) MSS. Camb. & Jol. & edit. Leon. habent, *rea*. Editi Prosperiani: *mala*.

(d) MSS. Thuan. & Camb. *probabunt*.

(e) Sic MSS. Camb. & Jol. & Leo. Editi Prosperi, *tribuit*.

(f) MS. Thuan. *in redditione*.

DE VOCATIONE OMNIUM GENTIUM IGNOTI AUCTORIS

LIBER SECUNDUS.

CAPUT PRIMUM.

Tria esse in hac quaestione certa: Deum velle omnes salvos fieri: cognitionem veritatis & salutem esse ex gratia: & judicia Dei esse impenetrabilia.

REMOTIS abdicatisque omnibus concertationibus, quas intemperantium disputationum gignit animositas; tria esse perspicuum est, quibus in hac quaestione, de qua secundum volumen incipimus, debeat inhaereri. Unum, (a) quo profitendum est, Deum velle omnes homines salvos fieri, & in agnitionem veritatis venire: Alterum, quo dubitandum non est, ad ipsam (b) cognitionem veritatis & perceptionem salutis, non suis quemquam meritis, sed ope atque opere divinae gratiae pervenire: Tertium quo confitendum est, altitudinem judiciorum Dei humanae intelligentiae penetrabilem esse non posse; & cur (c) non omnes homines salvet, qui omnes homines vult salvos fieri, non oportere (d) disquiri: quoniam si quod cognosci non potest, non quaeratur, inter primam & secundam definitionem non remanebit causa certaminis, sed secura ac tranquilla fide utrumque praedicabitur, utrumque credetur. Deus
Rom. 9. 14. Psal. 24. 10. quippe, apud quem non est iniquitas, & cujus universae viae misericordia & veritas, omnium hominum bonus conditor, justus est ordinator; neminem indebite damnans, neminem debite liberans, nostra plectens cum punit mala, sua
Psal. 62. 12. Psal. 50. 6. tribuens cum facit justos: ut obstruatur os loquentium iniqua, & justificetur Deus in sermonibus suis & vincat cum judicatur. Nec damnati justa querimonia, nec justificati vera est arrogantia, si vel ille dicat non meruisse se poenam, vel iste asserat meruisse se gratiam.

CAPUT II.

Scriptura docet Deum velle omnes homines salvos fieri.

SICUT autem ea quae ad manifestationem gratiae ex divinis proferuntur eloquiis nulla possunt (e) disserendi arte violari, ut perspicue consonanteque (f) in tanta numerositate sententiae ad aliquod pravae interpretationis trahantur incertum: ita etiam quod de salvatione omnium hominum in eodem Scripturarum corpore reperitur, nulla contraria argumentatione temerandum est; ut quanto hoc ipsum difficiliore intellectu capitur, tanto fide laudabiliore credatur. Magna enim fortitudo est consensionis, cui ad sequendam veritatem auctoritas sufficit, etiam latente ratione. Proinde vigilanter consideremus, praedicatoribus Evangelii quid a Domino jubeatur. Secundum Matthaeum quippe sic
ait: *Data est mihi omnis potestas in caelo & in terra. Euntes ergo (g) docete omnes gentes, baptizantes eos in nomine Patris, & Filii, & Spiritus-sancti, docentes eos servare omnia quaecumque mandavi vobis. Et ecce vobiscum sum omnibus diebus usque ad consummationem saeculi.* Secundum Marcum vero eisdem Apostolis Matt. 28. 18. & seq.
ita dicitur: *Ite in orbem universum, praedicate Evangelium universae creaturae: & qui crediderit & baptizatus fuerit, ipse salvus erit: qui vero non crediderit, damnabitur.* Numquid in hac praeceptione ullarum nationum ullorumve hominum facta discretio est? Neminem meritis excepit, neminem genere separavit, neminem conditione distinxit. Ad omnes prorsus homines missum est Evangelium crucis Christi. Et ne praedicantium ministeria humano tantum vide- Marc. 16. 15.
rentur opere peragenda, *Ecce ego*, inquit, *vobiscum sum omnibus diebus usque ad consum-* Matt. 28. 20.
mationem saeculi. Id est, cum sicut oves introieritis in medium luporum, nolite de vestra infirmitate trepidare, sed de mea potestate confidite, qui vos usque ad consummationem saeculi in omni hoc opere non derelinquam: (h) non hoc Matt. 10.

(a) Editi Prosperi, quod & infra, *Alterum quod:* & rursus *Tertium quod*. Ubi MSS. Cambron. & Joliensis, nec non Lovan. edit. habent, quo.

(b) Editi cognitionem. MSS. Camb. & Jol. cum Lovan. agnitionem.

(c) Sic MSS. Camb. & Jol. cum Lovan. Editi, non omnes salvet, qui omnes vult salvos fieri.

(d) MS. Joliensis, inquiri.

(e) In editis hic erat vox illa *ratione*. Meliusque abest a MSS. Camb. & Jol. & edit. Lovan.

(f) MS. Joliensis, & in terra.

(g) MS. Joliensis, docete, [illegible], baptizantes eos.

(h) Editi, non ad hoc. MSS. Jol. & Lov. non hoc, scilicet [illegible], quod paulo sequitur MS. Camb. dein, separatim.

hoc ut nihil patiamini, sed, quod multo majus est, praestiturum ut nulla saevientium crudelitate superemini. In mea enim potestate praedicabitis, & per me fiet ut inter contradicentes, inter furentes Abrahae filii de lapidibus suscitentur. (Matth. 3. 9.) Ego insinuabo quod docui, ego faciam quod promisi. *Tradent enim vos in conciliis, & in synagogis suis flagellabunt vos, & ante reges & praesides stabitis propter me, in testimonium illis & gentibus. Cum autem tradent vos, nolite cogitare quomodo aut quid loquamini. Non enim vos estis qui loquimini, sed Spiritus Patris vestri qui loquitur in vobis. Tradet enim frater fratrem in mortem, & pater filium, & insurgent filii in parentes, & morte eos afficient, & eritis odio omnibus hominibus propter nomen meum. Qui autem perseveraverit usque in finem, hic salvus erit.* (Matth. 10. 17. & seq.) *Apparuit ergo* (ut Apostolus ait) *gratia* (a) *salvatoris nostri Dei omnibus hominibus*: (Tit. 2. 11.) & tamen ministri gratiae odio erant omnibus hominibus. Et cum alii essent qui odirent, alii qui odiis persequentium premebantur; neutra tamen pars nuncupatione omnium hominum privabatur: habente quidem salutis suae damnum rebellium portione, sed obtinente plenitudinis censum fidelium dignitate. Dicit enim Joannes apostolus, *Sed & si quis peccaverit, advocatum habemus apud Patrem Jesum Christum justum: & ipse est propitiatio pro peccatis nostris, non pro nostris autem tantum, sed etiam pro totius mundi.* (1 Joan. 2. 1.)

CAPUT III.

Inscrutabile esse cur Deus judicaverit quarumdam vocationem differendam.

MAgni autem & inenarrabilis sacramenti mysterium est, quod praedicatoribus, quibus dictum est, *Ite in orbem universum, & praedicate Evangelium universae creaturae*; (Marc. 16. 15.) iisdem prius dictum fuerat, *In viam gentium ne abieritis, & in civitates Samaritanorum ne intraveritis, sed potius ite ad oves quae perierunt domus Israel.* (Matth. 10. 5.) Quamvis enim ad omnium hominum vocationem Evangelium dirigeretur, omnesque Dominus salvos fieri & in agnitionem veritatis vellet venire; (1 Tim. 2. 4.) non tamen sibi dispensationum suarum abstulerat potestatem, ut aliter quam occulto justoque judicio ilatarum, consilii sui ordo decurreret. Unde locum non habent contumacium murmura querelarum, quia quod Deus fieri voluit, constat non aliter fieri debuisse quam voluit. Posteriore vero tempore, cum jam Dominus Jesus in Dei Patris gloria consideret, & praedicatores verbi suscepto negotio deservirent; volentes Apostoli evangelizare verbum in Asia, *vetiti sunt ab Spiritu sancto*, & dispensantes ire in Bithyniam, prohibiti sunt ab Spiritu Jesu: (Act. 16. 6. & 7.) non utique negata illis populis gratia, sed quantum apparuit, retardata. Nam (b) postmodum etiam apud ipsos fides Christiana convaluit.

Quae autem fuerit differendae vocationis causa, non claret: (Causa dilatae vocationis occulta.) & tamen rei gestae docemur exemplo, quod inter generalia, vel promissa, vel opera, vel praecepta, quaedam Deus a communibus excepta causis, occultiore novit ordinare ratione. Credo, ut interpositis quibusdam obumbrationibus, ea quae secretius micant, mirabilius innotescant: ne negligentior fiat acies de facilitate cernendi, & quodammodo dormitet assuetis, si non excitetur insolitis. Has autem incognoscibiles illuminationum dilationes, inter quas utique multi infidelitate deficiunt, non solum in populis remotioribus inspicimus, sed etiam in civitatibus fidelium per plurimas domos ac familias novimus fieri, dum Christianae fidei, etiam qui Christiani haberi sunt adversantur. Multi enim quod oderunt accusant, quod non recipiunt praedicabunt. Et quis inter haec (c) querulus aut curiosus permovebitur, cur adhuc Sol justitiae quibusdam gentibus non oriatur, (Malach. 4. 2.) & a tenebrosis cordibus, etiam nunc radios suos veritas revelanda contineat? (Ephes. 5. 8.) Cur corrigendi tam diu sinantur errare, & quod senibus in fine praestandum est, per tam longam non tribuatur aetatem? Cur filiis jam in Christum credentibus, nec dum credant parentes? Et rursum, a religiosis parentibus soboles prava discordet? Cum tamen Deo, qui initiorum fidei, incrementique largitor est, secundum ipsius praeceptum quotidie pro omnibus supplicetur: ut (d) & si exaudit, non sit gratia miserationis: & si non exaudit, intelligatur judicium veritatis.

CAPUT IV.

In praeteritis saeculis semper adfuerit divina bonitas hominum sui cultus per elementa; sicut populum Israel peculiariter per legem & prophetas.

SED ne in praeteritis quidem saeculis haec eadem gratia (quae post Domini nostri Jesu Christi resurrectionem ubique diffusa est, & de qua scriptum est, *Illuminant coruscationes ejus orbi terrae*) defuit mundo. (Psal. 96. 4.) Quamvis enim speciali cura atque indulgentia Dei populum Israeliticum constet electum, omnesque aliae nationes suas vias ingredi, hoc est, secundum propriam permissae sint vivere voluntatem; non ita se tamen aeterna Creatoris bonitas (e) ab illis hominibus avertit, ut eos ad cognoscendum se atque metuendum, nullis significationibus admoneret. (Psal. 18. 2. Act. 14. 16.) Caelum quippe ac terra & mare, omnisque creatura quae videri atque intelligi potest, ad hanc praecipue disposita est humani generis utilitatem, ut natura rationalis de contemplatione tot specierum, de experimentis tot bonorum, de perceptione tot munerum, ad cultum & dilectionem sui imbueretur auctoris, implente omnia Spiritu Dei in quo vivimus, & movemur, & sumus. (Act. 17. 28.) Quoniam etsi *longe est a peccatoribus salus*, (Psal. 118. 155.) praesentia tamen salutis ipsos ac

(Side note to Caput IV: [illegible])

(a) Ita MSS. Camberon. & Joliens. & Lov. Edit. *salvatoris Dei*.
(b) Editi, *postea*. MSS. Jol. & Camb. *postmodum*. Sic in Lovan.
(c) MS. Camberon. *querulus aut curiosus*.
(d) Editi, *etsi exaudiat*. Melius MS. Joliensis & edit. Lovan.
(e) Lovan. editio, *ab aliis hominibus*.

ac virtute nihil vacuum est. Igitur, sicut dicit Psal. 32. 5.
Propheta, *Misericordia Domini plena est terra*: quae nullis umquam saeculis, nullis generationibus defuit, eamque providentiam, qua universitatem rerum administrat & continet, regendis alendisque naturis semper impendit, dispositum habens in incommutabili aeternitate consilii, (a) quibus quidque temporibus distribueret, & multiformis gratiae suae inscrutabiles investigabilesque mensuras, per quae dona ac sacramenta variaret. Sicut enim illa gratiae largitas, quae in omnes (b) gentes novissime (c) effulsit, non evacuat eam, quae super unum Israel sub lege (d) rotavit, nec praesentes divitiae fidem praeteritae abrogant parcitatis: ita nec de illa cura Dei quae patriarcharum filiis proprie praesidebat, conjiciendum est gubernacula divinae misericordiae ceteris hominibus fuisse subtracta. Qui quidem in comparatione electorum videntur abjecti, sed numquam sunt a manifestis occultisque beneficiis abdicati. Legimus enim (e) in Actibus Apostolorum, Paulum & Barnabam apostolos Lycaoniis dicere: *Viri, quid haec facitis? & nos mortales sumus similes vobis homines, annuntiantes vobis ab his vanis converti ad Deum vivum, qui fecit caelum, & terram, & mare, & omnia quae in eis sunt, qui in praeteritis generationibus dimisit omnes gentes ingredi vias suas. Et quidem non sine testimonio semetipsum reliquit, (f) benefaciens, de caelo dans pluvias & tempora fructifera, implens cibo & laetitia corda vestra.*

Quod est autem hoc testimonium, quod semper Domino deservivit, & numquam de ejus bonitate conticuit; nisi ipsa totius mundi inenarrabilis pulcritudo, & inenarrabilium beneficiorum ejus dives & ordinata largitio; per quae humanis cordibus quaedam aeternae legis tabulae praebebantur, ut in paginis elementorum, ac voluminibus temporum, communis & publica divinae institutionis doctrina legeretur? Caelum ergo cunctaque caelestia, mare & terra, omniaque quae in eis sunt, consono speciei suae ordinationisque concentu protestabantur gloriam Dei, & praedicatione perpetua majestatem sui loquebantur auctoris: & tamen maximus numerus hominum, (g) qui vias voluntatis suae ambulare permissus est, non intellexit, nec secutus hanc legem est, & odor vitae, qui spirabat ad vitam, factus est ei odor mortis ad mortem; ut etiam in illis visibilibus testimoniis discerneret quod littera occideret, spiritus autem vivificaret. Quod ergo in Israel per constitutionem legis & prophetica eloquia gerebatur; hoc in universis nationibus totius creaturae testimonia & bonitatis Dei miracula semper egerunt.

Act. 14. 14. & seq. — 2. Cor. 2. 16. — 2. Cor. 3. 6.

CAPUT V.

Qui inter gentes Deo placuerunt, spiritu fidei & gratiae sunt discreti.

SED cum illo populo, cui utraque eruditio praefuit, nemo nisi gratia justificatus sit per spiritum fidei; quis ambigat eos, qui de quibuscumque nationibus quibuslibet temporibus Deo placere potuerunt, spiritu gratiae Dei fuisse (h) discretos? Quae etsi parcior ante atque occultior fuit, nullis tamen saeculis se negavit, virtute una, quantitate diversa, consilio incommutabili, opere multiformi.

CAPUT VI.

Non omnibus, etiam nunc, eadem mensura gratiae confertur.

NAM & in his diebus quibus totum mundum largitatis donorum suorum flumina rigant, non idem modus omnibus, nec eadem mensura confertur. Quamvis enim per ministros verbi & gratiae Dei eadem cunctis veritas praedicetur, eadem cohortatio adhibeatur; Dei tamen agricultura est, Dei aedificatio, cujus virtus invisibiliter agit, ut incremento proficiat quod aedificatur aut colitur. Sicut attestatur Paulus apostolus, dicens: *Quid igitur est Apollo? (i) quid vero Paulus? (k) ministri ejus, cui credidistis, & unicuique sicut Dominus dedit. Ego plantavi, Apollo rigavit, sed Deus incrementum dedit. Itaque neque qui plantat est aliquid, neque qui rigat, sed qui incrementum dat Deus. Qui plantat autem & qui rigat, unum sunt. Unusquisque autem propriam mercedem accipiet secundum suum laborem. Dei enim sumus adjutores, Dei agricultura estis, Dei aedificatio estis.* Agriculturae ergo huius atque aedificationis in tantum quisque adjutor, & operarius ac minister est, in quantum cuicumque Dominus dederit. Et hi qui ministrorum labore excoluntur, ad eum proficiunt modum, ad quem illos incrementi auctor evexerit. In agro enim Domini non uniformis, nec una plantatio est. Et quamvis in unum decorem totius templi structura conveniat, non idem tamen locus est, nec idem usus omnium lapidum: sicut & in uno corpore non omnia membra eundem actum habent, (l) dicente Apostolo, *Nunc autem posuit Deus membra, & unumquodque eorum sicut voluit.*

1. Cor. 3. 4. & seq. — Rom. 12. 6. — 1. Cor. 12. 18.

CA-

(a) MS. Joliensis, *quibus quaeque temporibus*. MS. Camb. *quid quibus temporibus*.
(b) MS. Cameracen. *illuxit*.
(c) Vox haec, *gentes*, ab edit. Duac. & Colon. exciderat. In Lovan. MS. Jol. ac Leone legitur.
(d) MS. Cameracen. & Thuan. *coruscavit*.
(e) Alii libri, *in Actis*. MS. Camber. & Leo, *in Actibus*.
(f) MS. Joliensis, *benefaciens eis*.
(g) MS. Cameracen. *quas vias*. MS. Jol. *quia vias*.
(h) MS. Camb. & Joliensis, *directos*. Alii, *disertos*.
(i) MS. Jol. *quid autem Paulus?*
(k) In edit. Leonis, *ministri*.
(l) MS. Joliensis, *igitur*.

CAPUT VII.

Cum omne bonum ex gratia Dei sit, imparitas meritorum nec in liberum arbitrium est referenda, nec in querelam est vertenda.

HÆC vero membra unde apta, unde utilia, unde sint pulcra, idem Doctor evidenter ostendit, dicens: *Ideo notum vobis facio, quod nemo in Spiritu Dei loquens, dicit anathema Jesu. Et nemo potest dicere Dominum Jesum, nisi in Spiritu sancto. Divisiones vero gratiarum sunt, idem autem Spiritus; & divisiones ministrationum sunt, idem autem Dominus; & divisiones operationum sunt, idem vero Deus, qui operatur omnia in omnibus. Unicuique autem datur manifestatio Spiritus ad utilitatem: alii quidem per Spiritum datur sermo sapientiæ, alii sermo scientiæ secundum eumdem Spiritum, alteri fides in eodem Spiritu, (a) alii gratia sanitatum in eodem Spiritu, alii (b) operationes virtutum, alii prophetatio, alii discretio spirituum, alii genera linguarum, alii interpretatio sermonum. Hæc autem omnia operatur unus atque idem Spiritus, dividens singulis prout vult.* (1. Cor. 12. 3. & seqq.) Hæc magistro gentium tanta luce, tanta evidentia prædicante, (c) quæ ratio, quæ caussa dubitandi est, an omnium nobis virtutum germen ex Deo sit? vel quis, (d) nisi insipientissimus, de differentia divinorum munerum conqueratur, aut imparibus adscribendum meritis arbitretur, quod non æqualiter de superna liberalitate confertur? (Differentia donorum in Deum referenda.) Si enim hæc distributio secundum præcedentium operum merita (e) proveniret, non ipsorum donorum catalogum tali conclusione Apostolus terminaret, ut diceret, *Hæc autem omnia operatur unus atque idem Spiritus, dividens singulis prout vult.* (1. Cor. 12. ibid.) Ubi utique si meritorum caussas voluisset intelligi, diceret, Dividens singulis prout merentur: sicut plantatoribus (f) aut rigatoribus præmium devotionis spopondit, dicens, *Unusquisque autem propriam mercedem accipiet secundum suum laborem.* (1. Cor. 3. 8.)

CAPUT VIII.

Unicuique sine merito datur, unde tendat ad meritum: & a gratia jam donato exspectatur, ut id quod accepit, augeat per illum qui dat incrementum.

DAtur ergo unicuique sine merito unde tendat ad meritum, & datur ante ullum laborem unde quisque mercedem accipiat secundum suum laborem. Quod ita esse, etiam (g) ex doctrina evangelicæ veritatis agnoscitur: ubi per comparationem dicitur, quod *homo peregre proficiscens vocavit servos suos, & tradidit illis substantiam suam, & uni dedit quinque talenta, alii autem duo, alii vero unum,* (h) *unicuique secundum propriam virtutem,* id est, secundum propriam & naturalem possibilitatem, non autem secundum proprium meritum: (Matt. 25. 14. & 15.) quia aliud est (i) posse operari, aliud operari; & aliud est posse habere charitatem, aliud habere charitatem, & aliud est capacem esse continentiæ, justitiæ, sapientiæ, aliud vero esse continentem, justum, atque sapientem. Non itaque omnis reparabilis reparatur, nec omnis sanabilis (k) sanus est; quia reparabilem & sanabilem esse, de natura est; reparatum autem & sanum esse, (l) de gratia est. Denique illi, quibus secundum modulum capacitatis suæ, quem in eis distributor substantiæ prævidebat, dispar creditus est numerus talentorum, non meriti remunerationem, sed operis acceperre materiam. (Ibid. 20. & 22.) In qua duorum servorum vigilantissima industria non solum gloriosis laudibus honestatur, sed etiam in æternas Domini sui gaudia intrare præcipitur. (Ibid. 21. & seqq.) Tertii vero pigrum otium & desidiosa nequitia sic punitur, ut & vituperationis dedecoretur opprobrio, & portione quam acceperat exuatur. (Matt. 25. 26. & seqq.) Dignus enim erat perdere inutilem fidem, qui non exercuerat charitatem. Unde & (m) in subsequenti sermone, quo apertissime declaratur futuri forma judicii, sedente Filio hominis in sede majestatis suæ, (n) ante quem facta congregatione omnium gentium, alii (o) dicuntur ad dexteram, alii ad sinistram constituendi; (V. 31. & 32.) laudatis dexteris de operibus charitatis, nihil aliud sinistris objicitur, quam misericordiæ benevolentiæque neglectus. Acceperant ergo etiam isti fidem, sed non secuti fuerant dilectionem: nec de non servato, sed de non aucto munere damnabuntur. Quamvis enim omnia bona dona sint Dei, (p) a Deo tamen quædam etiam non petita tribuuntur, ut per ipsa quæ accepta sunt, ea quæ nondum sunt donata quærantur. (Gratia gratis, ut per quæ dona donis largiantur.) Semen quippe quod jacitur in terram non ob hoc seritur ut ipsum solum maneat, sed ut fructum afferendo, multiplex atque numerosum sit. (Joan. 12. 24.) (q) Cui quidem profectus ab illo est, qui dat incrementum: (1. Cor. 3. 6.) sed terra vivens, (r) & rationalis, & de gratia

(a) Hæc pars loci Apostolici auditur in MS. Camberon. & Joliensi: & editione Lovanii. Exciderat ab editis Prosperi.

(b) Alias *operatio*, ut Vulgata. MS. Jol. & Lov. *operationes*: ut Græca.

(c) Sic MS. Camb. Jol. & Lovanii editio. Alias editi, *quæ ratione, quæ caussa dubitandum est?*

(d) MS. Joliensis, *quis insipientissimus*.

(e) MS. Joliensis, *non ipsum donorum catalogum*.

(f) MSS. Camberon. & Joliensis, *& rigatoribus*.

(g) Sic cum MS. Camb. Jol. editio Lovan. Alias editi, *evangelica veritatis testimonio*.

(h) In MS. Joliensi absunt hæc, *unicuique secundum propriam virtutem*: & infra, *& naturalem*.

(i) MS. Jol. *per se operari ... per se habere charitatem*.

(k) Ita MS. Camb. & Jol. cum edit. Lovan. Alii, *sanatus est*, & postea *sanatum & sanum esse*: ubi alii, *& sanatum esse*.

(l) Colon. editio, *de gratia Dei*.

(m) MS. Joliensis, *in subsequenti parabola forma quo &c.*

(n) MS. Joliensis, *ante quem*. Alii, *ante quam* Prima lectionem præferunt Evangelistæ dicens: *& congregabuntur ante eum omnes gentes*.

(o) Sic MS. Joliensis & Lovanii edit. Alii editi *dicuntur*, vel, ut recentiores, *ducuntur*.

(p) MSS. Joliensis, & Camb. *a Deo tamen*.

(q) Ita MS. Joliensis cum Lovan. Alii, *Qui quidem*.

(r) Verba hæc, *& rationabilis*, addunt MS. Camberon. & Jol. atque edit. Lovanii. In his tamen MSS. omittitur, *& de gratia jam imbre secunda*: quibus non carent alii libri.

tiæ jam tenore fœcunda, habet quod ab ipsa exspectetur, ad id quod accepit augendum.

CAPUT IX.

Variata per diversa tempora gratiæ caussa a nobis non est investiganda.

HIS recte, ut arbitror, quantum Dominus tribuit, pertractatis, ad id unde digressa est disputatio revertamur. Ad considerationem scilicet differentiarum, quibus divinæ gratiæ opera ac dona variata sunt. Altitudo quippe divitiarum sapientiæ & scientiæ Dei, cujus inscrutabilia sunt judicia & investigabiles viæ, (a) sic semper misericordiam suam & justitiam temperavit, ut secretissima æterni consilii voluntate, noluerit in omnibus (b) temporibus super omnes generationes, aut super omnes homines æquales donorum suorum esse mensuras. Siquidem aliter eos juverit, quos ad cognoscendum se, cæli & terræ (c) testimoniis conveniebat; aliter illos, quibus, non solum elementorum famulatu, sed etiam doctrina legis, Prophetarum oraculis, (d) miraculorum signis, & angelorum cooperationibus consulebat: & multo magis aliter misericordiam suam universis hominibus declaraverit, quando Filius Dei factus est filius hominis, ut inveniretur ab eis qui eum non quærebant, & appareret his qui illum non interrogabant; & non in uno tantum populo (e) honor Israeliticæ stirpis excelleret; sed (f) in omni gente quæ est sub cælo, multiplicatum Abrahæ semen oriretur, (g) in quo hæreditatem successionem non filii carnis, sed filii promissionis intrarent: & quanto in præteritis sæculis super ceteras nationes, tanto nunc esset in gente Judæa parcitas gratiæ; cum tamen introducta plenitudine gentium, etiam ipsorum ariditati earumdem rigationum inundatio spondeatur. Quæ itaque caussæ sint harum sub eadem gratia dissimilitudinum, quæve rationes, sanctis scripturis non loquentibus, quis loquetur? Et cum in ea scientia Pauli apostoli a disputatione transeat ad stuporem, cujus erit tanta præsumptio, qui hæc disserendo (h) existimet aperienda, potius quam silentio miranda.

CAPUT X.

Omnibus sæculis misericordia Dei & corpora aluit, & mentes juvit.

PAteat ter igitur & æquanimiter ignoretur tam remotum ab humana (i) cognitione secretum. Nec tamen (k) quia nequeunt clausa penetrari, ideo etiam reserata sunt prætereunda intuitu. Manifestaverunt enim divinorum eloquiorum multæ auctoritates, & continua omnium sæculorum experimenta docuerunt, justam Dei misericordiam, misericordemque justitiam nec alendis unquam corporibus hominum, nec docendis juvandisque eorum mentibus defuisse. Semper etenim *pluit super bonos & malos, semper solem suum oriri facit super justos & injustos*, semper vitales auras præbuit, semper diei & noctis vicissitudines ministravit, ubertatem agris, multiplicationem seminibus, fecunditatem generandis hominibus semper (l) impendit. Et si quando aliquid horum minuit, benignis correptionibus aversorum desidiamque male utentium castigavit; ut miserationes ejus quærerent in adversis, cujus justitiam non timuerant in secundis. Denique si ad ipsa mundi exordia recurramus, inveniemus, omnium sanctorum qui diluvium præcesserunt, Dei Spiritum fuisse rectorem, propter quod & Filii Dei nominati sunt: quoniam, sicut ait Apostolus, *Quicumque Spiritu Dei aguntur, hi filii sunt Dei*. Et cum iidem, neglecta observantia patrum, illicitis se reproborum connubiis miscuissent, atque ob ceterarum societatem digni exterminio judicarentur, Dominus ait, *Non permanebit Spiritus meus in hominibus istis, quoniam caro sunt*. Unde apparet quod iste populus, cujus generationes discreto ordine cum annorum numero digeruntur, spiritalis antea fuit; ea utique voluntate cui Spiritus sanctus præsidebat: sic impendens moderationis sui regimen, ut declinandi ad vitia non adimeret potestatem: qua potestate hic populus si non uteretur, non relinqueretur a Deo, essetque ille de quo dictum est: *Felix qui potuit transgredi, & non est transgressus*. Quamdiu ergo apud Deum mansit, ea voluntate mansit, quam Deus inspiravit, & rexit. *Præparatur enim*, sicut scriptum est, *voluntas a Domino*.

CAPUT XI.

Hominibus sive pauciores & particulatim accrescit, quod superna largitas eis dare decrevit.

SED hujus præparationis non unus semper provectus, nec una mensura est. Quoniam multis modis & innumerabilibus differentiis, gratiæ opera & dona variantur, inque ipsis singulis generibus munerum dissimiles sunt gradus & impares quantitates. Sicut enim in germinibus herbarum atque lignorum, quæ terra producit, non una species, nec unum in omnibus genus est; sed singula quæque in sui seminis forma, & in suæ stirpis qualitate gignuntur, plerumque autem decorem non statim ut eduntur accipiunt, sed certis & ordinatis provehuntur augmentis, donec ad perfectam sui habitus quan-

titatem

(a) Sic MS. Camb. & Jol. cum edit. Lovan. Editi alias *sic per . . . & justitiam*.
(b) MS. Camb. & Jol. addunt, *temporibus*: quod non exciderat ab editis Prosperianis.
(c) MS. Joliensis, *testimonio*.
(d) MS. Joliensis *mirabilium signis*.
(e) Verum hanc locum habuimus ex MS. Joliensi & edit. Lovan. Quæ supplenda probantur ex serie orationis.
(f) Apud Lovanien, *in omni genere*.
(g) Ita MS. Jol. cum Lovan. Alii, *in quam*.
(h) MS. Camb. & Joliensis, *æstimant*.
(i) MS. Camb. & Jol. ac Lovanis edit. Editi nostri, *cognitatione*.
(k) MS. Joliensis, *quia nequeunt*.
(l) MS. Camb. & Jol. *impertiit*.

tiatem per succedentia sibi incrementa perveniant: ita & semina charismatum plurimaque virtutum, non in omni agro cordis humani totum hæc pariter, quod sunt futura, nascuntur, nec facile reperitur in exordio maturitas, & in inchoatione perfectio. Exserit quidem frequenter potens & misericors Deus mirabiles illos suæ operationis effectus, & quibusdam mentibus non exspectata profectuum mora, totum simul quidquid collaturus est, invehit. In Abrahæ lumbis Levi sanctificatur, & simul cum eo domus Aaron & sacerdotalis ordo benedicitur. In Isaac de repromissione concepto, & contra spem sterilium senum nato, omnium gentium vocatio, & tota Christi forma præconditur. Jacob nullo merito suffragante, dilectus prius quam nascatur, eligitur. Jeremiæ dicitur, *Prius quam te formarem in utero, novi te: & priusquam exires de vulva, sanctificavi te.* Joannes intra Elizabeth matris viscera Spiritu-sancto repletus exultat, & ut nullus inter natos mulierum major sit, prius sentit initia gratiæ quam naturæ.

[Margin: Primo initium, ... perfectio. — Hebr. 7. 10. — Gen. 21. — Rom. 9. 11. — Malac. 1. 2. — Rom. 9. 13. — Jerem. 1. 5. — Luc. 1. 41.]

Sed cum & alia similium documentorum exempla non desint, quæ brevitatis studio prætermisimus, multo tamen crebrior, multoque numerosior pars illa hominum est, cui particulatim quidquid superna largitas donat, accrescit; ut conservandorum munerum causæ, de his quæ sunt collata, pariantur. Quidam accepta fide, diffidentia non carent, quam utique inesse sibi noverat, qui dicebat, *Credo, Domine, adjuva incredulitatem meam.* Quam nec illi abesse penitus a suis animis sentiebant, qui dixerunt, *Auge nobis fidem.* Quidam quod credunt non intelligunt, & multi eorum diu in sua simplicitatis modulo detinentur. Multi vero cito intellectus lumen accipiunt. Ipsa autem intelligentia non in omnibus eumdem habet vigorem, aut similem facultatem: Et plurimi, cum & fide & intellectu videantur ornati, laborant tamen indigentia charitatis, & his quæ fide & intellectu vident, nequeunt inhærere: quoniam perseverari in eo non potest, quod non toto corde diligitur. Donum quoque ipsius charitatis non semper ejusmodi est, ut quidquid ad plenitudinem ipsius pertinet, simul a percipiente sumatur. Est enim amor qui potest alio amore superari, & sæpe dilectio Dei ex mundi dilectione marcescit; nisi ad eum fervorem, Spiritu-sancto inflammante, profecerit, qui nullo extingui frigore, nullo possit tepore languere. Cum itaque in hoc inenarrabili dono Dei, omnium summa donorum, & quædam cunctarum sit vita virtutum, ad hoc cætera conferuntur, ut habeat animæ fidelis intentio per quæ ad perfectam charitatem possit eniti. Quæ quoniam non solum ex Deo, sed etiam Deus est, stabiles & perseverantes atque insuperabiles facit, quos flumine (a) suæ voluptatis impleverit. Qui autem istarum aquarum dulcedinem nesciunt, & adhuc de mundi hujus torrentibus bibunt, aut etiam si aliquid prætereuntibus labris de vitæ fonte gustaverunt, (b) inebriari tamen aureo Babylonis calice delectantur; suo prorsus decipiuntur arbitrio, sua voluntate labuntur: & si in hac desidia perseverant, ipsi se his quæ acceperant dispoliant. Facile enim quælibet bona sine charitate possunt perire, quæ non possunt sine charitate prodesse.

[Margin: Triplex ... in aliquibus. — Marc. 9. 23. — Luc. 17. 5. — Charitas ... — Amor ... — 1 Joan. 4. 8. — Charitas perfecta ... Apoc. 14. 8. & 16. 19. — 1 Cor. 13. 2.]

CAPUT XII.

Divina constitutionis non est nostra a Deo aversio, sed propriæ voluntatis: ideoque meriti hominis esse si steterit, quia cadere potuit.

HÆC autem summatim breviterque perstricta ad id valeant, ut certissime noverimus nullum fidelium a Deo non discedentem relinqui, neque cujusquam ruinam ex divina esse constitutione dispositam: sed multis, qui jam judicio rationis utuntur, ideo liberum esse discedere, ut non discessisse sit præmium; & ut quod non potest nisi cooperante Spiritu Dei fieri, ejus (c) meritis deputetur, cujus id potuit voluntate non fieri. Quæ voluntas in malis actionibus sola esse potest, in bonis autem sola esse non potest. Quamvis enim (d) secundum naturam sit ejus, ut bona sit; vitium tamen, quod per malam voluntatem incidit in naturam, non naturæ superatur virtute, sed gratiæ.

[Margin: Libertas sub gratia. — Bona voluntas ... [illegible]]

CAPUT XIII.

Bonitatem Dei non solum sanctis, sed & impiis instituendis adfuisse ante diluvium.

REgebatur ergo primus ille populus Dei Spiritu Dei, & a maledicti ac prædamnati populi societate ac moribus per eruditionem sancti Spiritus abstinebat, custodiens discretionem sui a permixtione carnalium: quorum mala tamdiu sustinuit patientia Dei, quamdiu boni per id quod eos non imitabantur, placere potuerunt: ubi vero etiam boni malorum imitatione corrupti sunt, & (e) per voluntariam defectum in eamdem nequitiam (f) conspiravit universitas: quos, excepta Noe domo, una impietas prophanavit, sententia una delevit. Bonitas autem Dei ne illi quidem parti defuit, quæ in charitate non stetit, & ab initio sui, veneno diabolici livoris intumuit. Principem enim generis impiæ, sancti fratris meritis invidentem cædemque ejus parricidali corde meditantem, dignatur Dominus paterno mitigare consilio, dicens ad Cain, *Ut quid tristis factus es? Ut quid concidit vultus tuus? Nonne si recte offeras, recte autem non dividas, peccasti? quiesce. Ad te enim erit conversio ejus, & tu domi-*

[Margin: Deus ... [illegible] — Bonitas Dei non defuit impiis ante diluvium. — Gen. 4. 6.]

(a) Mss. & Camb. *suæ voluntatis* & sic olim in Lovan. At alii, *suæ voluptatis*.

(b) Sic Ms. Jol. & edd. Lovan. Duac. & Colon. & Leonis editio, *inebriari tamen*.

(c) Ita Mss. Thuan. Camb. & Jol. & Leonis editio. Editi Prosperi, *eorum meritis ... quorum*.

(d) Ita Mss. Cambron. & Jol. & Leonis editio. Editi vero Prosperi, *secundum naturam sit homini ut bona sit voluntatis; vitium tamen, quod per malam voluntatem irruit in naturam*. Ms. Camb. tamen habet, *incidit in naturam*.

(e) Editi nostri, *per voluntatis*. Mss. Camb. & Jol. ac Leonis editio posterior, *per voluntariam*.

(f) Ms. Joliensis, *conspirabat*.

Objurgatio Cain cur sit increpatus. *dominaberis ejus*. Depone, inquit, ortam de invidiæ æmulatione tristitiam, & flammas odii crudelis extingue: nihil tibi Abel nocuit, nec mihi placendo te læsit. Despexi munera tua meo judicio, non illius voto. Opus enim bonum negligenter egisti. Recta fuisset oblatio tua, si fuisset recta discretio. Sciens cui offerres, scire debueras quid voveres. Non digne inter me & te divisisti, quoniam tibi electiora servasti. Tuus ergo hic error est, tuumque peccatum. Quiesce, & noli in insontem fratrem moveri: ad te potius tua culpa revocatur. Noli peccato regnum in te dare, sed tu potius in ipsum fuste dominatum. Pœnitendo enim nec in majus facinus progredieris, & ab eo in quo te doles displicuisse, mundaberis.

Cum ergo talia ad Cain loquatur Deus, numquid ambiguum est voluisse eum, & (quantum ad (a) illum medendi modum sufficiebat) egisse, ut Cain ab illo impietatis furore resipisceret? Sed malitia pertinax inde facta est inexcusabilior, unde debuit esse correctior. Et utique præsciebat Deus, ad quem finem insanientis esset progressura commotio. Neque ex eo quod falli scientia divina non poterat, necessitate peccandi urgebatur facinus voluntatis. A Præscientia Dei nulla est causa peccatorum. cujus utique intentione atque effectu potuit incolumitas Abel illæsa defendi; nisi placuisset Deo cum magna laude patientiæ suæ, ut temporalis furor impii fieret perpetuus honor justi. Posteris vero illius (b) parricidæ, quamvis in progenitoris sui moribus viventi, (c) nunquam se divinam bonitatem negasse, quis non facile advertat, si consideret quantum eis prodesse potuerit tam longa patientia Dei, tam dives bonorum temporalium copia, & multiplicatæ fecunditatis tam numerosa propagatio? Quæ beneficia licet obduratis nihil remedii & consolationis attulerint; probant tamen aversionem eorum non divinæ fuisse constitutionis, sed propriæ voluntatis.

CAPUT XIV.

In diluvio, & postea usque ad Christum revelata sunt opera divinæ gratiæ, & Christianæ gratiæ miracula præsignata; ejus abundantia gratiæ, quæ nunc mundum rigat, pari largitate non fluxit.

Genes. 8. IN conservatione autem Noe filiorumque ejus & nurum, in quibus omnium gentium seminarium disponebatur, quanta divinæ gratiæ opera revelata sint, sancta scriptura manifestat, dum in illa mirandæ capacitatis arca, universi generis animalium, quantum (d) reparationi Arca Noe figura Ecclesiæ. sat erat, receptrice, congregatura ad se omnes hominum gentes Ecclesia figuratur; dum per lignum & aquam redemptio crucis Christi, & ablutio regenerationis aperitur: dum in his qui ex illa mundi vastatione salvati sunt, omnium gentium plenitudo benedicitur; dum donum fecunditatis iteratur, & solo (e) esu suffocatorum & sanguinis interdicto, libertas edendi quod placuerit augetur, Genes. 9. sanctisque societas in testimonio versicoloris arcus, hoc est, in signo multiformis gratiæ consecratur. Quæ utique mysteria atque sacramenta non tantum tamen familiæ paucissimos tunc homines, sed in ipsis omnem eorum posteros imbuebant: ut quod eruditioni impendebatur parentum, proficeret scientiæ filiorum. Iris signum multiformis gratiæ. Jam vero procurrente humanæ propagationis augmento, cum ipsa mortalium numerositas de suis multiplicationibus superbiret, & secundum elationis suæ altitudinem, cælo caperet molem immodicæ (f) extructionis Gen. 11. 1. & seq. inferere; quam mirabilis erga cohibendam hanc insolentiam fuit divinæ censura justitiæ? quæ unam illorum populorum loquelam novis sibi invicem significationibus commutantem, septuaginta & duarum linguarum varietate confudit: ut & inter dissonas voces operantium pereunte concordia, insanæ ædificationis machina solveretur, Confusio linguarum. & habitando orbi terrarum daret incolas malæ congregationis opportuna dispersio. In isto autem opere providentiæ Dei præordinabantur miracula gratiæ Christianæ, quæ omnem hanc dispersionem in illius ædificationis erat (g) compaturam, compaginem, in qua *omne genu flectitur Deo, & omnis lingua confitetur quoniam Jesus in gloria Dei Patris est.* Ephes. 2. 6. Philipp. 2. 11.

Hanc latitudinem gratiæ, in plenitudine dispositorum temporum revelandæ, facta ad Abraham promissio Dei, signis jam luculentioribus indicabat, quando duplex ejus successio, filii scilicet carnis & filii promissionis, multitudini arenarum comparabatur & siderum, & vir senex per annosam uxoris sterilitatem, ab spe jam prolis alienus, credebat laudabili fide per geniorem unius filii patrem futurum esse se mundi, prospiciens illum in semine suo, immo conspiciens, qui dixit, *Abraham diem meum vidit, & gavisus est.* Qua fide Abraham cum justificaretur, nondum mandatum circumcisionis acceperat; sed cum esset in præputio naturali, reputata est fides ejus ad justitiam. Et eadem fidei signaculum circumcisionis (h) acceperat in eo corporis membro, per quod semen procreationis perventurum erat ad eam carnem, in qua sine carnali semine Dei Filius, Deus Verbum caro fieret, ac de Abrahæ filia Maria Virgine nasceretur; assumtis omnibus in hujus nativita- Rom. 4. 3. Gen. 15. 6. Joann. 8. 56. Rom. 4. 10. Gen. 17. Circumcisio in eo membro Abrahæ.

(a) Vox *illum* non legitur in MSS. Thuaneo, & Joliensi, nec in aliis Operum S. Ambrosii editionibus quibus libri de Vocatione gentium inserti sunt. In Lovan. Prosperi editione decimi tertii ( ) sæculi, quasi dubiæ auctoritatis, notatur. In aliis Prosperi libris & nova editione Leonis legitur. Quid vero discriminis in sensu hæcce lectionis variatio generat hanc lectionis varietas non facile est definire.

(b) Sic MSS. Camb. & Jol. & Leon. edit. Edit aliæ, *fratricidæ*.

(c) MS. Joliensis, *nunquam Deum divinam bonitatem negasse*.

(d) Ita MS. Joliensis, & editio Lamb. Aliis, *reparationis aderat*.

(e) MSS. Thuan. & Camb. carent voce hac *esu*. MS. vero Joliensis, *& solo suffocato & sanguine interdicto*.

(f) Melius *extructionis* ex MS. Jol. & Leone, quam antea in edit. s, *instructionis*.

(g) Sic MSS. Camb. & Jol. ac Leon. edit. Editi alias, *structura*.

(h) MSS. Camb. & Joliensis, *accepit*.

tis consortium, qui in Christo (a) per Spiritum sanctum regenerati, quod Abraham credidit, credidissent. Hæc autem fides ante quam veniret hoc semen de quo Abrahæ dictum est, *In semine tuo benedicentur omnes gentes terræ*, (Gen. 22. 18.) intra unius stirpis populum continebatur, vigente apud veros Israelitas spe redemptionis nostræ. Quoniam etsi fuerunt ex alienigenis, quos temporibus legis veritas illustrare dignata sit, tamen tam pauci fuerunt, ut vix (b) cognoscatur an fuerint. Neque ob hoc (c) excusabiles sunt nationes, quæ alienatæ a conversatione Israel, spem non habentes, & sine Deo (Ephes. 2. 12.) in hoc mundo, sub ignorantiæ tenebris perierunt, quia hæc abundantia gratiæ quæ nunc universum mundum rigat, pari antea largitate non fluxit.

CAPUT XV.

Meliora non nasci nunc ingenia, quam ante Christi adventum: quinimmo tempore adventus Christi inventa est iniquitas robustior, ut gratia Dei manifestaretur.

ADhibita enim semper est universis hominibus quædam supernæ mensura doctrinæ, quæ etsi parcioris occultiorisque gratiæ fuit, (d) suffecit tamen, sicut Dominus judicavit, quibusdam ad remedium, omnibus ad testimonium: ut non dubie, sed evidenter appareat, (Rom. 5. 20.) quod nisi ubi abundavit peccatum, superabundaret & gratia; nunc quoque universum genus humanum simile obcæcaret impietas. (e) An forte, ut plerique garriunt, meliora quam veterum ingenia nostris sæculis orta sunt, & aptiores divinis donis (f) animas tempora extrema pepererunt? Quod etiam si ita esset, ad bonitatem id referendum esset auctoris, qui vocandis ad vitam æternam populis, ea quæ non resisterentur, corda finxisset. Sed nihil prorsus novatum est in generatione carnali, nec generosior avis minorum orta successio est: cum potius in hominibus illius temporis quo mundi Redemptor advenit, quanto erat propago tardior, tanto sit iniquitas inventa robustior. Probavit hoc Judaici furoris impietas; & quam aspera Evangelio Christi fuerit illa generatio, non solum populi, sed etiam scribarum & principum ac sacerdotum corda docuerunt. Quibus parum fuit in Agnum Dei tollentem (g) peccatum mundi, (Joan. 1. 29.) contra testificationem legis, contra oracula prophetarum, contra divinarum experimenta virtutum, seditionibus, contumeliis, sputis, alapis, colaphis, lapidibus, flagris, & ad postremum crucis atrocitate sævisse; nisi etiam testes resurrectionis ejus eadem persequerentur insania. Quam Apostoli quando a Pontificibus flagellati sunt, ostenderunt in Psalmo Davidicam prophetatam, dicentes: *Domine, tu es qui fecisti cælum, & terram, & mare, & omnia quæ in eis sunt, qui Spiritu-sancto per os patris nostri David pueri tui dixisti, Quare fremuerunt gentes, & populi meditati sunt inania! Adstiterunt reges terræ, & principes convenerunt in unum adversus Dominum, & adversus Christum ejus. Convenerunt enim vere in civitate ista adversus sanctum Filium tuum Jesum, quem unxisti, Herodes & Pontius Pilatus cum gentibus & populis Israel, facere quæ manus tua & consilium decreverunt fieri.* (Act. 4. 24. & seq.; Psal. 2. 1.) Igitur ad manifestandam gratiam Dei quæ ex æterno ejus incommutabilique consilio in salutem omnium gentium disponebatur, non priora, quasi incapacia, declinata sunt tempora; sed illa electa, quæ tales populos ediderunt, quorum ferma & voluntaria iniquitas non consulendi affectu, sed intentione sæviendi persisterent facere quæ manus Dei & consilium decreverunt fieri: ut mirabilior esset gratia & potentia Dei, quæ de tam duris animis, tam tenebrosis mentibus, tam inimicis cordibus fecit sibi populum fidelem, subditum, sanctum, qui non per sapientiam hujus mundi pervenit ad lumen sapientiæ Dei; sed per illius donum, de quo testatur Joannes apostolus, dicens, *Scimus quia Filius Dei venit, & dedit nobis sensum, ut cognoscamus verum Deum, & simus in vero Filio ejus.* (1. Joan. 5. 20.) Cui testimonio apostolus Paulus consonat dicens, *Gratias agentes Patri, qui dignos nos fecit in partem sortis sanctorum in lumine, qui eripuit nos de tenebris & de potestate tenebrarum, & transtulit in regnum Filii dilectionis suæ.* (Coloss. 1. 12.) Et iterum idem, *Eramus enim*, inquit, *aliquando insipientes, increduli, errantes, servientes desideriis & voluptatibus variis, in malitia & invidia agentes, odibiles, odientes invicem. Cum autem benignitas & humanitas apparuit Salvatoris nostri, non ex operibus justitiæ quæ fecimus nos, sed secundum suam misericordiam salvos nos fecit, per lavacrum regenerationis Spiritus-sancti, quem effudit in nos abunde per Jesum Christum Salvatorem nostrum, ut justificati gratia ipsius, heredes simus secundum spem vitæ æternæ.* (Tit. 3. 3. & seq.)

Potuitne plenius, luculentius, verius explicari, quæ merita hominum Christus invenerit, & quos sibi mores subjecerit, quæ ad se corda converterit, quando venit mederi non sanis, sed male habentibus, & vocare non justos, sed peccatores! Quoniam gentium *populus, qui sedebat in tenebris, lucem vidit magnam, & sedentibus in tenebris & umbra mortis, lux orta est illis.* (Matth. 4. 16. Isa. 9. 2.) Fremebant gentes, irascebantur populi, sæviebant reges, & potestates contradicebant, superstitiones & totius mundi reluctabantur errores. Sed de resistentibus, furentibus, persequentibus, populum suum Christus augebat, & per vincula ac supplicia mortesque sanctorum roborabatur fides, vincebat veritas, perque universum mundum (h) Dominicæ segetis multiplicabatur ubertas. Tanta enim deinceps fe-

(a) Ms. Joliensis caret his verbis, *per Spiritum-sanctum*.
(b) Editi alias, *cognoscantur*. Ms. Jol. & Lov. *cognoscatur*.
(c) Ms. Joliensis, *excusabiles sunt*.
(d) Ms. Joliensis, *suffecit*.
(e) Ms. Carnutensis, *Anne*.
(f) Ms. Joliensis, *animas*.
(g) Mss. Carn. & Jol. *peccata mundi*.
(h) Sic Ms. Joliensis cum edit. Lovanii. Editi cetera, *Dominici agri segetis*.

habebatur constantia fidei, fiducia spei, fortitudo tolerantiæ; ut ille ignis dilectionis, quem in cordibus fidelium Spiritus-sanctus accenderat, nullo modo ab opprimentibus posset extingui: cum & qui cruciabantur, vehementius inardescerent, & qui sæviebant, eamdem quam persequebantur flammam sæpe conciperent, qua bratus apostolus Paulus ignitus, fiducater ferventerque dicebat, *Justificati igitur ex fide, pacem habeamus* (a) *ad Deum per Dominum nostrum Jesum Christum, per quem & accessum habemus* (b) *fide in gratiam istam in qua stamus,* (c) *& gloriamur in spe gloriæ filiorum Dei. Non solum autem, sed & gloriamur in tribulationibus; scientes quod tribulatio patientiam operatur, patientia autem probationem, probatio vero spem, spes autem non confundit: quia charitas Dei diffusa est in cordibus nostris per Spiritum sanctum, qui datus est nobis.* Et iterum, *Quis nos separabit a charitate Christi? tribulatio, an angustia, an persecutio, an fames, an nuditas, an periculum, an gladius? Sicut scriptum est, Quia propter te mortificamur tota die:* (d) *æstimati sumus sicut oves occisionis. Sed in his omnibus superamus per eum qui dilexit nos. Certus sum enim quia neque mors, neque vita, neque angeli, neque principatus,* (e) *neque instantia, neque futura, neque fortitudo, neque altitudo, neque profundum, neque creatura alia poterit nos separare a charitate Dei, quæ est in Christo Jesu Domino nostro.* Hæc charitas diffusa per Spiritum-sanctum, fecit ut mundus fidelium mundum vinceret impiorum. Hæc Neronis crudelitatem, Domitiani furorem, multorumque post eos Principum (f) rabiem glorioso innumerabilium Martyrum fine confudit, donante Christo imitatoribus suis, de persecutionibus regnum æternarum stemmata coronarum.

Rom. 5. 1. & seq. | Rom. 8. 35. | Ps. 43. 22.

CAPUT XVI.

Quod Christus pro omnibus impiis mortuus sit.

NUlla igitur ratio dubitandi est, Jesum Christum Dominum nostrum pro impiis & peccatoribus mortuum, a quorum numero (g) si aliquis liber inventus est, non est pro omnibus mortuus Christus: sed prorsus pro omnibus mortuus est (h) Christus; nemo ergo omnium hominum ante reconciliationem quæ per Christi sanguinem facta est, non (k) aut peccator aut impius fuit: dicente Apostolo, (i) *Ut quid enim Christus, cum adhuc infirmi essemus, secundum tempus, pro impiis mortuus est? Vix enim pro justo quis moritur, nam pro bono forsitan quis audeat mori: commendat autem suam charitatem Deus in nobis, quoniam si cum adhuc peccatores essemus, Christus pro nobis mortuus est, multo magis justificati sanguine ipsius, salvi erimus ab ira per ipsum. Si enim cum inimici essemus, reconciliati sumus Deo per mortem Filii ejus, multo magis reconciliati salvi erimus in vita ipsius.* Idem autem Apostolus in secunda ad Corinthios ait, *Charitas enim Christi urget nos, judicantes hoc, quoniam si unus pro omnibus mortuus est, ergo omnes mortui sunt; & pro omnibus mortuus est, ut & qui vivunt, jam non sibi vivant, sed ei qui pro ipsis mortuus est & resurrexit.* De se ipso vero quid pronuntiet, audiamus: *Fidelis, inquit, sermo, & omni acceptione dignus, quia Christus venit in hunc mundum peccatores salvos facere, quorum primus ego sum: sed ideo misericordiam consecutus sum, ut in me primo ostenderet Christus Jesus omnem patientiam, ad informationem eorum qui credituri sunt illi in vitam æternam.*

Rom. 5. 6. & seq. | 2. Cor. 5. 14. & seq. | Christus omnium pro omnibus mortuus [illegible] | 1. Tim. 1. 15. & seq.

Sive ergo circumcisio, sive præputium, peccato universaliter concludebatur, omnesque omnes reatus obstrinxerat, & inter magis minusque impios nemo erat qui posset absque Christi redemptione salvari. Quæ redemptio universo sese intulit mundo, & omnibus hominibus indifferenter innotuit. (l) Quandoquidem in die quinquagesimo ab illo Pascha, in quo se hostiam Deo verus Agnus obtulerat, cum Apostoli & qui cum eis unanimes erant, repleti Spiritu-sancto linguis omnium gentium loquerentur, convenitbat (m) excita miraculo diversi generis hominum multitudo, ut Evangelium Christi in eis qui aderant, totus mundus audiret. Convenerant autem, sicut scriptum est, *Parthi, & Medi, Elamitæ, & qui inhabitant Mesopotamiam, Judæam & Cappadociam, Pontum & Asiam, Phrygiam & Pamphiliam, Ægyptum & partes Libyæ quæ est circa Cyrenen, & advenæ Romani, Judæi quoque & Proselyti, Cretes & Arabes,* audientes omnes linguis suis prædicari magnalia Dei: quorum testificatio etiam in eas gentes quæ remotiores sunt, longe lateque procurreret. Ad cujus rei effectum credimus providentia Dei Romani regni latitudinem præparatam: ut nationes vocandæ ad unitatem corporis Christi, prius jure unius consociarentur

Omnes sub peccato, & omnibus [illegible] redemptio Christi [illegible] | Act. 2. 9. & seq.

(a) Sic restitutus locus ex Leonis libro, juxta textum utriusque Apostoli. MS. Jol. *ad Dominum per Dominum nostrum Jesum Christum.* Editi omnes omiserant *Deum per.*
(b) MSS. Joliensis, & Thean. *fidei.*
(c) Antehac edit. *Sed & gloriamur.* Sed omissum in MS. Joliensi & Leone, nec in Apostoli textu hic legitur, sed paulo infra.
(d) MS. Joliensis, *æstimati fumus.*
(e) MS. Joliensis, *neque instantia, neque futura, neque Angelis, neque principatus, neque altitudo, neque profundum, neque creatura alia.*
(f) MSS. Camb. & Jol. & Leonis edit. addunt, *rabiem.*
(g) MSS. Camb. & Jol. ac editio Leonis addunt, *si aliquis,* quorum defectu pendet sententia in aliis libris. Lovanienses suspicati erant legendum cum textu novo, *Nemo pro omnibus* &c. ut loci intelligentiae compleretur.
(h) Deest hic, *Christus* in MSS. Camb. & Joliensi, & editione Leonis: quæ vox in aliis habetur.
(i) Male in Editis aliis, *non autem.* Correximus ex MSS. Camb. & Joliensi, ac Leone.
(k) Ita Leonis editio: juxta Apostoli textum, cum in aliis codicibus, scribitur, *Si enim.*
(l) MS. Joliensis, *quando in die.*
(m) MS. Joliensis, *excitata.*

tur (a) imperii: quamvis (b) gratia Christiana non contenta sit eosdem limites habere quos Roma; multosque jam (c) populos sceptro crucis Christi illa subdiderit, quos armis suis illa non domuit. Quæ tamen per Apostolici sacerdotii principatum amplior facta est arce religionis, quam solio potestatis.

CAPUT XVII.

Nationes quibus nondum gratia Salvatoris illuxit, disposito tempore vocandas esse ad Evangelium.

QUod si forte, quemadmodum quasdam gentes (d) non olim in consortium filiorum Dei novimus adoptatas; ita etiam nunc in extremis mundi partibus sunt aliquæ nationes, quibus nondum gratia Salvatoris illuxit; non ambigimus, etiam circa illas occulto judicio Dei tempus vocationis esse dispositum, quo Evangelium, (e) quod non audierunt, audient atque suscipient. Quibus tamen illa mensura generalis auxilii, quæ desuper omnibus semper hominibus est præbita, non negatur: quamvis tam acerbo natura humana vulnere sauciata sit, ut ad cognitionem Dei neminem contemplatio spontanea plene valeat erudire; nisi obumbrationem cordis vera lux discusserit, quam inscrutabili judicio Deus justus & bonus, non ita in præteritis sæculis, quemadmodum in novissimis diebus effudit. Unde & beatus apostolus Paulus scribens Colossensibus, ait, *Mysterium quod* Col. 1. 26. & 27. *absconditum fuit a sæculis & generationibus, nunc autem manifestatum est sanctis ejus, quibus voluit Deus notas facere divitias gloriæ sacramenti hujus (f) in gentibus, quod est Christus in vobis.*

CAPUT XVIII.

Prioribus sæculis absconditam fuisse Gentibus gratiam Christi, non tamen Prophetis.

NUmquid hoc mysterium etiam Prophetis incognitum fuit? & illi per quos Spiritus sanctus loquebatur, ea quorum ab ipsis (g) fiebat denunciatio, nesciebant? Non ita plane intelligendum puto, sed ipsis Gentibus absconditum fuisse mysterium, quod Dominus quando voluit, & quibus voluit, revelavit. Nam de Deut. 32. 19. & seq.
Vocatione gentium, quæ non erant populus Dei, & quibus prius non misertus est, nunc autem miseretur, in Deuteronomio ita dicitur: *Et vidit Dominus, & zelavit, & iratus est propter iram filiorum suorum & filiarum, & dixit, Avertam faciem meam ab eis, & ostendam quid erit in novissimis, quia generatio (h) perversa est, filii in quibus non est fides in illis. Ipsi in zelum concitaverunt me (i) in hoc quod non est Deus, irritaverunt me in idolis suis: & ego in zelum incitabo eos in eis qui non erant gens, super gente insipiente irritabo eos.* Et David hæc de adoratoris Deum omnibus gentibus præcinit, *Omnes gentes quascumque fecisti, venient & adorabunt coram te Domine, & glorificabunt nomen tuum.* Et iterum idem, *Et adorabunt eum omnes reges terræ, omnes gentes (k) servient ei.* Et iterum; *Benedicentur in ipso omnes tribus terræ, omnes gentes magnificabunt eum.* Isaias quoque similia annuncians dicens: *Quoniam erit in novissimis diebus manifestus (l) mons Domini, & domus Dei in cacumine montium, (m) & exaltabitur super colles, & venient ad eum omnes gentes.* Et iterum idem, *Et faciet,* inquit, *Dominus Sabaoth omnibus gentibus in monte isto: bibent lætitiam, bibent vinum, ungentur unguento in monte isto: tradet hæc omnia gentibus; hoc enim consilium super omnes gentes.* Et iterum idem, (n) *Et revelabit Dominus brachium suum sanctum in conspectu omnium gentium, & videbunt omnes gentes terræ salutem quæ a Domino est.* Et iterum, *Ecce advenæ ad te per me accedent, & ad te confugient.* Et infra, *Gentes quæ te non cognoverunt, invocabunt te; & populi qui te nesciunt, ad te confugient.* Osee quoque paria prophetat dicens, *Et erit in loco in quo dictum est eis, Non populus meus vos; ibi vocabuntur filii Dei vivi, & congregabuntur filii Juda & filii Israel (o) in idipsum.* Et iterum, *Miserebor non dilectæ, & dicam non populo meo, Populus meus es tu; & ipse dicet, Deus meus es tu.*

Sub Apostolis vero cum ii qui in Christum ex cir-

(a) Alias editi, *impietatis*. Melius MSS. Camb. & Jol. ac Leonis editio, *imperii*.

(b) MS. Joliensis, *gratia Christi jam non contenta sit*.

(c) Olim editi, *populorum*. MSS. Camb. & Jol. & Leo, *populos*.

(d) Ita leguntur in MSS. Camberon. & Jol. ac Leonis editione. In Prosperianis editis, *quod ante non norant, in consortium*. Lovan. Duac. & Colon. in margine ex conjectura indicarunt, *quod non valent*. Indicemque ibidem notarunt quod *Tempore SS. Leonis & Prosperi* (Leonem addit editor operum Leonis, Prosperum duntaxat alii indicantibus) *ad Christum nondum venerant: ut in fine libri contra Collatorem legitur*.

(e) Ita legimus in MS. Joliensi, & editione operum Leonis. In aliis libris Prosperi, *quod nondum audierunt, audient atque suscipient*.

(f) Lovan. editio habet, *in gentibus*. Alii omittunt præpositionem *in*, quæ legitur in textu Apostoli. Et infra MS. Joliensis, ut in eodem textu, *in vobis*, loco horum *in vobis*, quemadmodum alii codices exhibent.

(g) Editi alias, *fiebant denuntiationes*. MSS. Camb. & Jol. & Leonis editio, ut in textu nostro.

(h) Sic MS. Joliensis & Leonis editio. Editi alii, *perversa est filiis*.

(i) MS. Joliensis, *in eo quod*: & infra, *qui non erant gentes*.

(k) MS. Joliensis, *magnificabunt eum*; [illegible] omisit sequentem Psalmographi sententiam.

(l) MS. Joliensis, *mons Domini [illegible]*, cetera omissa. Vulgata, *mons domus Domini*.

(m) MS. Joliensis non habet particulam, *&*: nec postea, *idem*: sed, *Et iterum, Faciet*.

(n) MS. Joliensis, *Revelavit*, omisso *&*.

(o) MS. Joliensis, & olim Leonis codices, *ad ipsum*.

ex circumcisione crediderant, eos qui gentiles erant, dicebanturque praeputium, justificationum gratiae arbitrarentur participes esse non posse; docet beatus apostolus Petrus, quam indifferenter apud Deum uterque sit populus, si in unitatem fidei ambo convenerint. *Cum autem*, inquit, (Act. 11. 15. & seq.) *coepissem loqui, decidit* (a) *Spiritus sanctus super eos, sicut & in nos in initio. Recordatus sum autem verbi Domini, sicut dicebat, Joannes quidem baptizavit aqua, vos autem baptizabimini Spiritu-sancto. Si ergo eamdem gratiam dedit illis Deus, sicut & nobis qui credidimus in Dominum Jesum Christum; ego quis eram qui possem prohibere Deum? His auditis tacuerunt, & glorificaverunt Deum dicentes, Ergo & gentibus Deus poenitentiam ad vitam dedit.* Jacobus quoque apostolus de hac Vocatione gentium dicit: (Act. 15. 14. & seq.) *Viri fratres, audite me. Simeon narravit quemadmodum primum Deus visitavit sumere ex gentibus populum nomini suo. Et huic concordant verba Prophetarum, sicut scriptum est,* (Amos. 9. 11.) *Post haec revertar, & reaedificabo tabernaculum David quod cecidit, & diruta ejus aedificabo & erigam illud: ut requirant caeteri hominum Dominum, & omnes gentes super quas invocatum est nomen meum, dicit Dominus faciens haec, notum a saeculo est Domino opus suum.* Simeon quoque ille, (b) cui responsum erat a Spiritu sancto, non eum visurum mortem, prius quam videret Christum Domini, de salute omnium gentium quae in Christo revelabatur, haec dixit, (Luc. 2. 29. & seq.) *Nunc* (c) *dimittis servum tuum, Domine, secundum verbum tuum in pace: quia viderunt oculi mei salutare tuum, quod parasti* (d) *ante faciem omnium populorum, Lumen ad revelationem gentium, & gloriam plebis tuae Israel.* His & aliis testimoniis Scripturarum non dubie demonstratur, illam ditissimam, potentissimam, benignissimam gratiam, qua in novissimo mundi tempore omnes gentes in regnum Christi vocantur, prioribus saeculis in occulto Dei absconditam fuisse consilio.

CAPUT XIX.

Deus pro omni tempore vult omnes homines salvos fieri, aut generalibus donis, aut etiam peculiaribus.

ET cur hac manifestatione, qua nunc universis nationibus innotescit, antea revelata non fuerit, nullam posse (e) scientiam comprehendere, nullam intelligentiam penetrare, (f) cum tamen illud quod de bonitate Dei piissime creditur, quia omnes homines velit salvos fieri, & in agnitionem veritatis venire, non (1. Tim. 2. 4.) oporteat nisi perpetuum aeternumque sentiri, secundum eas mensuras quibus Deus dona generalia specialibus novit cumulare muneribus; ut & qui exsortes gratiae fuerint, de sua nequitia redarguantur; & qui ejus lumine enituerint, non in suo merito, sed in Domino glorientur.

CAPUT XX.

Objectio ex parvulis contra illud: Qui vult omnes homines salvos fieri.

IN hoc sane angusto quidem, sed tamen recto intelligentiae tramite, non parum difficultatis opponit consideratio parvulorum, qui nullo judicio rationis utuntur, quo auctoris sui beneficia sentientes, ad agnitionem valeant veritatis accedere; nec videntur de neglectu opitulantis gratiae juste argui, in illa ignorantia naturaliter constituti, quam dubium non est nullam recipere scientiam, nullam sentire doctrinam. Unde cum *omnes homines velit Deus salvos fieri*; quid est quod alienatur a salute (1. Tim. 2. 4.) perpetua tanta infantium multitudo, atque in his aetatibus hominum millia extra vitam relinquuntur aeternam: quasi ad hoc tantum condita sint (Sap. 11. 25.) ab eo qui nemineum odiens creavit, ut quia in hunc mundum cum peccati carne venerunt, insolubilis culpae vincula sine reatu propriae actionis (g) inciderent? Quid hoc profundius, quid mirabilius esse potest? Neque enim credi fas est, eos qui regenerationis non adepti sunt (h) sacramentorum, ad illum beatorum pertinere consortium. Et magis stupendum, magisque (Parvuli [illegible] sine baptismo [illegible] salutem.) inscrutabile, quod ubi actio non offendit, ubi arbitrium non resultat, ubi eadem miseria, similis imbecillitas, causa communis est, (i) non unum est in tanta parilitate judicium, & quales reprobat abdicatio, tales adoptat electio.

CAPUT XXI.

Juste agi cum parvulis pereuntibus, tam in hoc saeculo quam futuro, propter originale peccatum.

VEruntamen de hac altitudine discretionis Dei non conturbabitur (k) cor humilitatis nostrae, si firma & stabili fide omne judicium Dei justum esse credamus, nec appetamus habere cognitum, quod voluit esse secretum; ut ubi investigare non potest quare ita judicet, sufficiat scire quis judicet. Quamquam non ita

inco-

(a) Editio Lovanii, *in Spiritu-sancto*: uti Graeca habent.
(b) MS. Joliensis, *qui responsum acceperat*; [illegible] Bas. *de salute vero... haec dicit.*
(c) Sic Lovanii editio juxta textum Evangelii. Editi Prosperi, *dimittis.*
(d) MS. Joliensis, *secundum faciem.* Deinde, *in revelationem .... populi tui Israel.*
(e) MS. Camb. & Jol. & Lov. addunt recte *scientiam.*
(f) Supple ex capite praecedenti, *testimoniis Scripturarum non dubie demonstratur.*
(g) Editio Lovanii, *inciderint.* Alii codices, *inciderent.*
(h) MS. Camb. & edit. Lovanii, *sacramenta.* Alii *sacramentorum.*
(i) Sic emendatur ex MS. Joliensi, & editione operum Leonis. Alias edd. Prosperi, *non unum esse de tanta parilitate judicium.*
(k) Ita legimus in MSS. Cantabrig. & Jol. & edit. Lovan. In aliis Prosperi libris, *cor nostrum.*

incognoscibilis ista sit quæstio, (a) ut nihil inde eruditionis possimus adquirere, si ad contemplandum id quod videri potest, tranquillus sobrii cordis adhibeatur intuitus. Cum enim consideramus, inter paganos, inter Judæos, inter hæreticos, interque ipsos catholicos Christianos quam multiplex pereat numerus parvulorum, quos, (b) quantum ad proprias pertinet voluntates, neque (c) boni aliquid, neque mali constat egisse; discimus super eos illam manere sententiam, quam humanum genus (d) in Adæ primi parentis prævaricatione excepit; cujus sententiæ rigor dum etiam circa tales non resolvitur, quam magnum illud peccatum fuerit, demonstratur. (e) Nemo autem putaretur non innocens nasci, nisi etiam talibus esset noxium non renasci.

[illegible] De immaturitate vero mortis non est ratio conquerendi, cum semel in naturam nostram per prævaricationem ingressa mortalitas obnoxium sibi omnem vitæ nostræ fecerit diem. Esset enim, (f) quando secundum aliquem modum, immortalis dici homo posset, si esset tempus intra quod mori omnino non posset. Sed nunquam corruptio ita incorruptionis est particeps, ut non semper obnoxium sit defectioni, quod debetur occasui. Vitæ hujus principium mortis exordium est, nec prius incipit augeri ætas nostra, quam minui. Cui si quid (g) adjicitur spatii temporalis, non ad hoc accedit ut maneat, sed in hoc transit ut pereat. Quod ergo (h) ab initio sui mortale est, qualibet occidat die, non contra legem mortalitatis occumbit, nec amplius ei vicinius est posse vivere, quam posse deficere. Quamvis autem ex una causa omnium hominum (i) sit orta mortalitas, non in unam tamen, sed in multiplicem imbecillitatem corruptibilis natura distrahitur. Et sive morbis, sive debilitatibus, sive vulneribus, non solum anni aut menses, vel dies ætatis humanæ, sed & omnes horæ, omniaque momenta subjecta sunt. Nec est aliquod mortis genus, aut ullus obeundi modus, qui non intra universitatem mortalium in aliquam incidat portionem. Manet enim *grave jugum super filios Adam, a die exitus de ventre matris eorum, in diem sepulturæ in matrem omnium.* Eccli 40. 1.

CAPUT XXII.

Divinæ justitiæ cuilibet mensuram & modum miseriis adhibet.

Sed hujus asperrimi jugi pondera, non ita in Adæ filios irruerunt, ut divina justitia (k) nihil eis suæ dimensionis adhiberet, quæ defectionum legibus ita defectura (l) subjecit, ut ab eis moderationem suarum non averteret potestatem: (m) nec ideo omnia omnes incidere mala, quia per communem conditionem omnes omnibus subjacerent: sed ut generali necessitate variata causas sibi Dominus indulgentiæ correptionisque servaret, essetque in uno omnium debito quod & misericors remitteret, & justus exigeret. [illegible] Cum igitur justa & omnipotens providentia Dei ineffabiliter universa dijudicet, & nemo in hunc mundum veniat, neque ab hoc mundo exeat, nisi eo ortu (n) atque discessu, quem rerum arbiter secundum altissimam scientiam suam sapientiamque decernit, sicut scriptum est in libro Job, *Quis ignorat quod omnia hæc manus Domini fecerit, in cujus manu anima omnis viventis & spiritus universæ carnis hominis?* Job 12. 9. & iterum, *Breves dies hominis sunt, & numerus dierum ejus apud te est:* Job 14. 5. quis audeat causas operum & consiliorum ejus inquirere? Inscrutabile enim est, valdeque secretum, cur tantis differentiis conditio humana variata sit. Illum ab infantia usque (o) in senectutem longæva carpit infirmitas, nec inter perseverantes dolores naturæ deficit tempore statis: illum integris valetudinem viribus annosissimus vigor vegetat. Huic in pueritia finis est, illi in adolescentia. Huic ultra juventutem non licet progredi, illi impossibile est usque ad loquendi rudimenta grandescere. Quas vitæ metas multiformiter inæquales, minus acerbas experiretur caduca mortalitas, si præsentis tantum seculi detrimenta pateretur; & non in æternas miserias caderent, qui hinc sine lavacro regenerationis exissent. [illegible]

CAPUT XXIII.

Parvulis pereuntibus generalis gratia tribuitur, dum et parentibus datur.

Sed cum (p) inscrutabilior sit causa donorum quæ gratia tribuit, quam miseriarum quas

quas

(a) Ita cum MSS. Camberon. & Jol. Lovanii editi. Alias apud Prosperum, *ut nihil sit quod de ea eruditionis possimus adquirere.*

(b) MSS. Camberon. & Joliens. non habent ista, *quantum ad proprias pertinet voluntates.* Alii codices habent ista.

(c) Editi, *bonum aliquid, neque malum.* In secundo casu ponunt, *boni ... mali*, MS. Camberon. & Lovanii editio.

(d) Ita habet editio Lovanii. MSS. vero Camberon. & Joliens., *in Adæ prævaricatione suscepit.* Editi Prosperiani, *prævaricatione primi parentis excepit.*

(e) Editio Lovanii, *Nemo etiam.*

(f) Emendavimus hic *quando*, ex MSS. Camb. & Jol. & Lovan., ubi *quoniam* in editis contra Prosperi legitur.

(g) Editio Lovan., *adjiciatur.* Alii codices, *adjicitur.*

(h) Sic MSS. Camberon. & Jol. cum edit. Lovan. Alii, *ab initio sui die.*

(i) MS. Joliens., *sit ista mortalitas.*

(k) Apud Lovanium, *nihil ei*, id est jugo. Alii, *nihil eis*: refer ad pondera.

(l) MS. Joliens., *subegit.*

(m) MSS. Camberon. & Joliens. cum Lovan. addunt, *nec.*

(n) MS. Joliens., *decessu*: postea MS. Camb. *quam*

(o) MS. Joliens., *ad senectutem longævam.*

(p) Sic MSS. Camberon. & Jol. & edit. Lovan. Alii, *inscrutabilis sit causa tam donorum, quam miseriarum.*

quam natura promeruit, ipse nos intelligentiæ difficultas ad nostrum remittit auctorem. Et cum quærimus, Quomodo omnes homines salvos fieri velit, qui non omnibus illud tempus (a) impertit, in quo per voluntatem fidem percipiendæ gratiæ sint capaces; non irreligiose arbitror credi, neque inconvenienter intelligi, quod isti paucorum dierum homines ad illam pertineant gratiæ partem, quæ semper universis est impensa nationibus: qua utique si bene eorum uterentur parentes, etiam ipsi per eosdem juvarentur. Omnium namque exordia parvulorum, totaque illa principia needum rationalis infantiæ, sub arbitrio jacent voluntatis alienæ, nec ullo modo eis nisi per alios consuli potest: & consequens est illos ad eorum pertinere consortium, quorum vel recto vel pravo aguntur affectu. Sicut enim ex aliena confessione credunt, ita ex aliena infidelitate aut dissimulatione non credunt. Et cum ipsi nec præsentis vitæ desiderium (b) habuerint, nec futuræ; quam ipsorum factum est nasci, tam ipsorum efficitur non renasci. Sicut autem circa majores, præter illam generalem gratiam parcius atque occultius omnium hominum corda pulsantem, excellentiore opere, largiore munere, (c) potentiore virtute vocatio specialis exeritur; ita etiam circa innumeros parvulos eadem manifestatur electio. Quæ quidem (d) nec illis qui renati non sunt in parentibus defuit, sed iis qui renati sunt, præ parentibus adfuit; ita ut multis sæpe quos (e) suorum impietas deseruit, alienorum cura servierit, & ad regenerationem venerint per extraneos, quæ eis non erat providenda per proximos.

1 Tim. 2.

Gratia specialis pluribus exhibetur.

CAPUT XXIV.

Non esse justam querelam in discretione periturorum parvulorum, sed magnam divinæ justitiæ & gratiæ Christi commendationem.

IN quo opere gratiæ, quis nisi arrogantissimus (f) atque vanissimus de divina justitia conqueratur, quod non omnibus parvulis simili providentia consulat, omniaque pericula, quæ morientium regenerationem prohibere possunt, sua potestate submoveat, aut miserationes præveniat? Quod utique erga omnes (g) fieret, si ita fieri omnino deberet. Non autem latet, quantum (h) cordibus fidelium desidiæ gigneretur, si in baptizandis parvulis nihil de cujusquam negligentia, nihil de ipsorum esset morte metuendum: quandoquidem ut tales baptismo fraudarentur, nullo modo posset accidere. Hac vero tam inamissibili felicitate infantium, vehementissime opinio illius roboraretur erroris, qui gratiam Dei secundum merita hominum dari, audet contra fidem catholicam prædicare. Videretur quippe inculpabili innocentiæ hoc tota æquitate deberi, ut omnium eorum adoptio præteriret, quos nullus reatus obstringeret: nec inepte a quodam de parvulorum baptismo dictum fuisset, *Habet gratia quod adoptet, non habet unda quod diluat*. Sed hoc detestabiliter prædicatum amore discipuli veritatis intelligimus: & inde manifestum est, eos qui salvi fiunt, non merito, sed gratia liberari, quia sine baptismo morientes periisse non dubium est. Qui utique nisi gravissimi peccati essent participes, non perirent. Nunc autem occulta quidem Dei discretione, sed justa, sic ostenditur & quid conferat gratia, & quid prævaricatrix mereatur natura: ut nec contra donum elevetur superbia, nec contra periculum cesset industria.

Dictum Pelagianorum.

CAPUT XXV.

Deum ob generalem gratiam omni tempore velle omnes salvos fieri: et peculiari gratia quosdam vocasse.

SIve igitur novissima contemplemur sæcula, seu prima, seu media; rationabiliter & pie creditur, omnes homines salvos fieri Deum velle, semperque voluisse, & hoc non aliunde monstratur, quam de iis beneficiis (i) quæ providentia Dei universis generationibus communiter atque indifferenter impendit. Fuerunt enim & sunt (k) hujusmodi dona ita generalia, ut (l) ipsorum testimonio ad quærendum verum Deum possent homines adjuvari: quibus donis bonitatem suam per omnia sæcula protestantibus, specialis gratiæ largitas superfusa est. Quæ licet copiosius nunc quam ante præstetur; causas tamen distributionum suarum Dominus apud scientiam suam texit, & intra secretum potentissimæ voluntatis occuluit: quæ si omnibus uniformiter affluerent, non laterent; & quemadmodum nulla est ambiguitas de benignitate generali, tam de speciali misericordia nihil quod stupendum esset, existeret: ac proinde illa esset gratia, ista non esset. Deo autem placuit & hanc multis tribuere, & illam a nemine submovere; ut ex utraque appareret non negatum universitati, quod collatum est portioni, sed in aliis prævaluisse gratiam, in aliis resiluisse naturam.

Gratia generalis omni tempore omnibus concessa.

Gratia specialis non est omnibus communis.

CA-

(a) Ms. Cameracen. *impertitur*.
(b) Ms. Joliensis, *habuerint*.
(c) Ms. Joliensis, *potentiore justitia*.
(d) Ms. Joliensis, *nec in illis ... sed in his qui*.
(e) Ms. Joliensis, *suorum pietas*.
(f) Ms. Joliensis, *atque inanissimus ... conquiratur ... simili providentia*.
(g) Editi, *ita fieret*. Ms. Jol. & Leonis editio non habent, *ita*, hoc loco.

*(h) Alias editi, *cordibus* absque *in*: & post aliquot verba, *de ipsorum esset mortalitate*. Lectionem nostram hausimus ex Ms. Joliensi & editione Leonis.
(i) Sic Ms. Cameracen. & Leonis editio. Editiones vero Prosperi, *atque providentia Dei, quam* &c.
(k) Ms. Joliensis, *ejusmodi dona ista generalia*.
(l) Ita Mss. Cameracen. & Jol. & Leonis editio. Editi alias, *per ipsorum testimonium*.

CAPUT XXVI.

Quod in omni justificatione gratia quidem principaliter praeemineat, sed voluntas ei subjungatur: quia gratia primo sibi tamquam receptricem & famulam donorum suorum praeparat voluntatem.

Gratia ad [illegible] HAnc quippe abundantiorem gratiam (a) ita credimus atque experimur potentem, ut nullo modo arbitremur esse violentam, (b) quod quidquid in salvandis hominibus agitur, ex sola Dei voluntate peragatur; cum etiam ipsis parvulis per alienae voluntatis subveniatur obsequium. (c) Gratia quidem Dei illa in omni justificatione principaliter praeeminet, suadendo exhortationibus, movendo exemplis, terrendo periculis, incitando miraculis, dando intellectum, inspirando consilium, corque ipsum illuminando, & fidei affectionibus imbuendo: sed etiam voluntas hominis subjungitur ei atque conjungitur, quae ad hoc praedictis est excitata praesidiis, ut divino in se cooperetur operi, & incipiat exercere ad meritum, quod de superno semine concepit ad studium; de sua habens mutabilitate si deficit, de gratiae opitulatione si proficit. Quae opitulatio per innumeros modos, sive occultos, sive manifestos, omnibus adhibetur; & quod a multis refutatur, ipsorum est nequitiae; quod autem a multis suscipitur, & gratiae est divinae, & voluntatis humanae. Sive igitur initia, sive profectus fidelium, sive usque in finem (d) perseverantiam cogitemus, nullum genus, nulla species cujuslibet virtutis occurret, quae vel sine dono divinae gratiae, vel sine consensu nostrae voluntatis habeatur. Ipsa enim gratia hoc omni genere suadendi atque auxiliandi agit, ut in eo quem vocat, primum sibi receptricem & famulam donorum suorum praeparet voluntatem. Nam virtus nolentium nulla est, nec potest asseri vel fidem, vel spem, vel charitatem eis inesse, quorum ab his bonis consensus alienus est.

Voluntas [illegible]

CAPUT XXVII.

Consensum voluntatis per gratiam gigni, non solum ex doctrina & illustratione, sed etiam ex terrore & metu.

HUnc autem consensum non solum cohortatio praedicantium & incitamenta doctrinae, sed etiam metus gignit: propter quod scriptum est, *Principium sapientiae timor Domini*. Prov. [illegible] Qui quantislibet terroribus inferatur, non aliud agit, quam ut quem fecerit timentem, faciat & volentem, nec solum volentem, sed etiam sapientem. Unde & illud scriptum est, *Beatus cui donatum est habere timorem Dei*. Quid Eccli. 25. 15. enim tam beatificum, quam hic timor, qui genitor eruditorque sapientiae est? In cujus utique devotione devota est & voluntas, (e) quae auctore gratiae eodem proficit timore, quo coepit. Cum ergo hic timor etiam per quamdam vim magni terroris incutitur, non ibi ratio extinguitur, nec intellectus aufertur; sed illa potius quae mentem premebat caligo discutitur, ut voluntas depravata prius atque captiva, recta efficiatur & libera. Unde sicut animus nihil virtutis capit, nisi radium veri acceperit luminis; ita gratia nihil ei quem vocat confert, nisi oculos in eo aperuerit voluntatis. Quae in plerisque, sicut superius disputatum est, ab ipso initio sui ardentissima, (f) citis & magnis ditatur augmentis, in plerisque autem tarde cunctanterque proficiens, vix ad ea incrementa provehitur, quae idoneam ad perseverandum habeant firmitatem. Dicit quidem Dominus, *Nemo venit ad me, nisi Pater qui misit me, adtraxerit eum*. Sed hoc ideo dictum est, Joan. 6. 44. ut illam fidem, sine qua nemo ad Christum venit, ex Patre haberi noscere noverimus, secundum illud quod apostolo (g) Petro dicitur; *Beatus es Simon Bar-Jona, quia caro & sanguis non revelavit tibi, sed Pater meus qui in coelis est*. Qui in cordibus trahendorum hoc egit ut crederent, hoc effecit ut vellent. Non enim esset unde traherentur, si sequentes fide & voluntate non essent: quoniam qui non credunt, nec trahuntur omnino, nec veniunt; neque accedunt qui dissentiunt, sed recedunt. Qui ergo veniunt, amore ducuntur: dilecti enim sunt, & dilexerunt; quaesiti sunt; & quaesierunt, & quod eos voluit Deus velle, voluerunt. Matth. 16. 17.

CAPUT XXVIII.

Posse eos qui gratia Dei in Christum credunt, non credere, & eos qui perseverant, a Deo recedere.

(h) QUI ad obediendum sibi, ipsum velle sic donat, ut etiam a perseveraturis illam mutabilitatem quae potest nolle, non auferat. Alioquin nemo unquam fidelium recessisset a fide, neminem concupiscentia vinceret, neminem tristitia elideret, neminem iracundia debellaret, nullius charitas refrigesceret, nullius patientia frangeretur, & collatam sibi gratiam nemo negligeret: sed quia haec possunt

(a) MSS. Thuan. Camb. & Jol. *ita credimus benignam*.

(b) Ita editio Lovanii. MS. Thuan. & Jol. *quod si quis*. MS. Camb. *quod si quid*. Editi Prosperiani, *quo quidem*.

(c) MS. Jol. & Camb. *Gratia quidem illa in omni justificatione principaliter praeeminet*, [illegible] nostri, *Gratia quidem Dei in omnibus justificationibus*. Lovanii editio, *Gratia quidem Dei illa in omnibus justificationibus*.

(d) Sic MSS. Camberon. & Jol. cum Lovan. Editi alias, *perseverantiam cogitemus genus, nulla species*. Iidem postea, *occurrit*.

(e) MS. Johannis, *quae auctore eodem proficit timore*. MS. Camberon. *quo auctore, eodem proficit timore*.

(f) Editi nostri omnes *fiis*. Melius *citis*, per c, ex MS. Camb. & Jol. & edit. Lovanii: cum correspondeat sequens, *tarde cunctanterque*.

(g) Recte MSS. Camb. & Jol. cum Lovan. addunt, *Petro*; quo voce carent Editi nostri.

(h) MS. Camberon. *Quia*.

fuit fieri, & in confusum talium tentationum facilis nimium proclivisque descensio est, numquam debet in auribus fidelium vox illa Domini non sonare, qua Apostolis dicitur, *Vigilate et orate, ut non intretis in tentationem.* Ubi si de vigilando tantum, non etiam de orando discipulos admoneret, solas liberi arbitrii vires videretur hortari. Sed cum addidit, *Et orate;* satis docuit superni futurum muneris ut eos etiam vigilantes tentationis procella non vinceret. Tale est & illud quod ait, *Simon, Simon, ecce satanas postulavit ut vos (a) cerneret velut triticum. Ego autem rogavi pro te, ut non deficiat fides tua; et tu aliquando conversus, confirma fratres tuos, et rogate ne intretis in tentationem.* Si ergo defectura erat fides tanti Apostoli, (b) nisi pro eo Christus oraret; inerat ei procul dubio mutabilitas, quæ posset in tentatione (c) nutare; & non illa jam perseverantiæ fuerat virtute solidatus, ut nullis periculis esset obnoxius. Si quidem tam gravis eum perturbatio etiam post illa concusserit, ut in Caiphæ domo unius ancillæ interrogatione perculsus, usque ad trinam negationem (d) Christi, cui commoriturum se spoponderat, constantia deficiente perductus sit. Quod ergo tunc conturbatum cor Apostoli non humanis, sed divinis convenit oculis, & ad largos pœnitudinis fletus potenti incitavit adspectu; patuit hanc firmitatem animi præcipuo convenire discipulo, ut sicut ipsum Dominum nihil ab explenda Passionis proposito deterrebat, ita nec beatum Petrum ulla tunc formido superaret. Sed hæc stabilitas illius tantummodo propria fuit, qui solus vere potenterque dicebat, *Potestatem habeo ponendi animam meam, et potestatem habeo iterum (e) sumendi eam.* In ceteris vero hominibus, donec *caro concupiscit adversus spiritum, et spiritus adversus carnem,* & donec *spiritus quidem promptus est, caro autem infirma,* incommutabilis animi fortitudo non potest reperiri. Quoniam non hujus, sed alterius vitæ est (f) veræ pacis perfecta & secura felicitas: in præsenti autem agonis incerto, ubi tota vita tentatio est, & (g) ab insidiantis superbia nec ipsa est tuta victoria, mutabilitatis periculo non caretur. Et licet innumeris (h) sanctis suis donet virtutem perseverandi usque in finem divina protectio, a nullis tamen (i) aufert quod ipsis repugnat ex ipsis; ut in omnibus studiis eorum atque conatibus semper inter se velle & nolle (k) decertent.

Matth. 26. 41. — Luc. 22. 31. — Joan. 10. 18. — Gal. 5. 17. — Matt. 26. 41. — Job 7.

Quam compugnantiam idem beatissimus Petrus etiam in ipsa palmarum omnium consummatione perpessus est. Si quidem hoc (l) ipsi Dominus prædixerat & dixit, *Amen, amen dico tibi; quando junior eras, præcingebas te, et ambulabas ubi volebas; cum autem senueris, extendes manus tuas, et alius te præcinget, et ducet quo tu non vis. Hoc autem (m) dixit, significans qua morte clarificaturus esset Deum.* Quis ergo ambigat, quis ignoret hanc fortissimam petram, quæ ab illa principali petra communionem & virtutis sumpsit & nominis, hoc desiderium semper habuisse, ut ei moriendi pro Christo constantia donaretur? Veruntamen ita inevitabilis erat obluctatio trepidationis, (n) ut vir martyrii avidissimus, adeptam quidem denuntiaretur victoriam passionis, sed non sine tentatione formidinis. Merito igitur non solum ab incipientibus, verum etiam a (o) provectis sanctis uniformiter Domino supplicatur, & dicitur, *Ne nos (p) inducas in tentationem, sed libera nos a malo.* Universis enim qui in fide & dilectione permanent, ab ipso donatur ne in tentatione superentur, ut *qui gloriatur, in Domino glorietur.* Ipsumque (q) gloriam iisdem quibus eam impertit, adscribit; ut quamvis auxilio Dei steterint, tamen, quia in se habebant unde caderent, ipsorum sit meritum quod steterunt. Igitur sicut qui crediderunt, juvantur ut in fide maneant: sic & qui nondum crediderunt, juvantur ut credant. Et quemadmodum illi in sua habent potestate ut exeant; ita & isti in sua habent potestate ut veniant. Fitque manifestum quod diversis atque innumeris modis *omnes homines vult Deus salvos fieri, et in agnitionem veritatis venire:* sed qui veniunt, Dei auxilio diriguntur; qui non veniunt, sua pertinacia reluctantur.

Joan. 21. 18. & 19. — Matt. 26. 35. — Matth. 6. 13. — Perseverantia est Dei donum. — 1. Cor. 1. 31. — 1. Tim. 2. 4.

CAPUT XXIX.

Promissio benedictionis omnium gentium ita completur quotidie, ut nec perventuris sit excusatio justa, nec salvatis de sua justitia gloriatio.

QUamvis (r) enim multi amantes tenebras suas, splendorem non recipiant veritatis, & multi qui illuminati fuerant, tenebrescerent; *verbum* tamen *Dei manet in æternum,* & de promissionis veritate nihil excidit. Intrat quoti- Isa. 40. 8.

(a) Ms. Joliensis, *expostulavit ut vos cribraret.* Ms. Camb. *postulavit, ut vos cribraret.* De voce *cerneret*, quam habent Editi nostri & Leonis, vide supra pag. 471. in nota m. Idem Camb. & Leonis editio *rogavi*, pro *rogo*, in aliis.
(b) Mss. Cambron. & Jol. *nisi pro ea.*
(c) Alias in Leone, & in Colon. edit. Prosperi, *nutare.*
(d) Ms. Jol. *ejus tam*. Deinde alias *moriturum*. Leonis edit. *commoriturum.*
(e) Ms. Joliensis, *sumendi eam.*
(f) Sic Mss. Cambron. & Jol. & Leonis editio. Nostri codices excusi *vere perfecta.*
(g) Editi Prosperiani, *ab insidianti superbia.* Mss. Camb. & Jol. & Leo ut supra.
(h) Ms. Jol. caret voce, *sanctis.*
(i) Mss. Camb. & Jol. *auferetur.*
(k) Editi Prosperi, *decertet.* Mss. Camb. & Jol. ac Leo, *decertent.*
(l) Alias excusi, *ipse Dominus.* Mss. Camb. & Jol. & edit. Leonis, *ipsi Dominus.*
(m) Ms. Joliensis, *dicebat.*
(n) Ms. Joliensis, *ut vir martyrii avidissime adeptam quidem denuntiaretur victoriam passionis.*
(o) Ita Mss. Camb. & Jol. cum Leo. Alii, *provectissimis.*
(p) Mss. Camb. & Jol. & antiquæ Leonis editiones, *inferas.*
(q) Editio Leonis operum, *victoriam.*
(r) Editi alias, *autem.* Mss. Camb. & Jol. & Leo, *enim.*

quotidie perfecta & promissa gentium plenitudo, & in Abrahæ semine omnes gentes, omnis tribus, omnis lingua benedicitur. (Joan. [illegible] & 10. 29.) Quod enim Pater Filio dedit, Filius non amittit, neque quisquam potest de manu ejus (a) rapere quod accepit. *Firmum fundamentum Dei stat*, & (2. Tim. 2. 19.) mansuri in æternum templi ædificatio non vacillat, præventa super omnes veritate & misericordia Dei a quo quod & nemini negatur, & nulli debetur, in iis quos promisit, efficitur. *Ipse enim operatur omnia in omnibus*: sed (1. Cor. 12. 6.) omnia procul dubio justa & bona. *Universæ enim viæ Domini misericordia & veritas*. Qui sicut (Ps. 24. 10.) præscivit ante sæcula, quanta totius mundi hominum multitudo vel communibus (b) usa donis, vel specialibus adjuta præsidiis, declinans tamen ab itinere veritatis & vitæ, ingressura esset latitudinem erroris & mortis; ita semper præcognitum habuit, quantus piorum numerus per opem gratiæ, & per servitutem obedientiæ ad æternam beatitudinem pertineret: ut nullo excidente de plenitudine promissorum, qui nec (c) provectu erat fallendus, nec auxilio destituendus, eos glorificans præ omnibus quos elegit ex omnibus. Universitati quippe hominum, quod abunde probavimus, ita multiplex atque ineffabilis bonitas Dei consuluit semper & consulit, ut neque ulli pereuntium excusatio suppetat de abnegato sibi lumine veritatis, neque cuiquam sit liberum de sua justitia gloriari: cum & illos propria nequitia demergat ad pœnam, & istos Dei gratia perducat ad gloriam.

CAPUT XXX.

Repetitio primi capitis libri secundi.

Quod itaque in principio secundi hujus voluminis insinuavimus, hoc nunc iterum commendamus, ut cum de gratiæ profunditate & altitudine disputatur, (d) tribus illis saluberrimis & veracissimis definitionibus finem imposui. Quarum una profitetur æternam & proprium divinæ esse bonitatis, ut omnes homines salvos fieri velit, & in agnitionem veri- (1. Tim. 2. 4.) tatis venire. Alia simul prædicat, omnem hominem qui salvus fit, quique in agnitionem veritatis venit, Dei auxilio juvari & regi, atque in fide quæ *per dilectionem operatur*, per- (Gal. 5. 6.) maneat, custodiri. Tertia vero temperanter & sobrie protestatur, non omnem voluntatis Dei comprehendi posse rationem, & multas divinorum operum caussas ab humana intelligentia esse subductas: ut cum in temporibus, in nationibus, in familiis, in parvulis, in nondum natis (e) & geminis quædam aut varie aut insigniter gesta noscuntur, non ambigamus ea ex illis esse, quæ justus & misericors Deus in hoc transituro sæculo noluit sciri. Quod quidem ad utilitatem nostram dispositum sentiendum est: ut quoniam (f) *spe salvi facti sumus*, cui (Rom. 8. 24.) præparavit Deus *quod oculus non vidit, nec* (1. Cor. 2. 9.) *auris audivit, nec in cor hominis ascendit*; sicut constanter credimus videndum quod nondum videmus, ita pariter (g) exspectemus intelligendum quod nondum intelligimus. Si ergo cesset insidiosa malignitas, & insolens præsumptio conquiescat; his recte, ut arbitror, (h) pertractatis, nullius superest caussa certaminis, neque ultra necesse est nos interminabilibus quæstionibus occupari.

CAPUT XXXI.

Omnibus sæculis adfuisse omnibus hominibus generalem Dei bonitatem: sed tantum salvandis peculiarem gratiam.

Elaboratum est enim, quantum Dominus adjuvit, ut non solum in novissimis diebus, sed etiam in cunctis retro sæculis probaretur, gratiam Dei omnibus hominibus adfuisse, providentia quidem pari & bonitate generali; (i) sed multimodo opere, diversaque mensura: quoniam sive occulte, sive manifeste, ipse est, ut Apostolus ait, *Salvator omnium hominum, maxime fidelium*. Quæ sententia subtilissimæ bre- (1. Tim. 4. 10.) vitatis & validissimi roboris si tranquillo consideretur intuitu, totam hanc, (k) de qua agimus, controversiam dirimit. Dicendo enim, *Qui est Salvator omnium hominum*, confirmavit bonitatem Dei super universos homines esse generalem. Adjiciendo autem, *maxime fidelium*; ostendit esse partem generis humani, quæ merito fidei divinitus inspiratæ, ad summam atque æternam salutem specialibus beneficiis provehatur. Quod utique nulla iniquitate agitur justissimi & misericordissimi Dei, cujus judicium in his dispensationibus non cum arrogantia discutiendum, sed cum tremore laudandum est. ([illegible])

CAPUT XXXII.

Inter fideles varios esse gradus munerum Dei, idque non ex meritis eorum, sed justo & latenti Dei judicio.

Siquidem in ipsis quoque fidelium populis, quod jam superius ostensum est, non eadem omnibus, nec paria conferuntur, & ante ulla humanorum pondera meritorum, dissimillima divinorum mensura sit munerum. Si enim de parentum carnalium judiciis conqueri non audemus, cum aliquos filios suos ante ulla morum exami-

(a) MS. Camb. & Jol. *rapere*. Alii, *eripere*.
(b) MS. Jolianus, *adjuta dono*.
(c) MS. Jolianus, *provecta*.
(d) Editio Lovani, *primis illis*.
(e) Sic MS. Camb. & Jol. ut Lov. Alii, & alias Lovanii libri, *& gemini*. Infra Edd. *non ambigimus*: ubi cum aliis codicibus, *non ambigamus*. Et aliquo inferius MS. Camb. *transitoro*, pro *transituro*.
(f) MS. Camb. & Jol. cum Lovanii superiore verum hanc, *spe*, quæ in aliis deficiebat. Lovanii editio, *quibus*, pro *cui*: Spei intellige.
(g) MS. Jolianus, *expectemus*.
(h) MS. Jolianus, *retractatis*.
(i) MS. Cantuarens. *multimodo diversaque mensura*, sic etiam & in Lovan.
(k) Editi, *de qua agimus*. MS. Jolianus, & Lovanii editio, *agimus*.

examina, ante aliqua pietatis obsequia, indulgentiore amplectimur affectu; (a) si in dominis quoque erga famulos libera est dispositio, nec juste a quoquam reprehenditur, qui de unius conditionis familia quosdam sibi quos benignius honestaret, & quos (b) liberalius erudiret, elegit: numquid de summi Patris & veri Domini benevolentissima æquitate causandum est, quod in magna domo ejus innumeris differentiis universa variantur? Cumque nemo aliquid boni habeat, quod non ille donaverit, non omnes tamen hisdem virtutibus micant, nec eadem charismatum dote ditantur. Nec possumus hanc diversitatem gradatim causis aptare meritorum: cum totius boni meriti principalis caussa sit gratia, de cujus opibus sumitur quidquid in singulis probabile reperitur.

[Gratia est principalis causa meriti.] [illegible]

CAPUT XXXIII.

Nemo perit qui perire non debet: sed omnes ab æterno electi salvi fiunt.

Sicut ergo de iis quæ intra Ecclesiam multiformiter Spiritus sanctus operatur, impium est ullam querelam corde concipere: ita etiam de illa providentia quæ infidelibus præsidet, nullatenus murmurandum est. Quoniam & justus & bonus arbiter nec voluntatis iniquæ est, nec discretionis incertæ, ut sub immensa (c) omnipotentis Dei misericordia atque justitia putemus quod quisquam pereat, qui perire non debeat. Nulla pars mundi ab Evangelio vacat Christi. Et licet illa generalis vocatio non quiescat, tamen etiam ista specialis jam universis est facta communis. Ex omni gente, & ex omni conditione adoptantur quotidie millia senum, millia juvenum, millia parvulorum: & (d) effectibus gratiæ Christianæ, etiam ipsa quibus mundus atteritur, arma famulantur. Quam multos enim qui in tranquillitate pacis sacramentum baptismatis suscipere differebant, ad aquam regenerationis confugere instantis periculi metus impulit; & lentis tepidisque animis quod diu cohortatio quieta non suasit, minax subito terror extorsit? Quidam Ecclesiæ filii ab hostibus capti, dominos suos Christi Evangelio mancipaverunt, & quibus conditione bellica serviebant, eisdem fidei magisterio præfuerunt. At alii barbari dum Romanis auxiliantur, quod in suis locis nosse non poterant, in nostris (e) didicere regionibus, & ad sedes suas cum Christianæ religionis (f) institutione remearunt. Ita nihil obsistere divinæ gratiæ potest, quominus id quod voluerit impleatur; dum etiam discordiæ ad unitatem trahunt, & plagæ in remedia vertuntur; ut Ecclesia unde metuit periculum, inde sumat augmentum.

[Gratia specialis ...] [illegible]

Ad quaslibet igitur rerum humanarum cultum se nostra convertat inspectio, nulla sæcula, nulla negotia, nullos generationum ortus atque decessus ab æternis & inscrutabilibus judiciis Dei vacare reperiet. Omnes varietatum compugnantiæ, & universæ dissimilium (g) provenuum causæ, quas investigare & discernere non valemus, in illa æterna scientia simul notæ, simulque divisæ sunt. Et nihil ibi inordinatum est, etiam de nondum existentium qualitatibus actionum. Quoniam non est in Deo accidens motus, aut nova voluntas, aut temporale consilium, nec cogitatio ejus cum rerum mutabilium inæqualitate variatur, sed cuncta pariter tempora & temporalia, sempiterno ac stabili comprehendit intuitu, & omnibus omnia jam tribuit, (h) qui quæ sunt futura, jam fecit. Hinc illud est beati Pauli apostoli scribentis ad Ephesios, *Benedictus Deus & Pater Domini nostri Jesu Christi, qui benedixit nos in omni benedictione spirituali in cælestibus in Christo, sicut elegit nos in ipso ante mundi constitutionem, ut essemus sancti & immaculati in conspectu ejus in charitate. Qui prædestinavit nos in adoptionem filiorum per Jesum Christum,* (i) *secundum propositum voluntatis suæ, in laudem gloriæ gratiæ suæ*, & cetera, (k) quæ sub ejusdem sensus prædicatione contexit, docens donum atque opus gratiæ in æterno semper Dei mansisse consilio, omnesque adoptionis filios non solum (l) in eo tempore quo jam existentes vocati sunt, sed etiam prius quam mundus (m) constitueretur, electos. In qua electione quidquid hominum in Christo præcognitum non est, nulla eidem ratione sociabitur. Omnes enim qui in regnum Dei de cujuslibet temporis vocatione venturi sunt, in ista, quæ sæcula cuncta præcessit, adoptione signati sunt. Et sicut nullus infidelium in hac sorte numeratur, ita nullus piorum (n) ab hac benedictione discretus est. De plenitudine quippe membrorum corporis Christi, præscientia Dei, quæ falli non potest, nihil perdit, & nullo detrimento minui potest summa præcognita, atque in Christo ante sæcula æterna præelecta, sicut ad Timotheum scribens Apostolus dicit, *Collabora Evangelio secundum virtutem Dei, qui nos liberavit & vocavit vocatione sancta, non secundum opera nostra, sed secundum suum propositum & gratiam, quæ data est nobis in Christo Jesu ante tempora æterna.*

[Omnia futura in Deo præsentia, & immutabilia.] [illegible]

Ephes. 1. 3. & seq.

[Plenitudo membrorum Christi ab æterno ...] [illegible]

2. Tim. 1. 8. & 9.

CA-

(a) MS. Joliensis supplet particulam, si, quæ est etiam in Lovan.

(b) Editi, liberius, emendantur ex MS. Joliensi, & Lovan.

(c) MS. Joliensis omissis his, omnipotentis Dei, habet, misericordia ejus.

(d) Duac. & Colon. affectibus. Alii, effectibus.

(e) MS. Joliensis & Lovanii editio, cognoverunt. Alii, didicere.

(f) MS. Joliensis, justificatione.

(g) Lovanii editio, proventuum. Ceteri, proventurum.

(h) MS. Cambaron quæque sunt futura.

(i) Hoc loco editi addiderant, Dominum nostrum, quibus carent MS. Joliensis & Lovanii editio, imo etiam textus Apostoli cum Vulgata editione verbatur.

(k) Editio Lovanii, quæ ibi.

(l) Præpositio in non legitur in MS. Joliensi.

(m) Editi alias, conderetur. MS. Camb. & Jol. & Lov. ut in textu.

(n) Editi, numeratus. Postea MS. Jol. & Lovanii editio, ab hac benedictione; cum alii ferunt, ab hac sorte.

CAPUT XXXIV.

Non frustra laborari ad adquirenda bonorum operum merita, vel orationibus insisti, quamvis incommutabile sit Dei propositum super salute electorum.

[illegible] COntra hanc invictae veritatis splendidissimam lucem solent quidam non sobrie dicere, superfluo ad adquirenda bonorum operum merita laborari, frustra etiam orationibus, quibus Deus exorandus speratur, insisti, si ex incommutabili proposito ejus Christianae gratiae subsistit electio, nec aliter quidquam procedere potest, quam omnipotentis voluntate dispositum est. Sed qui (a) hoc ingeniose se arbitrantur opponere, non intelligunt scientiam Dei, quae & praeterita, & praesentia, & futura complectitur, tempore non teneri, & tam in conspectu ejus adstare ea quae gerenda sunt, quam illa quae aut geruntur aut gesta sunt. Quod cum verissimum sit, non indiget mora cernendi & discernendi illa virtus quae perpetuo uno eodemque contuitu creata & creanda, orta & oritura, acta & agenda semel aspicit, & quidquid in universitate rerum per saecula praefinita evolvitur, ac multimodis varietatibus explicatur, id totum in eo jam ordine comprehendit, quem ex ipsius summo illo perfectoque judicio mundi hujus finis accipiet. Haec autem aeterna & semper tranquilla cognitio, nulla nos urget necessitate peccandi, nec inde manat iniquitas, unde justitia. Quia cum bonus Deus omnia bona fecerit, (b) & mali nulla sit omnino natura, a liberis voluntatibus, quas utique bonum fuit liberas fieri, spontanea est orta transgressio: & natura mutabilis, cujus incolumitas ab incommutabili pendebat essentia, a summo se bono, (c) dum proprio perverse delectatur, abrupit: cui nunc ruinae medetur gratia Dei.

CAPUT XXXV.

Gratia datur electis, non ut otientur, vel a nullo hoste impetantur: sed ut bene operentur & hostem vincant.

1 Joan. 3. 8. ET propterea Jesus Christus venit in hunc mundum, *ut solvat opera diaboli*; quae utique sic solvuntur, ut in destructione eorum etiam ab iis quibus succurritur, laboretur, quoniam & hoc a salvante donatur. Ideo beatus Apostolus, *Non solum autem*, inquit, *sed & gloriamur in tribulationibus: scientes quod tribulatio patientiam operatur, patientia autem probationem, probatio vero spem, spes autem non confundit, quia charitas Dei diffusa est in cordibus nostris per Spiritum-sanctum, qui datus est nobis.* Rom. 5. 3. & seq. Itemque idem ad Ephesios, *Gratia*, inquit, *salvati estis per fidem, & hoc non ex vobis, Dei enim donum est, non ex operibus, ne quis glorietur. Ipsius enim sumus figmentum, creati in Christo in operibus bonis, quae praeparavit Deus, ut in illis ambulemus.* Ephes. 2. 8. & seq. Deus ergo his quos (d) elegit sine meritis, dat unde ornentur & meritis. Et frustra dicitur, quod ratio operandi non sit in electis, cum etiam (e) ad hoc ut operentur electi sint. Virtutum quippe munera otiosa esse non possunt. Quoniam, sicut veritas ait, *Omni habenti dabitur, non habenti autem etiam quod habet auferetur ab eo.* Matth. 13. 12. Non igitur ad hoc datur continentia, ut concupiscentiis non repugnet. Nec ideo cuiquam tribuitur sapientia & intellectus, ut non die ac nocte (f) in Domini lege meditetur. Psal. 1. 2. Quid agit donum dilectionis, si benevolentiae sollicitudo non vigilat? Quis fructus est patientiae, si non habet fortitudo quod toleret? Aut quomodo in Christo pie vivere (g) ostenditur, qui nulla persecutione pulsatur? 2 Tim. 3. 12. Vel pax quae est a Deo & cum Deo, numquid bene quieta est, si non (h) discordat a mundo? Aut amor Dei (i) potest sine diaboli inimicitiis obtineri? Nemo ergo prorsus Dei gratia incontabilem facit. Neque ob hoc caelestium armorum praesidio a dextris & a sinistris instruitur Christiana militia, ut nullo cum hoste confligat: cum laudabilius sit (k) atque felicius pugnantem non potuisse vinci, quam desidem non potuisse tentari.

CAPUT XXXVI.

Electio non tollit orandi studium, sed ejus effectus per orationem & bona opera completur.

ORationum vero sollicitudinem divinae electionis proposito non resolvi, uno testimonio evidenter probabo, ut caetera studio brevita-

---

(a) Leonis editio, *hoc se ingeniose*. Editi, *se ingeniose hoc*. Ms. Jol. ordine supra scripto.

(b) Ms. Joliensis, *& mala nulla sit omnino natura*.

(c) Ms. Joliensis, non habet, *perverse*. Editio Leonis, *dum proprio delectatur*.

(d) Olim editi, *eligit*. Ms. Jol. & Leonis editio, *elegit*.

(e) Ita legendum esse, non vero, ut antea legebatur in Editis, *ad hoc operentur ut electi sint*. & contextus hic et postulat, & tota hujus libri doctrina, & Mss. Thuan. & Joliensis. Objectio enim, cui verbis istis satisfacit, ea eo nata est, quod ante docuerat in haec verba: *De praescientiae membrorum corporis Christi praefinitione Dei, quae falli non potest, nihil perdit, & nullo detrimento minui potest summa praecognita, atque in Christo ante saecula aeterna praeelecta*. cap. 33. Si haec, inquiunt, ita se habent, ratio operandi non est electis. Imo, reponit ille, [illegible] ratio operandi, cum non tantum ad hoc ut salventur, sed etiam, *ad hoc ut operentur electi sunt*. Consonat plane beato Apostolo ad Eph. 2. 10. *Creati in Christo Jesu in operibus bonis, quae praeparavit Deus, ut in illis ambulemus*, & cap. 1. 4. *Elegit nos in ipso ante mundi constitutionem, ut essemus sancti*. Inde hausit S. Augustinus quod passim docet, quod *praedestinatio est praeparatio beneficiorum Dei, quibus certissime liberantur, quicumque liberantur*: Quod *praedestinatio est gratiae praeparatio*. Quod *Deus praedestinavit quos voluit, & ad opera bona, ad praemia sempiterna*. Porro, ut subdit noster auctor, *virtutum munera otiosa esse non possunt*.

(f) Ms. Joliensis, *in Dei lege*.

(g) Ms. Joliensis, *creditur*.

(h) Ms. Joliensis, *discordat a mundo*.

(i) Editi *poterit*.

(k) Ms. Camberon. *atque pugnantem*, omisso *feliciter*.

vitatis omittam. In libro igitur Tobiæ ad filium ejus Tobiam Raphael Angelus dicit; *Memor esto mandatorum patris tui, quoniam præcepit tibi accipere uxorem de genere patris tui. Et nunc audi me, frater, noli computare dæmonium illud, sed postula eam. Et scito quoniam dabitur tibi hac nocte uxor: & cum ingressus fueris in cubiculum tolle de jecore piscis illius, & impone super carbones, & odor manebit, & odorabitur illud dæmonium, & fugiet, & non apparebit circa illam omnino in perpetuum. Et cum cœperis velle esse cum illa, surgite primum ambo, & deprecamini Dominum cœli, ut det vobis misericordiam & sanitatem. Et nolite timere; tibi enim destinata est ante sæcula, & tu eam sanabis.* Tob. 6. 16. & seq. Quamvis ergo quod statuit Deus nulla possit ratione non fieri, studia tamen non tolluntur orandi, nec per electionis propositum liberi arbitrii devotio relaxatur: cum implendæ voluntatis Dei ita sit præordinatus effectus, ut per laborem operum, per instantiam (a) supplicationum, per exercitia virtutum fiant incrementa meritorum; & qui bona gesserint, non solum secundum propositum Dei, sed etiam secundum sua merita coronentur. Ob hoc enim in remotissimo ab humana cognitione secreto, præfinitio hujus electionis abscondita est.

[illegible]

CAPUT XXXVII.

De nullo ante finem vitæ hujus pronuntiari potest, quod in electorum gloria sit futurus: & nullius lapsi est desperanda reparatio.

ET de nullo ante ipsius finem pronuntiari potest, quod in electorum gloria sit futurus, ut perseverantem humilitatem utilis metus servet, & *qui stat, videat ne cadat;* (b) & si forte aliqua victus tentatione corruerit, non absorbeatur tristitia, nec de ejus misericordia diffidat, qui *allevat omnes* (c) *qui corruunt, & erigit omnes elisos.* Dum enim in hoc corpore vivitur, nullius (d) est negligenda correctio, nullius est desperanda reparatio. Oret itaque sancta Ecclesia, & pro iis qui crediderunt gratias agens, proficientem eis perseverantiam petat: pro iis autem qui extra fidem sunt, poscat ut credant. Nec ideo ab obsecrationibus cesset, si pro aliquibus exaudita non fuerit. Deus enim qui *omnes vult ad agnitionem veritatis venire*, non potest quemquam sine justitia refutare.

1. Cor. 10. 12. Psal. 144. 14. 1. Tim. 2. 4.

(a) Ms. Camberon. *supplicationum.*
(b) Ms. Camb. & Jol. *ut si forte.*
(c) Edit. alias, *qui ruunt.*
(d) In Ms. Jolienti omittitur, *est* hoc loco.

AD

ADMONITIO IN EPISTOLAM SUBSEQUENTEM AD DEMETRIADEM.

ITA concinit stilus Epistolæ ad Demetriadem stilo librorum de Vocatione Gentium, ut eidem hactenus auctori utrumque opus merito sit adscriptum, sive cum Ambrosio datum, sive cum Prospero. Quamobrem qui duorum hujusce ætatis Criticorum eruditam concertationem circa auctorem librorum de Vocatione Gentium in Admonitione his libris præfixa cum eruditissimi scriptoris nova Bibliotheca Ecclesiastica judicio ibidem exhibuimus; eodem utique instituto nostro eosdem iterum de præsentis Epistolæ auctore differentes breviter repræsentare cogimur: ut perpensis attente quæ hic afferentur trium paris eruditionis & diligentiæ virorum opinionibus, eorumque momentis libratis, fateatur lector non iniquus jure merito nos istud operis, alias egregii, a veris Prosperi libris avulsum, nec ad falsa adulterinaque rejectum, in dubiorum classem revocasse.

Igitur præter eas rationes quibus opus de Vocatione Gentium Leoni Quesnellius adjudicavit, quæque ex stili omnimoda similitudine huic quoque Epistolæ applicari possunt & debent, alias ille insuper addit quæ Epistolam hanc ex specialibus indiciis Leoni vindicandam probent. 1. Animadvertit hoc Epistolæ commune esse cum libris de Vocatione Gentium & certis sancti Leonis operibus, quod scripturam sanctam ex sancti Hieronymi versione allegent. Sed & quod utraque versione utantur, vulgata scilicet & Hieronymiana. Quod ad id quod probatum volebat validum putat argumentum: cum nemo facile sibi persuadeat fortuito contigisse, ut eadem ætate, duo scriptores diversi eumdem ejusdem libri versum (sc. 4. capitis libri Job 14.) assumpserit ex versione sancti Hieronymi, quæ nondum in usum vocata erat, & vix ab alio auctore hujus ævi usurpata reperiatur. 2. Plures ex Epistola ad Demetriadem conceptus recenset, qui iidem leguntur in operibus sancti Leonis. 3. In locis a se allatis, præter sensus constructionisque ac verborum similitudinem & concentum, quæ eumdem auctorem arguunt, multas notat insuper voces in textu Epistolæ, quæ a sancto Leone passim usurpantur. 4. Conjectationes superiores hac altera firmat. Quod Epistolæ nitor ac venustas non est hominis Africani, sed in ipsis potius Latinæ linguæ incunabulis enutriti. Nec si Africanus fuisset, ignorasset Demetriadem ex sancti Augustini maxime exhortationibus servandæ virginitatis consilium concepisse; nec scripsisset tale ipsam

[illegible] propositum sine humanis cohortationibus elegisse*: cum ex ipsius Augustini Epist. 188. ad Julianam Demetriadis matrem discamus, per ejus ministerium*

[illegible] *castitatis propositum amplexatam esse piam hanc virginem.* Per ministerium, *inquit*, nostrum cum accepissetis verbum auditus Dei, sicut dicit Apostolus, accepistis illud non ut verbum hominum, sed sicut est vere, verbum Dei. Cujus ministerii nostri, adjuvante gratia & misericordia Salvatoris, in domo vestra tantus fructus exortus est, ut humanis nuptiis jam paratis, sancta Demetrias spiritalem sponsi illius prætulerit amplexum, cui speciosō præ filiis hominum &c. *Hominem vero Italum, longe ab Africa positum, & tunc*

tem-

temporis forte adolescentem, qualis erat S. Leo, non mirum est hanc compertam non habuisse circumstantiam. Quid quod hujus Epistolæ auctor satis se Romanæ Ecclesiæ alumnum prodit, dum ejus gloriam ubique æmulatus, Apostolicam sedem omnibus tum sacerdotibus tum plebibus exemplum fuisse asserit, ut Pelagiani dogmatis insaniam abhorrerent: cum hæc palma Episcopis Africanis debeatur, qui omnium primi signum adversus Julianum levaverunt, sic canente Prospero:

Tu caussam fidei flagrantius Africa nostræ
Exequeris, tecumque suum jungente vigorem
Juris Apostolici solio, fera viscera belli
Conficis; & lato prosternis limite victos.
Convenere tui de cunctis urbibus almi
Pontifices; geminoque senum celeberrima cœtu
Decernis quod Roma probet, quod regna sequantur.

Carm. de ingrat. v. 70. & seq.

5. *Juvari dicit non modicum hanc suam assertionem ex singulari, quæ Demetriadi virgini cum S. Leone intercessit necessitudine, ex qua etiam hanc fiduciam sumpsit, ut ipsam impelleret ad construendam Basilicam sub S. Stephani invocatione consecrandam, ut fidem facit Platina.* Leo, *inquit*, ad reparandam Urbem & Templa conversus, Demetriam ancillam Dei impulit ut Basilicam beato Stephano via latina tertio ab Urbe milliario in fundo suo conderet. *Nec de alia Demetriade itidem virgine, hæc intelligi debere, cum aliam huic cognominem, & aliquatenus illustrem nec illius ævi scriptores commemorent, nec eam de qua loquimur, aliqua nota distinguant, cum de ea mentionem faciunt. Quod si jam ab anno 410. Demetrias Barbarorum sævitiam qui Romam ceperant fugiens, cum matre & avia in Africam transmearit, nemini persuasum fiet in illa ipsam provincia remansisse cum Vandali anno 427. in Africam irrumpentes, regionem illam immaniter vastarent; sed potius fuga sibi consuluisse contra hæreticorum hominum barborumque furorem, apud quos fides catholica castitasque virginalis, quibus clarebat Demetrias, summo æque crimini vertebatur. Immo nemo est qui non credat piam virginem, si expugnata a Gothis Roma Carthaginem aufugerat, ita invadentibus Africam Vandalis, longe potiori ratione reliquisse Carthaginem, Romamque remeasse in qua patriam, cognatos, amicos, & quod non semel indicatur in hac Epistola, amplissimas possessiones a parentibus suis relictas habebat. Quamquam & usque ad incursionem Vandalorum in Africa non remansisse vero simillimum est, vel Julianam adhuc superstitem post Gothorum ex Italia discessum carissimum pignus in Urbem secum reduxisse, vel Demetriadem mortua Juliana, ultro repetiisse patriam, ut quæ apud Carthaginem sine cognatorum, gentiliumque suorum ope ac solatio vix potuisset residere. Romam ergo rediens Leonem invenit, quem sacra virgo, ut ad sublimis propositi observantiam magis magisque attenderetur, pro ea quæ ipsi sacrarum virginum cura incumbebat, & suo jure precata est, nec renuit S. Leo, sed hanc ad eam scripsit eximiam Epistolam.*

Ceterum nihil esse cur Prospero tribuatur hæc Epistola, quæ Prosperi stilum non refert. Qui vero in excusis Prosperi operibus huic libello titulus præfigitur; Prosper Episcopus sacræ virgini Demetriadi, *addititius esse tum inde convincitur, quod ante centum ferme annos, quo tempore S. Ambrosii operibus accensebatur hoc opusculum, sine hoc titulo semper prodierat; tum quod certum sit apud eruditos Prosperum Augustini discipulum ac vindicem num-*

quam sacerdotali dignitate, sed nec ullo forte Ecclesiastico ministerio insignitum fuisse, ut notatum in Admonitione in Epistolam Prosperi ad Augustinum datam initio hujus voluminis. Sed missa illa pseudepigraphe, non esse Prosperi hanc Epistolam arguit stili disparitas, & ejusdem affinitas cum stilo librorum de Vocatione Gentium. Etsi enim Prosperi sermo nonnullis interdum vitmnis, ut ajunt, ubique sonat, quod omnibus illius ævi scriptoribus non insolens est; minus tamen frequentes sunt apud Prosperum, qui etiam iis persæpe vitandis studuisse videtur, ut legenti planum erit. Non ita quoque de ordinando, & ad amussim construendo sermone, aut secandis periodorum membris sollicitus est, ac auctor gemini de Vocat. Gent. opusculi: sed ut ratiocinii pondere atque arte præstat, assertionibusque, ut de ipso Gennadius, magis nervosus est, ita dictionis puritate, sermonis nitore, compositionisque elegantia longe inferior est. Probatur præterea ex discrimine quod inter utrumque supra annotavimus; cum unus Ecclesiam Romanam in profliganda hæresi Pelagiana omnibus Episcopis præivisse ait, alter ab Africana Ecclesia in hac pugna præventam esse etiam sedem Apostolicam asserit; quod diversum auctorem fuisse demonstrat. Denique altum de S. Augustino silentium, cujus cum laude nominandi nullam Prosper sibi eripi sinit occasionem, eidem hoc opusculum abjudicat. Quam enim opportunam magis ac magis obviam habere poterat occasionem celebrandi invicti illius gratiæ Doctoris, quam in ea Epistola, quæ & de gratia Christi, & de humilitate gratiæ custode tota est, in qua Pelagianum dogma, Pelagiique ad Demetriadem Epistolam exagitat; quæ Episcopos istius hæresiarchæ adversarios commemorat, quorum pars magna erat Augustinus, præcipua portio, ut loquitur ipse Prosper, Domini sacerdotum: in qua alloquitur virginem, quam ministerio verbi Christo pepererat, aut potius quam æmulans Dei æmulatione, desponderat uni viro virginem castam exhibere Christo. Prospero enim, omnium quæ Augustini erant curiosissimo indagatori hoc ignorare non licuit, nec tacere, cum id sacræ virgini gratissimum esse futurum non dubitaret. Denique cum de proposito castitatis a Demetriade concepto inter ipsa principia multos, qui tunc in Ecclesia præeminebant, merito non siluisse asserat, atque illam rationabiliter doctissimos viros suis adhortationibus incitasse: nemo est qui credat hanc sibi ipsi vim facere potuisse Prosperum, ut orationem in Augustini nomen ac elogium sponte currentem compesceret.

Quæ omnia si mente ab omni præjudicio libera lector attenderit, non dubitat Quesnellius, quin conjecturis ejus ultro subscribat, hocque opusculum S. Leoni, ut genuino parenti restituendum judicet.

At vero in contrarium occurrens Josephus Antelmius hanc Epistolam Prospero assignandam deffendit: probatque 1. adductis amplis locorum hujus Epistolæ cum aliis operum S. Prosperi parallelis: in quibus non videtur felicius insudasse, quam in eis quos in libros præcedentes tanto conatu texuit. De his judicent per nos licet quibus ea examinare libuerit. Tum alteram Quesnelli probationem ex ordine judiciorum Africæ & Romanæ sedis in Pelagianos latorum sumptam nititur convellere. De quo longam dissertationem contexit, quam hic ad trutinam revocare necessarium non ducimus, nec id statuere, num scilicet cum in aliquo Carminis sui loco ait S. Prosper, Pestem subeuntem prima recidit sedes Roma Petri, hac voce prima intelligenda sit Apostolica sedes prima dignitate, aut temporum ordine prima: cum præsertim in alio Carminis ejusdem loco, quem supra adduximus, & in libro suo contra Collatorem judicium Africanorum Zosimi judicio præivisse testetur. Nec fatebimur etiam magni ponderis æstimandam quam Quesnellius protulit probationem ex singulari Leonem inter & Demetriadem necessitudine petitam. Sed nec illam validis disjicit cuneis Antelmius, dum eam Demetriam, de qua Platina, Anastasius,

sius, aut Romanum Breviarium loquuntur, aliam a Demetriade esse contendit. Quo illa Ancillæ Dei epitheto decoratur, tam virgini convenit, quam nuptæ mulieri. Nec insolitum Latinis litteram s, in fine vocum rescindere. Denique Paulus Diaconus Basilicæ S. Stephani fundatricem Demetriadem appellat. Sed quid nos minutiis ejusmodi inhæremus? Utilius sane & magis palmare in hoc investigando immorari: an scilicet hac ad Demetriadem directa Epistola Massilienses Presbyteros ceterosque Catholicos, hæresi Pelagianæ quidem adversos, sed non omnia sancti Augustini principia admittentes feriat, an potius de solis in illa Pelagianis agatur. Etsi vero hæc opinio invaluerit hactenus, non minus hos quam illos ab Epistolæ auctore impugnatos; libenter tamen (ait auctor nov. Biblioth.) subscribo viri cujusdam eruditi sententiæ, quo præmonente observatum a me, quod in illa Epistola cap. 10. dicitur de quibusdam qui cum cetera Pelagii dogmata abnuerent, hanc partem superbi dogmatis servaverant, Gratiam secundum merita nostra dari; de quibusdam Pelagianis intelligendum, occultis quidem & mitigatis, ut observat S. Leo in sexta sua Epistola, in qua de Pelagianis eum loqui nullus dubitabis. In utroque enim loco dicitur ejusmodi homines hanc particulam execrandi dogmatis servasse, qua cetera Pelagiani erroris portenta resuscitarent, & peccati originalis fidem, quam inter Catholicos profitebantur, inter suos vero rejiciebant, everterent. Cum inter nostros (ait) originalis peccati vulnera faterentur, inter suos tamen hoc tenere ostenderent, quod primorum hominum prævaricatio solis imitatoribus obfuit. Quod quidem nec Massilienses Presbyteros, nec alios S. Augustini principiis quibusdam adversos feriit. Illi enim negantes originale peccatum sincere damnabant, in partem non erant divisi, nec cum Pelagianis ulla societate juncti erant. Pelagianos ergo occultos indigitat auctor Epistolæ ad Demetriadem, & ex sexta sancti Leonis Epistola plurimos sub hoc Pontifice fuisse discimus, qui sub captiosis fidei professionibus omnes errores „ pristinos renovare intendebant, aut eorum aliquem saltem a damnatione serva„ re immunem. Narrat S. Prosper in Chronico quod Julianus multimoda arte „ fallendi correctionis spem præferens, moliebatur in communionem Ecclesiæ ir„ repere, sed his insidiis Sixtus Papa Diaconi Leonis hortatu vigilanter occur„ rens, nullum aditum pestiferis conatibus patere permisit. Nec mirum certe ab auctore hujusce Epistolæ impetitos Pelagianos, dum ad Demetriadem scriberet, cum alias eidem virgini Epistolam unam Pelagius direxisset, nec ignotus ei esset Julianus, quo cum, vel aliquo ex ejus familiaribus aliqua poterat sacræ virgini esse consuetudo.

Quo autem tempore & quo in loco a Leone magno scripta sit hæc Epistola haud facile dictu. Sed quantum conjectura assequi licet, id accidit ante quam ad Pontificatum assumeretur. Certe in Epistola longo intervallo post prima illius consecrationis tempora scribere se innuit: Si vero, inquit, de commendando virginitatis bono differam, superflua erit ejus nunc propositi insinuatio, quod tu a primæ ætatis flore sine humanis cohortationibus elegisti, & de quo inter ipsa principia multi, qui tunc in Ecclesia præeminebant, merito non siluerunt. Quæ verba satis notant neque illam in primo ætatis flore tunc fuisse, diemque obiisse qui antea illam scriptis suis laudaverant. Demetrias itaque annum plus minus quadragesimum quintum agebat, credique pronum est ipsam per id temporis Romam rediisse. Nam Vandali infesto exercitu vastaverant Africam; nec sane Demetrias, quæ patriam reliquerat metu Gothorum, populante Genserico Africam in peregrina regione remansit. Annales enim Ecclesiastici, & Leo ipse commemorant iis miserrimis temporibus hominum magnam turbam profugisse in Italiam. Vandali enim Hipponem & Cirtam, quæ aliquandiu restiterant, ceperant, Carthaginemque ipsam anno CCCCXXXIX. expugnaverant. Demetrias itaque sanguine & nobi- Infra c. 1.

 litate

litate clara; nobiliorque virtutibus facile statim a reditu innotuit Leoni, qui cum ea amicitiam contraxit, cum eaque sancta Virgo communicavit Epistolam Pelagii, quo tempore vulnus recruduerat. Idcirco cœpit ille altera ad eamdem Epistola emendare heretici errores: & quanto magis vires humanæ voluntatis, posthabita Christi gratia Pelagius extulerat, tanto magis satagit S. Leo labem voluntati hominis per peccatum illatam detegere, profligatasque liberi arbitrii ad bonum vires ostendere, quibus reparandis gratia Sanguinis Christi pretio comparata sola idonea est. Sic docuit Virginem humiliter & modeste de se sentire, & Christi merito tanti parta tantique nobis data non flocci æstimare.

Denique ex dictis satis indicatur Epistolam scriptam anno circiter Christi quadringentesimo quadragesimo.

AD SACRAM VIRGINEM DEMETRIADEM IGNOTI AUCTORIS EPISTOLA.*

* [illegible]

SEU DE HUMILITATE CHRISTIANA TRACTATUS.

ARGUMENTUM.

Magnis laudibus veram humilitatem commendat, adversamque illi superbiam suis depingit coloribus: tum devotam Christi Virginem hortatur, ut elationem caveat, seque sincerae humilitatis praesidio muniat.

Cap. I. [illegible]

(a) CUM splendidissimae sanctimoniae tuae sublime propositum super humilitatis fundamenta consistere, pie & sapienter intelligis: in hoc usque, o Sacra Virgo DEMETRIA, dignationem tuae dignitatis inclinas, ut provectiones tuas etiam meo stilo exigas adjuvari. Quod ego, ad tenuitatem facultatis meae respiciens, omnibus modis recusarem, neque tam maturo & erudito animo cohortatiunculas meas adhibere praesumerem, nisi fiduciam efficiendi id quod jubetur, a jubente conciperem, & tuis meritis atque orationibus confiderem esse praestandum, ut oriatur in deserto aqua, & fiant in siti terra flumina. Unde collaborandum tibi necesse est, ut qui sapientiam praestat parvulis, & linguas infantium facit disertas, jubeat de cordis mei ariditate profluere, quod sitis tua digne possit haurire. Quae ergo materia stilo dabitur? & unde loquendi tecum caussa sumetur? Si laudes tuas scribere aggrediar, & majorum seriem, quae per te multum illustratur, evolvam; onerosum me forte & impudentem videri posse arbitror, qui vel humanae tibi gloriae tentationem adulando ingeram, vel tuis ac tuorum praedicationibus ingenium meum par esse praesumam. Si vero de commendando virginitatis bono disseram, superflua erit ejus nunc propositi insinuatio, quod tu a primo aetatis tuae flore (b) sine humanis cohortationibus elegisti, & de quo inter ipsa principia multi qui tunc in Ecclesia praeminebant, eruditi non siluerunt. Valde enim mirabile erat, & inter praecipua divinae gratiae exempla numerandum, quod virgo Anicio super omne fastidium (c) Trabeatae nobilitatis evecta, de cujus fecunditate avis atque atavis respondens posteritas, & familiae votis expectabatur, & patriae; converso repente animo, desiderio caelestium nuptiarum declinasti mortale conjugium, & ut omnem prosapiam tuam etiam hujus virtutis titulo consecrares, primam stirpis tuae perpetuam virginem Filio virginis spopondisti. Illam ergo aetatem tuam & illa principia rationabiliter doctissimi viri suis adhortationibus incitarunt. Et licet plantationi suae summus agricola valida ad provectum rorem incrementi praeberet: cooperatores tamen gratiae Dei opportunam piam adhibuere culturam, ut germen tenerum fortitudinis robur acciperet, & dignos generositate sua fructus propositi tui arbor afferret. Nostris autem paginis quid erit loci? Et post ornatissima scripta excellentium magistrorum, quid utilitatis in eo, quem judicare dignata es, sermone reperies? Nisi forte, quia & il-

Vid. [illegible]

(a) In capite istius Epistolae sive Tractatus Editores omnes a Lovaniensibus anni 1565. & qui deinceps S. Prosperi opera Typis subjici curarunt, apposuerunt hanc Epigraphen: *Prosper Episcopus Sacrae Virgini Demetriadi*: quae additicia esse jam inde convincitur, quod ante quadraginta forte annos, quo tempore S. Ambrosii operibus accensebatur hoc opusculum, sine hoc titulo semper prodierat: tum quod certum sit apud eruditos Prosperum Augustini discipulum ac vindicem nunquam sacerdotali dignitate, sed nec ullo Ecclesiastico ministerio insignitum fuisse: ut probatum est in Admonitione in Epistolam S. Prosperi ad Augustinum datam, initio hujus voluminis. Alias rationes, quibus Prosperi non esse suadetur, supra in Admonitione huic operi praevia exposuimus.

(b) Vide Augustinum Epist. alias 170. nunc 150. ad Probam & Julianam, & quae olim 143. modo 188. numeratur ad Julianam: & Hieronymum Epist. 8. & Innoc. Papam I. Epist. 14. tom. 1. Concil. Vide etiam epist. Pelagii haeresiarchae ad hanc ipsam Virginem, cui Auctor hanc videtur opposuisse pro antidoto.

(c) Alias edita Prosperi opera, *trabeis iactae nobilitatis*. Sequimur correctiorem editionis operum S. Leonis Papae I. quae ad oram e regione horum verborum, *Trabeatae nobilitatis*, monet, Trabeam insigne fuisse Consulum; de qua videri potest Baylius de re vestiaria lib. 1. cap. 11. apud quem & antiquiores citatos reperies.

& aliorum (a) doctrinis, & tuis studiis ad sublimiores gradus virtutum conscendendo proficis, (b) cavendam te elationis admoneam, & humilitatis tibi securitatem fida suggestione commendem; ut in omnibus actionibus in quibus tibi es bene conscia, numquam nudam esse securam!

Cap. II. Verum vitiumque & falsæ esse discernendum.

DE hoc igitur commendatissimo tibi & saluberrimo bono, quod Dominus donaverit disseramus; ut inspectioni vestræ non tantum visibilia ejus, sed etiam occulta referentur. Est enim multiplex virtutis istius qualitas; & licet in exterioribus quoque pulcra sit, in secretis tamen suis multo est speciosior, multoque luculentior; ubi nihil obscurum, nihil turbidum, nihil est inquietum: quia pax multa diligentibus legem Dei, & non est illis scandalum. Psal. 118. 165.

Accessuri autem ad beatæ humilitatis interiora, omnem illam (c) abjectionem, quæ ignavos & inconstantes animos deprimit, repellamus: nec generale nomen ita nos a judicio discretionis excludat, ut omnes quoquo modo humiles putemus esse laudabiles. Imitatur quidem plerumque necessitas voluntatem, & ab imagine modestiæ parum differt forma tristitiæ. Sed aliud est quod gravat, aliud quod exercet; nec in eumdem finem venit labor indeclinabilis miseriæ, & expetita fortitudo patientiæ. Unum est paupertatis vocabulum, sed non una causa pauperum; quia non idem est gaudere hoc compendio divitiis, quod aut gaudere de non adeptis, aut dolere de perditis. Timoris etiam quo Deus metuitur, nulla est in appellatione distinctio: sed aliud est timere quia peccaveris, aliud timere ne pecces; & ibi est formido de supplicio, hic sollicitudo de præmio. Ob hoc enim de illo servili timore dicitur quia perfecta charitas foras mittit timorem: de hoc vero liberali, Timor Domini manens in sæculum sæculi. Reposita itaque illa specie humilitatis, quæ tota sine fructu est, voluntarios rursum pœnitentiam affectus. Qui etiamsi in gradibus meritorum inveniuntur impares, non sunt tamen ab ipsa virtute discordes.

Timor duplex.

1. Joan. 4. 18. Psal. 18. 10.

Cap. III. Primum humilitatis locum esse in ... hominum servare.

PRIMA ergo humilitatis ratio in communis vitæ versatur officiis, quibus & divina charitas conciliatur, & societas humana connectitur. Multum enim ad roborandam dilectionem valet, cum secundum doctrinam Apostolicam, invicem se homines honore præveniunt, & alteri alterum superiorem existimantes, amant servire subjecti, & nesciunt timere prælati: cum & pauper divitem non sibi dubitat anteferre, & dives pauperem sibi gaudet æquare: cum & sublimes non superbiunt de claritate prosapiæ, & pauperes non extolluntur de communione naturæ: cum denique non plus tribuitur magnis opibus, quam bonis moribus, nec major ducitur phalerata iniquorum potentia, quam rectorum laboriosa justitia. Ab hoc ergo & modesto jure concordiæ, in quo nullum de gradu superiore certamen, sive felicitas aut infelicitas propria, aut sit aliena, pulcre & mirabiliter e plurimis

Rom. 12. 10. Philip. 2. 3.

quæ proficitur ad illam humilitatis sanctissimam quæ & se extra omnem constituit dignitatem, & mavult apta esse injuriis accipiendis, quam idonea repellendis, ut impleatur quod ait Dominus, Qui vult tecum judicio contendere, & tunicam tuam tollere, dimitte ei & pallium. Et quicumque te angariaverit mille passus, vade cum illo & alia duo. Illud quod Apostolus docet dicens, Quare non magis injuriam accipitis? quare non magis fraudem patimini? Tales enim multum ad imitationem ipsius Domini nostri & Salvatoris accedunt, qui cum dives esset, pauper factus est: & cum malediceretur, non maledicebat, & patiebatur se non comminabatur, & quoniam dixerat, Diligite inimicos vestros, benefacite iis qui vos oderunt; ut hujusmodi benevolentiam confirmaret exemplo, ipse pro iis a quibus crucifigebatur, orabat.

Matth. 5. 40. & 41.

1. Cor. 6. 7. 2. Cor. 8. 9.

1. Petr. 2. 23.

Matth. 5. 44.

QUI ergo fideliter & scienter intelligunt quo opere salvati & quo pretio sint redempti, nolunt de mundi hujus sapientibus, volunt esse de stultis: quoniam, sicut ait Apostolus, Quæ stulta sunt mundi elegit Deus, ut confundat sapientes; & infirma mundi elegit Deus, ut confundat fortia; & ignobilia mundi & contemptibilia elegit Deus, & quæ non sunt, ut ea quæ sunt destrueret: ut non glorietur omnis caro in conspectu ejus: id est, ut nemo se placere Deo per mundi sapientiam putet, quæ tota carnalis est, & a vera sapientia cum omni sua vanitate destruitur. Dominus enim novit cogitationes sapientium, quoniam vanæ sunt. Cum itaque discipuli veritatis humanam gloriam fugiunt, & a temporalium amore decedunt, ut quæ Dei sunt sapiant, non quæ hominum; proficiunt stultitia, non deficiunt, neque vigorem cordis amittunt, sed excellentissimæ intelligentiæ lumen accipiunt; viventes quidem in hoc mundo, sed omnia mundi fovenda relinquentes, ut redimant tempus quia dies mali sunt. Quo autem pretio quæso hujus temporis aptius comparatur, quam ut ipsi mundo omnes divitiæ, omnes dignitates, & universarum cupiditatum materiæ refundantur; & sancto beatoque commercio emitur Christiana libertas, fiantque filii Dei de paupertate divites, de patientia fortes, de humilitate sublimes. Non enim, ut dilectores hujus sæculi putant, pravi cordis aut segnis est animi terrenas opes spernere, honores occiduos fastidire, nec ibi gloriam quærere, ubi laudatur peccator in desideriis animæ suæ, & qui iniqua gerit benedicitur. Unde si vere intelligatur, contemptus iste rerum præsentium ad quæ tendat, & qualia concupiscat; nihil hujusmodi mentibus vilius, nihil invenietur celsius, quæ sacratissimis desideriis universa transcendunt, neque ad ullam creaturam, quamvis potentem atque mirabilem, sed ad ipsum omnium visibilium & invisibilium (d) omnium Creatorem: cui appropinquare denique est, quem timere gaudere est, cui servire regnare est.

Cap. IV. Verum humilium gloriam & contemptum sæculi sapientiam.

1. Cor. 1. 27. & seq.

Psal. 93. 11.

Ephes. 5. 16.

Psal. 9. 24.

SED

(a) Editiones Prosperi, in doctrinis. Melius videtur legi sine præpositione in Leonis.

(b) Recentior editio præfert, cavenda te elationis. Contextum nostrum sequitur Editiones Prosperi antiquiores & Leonis.

(c) Editiones Prosperi in margine, abjectionem habent.

(d) P. Pagius vult legendum esse, omnium.

Cap. V. Non tantum pauperes, sed etiam divites humilitatem Christianam consequi posse.

SED hæc virtus, quæ temporalis copiæ (a) & sapientiæ negligens, ad vitam æternam (b) per angusta & arcta conditur, non debet voluntarios pauperes in consortium Christianæ humilitatis admittere; nec autem a societate boni hujus excludere, qui ampla prædia, magnifica patrimonia, & multas in hoc sæculo possident facultates. Cum in populo Dei multi semper qui divitiis bene uterentur, exstiterint: nec alio modo vel dici vel cogitari liceat, quod Abraham & Isaac & Jacob, quorum se esse Deum Dominus protestatus est, ideo vera humilitate caruerint, quia pauperes non fuerunt: aut quod vir sanctissimus Melchisedech, Domini & salvatoris nostri præferens formam, non fuerit perfecte humilis, quia & sacerdotio excellebat, & regno: vel quod beato Job de quo Deus pronuntiat, dicens, *Numquid considerasti servum meum Job, quod non sit ei similis in terra, homo simplex & rectus, & timens Deum, & recedens a malo?* ideo virtus ista defuerit, quia erant, sicut scriptum est, in possessione ejus *septem millia ovium, & tria millia camelorum, quingenta quoque juga boum, & quingentæ asinæ, ac familia multa nimis. Eratque vir ille magnus inter omnes Orientales.* Quasi tunc justitiæ gratiæ particeps factus est, quando omnibus facultatibus perditis, universa quoque familia, filiisque peremptis, & percussus *vulnere pessimo a planta pedis usque ad verticem capitis, testa saniem radebat, sedens in sterquilinio;* (c) aut ad imaginem elationis postmodum revocatus est, quando corporis incolumitate renovata, septem rursus filiorum triumque filiarum factus est pater, & duplo in universam substantiam est ditatus augmento. Absit autem ab animis fidelium tam irreligiosa persuasio; ut cuiquam sanctorum, quibus Deus & divitias est largitus & honores, ad capiendum veræ humilitatis meritum credatur vel opulentia obfuisse, vel dignitas: cum eis ad hujus virtutis provectum utraque profuerint. Quamvis enim tota *vita hominis tentatio sit super terram*, & tam abundantia quam inopia materia soleant esse peccati, cum vel dives extollitur ad superbiam, vel pauper prosilit ad querelam; exstiterunt tamen in omni tempore, & in nostra quoque ætate non desunt, sicut & boni pauperes, ita & boni divites. Nec frustra beatus apostolus Paulus Timotheum admonet, dicens, *Divitibus hujus sæculi præcipe non superbe sapere, neque sperare in incerto divitiarum, sed in Deo, qui præstat nobis omnia abunde ad fruendum; bene agere, divites fieri in operibus bonis, facile tribuere, communicare, thesaurizare sibi fundamentum bonum in futurum, ut apprehendant veram vitam.* Quod utique fieri in universa Ecclesia, quæ per totum mundum est diffusa, non dubium est; & pauperes Christi non eorum tantum facultatibus sustineri, qui ut expeditiores Dominum sequerentur, simul se omnibus suis opibus exsuerunt; sed eidem operi etiam illorum substantias deservire, qui possessionibus suis non aliter quam velut procuratores (d) præsunt: ut Ecclesiasticæ utilitati sub quadam procuratione famulentur, elaborantes singuli pro suarum virium portione, ut ad victum atque vestitum familiæ Dei necessaria conferantur, & simul prospicientes ut in domibus ipsorum sub justo lenique moderamine omnis & benignitas foveat, & disciplina contineat; dicente Apostolo, *quis autem suorum, & maxime domesticorum curam non habet, fidem negavit, & est infideli deterior.*

Margin notes: Gen. 1. 6. — Hebr. 7. 1. — Job 1. 8. — Job 1. 3. — Job 2. 7. & 8. — Job 42. 13. & c. 42. — Job 7. 1. Sec. LXX. — 1. Tim. 6. 17. & seq. — Divites pauperum sunt procuratores. — 1. Tim. 5. 8.

Cap. VI. Omnes quidem Ecclesiæ [illegible] humilitate [illegible]. Ephes. 4. 16.

CUM itaque Ecclesia Dei, quæ est corpus Christi, ita sit multimoda varietate contexta, ut in unum decorem etiam quæ non sunt paria concurrant, & de omni genere hominum, de omni gradu officiorum, de omni mensura operum, de omni qualitate virtutum fiat totius ædificationis inseparabilis connexio, & indissona pulcritudo; nec desit soliditati quod non deservit portioni; tantaque ibi sit pax, tantaque concordia, ut non possit esse nisi omnium, quod est etiam singulorum: indubitanter apparet, copulatricem quamdam esse virtutem, quæ sibi confœderatur & concinit multiplex sanctorum unitas, & speciosa diversitas. Hæc autem virtus vera humilitas est, quæ inter quoslibet meritorum gradus numquam sui potest esse dissimilis. Nam & in officiorum vicissitudine, & in mansuetudinis lenitate, & in voluntariæ paupertatis electione, invenitur multa distantia, & aliter altero in propositi sui devotione vel major aut minor est: in vera autem humilitate nihil divisum, nihilque non solidum est: & ideo omnes participes sui unum facit, quia inæqualitatem ipsa non recipit.

Cap. VII. Vera humilitas in [illegible] & integra gratiæ confessione consistere.

HUJUS igitur boni proprietas in confessione est gratiæ Dei; quæ tota repellitur, nisi tota suscipitur. Sicut enim alienus est a numero fidelium & a sorte sanctorum, qui in aliquo a catholica veritate dissentit; ita extra gratiam efficitur, qui aliquid de ejus plenitudine diffitetur: quasi homo studio Dei in quadam actionum suarum parte egeat, in quadam autem

Ii 4 parte

(a) Emendationem secuti sumus Leonis operum, ubi etiam ex sola conjectura repositum *sapientiæ*, loco *potentiæ*, quam vocem omnes antea editi codices reluctante sensu servaverant.

(b) Prius ita lectum est, *ad vitam æternam angusta & arduo mittitur*, in hujus ultimæ vocis locum substituendum *conditur* jam conjecerat eruditus, Petrus Nannius Alcmarianus in scholiis ad S. Ambrosium Basileæ anno 1551. primum editis, putas in hunc modum posse corrigi, *per angusta & ardua mittitur*: optime id quidem si pro *mittit* produceret *conditur*. Similis loquendi modus observatur in S. Leone in sermone 2. de jejun. Pentec. cap. 1. Nam quia *angusta & ardua declinantes*, &c. In utroque vero evidenter respicitur locus ille Evangelii Matthæi 7. v. 14. *Quam angusta porta & arcta via est, quæ ducit ad vitam!* Quem Leo ita semper repræsentat, *Angusta & ardua via quæ ducit ad vitam*, ut serm. 5. de Nativ. Dom. c. 1. septimo de Quadrag. c. 1. &c. Ex quo Leonis editor aliud quid probationem alicui censet, quæ hanc ipsam Epistolam S. Leoni vindicet.

(c) Leonis editio addit, *aut*; quæ particula abest ab editis Prosperi. Suspicamur, supra legi debuisse *particeps factus sit*, & postea *revocatus sit*, propter, quasi, unde pendeat utrumque: aut forte omissa est, post, *particeps factus*, & *aut*; deinde legi debere ad *imaginem postmodum elationis revocatus sit*.

(d) Prosperi codices *præsunt*: Leonis, *præsunt*.

parte non egeat; sitque ullum tempus ullumve momentum, quo perniciosum illi esse non possit, si ab eo Spiritus-sanctus defuerit: qui utique secundum veræ deitatis essentiam, ubique totus est, & omnia comprehendit; sed ab illis modo quodam intelligitur recedere, quos desierit gubernare. Cessatio quippe auxilii ejus pro absentia accipitur, quam sibi insanissime utilem putat, qui in iis quæ recte gesserit, se magis quam Deum gaudet operatum.

Plene ergo & veraciter confitenda est gratia Dei: de cujus hoc primum munere est, ut auxilium ipsius sentiatur. Propter quod dicit Apostolus, *Nos autem non spiritum mundi accepimus, sed Spiritum qui ex Deo est, ut sciamus quæ a Deo donata sunt nobis*. Unde si quis est qui aliqua se habere existimat bona, quorum non Deus largitor sit, sed ipse sibi auctor exstat; manifestum est hunc non Dei spiritum habere, sed mundi; & de illa sæcularis sapientiæ tumere doctrina, de qua dicit Dominus, *Perdam sapientiam sapientium, & prudentiam prudentium reprobabo. Ubi sapiens? ubi scriba? ubi conquisitor hujus sæculi? nonne stultam fecit Deus sapientiam hujus mundi?* secundum quam, sicut ait Apostolus, quidam *cum cognovissent Deum, non sicut Deum glorificaverunt, aut gratias egerunt: sed evanuerunt in cogitationibus suis, & obscuratum est cor insipiens eorum: dicentes enim se esse sapientes, stulti facti sunt*. Videsne qualis superbis retributio debeatur, & quali mercede repleantur, qui si quo modo ad cognitionem veritatis accesserint, suæ hoc sapientiæ tribuunt, & de naturali ingenio gloriantur; tamquam Deum non Dei munere, sed proprii intellectus facultate cognoverint? Omnia quidem elementa mundi, & universæ creaturarum naturæ, hoc ipsa sui cuique specie, ut *invisibilia Dei per ea quæ facta sunt, intellecta conspiciantur*, & in pulcritudine cœli & terræ quædam sunt paginæ ad omnium oculos semper patentes, & auctorem suum numquam tacentes; quarum protestatio doctrinam imitatur magistrorum, & eloquia scripturarum. Sed (a) quidquid illud est quo corporeorum sensuum exteriora pulsantur, in agro cordis, cui impenditur illa cultura nec radicem potest figere, nec germen emittere; nisi ille summus & verus agricola potentiam sui operis adhibuerit, & ad vitalem profectum ea quæ sunt plantata perduxerit. Sive enim contemplatio creaturarum, sive sacrorum sonus voluminum, sive scientia disserentium, sincero & assiduo testimonio prædicent veritatem, *Neque qui plantat est aliquid, neque qui rigat, sed qui incrementum dat Deus*.

Cap. VIII.

INTER omnes igitur lapsus hominum, inter omnia commissa peccantium, nulla est gravior quam superborum ruina; maxime cum ipsa elatio in Dei tendit injuriam. Nam aliter inflantur, qui cupiditate extollentiæ singularis omnibus appetunt anteferri; aliter vero intumescunt, qui Dei auxilium refutantes, quæ fieri sine ipsius opere non possunt, ex sua perfici virtute contendunt, & spem suam a Domino auferunt, atque ad se transferunt: ut adimpleatur in eis quod scriptum est, *Maledictus homo qui spem habet in homine, & firmat carnem brachii sui, & a Domino discedit cor ejus*. Jerem. 17. 5. Hæc superbia a diabolo sumpsit exordium, qui quoniam sua, quam a Creatore acceperat, potentia & dignitate sibi placuit, seque auctoris sui gloriæ comparavit; cum iis angelis quos (b) in consensum impietatis suæ traxerat, a cælesti sublimitate dejectus est: & ideo primis hominibus nocere potuit; quia illis male credulis per mendacia venenate persuasit, ut meliores se futuros putarent, si (c) in libertatem sui arbitrii prosilirent, quam si in legis datæ custodia permanerent.

SIVE itaque in lapsu diaboli, sive in prævaricatione hominis, *initium peccati superbia est*: quæ congruenter & avaritia nominatur, Cap. IX. quia utraque appellatio eum significat appetitum, qui & suam mensuram concupiscat excedere, & non dignetur dives esse nisi propriis; tamquam habeat hoc simile Deo, ut bonorum suorum ipse sibi sit fons, ipse sibi sit copia. Hæc autem elatio de perverso usu donorum Dei nascitur. Nam si conditor naturarum nulla pulcra, nulla sublimia naturis rationabilibus contulisset, unde se extollerent non haberent. Non enim de iis quæ non accepit, superbit, nec inflari quisquam de eo potest quod a participatione ejus alienum est. Numquam gloriatur de sobrietate (d) temulentus, neque de benevolentia lividus, aut de lenitate sævus, vel de castitate extollitur impudicus. Ipsa se a virtutibus vitia secernunt; & cum in peccatis agitur, non insita per naturam, sed ex mala voluntate concepta, (e) ut propria diliguntur: quia sicut scriptum est, *Mendax de proprio loquitur*. Cum Joan. 8. 44. autem in bonis & rectis actibus laudabilis vita ducitur, Dei est quod geritur, Dei est quod amatur. *Omne enim datum optimum & omne* Jacob. 1. 17. *donum perfectum desursum est, descendens a Patre luminum*. Unde quia inter vitia aut nulla est aut rara jactantia, & facile spernitur qui de opprobrio gloriatur, malum superbiæ maxime virtutibus est cavendum: quia nullis opportunius insidiatur, quam quibus laus justa debetur.

Cap. X.

CUM ergo per ineffabilem misericordiam Dei captivis libertas, perditis salus, mortuis vita reparatur; cum in sacramento crucis & resurrectionis Christi ad novitatem redit vetustas, & ad innocentiam regeneratur impietas; antiquus hostis malignius fremit & acrius inardescit: & cum innumeris nocendi artibus humanum genus nitatur evertere, serens discordias, incitans iras, acuens cupiditates, suadens turpia, falsa commentans, & errorum laqueos per opinionum commenta multiplicans; plus tamen de virtute fla-

---

(a) Sic editio Leonis. Prosperiani codices, quid illud est.
(b) Prosperi editiones, in consensu.
(c) Ita editio Parisiensis operum S. Ambrosii an. 1. 7. & Leonis anni 1675. In aliis, in libertate.
(d) Editiones Prosperi, temulentia, in contextu, in margine vero indicant temulentus, quæ vox in Leone quoque habetur.
(e) Editio Leonis reverius, cum aliis, ut in Prosperi libris legitur, & propria.

stantiam, quam latenter de fragilitate laborantium. Multi enim servientes Deo, & in lege ejus die ac nocte meditantes, *crucifixerunt carnem suam cum desideriis & concupiscentiis*, omniumque illecebrarum incentiva domuerunt; non damnis victi, non persecutionibus fracti, non prosperitatibus depravati, quorum illum nec diligere obsequentem, nec timere terrentem. Tantam itaque firmitatem, & tam sublime propositum qua impugnatione diabolus posset adoriri, nisi ut quibus non poterat persuadere vitiorum amorem, immitteret laudis cupiditatem; (a) & inde novissima instrueretur tentatio, unde nocuit prima deceptio?

Non itaque delicatos & tepidos, neque inertibus & incultis, sed magis quibusdam animis sedulis, & bonorum actuum probitate luculentis, per gloriam irrepsit humanam; & quos impulsione non movit, elatione dejecit. Quanto enim clariores erant meritis, tanto eos acriores suis invenit insidiis. In paradiso namque Ecclesiæ constitutos, & virtutum deliciis abundantes, ad confidentiam liberi incitavit arbitrii: ut profectus suos in se constituerent, & ad arborem propriæ voluntatis manum præsumptionis extenderent. Restiterunt quidem huic impietati recta (b) innumerabilium corda sanctorum, & non solum docti quique Pontifices, verum etiam universales Ecclesiæ plebes, Apostolicæ sedis exemplo, insaniam novi dogmatis horruerunt: sed invenerunt quosdam viperina consilia, quibus doctrinæ suæ virus infunderent, & quorum linguam per dolos falsæ rationis armarent. Hinc illa erat naturæ humanæ fraudulenta laudatio, & illatæ per omnes homines originalis delendæ diligentia. Hinc Adæ peccatum exemplo posteris affirmabatur nocuisse, non transitu: & quam illi possibile fuerat non violare mandatum, tam liberum esse unicuique declinare delictum. Hinc evacuatio baptismatis parvulorum: qui sola adoptione donari, nullo tamen reatu decernebantur absolvi. Hinc postremo divinæ gratiæ simulata & infamata confessio: quæ secundum merita daretur, non ex qua merita nascerentur. Quam partem superbæ prædicationis quidam sibi, cum cætera abnuerent, servaverunt. Sed hoc eos aut nimis imperite, aut valde nequiter fecisse non dubium est: ut omnium hominum generalem ruinam, meritorum privilegio sublevarent: & cum inter nostros originalis peccati vulnera faterentur, inter suos tamen hoc tenere ostenderent, quod primorum hominum prævaricatio solis imitatoribus obfuisset: naturalem autem facultatem, nihil sui in alieno amisisse peccato, cui & possibile esset & liberum per voluntariam devotionem promereri gratiæ largitatem.

Cap. XI. VERUM istam damnati dogmatis portionem catholicæ mentes facile intelligunt, & mirite detestantur. Dicente enim Domino Jesu, *Non est opus sanis medicus, sed male habentibus. Non enim veni vocare justos, sed peccatores*: convincuntur illi in superbia, etiam sine voce clamare, Sani sumus, opus medico non habemus. Quæ nobis exspectanda sunt præsidia de ope gratiæ, quibus suppetunt vires de incolumitate naturæ? Non autem frustra Joannes prædicator & dicit, *Ecce Agnus Dei, ecce qui tollit* (c) *peccata mundi*. Nec frustra scriptum est, *Nemo mundus a sorde, nec infans cujus unius diei vita est super terram*. Et, *Quis potest facere mundum de immundo conceptum semine? Nonne tu qui solus es?* Propter quod, sicut nunc in Ecclesia manet constitutio Salvatoris dicentis, *Nisi quis renatus fuerit ex aqua & Spiritu-sancto, non intrabit in regnum cælorum*, ita sacratissime erat in lege præceptum, ut natus puer, nisi die circumcideretur octavo, exterminaretur anima ejus de populo suo, nullum in hereditate Israel habitura consortium. Quæ omnia & multo plura documenta non tanta cura sacris paginis Spiritus-sanctus inseruisset, si talis esset natura in filiis Adam, qualis in ipso est principaliter instituta. Sed quia Filius Dei venit ut solveret opera diaboli, & ut quæreret ac salvaret quod perierat: consensum est omnes in Adam damnationi obnoxios esse nascendo, nisi in Christo liberati fuerint renascendo.

Unde vigilanter nobis considerandum est, in ipso regenerationis munere quid geratur. Quamvis enim ad unum concurrant omnes ejusdem mysterii portiones; aliud tamen est quod visibiliter agitur, aliud quod invisibiliter celebratur: nec idem est in sacramento forma quod virtus; cum forma cum humani ministerii adhibeatur obsequio, virtus autem per divini operis præstetur effectum. Ad cujus utique potentiam referendum est, quod dum homo exterior abluitur, mutatur interior: & fit nova creatura de veteri, vasa iræ in vasa misericordiæ transferuntur, & in corpus Christi convertitur caro peccati: de impiis justi, de captivis liberi, de filiis hominum fiunt filii Dei, *Qui non ex sanguinibus, neque ex voluntate viri, neque ex voluntate carnis, sed ex Deo nati sunt*. Quod quia indubitanter accepimus: verissimum est quod Apostolus docet dicens, *Quicumque enim Spiritu Dei aguntur, ii filii sunt Dei*. Unde videant cujus se haberi filios velint, qui definiunt, omnes homines voluntate propria regi: cum idem Apostolus protestetur & dicat, *Qui Spiritum Christi non habet, hic non est ejus*.

Cap. XII. RÉFUTATA igitur superborum impia vanitate, quibus in peccatum etiam illa, quæ in eis videntur laudanda, vertuntur; nos illam humilitatem, cui virtus & gloria (d) Deus est, eligamus: scientes prophetam David cecinisse de sanctis, *Domine, in lumine vultus tui ambulabunt, & in nomine tuo exultabunt tota die, & in tua justitia exaltabuntur: quoniam gloria virtutis eorum tu es*. Qui & alibi pissime confitetur Dominum in sanctis suis esse laudandum dicens, *Mirabilis Deus in sanctis suis: Deus Israel ipse dabit virtutem & fortitudinem plebi suæ*.

(a) Lovaniensis editio, *ut inde*.
(b) Apud Pithœum, *innumerabilia*.
(c) Lovan. editio, *peccatum mundi*. Colon. & superiores omittunt vocem hanc, *mundi*.
(d) Ita in Lovanii exemplari. In Prosperi vero libris, *Dei est*.

di suo. Hinc etiam Jeremias concordat, & dicit; *Hæc dicit Dominus: Non glorietur sapiens in sapientia sua, & non glorietur fortis in fortitudine sua, & non glorietur dives in divitiis suis; sed in hoc glorietur qui gloriatur, intelligere & scire quia ego sum Dominus.* Ipse vero intellectus & scientia unde habeantur, produnt Proverbia Salomonis, & dicunt, *Quoniam Dominus dat sapientiam, & a facie ejus scientia & intellectus.* Unde (a) in Ecclesiaste libro ipsius legimus, quod & corda & opera justorum in manu Dei sint; & tantum in studiis suis proficiant, quantum eos ille provexerit. *Quantumcumque*, inquit, *laboraverit homo ut quærat, non inveniet. Et quodcumque * dixerit sapiens ut sciat, non poterit invenire: quia universum hoc vidi in corde meo, quia justi & sapientes & operationes eorum in manu Dei.* Tale est quod Apostolus prædicat, dicens, omne verbum bonum, & omne opus sanctum (b) donum esse Spiritus sancti, sine quo nihil recte agatur. *Ideo*, inquit, *notum vobis facio, quod nemo in Spiritu Dei loquens, dicit anathema Jesu, Et nemo potest dicere, Dominus Jesus, nisi in Spiritu sancto. Divisiones vero sunt gratiarum, idem autem Spiritus; & divisiones ministrationum sunt, idem autem Dominus; & divisiones operationum sunt, idem vero Deus, qui operatur omnia in omnibus. Unicuique autem datur manifestatio Spiritus ad utilitatem. Alii quidem per Spiritum datur sermo sapientiæ, alii autem sermo scientiæ secundum eumdem Spiritum, alteri fides in eodem Spiritu, alteri operatio virtutum, alii prophetia, alii discretio spirituum, alii genera linguarum, alii interpretatio sermonum. Hæc autem omnia operatur unus atque idem Spiritus, dividens singulis prout vult.*

(Jerem. 9. 23. & seq. — Prov. 2. 6. — Eccles. 8. 17. & 9. 1. * alias, dixerit. — 1. Cor. 12. 3. & seq.)

Cap. XIII. [illegible]

SUNT & alia innumerabilia testimonia, quæ ex paginis & novi & veteris Testamenti, quadam conclamatione consentiunt hanc esse veræ humilitatis excellentissimam dignitatem, ut omnia quæ hominem faciunt Christianum, ad divinæ gratiæ donum referantur. Sed tantam multitudinem sententiarum in unum congerere importunum fuit; præsertim cum mihi sermo esset ad Sanctimoniam tuam, cui ex formulis earum quas commemoravimus, omnia se aut recordanti offerent, aut legenti; licet quædam, etiam brevissima, tantæ sint plenitudinis, tantæque virtutis, ut nullo adversariis ingenio possint in sensum alium detorqueri. Nam quæ contradictio admitti potest in eo quod ipsa Veritas discipulis suis per Evangelium Joannis dixisse narratur: *Sicut palmes*, inquit, *non potest facere fructum, nisi manserit in vite; sic nec vos, nisi in me manseritis. Ego sum vitis, vos palmites. Qui manet in me, & ego in eo, hic fert fructum; quia sine me nihil potestis facere.* Nonne convincitur palmes elatus, qui omni fertilitate vacuatur, si vitis ubertate non alitur? Quis enim sine auxilio gratiæ fructum possit afferre justitiæ? aut quis audeat dicere se a Christo non dividi, qui Christum in se dissimulat operari? An forte verendum est, ne liberum tollere videamur arbitrium, cum omnia per quæ propitiatur Deus, ad ipsum dicimus esse referenda? Quod nequaquam esse consequens (c) veritatis ostenditur. Operante enim Spiritu Dei, juvatur arbitrium, non aufertur; & hoc agit gratia, ut voluntates peccato corruptæ, vanitatibus cæcæ, infidelitatibus circumseptæ, difficultatibus impeditæ, non remaneant in languoribus suis; sed per opem misericordis medici curata revalescant, & gaudeant se non interrogantem edoctam, & non quærentem esse quæsitam. Quia impletur quotidie quod Isaias propheta prædixit, *Quibus non est annuntiatum de eo, videbunt, & qui non audierunt, intelligent.* Quomodo autem hoc fiat, Joannes apostolus docet dicens, *Scimus quia ex Deo sumus, & mundus totus in maligno positus est. Et scimus quoniam Filius Dei venit, & dedit nobis sensum, ut cognoscamus verum Deum, & simus in vero Filio ejus.* Quod utique nunc eadem potentia Dominus indesinenter operatur, qua ait, *Ecce ego vobiscum sum omnibus diebus usque ad consummationem sæculi.*

(Joan. 15. 4. & 5. — Isai. 52. 15. — 1. Joan. 5. 19. — Matt. 28. 20.)

Cap. XIV. In nullo gratia [illegible]

UT ergo misericordiam Dei quæramus, Dei misericordia est, qui ait, *Miserebor cui misertus ero, & misericordiam præstabo cui misericordiam præstitero.* Unde etiam per Jeremiam idem Dominus manifestat, quod Dei gratiam nemo præveniat merito suo; sed propter dilectionem qua Deus diligit, etiam aversos ad misericordiam trahit: *Dilectione*, inquit, *æterna dilexi te; propterea traxi te ad miserationem; quia ædificabo te, & ædificaberis, virgo Israel.* Cui sententiæ Joannes quoque apostolus congruit, dicens, *Non quasi nos dilexerimus Deum, sed quoniam ipse dilexit nos.* Et infra, *Nos ergo diligamus Deum, quoniam Deus prior dilexit nos.* Paulus quoque apostolus in eadem est sententia, dicens in Epistola ad Timotheum secunda, *Collabora Evangelio secundum virtutem Dei, qui nos liberavit, & vocavit vocatione sancta: non secundum opera nostra, sed secundum propositum suum & gratiam, quæ data est nobis ante tempora æterna.* Ad Titum etiam scribens docet, nullo bono hominis merito Dei gratiam præveniri. *Eramus*, inquit, *& nos insipientes aliquando, increduli, errantes, servientes desideriis & voluptatibus variis, in malitia & invidia agentes, odibiles, odientes invicem. Cum autem benignitas & humanitas apparuit Salvatoris nostri; non ex operibus justitiæ quæ fecimus nos, sed secundum suam misericordiam salvos nos fecit per lavacrum regenerationis Spiritus-sancti, quem effudit abunde in nos per Jesum Christum Salvatorem nostrum, ut justificati gratia ipsius, hæredes simus secundum spem vitæ æternæ.* Omnis igitur illuminatarum mentium pius motus, alienari quidem non potest a propria hominis voluntate; si quidem nihil recte facitur, nisi quod volens egerit: sed ut ad id quod æquum & utile

(Rom. 9. 15. — Jerem. 31. 3. — 1. Joan. 4. 10. — 2. Tim. 1. 8. & 9. — Tit. 3. 3. & seq.)

(a) Sic in Lovan. legitur. In Prosperi autem, in Ecclesiaste.
(b) Editio Lovanii omittit donum: habetque esse Spiritus-sancti. Editiones Prosperianæ, donum est.
(c) Videtur hic aliquid deesse.

tile est, animi tendat ingenio; de illius æternæ & incommutabilis voluntatis inspiratione concipitur. Et sicut arte medici fit in oculis caligantibus, ut possint videre quod non videbant, nec tamen non ipsorum est visio quam medicina contulerit: ita in cordibus tardis & hebetibus, per Spiritum-sanctum acies obducta tergitur, & de vero lumine tenebrosæ jam & deficientes lucernæ lumen accipiunt; nec tamen nisi ipsarum erit quidquid fulgoris acceperint. Unde dicit Dominus, *Ignem veni mittere in terram, & quid volo nisi ut ardeat!* (Luc. 12. 49.) Et idem jubet, ut lucernæ nostræ sint semper ardentes, (Ibid. V. 35.) ut scilicet superno igne accensus ardor non tepescat, sed studeat semper ardere: ac si vigorem ejus aliqua turbarit adversitas; unde cœpit inflammari, inde poscat igniri.

Cap. XV.

PROINDE quia manifestissime & Prophetica, & Evangelica, & Apostolica doctrina, nec superbos nos vult esse, nec desides; cooperatores nos esse oportet gratiæ Dei, ut illam exsultantem, juvantem, locupletantem, & quotidie provehentem, vigilanter & sobrie subsequamur; numquam cessantes ab actione gratiarum: quia inter secunda vitæ istius & adversa, quibus geminis semper tentatione pulsamur, si proficimus, inde alimur; si stamus, inde sustinemur; si recidimus, inde reparamur. Dicit enim Spiritus per prophetam David, *A Domino gressus hominis dirigentur, & viam ejus volet. Cum ceciderit non collidetur; quia Dominus supponit manum suam.* (Ps. 36. 23.) Non itaque frustra præcipimur ut boni simus, cum dicitur, *Declina a malo, & fac bonum.* (Ibid. V. 27.) Sed nec frustra per Jeremiam dicit Dominus, *Timorem meum dabo in cor eorum, & tribulabo eos, ut bonum eos faciam.* (Jerem. 32. 40.) Nec superflua erat præceptio Pauli apostoli ad Romanos dicentis, *Noli vinci a malo, sed vince in bono malum;* (Rom. 12. 21. & 2 Cor. 13. 7.) cum Corinthiis dicat, *Oramus autem ad Deum, ut nihil mali faciatis.* In omnibus enim mandatis Dei atque consiliis, una utriusque ratio est & divinæ gratiæ, & humanæ obedientiæ. Nec ob aliud utique datur præceptum, nisi ut quæratur præcipientis auxilium. Vocis enim documentum, & litteræ magisterium, quæ ad eruditionem audientium vel legentium Deo serviunt, non auferunt ejus virtutem cui serviunt; & quando id quod jubetur ab obedientia perficitur, tunc effectus divini operis declaratur.

Cap. XVI.

VIGILANT autem tentatoris insidiæ, ut ubi proficit devotio, surrepat elatio, & ut homo de bono opere in se potius quam in Domino glorietur. Sed sollicitudo nos Apostoli contra hoc periculum monet, dicens, *Cum timore & tremore vestram salutem operamini. Deus est enim qui operatur in vobis & velle & operari, pro bona voluntate.* (Philipp. 2. 12.) Quanto ergo excellentius in mandatis Dei quisque proficiunt, tanto majores habent caussas formidinis & tremoris; ne de ipsis probitatis augmentis mens sibi conscia, & laudis avida, in superbiæ rapiatur excessus, & fiat immunda vanitate, dum sibi videtur clara virtute. Sed contra hoc periculum quid beatus Petrus in prima Epistola prædicet, audiamus: *Si quis, inquit, loquitur, tamquam sermones Dei: si quis ministrat, tamquam ex virtute quam administrat Deus: ut in omnibus honorificetur Deus per Jesum Christum, cui est gloria & imperium in sæcula.* (1. Petr. 4. 11.) Item idem & in Epistola secunda, *Gratia, inquit, vobis adimpleatur in recognitione Domini nostri Jesu Christi, qui omnia nobis divinæ virtutis suæ, quæ ad vitam & pietatem pertinent, donavit per agnitionem suam; qui* (a) *vocavit nos propria gloria & virtute, per quem maxima nobis & pretiosa promissa donavit: ut per hæc efficiamini divinæ consortes naturæ, fugientes ejus quæ in mundo est, concupiscentiæ corruptionem.* (2. Petr. 1. 2. & seq.) Si ergo omnia quæ ad vitam & pietatem pertinent, Deus nobis divinæ suæ virtute donavit: nihil magis fugiendum est, quam appetitus hujus concupiscentiæ, quæ virtutem negat divini operis, amore propriæ dignitatis. Et cum aliæ cupiditates ea tantum bona quibus adversantur, impugnent; hæc tamen omnia ad se trahit, simul universa corrumpit. Cum itaque totius superbiæ generale morbus calidum sit; sive illa de honore suo, sive de nobilitate, vel de immodicis opibus intumescat: hæc pars ipsis omnibus tentationibus nocentior invenitur, quæ videtur iis quas perditas cupit, amica esse virtutibus. Sed quia sublimiora quæque gravius corruunt; gaudet princeps superbiæ, eos quos potuerit sua impulsione prosternere, ad altiora crevisse.

Caput XVII.

HUIC autem malo firmissimum bonum humilitatis occurrit. Quam ideo dicimus veram; quia omnium virtutum inexpugnabilis fortitudo, & quædam summa est vita sanctorum. Discernimus enim illam ab iis officiis, quæ possunt etiam cum mundi sapientibus habere communia: & in eo proprietatem ipsius definimus, quod per omnia Deo subditur. Nec putat quidquam de meritis suis pendere, quorum caussas atque profectus non in se, sed in suo auctore constituit. Dignum quippe est, ut imago Dei Deo splendeat, & inde pulcra, inde sit decora, dicens, *Signatum est super nos lumen vultus tui Domine.* (Psal. 4. 7.) Alioquin adultera est, & a divino aliena conjugio, si alterius cujuslibet decorem in speculo sui cordis ostentat, aut ullis aliis monilibus cupiat ornari, nisi illis quæ de thesauris sponsi per sancti Spiritus pignus accepit.

Caput XVIII.

Si autem quælibet anima Christiana hujus debet constantiæ soliditate muniri; quia omnes cœleste sacramentum in quacumque vocationis suæ ordine susceperunt: quanto magis personæ tuæ dignitas præsidio hujus virtutis armanda est, cui de opulentissimis gratiæ Dei donis tam multiplex se ingerit materia gloriandi. Quamvis enim commune tibi sit cum multarum virginum puritate virginitas; non tamen facile reperitur quæ possit tibi magnificentia domus, & splendore antiquissimæ familiæ comparari. De quibus ut non superbias, nec tibi hoc ipsum quod eis Christum præposueris, adscribas; ipsa est vera humilitas, vera caritas, vera virginitas. Ab omni quippe contaminatione mens libera est, quæ sive in se, sive in proximo nihil diligit, nisi quod ex Deo esse novit. Nam amare ali-

(a) In Vulgata, *propria gloria & virtute*. In Græco textu, *gloria & virtute*: in utroque, *per quod*.

aliquid quod non ex opere & Spiritu Dei sit, non est casta dilectio, & sufficit tentatori sublimes & claras animas hac illusione violasse, ut quas ad illicita non impulit, placendo sibi (a) de elatione dejecerit.

Caput XIX. DE hac charitate sine dubio Apostolus loquebatur, & illius proprietatem subtilissimis differentiis eliquabat, dicens, *Si linguis hominum loquar & Angelorum, charitatem autem non habeam, factus sum velut æs sonans, aut cymbalum tinniens. Et si habuero prophetiam, & noverim mysteria omnia, & omnem scientiam, & habuero omnem fidem, ita ut montes transferam, charitatem autem non habeam, nihil sum. Et si distribuero in cibos pauperum omnes facultates meas, & si tradidero corpus meum ita ut ardeam, charitatem autem non habuero, nihil mihi prodest.* In quarum definitionum formula multo laboraremus obscuro, nisi sequentia demonstrarent quæ esset species illius charitatis, cui soli tot operum labores, tot virtutum merita (b) non prodessent. Esto enim ut multiplex loquendi peritia, quæ non solum ad omnem (c) humanæ facundiæ artem, sed etiam ad angelici eloquii pervenerit facultatem, si charitate careat, inutili æris sono, & tinnitui sit comparabilis cymbalorum. Esto ut habens prophetiam & scientiam, habens fidem dæmonibus imperantem, nihil sit, quia charitate sit vacuus; (d) verum ut etiam ille ab hac esse possit alienus, qui in alimoniam pauperum suas distribuerit facultates, vel qui corpus suum igne torrendum pro Christi confessione tradiderit; incredibile videretur, nisi beatus Paulus hoc diceret. Qui tamen cum ejusdem charitatis membra describeret, doceretque qualis esset hæc virtus, sine qua nullæ possint prodesse virtutes,

Ibidem. *Charitas*, inquit, *patiens est, benigna est, charitas non æmulatur, non agit perperam, non inflatur, non est ambitiosa, non quærit quæ sua sunt*, & reliqua.

Caput XX. INFLATIO ergo, & ambitio, & propriorum bonorum superba delectatio possunt destruere eleemosynas, possunt evacuare martyria, si & magnas opes amore quis humanæ laudis effundat, & sæva supplicia non ea fortitudine quam Deus tribuit, sed ea quam de se præsumpsit, excipiat. Hoc est enim propria fiducia inflari, hoc vanam gloriam quibuslibet ambire dispendiis: hoc postremo est, nolle habere quæ Dei sunt; & ibi suum constituere meritum, ubi divinum cessaverit auxilium. Hæc superbia omni peccato nocentior, omni genere est elationis insanior. A quibuslibet enim lapsibus delictorum facile surgitur, quando opem a reparatore suo poscit elisus: huic autem ruinæ nihil subvenit; quia aut difficile peccatum suum superbus agnoscit, aut etiam si intellexerit, non currit ad medicum; sed de se sibi remedium pollicetur: nec unquam ibi proficit cura, ubi morbus est ipsa medicina.

Caput XXI. HUNC autem corruptissimum pestilentiæ hujus flatum Spiritus veræ humilitatis & veræ charitatis excludit. In nullo enim hæ virtutes ab invicem dividuntur, & ambarum tam indiscreta connexio est, ut qui in una earum constituitur, simul utraque potiatur. Sicut enim pars charitatis est humilitas, ita pars humilitatis est charitas. Et si illa recolamus, quæ sine bono charitatis infructuosa esse Apostolus definivit; inveniemus eadem similem habere (e) vanitatem, si eis humilitas vera defuerit. Quem enim fructum habebit aut cum inflatione scientia, aut cum humana gloria fides, aut cum jactantia largitas, aut cum elatione martyrium? Unde quia (f) in districtionem superbiæ & humilitas redit & charitas; de utraque habeatur dictum, quidquid de una est disputatum.

Caput XXII. SUPEREST nunc, sacratissima Dei Virgo, ut sobrio castoque judicio secreti cordis tui arcana discutias, & sublato totius elationis obstaculo, investiges in te atque dinumeres, quæ & qualia tibi Sponsus tuus dona contulerit: quæ a me non oportuit recenseri, ne aut plura contexerem, aut pauciora percurrerem. Verecundiæ enim tuæ onerosa foret etiam vera laudatio, & ipse contra disputationem meam facerem, si cui ab humana gloria continentiam suasissem, ad eamdem te tuis præconiis incitarem. Ipsa ergo aulam tuæ mentis ingredere, & in secretario purissimæ conscientiæ tuæ, qualia tibi reposita sint ornamenta circumspice: & quidquid ibi splendidum, quidquid pulcrum pretiosumque reperies, divini operis & muneris esse ne dubites: ita ut in omnibus bonis opulentiæ tuæ, & gratiam donatoris, & jus proprietatis agnoscas. Accepisti enim quæ habes; & quidquid tibi diligentia tui laboris accrevit, per ipsum tibi est auctum, per quem fuerat inchoatum. Itaque utendum tibi est eis quæ largitus est Deus: & ab eodem semper est petendum ut donis ejus fideliter & feliciter utaris. Quid enim nobis boni potest esse sine ipso? Quandoquidem etiam ut recte oremus, ex ipso est: dicente Apostolo, *Nam quid oremus sicut oportet, nescimus, sed ipse Spiritus postulat pro nobis gemitibus inenarrabilibus. Qui autem scrutatur corda, scit quid desideret Spiritus, quoniam secundum Deum postulat pro sanctis.* Et ne dubitare esset de quo Spiritu loqueretur, jam supra dixerat, *Non enim accepistis Spiritum servitutis iterum in timorem, sed accepistis Spiritum adoptionis*

Margin notes (right): Unde ... gratiæ & conservandæ ... Rom. 8. 26. & 27. — Ibid. v. 15. & 16.

(a) Ita editio Leonis operum. Editiones vero Prosperianæ, ad elationem.

(b) Ita cum Leonis editione Lovan. Prosperi. At Duac. & Colon. non prodessent; quæ lectio juvari potest verbis Apostoli in fine ejusdem capitis 13. Major autem horum est caritas.

(c) In Leonis, humanam facundiæ artem.

(d) Vox ista verum, summitur ex Leonis operum editione; abest a Prosperianis.

(e) In omnibus codicibus nostris legitur, quietatem: quod quam a mente auctoris alienum sit, nemo non videt. Aliquis in margine hujus loci tomo 3. opusculorum de gratia Lovan. idest editorum scripsit utilitatem; quod etsi sensum aliquem efficere queat, tamen videtur commodius ut aliquam vanitatem, vel inutilitatem, aut aliam ejusdem energiæ vocem substitui debere, ut ex contextu satis quisque intelliget.

(f) Prosperiani codices, in districtione. In Leonis quartus casus habetur.

primis filiorum, in quo clamamus, Abba, Pater. Itaque ipse Spiritus testimonium reddit spiritui nostro, quoniam sumus filii Dei. Si autem filii, & heredes; heredes quidem Dei, coheredes autem Christi: si tamen compatimur, ut conglorificemur.

CAPUT XXIII. [illegible]

IMPLET igitur Spiritus-sanctus organum suum, & tamquam fila chordarum tangit digitus Dei corda sanctorum. Qui ideo cum die Pentecostes in Apostolos plebemque credentium, sicut a Domino fuerat promissus, influeret, in specie linguarum apparuit ignearum, & loqui in omnium nationum eos super quos insederat, fecit (a) effari; ut dubium non esset, per ipsius inspirationem, utilem affectum, rationabilem sermonem animis fidelium ministrari. Sicut ipse Dominus discipulis suis insinuavit, & dixit, *Cum autem tradent vos, nolite cogitare quomodo aut quid loquamini. Dabitur enim vobis in illa hora quid loquamini. Non enim vos estis qui loquimini, sed Spiritus Patris qui loquitur in vobis.* — Matth. 10. 19.

Quod non in solo magnarum tribulationum tempore credendum fieri, sed etiam in pace præstari. Audiamus Apostolum definientem quod ipsæ quoque cogitationes nostræ, nisi a Deo nobis insitæ fuerint, recte esse non possint. *Fiduciam,* inquit, *talem habemus per Christum ad Deum: non quod sufficientes simus cogitare aliquid ex nobis quasi ex nobis, sed sufficientia nostra ex Deo est.* — 2. Cor. 3. 5.

CAPUT XXIV. [illegible]

UNDE cum sanctorum salus ex Deo sit (b) utilis meditatio, justa petitio, efficax actio, ex Deo sit, in fide firmitas, in tribulatione patientia, in persecutione victoria; magna est in vera humilitate felicitas, cui Deus dilectio, Deus sapientia, Deus consilium, Deus fortitudo est. Nec dubie ista susceptio jam ex magna parte in illius futuræ beatitudinis est constituta consortio, ubi *Deus erit omnia in omnibus.* — 1. Cor. 15. 28.

Quod ideo in hac vita ad plenum non potest obtineri, quia nondum mortale nostrum induit immortalitatem, nec corruptio transiit in incorruptionem: caro adhuc contra spiritum, & contra carnem spiritus concupiscit, nec invenitur in ullo hominum tanta concordia, ut legi mentis lex quæ membris est insita, non repugnet. — Gal. 5. 17. — Rom. 7. 23.

Propter quod ex omnium sanctorum persona accipitur quod Joannes apostolus ait, *Si dixerimus quoniam peccatum non habemus, nos ipsos seducimus, & veritas in nobis non est.* — 1. Joan. 1. 8.

Cum tamen idem ipse dicat, *Qui natus est ex Deo, peccatum non facit; quoniam semen ipsius in eo manet; & non potest peccare, quoniam ex Deo natus est.* — 1. Joan. 3. 9.

Utrumque ergo verum est: quia & nemo sine peccato est, in eo quod nemo est sine lege peccati: & *qui natus est ex Deo, peccatum non facit*; quia per legem mentis, id est, per charitatem, quæ Dei semen est, peccatum non facit, *Charitas enim operit multitudinem peccatorum*: & sine qua nullum prodest bonum, (c) per hanc delentur omnia peccata. — 1. Petr. 4. 8.

Dum igitur, *corpus quod corrumpitur aggravat animam, & deprimit terrena inhabitatio sensum multa cogitantem*; non quidem obtinetur (d) ut jam omnia in omnibus Deus sit, quia nullus est sine tentationis stimulo & sine mutabilitatis incerto. — Sap. 9. 15.

Sed quia, *Omne datum optimum, & omne donum perfectum de sursum est, descendens a Patre luminum*; sine dubio inde habetur virtutum omnium portio, unde habebitur plenitudo; & tanto quisque est beatior, Deoque conjunctior, quanto plus in eo fuerit gratiæ divinæ quam actionis humanæ. — Jac. 1. 17.

Benedic itaque Domino in omni tempore, & laus ejus in tuo ore sit semper. Anima autem tua non acquiescat nisi in Domino laudari. Superbi quidem refragabuntur: sed mansueti hæc audient, & lætabuntur. — Psal. 33. 2. — Ibidem 3.

(a) Prosperi codices, *afferi*. Leonis editio, *effari*.

(b) Sic editio quæ est Leonis. In Prosperianis vero, *ut utilis meditatio justa, petitio efficax, actio ex Deo sit, in fide firmitas*. Qui adeo levis immutatio cum vitiosa interpunctione totam sententiam egregiæ sententiæ subvertebat. Sed porro ex sola conjectura restituta fuerit, nihilo tamen minus non dubia necessitatis emendatio.

(c) Prosperi liberi, *per quam*. Melius in Leone *per hanc*.

(d) Minus recte Prosperiani codices, *ut jam animæ*. Melius Leonis editio, *ut jam omnia*: ut jam legendi.

SYLLABUS CODICUM

TAM EDITORUM

QUAM MANUSCRIPTORUM

Ad quos de novo recognita & emendata fuerunt Opera sancti Prosperi Aquitani tam certa, quam dubia, aut eidem hactenus supposita.

EPISTOLA SANCTI PROSPERI AD S. AUGUSTINUM DE RELIQUIIS PELAGIANÆ HÆRESEOS IN GALLIA SUBOLESCENTIBUS, DEQUE HUJUSMODI HOMINUM QUÆRELIS ADVERSUS PRÆDESTINATIONIS ET GRATIÆ DOCTRINAM, AUGUSTINI OPUSCULIS, PRÆSERTIM LIBRO DE CORREPTIONE ET GRATIA EXPLICATAM.

RECOGNITA & emendata est hæc nova editione ad Editionem Lov. seu Lovan. id est, Lovaniensem anni 1565. opera Joannis Soteli Lovaniensis procuratam. Duac. id est, Duacensem, curis Joannis Olivarii auctam & castigatam anno 1577. Col. seu Colon. id est, Coloniensem, scilicet, Coloniæ Agrippinæ iterum excusam ad instar Duacensis editionis anno 1670.

Consuluimus etiam editionem Parisiensem Operum S. Augustini a RR. PP. Monachis Ordinis sancti Benedicti e Congregatione S. Mauri ab anno 1679. ad annum 1690. procuratam; ubi eadem Epistola exhibetur, tam in tomo secundo, quam in decimo.

Item Mss. duos Bibliothecæ Regis Christianissimi. Et alterum Ms. Bibliothecæ Colbertinæ.

EPISTOLA HILARII AD AUGUSTINUM DE EODEM ARGUMENTO.

Recognita est ad eamdem editionem S. Augustini de qua supra, necnon ad ipsosmet Mss. Regios duos, & Colbertinum mox citatos.

LIBRI S. AUGUSTINI DE PRÆDESTINATIONE SANCTORUM ET DE DONO PERSEVERANTIÆ AD PROSPERUM ET HILARIUM.

Tales omnino hic recusi sunt, quales ediderunt prædicti Augustini Operum correctores & editores.

S. PROSPERI EPISTOLA AD RUFINUM DE GRATIA ET LIBERO ARBITRIO.

Emendata est ad editionem Ven. seu Venet. id est, Venetiis factam anno 1538. aliquot S. Prosperi Opusculorum de gratia & libero arbitrio.

Item ad editionem Lugd. seu Lugdun. id est, Lugdunensem, omnium quæ integræ prodierunt Prosperi editionum antiquissimam, Typis & cura Sebastiani Gryphii Typographi Lugdunensis anno 1539.

Item ad editionem Lovaniensem, Duacensem, & Coloniensem; ac novissimam operum S. Augustini, ubi hæc Epistola legitur in Appendice tomi decimi.

Item ad Ms. Codicem Remig. id est, Remigianum Remensem, Abbatiæ videlicet sancti Remigii apud Remos Ordinis sancti Benedicti; unde ad nos pro sua humanitate variantes lectiones ejusdem misit unus ex pilssimis & doctissimis hujusce Cœnobii incolis.

Item ad Ms. Jol. seu Jolens. id est, qui alias fuerat viri clarissimi & eruditissimi Claudii Joli Præcentoris & Canonici Ecclesiæ Metropolitanæ Parisiensis: prius vero ex ejus legato factus est venerabilis Capituli ejusdem Ecclesiæ; cujus a capite ad calcem legendi & conferendi facta nobis est copia per fidelissimum ipsiusmet Bibliothecæ Ecclesiæ Parisiensis Custodem.

S. PROSPERI DE INGRATIS CARMEN CUM PRÆFATIONE EJUSDEM.

Castigatum, quantum fieri potuit, ad supra recensitas editiones Lugdunensem, Lovaniensem, Duacensem, & Coloniensem.

Ad eam quoque qua Parisiis anno 1646. idem Carmen prodiit in linguam Gallicanam, tam versibus, quam oratione soluta translatum.

Insuper collatum est ad illud quod Lovanii exhibuit Martinus Steyaert Doctor Lovaniensis cum notis Miscellaneis, tomo tertio Opusculorum suorum anno 1703. editorum.

IN OBTRECTATOREM S. AUGUSTINI EPIGRAMMA UTRUMQUE, AC EPITAPHIUM NESTORIANÆ ET PELAGIANÆ HÆRESEON.

Ad eosdem libros recensuimus, ad quos supradictum Carmen de ingratis.

S. PROSPERI PRO AUGUSTINO RESPONSIONES AD CAPITULA OBJECTIONUM GALLORUM CALUMNIANTIUM.

His castigandis, præter editiones Lugdunensem,

sem, Lovaniensem, Duacensem, & Coloniensem, ac editionem Appendicis tomi decimi Operum S. Augustini novæ editionis, consuluimus Ms. Regium unum, Ms. Joliensem, & Ms. Remigianum Remensis variantes lectiones.

S. PROSPERI PRO AUGUSTINI DOCTRINA RESPONSIONES ad CAPITULA OBJECTIONUM VINCENTIANARUM.

Emendavimus juxta editiones præcedenti articulo notatas. Tum etiam ad Ms. Joliensem, ac Ms. Remigianum Remensis lectiones variantes.

PRO AUGUSTINO RESPONSIONES AD EXCERPTA QUÆ DE GENUENSI CIVITATE SUNT MISSA.

Contulimus cum editione Veneta anni 1538. quorumdam S. Prosperi opusculorum, Lugdunensi, Lovaniensi, Duacensi, & Coloniensi supra dictis; ac Ms. Joliensi, & Remigiano Remensis Ms. Lectionibus.

EPISTOLAM CÆLESTINI PAPÆ, PRO PROSPERO ET HILARIO.

Post editionem ejusdem in Appendice tomi decimi Operum S. Augustini Parisiis cura Monachorum Sangermanensis Cœnobii Parisiis excusorum, exegimus ad editiones Prosperi Venetam anni 1538. Lovaniensem, Duacensem, & Coloniensem: necnon ad his priorem Moguntinam anni 1524. ubi jungitur libro contra Collatorem, & Epistolæ S. Aurelii Carthaginensis Episcopi contra Pelagianos.

PRÆTERITORUM SEDIS APOSTOLICÆ EPISCOPORUM AUCTORITATES DE GRATIA DEI, ET LIBERO VOLUNTATIS ARBITRIO.

Recensuimus juxta supra dictas editiones Venetam, Lovaniensem, Duacensem, Coloniensem, & Moguntinam anni 1524.

Item juxta Appendicem tomi decimi Operum eorumdem S. Augustini novæ editionis. Ac novissimam Operum S. Leonis a Quesnellio emendatorum & illustratorum Parisiis anno 1675.

JOANNIS CASSIANI PRESBYTERI COLLATIO TERTIA-DECIMA DE PROTECTIONE DEI.

Edita est juxta exemplar Duaci excusum anno 1616. cum commentariis Alardi Gazæi Monachi Ordinis sancti Benedicti e Cœnobio S. Vedasti Atrebatensis.

DE GRATIA DEI ET LIBERO ARBITRIO LIBER CONTRA COLLATOREM.

Recensitus est ad editiones ejusdem libri Moguntinam anni 1524. Venetam anni 1538. Lugdunensem, Lovaniensem, Duacensem, & Coloniensem Operum S. Prosperi.

Item ad editionem ejusdem libri in Appendice tomi decimi Operum S. Augustini.

Subsidio fuerunt etiam Ms. Joliensis per nos collatus, & Ms. Remigiano-Remensis variantes ad nos transmissæ.

PSALMORUM A CENTESIMO AD CL. EXPOSITIO.

Emendata est, quatenus licuit, ex fide codicum Lugdunensis, Lovaniensis, Duacensis, & Coloniensis.

Deficientibus nos Manuscriptis, conjecturas aliquot in locis, ex ipso S. Augustini opere, quod præ oculis habuerat Auctor noster, expositionem.

SENTENTIARUM EX OPERIBUS S. AUGUSTINI DELIBATARUM LIBER UNUS.

Exactus est ad editionem Coloniensem anni 1531. Lugdunensem, Lovaniensem, Duacensem & Coloniensem anni 1630. Præterea ad eumdem librum, ut jacet in Appendice tomi decimi Operum S. Augustini novæ editionis.

Nec omisimus Ms. Joliensem, & Ms. Remigiano Remensis variantes lectiones.

EX SENTENTIIS S. AUGUSTINI EPIGRAMMATUM LIBER UNUS.

A nobis collatus est cum editionibus Veneta quorumdam Opusculorum S. Prosperi anni 1538. Omnium operum ejusdem Lugdunensi, Lovaniensi, Duacensi, & Coloniensi anni 1630.

Consuluimus pariter Ms. Regium unum. Mss. Colbertinos tres. Ms. Joliensem, & Ms. Theodoriacensis (sic notatj Theodor. seu Theodoric.) id est, Monasterii S. Theodorici prope Remos Lectiones variantes, hinc ad nos missas beneficio unius ex ejusdem Cœnobii Monachis, & cum editione Duacensi anni 1577. ab eodem collati.

SANCTI PROSPERI CHRONICUM INTEGRUM, IN DUAS PARTES DISTRIBUTUM.

Edidimus ex tomo primo Bibliothecæ novæ Mss. R. P. Philippi Labbei Soc. Jesu. Collato cum eodem ut habetur in tomo VIII. Bibliothecæ SS. Patrum Lugdunensi anni 1677. ac editione Chronicorum Eusebii, Hieronymi & Prosperi ab Illustrissimo Arnaldo Pontaco Episcopo Vasatensi emendata & notis illustrata anno 1604.

Nec non cum Mss. quinque Bibliothecæ Colbertinæ: in quorum duobus, Chronicis Eusebii & Hieronymi subtexitur Chronicum verum S. Prosperi, quale edidimus in hoc opere; in tribus aliis connectitur iisdem Chronicum adulterinum, quod sub Pseudo-Chronici titulo damus in Appendice.

CONCILIUM ARAUSICANUM II. DE GRATIA ET LIBERO ARBITRIO.

Collatum est cum editionibus Lovaniensi, Duacensi, & Coloniensi, ac Appendice tomi decimi novæ editionis Operum S. Augustini.

CONFESSIO QUÆ DICITUR PROSPERI AQUITANI.

Edita est ex tomo VIII. Bibliothecæ SS. Patrum Lugdunensis, collataque ad MS. Joliensem.

POEMA CONJUGIS AD UXOREM.

Excusum est ut legitur in Editionibus Veteris Opusculorum quorumdam S. Prosperi anni 1578. Lugdunensi, Lovaniensi, Duacensi, & Coloniensi, cum iisdemque MS. comparatum qui Epigrammata exhibent, quibus ante hoc Poema illud ubique annectebatur.

DE PROVIDENTIA DIVINA INCERTI AUCTORIS CARMEN.

Huic recensendo adjumentum præbuerunt, MSS. deficientibus, Editiones Lugdunensis, Lovaniensis, Duacensis, & Coloniensis anni 1630.

DE VOCATIONE OMNIUM GENTIUM IGNOTI AUCTORIS LIBRI DUO.

Emendati ope editionum Lovaniensis, Duacensis & Coloniensis Prosperi Operum; ac novæ Editionis Operum S. Leonis Papæ, quæ cura P. Quesnelli prodiit.

Additus est MS. Joliensis; non neglectis omnino variantibus Lectionibus, quas in margine apposuerunt editores Duacenses, & qui hos secuti sunt, atque Quesnellius in Leone, ex MS. Camberonensi & Thuaneo.

AD SACRAM VIRGINEM DEMETRIADEM IGNOTI AUCTORIS EPISTOLA SEU DE HUMILITATE TRACTATUS.

Legitur in editionibus Prosperi Operum Lovaniensi, Duacensi, & Coloniensi: habeturque inter opera S. Leonis Papæ editionis Quesnellianæ. Horum auxilio quantum fieri potuit emendatiorem exhibuimus.

IN APPENDICIS PARTE PRIMA, JULIANI POMERII LIBRI III. DE VITA CONTEMPLATIVA.

Collati sunt ad Editiones Operum Prosperi Lugdunensem, Lovaniensem, Duacensem, & Coloniensem. Nec non ad MS. Regiæ Bibliothecæ duos, & MSS. Colbertinos quatuor, & MS. Joliensem.

LIBER INCERTI AUCTORIS DE PROMISSIONIBUS ET PRÆDICTIONIBUS DEI.

Emendati sunt juxta editiones Lugdunensem, Lovaniensem, Duacensem & Coloniensem Prosperi operum, junctis variantibus lectionibus quas ad nos perhumaniter transmisit vir religiosissimus e Cœnobio S. Remigii Remensis: quas ille excerpserat e MS. quem testatus est 800. annos excedere: cum scriptus videatur nono sæculo opera Leutberti & Adeloldi Monachorum.

CHRONICUM ALTERUM, QUOD ET PSEUDO-CHRONICON NUNCUPATUR.

Exhibetur quale habetur in editione Pithœana tomo VIII. Bibliothecæ Patrum Lugdunensi 1677. & apud Labbeum, tomo 1. Bibliothecæ novæ MSS. p. 36. & sequentibus.

Nec negleximus consulere MS. Victorinum, unde hauserat Pithœus, & MS. Joliensem.

INDEX

IN OPERA

SANCTI PROSPERI AQUITANI,

ET

ALIA QUÆDAM IIS ANNEXA.

A

Cali-

D

Epigr.

[illegible]

E

F

[illegible]

G

[illegible]

H

M

Me-

N

O

P

Pa-

S

X

Z

FINIS.

www.ingramcontent.com/pod-product-compliance
Lightning Source LLC
Chambersburg PA
CBHW031933290426
44108CB00011B/535
* 9 7 8 3 7 4 2 8 2 0 9 3 8 *